中国智能交通行业发展年鉴

（2016）

中国智能交通协会　编

電子工業出版社
Publishing House of Electronics Industry
北京·BEIJING

内 容 简 介

由中国智能交通协会、国家智能交通产业技术创新战略联盟组织国内智能交通技术领域知名专家、地方政府和协会组织、骨干企业等共同编辑完成的《中国智能交通行业发展年鉴（2016）》分为综述篇、政策及标准篇、技术篇、应用篇、统计篇、纪事篇及附录，比较全面地反映了2016年我国智能交通行业的总体发展状况，分析预测未来我国智能交通产业发展趋势，介绍国内外智能交通领域的新产品和技术发展状况，总结行业典型案例，增进产业技术交流，并作为政府制定相关政策的参考依据。

本书可作为智能交通相关领域科研、管理及实际工作者的工具书，也可作为高等院校相关专业培养研究生、本科生的教学参考资料，对政府部门、研究单位和相关企业也具有重要的参考价值和一定的收藏意义。

图书在版编目（CIP）数据

中国智能交通行业发展年鉴. 2016 / 中国智能交通协会编. —北京：电子工业出版社，2017.11

ISBN 978-7-121-32915-9

Ⅰ. ①中…　Ⅱ. ①中…　Ⅲ. ①公路运输－交通运输管理－智能控制－中国－2016－年鉴
Ⅳ. ①U495-54

中国版本图书馆CIP数据核字（2017）第258167号

策划编辑：徐蔷薇
责任编辑：赵　娜　　文字编辑：徐　烨
印　　刷：北京天宇星印刷厂
装　　订：北京捷迅佳彩印刷有限公司
出版发行：电子工业出版社
　　　　　北京市海淀区万寿路173信箱　　邮编100036
开　　本：787×1092　1/16　印张：52.5　字数：1242千字
版　　次：2017年11月第1版
印　　次：2017年11月第1次印刷
定　　价：898.00元（含光盘1张）

凡所购买电子工业出版社图书有缺损问题，请向购买书店调换。若书店售缺，请与本社发行部联系，联系及邮购电话：（010）88254888，88258888。

质量投诉请发邮件至zlts@phei.com.cn，盗版侵权举报请发邮件至dbqq@phei.com.cn。

本书咨询联系方式：xuye@phei.com.cn。

《中国智能交通行业发展年鉴（2016）》

编 委 会

孙正良	田大新	王　刚	王　力	王　炜	王殿海
王家捷	王建强	王军利	王长君	魏　运	温慧敏
熊文贵	谢　飞	徐亚国	闫学东	严新平	杨　琪
杨　颖	杨　烨	杨晓光	姚丹亚	余　志	张　可
张　毅	张　孜	张遂征	张学军	赵新勇	赵嶷飞

参与年鉴撰稿和编辑的人员（按姓氏拼音排名）

边有钢	曾　强	常雪阳	陈徐梅	褚端峰	褚昭明
邓毅萍	丁增龙	董海龙	高　岩	顾金刚	何忠贺
胡家彬	胡坚明	华璟怡	贺　松	季　君	贾顺平
江海龙	姜良维	姜　姗	焦培刚	金永俊	李必军
李东东	李　辉	李平凡	李珊珊	李香静	李晓菲
李　娅	刘荣先	刘天亮	刘　湘	刘向龙	刘志远
卢利强	吕红振	马　枫	孟　悦	马　云	裴　欣
彭　勇	秦礼娜	裘晨璐	区磊海	全喜伟	宋伟男
宋向辉	宋志宏	汪　波	王寒松	王军华	王雪松
王　琰	王　雯	王子龙	魏领红	文元桥	吴仁良
吴　炜	伍　静	谢　宁	熊　辉	徐　赫	徐　磊
许　庆	杨　浩	杨家其	杨淑娟	杨　子	姚家雷
姚　璐	宜毛毛	尹志芳	尤东海	于海洋	虞　鸿
袁建华	苑　雷	翟　希	张　笛	张福生	张慧辰
张雷元	张　森	张星翔	张　扬	张　智	张智勇
赵琳娜	赵　末	赵杨洋	周建宁	周　旋	邹继贤

序

今年是《中国智能交通行业发展年鉴》连续编辑出版的第 7 个年头。年鉴编辑不断积累和提高，内容日益完善，在行业内的影响力也不断提升，应该说年鉴已经成为反映中国智能交通行业总体发展情况专业、全面和权威的资料。

经过近十几年的建设与发展，中国公路、水运、高速铁路、民航等交通基础设施建设成效显著。截至 2016 年年底，全国公路总里程达 469.63 万公里，其中，高速公路里程达 13.1 万公里；水运方面，2016 年全国内河航道通航里程达 12.71 万公里，港口拥有生产用码头泊位 30388 个；民航方面，共有定期航班航线 3794 条，民航全行业运输飞机期末在册架数 2950 架，共有颁证运输机场 218 个；铁路方面，截至 2016 年年底，全国铁路营业里程达 12.4 万公里，高铁运营里程已超过 202 万公里。在交通基础设施建设大规模发展的同时，我国交通管理和服务的信息化与智能化水平也不断提高，《中国智能交通行业发展年鉴（2016）》对此进行了全面展示和总结，反映了我国智能交通行业的创新应用发展趋势，是了解和认识智能交通行业发展的重要参考资料。

近年来，新一代信息技术发展迅猛，大数据、云计算、物联网、移动互联等在交通领域的广泛应用，为智能交通系统带来了新的发展方向和内涵。大力发展智能交通系统，推进智能交通创新成果应用，发展智能交通产业，是我国交通行业转型、建立可持续发展的交通运输系统的重要内容。在智能交通领域，新的业态和模式在不断涌现，共享交通、智能驾驶、车路协同等成为发展的热点，智能交通产业前景更加广阔。

智能交通在提升交通效率、保障安全、服务社会公众、促进交通运输系统可持续发展等方面的成效显著。今后一个时期，立足国情，运用新技术手段，结合智慧城市建设，构建具有中国特色的新一代智能交通系统，将是我国智能交通发展的重要方向。

《中国智能交通行业发展年鉴》的编辑出版，全体编委、撰稿专家学者、编辑工作人员付出了辛勤的劳动。祝贺年鉴的出版发行，也向参与年鉴编辑工作的所有人员以及为年鉴编辑出版提供支持与帮助的单位和个人表示感谢。

国家科技部原副部长

2017 年 10 月

《中国智能交通行业发展年鉴（2016）》编辑说明

《中国智能交通行业发展年鉴》是中国智能交通协会和国家智能交通产业技术创新战略联盟联合组织编写的有关我国智能交通行业年度发展的资料性工具书。总体定位是反映我国智能交通行业领域发展状况的权威性与实用性相结合的综合性资料。

《中国智能交通行业发展年鉴（2016）》的编辑，总体框架基本沿用以往年度的整体架构，根据收集的资料情况进行了适当的调整完善。在编写过程中，广泛征求和吸收了有关领导、专家和读者提出的意见和建议。

《中国智能交通行业发展年鉴（2016）》汇集了智能交通相关行业的发展概况，对智能交通的发展从综合发展、政策标准、技术创新、产业发展等不同的侧面进行了总结，对主要城市和地区的智能交通建设成就、智能交通产业和市场发展等方面的资料进行了收录，力求全面、系统地展示智能交通行业2016年度的总体发展状况，分析预测未来我国智能交通产业发展趋势，介绍国内外智能交通领域的新产品和技术发展状况，总结行业典型案例，增进产业技术交流，并为政府制定相关政策提供参考依据。

《中国智能交通行业发展年鉴（2016）》的编辑出版得到了科学技术部高新技术发展及产业化司、高技术研究发展中心以及公安部、交通运输部、住房和城乡建设部、中国民航局等国家部委有关部门领导的指导和支持，有关行业、城市和地区的交通管理部门、高校和研究单位、企业为年鉴的编辑提供了大力支持，众多专家积极为年鉴撰稿和整理资料，电子工业出版社为年鉴编辑出版提供全面配合，在此一并表示衷心的感谢。

智能交通发展涉及多个行业和领域，限于条件和我们的工作水平，年鉴编辑在资料收集、统计等方面还存在多方面的局限性，汇编整理的资料在系统性、全面性、准确性等方面还有待提高，新技术的应用发展、精确的行业统计资料和产业市场分析等内容也需要在今后的工作中不断加强和完善提高。

衷心地希望智能交通领域的广大同仁和社会各界对年鉴的编辑出版工作给予更多的关心和支持，使年鉴编辑出版的总体水平逐年提升。对于年鉴内容所存在的不足之处，敬请业界朋友和广大读者予以批评指正。

中国智能交通协会、国家智能交通产业技术创新战略联盟

《中国智能交通行业发展年鉴（2016）》编委会

2017年10月

目 录

第一篇 综述篇

第二篇　政策及标准篇

第三篇　技术篇

第四篇　应用篇

第五篇　统计篇

第六篇　纪事篇

第七篇　附录

第一篇

综述篇

第一章

相关行业发展动态

2016 年公路运输发展概况

一、基础设施

截至 2016 年年底，全国公路总里程 469.63 万公里，比 2015 年增加 11.90 万公里。公路密度 48.92 公里/百平方公里，增加 1.24 公里/百平方公里。公路养护里程 459.00 万公里，占公路总里程的 97.7%（见图 1）。

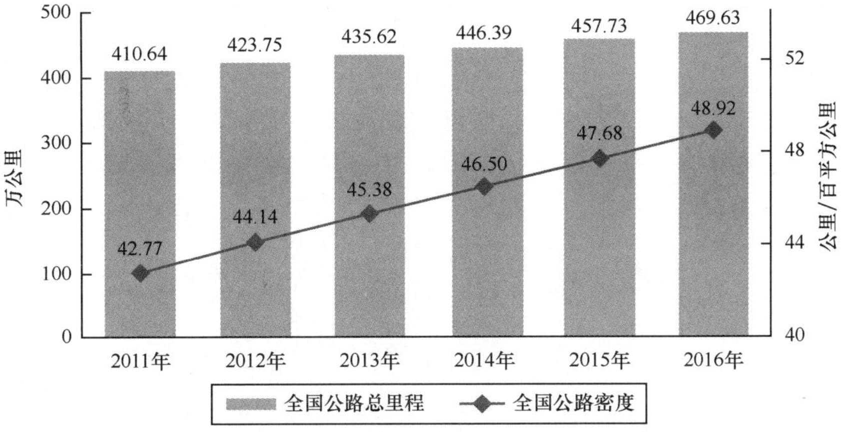

图 1　2011—2016 年全国公路总里程及公路密度

全国四级及以上等级公路里程 422.65 万公里，比 2015 年增加 18.03 万公里，占公路总里程的 90.0%，提高 1.6 个百分点。二级及以上等级公路里程 60.12 万公里，增加 2.63 万公里，占公路总里程的 12.8%，提高 0.2 个百分点。高速公路里程 13.10 万公里，增加 0.74 万公里；高速公路车道里程 57.95 万公里，增加 3.11 万公里。国家高速公路 9.92 万公里，增加 1.96 万公里（见图 2）。

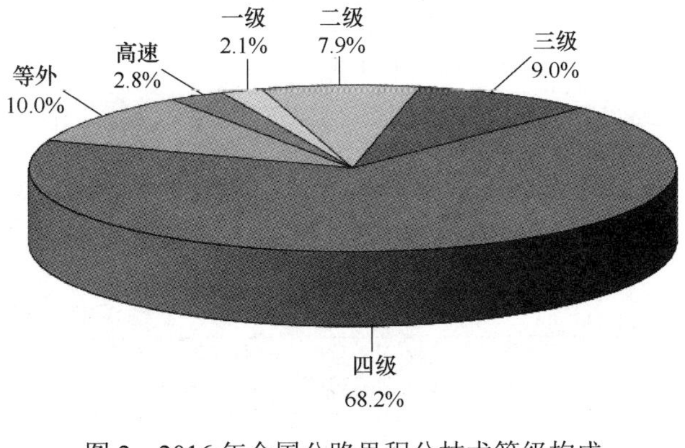

图 2　2016 年全国公路里程分技术等级构成

国道35.48万公里，省道31.33万公里。农村公路里程395.98万公里，其中县道56.21万公里，乡道114.72万公里，村道225.05万公里。

全国通公路的乡（镇）占全国乡（镇）总数的99.99%，其中通硬化路面的乡（镇）占全国乡（镇）总数的99.00%，比2015年提高0.38个百分点；通公路的建制村占全国建制村总数99.94%，其中通硬化路面的建制村占全国建制村总数的96.69%，提高2.24个百分点。

全国公路桥梁80.53万座、4916.97万米，比2015年增加2.61万座、324.19万米，其中特大桥梁4257座、753.54万米，大桥86178座、2251.50万米。全国公路隧道为15181处、1403.97万米，增加1175处、135.58万米，其中特长隧道815处、362.27万米，长隧道3520处、604.55万米。

二、运输装备

全国拥有公路营运汽车1435.77万辆，比2015年减少2.5%。

拥有载客汽车84.00万辆，比2015年增长0.1%，2140.26万客位，减少0.4%。其中大型客车30.57万辆，增长0.2%，1332.57万客位，增长0.6%（见图3）。

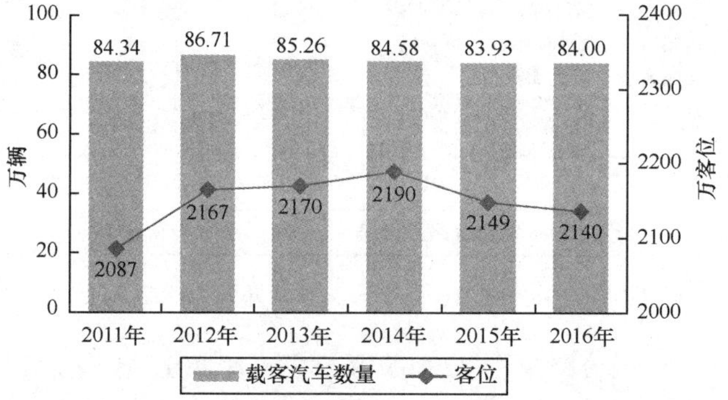

图3　2011—2016年全国载客汽车拥有量

拥有载货汽车1351.77万辆，比2015年减少2.7%，10826.78万吨位，增长4.4%。其中，普通货车946.03万辆，减少6.5%，4843.83万吨位，减少2.8%；专用货车47.56万辆，减少1.7%，527.63万吨位，增长4.9%（见图4）。

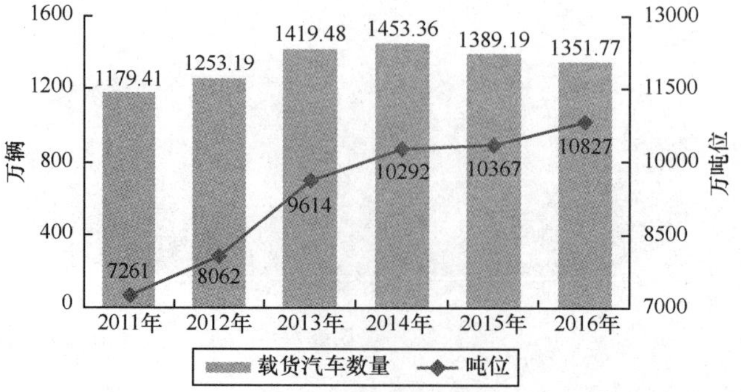

图4　2011—2016年全国载货汽车拥有量

三、运输服务

2016 年完成营业性客运量 154.28 亿人，比 2015 年下降 4.7%，旅客周转量 10228.71 亿吨公里，下降 4.8%。完成货运量 334.13 亿吨，增长 6.1%，货物周转量 61080.10 亿吨公里，增长 5.4%。

全国开通客运线路的乡镇比例为 99.02%，开通客运线路的建制村比例为 95.37%，建制村通车率比 2015 年提高 1.09 个百分点。

四、固定资产投资

2016 年完成公路建设投资 17975.81 亿元，比 2015 年增长 8.9%。其中，高速公路建设完成投资 8235.32 亿元，增长 3.6%；普通国省道建设完成投资 6081.28 亿元，增长 14.0%；农村公路建设完成投资 3659.20 亿元，增长 13.4%，新改建农村公路 29.90 万公里（见图 5）。

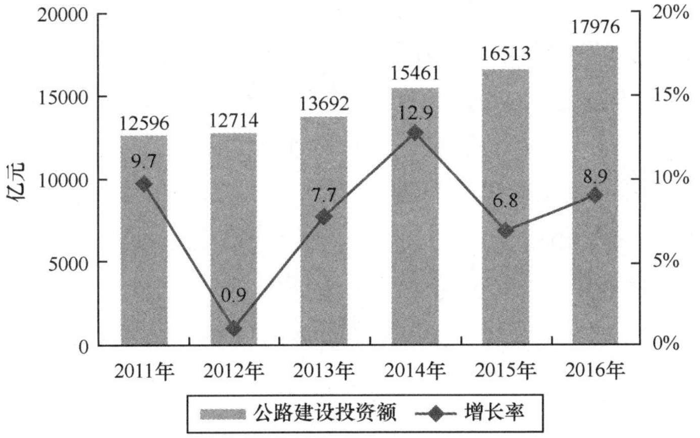

图 5　2011－2016 年公路建设投资额及增长速度

（撰稿：交通运输部公路科学研究院）

2016 年铁路运输发展概况

2016 年，铁路行业各级组织和广大干部职工深入贯彻落实党中央、国务院决策部署，以党的十八届六中全会、中央经济工作会议和全国国有企业党的建设工作会议为指针，主动适应经济发展新常态，团结拼搏，克难攻坚，铁路安全稳定、建设发展取得新成绩，2016 年铁路各项目标任务圆满完成，实现了“十三五”良好开局。

一、铁路基础设施建设

全力推进铁路建设，以中西部地区铁路建设为重点，加强施工组织，狠抓工程质量安全，一大批重大项目顺利开通运营。沪昆高铁全线运营，云桂铁路、渝万高铁等重大项目相继投产，中西部铁路营业里程扩充至 9.5 万公里，占比达到 76.6%。

2016 年，全国铁路行业固定资产投资完成 8015 亿元，其中国家铁路完成 7676 亿元，投产新线 3281 公里、复线 3612 公里、电气化铁路 5899 公里；新开工项目 46 个，新增投资规模 5500 亿元。截至 2016 年年底，全国铁路营业里程达 12.4 万公里，其中高速铁路 2.2 万公里以上。全国铁路营业里程达到 12.4 万公里，比 2015 年增长 2.5%。全国铁路路网密度 129.2 公里/万平方公里，比 2015 年增加 3.2 公里/万平方公里。其中，复线里程 6.8 万公里，比 2015 年增长 5.2%，复线率 54.9%，比 2015 年提高 1.4 个百分点；电气化里程 8.0 万公里，比 2015 年增长 7.4%，电化率 64.8%，比 2015 年提高 3.0 个百分点（见图 1）。西部地区铁路营业里程 5.0 万公里，比 2015 年增加 2230.9 公里，同比增长 4.6%。

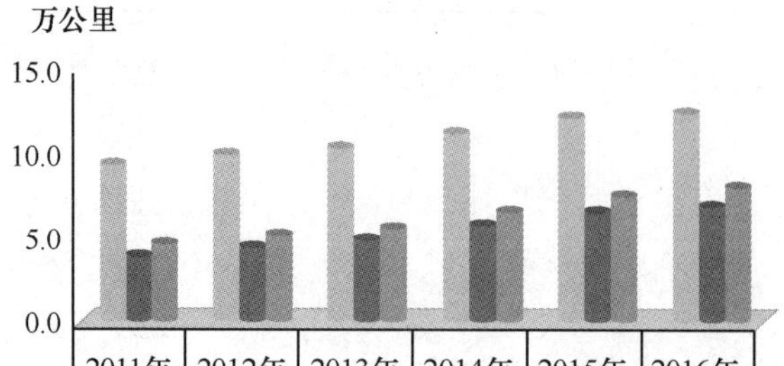

	2011年	2012年	2013年	2014年	2015年	2016年
营业里程	9.3	9.8	10.3	11.2	12.1	12.4
复线里程	3.9	4.4	4.8	5.7	6.5	6.8
电子化里程	4.6	5.1	5.6	6.5	7.5	8.0

图 1　全国铁路营业里程

全国铁路机车拥有量为 2.1 万台，比 2015 年增加 87 台，其中，内燃机车占 41.8%，比 2015 年下降 0.9 个百分点，电力机车占 58.1%，比 2015 年提高 0.9 个百分点。全国铁路客车拥有量为 7.1 万辆，比 2015 年增加 0.3 万辆。其中，动车组 2586 标准组、20688 辆，比 2015 年增加 380 标准组、3040 辆。全国铁路货车拥有量为 76.4 万辆。

二、铁路运输生产

铁路行业切实履行社会责任，以人民群众满意为根本标准，进一步优化创新客货服务环境。2016 年，铁路客货运保持强劲增长，全国铁路旅客发送量完成 28.14 亿人，比 2015 年增加 2.79 亿人，同比增长 11.0%，其中，国家铁路 27.73 亿人，比 2015 年增长 11.1%，其中动车组发送 14.43 亿人、占比超过 52%；单日发送旅客最高达 1442.7 万人，创历史新高；互联网售票占比超过 60%，其中手机购票总量比例超过 40%。铁路货运止跌回稳，国家铁路发送货物 26.5 亿吨，其中集装箱、商品汽车、散货快运同比分别增长 40%、53%和 25%。全国铁路旅客周转量完成 12579.29 亿人公里，比 2015 年增加 618.69 亿人公里，同比增长 5.2%，其中，国家铁路 12527.88 亿人公里，比 2015 年增长 5.2%（见表 1、图 2 和图 3）。

表 1　全国铁路旅客运输量

指　标	单　位	2016 年	比上年±%
旅客发送量	万人	281405	11.0
国家铁路	万人	277301	11.1
旅客周转量	亿人公里	12579.29	5.2
国家铁路	亿人公里	12527.88	5.2

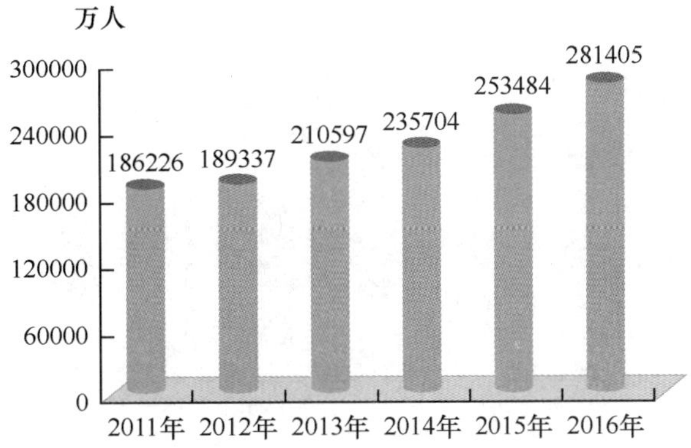

图 2　全国铁路旅客发送量

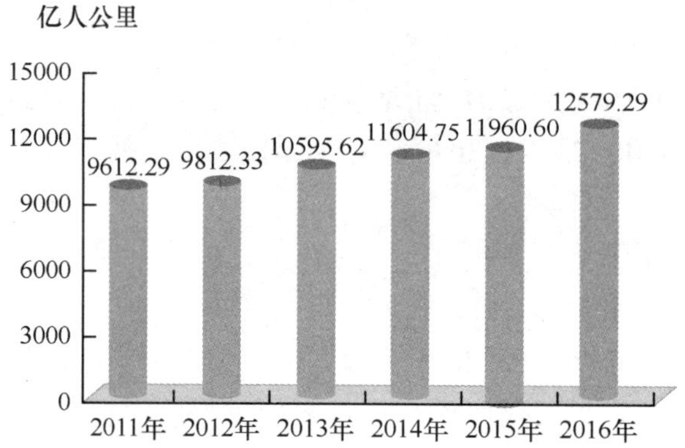

图 3　全国铁路旅客周转量

全国铁路货运总发送量完成 33.32 亿吨，比 2015 年减少 0.26 亿吨，同比下降 0.8%。其中，国家铁路 26.52 亿吨，比 2015 年下降 2.3%。全国铁路货运总周转量完成 23792.26 亿吨公里，比 2015 年增加 37.95 亿吨公里，同比增长 0.2%。其中，国家铁路 21273.21 亿吨公里，比 2015 年下降 1.5%。集装箱、商品汽车、散货快运量比 2015 年分别增长 40%、53%和 25%（见表 2、图 4 和图 5）。

表 2　全国铁路货物运输量

指　标	单　位	2016 年	比上年±%
货运总发送量	万吨	333186	−0.8
国家铁路	万吨	265206	−2.3
货运总周转量	亿吨公里	23792.26	0.2
国家铁路	亿吨公里	21273.21	−1.5

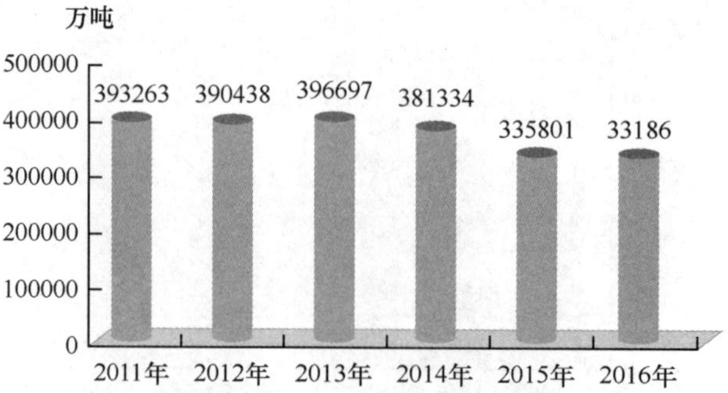

图 4　全国铁路货运总发送量

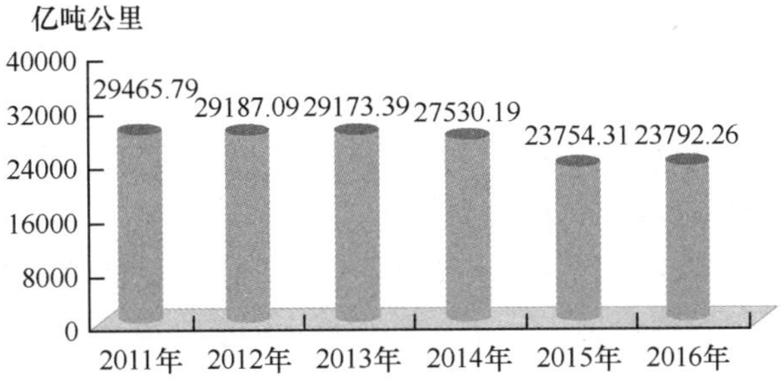

图 5　全国铁路货运总周转量

全国铁路总换算周转量完成 36371.56 亿吨公里，比 2015 年增加 656.65 亿吨公里，同比增长 1.8%（见图 6）。其中，国家铁路 33801.08 亿吨公里，比 2015 年增长 0.9%。

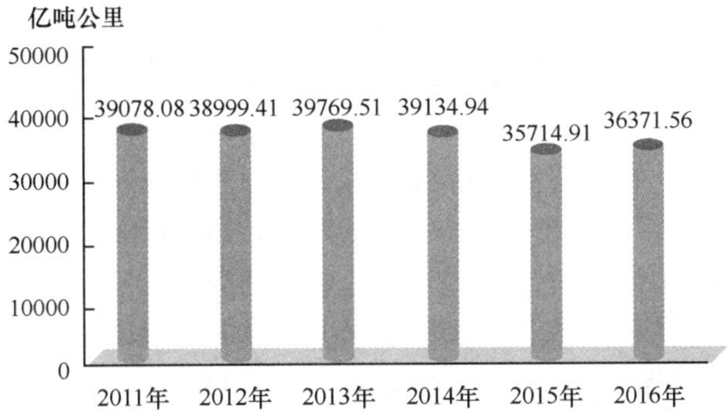

图 6　全国铁路总换算周转量

三、铁路运输安全

在路网规模快速扩充，特别是高速铁路快速发展、安全环境复杂的新形势下，铁路坚持把安全工作作为重中之重，突出高铁和旅客安全，健全安全管理规章制度体系，强化过程控制和应急处置，狠抓安全生产责任制落实。深入开展安全大检查和安全专项整治，集中解决了一批安全突出问题和隐患。依法开展治安环境治理和反恐怖斗争，强化护路联防联控体系，确保了全国“两会”、G20 峰会等重要时期铁路治安稳定。2016 年，全路消灭了重大及以上事故，消灭了造成旅客死亡的责任行车事故，铁路从业人员万人生产安全事故死亡率同比减少 0.01，路外死亡人数同比下降 11.2%。

四、铁路信息化建设

铁路信息化建设坚持创新、协调、绿色、开放、共享发展理念，以创新发展为动力，以加快推进信息技术与铁路业务深度融合为主线，以建设数字化企业、打造智能化铁路为主攻方向，全力推进信息化集中统一建设，建设企业级信息系统和集成化平台，充分发挥信息化基础性和引领性作用，促进中国铁路从传统企业向现代企业转型、传统经营模式向电子商务模式转变，增强企业核心竞争力，支撑中国铁路总公司向多元化、现代化、国际化发展。

2016 年，铁路信息化建设工作取得了新成绩：

（1）全力做好信息化总体规划编制工作。根据新的发展形势和要求，围绕总公司发展战略和业务发展目标，对铁路信息化建设进行了顶层设计，明确了发展目标、重点任务和行动计划，为全面推进新阶段信息化建设指明了方向。

（2）重点业务领域信息化应用成效显著。12306 互联网售票系统功能不断完善，用户体验不断提升，互联网售票量日均占比超过 60%，高峰超过 70%，单日最高互联网发售量最高达到 805.5 万张，再创历史新高。中国铁路 95306 网功能不断扩充，网上货运受理占比超过 99%。物流信息化建设深入开展，为铁路货运组织改革提供了强有力的技术支撑。运输调度管理系统 5.0 全面统一版本，调度计划协同编制能力和运用管理标准化程度大大提高。货运、车辆、机车、牵引供电等专业安全检测监测应用进一步深化，安全技防能力得到加强，有效保证了运输安全。各类综合应用系统进一步优化完善扩充，为铁路运营管理提供了技术保障。酒店预订、旅游展示、区域服务市场等延伸服务功能陆续推出，铁路“互联网+”战略逐步落实。

（3）信息共享工作取得了新的进展。建立了铁路主数据平台，基础编码统一发布机制基本建立。运输信息集成平台内容不断扩充，数据质量不断提升，对信息共享和综合应用开发支撑作用日益凸显。

（4）信息基础设施资源整合工作稳步推进，初步建立总公司信息处理和存储资源池。

（5）信息系统运行维护保障工作有序开展，运维管理机制初步建立，信息系统全年整体运行平稳。

（6）铁路网络安全管理保障体系建设有序推进，网络和信息安全保障能力不断强化。

五、运输能源消耗、节能减排

综合能耗。国家铁路能源消耗折算标准煤 1591.60 万吨，比 2015 年增加 14.25 万吨，同比增长 0.9%。单位运输工作量综合能耗 4.71 吨标准煤/百万换算吨公里，与 2015 年持平。单位运输工作量主营综合能耗 4.15 吨标准煤/百万换算吨公里，比 2015 年增加 0.08 吨标准煤/百万换算吨公里，同比增长 2.0%（见图 7）。

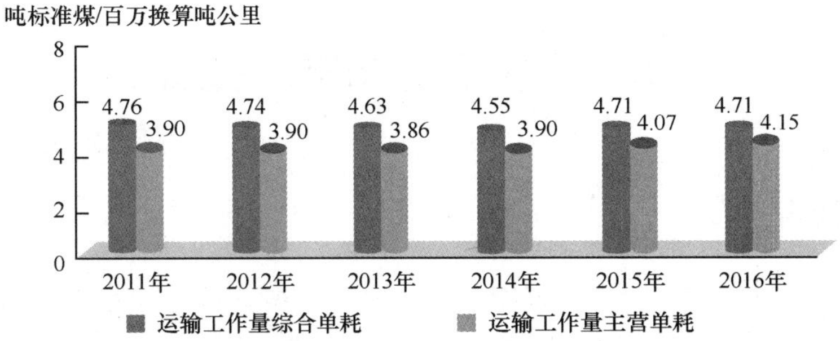

图 7 国家铁路运输工作量综合单耗、主营单耗

主要污染物排放量。国家铁路化学需氧量排放量 1965 吨，比 2015 年减排 41 吨，同比降低 2.0%。二氧化硫排放量 23924 吨，比 2015 年减排 3851 吨，同比降低 13.9%。

（撰稿：史天运）

2016 年水路运输发展概况

一、发展状况

（一）基础设施建设

水路交通基础设施建设平稳发展。2016 年年底全国内河航道通航里程 12.71 万公里，比 2015 年增加 0.01 万公里（见图 1）。等级航道 6.64 万公里，占总里程 52.3%，提高 0.1 个百分点。其中三级及以上航道 1.21 万公里，占总里程的 9.5%，提高 0.4 个百分点。

各等级内河航道通航里程分别为：一级航道 1342 公里，二级航道 3681 公里，三级航道 7054 公里，四级航道 10862 公里，五级航道 7485 公里，六级航道 18150 公里，七级航道 17835 公里。等外航道 6.07 万公里。

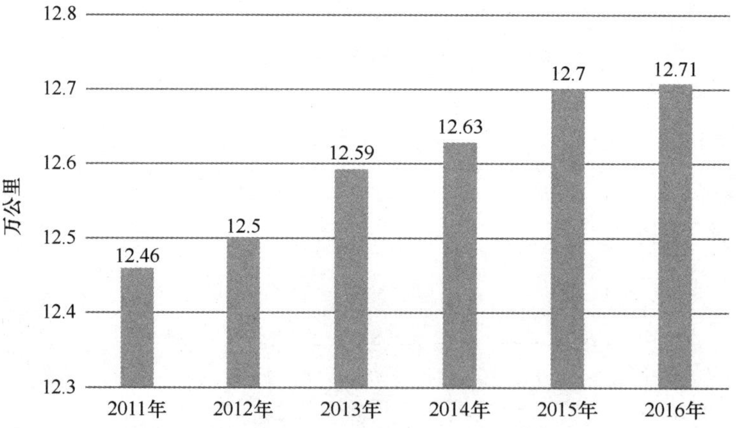

图 1　2011—2016 年全国内河航道通航里程

各水系内河航道通航里程分别为：长江水系 64883 公里，珠江水系 16450 公里，黄河水系 3533 公里，黑龙江水系 8211 公里，京杭运河 1438 公里，闽江水系 1973 公里，淮河水系 17507 公里。

2016 年年底全国港口拥有生产用码头泊位 30388 个，比 2015 年减少 871 个。其中，沿海港口生产用码头泊位 5887 个，减少 12 个；内河港口生产用码头泊位 24501 个，减少 859 个。

全国港口拥有万吨级及以上泊位 2317 个，比 2015 年增加 96 个。其中，沿海港口万吨级及以上泊位 1894 个，增加 87 个；内河港口万吨级及以上泊位 423 个，增加 9 个（见表 1）。

表 1　2016 年全国港口万吨级及以上泊位（计量单位：个）

泊位吨级	全国港口	比 2015 年年底增加	沿海港口	比 2015 年年底增加	内河港口	比 2015 年年底增加
合计	2317	96	1894	87	423	9
1 万～3 万吨级（不含 3 万吨级）	814	21	637	18	177	3
3 万～5 万吨级（不含 5 万吨级）	384	15	279	13	105	2
5 万～10 万吨级(不含 10 万吨级）	757	29	628	28	129	1
10 万吨级及以上	362	31	350	28	12	5

全国万吨级及以上泊位中，专业化泊位 1223 个，比 2015 年增加 50 个；通用散货泊位 506 个，增加 33 个；通用件杂货泊位 381 个，增加 10 个（见表 2）。

表 2　全国港口万吨级及以上泊位构成（计量单位：个）

泊位用途	2015 年	2014 年	比 2015 年增加
专业化泊位	1223	1173	50
其中：集装箱泊位	329	325	4
煤炭泊位	246	238	8
金属矿石泊位	83	80	3
原油泊位	74	73	1
成品油泊位	132	134	–1
液体化工泊位	200	184	16
散装粮食泊位	39	38	1
通用散货泊位	506	473	33
通用件杂货泊位	381	371	10

在全国水路货运中，内河运输完成货运量 35.72 亿吨，货物周转量 14091.68 亿吨公里；沿海运输完成货运量 20.13 亿吨，货物周转量 25172.51 亿吨公里；远洋运输完成货运量 7.98 亿吨，货物周转量 58074.62 亿吨公里。

全国港口完成货物吞吐量 132.01 亿吨，比 2015 年增长 3.5%。其中，沿海港口完成 84.55 亿吨，增长 3.8%；内河港口完成 47.46 亿吨，增长 3.1%（见图 2）。

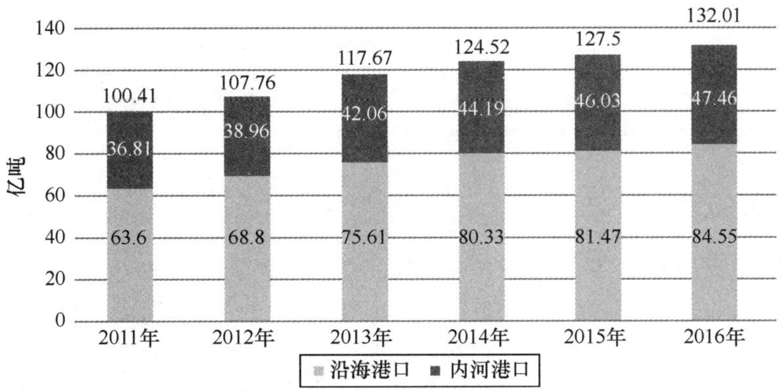

图 2　2011—2016 年全国港口货物吞吐量

全国港口完成旅客吞吐量 1.85 亿人，比 2015 年下降 0.3%。其中，沿海港口完成 0.82 亿人，增长 0.5%；内河港口完成 1.03 亿人，减少 0.9%。2016 年全国港口共接待国际邮轮旅客 218 万人，增长 79%。

全国港口完成外贸货物吞吐量 38.51 亿吨，比 2015 年增长 5.1%。其中，沿海港口完成 34.53 亿吨，增长 4.6%；内河港口完成 3.98 亿吨，增长 9.7%（见图 3）。

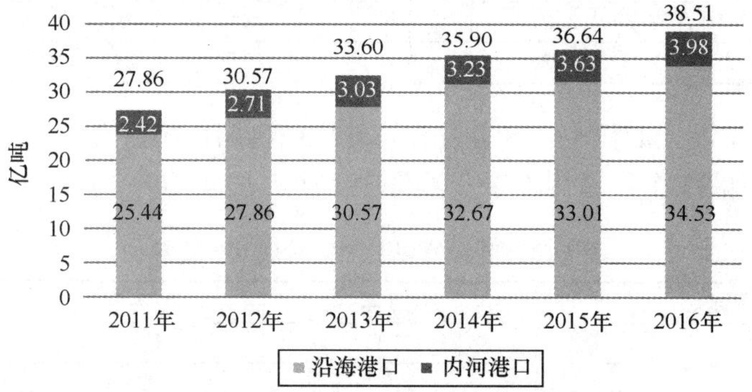

图 3　2011—2016 全国港口外贸货物吞吐量

全国港口完成集装箱吞吐量 2.20 亿 TEU，比 2015 年增长 4.0%。其中，沿海港口完成 1.96 亿 TEU，增长 3.6%；内河港口完成 2415 万 TEU，增长 7.4%（见图 4）。

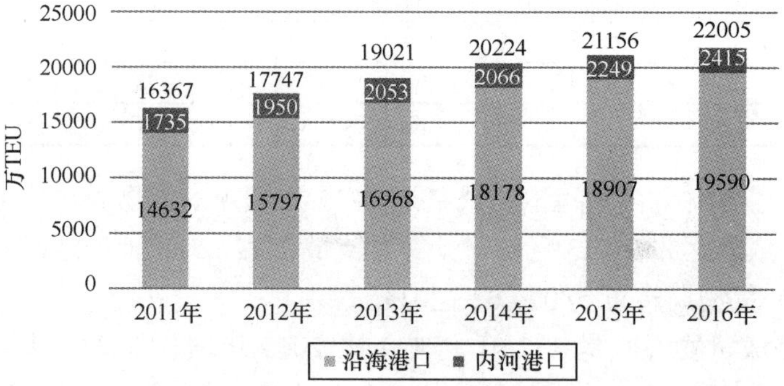

图 4　2011—2016 全国港口集装箱吞吐量

全国规模以上港口完成货物吞吐量 118.89 亿吨，比 2015 年增长 3.7%。其中，完成煤炭及制品吞吐量 21.51 亿吨，增长 3.8%；石油、天然气及制品吞吐量 9.30 亿吨，增长 9.0%；金属矿石吞吐量 19.13 亿吨，增长 4.7%。

（二）建设投资结构

水运建设投资稍有下降。2016 年完成水运建设投资 1417.37 亿元，比 2015 年下降 2.7%。其中，内河建设完成投资 552.15 亿元，增长 1.0%，内河港口新建及改（扩）建码头泊位 173 个，新增通过能力 13335 万吨，其中，万吨级及以上泊位新增通过能力 3989 万吨，2016 年新增及改善内河航道里程 750 公里；沿海建设完成投资 865.23 亿元，下降 5.0%，沿海港口新建及改（扩）建码头泊位 171 个，新增通过能力 22487 万吨，其中，万吨级及以上泊位新增通过能力 21019 万吨。

（三）运输保障能力

运输保障能力进一步增强，服务水平不断提高。2016 年年底全国拥有水上运输船舶 16.01 万艘，比 2015 年末减少 3.5%；净载重量 26622.71 万吨，减少 2.3%；载客量 100.21 万客位，减少 1.5%；集装箱箱位 191.04 万标准箱，减少 26.6%（见图 5）。

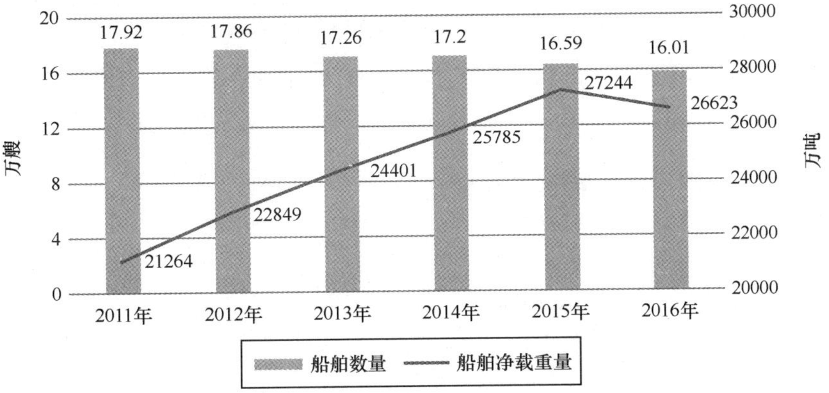

图 5　2011—2016 年全国水上运输船舶拥有量

2016 年水上运输船舶构成（按航行区域分）如表 3 所示。

表 3　2016 年水上运输船舶构成（按航行区域分）

指标	计量单位	实绩	比 2015 年增长（%）
内河运输船舶			
运输船舶数量	万艘	14.72	–3.5
净载重量	万吨	13360.81	6.9
载客量	万客位	77.44	–1.1
集装箱箱位	万 TEU	29.72	9.9
沿海运输船舶			
运输船舶数量	艘	10513	–1.9
净载重量	万吨	6739.15	–1.7
载客量	万客位	20.36	–2.6
集装箱箱位	万 TEU	41.91	–21.4
远洋运输船舶			
运输船舶数量	艘	2409	–10.4
净载重量	万吨	6522.76	–17.4
载客量	万客位	2.42	–5.4
集装箱箱位	万 TEU	119.42	–33.7

（四）交通安全监管

水上交通安全监管能力稳步提升，事故发生概率明显降低。2016 年年底发生特别重大、重大水上交通事故。2016 年共发生运输船舶水上交通事故 196 件，比 2015 年下降 7.8%，死亡失踪 203 人，下降 8.6%，沉船 82 艘，下降 14.6%。

二、发展动向

（一）长三角率先设立船舶排放控制区

2016 年 4 月 1 日起，长三角水域率先实施船舶排放控制区，迈出我国船舶减排第一步。按照交通运输部的统一部署，长三角区域船舶排放控制区将先行先试，上海、宁波舟山、苏州、南通四个核心港口同时实施第一阶段措施，船舶靠岸停泊期间使用硫含量≤0.5%m/m 的燃油。

（二）深化“一带一路”航运开放合作

“一带一路”战略对航运业复苏是个福音。一是有利于创造全球海运贸易需求。“一带一路”战略涉及亚洲、欧洲和非洲部分地区，包括五个核心通道六大经济走廊，这有助于欧盟经济稳定复苏和发展中国家经济转型，创造出可观的全球海运贸易需求。二是有利于完善全球海运物流网络。“一带一路”建设将促进现有海上和陆上运输物流通道的优化和完善，使水路和陆路通道更畅通，支持和促进沿线国家的经济发展和贸易往来。三是有利于促进沿线国家提升软实力。“一带一路”战略不仅是对硬件的发展建设，也是对软实力的连接、促进和提升，最终对航运业经济的发展产生积极而深远的影响。

（三）智能港航“一张网”

一艘内河货船正从钱塘江上的一座桥下通过，这时布设在桥上的岸基 RFID 读取设备，对安装在船上电子船名牌内的内河船舶 RFID 电子标签进行身份识别。同时，安装在桥梁上方的摄像头对船舶进行拍照，试图通过图像识别的方式再次感知船舶的身份。相关的身份信息和位置信息第一时间传到岸上的海事监管系统并进行后台比对。

据浙江省港航管理局科技信息中心主任任长兴介绍，围绕船联网示范工程“一张感知网，四类应用平台，一个数据中心，四大保障体系”的主要建设任务，该局已经完成了 RFID、AIS、GPS、CCTV、雷达、航标遥测遥控终端、激光流量观测仪等多种感知设备的试点建设，并通过多途径将数据接入感知平台，建成浙江港航智能感知“一张网”，有力提升了港航智能管理和服务水平。

三、ITS 的应用发展

（一）物流订单直达船公司的订单交易平台产品

全球电商巨头阿里巴巴和全球航运巨头马士基航运携手进军集装箱海运市场。据悉，阿里巴巴物贸联袂马士基航运，突破传统订舱规则，针对中小企业在年底旺季中最迫切的需求，推出物流订单直达船公司的订单交易平台产品——舱位宝。

舱位宝是船东直供舱位，为客户提供旺季保舱保柜保上船的承诺和保障，消除客户的后顾之忧。接近年关的爆仓时期，通过舱位宝，货主就不用担心订不上柜，安心生产，放心出货。更关键的是，年底的时候往往是一舱难求，这时的订舱价格都是在不断上涨，通过舱位宝订舱，还可以提前锁定仓位，同时锁定价格，订舱后价格将不再上涨，帮助客户更好地控制物流成本。

该订舱平台不仅是突破传统订舱业务模式，国内集装箱海运业目前最成熟的电子订舱平台模式也将面临巨大的挑战，集装箱航运市场将出现新的面貌。

（二）智慧航运管理服务平台

宁波航交所建设的智慧航运管理服务平台，是基于智慧航运管理理念及云服务、大数据等技术打造的信息化公共平台，面向从事干散货、液货、杂货等水运业务的企业及产业链相关服务机构，通过信息交互融合和大数据应用，为企业、行业和政府管理部门提供在线管理、统计分析、数据挖掘、基准评估、经济指数编制等服务，辅助企业优化业务管理、提高运营效率、降低经营成本，实现航运管理和交易功能的全面升级。

智慧航运管理服务平台应用了企业在线管理功能和政务申报功能相结合的方式，这样不仅减轻了企业申报的工作量，同时也保证了政务数据的及时性和准确性。充分利用企业自身数据，结合行业公共数据，通过智能化分析手段和数据挖掘技术为企业提供报表定制、走势预测、行业基准评估等服务，能够有效地辅助企业经营决策和风险管理，提高企业的软实力及竞争力。

（三）互联网+航运

首先，“互联网+航运”改变了传统的航运作业方式。互联网具有连接一切的力量，借助互联网，货主企业、船公司、港口、货代之间的协同效率大大提高，并使得传统的航运物流过程发生进化。

其次，在互联网大数据方法论的引导下，传统航运物流数据的价值得到了高度重视，基于数据的航运物流附加延伸服务正在蓬勃发展；借助大数据进一步推动航运企业和港口的深化合作，共同打造立体化航运服务。基于港航大数据，可实现商品流向的优化，提升商品流通效率，供应链金融业务将具备坚实基础。

最后，互联网也大大拓展了传统的航运物流企业的经营边界，航运物流企业纷纷进入跨境电商领域，而不少零售企业也加大了在物流领域的投资。

（撰稿：吴超仲）

2016 年民用航空发展概况

2016 年，全行业深入贯彻党的十八大、十八届六中全会和中央经济工作会议精神，认真落实中央领导批示精神和《国务院关于促进民航业发展的若干意见》，坚持安全第一，稳中求进，深化改革，各项工作取得较大成绩，实现了“十三五”的良好开局。

一、运输航空运输

2016 年，是世界经济和贸易增速处于 7 年来最低水平，国内经济下行压力加大的情况下，民航主要运输指标继续保持平稳较快增长。

（一）运输周转量

2016 年，全行业完成运输总周转量 962.5 亿吨公里，比 2015 年增长 13.0%（见图 1）。国内航线完成运输总周转量 621.93 亿吨公里，比 2015 年增长 11.2%，其中港澳台航线完成 15.43 亿吨公里，比 2015 年下降 4.9%；国际航线完成运输总周转量 340.58 亿吨公里，比 2015 年增长 16.4%。

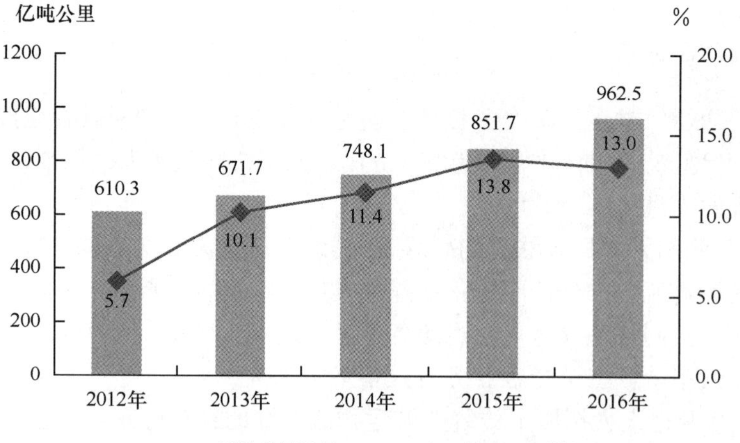

图 1 2012—2016 年民航运输总周转量

全行业完成民航旅客周转量 8378.13 亿人公里，比 2015 年增长 15.0%（见图 2）。国内航线完成旅客周转量 6217.75 亿人公里，比 2015 年增长 11.7%，其中港澳台航线完成 144.10 亿人公里，比 2015 年下降 5.1%；国际航线完成旅客周转量 2160.38 亿人公里，比 2015 年增长 25.8%。

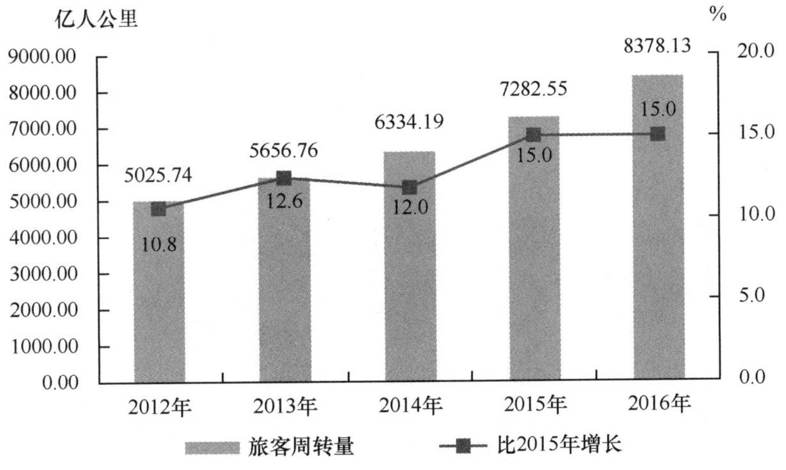

图 2　2012—2016 年民航旅客周转量

全行业完成民航货邮周转量 222.45 亿吨公里，比 2015 年增长 6.9%。国内航线完成货邮周转量 72.11 亿吨公里，比 2015 年增长 7.7%，其中港澳台航线完成 2.75 亿吨公里，比 2015 年下降 3.4%；国际航线完成货邮周转量 150.34 亿吨公里，比 2015 年增长 6.5%。

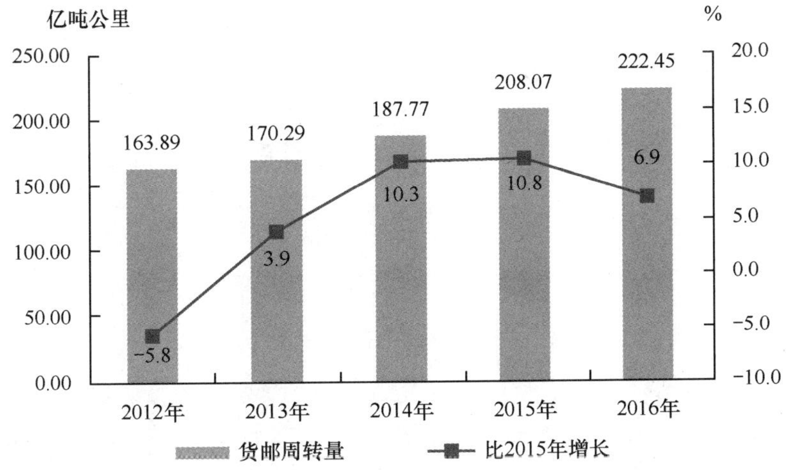

图 3　2012—2016 年民航货邮周转量

（二）旅客运输量

2016 年，全行业完成民航旅客运输量 4.88 亿人次，比 2015 年增长 11.9%。国内航线完成旅客运输量 4.36 亿人次，比 2015 年增长 10.7%，其中港澳台航线完成 985 万人次，比 2015 年下降 3.4%；国际航线完成旅客运输量 5162 万人次，比 2015 年增长 22.7%（见图 4）。

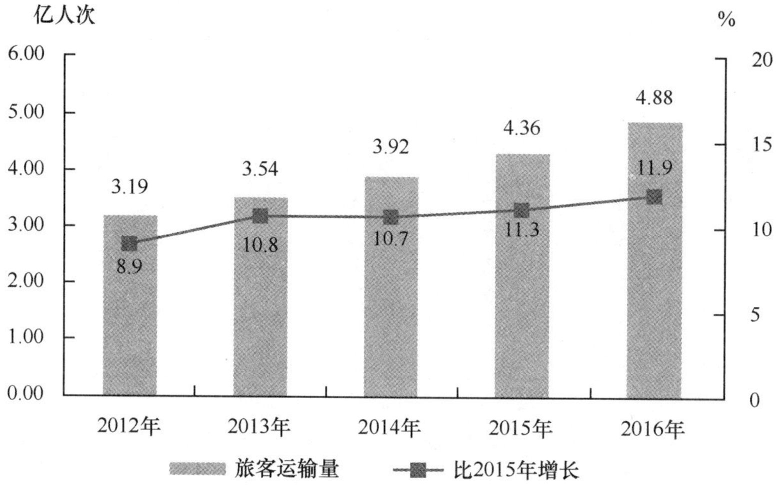

图 4　2012—2016 年民航旅客运输量

（三）货邮运输量

2016 年，全行业完成民航货邮运输量 668.0 万吨，比 2015 年增长 6.2%。国内航线完成货邮运输量 474.8 万吨，比 2015 年增长 7.3%，其中港澳台航线完成 22.0 万吨，比 2015 年下降 0.6%；国际航线完成货邮运输量 193.2 万吨，比 2015 年增长 3.4%（见图 5）。

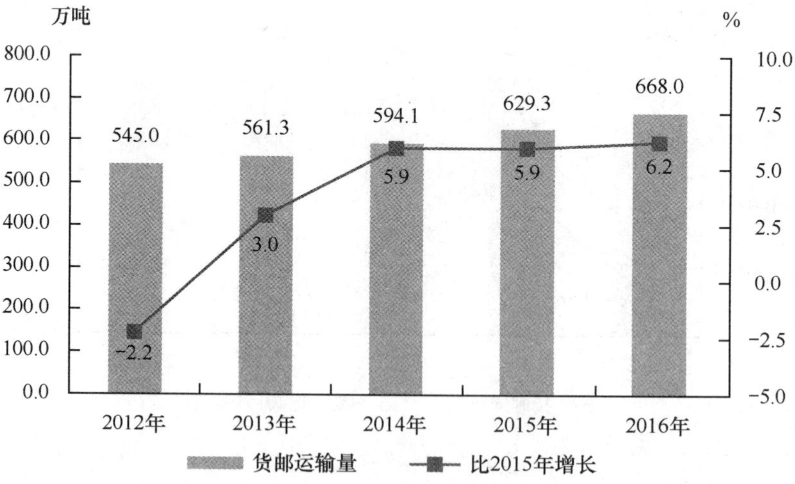

图 5　2012—2016 年民航货邮运输量

（四）机场业务量

2016 年，全国民航运输机场旅客吞吐量 10.16 亿人次，比 2015 年增长 11.1%（见图 6）。

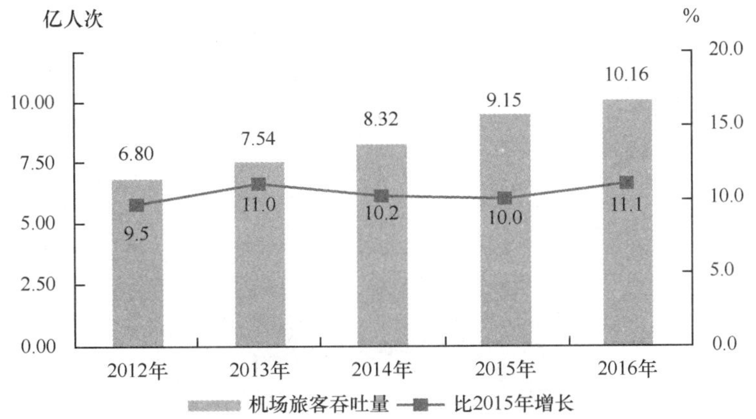

图 6　2012—2016 年民航运输机场旅客吞吐量

2016 年东部地区完成旅客吞吐量 5.51 亿人次，东北地区完成旅客吞吐量 0.62 亿人次，中部地区完成旅客吞吐量 1.02 亿人次，西部地区完成旅客吞吐量 3.01 亿人次（见图 7）。

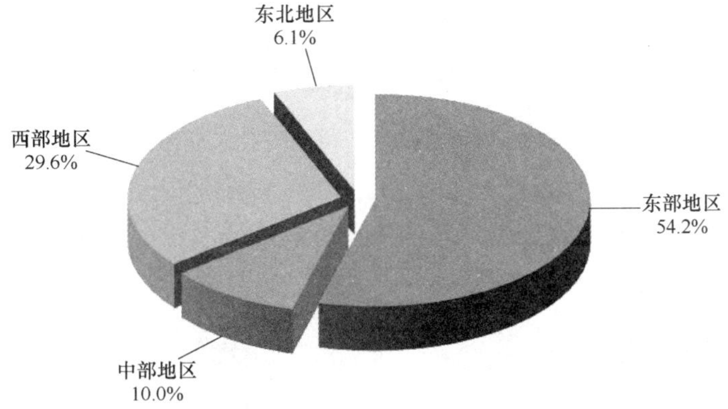

图 7　2016 年民航运输机场旅客吞吐量按地区分布

2016 年全国民航运输机场完成货邮吞吐量 1510.40 万吨，比 2015 年增长 7.2%（见图 8）。

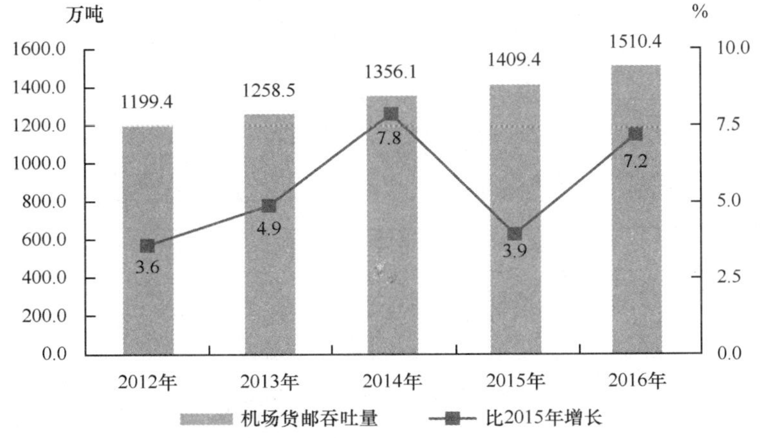

图 8　2012—2016 年民航运输机场货邮吞吐量

2016 年东部地区完成货邮吞吐量 1131.37 万吨，东北地区完成货邮吞吐量 53.10 万吨，中部地区完成货邮吞吐量 95.45 万吨，西部地区完成货邮吞吐量 230.49 万吨（见图 9）。

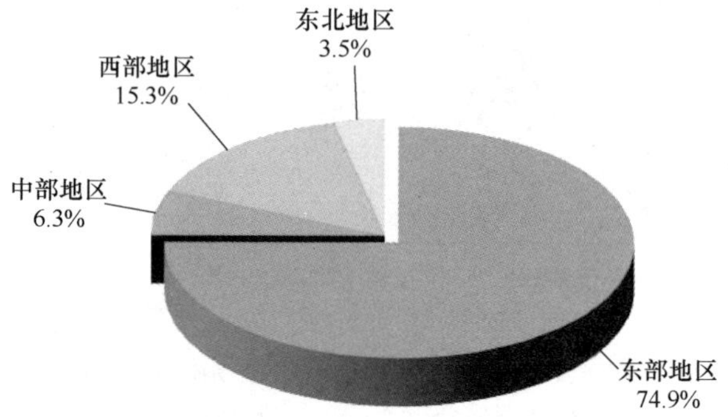

图 9　2016 年民航运输机场货邮吞吐量按地区分布

2016 年，全国民航运输机场完成起降架次 923.8 万架次，比 2015 年增长 7.9%（见图 10）。

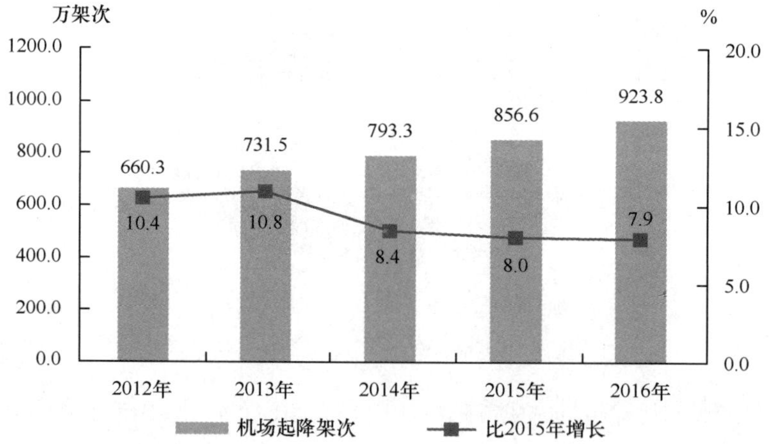

图 10　2012—2016 年民航运输机场起降架次

2016 年，年旅客吞吐量 100 万人次以上的运输机场 77 个，其中北京市、上海市和广州市三大城市机场旅客吞吐量占全部境内机场旅客吞吐量的 26.2%（见表 1）。

表 1　2016 年旅客吞吐量 100 万人次以上的机场数量

年旅客吞吐量	机场数量（个）	比 2015 年增加	吞吐量占全国比例
1000 万人次以上	28	2	79.1%
100 万～1000 万人次	49	5	16.7%

2016 年，年货邮吞吐量 1 万吨以上的运输机场 50 个，其中北京市、上海市和广州市三大城市机场货邮吞吐量占全部境内机场货邮吞吐量的 49.6%（见表 2）。

表 2　2016 年货邮吞吐量万吨以上的机场数量

年货邮吞吐量	机场数量（个）	比 2015 年增加	吞吐量占全国比例
1 万吨以上	50	−1	98.3%

2016 年，北京首都机场完成旅客吞吐量 0.94 亿人次，连续 7 年位居世界第 2；上海浦东机场完成货邮吞吐量 344.0 万吨，连续 9 年位居世界第 3。

（五）运输机队

截至 2016 年年底，民航全行业运输飞机期末在册架数 2950 架，比 2015 年底增加 300 架。

（六）机场数量

截至 2016 年年底，我国共有颁证运输机场 218 个，比 2015 年底增加 8 个。2016 年新增机场分别为山西临汾机场、湖北十堰机场、福建三明机场、海南琼海机场、青海果洛机场、内蒙古乌兰察布机场、内蒙古扎兰屯机场、海南三沙机场、云南沧源机场。另外，完成了河北秦皇岛机场、新疆且末机场迁建。陕西安康机场停航，江西九江机场注销（2016 年 5 月）（见表 3）。

表 3　2016 年各地区颁证运输机场数量

地　　区	运输机场数量（个）	占全国比例
全国	218	100%
东北地区	23	10.6%
东部地区	53	24.3%
西部地区	110	50.5%
中部地区	32	14.7%

（七）航线网络

截至 2016 年年底，我国共有定期航班航线 3794 条，按重复距离计算的航线里程为 919.3 万公里，按不重复距离计算的航线里程为 634.8 万公里（见表 4）。

表 4　2016 年我国定期航班条数及里程

指标：单位	数量（个）
航线条数：条	3794
国内航线	3055
其中：港澳台航线	109
国际航线	739
按重复距离计算的航线里程：万公里	919.3
国内航线	580.1
其中：港澳台航线	17.3

续表

指标：单位	数量（个）
国际航线	339.1
按不重复距离计算的航线里程：万公里	634.8
国内航线	352.0
其中：港澳台航线	16.7
国际航线	282.8

截至2016年年底，定期航班国内通航城市214个（不含中国香港、澳门、台湾）。我国航空公司国际定期航班通航56个国家的145个城市，国内航空公司定期航班从38个内地城市通航中国香港，从10个内地城市通航中国澳门，大陆航空公司从48个大陆城市通航中国台湾地区。

（八）对外关系

截至2016年年底，中国与其他国家或地区签订双边航空运输协定120个，比2015年年底增加2个（萨摩亚、巴布亚新几内亚），其中，亚洲有44个（含东盟），非洲有24个，欧洲有36个，美洲有9个，大洋洲有7个。

（九）运输航空（集团）公司生产

截至2016年年底，我国共有运输航空公司59家，比2015年年底增加4家，按不同所有制类别划分：国有控股公司44家，民营和民营控股公司15家；全部运输航空公司中：全货运航空公司8家，中外合资航空公司11家，上市公司7家。

中航集团完成飞行小时237.4万小时，完成运输总周转量261.7亿吨公里，比2015年增长10.1%，完成旅客运输量1.15亿人次，比2015年增长9.3%，完成货邮运输量191.6万吨，比2015年增长7.0%。

东航集团完成飞行小时197.3万小时，完成运输总周转量197.3亿吨公里，比2015年增长10.6%，完成旅客运输量1.02亿人次，比2015年增长8.6%，完成货邮运输量139.5万吨，比2015年下降0.3%。

南航集团完成飞行小时237.5万小时，完成运输总周转量243.9亿吨公里，比2015年增长8.9%，完成旅客运输量1.15亿人次，比2015年增长4.8%，完成货邮运输量161.3万吨，比2015年增长6.7%。

海航集团完成飞行小时139.5万小时，完成运输总周转量142.1亿吨公里，比2015年增长22.9%，完成旅客运输量0.83亿人次，比2015年增长22.4%，完成货邮运输量78.4万吨，比2015年增长0.8%。

其他航空公司共完成飞行小时137.7万小时，完成运输总周转量117.5亿吨公里，比2015年增长22.4%，完成旅客运输量0.73亿人次，比2015年增长22.7%，完成货邮运输量97.3万吨，比2015年增长19.6%（见图11）。

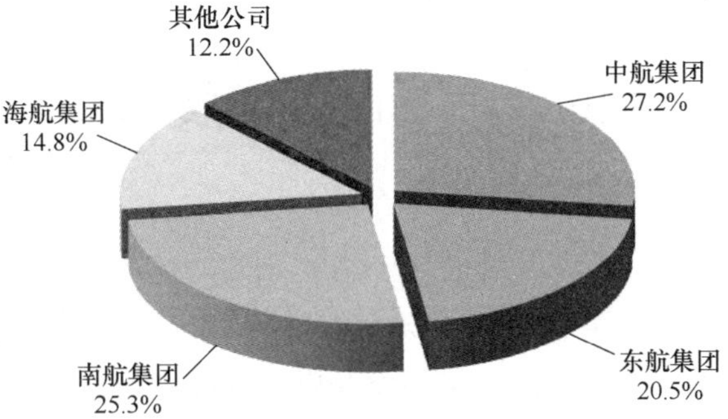

图 11　2016 年各航空（集团）公司运输总周转量比重

二、通用航空

（一）飞行小时

2016 年，全行业完成通用航空生产飞行 76.47 万小时，比 2015 年下降 1.9%。其中，工业航空作业完成 8.29 万小时，比 2015 年下降 3.0%；农林业航空作业完成 5.10 万小时，比 2015 年增长 21.3%；其他通用航空飞行 63.08 万小时，比 2015 年下降 3.2%。

（二）通用航空企业

截至 2016 年年底，获得通用航空经营许可证的通用航空企业 320 家，其中，华北地区 79 家，中南地区 65 家，华东地区 66 家，东北地区 31 家，西南地区 43 家，西北地区 29 家，新疆地区 7 家。

（三）机队规模

2016 年年底，通用航空企业在册航空器总数达到 2096 架，其中教学训练用飞机 621 架。

（撰稿：张学军）

2016 年汽车产业发展概况

2016 年是“十三五”规划初年，党中央深入推进改革创新的工作、不断推出宏观产业政策，促进国民经济稳中有进、稳步向前发展。基于我国宏观经济大背景，汽车行业强化供给侧改革力度，汽车产品结构调整及更新速度加快，产销增速逐月上调，2016 年 6 月以后增速显著。全年汽车产销双超 2800 万辆，连续八年蝉联全球第 1，行业经济效益指标增长明显，有效确保了宏观经济平稳运行。

一、我国汽车工业发展现状及特点

（一）2016 年我国汽车产销情况

受购置税优惠等政策的刺激，2016 年月度销量除 2 月以外，其余月份增速明显高于同期，月度销量增长率呈陡升趋势，总体上呈现出产销两旺的发展态势。我国汽车产销总量再创历史新高。2016 年汽车产销分别完成 2811.9 万辆和 2802.8 万辆，比 2015 年同期分别增长 14.5%和 13.7%，高于 2015 年同期 11.2 和 9.0 个百分点（见图 1）。

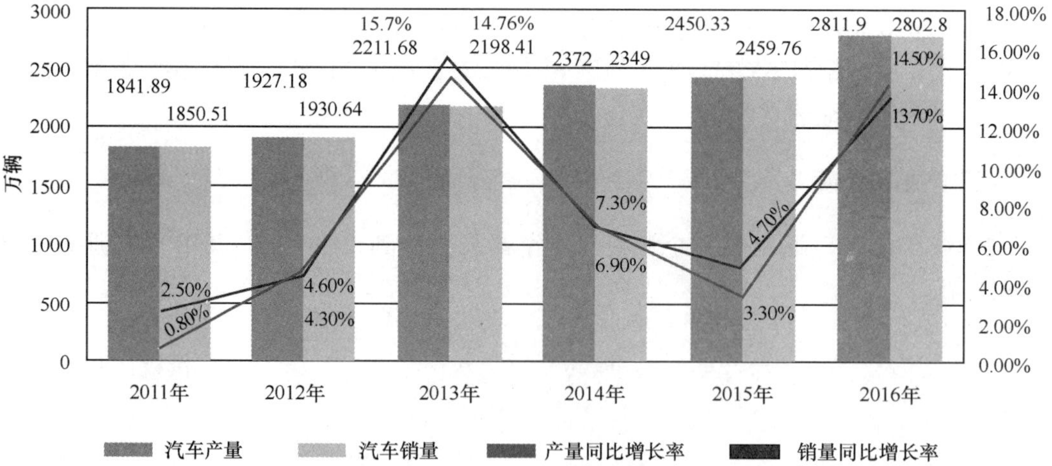

图 1 2011—2016 年汽车产销量及同比增长率

资料来源：中国汽车工业协会。

（二）2016 年我国汽车市场的特点

1. 乘用车产销高速增长

2016 年，受购置税优惠政策的影响，乘用车产销再创历史新高，总体呈现平稳增长势态。2016 年，乘用车产销分别完成 2442.1 辆和 2437.7 万辆，比 2015 年同期分别增长 15.5%和 14.9%，其快速增长对于汽车产销增长贡献度分别达到 92.3%和 94.1%。

从不同车型分析，2016 年 SUV 继续保持高速增长，产销增速分别为 45.7%和 44.6%；MPV 产销增速分别为 17.1%和 18.4%；轿车产销分别增长 3.9%和 3.4%；交叉型乘用车产销分别下降 38.3%和 37.8%。据全国乘联会数据统计，2016 年国内乘用车市场销量实现 2359.9 万辆，较 2015 年同期的 1976.8 万辆同比提升近两成（19.4%）。其中，SUV 累计销量实现 902.3 万辆，同比增长 47.1%；轿车累计销售 1210.9 万辆，同比增长 3.8%；MPV 累计销售 246.7 万辆，同比增长 25.8%。相较于 2015 年，轿车产销恢复增长，SUV、MPV 依旧保持高速增长，交叉型乘用车则继续下降。

2016 年，1.6 升及以下乘用车销售 1760.7 万辆，比同期增长 21.4%，占乘用车销量比重为 72.2%，比 2015 年同期提高 3.6 个百分点，对乘用车销量的贡献度为 97.9%。1.6 升及以下乘用车购置税减半政策促进汽车增长，对于节能减排、促进小排量车型消费起到了很大的引导作用。

从国内外乘用车市场份额分析，2016 年，中国品牌乘用车共销售 1052.9 万辆，同比增长 20.5%，占乘用车销售总量的 43.2%，比 2015 年同期提高 2 个百分点。其中，中国品牌 SUV 销售 526.8 万辆，同比增长 57.6%，占 SUV 销售总量的 58.2%，比 2015 年同期提高 4.8 个百分点；中国品牌 MPV 销售 223.8 万辆，同比增长 19.9%，占 MPV 销售总量的 89.6%，比 2015 年同期提高 1.2 个百分点；中国品牌轿车销售 234 万辆，同比下降 3.7%，占轿车销售总量的 19.3%，比 2015 年同期下降 1.4 个百分点。由此可以看出，中国品牌的 SUV 及 MPV 的市场份额在进一步提高，轿车市场有待巩固（见图 2）。

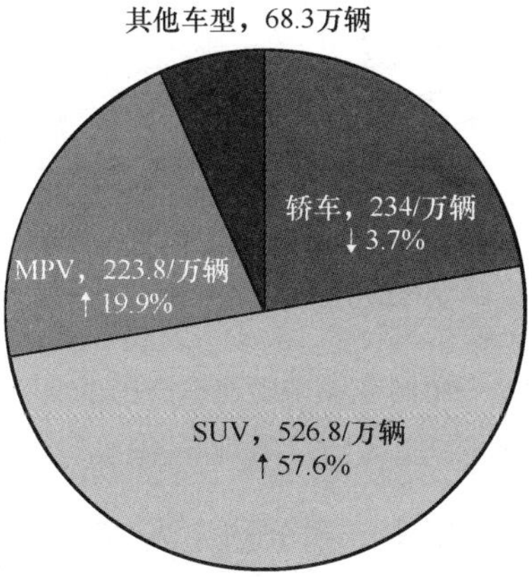

图 2　2016 年中国品牌乘用车各车型销量及增长率

资料来源：中国汽车工业协会。

2. 货车拉动商用车增长

2016 年，受机动车国五排放标准的影响，商用车产销量扭转 2015 年下滑的趋势，商用车产销分别达到 369.8 万辆和 365.1 万辆，高于 2015 年同期 8%和 5.8%。从车型分析，客车产销比 2015 年同期分别下降 7.4%和 8.7%；货车产销比 2015 年同期分别增长了 11.2%和 8.8%，货车 3 月起产销持续上升，拉动作用明显，增长贡献度分别达到 116%和 126%。

3. 汽车出口同比降幅收窄

2016 年，汽车出口 70.8 万辆，比 2015 年同期下降 2.7%，降幅继续缩小。其中乘用车出口 47.7 万辆，比 2015 年同期增长 11.5%；商用车出口 23.1 万辆，比 2015 年同期下降 23.1%。根据海关数据整理，1～11 月，汽车整车进口 95.8 万辆，比 2015 年同期下降 3.4%；出口 73.2 万辆，比 2015 年同期增长 4.7%。

4. 新能源汽车增速超 50%

2016 年新能源汽车生产 51.7 万辆，销售 50.7 万辆，比 2015 年同期分别增长 51.7%和 53%。其中，纯电动汽车产销分别完成 41.7 万辆和 40.9 万辆，比 2015 年同期分别增长 63.9%和 65.1%；插电式混合动力汽车产销分别完成 9.9 万辆和 9.8 万辆，比 2015 年同期分别增长 15.7%和 17.1%（见图 3）。

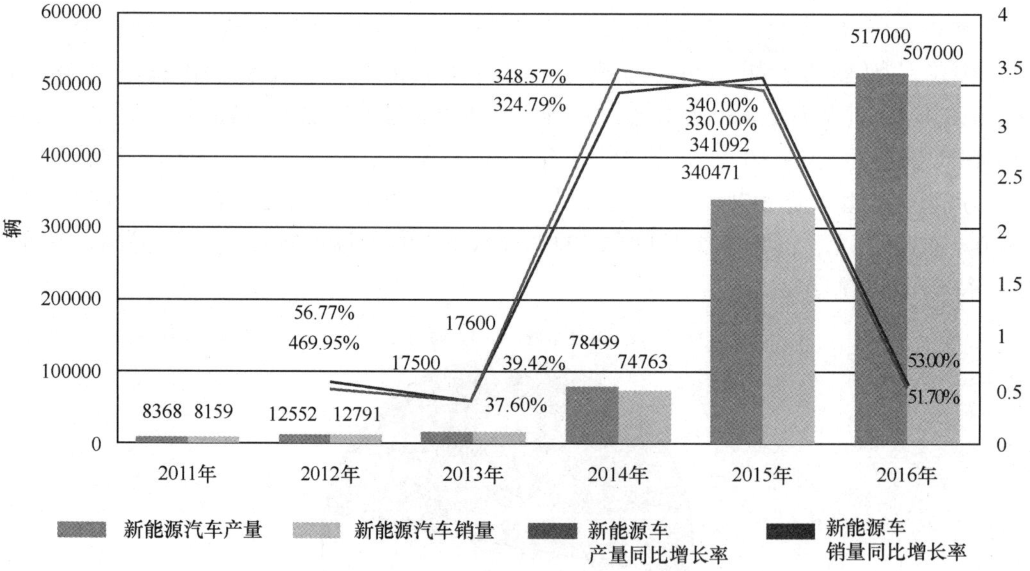

图 3 2011—2016 年新能源汽车产销量及同比增长率

资料来源：中国汽车工业协会。

新能源乘用车中，纯电动乘用车产销分别完成 26.3 万辆和 25.7 万辆，比 2015 年同期分别增长 73.1%和 75.1%；插电式混合动力乘用车产销分别完成 8.1 万辆和 7.9 万辆，比 2015 年同期分别增长 29.9%和 30.9%。

新能源商用车中，纯电动商用车产销分别完成 15.4 万辆和 15.2 万辆，比 2015 年同期分别增长 50.2%和 50.7%；插电式混合动力商用车产销分别完成 1.8 和 1.9 万辆，比 2015 年同期分别下降 22.5%和 19.3%。

5. 前10位企业销量增速与行业一致，且重点企业营业收入保持增长、利润及利税总额好于2015年同期

2016年，汽车销量排名前10位的企业集团销量合计为2476万辆，同比增长12.9%，仅低于行业增速0.8个百分点。占汽车销售总量的88.3%，与2015年同期相比下降0.6个百分点。

1～11月，汽车工业重点企业（集团）营业收入呈较快增长，累计实现营业收入32596.89亿元，同比增长16.21%；1～11月，汽车工业重点企业（集团）累计实现利润总额3300.04亿元，同比增长7.21%；累计实现利税总额5309.48亿元，同比增长7.44%。

二、行业政策及变化

2016年汽车行业政策依然集中在节能减排及市场调控方面，整体上仍有利于市场的发展。

（一）1.6升及以下排量的车购置税减半

在2015年召开的国务院常务会议上，决定自2015年10月1日起至2016年12月31日，对购买1.6升及以下排量车实施购置税减半的优惠政策。该政策自2015年以来，有力促进了小排量汽车的购买需求，提振中国汽车市场，尤其到2016年下半年，优惠政策接近尾声，汽车市场异常火爆。11月，我国汽车销售293.87万辆，环同比分别增长10.90%和16.55%，超过“金九银十”，销量创出历史新高。

（二）机动车国五排放标准制定

2016年年初，国家环保部和工业和信息化部联合发布实施机动车第五阶段排放标准（国V）公告：全国自2017年1月1日起，所有制造、进口、销售和注册登记的轻型汽油车、重型柴油车（客车和公交、环卫、邮政用途），须符合国五标准要求；全国自2017年7月1日起，所有制造、进口、销售和注册登记的重型柴油车，须符合国五标准要求；全国自2018年1月1日起，所有制造、进口、销售和注册登记的轻型柴油车，须符合国五标准要求。

（三）新能源汽车补贴政策调整方案出台

针对现有新能源汽车补贴标准过高、企业过度依赖补贴政策及享受补贴的新能源汽车产品技术性能偏低等问题，2016年12月21日，工业和信息化对外发布了新能源汽车补贴政策的调整方案，新政策内容包括设置中央和地方补贴上限、将资金发放形式由事前拨付改为事后清算，并加强对资金申请的核查力度，同时提高补贴车型的准入门槛等。

（四）电动汽车充电接口统一

2016年1月1日起，电动汽车充电接口国家标准在4项标准的修订基础上新增《电动汽车传导充电系统第1部分：一般要求》。新修订的5项国家标准主要在提高电动汽车充电设施安全性及兼容性方面做出更进一步的要求。交流充电部分，更新了禁止采用存在安全隐患的直通电缆加普通家用插头的连接方式，大于16安培的充电方式要求在车辆插座和供电插座安装电子锁和温度传感器等规范。直流充电部分，更新了在直流充电枪内要求安装电子锁，同时预留车辆插座加装电子锁的机械结构，要求车辆和设施必须具备检测和告警功能等规范。新修订标准的发布进一步扩大了电动车和充电设施互联互通的适应性及可实施性，充电安全性得到提升，对于电动车用户来说用车体验将更加便捷。过去不同品牌充电效率有高有低、充电桩无法共用的局面有望得到改变。

（五）缺陷车辆召回细化规章

我国制定的《缺陷汽车产品召回管理条例》自2013年1月1日起施行，而《缺陷汽车产品召回管理条例实施办法》于2016年1月1日起正式实施。作为《缺陷汽车产品召回管理条例》的细化规章，新办法进一步明确和强化了生产者召回责任主体义务，增加了对汽车零部件生产者的义务，对监管部门的工作流程以及地方质检部门参与召回管理的内容进行了细化，增加了向社会发布风险预警信息的内容，丰富了缺陷调查工作手段。

（六）汽车维修技术信息公开

1月1日起，由交通运输部等八部委联合发布的《汽车维修技术信息公开实施管理办法》正式实施，该办法要求从2016年起汽车维修技术信息须无差别、无延迟公开。按照规定，汽车生产者自2016年1月1日起，对于取得CCC认证的乘用车和客车，要在车型上市之日起6个月内公开维修技术信息；自2017年1月1日起，对于取得CCC认证的货车和半挂牵引车，要在车型上市之日起6个月内公开维修技术信息。汽车生产者要在2017年1月1日前，公开 2008年7月1日后取得CCC认证并上市销售的乘用车和客车的维修技术信息。

（七）车辆车船税可申请退税

国家税务总局制定的新车船税管理规程于1月1日起施行。新规程第四章对纳税人因质量原因退货，已完税车辆被盗抢、报废、灭失等情形而申请退税的要求，应当予以办理。规程中指出，已经缴纳车船税的车船，因质量原因，车船被退回生产企业或者经销商的，纳税人可以向纳税所在地的主管税务机关申请退还自退货月份起至该纳税年度终了期间的税款，退货月份以退货发票所载日期的当月为准。新规程的施行有助于购买到问题车辆的消费者挽回部分损失，减轻纳税人办税负担，督促各地各级税收、保险、代收等相关单位在处理消费者退税要求时积极予以配合。

（八）130 万元及以上豪车加征 10%消费税

11 月 30 日，财政部公布自 2016 年 12 月 1 日起，对零售价格 130 万元（不含增值税）及以上的乘用车和中轻型商用客车按现行税率征收消费税的基础上，另加征零售环节消费税，税率为 10%。

三、2017 年我国汽车工业展望

2017 年中国宏观经济仍为下行趋势，但相对稳定，仍有利于汽车市场的增长。购置税优惠政策的退坡虽然对车市有负影响，仍对年底车市有刺激作用。2017 年的乘用车市场将由超长规增长回归到常规增长。

（一）宏观经济与购置税政策对汽车销量存在周期性扰动

2009 年实施对 1.6 升及以下排量的乘用车减半征收购置税（税率由 10%降至 5%）的政策，刺激了当年汽车销量快速提升，同比增幅达 46.1%；2010 年，该优惠政策将税率调整至 7.5%，增速有所下滑，但也达到 32.4%。而后 2011 年，乘用车购置税税率上调至 10%，当年汽车销量同比增长仅为 2.6%。2015 年 10 月，再次推出小排量乘用车购置税减半的政策，带来 2016 年汽车销量的大幅提升。购置税优惠政策对汽车销量的促进作用明显。2016 年财政部出台新政策，规定 2017 年 1.6L 以及下排量乘用车按 7.5%征收购置税，2018 年起恢复 10%水平。由于 2017 年购置税优惠力度减半，且 2016 年年底存在提前消费情况以及较高基数等因素，2017 年汽车销量增速回落已在预期之中。

（二）SUV 增速逐步放缓

在消费者的消费偏好升级、低价产品的供给和油价下降等因素的共同作用下，过去 4 年 SUV 维持超高速增长。SUV 的需求吸引了各大车企，过去几年车企每年加大 SUV 的产品投放，从轿车转向 SUV 车型。但是，这几方面的因素逐渐弱化，2017 年 SUV 增速将逐步放缓，但其依然是乘用车市场的增长点。据统计，月均销量排名位于前 80%的紧凑型 SUV，总共有 42 个品牌，紧凑型 SUV 市场已经是红海市场，市场竞争非常激烈。自 2015 年以来，中型 SUV 异军突起、一路高歌猛进，成为增速最快的细分市场。随着国内二胎政策的放开及置换购车的需求，消费需求正在升级，中型 SUV 凭借更大的空间、沉稳大气的造型成为追逐热点。各大厂商为了品牌向上发展，也开始布局中型 SUV。

（三）二手车交易增速加快

二手车增速一直低于新车，我国目前新旧车交易比例为 1∶0.37，而发达国家为 1∶2，我国仍处于乘用车的普及阶段，随着保有量的提升，二手车供给将进入快车道。此外，新出台的二手车政策有利于二手车市场发展。

四、“十三五”汽车工业发展问题

（一）中国品牌零部件发展需有顶层设计

中国品牌汽车较弱，某一重要原因是中国品牌零部件发展薄弱。“十三五”期间我国应重视发展中国品牌零部件产业。零部件行业发展需要国家明确发展目标，以新能源汽车为榜样，从国家层面布局，在政策上给予企业自主研发更多的支持，加快调整整零关系。

（二）消除对新能源汽车的成见

随着特斯拉进入中国，公众对电动汽车的质疑减少。基于全行业的共同努力及国家利好政策，新能源汽车技术水平有所提高，市场发展形势越来越好。应消除对电动汽车企业的成见，全力支持新能源汽车的发展。

（三）加快发展智能网联汽车

“十三五”是跨界融合和群体突破的爆发期，中国将大力发展智能网联汽车。但智能网联汽车零部件制造商成熟度低、互联网企业涌入汽车行业，势必造成资源的浪费，应与传统汽车企业进行优势互补、资源整合、精诚合作，才能有效推动智能网联汽车的发展与成功。目前，传感及通信技术的发展、高精度定位及数字地图的进步，使得先进驾驶辅助系统、先进车辆控制及安全系统获得广泛应用。随着智能交通系统的不断发展，距汽车真正实现自动驾驶、成为真正的智能网联汽车将越来越近。

（四）汽车出口颓势亟需扭转

如果按照“十三五”规划目标，2020年中国汽车产销量达到2800万辆，出口占10%，则出口总规模需达到280万辆，这一数字约为2016年出口总量的3.95倍，实现起来较为困难。充分利用政策资源、可靠提高车辆质量、做强中国汽车品牌，是实现该目标的有效途径。

五、总结

2016年中国汽车产业步入新常态，在各项政策引导下，汽车产销仍取得较快增长，未来将维持稳步发展的局势。中国品牌的SUV及MPV的市场份额维持快速发展趋势，份额将进一步提高。汽车产业正在从传统汽车转向以新能源汽车为代表的新增长点，中国将加速以新能源汽车为平台的智能网联汽车技术研发。

注：文中数据无特别说明部分，均来自中国汽车工业协会的统计资料。

（撰稿：杨国樑、王子龙、龚进峰）

2016 年电子信息制造业发展概况

2016 年，我国电子信息制造业生产运行平稳，生产保持较快增长，效益状况总体良好，固定资产投资增速加快，但外贸进出口降幅有所扩大。

一、总体情况

生产运行平稳。2016 年，全国规模以上电子信息制造业增加值同比增长 10%，增速比 2015 年回落 0.5 个百分点，快于全部规模以上工业增速 4 个百分点，占规模以上工业增加值比重提高到 7.5%。出口交货值同比下降 0.1%，降幅比上年收窄 0.1 个百分点（见图 1）。

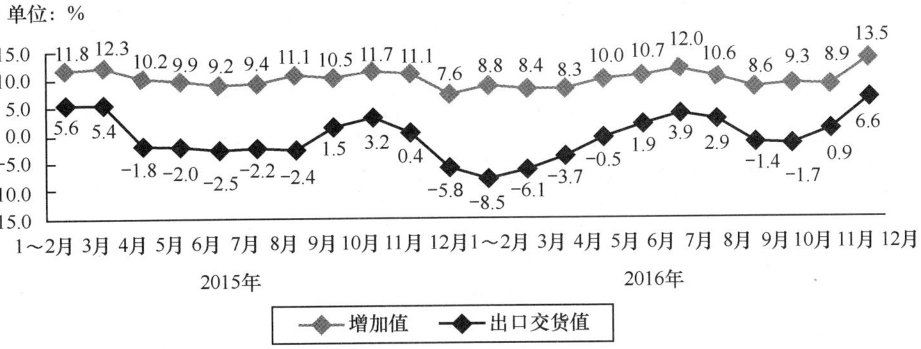

图 1　2015 年以来电子信息制造业增加值和出口交货值分月增速

通信设备行业生产保持较快增长。2016 年生产手机 21 亿部，同比增长 13.6%，其中智能手机 15 亿部，增长 9.9%，占全部手机产量比重为 74.7%。生产移动通信基站设备 34084 万信道，同比增长 11.1%。出口交货值同比增长 3.4%。

计算机行业生产延续萎缩态势。2016 年生产微型计算机设备 29009 万台，下降 7.7%。出口交货值同比下降 5.4%。

家用视听行业生产增速同比加快。2016 年生产彩色电视机 15770 万台，同比增长 8.9%，其中液晶电视机 15714 万台，增长 9.2%；智能电视 9310 万台，增长 11.1%，占彩电产量比重为 59.0%。出口交货值同比增长 1.8%。

电子元件行业生产稳中有升。2016 年生产电子元件 37455 亿只，同比增长 9.3%。出口交货值同比增长 2.6%。

电子器件行业生产平稳增长。2016 年生产集成电路 1318 亿块，同比增长 21.2%；半导体分立器件 6433 亿只，增长 11%。光伏电池 7681 万千瓦，同比增长 17.8%。出口交货值同比下降 0.7%。

二、效益情况

行业效益状况良好，亏损面收窄。2016 年全行业主营业务收入同比增长 8.4%；实现利润增长 12.8%。主营业务收入利润率为 4.85%，比 2015 年提高 0.19 个百分点；企业亏损面为 16.5%，比 2015 年收窄 2 个百分点。2016 年年底，全行业应收账款同比增长 18.8%，高于主营业务收入增幅 10.4 个百分点；产成品存货增长 2.8%（见图 2）。

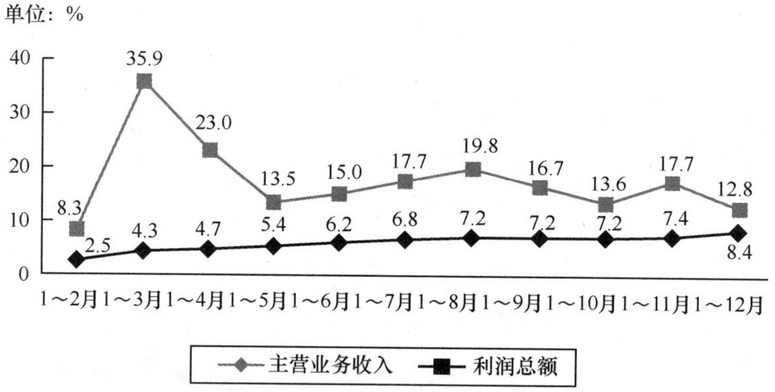

图 2　2016 年电子信息制造业主营业务收入、利润增速变动情况

三、进出口情况

外贸进出口降幅扩大。据海关数据统计，2016 年电子信息产品进出口总额 12245 亿美元，同比下降 6.4%，其中，出口 7210 亿美元，下降 7.7%，降幅比 2015 年扩大 6.6 个百分点；进口 5035 亿美元，下降 4.6%，降幅比 2015 年扩大 3.4 个百分点。

2015 年以来电子信息产品出口月度增长情况如图 3 所示。

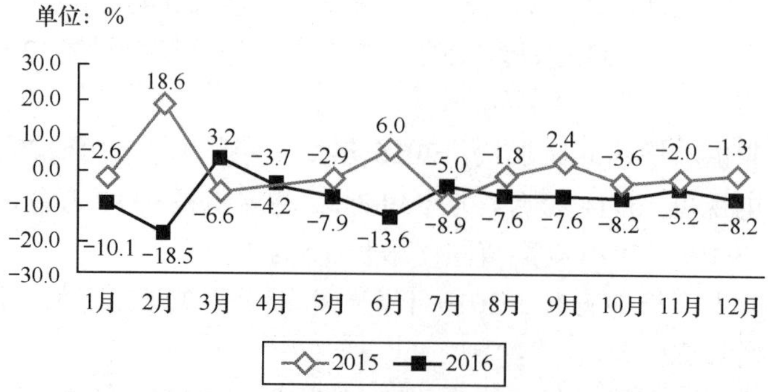

图 3　2015 年以来电子信息产品出口月度增长情况

2015 年以来电子信息产品进口月度增长情况如图 4 所示。

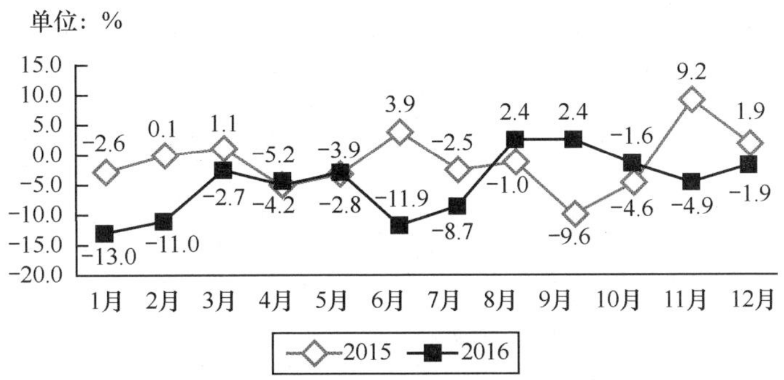

图 4　2015 年以来电子信息产品进口月度增长情况

计算机行业出口降幅同比收窄，电子器件行业进口下降。出口方面，各分行业出现不同程度的下降。2016 年通信设备行业出口 2039 亿美元，同比下降 5.1%；计算机行业出口 1753 亿美元，下降 9.7%，降幅比 2015 年收窄 4.7 个百分点。主要产品中，手机出口 1156 亿美元，下降 6.6%；笔记本电脑出口 583 亿美元，下降 9.7%。进口方面，除电子仪器设备、电子材料和广播电视设备行业呈正增长以外，其他行业出现不同程度下降。其中，电子器件行业进口 2862 亿美元，下降 4.4%。集成电路进口 2271 亿美元，下降 1.2%。

一般贸易进出口保持增长，贸易方式结构有所优化。2016 年出口方面，一般贸易出口 2052 亿美元，同比增长 3.2%，所占比重为 28.5%，同比提高 3.0 个百分点。加工贸易出口 4271 亿美元，下降 10.4%，所占比重为 59.2%，同比下降 1.8 个百分点。进口方面，一般贸易进口 1499 亿美元，增长 10.5%，所占比重为 29.8%，同比提高 4.1 个百分点。加工贸易进口 2351 亿美元，下降 9.5%，所占比重为 46.7%，同比下降 2.5 个百分点。

民营企业所占比重有所提升，三资企业进出口延续下降态势。2016 年，内资企业出口 2307 亿美元，同比下降 4.7%，其中，民营企业出口 1731 亿美元，下降 3.0%，占出口总额比重为 24.0%，同比提高 1.1 个百分点。三资企业出口 4903 亿美元，下降 9.1%，其中，外商独资企业出口 3682 亿美元，下降 9.2%。进口方面，内资企业进口 1664 亿美元，增长 2.0%。其中，民营企业进口 1337 亿美元，增长 1.7%，占进口总额比重为 26.6%，同比提高 1.7 个百分点。三资企业进口 3370 亿美元，下降 7.6%，其中，外商独资企业进口 2526 亿美元，下降 7.4%。

四、固定资产投资情况

固定资产投资增速加快。2016 年电子信息制造业 500 万元以上项目完成固定资产投资额比 2015 年增长 15.8%，增速快于 2015 年 2.2 个百分点。电子信息制造业新增固定资产比 2015 年下降 10.9%。

分行业投资增势良好。2016 年电子器件行业完成投资同比增长 22.7%，其中半导体分立器件制造和集成电路制造领域增速突出，分别为96.4%和31.1%。电子元件行业完成投资增长13.3%。整机行业中，通信设备行业投资快速增长，增速为29.3%；家用视听行业投资较快增长，增速为19.1%；电子计算机行业投资增长4.2%（见图5）。

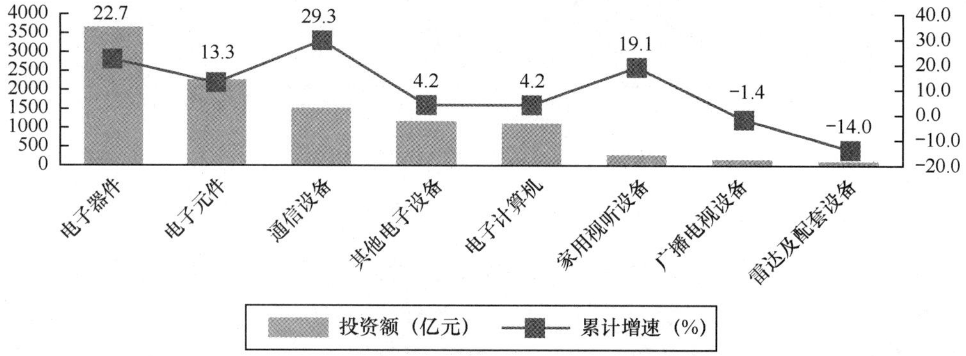

图5　2016年分行业固定资产投资情况

港澳台企业投资增速领跑。2016年内资企业完成投资增长13.2%，外商投资企业投资增长16.8%，港澳台企业完成投资增长44.3%。

（撰稿：关志超）

2016 年城市客运交通发展概况

一、发展状况

（一）服务供给能力不断提高

城市客运行业围绕让城市公共交通成为群众机动化出行首选、让群众出行更满意为目标，紧紧围绕“减少无效和低端供给，扩大有效和中高端供给，增强供给结构对需求变化的适应性和灵活性，提高全要素生产率”的发展策略，提高城市公共交通服务的针对性、精确性和灵活性，注重量质并举、全面发展，积极推动城市公共交通供给侧改革，进一步加快转变城市客运发展方式。一是城市轨道交通快速发展，截至 2016 年年底，我国共有 30 个城市开通轨道交通，2016 年新增 4 个城市，运营里程达到 3727.5 公里。二是快速公交系统建设继续加快，截至 2016 年年底，我国共有 26 个城市开通 BRT，运营里程达到 3433.5 公里。三是公交专用道规模快速增长，截至 2016 年年底，我国共有公交专用道 9777.8 公里，比 2015 年增加 1208.7 公里，同比增长 14.1%。四是运输装备规模进一步扩大，我国拥有公共汽电车 60.86 万辆（折合 68.73 万标台），比 2015 年增长 4.69 万辆，同比增长 8.3%；城市轨道交通运营车辆 23791 辆（折合 57627 标台）、巡游出租汽车 140.40 万辆、城市客运轮渡运营船只 282 艘。

（二）服务模式不断创新

各地积极创新服务方式，提高服务品质，城市公共交通智能化调度、动态监控和实时信息服务水平不断提升，定制公交、商务快巴、旅游专线、社区巴士等特色公共交通服务遍地开花，城市公交出行服务质量稳步提升。截至 2016 年年底，我国拥有公共汽电车运营线路 52789 条，比 2015 年增加 3884 条；运营线路长度 3727.5 公里，比 2015 年增加 532.1 公里，同比增长 16.7%。服务广度和深度进一步提升，北京市、上海市等城市实现行政区域内公交全覆盖，江苏省全面推进“镇村公交”，率先将“行有所乘”纳入基本公共服务体系。服务更加精细化，各地依托公交智能示范工程，加强运营数据监测，优化调度管理，提升服务精细化水平。服务方式更加多元化，各地积极探索定制公交、商务巴士、社区巴士等特色公交服务，逐步形成了多层次、差异化的服务体系。

（三）绿色出行大力推进

按照走资源节约和环境友好型发展道路的要求，努力推动城市绿色出行体系建设。一是加快新能源汽车在城市客运领域的推广应用。深入贯彻落实《国务院办公厅关于加快新能源汽车推广应用的指导意见》（国办发〔2014〕35 号）及部实施意见，将城市客运作为新能源汽车推广应用的重点领域之一，截至 2016 年年底，我国新能源公交车辆

16.46 万辆，占公交车辆总数的 27.0%，比 2015 年增长 7.80 万辆，同比增长 90.0%。二是各地积极引导公众选择自行车绿色出行方式，加快自行车道和步行道系统建设。株洲市在不到 130 平方公里的城区布设了 2 万多辆公共自行车，年借还自行车数量超过 2 亿人次。基于移动互联网的共享自行车快速发展，受到了用户欢迎。三是加快城市交通拥堵综合治理。从"关注车辆的畅通"转向"关注人和物的畅通"，综合运用经济、法律、科技和必要的行政手段等"组合拳"，从交通出行的各个环节入手，依法建立以经济手段为主、行政手段为辅的差异化交通拥堵治理措施。四是加强绿色出行文化建设。2016 年，各地积极开展主题为"优选公交　绿色出行"的"公交出行宣传周"活动，共同倡导绿色出行理念，营造社会各界支持公交优先、优选公交出行的氛围。

（四）信息化水平不断提升

各地顺应"互联网+"发展新形势，探索大数据、云计算、移动互联网技术在城市公交出行信息服务领域的广泛应用，推动具有城市公交便捷出行引导的智慧型综合出行信息服务系统建设，向公众提供全链条、全方式、跨区域的综合交通"一站式"信息服务。一是城市公共交通智能化应用示范工程等工作稳步推进，城市客运行业运营、管理和服务的效率与水平得到明显提升。二是公共交通一卡通互联互通成效显著。按照部统一要求，加快推进交通一卡通互联互通工作，更好实现便捷支付，截至 2016 年年底，我国已有 100 多个城市接入全国交通"一卡通"互联互通大平台。三是规范移动支付在交通运输支付领域的应用。2016 年 4 月，交通运输部组织编制并发布了《交通一卡通移动支付技术规范》（JT/T 1059—2016）系列标准。

（五）城市客运标准化建设进一步加强

经过多年发展，城市客运行业标准体系建设取得了明显成效，标准规范体系框架基本建立。2016 年，全国城市客运标准化技术委员会开展了城市客运领域"2017—2019 年三年标准制修订计划"编制工作。2016 年共发布国家标准 5 项，行业标准 10 项，其中《城市公共汽电车客运服务规范》（GB/T 22484—2016）、《快速公共汽车交通系统建设与运营管理规范》（GB/T 32985—2016）、《城市交通运行状况评价规范》（GB/T 33171—2016）等国家标准相继发布，为促进行业健康发展提供了重要依据。

（六）城市交通管理工作面临的挑战依然严峻

2016 年，我国城镇常住人口从 2000 年的 4.9 亿人增加到 7.5 亿人，城市建成区面积从 2.2 万平方公里增加到 5.2 万平方公里，大城市平均出行距离从 2 公里增加到 6 公里。2004 年以来，每年新领证的驾驶人迅猛增长，第一个五年（2004—2008 年）年均增长超过 1000 万，第二个五年（2009—2013 年）年均增长超过 2000 万，近 3 年年均增长 3000 万以上。全国私人小汽车从 300 万辆增加到 1.7 亿辆。50 个城市的汽车保有量超过 100

万辆，23 个城市的汽车超过 200 万辆，其中北京、成都、重庆、上海、苏州、深圳 6 个城市的汽车超过 300 万辆，北京的汽车达到 556.5 万辆，相当于 2000 年全国私人小汽车的近 2 倍，许多城市交通拥堵日趋严重，城市交通管理工作面临严峻的挑战。

二、发展趋势

“十三五”黄金时期是经济发展新常态、全面建成小康社会决胜阶段、推进国家“三大战略”等大时代背景综合作用于交通运输的集中体现。国家经济结构加速调整，城镇化和机动化不断加快，势必带动交通运输行业的快速发展，城市客运行业将面临加快发展和转型升级。

（一）国家“十三五”规划确立城市客运发展总方向

“十三五”是交通运输作为国民经济的基础性、先导性产业的基础设施发展、服务水平提高和转型发展的黄金时期。2016 年 3 月，十二届全国人大四次会议通过了《中华人民共和国国民经济和社会发展第十三个五年规划纲要》（以下简称《纲要》），《纲要》提出了实行公共交通优先，加快发展城市轨道交通、快速公交系统等大容量公共交通，鼓励绿色出行，促进网络预约等定制交通发展，推广城市自行车和公共交通等绿色出行服务系统，倡导勤俭节约的生活方式，明确了城市客运行业“十三五”发展方向和思路，推进供给侧结构性改革，转变发展方式，创新服务模式，强化公共交通引导城市发展，提升城市公共交通治理能力和服务水平。

（二）经济新常态对城市客运发展提出新任务新要求

“十三五”期间，面对复杂严峻的国内外环境和艰巨繁重的改革发展稳定任务，党中央将坚持适应把握引领新常态，坚持稳中求进的工作总基调，以推进供给侧结构性改革为主线，适度扩大总需求，坚定推进深化改革，妥善应对风险挑战，保持经济社会平稳健康发展。国民经济的持续稳定增长，为城市客运发展营造良好的外部条件，同时也对城市客运服务品质提出了新的要求。“十三五”期间，城市客运行业将以需求为导向，创新和丰富服务方式，提高服务效率和品质，不断提升与城市化进程并行的城市、城际、城乡交通运输服务水平，为国家改善民生做出应有的贡献。

（三）“互联网+”便捷交通引领城市客运行业转型升级

为加快推动互联网与各领域深入融合和创新发展，充分发挥“互联网+”对稳增长、促改革、调结构、惠民生、防风险的重要作用，国务院制定下发了《国务院关于积极推进“互联网+”行动的指导意见》（国发〔2015〕40 号），明确了我国“互联网+”战略的顶层设计。其中，“互联网+”便捷交通的主要任务是加快互联网与交通运输领域的深度融合，通过基础设施、运输工具、运行信息等互联网化，推进基于互联网平台的便捷化交通运输服务发展，显著提高交通运输资源利用效率和管理精细化水平，全面提升交通运输行业服务品质和科学治理能力。城市客运作为“互联网+”的重要应用领域，“互联网+”为城市客运行业转型升级和创新服务模式提供可能。

（四）交通运输行业新能源汽车规模化发展进程不断加快

2016 年，我国新能源汽车产业进入规模增长阶段。交通运输行业尤其是城市客运成为新能源车应用的主力军。截至 2016 年年底，我国新能源公交车保有量已达到 16.5 万辆，占我国城市公共汽电车总数的 27.1%，2016 年新增 7.8 万辆新能源公交车，同比增长 56.0%。“十三五”期间，新能源汽车发展将更加注重质量提升，在产品技术、基础设施等多方面将取得重大突破。“十三五”期间，将以加快新能源汽车在城市客运服务领域的应用为导向，重点聚焦新型整车轻量化技术和整车安全、振动噪声、寿命等性能控制技术研究，大幅提升新能源汽车和新能源在城市客运领域的应用比例，加速发展新一代高性能、大运量纯电动公交车；面向中小城市与城郊线路应用市场，发展适应中长线路运营的油电混合动力公交车等，全面促进新能源汽车规模化应用。

三、主要数据

（一）公共汽电车

截至 2016 年年底，全国拥有城市公共汽电车 60.86 万辆（折合 68.73 万标台），比 2015 年增加 4.69 万辆，增长比例为 8.3%。其中，新能源车辆（包括纯电动客车、混合动力车）16.46 万辆，占比 27.0%，比 2015 年增加 7.80 万辆，增长比例为 90.0%；BRT 车辆 7689 辆，占比 1.3%。

全国拥有城市公共汽电车运营线路 52789 条，比 2015 年增加 3884 条，增长比例为 7.9%。运营线路长度 98.12 万公里，比 2015 年增加 8.69 万公里，增长比例为 9.7%。公交专用道 9777.8 公里，比 2015 年增加 1208.7 公里，增长比例为 14.1%。全国共有 26 个城市开通 BRT 线路，线路长度 3433.5 公里。无轨电车线路长度 924.0 公里。

全国拥有城市公共汽电车经营业户数 3887 户，其中个体经营业户数 263 户。从业人员 135.26 万人，其中驾驶员 83.93 万人，占比 62.1%。人车比为 2.22∶1。

2016 年完成城市公共汽电车客运量 745.35 亿人次，占城市客运量 58.0%，比 2015 年减少 20.05 亿人次，减少比例为 2.6%。IC 卡刷卡量 351.03 亿人次。BRT 客运量 17.65 亿人次，占城市公共汽电车客运量 2.4%。

2016 年完成城市公共汽电车运营里程 358.32 亿公里，比 2015 年增加 5.99 亿公里，增加比例为 1.7%。

2012—2016 年全国城市公共汽电车发展情况和 2016 年全国 31 个省（自治区、直辖市）城市公共汽电车综合发展情况见（见表 1、表 2）。

表 1　2012—2016 年全国城市公共汽电车发展情况

年份	运营车辆数（万辆）	新能源车辆数（万辆）	BRT 车辆数（辆）	运营线路条数（条）	运营线路长度（万公里）	BRT 线路长度（公里）	公交专用道长度（公里）	经营业户数（户）	个体经营户数（户）	从业人员数（万人）	驾驶员数（万人）	客运量（亿人次）	IC 卡刷卡量（亿人次）	BRT 客运（亿人次）	运营里程（亿公里）
2010	42.05	0.29	2943	33672	63.37	514.0	3726.0	3275	—	121.42	—	670.12	235.81	—	317.86
2011	45.33	0.78	3265	35884	67.29	988.0	4425.6	3325	—	122.65	—	715.79	264.06	—	331.73
2012	47.49	1.34	3975	38243	71.46	1383.0	5255.8	3312	—	125.63	—	749.80	299.25	—	346.82
2013	50.96	2.22	4484	41738	74.89	2753.0	5890.6	3416	—	132.22	—	771.17	317.27	10.96	348.96
2014	52.88	3.66	5339	45052	81.78	2790.0	6897.3	3665	—	127.98	—	781.88	340.43	14.76	346.69
2015	56.18	8.67	6163	48905	89.43	3081.0	8569.1	3844	213	133.23	—	765.4	343.18	14.32	352.33
2016	60.86	16.46	7689	52789	98.12	3433.5	9777.8	3887	263	135.26	83.93	745.35	351.03	17.65	358.32

注：1. 2010—2014 年全国城市公共汽电车个体经营户数未统计。

2. 2010—2015 年全国城市公共汽电车驾驶员数未统计。

3. 2010—2012 年全国 BRT 客运量未统计。

表 2　2016 年全国 31 个省（自治区、直辖市）城市公共汽电车综合发展情况

地区	运营车辆数（万辆）	新能源车辆数（万辆）	BRT 车辆数（辆）	同比增长（%）	运营线路条数（条）	同比增长（%）	运营线路长度（万公里）	同比增长（%）	BRT 线路长度（公里）	同比增长（%）	公交专用道长度（公里）	同比增长（%）	经营业户数（户）	同比增长（%）	从业人员数（万人）	同比增长（%）	客运量（亿人次）	同比增长（%）	BRT 客运量（亿人次）	同比增长（%）	运营里程（亿公里）	同比增长（%）
全国	60.86	16.46	7689	8.3	52789	7.9	98.12	9.7	3433.5	11.5	9777.8	14.1	3887	1.1	135.26	1.5	745.35	-2.6	17.65	23.2	358.32	1.7
北京	2.27	0.06	368	-2.6	876	0.0	1.98	-1.8	81.0	0	845	14.1	2	0	7.92	-1.5	36.9	-9.1	0.52	-14.5	13.36	-1.3
天津	1.27	0.37	—	9.3	763	6.7	1.78	11.9	—	—	65	0.0	12	9.1	2.09	5.6	14.99	-4.5	—	—	4.75	-6.2
河北	3.01	1.19	—	17.5	2516	6.6	4.74	15.9	—	—	26.9	19.6	193	14.9	5.67	8.3	20.96	0.1	—	—	13.69	10.3
山西	1.3	0.47	—	22.1	1372	15.6	2.55	22.6	—	—	390.9	80.5	131	8.3	3.19	5.2	15.12	-1.7	—	—	6.39	5.7
内蒙古	1.15	0.1	—	12.0	1358	15.2	3.44	26.9	—	—	188.8	24.5	235	9.3	2.57	8.5	13.69	5.8	—	—	7.64	8.5
辽宁	2.36	0.52	64	2.3	1900	2.2	3.31	2.9	14.0	0	811.5	25.1	123	4.2	5.60	-0.8	39.43	-4.0	0.17	-6.8	13.57	-4.6
吉林	1.24	0.12	—	-2.4	1064	3.6	1.54	8.1	—	—	194.2	20.2	120	1.7	2.81	0.1	17.21	-2.3	—	—	7.65	-2.0
黑龙江	1.95	0.23	—	4.2	1581	7.7	2.9	5.9	—	—	76.8	0	250	6.4	3.79	1.2	26.6	-1.4	—	—	13.16	-0.1
上海	1.67	0.28	—	1.0	1457	2.0	2.42	0.6	—	—	325	4.0	28	-15.2	5.67	-18.3	23.91	-6.2	—	—	10.4	-1.7
江苏	4.25	1.36	963	7.0	3769	7.4	6.85	7.6	629.0	15.8	1035.1	2.2	100	8.7	8.90	2.4	46.46	-2.2	1.76	0.5	24.9	3.0
浙江	3.58	0.8	675	9.4	4603	12.7	8.22	15.4	493.0	101.2	804.7	18.5	152	7.8	7.77	4.2	38.05	-1.9	0.73	33.6	22.58	10.4
安徽	2.01	0.52	406	8.2	1640	10.6	2.84	14	198.0	81.7	149.8	24.1	120	-1.6	4.03	3.7	22.49	-5.3	0.71	25.3	11.4	-1
福建	1.83	0.52	347	7.7	1706	6.9	2.96	7.9	167.5	29.2	205.9	30.2	99	3.1	3.54	4.7	24.12	-1.9	1.4	3.6	10.89	4.6
江西	1.08	0.23	—	10.1	1253	8.2	2.25	6.8	—	—	62.2	34.6	115	7.5	2.02	5.5	12.86	-14.2	—	—	7.48	5.0

续表

地区	运营车辆数（万辆）	新能源车辆数（万辆）	BRT车辆数（辆）	同比增长（%）	运营线路条数（条）	同比增长（%）	运营线路长度（万公里）	同比增长（%）	BRT线路长度（公里）	同比增长（%）	公交专用道长度（公里）	同比增长（%）	经营业户数（户）	同比增长（%）	从业人员数（万人）	同比增长（%）	客运量（亿人次）	同比增长（%）	BRT客运量（亿人次）	同比增长（%）	运营里程（亿公里）	同比增长（%）
山东	5.86	2.79	394	25.5	4407	12.0	11.19	17.3	406.0	0.7	1023.3	19.3	256	10.8	10.39	13.1	42.38	1.2	0.57	2.2	27.32	6.6
河南	2.73	1.34	1800	7.9	1669	3.6	2.74	6.0	121.0	47.6	200.8	61.7	121	6.1	5.65	2.0	26.47	−1.4	5.34	114.6	14.22	0.6
湖北	2.2	0.43	260	5.2	1564	5.2	2.25	−8.6	38.0	18.8	423.7	48.4	110	0.9	5.94	1.5	33.94	−2.1	0.35	183.7	15.27	1.0
湖南	2.45	1.16	172	11.1	1734	9.2	2.7	11.2	55.0	−69.8	337.5	−9.9	183	6.4	4.94	−0.2	31.97	−5.3	0.12	5	16.64	−7.2
广东	6.14	2.18	1105	7.8	5231	4.6	10.68	6.7	789.0	−6.7	1223.8	4.2	261	6.1	14.94	0.8	69.87	−5.2	2.43	−7	43.68	2.3
广西	1.29	0.28	157	12.7	1489	15.7	2.57	19.8	181.0	0.6	235.3	7.1	151	−3.8	2.39	5.6	13.96	0.8	0.39	6	7.59	10.1
海南	0.35	0.11	—	4.5	366	4.6	0.72	0.5	—	—	25	0.0	50	−5.7	0.72	−1.9	4.82	0.6	—	—	2.55	2.8
重庆	1.3	0.24	—	1.5	1145	8.2	1.68	6.4	—	—	0	−100	65	−58.3	3.49	−4.4	27.08	0.7	—	—	9.07	0.6
四川	2.91	0.22	270	5.2	2748	10.3	4.02	8.7	60.0	1.7	526.4	5.3	235	0.9	6.08	1.2	41.34	−6.2	1	−1.1	15.43	−3.5
贵州	0.86	0.14	—	8.6	961	20.9	1.26	19.8	—	—	33.1	38.5	169	−17.6	2.23	1.1	18.25	18.8	—	—	5.29	4.8
云南	1.60	0.3	—	8.9	2121	4.6	4.41	0	—	—	96.1	13.1	166	4.4	2.83	1.6	17.47	−1.7	—	—	9.09	−0.6
西藏	0.07	0.02	—	7.4	74	1.4	0.13	1.4	—	—	—	—	7	0	0.15	−8.7	0.92	−4.7	—	—	0.34	2.6
陕西	1.43	0.26	—	4.6	962	8.8	1.68	8.7	—	—	261.5	−3.2	136	3.0	3.75	1.2	25.29	−1.8	—	—	9.32	0.8
甘肃	0.75	0.02	70	−0.8	672	1.4	1.02	9.8	9.0	0.0	8.9	0	85	3.7	1.89	0.8	13.12	4.3	0.41	0.1	3.71	−0.8
青海	0.39	0.08	—	1.9	447	4.4	0.94	8.4	—	—	—	—	39	0	0.83	0.6	4.61	−1.4	—	—	2.04	−6.8
宁夏	0.41	0.02	80	−0.5	422	−2.1	0.8	1.2	21.0	0.0	74.8	0.7	43	−8.5	0.89	−4.9	4.5	−0.8	0.33	−4.9	2.08	−7.7
新疆	1.18	0.09	558	−2.1	919	5.9	1.53	6.3	171.0	16.3	125.8	17.9	130	5.7	2.55	−1.2	16.57	−2.1	1.43	11.1	6.82	−1.1

（二）城市轨道交通

截至 2016 年年底，全国共有 30 个城市开通城市轨道交通，2016 年新开通 4 个，分别是合肥、福州、东莞和南宁。

全国拥有城市轨道交通运营车辆 23791 辆（折合 57627 标台），比 2015 年增加 3850 辆（折合 9462 标台），增长比例为 19.3%。

全国拥有城市轨道交通运营线路 124 条，比 2015 年增加 19 条，增长比例为 18.1%。运营线路长度 3727.5 公里，比 2015 年增加 532.1 公里，增长比例为 16.7%。

全国拥有城市轨道交通车站 2468 个，比 2015 年增加 376 个，增长比例为 18.0%。其中，换乘站 254 个，比 2015 年增加 74 个，增长比例为 41.1%。

全国拥有城市轨道交通经营业户数 42 户。从业人员 21.49 万人，其中驾驶员 2.46 万人，占比 11.4%。

2016 年完成城市轨道交通客运量 161.51 亿人次，占城市客运量 12.6%，比 2015 年增加 21.50 亿人次，增长比例为 15.4%。

2016 年完成城市轨道运营里程 4.33 亿列公里，比 2015 年增加 0.59 亿列公里，增长比例为 15.7%。

2010—2016 年全国城市轨道交通发展情况和 2016 年全国城市轨道交通综合发展情况（见表 3、表 4）。

表 3　2010—2016 年全国城市轨道交通发展情况

	开通城市数（个）	运营车辆数（辆）	折合标台数（标台）	运营线路条数（条）	运营线路长度（万公里）	车站数（个）	换乘站数（个）	经营业户数（户）	从业人员数（万人）	驾驶员数（万人）	客运量（亿人次）	运营里程（亿公里）
2010 年	12	8285	21165	53	1471.3	977	78	21	10.15	—	55.68	1.39
2011 年	13	9945	24330	58	1698.7	1147	109	21	9.98	—	71.34	2.39
2012 年	15	12611	30672	69	2057.9	1375	116	23	11.95	—	87.29	2.81
2013 年	18	14366	34415	81	2407.9	1549	134	26	13.92	—	109.19	2.74
2014 年	22	17300	41770	92	2816.1	1829	151	31	16.05	—	126.66	3.27
2015 年	26	19941	48165	105	3195.4	2092	180	35	18.42	—	140.01	3.74
2016 年	30	23791	57627	124	3727.5	2468	254	42	21.49	2.46	161.51	4.33

注：2010—2015 年全国轨道交通驾驶员数未统计。

表 4　2016 年全国城市轨道交通综合发展情况

城市	运营车辆数（辆）	地铁（辆）	轻轨（辆）	有轨电车（辆）	磁悬浮（辆）	同比增长（%）	运营线路条数（条）	地铁（条）	轻轨（条）	有轨电车（条）	磁悬浮（条）	同比增长（%）	运营线路长度（公里）	地铁（公里）	轻轨（公里）	有轨电车（公里）	磁悬浮（公里）	同比增长（%）	车站数（个）	换乘车站数（个）	同比增长（%）	经营业户数（户）	同比增长数（户）	从业人员数（万人）	同比增长（%）	客运量（亿人次）	同比增长（%）	运营里程（万列公里）	同比增长（%）
全国	23791	22072	1275	412	32	19.3	124	103	9	10	2	18.1	3727.5（+532.1）	3269.7（+547.1）	298.8（-42.5）	111.3（+8.9）	47.7（+18.6）	16.7	2468	254	18.0	42	7	21.49	16.7	161.51	15.4	43318.00	15.7
北京	5204	5204	—	—	—	3.6	19（+1）	19（+1）	—	—	—	5.6	574.0（+20.3）	574.0（+20.3）	—	—	—	3.7	345	54	3.3	2	0	4.11	3.8	36.59	10.1	8781.00	6.9
天津	956	780	152	24	—	52.7	6（+1）	4（+1）	1	1	—	20.0	175.4（+28.4）	115.2（+28.3）	52.3（+0.1）	7.9	—	19.3	105	7	28.0	1	-1	0.63	8.5	3.09	7.1	1265.70	8.9
沈阳	336	336	—	—	—	12.0	2	2	—	—	—	0	54.0	54.0	—	—	—	0	43	1	0	1	0	0.36	3.5	2.97	7.0	594.10	7.4
大连	568	288	208	72	—	13.6	7	2	3	2	—	0	166.9	42.3	101.1	23.5	—	0	56	1	0	2	1	0.59	17.8	1.55	36.9	1097.10	28.9
长春	398	—	351	47	—	0.8	4	—	2	2	—	0	64.2	—	46.9	17.3	—	0	119	1	0	1	0	0.38	26.4	0.81	3.1	742.30	-1.0
哈尔滨	78	78	—	—	—	18.2	1	1	—	—	—	0	17.2	17.2	—	—	—	0	18	—	0	1	0	0.15	14.2	0.68	4.4	162.00	2.5
上海	4025	4008	—	—	17	6.0	15	14	—	—	1	0	617.5	588.4	—	—	29.1	0	367	54	0.3	6	0	2.87	-2.0	34.01	10.9	8430.10	11.3
南京	1194	1154	—	40	—	6.6	7	6	—	1	—	0	231.8	224.0	—	7.8	—	0	134	7	0	2	0	1.10	3.8	8.32	16.0	2545.70	8.9
无锡	276	276	—	—	—	0	2	2	—	—	—	—	55.0	55.0	—	—	—	0	—	—	—	—	—	—	—	0.83	—	513.50	4.9
苏州	410	320	—	90	—	34.4	3	2（+2）	—	1	—	0	86.1（+16.0）	67.9（+15.6）	—	18.2（+0.4）	—	22.8	59	1	28.3	2	1	0.58	38.6	1.51	9.4	866.60	21.7
昆山	—	—	—	—	—	—	—	—	—	—	—	—	6.0	6.0	—	—	—	—	3	0	—	—	—	—	—	0.17	—	—	—
淮安	104	—	—	104	—	0.	1	—	—	1	—	—	20.1	—	—	20.1	—	0	—	—	—	—	—	—	—	0.05	1718.3	152.10	1421.0

续表

城市	运营车辆数（辆）	地铁（辆）	轻轨（辆）	有轨电车（辆）	磁悬浮（辆）	同比增长（%）	运营线路条数（条）	地铁（条）	轻轨（条）	有轨电车（条）	磁悬浮（条）	同比增长（%）	运营线路长度（公里）	地铁（公里）	轻轨（公里）	有轨电车（公里）	磁悬浮（公里）	同比增长（%）	车站数（个）	换乘车站数（个）	同比增长（%）	经营业户数（户）	同比增长数（户）	从业人员数（万人）	同比增长（%）	客运量（亿人次）	同比增长（%）	运营里程（万列公里）	同比增长（%）
杭州	534	534	—	—	—	14.1	3	3	—	—	—	0	81.5	81.5	—	—	—	0	53	4	0	2	0	0.46	4.8	2.69	20.3	971.00	9.6
宁波	366	366	—	—	—	32.6	2	2	—	—	—	0	74.5（+25.3）	74.5（+25.3）	—	—	—	51.4	42	10	0	1	0	0.34	3.9	1.00	164.0	743.00	178.3
合肥★	132	132	—	—	—	—	1	1	—	—	—	—	24.6	24.6	—	—	—	—	23	—	—	1	1	0.18	—	0.01	—	3.50	—
福州★	144	144	—	—	—	—	1	1	—	—	—	—	9.2	9.2	—	—	—	—	6	—	—	1	1	0.16	—	0.02	—	53.40	—
南昌	162	162	—	—	—	17.4	1	1	—	—	—	0	28.8	28.8	—	—	—	0	24	—	0	1	0	0.20	8.0	0.80	5584.3	313.00	7725.0
青岛	151	144	—	7	—	214.6	2	1	—	1	—	100.0	33.3（+22.3）	24.5（+13.5）	—	8.8（+8.8）	—	202.7	34	—	240.0	2	1	0.37	135.7	0.11	1975.2	122.40	2960.0
郑州	258	258	—	—	—	72.0	2（+1）	2（+1）	—	—	—	100.0	46.2（+20.0）	46.2（+20.0）	—	—	—	76.3	36	1	80.0	1	0	0.25	65.6	1.24	40.5	370.90	37.9
武汉	1106	1106	—	—	—	42.5	5（+1）	5（+1）	—	—	—	25.0	180.4（+55.0）	180.4（+55.0）	—	—	—	43.9	136	13	33.3	1	0	0.85	20.0	7.17	26.8	1894.80	35.1
长沙	345	330	—	—	15	113.0	3（+2）	2（+1）	—	—	1（+1）	200.0	68.8（+42.6）	50.2（+23.6）	—	—	18.6（+18.6）	158.6	46	2	100.0	2	1	0.40	40.0	1.60	90.7	517.20	117.3
广州	2088	2060	—	28	—	9.2	13（+3）	12（+3）	—	1	—	30.0	309.0（+35.0）	301.3（+35.3）	—	7.7（-0.3）	—	12.8	201	50	18.2	1	0	2.19	19.6	25.71	6.8	4673.70	2.2
佛山	—	—	—	—	—	—	—	—	—	—	—	—	21.0	—	—	—	—	—	15	0	—	—	—	—	—	—	—	—	—

续表

城市	运营车辆数（辆）	地铁（辆）	轻轨（辆）	有轨电车（辆）	磁悬浮（辆）	同比增长（%）	运营线路条数（条）	地铁（条）	轻轨（条）	有轨电车（条）	磁悬浮（条）	同比增长（%）	运营线路长度（公里）	地铁（公里）	轻轨（公里）	有轨电车（公里）	磁悬浮（公里）	同比增长（%）	车站数（个）	换乘车站数（个）	同比增长（%）	经营业户数（户）	同比增长数（户）	从业人员数（万人）	同比增长（%）	客运量（亿人次）	同比增长（%）	运营里程（万列公里）	同比增长（%）
深圳	1890	1890	—	—	—	47.2	8（+3）	8（+3）	—	—	—	60.0	285.0（+108.0）	285.0（+108.0）	—	—	—	61.0	196	28	66.1	2	0	1.29	2.7	12.97	15.6	3038.50	17.8
东莞★	108	108	—	—	—	—	1	1	—	—	—	—	37.8	37.8	—	—	—	—	—	—	—	—	—	—	—	0.21	—	201.80	—
南宁★	144	144	—	—	—	—	1	1	—	—	—	—	32.1	32.1	—	—	—	—	25	—	—	1	1	0.22	—	0.06	—	41.80	—
重庆	978	414	564	—	—	6.5	6（+1）	3	3（+1）	—	—	20.0	213.3（+11.3）	114.8（+1.5）	98.5（+9.8）	—	—	5.6	126	9	5.9	1	0	1.53	22.0	6.93	9.6	2326.70	2.6
成都	966	966	—	—	—	32.0	4（+1）	4（+1）	—	—	—	33.3	105.5（+19.5）	105.5（+19.5）	—	—	—	22.7	87	6	24.3	1	0	0.85	32.8	5.62	107.0	1552.70	64.7
昆明	240	240	—	—	—	0	1（-1）	1（-1）	—	—	—	-50.0	46.3（-13.0）	46.3（-13.0）	—	—	—	-21.9	35	1	6.1	1	0	0.40	24.4	0.88	5.4	436.80	-19.1
西安	630	630	—	—	—	94.4	3（+1）	3（+1）	—	—	—	50.0	89.0（+38.1）	89.0（+38.1）	—	—	—	74.9	66	3	69.2	1	0	0.55	66.5	4.08	19.3	906.20	37.3

注：1. 上海轨道交通运营线路长度含江苏（昆山）境内约 6 公里；上海轨道交通车站数含江苏（昆山）境内 3 个，换乘站数 0 个；上海轨道交通客运量含江苏（昆山）境内约 1713 万人次。

2. 广州轨道交通运营线路长度含佛山境内约 21 公里；广州轨道交通车站数含佛山境内 15 个，换乘站 0 个。

3. 2011 年，重庆市将城市轨道交通类型上报为单轨，2012 年以后重庆市将城市轨道交通类型上报为地铁和轻轨。

4. 无锡、淮安、东莞轨道交通车站数、经营业户数、从业人员数未统计。

5. ★ 表示 2016 年新开通城市轨道交通运营的城市；（+数字）表示线路长度增加的公里数；（-数字）表示线路长度减少的公里数。

（三）出租汽车

截至2016年年底，全国拥有巡游出租汽车（以下简称“出租汽车”）140.40万辆，比2015年增加1.15万辆，增长比例为0.8%。其中新能源车辆（纯电动车）1.86万辆，比2015年增加1.18万辆，增长比例为171.6%。

全国拥有出租汽车经营业户数13.36万户，其中个体经营业户数12.51万户，占比93.6%。从业人员267.75万人，其中驾驶员246.66万人，占比92.1%。

2016年完成出租汽车客运量377.35亿人次，占城市客运量29.4%，比2015年减少19.39亿人次，减少比例为4.9%。

2016年完成出租汽车运营里程1552.50亿公里，比2015年减少49.92亿公里，减少比例为3.1%，里程利用率66.5%。

2010—2016年全国出租汽车发展情况和2016年全国31个省（自治区、直辖市）出租汽车综合发展情况（见表5、表6）。

表5　2010—2016年全国巡游出租汽车发展情况

	运营车辆数（万辆）	新能源车辆数（万辆）	经营业户数（万户）	个体经营户数（万户）	从业人员数（万人）	驾驶员数（万人）	客运量（亿人次）	运营里程（亿公里）
2010	122.57	0.005	13.58	12.70	235.67	—	346.28	1488.85
2011	126.38	0.04	13.45	12.63	240.42	—	376.71	1519.69
2012	129.97	0.14	13.98	13.14	250.68	—	390.03	1566.28
2013	134.00	0.18	13.83	12.99	260.89	—	401.94	1593.21
2014	137.01	0.40	13.47	12.63	261.81	—	406.06	1618.11
2015	139.25	0.69	13.22	12.37	262.63	—	396.74	1602.42
2016	140.40	1.86	13.36	12.51	267.75	246.66	377.35	1552.50

注：2010—2015年全国巡游出租汽车驾驶员数未统计。

表6　2016年全国31个省（自治区、直辖市）出租汽车综合发展情况

地区	运营车辆数（万辆）	新能源车辆数（辆）	同比增长（%）	总经营业户数（户）	同比增长（%）	个体经营业户数（户）	同比增长（%）	从业人员数（万人）	同比增长（%）	客运量（亿人次）	同比增长（%）	运营里程（亿公里）	同比增长（%）
全国	140.40	18614	0.8	133609	1.0	125055	1.1	267.75	1.9	377.35	-4.9	1552.50	-3.1
北京	6.85	1000	0.3	1387	-0.3	1157	0	9.38	-10.6	4.77	-18.8	51.00	-13.5
天津	3.19	—	—	6088	0.1	6014	0	4.70	-0.9	3.75	0.9	34.69	0.2
河北	7.31	—	1.6	401	-3.4	—	—	12.04	3.2	13.92	-5.1	75.01	2.6
山西	4.31	8194	0.0	270	1.1	—	—	7.11	-0.1	10.31	-8.6	38.67	-4.7
内蒙古	7.39	—	10.3	23066	5.0	22794	4.9	10.93	8.7	16.97	15.8	68.95	12.8
辽宁	9.29	50	-0.1	16116	-0.1	15504	-0.2	29.82	54.1	28.00	-6.7	116.90	-3.9
吉林	7.12	—	0.2	34437	-0.3	34210	-0.3	17.46	1.3	19.90	-18.2	76.07	0.2
黑龙江	10.54	—	-0.4	20553	-3.4	20143	-3.5	15.47	-0.4	32.30	-1.0	94.75	-0.6
上海	4.73	6	-4.7	3091	-0.7	2966	-0.7	9.49	-4.1	8.62	-11.3	57.87	-4.9
江苏	6.12	759	0.1	5977	0	5609	0	10.88	-6.9	14.65	-9.9	70.12	-9.8

续表

地区	运营车辆数（万辆）	新能源车辆数（辆）	同比增长（%）	总经营业户数（户）	同比增长（%）	个体经营业户数（户）	同比增长（%）	从业人员数（万人）	同比增长（%）	客运量（亿人次）	同比增长（%）	运营里程（亿公里）	同比增长（%）
浙江	4.40	590	0.5	2162	0	1737	0.1	10.23	-7.1	11.62	-12.4	56.85	-8.6
安徽	5.54	500	0.3	707	-19.7	435	-27.4	9.62	-0.6	18.27	-1.1	66.94	-2.3
福建	2.50	759	0.7	198	3.1	—	—	4.67	-10.4	7.30	-4.4	31.25	-7.1
江西	1.79	2	-0.5	173	-6.0	—	—	3.54	-1.0	6.20	-6.0	20.18	1.1
山东	7.21	28	0	2225	-0.9	1720	-1.3	11.90	-3.7	13.19	-14.0	77.26	-7.8
河南	6.19	100	0.6	463	-1.5	2	0	12.34	2.2	16.21	-2.2	67.15	-2.3
湖北	4.21	846	0.7	1688	34.5	1388	44.9	8.94	-7.5	15.30	-1.9	58.45	-3.9
湖南	3.63	200	0.6	287	-0.3	—	—	7.66	-3.1	16.43	-6.9	49.19	-7.0
广东	7.04	4135	0.1	411	-1.2	9	-43.8	11.69	-15.1	16.40	-11.5	90.64	-4.6
广西	2.12	200	2.4	200	-1.0	23	0	3.81	-2.8	3.96	-12.1	18.89	-5.6
海南	0.72	236	8.5	69	7.8	—	—	1.37	7.8	1.71	9.8	9.44	8.8
重庆	2.37	—	0.9	1107	0.9	942	1.5	6.01	0.6	9.99	-0.5	37.56	-2.4
四川	4.34	250	-4.3	1001	-0.5	508	0.8	9.37	-7.1	18.17	0.3	59.17	-5.4
贵州	2.87	20	11.7	3430	7.7	3119	6.8	6.94	8.9	14.35	4.2	29.04	2.5
云南	2.95	50	0.3	2546	-1.4	2262	0	5.68	0.9	8.86	-3.0	24.20	-2.7
西藏	0.26	8	0.2	21	0	—	—	0.57	0.3	1.46	-3.1	5.23	0.4
陕西	3.62	410	0.6	342	0.9	—	—	7.78	0.2	12.08	-0.7	46.10	-2.0
甘肃	3.64	221	4.4	247	0	—	—	5.03	4.2	8.54	1.0	34.49	3.2
青海	1.31	—	0.2	130	-1.5	72	-2.7	2.14	1.6	2.98	3.1	12.91	0.8
宁夏	1.61	50	-0.3	85	0	4	—	2.44	1.0	4.32	-16.8	15.47	-9.4
新疆	5.23	—	0.7	4731	17.2	4437	18.9	8.73	0.6	16.82	1.5	58.07	-0.6

（撰稿：魏领红、张智勇、宋伟男、陈徐梅）

2016年中国城市轨道交通发展概况

一、发展概况

（一）基本建设情况

截至2016年年底，中国大陆地区有48个城市（部分地方政府批复项目未纳入统计）在建线路总规模5636.5公里，同比增长26.7%，在建线路228条。共有23个城市的在建线路超过100公里，其中，建设规模超过300公里的有成都、武汉、广州、青岛、北京5个城市；建设规模在150～300公里的有深圳、上海、天津、重庆、南京、厦门、杭州、西安、苏州、长沙10个城市；建设规模在100～150公里的有昆明、宁波、南昌、佛山、温州、南宁、沈阳、福州8个城市。

据不完全统计，在建线路共计车站3463座，其中换乘站1037座，占车站总数的29.9%，与目前运营线路换乘站占比17.1%相比，换乘站占比大幅提高，各城市城轨交通线网逐渐形成，网络化进程加快（见表1）。

表1　2016年建设规模指标计算结果汇总表

序号	城市	在建线路长度（公里）	在建线路条数（条）	车站数量（座）	序号	城市	在建线路长度（公里）	在建线路条数（条）	车站数量（座）
1	北京	316.6	15	159	22	无锡	33.7	2	24
2	上海	256.6	12	168	23	南昌	129.0	5	102
3	天津	225.5	8	178	24	兰州	50.1	3	—
4	重庆	203.4	8	126	25	青岛	324.1	8	168
5	广州	326.5	12	156	26	福州	101.6	4	67
6	深圳	255.6	15	181	27	东莞	37.7	1	15
7	武汉	327.3	15	216	28	南宁	105.7	4	85
8	南京	199.2	5	93	29	合肥	89.5	3	80
9	沈阳	105.0	4	69	30	石家庄	43.2	2	—
10	长春	54.7	3	—	31	济南	47.7	2	24
11	大连	66.5	3	18	32	太原	23.4	1	21
12	成都	394.8	16	278	33	贵阳	62.7	2	49
13	西安	195.1	9	127	34	乌鲁木齐	—	—	—
14	哈尔滨	74.8	4	59	35	厦门	198.9	5	125
15	苏州	185.1	6	141	36	徐州	64.3	2	54
16	郑州	76.2	3	58	37	常州	34.2	1	29
17	昆明	143.5	9	55	38	温州	117.1	2	40
18	杭州	196.6	7	128	39	芜湖	16.2	1	12
19	佛山	124.3	4	70	40	淮安	—	—	—
20	长沙	168.9	8	121	41	红河州	24.6	1	—
21	宁波	136.0	6	85	42	珠海	8.9	1	14.0

续表

序号	城市	在建线路长度（公里）	在建线路条数（条）	车站数量（座）	序号	城市	在建线路长度（公里）	在建线路条数（条）	车站数量（座）
43	南平	26.2	1	—	46	三亚	8.7	1	15
44	渭南（韩城）	10.7	1	5	47	黄石	20.6	1	26
45	安顺（黄果树）	6.5	1	5	48	天水	20.0	1	17
合计		5636.5	228	3463					
平均		117.4	4.75	72.1					

（二）规划情况

据不完全统计，截至2016年年底，中国大陆地区已获得城轨交通建设项目批复的城市有58个（包括地方批复的淮安、南平、珠海、红河州、文山州、渭南（韩城）、安顺（黄果树）、三亚、黄石、泉州、台州、海西州（德令哈）、天水、毕节14个城市），规划线路总长度为7305.3公里（见表2）。

表2　2016年规划指标计算结果汇总表—按城市

序号	城市	线路长度（公里）	规划车站数（座）	序号	城市	线路长度（公里）	规划车站数（座）
1	北京	454.9	174	24	南昌	100.2	78
2	上海	277.3	472	25	青岛	363.8	190
3	天津	115.8	65	26	福州	144.6	66
4	重庆	214.2	126	27	南宁	132.3	85
5	广州	417.8	139	28	石家庄	59.6	52
6	深圳	148.8	93	29	济南	80.6	34
7	武汉	512.6	319	30	太原	49.2	21
8	南京	177.5	—	31	兰州	50.1	42
9	沈阳	123.8	62	32	贵阳	170.1	113
10	长春	104.0	47	33	乌鲁木齐	89.7	72
11	大连	68.2	52	34	呼和浩特	51.4	42
12	成都	379.8	275	35	厦门	227.5	125
13	西安	195.2	143	36	徐州	67.0	52
14	哈尔滨	72.1	53	37	常州	59.9	53
15	苏州	165.9	128	38	东莞	164.7	36
16	郑州	96.0	81	39	南通	59.6	39
17	昆明	137.7	94	40	温州	156.5	40
18	杭州	420.0	170	41	芜湖	46.9	35
19	佛山	123.3	36	42	包头	42.1	32
20	长沙	168.7	121	43	洛阳	41.3	32
21	宁波	118.7	81	44	绍兴	41.1	29
22	无锡	34.5	24	45	淮安	—	—
23	合肥	169.0	145	46	南平	26.2	9

续表

序号	城市	线路长度（公里）	规划车站数（座）	序号	城市	线路长度（公里）	规划车站数（座）
47	珠海	8.9	14	53	黄石	20.6	26
48	红河州	62.3	83	54	泉州	53.7	58
49	文山州	38.1	37	55	台州	68.5	87
50	渭南（韩城）	55.0	5	56	海西州（德令哈）	14.8	20
51	安顺（黄果树）	6.5	5	57	天水	20.0	17
52	三亚	8.7	15	58	毕节	28.1	18
合计		7305.3	4562				
平均		125.95	78.6				

50 个城市批复规划线路均超过 2 条，线网规模超 100 公里的有 28 个城市。据不完全统计，规划车站总计 4562 座，其中换乘站 1213 座，换乘站占比为 26.6%，换乘站占比保持较高水平，表明线路的网络化结构已逐渐形成。规划线路包含地铁、轻轨、单轨、市域快轨、现代有轨电车、磁浮交通、APM 7 种制式，城轨交通制式继续呈现多元化发展格局。

二、基本运营情况

截至 2016 年年底，中国大陆地区共 30 个城市（新增福州、东莞、南宁、合肥 4 市）开通城轨交通运营，共计 133 条线路，总长度 4152.8 公里，2016 年各城市城市轨道交通运营里程（见图 1）。其中，地下线 2564 公里，占 61.7%；地面线 389.7 公里，占 9.4%；高架线 1199.1 公里，占 28.9%，各城市的城轨交通线路规模及各线路基础指标数据分别（见表 3）。

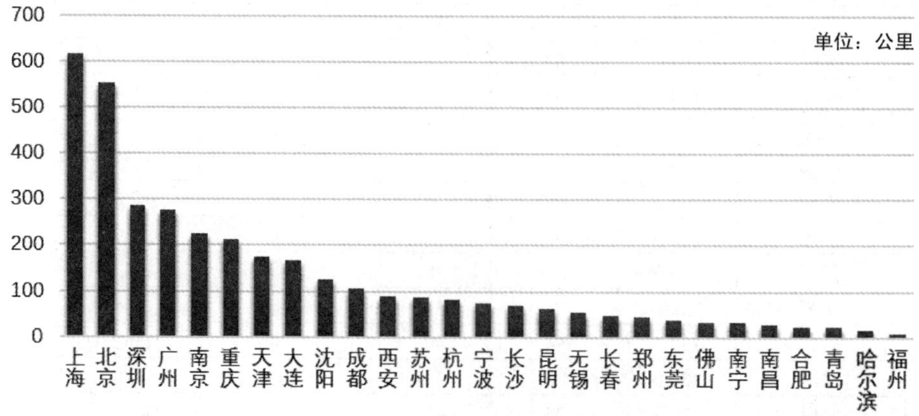

图 1　2016 年各城市城市轨道交通运营里程

截至 2016 年年底，中国大陆地区运营车站总数为 2671 座，其中换乘站 457 座，占比 17.1%；车辆场段 168 座。拥有 2 条及以上城轨交通线路的城市 21 个，占 30 个运营城市的 70%，城轨交通的网络化运营已成为主要趋势。

据不完全统计（缺少 5 条市域快轨 331.2 公里和 8 条现代有轨电车 97.8 公里共 429 公里运营线路客运情况），城轨交通 2016 年完成客运量总计 160.9 亿人次，各城市城轨交通客运情况（见表 3），比 2015 年 138 亿人次增长了 22.9 亿人次，增长 16.6%。其中，北京客运量达到 36.6 亿人次（不含 77 公里市域快轨的客运量），首次实现了日均客运量超千万人次（1002.5 万人次）；上海客运量 34 亿人次（不含 56 公里市域快轨的客运量），广州客运量 24.8 亿人次，深圳客运量 12.9 亿人次，均创历史新高，北京、上海、广州、深圳 4 个城市的客运量占全国总量的 67.3%。各城市的城轨交通客运量情况（见图 2）。

表 3　2016 年运营基础指标计算结果汇总表（按城市）

序号	城市	运营线路条数（条）	线网车站数（座）	线网运营长度（公里）	线网密度（公里/平方公里）
1	北京	20	336	553.8	0.395
2	上海	15	367	617.532	0.618
3	天津	6	126	175.31	0.198
4	重庆	5	126	213.3	0.16
5	广州	10	179	276.25	0.223
6	深圳	8	199	286.488	0.318
7	南京	6	121	224.35	0.297
8	沈阳	6	130	124.93	0.269
9	长春	2	49	46.934	0.093
10	大连	6	95	166.95	0.422
11	成都	4	87	105.5	0.171
12	西安	3	66	88.97	0.178
13	哈尔滨	1	18	17.24	0.043
14	苏州	3	69	85.539	0.187
15	郑州	2	36	46.2	0.106
16	昆明	2	39	63.424	0.151
17	杭州	3	57	81.53	0.161
18	佛山	1	22	33.476	0.212
19	宁波	2	51	74.515	0.231
20	无锡	2	46	55.7	0.169
21	合肥	1	23	24.58	0.056
22	南昌	1	24	28.843	0.094
23	长沙	3	46	68.698	0.22
24	青岛	1	22	24.472	0.043
25	福州	1	9	9.23	0.035
26	南宁	1	25	32.1	—
27	东莞	1	15	37.788	0.041
合计		116	2383	3563.649	—
平均		4.296	88.259	131.987	0.196

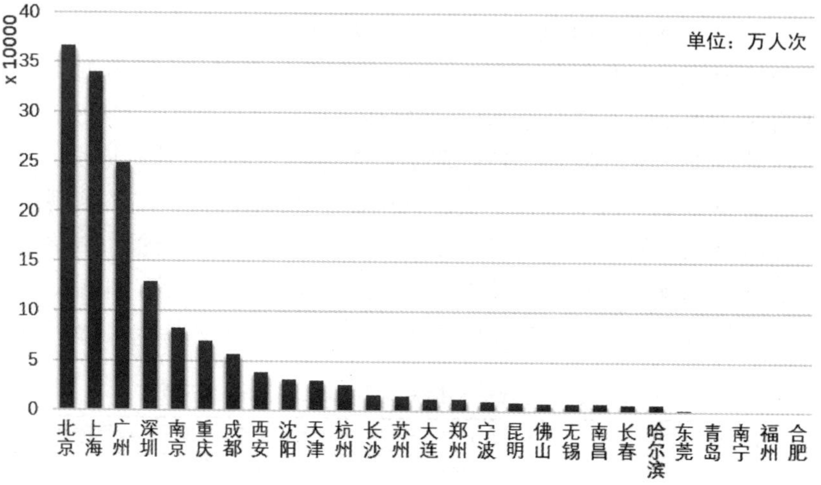

图 2　2016 年各城市的城轨交通客运量

从客运量增长情况来看，随着新开通城轨交通运营线路的增多，各城市尤其是城轨交通新兴城市的客运量增长明显，城轨交通逐渐成为这些城市市民出行的重要公共交通方式。其中，宁波客运量较 2015 年增长了两倍，长沙的客运量增长明显，较 2015 年增长 90.7%；成都、武汉的客运量分别增长 65.7%和 63.2%；佛山、郑州、深圳 3 个城市的客运量分别增长 49.8%、40.5%和 38.9%；另外杭州、南京、无锡、西安、大连、上海、苏州 7 个城市的客运量增长率均超过了 10%。2016 年各城市城轨交通客运量与 2015 年客运量情况对比（见图 3）。

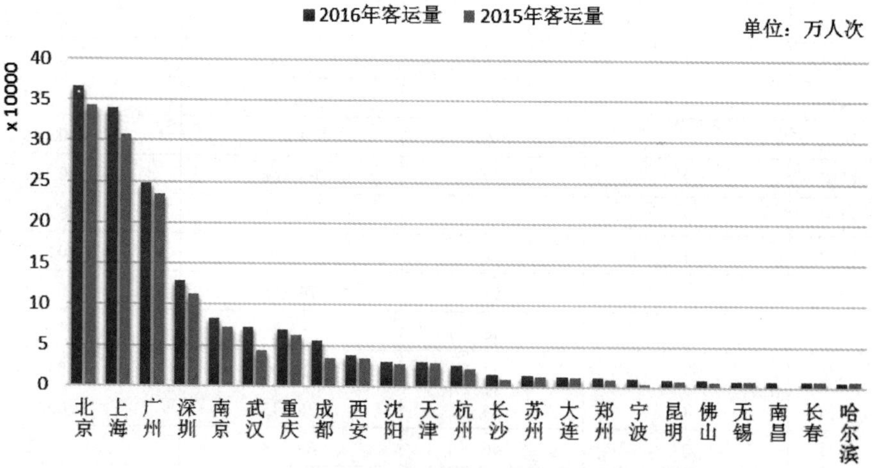

图 3　2016 年各城市的城轨交通客运量与 2015 年客运量情况对比

城轨交通 2016 年总进站量首次突破百亿人次（102.2 亿人次），较 2015 年 84 亿人次增长 18.2 亿人次，增长 21.7%。上海、北京、广州 3 个城市的进站量分别达到了 19.7 亿人、19.4 亿人和 14.7 亿人次，均创历史新高。成都、佛山的总进站量分别较 2015 年增长 49.9%和 45.9%。2016 年各城市的城轨交通进站量见图 4。

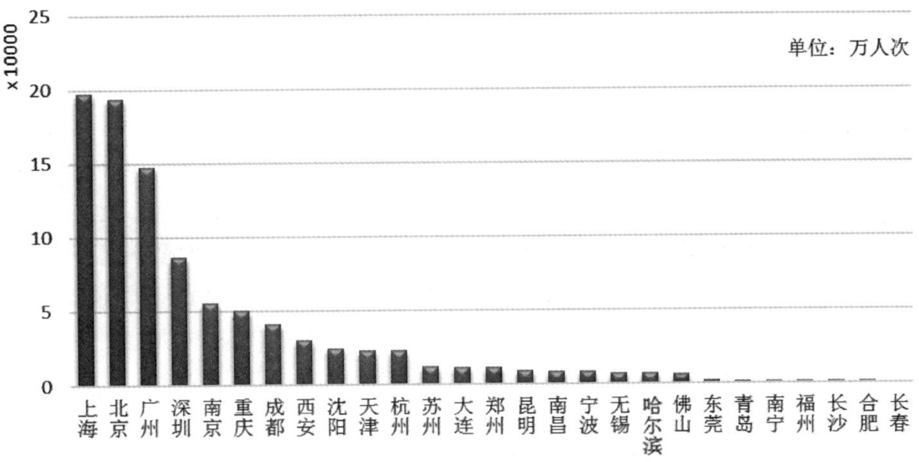

图 4　2016 年各城市的城轨交通进站量

三、主要事件

（一）安顺全国首条景区悬挂式轨道交通项目开建

2016 年 1 月 16 日，黄果树风景名胜区举行了悬挂式轨道交通项目开工仪式。黄果树的悬挂式轨道交通项目，在国内 5A 级景区内尚属首家。黄果树悬挂式轨道交通起点站与王三田坝服务中心主建筑合建，线路在黄果树新城先后沿迎宾大道、红枫路、马东坡路、天星路以及 453 县道敷设。示范线路至陡坡塘后沿核心景区外围向南敷设至王二河，设置示范线终点站三岔河站。示范线路长度 6.5 公里，设站 5 座，全线运行 13 分钟。

（二）北京地铁引入第三家运营商

北京市轨道交通建设管理公司该公已经确定成为北京地铁的第三家运营商，未来将率先运营地铁燕房线。北京地铁运营商数量变成了三家。

（三）深圳地铁集团与万科达成战略合作

3 月 12 日，深圳地铁集团与万科举行战略合作备忘录签约仪式，宣布达成战略合作意向。万科拟主要以新发行股份方式，收购深圳地铁集团所持有的目标公司的全部或部分股权；同时双方建立战略合作关系，将依托“轨道+物业”模式，紧密合作，共同发展，以深圳为起点，逐步实现向珠三角乃至全国其他重点城市的拓展。

（四）第一条自主知识产权的长沙中低速磁浮工程通车试运营

2016 年 5 月 6 日，中国国内第一条自主设计、自主制造、自主施工、自主管理的中低速磁悬浮——长沙中低速磁浮工程通车试运营，长沙是继上海之后，中国第二个开通磁悬浮的城市。长沙中低速磁浮工程全长 18.55 公里，连接长沙火车南站和长沙黄花机场，中间设梨站。该工程总投资42.9亿元，于2014年5月开工建设。列车全程运行时间19分30秒。

（五）国内首条地铁穿黄隧道在兰州实现单线贯通

据兰州市轨道交通办消息，兰州轨道交通1号线一期工程奥体中心至世纪大道盾构穿黄区间右线隧道于5月9日全线贯通，实现我国首条下穿黄河地铁隧道单线贯通。兰州轨道交通1号线一期工程东起城关区东岗镇，西至西固区陈官营，东西横贯中心城区，串联了城关、七里河、安宁、西固四区，是兰州市从东向西的主干轨道交通线路，全线长约26公里，共设20座车站，于2014年03月28日正式开工建设。

（六）65家单位组建湖南省联合轨道交通装备制造创新中心

6月28日，湖南省联合轨道交通装备制造创新中心成立正式启动运作。湖南省联合轨道交通装备制造创新中心包括了中车株机、中车株洲所、铁建重工等湖南省轨道交通装备制造领域的龙头企业，也联合了近百家相关企业。创新中心不仅仅单纯围绕创新转，而重在构建全产业链发展平台，通过行业影响力，搭建技术联合研发平台、创业孵化平台、知识产权保护平台、投融资平台、专家咨询平台和供需信息平台，为湖南省轨道交通装备制造企业提供全方位服务，推动产业链上下游企业“协同创新、配套发展”。

（七）北京王府井年内将开建地下综合管廊，首次尝试与地铁一体化建设

7月28日，北京市环科院网站对外公布王府井地下综合管廊的环评公告。王府井地下综合管廊将与正在建设的地铁8号线三期一同建设，这也是北京市地铁建设首次尝试与地下综合管廊一体化建设，2016年年底开工，2019年8月完工并投产。

（八）我国自主研制首列全线无接触网“超级电容”有轨电车

8月1日，我国首列完全自主化全线无接触网“超级电容”现代有轨电车，在中车株洲电力机车有限公司下线。据介绍，这款城市电车具有三大比较优势：一是甩掉了“大辫子”，全程无架空接触网运行；二是以9500法拉“超级电容”储能供电，车辆在站台区30秒内快速完成充电，一次可运行3～5公里；三是该车制动时能将85%以上的制动能量回收反馈至超级电容形成电能储存，实现能量循环利用。据了解，该车采用100%低地板设计，靠车门的地板面仅为320毫米，最大载客量达380人，每小时速度为70千米。它的整车技术、零部件全部实现中国自主化。

（九）团体标准《市域快速轨道交通（120～160km/h）技术规范》通过审查

2016年8月22～23日，由委员会组织，北京城建设计发展集团公司和温州市铁路与轨道交通投资集团有限公司及中铁第四勘察设计院集团有限公司联合主编的团体标准《市域快速轨道交通（120～160km/h）技术规范》（送审稿）通过了专家审查委员会

的审查。

（十）国内第一台地铁车辆永磁直驱转向架装车试验成功

9月7日，由中车青岛四方机车车辆股份有限公司自主研制的国内首台地铁车辆永磁直驱转向架装车试验成功，从而使我国成为世界上少数几个掌握直驱转向架技术的国家之一。永磁直驱转向架是将永磁直驱电机整体安装在轮轴上直接驱动轮对，省去了中间的齿轮传动环节，具有结构简单、高效节能、运行可靠、噪声低等显著优点，是一种前沿驱动技术。它采用全封闭水冷永磁直驱电机直接驱动轮对，跟目前主流的异步电机带齿轮传动的转向架相比，能耗降低了15%，节能优势显著，同时，降低了运行噪声。

（十一）比亚迪“云轨”在深圳通车

10月13日上午，比亚迪版空中巴士“云轨”在深圳坪山新区正式通车，开放总里程4.4公里，时速可达每小时80公里。据了解，“云轨”列车的本名叫“跨座式单轨”，类似于空中小火车，这也是全球首列跨座式“云轨”。其主要特点是爬坡能力强，转弯半径小，具有极强的地形适应能力；噪声低。目标市场主要以中、小城市的骨干线和大中城市的加密线、商务区、游览区等线路，解决大众出行的“最后一公里”难题。

（十二）团体标准《现代有轨电车交通工程技术标准》通过审查

2016年11月18日，由北京城建设计发展集团股份有限公司、沈阳浑南有轨电车有限公司，北车建设工程有限责任公司会同有关单位编制的团体标准《现代有轨电车交通工程技术标准》，通过了来自北京、上海、成都、苏州等地11位专家组成的专家审查委员会的审查。

（十三）全国首条悬挂式单轨项目陕西韩城开工

近日，陕西韩城市悬挂式单轨交通司马迁祠至古城段项目正式开工。项目规划全长55公里，司马迁祠至古城段是韩城市空轨的一期项目，长10.7公里，设高架站点6座，车辆基地1座，设计运行速度为50公里/小时。悬挂式单轨俗称“空轨”，为单轨交通制式的一种，它的轨道位于列车上方，由钢铁或水泥立柱支撑在空中，列车悬挂于轨道梁下方行驶。作为一种轻型、中速、中运量的公共交通系统，其具有绿色环保、造价低、占地少、运行噪声小、适应性强、全天候运营等优点，兼具观光功能，是城市公共交通和景区交通的一种独具特色的交通方式。

（十四）全国首条城市轨道交通类矩形隧道贯通

11月11日，宁波轨道交通3号线类矩形盾构试验段工程贯通，标志着国内第一条城市轨道交通类矩形盾构隧道顺利贯通。此项盾构技术建立了类矩形盾构法隧道设计、装备、施工三大技术体系，在技术上解决了类矩形盾构全断面切削与异形复杂管片拼装技术的国际难题，在异型多刀盘切削系统、管片拼装系统、推进系统等核心技术方面实现了首创性突破，为城市地下空间集约化利用及高标准环境保护开辟了一条新路。

（十五）全国首条采用4GLTE技术的武汉轨道交通6号线开通试运营

12月28日，天河机场站、常青花园站举行了开通仪式，武汉轨道交通6号线、机场线正式开通试运营。轨道交通6号线是武汉首条使用A型车的线路，全国首条采用4GLTE技术并投入载客运营的CBTC地铁线路，由东风公司站至金银湖公园站，全长35.95公里，设站27座，6号线的建成通车大大缓解汉阳、汉口两镇之间巨大的过江压力。

（十六）城市轨道交通领域全国七个国家工程实验室相继成立

轨道交通系统测试国家工程实验室，由铁科院与深圳地铁联合共建。围绕城市轨道交通系统的可靠性、舒适性和节能环保等性能验证的迫切需求，在整合高速铁路系统试验国家工程实验室的基础上，建设城市轨道交通系统测试验证与应用示范平台，支撑开展城市轨道交通车辆系统、线路工程、通信信号、基础设施检测、运营装备与乘客信息系统、节能环保、安全评估等系统测试、综合试验、检验认证和联调联试技术、装备的研发和工程化。

轨道交通车辆系统集成国家工程实验室，由中国中车牵头开展共性技术、系统技术和集成技术研究，提高下一代城市轨道交通车辆的设计、开发、制造和运维能力，加快既有车辆的技术升级，降低新型车辆的研发周期。

城市轨道交通列车通信与运行控制国家工程实验室，由北京市轨道交通建设管理有限公司牵头，联合北京交控科技股份有限公司，北京交通大学和北京地铁车辆装备有限公司申报共建，填补国内基于无线通信的列控系统（CBTC）的技术空白和装备体系，推进我国城市轨道交通向安全、高效、便捷、环保的方向发展。

城市轨道交通系统安全保障国家工程实验室，由深圳地铁集团与中铁信息技术中心、西南交大、深圳市永达电子股份有限公司等单位联合申报。针对城市轨道交通复杂技术装备、复杂时空分布、复杂场景位移带来的严峻挑战，探索以“软件定义”及“数据驱动”的信息技术将城市轨道交通物理实体系统映射到网络虚拟空间中，重构其生产设计、测试验证、运营管理和维保服务等制造过程，形成城市轨道交通系统的主动性安全方法和技术。

城市轨道交通系统安全与运维保障国家工程实验室，由广州地铁集团公司联合北京交通大学、株洲南车时代电气股份有限公司、广州地铁设计研究院有限公司等共8家单位共同申报和协同建设，主攻“安全”方向，开展24项重大科技攻关项目，并重点为开展系统安全设计、车线网安全状态实时获取、列车运行安全评估、全息网络化行车安全保障、运营安全决策、应急救援和处置、大客流应急疏散、基于全生命周期动态监测的RAMS（可靠性、可用性、可维护性和安全性）等技术的研究与开发提供支撑。

城市轨道交通绿色与安全建造技术国家工程实验室，由北京城建设计发展集团股份有限公司牵头负责，联合北京交通大学、清华大学、南京地铁集团有限公司等单位。围绕我国城市轨道交通工程安全、环保、高效和可持续发展的迫切需求，重点建设城市轨道交通绿色建造技术研发与应用示范平台，引领国家在城市轨道交通领域技术发展的先进性和创新性。

城市轨道交通数字化建设与测评技术国家工程实验室，由铁三院为主导企业，联合天津大学、石家庄铁道大学、天津轨道交通集团有限公司、中铁十二局申报共建。在地理信息系统和建筑信息模型集成应用、三维协同设计、快速综合检测与评估、噪声检测识别与评估、地下环境质量实测与控制等方面突破不少于 8 项关键技术。完善城市轨道交通数字化建设与评估技术、综合检测监测评估技术、轨道交通减振降噪技术、轨道交通环境控制技术、轨道交通工业化建造及运营维修技术等研发平台以及相关试验验证系统。推动我国城市轨道交通数字化建设与测评技术进步，并为产业发展提供一定的技术支撑。

四、未来发展趋势

（1）城市轨道交通网络注重统筹规划，网络化运营时代到来。各城市从重建设规划轻线网规划向线网规划和建设规划并举并重转变，基本从全市域范围综合考虑和统筹各城轨网络各线路的规划和布局。通盘考虑多种交通方式同步发展，以促进城轨线网与其他交通方式的衔接。在规划设计阶段就体现网络化的内涵和要求，并以实现网络化运营为目标开展相关功能体系的专项规划和研究。同时，城市轨道交通网络化运营时代已经到来，网络化运营带来的客流强度大、枢纽负荷大、运营组织复杂等挑战必将成为必须面对和研究解决的问题。

（2）制式选择趋向于多样化。各城市开始从市情、域情出发，因地制宜选择符合网络运营需求的城轨交通制式。并立足需求，着眼全网，综合考虑造价、工期等因素合理选择和搭配高运量、中低运量和快速通勤线路，以构建相互联结、互为补充、各负其责的城市轨道交通网络。并应紧紧抓住我国城轨交通处于网络建设集中扩张阶段和技术进步快速迭代阶段的机遇，促进多制式协调发展。

（3）标准和制度逐渐完善，管理逐渐向法制化转变。城市轨道交通逐渐用标准和制度来规范作业和管理，用专业标准来保障运营安全和服务质量。挖掘典型经验和做法，将先进的理念、要求、方式、规程等标准化后逐步推广。不断制定团体标准，以弥补标准缺失，完善标准体系。同时，很多城市轨道交通实行全面法制化管理以规范各方行为和维护各方利益，以法制化的管理来保障轨道交通持续、稳定和高效的运行。轨道交通的全面法制化管理是世界轨道交通发展的重要趋势。

（4）注重先进技术应用。在城市轨道交通全产业链上，积极研发和采用先进科学技术成果，通过不断提高运营智能化水平和科技化水平来提高生产力。全自动运行系统、

LTE-M 等技术在行业的推广应用加快，“互联网+运营管理”“互联网+乘客服务”“互联网+设备维护”等管理方式和管理手段不断采用。企业逐渐开展从运营需求出发的科学技术攻关和智能化装备技术研发应用，逐步适应生产力进步和生产方式调整。

（5）开展配套技术装备研发。要实现高水平的网络化发展，技术和装备是基础。要开展网络化条件下的协调指挥系统、信息服务系统、票务管理系统、通信应用系统及数据管理系统相关技术和设备的研发与产业化，为网络化发展提供技术和装备基础。

（6）投资逐渐多元化，经营模式逐渐市场化。随着城市轨道交通建设规模的加大，为了解决资金问题和提高轨道交通的效率，很多城市轨道交通都由政府和社会资本等共同投资。政策不断研究出台差异化的指导政策，加快推动 PPP 融资模式在城轨交通行业的应用，吸引更多社会资本参与城市轨道交通建设和经营。同时，很多城市充分发挥市场作用以提高轨道交通的运行效率，用市场化经营模式代替传统的国有垄断经营模式，在轨道交通运营上引入市场机制已成为一种发展趋势。

（7）城市轨道交通科技发展方面逐步建成城市轨道交通系统测试、车辆系统集成、列车通信与运行控制、系统安全保障、工程建设工艺与技术等创新平台，重点建设城市轨道交通在城市轨道交通系统安全保障、综合效能提升、可持续性和互操作等方向。逐步突破我国城市轨道交通试验/验证等技术瓶颈，提升车辆系统集成水平，提升基于无线通信的列控系统（CBTC）的技术水平，提高列车制动的可靠性和精准度，提升城市轨道交通系统的安全性，降低运营维修养护成本。形成包括核心技术、关键装备、集成应用与标准规范在内的成果体系，满足我国轨道交通作为全局战略性骨干运输网络的高效能、综合性、一体化、可持续发展需求，具备国际竞争优势。

（撰稿：魏运）

2016 年中国物流发展概况

2016 年物流运行总体平稳，物流需求结构优化，物流运行环境改善，物流企业经营有所好转。社会物流总额增速小幅回升。社会物流总费用与 GDP 的比率稳步下降，物流运行质量提升，物流领域“降成本”取得了积极成效。物流业总收入稳步增长。

一、物流需求结构优化

（一）社会物流总额小幅回升

2016 年，全国社会物流总额 229.7 万亿元，按可比价格计算，比 2015 年增长 6.1%，增速比 2015 年提高 0.3 个百分点（见图 1）。分季度来看，一季度 50.7 万亿元，上半年 107.0 万亿元，前三季度 167.4 万亿元，比 2015 年同期增长 6.0%、6.2%和 6.1%，增速比 2015 年同期分别提高 0.4 个、0.5 个、0.3 个百分点。总体来看，2016 年社会物流总额呈现稳中有升的发展态势。

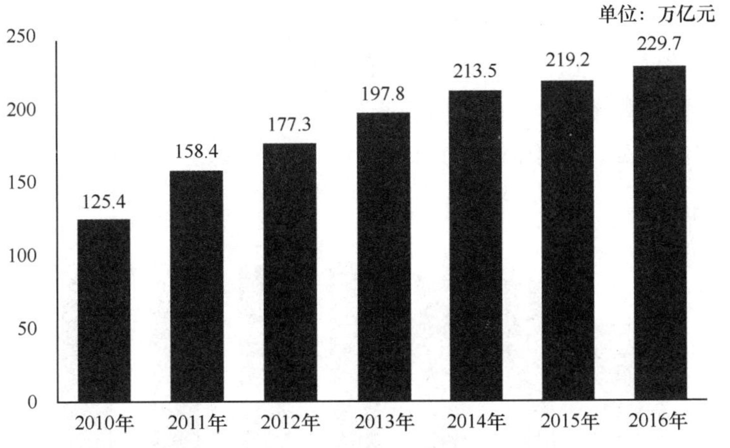

图 1　2010—2016 年中国社会物流总额

（二）物流需求结构持续改善

1. 业品物流需求缓中趋稳

2016 年，工业品物流总额 214.0 万亿元，按可比价格计算，比 2015 年增长 6.0%，增速比 2015 年回落 0.1 个百分点；12 月当月增长 6.0%，较 11 月回落 0.2 个百分点。从各季度情况看，一季度增长 5.8%，上半年增长 6.0%，前三季度增长 6.0%；增速比 2015 年同期分别回落 0.6、0.3 和 0.2 个百分点，年内增速呈现缓中趋稳的发展态势。

从不同工业品物流需求来看，经济结构持续优化、新旧动能转换加快。一是采矿业、高耗能行业物流需求增速回落。采矿业物流需求由增转降，由 2015 年增长 2.7%转为下降 1%；六大高耗能行业物流需求逐季回落，一季度增长 6.3%、二季度增长 6.1%、三季度增长 5.1%、四季度增长 3.6%。二是装备制造业、高技术产业物流需求增速持续加快。装备制造业和高技术产业物流需求分别比上年增长 9.5%和 10.8%，增速分别高于整个工业物流需求 3.5 和 4.8 个百分点，较 2015 年分别加快 2.7 和 0.6 个百分点（见图 2）。

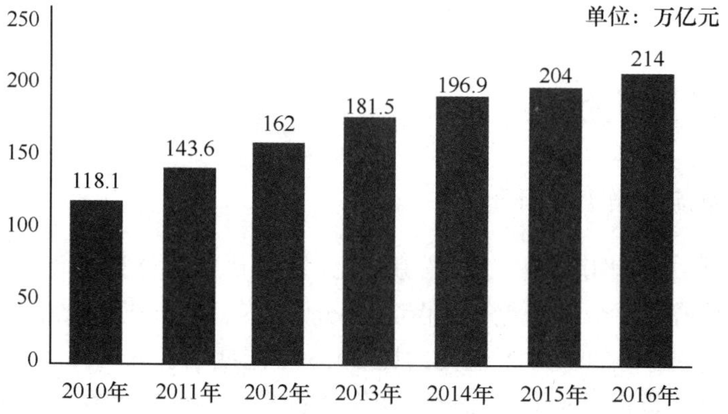

图 2　2010—2016 年工业品物流总额

2. 进口物流需求增速逐季回稳

2016 年进口货物物流总额 10.5 万亿元，同比增长 7.1%，增速比 2015 年提高 6.9 个百分点。从各季度情况看，一季度增长 6.3%，上半年增长 7.6%，前三季度增长 7.1%，全年增速呈现前低后高、逐季回稳的向好态势（见图 3）。

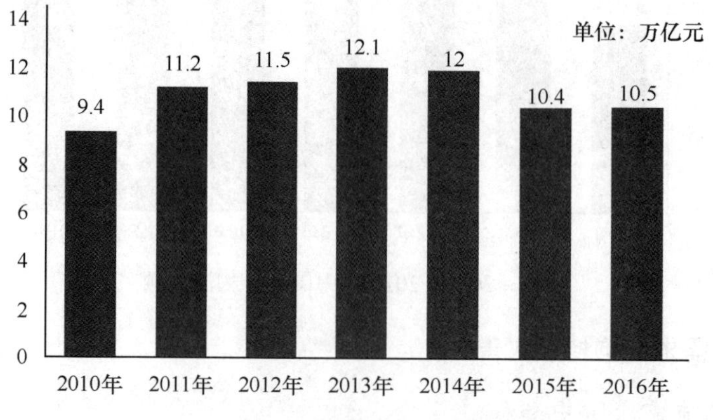

图 3　2010—2016 年进口货物物流总额

从品种看，在需求回升等因素带动下，大宗商品及高新技术产品进口物流量均有不同程度增长。其中，进口铁矿石 10.24 亿吨，增长 7.5%；钢材 1321 万吨，增长 3.4%；涡轮喷气发动机进口增长 26.8%，计量检测分析自控仪器及器具增长 10.7%。

3. 单位与居民物流需求保持快速增长

2016 年，消费对物流需求的拉动效应进一步显现。2016 年单位与居民物品物流总额 0.7 万亿元，同比增长 42.8%，增速比 2015 年提高 7.3 个百分点，高于社会物流总额增长 36.7 个百分点。其中，一季度增长 45.6%，上半年增长 46.1%，前三季度增长 44.4%，各季度呈加快增长态势（见图 4）。

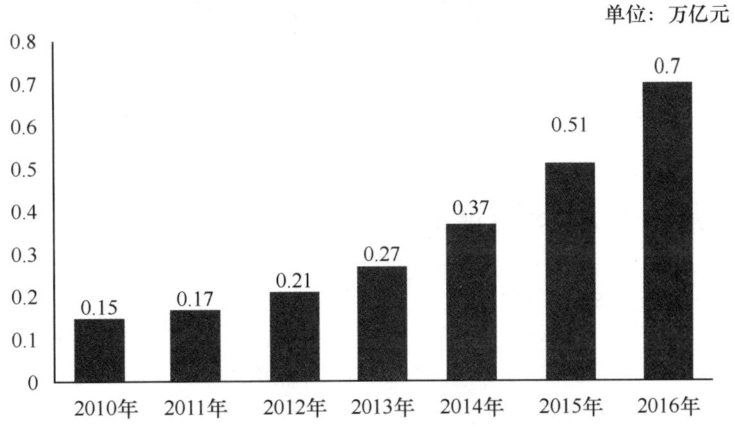

图 4　2010—2016 年单位与居民物品物流总额

4. 电商等新业态物流需求持续高速增长

中国电商物流运行指数显示，2016 年电商物流总业务量指数平均达到 156.1 点，12 月达到 228.1 点，总业务量达到基期两倍以上。据国家邮政局数据显示，我国快递服务企业业务量全年累计完成 312.8 亿件，同比增长 51.4%，在“双 11”等促销活动的强力拉动下，11 月快递业务量完成 37.6 亿件，日均快递业务量超过 1.25 亿件，是 2015 年同期的 1.4 倍（见图 5）。

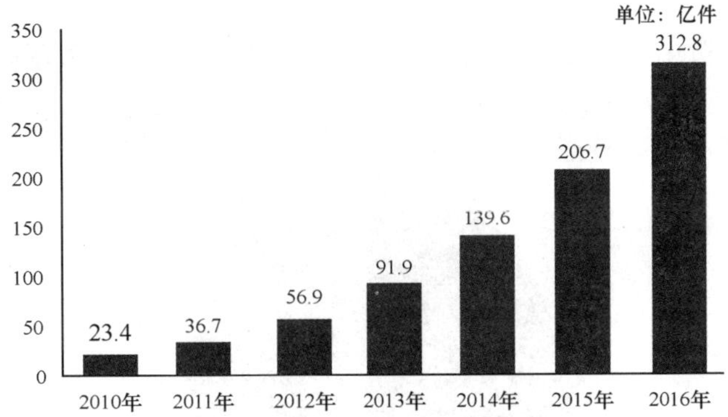

图 5　2010—2016 年快递业务量

2011—2016 年快递业收入如图 6 所示。

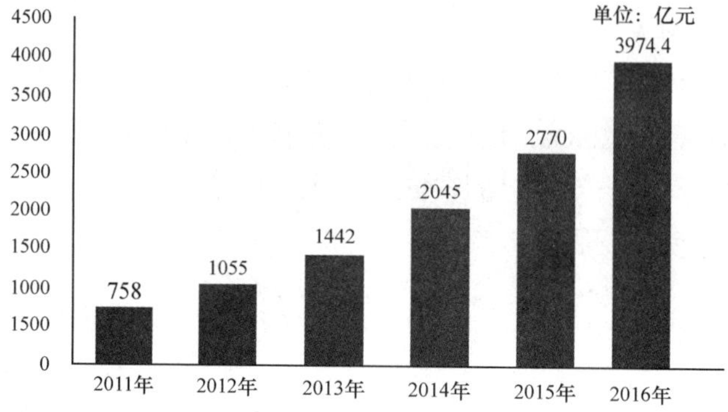

图 6　2011—2016 年快递业收入

二、社会物流总费用低速增长

（一）社会物流总费用

2016 年，社会物流总费用为 11.1 万亿元，同比增长 2.9%，增速比 2015 年提高 0.1 个百分点，但明显低于社会物流总额、GDP 增速，继续保持低速增长（见图 7）。

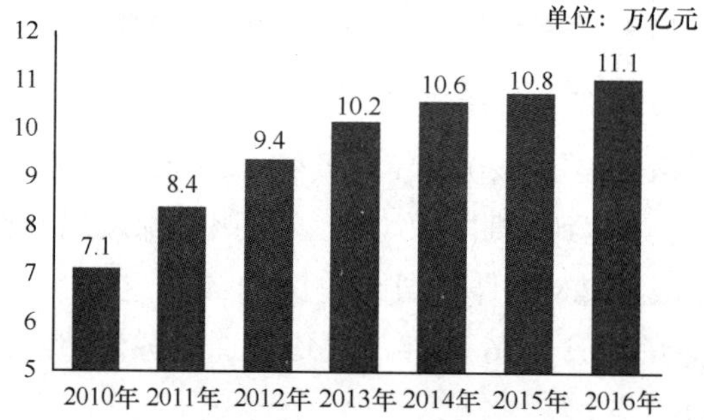

图 7　2010—2016 年社会物流总费用

在社会物流总费用中，运输费用 6.0 万亿元，增长 3.3%，增速比 2015 年提高 0.2 个百分点；保管费用 3.7 万亿元，增长 1.3%，回落 0.3 个百分点；管理费用 1.4 万亿元，增长 5.6%，提高 0.6 个百分点（见图 8）。

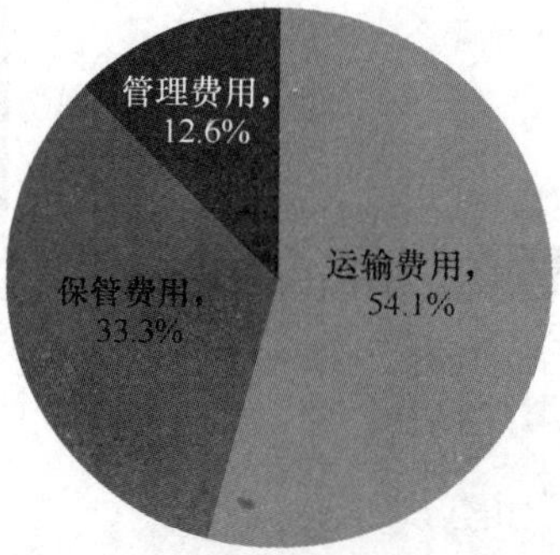

图 8　2016 年各项物流费用占比情况

（二）社会物流总费用与 GDP 的比率

社会物流总费用与 GDP 的比率为 14.9%，比 2015 年下降 1.1 个百分点，表明 2016 年每万元 GDP 所消耗的社会物流总费用为 1490 元，比 2015 年下降 6.9%。经济运行中的物流成本有所下降，物流运行的质量有所提升，物流领域“降成本”取得了积极成效（见图 9）。

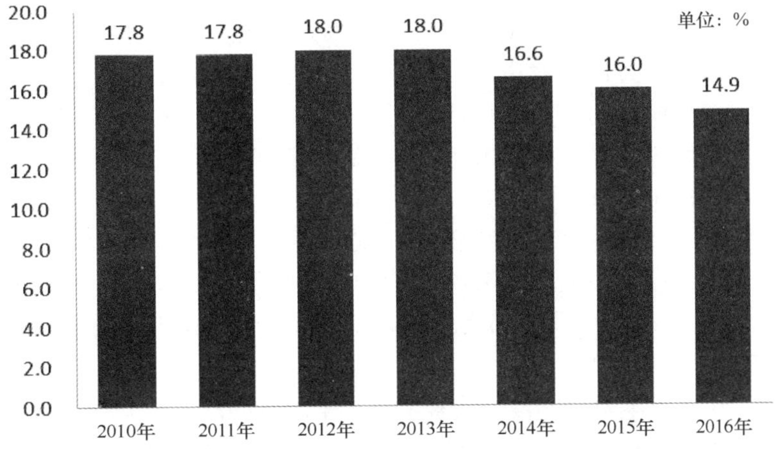

图 9　2010—2016 年中国全社会物流总费用占 GDP 的比重

影响社会物流总费用与 GDP 比率下降的因素主要有以下几个方面：

1. 经济发展方式转变是我国单位物流成本下降的重要因素

社会物流总费用与 GDP 比率的下降得益于国民经济结构的不断优化。近年来国民经济增长方式转变，结构调整稳步推进，产业结构不断优化，经济结构由工业主导向服务业主导转变的趋势更加明显。通常来看，第一、第二产业对物流的需求规模大于第三产业，因而物流成本也高于第三产业。伴随着第三产业增加值占 GDP 比重的增加，物流成本与 GDP 的比率不断降低。

当前，服务业已成为国民经济的第一大产业，对国民经济增长的贡献进一步提高。2016 年我国服务业增加值比 2015 年实际增长 7.8%，服务业占 GDP 比重已上升为 51.6%，比 2015 年提高 1.4 个百分点，比第二产业高出 11.8 个百分点。根据历史数据测算，服务业增加值占 GDP 的比重每上升 1%，社会物流总费用与 GDP 的比率下降约 0.5%。2016 年产业结构优化影响这一比率比 2015 年下降约 0.7 个百分点左右，相当于减少物流成本消耗约 5000 亿元。

2. 深化供给侧结构性改革，推动物流管理水平、运行效率稳步提升

（1）运输方式转型升级，运输成本低速增长

2016 年，物流运输以提高发展质量和综合效率为中心，以优化服务供给结构为主线，通过发展甩挂运输、多式联运等先进的运输组织方式，推动运输方式转型升级。运输费用与 GDP 的比率为 8.0%，比 2015 年下降 0.03 个百分点，据此推算可减少运输成本消耗超过 200 亿元。

物流实物量稳中有升，货运量比 2015 年增长 5.7%，增速同比提高 1.3 个百分点；货运周转量由下降 0.5%转为增长 4%。随着物流实物量回升，运输费用增速小幅回升，但总体仍保持低速增长。运输费用增速分别低于货运量、货运周转量 2.4 和 0.7 个百分点，反映出物流运输服务价格总体仍处于较低水平。

（2）“去库存”成效显现，保管环节成本回落

保管环节的成本费用主要是指在资源供应方（生产环节、海关）向最终消费用户流动过程中的静态环节中所发生的全部费用。包括物流过程中因流动资金的占用而需承担的利息费用；仓储保管方面的费用；流通中加工、包装、信息及相关服务方面的费用；物流过程中发生的保险费用和物品损耗费用等。2016 年“去库存”等举措的稳步推进，保管环节成本回落较为明显，与 GDP 的比率比 2015 年下降 0.2 个百分点，据此推算可减少保管成本消耗约 1400 亿元。

“去库存”等相关举措取得初步成效：一是库存水平有所降低。2016 年年底，规模以上工业企业产成品存货增速比 2015 年回落 0.1 个百分点；产成品存货周转天数为 13.8 天，比 2015 年减少 0.4 天。二是产成品库存率有所下降，2016 年产成品存货率为 3.45%左右，比 2015 年下降 0.06%。

资金占用、仓储成本明显回落。随着库存水平总体回落，相关的仓储保管等成本增速有所回落，物流资金占用成本随之明显下降。2016 年保管费用中的仓储费用增速比 2015 年下降 0.3 个百分点，据此推算可减少仓储物流成本约 400 亿元；在仓储成本回落的同时，相关的资金占用成本持续下降，保管费用中的利息费用比 2015 年下降 2.7%，降幅进一步扩大 0.3 个百分点，据此推算可减少物流资金占用成本约 1000 亿元。

（3）物流管理水平提升，管理成本平稳增长

管理环节的成本费用是指社会物流活动中，物品供需双方的管理部门，因组织和管理各项物流活动所发生的费用。主要包括管理人员报酬、教育培训、劳动保险等各种费用。2016 年管理环节成本保持平稳增长，与 GDP 的比率比 2015 年下降 0.02 个百分点，物流管理水平有所提升，据此推算可减少管理成本消耗超过 100 亿元。

3. 物流市场化程度逐步提高，物流运行效率提升

物流市场规模稳步扩大。近年来，物流企业与相关行业深度融合，物流市场化程度稳中有升，物流市场规模稳步扩大。2016 年物流业总收入为 7.9 万亿元，比 2015 年增长 4.6%，继续保持平稳增长态势。

物流市场细分趋势明显，新业态快速发展。2016 年，伴随着产业结构调整和居民消费升级步伐不断加快，电子商务与邮政快递业等新业态发展明显快于传统行业。数据显示，快递服务企业业务收入比 2015 年增长 43.5%，增速高于运输、仓储等行业。

仓储物流周转效率加快。2016 年中国仓储指数中的库存周转次数指数全年平均为 53.8%，比 2015 年增长 6.5 个百分点，该指数自 3 月份起，连续 10 个月位于 50%以上的扩张区间内。

电商物流持续高效运行。2016 年中国电商指数中的物流时效指数全年平均为 114.8 点，比 2015 年回升 16.7 点，物流送达时效提高 17%。反映出电商物流时效性明显增强，

运行效率维持较高水平。

三、物流基础设施持续改善

物流基础设施环境趋于改善，短板得到加强。物流运输通行设施改善。铁路、公路、水上运输建设改造持续加快，农村交通基础设施水平不断提升。新增高速公路 6000 多公里，总里程突破 13 万公里。新增内河高等级航道达标里程 500 公里，新增二级及以上公路 1.5 万公里，新改建农村公路超过 29 万公里。运输装备加速提档升级。货运车型、船型及多式联运等装备设施标准化稳步推进，老旧运输船舶和单壳油轮报废更新进一步加快。物流仓储保管设施改善。铁路总公司正在全国建设 208 个铁路物流基地。由国家发展和改革委、国土资源部、住房和城乡建设部委托中国物流与采购联合会评定的首批 29 家示范物流园区名单发布。冷链等新兴物流基础设施持续改善。2016 年全国冷库预计新增 305 万吨，总量达到 4015 万吨，同比增长 8.2%，全国冷藏车的保有量预计新增 2200 台，将达到 11.5 万台，比 2015 年同比增长 23.6%。

四、物流市场价格趋于回升

数据显示 2016 年，中国物流业景气指数中的物流服务价格指数平均为 49.9%，比 2015 年下降 0.1 个百分点。进入第四季度，受运输需求回升及治超新政出台、韩进海运破产等因素影响，第四季度物流服务价格较前期有所回升，平均为 50.4%，比第三季度回升 1.1 个百分点，年内呈现逐季回升走势。

运输价格加速回升。从治超新政出台后，公路物流价格在第四季度明显回升，平均为 113.9 点，比第三季度回升 14.7%，10～12 月公路物流运价指数环比回升幅度均高于 2015 年同期水平，波动幅度较前期明显增大，反映出新政对公路物流价格产生一定影响，公路市场低价竞争的态势短期内有所改变（见图 10）。

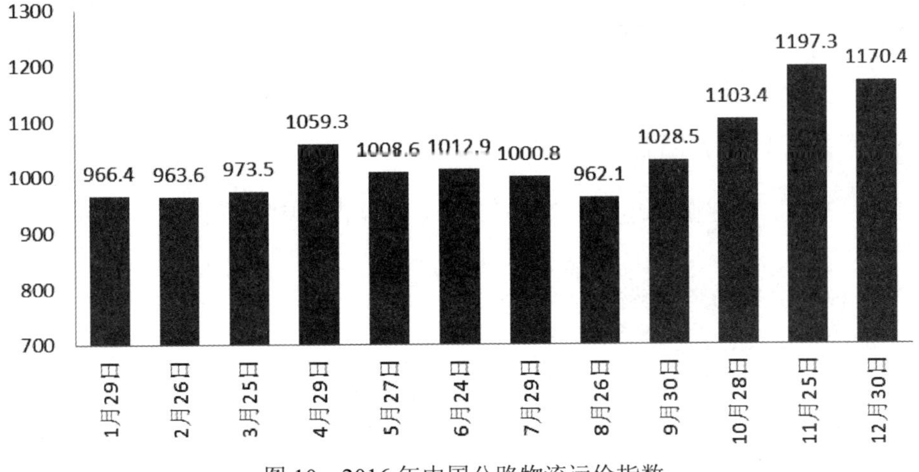

图 10　2016 年中国公路物流运价指数

运输费用增速有所加快。2016 年公路运输费用比 2015 年增长 4.0%，比上半年提高个 0.2 百分点。显示出治超新政出台后，公路物流费用增长有所加快。

干散货运输市场逐季回暖。2016 年沿海散运市场呈现先抑后扬回暖走势。2016 年上半年，沿海散运市场延续低迷走势，运价持续探底并累创新低。5 月 13 日，上海航运交易所发布的中国沿海（散货）综合运价指数报收于 771.01 点，为 2001 年发布以来最低点。2016 年下半年，市场供需情况明显改善，运价波动上行。截至 12 月 30 日，上海航运交易所发布的 CBFI 平均值为 917.48 点，同比上涨 7.6%。2016 年平均值为 898.12 点，总体略高于上年水平，比 2015 年回升 5.3%。

五、物流运行新政策出台

2016 年物流相关政策、规划密集出台。针对交通物流融合发展、多式联运、电子商务物流等重点领域及物流业补短板、降本增效等重点问题出台了一系列政策措施。

（一）“十三五”规划正式发布

2016 年 3 月 17 日，《中华人民共和国国民经济和社会发展第十三个五年规划纲要》（以下简称《纲要》）正式发布。《纲要》提出国家将着力完善物流配送网络，促进快递业健康发展。政府将加大农村基础设施建设力度，新建改建农村公路 20 万公里，具备条件的乡镇和建制村要加快硬化路、可通车。

（二）史上最严治超政策正式实施

被称为史上最严的《超限运输车辆行驶公路管理规定》自 2016 年 9 月 21 日起正式施行，解决了交警路政执行标准不一、处罚裁量权过大、超限运输审批不便等问题，但新政将车货最高总重量从 55 吨降至 49 吨。同时要求，车货总高度从地面计算不超过 4 米，车货总宽度不超过 2.55 米，车货总长不得超过 18.1 米，每超 1 吨罚款 500 元，超限最高罚 3 万元。据评估，受此影响，长途公路货运成本或增加 25%～35%，由此导致公路货运特别是大宗公路货运向铁路货运转移。

（三）两会利好政策促进物流发展

2016 年 3 月，李克强总理在《2016 政府工作报告》中多次提及与物流行业相关的政策。

（1）减税降费推动产业转型；

（2）加快供给侧改革；

（3）深挖内需拓展空间；

（4）发展农村物流；

（5）推动“一带一路”共同发展；

（6）发展“绿色物流”；

（7）加大物流基建力度；

（8）简政放权放宽绿色通道；

（9）增强区域发展。

（四）物流业降本增效方案出炉

2016 年 9 月 26 日，国务院办公厅转发了国家发展改革委《物流业降本增效专项行动方案（2016—2018 年）》（以下简称《方案》），将大力推进物流业转型升级和创新发展。《方案》中提出要加大对重要物流基础设施建设的投资支持，完善落实支持物流业发展的用地政策，拓宽物流企业投资融资渠道，发挥好行业协会作用。

（五）货运专票停用

根据国家税务总局发布的《关于停止使用货物运输业增值税专用发票有关问题的公告》（国家税务总局公告 2015 年第 99 号），货物运输业增值税专用发票 2016 年 7 月 1 日起正式停止使用。

国家税务总局表示，由于增值税发票系统升级版已全面推行，增值税一般纳税人提供货物运输服务，统一使用增值税专用发票可以满足货物运输业纳税人发票使用的需要，同时也符合增值税规范管理的要求。

六、物流企业经营有所好转

2016 年，物流市场需求整体稳中有升，物流服务价格总体平稳，物流企业经营整体有所好转。

物流市场较为活跃。从中国物流业景气指数表现来看，物流市场较为活跃，整体呈现稳中向好的基本态势。从 2016 年来看，业务总量指数稳步回升，第一季度 52.1%，第二、三季度回升至54%以上，第四季度回升加快至58.2%以上，2016年平均水平55.2%，高于 2015 年 0.2 个百分点（见图 11）。

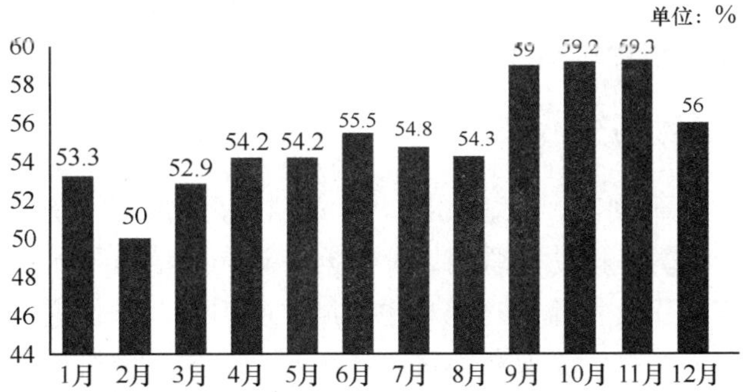

图 11　2016 年中国物流业景气指数

物流企业盈利水平有所好转。2016 年物流企业需求较为活跃的同时，油价等相关成本比 2015 年同期有所趋缓，物流企业盈利能力有所好转。数据显示，中国物流业景气指数中的主营业务利润指数比 2015 年回升 1.1 个百分点；重点调查数据也显示，1～11 月，物流业务利润同比增长 7.9%。收入利润率为 9.6%，比 2015 年同期提高 1.2 个百分点。

物流一体化服务成盈利增长点。在重点物流企业中，2016 年 1～11 月不同类型物流企业利润涨跌不一。其中，综合型物流企业物流业务利润同比上升 143.3%；运输型物流企业物流业务利润同比上升 8.8%；仓储型物流企业物流业务利润同比下降 16.3%。数据显示，综合性物流服务日益成为物流企业发展的重要方向。整合零散分布的物流管理功能，向供应链上下游方向延伸扩展，提供包括采购、制造、流通、售后及逆向物流在内的一体化服务成为物流企业的盈利增长点。

七、2017 年物流走势预测

2017 年物流运行的宏观经济环境总体向好，政策环境不断改善。物流业作为支撑国民经济发展的基础性、战略性产业，面临诸多发展机遇与挑战，产业转型升级、降本增效举措也将稳步推进。

从宏观来看，根据中央经济工作会议精神，2017 年一方面要进一步巩固经济趋稳基础，另一方面要加快推进供给侧结构性改革，着重提高微观经济活力，改善经济发展质量和效益。1 月 PMI 指数延续了 2016 年四季度以来的向好发展态势，2017 年经济开局良好，全年有望延续缓中趋稳、稳中向好基本态势。

从物流需求看，2017 年投资、消费及出口对物流需求增长的拉动有望保持平稳，结构性调整将稳步推进。首先，随着消费结构升级和消费模式创新，消费潜力会进一步释放，消费总体上仍有望保持平稳增长，与之相关的电商、冷链、快递、配送等物流需求继续保持中高速增长。其次，投资增速总体可能缓中趋稳。其中受调控政策及去产能、去库存等因素影响，钢铁、煤炭、房地产、建筑业等的大宗商品物流需求增长可能进一步放缓。最后，2017 年外贸环境依然复杂严峻，不确定、不稳定因素增多。随着“一带一路”“走出去”等国家战略的深入实施，我国与世界其他国家贸易广度和深度不断增强，国际物流需求有望止跌回升。

（一）以创新促进物流产业升级

坚持创新发展，技术创新、业态创新、模式创新为物流产业转型升级开辟新道路。一是随着物联网、云计算、移动互联网、大数据等新一代信息技术产业发展，立足物流业发展实际，物流信息化及物流管理水平也将随之提升。二是快递物流、电商物流等创新业态不断发展，融入生产、流通和消费等各个环节。据有关机构预测，快递物流业务量未来仍将保持 40%的增长。三是兼并重组、联盟合作等创新模式不断增多，战略联盟、加盟合作走向深化。

（二）以协调发展促进物流业与相关行业深度融合

坚持协调发展，增强物流与国民经济发展的协调性。促进供应链各环节之间均衡发展。物流业顺应智能制造、服务制造新要求，主动适应“制造强国”所需要的供应链服务。统计数据显示，我国工业和商贸业与物流产业的融合度约 6 成，（融合度是相关产业采用专业物流服务所占的比例），发达国家多在 70%以上，与供应链发展程度相对较高的发达国家相比，未来物流业与相关行业协调发展，深度融合的潜力依然较大。

（三）以开放发展提升物流企业国际竞争力

坚持开放发展，物流业要顺应我国经济深度融入世界经济的趋势，积极参与全球经济治理和公共产品供给，以“一带一路”战略为契机，提升物流企业国际竞争力，与相关产业一同“走出去”，加强沿线国家物流资源布局和业务梳理，融入国际物流服务体系。未来“全球买、全球卖”将为电商物流国际化带来巨大发展机遇。

（撰稿：徐磊）

2016 年中国智慧城市发展概况

一、国际环境

城市是人类政治、经济、文化的中心，城市是级联人类智慧、组织生产资料、高效生产协作、激发创新能力、驱动经济发展、提升人类生活质量的最为活跃的组织形式。建设智慧城市、提升城市竞争力已经成为各国加快国力发展的共识，尤其是从 2010 年开始，全球掀起了一股智慧城市建设的热潮。

1992 年，新加坡提出“智慧岛计划”，2006 年启动“智慧城市 2015”计划，2014 年新加坡政府又推出了“智慧国家 2025”计划，这份计划是“智慧城市 2015”的升级版，它是全球第一个智慧国家蓝图，新加坡有望建成世界首个智慧国家。

2011 年欧盟推出了“智慧城市和社区计划”，2012 年，欧盟委员会又发起了“智慧城市和社区的欧洲创新伙伴关系”行动，在整体规划下循序推进并资助成员国开展智慧城市建设。

2015 年美国发布了新版《美国国家创新战略》，首次公布了维持创新生态系统的 6 个关键要素，其中“推动国家优先领域突破”要素涉及 11 个领域，建设智慧城市名列其中。

此外韩国制定的 U-Korea 战略、日本的 U-Japan 等，智慧城市建设被多个国家列入发展战略规划，并持续加大投资和建设力度。

二、国内环境

（一）政策环境：政策支撑不断完善

2016 年国家关于智慧城市的相关政策性持续完善，陆续调校了融合新技术、创建特色小镇等方向的相关政策导向，我国智慧城市建设不断提速。2014 年 8 月，发改委、工业和信息化部、科技部、公安部等 8 部委联合印发了《关于促进智慧城市健康发展的指导意见》，中国智慧城市建设已正式纳入国家级战略。2015 年 12 月，在中央城市工作会议上，习近平总书记指出，“要提升管理水平，着力打造智慧城市”。2016 年 4 月，习近平主持召开的“网络安全和信息化工作座谈会”上强调指出，要分级分类推进新型智慧城市建设，新型智慧城市破土而出，为智慧城市建设指明了发展重点和方向。2016 年 10 月，中共中央政治局就实施网络强国战略进行第 36 次集体学习，习近平指出，要深刻认识互联网在国家管理和社会治理中的作用，以推行电子政务、建设新型智慧城市等为抓手，以数据集中和共享为途径，建设全国一体化的国家大数据中心，推进技术融合、业务融合、数据融合，实现跨层级、跨地域、跨系统、跨部门、跨业务的协同管理和服务。

随着国家治理体系和治理能力现代化的不断推进，“创新、协调、绿色、开放、共享”发展理念的全面贯彻，网络强国战略、国家大数据战略、“互联网+”行动计划的实施，推动我国城市现代化和信息化以及城市治理不断向更高层次发展，从而极大地推动了传统意义上的智慧城市向新型智慧城市演进。

（二）社会环境：新型智慧城市建设启航

目前我国智慧城市建设正处于快速发展期，截至 2016 年 11 月，我国 100%的直辖市、计划单列市及副省级城市、80%的地级城市、近 200 个区县，总计超过 500 座城市提出或者正在建设智慧城市，占世界智慧城市创建总数的一半以上。据悉，“十三五”期间，我国将推出 100 个新型“智慧城市”试点。新型智慧城市建设在未来 5 年将成为推动我国经济改革、产业升级、提升城市综合竞争力的驱动力。

（三）人文环境：城市居民幸福感明显增强

2016 年智慧城市建设涉及民生服务的智慧交通、智慧医疗、智慧社区等领域的智慧应用发展迅速。2016 年各城市居民智慧城市的感知度与参与度明显增加，城市居民移动互联网生活更加丰富多彩。我国已经形成了一支以 BAT 三大互联网平台为龙头的互联网集团军，为城市居民提供了包括工作学习、交通出行、医疗卫生、养生健康、生活娱乐和体育健身等，几乎覆盖衣、食、住、行所必需的各类服务和应用，大大改善了我国城市居民的生活便利度，提高了城市居民幸福指数。

（四）技术环境：政府数据开放持续推进

我国智慧城市基础信息技术设施在 2016 年中建设全面提速，基础网络技术、城市云服务平台建设、基础信息资源共享能力稳步提高。根据 2016—2017 年中国新型智慧城市建设与发展综合影响力评估结果显示，直辖市、计划单列市及副省级城市的智慧基础运营平均得分指数达到了 0.62，地级市及试点区县的智慧基础运营平均得分指数近 0.4，比 2015 年有较大提高。与此同时，数据共享难、信息孤岛等一系列智慧城市痼疾有望得到根治，2015 年国务院《促进大数据发展行动纲要》将“加快政府数据开放共享”放在首位，推动政府信息系统和公共数据互联共享，消除信息孤岛，同时优先推动交通、医疗、就业、社保等民生领域的政府数据向社会开放。为解决政府部门之间的数据共享难题，2016 年 9 月，国务院又发布了《政务信息资源共享管理暂行办法》，进一步推进政府数据开放。2017 年 2 月，中央全面深化改革领导小组提出《关于推进公共信息资源开放的若干意见》，进一步强化信息资源深度整合，进一步促进信息惠民，着力推进重点领域公共信息资源开放。政府开放数据是服务于大数据战略的重大举措。

（五）经济环境：PPP 模式成为政企合作的主要方向

2015 年国务院通过《基础设施和公共事业特许经营管理办法》，用制度创新激发民间投资活力，该法规被认为是 PPP 推进的基本法。财政部、发改委等部委也分别制定公布 PPP 指南。各省市纷纷出资建立地方性 PPP 引导基金。一系列国家级政策文件的出台及地方政府的相应举措，标志着 PPP 模式将成为“十三五”期间支持国家经济发展的重要手段。由于智慧城市建设耗资巨大、建设周期长，PPP 模式能够有效化解智慧城市建设和运营等一系列难题，因此“十三五”时期，PPP 模式将继续为智慧城市建设护航，“投资+运营”将成为政企长期合作的主要发展方向，PPP 模式也将成为未来数年甚至更长时期智慧城市建设的重要模式。

三、产业环境

智慧城市是项复杂的系统工程，涉及主体多、建设周期长、所需资金巨大，智慧城市历年投资规模增速为 10%～20%，但近年来增速逐渐加快。由于政策鼓励 PPP 模式，金融机构投资 PPP 项目意愿增强，PPP 模式解决了智慧城市资金来源、项目回款等问题，在 PPP 的持续实行下，更多的中小城市将释放出智慧城市项目，PPP 模式的引入加速了中国智慧城市发展的进程。另外，由于新型智慧城市注重互联互通，企业可以通过 PPP 卡位政府大数据。因此，“智慧城市+PPP”模式将势不可挡。

目前，超过 500 座城市提出或者正在建设智慧城市。发展新型智慧城市也被正式写入《“十三五”国家信息化规划》，到 2018 年，分级分类建设 100 个新型示范性智慧城市;到 2020 年，新型智慧城市建设取得显著成效，形成无处不在的惠民服务、透明高效的在线政府、融合创新的信息经济、精准精细的城市治理、安全可靠的运行体系。由此可见，未来 3～5 年我国智慧城市建设将进入深入落地爆发期。

伴随智慧城市建设的逐步推进和持续运营，智慧城市产业将对城市加快产业结构转型升级，对构建现代产业体系和经济社会全局和长远发展等产生重大引领带动作用。智慧城市建设与智慧城市产业发展相辅相成，智慧城市的建设和运营涉及城市各项主体和各个领域，将构建完善的上下游产业链形成协同效应，最终形成智慧城市产业链与生态圈，形成良性发展态势。随着政策红利的释放，智慧城市将迎来新一轮快速发展的机遇，并辐射整个智慧城市的产业链。

目前，以创新、创意、互联网+、高新技术等知识性智慧型新兴产业在各城市经济所占比重快速增加，智慧经济正在成为我国社会经济转型升级，供给侧改革成败的关键。当前超过 90%的直辖市、计划单列市及副省级城市、地级市以及直辖市所属区县均在开展两化融合、“互联网+”等智慧经济建设。根据统计数据显示，2015 年中国数字经济规模约为 18.6 万亿元，位居世界第 2，仅次于美国。数字经济已经成为当前中国经济发展“新常态”下经济增长的新动力。

（撰稿：北京易华录信息技术股份有限公司）

2016 年中国道路交通安全总体情况

一、我国道路交通及安全发展现状

（一）道路及运输发展情况

2016 年，我国公路通车里程为 469.63 万公里，高速公路里程达到了 13.10 万公里，与 2015 年相比，分别增长了 2.60%和 5.99%。公路运输方面，2016 年全国营业性客运车辆完成公路客运量 154.28 亿人、旅客周转量 10228.71 亿人公里，比 2015 年分别减少 4.7%和 4.8%；全国营业性货运车辆完成货运量 334.13 亿吨，货物周转量 61080.10 亿吨公里，比 2015 年分别增长 6.1%和 5.4%。

（二）车辆和驾驶人发展情况

2016 年，我国机动车和驾驶人总量继续保持着较高增长速率，机动车保有量 2.94 亿量，汽车 1.94 亿辆，比 2015 年分别增加了 5.3%和 12.8%，全国有 49 个城市汽车保有量超过 100 万辆，其中北京、成都、重庆、上海、深圳、苏州 6 个城市汽车保有量超过 300 万辆。机动车驾驶人达 3.58 亿，与 2015 年相比增长了 9.2%。

（三）道路交通事故情况

2016 年，全国共发生涉及人员伤亡的道路交通事故 21.28 万起，造成 6.31 万人死亡、22.64 万人受伤，比 2015 年分别增长 13.35%、8.74%和 13.28%。道路交通事故万车死亡率 2.14、十万人口死亡率 4.56，同比分别增加 2.88%和 8.06%。一次死亡 3 人及以上的较大交通事故 754 起，下降 2.08%，其中，一次死亡 5 人以上事故 138 起，下降 14.81%；一次死亡 10 人以上的重大道路交通事故 11 起，比 2015 年减少 1 起。

二、我国道路交通事故情况与事故防控主要工作

（一）我国道路交通安全特征分析

2016 年，我国道路交通安全总体延续了近几年平稳的发展态势，主要有以下特点。

（1）涉及人员伤亡的交通事故略有上升，较大以上事故得到有效控制。2016 年，我国交通安全面临了较多挑战，全国范围交通事故起数、死亡人数、受伤人数、直接财产损失四项数据均比 2015 年有所增长，交通安全总体形势依然较为严峻。同时，死亡 3 人及以上的较大以上事故的起数和死亡人数继续保持减少的趋势，特别是一次死亡 5 人以上的事故比 2015 年减少了近 15%。

（2）重特大事故起数继续减少，部分时段相对集中。2016 年，全国共发生重特大道路交通事故 11 起，同比减少 1 起，总体走势持续趋好。同时值得注意的是，2016 年仅 8 月就发生重特大事故 4 起。

（3）重特大事故发生区域较为分散，事故形态以翻坠撞为主。2016 年，全国 11 起重特大事故分布在 8 个省份，其中山东 2 起，云南 2 起，贵州 2 起，天津 1 起，内蒙古 1 起，湖北 1 起，湖南 1 起，广西 1 起。在 11 起重特大交通事故中，5 起为翻坠车事故，5 起为撞车事故。

（二）我国在道路交通事故预防方面开展的主要工作

2016 年，全国道路交通管理部门以保安全、保畅通、防事故为目标，坚持问题导向、底线思维，创新工作理念，创新体制机制，创新方式手段，防范化解风险，深化交管改革，不断提升交通治理现代化能力水平，全力预防重特大道路交通事故，有效保障了交通安全形势总体平稳。

（1）加强部署调度，全力做好交通安保和应急管理工作。一是全力做好 2016 年春运交通安保工作。公安部、交通运输部、安全监管总局联合部署开展“道路运输平安年”活动，严格管控“两客一危”企业及车辆、驾驶人的源头风险，强化动态安全监管。春运 40 天，全国接报涉及人员伤亡的道路交通事故起数、死亡人数较 2015 年春运分别下降了 17.4%和 23.5%，一次死亡 3 人以上较大事故下降 21.9%，未发生一次死亡 10 人以上重特大事故。二是全力做好恶劣天气交通应急管理工作。受超强厄尔尼诺影响，2016 年以来我国气候异常，年初低温、雨雪、冰冻天气频繁，夏季南方强降雨持续，累计雨量大，山洪、泥石流灾害频发，秋冬季节雾霾频发且持续时间长，给道路交通带来十分不利的影响。公安交管局加强研判调度和督促指导，召开 10 次视频会进行调度，实现了 “两个防止”的目标，没有因为应对不力导致负面舆情。三是全力做好重要节假日交通安保工作。元旦、春节、清明节、五一、端午节、中秋节、国庆节等重要节假日均顺利度过，未发生重特大交通事故，未发生长时间、大范围交通拥堵。

（2）全力推进农村道路交通安全工作。一是公安部交通管理局 3 月 24 日在重庆召开农村道路交通安全工作现场推进会，会上部署学习推广重庆经验做法，接长“三个短板”，破解“三个难题”，夯实农村道路交通安全基础工作，维护农村道路交通安全形势稳定。二是紧紧围绕“两站两员”建设这一重点，发布了《关于规范劝导站建设加强劝导员培训的通知》，进一步明确劝导站的设置位置、基本设施和劝导员的基本装备、基本职责以及教育培训要求，组织各地全面开展劝导员培训和大劝导活动。目前，全国乡镇交管站 3.7 万个、农村交通安全劝导站 28 万个，乡镇交通安全员 14 万人、农村交通安全协管员 57 万人。三是开展向农村交通安全劝导员送安全活动，向河南、广西、四川、贵州、陕西 5 省区农村劝导员赠送安全帽、反光背心、停车示意牌、工作包等 1 万套。四是组织技术人员研发农村道路交通安全管理信息系统，并在四川、广西试点应用，提出了全国推广应用的意见。

（3）全力推进道路交通安全防控体系建设应用。一是进一步推进公路交通安全防控体系“三大建设”。截至2016年年底，全国建成使用的交警执法站4209个，其中高速公路省际执法站337个，建成率96%；国省道省际执法站594个，建成率97%。各地自建和共享其他部门的公路视频监控10.4万个，高速公路平均2.2公里一处视频监控，普通国省道平均10.5公里一处视频监控。全国联网接入缉查布控卡口设备3.7万个，其中有稳定数据上传的2.5万个。二是定期通报各地公路交通安全防控体系特别是缉查布控系统应用情况，组织利用缉查布控系统查处已注销或达到报废期限仍违法上路行驶的旅游客车、“营转非”大客车、危化品运输车等重点违法车辆，检验公路交通安全防控体系建设应用实效。三是在内蒙古召开高速公路勤务管理“四种模式”座谈会，组织9省区分别探索总结平原高速公路勤务管理、山区高速公路勤务管理、恶劣天气勤务管理和危化品运输车管理等四种勤务管理模式，起草了《高速公路交通警察勤务工作规范（稿）》，为下步构建“1+X”勤务模式奠定了工作基础。

（4）全力破解货车、车辆运输车和危化品运输车管理难题。一是交通运输部、工业和信息化部、公安部、工商总局、质检总局联合下发了《关于进一步做好货车非法改装和超限超载治理工作的意见》，对治超工作作了全面系统部署，统一了超限超载认定标准。二是公安交通管理部门制定了《车辆运输车治理工作方案》《整顿公路货车违法超限超载行为专项行动方案》，明确了整治期限和具体要求。三是8月18日，5部局联合召开了电视、电话会议进行部署，从9月21日起全国集中开展治理行动。从3个多月的情况来看，效果初步显现，特别是车辆运输车成效明显，“双排”车杜绝，成为酒驾整治之后的又一个成功范例。四是为规范联合治超工作，交通运输部办公厅、公安部办公厅联合下发《关于规范治理超限超载专项行动有关执法工作的通知》。此外，公布举报电话、与车辆运输企业建设微信群，接受群众和企业举报，督促各地及时整改。

（5）加强事故处理制度建设，不断规范交通事故处理工作。一是着力加强事故处理规范化建设。公安部交管局组织起草了《交通警察处理道路交通事故规范用语一百句》《道路交通事故现场勘查要则》《道路交通事故责任认定规则》三个规范。二是组织开展道路交通事故案卷评查。公安部交管局对随机抽调的中南、西南、西北16个省（自治区、直辖市）涉及逃逸案件、危险品运输车辆事故和死亡事故3类道路交通事故的案卷48份，进行了集中评议，向有关总队逐省逐卷反馈情况，将48份案卷的评审意见通报全国，指导各地借鉴评审意见，推动提高执法办案水平和案卷质量。三是加强对较大以上交通事故深度调查和整改督办。公安部派出工作组赴较大、重特大道路交通事故现场，指导事故调查处理工作，督促查明事故原因，严肃倒查事故责任，并对2016年发生2起重大道路交通事故的山东、云南两省有关部门负责同志进行了约谈。

（6）坚持创新引领，积极推进事故快处快赔改革。全国道路交通管理部门认真贯彻落实公安部、保监会办公厅《关于开展公路和农村地区道路交通事故快处快赔试点工作的通知》，继续深入推进公路和农村地区道路交通事故快处快赔工作。截至2016年11月底，各试点地区共建立快处快赔中心988个，覆盖138个地市、411个县市、1472

个乡镇以及 301 条国省道公路。在线快速处理事故 83.5 万起，通过快处快赔中心处理事故 281.5 万起。

（7）全方位开展交通安全宣传教育，推动交通安全文化建设。一是打造 122“全国交通安全日”社会品牌。公安部交管局联合政府部门、行业协会、企事业单位、新闻媒体共同发起了“平安行 2016”专题晚会、“交通安全体验课”全国出征仪式、“向农村交通安全劝导员送安全”“文明交通作品颁奖仪式”“让生命无憾”公益广告首映式五大行动。二是组织开展全国范围的交警执法直播活动。近百个地级市公安交管部门开展了 190 余次直播，平均每天有 7 场以上，微博话题#执法直播台#累积阅读量已达 1.7 亿人次。三是适应新媒体浪潮，做强做大官方新媒体平台。全国公安交管部门 5000 多个“双微”平台，积极开展“两公布一提示”和违法行为曝光等工作。2016 年全国公安交管政务新媒体日均发送博文超过 2 万条，日均浏览量超过 7000 万人次。“双微”平台成为公安交管部门对外沟通交流、传播交通安全常识的重要阵地。

三、我国道路交通安全形势与对策

（一）我国道路交通安全仍存在的问题与隐患

目前我国总体道路交通安全形势相对平稳，但时有起伏，仍处于一个艰难的爬坡期。特别是 2020 年之前的这几年，尤其要警惕“三大突出风险”。

（1）发生重特大道路交通事故的风险。近年来我国重特大事故总量持续减少，但局部时段、局部区域仍呈多发、波动上升态势，不排除出现逆转的可能。目前，最大最现实的危险来自危化品运输，2011 年以来，全国共发生 7 起特别重大事故，3 起是危化品运输车燃爆导致，其中 2014 年湖南沪昆高速“7·19”事故造成 54 人死亡，是近年来死亡人数最多的一起交通事故。现在全国每天都有近二十万辆危化品运输车在公路上行驶，而且越是发达地区越多，一旦跟大客车相撞、多车相撞，发生泄露、燃爆，后果不堪设想。

（2）道路交通事故分散多元的风险。最近 3 年，重点运输企业、主干公路的大事故遏制住了，各种“边边角角”的、意想不到的事故多了起来，更为多元，更难预防，有的没纳入管理，有的是管理力量不到位，属管理薄弱或者说管理“真空”地带。

（3）道路交通安全形势出现逆转的风险。近年来，我国每年增加 1700 万辆汽车、3000 万驾驶人、10 万公里道路，特别是农村地区，缺乏配套的管理制度、管理力量、管理设施，警力少，盲区多，事故概率增加，有可能从量变到质变。西方发达国家在机动化发展期、平稳期也曾出现过反弹。比如，日本 1970 年交通事故死亡达到历史最多的 16765 人，此后连续 10 年下降，1980 年降至 8760 人，1980 年起又连续 10 年上升，1990 年达到 11227 人。美国在 2000 年出现反弹，连续 5 年上升，2005 年升至 43510 人，达到新世纪以来的最高峰。我国现阶段既面临机动化的快速发展，又存在很大的不平衡，稍有松懈就可能出现倒退、反弹。

（二）我国道路交通安全工作的方向与实施对策

我国道路交通安全管理工作应更加注重理念、制度、机制、方法创新，更加注重协同共治、共建共享，紧紧围绕社会化、法治化、智能化、专业化，从严从实从细做好保安全、保畅通、防事故工作，不断提升道路交通治理能力现代化水平，全力稳定道路交通安全形势，积极服务经济社会发展，切实做好重大活动交通安保工作。

（1）健全交通安全风险预测预警预防机制。突出防范在先，以大数据整合运用为核心，加快推进交通管理综合分析研判平台建设，建立交通安全风险隐患动态研判预测系统，实现信息主导警务。健全部、省、市、县四级交通安全常态化分析研判机制，提高事故预警预防水平。建立重点车辆、驾驶人和重点地区、重要时段风险隐患动态排查、分级管控机制，通过分级预警、等级勤务及时防范化解管控重大风险。

（2）深化公路交通安全防控体系建设应用。全面完成公路交通监控系统建设、公安交通集成指挥平台建设和交警执法站建设等公路交通安全防控体系“三大建设”任务，重点强化防控体系应用。依托交通集成指挥平台，以指挥中心转型升级和信息化、大数据应用引领警务机制变革，构建情指融合、情勤对接、城乡一体、高地联动的扁平化指挥机制，提高警务实战化水平。制定高速公路交通管理勤务工作规范，完善高速公路交通管理勤务机制，积极构建以网上网下结合为核心，以山区高速公路、恶劣天气应急处置、危化品运输车辆动态管理为重点的新型勤务模式。推动公路交通安全防控体系向农村延伸，推广农村道路交通安全管理信息系统，推进农村交通管理基础信息化。

（3）推进社会协同共治。协调推动对《国务院关于加强道路交通安全工作的意见》落实情况开展专项督查。贯彻实施《道路交通安全“十三五”规划》。以落实全国人大常委会《道路交通安全法》执法检查整改为契机，推动解决一批突出问题。会同有关部门做好货车超限超载治理、货车非法改装和车辆运输车治理工作。协调推动和加强危化品车辆运输全过程动态安全监管。配合做好公路安全生命防护工程实施和目标任务验收。推动健全完善道路交通事故伤员快速救援机制，提高救治率，降低死伤比。加强农村“两站”“两员”建设培训，有效防范农村道路交通事故。

（撰稿：褚昭明、戴帅）

第二章

国际智能交通发展动态

2016 年美国智能交通发展概况

一、美国智能交通系统概述与发展历程

美国是智能交通大国，不仅研究使用早，而且应用广泛。目前智能交通在美国的应用已经超过 80%，而且相关产品技术先进。不过美国在智能交通的研究中也经历了一段摸索过程。从 20 世纪 60 年代末期到 70 年代，美国致力于发展电子道路导航系统（EGRS），运用道路与车辆间的双向通信来提供道路导航。

1990 年成立了美国车辆和道路协会（IVHS America），成员单位数百个，为政府出谋划策，并直接组织协调活动。1991 年又制定了综合提高陆上交通效率化法（ISTEA），把开发研究 IVHS 作为国策并给予充足的财力支持，从此美国的 IVHS 研究、开发进入了系统的全面的发展阶段。从 1992 年起大幅度提高投资额度，光是系统体系结构的研究就耗资达 2000 多万美元。

1994 年 9 月，美国交通部将 IVHS America 更名为 ITS America（美国智能交通协会）。1995 年 3 月美国制定了“国家智能交通系统项目规划”，明确规定了智能交通系统的 7 大领域和 30 个用户服务功能，并确定到 2005 年的年度开发计划。7 大领域是出行和交通管理系统、出行需求管理系统、公交运营系统、商务车辆运营系统、电子收费系统、应急管理系统、先进的车辆控制和安全系统。

为了加速 ITS 的发展，2001 年 4 月，美国召开了一次由 ITS 行业 260 名专家和有关人员参加的全国高层讨论会。会后制定了新世纪前 10 年 ITS 发展规划，勾勒了未来 ITS 的使命和发展目标，明确了今后为实现 ITS 的发展目标所必须采取的行动。计划规定建立一个代表政府有关公共机构、私营企业和学术团体的协调委员会，就 10 年计划的实施进行组织和协调，制定一系列综合性发展政策，确定和启动一系列建设和研究项目，包括必要的机构转换，以促进 ITS 技术的应用，使未来的地面交通运输系统将通过 ITS 而逐步转换成一个管理高效和经济适用的先进系统，这个系统将被真正地赋予安全、有效和经济地输送人员和物资的基本功能，从而能在极大程度上满足用户的各种需求，并具有与自然环境的良好相容性。

2009 年 12 月，美国交通部（U.S. DOT）发布了《ITS 战略研究计划：2010—2014》，为 2010—2014 年的 5 年中的 ITS 研究项目提供战略指导。该计划的核心智能驾驶（IntelliDrive），在车辆、控制中心与驾驶者三者之间建立无线关联的网络，通过实施监控和预测及时沟通信息、缓解交通堵塞、减少撞车事故、降低废气排放，实现安全、灵活和对环境的友好性。在 2010—2014 年的 5 年内，每年 ITS 研究项目将获得 1 亿美元的资助，开展多领域的研究，如 IntelliDrive 的研究内容包括：车辆与车辆（V2V）通信的安全性、车辆与基础设施（V2I）通信的安全性、实时数据的采集和管理、动态

移动应用等。除此之外，5 年计划还支持主动交通管理、国际国境、电子支付、海上应用，以及智能交通领域的技术转让、知识技能研发以及相关技术标准制定。

2014 年，美国交通运输部与美国智能交通系统联合项目办公室共同提出《ITS 战略计划 2015—2019》，为美国未来 5 年的在智能交通领域的发展明确了方向，该战略计划的核心是汽车的智能化、网联化。该战略计划主要针对目前交通系统存在的安全性、机动性、环境友好性等社会问题，并提出了使车辆和道路更安全、加强机动性、降低环境影响、促进改革创新、支持交通系统信息共享等 5 项发展战略目标。其讨论主题分为三大类：一是使车辆连接更加成熟；二是试点和部署准备；三是与更广泛的环境整合。

2016 年随着车联网技术的逐渐成熟以及无人驾驶关键技术的突破，美国交通部提出新阶段 ITS 的发展应该与智慧城市的构建相结合。ITS 的应用除了解决城市交通中存在的安全、效率以及环境问题，同时应该能够无缝对接到城市的其他智能设施中，从而加速智慧城市的实现。

二、2016 年美国 ITS 相关会议和座谈会

（1）2016 年 6 月，美国 ITS 协会第 26 届年度会议暨博览会（ITS America 2016 Annual Meeting & Exposition）在美国加州圣何塞市举办，会议邀请超过 2000 名交通管理者、实践者和研究人员共同探讨改善城市交通安全、提高城市机动性和降低交通环境污染等问题。会议展示了一系列当前美国 ITS 科技创新产品和服务。会议讨论的热点主要集中于智慧城市、智能交通基础设施、车联网技术以及无人驾驶。

（2）2016 年 7 月，旧金山举办了无人驾驶系统研讨会。会议吸引了交通管理者、实践者和研究人员共同探究如何提高无人驾驶的安全性以及如何加强车联网环境下的信息集成、管理和交互技术。本次会议的重点包括无人驾驶环境下的安全、绿色驾驶行为以及人机交互等问题。

（3）2016 年 9 月，美国 ITS 协会在威斯康星大学麦迪逊分校举办了第 22 届智能交通研讨会，会议重点讨论了智慧城市的架构；车联网环境下的先进的 ATMS 和 ATIS 系统的构建；以及多模式公共交通智能管理系统研究。

（4）2016 年 9 月，肯塔基市举办了美国中西部 ITS 交通研讨会，会议的主题是提升道路可达性。研讨会重点讨论了车联网和无人驾驶环境下的多智能体协作机制、公路工作区的智能管理、车路协同下的交通事件管理等。

（5）2016 年 10 月，第 23 届世界智能交通大会在澳大利亚墨尔本举办，美国 ITS 协会代表美国 ITS 参会。会议展示了 ITS 在全世界范围各个领域所取得的新进展。会议从安全、效率和环保三方面重点探讨了未来 ITS 如何进一步服务于智慧城市的构建，车联网和无人驾驶如何进一步落地，以及大数据技术如何在交通中进一步挖掘和深度融合等。

三、2016 年美国典型智能交通应用系统简介

（一）无人驾驶汽车

无人驾驶汽车是通过车载传感系统感知道路环境，自动规划行车路线并控制车辆到达预定目标的智能汽车，它是利用车载传感器来感知车辆周围环境，并根据感知所获得的道路、车辆位置和障碍物信息，控制车辆的转向和速度，从而使车辆能够安全、可靠地在道路上行驶。2016 年，无人驾驶是美国智能交通系统学术界与工业界的共同关注热点，相比前几年，2016 年无人驾驶的发展更加侧重于系统的落地以及大规模的商业化推广。

Mcity 试验场是由美国密歇根大学主导、密歇根州交通部支持建设的无人驾驶虚拟之城，位于美国密歇根州安娜堡市，占地约 13 万平方米，斥资 1000 万美元，是世界上第一座针对测试无人驾驶汽车技术而打造的模拟小镇（见图 1）。作为世界上第一座针对智能网联汽车的专用试验场，其设计特色之一就是采用强化试验的思想进行智能车测试，多种道路突发状况可以集中发生，因此，每公里的测试路程能够代表真实环境中几十甚至几百公里的行程。Mcity 试验场另一特色是柔性化设计理念，道路无固定标线，可以随时更改车道布置。多种交通元素（如建筑外墙、假人等）可以移动，交通标志也可以随时根据试验要求进行更换，而且还预留了巨大、平整的沥青路面区域用于设计和布置已有场地中未包含的场景，如大型停车场等。这样可以极大地方便测试者按需调整测试场景，进而大大降低后期升级成本。

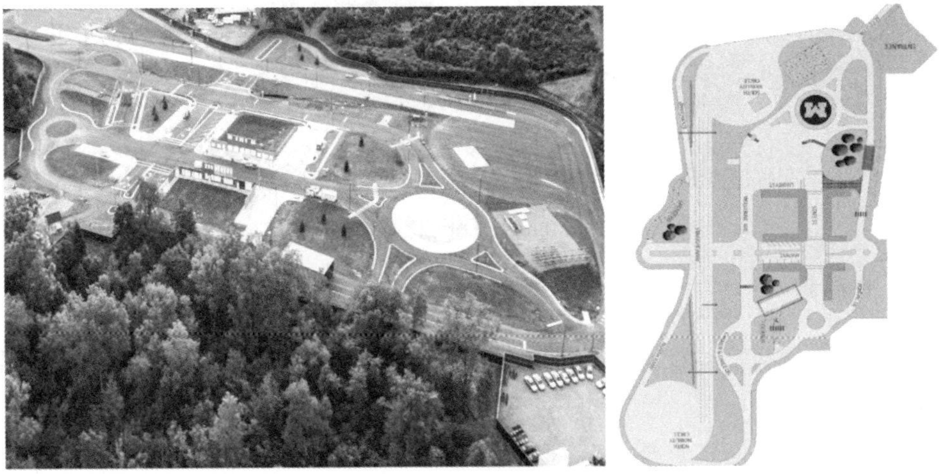

图 1　Mcity 试验场

Mcity 试验场由多种路面和道路元素构成，包含水泥、柏油、仿真砖等铺装路面，以及泥土、碎石等非铺装路面。在试验区内，随处可见交通标志、车道线、信号灯、人行横道、指示牌、减速带等道路元素，也包括生活中出现频率较低的隧道、环岛、交通

管制区、施工区等道路元素。在城市场景中，它有可移动的房屋外墙，墙体材料均取自真实建筑，如玻璃、砖、木头、铝乙烯等，用于模拟传感器对于不同材料的不同反馈。它还有多种停车位可供选择，如侧方停车、倒车入库和斜对角停车等。在市中心区域设置有邮箱、消防栓、候车椅、计时码表等自动驾驶车辆在真实世界中会遇到的道路元素，用于测试它们的应对状况。

Mcity 试验场除可以模拟日常行车场景（循线行驶、通过各类路口、斜坡、环岛等）外，还特别设计了一些用于测试传感器和整车控制算法的场景（见图 2），例如，用于测试传感器信号被削弱、遮蔽和延迟时对自动驾驶车辆的影响设置的人造树荫区域、隧道等；用于测试 GPS 精度的正南北、正东西方向的道路；用来测试图像处理系统性能的贯穿整个测试场的照明设施，以及配有不同发光源和故意做旧的道路标牌等。

图 2　Mcity 各种模拟测试场景

（二）车联网

车联网是物联网发展的一种重要产物，可以由各个车辆进行构成，形成一个车辆、速度、路线等信息整合在一起的巨大交互网络，并且通过 RFID、摄像头、GPS、传感器等软硬件设备实现信息处理，车辆可以完成自身环境状态信息的采集，并且通过物联网技术将车辆的各种信息汇聚到中央处理器，分析和处理驾驶员、车辆的工作状态，及时安排车辆的最佳路线、汇报路况和信号灯周期，保证车辆安全驾驶。

2016 年美国联邦公路局提出了新一代的车联网应用的发展愿景，涵盖车联网环境下的安全、环境、机动性三方面（见图 3）。其中安全方面的应用包括违规驾驶提醒系统、减速区/工作区提醒系统、过街行人提醒，以及恶劣天气驾驶提醒、左转辅助系统、偏离车道提醒等；环境方面的应用包括环保驾驶提醒、环保停车管理、动态环保路径导航以及环保信号配时等；而机动性方面的应用则涵盖排队长度警告、突发事件引导、动态公共交通调度以及自适应定速巡航等。

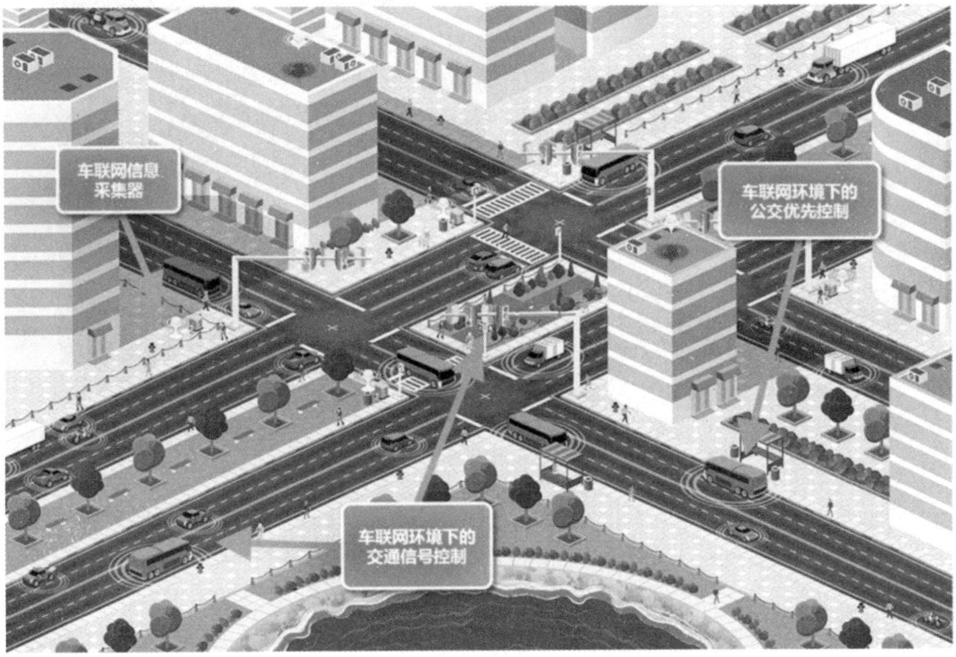

图 3　新一代车联网应用愿景

（三）智慧停车诱导系统

虽然在车联网环境下，无人驾驶汽车在行驶过程中已经具备了感知和决策能力，让人们的双手从方向盘中得到解放，但是当人下车之后，汽车需要停放时，如何自行完成找停车位停车、交费等一系列复杂活动则需要汽车接入一个智慧停车诱导平台，实时获取附近停车场的位置、车位空余情况等信息，并制定最优泊车方案。E-parking 是美国西雅图市于 2010 年提出的智慧停车诱导系统，系统初期在市区的六大停车场进行试用，主要实现泊车位的实时信息获取以及停车位的诱导。随着系统在停车信息共享和提升泊车位使用率方面取得的成功，E-parking 开始在西雅图市全面实施。

随着车联网技术和无人驾驶的不断普及，2016 年该系统开始考虑如何与其他智能交通基础设施进行接入，成为智慧城市的一个重要组成部分。系统推出了手机 APP 版本，并且与西雅图交通局（SDOT）的出行需求管理系统进行融合（见图 4），为用户提供实时停车位信息以及动态诱导方案的同时，还可以为用户制定最优的多模式交通换乘方案。

图 4　西雅图智慧停车诱导系统

（撰稿：刘攀）

2016 年日本智能交通发展概况

日本为了推动并成为先进的 IT 普及社会，1995 年制订了发展 ITS 的基本国策。1996 年，IT 战略本部连同四个省，分别是国土交通省、警察厅、总务省及经济产业省，具体制订日本 ITS 发展战略，清楚列出 ITS 的国家功能、长远发展方向和 ITS 的系统架构。

日本的智能交通系统系统主要集中在以下几个发展领域。

一、先进的导航系统

（一）道路交通情报通信系统（Vehicle Information and Communication System，VICS）

政府、产业界、学界合作推出 VICS 计划始于 20 世纪 90 年代初期。1995 年，在民间企业的捐助下，成立了主要负责 VICS 管理和推进相关技术标准化的"VICS 中心"，1996 年，从首都圈开始提供 VICS 信息。自那以后，随着汽车导航技术在日本的普及，安装 VICS 接收功能的车载装置销售量开始增加。现在，搭载 VICS 车载装置的车辆，达到日本行驶车辆的一半，约 3000 万辆。虽然世界上有各种各样的道路交通信息服务，但是像 VICS 这样，向大多数人提供详细的道路交通信息的例子还没有先例。

VICS 系统遍及日本全国，它通过收集、处理、提供和使用道路交通信息四个环节来达到为交通客户服务的目的。在日本，都道府县的警察机构和道路管理者先把有关的道路交通信息传送到道路交通信息中心，然后再传送到 VICS 中心（24 小时全天候工作），其他方面的信息也被汇集到 VICS 中心，由 VICS 中心处理加工成便于利用的形式提供给用户。

目前被采用的信息方式主要有电波信标、光信标和 FM 多路广播三种。其中电波信标用于高速公路，可以为驾驶员提供 200 公里范围的道路信息；光信标主要用于交通主干道，可以覆盖行驶前方 30 公里的范围；FM 多路广播以某个特定区域为对象进行大范围的服务。用户通常可以得到三种形式的信息：文字显示、简易图形显示和地图显示。汽车用户通过安装在汽车上面的 VICS 车载机来接收 VICS 中心所提供的实时交通信息（包括广泛区域的交通堵塞信息和驾驶所需时间，广泛区域内的交通事故、道路施工以及车速、车道限制信息，停车场位置和车位空置状况信息等）。VICS 所提供的信息可以使驾驶员明确掌握各种情况，减少迷路、选择最短路线、分散交通流、顺利找到停车泊位，可使用户的驾驶情绪得以稳定，相应缩短交通所花时间，缓解和解除交通堵塞。

对于社会来讲，VICS 系统的意义在于提高了交通的安全性、使交通得以畅通、环境得到保护、提高了整个社会的效率。与非 VICS 车辆相比，VICS 车辆可以缩短 15%

的驾驶时间。VICS 系统原理如图 1 所示。

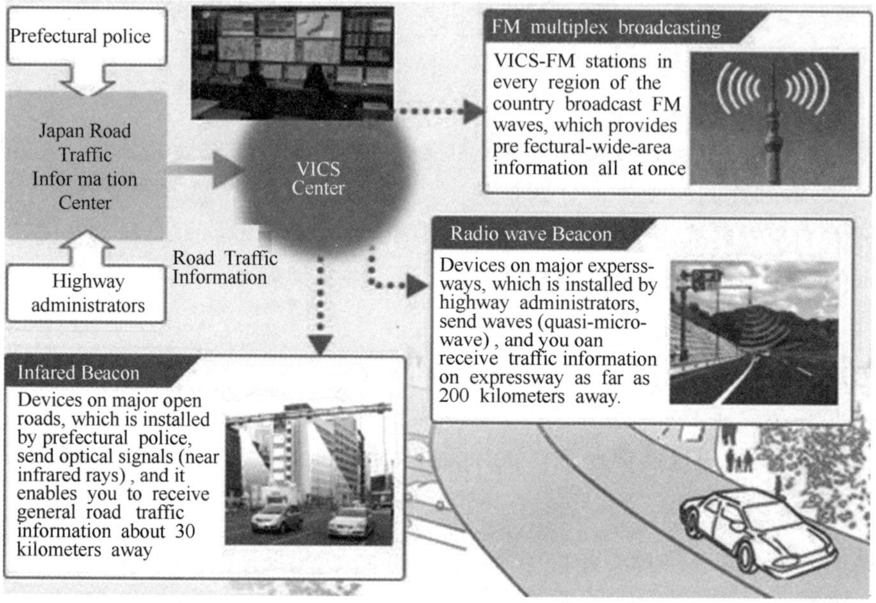

图 1　VICS 系统原理

二、不停车电子收费系统“ETC2.0”

ETC 系统在世界各国都有广泛应用，但至今没有任何一个国家或地区，利用 ETC 的车辆数量有日本这么多。ETC 在日本如此普及的理由之一是日本 ETC 的规格全国统一。日本有众多的收费道路公司，但只要在车上安装 ETC 车载器，插入 ETC 卡，那么就能够利用几乎全日本所有的收费高速公路。另外，只要企业能够保证基本的安全性，那么这一企业就能够开展 ETC 车载器及 ETC 卡的业务，通过自由竞争来实现低价格化，也促进了 ETC 的普及。

日本的 ETC，由车载器和 ETC 卡构成。这种方式，可以区分车（车载器）的拥有者和 ETC 费用的支付者（ETC 卡）。也就是说，用 ETC 支付费用，并不一定必须是车的拥有者。只要持有 ETC 卡，那么就可以在租赁车等非本人拥有车辆的车载器上使用 ETC 卡。

2016 年以来日本在部分地区对以往使用的 ETC 电子收费系统进行了升级，出现了 ETC 2.0，ETC 2.0 是世界上第一个 I2V 协作系统，通过安装在高速公路旁边的智能天线提供的驾驶支持服务。ETC 2.0 能为司机提供有价值信息的服务，如交通拥堵避免、安全驾驶辅助、交通事故救援以及原有的 ETC 高速公路收费。此外，它还在促进城市停车场费用的多用途化，以及未来车辆收货管理方面有更大的用处。在 ETC 2.0 的支持下，道路网络的资源可以被更加有效地利用。日本 ETC 电子收费系统如图 2 所示。

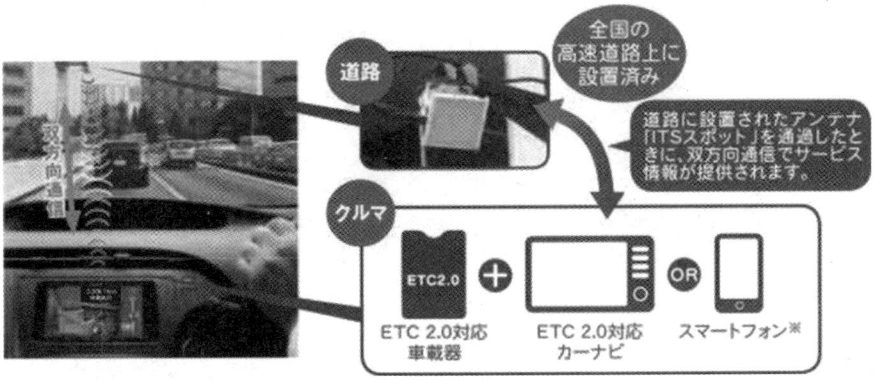

图 2　日本 ETC 电子收费系统

三、安全驾驶系统

（一）先进式辅助驾驶公路系统（AHS）

先进式辅助驾驶公路系统（Advanced Cruise Assist Highway Systems，AHS）是一种利用资讯与通信技术，经由道路与车辆的配合，使得当驾驶人遇到危险时，可立即提供驾驶人即时资讯，以提升行车安全。AHS 的主要应用是提供道路交通及路面情况，向驾驶者发出警报，并让控制中心按需要进行紧急支持。AHS 技术包括侦测道路状况、利用感应器所收集道路资讯及路侧对车辆通信技术，将技术传达给车辆及提供驾驶人相关之信息，并且也能侦测车道位置或依据行车速度提供资讯、警示及判断。AHS 是针对过去日本交通意外事故的不同原因而设计，可以达到以下目的：预告前方可能出现的突发意外，预告可能出现的急弯，偏离行车线警告，十字路口防撞警告，右转车辆防撞警告，行人防撞警告，报告路面最新状况如积雪、淹水、破坏等。一般认为 AHS 系统能对现在 80%的交通意外发挥作用。

（二）先进安全型汽车（ASV）

先进安全型汽车能将事故防患于未然，通过车辆及道路的各种传感器掌握道路周围车辆的状况等驾驶环境信息，并实时提供给驾驶员。

ASV 推行计划共有五个阶段：第一阶段 ASV 是从 1991 年到 1995 年的五年计划，目的是验证乘用车的技术可能性，并验证减少事故的影响；第二阶段是从 1996 年至 2000 年；第三阶段为 2001 年至 2005 年；第四阶段为 2006 年至 2010 年；第五阶段为 2010 年至 2015 年。截至 2016 年，ASV 在日本已经有了广泛应用，并显著降低了交通事故。日本 ASV 推行计划如图 3 所示。

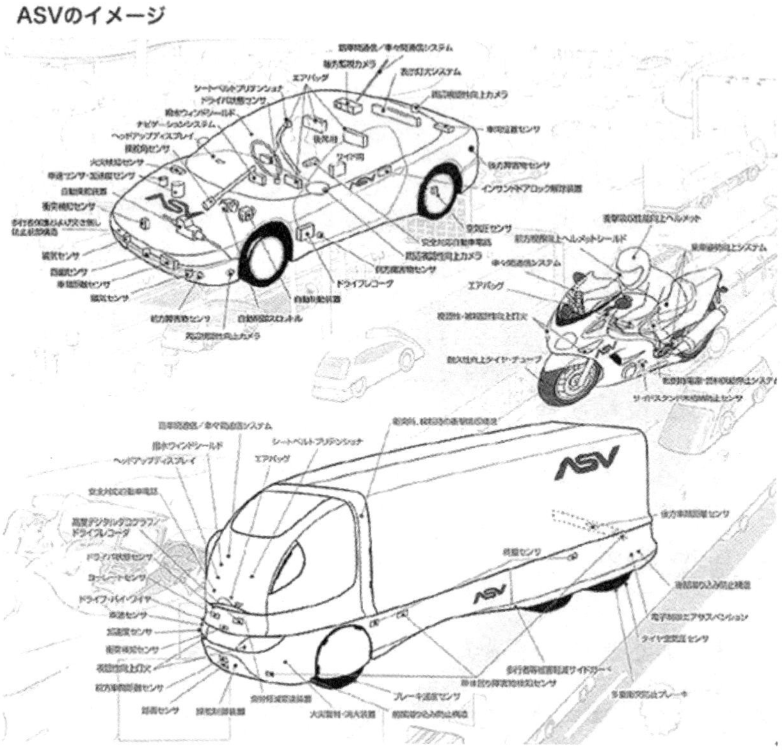

图 3　日本 ASV 推行计划

（三）安全驾驶辅助系统（Driving Safety Support Systems，DSSS）

DSSS 是一个旨在防止驾驶员认定和判断的延误和错误引起的交通事故的系统。通过道路基础设施和车辆的互联通信，DSSS 能提示驾驶员在必要时注意车辆周围的危险，有利于创造一个能够清理和减少交通事故的环境。

四、高效的公共交通系统

（一）公共交通优先系统（Public Transportation Priority System，PTPS）

公共交通优先系统是确保公交等交通畅通，确保公交等的运行，提高道路使用效率的措施。它是交通管制措施，如公共汽车线路和控制诸如交通信号之类的交通基础设施的系统的组合。

（二）交通需求管理（TDM)

日本政府积极地引进了国际流行的 TDM 模式，即“交通需求管理”模式，通过时间和空间分散交通压力。例如，大型的服务设施和工作地点不再只集中在大城市中心，而是向周边扩展。人们有事情要办，居住地附近就可以处理，就没有必要去很远的地方。

这样一来，出行活动减少，出行总量也得到间接控制，交通公害自然就被缓解了。

再有，规定将工作开始的时间岔开，有的地方 9 点开始，有的地方则是 10 点开始。不要小看这一小时间隔，交通拥挤程度完全不同。现在，TDM 模式已扩大到日本各个地方自治体，而且每个自治体都有适合自己的 TDM 方案。

目前，日本已有通过互联网提供总线定位系统和信息来支持用户的系统，以及通过使用信息通信的按需操作来支持运营效率的系统。

五、电子牌照

电子牌照作为个人车辆信息的基础设施（基础设施技术）引起关注，这对于推动 ITS 和促进汽车交通管理不可或缺，这需要越来越多地应用车辆识别技术。

日本政府正在从以下几个方面完善电子牌照技术：

车辆识别数字化及标准化，日本政府正在数字化和标准化个人车辆的信息，包括数字。

增强电子车牌的通用性，通过在目前的车牌上安装 IC 芯片，可以将其安装在所有的车辆上。

加强信息安全保护，日本政府相关部门正在开发安全相关技术，如加密和身份验证，以防止窃听和数据伪造。

降低成本，为了能更有效地推广电子车牌的使用，相关研发部门也在降低电子牌照的成本。

电子牌照技术原理如图 4 所示。

图 4　电子牌照技术原理

六、高效的物流系统

自 20 世纪 90 年代起日本便将 GPS 技术运用在了物流当中，并逐渐建立起安全、高效的物流体系，日前，日本正在物流系统中更大规模地试用电子标签。

（撰稿：马万经）

2016 年欧洲智能交通发展概况

2016 年，欧洲智能交通协会无论从政策支持方面还是从技术方面都取得了较大的进展，主要体现在 5 个方面。①利用政治措施加强 ITS 的实施和应用：欧洲智能交通协会表达了强烈的政治意愿，其工作重点放在建设实时交通信息、安全停车、eCall 和合作系统方面，以实现欧洲统一有效的智能交通系统；还通过采取一些政治措施来进一步加强 ITS 技术的实施和应用，欧盟委员会通过“欧洲合作式智能交通系统战略”，目标是到 2019 年在欧盟国家道路上大规模配置合作式智能交通系统，实现汽车与汽车之间、汽车与道路设施之间的“智能沟通”，为智能应用的全面实施奠定基础。②车联网和标准化建设完善：车联网系统将车辆和基础设施相连接，欧洲花费较大精力在车联网建设方面，前几年进行了大量标准化制定工作，经过逐步完善已经得到 CEN、ETSI、ISO 和其他标准认证机构认可，并且进行了建设推广。③应用型项目比重上升且更加具体：整个欧洲在智能交通系统的部署和发展方面已经做得较好，许多道路、交通管理中心、物流公司、车辆等都已经应用智能交通技术，产生了较多积极的影响，例如，帮助人们尽快找到目的地、 避开交通拥堵、避免交通事故等。2016 年，欧洲智能交通系统在生态出行、智能出行和安全出行三方面均取得了较大进展，项目数量较往年有所提高。而且项目更加具体和 2015 年相比，项目更加注重细节的实际应用，例如，导航、信息平台建立、重型车辆减排研究等。④项目更加注重发挥对民众的科普教育作用，欧洲智能交通协会不但通过一系列具体的智能交通项目让这些项目走进普通民众的生活，更是设计了一些科普类型项目，如 ITS observatory 项目等，公众可以对智能交通的发展情况、项目开展以及项目细节进行查询，为智能交通应用的全面实施奠定了舆论基础。⑤跨区域、跨平台合作趋势显著：ERTICO 支持各国之间的合作，如 ITS Directive 项目在欧盟各成员国执行，为各成员国提供一个合的平台，共同探讨国家 ITS 行动方案，努力解决交通共同问题、实现共同利益；同时，还积极加强与中国、美国、日本等国家的合作，如 EUTRAIN 项目集成了美国、日本、中国、澳大利亚等国家的分块研究成果；欧洲智能交通协会以一个中立平台的身份把行业内的企业、政府、组织等联系起来，开展各项合作，目前在全球已有 100 多家合作单位，会员单位已达 400 余家，此外还开展了各式各样的活动和各种专题演讲以及技术展示活动，在全面合作和广泛活动的基础上，促进和支持 ITS 在整个欧洲的应用，共同创建一个成功的欧洲 ITS 大市场。

总体看来目前欧洲主要的智能交通发展重点已经逐步从标准规范制定和研究向一体化、实用化转变，主要转变工具是应用的开发和项目的投入，主要的一体化保障是欧盟范围内跨国项目的实施，主要的措施是应用更加具体化，同时增强科普性项目的投入，加强对工作人员培训的投入，为全面实现欧洲智能交通实用化、产业化做准备。未来可以预见实体应用类项目数量将持续增加，同时项目投入方由政府和研究机构转变为市场，民众对智能交通应用接受程度提高，欧洲智能交通将实现一体化和市场化。

一、智慧出行

（一）INTERCOR（合作类和服务类应用服务互操作性走廊）

项目期限：2016 年 9 月—2019 年 8 月

INTERCOR（互操作走廊）项目是一项连接之前在 SCOOP@F 项目中建立的荷兰、德国、奥地利和法国的 C-ITS 走廊（合作类和服务类应用走廊），并将连接后的走廊延伸至英国和比利时的举措。INTERCOR 将努力实现一个可提供连续性服务的可互动的走廊，为 C-ITS 服务发展提供一个测试平台网络。欧盟提供 3000 万欧元支持 INTERCOR 的建设。INTERCOR 将利用 3 年的时间实现荷兰、比利时、英国、法国车辆与道路基础设施的数据通信，数据通信可以通过移动数据、ITS G5 或两者结合的方式，最终实现更安全、更高效、更方便的人员和货物的流动。

（二）CAPITAL（针对从业人员的协作能力培训）

项目期限：2016 年 10 月—2019 年 9 月

CAPITAL 项目的目的是为交通部门的从业人员在合作部署方面设计和提供一个协作能力提升方案（包括培训和继续教育）。本项目将特别开发一个开放平台，提供培训模块，在 6 个城市进行培训，提高从业人员对协作式智能交通应用的认识，为从业人员提供联络活动，以最好地发挥协作式智能交通应用的优势。通过开展本地区、欧洲和国际的协作活动，为智能交通领域的公共和私营部门的从业人员创造一个协作训练平台，进一步认识和评估合作式智能交通的从业人员的能力需求和专业知识差距。

（三）SPICE（为更好的交通提供智能服务）

项目期限：2016 年 9 月—2018 年 8 月

本项目最终将形成，致力于创新的可持续交通和移动解决方案的采购投资集团，支持被采购项目的所有活动。收集创新交通方案的目前的一些采购做法和解决方案，评估这些实践方案，总结采购的详细细节，包括市场竞争与对话、协商、参与用户、奖励标准定义、生命周期成本（LCO）和合同等方面。基于这些资料总结出一套可作为参考的、针对可持续的、创新的交通方案，包括供应商协调在内的采购解决方案。通过采购投资集团，促进经验交流、知识转移和能力建设，提高创新可持续交通方案的采购意识。最终形成成熟的买家群体和联合采购机制。目前该项目主要是举办一些研讨会，分享欧盟法律框架的知识，以及丹麦、荷兰和奥地利等地的创新交通方案的最佳采购做法案例。

（四）AEOLIX（欧洲物流信息交换架构）

项目期限：2016 年 9 月—2019 年 8 月

供应链可视化以及相关的丰富的物流相关信息是泛欧洲的物流解决方案，是通过提前合理部署生产力提高效率的重要前提，可以减少对环境的影响。而事实上，尽管相关的数据是以数据关联的形式进行储存的，具有完整的信息渠道、信息管理系统和数据挖掘工具，但是作为国际多式联运的焦点，物流方面众多的解决方案由于用户的要求，数据模型，系统规范和商业模式的不同，导致数据和方案高度碎片化。这一现象严重阻碍了物流相关信息的优化利用。

在这种背景下，AEOLIX 的主要目的就是克服分裂和碎片化的问题，建立一个“需求驱动”协同的 IT 基础设施的物流信息系统。AEOLIX 将能够连接任何成员的整个供应链的物流与任何系统或平台，计划并同步处理供应链上的设施，实现更好的管理。该方法将使得整个供应链具有可视性，使欧洲货物运输更加可持续和高效。

（五）ITS Observatory（收集和提供智能交通系统和服务部署全面的信息平台）

项目期限：2015 年 5 月—2017 年 4 月

ITS Observatory 平台将为决策者、企业和相关人士提供及时、可靠的事实，包括现有的和正在欧洲实施的 ITS 项目，以及最佳的可用信息部署结果的（如影响和收益），帮助他们发展并应用 ITS 的政策目标和策略。内容提供商将通过一个简单的输入接口输入信息，描述智能交通系统的位置和类型、谁能接触更多信息以及对任何结果进行评价和总结。用户将能够使用带有热门关键字搜索功能的知识库。其观测软件平台的开发正在进行中，第一批内容将由其 ITS 国家协会的专家输入，并将于 2017 年春季向社会开放。ITS Observatory 平台为用户提供以下功能：

它在哪里？	现有的和计划的部署
谁是谁的？	在欧洲的业务和专业的目录
什么是新的？	在其部署的最新消息
影响&收益	其评价结果
成功的故事	好的实践例子和避免陷阱
欧盟项目	欧盟资助的研究进展和成果
其行动计划的状态	其行动计划活动在欧洲新闻
它的标准	概述及其标准最新消息
其技术和市场洞察力	其领先的专家个人观点
知识市场	找一个专家，获得帮助和接受建议
它的在线网络	现场会议和讨论热点话题

（六）MOBiNET（互联出行服务平台）

项目期限：2012 年 11 月—2017 年 6 月

MOBiNET 项目于 2012 年年底启动，旨在为欧洲全面推广互联出行服务提供运营平台，倡导开放性、兼容性、互动性及高质量性。MOBiNET 包含一个智能出行的应用程序、一个 B2B 的电子商务平台、一个欧洲范围内的出行数据库和服务系统，以及一个为用户提供账户和一对一的身份验证的安全的中介软件环境。欧洲智能交通协会作为协调者，联合 34 家合作单位共同参与此项目。2016 年 10 月，发布了 MobiNET 平台

3.1 版本，包括计费在内的所有的核心功能将依托该版本进行试用测试。2016 年 12 月，该平台将开放给外部用户探索和自己的用例测试。

二、生态出行

（一）AEOLIX（欧洲物流信息交换架构）

项目期限：2016 年 9 月—2019 年 8 月

AEOLIX 项目将在欧洲开发一个更好的管理、计划和同步物流业务的数字生态系统。通过实现低复杂度和低成本的本地 ICT 平台和系统的联通，实现互相信任和安全交换信息，AEOLIX 将改善供应链中的货物运输的整体竞争力，同时从环境、经济、社会的角度实现可持续发展。

（二）OPTITRUCK

项目期限：2016 年 9 月—2019 年 8 月

OPTITRUCK 是针对重型车辆的优化项目，致力于减少重型车辆对环境的影响。道路交通对能源效率的影响是一项重大的全球政策关切，且激发了大量的创新，这些创新主要体现在改进基础车辆、交通管理技术以及公共政策行动等方面。目前减少能源消耗和二氧化碳排放的许多办法都适用于轻型车辆，但在重型车辆应用中不可行。在不牺牲排放的前提下减少燃料消耗和其他消耗品是重型车辆的一项重要挑战。然而，在实际驾驶条件和实际运输任务中，有许多优化的可能性，特别是在将燃油效率和排放量与特定的车辆应用和操作条件进行平衡时。通过使用先进的优化和校准技术，广泛开发大数据，将远程信息通信和通信技术集成到智能体系结构的动力传动系统等可能会进一步降低重型车辆对环境的影响。OPTITRUCK 的目标是通过应用从动力总成控制到智能交通系统各个层面的最先进的技术实现燃料消耗全球最佳（至少减少 20%），同时实现重型公路运输的欧 VI 排放标准（40）。该项目最终将发布一组动态的根据运输任务，道路地形相关的环境数据，天气和道路条件和周围的车辆进行智能控制和有效设计的动力管理预测组件。

（三）NEMO（电动汽车超级网络）

项目期限：2016 年 10 月—2019 年 6 月

NEMO 将创建一个包括工具、模型和服务的超级网络，以建立一个开放的、分布式的、被广泛接受的电动出行系统。Nemo 的超级网络处于基于标准接口的开放架构的分布式环境下，在其中所有的涉及电迁移的部分（充电站、电网、系统运营商和服务提供商、车辆和车主/司机）可以连接和无缝交互，以交换数据，在一个完全集成的和可互操作的环境下提供 ICT 服务。数据连接方面将基于数据的动态转换和服务接口，为了满足特定的本地场景和涉众的需要，现有的服务和数据存储库将被以无缝高效的方式被集成在一起。

NEMO 的目的是通过提供合适的参与者的后端数据和服务，并降低数字（接口）和物理（位置）障碍，从而提高电动出行服务的可用性，并实现更好的规划和更安全的电网运行。这有望使更容易推动电动汽车充电设施的市场发展、ICT 服务和更广泛的 B2B 互联。该项目于 2016 年 10 月开始，目前的工作重点是电动出行参与者的用例和需求调查，以及规范和参考体系结构的确定。

（四）CO-GISTICS（合作物流服务）

项目期限：2014 年 1 月—2017 年 3 月

7 个物流中心——阿拉德、波尔多、毕尔巴鄂、法兰克福、塞萨洛尼基、的里雅斯特和维哥坚信，通过对目前的运费和运输系统及服务进行整合并采用新的解决方案，如合作服务和货物智能化，将有助于实现商品的可持续发展，减少二氧化碳排放和提高成本效率。CO-GISTICS 的用户群体将包括车队运营商、卡车、货运代理、终端运营商和物流供应商。该联盟将提供至少 315 辆汽车（卡车和货车）的相关服务。CO-GISTICS 的目标是通过合作服务和技术应用，提高物流调配货物的可持续性和效率。CO-GISTICS 将部署 5 项服务、智能化卡车停车场和配送区域管理、货物运输优化、二氧化碳排放量的监测与评估、优先和速度的建议和生态驱动支持。在开发出每个试点的参考架构和相应的详细架构后，CO-GISTICS 在实施阶段将启动基线测量作为评估过程的第一部分。汉堡港口管理局在 2015 年 1 月，加入 CO-GISTICS 成为第五相关的合作伙伴。项目包括参加各种会议，特别是在波尔多第一个进行展示。CO-GISTICS 还参与了同一周在波尔多举办的 ECITL 2015 会议。目前，各个试点均已经投入全面测试中。

（五）FABRIC（解决的技术可行性、经济可行性和社会环境方面的动态电动汽车道路充电）

项目期限：2014 年 1 月—2017 年 12 月

该项目定义和评估用户的最终要求，确定项目在不同应用领域成功的潜力、所需的技术驱动程序和面临的技术挑战，同时将影响广泛实施的无线充电技术，为网格和道路基础设施提供合理的、具有成本效益的解决方案，全面整合网格和道路基础设施，最终成果将在意大利和法国的网站上实现和测试。该项目将对电动汽车道路收费的技术可行性、经济可行性和社会环境影响进行评价，同时开发、实施和测试相关解决方案，使在城市和非城市环境中的电网和道路基础设施方面应用广泛的电动汽车有效整合。该项目有助于电动汽车在欧洲的演变，同时，通过识别成本和效益的技术，把可能在未来广泛应用和开发的投资完全定义和量化。 该项目定义了用户需求，评估不同的信息和通信技术以及充电解决方案，并开发了相关的用例、模块以及系统架构。目前，活动包括开发组件的示范，两个示范点的准备工作（将于 2017 年年初开始示范）和相关评价方法的确立。

（六）NOVELOG（针对可持续城市物流的新的合作模式及指导指南）

项目期限：2015 年 6 月—2018 年 6 月

NOVELOG 的目的是通过可持续发展政策和指南引导出行者了解货物配送和服务实施的相关知识。本指南将提供最佳和适用的城市货运和服务运输解决方案选择，并将促进利益攸关方在实地测试、管理及商业模式转移等方面的协作和发展。这些活动将使得即便该项目结束后也仍旧可以发挥作用。2015 年 NOVELOG 完成了数据收集和分析的框架设计。2016 年三个工具项目已交付，“了解城市”的工具，对于理解城市货运（UFT）的工具、用来定义城市类型和措施的“工具包”，基于预定义的影响范围、标准和指标用来评估选定的措施的“评价”工具（事前和事后执行进行对比）。这些工具已经得到了试验城市，当地利益相关者和更广泛的公众积极的反馈，且举办了三次国际讲习班和几次当地会议和培训。

三、安全出行

（一）CARTER（欧洲道路交通自动驾驶协同发展）

项目期限：2016 年 10 月—2018 年 9 月

CARTER 是 H2020 计划下一个协调和支持自动化道路运输的发展和部署的项目。通过欧盟成员国针对工业合作伙伴提出更清晰和一致的政策，CARTER 旨在确保欧洲的道路自动化运输系统和服务的一致性和协调发展。CARTER 召开欧洲及国际层面的道路自动化运输系统的利益相关者召开论坛，以支持当前自动化运输系统特定领域的研究和活动。目前 CARTER 总共有 36 个合作伙伴，他们共同致力于实现以下目标。

（1）通过政府和企业合作建立欧洲道路自动化运输体系发展的领导者；

（2）支持道路自动化运输领域的国际合作活动，特别是与美国和日本；

（3）联合利益相关者建立论坛，以协调和支持欧洲和国际层面的道路自动化运输体系发展；

（4）提供数据、经验和成果交换的平台；

（5）支持现场操作测试，为国家和欧盟的发展提供导向。

（二）INLANE（通过低成本导航卫星与计算机视觉融合实现车道级导航和自动驾驶地图生成）

项目期限：2016 年 1 月—2018 年 6 月

本项目的目的是开发出基于导航卫星和计算机视觉融合的新一代低成本、车道级精准导航系统。这将使新一代系统可以实现基于众包技术的信息实时更新。INLANE 将开发低成本的 EGNOS/EDAS+GNSS（GPS/GLONASS）+系统+基于计算机视觉的定位模块，充分利用低成本的要素，在提高定位能力的同时降低成本，实现车道级定位。车道级车辆定位可以使导航和交通管理更加细化和高效，这种车道级定位模块可以为智能手机提供接口。INLANE还将开发新的、基于计算机视觉的道路模型和交通信号识别信息。这类信息可以实现基于众包的车道级实时交通管理。INLANE将考虑融合复杂的GNSS、计算机视觉信号、IMU、杂交算法等达到亚米级精度的地图，最终实现地图与车道位置相对误差不超过5厘米的目标。

该项目已于2016年1月开始，目前正在进行需求明确。在第一年，该项目在各种受人关注的活动中展出，包括空间信息日、欧洲和世界大会等活动。

（三）CloudLSVA（云大规模视频分析平台）

计算机视觉和视频分析在智能交通系统（ITS）、先进制造业和地图学等领域得到了广泛的应用。为了建立和验证准确可靠的基于计算机视觉的解决方案，有必要记录和标注大量的视频，这些视频覆盖了这些应用的各种场景。目前，虽然已经设计了用于构建大型视频数据集的工具，但仍然存在严重缺乏有效利用大量视频数据的工具。此外，视频注释任务的工具仍然主要是手动协助式。尽管目前已经进行了大量的工作来构建专门针对视频注释的专门接口，但人们仍然很依赖于手动地在视频场景中对对象和事件进行注释。CloudLSVA项目的目的是开发一个可有效标记大规模视频数据的开发软件平台。该平台将需要处理来自不同传感器来源的结构化和非结构化数据。该项目的主要目标是设计一个可以部署在云平台工具。

（1）尽可能多的将视频标注过程自动化；

（2）有效利用大规模的可标记数据；

（3）提供与场景共享并结合的数据分析的框架；

（4）融合视频数据与其他来源的数据进行分析；

（5）注释工具能够由人类操作员进行修正和验证。

Cloud LSVA在2016年1月推出，目前正在确定视频分析的需求。

（四）I_HeERO（统一的欧洲紧急呼叫系统eCall测试）

项目期限：2015年1月—2017年12月

车载eCall紧急呼叫系统由司机手动控制或车载感应器自动激活，当系统被激活后，车载系统会和相应的公共安全应答点取得语音连线。安全应答点可能是公共或者私营的eCall紧急中心，在相关政府部门的指导下，依据相应法律进行运营。语音连线后，系统与车的相关数据会被发送至应答点。I_HeERO项目包括以下几个目标。

（1）在泛欧洲地区准备公共应答点的基础设施；

（2）使成员国投资公共应答点设施和地图服务具有互操作性；

（3）准备危险品车辆（包括危险品）和长途客车的调度；

（4）公共应答点的合格评定；

（5）在数据管理和下一代112方面的进步。

这个项目从2015年1月正式开展活动，从动力两轮车eCall开始，所有活动和成员国于 2015 年 10 月 1 日全部开启这个项目。在 2017 年 10 月 1 日前，所有的成员国需要为 eCall 的实施做好相关的法律规定。

（五）Big Data Europe

项目期限：2015 年 1 月—2017 年 12 月

Big Data Europe 旨在开发一种适应性强、易于部署使用的平台，这将使利益相关群体扩展他们的大数据解决方案或在他们的业务流程中引入大数据技术。欧洲的所有利益相关者都将通过使用该平台获得在生产技术上可行的具体方法，并且能够最大限度地拓展到相关的区域。本项目将构建一个包括交通部门的属于欧洲社会关键领域的利益相关者网络，组织相关研讨会，然后启动利益团体来帮助塑造需求和工作章程。研讨会将涵盖数据收集、处理、存储和可视化数据服务的发展的全过程。最后实现对 Big Data Aggregator 的评价，包括平台基础设施是否满足用户的要求，是否最大限度地减少对当前工作流程的中断，并最大限度地抓住欧洲 RTD 的最新发展的机会。

同时，交通领域的活动将尤其关注流量传感器网络和地理空间数据集成。ERTICO 将组织三个研究会分别关注对于智能交通需求领域的大数据管理、对于规范的调整与完善，以及项目技术评价指标的选定。

（六）FOT-NetData（高效的共享和重复使用的 FOT）

项目期限：2014 年 1 月—2016 年 12 月

FOT-Net Data 项目共享将产生进一步研究成果的宝贵数据集，创造新的合作方案，产生财政收入，并且节省运输的时间，有助于市场引入改进的车辆通信技术。

（1）支持对可用的 FOT 数据集的高效共享和重复使用。

（2）制定和推广一个数据共享和指南的框架。

（3）建立一个关于有效的数据和工具的详细目录。

（4）为 FOT 活动打造一个国际网络平台。

（七）UDRIVE（欧洲自然驾驶研究项目）

项目期限：2012 年 10 月—2016 年 9 月

UDRIVE 是关于汽车、卡车和电动两轮车的第一个大型欧洲自然主义的驾驶研究项目。自然驾驶研究项目通过分析具有日常行程记录的司机、车辆及周围的交通在一定范围内的情况，如加速度、车道位置、速度、眼睛的运动、交通密度或道路条件等，深入了解司机的行为。该项目的目标包括：

（1）在欧洲的不同地区，用量化的方法分析道路使用者在正常情况及（快要）发生交通事故时刻的行为，对于安全相关的驾驶行为进行量化评估。

（2）用量化的方法分析与排放等级、能源消耗相关的道路使用者行为。

（3）研究新的方法，提高交通系统的安全性和可持续性。

（八）VRA（车辆与道路自动化）

项目期限：2013 年 6 月—2016 年 12 月

VRA 维持一个活跃的欧洲道路和车辆的自动化专家和利益相关者的联系网络。它有助于保持欧洲关于车辆与道路自动化方面的共同立场和问题达成一致。VRA 致力于欧盟—美国—日本道路和车辆自动化方面的国际合作和同步发展。VRA 为不同领域的道路和车辆的自动化都设置了讨论，包括部署路径和方案、法律和监管问题、道路适应性测试、连通性、数字基础设施、人力因素、效益评估、决策和控制算法等。VRA 联盟会议召开为不同讨论组正在进行的项目和活动提供支持（CityMobil2，Autonet2030，iGames 及其他）。VAR 也通过总结过去和现在针对道路和车辆的自动化的活动传播相关知识。

（撰稿：马万经）

2016 年英国智能交通发展概况

2016 年，英国交通运输部、交通系统中心、智能交通协会联合行业内的企业、政府和组织，共同促进智能交通的发展，致力于车联网、智能出行、绿色出行等领域，并且结合新兴的 VR 技术发展交通相关的虚拟现实技术。在车联网方面，英国政府投入大量资金主导自动驾驶项目，进行了自动驾驶的测试和展示，着手研究无人驾驶技术、商业模式的开发以及用来测试网联车辆和自动驾驶的测试环境等。在智能出行、绿色出行方面，由于英国在公共机构公开数据方面走在前沿，通过采集、审查、核实、编辑交通运输信息，制作相关的信息平台为交通行业供应商、当地政府、APP 研发机构等提供所需数据，其利用数据的实时性和准确性研发出相关的系统软件。在 VR 技术方面，可视化实验室已经掌握了多项 VR 相关技术并且能够提供相应的服务。

一、UK Autodrive（城市环境下自动驾驶示范项目）

UK Autodrive 项目旨在以车队为单位测试网联自动车辆，针对在城市环境下，自动驾驶是如何解决交通拥堵的问题，并同时进行城市内自动驾驶商业化运营的探讨，最终希望在城市内推行自动驾驶车的商业化试运行，由英国交通系统中心、英国工程技术公司 RDM 集团和米尔顿凯恩斯理事会主持。该项目将会测试由 40 辆无人驾驶豆荚车以及其他由福特、路虎和塔塔汽车的欧洲汽车中心提供的网联自动驾驶车辆组成的车队。该项目的主要研究内容如下。

（1）通过增加网联自动驾驶车辆数量的数据进而分析真正形成以网联自动驾驶车辆作为公共交通系统所需要的渗透率；

（2）通过研究网联自动驾驶车辆对于通信和网络安全的要求以及相关的法律和保险等保障网联自动驾驶车辆，作为交通运输系统的可行性；

（3）通过研究自动驾驶相关技术的可拓展性，公众对于自动驾驶技术的态度以及潜在的商业模式从而广泛地推广相关技术，提高网联自动驾驶车辆的渗透率；

Autodrive 项目针对互联、自动驾驶以及实际运行环境，目前有三个子项目在共同推进。

（一）基于道路的网联乘用车

Autodrive 期望验证网联汽车所能够带来的好处，包括安全、交通流智能控制与交通环境等。这个项目将分为三个阶段进行演示：首先将在位于英国纽尼顿的 Horiba-Mira 测试场地进行演示，然后将会在考文垂与米尔顿凯恩斯的封闭道路上进行测试，最后则是在这两个城市的开放道路进行测试。2016 年 10 月，网联汽车的测试项目正式在

Horiba-Mira 测试场地开始第一轮测试，并且成功演示了两项网联功能，第一项是网联车辆能够从信号灯处获得信息，得知信号灯相位的变化时间；第二项是当某一辆网联汽车突然紧急刹车的时候向另外一名网联车辆的驾驶员发出警告信息。

2017 年春天，Autodrive 项目组还将在 Horiba-Mira 测试场进行一次车辆互联测试，并在 2017 年下半年开始进入城市封闭区域进行测试，最终在 2018 年将会进入开放道路上进行演示。

（二）基于道路的自动驾驶的乘用车

捷豹、路虎与塔塔汽车欧洲技术中心同样还会在 Autodrive 项目中进行自动驾驶车的测试。与网联项目一样，他们首先会在 Horiba-Mira 测试场进行测试。在项目的测试过程中，虽然始终会有一名经过培训的操作员坐在驾驶席上，以便于随时接管车辆的控制权，但是网联车辆是由其自身的自动驾驶完全控制。

（三）在人行道上行驶的网联自动驾驶车

这一项针对的是个人交通出行工具，该项目最终会投放一个由 40 辆组成的网联自动驾驶车队在米尔顿凯恩斯进行运营，从 2017 年开始进行 6 个月的测试。因为运营环境会是行人密集区域，所以车辆要学会如何识别并躲避行人。项目运行初期，每辆车的驾驶席上会坐着一名经过培训的操作员，随着项目推进，计划邀请真正的消费者来参与，他们可以预定并使用自动驾驶车作为出行工具。最终参与运营的车辆是英国在 2015 年 2 月发布的首辆自动驾驶原型车 Lutz Pathfinder。

二、Greenwich Automated Transport Environment（无人驾驶公共交通项目）

GATEway（Greenwich Automated Transport Environment）项目是由 TRL（英国交通研究实验室）负责，在伦敦东南部的格林尼治进行，主要目的是针对城市环境下，自动驾驶如何克服技术、法律与产业化中的一些挑战。GATEway 针对的是无人驾驶公共交通，包括公交车、巴士、自动代客泊车和送货车辆等。总的来说，GATEway 项目主要目的不是研发自动驾驶相关技术，而是创造一个安全有效的无人驾驶车辆的测试和示范环境，通过示范和用户的参与、体验提高民众和行业对无人驾驶技术的认知和接受程度。该项目的主要目的如下。

（1）展示将复杂的无人驾驶运输系统安全有效地整合到复杂的现实世界智能城市环境中；

（2）研究实现无人驾驶公共交通系统在技术、文化、社会和法律等方面的问题和难点；

（3）鼓励交通相关行业、公共机构和广大群众接触和参与现有的无人驾驶运输系统技术；

（4）系统地研究无人驾驶系统的验证、部署、管理和集成等相关内容；

（5）为下一代无人驾驶系统研发可以长期的，多方面的，经过验证的测试区。

GATEway 项目将会进行三个公开的无人驾驶车辆的试验。第一次试验将在格林尼治半岛自动穿梭行驶。第二次试验是无人驾驶汽车的自动代客停车。该试验一方面，用户下车后，无人驾驶车辆能够自主地找到指定的停车位；另一方面，用户能够通过手机召唤无人驾驶车辆行驶到集合点。第三次试验是在城市中能够使用无人驾驶车辆自主送货。

三、Departure Planning Information Programme（机场航班信息管理项目）

Departure Planning Information 项目是使用开创性的交通通信协议的航班信息软件，由英国交通系统中心、民航局和国家空中交通服务公司合作研发。Departure Planning Information 项目旨在使机场能够实时更新航班的出发状态信息，进而减少乘客延误，改善空域效率，减少燃料消耗、噪声污染和碳排放。

DPI 软件通过提供精确地航班信息代替原有的基本飞行计划数据评估飞机的状态（滑行、在等待点等待、已出发）大幅度减少数据处理的工作量。并且由于数据信息的实时性和准确性，DPI 软件能够有效地管理任何飞机计划。通过软件的实际测试，安装软件后对机场整个系统的效率有很大的影响，包括减少空中延误时间，增加准时性能，减少跑道占用时间以及飞机在等待点等待的次数。总体来说，该软件在提高起飞时间准确性，提高安全性和系统的效率以及能够满足对于时间准确性有需求的地方。

目前 DPI 软件已经在伦敦市、斯坦斯特德、曼彻斯特、爱丁堡、格拉斯哥和阿伯丁机场成功安装和运行。下一阶段 DPI 项目将涉及尚未使用大型机场使用的 A-CDM 或 EFPS 空中交通管制系统的区域性机场，将 DPI 在时间准确性方面的能力从主要国际枢纽扩展到区域级机场。

四、Visualisation Laboratory（基于 VR 技术的可视化实验室项目）

Visualisation Laboratory 项目是通过虚拟现实技术建设一个可视化实验室，用来帮助解决英国交通运输系统的问题。Visualisation Laboratory 项目的研究人员来自英国各地的交通规划，基础设施工程设计等方面的专业人士，并且与英国交通系统中心的研究人员一起开发和研究交通相关的虚拟现实技术，帮助英国的交通部门建立虚拟现实的能力。

目前可视化实验室已具备的技术如下。

（1）Omnifinity Omnideck，通过使用真实世界的双腿通过走路或者跑步的方式以任何的运动方向探索虚拟世界；

（2）Vesaro Driving Simulator，汽车驾驶模拟器，无论是乘客还是驾驶员都可以感受虚拟车辆的振动；

（3）Tacx Cycling Simulator，自行车驾驶模拟器，可以体验逼真的地形感觉；

（4）GoPro Omni 360 Camera，可以观察 360 度各个方向的事物；

（5）Microsoft HoloLens，与 HoloLens 一起使用，加强混合现实的世界；

（6）Yuneec Typhoon H，无人机，内置 Sense & Avoid 技术用于提高安全性和冗余性；

（7）Matterport 360 3D Camera，深度感应的 360 度摄像头，用于捕获和探索室内环境，并且含有互动游览的功能；

（8）Bitalino Biometrics，测量和探究受试者对真实和虚拟刺激的生物特征反应，包括呼吸、脉搏率（BVP）、电皮肤活动（EDA）和脑电图（EEG）；

（9）VR Headsets，体验包括 HTC Vive、Oculus Rift、Fove、Samsung Gear VR 和 Google Daydream＆Cardboard 在内的虚拟现实设备，包括各自的手杆控制器。

相应的，目前实验室可提供的服务如下。

（1）访问实验室的 GIS，3D 建模，虚拟现实和人为因素的内部专家；

（2）VR / AR 系统和内容开发；

（3）CAD 和 3D 建模；

（4）360 度视频拍摄；

（5）数据处理与可视化；

（6）地理信息系统（GIS）；

（7）软件架构系统；

（8）应用开发；

（9）无人机和地面摄影以及测量。

Visualisation Laboratory 项目已经完成的两个子项目如下。

（1）LEAP Motion ORION Software Evaluation 项目研究更沉浸式的互动方式，通过 LEAP 运动控制器可以在虚拟现实环境中显示用户的身体。

（2）DfT Strategic Roads Visualisation Project 研究复杂的交通道路网络数据的可视化平台，并且可以轻松地将新数据集加载到平台中。

实验室目前正在研究项目包括 EYEWARE 和 Driving Simulator。其中 EYEWARE 是通过智能手机体验各种条件，帮助视力丧失的人体验增强现实世界的一款软件。Driving Simulator 通过驾驶模拟器帮助开发无人驾驶车辆。驾驶模拟器允许虚拟车辆在虚拟世界中不同的道路条件下自由移动。模拟器还配备有环绕声，允许用户听到强化沉浸世界的定向声音。

（撰稿：马万经）

2016年俄罗斯智能交通发展概况

一、基本情况

在过去的20年间，俄罗斯同其他国家一样，面临同样的社会问题，如城市机动车保有量迅速增加与交通基础设施建设、承载能力之间的矛盾，以及客货运输车辆对于“无缝交通”模式需求之间的差距；气候变化和环境压力；道路交通事故频发、交通事故死亡率居高不下等问题。面对这些问题，智能交通系统建设提供了有效的解决方案。

俄罗斯智能交通的早期发展阶段，主要依赖于政府的支持。在联邦层面上，主要是俄罗斯公路局和运输部在推动。ITS的发展需要建立一个与具有国际领域竞争力的规范性、具有连贯性的平台。2011年，由俄罗斯联邦标准委员会组织成立了俄罗斯ITS标准委员会；2012年，俄罗斯创立了为赫尔辛基—圣彼得堡智能交通走廊服务的ISO TC204（ITS）工作团队。

俄罗斯智能交通在国际智能交通网络中，积极地团结联系其他国家的ITS协会，并与多个国家和地区的ITS协会签署了备忘录，包括亚太地区：与韩国ITS协会、澳大利亚ITS协会签署直接合作备忘录。2012年，以推动中国和俄罗斯之间的智能交通发展为目的，成功地与中国智能交通协会签署了备忘录。俄罗斯智能交通协会和中国智能交通协会双方在建立双边关系和发展合作重要事项上的有关研究、规划和部署达成了协议。

二、俄罗斯ITS技术简介

（一）大型活动推动ITS发展

大型体育赛事成为俄罗斯城市投资建设主要交通基础设施项目的驱动力，如索契在2014年筹备和举办的第二十二届冬奥会、冬季残奥会。2018年举办FIFA世界杯的过程中，将会更努力地将ITS成功应用到交通运输管理中。这些解决方案将提高交通运输系统的安全性和质量，同时还将改善地区的投资环境和社会经济条件，并将成为其他地区现代化交通运输系统的示范基础。

ERA-GLONASS交通事故应急响应系统。该项目同一些独联体联盟国家（俄罗斯、白俄罗斯、哈萨克斯坦等）合作开发建设，与欧洲eCall计划也具有相关性。项目建设分阶段部署，2015年1月启动。系统的部署能有效防止交通事故或应付紧急需求，对于用户来说，将得到更好的法律保障和政治基础。

FITSRUS项目，赫尔辛基—圣彼得堡智能交通走廊项目。这个项目由俄罗斯和芬兰在2011年启动，并得到了官方的支持，两个国家的交通运输部签署了合作备忘录。俄罗斯智能交通协会和芬兰运输研究中心为该项目的负责部门和协调员。两国部长一同签署发布了项目的四个重要计划：①自动气象服务；②自动事件检测和预警系统；③实时交通和旅游信息服务；④公共交通信息服务和时间计算。

莫斯科交通管理中心项目。该项目由莫斯科交通运输部和通信网络部进行协调，项目计划在2011年通过批准，项目预算达到62.573亿卢布。其主要目的是根据多式联运方式转移到城市交通系统的集中管理，实现缓解城市交通拥堵、提高交通网络容量、建设停车场管理系统等目标。典型系统包括：①交通流监测系统；②城市交通管理控制系统；③GLONASS导航和信息系统；④旅客信息系统；⑤远程视频监控；⑥视频监控和执法体系；⑦气象监测系统；⑧停车监控系统；⑨通信和数据传输系统；⑩集成系统。将提供子系统与外部系统、子系统间安全的数据交换。

（二）创新道路建设

2011年秋，俄罗斯发布关于建设“创新道路”的总统令。根据该项命令，俄罗斯经济发展部、交通部、联邦道路署及基础设施和教育项目基金会四部门共同实施联邦“创新道路”的试点工作，并批准将信息技术解决方案用于公路建设。随后，俄罗斯纳米科技集团和俄罗斯地区发展部也加入到了“创新道路”的建设中。

“创新道路”的内涵是：路面具有较好的铺筑、带有低能耗照明系统、所有道路设施配备RFID标签并能接入统一的智能交通系统、行驶车辆装有GLONASS定位系统。同时需考虑未来电动汽车和电动公共汽车等因素，道路建设时需要设计用于电动汽车充电的基础设施。

“创新道路”建设于2014年启动，其任务是借鉴西欧国家经验来改变俄罗斯道路建设的落后局面。为达到并赶超其他国家道路建设水平，俄罗斯计划在2015年前拨款7400亿卢布用于改造和建设俄罗斯的道路交通系统。试点公路包括位于鞑靼斯坦州的联邦级公路奥伦堡一段、位于梁赞州的州级公路一段和位于莫斯科的市级公路比亚特尼茨卡娅街。

试点公路建设主要包括四个创新领域。第一，道路本身，如道路覆盖、建筑结构、自行车道和人行道等；第二，道路周围和道路之上的各类不同建筑物，包括桥、隧道及其他工程系统；第三，道路设备安装工程，包括防护设备、交通灯、道路标识及标志、信号组成部分等；第四，智能服务，包括交通信息系统、道路状况监控自动化系统等。

公路通信系统建设：《2006—2012年提高道路交通安全》的联邦专项规划将减少道路交通事故中的死亡人数确立为根本任务之一。2012年10月，俄罗斯政府斥资8.3亿卢布构建道路事故应急反应系统。2012年5月，俄罗斯政府通过了一项关于在联邦级主干公路（贝加尔、卡斯比、乌拉尔、乌苏里）上通信信号全覆盖的文件。这些公路的总长度约为9000公里，共计跨越俄罗斯20个地区，是俄罗斯由东至西、由南至北两个方向的交通主干道。这一项目的实施具有重要的社会意义，共同参与该项目的公司有俄罗斯移动三巨头公司（VimpelCom、MTS、MegaFon）和俄罗斯电信公司。上述运营商将在现有电信设施基础上建设200多个新的通信基站，每个运营商公司在指定地段安装各自的天线设备。

（三）莫斯科 ITS 系统建设

莫斯科及俄罗斯其他大型城市智能交通系统的建设始于 2010 年年底。此时，莫斯科政府通过了“关于莫斯科智能交通系统建设”的法案。2014 年年底，俄罗斯首个复杂智能交通系统（ITS）开始应用于莫斯科及周边区域。

新的 ITS 系统是道路交通与信息技术的融合，具有自动监控和远程管理功能，将有效地降低交通拥堵程度，提升城市交通流运行效率。新的 ITS 系统集成先进的优化算法及技术设备，运用地理信息技术创建道路的 3D 模型，这些模型已经用于俄罗斯联邦高速公路，包括 M-1（莫斯科到明斯克）、M-10（莫斯科到圣彼得堡）和贝加尔高速公路区段。莫斯科交通部长马克西姆·利苏托夫（Maxim Liksutov）评论：“新的 ITS 系统将为城市的交通管理提供新的机会”。

新的 ITS 系统在莫斯科路测及建筑上安装了 7000 多个传感器，对道路的交通强度、平均速度和拥堵程度等进行监测；市中心安装了 1200 多个道路安全摄像机，还有大约 200 个可变信息板，用于向司机显示路线上拥堵或道路交通事故等信息；同时，安装了数千个智能路牌，提供给司机相关路段及行人信息。新的 ITS 系统具有公共交通优先功能，为莫斯科 7800 辆公共交通车辆安装了 GLONASS 导航定位系统，降低了公共交通车辆的延误；改善城市交通状况的其他措施包括高峰时段的临时封路，以及莫斯科中心区域的道路拥挤收费等。

莫斯科交通部长马克西姆·利苏托夫评论：“新的 ITS 系统将使莫斯科所有交叉路口的交通信号灯能够根据交通流量进行自动调整，能够预测未来 45 分钟内城市的交通状况，在早晚高峰时段能够进行绿波控制”。

据莫斯科市政府透露，新的 ITS 系统的应用将使目前的 19 公里/小时的城市平均交通速度提高 10%～15%。此外，这也将减少城市空闲停车位搜索时间的 65%、燃油消耗和排放水平降低 25%。

新的 ITS 系统在莫斯科应用的预期效果将为进一步推广奠定基础，俄罗斯政府计划将在其他大城市，特别是圣彼得堡测试新系统。新的 ITS 系统是联邦项目“创新道路”的一部分，旨在大幅改善俄罗斯的交通状况和俄罗斯道路的技术状况，以减少道路交通事故的数量。

三、俄罗斯智能交通发展趋势

（1）为了在俄罗斯能全面贯彻智能交通发展政策，以及与周边独联体盟国规划必要的关于 ITS 的联邦法律，需要将各地区分散的区域发展战略统一到国家智能交通发展战略，确定 ITS 发展的优先领域，然后根据各地区、城市的特点，完成整个布局的兼容性和连续性。

（2）在“创新道路”建设的基础上，面向“智能道路”的规划与建设。智能道路主要指在所有联邦级公路上安装综合监测系统，建设综合性信息服务与驾驶员通知等系统，实现对道路上交通事故的实时监测，分析造成事故的原因，并且将监测到的信息发送到道路运营的各个部门，对路况及道路车辆拥挤情况等进行监测与分析。

（3）ITS 系统的完善与推广应用。ITS 系统主要应用于莫斯科等大型城市，在取得预期效果的基础上，不断积累经验完善系统架构，并向其他城市进行应用推广，全面提升城市交通运行效率、保障交通安全。

（撰稿：王力、何忠贺）

2016 年韩国智能交通发展概况

一、基本情况

（一）韩国 ITS 建设情况

韩国将 ITS 定义为七大系统，交通管理、公共运输、交通信息服务、电子支付、旅行信息服务、车路智能服务和货运服务。

韩国从 1990 年开始发展 ITS 建设，2001—2003 年进入发展期，开始示范城市项目建设，并开始 ETC 试点工作。从 2004 年起 ITS 快速发展，包括高速公路，国道和城市主干线，同时，各个地方的公交信息系统蓬勃发展，ETC 系统建设覆盖整个高速公路。2014 年后，侧重于协作式智能交通（C-ITS）的发展。韩国在高速公路信息化建设、智能公交建设取得了显著成效。高速公路侧重于高速公路电子收费系统以及智能化全国高速公路项目建设；智能公交主要是发展 BRT 公交系统和公交支付系统。

目前韩国智能交通系统建设已经完全覆盖高速公路，在国道上已实现 20%的覆盖，覆盖里程约为 2607 公里，预计在 2020 年完成 45%的覆盖目标。各类设备安装数量，高速公路上 CCTV（闭路电视监控系统）1953 套，VMS（交通诱导系统）1070 套，VDS（交通流量采集系统）3247 套，DSRC（专用短程通信）916 套，AVC（自动车辆分类系统）227 套；国道上 CCTV 721 套，VDS 1960 套，DSRC 202 套，VMS 592 套，AVI（自动车型识别系统）601 套。

韩国将交通控制系统、事件管理、交通及路况信息服务系统等服务定义为 ATMS（先进的交通管理系统）。目前，ATMS 覆盖 5488 公里，公交信息系统 5210 条，服务了 76%韩国公交线路；BIT 公交 18517 覆盖 23%的公交车站，OBE（车载装置）34888 套，已覆盖 98%的公交车。

（二）韩国 ITS 监管部门

韩国 ITS 的主管部门是 MOLIT（Ministry of Land Infrastructure and Transport），其主要职能是政策法规的制定，MOLIT 下有相关政府机构各司其职，如地方政府主要负责项目的建设和运作，KEC 韩国高速公路管理局主要负责高速公路的建设和运营、ITS 的相关业务；KAIA 主要负责韩国基础设施建设中技术的研发规划和管理，ITS korea 负责产品测试、标准制定、ITS 项目咨询以及国际间的交流合作等。

二、韩国 ITS 技术简介

（一）C-ITS 项目技术试点

2016 年，恩智浦半导体公司（NXP）与汽车电子专业公司 eSSys 在韩国国土交通部的韩国下一代协同智能交通系统（C-ITS）项目中建立了技术合作伙伴关系。恩智浦将为 eSSys 提供 RoadLINK V2X 芯片组，用于车对车和车对基础设施（V2X）的安全通信解决方案，并于 2016 年 7 月在世宗（Sejong）和大田（Daejon）之间长度为 87.8km 的公路上开展测试。通过该技术的研究测试，目标是设计一个完整的汽车安全 V2X 的系统解决方案，可实现车—车（V2V）和车—基础设施（V2I）的通信功能，让车辆能够交换位置、速度和方向等数据。

C-ITS 项目将恩智浦的智能交通技术应用到高速公路，包括通往 2018 年举办冬季奥运会的平昌高速，将为车辆与车辆之间以及汽车与周围的智能基础设（包括道路工程，交通标志或交通信号灯）提供实时安全的信息交换。其中，内置芯片组能够保护司机的隐私，并防止黑客或被操纵。同时，结合具备 V2X 能力的车辆可实现看到车辆四周图像和驾驶员视线以外的障碍物，可预防交通事故，并显著地改善交通流量和减少二氧化碳排放。据韩国国家警察署统计，每年有 5000 多人死于交通事故，超过 30 万人受伤，交通拥堵损失达 250 亿欧元。据韩国交通运输局估计，全面部署 C-ITS 项目后可以避免 76%道路交通事故。

（二）无人驾驶技术及其测试

韩国政府将重点推进无人驾驶的发展，开发一个“通用联合平台”技术项目，并组建一个跨部门工作小组。未来 3 年，韩国将为该无人驾驶项目投入 400 亿韩元（约合 3392 万美元）。韩国未来创造科学部表示，该项目首先将发展对于无人机、无人驾驶汽车和无人驾驶船至关重要的通用技术。过去 4 年间，政府已为无人驾驶相关领域投入 2840 亿韩元（约 2.41 亿美元），正推动陆地、空中和海上无人驾驶技术各自单独发展。

为了提高自动驾驶车辆的技术，越来越多的私营部门要求更广泛和更多样化的测试环境。在考虑这些要求和保证安全的同时，韩国交通部已经进行了一项研究分析，在特定区域或特定条件下测试时具有更高风险的情况。同时，为方便自动驾驶车辆在公共道路上行驶测试，韩国国土资源部联合基础设施和运输部计划修改自主车辆测试的规则。通过政府颁布一项修订版本的《机动车管理法案》实施规则，在一定条件下允许自动驾驶车辆在整个国家包括城市地区进行测试。在当前的法规下，实地自动驾驶车辆测试只允许在指定的线路上。

截至 2016 年 10 月，共有 375 公里被作为指定测试线路，其中包括 1 条高速公路，5 条国道和 2 个城市地区。修订机动车管理法案可为自动驾驶车辆私营部门和科研院所的研究人员和制造者提供更多样化的环境，包括现代汽车、首尔大学、起亚汽车、现代摩比斯等大学和企业在内，已经有 8 辆自动驾驶汽车通过韩国交通部登记，获准在特定条件下上路测试。

2016 年洛杉矶车展中，现代公司发布了 Ioniq 自动驾驶概念车。2018 年韩国平昌冬季奥运会上现代公司的自动驾驶汽车将会成为官方指定用车。现代集团旗下子公司 Mnsoft 导航软件制作公司将制作出准确的导航地图，包括准确收集道路宽度、标志、弯度以及坡度等重要因素。另外，降低地图的误差也非常关键。通过使用精确的激光雷达技术和安装在起亚 Sedona 上的四台数字摄像头来收集数据，Mnsoft 的高精度 3D 地图已经将预期的奥运路线误差幅度从之前的 20～30 米缩小到了 10 厘米以下。

（三）ITS 通信及系统安全技术

韩国电子科技研究院（KETI）开发了 ITS 波通信技术（WAVE Telecommunication for ITS），该技术是世界上第一个能够在高速（>160km/h）下实现车车、车路通信，可在紧急情况下发送和接收紧急警报，并提供安全服务以防止车祸交通事故等。此外，韩国 Penta Security 公司推出了 AutoCrypt 用于解决智能汽车系统安全问题，该产品是全球首创可以检测从外部到汽车内部系统的攻击，实现管理所有生命周期密钥，如外部安全密钥、内部安全密钥和各种其他认证汽车网络证书。

（四）电动车技术（Electric vehicles）

2016 年年初，三星电子（Samsung Electronics）已经完成了大规模重组，将在自主驾驶工业中致力于制造自主驾驶汽车的电子配件。LG Electronics 和通用汽车（General Motors）在制造雪佛兰电动车方面达成战略伙伴关系，LG 计划成为制造智能汽车部件的一级企业。此外，为了加入电动车市场，SK 集团旗下的 SK Telecom、SK planet 以及 SK innovation，也在尝试启动智能车商业。

根据韩国国土交通部发布的数据显示，2016 年韩国电动汽车新注册登记数量达到 1.0855 万辆，增至 2011 年（344 辆）的 31 倍。韩国政府计划争取到 2020 年将电动车等环保车在新车销量中的占比扩至 30%（年均销量达 48 万辆）。

三、韩国智能交通发展趋势

（一）资金保障

为引导智能交通系统的发展，韩国政府最近宣布了一项新的计划，“21 世纪 ITS 总计划”，预计在未来 20 年内，政府对智能交通的投资总额约为 75 亿美元。目前，韩国的城市高速公路和全国高速公路干线都采用了最现代的交通管理系统。

（二）公共交通

始终把发展公共交通作为发展方向，大力投资进行相关建设。一方面不断扩充硬件设施，延伸地铁线路，建设公交专用道，提升公共交通工具的速度；另一方面不断完善软件配套，改善和提高公共交通的便利性和舒适性，让市民更愿意选择公共交通出行。

（三）车联网

韩国加大对车联网的投入及研究，V2X 的各种技术正在积极攻破，这是一个趋势也是发展方向。车联网的发展将促进韩国交通更便捷地发展，提高韩国道路的利用率，同时也提高了车辆的通行能力，对缓解韩国交通拥堵问题起到巨大的作用。

（四）自主驾驶

自主驾驶无疑是当今的发展趋势和方向。韩国自主驾驶技术也取得了很大的进步，扩大了自主驾驶技术的测试范围，将会更大地推动无人驾驶技术的发展。自主驾驶使人能从方向盘上更大限度的脱离出来，不仅方便了车辆的行驶，还可以不再受驾驶技术的高要求，同时也会减少交通违章及交通事故的发生。

（撰稿：王力、唐少虎）

2016 年澳大利亚智能交通发展概况

2016 年，澳大利亚致力于网联自动驾驶汽车的研究，成功举办了第 23 届智能交通世界大会，促进智能交通的发展。澳大利亚新南威尔士州、北领地、昆士兰州、南澳大利亚州、维多利亚州、西澳大利亚州等地区都致力于网联自动驾驶汽车的研究。新南威尔士州主要研究基于安全的网联自动驾驶汽车技术以及改善重型车辆通行效率的车路协同技术。昆士兰州主要研究大规模城市交通网联自动汽车行驶的安全问题。南澳大利亚州建立了基金项目激励网联自动驾驶汽车技术的测试和示范。北领地进行了固定线路自动驾驶乘用车的试验。维多利亚州提出了道路交通安全规划，通过网联自动驾驶汽车技术减少道路交通事故引起的伤亡。维多利亚州还研究了基于效率的网联自动驾驶汽车技术以及与博世等相关行业合作，研究高度自动驾驶汽车技术。

（一）23rd World Congress on Intelligent Transport System（第 23 届智能交通世界大会）

2016 年 10 月 10 日至 14 日，为期四天的全球智能交通系统和服务领域的顶尖盛会——第 23 届智能交通世界大会暨展览（23rd World Congress onIntelligent Transport System），简称 ITS 世界大会，在澳大利亚墨尔本会展中心举行。

本届大会聚焦“智能交通——提升城市和社区宜居度”主题，吸引了来自 73 个国家的政府部门、学者、企业管理层代表及工程师、展商等 11570 名参会者。大会主题包括大数据的挑战和机遇、智能城市和新型城市交通、自动车辆和协作 ITS、车辆与网络安全、空运与海运的未来、政策协调和环境可持续发展等。共有四次全体会议，12 次行政会议，74 次特别会议，22 次科学会议，93 次技术会议，8 次商业会议和 4 次交流会议。本届大会除了参加会议，还安排参观了多家研究中心，包括澳大利亚汽车研究中心、玛格丽特航空航天研究中心等。另外，本届大会有四种网联自动驾驶汽车的示范场景，包括远程停车、高度自动驾驶汽车、共享无人驾驶交通工具和 v2v、v2x 的通信。

（二）Cooperative Intelligent Transport Initiative（智能网联汽车项目）

CITI（Cooperative Intelligent Transport Initiative）项目旨在建立第一个澳大利亚的研究安全的智能网联汽车的测试场。该项目由新南威尔士交通局、澳大利亚联邦政府和澳大利亚信息通信技术国家实验室赞助。CITI 项目测试区道路位于悉尼西南部与坎布拉港之间，包括 B88、M1、B65 三条道路，总长 42 公里。该测试区覆盖了多种场景，包括城市交通、山区交通和农村地区交通。

由于大量货车在悉尼西南部和坎布拉港之间往返运输，所以之间的道路交通存在安全和通行效率问题，因此存在货车安装智能网联设备的需求。CITI 测试区主要技术特点如下：

- 目前已有近 60 辆卡车和 11 辆公交车安装了 CITS 系统。
- 三个交叉口安装了 CITS 系统，可以提供信号灯信息。
- 收集了 10 亿多条数据记录用于分析。
- 路侧通信设施可以向奥斯利山下山方向行驶的卡车和公交车广播限速信息。
- 以 5.9GHz 无线频谱传输信息。

另外，行驶在测试区的网联汽车的驾驶员还可以收到安全警示信息，包括交叉口冲突预警、前车制动预警、交叉口信号灯相位信息、车速预警。

（三）Heavy Vehicle Priority Project（重型车辆优先通行项目）

Heavy Vehicle Priority Project 项目旨在测试在信号控制交叉口实现重型车辆的优先通行，通过减少卡车在信号控制交叉口停车次数解决拥堵问题。该项目与澳大利亚科技公司 Codha Wireless 合作，将使用最新的 CITS（Cooperative Intelligent Transport System）技术对大约 110 辆卡车进行试运行，实现 V2I 技术。

项目工作人员认为重型车辆的制动时间较长可能导致整个路段交通流的延误，因此通过检测到重型车辆行驶路径的信号灯并延长其绿灯时间，使得重型车辆不停车通过交叉口，这将有望缓解整个道路交通网络中所有交通参与者的延误。

该项目将应用于悉尼 100 多个信控交叉口，致力于减少道路交通流的波动，进而改善行车时间。相关技术将会应用于应急车辆和公交车辆，改善救援问题和通勤问题。关键的货运走廊包括彭南特山路，帕拉马塔路和乔治王国际路段也会安装路侧通信设施。

（四）Autonomous Passenger Vehicle（自动驾驶乘车项目）

Autonomous Passenger Vehicle 于 2016 年在达尔文海滨进行第一个自动驾驶乘用车的运输试验，预计时间 6 个月。试验的无人驾驶车辆为 EasyMile EZ10。该无人驾驶汽车最大载客人数 12 人，行驶时可以实现零排放，并且空调全面覆盖。车辆进行一次充电后最多运行时长达 12 个小时。试验路线为固定线路，从海滨区至斯托克斯山码头。

（五）Cooperative and Automated Vehicle Initiative（基于安全的网联自动驾驶汽车测试项目）

CAVI（Cooperative and Automated Vehicle Initiative）项目旨在研究网联自动驾驶汽车技术，该项目包含两个主要项目：伊普斯威奇大规模网联汽车试点；选定道路上网联自动驾驶汽车的小规模试点。伊普斯威奇大规模试点有 500 名驾驶员参加，并且在其车辆上安装智能网联设备。这些设备可以向司机发送预警信息，包括信控交叉口行人过街预警、红灯预警、视距影响下的前车碰撞预警等。该项目研究目的在于：通过网联自动驾驶汽车的测试，了解基础设施和驾驶员对网联自动驾驶汽车的影响，基于车车、车路通信改善网联自动驾驶汽车的行驶状态。通过研究和发展网联自动驾驶技术，达到大幅减少碰撞等交通事故以及减少车辆的排放和燃油使用。

（六）Future Mobility Lab Fund（未来移动实验室基金）

Future Mobility Lab Fund 项目位于阿德莱德，是一个为期 3 年，总资金 1000 万美元的基金项目，旨在激励测试和示范网联自动驾驶汽车技术，车车、车路通信的试点研究、发展和示范，并且吸引南澳大利亚相关行业的投资，进一步提升其作为智能网联自动驾驶汽车最受欢迎测试环境的声誉。该项目于 2016 年 11 月宣布开展本地网联自动驾驶汽车技术的测试、研究和发展工作，并且于 2016 年 12 月 6 日收到了 42 项价值超过 2600 万美元的申请。

目前获得未来移动实验室基金资助的项目包括：

（1）阿德莱德机场无人驾驶接驳巴士项目，项目总资金 280 万美元。该项目从未来移动实验室基金获得 100 万美元资助，用于长期在停车场和航站楼之间三辆电动无人驾驶接驳车。

（2）由 RDM 集团研究的无人驾驶货车测试项目，项目总资金 180 万美元。该项目从未来移动实验室基金获得 100 万美元资助，目的在于开发一个能够携带全球标准的空运集装箱的无人驾驶货车。

（3）弗林德斯大学和 RAA 共同研究的无人驾驶接驳班车项目，为期 3 年，总资金 400 万美元。该项目从未来移动实验室基金获得 100 万美元资助。

（4）由 Cohda Wireless 公司研究的在阿德莱德道路上两项重要研究和道路试验项目，价值 530 万美元。该项目将会测试该公司最先进的车车、车路通信设施的性能以及开展车联网方面相关的研究工作。该项目从未来移动实验室基金获得 200 万美元资助。

（七）Road Safety Action Plan（安全道路计划）

Road Safety Action Plan 项目位于维多利亚，总资金 1000 万美元，测试网联自动驾驶汽车技术，旨在 2016—2020 年内实现减少因道路交通引起的 20%死亡人数和 15%严重伤害。Road Safety Action Plan 是为所有生活在维多利亚的居民创造一个安全系统，包括安全的道路和路侧、安全的行驶速度、安全的车辆，惠及所有道路交通参与者。

该项目未来预计吸引投资超过 10 亿美元，用于研究内容如下：

- 提升农村和区域道路的设施安全性，3.4 亿美元。
- 通过 Safe System Road Infrastructure Program 项目改善维多利亚都市圈和区域道路网络，3.8 亿美元。
- 提升当地街道网络交叉口的安全性和街道交通宁静化，0.6 亿美元。
- 改善行人和非机动车相关设施，1 亿美元。
- 执行青年驾驶员安全条例，包括酒后驾车、吸毒后驾驶，1.46 亿美元。
- 提高道路使用者安全性，包括车辆、驾驶行为研究，0.26 亿美元。

（八）ITS Grants Program（基于效率的网联汽车项目）

ITS Grants Program 项目是由安德鲁斯工党政府与交通相关技术和工业人员合作，旨在改善维多利亚公路网络的交通管理和提升道路通行效率，改善道路网络的拥堵问题。该拨款计划包括公路场景下测试和试用网联自动驾驶车辆，通过 C-ITS 技术实现有轨电车优先，以及使用蜂窝移动网络实现车车通信。这三个项目都将致力于改善拥堵的交通环境，主要的技术手段包括：改善不同形式的交通工具的整合，向道路使用者提供道路交通信息，改善其出行方式的选择。

三个项目的研究计划如下：

（1）在 18 个月内，Intelematics 将会收到 76.5 万美元资助，用于研究网联自动驾驶车辆行驶时达到绿波通行的效果，并且使得道路使用者通过 GPS 和智能手机的应用程序作出更加明智的出行选择。

（2）在 18 个月内，雅拉有轨电车公司与 ARRB（澳大利亚公路研究委员会）合作，将会收到 66.9 万美元资助，用于研究使得有轨电车可以在交叉口优先通行的信号控制系统。

（3）在 18 个月内，ARRB 将与 Connect East 和 LaTrobe University（拉筹伯大学）合作，将会收到 58.7 万美元资助，用于研究路侧基础设施（如信号灯和电子限速标志）能够与网联汽车通信，为未来实现自主停车、辅助转向和加速等自动驾驶相关技术做准备。

（九）Bosch Highly Automated Driving Vehicle（博世高度自动驾驶汽车项目）

Bosch Highly Automated Driving Vehicle 项目由安德鲁斯工党政府组织，与博世、TAC（交通事故委员会）、VicRoads 合作，旨在研究由澳大利亚研发的第一辆具有自动驾驶能力的汽车。该项目研究地点位于克莱顿，收到 120 万美元资助，用于研究在无论有没有驾驶员的情况下自动驾驶汽车都可以自主导航和行驶，并且能够检测和避免与行人、非机动车和其他车辆的碰撞。该自动驾驶汽车将会用于自动驾驶汽车和基础道路设施相关制度和规章的制定，使其在维多利亚实现市场化运营。

该项目的主要研究目的在于：

（1）自动驾驶汽车通过从内置的传感器和摄像头收集信息，从而构建周围道路环境的完整图像，实现安全的导航和行驶。通过自动驾驶汽车实现减少道路事故，实现维多利亚道路交通零伤亡的愿景。

（2）帮助 VicRoads 更好地了解乘客如何使用自动驾驶汽车并做出相应的改变计划。

（3）交通管理专家和城市规划人员将更好地了解重新配置道路交通网络和交通信号的需求，进而优化车辆在道路网络行驶时的安全性和通行效率。

（十）RAC Intellibus（自动驾驶巴士测试项目）

RAC Intellibus 项目在西澳大利亚州政府的支持下，在南珀斯试点了一辆完全无人驾驶的全电动穿梭巴士。RAC 自动驾驶车辆试验分为三个阶段，每个阶段在一定的场景和设置中测试和评估相关技术。三个阶段试验方案如下：

（1）封闭道路试验，测试自动驾驶巴士自动驾驶时行为、检测到静止和运动物体时的反应以及处于模拟的交通环境中的行为。

（2）公共道路上的封闭试验，测试自动驾驶巴士的路径选择技术，对试验的公共道路进行了管理控制，自动驾驶巴士可以与少量的其他交通量交互。

（3）开放道路试验，本阶段允许市民乘坐。根据开放道路的交通复杂情况，本阶段分为三个子阶段。随着试验的深入进行，自动驾驶巴士会和不同类型的道路使用者、信号灯、右转车辆等进行更多的交互。

（十一）Autonomous Heavy Vehicle Platooning Trial（重型车辆编队行驶测试项目）

Autonomous Heavy Vehicle Platooning Trial 由 Main Roads WA 负责，并通过与相关行业的合作，旨在推出澳大利亚首例重型车辆编队行驶试验。这次试验位于封闭道路，车队由两个以上网联的重型车辆组成，车速高，车头时距小。处于车队的后车可以紧随前车的速度变化，并且其他车辆可以随时加入或者离开车队。

该项目的主要研究内容如下：

- 通过试验收集数据用于研究安全相关的车辆编队行驶技术。
- 通过试验探索卡车编队行驶带来的收益，包括燃料的节省，运输成本的降低，通行效率的提高等。

（撰稿：马万经、安琨）

2016 年新加坡智能交通发展概况

一、基本情况概述

新加坡是位于东南亚的一个岛国，截至 2016 年年底，新加坡的国土总面积为 719.1 平方公里，机动车总量为 97 万辆，城市总人口数为 560 万人。作为世界上人口密度最大的国家之一，新加坡拥有庞大的交通需求，但由于土地资源受限，且道路交通用地已占国土总面积的 12%，仅次于住房用地比例，道路进一步开发难度较大，整个城市的交通系统面临着巨大的压力。新加坡政府在缓解交通压力方面，无法一味地依靠道路建设这一传统思维，只能更多地利用信息技术来提高交通网络的运作效率，并引导用户合理地使用路网资源。因此，智能交通系统（Intelligent Transport System，ITS）在新加坡得到了飞速发展。

自 1971 年以来，在长期发展规划框架下，新加坡政府每 5 年会发布更为详细的短期发展计划，通过更精细的规划切实地解决社会问题、提高人民生活水平。在交通领域，新加坡于 1991 年建立了智能交通系统中心（The ITS Centre，ITSC），隶属于国家陆路交通管理局（Land Transport Authority，LTA）。中心最初负责监控隧道交通安全，经过 20 多年的发展，逐渐成为具有世界领先水平的智能交通控制中心，通过构建的智能交通系统控制平台（i-Transport）整合各智能交通子系统、全方位管理和监控全岛交通，大大提高了交通管理控制的效率，为新加坡的经济发展和城市环境改善提供了极大帮助。此外，随着环境、资源和人口老龄化等问题的不断暴露，在最新的 5 年规划中，新加坡政府将建设可持续发展的智慧国家（SmartNation）作为发展目标，致力于打造更智慧、更环保、更安全、以人为本的智能交通系统，该目标的实现将会为世界智能运输系统的发展提供宝贵经验。

二、典型智能交通应用系统简介

（一）智能交通系统控制平台（i-Transport）

i-Transport 是新加坡智能运输系统中的核心组成部分，它提供了一个集成统一的管理平台，将所有 ITS 子系统整合到一起（包括交通信号控制、交通监控、应急管理和公路实时信息发布与咨询等系统），集中收集、处理和发布各种渠道的交通信息，从而为存在各种需求的出行者提供多种出行模式下的实时动态交通状况，帮助出行者制定更合理的出行方案。同时，平台收集的交通信息也为管理者们提供了充分的分析、决策依据，以便及时发现交通问题，确保整个交通系统高效、安全、可持续地运转。

在 i-Transport 平台下管理的、具有首创意义的典型智能子系统包括以下 4 个。

1. 绿波交通控制系统（Green Link Determining System，GLIDE）

GLIDE 是于 1988 年开始实施的自适应信号灯控制系统，目前已覆盖新加坡全岛。其前身是 SCATS 自适应交通控制系统（Sydney Co-ordinated Adaptive Traffic System），能够自动感应交叉口各个进口车流量的变化，及时调整绿灯时间，选择优化的信号控制方案。在该系统下，单个路口的信号控制器还能及时与控制中心、区域电脑和周边交叉口的控制器取得联系，通过协调周期时间和相位差进行交叉口串联，形成绿波效应，保证车辆流畅通行；行人通过交叉口时可以及时按下按钮，以便信号控制器及时调整为有行人通行的信号方案。此外，GLIDE 系统也具有自动警报功能，通过地下检测器及时监测并反馈系统的各种故障，减少交通堵塞和事故的发生，提高道路使用率和安全性。

系统协调控制了新加坡 17 个不同区域中的 2000 多个交叉口，实现了交叉口信号控制方案的动态协调和自适应优化，提高了交通系统内用户的运行速度，降低了系统总油耗，从而极大地提高了整个系统的效率。

2. 快速路监控与信息系统（Expressway Monitoring and Advisory System，EMAS）

EMAS 是由 LTA 设计，用来监控快速路运行情况的智能交通系统，于 1998 年 3 月首先在最繁忙的中央快速路（Central Expressway）上运用，并于 2000 年 4 月后逐步应用到其他快速路上。截至 2014 年，该系统已经覆盖了新加坡现有的 10 条主干道。EMAS 的两项主要功能是监测和信息发布，通过遍布道路沿线的摄像头监测并采集交通流数据，及时将道路异常情况传送 LTA 智能交通控制中心，并将道路信息通过车程时间板（Travel Time Displays）和多功能信息板（Variable Message Signs）向用户发布（见图 1），提醒驾车者对前方交通事故做出快速的反应，尽量选择拥塞程度低的路线。

图 1　车程时间板和多功能信息板

此外，当监测到道路异常时，LTA 管理中心能够及时收到信息并进行定位，就近的工作人员可以在 15 分钟内到达现场处理事故（见图 2）。该系统能够智能化地管理快速路交通、引导出行者，有助于保持交通流平稳运行，提高快速路系统的运输效率。

图 2　工作人员处理突发事故

EMAS 在监测交通事故、车辆瘫痪和其他事故征兆方面提供了极大的帮助，因此 LTA 于 2004 年 6 月撤销了一直安置在高速路上的 SOS 电话求救设备。此后，EMAS 系统中的各种技术被应用到交通网络的其他方面，形成了新的 ITS 子系统，如应用于交叉口的监测系统（Junction Eyes，J-Eyes）、应用于停车场的智能停车引导系统（Parking Guidance System，PGS）以及应用于道路上显示过路车辆实时车速的 Your Speed Sign 系统等。

截至 2013 年，EMAS 和 J-Eyes 镜头的数量已经达到 600 个，EMAS 系统也覆盖了新加坡的 6 条干线道路，并计划覆盖更多的干线道路，旨在为出行者提供更全面的交通信息。PGS 系统现已投入使用，在该系统的帮助下，驾驶员能够第一时间发现附近的可用停车位，减少车辆在寻找车位过程中对道路资源的占用。

3. 车辆信息系统（Traffic Scan）

LTA 与出租车公司合作，于 1999 年推行了 Traffic Scan 系统，是全球首个利用出租车上广泛安装的定位设施装置，如全球定位系统（Global Positioning System，GPS）或 GPRS 通信技术（General Packet Radio Service），来动态获取各路段的运行速度和拥塞状况。管理中心可以实时、动态地获取出租车的位置和速度信息，并将行驶速度作为拥塞水平的量化指标，可以获知各个路段上的拥塞水平和行驶速度，从而向道路用户提供实时、动态的交通信息，帮助用户更加合理地规划他们的出行路线，提高出行效率。

此外，LTA 还致力于进一步改善 Traffic Scan 系统，将其应用到其他的车辆上（如巴士和商务用车）。现该系统已成功应用于公交巴士上。将巴士的定位信息结合其他各个智能公交子系统中获取的数据，包括巴士车队管理系统（Fleet ManagementSystems of Bus Operators，FMS）和公交出行导航（Electronic Travel Guide，ETG），能够迅速具体地获取在各个公交站点的等待时间。截至 2013 年，新加坡已有 82 个公交站点设置了多功能信息板，直观地显示了各路巴士的等待时间。

4. 交通信息通道（Traffic Message Channel，TMC）

交通信息通道是控制中心将车辆本身的信息传递给车主的整个流程，车辆信息通过上述的监控、采集子系统获得。可以传送的信息包括车辆位置代码和事件代码，传送过程需要通过 TMC-compliant 相关设备实现（见图 3），最终车主会通过车载导航获得车辆信息。

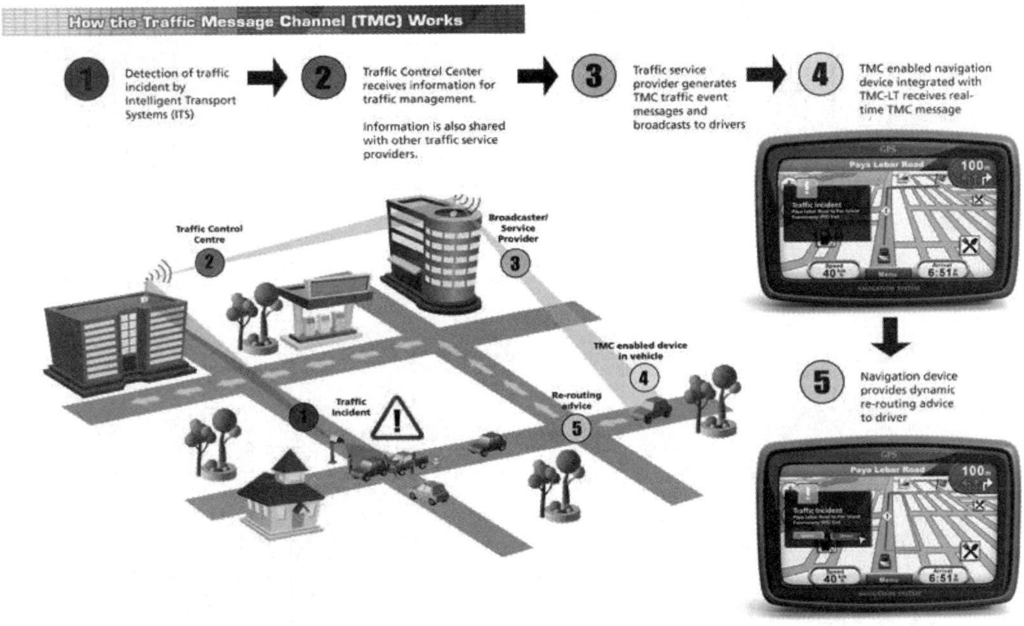

图 3　TMC 工作流程

以上几个子系统可以为 i-Transport 提供和传递道路交通网络上的各种信息，包括路网中各个方位的拥塞情况、运行速度、交通事故、设备故障、停车场中的空闲车位数等。收到交通信息后，平台内的专家管理系统一方面会将交通信息通过各种途径发送给公众，及时引导公众出行；另一方面会结合既有路网信息，通过一个大规模交通仿真系统对交通情况进行预测，自动提供管理措施；同时，大量、全面的信息也为交通研究者和交通软件公司提供了数据支持。

5. ONE.MOTORING

ONE.MOTORING 是一个为新加坡所有车主提供交通信息服务的综合性网站，目前也推出了移动 APP 版本。在这个网站上，出行者可以查阅监控系统通过道路摄像头和出租车 GPS 收集的道路交通信息；LTA 可以通过摄像头监控视频监测道路运行情况、及时发现突发事件，如图 4 所示的道路 5 分钟采样间隔快照（出于安全考虑，实时移动视频或特写镜头只能在线观看）。网站还提供当前 ERP 拥堵收费费率信息、路段施工信息、主要快速路的交通图像、交通新闻、道路地图、街道指示、停车信息等相关交通信息，以及供出行者估算出行时间的出行时间计算器。此外，网站也提供关于售车信息，指导用户购买、销售和维护他们的车辆。

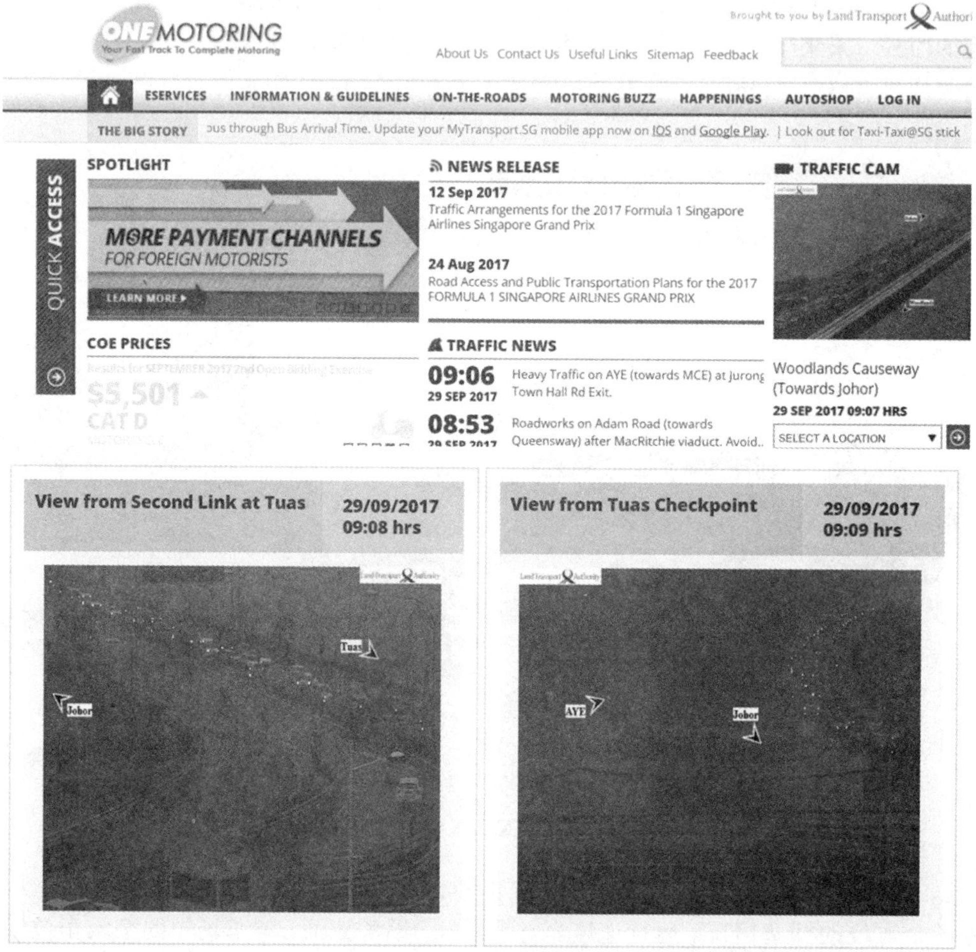

图 4　网页界面

6. MyTransport.SG

MyTransport.SG 是 LTA 近年来推出的手机移动端的交通信息应用，其应用界面如图 5 所示。通过该应用，出行者可以方便地获得实时的道路行驶速度、拥堵费率和停车位信息，搜索距离最近的公共交通站点和其到达路线，出行者也可以及时地将道路信息和出行感受反馈给 LTA，供 LTA 有针对性地评价和完善交通系统。

在过去的一年里，LTA 与新加坡 SBS、SMRT 合作，致力于打造智能公交信息系统。该系统可以更准确地获得公交车辆的实时位置，从而可以提供 360 多条路线上超过 4700 辆公共汽车更准确的到达信息。此外，公交出行者可以通过颜色编码来了解公交的空间可用性信息，进而决定是否乘坐即将到达的公共汽车。绿色表示有可用的座位，黄色表示有可站的空间，红色表示只有有限的站立空间。这些更细节、更人性化的出行信息也将在 MyTransport.SG 上发布，为出行者带来更多便利。

图 5　MyTransport.SG 应用界面

同时，MyTransport 网站还提供了很多其他便于出行的手机应用，涉及出租车、轨道交通、驾车地图等各种出行方式，能够满足更多出行者的交通信息需求（见图 6）。

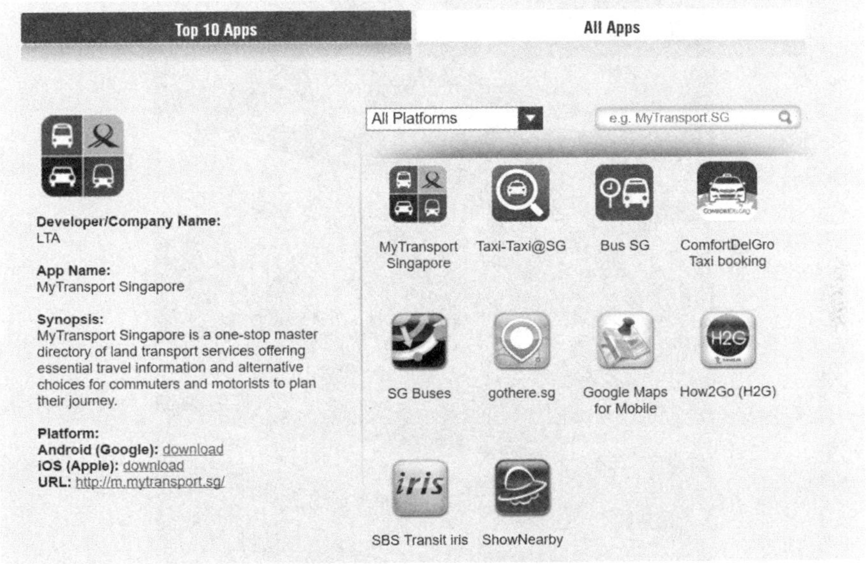

图 6　MyTransport 网页界面

此外，i-Transport 还结合医疗部门建立了智能救护车调度系统，现有的急救 APP 就有 mySCDF、Biological Threats、DecontaminationProcedures、Exposure to Biological Agents、Fire Safety、If An Explosion Occurs 等数十个之多，充分体现了新加坡以人为本的发展理念。

（二）电子收费（Electronic Road Pricing，ERP）系统

新加坡电子收费系统是全球第一个电子道路计费系统，于 1998 年投入使用，取代了诞生于 1975 年的全球首个拥堵收费系统 ALS。LTA 在市中心划定了一个区域（Restricted Zone，RZ），并规定任何进入 RZ 的车辆必须提前购买通行证，否则会被处以严厉的罚款。实行收费政策的短时间内，收费区域的拥堵情况便减轻了 45%，极大

地缓解了中心区的交通压力。但是 ALS 系统需要大量的工作人员在 RZ 的各个区域检测车辆是否购买通行证，也为司机带来了购买通行证的麻烦。因此，随着信息技术的发展，使用无线电通信、电子闸门的 ERP 系统应运而生，如图 7 所示。

ERP 系统由收费闸门、车载感应系统和中央计算机处理系统三部分构成，费用直接通过车辆上安装的智能卡扣除，大大节省了人力资源，提高了收费效率。此外，ERP 在 ALS 的基础上实现了自动收费和收费费率随拥堵程度动态性调整的功能，提高了收费的合理性，进而提高了 ERP 系统的社会认可度。

图 7　ERP 电子闸门

2013 年，基于全球定位 GNSS 系统，LTA 提出了新一代的 ERP 系统，用车载 GNSS 定位系统来取代固定的收费闸门，并用按距离收费来取代现有的按次收费规则，进一步提高了收费系统的公平性。另外，LTA 不仅能及时收集车辆的交通信息并将出行信息向公众发布，还可以对收费区域内的车辆进行更高效的管理，更合理地制定拥堵收费费率，减少出行者购买通行证的麻烦，从而推动其公众认可度。此外，基于交通现状，LTA 将扩大拥堵收费区域，在通行速度低于最优速度的路段应用 ERP 系统，以确保车辆的顺畅通行。

（三）共享交通（Vehicle-sharing）

共享汽车（Car-sharing）是新加坡政府近年来积极推动的一个发展方向，在原出租车和租赁汽车、Uber 等网约车模式的基础上，推出了私家车租赁服务并出台了相关管理政策，规定私家车可在适当时间段内用于租赁服务。用户可以通过网络提前预订自己需要的汽车，并在距离最近的停车场内开启共享汽车，如图 8 所示。目前的共享汽车选用了电动汽车车型，用户可以灵活地选择还车地点，无须受到停车位置的约束。面向未来，LTA 将与租车公司协作，提供覆盖更广泛、更灵活的汽车租赁服务，旨在中长期内有效降低居民购车需求，缓解城市交通拥堵问题。

图 8　共享汽车

此外，基于手机应用和定位系统的分时租赁自行车——共享单车（Bike-sharing）于 2016 年年底进入新加坡市场，凭借其分布广泛、无桩停放和租赁便捷等特点为出行者的短距离出行提供了新的选择，一定程度上缓解了公共交通无法覆盖区域的出行问题。LTA 也表示将完善共享单车的停车规定，使其能够更有序地为公众提供出行服务。

（四）新加坡“智慧国家”（Smart Nation）

“智慧国家”是新加坡于 2015 年颁布的一项国家十年发展计划，旨在建设覆盖全岛数据收集、连接和分析的基础设施与操作系统，根据所获数据预测公民需求，提供更好的公共服务，最终实现“E3A”的社会愿景，即“Everyone，Everything，Everywhere，All the time”，其发展目标如图 9 所示。该计划在交通领域的发展目标是建立起覆盖全岛的交通信息系统，以提供快捷智能的服务。目前具体研究有公共交通非接触式付费、开放城市交通数据、需求导向型交通（Mobility-on-Demand）、自动驾驶车辆（Self-Driving Vehicles, SDVs）提供短程载送服务等方面。

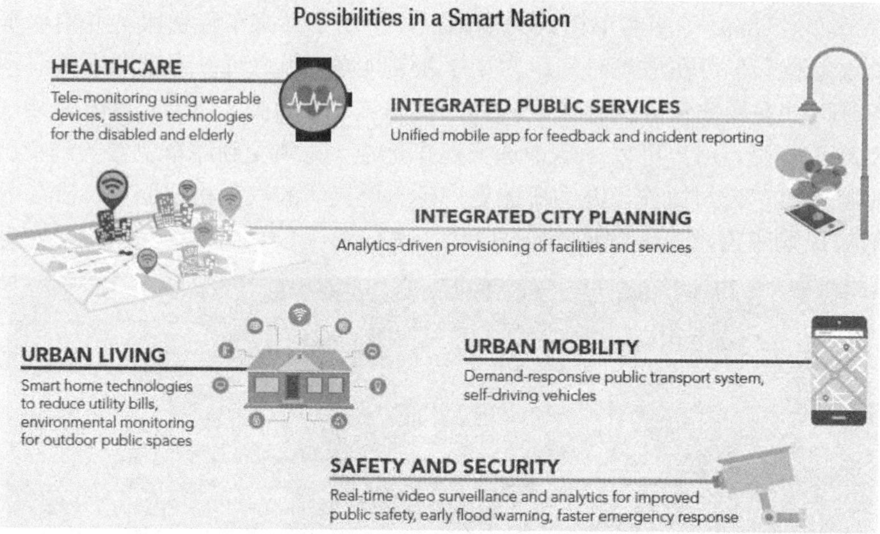

图 9　智慧国家发展目标

1. 需求导向型交通（Mobility-on-Demand）

需求导向型交通（Mobility-on-Demand）旨在通过开放的智能移动平台，为通勤者提供数据驱动的班车服务。平台的工作原理如下：通勤者可以通过智能手机应用（见图 10）在私人巴士公司经营的巴士上预订座位；如果没有合适的现有路线，通勤者可以建议巴士公司制定新路线；巴士公司可以及时收集利用用户的反馈信息和公共交通数据，根据乘客的需求实时调整巴士路线。

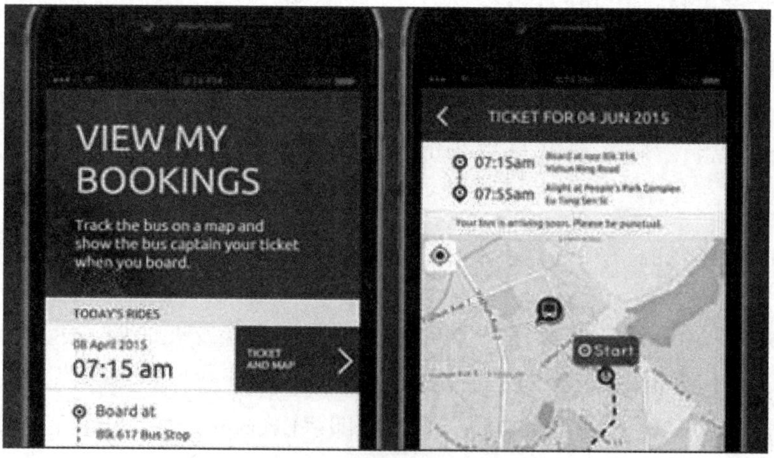

图 10　GovTech 应用界面

2. 自动驾驶车辆（Self-Driving Vehicles，SDVs）

新加坡在 SDVs 上进行了非常多的研究，现阶段的研究重点是将 SDVs 应用于公共交通领域，与上文提到的智能移动平台合作，提供短程载送服务，旨在解除人力和土地对交通发展的制约，实现短程的需求导向型交通，改善生活环境。该技术在货运和社会公共服务方面也具有巨大的潜力，企业可以通过在夜间部署自动驾驶车辆来缓解高峰时段的交通拥堵。

2016 年 8 月，世界首辆无人驾驶出租车 nuTonomy 在新加坡正式开始营运载客，乘客可以用智能手机免费预约。nuTonomy 汽车装有 6 套激光雷达检测系统，仪表盘上还有 2 个摄像头，用来扫描障碍和检测红绿灯变化，如图 11 所示。未来，自动驾驶出租车有希望逐渐取代有人驾驶车，从而降低新加坡的汽车数量，减少道路设施的土地利用，改变人们和城市的互动方式。

图 11 nuTonomy 无人驾驶出租车

此外，LTA 与两家知名汽车企业正在联手开发一种自动驾驶卡车队列系统，只需要在第一辆车安排一名司机，其余卡车将自动按照前列卡车的运行轨迹驾驶，工作原理如图 12 所示。该系统的目标还包括实现货物完全自动化的精准装卸，自动驾驶卡车队列系统将允许码头在夜间运输更多的货物，减少交通拥堵，也大大缓解了货物运输、装卸对人力资源的需求压力，标志着货物运输的巨大进步。

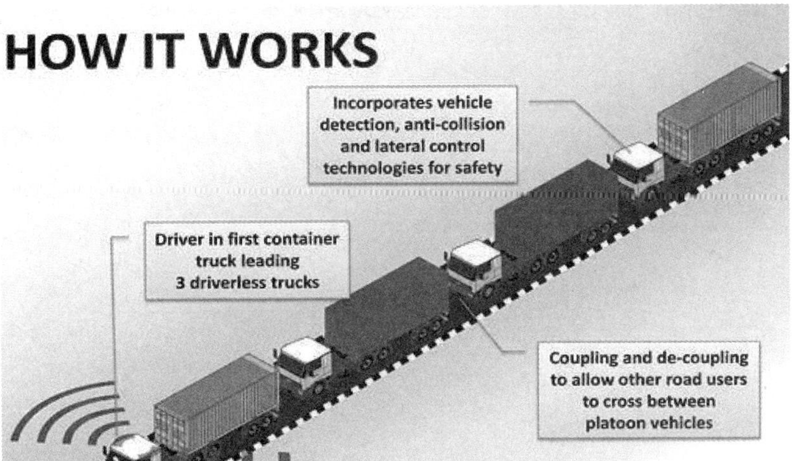

图 12 自动驾驶卡车工作原理

三、发展情况和展望

据新加坡资讯通信发展管理局近年的资料显示，新加坡市中心高峰期的交通时速可达 25km/h，高峰期高速公路平均车速高于 60km/h，位居全球大都市前列，每年因道路拥堵减少而节省的时间成本可达 4000 万美元。此外，虽然机动车数量仍在逐年上升，但便捷的公共交通系统也吸引了越来越多的出行者，高峰期的公共交通出行比例在 4 年内增长了 4%。这些数据表明，新加坡智能交通系统的发展无疑是非常成功的，发展水平也位居世界前列。

总结其成功经验，新加坡一直很注重智能整合，每个部门、每个子系统相互独立地工作，却能够通过公共平台集成到一起，有效地共享数据，使成本最小化。此外，ITS 的发展也离不开政策的支持，如新加坡全覆盖的 WiFi、高速数字公路的建设，保证了交通信息的及时传输；颁布对新科技研发的保护条例，吸引了世界上首次无人驾驶出租车测试在新加坡进行等。虽然新的智慧国家框架下的发展成果还有待观察，但是对数据的重视、集成管理和以人为本的发展理念是新加坡智能交通系统发展的核心竞争力。

以 i-Transport 平台为核心的 ITS 在新技术的推动下不断发展，系统使交通设施、出行者和管理者之间都能紧密而稳定地相互传递与处理信息，从而为出行者提供实时的交通信息，为管理者提供可靠的评价依据。新加坡智能运输系统内的各个子系统也随着电子信息技术的进步和实际应用中的反馈不断优化和发展，实现整个交通系统更信息化、人性化、无障碍化的目标。“智慧国家”的发展框架将进一步提高交通系统整体的信息互通性和智能化程度，使有限的交通设施空间得到更高效的利用。

先进的智能交通系统有效缓解了新加坡的交通供需矛盾，提高了居民生活质量；交通信息的及时发布与反馈意见的收集体现了公众对社会事务的参与，对新加坡被评为亚洲最宜居城市起到了积极作用。无论是新加坡对城市建设的合理规划、对科学技术的合理利用，还是其因地制宜、别具特色的智能交通系统经验，对我国交通系统的发展都有极大的借鉴意义。

（撰稿：刘志远）

第三章

主要行业信息化与智能化发展综述

2016年公路运输信息化与智能化发展

一、完善了公路网运行监测和信息传输体系建设

截至2016年12月，我国高速公路交通量参数监测设施总规模达2万套，平均布设密度达10～15公里/套，路段沿线视频监测设施总规模达4.8万套，平均布设密度达5公里/套，国省干线公路网超过40%的重点路段，以及特大桥梁、特长隧道实现了运行状况的动态监测。高速公路专用光纤通信网络已基本实现全国联网。

二、搭建了部省两级路网管理平台

交通运输部路网监测与应急处置中心建立了全国公路管理与应急处置平台。北京、上海、江苏、重庆、安徽等省、直辖市已全面建成省级公路网运行管理与应急处置平台，并基本覆盖全路网。天津、河北、黑龙江、山东、浙江、江西、湖北、陕西、广东、四川、青海、云南等省、直辖市正在加快省级路网平台建设。

三、提供了多种信息服务手段和方式

开展了京、津、冀、湘、渝等省、直辖市的中国高速公路交通广播系统建设，普遍提供了高速公路热线电话和网站等服务手段，移动应用服务（APP）和微信公众号等方式得到快速推广，高速公路出行信息服务水平显著提升。

四、全国ETC联网

2015年9月28日，全国29个省份高速公路电子不停车收费联网成功实现（海南、西藏无收费公路）。截至目前，全国ETC联网系统已安全、平稳运行15个月，日常清分结算、争议交易协调工作有序开展，资金归集、划拨及时率100%，准确率100%。截至2016年12月底，29省（自治区、直辖市）累计建成收费站7898个，ETC专用车道13938条，MTC车道51093条，混合车道2434条，主线收费站ETC车道覆盖率约为98.78%，匝道收费站ETC车道覆盖率约为91.73%，建成自营服务网点1108个，合作代理网点36017个，各类服务终端30145个，累计发展ETC用户约4520.62万个，其中当月新增用户约174.68万个，环比增长约4.02%。

2016 年 12 月已联网省份非现金交易总量约 2.45 亿笔，非现金交易总额约 121.40 亿元，日均非现金交易量约 788.88 万笔，日均非现金交易额 3.92 亿元，全网非现金支付使用率为 31.66%，环比增长约 0.84 个百分点，全网客车 ETC 使用率为 34.56%，环比增长 0.95 个百分点。

五、逐步拓展了车路协同应用

在全国高速公路电子不停车收费系统（ETC）联网运行的基础上，结合收费公路通行费“营改增”工作，交通运输部已要求全国高速公路按照颁布标准（基于 5.8GHz 通信技术）实现多义性路径识别系统。该系统的建设实施，除解决收费公路通信费按车辆实际通行路径拆分和准确计税外，还可为路网运行状态精确获取和信息发布提供技术手段，同时也为未来车路协同、智能驾驶提供了良好的平台基础。目前，天津、河南、江西等省份计划启动基于 DSRC 的多义路径识别系统建设，全国范围内多义路径识别系统建设拟于 2019 年年底建设完成。

六、启动新一代国家交通控制网和智慧公路示范工程工作

根据“十三五”规划安排，交通运输部公路局配合规划司于 8 月初完成了“新一代国家交通控制网和智慧公路”8 个试点示范省份遴选工作，将车路交互路侧智能基站、路域高精度地图采集、处理和分发、北斗高精度定位系统等作为示范基本内容，江西、北京等省、直辖市拟在示范期开展面向自动驾驶的实地道路测试工作。北京等地开展了高速公路无线通信系统的试点试验系统建设工作，目前初步具备了面向试验车辆的高速无线通信系统和交通数据采集功能。

七、进一步强化公路运营和公路信息化标准的体系建设

修订完善工程标准体系表，适应“建设、管理、养护、运营”各个阶段标准化需求，在通用技术标准板块中设立了“智慧”模块，重点强调公路基础数据、高精度地图等数据采集、处理、分发标准化，以及网络安全、数据安全、行业各阶段信息化技术要求等方面的标准。并专门设立了“公路运营”板块，用于全面指导公路运行监测、出行服务、应急处置、联网收费等外场与中心信息化基础设施建设，同时，为适应和支持自动驾驶和辅助驾驶，设立“车路交互模块”，用于指导车路交互专用路侧标识站点建设。

（撰稿：交通运输部公路科学研究院）

2016 年铁路交通信息化与智能化发展

一、发展现状

（一）铁路信息化

随着农业时代和工业时代的衰落，人类社会正在向信息时代过渡。信息化已全面渗透到国民经济、社会管理、民生服务和文化建设等各个方面，在国家创新体系建设以及国际竞争中发挥着关键作用。铁路作为综合交通运输体系的骨干和主要交通方式之一，在我国经济社会发展中的地位和作用至关重要。特别是近年来，中国高速铁路从无到有、从弱到强，实现了跨越式发展。其中，铁路信息化建设成果功不可没，在运输组织、客货营销、经营管理等业务领域发挥了重要作用。

铁路信息化是以先进的管理理念为指导，在铁路运输生产、经营、管理等各个方面广泛应用信息技术，深入开发和综合利用信息资源，促进业务流程重组、组织结构优化、管理模式和企业文化变革，实现生产运行自动化、经营管理网络化、决策支持智能化，加快转变铁路发展方式，不断提高生产、经营、决策效率和水平，进而提高经济效益和市场竞争力，加快实现铁路智能化的历史进程。

目前，我国经济发展进入新常态，“中国制造 2025”和网络强国战略、大数据战略、“互联网+”行动计划等国家战略的强力推进，以及云计算、大数据、物联网、移动互联、北斗卫星导航等新一代信息技术的快速发展，为铁路信息化建设提供了有力支撑。同时，铁路产业升级和经济转型，也对铁路信息化提出了迫切发展需求。因此，在国家经济和社会信息化大背景、大环境下，铁路信息化需顺应国家发展趋势，把握铁路创新发展机遇，深化新信息技术应用，持续推进建设。

（二）铁路智能化

继工业化、信息化之后，智能化是人类社会发展的必然趋势。我国铁路目前正处于一个关键的转型期，高速铁路成网运营，对内要求提升运输组织效率，提高经营效益，对外要求优化服务品质，提高安全水平。加上高速铁路运行速度快、运行环境复杂、载客量大等特点，在安全可靠和客运服务等方面对智能化提出了更高的要求。同时，技术日新月异，人工智能出现重大突破，进一步加快利用新技术改造传统铁路的进程，推进铁路从信息化向智能化转型。

智能铁路是广泛应用云计算、物联网、大数据、机器人、建筑信息模型（Building Information Modeling，BIM）等新技术，通过对铁路移动装备、固定基础设施及相关内外部环境信息的全面感知、泛在互联、融合处理和科学决策，高效综合利用铁路所有移动、固定、空间、时间和人力等资源，实现铁路建设、运输全过程的高度信息化、自动化、自助化，打造更加安全可靠、更加经济高效、更加温馨舒适、更加方便快捷、更加节能环保的新一代铁路运输系统。智能铁路建设以引领世界轨道交通发展为目标，以大数据、云计算等新技术为支撑，以智能京张高铁和京沪高铁标准示范线建设为突破口，致力于实现覆盖规划、设计、建设、运营和维护全业务流程、全价值链条、全生态体系的智能化，强有力支撑中国高铁“走出去”和“一带一路”伟大战略。

从目前的发展阶段来看，我国铁路仍处于从信息化向智能化阶段迈进阶段。注重信息化系统建设，基本实现了信息的采集、传输、分析及反馈。但是，整体智能化程度不高，对智能化认识不够全面、技术手段应用具有盲目性、数据资源整体规划缺乏等问题比较突出。因此，以科学发展观为指导，制定出符合中国国情的智能铁路发展规划及推进办法，为智能铁路发展描绘总体发展框架，明确发展目标和路线图；开展先进技术在铁路领域的广泛应用，从而打破我国铁路信息化虽然发展多年但却各自为政所形成的资源、信息孤岛局面，将铁路研发单位、生产单位、建设单位、管理单位、运营单位、物联网和系统集成单位、科研院所相关人才、知识科技等优势资源互通，实现铁路所有移动、固定、空间、时间和人力等资源之间的实时感知和共享；构建多领域协同控制与优化决策体系，实现铁路设备制造、勘察设计、工程建设、运输生产、运营管理、经营决策、安全监控、养护维修等各个环节的高度自动化，致力于全业务流程、全价值链条、全生命周期、全生态体系的整体智能化；并形成我国自主的铁路智能技术体系和产品总成能力，不断提高我国铁路在国际上的竞争力；同时，智能铁路与智能交通、智能电网、智慧城市、互联网、信息服务等其他行业的跨界融合，构建产业生态圈。

二、主要建设成果

（一）铁路信息化

铁路信息化建设起步较早。经过多年发展，铁路信息化建设取得了显著成绩，为铁路改革发展提供了重要技术支撑和保障。

铁路信息化水平显著提高。在运输调度方面，全面建设了列车调度指挥系统（TDCS）、调度集中系统（CTC），运输调度管理系统（TDMS）不断升级，铁路运输调度信息化水平大幅提升；在生产组织方面，提高了货物运输管理系统、集装箱运输管理信息系统、编组站综合自动化系统等信息化系统的应用范围；在行车安全方面，高铁防灾系统、车辆运行安全监控系统（5T）、机车车载安全防护系统（6A）、货运计量安全检测监控系统、危险品运输安全监控系统等系统在保障铁路运输安全中发挥了重要作用；在客运服务方面，形成了覆盖售票、营销、自动售检票、候车、列车服务等出行全流程的产品体系，新一代铁路客票系统、客运营销辅助决策支持系统、铁路旅客服务系统和客运管理信息系统等系统全面提升旅客服务质量；在货运服务方面，加快电子商务系统推广范围，开展全覆盖流程的物流信息化建设，全面推进传统货物运输向现代物流转型的铁路货运组织改革；在经营管理方面，建成并应用了人力资源管理系统、财务管理系统、物资管理系统、综合办公系统等系统，在企业经营管理中发挥了重要作用。

信息基础建设逐步完善。初步建成覆盖铁路总公司和路局的两级信息处理平台，支撑各级信息系统的安全、稳定运行。对于铁路总公司一级关键信息系统，建立同城双活机房，确保灾难发生时的业务连续性；利用虚拟化技术实现各部门的计算资源共享，建成具有共享存储环境的企业级现代存储管理系统，开源操作系统、中间件等在铁路各个领域得到了广泛应用；通信网络基本覆盖全路，为信息系统建设提供了基础支撑。

信息安全保障能力大幅提升。基于铁路计算机网络安全标准，构建了多重通信网络，并采用信息安全防御措施，建设了内外网安全平台，实行了分区分域防护，形成信息安全纵深防御体系架构；建成了基于国产密码体系的公钥基础设施；实施了信息系统安全等级保护制度；构建了信息安全保障体系，完善了网络安全预警、应急处置体系，加强了对铁路运输生产过程中产生的信息保护工作，大幅提升了信息安全保障能力。

信息资源共享逐步推进。构建了覆盖铁路总公司和路局的两级运输信息集成平台和动态数据库，对货运、机务、车辆、调度等运输信息进行了有效整合，实现了货物信息追踪和列车正晚点查询等运输信息综合利用，为优化运输组织、提高运输效率和对外服务水平提供了技术支撑；建立了信息共享平台，为各业务系统之间提供了数据交换及数据共享服务，包括面向旅客服务的信息共享平台、面向安全监督的信息共享平台、TDCS 与 TDMS 的信息共享平台以及运输信息集成平台等。

信息化管理水平明显提高。逐步完善信息化规章制度和标准规范体系，信息化管控力度不断加强；建立了信息系统运维体系，为信息系统安全、稳定运行提供了保证；健全信息化管理人才培养体系，培养和造就了一支信息技术专业人才队伍，全面支撑科研、开发、建设、运维技术。

（二）铁路智能化

近年来，随着社会智能化趋势浪潮，“中国制造 2025”和网络强国战略、大数据战略、“互联网+”行动计划等国家战略的强力推进，以及云计算、物联网、大数据、机器人、BIM 等新技术的快速发展和日臻成熟，为提高铁路智能化建设和发展水平创造了有利条件。无论在技术应用层面上，还是在总体布局层面上，智能铁路都受到广泛关注。

智能研究成果影响显著。我国对于智能铁路的研究开始于 2000 年，国家科技部批准了在中国铁道科学研究院组建国家铁路智能运输系统工程技术研究中心，并在接下来的五年时间中，先后启动“铁路智能运输系统体系框架”“铁路智能运输系统标准体系”等多项研究，形成中国铁路智能运输系统（Railway Intelligent Transportation System，RITS）体系框架等研究成果。并从 2010 年起，先后开展“智能铁路发展战略及关键技术研究”“铁路智能运输系统构架及系统关键技术研究”等多项研究，对智能铁路总体框架、内涵与特征等进行了一定的研究，为今后智能铁路全面落地实施奠定了良好的理论基础。

智能技术应用实现突破。由于云计算、物联网、大数据、机器人、BIM 等技术的兴起，以及铁路运输业自身的快速发展，特别是高速铁路的发展。针对不同领域的业务需求和技术发展趋势，在铁路车务、机务、工务、电务、车辆、供电等领域开展了新技术综合应用研究，并逐步突破了新技术应用的若干关键技术，不断地提高了铁路智能化技术输出能力。目前，基于 BIM 技术的铁路工程管理平台已经覆盖铁路总公司所有在建铁路项目，基于云计算与大数据技术的大数据分析平台提供了面向全数据类型的数据接入、数据存储及计算能力、数据综合分析能力，物联网技术在运输生产、客货营销、铁路建设和安全监控四个领域已拥有一批典型应用，客服机器人在部分车站开始试运行。

智能应用示范作用加强。智能京张高铁是以 2022 年举办冬奥会为背景，以铁路信息系统建设和运用现状为基础，以智能铁路总体框架为指导，以保障旅客出行的“平安、有序、温馨”为根本目标，统筹各专业应用需求，实现服务旅客出行的便捷化，技术装备运管修的智能化，应急管理的一体化，展现奥运人文关怀和中国高铁的创新成就。结合京张高铁建设的契机，在智能车站、智能工程建设等方面逐步开展以智能化为导向的应用示范项目，形成可复制的建设经验。

智能认识显著提高。随着我国对智能铁路研究的深入，不断加强对“智能”的认识，并且取得了一定的研究成果。在此基础上，进一步开展智能铁路总体规划、关键技术、实施方案、建设评价等研究，以期从顶层设计出发，提出智能铁路总体框架，构建保障规划实施的标准体系，并重点突破关键技术的难点应用，加强重点示范项目的借鉴作用，形成可复制的建设经验。

三、经济社会效益

2016 年，全国铁路行业固定资产投资完成 8015 亿元，投产新线 3281 公里，新开工项目 46 个，新增投资规模 5500 亿元。到 2016 年年底，全国铁路营业里程达 12.4 万公里，其中高速铁路 2.2 万公里以上，投入运营的动车组有 2470 组，我国已成为世界上高速铁路运营里程最长、动车组列车最多的国家。在“十三五”期间，我国铁路仍将保持快速发展，规划贯通哈尔滨至北京至香港（澳门）、连云港至乌鲁木齐、上海至昆明、广州至昆明高速铁路通道，建设北京至台北、呼和浩特至南宁、北京至昆明、宁夏银川至海口、青岛至银川、兰州至广州、北京至兰州、重庆至厦门等高速铁路通道，拓展区域连接线。预期到 2020 年，铁路网规模达到 15 万公里，其中高速铁路 3 万公里，覆盖 80%以上的大城市，形成以“八纵八横”主通道为骨架、区域连接线衔接、城际铁路补充的高速铁路网。

铁路大发展离不开信息化建设的多年成果。通过构建技术先进、功能完善、经济适用、安全可靠的，具有中国特色的铁路信息系统，从而实现调度指挥智能化、客货营销社会化、经营管理现代化，为提高运输效率、扩大运输能力、优化资源配置、保障运输安全、改进服务质量、提升管理水平、提高经济效益提供支持，并打造标准化、模块化、体系化的中国铁路信息系统品牌，实现中国铁路信息系统走出去。

铁路信息化带来的经济社会效益为铁路智能化建设和发展奠定了良好的基础。相对于铁路信息化，铁路智能化将会创造更大的经济社会效益。在铁路信息化成果的基础上，以国家战略为指导，以未来铁路发展需求为导向，以新技术应用趋势为依托，全面构建以智能化为特征的国际领先、自主创新的新一代铁路运输系统，提供满足用户需求的多元化铁路服务，实现铁路系统资产优化高效运行，从而极大地提高铁路运输资源的利用率和能力优化，大幅提升客货运服务品质，带动铁路行业及其他产业的技术升级，支撑区域经济发展新模式建立，推动智能铁路品牌推广，提升中国铁路企业形象，满足我国经济社会全面、协调、可持续发展要求。

（撰稿：史天运）

2016 年中国民航信息化与智能化发展

大数据、云计算、物联网、人工智能等新一代信息科学的迅猛发展，标志着信息智能时代的全面到来，其所带来的影响已经渗透到经济社会生活的各个领域，正在慢慢地改变着人类传统的生产生活和思维方式，也在改变着企业的生产经营和服务方式，已经成为推动全球经济增长的主要推动力。信息化和智能化水平的高低也已经成为衡量一个国家、一个企业综合实力的重要标志。

从 20 世纪 90 年代我国开启信息化建设道路以来，信息化和智能化所带来的先进成果已经覆盖到了国民生产企业中的方方面面。而民航作系统为一个涵盖技术范围广泛，涉及单位机构种类繁多，业务领域交互频繁，所需信息资源巨大，系统性、集成性较强，需要高度依赖信息科学的行业，在经过了 30 多年的发展以后，其信息化管理水平不断提升，基本实现了民航信息基础设施建设初具规模，企业信息化服务体系逐步建立，电子政务初见成效，网络安全体系日益完善，技术建设队伍逐步加强的建设目标。我国各空管系统，航空公司及各大机场纷纷认识到信息化建设、信息技术和信息网络基础设施已成为支持民航安全、快速、可持续发展的重要基础，只有抢占了互联网这块新高地，才能抢占经济发展的先机，因此均不遗余力地在智能管控系统、信息监视、物联网智慧机场建设等方面投入大量的人力、物力及时间等重要资源。

回望 2016 年，民航系统的信息化和智能化的发展则又是不平凡的一年。11 月 16 日在乌镇举行的世界互联网大会，让全世界开始读懂了我国将从信息网络的受益者转变成贡献者和引领者的互联网主张。与此同时，在 10 月 30 日召开的全国民航科教创新大会上，民航局冯正霖局长也表示，建设创新型民航行业，必须充分发挥科技创新的引领作用、教育培训的支撑作用和深化改革的动力作用。并进一步指出：今后，我们还要以信息化、智能化为支撑，以大数据利用、移动互联网为平台，推进服务质量管理体系与生产运行体系全面融合，建立全流程服务质量管控体系，进一步提升民航服务质量。

2016 年是“十三五”规划的开局之年，大数据、云计算、物联网、智能控制、电子商务的飞速发展，“互联网+”时代的到来，为民航系统信息化和智能化的发展提供了前所未有的机遇，这也使得民航系统在面临各种发展契机的同时，必须正确对待随之而来的挑战。

一、大数据及云计算在民航中的应用

民航系统作为信息化程度极高的产业之一，手中把持着大量的关于航班运行、航空器位置报告数据、电子客票商务库、客户端口支持平台、收益管理、常旅客和高端旅客资料等数据信息。但是，长期以来大量的民航信息分散在机场、航空公司、销售企业、空管等不同的单位，存在信息分散、产业链长的问题，很难将这些数据细化运作，更难以把他们用于日常工作和重大决策的处理上，航空公司和机场在服务转型中不堪重负，旅客与航空公司、机场之间的矛盾也日益升级。在此背景下，打破信息孤岛、高效整合信息的行业需求，为旅客提供权威、准确的民航信息服务成为了行业发展的必然要求。

我国海南国际航空公司打造的“海航云”以海航聚合生态、产业背景、资本运作三大核心优势为依托，着手重点发展“云+”、“智慧+”和大数据、物联网等业务，建立了南方航空运输数据处理中心、南方救灾储备中心、北方数据中心等多个高等级的云数据存储中心，形成了物理分散，逻辑统一的拥有自主知识产权的健壮、稳定、安全、易用的综合性大数据云存储计算服务平台，为航空系统所掌控的海量数据提供云基础、云平台、云应用、云安全及云运维等一体化服务。另外，由中国民航信息网络股份有限公司打造的航旅纵横移动服务软件，基于深厚的民航业务功底和数据挖掘能力，在海量数据的基础上对航空公司、机场、分销渠道等信息进行了最大化整合，实现了对全球673389 个航班的正点查询功能，打通了各个渠道信息孤岛，并以移动互联网为载体，引入微博、微信等自媒体工具，利用云计算技术得到航班的预计起飞和到达时间，实现了对海量航班数据的实时快速整合，并分析提炼出有用结果反馈给用户，体现了良好的交互性和数据处理的实时性。利用及时、全面、权威的民航信息服务，形成覆盖旅客出行的全流程信息服务，打造了航班动态、行程自动提取、前序航班、出票提醒、机票验真、前序航班查询、手机值机、航班跟踪、电子登机、同道中人、行程记录、社交网络、行李限额、航班预警等多个基础功能，为旅客构筑了一条便捷获取自身信息的权威通道，利用信息化与智能化手段成功实现了“行业信息的社会化”。

二、智慧机场建设

智慧机场是在数字机场的基础上，通过高度集成新一代信息技术，如信息感知、传输与处理等，并运用近距离无线通信、传感网、海量数据存储、数据挖掘、云计算、信息安全等关键技术手段，建立的功能更加完善、高效的绿色、环保、智能化机场，并使其在多网融合的基础上实现智慧安全、智慧运营、智慧营销、智慧服务。

在智慧机场中，民航机场智能调度系统平台能够为机场运营保障及相关部门提供语音、数据、定位和视频传输服务，为管理决策提供相关的数据分析依据，实现实时控制航班保障任务中的每一个执行环节，解决目前机场地勤运作中的问题。尤其是北京易华录信息技术股份有限公司开发的机场 3G 智能指挥调度系统，不仅能为各级指挥机构提供全过程、多层次信息服务和多种支持手段，建立集移动视频监控、定位、语音、数据及图像为一体的应急指挥和辅助决策系统，还能有效地解决对讲机指令传递无法记录、无法传递图片和视频、电话传递指令速度慢、短信传递信息存有局限性等诸多问题，还大大提高了信息传递速度和直观性。同时，该系统又为机场应急救援、处理突发事件等工作提供了一个基于“指挥中心+警情通终端”的作业工具，实现对应急指挥调度视频、图像、语音、信息、定位等信息的全方位提供、警力部署集结实施地图的全面展示，对分组及组员指令的实时下发、应急预案、警情及信息的及时传递及任务考核工作的自动汇总。保证了指挥中心与应急终端间信息上下贯通、左右衔接、互联互通、信息共享、互有侧重、互为支撑，对机场的日常安全与持续发展起到了全方位保障作用。最大限度地提高了资源利用率，实现了机场发展建设的信息化和智能化管理，提高机场的整体竞争能力。

与此同时，国内一些重要机场作为信息化与智能化出行的倡导者和践行者，也一直在智慧机场的建设道路上不断前行。上海机场集团与腾讯公司合作，使得旅客通过关注上海机场的微信公众号便可完成值机、航班查询、天气查询等操作，并将场内全景地图导航，机场贵宾服务、商场、租车服务等众多公共服务也接入微信平台，不仅为广大旅客享受机场的公共服务提供了方便，也使机场的管理与收益上了一个很大的台阶。而首都机场除了与腾讯在微信支付、室内定位、WiFi 认证等方面开展了合作以外，在 2016 年，其又与腾讯及民航科普基金会签署了三方战略合作协议，围绕机场运行、安全管理、服务提升、商业营销、品牌推广等方面开展了更加广泛的对接，尝试打破目前机场间的地域限制，期望通过互联网共享服务信息和服务产品，不断拓展智慧机场群，促进交通资源的合理利用和科技创新，加速互联网对民航业的智能升级，让旅客能够在不同机场间享受便捷、统一的出行服务，在信息化基础上共同打造智能化航空出行生态体系。

三、航空情报一体化

在以往传统的运行模式中，全国各地报告室需要对本场航班预先的飞行计划负责维护和分发，这就导致无论是对于预先飞行计划的处理还是对于飞行计划电报的处理均具有分散受理、分散处理、各自分发的特点，使得全国航班信息呈现出碎片化和离散化的特性。同时，由于采用大量人工输入、人工核对的处理方式，导致工作效率低下，出错概率较大，并且各地所采购的不同性能的系统设备间的差异，也导致了处于分散受理和各自分发状态的飞行计划电报，也在各地持有各自的标准或特殊要求，影响了全国航班信息数据的质量，间接影响了各地管制单位对数据源的需求，带来数据源的二次加工，在未来民航系统高速的信息化和智能化发展模式中具有较差的适应性。

针对这一情况，我国华东地区根据华东空管系统“十二五”建设规划中关于优化完善航班信息一体化系统的新技术开发与应用工作要求，于 2012 年开始着手启动航班信息一体化系统新电报格式升级方案，并于 2015 年，正式上线运行飞行计划统一处理系统平台，为空管自动化设备和 CDM 平台提供了高质量的飞行计划数据。随后，在 2016 年又正式发布了《中国民航空管飞行计划集中处理改革总体方案》，进一步提出了实现全国飞行计划集中处理的远景规划。截至 2016 年 6 月 16 日，华东地区的浙江空管分局、青岛空管站、江苏空管分局、福建空管分局、厦门空管站、山东分局、华东地区地方机场、宁波空管站、安徽分局、江西分局以及温州空管站等 10 个空管分局（站）和 44 个地方机场陆续实现了飞行计划的集中处理。

飞行计划集中处理中心系统的使用使得华东地区各空管分局（站）的人力资源极大地得以优化，降低了原有工作量，提升了工作质量。更重要的是空管自动化系统通过接收完整、准确的电报信息，极大程度地解决了对航班（尤其是国际航班）执行航路正确与否的校对与监控，提高了与航空公司建立反馈机制的应用效益。同时，该系统也能够为机场协同决策平台、集成塔台信息系统、电子进程单系统、自动化系统（含进离场排序系统）、流量管理系统以及空域容量评估等，管制应用系统提供飞行计划数据的全面支持，体现了系统所具备的拓展性和可容性。从另一个角度来看，飞行计划在全国范围的集中处理也极大地方便了航空用户对于飞行计划的申报。所有具备 SITA 网络的航空公司仅需要向飞行计划中心两个地址提交飞行计划即可，避免了以往航空公司需要面向很多站调地址的烦琐过程，并且航空用户也只需要按照飞行计划处理中心的规则、标准和程序执行即可。

2016 年 9 月的杭州 G20 峰会上，该套系统成功地检验了中心接管电报拍发职责的能力，随后又成功地完成了 2017 年的“春运”“两会”“一带一路”高峰论坛和“三合一会议”等重要保障工作。飞行计划集中处理中心系统的实施，切实地实现了在民航局的统一监管下，为航空用户提供更高水平的情报服务的服务宗旨。

四、航空器运行监控

提升航空器运行安全一直是各大航空公司关注的工作重点。但是，近年来国际航空运输领域却频繁发生失联和坠机事件，如马航客机失联，印度客机失联，日本飞机山区坠毁，中国海监一架飞机失联坠毁等，这些不安全事件都引起了社会的广泛关注。航班运行的动态监控是航班运行控制中的重要组成部分，对航空器进行有效的监视是确保飞行安全的重要环节。而随着航线网络发展的日益复杂，对航空器的飞行监控也遇到了新的挑战：如何利用先进的科技手段和技术思想，提高航空公司对航空器轨迹的监控，实现对其运行数据的监控，保证安全，明显改善航空器运行品质，已经成为目前各大航空公司面临的重要挑战和重点发展领域。

为了解决航班失联的问题，国际航协（IATA）和国际民航组织（ICAO）提出了全球航班遇险与安全系统（GADSS）运行概念，从例行（Normal）、非正常（Abnormal）和遇险（ADT）三个层面系统提出了开展航空器追踪监控的工作进程。我国民航局也于2015年成立了中国民用航空器追踪监控体系建设领导小组，决心在2016年年底之前，基于现有成熟技术，初步实现我国民航运输飞机的全球追踪监控，为航班运行安全等决策提供更为准确、快速的信息支持。

随着航行新技术的不断发展，飞行监控除了基于 ACARS 及卫星手段外，ADS-B 技术也开始被广泛用于飞行监控方面，与 ACARS 及卫星通信数据链数据进行相互补充及校验。ADS-B 的报文下发频率为秒级，并且满足在国内繁忙终端区 300 公里区域内的航班精准定位，在北京、成都终端区内已经达到 1 秒的更新频率，其他航路航线也达到了 5 秒的更新频率，同时将 ACARS 位置报告下发间隔缩小为国内 15 分钟，国际 9 分钟，也可以根据具体运行情况及时调整并缩短位置报文间隔。这种利用 ADS-B 与 ACARS 及卫星通信链路数据相互补充及校验的方法，既保证了飞行监控的完整性，提高了对飞航空器飞行信息监控的精准性和时效性，也极大的完善了民航信息化发展的进程。

目前，国内各大航空公司都已实现基于现有技术的境外运行航班的4D/15追踪，具有国际载客运行资格的19家航空公司也全部完成航空器追踪监控补充运行资格合格审定。深圳航空更是与中国交通通信信息中心合作，运用海事宽带卫星通信（SBB）技术，实现了地面运控中心与飞机的卫星语音通话功能，并在现有经度、纬度、高度、时间信息基础上，增加了“地速”和“航向”信息，率先尝试并实现了航空器“6D”追踪监控，不仅大大提升了飞机追踪监控质量与效率，也强化了安全体系智能化和信息化的发展方向。

而目前无论是ACARS还是ADS-B，那些可承载民航运行安全业务的卫星通信服务都由国外公司提供，建成具有自主知识产权的中国民航航空器追踪监控体系势在必行。我国从2006年开始建设“北斗二号”卫星导航系统。目前，北斗卫星已发射了23颗，2012年年底服务范围已涵盖亚太地区，预计到2020年北斗服务将覆盖全球。与其他卫星导航定位系统相比，北斗系统最大的优点就是其具有短报文通信能力。只依靠北斗导航定位和通信功能，便可实现“分钟”级的定位信息传输，大大提高搜索、援救的效率。

并且按照“先通用、后运输，先监视、后导航”的应用实施路径，西安直升机公司也已经开展了基于北斗的通用航空器监控管理系统的应用；北大荒通航公司也通过引进GPS、北斗安全管理系统，对飞机做到实时对空全覆盖监控，并在小鹰-500和运-5上加装北斗终端，且已取得补充型号合格证（STC）；中信海洋直升机公司也在EC-225上安装了北斗机载终端，在取得改装设计批准书的基础上，实现了地面的有效监控。为我国北斗卫星的进一步实施战略计划做好了充分的验证准备工作，扩充了民航产业的信息化发展。

五、中国民航信息化和智能化发展趋势

在“互联网+”的时代背景下，中国民航产业必须抓住新一轮的革命契机，大胆引入信息化新技术、新应用、新理念、新模式，深刻把握“互联网+”时代的融合、大变革的趋势，充分发挥我国互联网规模应用的综合优势，以加快新一代信息通信技术与民航产业深度融合为主线，大力拓展我国民航产业与各信息化领域融合的深度和广度，积极创新，深化体制改革机制，优化政府服务模式，释放发展潜力和活力。在大数据的新形势下，依靠移动互联、云计算、物联网、智能控制等新兴技术与传统民航产业进行结合。利用互联网思维融合智慧机场产业，为传统机场在新形势下的发展带来活力，使其在这场充满机遇与挑战的改革浪潮中与时俱进，协助民航信息产业在信息化和智能化的发展道路上更上一层楼。

（撰稿：赵巍飞、赵末）

2016 年水路运输信息化与智能化发展

一、发展概述

水路运输作为我国主要的交通运输方式之一，其效率、效益、安全、环保等指标自然受到广泛关注。随着技术的发展，水路运输的信息化与智能化顺应了发展的要求，更重要的是，现代信息技术和人工智能技术的发展也极大地促进了水路运输的发展。

随着先进的传感识别、通信网络、智能计算、智能控制、深度学习、人工智能等高新技术的深入应用，船舶智能化、航道智能化、港口智能化、海事监管智能化的发展速度明显加速，具体体现在。

（1）智能船舶技术在 2016 年开始进入实质性的进展阶段，智能船舶逐渐从概念走向实质性的研发和测试；

（2）大数据技术已经在港口智慧物流、数字航道、海事智慧监管中得到了深入而广泛的应用，并收到了良好的效果；

（3）无线通信、宽带卫星通信技术在水路运输中的应用日益深入，对推动水路运输信息化、智能化发展起到了重要的助推作用；

（4）物联网与船联网的快速发展对网络安全提出了挑战，网络安全技术将成为未来水路运输信息化与智能化发展的关键技术之一；

（5）实用化、智能化、芯片化、生态化的发展趋势使得人工智能技术与现代水路运输技术的结合越来越紧密，为水路运输的智能化奠定了良好的发展基础和空间。

二、关键技术及研究进展

（一）信息传输交互技术

随着水路交通智能化程度不断提高，信息传输网络技术在船—船，船—岸，船—标—岸信息交互中得到了广泛重视和应用，在一定程度上改变了过去水路运输通信网络类型繁多、系统不兼容、效率低下等弊端。水上交通信息交互技术主要以计算机网络视频监视、GPS 定位、VTS 监控等为基础，形成水上交通信息化的基础体系，形成覆盖特定水域的广域网系统。为实时跟踪、监控船舶，需在船舶上安装定位、通信、监控等设备。信息交互技术为船联网提供了硬件、软件层面的基础，并且可产生以下价值：①通过分析船舶设备状态和备件情况，最优化备件配置；②通过分析航速、气象、水文、靠泊港口日程，为某船制定最经济安全的航线；③通过分析船舶主机能耗、航速等数据，可为某船设定最经济航速；④通过分析某航段所有船舶的历史流量和轨迹，可为在该航段设立助航设施提供参考；⑤通过分析某航道当前所有船舶位置，可提供实时交通流数据，为实行交通流管控提供依据。

（二）甚高频数据交换系统（VDES）与海上安全信息数字广播系统（NAVDAT）

GMDSS 复审和现代化作为国际海事组织（IMO）制定的未来海事通信重点发展内容之一，甚高频数据交换系统（VDES）是其主要研究方向，部分国家已经开展 VHF 海上数据通信试验。新一代的水上宽带甚高频通信系统（Broadband Very High Frequency, B-VHF）对海上信息交换带来新的革命，将为海上运输安全提供有力保障。VDES 设计的目的是在实现全球范围内海事 VHF 移动波段上提供更高，更强的数据交换能力。VDES 集成了 AIS、特殊应用报文（ASM）和宽带甚高频数据交换（VDE）三项功能，其突出特点是，能在保护现有 AIS 功能的基础上，通过引入 ASM 和 VDE 全面强化船舶通信的数据传输能力，使之能够满足船对船和船对岸相互之间的所有数据交换服务的需要。

作为全球海上遇险与安全系统现代化和 E 航海中的关键，NAVDAT 是新一代数字化海上安全信息播发系统，数据传输速率达到 15～25 千比特/秒，近海覆盖范围达到 400 海里，可以高速传输图表、影像及电子海图更新包等多种格式文件，满足沿海安全信息不断增长的数据量要求。

（三）船联网技术

船联网是水上智能交通应用的重要方向之一，船联网作为物联网概念向航运业的延伸，是以船舶、航道、陆岸设备为基本节点和信息源，结合具有卫星定位系统、无线通信技术的船载智能信息服务，利用船载电子传感装置，通过网络完成信息交换，在网络平台上完成各节点的属性和动/静态信息的提取、监管和利用，具有导航、通信、安全防护和信息服务等功能，为船舶内河航行提供更加智能、安全的通航环境。船联网主要实现三大功能：航道感知与监控、智能安全控制、环境监测与紧急救助。构建一个高效、实用的船联网应用体系和环境，包括三部分：①传感器等电子元器件；②传输的通道；③云端的高效、动态、大规模扩展的计算资源处理能力。船联网主要采用 GPS、GIS、RFID、AIS、3G/4G 等关键技术，提供无处不在的网络接入、多媒体业务、实时安全消息与堵住控制等服务，并实现对船舶、环境与货物状态的在线监控。根据国家交通运输部信息中心对船联网的定义和规划，可将船联网结构分为 5 层；展现层、应用层、数据层、网络层、感知层。

未来船舶内河航行是信息与控制的完美结合，船联网是其未来的发展方向，但作为系统性的工程，构建船联网体系将面临诸多的问题和挑战，如统一标准、技术成本、安全可靠性等方面。

（四）航运大数据处理技术

信息技术的快速发展，航运业与大数据的结合已成为一种必然趋势，建立覆盖全球的航运数据中心已成为可能。航运大数据是利用大数据挖掘，实时计算全球船舶、港口、货物之间的时空关系，从而推算出船舶活动情况、货物流动情况以及港口作业情况。可对航运各参与方的经营和决策起到辅助参考和支撑作用。目前，中国远洋运输集团等国际航运公司已实现在全球范围内监控所属船舶的营运状态，我国内河船舶已在尝试全程远程监控船舶航行状态、机舱设备状态、驾驶员状态等，并为用户提供电子江图、法律法规、船舶登记等静态信息以及船舶位置、货物信息、预计到达时间等动态信息。因此，只要航运系统在运行，就意味着每时每刻都在生产大量的数据，且这些数据都能通过计算机保存下来。

大数据的航运应用分为三类：第一类是实时数据的应用，通过将船舶航行计划、航速、排放、海洋水文气象数据的融合计算，实时为船舶航行提供更为经济、安全与节能的航线、航速建议；通过对航道通过量的统计，实时提供海事风险预警。第二类是对于船舶航行历史数据分析应用，通过航运业务、运营数据挖掘，为航运企业市场预测、航线安排、组织新船建造、二手船买卖、风险管控、自有运力和租赁架构成本和效益分析等提供良好的服务；通过对海事事故相关的历史信息分析，得知可能引起事故高发的主要影响因素等。第三类是未来发展的预测分析应用，如根据已有的历史数据和实时数据，预测未来各贸易区域的运力分布情况、主要港口的货物库存情况、主要大宗商品的贸易流向趋势、将要发生的船舶推迟抵港预警等。目前，针对如何高效地挖掘航运大数据，主要有两种数据处理的方法：一是通过机器学习和数据挖掘等方式实现大数据分析；二是依靠可视化分析等方法实现大数据分析。这两种方法均适用于智能航运系统，就现阶段而言，可视化分析实现难度较低，较易实现。

航运大数据的共享、管理和安全方面在现在以及未来依然面临着挑战和机遇。由于我国海洋观测平台的条块管理模式，海洋自然科学类大数据分散在海洋局、各大高校、中科院等研究机构，数据共享、聚合和管理依然存在很大的瓶颈和障碍。航运大数据在采集、传输、存储、数据挖掘分析、信息服务各个环节中都存在数据丢失、篡改和越权访问等风险，需要在各个方面保障数据的安全性。

（五）云计算技术及其在水路运输中的应用

对于水上智能交通，云计算是实现智能航运的核心。实时、动态地分析智能航运系统中数以兆计的传感器设备在不同时间采集的海量信息，并对这些信息进行汇总、拆分、统计、备份，需要具有弹性增长存储资源和大规模并行计算能力的云计算作为支撑。云计算是分布式计算、并行计算和网格计算的发展，用户可以在不了解提供服务的技术、知识和设备的情况基础上，通过网络获取云计算提供的各种服务。IBM 提出了基于移动互联设备、大数据、岸基站、传感网络构建了基于云平台的智能船舶系统平台，云计算在这个平台中起到了关键的数据存储、计算、分析和共享的作用。相关航运管理部门和相关航运企业可以借助云计算平台，为客户提供如船期查询、电子订舱、运价查询、货物跟踪等服务，用户只需要通过网络浏览器等方式即可获取个性化的服务。基于云计算平台，能获取、搜集与分析相关航线实时监控和预测的水文、气象、交通流等各类信息，再结合在航船舶的自身特性，最终实现船舶航线、配载等的最优化设计。

云计算服务模型在航运业中可总结为以下三点：①云应用服务（Cloud Software as a Service，SaaS），是航运部门或公司能够直接运用航运云基础设施中的已有应用资源；②云设施服务（Cloud Infrastructure as a Service，IaaS），航运部门或公司能运用航运云基础设施中的计算资源，节约硬件费用；③云平台服务（Cloud Platform as a Service，PaaS）基于航运云基础设施中的所有资源来开发自身的特定应用程序，如基于电子海图或电子航道图来开发地图应用程序。

（六）机器学习、深度学习技术在水路运输中的运用

机器学习（Machine Learning，ML）是一门多领域交叉学科，专门研究计算机怎样模拟或实现人类的学习行为，以获取新的知识或技能，重新组织已有的知识结构使之不断改善自身的性能。当前机器学习的各类算法非常之多，主流的有决策树学习、人工神经网络、深度学习、支持向量机、贝叶斯网络、增强学习、遗传算法等，一般针对不同的问题可以适应性地采用不同机器学习算法。机器学习可广泛应用于数据挖掘、统计学习、计算机视觉、语音识别、自然语言处理等领域。

机器学习在智能船舶中的运用主要包括：①船舶航线优化。借助 AIS 数据与其他的历史航行数据可以建立智能船舶数据云平台，在此基础上构建机器学习系统用于处理和预测无人船的航行线路。②航行环境感知与识别。智能船舶对于感知到的环境信息用机器学习算法判断其复杂程度，识别水面水下障碍物、水岸线、其他船舶的相对位置和移动速度，甚至可以建立瞬时的高精三维地图。③智能船舶在复杂环境中的控制决策。把机器学习的方法应用到复杂环境中控制决策的学习，与底层的感知及硬件层面的控制相剥离。一方面可以很好地利用了机器学习算法，可以使用真实数据驱动学习的特性，另一方面与感知及底层控制模块相独立，分工明确且可解释性强。在决策系统对做出高级别的决策之后，底层模块再对车辆动作进行具体规划，检查高级决策是否可以被执行。

深度学习是人工智能的一个分支，它试图使用包含复杂结构或者由多重非线性变换构成的多个处理层对数据进行高层抽象的算法，极大地促进了人工智能的发展，能解决更加复杂的现实问题。国际海事界各方为未来航运业描绘出了一幅幅蓝图，这些蓝图共同的特点就是对智能化发展的重视程度越来越高，对智能化应用的探索越来越深入。结合物联网技术，收集船舶周围关键信息，利用深度学习进行不断学习，可以让船舶自动识别水上船舶，障碍物信息，结合周围风、浪、流等信息，为船舶驾驶提供决策信息，实现自动驾驶的功能。

（七）机器视觉在水路运输中的运用

机器视觉是人工智能正在快速发展的一个分支，它是用机器代替人眼来做测量和判断。机器视觉系统是通过视觉传感器将被摄取目标转换成数字图像信号，传送给计算机，计算机对这些信号进行各种运算来抽取有用图像信息，从而实现特定的目的。

随着深度学习的发展，基于视觉的目标检测跟踪的准确率，和计算效率提高，已经能适应很多的复杂情况，正运用于各个领域。将视觉技术运用于水上船舶交通管理，结

合雷达、AIS 等通信手段，可以有效改善雷达盲区无法检测的问题，同时可以进一步核实 AIS 船舶信息。对船舶其他信息也可以进行观察，如船舶废气排放检测，从而能有效监测出重污染船舶，还可以对船舶吃水进行监测。

视觉语义分析的发展能够让计算机像人一样通过视觉理解周围环境，可以将此技术运用于水上交通视觉智能监控，来规划航道，船舶偏离航道，非法停靠报警。使用智能算法，对于视觉监控区域，进行语义分割，划分常规通航区域，危险区域，以及敏感警戒区域。识别跟踪水上船舶，分析理解船舶航行轨迹，发现异常航行船舶。如果有移动目标穿越警戒线或进入了预先设定的禁止区域等异常情况发生，智能监控系统将锁定、标识目标在图像中的具体位置，进行智能分析。可以对偏离航道、穿越违禁线、闯入禁航区、安全作业区域、交通管制区域船舶进行警戒，对于水上失控船舶、遇险冲滩点区域船舶进行相应救援。

机器视觉还可以运用于船舶驾驶。由于船舶数量及吨位的大幅度增加，船舶种类日趋多样化，通航环境复杂多变，导致船舶的操纵难度增加，给船舶带来较大的安全隐患。长期以来，船舶碰撞、搁浅、沉没等事故不仅危及了人身安全及财产安全，还对水域环境造成严重威胁，给社会经济带来严重损失。

水上交通事故统计表明，以上的水上交通事故与船员个人的行为疏失有关，其中至少有的事故是由人为失误直接引发的。船员作为水上交通系统的核心因素，其驾驶行为状态很大程度上决定了水上交通系统的安全水平。可以利用人体姿态识别和眼球跟踪技术记录船员操作行为，通过统计学习，让智能船舶能自动识别安全驾驶，减少人为失误已经成为提高船舶通航安全。

三、发展趋势

（一）信息系统集成化技术将推动智能技术在水路运输系统中的深化应用

由于各类信息系统的集成应用，智能技术在终端轻型化、运算复杂化、平台大型化等方面将形成突破。如集成电路技术迅猛发展，推动具有不同功能系统的相互集成，各种小型传感器、各种智能终端在水路运输中的应用。其次是复杂运算性能大幅提高。计算机的快速并行运算能力为处理大规模非结构化数据提供支撑，这将有力的推进大数据技术中水路运输的应用。此外，大型云平台的集中涌现会推动不同类型的服务向平台集中，进而引起用户数据的集中，为水路智能技术发展提供沃土。

（二）机器学习、深度学习技术会加快并推进水路智能化的发展

机器学习能够在不依靠外部设定程序的情况下，具备自主识别、处理信息并做出判断的能力。深度学习则能按照人脑神经结构在计算机上建立人工神经元网络，教会机器如何像人一样思考。机器学习能广泛应用于水运大数据的分析与挖掘、智能决策与管理等方面；而深度学习则在目标识别、智能控制方面有广泛应用前景，这两种技术的发展和深度融合，将对智能水运的发展起到加速推进的作用。

（三）机器感觉在智能船舶中的应用

机器感觉就是机器要像人一样具有视觉、味觉、听觉、触觉等感觉能力，并凭借此开展一系列工作。精准传感技术，多传感、多信息融合技术，物联网技术让机器拥有了丰富的感知能力。这些技术将能促进智能船舶技术的快速发展，为船舶的智能避碰、故障诊断等提供技术支撑。

（四）水路运输中智能技术与虚拟现实技术的融合发展

目前，在图形处理器（GPU）、新型显示、人机交互与智能技术融合发展的推动下，虚拟现实技术能够在专用头盔或者眼镜上实现对现实环境的虚拟化再现，虚拟现实技术在数字内容制作、核心技术研发、显示设备开发等方面都有了成熟应用，这些技术将会广泛地应用到水上交通仿真、智能船舶的研发、水上搜救与应急仿真等方面。

（五）水路物联网与大数据分析的深度融合

物联网技术将在水路运输的各国细分领域深度应用，从船舶设备的管理到港口物流，从船舶状态监控到全球物流管理，随着 NB-IoT 为代表的 LPWAN 技术的迅速崛起和广泛应用而渗透到水路运输的各个环节。基于物联网产生的大数据将于整个行业的应用高度集成、深度融合，进而实现航运的信息化和智能化。

（撰稿：文元桥）

2016 年汽车信息化与智能化发展

一、汽车信息化和智能化的总体状况

智能网联汽车测试能力与标准法规正在形成，智能网联汽车将推进以自主环境感知为主，网联信息服务为辅的部分自动驾驶应用。中期重点形成网联式环境感知能力，实现可在复杂工矿下的半自动驾驶。远期推动可实现 V2X 协同控制、具备高度/完全自动驾驶。

智能网联汽车技术构架包括“两纵三横”，两纵是指车载平台和基础设施，三横是车辆信息技术、信息交互的关键技术（包括 V2X 通信技术，云平台大数据技术以及信息安全技术）、基础支撑技术（包括高精度地图、高精度地位）。在国家“863”计划与工信部支持下，国内多地投资建设智能网联汽车平台与基地，工业和信息化部出台的《车联网发展创新行动计划（2015—2020 年）》，要求推动车联网技术研究与标准制定，开展基于 5G 通信的车联网示范。

（一）国内车企自主品牌

目前我国车企多数已经掌握了远程遥控泊车、自动巡航、自动跟车、车道保持、换道行驶、自主超车等功能，也均做好了到 2025 年实现高度自动驾驶目标的布局和规划。

（1）一汽集团与百度车联网部门就车联网解决方案、高精地图等产品达成了初步合作意向。并于 2015 年年底在国内率先实现城市、环路以及高速道路混合路况下的全自动驾驶。据了解，一汽集团近期可能计划引入百度的车联网解决方案，搭载至旗下多款车型。

（2）东风汽车与华为达成协议，约定在车载领域进行合作，包含车载电子产品、车联网、智能汽车等相关产品以及代表未来方向的车载通信设备产品和解决方案，最终实现具有情感化自动驾驶的智慧汽车。

（3）长安汽车则针对汽车智能化发展进行了 5 年规划，计划在 2018 年实现自动紧急制动系统，2019 年搭载全自动泊车系统，2020 年搭载高速公路自动驾驶系统。

（4）其余的如上汽、广汽、吉利汽车、奇瑞汽车、长城汽车等集团都已经全面布局各自的智能化汽车发展战略，都计划在 5～10 年内，实现汽车的完全自动驾驶。

（二）国外车企品牌

对于自主品牌来说，2016 是自动驾驶的爆发年，而对于国际品牌来说，2016 则是进阶年，实现了对立法政策的倒逼，技术研发上也都开始了实践进程。

（1）菲亚特克莱斯勒找了一个跨界的外援，谷歌。因为数据的归属权问题，车企对谷歌一直是严防死守。在 Waymo 成立之前，谷歌内部对于是自己造车还是成为技术供应商就有不同的声音，一直左右摇摆，跟 FCA 的合作让谷歌看到了跟车企合作的希望。现在，它们合作的 100 辆汽车已经编入谷歌的测试队伍，要开始测试了。

（2）宝马在 7 月宣布与 Mobileye 和英特尔合作研发自动驾驶，2016 年下半年它们的产品上路测试了。这个三方合作的自动驾驶方案除了用在宝马的车上之外，还计划推出一个通用平台以后用到其他车辆上。在 11 月，德尔福加入了这个阵营，德尔福与 Mobileye 合作的成果在 2016 年 CES 上也有展出。

（3）沃尔沃和 Uber 的合作。车企与出行服务商的合作在 2016 年并不少见，沃尔沃和 Uber 的合作略有不同。它们会合作开发自动驾驶基础车型，然后由沃尔沃来负责生产并出售给 Uber。值得一提的是，沃尔沃在这之后又与零部件供应商 Autoliv 成立了自动驾驶合作公司，打算共同生产自动驾驶技术并进行出售。

（三）测试示范区

随着自动驾驶技术的推进，已经开始进入实践阶段，测试示范区与示范项目开始出现。美国目前有四个自动驾驶测试区，两个在密歇根州，两个在加州。其中，密歇根州的 MCity 是现在最受欢迎的一个示范区，GoMentum 基地中本田在进行测试，加州的 Castle 则是谷歌在这里进行相关测试。

英国政府投资 2 亿英镑来推进自动驾驶，希望把英国变成自动驾驶的中心。目前在四个城市有三个不同的项目在推进，其中 Autodrive 主要偏向于个人交通出行，Gateway 则是公共交通，Venturer 目前是在测试人们对于自动驾驶的接受程度以及需求。

欧洲最著名的项目是由德国、芬兰和奥地利三国共同进行的 ITS 走廊项目，ITS 走廊将在这三个国家之间修建一条贯通的高速公路，从交通层面进行自动驾驶与 V2X 技术的相关探索。

目前国内测试示范区的数量增长很快。前段时间刚刚签约的漳州无人驾驶小镇，是漳州经济开发区与深圳太空科技和前沿产业基金一起合作建立的，MCity 也与它们有合作，帮助进行测试区规划与建设；上海汽车城的 A Nice City 与重庆 i-VISTA 两个项目一期已经开放，后续还在建设中；另外在天津、武汉、北京、杭州、长沙都有测试区在规划中。

虽然无人驾驶技术已得到长期的关注和研究且已取得较大发展，但从实际推广和大批量应用的角度来看，无人驾驶汽车要想成为人类交通工具，将面临法律、事故责任、驾驶乐趣等问题。但无人驾驶技术在汽车智能化进程各阶段可发挥重要作用，并如无人驾驶技术中的传感感知、车道跟踪、路径优化、主动避障等场景化的功能和技术，可以移植到渐进式发展路线中的特定阶段中。

二、汽车信息化和智能化的主要成就

（一）公交客车信息化 2.0 时代

公交客车信息化 2.0 时代就是把车载 CAN 总线网络与外界进行互联的阶段，在整车设计上面，开发了一些互联互通的设备，如自动报站器，远程调度终端，远程监控终端，行车记录仪等。可以把这些信息传回到后台，与后台的系统进行互动。这个时候车辆的安全不仅由单车决定的，还通过与监控平台联合作战来实现的。同时可以通过收集这些信息，进行大数据处理，可以对车辆一些潜在隐患进行预防处理，同样也可以通过对司机的驾驶行为进行分析，分析出哪些行为影响到驾驶安全，然后做一些不良驾驶行为的引导和规避。

（二）数字化驾驶座舱

因为车辆的安全跟司机有非常密切的关系，好的数字化驾驶座舱能够帮助司机更方便地获得更关键的信息，能够帮助减少很多安全的风险。最早这个概念是在乘用车领域，慢慢延伸到商用车领域。数字化驾驶座舱一个关键技术，采用组合仪表+中控显示屏+HUD 的多屏显示系统，采用集成式的电子平台和多屏互动技术，结合人脸识别技术，我们可以让司机时刻能够接受最紧急的信息，简单来说司机视线在哪个屏幕，我们就可以把最紧急的信息投到哪个屏幕。

（三）ADAS（先进驾驶辅助系统）

ADAS 是基于单车智能的自主式控制，它使用传感器技术使得汽车本身具备感知能力，通过算法对不同的路况分析决策实现驾驶辅助。目前的技术状态根据智能汽车等级划分，1、2 级辅助驾驶已经成熟，如道路偏移、前撞预警、盲点检查等。3 级受控的自动驾驶技术正在储备，4 级完全无人驾驶预计到 2025 年可以实现。目前的标准执行情况，在欧洲、美国、日本已经列入了汽车安全标准，在国内《营运客车技术安全条件》，已经推荐加装 ADAS 系统，这个标准在 2017 年 4 月 1 日开始执行。

（四）V2X（车与外界的信息交换）

V2X 是一种基于车联网的协同式智能控制，V2X 包括 V2V（车与车）、V2I（车到基础设施），V2P（车到行人），可以独立形成一些主动安全系统，如追尾警告、弯道减速提醒、路人警示、十字路盲点提醒等。最重要的是与 ADAS 自主式单车系统形成互补，极大提高智能驾驶的安全性。根据 IHS 研究报告显示，预计到 2017 年全球 V2X 通信系统产品销量将达 70 万套，2020 年成长至 560 万套，到 2025 年预估突破 5500 万套。并且，未来 5～10 年 V2X 互联技术进入快速普及期，并在后装市场率先打开局面。

（五）X-by-Wire（线控系统）

X-by-Wire 将驾驶员的操作经过传感器转化成电信号，通过网络传输到执行机构完成动作。常见的线控系统有：线控油门、线控制动、线控转向、线控换挡、线控悬架和线控驻车等。它是未来自动驾驶的最核心技术之一。但这一块目前来说成本相对比较高。

（六）云车队管理系统

国内最大的车联网云计算提供商赛维安讯（中国）推出了“端—管—云”架构的政企车队云管理系统。系统通过车载智能终端采集车辆运营时间、地理位置、车速、车辆采集图像、视频及直播流等数据，通过车联网云平台进行分析处理，为管理者提供车辆监管、应急指挥、事故追踪、交通路况服务等功能。

（七）LTE-V 大概率成为国内 V2X 通信标准

V2X 是基于通信技术的无线局域网协议的动态网络，实现 V2X 的通信技术路线主要有 DSRC 与 LTE-V。

作为 V2X 的先行标准，DRSC 技术成熟，海外公司已率先实现产业化。但是，与 DSRC 标准相比，LTE-V 在覆盖范围、部署成本、安全性及持续演进性等方面更具优势。随着移动通信技术的进步，车联网对更高可靠性、更低时延的需求越来越迫切，而 DSRC 技术未能满足的离路覆盖、盈利模式、容量及安全等要求。

我国正积极推进具有自主知识产权的 LTE-V 技术，未来有望成为我国车联网标准。华为、大唐等企业正主导参与制定 LTE-V 标准，国外的 LGE、GATT、德国电信和恩智浦也积极参与，未来有望主导 V2X 模块市场。

（八）传感器方案

传感器主要包括摄像头、毫米波雷达和激光雷达三种类型。

视觉解决方案在三类传感器中成本最低，目前企业基本都在对标 Mobileye，有的研究深度学习，有的研究双目视觉。现在问题是一款真正适合深度学习算法的可量产的芯片还没有出现。单双目之争存在共同的技术难点。

毫米波雷达在 2015 年表现出来的趋势是小型化，为了进行小型化，有更多的企业开始进行 77GHz 的毫米波雷达研发，而 24GHz 毫米波雷达正在逐渐走向成熟和使用。

激光雷达是成本最高的传感器方案，也是在完全自动驾驶车所离不开的传感器。成本问题是现在限制它使用的最大问题。现在进行激光雷达开发的企业越来越多，在他们之中，谁能够率先提供成本可以接收的、小型化便于安装在量产汽车上的产品，谁就能更早一步赢得市场。而且现在车企和 Tier 也在传感器上进行布局，对于激光雷达公司来说正是大好机会。

（九）信息安全技术

汽车网联化带来更好的应用体验和智能化的可能性，同时也带来了新的互联网连接方面的安全风险。从技术角度分析，汽车网络在设计时没有考虑信息安全问题，而控制汽车的电子控制单元（ECU）逐渐增多，攻击点变多。汽车信息系统已成为汽车行业的一个重要发展领域，该问题的解决也是汽车智能网联化实现的一道门槛。信息安全技术，包括汽车信息安全建模技术，数据存储、传输与应用三维度安全体系，汽车信息安全测试方法，信息安全漏洞应急响应机制等。

360 智能网联汽车信息安全实验室曾发布《2016 年智能网联汽车信息安全报告》（以下简称《报告》），提出智能网联汽车面临的 7 种安全威胁及主要攻击方法和必要防范措施。《报告》指出智能网联汽车遭受的信息安全威胁主要包括：汽车远程通信服务提供商（TSP）安全威胁、APP 安全威胁、车载 T-Box（telematics BOX）安全威胁、车载信息娱乐系统（IVI）安全威胁、Can-bus 总线安全威胁、ECU 安全威胁、车内通信安全威胁等。

三、经济社会效益

智能驾驶的行业发展路径分三个阶段：第一阶段，辅助驾驶；第二阶段，半自动驾驶；第三阶段，无人驾驶。中国汽车工程学会理事长付于武，在国家智能互联汽车（上海）试点示范区封闭测试区开园仪式上表示无人驾驶已是大势所趋，未来 10 年“无人驾驶革命”将创造巨大价值，政策的支持和明确的发展方向再加上巨大的产业空间。

据前瞻产业研究院发布的《2016—2021 年中国无人驾驶汽车行业发展前景预测与投资战略规划分析报告》，预计 2020 年国内泛智能驾驶市场空间达 2300 亿元。

IHS Automotive 预测，无人驾驶量产汽车将在 2025 年上市，估计销量可达 23 万辆。到 2035 年，无人驾驶汽车年销量将达到 1180 万辆，约占总销量的 10%。2035 年无人驾驶汽车在北美市场份额可以达到 29%，中国无人驾驶汽车市场份额为 24%，欧洲市场份额为 20%。

无人驾驶的技术路径有两条：通过 ADAS 系统实现和通过 V2X 系统实现，预计 V2X 会在 2020 年融入 ADAS 系统。预计在 2030 年最终实现城市环现阶段量产车已经开始普及 ADAS 系统。

2015 年全球 ADAS 市场规模 50 亿～80 亿美元，2015 年后 ADAS 全球市场将进入快速发展期，行业规模的复合增速未来 5 年有望保持在 20%～30%，到 2020 年全球 ADAS 市场预计在 200 亿～300 亿美元。

根据 IHS Automotive 公布报告，中国 ADAS 市场将从 2013 年的 9.7 亿美元迅速增长到 2019 年的 31 亿美元。我们保守预计中国 ADAS 市场规模在 2020 年会达到 200 亿元。ADAS 目前在中国的装车率只有 3%左右，提升空间巨大。

激光雷达技术是无人驾驶汽车的关键核心技术之一，因测距精度高，方向性强，响应快，不受地面杂波影响等优势，成为目前无人驾驶环境感测最有效方案。据国外调研机构的分析预测，2015 年全球汽车激光雷达市场规模约为 6200 万美元，预计 2020 年全球市场规模将达到 2.7 亿美元左右。2016—2020 年将以 34%年复合成长率增长，最终拥有超过千亿美元的巨大市场空间。2016 年以来，许多创业公司如 Velodyne、速腾聚创等看好激光雷达在无人驾驶汽车的应用前景，投入巨大人力、物力用于激光雷达技术的研发。

除以上方面外在ITS应用的其他方面，也均吸引了大量投资、增加了就业机会，带来巨大的技术经济效益外。

除了技术经济效益外，ITS也将带来巨大的社会环境效益。如针对大型商业中心及车辆拥堵的市中心地带建设的智能化收费停车系统，将为在机动车辆及时腾出车道和空间进行交通疏通，通过电子设备扫描、计数更加高效便捷，防止人工操作耽误时间造成拥堵。借助城市交通调度管理系统和智能交通系统，通过对路况中的车辆进行科学分析和监管，可以使原有的城市交通环境大幅改善，增加公路对车辆的服务效果，加速城市各方面资源的相互利用和有效合作，改善了交通环境，也促使了城市资源整合。

iiMediaResearch 2016调查数据显示，88.1%的网民认为车祸是由于司机开车时分心造成的，85.4%的网民认为疲劳驾驶导致车祸事故发生。随着智能交通系统的发展和完善，人为因素造成车祸的比例将不断减小，车祸对城市交通的影响将逐渐减小，救助系统的反应时间也将大幅降低。iiMediaResearch调查还发现，61.8%的网民希望在旅游自驾过程中体验无人驾驶汽车，52.7%的网民希望无人驾驶技术应用于公共交通，46.3%的网民希望可以运输货物。分析师认为，随着无人驾驶汽车和智能交通系统的大范围推广，其使用领域已呈现出广泛分布，未来将会渗透到人类活动各个方面中，提高人们出行质量。

（撰稿：王文扬、龚进峰）

2016 年地面公交信息化与智能化发展

一、地面公交智能化发展现状

（一）总体情况

近年来，各地加快了城市公交基础设施建设和车辆装备改造更新的步伐，公交车辆保有量、运营线路长度、客运量、运营里程不断增长的同时，智能化装备与系统水平也在不断提高。截至 2016 年年底，全国拥有公共汽电车 60.86 万辆、折合 68.73 万标台，其中已安装车载卫星定位终端的公共汽电车运营车辆为 49.95 万辆，占全部运营车辆的 82.10%；公交运营线路 52789 条，总长度 98.12 万公里，其中 BRT 运营线路长度 3433.5 公里、无轨电车运营线路长度 924.0 公里；公共汽电车运营里程 358.32 亿公里；2016 年公共汽电车客运量 745.35 亿人次，使用公共交通一卡通的公共汽电车客运量为 351.03 亿人次[①]。

随着“互联网+”上升为国家战略，“互联网+城市公交”纳入《城市公共交通“十三五”发展纲要》。2016 年，各地积极发展“互联网+”公交服务，通过整合车、路、人各种信息与服务，不断探索创新“互联网+”服务产品，极大地丰富了公共交通服务模式，使城市客运服务变得更加智能、精细和人性，在满足多样化出行的基础上，进一步提升了城市公共交通的便捷程度和吸引力。

（二）标准规范

2016 年 12 月底，交通运输部发布了行业标准《城市公共汽电车出行信息服务系统技术要求》（标准号：JT/T 1098－2016），将于 2017 年 4 月起实施，该标准规定了城市公共汽电车出行信息服务内容与分类、电子站牌信息服务系统、车载信息服务系统、互联网应用、呼叫中心服务系统及信息一致性的要求，适用于城市公共汽电车出行信息服务系统的设计、生产、建设和维护管理。截至 2016 年年底，《城市公共汽电车智能调度系统技术要求》《城市公共交通行业监管信息系统技术要求》和《城市公共交通管理与服务信息系统数据交换规范》3 项行业标准已形成报批稿，即将发布。

二、示范工程与典型项目

（一）城市公共交通智能化应用示范工程

1. 工程概况

为了有效支撑“公交都市”创建示范工程，交通运输部分别于 2012 年 9 月、2013 年 12 月启动了两批“城市公共交通智能化应用示范工程”（以下简称“示范工程”），共

① 数据来源于《2016 年交通运输行业发展统计公报》、2016 年《城市（县城）客运统计》。

有36个城市申报成为示范工程试点城市。示范工程建设内容包括："一套体系、一个中心、三大平台"，构建基于车载、站点与场站终端数据采集设备的公共交通运行状态监测体系，建设涵盖企业、行业两个层级的公共交通数据资源中心，建设城市公共交通企业运营智能调度平台、乘客出行信息服务平台及城市公共交通行业监管平台。

2. 工程建设进展

截至2016年年底，第一批10个试点城市除个别城市进展较慢外，大部分城市已基本完成工程主体建设，部分进展较快的城市如北京、长沙已完成工程初步验收，哈尔滨由于世行贷款项目配套工程滞后，示范工程尚处于施工招投标阶段。第二批26个试点城市部分已完成工程主体建设或正在开展工程建设，部分进展较快的城市如上海、苏州等已完成或部分完成工程初步验收，太原尚未启动工程建设。

3. 工程建设成效

总体上，示范工程作为公交都市创建活动中部重点支持项目，各创建城市将示范工程作为公交都市创建亮点和重点工程，在交通运输部补助资金的基础上积极配套专项资金加强推进。通过示范工程建设，进一步完善建设公交车载及站点终端设备、公交企业运营调度系统、企业内部资源管理系统等信息化平台，并在此基础上，建设面向行业监管的信息化平台，积极探索市场化运作模式，运用"互联网+便捷出行"理念，建设面向乘客的公众出行服务平台。

目前部分城市已初步发挥了示范工程实施效果，一方面实现了对公交运行状态的全方位、动态化监管，提升了运营效率和服务质量，强化了安全监管，为行业统计分析决策提供有力支撑；另一方面为公众提供多渠道、丰富化、个性化的公交出行信息服务，降低了公众出行时间成本，提高公交系统综合服务效率和品质，提升了公共交通出行乘客满意度。

部分试点城市如郑州、北京、济南、广州、深圳、青岛等的示范工程还依托了城市综合交通信息化平台，进行统筹规划和整体推进，充分整合利用现有的基础通信网络、指挥中心、机房、应用支撑平台等基础条件，加强各类相关数据资源的整合与共享，实现了与已有、在建、待建系统间的功能接口设计和应用集成，为加快推进城市综合交通、智慧交通、绿色交通、平安交通建设，提供了有力支撑。

4. 工程技术要求

为提高示范工程建设质量和效益，2015年12月，交通运输部印发了《城市公共交通智能化应用示范工程技术要求》（交办科技函〔2015〕947号），包含11项技术要求。为了使全国交通运输主管部门、公共交通企业等相关单位更好地理解和贯彻技术要求，2016年10月，全国城市客运标准化技术委员会和交通运输部管理干部学院联合举办了技术要求宣贯培训会。2016年交通运输部推进其中4项技术要求转化为交通运输行业标准，规范城市公交智能化行业的健康发展。

（二）部级“公交都市发展监测与考核评价系统”工程

1. 工程概况

为尽快落实城市公共交通发展绩效评价制度，支撑37个“公交都市”示范创建城市的过程管理与考核评价，利用城市公共交通智能化应用示范工程建设基础，对城市公共交通发展水平、城市道路交通运行状态进行评价比较，对城市公共交通的评价信息结果进行综合分析和比较，对公交都市工程进行动态监管，切实增强交通运输部对于城市公共交通行业的管理与指导能力。为此，交通运输部科学研究院启动了“公交都市发展监测与考核评价系统”工程建设。

2. 工程建设进展

该工程于2015年11月开始施工建设，2016年12月底通过了交付验收，并为公交都市创建城市的交通运输主管部门和所在省级交通运输主管部门相关人员开展了应用系统业务培训。该工程首次建成了国家城市公共交通数据库，将支撑在建的“公交都市”创建示范工程绩效考核评价和将开展的第三批“公交都市”创建工程申报工作。

3. 工程建设内容

本工程建设了城市公共交通综合运行监测、公共交通发展水平评价、公交都市考核评价、城市交通运行状态评价、公共交通综合分析、数据申报和系统配置7个系统。

（1）城市公共交通综合运行监测系统：实现按公共汽电车、BRT、轨道交通、出租汽车、客运轮渡等多种客运方式，以及针对公交都市专题，对企业及人员、基础设施、营运车辆、运输服务、能源消耗、工程动态等进行统计指标监测分析与展示。

（2）公共交通发展水平评价系统：实现公共交通发展水平评价指标体系管理、评价模型管理、总体评价、评价结果展示与城市间对比分析等功能。

（3）公交都市考核评价系统：实现公交都市考核评价指标体系管理、评价模型管理、总体评价、评价结果展示与城市间对比分析等功能。

（4）城市交通运行状态评价系统：实现北京、浙江（杭州）城市交通指数数据的分析和展示功能。

（5）公共交通综合分析系统：实现专题分析、自定义分析及快速检索等功能，专题分析针对反映城市公共交通运行效能的综合指标进行分析和展示，自定义分析为用户提供灵活组合统计指标来多维度分析和展示。

（6）数据申报系统：实现评价指标数据以及工程动态数据的上报、审核及进度管理等功能，通过流程化管理为不同权限、角色的用户提供数据填报、修改、审核、打回、上报等管理功能。

（7）系统配置系统：实现组织机构管理、用户管理、角色管理、菜单管理、数据字典管理、信息发布管理等系统维护、配置管理等功能。

目前，本工程已整理入库了2010—2015年城市（县城）客运统计数据、2013—2014城市轨道交通统计数据、2013—2015年公交都市考核评价指标数据以及试点省份数据。

（三）公共交通IC卡技术规范标准

截至2016年年底，全国已有100多个城市接入全国交通“一卡通”互联互通大平台。为了指导和规范移动支付在交通运输支付领域的应用，2016年4月，交通运输部组织编制并发布了《交通一卡通移动支付技术规范》（JT/T 1059—2016）系列标准，要求2016年7月开始实施，这是我国首部交通运输行业移动支付技术标准规范。本系列标准由以下八个部分组成：

《交通一卡通移动支付技术规范 第1部分：总则》（JT/T 1059.1－2016）；

《交通一卡通移动支付技术规范 第2部分：安全单元》（JT/T 1059.2－2016）；

《交通一卡通移动支付技术规范 第3部分：近场支付》（JT/T 1059.3－2016）；

《交通一卡通移动支付技术规范 第4部分：远程支付》（JT/T 1059.4－2016）；

《交通一卡通移动支付技术规范 第5部分：客户端软件》（JT/T 1059.5－2016）；

《交通一卡通移动支付技术规范 第6部分：可信服务管理系统》（JT/T 1059.6－2016）；

《交通一卡通移动支付技术规范 第7部分：终端设备》（JT/T 1059.7－2016）；

《交通一卡通移动支付技术规范 第8部分：检测项目》（JT/T 1059.8－2016）。

为了促进和保障城市公共交通IC卡的健康发展，2016年8月，交通运输部印发了《交通运输部关于下达2016年交通运输标准化计划的通知》（交科技函〔2016〕506号），提出将制定《城市公共交通IC卡检测规范》系列标准，共分为卡片应用、应用终端、非接卡片电气特性和通信协议、非接触终端电气特性及通信协议四个部分，适用于支持《城市公共交通IC卡技术规范》（JT/T 978—2015）系列标准所规定的相关设备。

三、社会经济效益

总体上，通过城市公共交通智能化应用示范工程引领，各地市自主开展了公交信息化和智能化建设项目，2016年全国新增安装卫星定位车载终端的运营车辆5.88万辆，比2015年占比78.4%提高3.7个百分点。公交智能化持续快速发展提高了城市公交企业与管理部门关于信息化、智能化建设对提升城市公交服务效能与质量作用的认识，推动了各个城市公交行业信息化建设，并向要素全息化、系统协同化、决策科学化、服务精准化方向快速发展，助力公交出行服务供给侧结构性改革，取得了显著的社会经济效益。

一是推动了城市交通运输管理部门综合交通运行监测与协调体系的统筹规划与建设，交通运输运行状态监测能力不断提升。部分城市初步构建了涵盖地面公交、轨道交通、出租汽车等重要节点的一体化监测体系；部分城市开展了公交数据资源与其他交通数据资源的整合与共享，初步实现了跨不同城市客运模式的业务协同。

二是增强了企业与行业的管理决策能力，提高了企业运营和智能调度效率。部分城市实现了企业、行业管理部门多级管理体系内业务协同和数据共享，为服务质量考核、发展水平评价、线网优化调整等行业监管和分析决策提供了有力支撑；部分城市充分应用大数据技术，在基于位置信息的出行特征大数据分析与线网优化等方面发挥了关键作用。

三是综合出行信息服务广度与深度持续拓展。部分城市已建成了涵盖公交电子站牌、门户网站、微信公众号、手机 APP 等在内的综合出行信息服务系统，可为公众提供多渠道、丰富化、个性化的公交出行信息服务，包含车辆到站预报等动态信息，降低了公众出行时间成本，提高了公交系统综合服务效率和品质，提升了公交出行乘客满意度。广州行讯通、深圳交通在手（170 万下载量）、济南 369 出行（141 万下载量、用户并发访问峰值 8 万）、杭州交通（下载量已超过 30 万）等 APP；杭州交通微信公众号关注人数近 63 万，日均查询次数为 3.5 万次，公交站点日均 WiFi 连接数 300 多次。部分城市（北京、郑州、广州、昆明、保定、贵阳等）开展了基于“互联网+”的定制公交服务。

四是城市客运安全应急响应机制日益完善。部分城市（郑州、乌鲁木齐等）实现了对公交运行状态的全方位、动态化监管，通过应急事件事前、事中和事后的处理，辅助应急部门及时对应急事件进行会商决策和生成调度方案，实现不同客运模式间的协同调度，增强了公交安全应急响应与管理能力，实现了交通运输行业应急联动和处置。

此外，公交智能化的建设推动了数据采集、运营调度、行业监管、信息服务相关设备、平台等一系列产业链的形成。目前全国共有 300 多个地市、3800 余家公交企业、60 万余辆公交车辆，公交行业发展规模和体量较大，发展公交智能化是必然的趋势，再者随着公交智能产品的更新换代，未来相关智能公交产业发展经济效益非常可观。

（撰稿：宜毛毛、王寒松、于海洋、孟悦）

2016 年城市轨道交通信息化与智能化发展

一、城市轨道交通信息化和智能化的总体状况

城市轨道交通ITS技术应用在2016年取得了显著成效，也成为“智”的变化一年。线网信息化系统继传统的应急指挥中心系统建设模式后，陆续建设线网信息中心系统、线网数据中心系统、线网 PIS 编播中心系统、线网资产管理系统、线网能耗管理系统等。线路上以全自动运行技术应用、以行车指挥为核心的综合监控系统、LTE 综合承载网应用、互联网+技术在 AFC 系统中应用等翻开了积极迈进创新的一页。

二、城市轨道交通信息化和智能化的主要成就

（一）线网信息化系统

1. 推进智慧地铁建设，挖掘开发数据应用

随着网络化进程的快速推进，新技术新设备密集使用，运营管理方式也逐步由传统单线独立运营向多线综合管理方向转变，这大大改变了现有运营组织和调度指挥模式，对提高线间运营协调、网络应急事件处置、挖掘轨道交通大数据潜力、发挥系统的整体能力及综合效益等多方面都提出了更高的要求。正因如此，充分利用大数据技术、信息技术、网络技术、仿真技术及多媒体技术打造世界一流的轨道交通线网信息系统便迫在眉睫。

天津地铁、深圳地铁继北京地铁后，建设了轨道交通智能化、大数据的一体化综合信息中心平台，实现了轨道交通各线路不同专业的客流、票务、清算、行车、设备、AFC 等分专业数据资源的一体化整合。通过数据的统一采集、存储、挖掘、分析，充分发挥大数据优势，建设了轨道交通行业统一的大数据中心，摒弃以往“一线一中心”建设和管理模式出现的系统间彼此互不联系、形成的信息孤岛，满足轨道交通行业不同运营公司用户信息资源共享、信息交互分析的需求，满足轨道交通行业面向政府及其他相关科研机构统一的信息查询及共享的需求，满足面向乘客统一提供信息查询及服务的需要。

2. 积极推进 BIM 在轨道交通应用，实现全生命周期管理

目前轨道交通行业设计、建设、运营的分离现状及采用传统二维设计带来的信息量限制及建设过程信息的缺失，给轨道交通项目建成后的运营维护管理带来了巨大的挑战。BIM 技术的应用可以有效地解决信息记录、传承问题。BIM 通过在设计阶段建

立项目的三维建筑模型，继而录入建设过程中项目的土建、机电设备等相关信息，打造一个融设计、建设、运营等项目全生命周期的数字化、可视化、一体化系统信息管理平台，真正实现运营维护的信息化。

鉴于目前 BIM 平台在工程项目应用已日趋成熟，具有直观、便捷、可追溯性强等特点，上海、北京、广州、厦门、烟台等地陆续开展 BIM 在轨道交通全生命周期管理中的应用示范，实现规划、设计、建设、运营单位在同一平台上协同工作，实现资产全寿命周期管理。

（二）综合自动化系统

1. 采用全自动运行技术，发挥灵活高效整体优势

全自动运行系统（Fully Automatic Operation，FAO）是基于现代计算机、通信、控制和系统集成等技术，实现列车运行全过程自动化的新一代城市轨道交通系统，全面提升轨道交通的可靠性、安全性、可用性、可维护性，提高运行效率及整体自动化水平，实现轨道交通的最佳化运行，代表未来轨道交通技术发展方向（见图 1）。

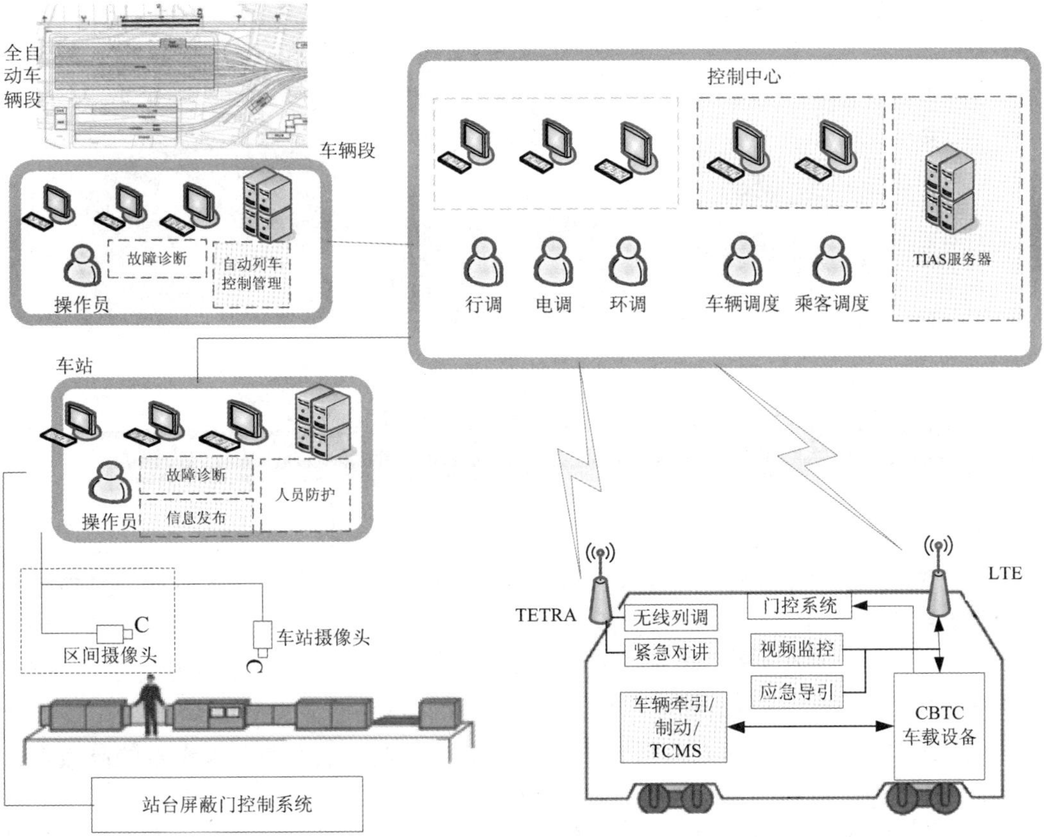

图 1　列车全自动运行总体架构

全自动运行系统通过灵活编组和优化运行图可以缩短发车间隔，提高线路的运营能力。根据客流需求灵活地调整行车计划，不受司机编制的制约，运营管理由分散性控制转变为集中控制，并且配合列车节能驾驶等节能技术在全系统的应用，可以提高全系统的自动化程度，提高运营效率。

除中国香港地铁外，2008 年开通的北京地铁机场线，是国内首条按照全自动运行等级建设的线路；2010 年开通的上海地铁 10 号线，于 2014 年 8 月开始应用有人值守的全自动运行模式；正在建设的北京地铁燕房线，是国内首条采用车辆、CBTC 信号系统等核心技术为基础自主化全自动运行技术线路，2016 年年底已完成动车调试工作，计划 2017 年年底开通，建成后将成为国内地铁首条具有完全自主知识产权全自动运行系统轨道交通线路。

截至 2016 年年底，北京第二轮新线、哈尔滨、郑州等城市轨道交通新线均计划采用全自动运行技术。

2. *以行车指挥为核心的综合自动化，提升轨道交通自动化程度*

以行车指挥为核心的综合自动化系统指以轨道交通行车指挥为核心的综合监控系统，与传统综合监控系统相比又进一步深度集成了列车自动监控系统，接入了车辆及车载设备的信息（见图 2）。

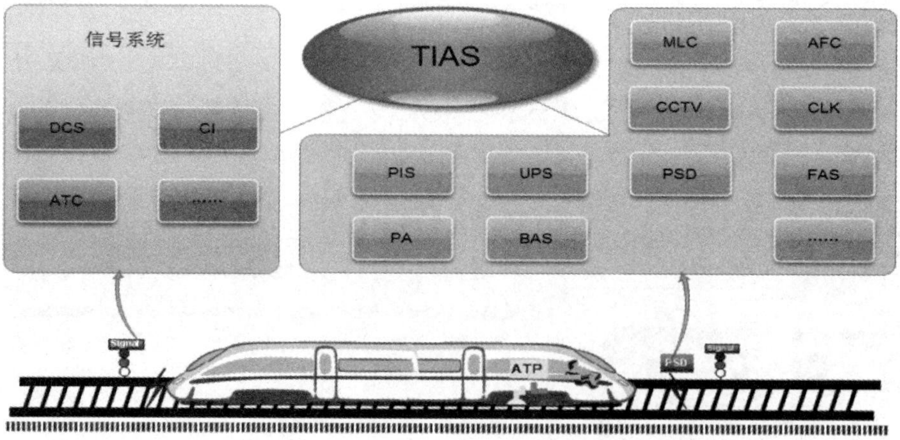

图 2　以行车指挥为核心的综合自动化系统（TIAS）组成

以行车指挥为核心的综合自动化系统从更广的层面将轨道交通各专业信息整合，实现了设备系统的四统一（统一的软件平台、统一的硬件平台、统一的网络平台、统一的运营指挥）、两综合（综合调度、综合维修）、一核心（以行车指挥为核心），充分实现数据共享，提高自动化程度；提高运营指挥、维修管理效率、降低人工操作错误；提高乘客舒适度；实现对信号、车辆、供电、机电、乘客服务等设备的高效全面监控及系统快速联动。

正在建设的北京地铁燕房线，是国内首条真正意义上采用以行车指挥为核心的综合自动化系统技术线路，2016 年年底已完成动车调试工作，计划 2017 年年底开通。

3. 云计算与大数据融合健康发展，引领未来信息系统发展方向

城市轨道交通线路信息化系统主要包括通信、信号、综合监控、环境与设备监控、火灾自动报警、门禁、乘客信息、自动售检票系统等，实质上都是对不同设备的监控系统。伴随轨道交通管理水平的提升以及新技术的应用，轨道交通自动化系统建设规模不断扩大，计算机类设备的数量显著增多。计算机类设备作为商用级设备，其网管功能较弱，配置、管理复杂，并且各个系统单独设置，为地铁机电设备系统的运营、维护和管理带来了诸多不便。传统模式下，每条线路需设置 200 多台服务器，站在城市轨道交通总体高度考虑自动化系统的建设，更大范围的信息共享，更高程度的系统集成，将会提高整个工程的建设水平，云技术的应用则成为城市轨道交通自动化系统未来的发展方向。

融合云基于云计算融合 IT 基础架构平台，支撑通信、综合监控、自动售检票、安防、乘客信息等信息系统统一承载，未来可承接列车自动监控（ATS）等系统的云化迁移，最终通过资源池的平滑扩充建成统一的融合云平台，实现轨道交通 IT 资源的供应模式由传统竖井式转变为以资源共享的 IT 云服务方式。

截至 2016 年年底，呼和浩特、深圳、昆明等地已着手规划轨道交通融合云平台实施方案。

（三）通信系统

1. LTE 综合承载网技术应用，为实现全自动运行保驾护航（见图 3）

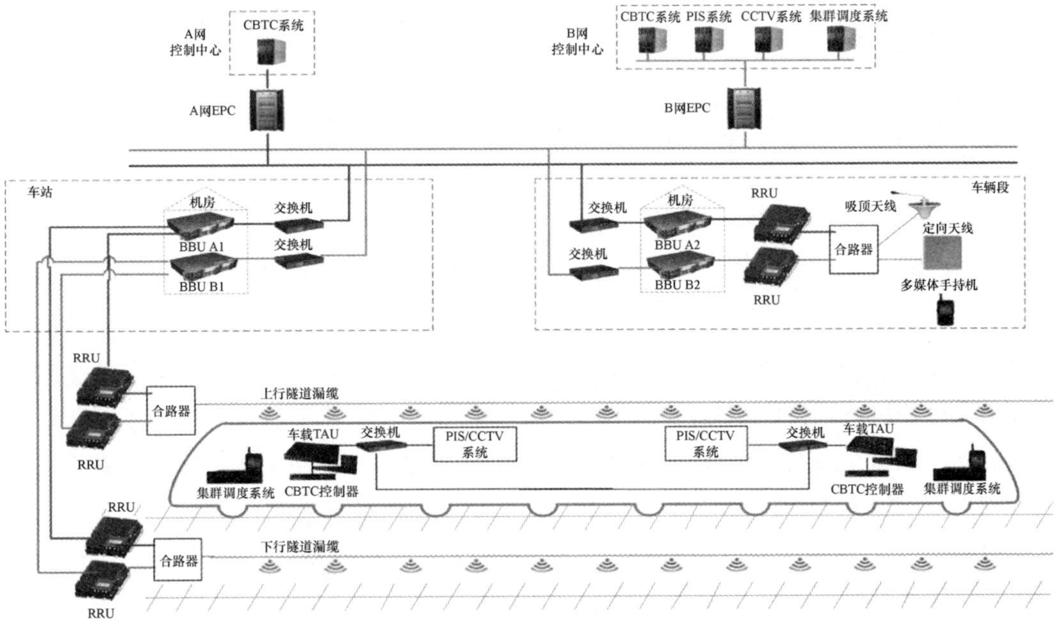

图 3　车地通信 LTE 综合承载网技术的应用

LTE 是 3GPP 长期演进（Long Term Evolution）项目，是近两年来 3GPP 启动的最大的新技术研发项目。LTE 改进并增强了 3G 的空中接入技术，放弃了 CDMA 技术，而是采用 OFDM 和 MIMO 作为其无线网络演进的唯一标准，可以被看作“准 4G”技术。LTE 技术在移动性和带宽方面均有大幅提高，20MHz 频谱带宽下能够提供下行 100M/s 与上行 50M/s 的峰值速率，改善小区边缘用户的性能，能够为 350 千米/小时高速移动用户提供接入服务，完全可以满足乘客信息系统的需求。

同时考虑 WLAN 技术在应用中总有不尽如人意之处，故乘客信息、信号均应用 LTE 方式更理想，但是考虑频谱原因，信号冗余要求，乘客信息和信号合网是比较理想的方案。车地通信系统采用 LTE 综合无线承载新技术，为车地之间信号系统、车辆状态信息、乘客信息系统和车载视频监控等多业务提供双向、连续、高可靠的无线传输通道，为全自动运行提供了强有力的支撑。

燕房线为国内首个实施 LTE 综合无线承载新技术示范线路，陆续武汉、郑州、杭州等城市均采用此技术。

2. 大容量传输系统应用，为实现智慧轨道交通提供保障

MSTP（PTN）技术目前业界有不同的称谓，有称为增强型 MSTP、下一代 MSTP、混合型 MSTP（Hybrid MSTP）、双管道 MSTP 等，本质上都一样，就是在 MSTP 中引入分组技术。

各个系统所需求的带宽都逐渐增加，传统的 10Gb/s 的 MSTP（RPR）设备渐渐难以满足需求的增长，传输系统基本采用 20Gb/s 及以上的传输设备，推荐采用 MSTP（PTN）技术，MSTP（PTN）吸取了传统 MSTP 和 PTN 的技术优势，能全面满足轨道交通目前业务需求，有效解决了带宽瓶颈问题，并且降低了传输成本，同时也为全自动运行打下了基本骨干网络的基础。

北京第二轮新线等采用此技术。

（四）自动售检票系统

1. 多线路 AFC 集中管理，提高运营管理效率

线路 AFC 系统不再采用单线单建线路中心系统方案，而是采用多线共用线路中心系统（MLC 系统）方案。与其他线路共用线路中心计算机系统，减少了多条单建线路的线路中央计算机系统的重复投资，实现多线路 AFC 系统集中管理，提高了运营管理效率；支持轨道交通线网 AFC 系统“网络化运营”和“逐步向资源优化型、服务优化型、成本节约型成本节约”迈进。

截至 2016 年年底，已完成 MLC 系统建设的有北京、南京、深圳等地，按照 MLC 系统建设模式进行方案设计的有郑州、成都、武汉等地。

2. 手机支付技术应用，便利乘客智慧出行

结合轨道交通“大客流、快速通过、高安全性”的业务特点和管理要求，进一步

提升乘客服务体验、贴近用户支付习惯、降低企业运营成本，改善安全舒适的乘车环境，同时挖掘乘客服务潜在增值。国内陆续出现基于手机支付技术实现互联网购票/取票/充值、刷手机过闸功能，同时提供交通信息服务产品（线路规划、站内导航、突发事件通知、车站服务设施分布、路网拥挤度、列出到达实时信息、地铁周边、列车时刻表、客运规划、自救指引、增值服务）等服务，助力 “互联网+轨道交通”应用，给传统 AFC 系统提供改革、创新、发展的网络平台。相对传统 AFC 技术，核减了票卡发售/回收模块、钱币处理模块，减轻AFC系统建设成本、运维压力和成本，节省乘客出行时间（见图 4）。

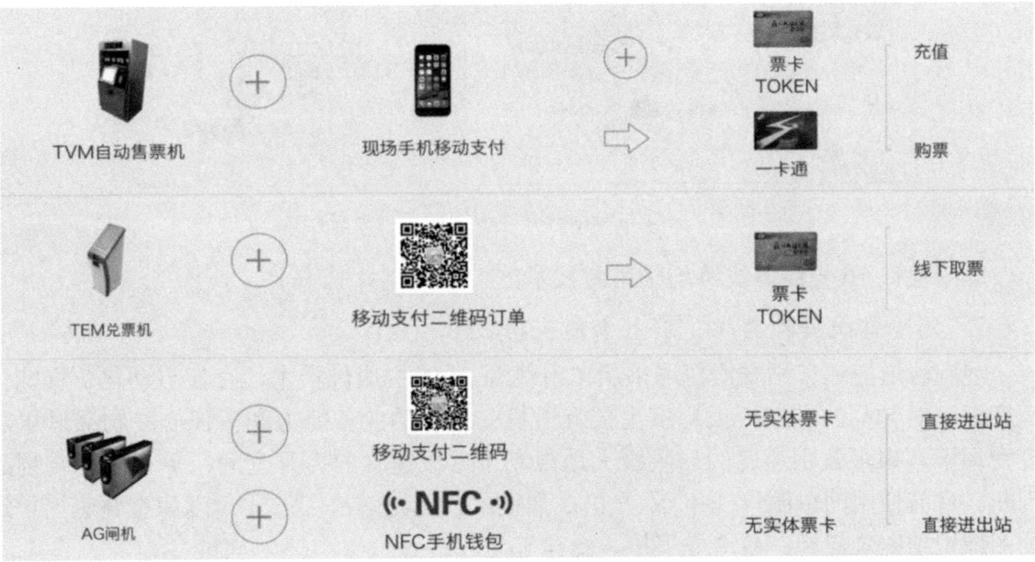

图 4　云闸机/云售票机

截至 2016 年年底，深圳、广州、苏州、郑州、长沙、南宁、宁波、武汉、杭州、西安地铁均已实现了云购票功能；正在测试手机二维码或 NFC 直接过闸功能。

（五）安防系统

1. 视频监控技术创新，助力轨道交通安全

视频监视系统采用全高清视频制式，即从图像的采集、传送、存储、显示全部达到高清，实现分辨率达到 1920×1080 的图像画质。随着视频监视系统技术升级，采用全高清视频制式对轨道交通内进行全方位覆盖，大大提高了视频清晰度，且将音视频信息同时采集，进一步为乘客安全提供了保障，为反恐提供了强有力的技术支撑（见图 5）。

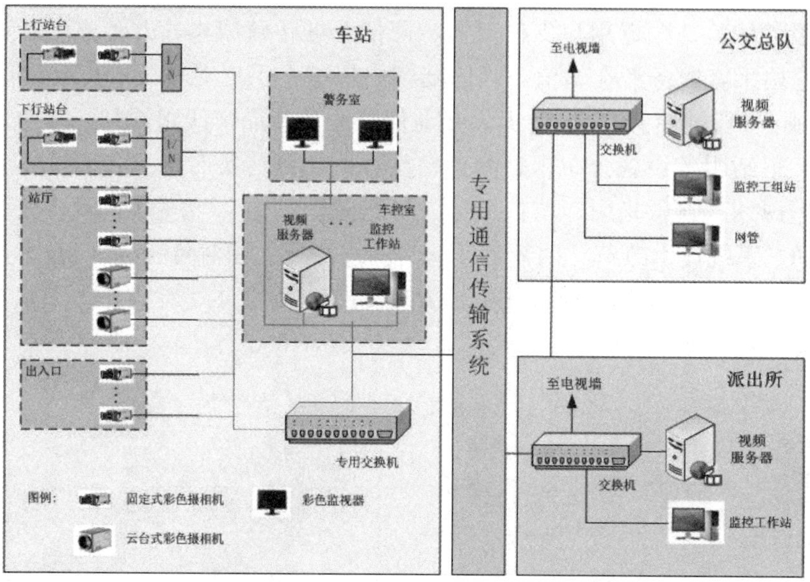

图 5　公安与专用合并建设视频监视系统构成

北京地铁 16 号线等线路均采用此技术。

2. 消除传统安检弊端，引入智能安检技术

现有轨道交通车站安检普遍采用单射线源 X 光机成像技术，存在自动化、智能化程度低，对物品的甄别很大程度上依赖值机安检员的业务能力和责任心；物品过机速度受局限，肉眼甄别速度的局限极大地限制了过机速度的提升空间；单视角影响物品判断。目前使用的单源单视角 X 光机成像技术，无法解决因放置角度和重叠遮挡导致的图像识别困难问题，易造成误检、漏检等问题。

利用新技术，在车站进行安检系统设备联网工作，建立网络化支持下的安检系统；通道式 X 射线安全检查设备使用高速双源双视角 X 光机，具有至少两个视角成像功能，扫描成像图像应能自动比对危险品库图像，对疑似危险物品报警，能够准确识别有机物、无机物和混合物。通过双视角采集物品 X 光图片，辅以数据库智能识别与自动报警，有效解决单凭安检员经验识别禁带品的问题，减少安检员劳动强度，提高了对禁带品的查禁效率（见图 6）。

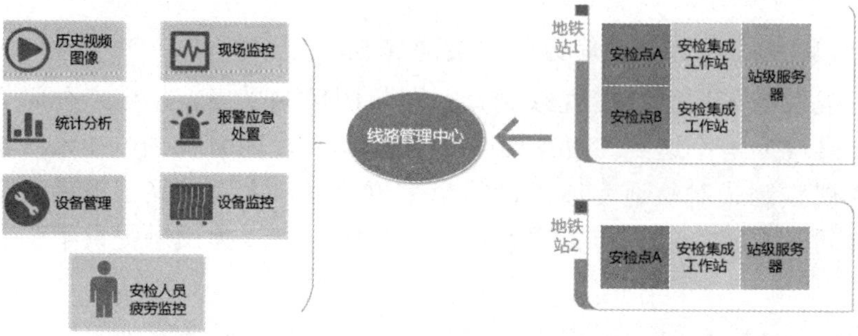

图 6　线路安检系统组网构成

三、经济社会效益

智能化是近年来城市轨道交通发展的热点，目前我国轨道交通的智能化建设已从探索阶段进入实际开发和应用阶段，特别是大数据、云计算、无线通信等新兴技术的发展，为城市轨道交通不断走向智能化提供了技术支撑。

纵观 2016 年城市轨道交通信息化与智能化发展成果，为加强协调管理，提高运行效益，实现资源共享；保障运营安全，提高应急处理能力，提升网络整体服务水平；实现轨道交通各类信息整合、集成及互联互通，实现数字化轨道交通发挥巨大的作用。

（撰稿：魏运）

2016 年物流信息化与智能化发展

“十三五”规划开局之年，国家发展与改革委员会、交通运输部、商务部等有关部门发布了关于物流“降本增效”“互联网+高效物流”“快递下乡”等多条政策及规划，为整个物流行业信息化与智能化发展创造了良好的政策环境。物联网、云计算、大数据等现代信息技术在物流行业的应用，正在深刻地改变着产业发展方式和分工体系，成为传统物流向智慧物流转型的重要源泉和动力。

一、物流信息化与智能化发展现状

（一）人工智能应用处于起步阶段，信息化程度偏低

相较于发达国家，我国物流行业人工智能的应用处于起步阶段，物流信息化程度整体不高，信息基础设施建设有待加强，物联网的应用还处于初级阶段。

根据《中国智慧物流大数据发展报告》显示，2016 年“智慧物流大数据发展指数”全年均值为 40.9，尚处于快速安装阶段；数据基础设施指数值仅为 18.8，还处于起步阶段；2016 年 12 月末端协同率为 9.4，物流协同化处于高速发展中期，基础协同相对成熟，末端协同仍需加强。据企业样本统计，快递业物流云普及率从 1 月的 5 增长至 12 月的 25.4，反映出数据基础设施发展速度相对较快。2016 年境内物流详情数据完备率指数为 84.8，发展较为成熟，而跨境物流详情数据完备率指数仅为 13.5，存在链路衔接不足的问题。全国仍有 7000 万家中小企业和个体工商户之间存在“信息孤岛”现象。

（二）国家提供好的政策环境，行业标准规范发展

国务院、国家发展与改革委员会、商务部、财政部等有关部门均出台了鼓励物流行业向智能化与信息化发展的政策。其中主要发布的政策有《关于落实发展新理念加快农业现代化实现全面小康目标的若干意见》《关于加强物流短板建设促进有效投资和居民消费的若干意见》《关于深化泛珠三角区域合作的指导意见》《关于同意在天津等 12 个城市设立跨境电子商务综合试验区的批复》《物流业降本增效专项行动方案（2016—2018 年）》《全国电子商务物流发展专项规划（2016—2020 年）》《关于深入实施“互联网+流通”行动计划意见》等；相关行业标准出台也规范物流行业的发展，如国家邮政局发布的《快递电子运单》《邮政业信息系统安全等级保护基本要求》《快递末端投递服务信息交换规范》等行业标准。福建省发布的《智能快件箱运营服务规范》等地方标准。

二、物流信息化平台建设

（一）云平台的联盟成立

截至2016年年底，菜鸟网络与天天快递达成 “云+端”战略合作，促进快递业务无线化；菜鸟网络也与阿里云联合推出云行动“鲲鹏计划”，共同推进全球物流行业进入“云上的日子”；百度云计算事业部和太原铁路局大秦公司签订“智慧物流云平台”项目战略合作备忘录，合作共建集铁路、公路、航空为一体的物流云平台；国内首个跨境电商物流云平台网易考拉物流云正式上线，开始大规模部署智能化管理系统“祥龙”和云TMS系统“瑞麟”，并向上下游合作商进行全面开放等。

（二）国内首个“互联网+”联运平台上线

长江经济带多式联运公共信息与交易平台在南京正式上线，该平台综合水路、港口、铁路、公路等多种货物物流数据，长江经济带多式联运公共信息与交易平台通过AI（人工智能）系统让用户可进行一键竞价、在线支付、票据开具、货运保险、货物动态与视频查询，实现物流的信息化、可视化、网络化、智能化。

（三）跨省大件运输许可平台正式启用

河南、湖北、湖南、重庆、四川、贵州、陕西7省市跨省大件运输许可平台将正式启用，7省市内跨省大件运输许可由起运地完成网上一站式办理。跨省大件运输并联许可系统实现全国联网后，将免去运输申请人到途经省份提交申请材料的烦琐手续，提高审批效率，加强审批监管。

（四）首个铁路网上货运平台正式上线

上海铁路局在全国铁路推出快捷货运互联网平台“上铁捷运”，开启了“铁路货运+互联网”物流新模式。客户通过平台在线下单、支付运费，查询时效和价格、货物状态在线追踪等，铁路提供全程门到门服务，提供长三角主要城市间2～5日送达服务。已在长三角21个主要城市间开办“上铁捷运”物流业务，覆盖上海、江苏、浙江、安徽等省市。

（五）道路无车承运人试点工作启动

2016年9月1日，国家交通运输部办公厅发布《关于推进改革试点加快无车承运物流创新发展的意见》，并最终筛选确定出283个无车承运试点企业。道路货运无车承运人试点10月启动，无车承运人通过与移动互联网相结合，可以更大范围地整合车、货、站场等物流运输资源；更快速地拓展运输网络辐射范围，实现物流资源的科学配置。

（六）集装箱智慧物流平台上线

厦门港集装箱智慧物流平台正式上线运行，标志着厦门港开启“智慧港口”新时代。该平台基于“互联网+”、物联网、云平台等技术，实现集装箱进出口全程信息共享，属国内首创，将大幅提升港口物流业态系统的运作效率和水平。

（七）安能物流成为中国最大的零担快运互联网络创业平台

安能物流的配送网络覆盖全国98%的GDP区域，已在全国建立170多个分拨中心，全国转运中心运营场地总面积达100多万平方米，运输车线达2100余条，服务于全国30多个省、直辖市、1000多个市县（区）。2016年4月底，安能IT团队联合业务部门共同打造的“倚天智能管理系统”项目一期在萧山分拨中心正式上线。

（八）中国冷链物流智慧云平台上线

1. 冷链物流现状

2016年6月，财政部、商务部将山东、重庆等10个省市列入中央财政支持冷链物流发展国家示范省市。冷链物流总体呈现健康、快速、平稳的发展状态，冷链物流体系不断完善，冷链市场需求进一步扩大。据中物联冷链调研统计，2016年我国冷链物流需求总量达12.5亿吨，同比增长13.3%，冷链物流总额3.4万亿元，占整个社会物流总额的1.5‰，冷链物流业总收入2.25万亿元，占2016年整个物流业总收入的2.84%，2016年全国冷库新增460万吨，同比增长12.3%，全国冷藏车保有量估计新增2.16万台，比2015年同比增长23.1%。

2. 冷链物流智慧云平台正式进入市场运营

2016年9月，中国冷链物流智慧云平台在镇江正式上线，落户宝华大学生创业园，标志着国内首家基于大数据与物联网技术，集合在线展示交易、冷链物流下单、冷链物流仓储等多功能与一体的冷链物流智慧云平台正式进入市场运营。上线运行的中国冷链智慧云平台可实现冷链物流的智能化监测及在线订单匹配，在线下单交易；冷链平台还能为普通农民提供农产品在线展示、销售、运输、储藏于一体的综合服务。

三、智能仓储助力物流建设，智能快件箱解决末端协调

（一）物流园区的智能仓储建设

1. 物流仓储行业发展现状

2016年我国物流仓储行业仍处于初级水平，但行业步入快速发展期。其中仓储业的信息化正在向互联网平台与智能仓储发展。我国仓储行业固定资产投资稳步增长，投资规模从2001年的156亿元增加到2016年的7988亿元，年均复合增速高达30%，远高于全国整体固定投资增速、GDP的增长幅度。物流仓储费用总额也一直保持在一个

较高水平，从2001年的6458亿元增加到2016年的3.76万亿元，年均增速达到12.46%。根据中国物流技术协会信息中心统计，仓储系统自动化普及率低，近10年来自动化物流系统市场规模保持了平均25%以上的增长速度。

2. 物流中心运用智能仓储设备

截至2016年，我国多家物流中心正式运营，建立现代化自动化仓储物流体系能够有效提高管理效率、降低物流仓储成本。例如，我国物流河南保税物流中心投资16亿元建设的40万平方米智能化立体仓库和8万平方米综合查验中心已经竣工，投入使用后将形成全国领先的智能仓储体系；嘉兴现代物流园区已建成5公里智能化输送设备，30多条自动化流水线，提供智慧物流信息交易平台，依托物联网、云计算、大数据等技术应用，促成线上与线下互动，车货匹配得以高效实现。

（二）智能快件箱建设，提供更多投递服务选择

智能快件箱提升了投递服务效率，智能快递柜投递的快递量占比2016年在6.8%，正逐步成为城市末端投递服务的重要补充方式，智能快件箱将成智慧邮政建设重点。据国家邮政局发布《2016年中国快递发展指数报告》显示，全国城市快递投放智能快件箱累计超过10万组，年投递快件超过10亿件。

四、加大智能技术研发，智能物流装备应用广泛

AI（人工智能）技术的应用已经覆盖物流的整个产业链，包括商家端环节、仓储端环节、配送端环节、网络末端环节等，让整个运营过程更加智能化，提升物流用户体验。智能技术研发是企业发展的未来，虽然智能应用投资的成本高，但其是现代物流发展的必然趋势，其中京东、菜鸟网络就是其中的领头企业。

（一）菜鸟网络信息化与智能化建设

1. “E.T.物流实验室”正式公开

菜鸟网络10月14日首次正式公开“E.T.物流实验室”，并展示了包含虚拟增强技术、仓库机器人、智能配送机器人、智能园区巡逻等产品组成的未来仓库模型，首次揭秘了“菜鸟-AR智慧物流系统”。末端配送机器人小G、仓内复杂拣货机器人AGV矩阵等产品关键技术已得到突破，并陆续投入使用。

2. 国内最智能仓储开仓

国内最先进的菜鸟天猫超市专用仓——广州仓8月15日正式启用，广州仓是天猫超市携手菜鸟网络和广东心怡科技打造的自动化仓储运营中心，总面积达到10万平方米，主要服务华南地区用户。改变了国内仓储以人工走动分拣的模式，由“人找货”变成“货找人”，订单处理效率提高30%以上，具备日处理百万级商品的能力，吞吐能力居全国第1。

3. 国内首个乡村物流线路共享系统上线

菜鸟网络为加速布局农村物流，于9月19日与重庆江津区政府签署“县域智慧物流＋”合作协议，将共同推出国内首个乡村末端物流线路共享系统。根据协议，菜鸟网络将在江津区的29个镇区、184个行政村，提供集农村、农业、金融、数据等农村供应链服务，与政府共同打造农村物流公共服务平台。

4. “专业揽件众包计划”启动

菜鸟网络宣布启动“专业揽件众包计划”，联合百世、天天、德邦等6个平台共计20万快递员在北京、上海、广州、深圳、杭州、5个城市提供服务。消费者可通过APP下单发起寄快递需求订单，APP根据地理定位将信息推送给周边的快递员承运。

5. 全国最大的快递自提柜服务平台建成

菜鸟网络启动“新绿洲”项目，联合12家快递公司和丰巢等8家自提柜企业建成全国最大的快递自提柜服务平台，消费者可以看到包裹被投入自提柜的信息以及提货码，遇到问题时，可通过线上投诉按钮，直接提交快递公司总部和自提柜公司解决。

6. 菜鸟网络“双十一”物流预警

在“双十一”期间，菜鸟网络利用物流预警雷达系统，基于GPS、订单和气象信息数据，向第三方物流企业提供各线路、网点包裹流量的预测，以指导快递企业调整线路、准备人力，防止爆仓。2016年比2015年履约率提升25%，同时利用优化分拣，在2016年“双十一”节省了16万小时人工作业。

（二）京东物流信息化与智能化建设

1. 京东PCL实验室首次对外曝光

京东PCL实验室（Perception Cognitive Lab，认知感知实验室）主要研究DNN技术（深层神经网络，Deep Neural Networks），是当下比较先进的机器学习算法。PCL实验室使用的模型主要有两种：进行图像识别的深度卷积神经网络（Convolutional Neural Network，CNN）和进行语音识别的循环神经网络（Recurrent Neural Network，RNN）。京东基于CNN模型掌握的一些核心技术主要包括图片识别、人脸识别和图像检索。如“虚拟试衣”等，在物流体系包括无人仓、无人机、无人车的感知技术等。这些技术帮助京东提升了物流和仓储的效率。

2. 京东的智慧物流体系

2016年5月京东成立了智慧物流开放平台“X事业部”，自主研发无人机、无人车、无人仓等一系列智慧物流项目，其中自重约100公斤搬运机器人负责搬运大型货架，负载量高达300公斤左右，行进速度约2m/s。京东研发的Shuttle穿梭车在空载情况下速度峰值可达到6m/s，加速度为4m/s。整个货架在穿梭车的帮助下，可以实现每小时1600箱的巨大吞吐量。京东的Delta拣选机器人配有先进的3D视觉系统，可以从周转箱中识别出客户需要货物，并进行智能分类、周转。

3. 京东无人机、无人车应用现状

京东主要研发垂直起降固定翼无人机和三轴六旋翼无人机。京东首次在“618”大促期间使用了无人机送货，无人机送货在江苏省宿迁市的农村地区逐步推广，其无人机送货正式进入小规模的试运营。京东无人车包含在京东智慧体系中，2016 年尚未投入运行，在试验阶段。该款无人车主要是具备自主学习能力的配送机器人，具备 6 个不同大小的载货舱，自动行驶到目标建筑的指定位置后，它会通过京东 APP、手机短信等方式通知用户收货。

（三）首条无人机邮路起航

9 月 19 日中国邮政浙江安吉分公司举办第一条无人机邮路启航仪式，宣布正式启动无人机邮路的试运行。继顺丰、京东之后，中国邮政也开始尝试无人机送货的应用。中国邮政此次开通试运行的是从浙江省安吉县杭垓镇到七管村的邮路，地处较为偏远的山区，全长约 10.5 公里。本次无人机邮路首航使用了迅蚁研发的捷雁无人机速运系统，可实现全自动的航路飞行及精准降落，其可载重 5 公斤，最大续航里程 20 公里。

五、智慧物流在快递中的应用

（一）快递行业发展现状

据国家邮政局发布的《2016 年中国快递发展指数报告》显示，从 2012 年的不到 57 亿件，到 2016 年的 312.8 亿件，2016 年乡镇快递网点覆盖率提升了 80%。2016 年中国快递发展指数（CEDI）为 538.5，同比提高 40.8%；发展规模指数为 1104.6，同比提高 49.5%。中国快递服务质量指数为 95.8，同比提高 5.5%。服务质量指数从 2013 年开始稳步上扬，呈现逐年改善的迹象。中国快递发展普及指数为 340.2，同比提高 19.3%。中国快递发展趋势指数基本平稳，指数为 99.8。

（二）快递在提速中变革，技术支持提升效率

《人民日报》数据显示：2016 年快递行业 1000 公里以下快件中 84.62%能够 48 小时送达，实名信息监管平台覆盖业务总量约 90%。快递行业向更快捷、普惠、绿色、安全、智能方向发展。

2013 年“双十一”包裹签收过 1 亿件用了 9 天，到 2015 年提速到了 4 天，2016 年则进一步提速到了 3.5 天；全行业将有 268 万名一线人员投入到“双十一”快递服务当中，较 2015 年增长超过 50%，干线车辆增长 59%，航空运力增长 40%左右。

快递提速来自各个环节的技术支持。分拨环节的自动分拣流水线提高准确率，降低人工劳动成本。如韵达位于上海青浦区的分拨中心，采用全自动分拣流水线，依靠智能分单，自动流水线的准确率达 99.9%，还将原来 200 的人工压缩到 30 人；仓储环节的

机器人和自动化流水线高速运行，“人找货”变成了“货找人”。如菜鸟的广州智能仓库，日处理商品件数达百万级，生产一个包裹最快只需 3 分钟，在传统 2000 人的仓库运用自动化流水线后，作业人数可减少到 500 人以内。运输环节智能监控技术，如顺丰给包括临时车辆在内的每位司机装上了 APP，路上发生的一切状况都在监控中。数据的协调让快递业对“双十一”的整体应用更加顺畅。

六、物流信息化和智能化发展获得效益

（一）物流行业运行情况

《2016 年商贸物流发展运行报告》显示，2016 年全国社会物流总额 229.7 万亿元，增长 6.1%，同比 2015 年增速提高 0.3 个百分点。社会物流总费用 11.1 万亿元，同比增长 2.9%，其中三大费用分别为：运输费用 6 万亿元，占比 53.6%；保管费用 3.7 万亿元，占比 33.3%；管理费用 1.4 万亿元，占比 13.1%。这三者相比 2015 年只有管理费用占比上升，其他两种皆有小幅度回落。由此可见，物流运营和设备硬件的成本正在得到改善。

（二）物流向智能化信息化发展中取得的效益

1. 大数据在物流中应用

物流业务具有突发性、随机性、不均衡性等特点，通过大数据分析，可以有效了解消费者偏好，预判消费者的消费可能，提前做好货品调配，合理规划物流路线方案等，从而提高物流高峰期间物流的运送效率。如货车帮利用平台海量数据及人工智能技术，深度优化其车货匹配算法，让供需双方的需求对接更加无缝高效。据阿里云平台的数据轨迹测算，2016 年，货车帮为社会节省燃油 615 亿元，减少碳排放 3300 万吨，为货车节省的空驶油费超过 700 亿元。

2. 快递次日达成领域新航标

对于物流企业采用信息化、智能化手段，在提升物流作业效率的同时，减轻工作人员的劳动强度，“当日达”已成为物流配送领域新航标。如京东在华中地区的物流将提速发展，湖北、河南、江西、湖南 4 省的大部分 3～6 线城市，截止时间由 16 点调整为 23 点，隔日达的订单将提升至次日达。

3. 电子单带来成本节约

物流数据化快速推进，物流单据上，电子单据已用来取代传统的纸质单据。其中的典型是电子面单，2016 年 1 月电子面单普及率为 63，到 12 月增长至 82，已达到相当高的普及程度。快递企业使用电子面单后，中转环节错分率平均降低了 40%，每年节约纸张消耗费用约 12 亿元，提高了绿色环保水平。以菜鸟电子面单为例，采用电子面单大幅减少了快递公司分拣员的工作量。

总的来说，物流信息化与智能化的发展，将“互联网+智能仓储”等理念投入实际运用中，促动物流模式的持续变革创新。同时智慧物流的应用已对物流服务质量提升产生较大的积极作用，高效整合物流资源，降低物流各节点的运营成本，极大提升物流效率。

（撰稿：彭勇）

2016 年城市道路交通管理

截至 2016 年年底，全国机动车保有量为 2.95 亿辆，相比 2015 年增加 1600 万辆，同比上升 5.74%。汽车保有量为 1.94 亿辆，占机动车保有量 65.97%，相比 2015 年增加 2212.19 万辆，同比上升 12.84%。从分布情况来看，全国有 49 个城市汽车保有量超过百万辆，18 个城市超 200 万辆，6 个城市超 300 万辆。机动车驾驶人数量达 3.58 亿人，同比上升 9.23%。其中，汽车驾驶人为 3.13 亿人，占 87.49%，同比上升 11.61%。从各地情况来看，16 个省份机动车驾驶人数量超过 1000 万人，占全国 76.89%。

面对机动车保有量和驾驶人数量快速增长，城镇化和机动化进程发展迅猛，城市规模不断扩大，居民出行距离和机动化出行比例大幅增加的现状，2016 年公安部交通管理局和各地公安交通管理部门树立担当意识，积极应对城市交通面临的新问题、新挑战，不断提高城市交通管理水平。

一、组织召开全国公安交通管理工作会议，强调公路安全与城市畅通并重

2016 年 11 月 8～9 日，公安部在上海召开了全国公安交通管理工作会议。会议对做好当前及今后一个时期的道路交通管理工作、提升治理水平作出部署，要求通过落实创新理念方法，扩大社会参与，推进依法治理，深化科技应用，坚持安全与畅通并重，全面提升道路交通治理水平，为全面建成小康社会创造良好道路交通环境。面对城市发展新形势、城市工作新要求、人民群众新期待，会议指出各级公安机关必须与时俱进、统筹协调，努力创造与全面建成小康社会相适应的道路交通环境。要立足自身职责，当好政府参谋，深入贯彻落实中央城市工作会议精神，着力打造有序、畅通、安全、文明的城市交通环境，缓解城市交通拥堵。要狠抓秩序管理，以良好秩序保障交通畅通。要学习工匠精神，以精细管理挖掘巨大潜力，不断优化交通设施、交通组织和城市路网，推进城市交通管理的信息化、智能化、精细化。要加强统筹协调，以系统思维推动供需平衡，推动科学制定城市发展规划、构建城市综合交通体系和重视解决城市停车问题。

为认真贯彻落实全国公安交通管理工作会议精神，公安部交通管理局发文部署城市交通管理工作，提出要准确理解好、把握好坚持公路安全与城市畅通并重的指导思想，根据自身发展阶段和特点抓好贯彻落实，提出既符合会议要求又切合本地实际的具体落实意见。特别是针对城市交通问题，要根据本地特点找准问题根源，属于公安交管部门职责的，要通过警务机制改革、方式方法创新做到立行立改；属于多部门协同共治的，要主动作为，积极争取，努力推动落实整改；属于顶层设计和长远规划的，要积极汇报反映，提请党委政府高度重视，推动问题解决。

全国公安交通管理工作会议后，各地公安机关高度重视，认真组织学习传达，紧密结合实际研究提出贯彻落实意见。8 个省（自治区、直辖市）召开电视电话会议，就深入贯彻落实全国公安交通管理工作会议精神，学习借鉴上海经验，迅速开展道路交通秩序大整治，全面加强交通事故预防工作进行专题部署；16 个省（自治区、直辖市）召开全省公安交通管理工作会议，传达贯彻全国公安交通管理工作会议精神，对当前和今后一个时期的交通管理重点工作进行认真计划和全面部署。

二、开展调查研究，推进城市交通管理工作创新发展

一是部署开展城市交通管理专题调研。为转变观念、创新理念，站在全新视角审视交通管理工作，切实提高对做好城市交通管理工作在城市经济社会发展和城市建设工作中重要性的认识，进一步研究好、规划好城市交管工作，公安部交通管理局组织开展城市交通管理专题调研，要求各地公安交管部门要会同科研院校、规划设计专业力量，深入开展本地城市交通管理工作调研、评估、分析、研判，结合本地城市道路交通拥堵的现状和趋势；同时要求各交警总队要加强城市交通管理业务指导，帮助各级城市交管部门结合本地城市交通存在的突出问题，协调推动相关部门共同做好城市交通管理工作。

二是邀请部分省市开展座谈。2016 年 12 月 17 日，公安部交通管理局在深圳召开城市道路交通管理工作座谈会，辽宁、吉林等 10 个总队，沈阳、长春等 12 个支队的负责同志参加会议。会议针对城市道路交通拥堵的程度和发展趋势、影响交通拥堵的突出问题、影响道路交通秩序和安全的突出交通违法行为的执法管理、对秩序乱点和堵点治理的措施和考虑等问题开展了研讨。

三是研究创新工作载体。为深入贯彻 2015 年中央城市工作会议精神，公安部交通管理局组织座谈会，上海、江苏、山东、湖北、湖南、广东、四川、陕西 8 个总队参加。会议研讨了当前城市交通拥堵的新变化及城市交通管理工作中的突出问题、新形势下创新城市交通管理工作载体、“畅通工程”评价考核存在的问题及未来展望等问题，听取了《关于实施城市道路交通“文明畅通工程”的指导意见（征求意见稿）》的意见。

三、部署开展城市道路交通信号灯配时智能化和交通标志标线标准化推进工作

为进一步推进城市道路交通管理工作科学化、精细化、规范化建设，充分发挥交通信号对交通行为的规范、引导和约束作用，维护良好的道路交通秩序，提高通行效率，保障交通安全，公安部交通管理局发布了《关于推进城市道路交通信号灯配时智能化和交通标志标线标准化的通知》，在全国部署开展城市道路交通信号灯配时智能化和交通标志标线标准化管理工作（以下简称“两化工作”）。通知下发后，各地公安交管部门高度重视，迅速行动，结合实际制定排查整改方案和标准，明确职责分工和整改目标，全

面深入排查交通信号灯、交通标志标线存在的不规范、不科学、不合理问题。公安部交管局组织编写了《道路交通信号灯与交通标志标线规范设置应用指南》。截至 2016 年 7 月底，各地共排查路口 91254 个、交通信号灯 79873 处、交通标志 556627 个、交通标线 44 万余公里，共发现交通信号灯问题 18892 个、交通标志问题 67450 个、交通标线问题 1.8 万公里。

一是精心部署，强化协调联动。“两化工作”部署后，各地迅速研究贯彻措施，细化工作方案，制定推进措施，落实工作责任。山西、辽宁等 15 个总队成立主要领导负责的领导小组，强化“两化工作”的组织领导和协调推进。

二是强化培训，提高业务水平。各地组织开展了形式多样的培训活动，教导民警熟练掌握交通信号灯和交通标志标线常见问题及整改对策，提高整体业务素质和能力。上海、江苏等 28 个交警总队举办了全省性培训班，邀请专家、业务骨干重点讲解常见问题、排查整改要点及注意事项等内容，带动整体排查水平的提升。

三是多措并举，广泛征求意见。各地通过开通热线电话、微信、微博的基础上，积极创新思路，广辟渠道，全面动员社会各界积极参与。江苏总队组织各地在驾驶人、社会群体中聘请交通信号设施监督员，及时发现、通报交通设施存在的问题。湖北、海南总队及海口支队通过网络投票、专家评审等组织开展“金点子”征集活动，推动优化交通信号灯配时和交通组织渠化。

四是研发系统，提升管理效能。各地积极借助科技信息化手段，研发应用信息系统，大大提升交通信号设施的管理水平。如江苏省交警总队总结常州、苏州、南通等地应用交通设施管理维护系统的经验做法，推动全省各地建立交通信号灯、交通标志标线的电子信息化数据库。福州支队先后研发了交通安全设施管理系统、自动报警系统和查询系统，将市区所有交通信号灯杆件和交通标志实行电子标签管理。

五是建章立制，推动规范管理。各地围绕交通信号设施建设、管理、维护等环节，按照有关国家规范、标准，制定地方性技术规范和规章制度，提升交通设施的科学化、规范化、精细化管理水平。江苏、浙江总队及武汉支队制定了本地道路交通设施设计导则。内蒙古、上海等地通过政府购买服务的方式，落实专业维护队伍，有效提升交通设施维护应急响应能力和专业化水平。

四、加强城市交通秩序治理，严格整治突出违法行为

一是夜间城市道路查处货车交通违法集中整治。2016 年全国共查处 41.9 万起货车违法行为，山东、江苏、河北、北京、广东在城市道路上夜间现场查处货车交通违法的数量位居全国前 5 位；武汉、广州、杭州、成都、济南在城市道路上夜间现场查处货车交通违法的数量位居全国 36 个大城市前 5 位。从违法行为种类看，查处违反禁令标志通行、闯红灯、不按导向车道行驶起数位居前 3。

二是城市工程运输车交通违法集中整治。2016 年 6 月，各地公安交管部门开展了城市工程运输车违法行为集中整治行动。山西、黑龙江、上海、江西、河南等地组建执

法小分队，机动灵活实施跨区作战，定期组织区域性集中整治行动。吉林、湖北、新疆等地以工程运输车的“两点一线”和城郊结合部为重点区域，严查严处故意遮挡污损号牌、假牌套牌、不按规定安装号牌、不按规定装载等违法行为。江西、河南、广东等地充分借助机动车缉查布控系统和视频监控系统，重点布控拦查交通违法突出的渣土车。上海联合安监、绿化市容、住建、交通运输等部门，完善渣土运输承包发包机制，对分包企业运输车辆发生交通事故的，除追究车辆所属企业事故责任外，承包运输单位同时承担安全监管责任，并记入企业诚信档案。

三是各地开展集中整治酒驾醉驾违法犯罪行为统一行动。按照公安部交通管理局的统一部署，各地公安交管部门自 4 月 30 日至 5 月 31 日开展了集中整治酒驾/醉驾违法犯罪行为的统一行动，取得明显成效。山西、辽宁、河南组织省内异地用警统一行动，各支队互派民警交叉执法，有效避免“人情案”“说情案”等干扰。吉林、浙江、福建等地精选业务骨干组建机动小分队，采取“错时、错峰、延伸、机动”查处方式，尽量减少整治时间、空间上的遗漏。广西、重庆、贵州等地充分发挥农村交通安全劝导站、劝导员的作用，重点劝阻、纠正、举报酒驾醉驾行为。

五、各地积极推进城市交通管理工作

一是合理进行道路交叉口渠化，提高路口时空设计精细化水平。四川成都在中心城区交叉口广泛实施“直行待行区”组织模式，通过对路口时空资源的二次分配，以信号时间换取道路空间，以道路空间争取通行时间，最大限度地发挥了路口的有效时间和空间，实现了路口资源的集约利用。

二是科学开展交通组织措施，保障路段的整体通行能力。广东深圳支队创新举措，实施“多道待转、限时单行、可变车道、潮汐车道、右直分流、单向交通”等交通组织改善措施，实施“排阵式、借道左转、左转待转、可变车道”系列交通组织微改革、微创新，并在滨海大道试点多乘员车辆专用车道（HOV 车道），深挖道路潜能，着力缓解交通拥堵。

三是加强智能交通技术应用，不断提升道路通行效率。海南海口支队加强智能交通管理技术应用，试行短绿灯交通信号控制提升通行率 18%；设置潮汐车道提升通行率 14%；在 5 条路段交通信号进行调整，提升通行效率 12%～18%，与百度地图合作，通过交通诱导引导市民避开交通拥堵路段出行，并利用交通大数据为决策分析提供服务。

四是加强电动自行车管理，规范电动自行车通行秩序。南宁支队按照“以学促管、学罚结合”的新模式，在市区路口设置了 30 个固定学习点、38 个简易学习点和若干个临时学习点，对电动自行车违法驾驶人责令参加现场交通安全学习，对严重违法或多次违法的当事人进行处罚。在市区 45 个交叉口设置了非机动车前置等候区，在 50 个交叉口增设了电动自行车交通信号灯。

五是创新科技手段，加强“礼让斑马线”执法管理。海口、无锡等地专门制作了图文小贴士，直观、生动地讲解机动车和行人通过人行横道可能遇见的各种情形，广泛发布人行横道通行规定，引导机动车驾驶人和行人依法依规有序通行。大连在人行横道线周围用黄色标线施划缓冲区域，并通过施划“礼让行人”地面标记、在道路两侧设立监控抓拍提示标志、LED 宣传屏等方式，提示过往机动车驾驶人礼让行人。

六、引领和规范城市交通管理技术发展

在城市交通管理技术标准方面，2016 年共正式颁布国家标准修订版 2 项，实施阶段的行业标准规范 4 项，征求阶段的国家标准规范 2 项和行业标准规范 5 项。

2016 年 5 月实施行业标准 GA/T 527.5《道路交通信号控制方式 第 5 部分：可变导向车道通行控制规则》，2016 年 5 月实施行业标准 GA/T 489《道路交通信号控制机安装规范》，2016 年 6 月实施行业标准 GA/T 1302《停车服务与管理信息系统通用技术条件》，2016 年 7 月实施行业标准 GA/T 527.2《道路交通信号控制方式 第 2 部分：通行状态与控制效益评估指标及方法》。

2016 年 4 月行业标准《城市智能交通管理系统规划编制指南》《道路交通信号控制方式 第 6 部分：公交车交叉口通行优先控制规则》和《道路交通信号控制方式 第 7 部分：有轨电车交叉口通行优先控制规则》向社会征求意见。2016 年 12 月行业标准《道路交通信号控制方式 第 3 部分：单点信号控制方式适用条件》和《道路交通信号控制方式 第 4 部分：干线协调信号控制方式适用条件》向社会征求意见。

2016 年 9 月国家标准《道路交通信号控制系统通用技术要求》和《城市道路交通流组织设计规范》网上征求意见。

2016 年 12 月，国家强制标准 GB14866—2016《道路交通信号灯设置与安装规范》（修订版）和 GB25280—2016《道路交通信号控制机》（修订版）正式颁布，2017 年 7 月 1 日正式实施。其中，GB14866—2016《道路交通信号灯设置与安装规范》的主要修订内容包括：明确了各种信号灯色的转换顺序（如机动车为红→绿→黄→红等）和黄灯时长等；将原来“7 种信号灯排列组合”修改为“2 种常规组合”和“3 种特殊组合”，严格明确各类组合的通行规则和使用条件，避免各地错用和滥用方向指示灯；补充了潮汐车道、匝道、信号优先控制相关信号灯设置要求，增加了道口和匝道设置信号灯条件，适应当前城市交通控制的新需求；补充了潮汐车道、匝道、信号优先控制相关信号灯设置要求，增加了道口和匝道设置信号灯条件，适应当前城市交通控制的新需求。而国家强制标准 GB25280—2016《道路交通信号控制机》的主要修订内容包括：增加了机柜通用性要求；调整了信号控制机分类和编码管理；规范了控制指令和消息格式；提高了信号控制机的运行安全要求，以适应未来车联网和自动驾驶发展的需求。

七、在 5 个城市试点推广新能源汽车专用号牌

为进一步落实国务院关于新能源汽车推广工作要求，实行新能源汽车差异化交通管理政策，新能源汽车将启用新能源汽车号牌，经报国务院领导批准，公安部决定于

2016 年 12 月起率先在上海、深圳、济南、南京、无锡 5 个城市开展新能源汽车号牌试点工作。

一是号牌式样。新能源汽车号牌分为小型新能源汽车号牌（见图 1）和大型新能源汽车号牌（见图 2）。新能源汽车号牌的外廓尺寸为 480mm×140mm，其中：小型新能源汽车号牌为渐变绿色，大型新能源汽车号牌为黄绿双拼色。新能源汽车号牌体现“绿色环保”寓意，以绿色为主色调，增加了专用标识，应用了新的防伪技术和制作工艺，既可实现区分管理、便于识别，又能彰显新能源特色、技术创新。其中，小型新能源汽车号牌底色采用渐变绿色，大型新能源汽车号牌底色采用黄绿双拼色。新能源汽车号牌号码增加一位，与普通汽车号牌相比，新能源汽车号牌号码由 5 位升为 6 位，号牌号码容量增大、资源更加丰富，编码规则更加科学合理，可以满足“少使用字母、多使用数字”的编排需要。

图 1　新能源汽车号牌（小型汽车）式样

图 2　新能源汽车号牌（大型汽车）式样

二是主要特点和变化。①新能源汽车号牌增加专用标志，标志整体以绿色为底色，寓意电动、新能源，绿色圆圈中右侧为电插头图案，左侧彩色部分与英文字母“E”（Electric 电）相似。②号牌号码升位。与普通汽车号牌相比，新能源汽车号牌号码增加了 1 位，如原“粤 B • D1234”可升位至“粤 B • D12345”。升位后，号码编排更加科学合理，避免了与普通汽车号牌“重号”，有利于交通技术监控设备在车辆高速行驶时准确辨识。③实行分段管理。为更好实施国家新能源汽车产业发展及差异化管理政策，新能源汽车号牌按照不同车辆类型实行分段管理，字母“D”代表纯电动汽车，字母“F”代表非纯电动汽车。小型汽车号牌中“D”或“F”位于号牌序号第 1 位，大型汽车号牌中“D”或“F”位于号牌序号最后 1 位。④制作工艺改进。新能源汽车号牌采用无污染的烫印制作方式，制作工艺绿色环保。同时，使用二维条码、防伪底纹暗记、激光图案等防伪技术，提高了防伪性能。⑤全新的专用字体，提高视频监控设备对号牌的识读准确率，提升字体防篡改性能。

新能源汽车号牌的使用将对现有的道路交通技术监控设备、门禁管理系统、高速公路收费站、收费停车场等号牌识别应用场景产生影响。因此，在新能源汽车号牌设计阶段，公安部交通管理科学研究所，就组织国内从事交通技术监控技术研发的杭州海康威视和浙江大华等主流供应商，同步开展了号牌识别算法的改进和优化。在 5 个城市开展新能源汽车号牌试点前后，就开展了辖区内电子警察等交通技术监控设备的升级工作，实现了新能源汽车各类违法行为的自动抓拍和识别功能。

三是试点应用工作。为避免集中换牌导致拥挤排队，5 个试点城市采取了互联网服务平台预约办理方式换发号牌，提供网上预约选号、网上预约办理时间和地点等服务。为方便群众申领、安装新号牌，试点城市分别增设新能源汽车号牌业务绿色通道或专门窗口，设置号牌现场制作点，提供延时或周六日换牌服务，提供免费安装号牌服务，最大限度满足群众需求。另外，5 个试点城市同步启用了全国统一的机动车号牌选号系统，保证号牌号码公开、公平、公正发放。试点首月，5 个城市均顺利地发放新能源汽车号牌，办理秩序良好，群众非常欢迎，取得良好的社会效果。据公安交通管理综合应用平台统计，5 个试点城市在 2016 年 12 月，共现场生产和发放新能源汽车号牌 31231 副，其中私家车 6936 副（见表 1）。同时，2016 年 12 月，5 个试点城市共查处新能源汽车号牌各类违法行为 849 起。

表 1　5 个城市试点首月新能源汽车号牌发放汇总表

城市		大型新能源汽车号牌（副）		小型新能源汽车号牌（副）		合计
		新车注册数	在用车换发数	新车注册数	在用车换发数	
1	深圳	7224	7	5782	3540	16553
2	上海	2002	0	6808	2398	11208
3	南京	668	146	911	340	2065
4	济南	349	111	128	142	730
5	无锡	53	78	370	174	675
总计		10296	342	13999	6594	31231

公安部交管局计划在 2016 年试点基础上，不断总结经验做法，逐步扩大应用范围，力争 2017 年下半年在全国推广使用。此外，公安部还将研究改进普通汽车号牌式样，进一步提升机动车管理信息化、科学化、规范化水平。

（撰稿：孙正良、顾金刚、李娅）

第二篇

政策及标准篇

第一章

国家、行业政策

国家发展改革委 交通运输部关于推进“互联网+”便捷交通 促进智能交通发展的实施方案

发改基础〔2016〕1681号

交通与互联网融合发展，有利于方便旅客出行、优化资源配置、提高综合效率，也是培育交通发展新动能、提升发展水平的重要方面。近年来，我国互联网技术、产业与交通融合方面取得积极进展，但在市场应用、基础条件、技术支撑、政策环境等方面仍然存在许多制约，难以满足发展智能交通、培育新业态的需要。为贯彻落实《国务院关于积极推进“互联网+”行动的指导意见》（国发〔2015〕40号），促进交通与互联网深度融合，推动交通智能化发展，全面提升质量效率，特提出以下实施方案。

一、总体要求

（一）指导思想

全面贯彻党的十八大和十八届三中、四中、五中全会精神，按照“五位一体”总体布局和“四个全面”战略布局，牢固树立并贯彻落实创新、协调、绿色、开放、共享的发展理念，以旅客便捷出行、货物高效运输为导向，全面推进交通与互联网更加广泛、更深层次的融合，加快交通信息化、智能化进程，创新体制机制，优化营商环境，充分发挥企业市场主体作用，增加有效供给，提升效率效益，推动交通供给侧结构性改革，为我国交通发展现代化提供有力支撑。

（二）基本原则

——创新发展，支撑引领。充分利用互联网、大数据、云计算等信息技术手段，优化运输组织方式，提供多元化产品，更好满足多样化需求。以智能交通发展为引领，增强行业创新能力，培育发展新业态和新模式。

——市场运作，提质增效。充分发挥传统运输企业和互联网企业的积极性，鼓励通过资本运作、技术合作、管理协作等形式开展全方位合作。发挥技术和市场优势，以客户为中心，提升综合交通运输体系整体运行效率和服务质量。

——政府引导，安全有序。调整完善扶持政策和监管方式，通过积极灵活的制度设计，促进新型服务业态规范发展，防范恶性竞争和市场垄断，推动有序发展。把握好融合开放与规范安全的关系，切实保障运输安全和网络安全。

——包容平等，开放共享。以满足运输出行需求，提高交通资源配置效率为出发点，鼓励和包容新业态、新模式发展，推动不同市场主体公平参与竞争，加大政府部门间的协调协同，推进交通设施、运营等数据信息资源互通共享，最大程度向社会开放。

（三）实施目标

实施“互联网+”便捷交通重点示范项目，到 2018 年基本实现公众通过移动互联终端及时获取交通动态信息，掌上完成导航、票务和支付等客运全程“一站式”服务，提升用户出行体验；基本实现重点城市群内“交通一卡通”互联互通，重点营运车辆（船舶）“一网联控”；线上线下企业加快融合，在全国骨干物流通道率先实现“一单到底”；基本实现交通基础设施、载运工具、运行信息等互联网化，系统运行更加安全高效。

立足“十三五”、着眼更长时期的发展需求，逐步形成旅客出行与公务商务、购物消费、休闲娱乐相互渗透的“交通移动空间”；实现各类交通信息充分开放共享，打破信息不对称，精准对接供需、高效配置资源；逐步构建“三系统、两支撑”的智能交通体系，实现先进技术装备自主开发和规模化应用，交通运输服务效率、资源配置效率及交通治理能力全面提升。

二、完善智能运输服务系统

（四）打造“畅行中国”信息服务。加强政企合作，支持互联网企业和交通运输企业完善各类交通信息平台，形成涵盖运输、停车、租赁、修理、救援、衍生服务等领域的综合出行信息服务平台，实现全程、实时、多样化的信息查询、发布与反馈。

增强国家交通运输物流公共信息平台服务功能，建设行业数据交换节点，开发交通运输物流运行分析服务产品。充分利用新型媒介方式，建设多元化、全方位的综合交通枢纽、城市及进出城交通、城市停车、充电设施等信息引导系统。提高交通动态信息板等可视化智能引导标识布设密度。完善交通广播等传统媒介功能，扩大高速公路交通广播覆盖范围。

（五）实现“一站式”票务支付。稳步推进全国道路客运联网售票系统建设，推动实名制长途汽车客运、重点区域水路客运电子客票试点应用，旅客凭身份证件、电子凭证可实现自助购（取）票、检票、进出站。推动机票、道路客运售票系统等向互联网企业开放接入，积极研究铁路客票系统开放接入条件，鼓励互联网企业整合集成，为旅客提供全方位、联程客票服务，形成面向全国的“一站式”票务系统。稳步推进交通一卡通跨区（市）域、跨运输方式互联互通；加快移动支付方式在交通领域应用。

（六）推进高速公路不停车收费（ETC）系统拓展应用。以提高通行能力、缓解交通拥堵、减少排放为重点，提高全国高速公路 ETC 车道覆盖率。提高 ETC 系统安装、缴费等的便利性，加大用户发展力度，着重提升道路客运车辆、出租车等各类营运车辆使用率，力争三年内客车 ETC 使用率达到 50%以上。研究推广标准厢式货车不停车收费。提升客服网点和省级联网结算中心服务水平，建设高效结算体系。促进 ETC 系统与互联网深度融合，实现 ETC 系统在公路沿线、城市公交、出租车、停车、道路客运、铁路客运等交通领域的广泛应用。

（七）推广北斗卫星导航系统。推动各种全球卫星导航系统在交通运输行业兼容与互操作。加强全天候、全天时、高精度的定位、导航、授时等服务对车联网、船联网及自动驾驶等的基础支撑作用。鼓励汽车厂商前装北斗用户端产品，推动北斗模块成为车载导航设备和智能手机的标准配置，拓宽在列车运行控制、车辆监管、船舶监管等方面的应用，更好地服务于旅客出行、现代物流和旅游休闲等。

（八）推动运输企业与互联网企业融合发展。充分发挥运输企业和互联网企业各自优势，鼓励线上线下资源整合，为公众提供多元化、高品质服务。发掘和满足旅客潜在需求，依托线下资源向线上拓展，延伸服务链条，创新商业模式。发挥互联网面向个性化需求、响应及时、组织高效等特点，积极整合线下资源，通过定制承运、网络预约出租汽车、分时租赁等方式，在城市交通、道路客运、货运物流、停车、汽车维修等领域，发展“互联网+”交通新业态，并逐步实现规模化、网络化、品牌化，推进大众创业、万众创新。鼓励运输企业和互联网企业进行战略合作，实现信息资源、资本、技术和业务等方面深度融合，以及与上下游产业链有机结合。

三、构建智能运行管理系统

（九）完善交通管理控制系统。全面提升铁路调度指挥和运输管理智能化水平。推进新一代国家交通控制网、智慧公路建设，增强道路网运行控制管理能力。建设智慧港口，提高港口管理水平与服务效率；建设智慧航道，提升内河高等级航道运行状态在线监测能力；建设智慧海事，基于国家北斗地基增强系统和星基船舶自动识别系统，建设重点船舶全程跟踪和协同监管平台；推动 E 航海示范工程建设，为船舶提供辅助导航服务。完善现代空管系统，加强航空公司运行控制体系建设。推广应用城市轨道交通基于无线通信的列车控制系统。优化城市交通需求管理，完善集指挥调度、信号控制、交通监控、交通执法、车辆管理、信息发布于一体的城市智能交通管理系统。推进部门间、运输方式间的交通管理联网联控。

（十）提升装备和载运工具自动化水平。提升铁路计算机联锁、编组站系统自动化程度，建设无人化集装箱码头系统，有序推动无人机自动物流配送，稳步推进城市轨道交通自动驾驶。推广应用集成短程通信、电子标识、高精度定位、主动控制等功能的智能车载设施；建设智能路侧设施，提供网络接入、行驶引导和安全告警等服务；加强车路协同技术应用，推动汽车自动驾驶。推进自主感知全自动驾驶车辆研发，根据技术成熟程度逐步推动应用。鼓励研发定制化智能交通工具。

（十一）推进旅客联程联运和货物多式联运。推进各运输方式间智能协同调度，实现信息对接、运力匹配、时刻衔接。推动旅客客票向“一票制”、货物运单向“一单制”发展。依托移动互联网促进客运、物流信息整合，鼓励发展客货无车承运，实现一体衔接。加强多式联运、交通枢纽物流园区、城市配送、危险品运输、跨境电子商务等专业化经营平台信息互联互通，提升大宗物资、集装箱、快递包裹等重点货物运输效率。积极推动长江及长三角地区江海联运与多式联运信息服务平台建设。鼓励中国铁路95306综合物流网络平台开发物流配送手持应用等服务。引导相关企业完善甩挂运输管理信息系统，进一步完善民航领域离港系统、航空物流信息平台。

四、健全智能决策支持系统

（十二）建设安全监管应急救援系统。建立集监测、监控和管理于一体的铁路网络智能安全监管平台。依托国家安全生产监管平台，建设交通运输安全生产监管信息化工程。完善运行监测与应急指挥系统，加快省级和中心城市系统建设，加强对重点营运车辆和重点运输船舶的监管。提升民航飞机在线定位跟踪能力，建设民用无人机安全飞行智能监管平台。提升城市轨道交通运营安全监管能力。加快推进“绿盾工程”建设，完善邮政快递安全监管平台。充分利用互联网技术，建立跨部门联防联控体系，加强交通、公安、安监、气象、国土等部门间的信息共享和协调联动，完善突发事件应急救援指挥系统。

（十三）完善决策管理支持系统。加强交通规划、投资、建设、价格等领域的信息化综合支撑能力，完善综合交通统计信息决策支撑体系。充分利用政府、企业、科研机构、社会组织等数据资源，挖掘分析人口迁徙、公众出行、枢纽客货流、车辆船舶行驶等特征和规律，加强对交通规划建设、运营管理和政策制定等决策的支撑。推动交通运输网上行政许可“一站式”服务，推进许可证件（书）数字化，促进行政许可、服务监督的信息化和互联互通。加快推动交通运输行政执法案件电子化，实现行政执法案件信息异地交换共享和联防联控；推进非现场执法系统试点建设，实现综合巡检和自动甄别。推动汽车电子健康档案系统和汽车维修配件追溯体系建设。

五、加强智能交通基础设施支撑

（十四）建设先进感知监测系统。以提升运行效率和保障交通安全为目的，加强交通基础设施网络基本状态、交通工具运行、运输组织调度的信息采集，形成动态感知、全面覆盖、泛在互联的交通运输运行监控体系。基本形成覆盖全国的铁路设施设备运行状况监控网络。推动国家公路网建设和运行的监测、管理和服务平台构建，完善监测网点布设，深化公路、水运工程基础设施质量安全状态感知监测及大数据应用。加快推进内河高等级航道数字化建设，大力推广应用电子航道图。加强城市地面交通、轨道交通、枢纽场站等运行状况信息采集能力。建设交通节能减排监测网点，加强分析预警。

（十五）构建下一代交通信息基础网络。加快车联网、船联网建设，在民航、高铁等载运工具及重要交通线路、客运枢纽站点提供高速无线接入互联网的公共服务，扩大网络覆盖面。进一步完善全国高速公路信息通信系统等骨干网络，提升接入服务能力。探索应用交通运行控制、运营管理和信息服务的通信网络新技术，建设铁路下一代移动通信系统，布局基于下一代互联网和专用短程通信（DSRC）的道路无线通信网。研究规划分配智能交通频谱。

（十六）强化交通运输信息开放共享。推动跨地域、跨类型交通运输信息互联互通，依托国家及行业数据共享交换平台和政府数据开放平台，促进交通领域信息资源高度集成共享和综合开发利用，完善综合交通运输信息平台功能。按政务公开的有关规定，政府交通信息资源分级分类向社会开放，鼓励基础电信企业和互联网企业向小微企业和创业团队开放资源。鼓励发展交通大数据企业，提升处理和分析能力，创新数据产品，更好地支撑企业运营管理和政府决策。

六、全面强化标准和技术支撑

（十七）制定完善技术标准。制定交通运输行业基础性数据共享相关标准，拟定政府公开数据集规范。结合技术攻关和试验应用情况，推进制定人车路协同（V2X）国家通信标准和设施设备接口规范，开展专用无线频段分配工作。以共性基础标准为重点，构建与国际接轨的中国智能汽车标准体系。统一内河电子航道图标准，制定内河船舶射频识别标准。推动交通支付系统和设备标准化。制定物流信息平台相关技术标准。加快国家智能交通技术标准国际化。推动核心关键技术研发应用和技术标准制定推广。

（十八）积极研发和应用智能交通先进技术。把握现代信息技术发展趋势，适应智能交通发展市场需求，在以下领域提升自主创新能力，突破交通关键核心技术，做好试点示范推广和产业化应用，着力解决交通运输领域存在的关键共性技术和短板瓶颈等问题。

——铁路和城市轨道交通自动运行技术。从优化运行系统结构、提高行车密度、强化车地信息交互及控制功能等方面，积极发展列车自动控制系统。开展全自动运行系统关键技术攻关，在车载设备休眠和自动唤醒、故障情况下应急控制、车载设备小型化等方面实现突破。研发城市轨道交通智能检测维修系统，实现设备故障预警和隐患排查。支持研发轨道交通全自动运行和智能维修的整套装备和软件。

——车联网和自动驾驶技术。加大对基于下一代移动通信及下一代移动互联网的交通应用技术研发支持力度，攻克面向交通安全和自动驾驶的人车路协同通信技术，基于交通专用短程通信技术和现有电子不停车收费技术实现车路信息交互；研发并利用具有自主知识产权的 LTE 开展智能汽车示范应用。示范推广车路协同技术，鼓励乘用车后装和整车厂主动安装具有电子标识、通信和主动安全功能的车载设施。推动高精度的地图、定位导航、感知系统，以及智能决策和控制等关键技术研发。开展自动驾驶核心零部件技术自主攻关。充分利用大数据和云计算，实现智能共享和自适应学习，提高驾驶自动化水平。推广交通事故预防预警应急处理、运输工具主动与被动安全等技术。

——智能港航和船舶技术。在航海领域推广应用北斗卫星导航系统，提高船舶定位精度。在国际E-航海战略规划下，研发下一代星基、陆基甚高频数据交换系统（VDES）和新型海上安全信息数字广播系统（NAVDAT），开发应用具有自主知识产权的基于S100标准和应用需求的电子海图及电子航道图应用船载终端，建设航海公共服务平台，提高中远海船舶保障能力。出台技术标准，加快船舶交通管理系统的国产化进程，促进船舶交通管理系统的区域和全国互联，实现海上智能交通管理。

——新一代空中交通管理技术。发展新一代空中交通管理系统，实现通信、导航、监视、信息管理和航空电子设备全面演进。重点发展地空数据链技术和地面IP网络技术等通信新技术。完善陆基导航的设施和布局，满足仪表运行和基于性能的导航运行需求，逐步推动从陆基导航向星基导航过渡。开展多静态一次监视雷达、多功用监视雷达、低空监视技术等新监视技术的研究工作。研究并推进广域信息管理技术应用。发展空中导航、空中防撞、机场地图和交通信息显示等先进航电技术。

——智能城市交通管理技术。加强大范围交通流信息采集、交通管理大数据处理、交通组织和管控优化、个性化信息服务等技术研发。进一步提升自主研发交通信号控制系统等在设备精确度、稳定性方面的技术水平，并大规模推广使用。

（十九）大力推动智能交通产业化。加快建立技术、市场和资本共同引领的智能交通产业发展模式。发挥企业主体作用，鼓励交通运输行业科技创新和新技术应用。推动智能交通基础设施规模化、网络化、平台化和标准化，营造开放的智能交通技术开发应用环境。

七、营造宽松有序的发展环境

（二十）构建公平有序的市场环境。放宽市场准入，鼓励社会资本积极参与交通新业态发展，调整完善相关支持政策，创造宽松的发展环境。推动交通公共资源优化配置，实现不同市场主体在使用交通设施方面的同等待遇。

（二十一）推动信用信息双向对接。推动公共信用信息开放，支持市场主体依法获取承运人守法信用、银行信用及“信用中国”网站相关公共信用信息，加快共享交通发展。将各类市场主体形成的承运人信用记录纳入全国信用信息共享平台。

（二十二）创新行业监管方式。各地应建立和健全部门联动协同监管机制，实行事前、事中、事后监管，依法规范网络预约出租汽车等新业态发展。不断提高行业监管水平和透明度。密切跟踪大规模市场兼并重组行为，加大力度甄别并处罚垄断及不正当竞争行为。

（二十三）健全网络安全保障体系。加强网络安全风险防控，提升技术保障能力，加强重点网站、信息系统和客户端的运行安全监测预警，定期开展安全风险和隐患排查，增强应急处置能力。增强国家信息安全责任意识，保障高精度、高敏感的交通信息安全，防止侵犯个人隐私和滥用用户信息等行为。提供交通服务的互联网平台企业数据服务器须设置在我国境内。

（二十四）完善相关法律法规。结合交通新业态发展特点，抓紧制订相关法律法规，规范引导行业发展。明确车辆、驾驶员等生产要素的市场准入标准，制定交通互联网服务标准。健全与行业发展相适应的税收制度。明确交通互联网服务企业及相关方在交通运输安全、信息安全、纠纷处置等方面的权利、责任和义务。研究制订智能汽车相关法规。

八、实施“互联网+”便捷交通重点示范项目

综合考虑国家战略、区域条件、市场需求等因素，形成《“互联网+”便捷交通重点示范项目》，在基础设施、功能应用、线上线下对接、政企合作、新业态、典型城市等方面，形成 27 项重点示范项目。

（二十五）持续推进项目建设。“互联网+”便捷交通重点示范项目主要是具有引领作用、显著提升效率、提高安全水平、促进低碳节能、能够带动智能交通技术应用和关键核心技术研发的重点项目。各地方和部门要加大资金投入，有效发挥政府投资的引领示范和杠杆作用，充分吸引社会资本参与建设和运营。

（二十六）加强组织保障推动全面落实。国家发展改革委和交通运输部将会同有关部门，依据本实施方案，明确职责分工，落实工作任务，加强协同配合，形成合力。各地要结合本地区实际，主动作为，积极试点示范，抓好落实。

国家发展改革委 交通运输部

2016 年 7 月 30 日

国家发展改革委关于“互联网+”高效物流实施意见

发改经贸〔2016〕1647 号

物流业是现代服务业的重要组成部分，也是当前经济和社会发展中的突出短板。发展“互联网+”高效物流，是适度扩大总需求、推进结构性改革尤其是供给侧结构性改革的重要举措，对有效降低企业成本、便利群众生活、促进就业、提高全要素生产率具有重要意义。为深入贯彻落实《国务院关于积极推进“互联网+”行动的指导意见》（国发〔2015〕40 号），大力推进“互联网+”高效物流发展，提高全社会物流质量、效率和安全水平，经国务院同意，提出以下实施意见。

一、总体要求

（一）指导思想

全面贯彻党的十八大和十八届三中、四中、五中全会精神，牢固树立和贯彻落实创新、协调、绿色、开放、共享的新发展理念，深入推进供给侧结构性改革，顺应物流领域科技与产业发展的新趋势，加快完善物流业相关政策法规和标准规范，推动大数据、云计算、物联网等先进信息技术与物流活动深度融合，推进“互联网+”高效物流与大众创业、万众创新紧密结合，创新物流资源配置方式，大力发展商业新模式、经营新业态，提升物流业信息化、标准化、组织化、智能化水平，实现物流业转型升级，为国民经济提质增效提供有力支撑。

（二）基本原则

——深化改革，激发活力。着力打破制约“互联网 +”物流发展的体制机制障碍，加快调整完善政策法规，统一相关行业标准，创新制度供给，最大限度地释放企业创新发展的内生动力，增强市场活力。

——互联互通，开放共享。推动政府物流数据信息向社会公开，完善信息交换开放标准体系，促进企业间物流信息以及企业商业信息与政府公共服务信息的开放对接，实现物流信息互联互通与充分共享。

——市场主导，政府引导。充分发挥市场在物流资源配置中的决定性作用，强化企业主体地位，激发企业创造力。深入推进简政放权、放管结合、优化服务改革，加快转变政府职能、提高效能，为物流新模式、新业态发展营造良好的制度环境。

——技术引领，创新发展。以先进信息技术为依托，优化物流企业业务流程，创新物流活动组织方式，发挥新技术引领的经营管理创新在物流业转型升级中的关键作用。

（三）发展目标

先进信息技术在物流领域广泛应用，仓储、运输、配送等环节智能化水平显著提升，物流组织方式不断优化创新；基于互联网的物流新技术、新模式、新业态成为行业发展新动力，与“互联网 +”高效物流发展相适应的行业管理政策体系基本建立；形成以互联网为依托，开放共享、合作共赢、高效便捷、绿色安全的智慧物流生态体系，物流效率效益大幅提高。

二、主要任务

（四）构建物流信息互联共享体系

推动传统物流活动向信息化、数据化方向发展，促进物流相关信息特别是政府部门信息的开放共享，夯实“互联网+”高效物流发展的信息基础，形成互联网融合创新与物流效率提升的良性互动。

——引导物流活动数据化。加快物流企业信息化建设，通过电子化、数据化方式采集物流交易和物流活动信息，推广应用电子面单、电子合同等数据化物流活动信息载体，为“互联网+”高效物流发展创造基础条件，促进物流活动和物流交易传统模式革新。

——加强物流信息标准化。加快物流技术、装备、流程、服务、安全等标准制修订工作，建立健全物流数据采集、管理、开放、应用等相关标准规范，重点完善包装、托盘、周转箱、货品编码等标准。加强基础共性标准、关键技术标准和重点应用标准研究，制修订一批行业急需的企业间物流信息交互标准以及物流公共信息平台应用开发、通用接口、数据传输等标准，并加强推广应用。

——推动物流数据开放化。研究制定政府物流数据开放目录，规范数据开放的具体方式、内容、对象等。促进公安、海关、质检、港口、铁路、路政、工商、税务等部门信息共享，推动公路、铁路、水运、航空等不同交通运输方式之间的信息衔接。引导行业协会、公共服务和科研机构等采集和分析物流运行数据，支持公共服务机构、大型企业针对社会化物流需求提供基于物联网、云计算、大数据的各类应用服务。探索制定物流数据商业化服务规则。

——促进物流信息平台协同化。加快推进国家交通运输物流公共信息平台建设与应用，加强综合运输信息以及物流资源交易、车货匹配、安全监管等信息平台建设，推动平台之间数据对接、信息互联，促进互通省际、下达市县、兼顾乡村的物流信息共享，实现物流活动全程监测预警、实时跟踪查询。鼓励物流龙头企业搭建面向中小物流企业的物流信息服务平台，促进货源、车（船）源和物流服务等信息的高效匹配，有效降低运输载具空驶率，为优化社会物流资源配置提供平台支撑。

专栏 1　物流信息互联互通工程

（1）物流大数据信息集成工程。依托国家交通运输物流公共信息平台，按照开放、公益的原则，综合政府、企业与社会各类基础和专用信息，形成物流大数据中心，实现物流信息资源的互联共享，并加强对数据的挖掘应用。

负责单位：国家发展改革委、交通运输部、网信办、海关总署等。

目标及完成时限：2016 年年底，完成物流大数据中心相关信息集成系统设计调整，2017 年年底试运行，开展数据汇集分析工作。

（2）互联交换标准推广工程。完善综合运输信息互联交换标准体系，依托国家交通运输物流公共信息平台，建设铁路、水路、公路、航空、邮政等物流信息交换节点，拓展与东北亚、东盟、欧盟国家（地区）港口的物流信息共享交换。

负责单位：交通运输部、国家发展改革委、海关总署、铁路局、民航局、邮政局、中国铁路总公司。

目标及完成时限：到 2018 年年底，初步构建起多种运输方式间信息互联交换标准体系，物流信息互联交换基础网络基本建成，实现充分有效的互联互通。

（3）水路便利运输电子口岸信息平台工程。依托电子口岸平台，构建服务于对外开放港口海关、检验检疫和边检机关，以及相关企业的分布式港航信息交换共享体系，按统一标准对接融入口岸国际贸易“单一窗口”“三互”（监管互认、执法互助、信息互换）体系；建立覆盖所有对外开放港口的港航综合信息服务平台、电子联检服务平台，提高各单位业务协同服务效率。

负责单位：交通运输部、海关总署、质检总局、公安部。

目标及完成时限：到 2018 年，基本建成服务于对外开放港口的分布式港航信息交换共享体系，有效支撑口岸监管部门联合执法，提高协同服务效率；初步建成港航综合信息服务平台，面向港航企业、航运船舶提供准确权威的进出港相关信息服务。

（五）提升仓储配送智能化水平

利用互联网等先进信息技术手段，重塑企业物流业务流程，创新企业资源组织方式，促进线上线下融合发展，提高仓储、配送等环节运行效率及安全水平。

——完善智能仓储配送设施网络。鼓励物流骨干企业、行业协会、公共服务机构等各类市场主体参与云（云计算）、网（宽带网）、端（各种终端）等智能物流基础设施建设。支持物流企业建设智能化立体仓库，应用智能化物流装备提升仓储、运输、分拣、包装等作业效率和仓储管理水平。鼓励建设低耗节能型冷库。大力推广应用智能快（邮）件箱，新建或改造利用现有资源，组织开展智能快（邮）件箱进社区、进机关、进学校、进商务区专项行动。整合利用现有邮政、供销、交通等物流网点和渠道，推动县级仓储配送中心、农村物流快递公共取送点建设，支持农产品标准化包装和保鲜设施建设，打通农资、消费品下乡和农产品进城高效便捷通道，切实解决好农产品进城“最初一公里”和工业品下乡“最后一公里”的配送难题。

——加强先进仓储配送技术研发与应用。围绕产品可追溯、在线调度管理、智能配货等重点环节，开展货物跟踪定位、无线射频识别、可视化、移动信息服务、导航集成系统等关键技术研发应用。在各级仓储单元推广应用二维码、无线射频识别、集成传感等物联网感知与大数据技术，实现仓储设施与货物的实时跟踪、网络化管理以及库存信息的高度共享。鼓励物流机器人技术开发，促进机器人在物流领域应用，重点突破机器人影像识别拣选、高密度存储机械臂拣选、语音拣选等技术，开展仓内机器人多模式应用。

——提升智慧物流配送水平。鼓励建设物流配送云服务平台，依托大数据、云计算、北斗导航等技术采集交通路况、气象等信息，加强对物流配送车辆、人员、温控等要素的实时监控，统筹利用相关数据资源，优化配送路线和运力，并依据实时路况动态调整，做好供应商、配送车辆、网点、用户等各环节信息的精准对接，大幅提高配送效率。加强智能冷链物流能力建设。鼓励企业使用符合标准的低碳环保配送车型和智能化托盘等集装单元化技术，提升配送的标准化、智能化水平。

专栏2　智能仓储和协同配送工程

（1）国家智能化仓储物流示范基地。结合国家级物流园区示范工作，引导企业在重要物流节点和物流集散地规划建设或改造一批国家智能化仓储物流示范基地（园区），推动仓储设施从传统结构向网格结构升级，建立深度感知智能仓储系统，实现存、取、管全程智能化。

负责单位：国家发展改革委、商务部。

目标及完成时限：2017年上半年，在全国重要物流节点首批选取 10个左右的物流基地（园区）开展示范，统一存储物品编码体系，推广应用二维码、无线射频识别等感知技术，实现仓储设施与货物的实时跟踪和在线管理，提高库存周转率。

（2）城市共同配送工程。结合共同配送试点、物流标准化试点和现代物流创新发展城市试点等，完善城市物流配送服务体系，推广应用智能快（邮）件箱，利用城市配送互联网平台和车联网技术，培育城市配送服务平台，整合城市配送运力资源，提升城市配送管理水平。

负责单位：商务部、交通运输部、国家发展改革委、公安部、邮政局。

目标及完成时限：到 2016 年年底，培育一批城市配送互联网平台，建设一批智能快（邮）件箱系统。到 2018 年年底，试点城市建立完善的物流配送三级体系和末端配送网络。

（六）发展高效便捷物流新模式

依托互联网等先进信息技术，创新物流企业经营和服务模式，将各种运输、仓储等物流资源在更大的平台上进行整合和优化，扩大资源配置范围，提高资源配置有效性，全面提升社会物流效率。

——“互联网+”车货匹配。发展公路港等物流信息平台，整合线下物流资源，打造线上线下联动公路港网络，促进车货高效匹配，拓展信用评价、交易结算、融资保险、全程监控等增值服务。组织开展道路货运无车承运人试点，完善相关管理政策，鼓励利用物联网等先进技术优化业务流程，提高物流流程标准化和物流过程可视化水平，促进公路货运的集约化、高效化、规范化发展。

——“互联网+”运力优化。鼓励企业利用大数据、云计算技术，加强货物流量、流向的预测预警，推进货物智能分仓与库存前置，提高物流链条中不同企业间的协同运作水平，优化货物运输路径，实现对配送场站、运输车辆和人员的精准调度。

——“互联网+”运输协同。制定出台多式联运发展推进办法，支持多式联运公共信息平台建设，加快不同业务系统之间的对接，推动多式联运信息交换共享。培育多式联运经营主体，在重点领域探索实行“一票到底”的联运服务，研究应用电子运单。探索完善海关多式联运监管模式。

——“互联网+”仓储交易。鼓励企业依托互联网、物联网等先进信息技术建立全国性或区域性仓储资源网上交易平台，推动仓储资源在线开放和实时交易，整合现有仓储设施资源，提高仓储利用效率，降低企业使用成本。探索建立全国物流金融网上服务平台，完善仓单登记、公示及查询体系，有效防范仓单重复质押等金融风险。

——“互联网+”物流企业联盟。支持以资源整合、利益共享为核心的物流企业联盟，依托互联网信息技术整合社会分散的运输、仓储、配送等物流业务资源，推动实现合同签订、车辆调度、运费结算等统筹管理，规范运营流程，提高货运组织化水平，提升物流服务能力和效率，带动广大中小企业集约发展。鼓励依托企业联盟的跨区域甩挂运输发展。

——“互联网+”供应链管理。鼓励物流企业依托互联网向供应链上下游提供延伸服务，推进物流与制造、商贸、金融等产业互动融合、协同发展。支持供应链管理综合服务商建设智慧供应链管理服务体系，发展适应“互联网 +”大规模定制的智能集成式物流模式，面向小批量、多品类、快速生产、快速交货和连续补货等新需求，提供物流服务解决方案。

专栏 3　便捷运输工程

（1）无车承运人试点。鼓励依托互联网平台的无车承运人发展，通过开展试点，对符合条件的无车承运企业赋予运输经营资质，整合货物运输资源，提高运输组织化、规模化水平。

负责单位：交通运输部、国家发展改革委等。

目标及完成时限：到 2016 年年底，编制试点方案，启动相关准备工作。2017 年上半年，确定首批无车承运人试点名单，正式开展试点。

（2）骨干物流信息平台试点。探索打造适应物流信息平台创新发展的政策环境，支持现有车（船）货匹配、仓储资源交易等物流信息平台发展和优化整合。依托国家交通运输物流公共信息平台等，建立国家骨干物流信息网络，打通物流信息链，实现物流信息全程可追踪。

负责单位：发展改革委、交通运输部、网信办等。

目标及完成时限：到2016年年底，制定试点工作方案，启动相关准备工作。2017年上半年，确定试点信息平台名单，并制定平台互联互通方案，正式开展试点。2018年，依托试点平台，初步建立国家骨干物流信息网络。

（3）多式联运示范。研究制定统一的多式联运服务规则和标准，完善信息交换通道和技术标准，依托多式联运示范项目实施，促进物流信息在不同运输方式之间的衔接共享，探索、加快专业化、综合性多式联运信息平台建设，完善多式联运运输组织一体化解决方案，提供全程无缝衔接的一体化运输服务。

负责单位：交通运输部、发展改革委、中国铁路总公司。

目标及完成时限：2016年 8月前，确定多式联运示范企业和示范线路，完善实施方案，组织开展示范工作。到2017年年底，总结示范经验，研究制定统一的多式联运服务规则和标准，初步实现信息有效共享。

（4）铁路物流综合提升工程。发挥铁路干线运输和互联网信息集成优势，提高铁路资源利用率，支持铁路货运场站向综合物流基地转型升级，加强铁路与邮政、快递设施的衔接协同，积极发展高铁快运及电商快递班列等铁路快捷货运产品，推动铁路资源开放共享，提高铁路物流服务质量，加快构建绿色环保、安全高效、综合能耗低的铁路物流体系。

负责单位：发展改革委、交通运输部、铁路局、邮政局、中国铁路总公司。

目标及完成时限：到2018年年底，铁路运量在中长距离货物运输中的占比进一步提升，基本建立与公路、水路运输分工协作、优势互补、合作共赢的货物运输新格局。

（七）营造开放共赢的物流发展环境

加快调整不适应“互联网+”高效物流发展的管理规定，利用先进信息技术提高物流行业的监测、预警和管理水平。

——创新管理体制机制。深化物流相关领域改革，系统地梳理、修订、完善相关政策法规，打破地方保护和行业垄断，破除制约互联网与物流业融合创新发展的体制机制障碍，促进物流新业态、新模式发展。在保障安全的前提下，简化物流企业设立和开展业务的行政审批手续，最大程度减少对物流企业业务创新的限制，培育骨干物流企业，增强物流发展新动能。在边境省（区）建设国际道路运输管理与服务信息系统，为从事跨境运输的车辆办理出入境手续和通行提供便利和保障。

——提升行业监管水平。探索建立基于互联网的物流政务信息资源共享和业务协同机制，充分发挥大数据在物流市场监管体系建设运行中的作用，通过数据收集、分析和管理，完善事中、事后监管，提高物流运行监测、预测预警、公共服务能力，推动实现货物来源可追溯、运输可追踪、责任可倒查、违法必追究。加强物流服务质量监测，推进物流服务质量提升。指导各地开展城市配送需求量调查等前瞻性研究，为科学配置城市配送资源，实现城市配送精细、高效管理提供基础依据。充分发挥行业协会和产业联盟在行业自律、产业研究、标准宣贯、统计监测、人员培训、宣传推广等方面的作用，助推行业健康发展。

——维护网络和数据安全。按照国家网络和信息安全等级保护制度要求，加强“互联网+”高效物流重要信息系统的安全保障。建设完善集网络安全、态势感知、实时监测、通报预警、应急处置、信息安全等级保护于一体的综合防御体系。落实网络数据采集、传输、共享、利用、销毁等环节的安全管理和技术保护措施，完善数据跨境流动管理制度，保障重要数据安全。

——构建公平有序的市场环境。完善相关领域市场准入制度，鼓励各类社会资本参与互联网和物流业的深度融合，推动物流业规模化、集约化、网络化发展。探索电商物流企业等级评定和信用分级管理，支持建立以消费者评价为基础、以专业化第三方评估为主体的市场化电商物流信用评级机制。加强部门协作，推动信用信息公开共享，提供一体化、集成化物流信用信息服务。完善物流行业信用信息披露机制，研究将大型物流信息平台的用户信用状况纳入全国信用信息共享平台，通过“信用中国”网站依法公开，为物流业务开展创造良好环境。

专栏4　物流行业管理提升工程

（1）物流信用体系建设工程。依托全国信用信息共享平台，积极发挥国家交通运输物流公共信息平台、各大型经营性物流信息平台和社会征信机构的作用，加快推进物流业法人单位和从业人员信用记录建设，整合交通、运管、路政、工商、税务、银行、保险、司法等信用信息，推动物流信用信息的共享和应用，构建守信联合激励和失信联合惩戒机制。

负责单位：发展改革委、公安部、交通运输部、人民银行、工商总局、网信办、标准委。

目标及完成时限：到2016年年底，形成物流行业信用信息系统建设方案；2017年，与相关经营性物流信息平台进行数据汇集整合，实现物流行业信用信息系统的试运行。

（2）国际道路运输管理与服务信息系统建设工程。在边境省（区）开展国际道路运输管理与服务信息系统建设，形成国际道路运输数据中心，实现行车许可证管理、路单运单管理、出入境运输车辆备案管理、口岸现场查验等业务数字化管理，完善汽车出入境证件网上申请、业务咨询等国际道路运输公众信息服务功能。

负责单位：交通运输部、海关总署、公安部、质检总局。

目标及完成时限：到 2018 年年底，基本建成 50 个以上公路口岸信息管理与服务系统，升级改造现有各口岸信息管理系统，实现与海关、检验检疫、边检等口岸管理部门数据共享和交换，以及与交通运输部国际道路运输管理系统有效对接。

三、组织实施

（八）加强组织协调

充分发挥“互联网+”行动部际联席会议和全国现代物流工作部际联席会议等重要工作机制作用，建立健全“互联网+”高效物流工作协调推进机制，促进互联网与物流业融合发展。国务院各有关部门要按照职责分工，认真落实各项工作任务，强化服务意识，加强协调配合，为“互联网+”高效物流发展创造良好条件。发展改革委要加强统筹协调，做好督促检查和跟踪分析，定期总结推广试点示范经验和国内外先进做法，重大问题及时向国务院报告。各地区要结合实际制定配套措施，抓好政策落实，形成政策协同效应和工作合力。

（九）加大资金、土地、税收、金融等政策支持力度

进一步落实支持物流业发展的用地政策，对符合土地利用总体规划要求的物流设施建设项目，加快用地审批进度，保障项目依法依规用地。中央和地方财政资金通过现有渠道积极支持符合条件的智能仓储配送设施，物流云、网、端等应用基础设施以及物流标准化、信息化等项目建设。结合全面推开营改增试点，创新财税扶持方式，落实好无运输工具承运业务按照交通运输服务缴纳增值税政策，研究完善交通运输业个体纳税人异地代开增值税专用发票管理制度。引导银行业金融机构在风险可控、商业可持续的前提下，加大对物流企业特别是小微企业和个体运输户的信贷支持力度。在双创示范基地和支撑平台建设过程中，对“互联网+”高效物流项目给予重点倾斜，通过众创、众包、众扶、众筹等支持平台，加大对物流企业创业创新活动的引导和支持力度。充分利用高速铁路等轨道交通运输系统，建立开放共享、公平竞争的物流平台，实现货物快速运输以及铁路与物流企业互利共赢。

（十）加强人才队伍建设

鼓励企业与高校、公共服务机构、行业协会等合作设立培训基地与研发机构，联合培养互联网和物流领域复合型专业人才，完善激励机制，培育一批物流新技术、新设备研发应用领军人才和技术带头人。充分利用现有人才引进计划，引进国际物流领域高端人才，为大力推进“互联网 +”高效物流发展提供高水平的智力支持。

国家发展改革委
2016 年 7 月 29 日

交通运输部办公厅关于全面推进公交都市建设等有关事项的通知

交办运〔2016〕157号

为进一步贯彻落实《国务院关于城市优先发展公共交通的指导意见》（国发〔2012〕64号）等有关文件精神，按照《城市公共交通“十三五”发展纲要》（交运发〔2016〕126号）有关部署，经交通运输部同意，决定“十三五”期重点面向全国地市级以上城市推进公交都市建设，力争到“十三五”末建成一批具有特色主题的公交都市城市。部将对公交都市创建城市内相关综合客运枢纽建设给予支持。现将全面推进公交都市建设有关事项通知如下：

一、创建主题

以实现城市与城市交通可持续发展为落脚点，突出“推进城市绿色出行、提高城市运行效率”发展思路，注重城市交通的综合管理，营造绿色出行环境和氛围，围绕“规划引领、智能公交及互联网+、快速通勤、综合衔接、绿色出行、都市圈交通一体化、城市交通综合管理”等主题开展公交都市建设，推动城市公共交通优先发展战略全面深入落实。

二、申报条件

申报“十三五”时期公交都市创建城市，原则上应当满足以下条件：

（一）地级市、地级行政单位（含地区、自治州和盟）政府所在地，适当兼顾城区常住人口在50万人以上的县级市。

（二）城市人民政府高度重视城市公共交通优先发展，已编制或出台城市公共交通支持政策及专项规划等。

（三）城市具备一定的公共交通优先发展和绿色出行基础，基本能够满足市民出行需求。

三、申报程序

（一）城市申报。省级交通运输主管部门组织辖区内各有关城市进行申报。符合条件的城市人民政府，可按照本通知的相关要求，结合城市发展特点认真组织编制公交都市建设实施方案，报省级交通运输主管部门。

公交都市建设实施方案应主要包括以下内容：城市发展概况和创建公交都市优势；城市公共交通发展现状；申报年城市公共交通发展水平评价指标及计算方法；公交都市建设总体思路和建设周期；公交都市创建主题及特色；公交都市创建目标和评价指标体系的创建目标值；创建期内拟在基础设施、政策规范、智能化、体制机制、综合管理等方面开展的各项工作、进度安排和职责分工；年度督导考核评价机制和管理机构设置；涉及组织领导、土地、资金相关的保障措施等。

（二）省级推荐。各省级交通运输主管部门应遵循公平、公正、公开的原则，对申报城市材料进行审核，形成审核报告，并按照推荐的优先顺序对相关申报城市排序后，填写《××××省（区、市）申报公交都市建设情况汇总表》，相关材料于 2017 年 3 月 10 日前一并报交通运输部。

（三）部择优确定。交通运输部对各省上报的审核报告和城市申报材料等进行综合评价，择优确定相关城市列入公交都市主题创建备选城市，并分批对外公布。

四、动态推进公交都市建设

（一）对各创建城市情况进行动态监测评估。创建期间，部将组织专家组开展城市实地调研、督促检查，推进创建工作。各省级交通运输主管部门指导各创建城市按时开展年度自评工作，并汇总本省各有关城市创建工作情况，于每年 12 月 20 日前报部。创建工作结束后，部将组织专家组开展评估工作，对达到创建要求的确定为公交都市主题创建城市。

（二）开展全国城市公共交通发展指数发布工作。部将研究制定城市公共交通发展指数相关评价指标体系，组织开展全国城市公共交通发展水平评价工作，重点监测城市交通绿色出行分担率、公共交通站点覆盖率、公共汽电车运营线路网覆盖率、公共汽电车进场率、公交专用道建设完成率、公共交通正点率等指标。推进实施城市公共交通发展水平数据上报制度，依托“公交都市发展监测与考核评价系统”部级平台和互联网技术，多渠道采集数据，探索发布创建城市公共交通发展指数，推动各地更好地落实城市公交优先发展战略。

五、工作要求

（一）提高思想认识。各级交通运输主管部门要牢固树立并贯彻落实“创新、协调、绿色、开放、共享”发展理念，深入贯彻和推动落实城市公共交通优先发展战略，坚持“科学规划、统筹发展，政府主导、示范带动，因地制宜、分类推进”的原则，全面推进公交都市建设，提升城市交通综合治理能力，进一步确立公共交通在城市交通中的主体地位，促进公共交通与城市建设协调发展，让城市交通更顺畅、更安全、更便捷、更经济、更舒适。

（二）加强组织保障。各省级交通运输主管部门和公交都市创建城市要高度重视和积极推进公交都市建设专项行动。省级交通运输主管部门要组织做好本辖区内公交都市建设的相关工作，进一步加强对城市交通运输主管部门的指导，督促各城市按照建设实施方案认真做好公交都市建设工作。各创建城市交通运输主管部门要在城市人民政府的统一领导下，会同有关部门加强工作联动，建立协作机制，牵头做好公交都市建设专项行动的任务分解和督促落实，确保创建工作稳步推进。

（三）完善支持政策。各省级交通运输主管部门要将创建城市的重大交通基础设施建设纳入交通固定资产投资计划，指导和支持有关城市加快推进创建工作。各创建城市交通运输主管部门要按照创建工作要求，积极争取城市人民政府的支持，加快建立完善规划、用地、路权、资金、财税扶持等方面的配套政策。对于建设过程中出现的新情况、新问题及相关政策建议，要及时上报。

（四）加强宣传交流。各级交通运输主管部门要积极利用网络、电视、报纸、新媒体等渠道，以及部网站公交都市建设示范工程专栏、微信公众号等平台，加大宣传力度，提高公众参与度，为全面推进公交都市建设创造良好的社会舆论氛围。要及时总结、推广创建经验，不断增强公共交通对促进城市经济社会发展的保障作用。

交通运输部办公厅

2016 年 11 月 30 日

财政部　交通运输部关于推进交通运输领域政府购买服务的指导意见

各省、自治区、直辖市、计划单列市财政厅（局）、交通运输厅（局），交通运输部部属单位：

为积极稳妥、规范有序地推进公路水路交通运输领域政府购买服务工作，更好地发挥市场在资源配置中的决定作用，根据《国务院办公厅关于政府向社会力量购买服务的指导意见》（国办发〔2013〕96 号）、《政府购买服务管理办法（暂行）》（财综〔2014〕96 号）等规定，结合公路水路交通运输领域实际，提出以下实施意见。

一、重要意义

推进政府购买服务是中央对进一步转变职能、创新管理、深化改革作出的重大部署。交通运输是政府提供公共服务的重要领域之一，具有服务内容广泛、服务事项繁多、服务投入大等显著特点。通过引入市场机制，将公路水路交通运输领域部分政府公共服务事项从“直接提供”转为“购买服务”，按照一定的方式和程序交由社会力量承担，有利于促进转变政府职能，加快推进交通运输治理体系和治理能力现代化；有利于激发市场活力，实现公共资源配置效率最大化，提高财政资金的使用效率；有利于调动社会力量参与交通运输领域治理、提供交通运输服务的积极性，构建多层次、多方式公路水路交通运输服务市场供给体系。

二、指导思想、工作目标和基本原则

（一）指导思想

深入贯彻落实党的十八大和十八届三中、四中、五中全会精神，按照国务院推进政府购买服务部署要求，围绕“综合交通、智慧交通、绿色交通、平安交通”建设，加快转变政府职能，推进政事分开和政社分开，进一步放开服务市场准入，引入市场竞争机制，创新服务提供机制和方式，提高财政资金的使用效益，提升公共服务的效率和水平，推动公路水路交通运输服务体系建设，完善交通运输现代市场体系，努力为人民群众提供安全便捷、畅通高效、绿色智能的交通运输服务。

（二）工作目标

到 2020 年，基本建立比较完善的公路水路交通运输领域政府购买服务制度，形成与交通运输部门管理职能相匹配、与交通运输发展水平相适应、高效合理的交通运输服务资源配置体系和供给体系，服务质量和水平显著提高。

（三）基本原则

公路水路交通运输领域政府购买服务工作应遵循以下原则：

——积极稳妥，有序实施。立足公路水路交通运输发展的阶段性特征，准确把握交通运输服务的需求特点、供给格局和承接能力，充分发挥政府主导作用，逐步扩大购买服务范围，有序引导社会力量参与服务供给。

——科学规范，注重实效。建立公路水路交通运输领域政府购买服务的制度，明确购买的主体、内容、程序和机制，科学谋划、精打细算，明确权利与义务、责任与风险，引入服务对象评价与反馈机制，保障政府购买服务的针对性和有效性。

——公开择优，动态调整。按照公开、公平、公正原则，通过竞争择优的方式选择承接政府购买服务的社会力量，确保具备条件的社会力量平等参与竞争。加强公路水路交通运输领域政府购买服务的监督检查和科学评估，建立优胜劣汰的动态调整机制。

——改革创新，总结提升。清理和废除妨碍公平竞争的制度障碍，注重与事业单位分类改革相衔接，有效解决公路水路交通运输领域存在的服务产品短缺、服务质量效率不高等问题。及时总结改革实践经验，不断提升公路水路交通运输领域政府购买服务的工作水平。

三、主要工作

（一）购买主体

政府向社会力量购买公路水路交通运输服务的主体为各级交通运输行政单位和具有行政管理职能的事业单位。

（二）承接主体

承接政府向社会力量购买公路水路交通运输服务的主体主要为具备提供公路水路交通运输服务能力，依法在登记管理部门登记或经国务院批准免予登记的社会组织、按事业单位分类改革应划入公益二类或转为企业的事业单位，依法在工商管理或行业主管部门登记成立的企业、机构等社会力量。购买主体要结合本地实际和购买公路水路交通运输服务的内容、特点、标准和要求等，按照公开、公平、公正原则，科学选定承接主体。

（三）购买内容

除法律法规另有规定，或涉及国家安全、保密事项等不适合向社会力量购买或者应当由行政事业单位直接提供的服务项目外，下列公路水路交通运输服务事项可通过政府购买方式，逐步交由社会力量承担：

（1）公路服务事项。包括农村公路建设与养护、政府收费还贷（债）高速公路服务区经营管理、公路桥梁隧道定期检查和检测、公路信息服务等服务事项。

（2）水路服务事项。包括公共航道维护性疏浚、清障扫床、整治建筑物维护、航道设备（除航标外）保养维护和维修、港口公用基础设施检测维护、水路信息服务等服务事项。

（3）运输服务事项。包括公路客运场站运营管理、农村客运渡口渡运服务、城市客运场站枢纽运营管理、城市公共交通运输服务、农村道路旅客运输服务、出租汽车综合服务区运营管理、客运公交信息服务、货物物流公共信息服务、交通运输服务监督电话系统信息服务与运行管理等服务事项。

（4）事务管理事项。包括公路水路领域调查和统计分析、标准规范研究、战略和政策研究、规划编制、课题研究、政策标准实施后评估、公路水路重大建设项目后评估、法律服务、监督检查中的专业技术支持、绩效评价、信息化建设与维护、业务培训、技术咨询评估（审查）、重大交通运输政策宣传和舆情监测、机关后勤服务、外事综合服务等技术性、辅助性服务事项。

购买主体向社会力量购买公路水路交通运输服务的范围应当根据职能性质确定，并与本地区社会经济发展水平相适应。交通运输部门纳入当地政府购买服务范围的事项，不得再交由所属公益一类事业单位承担。

（四）购买程序

购买主体应按照方式灵活、程序规范、竞争有序、讲求绩效的原则建立健全政府购买公路水路交通运输服务机制。

公路水路交通运输领域政府购买服务应按照政府采购有关法律规定，统一纳入政府采购管理。购买主体根据服务的内容和特点、社会力量市场发育程度、各单位实际等因素，依法采用公开招标、邀请招标、竞争性谈判、竞争性磋商、单一来源采购等方式确定承接主体，加强政府与社会力量和社会资本合作，严禁转包行为。通过多种渠道向社会公开服务需求信息，鼓励社会机构积极参与，选择最佳项目方案。

购买主体要按照合同管理要求，与承接主体签订合同，明确所购买服务的范围、标的、数量、质量要求，以及服务期限、资金支付方式、双方权利义务和违约责任等。对于采购需求具有相对固定性、延续性且价格变化幅度小的服务项目，在年度预算资金能够保障的前提下，购买主体可以签订不超过三年履行期限的政府采购合同。

建立健全以项目预算、信息发布、组织采购、合同签订、项目监管、绩效评价、费用支付等为主要内容的规范的服务购买流程。加强对承接主体服务提供全过程的跟踪监管及对履约情况和服务成果的检查验收，鼓励引入服务对象参与验收工作。

（五）资金管理

政府向社会力量购买服务所需资金列入财政预算，从部门预算经费或经批准的专项资金等既有预算中统筹安排。购买主体根据交通运输服务需求及预算安排，在编制年度预算时提出政府购买服务项目，确定购买内容和数量，纳入政府采购预算管理。按照“应买尽买、能买尽买”原则，凡具备条件的、适合以购买服务实现的，原则上都要通过政府购买服务方式实施。

（六）绩效管理

加强交通运输领域政府购买服务绩效管理，强化责任和效率意识，健全绩效评价机制。在购买合同中明确政府购买服务的绩效目标，清晰反映政府购买服务的预期产出、效果和服务对象满意度等内容，并细化、量化为具体绩效指标，分类制定操作性强、具有公路水路交通运输领域特色的绩效指标体系。购买主体应依据确定的绩效目标及时开展绩效监控，确保绩效目标如期实现。加强绩效评价和结果应用，购买主体应在合同约定的绩效指标基础上，制定全面完整、科学规范、细化量化、简便易行的绩效评价指标体系，组织开展年度或定期绩效评价，必要时可委托第三方具体实施。评价结果向社会公布，并作为结算购买服务资金、编制以后年度项目预算、选择承接主体等的参考依据。对绩效低下或无效的，应限制或禁止相应的承接主体再次参与公路水路交通运输领域政府购买服务工作。

四、组织管理

（一）加强组织领导，做好政策宣传

切实落实国务院、财政部关于政府购买服务的各项规定，把政府购买服务工作列入重要议事日程，统一思想，明确任务，制定措施，落实职责。要广泛宣传政府购买服务工作的目的意义、目标任务和相关要求，做好政策解读，加强舆论引导，主动回应群众关切，充分调动社会参与的积极性。

（二）推进相关改革，形成改革合力

转变财政支出方式，协同推进政府购买服务与事业单位改革和行业协会商会脱钩改革，对以承接购买服务方式获得财政资金支持的事业单位和行业协会商会，相应减少财政直接拨款，推动符合市场属性的事业单位和行业协会商会转为社会组织或企业，促进公共服务承接主体培育和市场竞争。

（三）总结购买经验，逐步深入推进

根据领域特点和人民群众实际需求，按照点面结合、整体推进、重点突破的工作思

路，选择部分公益性强、购买意愿足、市场供给条件比较成熟、社会力量能够承担的项目，开展政府购买服务工作。购买主体要不断总结经验，查找不足，完善工作方式，推动政府购买服务工作机制建设，逐步扩大购买服务范围，将具备条件的事项逐步转由社会力量承担。对于暂不具备实施条件的项目，通过转变政府职能、培育发展市场等方式积极创造实施条件，待条件具备后，转由社会力量承担。对于应当由政府直接提供、不适合社会力量承担的服务项目，以及不属于政府职责范围的服务事项，不得向社会力量购买。

（四）提高透明度，推进信息公开

按照政府采购信息公开的有关规定，购买主体应及时在财政部门指定的媒体上公开采购项目公告、采购文件、采购项目预算金额、采购结果等相关信息。购买主体在确定公共服务项目采购需求时，还应当征求社会公众的意见。购买活动结束后，应将验收结果于验收结束之日起 2 个工作日内向社会公告，自觉接受社会监督。

（五）严格执行规定，加强监督管理

严格遵守有关规定，规范政府购买服务资金的管理和使用，建立健全内部监督管理制度。购买主体要积极联合有关部门，建立公路水路交通运输领域承接主体承接政府购买服务行为信用档案，实行联合惩戒制度。对在购买服务实施过程中，发现承接主体不符合资质要求、歪曲服务主旨、弄虚作假、骗取冒领财政资金等违法违规行为的，应依据相关法律法规进行处罚，对造成重大恶劣社会影响的，应当禁止其再次参与公路水路交通运输领域政府购买服务工作。此外，承接主体应严格遵守有关保密规定，不得对外泄露涉及国家秘密、商业秘密、个人隐私的信息。

财政部　交通运输部
2016 年 2 月 22 日

规划引领协同融合　打造综合运输服务升级版
——交通运输部副部长刘小明解读《综合运输服务“十三五”发展规划》

《综合运输服务“十三五”发展规划》（以下简称《规划》）是交通运输大部门体制改革后，制定的第一个综合运输服务领域的专项规划。如何适应综合运输服务新形势新需求，统筹各种运输方式协同融合发展？如何全面提升综合运输服务能力水平，不断增进社会公众满意度和获得感？“十三五”期综合运输服务重点工作任务有哪些？交通运输部副部长刘小明对《规划》内容进行了深入解读。

综合运输服务“十二五”发展成效显著

“十二五”时期，交通运输行业坚持科学发展，着力推进综合运输体系建设，开创了综合运输服务工作新局面。

运输供给能力稳步提升。2015 年，全社会客、货运输量分别达到 194 亿人次和 410 亿吨。高铁旅客周转量超过全球其他国家和地区总和，港口吞吐量和集装箱吞吐量连续多年保持世界第一，航空运输规模稳居全球第二，快递业务量达到 206 亿件。

客运便捷化程度不断改进。全国建成一批集多种运输方式于一体的综合客运枢纽，旅客换乘更加便捷，高铁客运取得突破性发展，城市轨道交通、快速公交系统（BRT）加快发展，民航航班正常率稳步提升。

货运组织模式不断创新。多式联运发展取得初步成效，铁路快运班列等快速发展；公路甩挂运输试点稳步推进，航运中心建设取得积极进展；邮政快递业转型升级步伐加快。

装备技术水平稳步提高。高速铁路、重载铁路技术取得跨越式发展；插电式混合动力、纯电动等新能源车辆在城市公共汽车和出租汽车领域加快应用；客运、货运、车船租赁及维修等领域 O2O 商业模式蓬勃发展。

运输安全生产形势稳中趋好。铁路安全基础进一步夯实，道路交通安全生产形势总体平稳，海上突发事件搜救成功率保持较高水平，民航运营安全持续稳定。

发展政策环境不断优化。交通运输行政审批制度改革不断深化，事中和事后监管不断加强；交通运输大部门制改革持续深化，综合交通运输规划、运输服务安全监管、客货运输组织保障等方面部门间协同配合力度不断加强。

大建设与大服务并举并重

“十三五”时期是我国全面建成小康社会决胜阶段，是深化“四个全面”战略布局的关键时期。综合交通运输体系进入基础设施“大建设”与综合运输“大服务”并举并重的发展阶段，新形势对综合运输服务提出了新的更高要求。主要体现在五个方面：一是实现全面建成小康社会总目标，要求加快提升综合运输服务能力和水平；二是适应经济发展新常态，要求加快改进综合运输服务效率和品质；三是支撑国家重大战略，要求加快调整综合运输服务结构和布局；四是把握深化改革新形势，要求加快完善综合运输服务治理体系；五是顺应“互联网+”新趋势，要求加快创新综合运输服务模式和形态。

“十三五”时期，综合运输服务将进入以结构调整、转型升级、提质增效为主要特征的发展阶段，需要转变发展理念、调整工作重心，主动适应和引领服务需求加速升级、服务模式加速创新、运输结构加速调整、市场资源加速整合的行业发展新态势。

45 项重点任务确保实现发展目标

《规划》立足综合交通运输体系建设，以“四个全面”战略布局为统领，以改进提升综合运输服务为宗旨，以推动各种运输方式协同协作、竞合融合为主线，加快构建普惠均等、便捷高效、智能智慧、安全可靠、绿色低碳的综合运输服务系统，着力打造综合运输服务升级版，持续增进社会公众满意度和获得感。

《规划》坚持定量与定性相结合、以定量为主的原则，提出了“十三五”时期综合运输服务的发展目标。在指标构成和选取方面，综合考虑目标与任务关联性、指标结构的完整性以及可获取、可评估等因素，提出了普惠均等、便捷高效、智慧智能、安全可靠、绿色低碳 5 大类、45 项具体指标。为确保实现发展目标，《规划》提出了 11 个方面共 45 项重点任务。

法治化、市场化增强行业内生动力

《规划》围绕发挥市场在资源配置中的决定性作用和更好发挥政府作用，以法治化和市场化为导向，不断增强综合运输服务健康发展的内生动力。

健全法规制度标准，消除运输市场壁垒。开展《综合交通运输促进法》和《多式联运法》立法研究，推进综合交通运输标准体系建设，弱化资源和资格等前置审批管理，强化事中和事后监管。

推进重点领域改革，强化运输市场监管。发展铁路全程物流和总包物流，推进道路客运班线经营许可改革，鼓励港口、海运企业发展全程物流服务，实施民航空域资源分类管理，推进低空空域管理改革发展，加强信用考核评价监督管理，制定守信激励和失信惩戒制度。

构建便捷舒适的客运服务体系

“十三五”时期，综合交通运输将以公共客运为主导，提升客运服务均等化、便捷化、多样化服务水平，更好地满足公众出行需求。

推进旅客联程运输发展。鼓励开展空铁、公铁、空巴等联程运输服务，推广普及电子客票、联网售票、实名制购票，支持企业提供旅客联程、往返、异地出行票务服务，鼓励依托第三方平台发展“一票制”客运服务。

建设高品质的城际客运系统。优化铁路客运、公路长途客运、航空客运结构，推动形成高速、特快、快速、普速合理匹配的多层次铁路客运产品体系；支持毗邻地区客运班线公交化改造，推进长途客运接驳运输发展。

完善多层次的城市客运服务体系。深入落实城市公共交通优先发展战略，进一步提高公交出行分担率；建立出租汽车运力动态调控机制，鼓励移动互联网与出租汽车行业融合创新；鼓励汽车租赁业网络化、规模化、品牌化发展，满足群众高品质、差异化出行需求。

建立一体化的城乡客运服务网络。提高农村客运通达深度和覆盖面，加强农村客运通达情况监测考评，推进有条件的地区实施农村客运公交化改造；统筹协调城乡客运在票价、税费、补贴、通行等方面的政策，促进城乡基本公共服务均等化。

构建集约高效的货运物流服务体系

持续推进传统货运业转型升级，更好地发挥交通运输在物流业发展中的基础和主体作用也是“十三五”时期综合运输服务的重点任务。

推进多式联运加快发展。着力构建设施高效衔接、枢纽快速转运、信息互联共享、装备标准专业、服务一体对接的多式联运组织体系，重点发展以集装箱、半挂车为标准运载单元的多式联运。

推动甩挂运输全面发展。重点推进跨区域甩挂、企业联盟甩挂、网络型甩挂、邮（快）件甩挂、干线运输与城市配送衔接甩挂等主题性模式加快发展；鼓励创新“挂车池”等新兴物流服务，支持发展长途接驳甩挂运输，鼓励发展挂车租赁、挂车互换等业务。

统筹城乡配送协调发展。完善城乡配送跨部门协同工作机制，引导企业发展统一配送、集中配送、共同配送等集约化组织模式；推进农村物流资源整合与协同开发，推广“多站合一”的农村物流节点发展模式。

引导货运企业转型发展。鼓励企业通过参股控股、兼并重组、协作联盟等方式做大做强，推动形成一批技术水平先进、组织集约高效、核心竞争力强的大型现代物流企业；引导传统货运企业向上下游延伸服务，与其他产业联动发展、跨界融合，加快向综合物流服务商转型。

鼓励专业物流创新发展。完善冷链运输全程温控相关技术标准和服务规范，推进船舶管理、船舶代理、水路运输代理等传统航运服务业创新发展，提升邮政收寄投递、全程时限、跟踪查询等服务能力。

加快提升综合运输通道服务效能

《规划》提出，要适应国家综合运输大通道建设要求，优化通道内各种运输方式服务结构，推动各种运输方式运量的合理分担。

优化通道内运输组织网络。加强综合运输大通道内铁路、水运能力建设，优化道路运输网络的层级匹配；有序推进各种运输方式节点体系和重点枢纽场站建设，完善集疏运体系。

创新通道运输组织模式。依托综合运输通道，发展旅客联程运输、货物多式联运等集约高效的运输组织模式；支持发展“空铁通”“空巴通”、铁路货物快运班列等服务模式；引导民航企业和邮政快递企业发展全货机、支线航空货运，稳步推广货物空空中转、航空快件中转集拼等业务。

构建通道联运服务系统。依托阿拉山口、霍尔果斯等陆路口岸，广泛开展对中亚、欧洲等地的公铁、铁水集装箱多式联运；依托长江黄金水道，鼓励发展集装箱、大宗散货、汽车滚装及江海中转等多式联运；依托京津冀、长三角等城市群航空货运枢纽及铁路集装箱中心站，完善邮政快递分拨中心布局，大力发展空陆联运，探索发展铁路驮背运输。

推进通道运行协同管控。推动建立跨方式、跨部门、跨区域的通道运输服务协调联动机制；建立通道内各运输方式间信息开放共享与互联互通机制，推进运输一体化统筹调度；完善通道内交通应急处置工作机制，统筹不同运输方式应急联动响应，提高协同保畅能力。

综合运输枢纽服务品质更高更多元

围绕实现客运“零距离换乘”、货运“无缝化衔接”目标，“十三五”时期，综合运输服务将推动建立标准统一、功能融合、运营规范、服务高效的综合运输枢纽体系。

提高综合运输枢纽规范化服务能力。建立综合运输枢纽统一规划、一体设计、同步建设、同期运营、协同管理的联动工作机制，规范运输方式间的交通标志指引、标识管理，推动铁路、公路、民航、邮政、城市交通等服务标准在枢纽内相衔接。

拓展综合客运枢纽多元化服务功能。优化枢纽接驳服务，推动各种运输方式互设自助售票取票设备，探索开展旅客“行李直挂”和跨方式行李联程托运等业务。

提升综合货运枢纽集约化发展水平。优化货运枢纽（物流园区）规划布局，推进铁路集装箱中心站建设，鼓励铁路货运站场向综合货运枢纽和物流服务中心转型升级，支持货运枢纽（物流园区）与区域内产业互动。

统筹各种运输方式装备标准协同应用

《规划》提出，统筹各种运输方式装备标准协同应用，提升运输装备的现代化水平。

大力发展多式联运技术装备。推广标准化、集装化运载单元和托盘，推进集装化单元装载机具以及大型转运吊装设备、非吊装式换装设备普及应用；支持企业研发应用铁路驮背运输平车、半挂车滚装专用船舶等多式联运专用载运装备和机具，提升运输装备的通用性和现代化水平。

大力推进货运车型标准化。加强货运车辆公告、生产、检测、注册登记、营运使用等环节的标准衔接，完善挂车、汽车列车等技术标准，推动建立营运“多检合一”及“结果互认”工作机制。

推进专业运输装备技术升级。完善具有自主知识产权的铁路动车组技术标准体系，推广应用大容量、低地板公交车辆以及空调车、无障碍化公交车辆，推进国产大飞机投入试运行。

积极发展节能环保运输装备。落实对新能源汽车推广应用的政策措施，鼓励研发专用车型，推动完善加气、充换电等配套设施；以城市公交、出租汽车、邮政快递等领域为重点，大力推广应用插电式混合动力汽车。

运输服务引进来、走出去

围绕服务国家“一带一路”战略，深化对外交流与合作，提高运输服务“引进来”

“走出去”的能力和水平。

统筹集装箱国际班列协调发展。有效整合中欧、中亚国际集装箱运输班列资源，推动形成“统一品牌标识、统一运输组织、统一全程价格、统一服务标准、统一协调平台”的中欧班列国际物流品牌。

完善国际运输互联互通网络。围绕新亚欧大陆桥、中蒙俄、中国—中亚—西亚、中国—中南半岛，以及中巴、孟中缅印等经济走廊，推进国际道路运输双、多边协定的制定、修订和签署实施，推动形成丝绸之路经济带国际运输走廊。

推动陆路口岸通行便利化。加强口岸国际道路运输管理机构基础能力建设，推动形成运输管理、边检、海关、检验检疫一体化与“一站式”的陆路口岸通关模式。

拓展国际航空航运市场。统筹研究国际航空运输开放政策，鼓励国内航空公司开拓国际市场，积极推进境外落地服务。支持国内机场集团“走出去”，通过托管、参股等形式参与“一带一路”沿线各国适宜条件的机场管理。

支持跨境寄递发展。推进寄递服务与跨境电子商务联动发展，完善国际邮件处理中心布局，支持建设一批国际快件转运中心和海外仓，开发国际航空快递专线。

安全管理全过程、全方位、精细化

加强运输安全生产管理体系建设，健全全过程、全方位、精细化的安全管理长效机制。

强化安全生产主体责任。严格落实企业主要负责人、安全生产管理人员、从业人员安全生产法定责任，强化企业安全生产隐患排查治理主体责任，健全企业安全生产责任追究机制，强化落实安全生产“一票否决”制度。

强化安全运行监管能力。加强危险品等特殊货类、交通高峰期等特殊时段、冰冻雨雪等恶劣气象条件下的运输安全监督管理，加强车辆动态监管和重点领域安全监管。

强化安全生产基础支撑。建立安全风险防控体系，建立健全事故统计分析制度，强化涉及安全应急等重点岗位从业人员的教育培训和资格管理。

强化应急保障能力建设。完善运输服务应急预案体系，加强各级交通运输应急保障运力储备，加强安全应急演练，提升运输服务应急联动能力；健全大面积航班、高铁延误以及铁路重点物资运输迟滞等预警机制，提高综合运输服务整体应急处置能力。

“互联网+”与运输服务融合发展

为适应移动互联网时代“指尖消费”需求，《规划》从多个方面推动“互联网+”与运输服务融合发展。

推动实现智慧运输服务“一点通”。支持提供基于移动终端的铁路、民航、公交运行动态信息及城市路况查询等服务；推进综合运输服务“移动政务”平台建设，加强政务公共信息向全社会开放。

推动实现公众出行支付“一卡通”。建立交通一卡通清分结算、服务价格、风险管控、绩效评价等制度规则，鼓励组建交通一卡通清分结算平台，推动交通一卡通积极拓展小额支付、移动支付等服务功能。

推动实现公共信息服务“一网通”。统筹公众出行信息服务平台建设，以公众出行服务网站、多媒体查询、移动终端、可变信息板等多种形式，合理引导公众出行。

运输服务与关联产业协同联动

围绕培育壮大多业联动产业集群，推动运输服务与前后向、上下游关联紧密产业的协同联动，促进形成“运输服务+”跨界融合发展新格局。

推动运输服务与制造业联动发展。以先进轨道交通装备、节能与新能源汽车、高技术船舶以及标准化运载单元和货运车辆、多式联运转运设备等为重点，推动形成一批具有较强国际竞争力的运输装备制造跨国公司和产业集群。

推动运输服务与流通业联动发展。加快构建便捷高效的综合运输服务体系和顺达通畅的城乡物流网络，支撑内贸流通创新发展。

推动运输服务与旅游业联动发展。加强交通运输与旅游行业间信息共享，完善主要旅游景区公共客运基础设施，加强枢纽场站与旅游景区交通衔接，推动“快进慢游”的便捷运输服务系统建设。

推动运输服务与农业联动发展。探索建立以便捷交通为引导的农村社区空间布局、现代农业产业体系发展模式，推动形成“三农”发展新格局。

广泛凝聚合力促重点任务落地

为加快推动重点工作任务落地，《规划》列出了快件上车上船上飞机、综合运输服务示范城市、公交都市、多式联运、公路甩挂运输、城乡交通一体化、货运车型标准化、国际道路运输便利化、一卡通互联互通、汽车维修信息公开与电子健康档案、互联网+运输服务、12328 服务畅通 12 项专项行动和推进工程。

《规划》在贯彻实施过程中，需要广泛凝聚各地交通运输主管部门、地方政府、运输企业等的合力。一是加强部门衔接协调，明确任务分工，落实工作责任。二是强化市场主体作用，充分调动市场主体参与规划实施的积极性和能动性。三是优化政策环境，创新政府与社会资本合作模式，加强资金使用监督管理考核。四是开展关键技术基础研究、联合攻关和示范应用，发展综合运输服务众创空间。五是着力提升运输从业人员服务意识、专业素养和业务能力，加快培育一支爱岗敬业、服务规范、形象文明、诚实守信的从业人员队伍。六是加强舆情监测与新闻宣传，主动接受社会监督，及时回应公众关切，深入推进交通运输文化建设，为综合运输服务改革发展营造良好氛围。

《交通运输科技“十三五”发展规划》解读
——访交通运输部科技司副司长袁鹏

简介：“十三五”时期是贯彻落实中央“四个全面”战略布局、加快“四个交通”发展、推进交通运输现代化的重要时期。科技规划是交通运输部开展行业科技管理、指导行业科技发展的重要手段。在《交通运输科技“十三五”发展规划》（以下简称《规划》）出台之际，为便于大家更好地理解《规划》的重要内容，交通运输部网站特邀请交通运输部科技司袁鹏副司长进行解读。

问：

“十二五”时期，我国交通运输的大建设大发展取得了不平凡的成就。在交通运输事业突飞猛进的发展过程中，交通运输科技进步与创新取得了哪些成绩？

答：

“十二五”时期特别是党的十八大以来，以习近平同志为总书记的党中央站在全球发展和民族复兴的高度，科学研判世界科技革命和产业变革的大势，果断作出实施创新驱动发展战略的重大决策部署，把科技创新摆在国家发展全局的核心位置，大力推动以科技创新为核心的全面创新，提出了一系列重大的新思想、新论断、新要求。部党组认真贯彻落实党中央、国务院关于实施创新驱动发展战略的一系列重大决策部署，坚定不移地把科技创新摆在交通运输现代化建设全局的突出位置，立足智慧交通主战场，深入实施创新驱动发展战略，行业科技创新能力和科技实力显著增强。2013 年 10 月，部召开全国交通运输科技创新电视电话会，传堂部长出席会议并强调，要坚持“三个面向”，强化“四个引领”，深入实施创新驱动发展战略，不断深化行业科技体制改革，为新时期行业科技工作指明了方向。

“十二五”以来，围绕部党组决策部署和行业中心工作，我们通过大力争取国家科技资源、创新重大项目组织模式，依托重大工程建设，组织实施了“港珠澳大桥跨海集群工程建设关键技术研究与示范”等国家科技支撑计划项目和“黄金水道通过能力提升”等 6 个重大科技专项，在离岸深水港建设、深水隧岛桥集群工程建设、溢油应急处置技术及装备、航道系统整治技术、沥青路面新材料、大深度饱和潜水、路网检测修复等领域取得了一批先进适用的重大科技创新成果，有力地支撑了行业持续快速发展，科技创新的支撑引领作用进一步增强。“十二五”以来，全行业共获国家科学技术奖励 26 项，中国专利金奖 2 项，“离岸深水港建设关键技术与工程应用”获国家科技进步一等奖。

围绕交通运输转型升级的重点任务，我们通过强化部省联动，组织实施了资源节约与循环利用、绿色智能港口建设与运营、山区高速公路运营安全保障等 14 项部科技示范工程，依托江苏省开展了科技促进交通运输安全发展综合示范区建设，集中推广了一批行业先进技术成果，科技成果产业化、标准化步伐不断加快。经过不断探索实践，以科技示范工程、成果推广目录、科技丛书和科技大讲堂为载体的行业科技成果推广政策“组合拳”效应逐步显现。“十二五”以来，行业2900余项科技成果得到推广，支撑了125项国家标准和1247项行业、地方和企业标准规范的制修订，951项政策建议被各级交通主管部门采纳。

与此同时，我们以加强交通科研基地、交通科技信息资源共享平台为抓手，强化创新能力建设，交通运输科技创新实力不断提升。与科技部、发改委共同培育建设了3个国家重点实验室、3个国家工程技术研究中心，9个国家工程实验室、3个国家工程研究中心和2个国际科技合作基地，实现了国家级科研平台建设的重大突破。围绕“四个交通”建设，进一步加快行业重点实验室和研发中心布局，截至2015年年底，共建设了50个行业重点实验室、18个行业研发中心和19个协同创新平台。依托重大工程建设、重点科研项目和重点科研平台，培育了一批青年科技创新人才、创新团队和创新人才培养示范基地。“十二五”期间，全行业3名科研人员入选科技部中青年科技创新领军人才，2个创新团队入选科技部重点领域创新团队，“干旱荒漠区公路工程技术行业重点实验室雪灾防治研究团队”荣获2014年“全国杰出专业技术人才先进集体”称号，受到中央组织部、中央宣传部、人力资源社会保障部和科技部联合表彰。交通科技信息资源共享工作持续推进，28个省份已建成交通科技信息资源共享子平台，基本形成了覆盖全国的交通科技信息资源共享平台体系，促进科技信息资源共享。

交通运输部运输服务司副司长蔡团解读《城市公共交通“十三五”发展纲要》：深入实施公交优先战略

城市公共交通是满足人民群众基本出行需求的社会公益性事业，做好“十三五”时期城市公共交通发展的顶层设计，对支撑新型城镇化发展和满足人民群众多样化出行需求具有重要意义。近日，交通运输部印发《城市公共交通“十三五”发展纲要》（以下简称《纲要》）。如何深入落实公交优先战略?如何破解行业深层次发展难题?如何提升公共交通吸引力?交通运输部运输服务司副司长蔡团结对《纲要》进行了深入解读。

服务保障能力迈上新台阶

“公交都市”创建活动形成了一批可复制、可推广的典型案例，公交优先发展理念逐步得到广泛认同。

“十二五”时期，党中央、国务院高度重视城市公共交通发展。习近平总书记在北京市视察时指出，发展公共交通是现代城市发展的方向。李克强总理在《2016 年政府工作报告》中强调，要完善公共交通网络，治理交通拥堵等突出问题。2012 年 12 月，《国务院关于城市优先发展公共交通的指导意见》在国家层面进一步确立了城市公共交通优先发展战略。

“十二五”时期，我国城市公共交通发展取得了积极成效，可归纳为五个方面。

一是城市公交服务保障能力再上新台阶。“十二五”末，全国共有城市公共汽电车辆超过 63 万辆，运营线路总长度约 90 万公里；全国快速公交系统运营线路总长度超过 3000 公里，公交专用车道约 8500 公里；全国已有 25 个城市开通了轨道交通线路，运营线路总长度已超过 3200 公里。

二是“公交都市”创建活动持续推进。交通运输部先后组织开展两批“公交都市”建设示范工程，支持各城市在落实公交优先发展战略、缓解城市交通拥堵等方面先行先试，形成了一批可复制、可推广的典型案例，公交优先发展理念逐步得到广泛认同。

三是城市公交服务质量取得新提升。“十二五”末，全国城市公交年客运量超过 900 亿人次，城市建成区公交站点 500 米覆盖率已达到 85%，公共汽电车中具有空气调节装置的车辆占比超过 50%。“互联网+”在公交行业的应用不断加强，手机 APP、电子站牌等稳步推进。各地还创新推出了定制公交、商务快巴、社区巴士等特色服务，更好地满足人民群众出行需求。

四是城市公交行业改革取得新进展。各地积极探索运营主体整合和管理模式创新，推进实施城市公交服务质量招投标制度、公共财政保障制度、社会满意度调查制度等，有效提升了城市公共交通行业治理能力。

五是城市公交发展政策体系建设取得新突破。交通运输部出台了贯彻实施《国务院关于城市优先发展公共交通的指导意见》的具体意见，发布了《城市客运标准体系》，按照急需先建、稳步推进的原则，制定发布了一批包括城市公共汽电车、城市轨道交通运营管理等在内的城市客运标准。

城市公交要发挥好导向、主体、带动作用

《纲要》坚持以人为本、提质增效，政府主导、市场运作，规划引导、统筹发展，深化改革、依法治理，因地制宜、分类指导。

“十三五”时期是我国全面建成小康社会、加快推进新型城镇化建设的关键时期，也是城市公共交通发展的机遇期和攻坚期。经济发展进入新常态，要求城市公共交通发展有新状态、新作为，不断满足广大群众日益增长的出行需求。城市公共交通的发展主线是要站在服务国家重大战略、服务国民经济社会发展，立足于服务民生、提升行业治理能力等角度，综合考虑发展问题。城市公交必须发挥好三个作用：一是适应新型城镇化建设需要，发挥好导向作用；二是适应城市交通科学发展需要，发挥好主体作用；三是适应城乡公共服务均等化建设需要，发挥好带动作用。

党的十八届五中全会提出了创新、协调、绿色、开放、共享的发展理念；《中华人民共和国国民经济和社会发展第十三个五年规划纲要》明确提出，实行公共交通优先，加快发展城市轨道交通、快速公交等大容量公共交通，鼓励绿色出行。《纲要》的编制遵循五大发展理念，充分考虑经济社会发展的新形势和新要求，围绕使交通运输真正成为发展“先行官”，突出“十三五”期城市公共交通的发展方向和发展重点，切实提升城市公共交通发展水平。

《纲要》以“公交都市”建设为抓手，以改革创新为动力，全力推进城市公交体制机制改革和供给侧结构性改革，加快提升城市公交引导城市发展能力、服务保障能力、可持续发展能力和综合治理能力，努力打造高效便捷、安全舒适、经济可靠、绿色低碳的城市公交系统，实现好、维护好、发展好人民群众的基本出行权益。

《纲要》的编制始终坚持五个基本原则。一是以人为本、提质增效。不断提高城市公交的吸引力与竞争力，让公众主动优选城市公交出行。二是政府主导、市场运作。坚持城市公交的公益属性，落实政府主导责任和企业主体责任，推动城市公交基础设施建设、维护与运营市场化改革。三是规划引导、统筹发展。科学编制城市公交规划，充分发挥公共交通对城市发展的引导作用。四是深化改革、依法治理。推进票制票价、政府购买服务、用地综合开发等关键制度创新，加强行业法规政策和标准规范体系建设。五是因地制宜、分类指导。根据不同类型城市对城市公交需求的差异，分类确定发展目标、发展重点和发展政策。

建成与城市功能形象匹配的公交体系

城市公共交通的发展愿景是，群众出行满意，行业发展可持续。

“十三五”时期，城市公共交通的发展愿景，就是全面建成适应经济社会发展和公众出行需要，与我国城市功能和城市形象相匹配的现代化城市公共交通体系。主要可从两个方面来衡量：一是群众出行满意。这是落实公交优先、百姓优先的基本要求，让公交成为群众出行优先选择，出行更加高效便捷、安全舒适、经济可靠、绿色低碳。二是行业发展可持续。实现城市公交综合治理体系和治理能力现代化，企业发展更具活力和竞争力，从业人员有职业荣誉感和行业归属感。

为了推动各地更好地落实公交优先发展战略，交通运输部根据不同人口规模对城市进行分类，按照“数据可采集、同类可比较、群众可感知”原则，提出了“十三五”时期各类城市公交发展指标，包括城市公共交通机动化出行分担率、城市交通绿色出行分担率、城市公共交通乘客满意度等 9 项关键指标，以此引导各地加快建立适应全面建成小康社会需求的现代化城市公共交通体系。

开展“公交都市”建设专项行动

通过 5 年左右的建设，实现中心城区 500 米上车，城市交通绿色出行比例达到 75%以上。

“十二五”时期，交通运输部分两批在北京等 37 个城市开展了“公交都市”创建活动，得到社会各界高度关注。各创建城市积极践行公交优先发展理念，城市公交优先发展政策体系进一步完善和落实，公交基础设施建设、运营保障能力和服务水平稳步提升。“公交都市”创建活动已成为推进落实公交优先发展战略的重要抓手，成为凝聚城市公交改革发展共识的重要平台，成为创新推动交通运输发展的重要品牌。

“十三五”时期，交通运输部将开展“公交都市”建设专项行动，在地市级以上城市全面推进“公交都市”建设，并将对各“公交都市”建设城市符合条件的综合客运枢纽建设给予支持。通过 5 年左右的建设，实现中心城区 500 米上车，城市交通绿色出行比例达到 75%以上。在“公交都市”建设过程中，还将积极推进新能源城市公交车的推广应用，推动利用“互联网+城市公交”发展，创新发展各类新型服务模式。

建立跨行政区域的发展协调机制

推动建立规划、建设、运营、管理一体化的城市公交管理体制；按照“规模经营、适度竞争”的原则，适度整合城市公交经营主体。

深化城市公交行业体制机制改革，是破解公交行业深层次发展难题的关键。《纲要》将深化城市公交行业体制机制改革作为“十三五”时期城市公共交通优先发展的重要任务之一，将着重从五个方面推进改革。

一是推进城市公交管理体制改革。推动建立规划、建设、运营、管理一体化的城市公交管理体制，进一步完善城市公交发展跨部门协调机制，探索建立城市群、都市圈范围内跨行政区域的公交发展协调机制。

二是推进公交企业改革。按照“规模经营、适度竞争”的原则，适度整合城市公交经营主体。完善现代企业制度和国有资产管理体制。强化市场机制，提高城市公交服务效率和能力。强化监督，建立健全权责对等、运转协调、有效制衡的决策执行监督机制等。

三是建立政府购买服务机制。指导各地科学制定城市公交服务购买方案，制定并落实城市公交服务质量考评标准，并将考核结果与运营绩效、财政补贴发放和市场准入与退出等挂钩。

四是建立票制票价制定和调节机制。制定城市公交企业运营成本核算规范，建立城市公交成本票价制度和城市公交票价动态调节机制。会同有关部门建立城市公交成本费用监审制度。

五是健全公共交通用地综合开发政策落实机制。细化城市公交用地综合开发政策，优先满足和节约集约利用城市公交用地。建立健全城市公交用地综合开发增值效益反哺机制，保障用地综合开发收益用于城市公交基础设施建设和弥补运营亏损。

优化服务品质提升公交吸引力

加强多种方式网络的融合衔接，扩大线网覆盖范围，提升公共交通网络通达深度；鼓励开行大站快车、区间车等多种运营组织形式，积极发展商务班车、定制公交、社区公交等特色服务。

目前，城市公交服务模式单一、服务质量不高、吸引力不强的问题，是制约公交发展的关键因素，“等车时间长、行车速度慢、乘车环境差、换乘不方便”等仍是社会公众突出反映的问题。“十三五”时期，城市公共交通发展将坚持问题导向、目标导向和需求导向，全面提升服务品质。一方面，要扩大公交服务广度和深度。通过科学规划、调整城市公交线网，加强多种方式网络的融合衔接，扩大线网覆盖范围，提升公共交通网络通达深度。鼓励有条件的城市将公交线路向郊区或者全域延伸，提升城乡客运基本公共服务均等化水平。另一方面，要完善多元化公交服务网络。鼓励开行大站快车、区间车等多种运营组织形式，积极发展商务班车、定制公交、社区公交等特色服务。完善城市慢行交通出行环境，引导公众选择绿色交通方式出行。

《纲要》着重提出，要全面提升公交出行的快捷性、便利性、舒适性、安全性。一是加快推进城市轨道交通建设，推动公交专用道连续、成网，构建城市公交快速通勤系统。以市郊铁路、城际轨道交通为主体推进都市圈、城市群快速通勤系统建设，提升公交出行快捷性。二是加强基础设施、运营管理和信息服务等方面的衔接，优化乘车、换乘条件，提升城市公交集疏运效能和换乘便利性，提升公交出行便利性。三是加大城市公交运力投放力度，控制高峰时段车辆满载率，提高空调车比例，提升公交出行舒适性。四是落实公交企业安全生产主体责任，提升城市公共交通安全防范和应急处置能力，提升城市轨道交通运营安全监管能力，提升公交出行安全性。

此外，交通运输部将积极推进城市公共交通与移动互联网深度融合，深化城市公交智能化应用示范工程，加快建设城市公交智能化应用系统；大力推进大数据、云计算、移动互联网技术在城市公交出行信息服务领域的应用，推动具有城市公交便捷出行引导的智慧型综合出行信息服务系统建设，提升城市公共交通智能化发展能力。

以公共交通引导城市发展

对大型建设项目，组织开展交通影响评价。

国内外实践表明，优先发展城市公共交通是有效缓解城市交通拥堵、改善城市空气质量、解决“城市病”的良药。缓解城市交通拥堵，必须坚持标本兼治、多策并举、综合施策。

一是充分协调城市发展与交通的关系，树立公共交通引导城市发展（TOD）的理念，坚定不移地推进城市公共交通优先发展战略。

二是合理选择交通疏导措施，充分考虑城市人口规模、地理形态、空间布局和交通发展阶段的差异性，引导城市依法建立以法律、经济、科技手段为主，行政手段为辅的差异化交通拥堵治理措施。

三是改善慢行交通出行环境。构建安全、公平、便捷、连续、舒适、优美的步行、自行车等慢行交通系统。

四是加强城市静态交通管理。科学规划建设停车设施，支持对中心城区实行分区域、分时段、分标准的差别化停车收费政策。

五是落实城市建设项目交通影响评价制度。对规划建设航空港、铁路客运站、水路客运码头、公路客运站、居住区、商务区等大型建设项目，组织开展交通影响评价。

完善综合保障措施

逐步形成以行政法规为龙头、以部颁规章为基础、以地方立法为支撑的法规体系，制定和落实城市公交财税扶持政策，优化城市公交从业人员政策环境。

各城市政府是城市公共交通发展的责任主体。《纲要》的顺利实施，需要各有关方面的积极推动和大力支持，也需要相应的政策保障措施。

一是加快城市公交法规标准建设。逐步形成以行政法规为龙头、以部颁规章为基础、以地方立法为支撑的法规体系，为城市公交规划、建设、运营、管理、安全和政策扶持等提供法制保障。加强对地方城市公交立法工作的指导，鼓励各地在立法权限内积极制定出台符合当地实际的城市公交法规。加快推进城市客运行业发展急需标准的制定和修订。

二是制定和落实城市公交财税扶持政策。通过示范工程等方式，加大对综合客运枢纽、信息化建设等项目的支持力度。探索城市公交基础设施建设与地区经济社会协调发展。对“公交都市”建设城市的公交重要基础设施建设项目，纳入交通固定资产投资计划。

三是优化城市公交从业人员政策环境。建立平等公开和竞争择优的制度环境，加强城市公交人才建设与培养。加强公共交通从业人员职业教育，在职业院校、技工学校等建立城市公交驾驶员订单式培养机制。引导城市公交企业加快完善职工工资体系，建立与当地社会平均工资水平相适应的收入增长机制。

科技部创新发展司司长许倞解读《“十三五”国家科技创新规划》

近日，国务院印发《“十三五”国家科技创新规划》（以下简称《规划》）。这个首次以“科技创新”命名的《规划》，确立了迈进创新型国家行列、为建成世界科技强国奠定坚实基础的总目标。

“《规划》最显著的特征，是关注点不仅仅是科学技术研究本身的改革和发展，更加关乎国民经济主战场，关乎面向科技前沿，关乎面向重大需求。”作为全程参与规划的编制者，科技部创新发展司司长许倞接受科技日报专访时，连用三个“关乎”解读《规划》亮点。

赶超引领　支撑国家重大战略发展

全社会研发投入已超 1.4 万亿元，科技人力资源和研发人员总量居世界第一，科技整体水平呈现“三跑”并存的格局……傲人的成绩单背后，是科技储备有待加强、高端人才十分紧缺的现实，同时，关键核心技术受制于人的局面尚未得到根本解决，制约创新发展的思想观念和深层次体制机制的障碍迫切需要革除。

“我们必须加大改革创新力度，全面增强自主创新能力，加速赶超引领的步伐。”许倞说，未来五年，我国科技创新将围绕深入实施国家“十三五”规划纲要和国家创新驱动发展战略纲要，有力支撑“中国制造 2025”“互联网+”、航天强国等国家战略实施，重点布局支撑国家重大战略、引领经济社会发展的四个方面。

第一，实施关系全局和长远的重大科技项目，抓紧推进 16 个国家科技重大专项实施，启动科技创新 2030—重大项目，力争在航空发动机及燃气轮机、深海空间站、量子通信与量子计算、脑科学与类脑研究等重点方向率先突破。

第二，构建具有国际竞争力的产业技术体系，加强现代农业、新一代信息技术、智能制造、能源等领域一体化部署，推进颠覆性技术创新。

第三，健全支撑民生改善和可持续发展的技术体系，加大资源环境、人口健康、新型城镇化、公共安全等领域核心关键技术攻关和转化应用的力度。

第四，建立保障国家安全和战略利益的技术体系，加强深海、深地、深空、深蓝等领域的战略高技术部署。

加码创新　创新源头要有“活水”来

原始创新是我国科技创新的短板。为此，《规划》把提升原始创新能力作为重中之重，持续加强前瞻部署，强化创新源头供给，为经济社会长远发展提供持久动力。

许倞告诉记者，《规划》将持续加强基础研究，加大对好奇心驱动基础研究的支持力度，引导科学家将学术兴趣与国家目标结合建设以国家实验室为引领的科技创新基地。比如，建设一批体量大、学科交叉融合、综合集成的国家实验室；布局能源、生命、粒子物理和核物理、空间和天文、海洋等领域的一批重大科技基础设施。

要补上原始创新的短板，创新型人才结构就得前瞻布局。“突出‘高精尖缺’导向，重视高层次创新型科技人才队伍建设，促进科学研究、工程技术、科技管理、科技创业人员和技能型人才等协调发展。”许倞强调，要赋予创新领军人才更大人财物支配权、技术路线决策权，改革评价奖励制度，实行以增加知识价值为导向的分配政策。

激活动能　打造创新创业良好生态

未来五年，针对大众创新创业又有哪些利好消息？许倞透露，“十三五”期间，将围绕构建大众创业、万众创新的生态环境，建设服务实体经济的创业孵化体系，健全支持科技创新创业的金融体系，提升面向创新创业的科技服务能力。

“未来将推进众创空间向专业化、细分化方向发展，形成以龙头骨干企业为核心、高校院所积极参与、辐射带动中小微企业成长发展的产业创新生态。”许倞说，从金融创新来说，建立从实验研究、中试到生产的全过程、多元化和差异性的科技创新融资模式；从围绕创新链完善服务链而言，重点发展研究开发、技术转移、检验检测认证、创业孵化、知识产权、科技咨询等业态，建立统一开放的技术交易市场体系等。

未来五年，我国还将着力打造一批区域创新高地，引领带动区域创新水平整体跃升。比如，支持北京、上海建设具有全球影响力的科技创新中心，在东中西部具备条件的地方再建设一批国家自主创新示范区，建设带动性强的创新型省市和区域创新中心，系统推进全面创新改革试验。

创新治理　体制机制问题要理顺

促进科技与经济社会发展的深度融合，是《规划》的亮点之一。这不仅需要深化科技体制改革，强化科技体制改革与其他领域改革的协同，也要全面提升创新治理能力和水平。

许倞说，首先要健全政府科技创新治理机制，推动政府简政放权、放管结合、优化服务，完善国家科技咨询决策和科技成果转移转化机制，健全军民深度融合创新机制。

“强化企业创新主体地位和主导作用，加快培育世界级创新领军企业，促进科技型中小企业健康发展，依托企业、高校、科研院所建设一批国家技术创新中心，深化产学研、上中下游、大中小企业的紧密合作。”许倞称，提升创新治理能力和水平，还要建立高效研发组织体系，统筹推进世界一流大学和一流学科建设，推进科研院所分类改革，支持扩大高校和科研院所自主权。

《交通运输部关于推进珠江水运科学发展的若干意见》解读

交通运输部水运局

近日，交通运输部发布了《交通运输部关于推进珠江水运科学发展的若干意见》（以下简称《若干意见》），交通运输部水运局李天碧局长针对《若干意见》出台的背景、意义作用以及重点任务等内容进行了解读。

一、《若干意见》出台的背景

珠江是我国第二大通航河流，流经广东、广西、贵州、云南四省区，通达香港、澳门，是我国华南、西南地区重要的水上运输通道，也是实现西南与华南地区经济互补、协调发展的重要纽带。“十三五”期是我国全面建成小康社会的决胜阶段，党中央、国务院作出了“一带一路”、供给侧结构性改革、脱贫攻坚等一系列的战略部署，对珠江水运的发展提出了更高的要求；提出的深化泛珠三角区域合作，实施珠江—西江经济带规划等，也为珠江水运的发展带来了新的机遇。

由于珠江水运与沿江经济社会发展、脱贫攻坚关系十分紧密，关系到区域产业结构升级、综合交通运输体系建设和发展，得到了社会广泛关注，沿江四省区对发展珠江水运呼声强烈。为了打造珠江黄金水道、促进珠江水运科学发展，交通运输部出台了《若干意见》。

二、《若干意见》出台的意义和作用

一是有利于更好地发挥珠江水运的比较优势。珠江水系河流众多、河网密布、水量丰沛，自然条件优越。珠江贯穿华南、连接西南，通达港澳、辐射东盟，区位优势十分明显，加之西南矿产资源丰富，华南外向型经济发达，水运需求潜力巨大。珠江水运在承接产业转移、促进区域经济协调发展和扩大对外开放中发挥着重要的支撑作用，在综合交通运输体系中占有重要地位。出台《若干意见》，进一步建设和发展珠江的航道、港口和航运服务条件，将能更好地发挥珠江水运投资少、运量大、能耗低、占地省的比较优势。

二是有利于推动解决制约珠江水运发展的突出问题。珠江水运发展目前仍存在不通、不畅、发展不协调等问题，特别是西南地区一些重要节点枢纽未建通航设施，导致连接云贵两省与下游地区的出海通道长期断航，阻碍了云贵两省融入珠江—西江经济带。出台《若干意见》有利于各方凝聚共识，提高认识，共同推动解决长期制约珠江水运发展的突出问题。

三是有利于形成合力，共同打造珠江黄金水道。珠江水运目前实行以属地为主的管理体制，要使珠江水运获得发展必须加强统筹协调。《若干意见》的出台，将进一步推动做好中央和地方之间，沿江四省区之间，水运与防洪、发电、灌溉、供水之间，以及航道、港口与运输船舶等航运要素之间的协调，有利于形成合力、共同打造珠江黄金水道。

三、《若干意见》提出的发展原则

《若干意见》提出了改革创新、统筹协调，重点突破、协同发展，市场主导、政府引导，安全第一、生态优先的发展原则，是新形势下珠江水运发展的基本遵循。

一是在发展动力上，应继续深化改革，鼓励创新，通过完善体制机制释放发展活力，另一方面也要坚持以规划引领发展，注重统筹协调，实现有序发展。

二是在发展重点上，要始终以解决制约珠江水运发展的重点环节、重要瓶颈为突破口，集中力量攻破薄弱环节，实现精准发力，同时也要努力做到航道、港口、船舶等水运要素整体协同发展，避免出现新的短板。

三是在发展路径上，要坚持发挥市场在资源配置中的决定作用，更好地发挥政府作用，实现对市场的有效监管，同时要注重发挥好中央和地方两个积极性，努力营造良好发展环境。

四是在发展理念上，要牢固树立以人为本、安全第一的思想，强化安全主任责任和监管责任的落实，同时要将生态优先理念贯彻在各个环节、各个方面，推进水运绿色发展，实现生态文明。

四、主要目标和任务

《若干意见》在深入分析了珠江水运发展条件、发展基础和发展问题，结合国家发展战略要求和区域经济社会发展的新形势、新任务，提出利用十年左右时间，基本建成畅通、安全、绿色、高效的珠江黄金水道的总体发展目标，并从六个方面提出了具体的任务和要求。

一是加快高等级航道建设，打造珠江黄金水道。航道是航运发展的基础，航道不通、不畅一直是制约珠江水运发展的核心问题。《若干意见》提出，要完善珠江水系航道发展规划，积极落实国家战略要求，从满足水运长远发展和资源保护需要出发，科学确定航道等级，完善全流域航道规划。要将打通西南出海通道作为重点，建设珠江南线、中线、北线三个出海通道，服务云南、贵州、广西沿江地区经济社会发展，解决珠江水运长期存在的发展不平衡问题。要全面提升西江航运干线通过能力，干线范围也要进一步延伸至出海口门，实现珠江干线通江达海。此外，为发挥珠江水网优势，实现高效、畅通发展目标，《若干意见》在优化珠江三角洲航道和重要支流航道、通航建筑物管理等方面也提出了新的任务要求。

二是推进转型升级，提高港口服务能力。港口是综合交通运输体系的重要枢纽，是经济发展和对外开放的战略资源，对优化城市产业布局、促进区域经济发展具有重要的带动和辐射作用。《若干意见》按照“拓功能、促融合、补短板”的思路，从促进港口功能拓展，加强港口互动与“港、产、城”融合，完善港口集疏运体系等方面提出了具体要求。既注重推进珠江港口向集约化、规模化发展，拓展港口现代物流、现代服务功能，也注重解决支流港口发展不足、港城矛盾突出，以及铁路进港“最后一公里”等各类发展中存在的问题。

三是加快结构调整，推进航运创新发展。针对珠江航运主体“小散弱”，服务能力不强，抗风险能力较差等水运行业发展共性问题，《若干意见》按照“强主体、优管理、促服务”的思路，从推进运力结构调整，引导航运企业规模化和集约化发展，强化船员队伍建设，加快发展现代航运服务业等方面提出了具体要求，对提升“珠江黄金水道”服务的“含金量”将具有积极作用。

四是推进水运绿色发展，建设美丽珠江。十八届五中全会确立了我国经济社会发展的“五大发展理念”，回应了广大人民群人对发展的新期待。坚持生态优先、绿色发展的战略定位不仅是对自然规律的尊重，也体现了对珠江沿线经济社会发展规律的认识。《若干意见》按照“法规推动、政策拉动、技术驱动、示范带动”的思路，从推进生态航道、绿色港口建设，推广船舶使用清洁能源和大宗货物陆转水绿色运输经验等方面提出若干举措，有效落实绿色发展理念。

五是加强水运安全管理，建设平安珠江。交通运输安全生产工作事关人民群众生命财产安全，事关经济社会平稳发展。当前，安全工作基层基础仍不牢固、从业人员素质参差不齐等问题依然突出。针对当前较为严峻的安全生产现状，《若干意见》按照“完善法规制度，落实主体责任，强化监督管理，提升保障能力”的思路，在完善安全责任和预防控制“两个体系”，加强水上应急救助和综合航海保障“两种能力”建设四方面提出具体措施，保障珠江黄金水道平安和谐发展。

六是改革完善体制机制，提升珠江水运治理能力。珠江水运的发展存在大量需要上下游统筹、部门间协调、地区间协同的任务，需要从整体上和系统上对珠江水运的发展进行管理和协调。珠江水运的现行管理体制机制与发展要求还存在着不适应。《若干意见》按照“区域合作、部省联动、深化改革、创新发展”的思路，在切实发挥部派出机构的行政管理作用，创新珠江水运管理机制等方面提出了具体措施，将有效保障珠江黄金水道建设和发展。

为了使有关任务和要求得到贯彻落实，《若干意见》还从完善配套法规标准、推进放管服改革、加强科技支撑作用、加大政策支持力度以及抓好任务落实等方面，提出了相应的保障措施。

应该看到，《若干意见》提出用十年左右时间打造珠江黄金水道，目标明确、任务艰巨、意义深远，四省区交通运输主管部门及各有关单位要进一步提高对珠江水运科学发展重要意义和紧迫性的认识，加强组织领导、强化协同联动，切实抓好各项任务的落实工作，确保取得实效。

全国重点营运车辆联网联控系统考核管理办法

第一章　总　则

第一条　为加强和规范全国重点营运车辆动态监管工作，提升监控数据质量，保障联网联控系统稳定可靠运行，促进道路运输企业动态监控主体责任落实，依据《中华人民共和国安全生产法》《道路运输车辆动态监督管理办法》（交通运输部、公安部、国家安全监管总局2016年令第55号），制定本办法。

第二条　本办法所称重点营运车辆是指旅游客车、包车客车、三类以上班线客车和危险货物运输车辆。

本办法所称全国重点营运车辆联网联控系统（以下简称联网联控系统）是指由各级道路运输管理机构和相关企业建立的依托卫星定位系统技术的营运车辆动态监管、监控体系，包括全国道路运输车辆动态信息公共服务平台（以下简称部级平台）、地方道路运输管理机构（省级、地市级、县级）监管平台、道路运输企业监控平台、社会化监控平台。

联网联控系统各级各类平台的考核管理应遵守本办法。

第二章　职责分工

第三条　交通运输部负责部级平台运行维护工作的监督检查，负责省级监管平台考核管理工作。

第四条　中国交通通信信息中心负责部级平台的运行、维护及省级监管平台考核指标的统计分析工作。

第五条　地方各级道路运输管理机构负责组织辖区联网联控系统的考核管理工作，组织实施下级监管平台和接入的监控平台（包括道路运输企业监控平台、社会化监控平台）的考核管理，负责本级监管平台的运行和维护工作。

第三章　考核内容

第六条　联网联控系统考核对象包括道路运输管理机构、道路运输企业、社会化动态监控服务商（以下简称服务商）。

第七条　联网联控系统考核指标包括：

（一）平台连通率：统计期内，下级平台与上级平台之间保持正常数据传输的时间总和占统计期间总时长的比率。

（二）跨域数据交换成功率：统计期内，省级平台应答部级平台交换请求的数量占部向各省下发跨域交换请求的总数量的比率。

（三）车辆入网率：截至某一统计时点，至少向上级平台传输一次合格动态数据的重点营运车辆数占本辖区内或本企业重点营运车辆总数的比率。

（四）车辆上线率：统计期内，至少向上级平台传输一次合格动态数据的重点营运车辆数占本辖区或本企业（含服务商）处于营运状态且已入网的重点营运车辆数的比率。

（五）轨迹完整率：统计期内，重点营运车辆完整轨迹与本辖区或本企业（含服务商）上线重点营运车辆轨迹的比率。轨迹完整是指轨迹点连续。

（六）数据合格率：统计期内，下级平台上传的合格数据条数占上传数据总条数的比率。合格数据包括车牌号、车牌颜色、时间、经度、纬度、定位速度、行驶记录速度、方向、海拔、车辆状态、报警状态等符合《道路运输车辆卫星定位系统平台数据交换》（JT/T 809）相关信息数据体结构规则，且在合理范围内的车辆动态数据。

（七）卫星定位漂移车辆率：统计期内，车辆定位数据存在高频度远距离漂移车辆总数占本辖区或本企业（含服务商）重点营运车辆上线总数的比率。

（八）平台查岗响应率：统计期内，监管平台不定期向监控平台下发查岗指令，监控人员在收到查岗指令后及时响应，查岗响应次数占查岗次数的比率。查岗响应时间超过 15 分钟的不计入查岗响应次数。

（九）平均车辆超速次数：统计期内，重点营运车辆的超速总次数除以本辖区或本企业上线的重点营运车辆数。

（十）平均疲劳驾驶时长：统计期内，重点营运车辆的疲劳驾驶总时长除以本辖区或本企业上线的重点营运车辆数。

第八条　对道路运输管理机构的考核内容包括：平台连通率、跨域数据交换成功率（省级平台考核）、车辆入网率、车辆上线率、轨迹完整率、数据合格率。

第九条　对道路运输企业的考核内容包括：车辆入网率、车辆上线率、轨迹完整率、数据合格率、卫星定位漂移车辆率、平均车辆超速次数、平均疲劳驾驶时长、平台查岗响应率。

第十条　对服务商的考核内容包括：平台连通率、车辆上线率、轨迹完整率、数据合格率、卫星定位漂移车辆率。

第四章　考核程序及考核结果应用

第十一条　考核周期分为月度、年度，月度考核按自然月进行，年度考核周期为每年 1 月 1 日至 12 月 31 日，全年月度考核的平均值为年度考核评分。考核采取系统自动统计分析为主、现场情况勘察为辅的形式。

第十二条　考核实行计分制，满分 100 分，60 分为合格。

第十三条　道路运输企业、服务商有下列情形之一的，年度考核记为不合格：

（一）使用不符合标准规范要求的监控平台或车载终端的；

（二）伪造、篡改、删除车辆动态监控数据的；

（三）设置技术壁垒，阻碍车辆正常转网的；

（四）一年内累计三个月及以上考核不合格的；

（五）其他严重违反动态监控规章制度的。

第十四条　考核结果应当公示，公示期为 5 个工作日。公示期内，被考核单位对考核结果有异议，可向考核单位申诉，由考核单位进行核查；考核结果有误的，应及时更正。

第十五条 省级道路运输管理机构对地市级道路运输管理机构考核结果应当予以通报，并抄送各地市交通运输主管部门。

对道路运输企业、服务商的考核结果由负责其考核管理的道路运输管理机构予以公告。

第十六条 道路运输管理机构考核结果应作为单位评优、年度目标考核的依据。

第十七条 道路运输企业考核结果信息纳入企业质量信誉考核和安全评估的内容，作为道路运输企业线路招标和新增运力等业务管理的重要依据。

考核不合格的道路运输企业纳入重点安全监管对象，依法责令整改。

第十八条 对考核不合格的服务商，依法责令整改，整改期不少于考核期。整改期内，道路运输企业不得将其车辆接入考核不合格服务商的监控平台（已接入平台的车辆除外）。

第五章 附 则

第十九条 各省、自治区、直辖市交通运输主管部门可结合本办法及实际情况制定实施细则。

第二十条 本办法由交通运输部负责解释。

第二十一条 本办法自 2016 年 10 月 1 日起施行，有效期 5 年，原《全国重点营运车辆联网联控系统考核管理办法》（交运发〔2014〕267 号）同时废止。

网络预约出租汽车经营服务管理暂行办法

（交通运输部 工业和信息化部 公安部 商务部 工商总局 质检总局 国家网信办令 2016 年第 60 号）

《网络预约出租汽车经营服务管理暂行办法》已于 2016 年 7 月 14 日经交通运输部第 15 次部务会议通过，并经工业和信息化部、公安部、商务部、工商总局、质检总局、国家网信办同意，现予公布，自 2016 年 11 月 1 日起施行。

交通运输部部长杨传堂
工业和信息化部部长苗圩
公安部部长郭声琨
商务部部长高虎城
工商总局局长张茅
质检总局局长支树平
国家网信办主任徐麟
2016 年 7 月 27 日

网络预约出租汽车经营服务管理暂行办法

第一章 总 则

第一条 为更好地满足社会公众多样化出行需求，促进出租汽车行业和互联网融合发展，规范网络预约出租汽车经营服务行为，保障运营安全和乘客合法权益，根据国家有关法律、行政法规，制定本办法。

第二条 从事网络预约出租汽车（以下简称网约车）经营服务，应当遵守本办法。

本办法所称网约车经营服务，是指以互联网技术为依托构建服务平台，整合供需信息，使用符合条件的车辆和驾驶员，提供非巡游的预约出租汽车服务的经营活动。

本办法所称网络预约出租汽车经营者（以下称网约车平台公司），是指构建网络服务平台，从事网约车经营服务的企业法人。

第三条 坚持优先发展城市公共交通、适度发展出租汽车，按照高品质服务、差异化经营的原则，有序发展网约车。

网约车运价实行市场调节价，城市人民政府认为有必要实行政府指导价的除外。

第四条 国务院交通运输主管部门负责指导全国网约车管理工作。

各省、自治区人民政府交通运输主管部门在本级人民政府领导下，负责指导本行政区域内网约车管理工作。

直辖市、设区的市级或者县级交通运输主管部门或人民政府指定的其他出租汽车行政主管部门（以下称出租汽车行政主管部门）在本级人民政府领导下，负责具体实施网约车管理。

其他有关部门依据法定职责，对网约车实施相关监督管理。

第二章　网约车平台公司

第五条　申请从事网约车经营的，应当具备线上线下服务能力，符合下列条件：

（一）具有企业法人资格；

（二）具备开展网约车经营的互联网平台和与拟开展业务相适应的信息数据交互及处理能力，具备供交通、通信、公安、税务、网信等相关监管部门依法调取查询相关网络数据信息的条件，网络服务平台数据库接入出租汽车行政主管部门监管平台，服务器设置在中国内地，有符合规定的网络安全管理制度和安全保护技术措施；

（三）使用电子支付的，应当与银行、非银行支付机构签订提供支付结算服务的协议；

（四）有健全的经营管理制度、安全生产管理制度和服务质量保障制度；

（五）在服务所在地有相应服务机构及服务能力；

（六）法律法规规定的其他条件。

外商投资网约车经营的，除符合上述条件外，还应当符合外商投资相关法律法规的规定。

第六条　申请从事网约车经营的，应当根据经营区域向相应的出租汽车行政主管部门提出申请，并提交以下材料：

（一）网络预约出租汽车经营申请表

（二）投资人、负责人身份、资信证明及其复印件，经办人的身份证明及其复印件和委托书；

（三）企业法人营业执照，属于分支机构的还应当提交营业执照，外商投资企业还应当提供外商投资企业批准证书；

（四）服务所在地办公场所、负责人员和管理人员等信息；

（五）具备互联网平台和信息数据交互及处理能力的证明材料，具备供交通、通信、公安、税务、网信等相关监管部门依法调取查询相关网络数据信息条件的证明材料，数据库接入情况说明，服务器设置在中国内地的情况说明，依法建立并落实网络安全管理制度和安全保护技术措施的证明材料；

（六）使用电子支付的，应当提供与银行、非银行支付机构签订的支付结算服务协议；

（七）经营管理制度、安全生产管理制度和服务质量保障制度文本；

（八）法律法规要求提供的其他材料。

首次从事网约车经营的，应当向企业注册地相应出租汽车行政主管部门提出申请，前款第（五）项、第（六）项有关线上服务能力材料由网约车平台公司注册地省级交通运输主管部门商同级通信、公安、税务、网信、人民银行等部门审核认定，并提供相应认定结果，认定结果全国有效。网约车平台公司在注册地以外申请从事网约车经营的，应当提交前款第（五）项、第（六）项有关线上服务能力认定结果。

其他线下服务能力材料，由受理申请的出租汽车行政主管部门进行审核。

第七条　出租汽车行政主管部门应当自受理之日起 20 日内作出许可或者不予许可

的决定。20日内不能作出决定的，经实施机关负责人批准，可以延长10日，并应当将延长期限的理由告知申请人。

第八条 出租汽车行政主管部门对于网约车经营申请作出行政许可决定的，应当明确经营范围、经营区域、经营期限等，并发放《网络预约出租汽车经营许可证》。

第九条 出租汽车行政主管部门对不符合规定条件的申请作出不予行政许可决定的，应当向申请人出具《不予行政许可决定书》。

第十条 网约车平台公司应当在取得相应《网络预约出租汽车经营许可证》并向企业注册地省级通信主管部门申请互联网信息服务备案后，方可开展相关业务。备案内容包括经营者真实身份信息、接入信息、出租汽车行政主管部门核发的《网络预约出租汽车经营许可证》等。涉及经营电信业务的，还应当符合电信管理的相关规定。

网约车平台公司应当自网络正式联通之日起30日内，到网约车平台公司管理运营机构所在地的省级人民政府公安机关指定的受理机关办理备案手续。

第十一条 网约车平台公司暂停或者终止运营的，应当提前30日向服务所在地出租汽车行政主管部门书面报告，说明有关情况，通告提供服务的车辆所有人和驾驶员，并向社会公告。终止经营的，应当将相应《网络预约出租汽车经营许可证》交回原许可机关。

第三章 网约车车辆和驾驶员

第十二条 拟从事网约车经营的车辆，应当符合以下条件：

（一）7座及以下乘用车；

（二）安装具有行驶记录功能的车辆卫星定位装置、应急报警装置；

（三）车辆技术性能符合运营安全相关标准要求。

车辆的具体标准和营运要求，由相应的出租汽车行政主管部门，按照高品质服务、差异化经营的发展原则，结合本地实际情况确定。

第十三条 服务所在地出租汽车行政主管部门依车辆所有人或者网约车平台公司申请，按第十二条规定的条件审核后，对符合条件并登记为预约出租客运的车辆，发放《网络预约出租汽车运输证》。

城市人民政府对网约车发放《网络预约出租汽车运输证》另有规定的，从其规定。

第十四条 从事网约车服务的驾驶员，应当符合以下条件：

（一）取得相应准驾车型机动车驾驶证并具有3年以上驾驶经历；

（二）无交通肇事犯罪、危险驾驶犯罪记录，无吸毒记录，无饮酒后驾驶记录，最近连续3个记分周期内没有记满12分记录；

（三）无暴力犯罪记录；

（四）城市人民政府规定的其他条件。

第十五条 服务所在地设区的市级出租汽车行政主管部门依驾驶员或者网约车平台公司申请，按第十四条规定的条件核查并按规定考核后，为符合条件且考核合格的驾驶员，发放《网络预约出租汽车驾驶员证》。

第四章　网约车经营行为

第十六条　网约车平台公司承担承运人责任，应当保证运营安全，保障乘客合法权益。

第十七条　网约车平台公司应当保证提供服务车辆具备合法营运资质，技术状况良好，安全性能可靠，具有营运车辆相关保险，保证线上提供服务的车辆与线下实际提供服务的车辆一致，并将车辆相关信息向服务所在地出租汽车行政主管部门报备。

第十八条　网约车平台公司应当保证提供服务的驾驶员具有合法从业资格，按照有关法律法规规定，根据工作时长、服务频次等特点，与驾驶员签订多种形式的劳动合同或者协议，明确双方的权利和义务。网约车平台公司应当维护和保障驾驶员合法权益，开展有关法律法规、职业道德、服务规范、安全运营等方面的岗前培训和日常教育，保证线上提供服务的驾驶员与线下实际提供服务的驾驶员一致，并将驾驶员相关信息向服务所在地出租汽车行政主管部门报备。

网约车平台公司应当记录驾驶员、约车人在其服务平台发布的信息内容、用户注册信息、身份认证信息、订单日志、上网日志、网上交易日志、行驶轨迹日志等数据并备份。

第十九条　网约车平台公司应当公布确定符合国家有关规定的计程计价方式，明确服务项目和质量承诺，建立服务评价体系和乘客投诉处理制度，如实采集与记录驾驶员服务信息。在提供网约车服务时，提供驾驶员姓名、照片、手机号码和服务评价结果，以及车辆牌照等信息。

第二十条　网约车平台公司应当合理确定网约车运价，实行明码标价，并向乘客提供相应的出租汽车发票。

第二十一条　网约车平台公司不得妨碍市场公平竞争，不得侵害乘客合法权益和社会公共利益。

网约车平台公司不得有为排挤竞争对手或者独占市场，以低于成本的价格运营扰乱正常市场秩序，损害国家利益或者其他经营者合法权益等不正当价格行为，不得有价格违法行为。

第二十二条　网约车应当在许可的经营区域内从事经营活动，超出许可的经营区域的，起讫点一端应当在许可的经营区域内。

第二十三条　网约车平台公司应当依法纳税，为乘客购买承运人责任险等相关保险，充分保障乘客权益。

第二十四条　网约车平台公司应当加强安全管理，落实运营、网络等安全防范措施，严格数据安全保护和管理，提高安全防范和抗风险能力，支持配合有关部门开展相关工作。

第二十五条　网约车平台公司和驾驶员提供经营服务应当符合国家有关运营服务标准，不得途中甩客或者故意绕道行驶，不得违规收费，不得对举报、投诉其服务质量或者对其服务作出不满意评价的乘客实施报复行为。

第二十六条　网约车平台公司应当通过其服务平台以显著方式将驾驶员、约车人和乘客等个人信息的采集和使用的目的、方式和范围进行告知。未经信息主体明示同意，网约车平台公司不得使用前述个人信息用于开展其他业务。

网约车平台公司采集驾驶员、约车人和乘客的个人信息，不得超越提供网约车业务所必需的范围。

除配合国家机关依法行使监督检查权或者刑事侦查权外，网约车平台公司不得向任何第三方提供驾驶员、约车人和乘客的姓名、联系方式、家庭住址、银行账户或者支付账户、地理位置、出行线路等个人信息，不得泄露地理坐标、地理标志物等涉及国家安全的敏感信息。发生信息泄露后，网约车平台公司应当及时向相关主管部门报告，并采取及时有效的补救措施。

第二十七条　网约车平台公司应当遵守国家网络和信息安全有关规定，所采集的个人信息和生成的业务数据，应当在中国内地存储和使用，保存期限不少于 2 年，除法律法规另有规定外，上述信息和数据不得外流。

网约车平台公司不得利用其服务平台发布法律法规禁止传播的信息，不得为企业、个人及其他团体、组织发布有害信息提供便利，并采取有效措施过滤阻断有害信息传播。发现他人利用其网络服务平台传播有害信息的，应当立即停止传输，保存有关记录，并向国家有关机关报告。

网约车平台公司应当依照法律规定，为公安机关依法开展国家安全工作，防范、调查违法犯罪活动提供必要的技术支持与协助。

第二十八条　任何企业和个人不得向未取得合法资质的车辆、驾驶员提供信息对接开展网约车经营服务。不得以私人小客车合乘名义提供网约车经营服务。

网约车车辆和驾驶员不得通过未取得经营许可的网络服务平台提供运营服务。

第五章　监督检查

第二十九条　出租汽车行政主管部门应当建设和完善政府监管平台，实现与网约车平台信息共享。共享信息应当包括车辆和驾驶员基本信息、服务质量以及乘客评价信息等。

出租汽车行政主管部门应当加强对网约车市场监管，加强对网约车平台公司、车辆和驾驶员的资质审查与证件核发管理。

出租汽车行政主管部门应当定期组织开展网约车服务质量测评，并及时向社会公布本地区网约车平台公司基本信息、服务质量测评结果、乘客投诉处理情况等信息。

出租汽车行政主管、公安等部门有权根据管理需要依法调取查阅管辖范围内网约车平台公司的登记、运营和交易等相关数据信息。

第三十条　通信主管部门和公安、网信部门应当按照各自职责，对网约车平台公司非法收集、存储、处理和利用有关个人信息、违反互联网信息服务有关规定、危害网络和信息安全、应用网约车服务平台发布有害信息或者为企业、个人及其他团体组织发布有害信息提供便利的行为，依法进行查处，并配合出租汽车行政主管部门对认定存在违法违规行为的网约车平台公司进行依法处置。

公安机关、网信部门应当按照各自职责监督检查网络安全管理制度和安全保护技术措施的落实情况，防范、查处有关违法犯罪活动。

第三十一条　发展改革、价格、通信、公安、人力资源社会保障、商务、人民银行、税务、工商、质检、网信等部门按照各自职责，对网约车经营行为实施相关监督检查，并对违法行为依法处理。

第三十二条　各有关部门应当按照职责建立网约车平台公司和驾驶员信用记录，并纳入全国信用信息共享平台。同时将网约车平台公司行政许可和行政处罚等信用信息在全国企业信用信息公示系统上予以公示。

第三十三条　出租汽车行业协会组织应当建立网约车平台公司和驾驶员不良记录名单制度，加强行业自律。

第六章　法律责任

第三十四条　违反本规定，有下列行为之一的，由县级以上出租汽车行政主管部门责令改正，予以警告，并处以 10000 元以上 30000 元以下罚款；构成犯罪的，依法追究刑事责任：

（一）未取得经营许可，擅自从事或者变相从事网约车经营活动的；

（二）伪造、变造或者使用伪造、变造、失效的《网络预约出租汽车运输证》《网络预约出租汽车驾驶员证》从事网约车经营活动的。

第三十五条　网约车平台公司违反本规定，有下列行为之一的，由县级以上出租汽车行政主管部门和价格主管部门按照职责责令改正，对每次违法行为处以 5000 元以上 10000 元以下罚款；情节严重的，处以 10000 元以上 30000 元以下罚款：

（一）提供服务车辆未取得《网络预约出租汽车运输证》，或者线上提供服务车辆与线下实际提供服务车辆不一致的；

（二）提供服务驾驶员未取得《网络预约出租汽车驾驶员证》，或者线上提供服务驾驶员与线下实际提供服务驾驶员不一致的；

（三）未按照规定保证车辆技术状况良好的；

（四）起讫点均不在许可的经营区域从事网约车经营活动的；

（五）未按照规定将提供服务的车辆、驾驶员相关信息向服务所在地出租汽车行政主管部门报备的；

（六）未按照规定制定服务质量标准、建立并落实投诉举报制度的；

（七）未按照规定提供共享信息，或者不配合出租汽车行政主管部门调取查阅相关数据信息的；

（八）未履行管理责任，出现甩客、故意绕道、违规收费等严重违反国家相关运营服务标准行为的。

网约车平台公司不再具备线上线下服务能力或者有严重违法行为的，由县级以上出租汽车行政主管部门依据相关法律法规的有关规定责令停业整顿、吊销相关许可证件。

第三十六条　网约车驾驶员违反本规定，有下列情形之一的，由县级以上出租汽车行政主管部门和价格主管部门按照职责责令改正，对每次违法行为处以 50 元以上 200 元以下罚款：

（一）未按照规定携带《网络预约出租汽车运输证》《网络预约出租汽车驾驶员证》的；

（二）途中甩客或者故意绕道行驶的；

（三）违规收费的；

（四）对举报、投诉其服务质量或者对其服务作出不满意评价的乘客实施报复行为的。

网约车驾驶员不再具备从业条件或者有严重违法行为的，由县级以上出租汽车行政主管部门依据相关法律法规的有关规定撤销或者吊销从业资格证件。

对网约车驾驶员的行政处罚信息计入驾驶员和网约车平台公司信用记录。

第三十七条　网约车平台公司违反本规定第十、十八、二十六、二十七条有关规定的，由网信部门、公安机关和通信主管部门按各自职责依照相关法律法规规定给予处罚；给信息主体造成损失的，依法承担民事责任；涉嫌犯罪的，依法追究刑事责任。

网约车平台公司及网约车驾驶员违法使用或者泄露约车人、乘客个人信息的，由公安、网信等部门依照各自职责处以 2000 元以上 10000 元以下罚款；给信息主体造成损失的，依法承担民事责任；涉嫌犯罪的，依法追究刑事责任。

网约车平台公司拒不履行或者拒不按要求为公安机关依法开展国家安全工作，防范、调查违法犯罪活动提供技术支持与协助的，由公安机关依法予以处罚；构成犯罪的，依法追究刑事责任。

第七章　附　则

第三十八条　私人小客车合乘，也称为拼车、顺风车，按城市人民政府有关规定执行。

第三十九条　网约车行驶里程达到 60 万千米时强制报废。行驶里程未达到 60 万千米但使用年限达到 8 年时，退出网约车经营。

小、微型非营运载客汽车登记为预约出租客运的，按照网约车报废标准报废。其他小、微型营运载客汽车登记为预约出租客运的，按照该类型营运载客汽车报废标准和网约车报废标准中先行达到的标准报废。

省、自治区、直辖市人民政府有关部门要结合本地实际情况，制定网约车报废标准的具体规定，并报国务院商务、公安、交通运输等部门备案。

第四十条　本办法自 2016 年 11 月 1 日起实施。各地可根据本办法结合本地实际制定具体实施细则。

中国民用航空局、国家发展改革委关于深化民航国内航空旅客运输票价改革有关问题的通知

民航发〔2016〕110号

民航各地区管理局，各运输航空公司，各省、自治区、直辖市发展改革委、物价局：

为贯彻落实《中共中央　国务院关于推进价格机制改革的若干意见》（中发〔2015〕28号）精神，充分发挥市场对资源配置的决定性作用，促进民航运输提质增效，更好地满足人民群众出行需求，决定深化民航国内航空旅客运输票价改革，完善主要由市场形成价格的票价机制。现就有关事项通知如下：

一、进一步扩大市场调节价航线范围，800公里以下航线、800公里以上与高铁动车组列车形成竞争航线旅客运输票价交由航空公司依法自主制定。国内航空旅客运输票价实行市场调节价的航线目录，由民航局商国家发展改革委根据运输市场竞争状况实行动态调整，具体目录在民航局网站公布。

二、航空公司制定、调整市场调节价航线具体票价种类、水平、适用条件，应当至少提前7日向社会公布，并通过航空价格信息系统抄报民航局、国家发展改革委。航空公司上调市场调节价航线无折扣的公布票价，原则上每航季不得超过10条航线，每条航线每航季票价上调幅度累计不得超过10%。上述航季分为夏秋航季和冬春航季，具体起止日期由民航局规定。

三、航空公司应当严格遵守《价格法》《民用航空法》等法律法规规定，按照“合法、公平、诚信”原则，制定市场调节价航线旅客运输票价定价办法，并主动在其门户网站公开，接受社会监督。要不断提高经营管理水平，为广大旅客提供质价相符的民航旅客运输服务。航空公司和销售代理人应当严格落实明码标价规定，除标明每条航线实际执行票价外，还应当标明票价外收取的改签费、退票费、逾重行李费等各项费用对应的服务内容和收费标准，不得在标价外收取任何未予标明的费用。

四、各级民航行业主管部门要建立健全国内航空旅客运输票价监测制度，加强对国内航线旅客运输票价执行情况的内部监督。对航空公司及其销售代理人的价格违法违规行为，依据有关规定给予相应行政处理。要加快推进民航价格诚信体系建设，加强对航空公司、客票销售代理人的信用管理，构建航空公司和客票销售代理人的价格信用档案，逐步建立以诚信为核心的监管机制。

五、各级价格主管部门要建立日常巡查和专项检查相结合的监督检查机制，加强对国内航线旅客运输票价的监管，维护航空运输市场价格秩序。强化价格监督检查，依法查处航空公司及客票销售代理人不执行明码标价规定、标价外另行收费、质价不符、价

格欺诈、价格垄断等各类违法违规价格行为，保护广大旅客合法权益；充分发挥 12358 价格监管平台作用，认真及时查处群众举报，鼓励社会公众共同参与价格监督。

本通知自 2016 年 11 月 1 日起实行。执行中出现的问题，请及时报告民航局、国家发展改革委。

中国民用航空局　国家发展和改革委员会

2016 年 9 月 29 日

住房建设部　国土资源部关于进一步完善城市停车场规划建设及用地政策的通知

建城〔2016〕193号

各省、自治区住房城乡建设厅、国土资源厅，北京市住房城乡建设委、规划国土委、交通委，天津市建委、规划局、国土房管局，上海市住房城乡建设委、规划国土局、交通委，重庆市建委、市政委、规划局、国土房管局：

为贯彻落实《中共中央国务院关于进一步加强城市规划建设管理工作的若干意见》和《节约集约利用土地规定》等文件要求，合理配置停车设施，提高空间利用效率，促进土地节约集约利用；充分挖潜利用地上地下空间，推进建设用地的多功能立体开发和复合利用；鼓励社会资本参与，加快城市停车场建设，逐步缓解停车难问题。现将有关事项通知如下：

一、强化城市停车设施专项规划调控

（一）科学编制城市停车设施专项规划。依据土地利用总体规划、城市总体规划和城市综合交通体系规划，城市停车行业主管部门要会同规划部门编制城市停车设施专项规划（以下简称专项规划），合理布局停车设施。专项规划应符合《城市停车规划规范》《城市停车设施规划导则》、充电基础设施建设等相关要求。编制专项规划同时，应对建设项目停车配建标准实施情况进行评估，并适时调整，调整后的停车配建标准应及时向社会公布。

（二）专项规划要突出重点。专项规划应坚持设施差别化供给原则，按照城市中不同区域的功能要求和城市综合交通发展策略，合理确定停车设施规模。对于老旧居住区等停车设施供需矛盾突出的重点区域，应结合片区停车综合改善方案，合理确定停车方式和停车规模；对于公共交通发达地区，应合理控制停车设施建设规模。

（三）分层规划停车设施。可充分结合城市地下空间规划，利用地下空间分层规划停车设施，在城市道路、广场、学校操场、公园绿地以及公交场站、垃圾站等公共设施地下布局公共停车场，以促进城市建设用地复合利用。

（四）严格实施专项规划。经依法批准的专项规划中有关要求应及时纳入控制性详细规划，并作为城市停车场建设和管理的依据，严格执行。城市新建建筑配建停车设施应符合相应的停车配建标准。

二、加强停车场建设项目的规划管理

（五）明确停车场用地性质。单独新建公共停车场用地规划性质为社会停车场用地。为鼓励停车产业化，在不改变用地性质、不减少停车泊位的前提下允许配建一定比例的附属商业面积，具体比例由属地城市政府确定，原则上不超过20%。通过分层规划，利用地下空间建设公共停车场的，地块用地规划性质为相应地块性质兼容社会停车场用地。

（六）鼓励超配建停车场。新建建筑超过停车配建标准建设停车场以及随新建项目同步建设并向社会开放的公共停车场（地下停车库和地上停车楼，配建附属商业除外），在规划审批时可根据总建筑面积、超配建的停车泊位建筑面积、公共停车场建筑面积等情况，给予一定的容积率奖励，具体规定由城市政府规划部门根据实际情况研究制定。其中，停车楼项目应符合日照、绿化、消防等相关标准。

（七）鼓励增建公共停车场。在符合土地利用总体规划和城市总体规划前提下，机关事业单位、各类企业利用自有建设用地增建公共停车场可不改变现有用地性质及规划用地性质。增建方式包括利用自有建设用地地下空间、既有建筑屋顶、拆除部分既有建筑新建、既有平面停车场改加建等，在符合日照、消防、绿化、环保、安全等要求的前提下增建后地块的建筑高度、建筑密度等指标可由城市政府有关部门按照程序依法进行调整。

（八）明确公共停车场规划审批条件。地下空间单独出让建设公共停车场的，项目出让规划条件应明确用地红线范围、公共停车场建筑面积等，有需要配建附属商业的公共停车场，还应明确商业建筑面积。利用现有城市公园绿地地下空间建设公共停车场的，在报城市政府规划部门审批时，应征求园林绿化部门及有关部门的意见，并符合国家和地方有关规范。地下停车库顶板上覆土最小厚度要保证停车场工程质量和安全，并满足绿化种植相关要求，其具体规定以及地下停车库面积占公园绿地面积的最大比例等规定，由城市政府有关部门根据实际情况研究制定。与其他功能的建筑结合开发的公共停车场应设置独立区域、单独出入口、明确的标志和诱导系统。

（九）简化停车场建设规划审批。在满足结构、消防安全等条件下，既有其他功能建筑改建为停车场的，可简化规划审批流程。临时公共停车设施（含平面及机械设备安装类）由城市政府建设和规划等相关部门通过联席会议（或相关综合协调制度）进行审定，不需要办理相关审批手续。机械停车设备应当按相关规定进行验收。居住区利用自有建设用地设置机械设备类停车设施，还应取得业主委员会同意（没有业主委员会的，街道办事处或社区居委会等要征求居民意见），且满足日照、消防、绿化、环保、安全等要求。

三、规范停车设施用地管理

（十）依法确定停车场土地使用年期。停车场用地以出让方式供应的，建设用地使用权出让年限按最高不超过50年确定。工业、商住用地中配建停车场的，停车场用地出让最高期限不得超过50年。以租赁方式供应的，租赁年限在合同中约定，最长租赁期限不得超过同类用途土地出让最高年期。

（十一）规范编制停车场供地计划。停车场用地供应应当纳入国有建设用地供应计划。新建建筑物配建停车场以及利用公园绿地、学校操场等地下空间建设停车场的，其建设规模应一并纳入建设用地供应计划。闲置土地依法处置后由政府收回、规划用途符合要求的，可优先安排用于停车场用地，一并纳入国有建设用地供应计划。

（十二）细化停车场供地政策。符合《划拨用地目录》的停车场用地，可采取划拨方式供地，不符合的，应依法实行有偿使用。对新建独立占地的、经营性的公共停车场用地，同一宗用地公告后只有一个意向用地者的，可以协议方式供应土地。协议出让价不得低于按国家规定确定的最低价标准。供应工业、商业、旅游、娱乐、商品住宅等经营性用地配建停车场用地的，应当以招标、拍卖或者挂牌方式供地。标底或者底价不得低于国家规定的最低价标准。鼓励租赁供应停车场用地，各地可以制定出租或先租后让的鼓励政策和租金标准。城市公共交通停车场用地综合开发配建商服设施，采取划拨方式供地的，配建的商服等用地可按市场价有偿使用。出让土地建设公共停车场的，可根据城市公共停车场客观收益情况评估并合理确定出让地价。在城市道路、广场、公园绿地等公共设施下建设停车场，以出让等有偿方式供地的，可按地表出让建设用地使用权价格的一定比例确定出让底价。具体比例由市、县政府根据当地实际情况确定，并向社会公示。

（十三）鼓励盘活存量用地用于停车场建设。对营利性机构利用存量建设用地从事停车场建设，涉及划拨建设用地使用权出让（租赁）或转让的，在原土地用途符合规划相关标准规范的前提下，可不改变土地用途，允许补缴土地出让金（租金），办理协议出让或租赁手续。在符合规划相关标准规范的前提下，在已建成的住宅小区内增加停车设施建筑面积的，可不增收土地价款。

（十四）加大停车场建设中节地技术和节地模式的政策支持力度。各地要及时总结有利于节约集约用地的停车场建设技术和利用模式，对节地效果明显、有推广价值的节地模式和节地技术，在划拨和出让土地时，可将节地模式、节地技术作为供地条件，写入供地方案，合理评估出让底价，在供地计划、供地方式、供地价格、开发利用等方面体现政策支持，逐步建立和完善节约集约用地的激励机制。对新建建筑充分利用地下空间，超过停车配建标准建设地下停车场，并作为公共停车场向社会开放的超配部分，符合规划的，可不计收土地价款。

四、加强停车场规划建设和用地监管

（十五）规范办理停车场产权手续。停车场权利人可以依法向停车场所在地的不动产登记机构申请办理不动产登记手续，不动产登记机构要依据《不动产登记暂行条例》及其实施细则等法规规章政策，积极做好停车场登记发证服务工作。

（十六）规范停车场土地供后管理。市、县国土资源管理部门应当在核发划拨决定书、签订出让合同和租赁合同时，明确规定或者约定：停车场建设用地使用权可以整体转让和转租，不得分割转让和转租；不得改变规划确定的土地用途，改变用途用于住宅、商业等房地产开发的，由市、县国土资源管理部门依法收回建设用地使用权；以出让或者租赁方式取得停车场建设用地使用权的，可以设定抵押权。以划拨方式取得停车场建设用地使用权设定抵押的，应当约定划拨建设用地使用权不得单独设定抵押权，设定房地产抵押权的停车建设用地使用权以划拨方式取得的，应当从拍卖所得的价款中缴纳相当于应缴纳的土地使用权出让金的款额后，抵押权人方可优先受偿。划拨决定书、出让合同和租赁合同要及时上传土地市场动态监测监管系统。

（十七）加强城市停车场建成后的监管。不符合规划、不满足配建标准、充电基础设施和有关工程建设标准的，不得通过规划核实。城市停车行业主管部门要会同城市规划、国土资源部门，加强停车场建成后的使用监管，对未经批准、挪作他用的停车设施，应限期进行整改，并恢复停车功能。

（十八）加强停车场经营管理。坚持市场化原则，鼓励路内停车泊位和政府投资建设的公共停车场实行特许经营，通过招标等竞争性方式，公开选择经营主体。鼓励各类配建停车场委托停车管理企业进行专业化管理，促进各类经营性停车场企业化、专业化经营。同时，各地要尽快研究制订停车场管理规定或运营服务规范，加强停车场运营监管。

（十九）强化停车行业管理。停车场规划、建设、运营、管理工作涉及多个部门，各省（自治区）住房城乡建设厅作为本地区停车行业主管部门，要充分认识加强停车场规划建设的重要性，统筹协调有关部门完善有关政策、做好项目储备，并督促、指导各城市加快停车场规划建设。各城市建设行政主管部门要主动作为、牵头协调，尽快开展停车资源普查，完善有关政策措施，充分发挥规划调控作用，建立基础数据库和项目库，统筹各类停车场建设，加强停车场经营管理，切实抓好停车有关工作。

统筹地上地下空间开发，充分挖潜、高效利用土地资源，加快停车场规划建设，既有利于缓解停车难问题、营造城市宜居环境，又有利于促进土地节约集约利用、促进经济发展方式转变，符合创新、协调、绿色、开放、共享五大发展理念。各级住房城乡建设（规划）、国土资源部门要高度重视、各司其职、加强协调、形成合力，依据本通知的要求开展有关工作，进一步加快城市停车场规划建设，促进停车行业健康发展。

中华人民共和国住房和城乡建设部
中华人民共和国国土资源部
2016 年 8 月 31 日

关于加快居民区电动汽车充电基础设施建设的通知

发改能源〔2016〕1611号

各省、自治区、直辖市、新疆生产建设兵团发展改革委（能源局、物价局）、工业和信息化主管部门、住房城乡建设厅（委、局），国家电网公司、南方电网公司、中国电动汽车充电基础设施促进联盟：

为贯彻《国务院办公厅关于加快电动汽车充电基础设施建设的指导意见》（国办发〔2015〕73号）要求，进一步落实地方政府主体责任，充分调动各有关方面积极性，切实解决当前居民区电动汽车充电基础设施建设难题，现将有关要求通知如下：

一、加强现有居民区设施改造。根据电动汽车发展规划及应用推广情况，按“适度超前”原则，供电企业要结合老旧小区改造，积极推进现有居民区（含高压自管小区）停车位的电气化改造，确保满足居民区充电基础设施用电需求。对专用固定停车位（含一年及以上租赁期车位），按“一表一车位”模式进行配套供电设施增容改造，每个停车位配置适当容量电能表。对公共停车位，应结合小区实际情况及电动车用户的充电需求，开展配套供电设施改造，合理配置供电容量。国家对居民区停车位的电气化改造酌情给予专项建设基金等政策支持，地方政府要统一协调有关部门和单位给予施工便利。

二、规范新建居住区设施建设。新建居住区应统一将供电线路敷设至专用固定停车位（或预留敷设条件），预留电表箱、充电设施安装位置和用电容量，并因地制宜制定公共停车位的供电设施建设方案，为充电基础设施建设安装提供便利。新建居民区停车位配套供电设施建设应与主体建筑同步设计、同步施工。支持结合实际条件，建设占地少、成本低、见效快的机械式与立体式停车充电一体化设施。鼓励探索居住区整体智能充电管理模式。

三、做好工程项目规划衔接。新建或改扩建住宅项目按规定需配建充电基础设施的，城乡规划行政主管部门在核发相关建设工程规划许可证时，要严格执行配建或预留充电基础设施的比例要求。施工图审查机构在审查新建或改扩建住宅项目施工图时，对充电基础设施设置是否符合相关标准进行审核。建设主管部门要将充电基础设施配建情况纳入整体工程验收范畴。

四、引导业主委员会支持设施建设。各地房地产（房屋）行政主管部门、街道办事处或乡镇人民政府、社区居委会要按照《私人用户居住地充电基础设施建设管理示范文本》，主动加强对业主委员会的指导和监督，引导业主支持充电基础设施建设改造，明确充电基础设施产权人、建设单位、管理服务单位等相关主体的权利义务以及相应建设使用管理流程。对于占用固定车位产权人或长期承租方（租期一年及以上）建设充电基础设施的行为或要求，业主委员会（或业主大会授权的管理单位）原则上应同意并提供必要的协助。

五、发挥开发商等产权单位主体作用。各地发展改革（能源）主管部门要会同房地产（房屋）行政主管部门，采取统一组织、专项扶持等方式引导房地产开发企业等居民区车位产权单位主动利用现有停车位与场地，开展充电基础设施的建设和运营工作。

六、发挥物业服务企业积极作用。在居民区充电基础设施安装过程中，物业服务企业应配合业主或其委托的建设单位，及时提供相关图纸资料，积极配合并协助现场勘查、施工。鼓励物业服务企业根据用户需求及业主大会授权，利用公共停车位建设相对集中的公共充电基础设施并提供充电服务。地方可充分利用财政资金杠杆作用，对配套服务与管理积极主动、成效突出的物业服务企业给予适当奖补。

七、创新商业运营模式。充分发挥市场作用推进小区充电基础设施可持续发展，探索第三方充电服务企业、物业服务企业、车位产权方、业主委员会等多方参与居民区充电基础设施建设运营的市场化合作共赢模式，鼓励积极引入局部集中改造、智能充电管理、多用户分时共享等创新运营模式，提升日常运维服务水平。在严格执行《关于电动汽车用电价格政策有关问题的通知》（发改价格〔2014〕1668号）的基础上，各地价格主管部门可探索居民区充电基础设施建设运营的合理服务收费机制，逐步形成可持续的市场化推进模式。

八、开展充电责任保险工作。加快制定居民区充电基础设施责任保险工作相关规定。居民区充电基础设施由生产（制造）厂商购买产品责任保险，并按“谁拥有，谁投保”的原则购买充电安全责任保险。开展充电基础设施运营业务的企业必须为自身经营的充电设备购买安全责任保险。鼓励设备生产（制造）厂商或电动汽车生产销售企业为个人用户购买充电安全责任保险。

九、加强居民区充电设施安全管理。将充电基础设施纳入居民区安全管理责任体系中，加大监管力度。完善居民区充电基础设施设置场所的消防与电气等安全设计要求。加大对私拉电线、违规用电、不规范建设施工等行为的查处力度。定期开展电气安全、消防安全、防雷设施安全以及充电相关设备设施的检查，及时消除安全隐患。

十、加大舆论宣传力度。各地政府、街道办事处或乡镇人民政府、社区居委会和新闻媒体要通过多种形式宣传居民区充电基础设施建设的政策措施及成效，让广大居民、物业企业了解政策要求；同时加强舆论监督，对不配合或阻挠充电基础设施建设的物业服务企业，以及阻碍居民区充电基础设施建设的有关行为，加大舆论曝光力度，营造有利发展的舆论氛围。

十一、积极开展试点示范。分批在京津冀鲁、长三角、珠三角等地重点城市开展试点示范。各地发展改革（能源）主管部门要会同房地产（房屋）行政主管部门，牵头制订居民区充电基础设施建设运营的综合试点建设方案，并组织实施。

国家发展改革委
国 家 能 源 局
工业和信息化部
住房城乡建设部
2016 年 7 月 25 日

2016 年北京市缓解交通拥堵行动计划

京政办发〔2016〕12 号

各区人民政府，市政府各委、办、局，各市属机构：

《2016 年北京市缓解交通拥堵行动计划》已经市政府同意，现印发给你们，请结合实际认真贯彻执行。

北京市人民政府办公厅
2016 年 2 月 3 日

2016 年北京市缓解交通拥堵行动计划

为打好治理交通拥堵攻坚战，切实改善交通运行状况，努力实现“十三五”时期交通发展的良好开局，制定本行动计划。

一、总体思路

深入贯彻落实党的十八大和十八届三中、四中、五中全会及中央城市工作会议精神，深入学习贯彻习近平总书记系列重要讲话和对北京工作的重要指示精神，牢固树立和贯彻落实创新、协调、绿色、开放、共享的发展理念，按照“改革创新、落实责任，建管结合、综合施策”的原则，综合运用科技、经济、法律和必要的行政手段，抓住关键问题、突出重点区域，凝心聚力建设一批重点工程项目、出台一批需求管理政策、实施一批严格执法措施、推出一批改革创新试点，有效降低机动车使用强度，确保治理交通拥堵工作取得明显成效。2016 年，实现中心城路网交通指数控制在 5.7 左右，绿色出行比例达到 71%，核心区拥堵加剧的势头得到有效遏制，城市交通运行总体安全平稳有序。

二、重点工作任务

（一）加快交通基础设施建设，提高交通供给能力

1．切实提高城六区次干路、支路规划实现率，打通断头路，畅通微循环。2016 年，东城区、西城区开工建设 50 条次干路、支路，其中东城区 22 条、西城区 28 条；

朝阳区、海淀区、丰台区、石景山区各开工建设10条以上次干路、支路。

责任单位：城六区政府、市发展改革委、市交通委。

2．在五环路以内区域实施拥堵节点疏堵改造工程。开工建设 20 项市级疏堵工程项目；在城六区完成50项道路疏堵工程，其中东城区、西城区各5项，朝阳区、海淀区、丰台区、石景山区各10项。推进国贸人行过街天桥建设，加快大郊亭桥、万泉河桥和分钟寺桥匝道改造。完成100万平方米市管城市道路大修工程。

责任单位：市交通委、市规划委、市发展改革委、市园林绿化局、市公安局公安交通管理局、城六区政府。

3．优化自行车出行环境，完善步行系统。通过彩色铺装等综合措施，完成市、区两级300公里自行车道治理，逐步实现区域联网。全市新增1万辆公共租赁自行车。在300条大街的人行步道上设置阻车桩，有效避免机动车占用人行步道现象。

责任单位：市交通委、市市政市容委、市规划委、市发展改革委、市园林绿化局、市公安局公安交通管理局、各有关区政府。

4．构建高效密集的轨道交通网。推进轨道交通新机场线一期、6 号线西延、7 号线东延、8号线四期、12号线、14号线剩余段、16号线、17号线、19号线一期、西郊线、燕房线、房山线北延、机场线西延、S1 线等线路建设，开工建设轨道交通八通线南延和3号线一期工程。

责任单位：市重大办、市交通委、市发展改革委、市规划委。

5．加快实现城市快速路网规划。实现广渠路二期建成通车，推进西外大街西延、丽泽路、姚家园路、京包路等重点道路的升级改造工作。

责任单位：市交通委、市规划委、市发展改革委、市国土局、各有关区政府。

6．加快城市主干道建设。实现马家堡西路南延、北苑东路等道路建成通车，继续推动京良路东段、长安街西延、西三旗南路、上庄路南延等道路建设，开工建设警备西路、永引南路、青年路南段项目。

责任单位：市交通委、市规划委、市发展改革委、市国土局、各有关区政府。

7．加快市行政副中心交通路网建设。优化东六环、通燕高速公路的交通组织，完成孔兴路北延等道路征地、拆迁工作，做好通马路、漷台路等道路建设前期工作。

责任单位：市交通委、市规划委、市发展改革委、市国土局、通州区政府。

8．大力开展城乡公路建设。实现壁富路、倴伯桥建成通车，加快推进天北路北延、良常路南延、108国道二期等项目建设，开工建设九德路二期、滦赤路。

责任单位：市交通委、市发展改革委、市规划委、市国土局、市园林绿化局、各有关区政府。

9．推进京津冀路网互联互通。加快京台、兴延、京秦等在建高速公路的建设，开工建设新机场高速公路，实施京开高速公路拓宽工程，做好首都地区环线高速公路、京密高速公路、110国道二期等项目前期工作。

责任单位：市交通委、市规划委、市发展改革委、市国土局、各有关区政府。

10．推进综合交通枢纽及公交场站建设。加快推进苹果园、北苑北综合交通枢纽建设，开工建设望京西综合交通枢纽，协调推进弘善家园公交站、豆各庄公交站等一批公交场站改扩建工作。

责任单位：市交通委、市发展改革委、市重大办、各有关区政府。

11．大力加强公交专用道建设。按照《公交专用道设置规范》，将公交专用道连续施划至道路路口。完成西北三环路新兴桥至马甸桥、京藏高速公路回龙观至三环路段公交专用道施划工作，实现新增公交专用道50公里以上。

责任单位：市交通委、市公安局公安交通管理局。

12．提升公共交通运行服务水平。加快推进轨道交通宣武门站、双井站换乘通道改造工程。改造100处公交站台设施，改善乘客候车环境。进一步完善轨道交通和地面公交的联动，使相互之间的接驳换乘更加方便。优化调整40条公交线路，增开一批区域微循环公交线路和定制公交线路。

责任单位：市交通委、市公安局公安交通管理局。

（二）完善交通需求管理政策，降低机动车使用强度

13．进一步完善小客车指标调控政策。提高新能源小客车指标在年度指标总量中的比例，研究普通小客车指标引入市场化配置方式的改革方案。

责任单位：市交通委、市公安局公安交通管理局、市科委、市财政局、市发展改革委。

14．研究制定本市降低机动车使用强度的管理办法，综合运用经济杠杆和必要的行政手段，切实降低机动车使用强度，努力缓解交通拥堵。

责任单位：市交通委、市政府法制办、市发展改革委、市公安局公安交通管理局。

15．实施更为完备的差别化停车收费政策。进一步提高中心城路侧停车收费价格；积极推动社会单位自有车位有偿使用，鼓励与周边居民开展错时停车。

责任单位：市发展改革委、市财政局、市交通委、城六区政府。

16．研究出台鼓励中央商务区（CBD）、金融街、中关村科技园区等重点功能区内企业单位实施弹性工作制的指导意见，大力推广“互联网+”办公模式，从源头上减少交通出行。

责任单位：市交通委、各有关区政府。

17．研究制定外埠过境大货车绕行本市道路的管理办法，综合运用经济、法律和必要的行政手段引导外埠过境大货车绕行。

责任单位：市交通委、市公安局公安交通管理局、市发展改革委。

（三）规范静态交通管理，大力整顿停车秩序

18．开展全市停车普查工作。对全市行政区域内的各类停车位数量、车辆停放状况和停车设施使用情况进行全方位摸底调查，并建立完整、动态的数据库，为机动车

停车综合治理提供决策依据。

责任单位：市交通委、各区政府、市公安局公安交通管理局。

19．建设路侧停车位信息管理系统。推动全市 4 万余个路侧停车位“一位一编号”工作，实现数字化管理，加强停车位使用情况、收费情况等信息的互联互通。加快实施路侧停车电子收费试点工作。

责任单位：市交通委、市经济信息化委、市公安局公安交通管理局、各区政府。

20．加快停车设施建设。研究制定本市加快停车设施建设的指导意见，充分利用国家专项资金支持政策，吸引社会资本参与城市公共停车设施建设。建成国学中心停车楼并投入使用，推进五棵松、人民医院等大型停车场建设。加快推进苹果园、北苑北综合交通枢纽等场所驻车换乘（P+R）停车场建设工作。

责任单位：各有关区政府、市发展改革委、市交通委、市规划委、市国土局。

21．加强对停车设施规划使用情况的监督检查。对现有停车设施规划使用情况开展集中巡检，对挪作他用的督促有关单位进行还建，并确保恢复使用功能。研究建立停车设施多部门联合验收机制，实施停车设施登记制度。

责任单位：各有关区政府、市交通委、市规划委、市住房城乡建设委、市国土局。

22．开展居住区停车综合治理试点。城六区各选择 2 个街道作为试点，将区域停车管理纳入社会综合治理范畴，鼓励街道办事处、社区居委会、物业公司、居民共同参与，通过建设立体停车设施、统筹使用周边各类停车资源等方式，逐步规范停车秩序。

责任单位：城六区政府、市社会办、市交通委。

23．开展整治违法停车专项行动。通过高频巡查、严格执法、高限处罚等措施，严格规范城六区特别是核心区停车秩序，坚决治理乱停车问题。在全市范围内建设 130 条停车秩序示范街。严格控制中心城重点商圈区域的路侧停车位供给数量，引导群众绿色出行。加强自行车停车设施管理，整治停放秩序。

责任单位：市公安局公安交通管理局、市交通委、市市政市容委、各有关区政府。

（四）加强交通秩序管理，严厉查处交通违法行为

24．在城六区开展交通环境秩序综合治理。重点对占路经营、黑车摩的、私挖乱掘等影响交通通行的突出问题进行综合治理，使交通秩序和市容环境有明显改善。

责任单位：城六区政府、市公安局公安交通管理局、市城管执法局、市市政市容委、市交通委。

25．在城六区实施缓解交通拥堵试点示范建设。每区选择 2 处区域开展试点，在 1 至 3 平方公里范围内，打造交通运行组织高效、交通节点畅通、空间资源匹配共享的示范区。根据交通出行特点，发动区域内党政机关、企事业单位、社会组织、居民等各方面力量，同心协力，创新举措，落实责任，有效缓解区域内交通拥堵。

责任单位：城六区政府、市交通委。

26．加强对学校、医院周边地区的交通秩序管理。学校、医院要积极落实“门前

三包”责任，协助有关部门加强对门前秩序的管理，劝阻制止违章停车、不按交通标志行车等行为。

责任单位：各区政府、市市政市容委、市城管执法局、市教委、市卫生计生委、市公安局公安交通管理局。

27．开展远郊区道路交通治理。实施综合交通整治，提升交通设施和运营管理服务水平，努力构建安全、顺畅、有序的交通运行环境。

责任单位：各有关区政府、市交通委。

28．加大交通违法查处力度。启动全市堵点乱点专项治理行动，逐一制定工作方案，实施挂账督办。对交通违法乱象、因乱致堵等问题“零容忍”。强化非现场执法，增加交通执法视频监控系统安装密度，有效整合公共安全视频图像资源，加大拍摄取证力度。加大对机动车闯禁行、酒后驾车、闯红灯、占用公交专用道和应急车道、违法停车等行为的处罚力度。

责任单位：市公安局公安交通管理局、市经济信息化委。

29．严控核心区重点道路交通流量。通过交通组织调整，实施机动车分流，限制外埠车辆在规定区域内道路通行，缓解核心区重点道路交通压力。

责任单位：市公安局公安交通管理局。

30．优化道路交通信号和标线控制。实施主干道信号灯绿波工程，形成道路绿波带。优化立交桥下信号灯配时，减少车辆等候时间。针对重要路口潮汐交通流的特点，开展路口可变导向车道研究，提高路面通行能力。

责任单位：市公安局公安交通管理局、市交通委。

31．提高交通事故快速清理、处置能力。大力推广交通事故快速处理手机 APP，简化取证环节，推进轻微事故责任自行认定、保险公司快速便捷理赔，实现快速清理现场，保障道路交通顺畅。

责任单位：市公安局公安交通管理局、北京保监局。

（五）着力强化结构性改革，不断创新体制机制

32．完善市级治理交通拥堵协调机制。强化市缓解交通拥堵工作推进小组职能，研究成立市、区两级停车管理中心。

责任单位：市编办、市交通委、各区政府。

33．落实区政府治理交通拥堵主体责任。将治理交通拥堵工作纳入区政府重点工作任务，将次干路和支路建设与维护、区域交通综合治理、机动车和自行车停车秩序管理、配合市级道路建设开展征地拆迁等工作，纳入市政府对区政府工作考核范畴。研究建立市级统筹、区级主责、街道（乡镇）执行的三级停车管理体制。

责任单位：市编办、市交通委、各区政府。

34．构建治理交通拥堵综合执法体系。市公安交通管理、交通、发展改革、规划、住房城乡建设、工商、城管等部门要按照职责分工，密切配合，进一步加大联合

执法力度；各区政府要结合实际，制定区级治理交通拥堵执法工作方案，强化日常管理和执法检查，形成市、区两级权责明晰、运转高效的治理交通拥堵执法体系。

责任单位：市公安局公安交通管理局、市交通委、市发展改革委、市规划委、市住房城乡建设委、市工商局、市城管执法局、各区政府。

35．调整优化交通工作管理机制。将市公安局公安交通管理局的道路交通设施审批、建设和管理及机动车驾驶培训机构管理等职责划转市交通委。

责任单位：市编办、市交通委、市公安局公安交通管理局。

36．研究制定本市机动车停车管理办法，积极开展差别化停车收费、吸引社会资本建设停车设施等相关政策研究。

责任单位：市交通委、市发展改革委、市政府法制办。

37．统筹编制交通专项规划。结合本市“十三五”规划编制工作，发布实施《北京市“十三五”交通发展建设规划》，编制完成《北京市自行车道和步行系统专项规划》、《北京市轨道交通区域快线（市郊铁路）规划》。

责任单位：市规划委、市交通委。

38．建立城市开发强度与交通承载力匹配机制。强化城市建设项目交通影响评价制度，形成城市功能、土地开发与交通基础设施相配套的协调发展模式。

责任单位：市规划委、市发展改革委、市国土局、市住房城乡建设委、市交通委、市编办。

39．加大交通基础设施建设的土地供应力度。在土地储备用地、城乡结合部腾退空间和城六区疏解腾退用地中，优先安排交通基础设施用地，特别是用于支持综合交通枢纽、公交场站及停车场建设的用地。

责任单位：市规划委、市国土局、市交通委。

40．完善代征代建道路的建设、管理和移交机制，确保将代征代建道路及时移交区级道路交通主管部门。

责任单位：市规划委、市交通委、市市政市容委、城六区政府。

41．研究制定《道路交通建设前期手续办理办法》和《加强交通建设征地拆迁工作的意见》。深入推进行政审批制度改革，进一步优化交通基础设施建设前期手续办理流程，采取有效措施，促进征地拆迁工作，为保障交通基础设施建设顺利推进提供坚实保障。

责任单位：市交通委、市发展改革委、市规划委、市国土局、市编办、市环保局、各区政府。

（六）加大宣传力度，营造共治共建良好氛围

42．做好缓解交通拥堵措施的宣传工作。通过电视、网络、广播、报纸等媒介，大力宣传交通发展成就、交通治理理念，营造缓解交通拥堵人人有责的社会氛围。

责任单位：市交通委、市委宣传部、首都精神文明办。

43．持续开展“我为首都交通献良策”缓解交通拥堵市民意见建议征集活动，畅通市民建言献策渠道。

责任单位：市交通委、市公安局公安交通管理局。

44．搭建治理交通拥堵互动平台。与电视台、广播电台、新媒体合作建立平台，邀请交通、法律、经济、社会、环保等方面的专家学者，就交通治理热点难点问题分专题开展讨论，推动社会各界在治理理念和思路上逐步形成共识。

责任单位：市委宣传部、市交通委。

45．开展“向交通陋习说不”系列活动。下大力气整治在驾车、停车、乘坐公交地铁及过马路等方面存在的陋习，营造良好文明交通环境。

责任单位：市交通委、首都精神文明办、市教委、市公安局公安交通管理局。

46．举行交通宣讲活动。组织交通宣讲团进单位、进学校、进社区，讲好交通故事，展现行业精神，宣传管理政策，培育交通文明。

责任单位：市交通委、首都精神文明办。

三、工作要求

市交通行政主管部门要根据本行动计划，分解细化各项工作任务，明确责任单位和时间节点，认真编制并及时发布市有关部门和各区政府2016年缓解交通拥堵行动计划任务书。市有关部门和各区政府要根据任务书，严格落实责任，准确把握时限，组织做好项目建设、进度管理、资金监管和工程质量监督工作，确保顺利推进。将缓解交通拥堵工作纳入市、区两级政府重点工作任务督查和绩效考核内容，市缓解交通拥堵工作推进小组负责对市有关部门、各区政府任务落实情况进行督促检查，并将有关结果予以通报。

第二章

行业标准化

行业标准化

一、2016 年国际智能交通标准化发展综述

国际标准化组织智能运输系统标准化技术委员会（ISO/TC204）成立于 1992 年，秘书处设在美国，由美国国家标准化协会（American National Standards Institute，ANSI）承担。

ISO/TC204 在组织形式上分 18 个工作组（Working Group，WG），现活跃工作组有 12 个，如表 1 所示。同时，ISO/TC204 有 28 个成员国（Participating Members）和 29 个观察员国（Observing Members），我国为 P 成员国。

表 1　2016 年国际标准化组织 ISO/TC204 活动的工作组

序　号	工作组	英文名	中文名	召集人
1	WG 01	Architecture	体系结构	英国
2	WG 03	ITS database technology	智能运输系统数据库技术	日本
3	WG 04	Automatic vehicle and equipment identification	车辆与设备自动识别	挪威
4	WG 05	Fee and toll collection	收费系统	瑞典
5	WG 07	General fleet management and commercial/freight	车队及商用/货运管理	加拿大
6	WG 08	Public transport/emergency	公共交通与紧急事件	美国
7	WG 09	Integrated transport information，management and control	综合交通运输信息、管理和控制	澳大利亚
8	WG 10	Traveller information systems	出行者信息系统	英国
9	WG 14	Vehicle/roadway warning and control systems	车辆/道路预警和控制系统	日本
10	WG 16	Wide area communications/protocols and interfaces	广域通信/协议和接口	美国
11	WG 17	Nomadic Devices in ITS Systems	便携式移动设备	韩国
12	WG 18	Cooperative systems	合作式系统	德国

截至目前，ISO/TC204 已发布国际标准 245 项（包含修订）；同时，有 91 项国际标准在研。

智能交通系统正在从单个交通要素的智能化向交通要素一体化的方向发展，面向安全、效率的智能驾驶和车路协同技术正成为当前智能交通系统发展的重点。ISO/TC204 也加快了智能驾驶、车路协同方面的标准化工作。特别是 WG14、WG18，主要面向自动驾驶和合作式系统，近期标准化活动非常活跃，新标准提案大量增加，两个工作组现有近 40 项标准在研。

二、2016年中国智能交通标准化发展综述

“十三五”刚刚开局，交通运输部发布了《交通运输科技“十三五”发展规划》《交通运输信息化“十三五”发展规划》，提出要实施交通运输“互联网+”行动，加快云计算、大数据等现代信息技术的集成创新与应用，带动通信、电子、汽车、地理信息、软件服务等产业融合创新。

2016年，国家发展改革委、交通运输部联合发布了《推进“互联网+”便捷交通 促进智能交通发展的实施方案》，提出建设“三系统”（智能运输服务、智能运行管理、智能决策支持）、“两支撑”（智能交通基础设施支撑、标准和技术支撑）、营造“一环境”（宽松有序发展环境）的任务，并安排了27项示范工程。

2017年年初，国务院印发《“十三五”现代综合交通运输体系发展规划》，提出提升交通发展智能化水平等九项重点任务。《规划》还提出，要加快交通信息化智能化技术标准、构建综合交通运输标准体系和统计体系等具体要求。

迄今，全国智能运输系统标准化技术委员会（SAC/TC268）已发布国家标准83项、行业标准6项，另有27项国家标准和11项行业标准在研。标准体系覆盖交通专用短程通信、电子收费、交通信息服务、交通与紧急事件管理、综合运输及运输管理、车辆辅助驾驶与自动公路等业务领域。所发布的标准中93%为国家标准，100%为推荐性标准；其中约30余项标准的主要内容被交通运输部纳入部颁技术法规。

此外，国标委首批团体标准试点单位之一——中国智能交通产业联盟（C-ITS）充分发挥团体标准管理灵活、贴近市场的优点，积极整合产业资源布局团体标准，目前已发布团体标准60余项，初步形成覆盖车载信息服务、出行信息服务、合作式系统、智能公交、一卡通、智能驾驶等板块的标准体系。

总体来看，我国ITS标准化仍处于加速发展期。现有及在研标准已有较好的系统性，标准体系初步成型，传统ITS业务标准相对完备，但在前沿领域，如智能驾驶、车联网、合作式系统等方面，受技术研发能力和产业成熟度所限，标准缺口较大。同时，在产业融合方面，目前我国ITS标准化工作仍以传统的国标、行标为主，对于技术更新快、系统集成度高的ITS来说，标准化速度相对滞后；团体标准亟待发展，多渠道、多层次的标准化工作格局有待进一步形成和完善。

三、智能网联汽车标准化

为贯彻落实《中国制造2025》战略部署，发挥标准的基础性和引导性作用，促进智能网联汽车技术和产业发展，工信部牵头提出了智能网联汽车标准体系。体系包括“基础”“通用规范”“产品与技术应用”“相关标准”4大部分，并根据各具体标准在内容

范围、技术等级上的共性和区别，进一步细分为 14 个子类，包含近百项标准。同时，考虑我国汽车智能化、网联化发展应用趋势和产业基础，工信部提出近期拟开展的标准计划，包括先进辅助驾驶系统术语和定义、盲区监测系统、自动紧急制动系统、汽车信息安全、汽车软件升级安全防护等 21 项标准。

（撰稿：杨琪）

第三章

重要讲话和报告

万钢部长在2016年全国科技工作会议上的报告

坚持创新驱动强化科技引领　实现“十三五”良好开局
——在2016年全国科技工作会议上的报告

同志们：

上周召开了国家科学技术奖励大会，中央领导作了重要讲话，今天上午刘延东副总理主持召开座谈会听取各界代表对“十三五”科技创新规划的意见和建议。这充分体现了党中央国务院对科技工作的高度重视，我们要深刻领会中央领导讲话精神，切实抓好贯彻落实。这次全国科技工作会议的主要任务是：认真落实党的十八大和十八届三中、四中、五中全会精神，深入学习贯彻习近平总书记系列重要讲话精神，全面实施创新驱动发展战略，总结2015年和“十二五”科技工作，部署2016年工作思路，为“十三五”科技工作开好局、起好步。下面，我代表科技部作工作报告。

一、2015年工作回顾与“十二五”进展成效

刚刚过去的2015年是“十二五”收官之年，是科技体制改革扎实推进之年，也是科技创新成果涌现、喜报频传的收获之年。习近平总书记、李克强总理多次就加快科技创新，实施创新驱动发展战略作出重要指示。十八届五中全会把创新发展作为五大发展理念之首，强调创新是引领发展的第一动力，要求充分发挥科技创新在全面创新中的引领作用。中央经济工作会议提出要深入实施创新驱动发展战略，推动大众创业、万众创新，依靠改革创新加快新动能成长和传统动能改造提升；中央农村工作会议强调要激发亿万农民创业创新活力；中央城市工作会议要求统筹改革、科技、文化三大动力，提高城市发展持续性。一年来，在党中央国务院的坚强领导下，我们深入落实创新驱动发展战略，扎实推进科技体制改革，各项工作迈上新台阶，创新能力和科技实力进一步增强，取得一批世界先进水平的重大科技成果，涌现一批具有国际影响力的高端创新人才，全社会大众创业万众创新蓬勃兴起，为适应和引领经济发展新常态，保持经济平稳发展提供了强有力支撑。一年来，重点推进了七方面工作：

一是立足全局加强科技创新系统谋划。完成创新驱动发展战略顶层设计，已经中央深改领导小组、中央政治局常委会审议通过。凝练提出“科技创新 2030—重大项目”建议，已经国家科教领导小组审议通过。完成“十二五”规划总结评估，开展国家关键技术选择，组织开展“十三五”科技创新规划战略研究，会同教育部、中科院、工程院、自然科学基金会等部门开展了重大问题研究，形成规划文本草案。

二是突出问题导向全面深化科技体制改革。发布《深化科技体制改革实施方案》，提出改革任务落实的总体施工图，系统部署32项改革举措143个政策点。修订发布《促进科技成果转化法》，明确科技成果使用、处置、收益的制度安排，大幅强化对人的激励。落实院士制度改革举措，改革候选人推荐方式，完善候选人公示和投诉调查机制。积极推进国防科工系统科研院所分类改革。落实国务院简政放权部署，进一步取消和下放一批行政审批事项，加强事中事后监管。完善科技资源开放共享机制，加强科技报告制度建设，制定科研设施与仪器开放服务标准规范。

三是围绕培育新动能支持大众创新创业。落实国务院部署，大力推动大众创业万众创新，制定发布众创空间指导意见和工作指引，发展专业化众创空间。推进科技特派员、返乡农民工在农业农村创新创业，在重庆、四川、陕西、江苏等地试点建设“星创天地”。成功举办科技活动周、全国“双创”活动周、第四届中国创新创业大赛、创新大挑战年会，实施科技创业者行动。启动科技成果转化引导基金3支创投子基金，开展第二批促进科技和金融结合试点。启动科技服务业区域和行业试点。建设11个国家技术转移区域中心，新增国家技术转移示范机构84家，推动创新型产业集群跨区域、跨领域协同发展。

四是强化落实深入推进科技计划管理改革。落实中央财政科技计划、项目和资金管理改革的部署要求，建立了部际联席会议制度，成立特邀咨评委，确定首批7家专业机构，初步建立统一的国家科技管理平台。研究提出了重点研发计划管理办法、项目管理专业机构管理暂行规定、科技监督评估制度规范。启动4个重大专项管理改革试点，实施6个重点研发计划试点专项；围绕国家重大战略，多方咨询意见，形成59个重点专项实施方案建议。国家科技管理信息系统初具规模，中央财政科研项目库、国家科技专家库基本建成。

五是聚焦稳促调惠加强成果转化应用。加强支撑经济社会发展的关键共性技术研发应用；重大专项进一步凝练任务聚焦目标，加速技术突破和成果应用。深入推进“首都蓝天行动”，加强京津冀大气污染防治科研与示范。围绕节水治污、海水淡化、节能减排等发布一批成果转化推广清单。推进“数控一代”创新应用示范工程，面向广东等16个区域以及纺织、印刷等行业开展应用示范。实施国产创新医疗器械产品应用示范工程，推动国家临床医学研究中心建设。

六是面向转型升级打造区域创新高地。新建成都、西安、杭州、珠三角国家自主创新示范区，31家省级高新区升级为国家高新区，批复建设8个现代农业科技示范区、46个农业科技园区、29个可持续发展实验区。推进8个重点区域全面创新改革试验，支持北京、上海加快建设具有全球影响力的科技创新中心，推进中关村与贵阳、上海张江与兰白试验区、深圳与新疆的创新合作，支持绵阳科技城和杨凌农业高技术产业示范区发展，推动建设国家食品安全（横琴）创新中心，谋划中韩创新创业园。

七是坚持全球视野强化科技开放合作。编制“一带一路”科技创新合作专项规划。建立中以创新合作联委会机制，推动中俄双边政府间大项目合作，协同建设亚欧科技创新合作中心，推进“上海合作组织科技伙伴计划”实施。持续参与国际热核聚变实验堆、国际地球观测组织、平方公里阵列射电望远镜建设等国际大科学工程。成立 5 家国家工程技术研究中心香港分中心。加强应对全球气候变化的科技创新，支撑联合国气候变化公约等环境公约的履约。

一年来，科技战线的全体同志奋发努力、扎实工作，充分释放科技创新潜力，努力打造经济增长新引擎，支撑引领经济发展质量和效益提升，为“十二五”规划胜利收官画上圆满句号。

过去的五年，是我国科技发展突飞猛进、跨越发展的五年，也是科技体制改革系统部署、全面激发创新活力的五年。经过五年努力，我国科技进入新的发展阶段，“十二五”规划任务目标基本完成，自主创新能力显著增强，创新创业环境明显改善，创新型国家建设迈上新台阶。

（1）科技创新在国家发展全局中的战略地位提升到新高度。党的十八大以来，以习近平同志为总书记的党中央高度重视科技创新，强调科技创新是提高社会生产力和综合国力的战略支撑，必须摆在党和国家发展全局的核心位置；提出“抓创新就是抓发展，谋创新就是谋未来”。十八届五中全会把创新发展作为五大发展理念之首，指出创新是引领发展的第一动力，要让创新贯穿党和国家一切工作，充分发挥科技创新在全面创新中的引领作用。中央政治局常委会议、中央深改领导小组会议、中央财经领导小组会议和国务院常务会议多次专题研究科技创新，出台系列改革举措，力度之大、范围之广、影响之深前所未有。科技创新的战略地位提升到空前的新高度，创新成为全社会广泛共识和重要价值导向。

（2）科技创新进入“三跑并存”的历史新阶段。科技整体水平正从量的增长向质的提升转变，已步入以跟踪为主转向跟踪和并跑、领跑并存的新阶段。我国主要科技创新指标跻身世界前列，国家创新能力排名从 2010 年的世界第 21 位上升至 2015 年的第 18 位；科技进步贡献率由 50.9%增加到 55.1%。全社会研发支出预计达到 14300 亿元，比 2010 年增长一倍；其中企业研发支出超过 77%；R&D 经费占 GDP 比重达到 2.1%。国际科技论文数量连续多年稳居世界第 2 位，被引次数从第 8 位逐年攀升至第 4 位，农业、化学、材料等 7 个学科已升至第 2 位；国内专利申请量和授权量分别从 110.9 万件和 74.1 万件上升到 263.9 万件和 159.7 万件，已居世界第 1 位和第 2 位。

基础研究国际影响力大幅提升。在自然科学基金、973 计划等持续支持下，取得量子通信和量子反常霍尔效应、外尔费米子研究、中微子振荡、CiPS 干细胞、高温铁基超导等重大创新成果。屠呦呦研究员获得 2015 年诺贝尔生理学或医学奖，王贻芳研究员荣获 2016 年基础物理学突破奖，潘建伟团队的多自由度量子隐形传态研究位列 2015 年国际物理学十大年度突破之首。国家重点实验室达到 481 个，国家工程技术研究中心 346 个，蛋白质科学研究、500 米口径球面射电望远镜、散裂中子源等大科学装置建设取得重要进展，暗物质探测卫星“悟空”成功升空。

战略高技术显著增强国家实力。载人航天和探月工程成就举世瞩目；天河二号超级计算机蝉联“六连冠”，在生物医药、工程仿真、智慧城市、新材料等领域应用取得显著效益；国产首架大飞机 C919 成功总装下线，ARJ 支线飞机成功实现商业销售和运营；

北斗导航系统广泛应用，形成一千多亿元产值；高分系列卫星成功发射，在国土普查、环境监测等18个行业1100多家单位得到应用；蛟龙号载人深潜器创造7062米世界同类潜水器最大下潜深度纪录，累积开展100航次深海探索，带动海洋资源勘探技术和装备实现跨越发展；自主知识产权的“华龙一号”首堆示范工程开工建设，CAP1400全面完成实验验证，高温气冷堆商业化示范进展顺利，快中子实验堆成功并网发电。

（3）系统推进科技体制改革取得新突破。围绕资源配置、计划管理改革、科技成果转化和人才评价等方面，中央对科技体制改革进行系统部署，重大改革举措取得突破性进展。企业技术创新主体地位不断增强，2014年规模以上工业企业专利申请量和发明专利申请量，分别比2011年增长63.3%和77.9%。研发费用加计扣除等重点政策加快落实，2011—2014年高新技术企业累计减免税额3726亿元，新增上缴税费3.6万亿元，全国高新技术企业总数达到7.9万家。中央财政科技计划管理改革有序推进，科研项目和资金管理改革取得重大突破，科技资源统筹协调力度进一步加强。重大科研基础设施和大型科研仪器开放共享制度进一步完善。创新调查制度、科技报告制度初步建立，已有超过6万份科技报告面向社会开放，建立地方科技报告制度的省区市已达23个。普惠性科技创新政策体系初步形成，《促进科技成果转化法》修订实施，科技成果使用权、处置权和收益权管理改革全面推进。科技评价和奖励制度改革深入推进，院士制度进一步回归学术性、荣誉性本质。

（4）科技创新成为经济社会发展的新引擎。集成电路制造技术步入自主发展的快车道，刻蚀机、离子注入机等关键制造装备总体水平达到28纳米。TD-LTE完整产业链基本形成，4G用户数超过2.7亿。大型汽车覆盖件自动冲压线等20多种产品已具备国际竞争能力。自主研发的新一代高速铁路技术世界领先，高铁总里程达1.9万公里，占世界总量的55%以上，并进军海外市场。全面掌握特高压输变电技术，实现关键设备国产化。大功率风电机组和关键部件、晶硅和薄膜太阳电池设计制造等关键技术取得突破，风能和光伏产能累计装机容量均居世界第一位。新能源汽车产销量2015年预计超过30万辆，居世界第一位。油气专项再造一个西部大庆，海洋石油981等高端装备在南海成功应用。半导体照明技术加快应用推广，2015年半导体照明产业整体规模预计达4245亿元，比上年增长21%。

科技创新为改善民生福祉提供有力保障。农业科技进步贡献率达到56%以上，有力支撑粮食生产“十二连增”。“渤海粮仓科技示范工程”各项技术推广应用1700余万亩，2015年实现增粮34多亿斤。第四期“超级稻”创造百亩连片平均亩产1026.7公斤的新纪录。转基因抗虫棉新品种累计推广1.12亿亩。突破农机先进制造与智能化等关键共性技术，开发400马力级重型拖拉机等农机新产品170种。自主研发3.0T超导磁共振系统达到国际先进水平。全球首个生物工程角膜艾欣瞳上市；全球首个基因突变型埃博拉疫苗境外开展临床试验；预防手足口病，灭活脊髓灰质炎疫苗研制成功；阿帕替尼、西达本胺等抗肿瘤新药成功上市，为缓解看病难、看病贵发挥了重要作用。石化、制药等典型行业全过程污染控制关键技术取得突破；防沙治沙技术在内蒙古、甘肃、新疆推广近万平方公里，促进沙漠区可持续发展。公共安全应急平台体系提升了应对突发事件的能力。

（5）大众创业万众创新为经济社会发展注入新活力。全国各类众创空间已超过 2300 家，与现有 2500 多家科技企业孵化器、加速器，11 个国家自主创新示范区和 146 个国家高新区，共同形成完整的创业服务链条和良好的创新生态，在孵企业超过 10 万家，培育上市和挂牌企业 600 多家，吸纳就业人数超过 180 万人。技术转移转化加速发展，2015 年国家技术转移示范机构达 453 家，技术（产权）交易机构 30 家。2015 年技术交易总额达到 9835 亿元，同比增加约 14.7%。连续四届中国创新创业大赛共有近 6 万家创业企业和团队、1500 家创投机构参加，促成创业投资近 300 亿元，银行授信总额超过 500 亿元，帮助一大批优秀创新创业企业和团队获得市场支持，形成“赛场选骏马、创赛搭平台、市场配资源、政府后补助”的新模式。

（6）创新人才呈现竞相涌现、活力迸发的新局面。科技人力资源总量超过 7100 万人，研发人员超过 535 万人，其中企业研发人员 398 万人。千人计划、万人计划、创新人才推进计划、长江学者、中科院百人计划、杰出青年科学基金等人才计划有力促进高端人才引进和培养，近 5 年回国人才超过 110 万，是前 30 年回国人数的 3 倍。近年来我国科学家还相继获得拉斯克奖、基础物理学突破奖、瑞典皇家科学院爱明诺夫奖、世界杰出女科学家奖等一大批国际科技奖项。80 后、90 后青年科技人才快速成长，成为科研主力军和生力军；一批优秀企业家加速涌现，成为引领创新创业浪潮的核心力量。人才结构极大优化，人才培养、使用和激励机制不断完善，人尽其才、才尽其用的局面基本形成。

（7）科技创新成为区域转型升级的新抓手。京津冀协同创新共同体建设深入推进，长江经济带加快转型升级和创新发展，北京、上海加快建设全球影响力科技创新中心，创新型省份、创新型城市建设试点初见成效，区域创新改革试验全面启动。若干创新型区域科技投入持续增加，江苏、广东、上海财政科技拨款超过 200 亿元，10 多个省（市区）的地方财政科技支出占地方财政支出的比重超过 2%，上海、北京分别高达 5.9%和 5.4%。自主创新示范区和高新区成为区域转型升级的核心载体，研发投入占全国企业的 39.7%以上，新产品收入占全国产品销售收入的 32.8%，单位 GDP 能耗比全国平均水平低 30%。新技术、新业态、新产业、新模式等新因素对地方经济发展的贡献日益增强，创新型经济格局正在逐步形成。

（8）中国在全球创新版图中占据新位势。我国已成为全球重要的研发活动中心，研发支出占全球比重从 14%上升到 20%，居全球第二位；科研人员在全球总量中的比重从 16.7%上升到 19.1%，居全球第一位；国际科技论文占全球比重从 9.9%上升到 20.2%，居全球第二位。全球创新要素加速集聚，跨国公司在华投资设立研发机构达 1800 家，国际创新园、国际联合研究中心、国际技术转移中心和国际科技合作基地等达 549 家。企业国际化水平大幅提升，到境外开展联合研发、技术并购、设立研发机构的企业迅速增加。

科技外交在国家总体外交中的作用日益凸显，创新对话成为中国与世界主要国家战略沟通的重要机制。已与 156 个国家和地区建立了科技合作关系，加入了 200 多个政府间科技合作组织，200多位中国科学家担任了国际合作组织的领导职务。与“一带一路”沿线国家科技合作深入开展。对外科技援助机制不断创新。积极参与国际大科学计划和大科学工程，在国际地球观测组织等国际机构中发挥领导作用。

五年来，我国科技创新事业取得了前所未有的大发展，这是党中央国务院坚强领导和高度重视的结果，是各地方、各部门和社会各界大力支持的结果，是全国广大科技工作者拼搏奉献的结果，凝聚着各级科技管理工作者的心血和汗水。在此，我代表科技部向大家表示感谢，并通过你们向广大科技人员和管理工作者表示衷心的感谢和崇高的敬意！

在去年工作报告中，我提出面对新形势新要求新挑战，各级科技管理部门要抓住新常态蕴含的战略机遇，在工作上实现“三个转变”。今天，我们更加深切地感到，坚持“三个转变”，是推动科技创新更好融入经济社会主战场的关键。

一是坚持谋战略、攻难关，推动科技创新活动从“小局”到“大局”的转变。一方面，聚焦国家重大需求，加快核心关键技术突破，加速成果转化应用，充分发挥科技创新对经济社会发展的支撑引领作用；另一方面，注重把握大势，及早谋划，超前部署，增强科学储备，扩大创新供给，为国家长远发展奠定能力基础。

二是坚持聚众智、塑生态，推动科技创新队伍从“小众”到“大众”的转变。一方面，重视发挥高校院所的骨干和引领带动作用，凝聚人才，激励创新，促进转化；另一方面，注重发挥企业的技术创新主体作用，大力支持中小企业创新；特别是面向最广大科技人员和社会公众，最大限度地激发全社会创新创业激情与活力，营造创新生态，形成大众创业万众创新的局面，不断增强经济发展新动能。

三是坚持正风纪、汇资源，推动科技资源配置从“小投入”到“大投入”的转变。一方面，用好管好财政科技投入，深入推进科技计划管理改革，围绕创新链统筹配置创新资源，提高资金使用效率；另一方面，放宽政策、放开市场、放活主体，引导和聚集各方创新资源，形成财政资金、金融资本、社会资本多方投入科技创新的新格局。

二、“十三五”科技创新形势与思路

五中全会对“十三五”发展思路目标和重点任务进行了全面部署，未来五年科技创新工作必须深入贯彻落实全会精神，牢牢把握“十三五”阶段性特征，深入实施创新驱动发展战略，统筹做好科技创新工作，不断开拓创新发展的新局面。

（一）充分认识“十三五”的阶段性特征

“十三五”是全面建成小康社会的决胜阶段，也是进入创新型国家行列的冲刺阶段。中央对科技创新提出了新的更高要求，国家重大战略和经济社会发展对科技创新提出了更加迫切的需求，全国人民对美好生活的向往寄予了科技创新更高期待。科技工作既面临可以大有作为的战略机遇期，又面临着支撑“双中高”、跨越中等收入陷阱的重大挑战。补齐短板、攻坚克难、全力冲刺、奠基未来将是“十三五”重要的时代特征。

（1）全面落实五大发展理念，发挥创新“第一动力”作用是“十三五”科技创新的基本遵循。创新、协调、绿色、开放、共享是中央在总结改革开放 30 多年发展实践基础上确立的新的发展理念，是“十三五”乃至更长时期经济社会发展的基本遵循。未来五年科技创新工作应把落实五大发展理念作为核心要求。围绕落实创新发展理念，充分发挥科技创新在全面创新中的引领作用，加快构建以创新为引领和支撑的经济体系与发展模式；围绕落实协调发展理念，强化科技创新对城乡区域协调发展、经济社会协调发展以及四化同步发展的支撑；围绕落实绿色发展理念，突出科技创新在形成绿色发展方式和生活方式，建设生态文明中的关键作用；围绕落实开放发展理念，全面提升科技创新的国际化水平；围绕落实共享发展理念，加快科技创新成果转化应用，让全体人民共享更多创新成果，提升民众获得感。总之，我们要立足国家发展全局，切实把五大发展理念贯彻到科技创新的各领域各方面。

（2）迈进创新型国家行列，支撑全面建成小康社会是“十三五”科技创新的历史使命。2020 年进入创新型国家行列是中长期科技规划纲要提出的奋斗目标，党的十八大再次强调实现“科技进步对经济增长的贡献率大幅上升，进入创新型国家行列”的目标。十八届五中全会明确把迈进创新型国家行列作为 2020 年全面建成小康社会新的目标要求。从现在起到实现进入创新型国家行列和全面建成小康社会的目标，只有不到 5 年时间，形势非常紧迫，任务十分艰巨。同时还要看到，我国科技创新仍存在许多短板和问题：科技创新能力特别是原始创新能力不强，科技发展水平总体不高，科技对经济增长的贡献率远低于发达国家水平，特别是依靠科技投入驱动经济发展的理念和方式还没有形成。例如，R&D 经费占 GDP 比重作为衡量经济发展方式转变和创新驱动的重要指标，在“十二五”期间未能达到 2.2%的目标，这既表明我国整体科技投入与经济发展规模不匹配，也说明我国经济发展的科技含量仍然不高，“十三五”要实现中长期科技规划纲要确定的 2.5%目标任重而道远。为此，我们一定要对照目标要求，紧紧扭住短板，在补齐短板上下更大功夫，确保创新型国家建设与全面建成小康社会同步走、同向行。

（3）把握经济社会发展大逻辑，主动适应和引领新常态是“十三五”科技创新的主要战场。认识新常态、适应新常态、引领新常态，是当前和今后一个时期我国经济发展的大逻辑，这是中央综合分析世界经济长周期和我国发展阶段性特征及其相互作用作出的重大判断。在刚刚闭幕的中央经济工作会议上，习近平总书记对引领经济发展新常态又进行了深刻阐述。一年来，新常态下速度变化、结构优化、动力转换的特征已经鲜明表现出来，新产业、新业态、新模式快速成长，新的发展动能加速孕育。网络消费正以社会消费品零售额 4 倍的增速成为消费领域的亮点，2015 年上半年我国网上零售额同比增长接近 40%；“双 11”全网销售额 1229 亿元，比 2015 年增长了 52.7%。与此同时，全面建成小康社会还面临许多艰巨任务，人民群众对清洁空气、便捷医疗、高质量教育和就业的迫切需求，对科技创新提出了新的更高要求。我们要充分认识新常态对创新驱动发展的内生性要求，发挥科技创新在实现引领型发展中的重要作用，加快形成一批重大创新成果，推进科技成果产业化，使创新成果变成实实在在的经济活动，形成新的产品群、产业群，为提高我国经济发展竞争力和抗风险能力，持续改善民生福祉提供强大支撑。

（4）顺应全球科技创新的新趋势，提升参与全球创新竞争的能力是“十三五”科技创新的战略导向。当前，世界新一轮科技革命和产业变革蓄势待发，学科多点突破、交叉融合趋势日益明显，技术群体性突破加速，颠覆性创新不断涌现；主要经济体都在抢抓机遇，力争占领制高点，这与我国创新驱动发展战略实施高度契合，形成历史性交汇，提供了跨越发展的机会窗口。未来五年科技创新工作应准确把握这一新趋势，特别是要科学预见和高度重视颠覆性创新带来的变革性影响，主动布局和应对新赛场新规则带来的深刻变化，把重要领域的科技创新摆在更加突出的地位，实施一批关系国家全局和长远的重大科技项目，在重大创新领域组建一批国家实验室，力求在战略必争领域取得重大突破，在全球科技创新中拥有更多制度性话语权，为国家长远发展开拓更大的战略空间。

同时，结合中央的新要求和面临的新形势，我们要进一步关注和把握好的几个关键问题。

（1）要在供给侧结构性改革中有大作为。长期以来，我国经济的高速增长比较强调需求侧改革，重点是扩大由投资需求、消费需求和净出口增长“三驾马车”构成的总需求。而供给侧结构性改革意味着更注重提高供给体系质量和效率，核心是增强经济增长的新动能。“十三五”要把科技创新作为供给侧改革的重要环节，加快新技术、新产品、新业态的创新，加快培育新的发展动能，改造提升传统比较优势，实现经济发展动力转换，为我国生产力水平的整体改善作出重要贡献。如近年来，在推广半导体照明中同步推动“十城万盏”、实施市场产品补助政策和制定白炽灯退出规划，三管齐下，效果明显。目前我国已成为半导体照明产业第一大国，半导体照明产品市场仍在不断拓展。

（2）要前瞻应对产业转型发展的拐点。当一个产业的规模继续增长，但增长的加速度下降时，往往意味着产业转型拐点的到来。回顾 21 世纪初平板显示取代 CRT、数码相机取代胶卷、光盘取代磁带的过程，新技术、新产业厚积薄发，取代旧产业的拐点周期变短、速度加快。当前，还有许多产业正接近转型升级的拐点。如汽车领域，传统汽车能耗、尾气排放限制越来越严格，导致技术难度和综合成本上升，而新能源汽车技术加快成熟、成本持续下降、市场加速拓展。在能源领域，按照我国 2020 年非化石能源占比 15%的 CO_2 减排目标和煤电降污标准，风电光伏装机量还需扩大 2～3 倍，届时清洁发电综合成本与火电基本相当。生物技术在医药、化肥、农药和日用化工业的比重快速提升，深海装备成为造船和海工产业新的增长点，等等。这些拐点带来的机遇稍纵即逝，抓住了才能实现转型升级，同步达到调结构、促投资和稳增长的目标。如果应对不当，可能造成巨大资本沉淀、结构性产能过剩和产业洗牌。为此，应加强产业拐点的研判，尽早部署新兴产业的关键技术研发，增强持续引领能力。

（3）要更加注重精准施策。近年来，我们坚持问题导向，在科技计划管理改革、科技成果转化、科研人员出国等方面出台了一系列改革措施，取得了很好的效果。下一步要继续解放思想，充分遵循科技创新规律和市场经济规律，在精准施策上出实招，在精准推进上下实功，在精准落地上见实效，把改革精神真正落实到科技管理实践中。要围绕制约科技与经济紧密结合的突出问题，紧扣激发人的积极性和创造性这一根本，面向各类创新主体强化服务。特别是针对科技人员深入企业、转化成果、创新创业所遇到的兼职兼薪问题，推进高校科研院所去行政化改革，引导更多科研人员深入一线，进一步激发科研人员创新创业的动力和活力。

（二）“十三五”科技创新的总体考虑

根据“十三五”经济社会形势和需求，未来五年科技创新工作要按照党中央国务院的部署要求，强调四个坚持，即坚持“四个全面”战略布局，坚持创新、协调、绿色、开放、共享发展理念，坚持创新是引领发展的第一动力，坚持“自主创新、重点跨越、支撑发展、引领未来”的指导方针；突出一条主线，即以深入实施创新驱动发展战略为主线，以深化科技体制改革为动力，充分发挥科技创新在全面创新中的引领作用，全面推进大众创业万众创新；强化四个着力，即着力增强自主创新能力，着力提高创新供给的质量，着力建设创新型人才队伍，着力扩大科技开放合作。

今后五年，要确保实现“进入创新型国家行列”奋斗目标。一是自主创新能力全面提升，整体水平由跟跑为主向领跑、并行为主转变；二是经济社会发展的科技含量显著提升，在促进经济平衡性、包容性和可持续性发展中的作用更加突出，成长起一批世界领先的创新型企业、品牌和标准。三是创新型人才规模和质量同步提升，人力资源结构和就业结构得到显著改善。四是促进创新的体制机制更加成熟定型，国家创新体系整体效能快速提升，科技创新基础性制度体系基本形成。五是全社会创新创业环境更加优化，公民科学素质明显提高，创新要素流动更加顺畅，创新文化进一步弘扬。

在指标设置上，既坚持继承性和延续性，又体现对新时期科技创新的战略引导，初步考虑提出 12 项指标。在创新型国家建设引导方面，提出国家综合创新能力世界排名和科技进步贡献率 2 项指标；在反映创新驱动发展成效方面，提出研发经费与国内生产总值的比例、每万名就业人员的研发人力投入、高技术产品出口额、知识密集型服务业增加值占 GDP 比重 4 项指标；在提升科技创新质量和国际化水平方面，提出规模以上工业企业研发投入占主营业务收入比例、国际科技论文被引次数世界排名、PCT 专利申请量、每万人发明专利拥有量 4 项指标；在创新创业环境方面，选择全国技术市场合同交易总额、公民具备基本科学素质的比例 2 项指标。这些指标相对独立又相互关联，要深入研究创新指标与经济社会指标之间的内在关系，及早预见实现难点，及时采取有效应对措施。

在任务部署上，未来五年我国科技创新工作将围绕深入实施创新驱动发展战略，落实中央提出的“一带一路”战略、中国制造 2025、网络强国战略、国家大数据战略、“互联网+”行动计划、军民融合发展战略、人才优先发展战略、国家安全战略、海洋强国战略等重大决策，从六方面加强系统布局。

一是围绕打造国家先发优势和国际竞争力，加强国家目标导向的基础研究，加快重大科技专项实施，启动实施一批新的重大科技项目，提出并牵头组织国际大科学计划和大科学工程，力争在更多战略性领域实现率先突破。

二是围绕构筑引领型发展的支撑基点，加快建设具有国际竞争力的产业技术新体系，针对可持续和包容性发展的瓶颈制约制定系统化的技术解决方案，推进颠覆性技术创新，为国家发展空间拓展提供支撑。

三是围绕推动大众创业万众创新，发展专业化众创空间，支持众创众包众筹众扶，深入实施知识产权和技术标准战略，构建低成本、高效率、更便捷的创新创业服务网络，厚植创新创业文化。

四是围绕培育国家重要战略创新力量，建设以国家实验室为引领的创新基础平台，加强科研基础设施和大科学装置建设，培育造就创新型人才队伍，壮大企业家队伍。

五是围绕提升国家创新体系整体效能，深化中央财政科技资金管理改革，构建更加高效的科研组织体系，实施新一轮国家技术创新工程，建设一批具有重大带动作用的创新型省市和区域创新中心。

六是围绕提高全球配置创新资源能力，深度参与全球创新治理，创制国际科技合作公共产品，促进创新资源双向开放和流动，打造“一带一路”协同创新共同体，加大科技计划开放力度。

三、2016 年工作部署

2016 年是全面建成小康社会决胜阶段的开局之年，是推进结构性改革的攻坚之年，也是进入创新型国家行列的关键之年。科技部党组出台一号文件对 2016 年科技工作进行部署安排。2016 年科技工作的总体思路是：全面贯彻党的十八大和十八届三中、四中、五中全会精神，深入贯彻习近平总书记系列重要讲话精神，按照“五位一体”的总体布局和“四个全面”战略布局要求，坚持“创新、协调、绿色、开放、共享”发展理念，以全面落实创新驱动发展战略纲要为主线，更加注重基础研究、原始创新和核心关键技术突破，更加注重成果转移转化，更加注重改革任务落实，更加注重营造良好创新环境，更加注重依靠科技人员和服务创新主体，更加注重自身能力和作风建设，发挥科技创新在供给侧结构性改革中的基础、关键和引领作用，提高科技创新供给的质量和效率，加快实现发展动力转换，为实施“十三五”规划、确保进入创新型国家行列开好局、起好步。

重点做好以下 10 个方面的工作。

（一）落实创新驱动发展战略纲要，发布实施国家“十三五”科技创新规划

一是全面落实国家创新驱动发展战略纲要。在国家科改领导小组领导下，推动建立落实创新驱动发展战略纲要的工作机制，加强组织领导和协调，细化分解纲要任务，明确责任单位和进度安排，确保重点任务落实到位。协调推动有关部门和地方制订贯彻落实纲要的具体实施方案。对重大改革任务和重点政策措施，提出试点工作安排。积极开展政策宣讲，加大宣传力度，推动创新驱动发展理念成为全社会的广泛共识。

二是发布实施国家“十三五”科技创新规划。按照国家“十三五”规划总体部署，

加快推进科技创新规划文本起草，明确“十三五”科技创新总体思路、发展目标和重点任务，加强规划咨询论证和修改完善，争取 2016 年 6 月提交国务院常务会议审议后发布实施。建立国家科技创新规划体系，在重点任务、重点工作、重点区域方面编制一批专项规划，对总体规划的任务部署予以细化落实。推动国家规划与地方规划的衔接协调，加强对地方“十三五”科技创新规划编制的指导。

三是做好“十二五”重大科技成就的总结宣传。全面总结、系统梳理“十二五”以来的重大科技成果、重大改革进展，采用群众喜闻乐见的形式，讲好中国创新故事，弘扬创新时代主旋律。举办“十二五”科技创新成就展，向党中央国务院和全国人民汇报科技改革新进展，展示创新驱动发展新成就，展现广大科技工作者新风采。

（二）营造创新创业生态，进一步激励大众创新创业

一是加快建设专业化众创空间和星创天地。针对新兴产业和传统产业各个特定细分领域，以龙头骨干企业和有条件的高校、科研院所为主体，以科技人员等专业技术人才为主力，加强产学研协同，大中小企业联合，推动众创空间、星创天地等创新孵化载体向专业化纵深发展。充分利用互联网等新一代信息技术，向创业者开放创新资源，搭建服务科技型中小企业和创新创业者的众创、众包、众扶、众筹平台，向创业者开放创新资源降低创业创新成本。加强创业导师队伍建设。充分发挥大学科技园作用，注重以科技成果转移转化为重点，扩大双创的源头供给，推动科技型创新创业。继续办好中国创新创业大赛、中国农业科技创新创业大赛，启动中国创新挑战赛。

二是促进科技服务业发展。落实《国务院关于加快科技服务业发展的若干意见》，探索科技服务业促进区域产业创新发展的新模式和新机制，形成一批科技服务龙头企业和知名品牌，培育一批新兴服务业态和科技服务产业集群。加强对科技服务业区域和行业试点的指导和支持，打造一批特色鲜明、功能完善、布局合理的科技服务业集聚区。

三是构建普惠性创新支持政策体系。会同相关部门加大研发费用加计扣除、高新技术企业认定、固定资产加速折旧、股权奖励等重点政策落实力度。建立政策落实协同机制，加强政策实施情况监测评估。针对新型研发机构、科技型中小企业创新发展问题，研究形成一批有针对性、可操作、见实效的创新政策。

四是深化科技和金融结合。全面启动实施国家科技成果转化引导基金，扩大基金规模，联合社会资本设立一批支持企业科技创新的专业化创投子基金。启动实施贷款风险补偿工作，建立科技企业贷款融资的“绿色通道”。启动第二批促进科技和金融结合试点工作，依托国家自主创新示范区，开展科技创业证券公司、投贷联动、股权众筹融资等先行先试。

五是加强科学技术普及和创新文化建设。办好 2016 年“科技活动周”和重大群众性科技示范活动，创新活动方式，丰富活动内容，繁荣科普创作与展教品研发，提升大众传媒的科学传播质量。启动“中国公民科学素质基准”测评。鼓励院士等高层次科技人才从事科普工作，充分发挥科协、社科联等社会团体的重要作用。倡导创新思维，鼓励良性竞争，加强科研诚信、科研伦理和科学道德建设，大力弘扬科学精神，努力营造

有利于创新人才成长的文化氛围。

（三）继续深化重点领域改革，加快形成促进创新的体制机制

一是完成国家科技计划优化整合。继续深化中央财政科技计划管理改革，完成技术创新引导专项、基地人才专项等优化整合，建立自然科学基金、重大专项、中科院重点工作纳入国家科技管理平台统一协调的机制。完善计划管理制度，规范管理流程，优化联席会议制度的议事决策程序，完成咨评委组建，开展与部门、地方管理信息系统互联试点。按照新机制加快凝练形成一批看得准、条件成熟的重点专项，发布2016年度的重点研发计划项目申报指南，保证新旧计划体系有序衔接。

二是推动项目管理专业机构建设。制定实施专业机构管理暂行规定。指导首批专业机构开展改建和项目管理，探索建立法人治理结构，完善管理运行规章制度，健全风险防控机制，提升专业化项目管理能力。建立专业机构评估制度，开展首批专业机构改建情况中期评估，完善动态调整机制，进一步推动和完善专业机构的布局。

三是完善科技监督和评估体系建设。加强“制度+合同+技术”三位一体的监督和评估手段建设，出台科技监督、科技评估和科研信用制度规范，将监督和评估要求纳入科技计划管理相关合同、任务书、协议等予以明确。依托国家科技管理信息系统加强科技监督和评估信息平台建设。加强对科技计划组织实施、项目管理专业机构和项目执行及资金使用的监督检查和评估，推进监督和评估结果有效运用，加强监督问责和责任倒查。完善科研信用建设部际联席会议制度，加强科研严重失信行为记录和运用，开展科研诚信建设宣传和培训工作，营造风清气正的科研氛围。

四是推进科技评价和奖励制度改革。研究制定科研机构创新绩效评估办法，开展评估试点，促进科研机构创新绩效评估与绩效拨款制度相衔接。制定国家科技奖励制度改革方案，研究修订《国家科学技术奖励条例》，加大对杰出科学家、优秀创新团队和青年人才的奖励力度。完善专家学者和机构相结合的推荐提名制，完善小同行评审，强化对重大基础研究成果、原始创新技术的奖励。健全监督机制，加大公开透明力度，严惩学术不端，强化奖励的荣誉性。

五是全面推进科技资源开放共享。继续推动落实《国务院关于国家重大科研基础设施和大型科研仪器向社会开放的意见》，构建完善科研设施与仪器国家网络管理平台，深入挖掘现有科技资源共享服务平台的潜能，围绕重大科技专项、重大工程、战略性新兴产业培育等开展综合性、系统性、专业化的专题服务。统筹推进重大科研基础设施与大科学工程建设。着力加强科研条件建设与科技基础性工作。

六是构建军民融合科技创新的新机制。建立军民科技融合部际联席会议制度，强化国家科技创新规划与国防科技规划的衔接。探索建立军民重大科研任务形成机制，国家重点研发计划加大重点领域核心关键技术协同攻关的支持。推动军工高技术向民用领域转移，鼓励军工采用先进适用民用技术，建立常态化军工大型实验设施和科研仪器向社

会开放的共享机制。

（四）加快部署实施重大研发任务，强化引领型发展的科技支撑

一是加快重大专项实施及成果产业化。全面落实重大专项管理改革方案，进一步聚焦目标、突出重点、继续加快实施已部署的国家科技重大专项，攻克高端通用芯片、集成电路装备、宽带移动通信、油气田等领域的关键核心技术，形成若干战略性产品。完善市场准入和示范应用等政策措施，建立“沿途下蛋”机制，加速重大专项成果推广应用。依托重大专项建设国家级重大研发基地，凝聚和培养优秀人才，形成地方、部门、企业协同联动机制。

二是论证启动“科技创新 2030—重大项目”。按照党中央国务院决策部署，面向 2030 年在航空发动机、量子通信、网络空间、智能制造和机器人、深海深空探测、重点新材料、脑科学、种业自主创新、健康保障等领域，抓紧遴选启动一批体现国家战略意图的重大科技项目和工程，尽快编制实施方案，成熟一个、启动一个，分批次有序实施。

三是大力推进现代农业科技创新。以绿色高效生态安全为重点，开展粮食丰产增效、主要作物育种、智能农机装备、畜禽重大疾病防控与高效安全养殖、林业资源培育及高效利用、现代食品加工与食物营养健康、农业面源污染和重金属污染防治及修复等重大关键技术研发攻关，建立信息化主导、生物技术引领、智能化生产、可持续发展的现代农业技术体系。

四是推动制造业向智能绿色服务转型升级。围绕“中国制造 2025”战略、工业强基工程，开展网络协同制造技术研究，构建基于“互联网+”的创新设计、基于物联网的智能工厂、制造资源集成管控、全生命周期制造服务、工业大数据、高端成套机械装备等技术体系。继续实施制造业信息化科技工程、数控一代机械产品创新应用示范工程。

五是加快培育发展战略性新兴产业。落实网络强国战略、国家大数据战略和“互联网+”行动计划，加强云计算、大数据、宽带通信、物联网、人工智能、空间信息、微电子与光电子等技术攻关，推动新一代信息技术和传统产业加速融合。开展煤炭清洁高效利用和新型节能技术、智能电网技术与装备等重大关键技术研发攻关。深化实施“纯电驱动”技术路线，升级电动汽车动力系统技术平台。加强增材制造技术创新，提高机器人技术和产业发展水平。大力发展新型功能材料、先进结构材料、高性能纤维及其复合材料，培育新材料领域产业生长点。加快推进生物医药、生物医学工程和生物制造等创新，引导生物产业发展。

六是推进社会发展领域科技创新。推进绿色发展科技创新行动，实施国家水安全、海洋科技、环境保护和资源循环产业创新工程，强化绿色矿山、透明海洋、绿色建筑等关键技术研发。以国家可持续发展实验区为依托，建设落实 2030 年可持续发展议程创新示范区。加强应对气候变化技术研发和应用示范。加强精准医疗研发，实施“互联网+健康医疗科技行动”。加强生物医学大数据研发。围绕国家公共、社会、生产安全等开展技术攻关及应用示范，加大社会治理、公共服务和文体事业的

科技创新力度。

（五）夯实科技创新基础能力，增强创新驱动源头供给

一是持续加强基础研究和战略高技术。完善科学基金资助管理机制，聚焦基础、前沿和人才，鼓励自由探索，推动学科均衡发展和交叉融合，培育新兴学科。在国家重大科技专项、重大科技项目以及国家科技计划中，切实加强聚焦国家目标任务的应用基础和前沿技术研究。加强战略性重大科学问题研究，前瞻部署有望催生未来变革性技术的重大基础研究。

二是强化创新型人才的激励、评价与服务。研究制定科技人才分类评价标准和办法，并开展试点，加快建立以创新能力和实际贡献为导向的科技人才评价制度。深入实施千人计划、万人计划、创新人才推进计划等重大人才工程，修改完善评议指标，加大对发展潜力和实际贡献的考量。突出对重点领域高精尖和急需紧缺人才的引进，加强对引进专家的后续支持和跟踪服务，开展国际组织后备人员的人才储备和教育培养，完善国际科技组织人才信息平台。强化对青年科技创新人才的支持，在任务委托、岗位聘用及职称评定中，打破论资排辈，大胆启用青年科技人才担当重任，鼓励青年科研人员参加国际大科学工程研究计划。在重点研发计划中开辟专门渠道，支持 35 岁以下的优秀青年科技人才。落实股权和分红激励政策，建立创新导向的人才分配激励机制。

三是启动重大创新领域国家实验室建设。以构建抢占国际科技制高点的重要战略创新力量为目标，在事关国家长远发展、国家综合竞争实力的重大创新领域，按照科学研究、技术开发、工程化与成果转化等全创新链部署要求，组建若干国家实验室，提升国家科技创新源头驱动力。

四是统筹推进国家科研基地优化布局。适应国家战略需求，结合学科发展、科学前沿与重大综合交叉前沿发展趋势，加强国家科研基地建设。按照“十三五”国家科研基地专项规划和顶层设计，存量优化整合与增量动态发展相结合，统筹布局，明确重点建设目标与任务，促进交叉融合与协同创新。

（六）实施新一轮国家技术创新工程，提升企业创新能力

一是系统设计国家技术创新工程。制定实施国家技术创新工程“十三五”专项规划，加强新时期技术创新工程的顶层设计与统筹谋划。实施创新型领军企业培育行动，加大对高新技术企业的支持和引导，鼓励企业加大研发投入，支持有条件的企业开展基础研究和前沿技术攻关，依托行业龙头企业布局建设一批国家科研基地，培育一批具有世界影响力的创新型领军企业。围绕国家重点产业发展战略，引导建设一批产业技术创新战略联盟。建立企业技术创新对话机制，吸收更多企业参与研究制定国家技术创新规划、计划、政策和标准。

二是布局建设国家技术创新中心。以提升国家在若干领域和产业的核心竞争力为目标，以企业为主体、产学研联合，在已有各类创新基地基础上，集聚整合资源，创新体制机制，建设一批国家技术创新中心。2016 年形成国家技术创新中心总体布局方案，启动国家技术创新中心建设试点，积累经验，探索机制。

三是引导支持科技型中小企业健康发展。支持中小企业发展基金等各类专项资金（基金）扩大规模，鼓励中小微企业开展协同创新。引导中小微企业向“专精特新”发展，培育壮大一批科技小巨人。推动地方和部门建设一批专业领域技术创新服务平台，面向中小企业提供研发设计、检验检测、技术转移等服务，提高专业化服务能力和网络化协同水平。

有序推进科研设施与仪器、自然科技资源、科技文献、科学数据等科技基础条件资源的开放共享，为中小企业提供创新资源服务。

（七）优化区域创新布局，提升区域创新发展水平

一是落实国家区域发展战略。发挥部省会商机制的平台作用，促进创新驱动和区域协调发展有机结合。支撑“一带一路”、京津冀协同发展、长江经济带建设战略实施，强化创新主体开放联动和创新资源融合共享，加快建设区域协同创新共同体。落实中央西部大开发、东北振兴、中部崛起和东部率先发展等部署要求，推动重点区域创新发展，继续做好科技援疆、援藏、援青等工作，支持民族地区、边疆地区、革命老区等地区振兴发展。

二是建设区域创新中心。完成北京、上海科技创新中心建设方案编制，加快建设步伐；再选择若干创新资源富集、创新能力和产业基础强的地区建设一批区域创新中心。实质性推进全面创新改革试验，完成试点区域试验方案，建立完善试点工作监督评估与协调机制，总结并向全国推广一批可复制的改革举措和重大政策。深入推进创新型试点省份和试点城市建设，新启动一批试点工作，国家和地方协同建设一批具有强大示范带动作用的创新型城市。

三是推进国家自主创新示范区和高新区创新发展。按照“东转西进”原则优化国家自主创新示范区布局，强化以点带面、以面带全国的发展格局。依托创新特色鲜明、综合实力和区域代表性强的国家高新区建设国家自主创新示范区，加快培育郑洛新、沈大、山东半岛、福厦泉、合芜蚌、宁波、重庆等示范区。支持自创区深化改革和政策先行先试。根据“合规设立、择优选择，加强培育、以升促建，积极审慎、分步推进”的原则，积极推动省级高新区升级。建设国家农业高新技术产业示范区，大力培育农业高新技术企业，建设现代农业产业科技创新中心。开展高新区创新驱动发展示范工程，加快创新型产业集群试点示范建设，推动跨区域产业协同创新发展。

四是加大基层科技工作力度。发展县市科技成果转化与创新服务平台，创新基层科技进步工作的评价与监测，推动创新驱动成效纳入地方党政领导干部政绩考核范围。加强基层科技管理队伍建设和科技管理人员培训。落实《关于深入推行科技特派员制度的若干意见》，引导广大科技特派员在农村创新创业。认真组织实施科技扶贫工作，出台《“十三五”科技扶贫工作的实施意见》，做好精准扶贫脱贫科技工作。

（八）深入落实促进成果转化法，实施科技成果转移转化行动

一是加快制定促进成果转化法配套措施。研究制定科技人员兼职或离岗创业、高校和科研机构成果入股公司国有股豁免转持、科技成果转化年度报告、担任领导职务科技人员获得转化奖励和股权激励、科技成果公示、税收支持等相关制度。推动各部门制定符合行业特点的成果转化政策。清理与《促进科技成果转化法》不一致的规章、政策性文件和相关管理制度。

二是实施促进科技成果转移转化行动。发布转化一批符合产业转型升级方向、投资规模与产业带动作用大的科技成果包，增强产业转型升级的技术源头供给。建立国家科技成果信息系统，完善成果信息共享机制，向社会提供科技成果信息查询、筛选等公益服务。强化科技成果转移转化市场化服务，以“互联网+”科技成果转移转化为核心，构建线上与线下相结合的国家技术交易网络平台，健全技术产权交易、知识产权交易等技术市场体系。推动高校、科研院所建设一批国家技术转移机构，建立职务科技成果披露与管理制度，加强专业化、职业化技术转移人才队伍建设。开展区域性科技成果转移转化试点示范。

（九）深化科技创新开放合作，融入全球创新网络

一是完善科技创新开放合作机制。深化政府间科技合作，完善双多边重点领域的合作研发平台建设。进一步丰富创新对话机制内涵，加强创新战略对接，深化联合研究中心和科技创新中心建设。深入实施科技伙伴计划，组织开展技术和政策管理国际培训，加强建设科技示范园和联合实验室。鼓励社会力量更广泛地参与国际科技创新合作，推动我国企业“走出去”，推广我国技术标准和技术体系。推动同港澳台科技合作再上新台阶。完善驻外科技机构和科技外交官的全球布局。

二是推进国际大科学计划和大科学工程。开展专题调研，研究提出我国发起国际大科学计划和工程的路线图，明确优先领域和方向、发起和组织机制。适时建立相关工作机制和组织构架，探索在我国具有优势特色且有国际影响力的领域，提出并牵头组织国际大科学计划和大科学工程。

三是推动“一带一路”科技创新合作。结合“一带一路”沿线国家发展基础和需求，依托科技伙伴计划和政府间科技创新合作机制，推进科技创新平台建设，加强科技人文交流。推动气候变化、环境等重点领域的联合研发、技术转移与创新合作，共建特色园区，支撑优势产业走出去，深化国际产能对接，积极打造“一带一路”协同创新共同体。

四是促进创新资源双向开放和流动。国家重点研发计划加大对国际科技合作的支持力度，推进基础性、前沿性和战略性技术研发合作和成果应用。加快建设对外技术转移中心，推动国家级国际科技合作平台升级，引领优势产能和创新合作。加强机制性科技人才交流，培养国际化青年科研人员，加强国际科技创新合作能力建设。推动一流科研机构和企业在我国建立合作研发机构，引导先进技术产业化、商业化。推动地方建设国际技术转移中心和科技合作中心。

（十）完善创新治理机制，推动政府职能由研发管理向创新服务转变

一是加强简政放权和依法行政。加强创新发展与改革的宏观管理，建立政策、规划、计划、监督等重点业务工作推进机制，规范行政审批，加强事前事中事后监管。推进人类遗传资源管理、国家科技奖励等重点立法工作，完善科技创新政策法规体系。组建国家科技创新咨询委员会，完善重大科技战略部署、重大科技任务安排、重大政策研究制定等咨询机制。编制责任清单、权利清单，厘清与行政权力相对应的责任事项、责任主体，推动依法履职。

二是加强公共创新服务供给。完善政府信息公开机制，强化科技信息资源的开放共享。开展创新调查，完善科技报告制度，持续组织技术预测，加大对创新方向的科学引导。推进高水平科技创新智库建设，向社会公布科技研究咨询重大事项清单，引导智库开展科技创新战略研究和评估工作，加强政策研究与储备。启动全国科技管理干部培训工程，加强科技管理干部轮训。

三是加强反腐倡廉建设。近年来科技系统查处了一些违纪违法案件，少数人的违法行为严重影响科技系统形象，也给全国科技界敲响了警钟。各级科技管理部门要高度重视，引以为戒，坚持全面从严治党，深化落实“两个责任”，牢固树立党章党规党纪意识，真正把纪律和规矩挺在前面。要坚持依法行政，把廉政风险防控融入科技计划管理改革全过程，抓好机关作风建设，落实中央八项规定精神，坚决反对“四风”。要加大对科技项目、科技经费、科技奖励评审等重要领域和关键环节的监督检查力度，严格执行领导干部问责制，把权力关进制度的笼子。要加大查办违纪违法案件的力度，对发现问题零容忍，让权力在阳光下运行。

四是加强科技宣传工作。充分发挥传统媒体作用，积极利用微博微信等新兴媒体，大力提升传播交流能力和舆论引导能力，向全社会积极宣传展示我国科技重大成果、优秀人物和时代精神。

同志们，2016 年是“十三五”的开局之年。全国科技界要在以习近平为总书记的党中央坚强领导下，坚持“四个全面”战略布局，落实五大发展理念，坚定信心，锐意进取，勇于担当，埋头苦干，深入实施创新驱动发展战略，全力推动科技体制改革，为“十三五”谋好局开好篇、加快建设创新型国家作出新的更大贡献！

杨传堂部长在2016年全国交通运输工作会议上的讲话

同志们：

这次会议的主要任务是：全面贯彻党的十八大和十八届三中、四中、五中全会精神，深入贯彻习近平总书记系列重要讲话精神，按照中央经济工作会议部署，总结“十二五”交通运输工作，分析形势，研究“十三五”交通运输发展总体思路，部署2016年重点工作，更好适应、把握、引领经济发展新常态，推进结构性改革，为全面建成小康社会当好先行。

下面，我讲三个方面的问题。

一、“十二五”时期交通运输发展的回顾

“十二五”时期是我国交通运输发展进程中极不平凡的五年。在党中央、国务院正确领导下，全行业以科学发展为主题，以调整结构、转变发展方式为主线，加快“四个交通”建设，全力当好发展先行官，圆满完成了“十二五”规划目标任务，实现了交通运输发展阶段由“总体缓解”向“基本适应”的重大跃升，为我国由“交通大国”迈向“交通强国”奠定了坚实基础。

这五年，是交通运输发展理念不断提升、支撑发展全局作用更加凸显的五年。党中央、国务院高度重视、强化交通运输发展。习近平总书记、李克强总理多次对交通运输工作作出重要指示批示，“先行官”成为引领行业发展的新旗帜，“三个服务”“四个交通”“三个转变”“五化工程管理”等发展现代交通运输业理念成为行业共识。服务国家“三大战略”迈出坚实的步伐，制定《落实“一带一路”战略规划实施方案》，出台了加快交通基础设施互联互通、促进国际运输便利化、推动交通运输“走出去”等一系列具体措施，中欧货运班列横跨万里，成为连接欧亚大陆的贸易纽带。联合国家发展改革委编制完成《京津冀协同发展交通一体化规划》，出台实施方案及政策创新意见，推出了基础设施网络化、运输市场一体化和运输服务便捷化等改革举措。会同国家发展改革委制定了《长江经济带发展规划纲要》，联合编制了《长江经济带综合立体交通走廊规划》，大力推进长江经济带综合立体交通走廊建设进程。国务院发布《国家公路网规划》《物流业发展中长期规划》，出台促进铁路建设、普通公路、民航业、快递业健康发展等意见，“海运强国”“公交优先”等上升为国家战略，交通运输在国民经济和社会发展全局中的地位进一步提升。

这五年，是综合交通运输改革和法治建设取得重大进展的五年。在国家层面建立综合交通运输管理体制，综合交通运输改革向前迈进一大步。直属海事系统政事分开，行政机构全面纳入公务员管理。公路建设养护、长江航运、界河航道、救助打捞、武警交

通等体制改革稳步推进，交通运输综合改革、区域港口一体化、综合行政执法等改革试点扎实推进。大幅减少行政事业性收费，降低港航经营服务性收费，极大激发市场活力。法治政府部门建设不断深化。《航道法》《邮政法（修订）》颁布施行，《铁路安全管理条例》《公路安全保护条例》《国内水路运输管理条例》等完成制修订，新出台部门规章92个，综合交通运输法规体系框架基本形成。建立管理权力清单制度，事中事后监管能力不断提升，行政审批"一个窗口"建设取得积极成效，交通运输简政放权、放管结合、优化服务取得积极进展。基层执法"三基三化"和执法形象"四统一"建设取得积极进展，海事、交通公安、救捞"三化"建设全面推进，40多万支执法队伍成为行业治理的重要力量，行政执法体制改革和队伍建设取得丰硕成果。

这五年，是综合交通基础设施网络加快形成的五年。"十二五"时期，完成交通固定资产投资超过12.5万亿元，是"十一五"时期的1.6倍，再创历史新高，为稳增长、扩内需作出了积极贡献。"五纵五横"综合运输大通道基本贯通，综合交通网络初步形成，综合枢纽建设明显加快，各种运输方式衔接效率显著提升。铁路网络规模扩大，全国铁路营业总里程达12万公里，快速铁路4.2万公里，高速铁路1.9万公里。公路网络不断延伸，全国公路通车总里程达457万公里，高速公路里程突破12万公里，"7918"国高网基本建成，农村公路里程突破397万公里，西部地区81%的建制村实现通畅，国省干线公路技术等级逐步提升，全国96%的县城实现二级及以上等级公路连通，公路养护管理水平持续提升。水运基础设施网络布局更加合理，沿海港口万吨级以上泊位超过2100个，五年新增500个，总通过能力达79亿吨，其中集装箱1.88亿TEU，港口大型化、专业化、现代化水平进一步提升。"两横一纵两网十八线"内河航道建设取得积极进展，内河高等级航道达标里程1.36万公里。机场布局不断完善，全国民航运输机场达214个，新增39个，北京新机场等枢纽机场开工建设，郑州、武汉、重庆等干线机场改扩建加快，建成14个、新建7个支线机场，通勤和其他通用机场加快发展。邮政网点密度明显提高，完成8840个空白乡镇邮政局所补建，实现"乡乡设所"，全国网点总数达到5.3万处，快递营业网点达14.5万处，重点快递企业乡镇网点覆盖率达70%。交通扶贫脱贫成绩斐然，五年投入车购税资金5500亿元，集中连片特困地区92%的县城通二级及以上公路、86.5%的建制村实现通畅，和国务院扶贫办共同实施了309个"溜索改桥"项目，交通扶贫正在改变着亿万群众的生活和未来。

这五年，是综合运输服务保障能力整体大幅提升的五年。客运舒适性、快捷性明显提升，高铁、民航客运量年均增速分别达10%和9%，高等级客车比例超过25%。城乡客运基本公共服务均等化水平稳步提升。定制公交、快速公交、新能源公交车、城市轨道交通等快速发展，公交优先战略扎实推进。货运转型升级步伐加快，船型标准化比重不断提升，多式联运、甩挂运输、城乡物流配送集约化等取得积极进展。"海运强国"战略迈出坚实步伐。沿海港口吞吐量、集装箱吞吐量继续稳居世界首位。海运船队运力规模达1.6亿载重吨，位居世界第三。沿海规模以上港口外贸货物吞吐量达32.3亿吨，占全球比重超过1/3，有效服务和支撑了我国作为世界第一货物贸易大国的地位。

这五年，是转变发展方式成果较为丰硕的五年。坚持把智慧交通、绿色交通作为转方式的主攻方向，大数据、云计算、物联网、移动互联网等在行业积极应用，线上线下结合的商业模式蓬勃发展。国家物流公共信息平台、长途客运联网售票、12328 服务监督电话开通等信息化惠民惠企服务措施广受好评。重点标准规范制修订加快推进，现行有效标准达到 3200 余项，综合交通运输标准体系日趋完善。黄金水道能力提升、跨海集群工程建设、沥青路面新材料、智能化水面溢油处置、饱和潜水成套技术、船舶废气洗涤脱硫技术等重大技术攻关取得新突破。获得国家科学技术奖励 20 余项，离岸深水港建设关键技术获国家科技进步一等奖，标志着交通运输自主创新成果达到了新高度。绿色交通建设成效显著。深入贯彻生态文明理念，行业节能环保水平稳步提升。设立珠三角、长三角、环渤海（京津冀）水域船舶排放控制区，严格控制交通基础设施及运输装备污染物排放，全面加强溢油处置和应急能力建设。“车船路港”千企低碳专项行动深入开展，62 个绿色公路、港口、装备等试点项目取得良好示范效应。运输通道、枢纽、装备等资源集约利用效果明显，交通运输环境友好程度逐步改善。

这五年，是交通运输对外开放不断向纵深拓展的五年。交通运输国际产能合作不断深化，高铁成为“走出去”的新亮点，高速公路建设、深水筑港、轨道及港口装卸设备加快走出国门，中国交通运输工程建设、技术装备阔步走向世界。国际话语权和影响力不断提高，“北斗”成为国际海事组织认可的第三个全球卫星导航系统，成功出任联合国亚太经社会、国际民航组织、国际海上人命救助联盟等国际组织重要职务。深度参与国际运输规则和标准制定，经全国人大批准加入《2006 年海事劳工公约》。积极履行国际义务，推进南海岛礁灯塔建设等航海保障项目顺利实施，推动与东盟海上搜救等合作取得积极进展。妥善应对马航 MH370 航班失联事件，组织完成空中、海上、陆上接回我在越人员紧急任务，配合海军完成赴亚丁湾、索马里等海域护航任务，坚决保障好国家海外利益和公民人身安全。

这五年，是交通运输安全与质量工作扎实推进的五年。“平安交通”建设取得积极成效，创新安全监管机制，组织开展安全生产风险管理试点，建立完善安全生产考核评价、诚信建设、风险管理、危险品运输安全监管等重要制度，初步形成约谈、挂牌督办、责任追究等惩戒约束机制，事故率逐年下降。深入开展超限超载治理。改造危桥 1.68 万座，整治安全隐患路段 32 万公里，推动 11 万辆液体罐车加装紧急切断装置，水上安全通信系统、船舶动态定位跟踪监测实现重点水域全覆盖。救助直升机、巡航救助船、大型打捞工程船、航标测绘船等有新的进展，沿海立体监管救助体系初步形成。制定完善公路水运工程建设质量监督制度，建立健全工程质量终身负责制。圆满完成四川芦山、云南鲁甸等重大自然灾害应急保通工作，我国交通运输应急救援能力经受住重大考验。

这五年，是全面从严治党和行业软实力建设成效显著的五年。坚持“四个全面”战略布局，发挥部党组领导核心和各级党组织政治核心作用，全面从严治党取得新成效。认真贯彻党的路线方针政策，深入学习贯彻落实习近平总书记系列重要讲话精神，在思想上、政治上、行动上做到与中央保持高度一致。严格遵守中央“八项规定”，务实开展群众路线教育实践活动，扎实开展“三严三实”专题教育。推动党组巡视常态化、制度化。认真落实党风廉政建设“两个责任”，建立“四个一双”工作机制，形成具有行业特色的“五个体系”工作格局，严肃监督执纪问责，不断加大减少存量、遏制增量的反腐败工作力度。行业软实力建设开创新局面，扎实开展“学树建创”和文化建设“十百千”工程，精心策划“感动交通年度人物”评选活动，培树陈维、艾克帕尔·伊敏等一大批新时期典型模范。主动策划“四好农村路”建设、“两路”精神等重大主题宣传。干部人事管理制度更加完善，干部队伍和人才队伍支撑保障取得新进展，高层次、高技能人才队伍不断壮大。职业资格、群团工作、机关服务、保密档案、老干部工作主动有为，服务保障更加有力。

2015 年是“十二五”收官之年。全年形势复杂严峻，任务艰巨繁重，大事难事不断，交通运输系统克服重重困难，主动担当作为，圆满完成各项任务，成绩来之不易。一是服务国家稳增长做出新贡献。面对经济下行压力和持续收紧的资金、环境制约，出台专项指导意见，积极争取国家在建设项目审批、用地、环评、融资等方面的政策支持，在服务“三大战略”、加快基础设施成网、强化交通扶贫攻坚等方面全力当好先行，全年公路水路固定资产投资预计突破 1.8 万亿元，为服务国家稳增长作出积极贡献。二是推进行业治理现代化迈出新步伐。制定全面深化交通运输改革的意见及试点实施方案，出台公路建设管理、投融资、政府购买服务等意见，印发《推进长江航运科学发展的若干意见》和《深化长江航运体制改革方案》，收费公路、出租车两项重点改革任务取得重大进展，自贸区航运开放、船舶登记等领域改革取得积极成效。印发全面深化交通运输法治政府部门建设的意见。发布行业发展及各专项改革亟须的规章 25 个。取消或下放 35 项行政审批事项，取消全部非行政许可项目，16 项工商登记前置性审批全部改为后置性审批。信用体系建设积极推进，“双随机”抽查机制初步建立。组织编制综合交通运输“十三五”发展规划及系列发展规划。三是运输服务保障和结构调整取得新成效。2015 年全社会客、货运输量预计分别达到 222 亿人和 457 亿吨，综合运输服务保障能力稳步提升。积极推进铁水联运 6 条示范线路建设，启动首批 16 个综合运输服务示范城市建设，大力支持甩挂运输项目建设，老旧运输船舶及单壳油轮提前报废更新、新能源汽车推广应用有序推进，运输服务结构调整迈出坚实步伐。出台协同推进农村物流健康发展政策，建制村客运班车通达率达到 94%，城乡基本公共服务均等化水平稳步提升。四是建设人民满意交通取得新进展。兑现“更加贴近民生 10 件实事”承诺，开展“四好农村路”建设，新建改建农村公路超过 24 万公里，实施公路安全生命防护工程近 8 万公里、危桥改造 3100 余座，新增通客车建制村超过 8000 个，33 个以上城市交通一卡通互联互通，改造农村渡口 844 道、更新老旧渡船 376 艘，高速公路实现全国 ETC 联网，建成高速公路示范服务区 100 对、优秀服务区 400 对。五是交通运输智慧绿色发展取得新成果。加强综合交通运输标准体系顶层设计，发布 24 项国家标准、92 项行业标准。制定“互联网+便捷交通”行动方案，开展智慧交通发展框架研究。推进国家物流公共信息平台区域节点建设和交换互联，促进物流业提质增效。组织修订《交通运输建设项目环境保护管理办法》。出台了 20 余项公路水路节能环保标准和规范。深化交通运输节能减排产品和技术推广机制研究应用。六是交通运输对外开放不断深化。中国—

中南半岛走廊、21 世纪海上丝绸之路等“六廊一路”的基础设施建设和海上合作项目取得了积极进展。开拓中东欧交通基建市场。配合国家发展改革委等推动非洲“三网一化”工作，我国连续第 14 次当选国际海事组织 A 类理事国。海峡两岸海上直航健康有序发展，两岸运输市场态势良好。七是全力做好安全管理和应急救援工作。稳步推进交通运输安全体系建设，联合 5 部委起草《危险货物道路运输安全管理办法》，深入推进交通运输运行监测与应急指挥系统项目建设，全面加强应急处置预案和搜救演习工作。以对人民生命财产高度负责的精神，共组织协调搜救行动 1800 余次，救起海上遇险人员 18000 余名，救助遇险船舶 1200 余艘，全力以赴做好“东方之星”号客轮翻沉事件搜寻打捞救助工作，配合有关方面积极做好天津港区特大火灾爆炸事故救援善后工作。八是全面从严治党和软实力建设取得新成效。全面加强党风廉政建设，扎实开展“三严三实”专题教育，积极配合完成中央巡视组的专项巡视，从严管理监督干部敢于亮剑，交通运输行业党风政风行风明显好转。

特别是，铁路、民航、邮政和武警交通事业都取得重大成就。

铁路工作实现重大突破。铁路管理体制实现政企分开，组建了国家铁路局、中国铁路总公司。成立铁路发展基金，实施土地综合开发，铁路投融资改革取得重大进展。预计“十二五”完成固定资产投资 3.5 万亿元，是铁路基础设施建设投资最多的五年。高速铁路、高原铁路、高寒铁路、重载铁路技术水平集体迈入世界先进行列，科技创新能力明显提高。铁路运输安全形势持续稳定，取消或下放 76%以上的行政审批事项，铁路法治、政策、标准、规划等工作取得积极成效。2015 年，铁路完成建设投资规模 8000 亿元、新线投产里程 8000 公里的建设任务，国家铁路局全面推进履职监管，加大铁路运输安全和工程建设监管力度，服务国家战略迈出坚实步伐。审批目录再精简 10 项，实施摇号随机选定 53 家企业加强事中事后监管。队伍建设、对外交流合作、党风廉政建设等取得积极成果。

民航工作取得重大进展。我国民用航空基础设施建设稳步推进，航线结构持续优化，运输服务能力显著提升，航空运输规模稳居全球第二。持续安全理念扎实推进，安全运送旅客 18 亿人次，民航安全形势持续平稳。京津冀三地机场协同发展积极推进，服务国家重大战略迈出新步伐。行业改革有序推进，简政放权、客运价格改革等举措取得积极成效。2015 年，民航业保持较快发展速度，预计全年完成运输总周转量 850 亿吨公里、旅客运输量 4.4 亿人次、货邮运输量 630 万吨，完成通航作业飞行 73.5 万小时，前 11 个月实现利润 547.6 亿元，创历史新高。科技创新、队伍建设、对外交流合作等工作取得新成绩。

邮政工作取得重大成绩。邮政普遍服务能力稳中有升，快递转型升级步伐加快，邮政快递业成为中国经济的“黑马”，年支撑网络零售交易额突破 3 万亿元，累计新增 100 万个以上就业岗位。邮政监管体制改革基本完成。邮政法治、政策、标准、规划等工作取得重要成果。预计 2015 年业务总量同比增长 37%，快递业务量同比增长 48%。“双 11”单日处理峰值超过 1.6 亿件，行业服务保障能力稳步提升。邮政简政放权、优化服务取得积极进展，审批时限大幅缩减，产业政策环境不断优化。快递“向下向西向外”工程取得积极进展。邮政党建工作、安全监管、对外交流、人才队伍建设等方面取得新进展。

武警交通转型发展成效显著。武警交通部队紧紧围绕交通应急救援“国家队”的新使命，大力加强核心能力建设，推动转型发展取得积极成效。特别是2015年，指挥部新一届党委班子团结带领部队，树形象正风气，统思想稳军心，强能力保中心，打基础促稳定，强力推进转型跨越发展，圆满完成了赴西藏抗震救灾、2次赴尼泊尔跨境救援以及福建水灾、陕西特大泥石流、浙江丽水山体滑坡等重大应急救援任务。

五年来，在推进交通运输科学发展的实践中，我们深刻体会到：一是必须把建设人民满意交通作为发展的根本目的。坚持人民主体地位，把实现好、维护好、发展好最广大人民根本利益作为一切工作的出发点和落脚点，以人民满意为根本导向，切实做到发展为了人民，发展依靠人民，发展成果由人民共享。二是必须坚持在服务大局中谋划先行担当。以先行意识和担当精神，主动服务国家稳增长、重大战略实施等发展大局，在服务大局中抢抓机遇、善于担当。三是必须坚持以全面深化改革提升管理能力。坚持问题导向，以正在做的事为中心，不断深化改革，破除体制机制障碍，推动行业管理水平不断提升。四是必须坚持以目标导向引领创新发展。深刻把握交通运输发展的阶段性特征，坚持“综合交通、智慧交通、绿色交通、平安交通”目标导向，实施创新驱动战略，促进交通运输转型升级提质增效。五是必须坚持加强和改善党对交通运输的领导确保事业行稳致远。加强和改善党的领导，严格落实党风廉政建设“两个责任”，积极践行群众路线，大兴“三严三实”之风，把党的纪律和规矩挺在前面，立起来、严起来，确保交通运输事业持续健康发展。

这五年的成就是在国际金融危机影响持续加深、国内经济下行压力持续加大、资金环境约束持续趋紧的严峻形势下取得的，成绩来之不易，必将极大地增强全体交通人的自信心和自豪感，激励我们在新的历史征程上奋勇前进。这些巨大成就的取得，是党中央、国务院正确领导的结果，是各省区市和中央有关部门大力支持的结果，是人民群众发挥主体作用、鼎力支持的结果，也是几代交通人不畏艰险、接力奋斗的结果。在此，我代表部党组，向长期以来大力支持交通运输工作的各级党委、政府和中央各有关部门，向交通运输系统广大干部职工、历任老领导和离退休老同志，表示衷心的感谢！

二、“十三五”时期交通运输发展形势和基本思路

（一）深刻认识交通运输发展形势

党的十八届五中全会深刻分析了全面建成小康社会决胜阶段我国发展环境的基本特征，作出了我国发展仍处于可以大有作为的重要战略机遇期，也面临诸多矛盾叠加、风险隐患增多的严峻挑战的重大判断。中央经济工作会议就落实“十三五”规划建议要求、做好2016年工作进行了全面部署，就推进结构性改革进行了重点部署。交通运输的发展环境与国家的发展大势紧密相连。总的来看，“十三五”时期仍是我国交通运输发展的重要战略机遇期，长期向好的基本面没有变。

从发展机遇看，一是总体需求依然旺盛。到 2020 年实现全面建成小康社会目标，我国经济必须保持年均 6.5%以上的中高速增长，经济稳增长任务繁重，交通运输仍需要继续发挥有效投资对冲经济下行压力的关键作用。满足国内消费新需求，推动第三产业发展，满足人民群众多样化的出行需求，需要提供大运量、高品质、差异化的运输服务。在这种情况下，“十三五”时期，我国交通基础设施投资规模仍将保持高位运行，全社会客货运输量也将保持中高速增长。二是发展空间不断拓展。“三大战略”进入落地实施期，“四大板块”步入协调发展新阶段，实现城镇化率达到60%左右的目标，应对好“三个 1 亿人”的问题，解决好区域性整体贫困，中国经济走出去步伐加快，都将为交通运输发展不断拓展新空间。三是动力转换逐步加快。新一轮科技革命和产业变革蓄势待发，推动新一代信息技术广泛应用，“互联网+交通运输”深入实施，新模式、新业态、新动能不断涌现，为交通运输转型升级注入了强大动力。四是改革红利持续释放。随着全面深化改革持续推进，综合交通运输体系的组合优势逐步显现，特别是 2015 年以来国家在建设用地、环评审批方面下放审批权限，简政放权等改革举措将进一步激发市场活力。

同时，我们还要清醒地看到，我国交通运输发展处于重要战略机遇期的内涵正在发生深刻变化，面临的风险和挑战日益增多。一是转型发展任重而道远。综合交通运输深度融合不够，各种运输方式衔接不畅、效率不高的问题突出，体制机制性障碍依然没有消除，交通运输结构不优、大而不强问题始终没有得到根本扭转，重建轻养带来的后续问题日益凸显。二是刚性约束持续增强。土地利用、资源使用和生态环境的现实条件发生深刻变化，资源要素驱动力日渐衰减，传统粗放式发展模式越来越难以为继。随着国家财税体制改革的深入推进，交通运输筹融资机制将会发生重大变化，资金保障压力正在加大。三是利益诉求趋于多元。人民群众的民主法制意识和自我维权意识在增强，不同社会阶层的利益诉求呈现多元、多变的特征，推动重点改革攻坚，寻求最大公约数的难度加大。

综合研判，“十三五”期间，我国交通运输发展机遇与挑战并存，我们必须攻坚克难，顺势而为，更好地适应和引领新常态，推动交通运输科学发展。

（二）在新常态下大力推进结构性改革

在 2014 年中央经济工作会议上，以习近平同志为总书记的党中央作出了我国经济发展进入新常态的重大判断，并就如何认识新常态进行了深刻阐述。中央经济工作会议，作出了引领新常态推进供给侧结构性改革的重大决策。这是对新常态认识的不断深化，也是当前和今后一个时期经济工作的重点任务。必须深刻领会、准确把握。

新常态下，我国经济呈现速度变化、结构优化、动力转换的基本特征。随着新旧动能此消彼长，需求结构发生明显变化，供给侧调整相对滞后，出现了无效供给过剩和有效供给不足并存的结构性问题。交通运输的结构性问题，突出表现为有效供给不足。在基础设施方面，供给总量不足的问题仍然突出，补齐短板、强化衔接、消除瓶颈、优化网络等结构性供给不足问题日渐凸显。在运输服务方面，产业迈向中高端、消费结构升级等产生新需求，轻质化、高附加值、一体化的货运供给不足，快捷化、个性化的客运服务供给缺口较大。在运输装备方面，与经济社会发展及人民群众日益增长的现实需求相比，与绿色发展的新要求相比，运输装备仍有较大改进提升空间。这些结构性问题，仅靠刺激需求无法解决，必须更多放在供给侧，扩大有效供给，使供给体系更好适应需求结构变化，实现由低水平供需平衡向高水平供需平衡跃升。

交通运输是连接生产和消费的重要环节，交通运输供给的优劣，会传导到经济供给侧，进而影响经济发展质量和效益。中央经济工作会议强调，要“实行宏观政策要稳、产业政策要准、微观政策要活、改革政策要实、社会政策要托底”的总体思路，重点抓好去产能、去库存、去杠杆、降成本、补短板，并在降低物流成本和扩大有效供给方面对交通运输工作提出了明确要求。归结起来，就是要提高供给质量效率、降低运输服务成本。这既是服务国家供给侧结构性改革的应有之义，也是扩大交通运输有效供给的内在要求，两者是紧密关联、辩证统一的。

在今后的工作中，要重点推进“五个更加注重”：更加注重补齐交通基础设施短板，着力提高投资的有效性和精准性，强化交通扶贫脱贫攻坚，推动形成区域、城乡、城际及国内国外交通基础设施供给的平衡结构，打通“最后一公里”，加快建成综合交通基础设施网络，加快推进交通运输基本公共服务均等化，提高网络化水平和运行效率。更加注重提升运输服务品质，增加高品质、快捷化、差异化、定制化的客运服务供给，扩大更加经济、高效的多式联运货运服务供给，鼓励和引导交通运输新技术、新业态、新模式加快发展，重点发挥互联网平台整合市场零散运输资源、提高供需匹配效率的关键作用，不断提升服务的集约化规模化水平，提高供给质量和效率，更好地适应运输需求新变化。更加注重运输装备提档升级，改造提升传统比较优势，提高运输装备的现代化水平，推进货运车型、船型及多式联运等装备设施标准化，积极发展新能源和清洁能源运输装备，引导高端化、智能化的先进运输装备推广应用。更加注重各种运输方式协调发展，研究相应的引导机制，加强各种运输方式的深度融合与有效衔接，更好地发挥铁路运输和水运在大宗货运中的比较优势，大力发展多式联运，提高中转效率，发挥好综合交通运输的组合效率，降低运输成本。更加注重推进放权降费，发挥市场在资源配置中的决定性作用和更好地发挥政府作用，加快放开交通运输领域竞争性环节价格，降低重要运输环节费用。

总之，推进供给侧结构性改革，是适应和引领经济发展新常态的重大创新，是新形势下国家宏观调控重点由需求侧向供给侧的重大转变，也是交通运输转型升级、提质增效的必由之路。我们要加强研究，深化认识，用新的理论指导新的实践，切实把这件大事抓紧抓好。

（三）牢固树立和贯彻落实五大发展理念

面对复杂的国际国内新形势，面对新常态下加快推进结构性改革的新要求，在新的起点上推进“十三五”时期交通运输持续健康发展，必须牢固树立和贯彻落实创新、协调、绿色、开放、共享的发展理念。

第一，坚持创新发展，培育交通运输发展的新动力。创新是引领发展的第一动力，注重的是解决发展动力问题。要创新理论政策，立足我国国情和交通运输实际，自觉对标国际先进水平，加强理论与政策研究，深入总结发展规律，不断创新中国特色交通运输发展理论。要创新体制机制，以治理体系和治理能力现代化为目标，以推动综合交通运输体系深度融合、协同发展为主攻方向，以稳定交通运输资金保障为重点，深化体制机制改革，激发交通运输发展的内生动力。要突出科技创新的引领作用，深入实施创新驱动发展战略，释放新需求，创造新供给，以科技创新引领交通运输的全面创新。要强化交通文化创新，构筑交通人共同精神家园，为交通运输科学发展注入强大精神动力。

第二，坚持协调发展，形成交通运输平衡发展的新格局。协调是持续健康发展的内在要求，注重的是解决发展不平衡问题。要促进区域协调，推动东、中、西部地区交通运输协调发展，交通运输资源更多地向革命老区、民族地区、边疆地区、贫困地区倾斜。要促进城乡协调，服务城镇化进程，建立农村交通运输基础设施投入的长效机制，加快城乡交通一体化。要促进综合运输体系内部协调，发挥各种运输方式比较优势，补齐中西部铁路和内河水运的短板，推动多式联运发展，实现各种运输方式之间的合理分工、有效协作和一体化服务。要促进交通运输建管养运协调，坚持全寿命周期成本理念，把建设、管理、养护、运输摆到同等重要位置，推动交通运输发展水平的整体提升。要推动物质文明和精神文明协调，切实加强行业精神文明建设，积极践行社会主义核心价值观，增强道路自信、理论自信、制度自信、文化自信，让 “硬实力”和“软实力”同步提升。要积极推动交通运输与国防建设融合发展。

第三，坚持绿色发展，探索交通运输可持续发展的新模式。绿色是人民对美好生活追求的重要体现，注重的是解决人与自然的和谐问题。要通过结构调整拓展绿色发展空间，优化交通基础设施布局，改变不合理运输分担方式，充分发挥铁路和水运运能大、能耗低的技术优势，实行公共交通优先，加强轨道交通建设，鼓励自行车等绿色出行。要通过技术进步推动绿色发展，推进绿色循环交通基础设施建设，推广新能源汽车等低碳环保运输装备应用，推动多式联运和甩挂运输发展。要通过制度设计引导绿色发展，健全政策、法规、标准、监测、评价制度体系，形成推动绿色交通发展的长效机制。

第四，坚持开放发展，开拓交通运输发展的新空间。开放是国家繁荣发展的必由之路，注重的是解决内外联动问题。要服务国家对外开放新格局，加快推进交通基础设施互联互通和大通道建设，开辟多式联运跨境交通走廊，深入融入全球产业链、价值链、物流链，以交通运输的网络连通推动政策沟通、贸易畅通、资金融通和民心相通，提升对“一带一路”战略的支撑力。要推动交通运输“走出去”，培育具有国际竞争力的交通运输大企业，推动我国交通运输的产能、技术装备、标准规范、服务和专业人才走出去。要积极参与国际交通运输治理，更多、更深地参与交通运输领域国际组织的活动，积极参与深海、极地等新领域国际规则制定，大力培养国际化的专家型人才，逐步扩大中国交通在世界舞台的影响力和话语权。继续深化内地与台港澳地区的交通运输合作发展。

第五，坚持共享发展，让人民群众共享交通运输发展的新成果。共享是中国特色社会主义的本质要求，注重的是解决社会公平正义问题。要努力建设人民满意交通，把实现好、维护好、发展好人民的根本利益，作为一切交通运输工作的出发点和落脚点，多办贴近民生、服务群众的实事好事。要聚力交通运输扶贫脱贫攻坚，提升交通运输基本公共服务均等化水平。要提升交通运输服务品质，增加更多出行选择，改善群众出行体验，更多关注弱势群体出行，不断增加人民群众的获得感，使交通运输发展成果更多更好地惠及全体人民。

（四）明确“十三五”时期交通运输发展基本思路

在深入研判“十三五”时期交通运输发展形势的基础上，部党组全面贯彻落实党的十八大和十八届三中、四中、五中全会及中央经济工作会议精神，根据经济发展新常态下推进结构性改革的新要求，研究提出了“十三五”期综合交通运输发展的总体目标：聚焦如期实现全面建成小康社会奋斗目标，加快推进综合交通、智慧交通、绿色交通、平安交通建设，加快完善综合交通基础设施网络，加快提升综合交通运输供给能力和服务品质，不断提高创新能力，不断提升安全生产水平，不断增强国际竞争力，不断深化党风廉政建设，到2020年基本建成安全便捷、畅通高效、绿色智能的现代综合交通运输体系，推动交通运输实现更高质量、更有效率、更加公平、更可持续的发展。从2014年开始，部启动了综合交通运输“十三五”发展规划和各专项规划的编制工作，对今后五年综合交通运输工作进行谋划安排，2016年将陆续颁布实施。这里强调一下“十三五”时期基本工作思路。

——坚决打赢交通扶贫脱贫攻坚战。全面建成小康社会，最艰巨、最繁重的任务在农村，最突出的短板在贫困地区。“十三五”期间，补齐贫困地区交通运输发展“短板”，确保到2020年全面建成“外通内联、通村畅乡、班车到村、安全便捷”的贫困地区交通运输网络，为贫困地区与全国同步全面建成小康社会提供交通运输保障，是交通运输行业的第一民生工程、重大政治任务，也是我们向全国人民作出的庄严承诺，必须按照习近平总书记提出的“以更大的决心、更明确的思路、更精准的举措、超常规的力度”的要求，举全行业之力开展集中攻坚。完成好这项攻坚任务，要在“精准发力”和“加大力度”方面实现突破。精准发力，就是要在规划范围上更加精准，确保集中连片特困地区、国贫县、革命老区、少数民族县、边境县全部纳入交通扶贫脱贫规划，做到“一个也不能少”；要在工作重点上更加精准，突出重点建好“幸福小康路”“康庄大道路”“特色致富路”“对外开放路”；要在工作方式上更加精准，不断创新交通扶贫脱贫理念、投资政策、工作机制、服务标准和建设模式。加大力度，就是中央投资上要全力向贫困地区倾斜，目标设置上要先行一步，资金保障上要优先保障优先供给。承担交通扶贫脱贫攻坚任务的各级交通运输部门都要加大工作力度，积极争取各级党委政府支持，积极融入国家大扶贫格局，齐心协力共同打好这场攻坚战。

——全力推进行业治理体系和治理能力现代化。到全面小康社会建成时，基本形成交通运输领域基础性制度体系，基本建成法治政府部门。要全面深化改革，把完善综合交通运输管理体制与运行机制、促进综合交通运输融合发展与协同发展，作为改革主攻方向，支持鼓励省级交通运输部门承担协调铁路、公路、水运、民航、邮政等工作。要跟上国家财税体制改革步伐，继续深化投融资体制改革，推进政府与社会资本合作模式，守住不发生区域性、系统性债务风险的底线。要继续深化行政审批制度改革，提高放权“含金量”，增强监管有效性，突出服务主动性，加强诚信体系建设，营造公平竞争的市场环境。要全面推进法治建设，加快形成完备的综合交通运输法治制度体系，高效的交通运输法治实施体系，严密的交通运输法治监督体系，有力的交通运输法治保障体系，基本建成职能科学、权责法定、执法严明、公开公正、廉洁高效、守法诚信的交通运输法治政府部门。要全面提升决策力执行力，推进行业新型智库建设，提高决策科学化水平，全面加强基层基础基本功建设、人才支撑能力建设、行业软实力建设。

——加快构筑综合交通基础设施网络。紧紧抓住我国交通基础设施连线成网的关键期，努力实现适度超前发展。要抓好重点基础设施建设，构建高品质快速交通网，加快形成城镇化地区综合交通体系；完善高效率干线交通网，提升货运线路通行能力和专业化服务水平；建设广覆盖集散交通网，完善城市公共交通体系；强化支撑区域协调发展的交通基础设施建设，推进京津冀交通一体化，高起点建设长江经济带综合立体交通走廊。要优化基础设施布局，在“五纵五横”综合运输大通道的基础上，着力打造横贯东西、纵贯南北、内畅外联的国际陆路运输通道、干支水路运输通道、国际海上运输通道、覆盖全球的航空服务网络和国家综合运输大通道，合理布局综合交通枢纽节点（城市）。要促进基础设施有效衔接，加快内河航道和港口集疏运体系建设，加强铁路、公路、水运、民航协调衔接，着力打通基础设施有效衔接的“最后一公里”。 要提升基础设施品质，推行现代工程管理，开展公路水运建设工程质量提升行动，努力打造“品质工程”。推动养护管理从传统模式向现代模式转变，坚定不移地推进车辆超限超载治理等工作，确保基础设施安全、持续、稳定运行。

——努力打造综合运输服务升级版。适应经济社会发展和人民群众对运输服务的更高要求，加快提高运输服务水平。让客运更便捷，扩大基本运输服务通达度和覆盖面，大力提升公共交通出行分担率，有条件的建制村全部通班车，保障陆岛运输，推动航空出行大众化，所有建制村直接通邮，基本运输服务使出行更方便、价格可承受；推进各种运输方式“零距离”换乘，让各种运输方式的比较优势充分发挥，使出行更高效；积极发展汽车租赁、通用航空、邮轮和游艇业，加大与制造业、旅游业等联动发展，高品质、多样化运输服务使出行更舒适。让物流更高效，大力发展多式联运，加快物流大通道建设，加强货运枢纽（物流园区）和集疏运体系建设，推动运载工具、转运装备标准化和信息规则流程票制的标准统一，推进甩挂运输全面发展，促进铁水联运、江海联运升级发展，统筹城乡配送协调发展，健全城乡物流网络，发展第三方物流，促进快递“上车上船上机”，不断提升货运效率、降低货运成本。让城市更通畅，建立适应我国国情的城市和城市群交通运输发展模式，落实公交优先发展战略，构筑大容量快速城市公交系统和城市公交优先通行网络，深化出租汽车改革，完善多层次城市客运服务系统。让运输保障更有力，提升应对极端恶劣天气、非传统安全威胁的能力，确保春节等重点时段乘客走得了、走得安全、走得舒心；强化主要港口战略支点作用，加强南海岛礁灯塔建设，增强远洋运输国际竞争力，提高原油、粮食等重要战略物资的承运保障能力，促进海运业健康发展。

——着力推进智慧绿色平安交通建设。准确把握世界科技发展趋势和交通运输发展需求，充分发挥科技创新在建设智慧绿色平安交通中的引领作用。要打造智慧交通，全面推进“互联网+交通运输”，加快云计算、大数据等现代信息技术的集成创新与应用。重点推进信息化基础设施建设与交通运输基础设施工程同步规划、同步建设，让基础设施更智慧；推进各种运输方式信息互联互通、便捷查询，扩大公交一卡通使用范围，拓展 ETC 应用领域，加强国家交通运输物流公共信息平台建设，吸引社会资源利用大数据开展服务，让运输服务更智慧。要打造绿色交通，把生态文明建设融入交通运输发展的各方面和全过程，大力推进结构性、技术性和管理性节能减排，加大新技术新能源应用；大力推进生态保护，建设生态型基础设施，落实行业大气污染、水污染防治任务；大力推进资源全面节约和高效利用，推行适应节约土地要求的工程技术，提升土地和岸线等资源利用效率；大力推进管理能力建设，加强交通运输节能环保管理与统计监测。要打造平安交通，努力实现从治标到治本的转变，建立和完善法规制度体系、安全责任体系、预防控制体系、宣传教育体系、支撑保障体系和国际化战略体系，真正做到“党政同责、一岗双责、齐抓共管”，形成企业安全生产主体责任网络，全面推进安全风险管理，加强行业反恐防范，强化公路抢通保通、海上溢油、水上搜救打捞等重点领域应急能力建设。

——积极构建全方位开放新格局。服务国家对外工作大局，联通道路、畅通水路、优化航路，把中国和世界更紧密地融合起来。要积极完善对外开放布局。从注重沿海对外开放向全面对外开放转变，加强内陆沿边地区口岸和交通基础设施建设，开辟跨境多式联运交通走廊；从注重引进向推进双向开放转变，全面实行准入前国民待遇加负面清单管理制度，促进国内国际交通运输要素有序流动、高效配置。要积极服务“一带一路”战略，加强交通规划、技术标准体系对接，抓住关键通道、关键节点和重点工程，加快口岸基础设施建设和港口合作建设，促进国际运输便利化，推动形成国际物流大通道，逐步形成连接亚洲各次区域以及亚欧非之间的交通基础设施网络和安全高效的陆海空通道网络。要积极参与全球交通运输合作，深度参与国际规则和标准制定，完善交通运输双边、多边合作机制，深化国际科技合作，开展海上交通执法和搜救等合作，加强航行安全保障等合作，共同维护国际运输通道安全，积极向国际组织推送优秀人才，贡献中国交通智慧。

回顾世界强国崛起之路，交通运输都是国家强盛的根基。当我们立足当前，研究部署“十三五”交通运输发展任务，接近实现第一个百年目标时，必须在“两个一百年”战略格局下，着眼长远，超前谋划第二个百年目标的战略路径。到 2020 年“十三五”发展目标完成时，我国交通运输的现代化进程将迈上新的台阶，成为名副其实的世界交通大国。到第二个百年目标实现时，我国将建成富强民主文明和谐的社会主义现代化国家，实现中华民族伟大复兴的中国梦。到那时，仅仅满足于当一个世界交通大国是远远不够的。我们必须在第二个百年目标实现之前，建成世界交通强国，这是我们践行先行官使命的历史担当和郑重宣言。建成世界交通强国，我们不仅要建成一个更安全、更便捷、更高效、更普惠、更可持续、更具竞争力的现代综合交通运输体系，在基础设施、运输服务、装备技术等硬实力方面位居世界前列，还要拥有与硬实力相匹配的交通运输软实力，建成成熟的现代行业治理体系、开放的交通运输市场体系、具有引领性的科技创新体系、具有国际影响力的对外开放体系和一支与强国地位相适应的创新型人才队伍。建设世界交通强国，是我们交通人的“中国梦”，需要几代交通人为之奋斗，必须作为中长期发展战略，举全行业之力，久久为功，持续努力。当前和今后一段时间，必须自觉对标国际先进水平，抓紧制定交通强国的路线图和战略规划。各地各部门都要敢于担当、真抓实干，有条件的地区可以先行一步，即使不能全面超越，也要瞄准目标，一步一个台阶，尽快把中国交通人的强国梦变为现实。

三、确保“十三五”开好局起好步

2016 年是全面建成小康社会决胜阶段的开局之年，也是推进结构性改革的攻坚之年，做好交通运输工作意义重大。2016 年工作的总体要求是：全面贯彻党的十八大和十八届三中、四中、五中全会精神，以邓小平理论、“三个代表”重要思想、科学发展观为指导，深入贯彻习近平总书记系列重要讲话精神，紧紧围绕“四个全面”战略布局，牢固树立和贯彻落实五大发展理念，按照中央经济工作会议部署，坚持改革开放，坚持稳中求进工作总基调，坚持稳增长、调结构、惠民生、防风险，继续大力推进“四个交通”建设，切实加强供给侧结构性改革，着力推动交通运输治理体系和治理能力现代化，着力推动综合交通基础设施加快成网，着力推动运输服务提质增效升级，着力推动行业软实力持续提升，全力当好经济社会发展先行官，努力实现“十三五”发展的良好开局。

2016 年铁路、民航、邮政工作由国家铁路局、中国民用航空局、国家邮政局分别召开会议作出具体部署。今天会议主要部署综合交通运输统筹协调及公路水路交通运输重点工作。

（1）继续深化改革攻坚，不断增强交通运输发展动力。一是深化综合交通运输改革，促进各种运输方式深度融合、协同发展。选择具备条件的地区建立综合交通运输改革试验区，研究制定推进综合交通运输发展一揽子工作方案，加强综合交通运输立法统筹，制定完善多式联运、综合交通枢纽等建设、服务标准。二是继续加大简政放权力度。研究制定部权力和责任清单，推进剩余审批事项的取消下放工作，做好中央指定推进实施行政审批事项的清理、取消、下放工作。优化公共服务流程，方便基层群众办事创业。三是继续深化交通运输投融资体制改革。落实《关于深化交通运输基础设施投融资改革的指导意见》，全面推进交通运输基础设施建设政府和社会资本合作（PPP）。创新投融资方式，探索应用专项债券、政策性贷款、股权融资等融资新模式，研究探索设立交通运输发展基金。推动公路水路领域事权与支出责任划分，推动部门综合预算管理，编制交通运输发展三年中期财政规划。四是不断完善市场体系。完善市场准入与退出制度，按国务院要求推进实施负面清单制度。推进竞争性领域环节价格改革，深化港口收费改革，落实《港口收费计费办法》，继续清理规范涉企收费。五是深化重点领域改革。继续深化推进交通运输综合行政执法改革。抓好全面深化交通运输改革意见的实施工作，积极推进改革试点，深化公路建设养护管理、公共交通管理、长江航运行政管理、海事监管模式、巡航救助一体化、界河航道管理、港航公安等体制机制改革。深化出租汽车改革，选取有代表性的城市开展试点，创新对互联网平台新兴服务业态监管的模式和技术手段。深化驾驶员培训改革和职业资格管理改革。完成部管行业协会第一批脱钩试点工作。积极推进自贸区航运创新政策落实和经验复制推广工作。按照国家统一核算改革要求，加快构建综合交通运输统计体系，探索推动交通运输企业“一套表”和“联网直报”。

（2）加快建设法治政府部门，提升依法行政水平和行业监管能力。一是健全法规体系。加快推进《海上交通安全法》《民航法》《收费公路管理条例》《快递条例》《铁路交通事故应急救援和调查处理条例》等重点立法项目制修订进程，推动出台《城市公共交通条例》，加快制定《航道法》配套法规规章和《城市公共汽电车客运管理规定》《船舶登记办法》等重点规章。开展《道路运输法》立法前期工作，评估《公路法》《港口法》实施效果。二是深入推进行政执法“三基三化”建设。继续推进行政执法综合管理信息系统工程建设和应用。三是完善法治监督体系。探索制订交通运输法治政府部门评价指标体系和评价办法，强化执法考评，研究建立政府法律顾问制度。严格实施部重大行政决策和规范性文件合法性审查。组织开展“七五”普法，加强领导干部法治培训。进一步推进政府信息公开。四是依法加强监管。加强行业信用体系建设，完善信用法规制度和标准规范。广泛推行“双随机”抽查制度。整顿和规范市场秩序，继续推进公路、水运建设工程围标串标、工程设计违规变更和沿海港口工程未批先建等突出问题专项治理，继续联合相关部门深入长效推进“治超”工作。

（3）坚决打好扶贫脱贫攻坚战，加快推进综合交通基础设施网络建设。一是全面推进交通扶贫脱贫攻坚。落实中央扶贫开发工作会议要求，细化分解交通扶贫脱贫各项任务目标，完善定点扶贫和对口支援工作方案，制定部省联动相关办法。二是有力支撑国家“三大战略”。服务“一带一路”战略，加快建设 6 大走廊交通基础设施主通道，完善境内段交通基础设施建设，依托沿海港口，拓展国际运输网络。推进京津冀交通一体化取得新突破，加强体制机制创新和政策法规标准对接，加快建设多节点、网格状、全覆盖的综合交通运输网络，加快北京新机场集疏运通道建设。加快推进长江经济带综合立体交通走廊建设，制定《长江经济带发展规划纲要交通运输实施方案》，组织实施好《推进长江航运科学发展的若干意见》，加快实施长江南京以下 12.5 米深水航道二期工程等一批重大项目，组织做好三峡枢纽水运新通道航道关键技术研究，推进沿江港口转型升级。三是有序推进公路建设。加快推进国家高速公路待贯通路段建设和繁忙路段扩容改造，全年新增高速公路 4500 公里左右。以“老少边穷”等地区通县国道为重点，加强国省干线升级改造，全年新改建 1.6 万公里左右。深入开展“四好农村路”建设，力争新建改建农村公路 18 万公里，加快剩余乡镇、建制村和较大撤并建制村通硬化路建设，加大农村公路安全生命防护工程、危桥改造和窄路加宽改造实施力度。推进国防公路建设，加强重点口岸公路建设。四是积极推进水运建设。推动《国家水上交通安全监管和救助系统布局规划》实施，推进《全国沿海港口布局规划》修编。全面加快“两横一纵两网十八线”内河高等级航道和内河主要港口建设。有序推进沿海大型规模化港区和专业化码头建设，实施上海国际航运中心洋山港区四期等一批重点工程。支持珠江水运发展高层协调等工作机制发挥积极作用。五是大力加强枢纽建设。新建一批综合客运枢纽，继续支持具有多式联运功能、干支衔接功能和口岸服务功能的货运枢纽（物流园区）建设，完善综合运输节点设施网络。着力提升主要港口集疏运通道建设和服务水平，完善铁路进港“最后一公里”。六是加强养护管理。制定实施“十三五”公路和航道养护管理发展纲要。强化国家干线公路网养护监测，推进国家公路网里程桩号传递和交通标志调整，提高公路网整体服务水平。贯彻落实《航道法》，加强长江干线等高等级航道养护和航道资源保护。贯彻《农村公路养护管理办法》，落实县级政府主体责任。

（4）着力提升服务水平，加快推动运输服务提质增效升级。一是加快推进综合运输服务体系建设。联合发展改革委组织实施首批多式联运示范工程，研究制定促进多式联运发展的政策措施，重点推进集装箱铁水、公铁联运发展。继续开展综合运输服务示范城市建设。研究建立综合客运枢纽服务能力评价制度，深化综合运输服务能力监测分析。统筹抓好春运等重点时段运输组织保障。选择部分县级行政区开展首批“城乡交通一体化”工程。二是加快推进道路客运转型升级。稳步扩大道路客运企业在运力调整、班次调整、车辆更新等方面的经营自主权，优化线路资源配置。全面落实公交优先发展战略，开展公交都市创建活动，推进实施城市公交智能化应用示范工程，研究建立政府购买城市公交服务制度和城市公交票制票价规则。研究制定缓解城市交通拥堵和城市公交用地综合开发的指导意见。三是加快发展现代物流业。推进物流大通道建设，继续深化铁水集装箱联运试点工程，启动实施货运车型和设施装备标准化工作，推广甩挂运输试点经验和依托互联网平台的“无车承运人”发展模式。促进交邮融合，推动完善农村物流体系，推进农村物流与电子商务融合发展。大力推进国家交通运输物流公共信息平台建设，着手研究物流信息大数据中心建设。四是加快建设海运强国。落实好老旧运输船舶和单壳油轮提前报废更新政策。加快推进港口转型升级，大力发展现代航运服务业，继续推进全国内河船型标准化。严格履行《2006 年海事劳工公约》，切实保护船员合法权益。

（5）实施创新驱动战略，不断增强交通运输自主创新能力。一是加快提升行业科技创新能力。争取国家科技资源支持，协同做好国家科技重点专项交通运输相关任务的组织实施，加强关键领域和薄弱环节核心技术攻关。鼓励群众性创新创业，积极营造“双创”良好环境。二是加快推进标准化工作。落实国务院深化标准化改革部署，开展强制性标准整合精简工作，健全安全应急标准体系，推进重点领域标准制修订。开展水运工程施工标准化示范创建活动。强化标准实施监督。三是加快推进智慧交通建设。深入实施“互联网+交通运输”系列行动。推进交通运输行业信息资源开放共享，加快推进全国交通运输行政执法综合管理信息系统、安全生产监管工程等一批信息工程，加快构建面向社会的统一信用信息平台，建成交通运输部综合应急指挥中心。

（6）大力发展绿色交通，不断加强节能减排和环境保护工作力度。一是继续组织开展绿色交通示范工程。建立健全交通运输绿色发展制度和标准体系，加强行业节能环保监管和监测能力建设，推动行业重大规划环境影响评价和项目节能评估。二是大力推进节能减排。加快推进 LNG 等清洁能源应用。鼓励船舶靠港使用岸电。三是强化基础设施生态保护和污染综合防治。鼓励各省实施交通行业重大基础设施生态修复工程，加强高速公路服务区节能环保改造，推进交通运输环境监测网络建设。推进实施《船舶与港口污染防治专项行动实施方案（2015—2020）》，率先试行珠三角、长三角、环渤海（京津冀）水域船舶排放控制区。开展原油成品油码头油气回收试点工作，推动船舶污染物接收处置设施建设。继续组织实施碧海行动计划。四是促进资源集约节约利用。统筹利用综合运输线位、运输枢纽、跨江跨海通道线位等资源，提高建设用地和港口岸线的利用效率。积极倡导废旧路面等资源再生循环利用。

（7）全面深化对外交流合作，不断开创交通运输开放发展新局面。一是深化“一带一路”开放合作。进一步完善交通基础设施互联互通顶层设计，利用好中国—东盟（10+1）交通部长会议、上海合作组织交通部长会议等机制和平台，推进规划标准对接和国际运输便利化发展，推进交通运输一批重大标志性工程落地。联合相关部门推进电子口岸建设，提高通关效率。二是继续实施“走出去”战略。进一步加强与中东欧、亚非拉等国家交通运输合作，推动我国交通运输领域资本、装备、技术标准、服务等“走出去”。支持企业参与海外交通基础设施的建设与经营。三是提高国际组织事务参与能力。加大重要国际谈判参与力度，启动国际海事组织成员国履约强制审核准备工作。四是深化双边多边务实合作。加强与有关国家的交流合作，推动落实示范试点合作项目。务实开展与东盟等国家航行安全、海上搜救等领域的合作。支持杭州做好二十国集团（G20）峰会交通运输各项工作。

（8）牢固树立安全发展理念，加快构建交通运输安全体系。

一是提高安全管理水平。落实安全生产责任制，推进安全生产标准化建设。制订出台交通运输安全生产风险管理、企业诚信管理办法，研究制定安全生产责任规范，加大安全生产非法违规行为信息公开力度。在公路水运工程建设领域以打造“品质工程”为抓手，进一步明确质量标准和目标，不断提升交通基础设施建设质量安全管理水平。

二是强化重点领域安全监管。继续加大道路“两客一危”、水上“四类重点船舶”“六区一线”重点水域和港口危化品码头、堆场及罐区等重点领域的安全监管力度，坚决遏制重特大事故的发生。强化海事“三化”建设，提高海事监管能力。

三是加强应急处置能力建设。加强公路干线路网运行监测调度，完善跨区域路网运行出行服务与应急联动协调机制，充分发挥武警交通部队和公路养护管理队伍的应急保障作用。进一步加强海上应急管理“一案三制”建设，提高溢油应急处置、救助打捞和深海远海搜救与航海保障能力。落实重大决策社会稳定风险评估机制，加强信访维稳和反恐防范，完善港航立体化治安防控体系。

（9）全面推进从严治党，加强党的建设，为交通运输科学发展提供坚强保证。

一是全面贯彻落实党的十八届五中全会精神，深入学习贯彻落实习近平总书记系列重要讲话精神，政治上坚定，行动上自觉。全面落实部党组《关于贯彻落实全面从严治党要求的实施意见》，实施基层组织政治生活规范工程，开展全体党员党章党规专题教育。深化“三严三实”专题教育成果。夯实基层基础，强化制度执行。

二是深入贯彻《中国共产党廉洁自律准则》和《中国共产党纪律处分条例》，大力推进党风廉政建设，切实把“两个责任”抓在手上、扛在肩上、落实在行动上，层层传导压力。进一步完善“四个一双”工作机制，强化责任追究，落实好中央纪委派驻机构全覆盖工作部署。

三是坚持不懈抓好中央八项规定精神的贯彻执行，持续保持惩治腐败高压态势，把握运用监督执纪“四种形态”，坚持有违必查、违纪必究。驰而不息纠正“四风”，以高度的政治责任心和“钉钉子”精神抓好中央巡视组巡视问题的整改落实，加大部内巡视力度，加强审计监督。

四是根据形势任务和群众期盼开展突出问题专项整治，严肃财经纪律，深化工程建设、物资采购等领域廉政监督和风险防控，深化综合执法改革，进一步扎紧“不能腐”的制度笼子。

五是加强干部队伍和人才队伍建设，完善党组工作规则和干部管理配套制度，加大干部选任、培养、培训和监督工作力度。深入贯彻落实《中共中央关于加强和改进党的群团工作的意见》，加强工、青、妇组织自身建设，充分发挥职能作用。更加重视和加强新形势下的离退休干部工作，健全机制创新方法，充分发挥老同志的作用。启动实施道路运输从业人员素质提升工程，加强职业资格建设，培养和造就一支结构优化、布局合理、素质优良的从业人员队伍。

六是不断提升行业软实力，继续开展“爱岗敬业、明礼诚信”社会主义核心价值观主题实践活动，深入实施行业文化建设“十百千”工程和感动交通年度人物推选，发布交通运输发展白皮书。抓好新闻宣传舆情工作，进一步健全新闻发布机制，建立新媒体发布平台，提高主动设置议题能力，策划好重大主题宣传，加强舆情监测和应急宣传能力建设，汇集民意，汇聚民智，不断增进社会共识。

实现“十三五”目标，完成好2016年各项重点工作，任务异常艰巨繁重，精神状态非常重要。全体交通人特别是各级领导干部，都要好好掂量一下自己肩上的担子，思考一下肩负的责任，牢固树立机遇意识、忧患意识、责任意识，振奋精神，锐意改革，大胆创新，奋发有为，以一种舍我其谁的责任担当和苦干实干的拼搏精神，自觉投身于全面建成小康社会的伟大实践。要创新工作方法，加强理论学习，破解思想障碍，克服本领恐慌，努力营造想干事、敢干事、会干事、能干成事的良好环境。要狠抓工作落实，树立雷厉风行作风，以抓铁有痕、踏石留印的劲头，最大限度凝聚和调动各方面智慧和力量，共创交通运输更加美好灿烂的未来。

同志们，全面建成小康社会的号角已经吹响，这是一项造福全体中国人民的美好事业，也是中国人民对人类历史进步的伟大贡献。作为担负全面建成小康社会先行官重任的交通人，我们的使命光荣而艰巨。让我们更加紧密地团结在以习近平同志为总书记的党中央周围，积极进取，开拓创新，攻坚克难，奋勇向前，为全面建成小康社会、加快推进交通强国建设、实现中华民族伟大复兴的中国梦提供坚实的交通运输保障！

李小鹏部长在2016年全国交通运输工作会议上的讲话

这次会议的主要任务是：全面贯彻落实党的十八大、十八届三中、四中、五中、六中全会和中央经济工作会议精神，深入学习贯彻习近平总书记系列重要讲话精神，总结2016年工作，分析当前形势，部署2017年工作。刚才，传堂同志作了重要讲话，大家要认真学习领会，全面贯彻落实。下面，我讲三点意见。

一、2016年交通运输工作回顾

2016年，全国交通运输行业坚持稳中求进工作总基调，团结奋斗、攻坚克难，改革创新、开拓进取，圆满完成各项目标任务，实现了“十三五”良好开局。

交通运输供给侧结构性改革实现新突破。交通基础设施短板得到加强。高速公路和普通干线公路待贯通路段建设改造持续加快，农村交通基础设施水平不断提升。新增内河高等级航道达标里程500公里，新改建综合客运枢纽20个、货运枢纽（物流园区）30个。新增高速公路6000多公里，总里程突破13万公里。新增二级及以上公路1.5万公里，新改建农村公路超过29万公里。物流业“降本增效”成果显著。取消政府还贷二级路收费站49个、收费里程6119公里。落实“绿色通道”和重大节假日免费通行等政策措施，累计减免通行费约500亿元。通过发展甩挂运输和取消营运车辆强制维护等措施，累计节约物流成本近300亿元。大幅减少行政事业性收费、清理规范经营性收费。物流大通道布局进一步完善，多式联运、无车承运快速发展，货运服务效率、水平显著提升。客运转型升级加速推进。22个省份初步实现省域道路客运联网售票，110个城市实现一卡通互联互通。联程联运发展迅速，客运服务便捷化、个性化水平不断提高。城市公交取得新发展，公共汽电车和轨道交通年客运量超900亿人次，城市轨道交通发展迅速，定制公交、商务快巴、社区巴士等多元化公交服务便利了城乡居民出行。运输装备加速提档升级。货运车型、船型及多式联运等装备设施标准化稳步推进，老旧运输船舶和单壳油轮报废更新进一步加快。

交通运输促投资促消费稳增长作用彰显。2016年1～11月，铁路公路水路民航固定资产投资共完成2.57万亿元，同比增长7.7%。其中，铁路完成投资6999亿元，同比增长4.2%，预计2016年可以完成8000亿元任务目标；公路完成投资1.64万亿元，同比增长9.2%，预计2016年完成1.78万亿元，超额完成1.65万亿元任务目标；水路及其他建设完成投资1703亿元，同比增长9.3%，预计2016年完成1894亿元；民航完成投资655亿元，同比增长3.1%，预计2016年完成770亿元。2016年公路水路客、货运输量预计达到159亿人次、400亿吨。

编制《“十三五”现代综合交通运输体系发展规划》，印发了公路、水运等14个专项规划，组织完成铁路、民航、邮政业规划编制，完成交通扶贫、交通运输促进军民融合等专项规划，配套出台一系列实施方案。与国家发展改革委共同修订了《中长期铁路网规划》《国家水上交通安全监管和救助系统布局规划（2016 年调整）》，基本形成较为完整的“十三五”综合交通运输规划体系。

交通运输扶贫攻坚取得新成效。“四好农村路”工作成果显著。“百万公里农村公路建设”和“227 项交通扶贫骨干通道”工程有序推进。新增通硬化路建制村超过 1.3 万个、通客车建制村 5500 个，建制村通客车率达 95%。交通精准扶贫取得新进展。“交通运输+特色产业”等扶贫新模式探索推进，县乡村三级农村物流体系不断健全，有效提升了贫困地区“造血功能”。交通扶贫工作机制进一步完善。与 24 个省签订交通扶贫部省共建协议，形成了部省联动、多方协作、合力攻坚的交通扶贫新局面。进一步提高中央专项资金补助标准，积极争取开发性金融信贷和政府债券支持，大力推进政府和社会资本合作（PPP），确保了交通扶贫投入规模不减、建设标准不降。

交通运输服务“三大战略”取得显著成效。“一带一路”互联互通取得积极进展。中巴经济走廊“两大”公路建设等项目成功落地，大湄公河次区域 9 大交通走廊初步形成，中蒙俄国际道路货运顺利试运行。支持中国企业“走出去”，协助企业建立中国—马来西亚港口联盟，中标缅甸皎漂港项目，收购了希腊比雷埃夫斯港控股权。积极组织参与国际海事组织、国际民航组织、国际道路运输联盟和万国邮政联盟等机构重要活动，交通运输国际话语权不断提升。京津冀交通一体化提升到新层次。京台高速北京段建成通车，京津冀客运班线公交化改造有序实施，道路客运联网售票、一卡通互联互通深入推进。三地交通行政执法、联合治超、海事统一监管等机制初步形成。2022 年北京冬奥会交通保障重点项目开工建设。长江经济带综合立体交通走廊建设稳步推进。沪昆高铁全线贯通，长江南京以下 12.5 米深水航道成功初通。长江干线航道整治、上海洋山港四期等工程有序实施，长江黄金水道功能日益凸显。“海运强国”战略取得实质性进展。港口资源整合成效显著，国有大型航运企业兼并重组有序开展。海运船队结构进一步优化，全球海运网络不断完善。南海导助航设施建设有序推进，南沙 5 座灯塔顺利建成，有力地保障了航行安全、维护了国家海洋权益。

行业治理能力得到全面提升。法治建设步伐不断加快。完成交通运输法治政府部门建设顶层设计，完善了综合交通运输法规体系，统筹推进铁路、公路、水路、民航、邮政等行业立法。发布行业规章 86 件，完成 27 件行政法规、224 件部门规章、1207 件政策性文件清理。会同工业和信息化部、公安部等 7 部门联合制定了网约车规范管理部门规章。行业体制改革有序推进。省级综合交通运输体制改革加快推进。长航、海事、救捞、船级社、公路院、交科院、港航公安、海事基层执法等改革稳步实施，综合行政执法改革、投融资体制改革加快推进，驾培改革取得实质性进展。“放管服”改革取得突出成效。取消行政审批事项 8 项。制定部权责清单，推广“双随机一公开”抽查和信息化“大数据”监管，建设“一个窗口”网上审批平台，开通“信用交通”网站，深入推进行业信用体系建设，有效加强了事中事后监管。

交通运输转型升级迈出新步伐。交通运输科技创新能力显著提升。港珠澳大桥主体工程中的桥梁工程全线贯通。高寒高海拔地区高速公路建设、特大型桥梁防灾减灾与安全控制、滨海地区粉细砂路基修筑与长期性能保障技术等关键技术取得突破，智慧交通蓬勃发展。“综合交通出行大数据开放云平台”正式上线，行业数据资源开放共享迈出坚实步伐。高速公路电子不停车收费系统（ETC）用户突破4300万。“互联网+”交通运输发展迅速，无车承运、网约车、分时租赁等新业态蓬勃兴起。绿色交通建设稳步实施。建立健全了交通运输绿色标准体系，推进重大规划环评。扎实开展绿色交通示范工程创建和绿色公路建设，大力推广新能源装备应用。完成长江干线深水岸线资源普查，积极开展行业大气、水污染防治，建立船舶排放控制区，推进靠港船舶使用岸电。

安全生产工作稳步推进。全面推进交通运输安全体系建设，持续开展“6+1”平安交通专项行动、“安全生产月”和“道路运输平安年”以及危险货物港口作业安全治理等活动。启动新一轮公路联合治超。完成公路安全生命防护工程6万公里、危桥改造2500座、公路地质灾害处治75处，实施2.65万公里国道路况检测，50座重点桥隧监测以及重要水运航道安全保障工程。1～11月，各领域事故件数和死亡失踪人数分别下降7.8%和26.1%。有效应对暴雨洪灾和台风等极端天气对交通运输带来的不利影响。加强海上搜救与应急抢险，组织协调搜救1988次，成功救助15214人。圆满完成“两会”、春运、G20峰会等特殊时段交通运输安全服务保障工作。

党风政风行风焕发新气象。深入学习贯彻党的十八届六中全会精神，扎实开展“两学一做”学习教育和庆祝建党95周年系列活动，部署开展“十百千万”学习教育成果展示。认真学习宣贯《关于新形势下党内政治生活的若干准则》《中国共产党党内监督条例》，落实全面从严治党新要求，强化监督执纪问责。不断完善干部管理制度，加强职业资格建设，努力造就一支数量充足、结构优化、布局合理、素质优良的行业队伍。大力弘扬“两路精神”，巩固发扬具有鲜明行业特色和时代特征的交通精神。抓好重大主题宣传，讲好交通故事，开通部政务微信，妥善应对热点舆情。离退休干部与机关服务工作不断加强，工、青、妇与群团工作创新发展。

一年来，铁路、民航、邮政、武警交通工作取得新的进展。

铁路升级发展步伐明显加快。高铁运营里程突破2万公里，占世界总里程60%以上。铁路行业科技创新步伐不断加快，我国自行设计、拥有全面自主知识产权的中国标准动车组首次载客运行，高铁、重载铁路技术实现跨越式发展。铁路行政审批制度改革日益深化，适应新形势要求的铁路工程监管体制机制初步形成。中泰、中老等铁路合作交流加快推进，雅万高铁全线启动，中国铁路“走出去”取得新进展。

民航改革发展取得重要成果。机场公安体制、国家空管调整、军民航深度融合、运输价格、空管系统体制机制等改革有序推进。民航安全监控能力有效提升，全面实现客机全球追踪监控。航线结构持续优化，民航客货运输保持较快增长。国务院发布《关于促进通用航空业发展的指导意见》，航空产业转型升级不断加快。中英航权谈判取得突破性进展，中澳达成高水平航空运输安排，中国民航对中亚国家合作平台启动。中加、中欧适航合作进一步加强，支线客机 ARJ21 成功载客运营，C919 飞机型号审定工作有序推进。民航全行业完成运输总周转量、旅客运输量、货邮运输量同比分别增长 12.6%、11%和 5.5%。

邮政转型升级不断加快。邮政供给侧结构性改革有序推进，邮政企业实力显著增强，多家快递企业实现改制上市。大力开展建制村直接通邮试点，邮政普遍服务水平进一步提高。寄递服务和邮政金融与互联网融合发展取得明显效果。亚洲国际集邮展览圆满成功。2016 年邮政业业务总量、业务收入完成约 7410 亿元和 5380 亿元，同比增长 45.9%和 33.3%。其中，快递业务量和业务收入完成 313.5 亿件和 4005 亿元，同比增长 51.7%和 44.6%。

武警交通勇挑应急救援国家队重担。围绕“服务国防、抢险救援”职能使命，闻灾而动、高效救援，圆满完成福建泰宁“5·8”山体滑坡以及 12 个省、自治区、直辖市抗洪抢险等 47 场重大救援任务，积极参与 43 个交通扶贫攻坚项目，成功举办全国公路交通军地联合应急演练，人才、装备、信息化建设和科技创新取得重大进展，充分彰显了国家级应急救援精锐之师的中流砥柱作用。

一年来，面对繁重的任务，交通人顽强拼搏、攻坚克难，取得了令人瞩目的成绩。这是党中央、国务院正确决策和坚强领导的结果；是各省区市和中央有关部门团结协作、社会各界关心支持的结果；是几代交通人贯彻党的路线方针政策和决策部署，围绕中心、服务大局，改革开放、创新驱动；是全行业坚持发展是硬道理，建设人民满意交通，坚持提升服务质量和管理水平，建设“四个交通”；是坚持从严治党，弘扬“两路”精神，加强交通队伍建设的成果。特别是一年来广大干部职工埋头苦干、无私奉献，书写了新时期交通运输改革发展的新篇章。在此，我代表交通运输部，向长期关心支持交通运输发展的各级领导、有关部门、社会各界和离退休老同志表示衷心的感谢！向全行业广大干部职工致以崇高的敬意！

在看到成绩的同时，我们也必须清醒地认识到，当前行业发展面临的困难、问题和风险不容低估，交通运输基础设施补短板，物流服务降成本提水平仍需下大力气；构建现代综合交通运输体系任务繁重，国家层面综合交通运输管理体制已基本建立，但省级综合交通运输改革、各种交通方式融合发展等仍需改革攻坚；交通运输促投资稳增长仍面临较大压力，资金供给与刚性支出矛盾突出，政策障碍尚未消除；传统道路运输、港航等企业经营困难加剧，交通运输企业转型升级亟待加快；政府管理服务尚不能满足行业转型升级的迫切需要，法律法规与标准制修订、形势研判与政策储备、管理与服务方式方法等跟不上交通运输新技术、新模式、新业态的飞速发展；交通运输安全生产形势仍不乐观、基础仍不稳固，安全生产监管不可掉以轻心，等等。对于这些问题，我们要高度重视，认真加以解决。

认真学习领会、坚决贯彻落实习近平总书记重要指示精神。

做好交通运输工作，必须牢固树立政治意识、大局意识、核心意识、看齐意识，更加紧密地团结在以习近平同志为核心的党中央周围，学习领会、贯彻落实好习近平总书记系列重要讲话精神，特别是对交通运输工作重要指示精神。

党的十八大以来，习近平总书记发表了系列重要讲话，深刻回答了新形势下党和国家事业发展的一系列重大理论和现实问题，提出许多富有创见的治国理政新理念新思想新战略，这是中国特色社会主义理论体系的最新成果，为我们在新的历史起点上实现新的奋斗目标提供了科学指南和基本遵循。我们要结合实际，系统学习领会、贯彻落实好习近平总书记的系列重要讲话精神，进一步把握发展大势，明确前进方向，开创事业发展新局面。

习近平总书记高度重视交通运输工作，对交通运输事业寄予殷切期望、给予亲切关怀，并作出一系列重要论述。在这些重要论述当中，强调交通运输的发展目的是建设人民满意交通，发展要求是当好先行，发展路径是建设综合交通运输体系，发展保障是加强党的建设，发展动力是弘扬“两路”精神。这是习近平总书记治国理政新理念、新思想、新战略在交通运输领域的集中体现，是做好新时期交通运输各项工作的指导方针和根本遵循。

2016 年 9 月，习近平总书记对交通运输工作作出新的重要指示。他指出，“十三五”是坚持新发展理念，实现全面建成小康，推进供给侧结构性改革的关键时期，是经济社会发展的重要时期，也是交通运输基础设施发展、服务水平提高和转型发展的黄金时期，要求我们抓住这一时期，加快发展，不辱使命，为实现中华民族伟大复兴中国梦发挥更大作用。他指出，实现扶贫脱贫要多措并举，路、水、电等基础设施是重要方面，“要想富，先修路”不过时，要求我们久久为功，建好“四好农村路”。他指出，推进供给侧结构性改革，促进物流业“降本增效”，交通运输大有可为，要求我们在组织创新、管理创新等多个方面要有所作为，把简政放权、提高效率放到重要的位置。他指出，“三大战略”和“四大板块”是经济发展的重点，特别是“三大战略”都是从全国和国际国内大局出发提出的，要求我们找准位置，不辱使命，有所作为，发挥先行作用。他指出，综合交通运输进入了新的发展阶段，要求我们在体制机制上、方式方法上、工作措施上都要勇于创新、敢于创新、善于创新，推进各种运输方式融合发展。他指出，“两路”精神充分体现了交通运输系统的风采，要求我们在新形势下要进一步弘扬并创新发展。他指出，加强党的建设，加强党的领导，部党组要把主体责任、监督责任承担起来，扛在肩上，落到实处，不断提高党的建设的科学化水平，要求党组的同志和各级党组织都要精诚团结、努力奋斗，不断开创党的建设和各项事业的新局面。

习近平总书记对交通运输工作新的重要指示，概括起来主要是“七个重点、四项要求”。七个重点是：

（1）紧紧抓住交通运输黄金时期；

（2）建好“四好农村路”；

（3）促进物流业“降本增效”；

（4）积极服务“三大战略”；

（5）创新发展综合交通运输；

（6）大力弘扬“两路”精神；

（7）全面加强党的建设。

四项要求是：

（1）把握机遇，加快发展；

（2）真抓实干，久久为功；

（3）组织创新，管理创新；

（4）找准位置，履职尽责。

我们要切实把学习领会、贯彻落实总书记对交通运输工作重要指示与学习贯彻党的十八大、十八届三中、四中、五中、六中全会和中央经济工作会议精神紧密结合起来，与学习贯彻习近平总书记系列重要讲话精神紧密结合起来，与贯彻落实党中央、国务院各项决策部署紧密结合起来，并以此武装头脑、统一思想、提高认识、指导工作。一是要强化建设人民满意交通这个根本宗旨；二是要强化供给侧结构性改革这条主线；三是要强化推进现代综合交通运输体系建设这个关键；四是要强化服务国家重大战略这一职责使命；五是要强化改革开放、创新驱动这一动力源泉；六是要强化“两路精神”这一精神动力；七是要强化党的建设这一根本保障。

二、2017 年交通运输工作重点任务

2017 年是实施“十三五”规划的重要一年，是供给侧结构性改革的深化之年，也是推进交通运输改革发展的重要一年。总的来看，紧紧抓住交通运输基础设施发展、服务水平提高和转型发展的黄金时期，机遇与挑战并存，机遇大于挑战。

2017 年工作的总体要求是：全面贯彻落实党的十八大、十八届三中、四中、五中、六中全会精神和中央经济工作会议精神，认真落实“五位一体”总体布局和“四个全面”战略布局，坚持稳中求进工作总基调，坚持牢固树立新发展理念，坚持适应把握引领经济发展新常态，坚持以提高交通运输发展质量和效益为中心，坚持以推进交通运输供给侧结构性改革为主线，着力完善交通运输基础设施网络，着力提升运输服务品质，着力加快行业转型升级，着力推进安全绿色发展，着力推进现代综合交通运输体系建设，全面做好稳增长、促改革、调结构、惠民生、防风险各项工作，努力建设人民满意交通，为促进经济平稳健康发展和全面建成小康社会当好先行，以优异成绩迎接党的十九大胜利召开。

2017 年交通运输工作的主要目标：

公路、水运完成固定资产投资 1.8 万亿元，新增高速公路 5000 公里，新改建农村公路 20 万公里，新增贫困地区 7000 个建制村通硬化路，新增内河高等级航道达标里程 500 公里，新增通客车建制村 4000 个。交通运输供给侧结构性改革和关键领域改革、法治政府部门建设取得积极成效，智慧交通、绿色交通取得新进展，安全生产形势保持稳定，人民群众对交通运输行业的满意度进一步提升。

深化供给侧结构性改革。这是适应经济发展新常态政策框架的主线，也是交通运输

行业 2017 年工作的重中之重。我们要加大工作力度，既要全面落实“三去一降一补”五大任务中交通运输行业所承担的各项任务，也要结合行业实际，全面推进交通运输供给侧结构性改革各项工作。一是大力推进物流业“降本增效”。畅通物流大通道，大力发展多式联运和江海直达运输，启动第二批多式联运示范工程申报工作。支持“互联网+”交通运输物流新业态，推进道路货运无车承运试点，引导支持平台型物流企业和企业联盟发展。基本实现跨省大件运输网上许可和跨省并联许可。加快县乡村三级物流服务网络和“多站合一”物流节点建设。大力发展现代航运服务业，推进实施快件“上车上船上飞机”工程。二是着力提升客运服务质量效率。加强铁路、公路、水路、民航联程联运。推进 50 个城乡交通运输一体化示范县建设。深入落实公交优先发展战略，全面推进公交都市创建，构建城市公共交通发展指数评价指标体系。推进客运线路资源配置和道路客运价格管理改革，规范长途客运接驳运输管理和包车客运发展，探索发展节点运输。推进综合运输服务示范城市建设，研究制定促进旅客联程运输发展的政策意见。组织开展“情满旅途”活动，统筹做好综合运输春运工作。加快推进传统出租汽车行业转型升级，促进网约车规范发展。推进汽车租赁健康发展。三是加快运输装备升级。推进货运车型标准化，加大对车辆运输车等重点车型治理力度。探索建立全国汽车救援服务体系。推进内河船型标准化和海运老旧运输船舶、单壳油轮提前报废更新。实施中资“方便旗”船回国登记政策，推进国轮船队建设。

加大交通基础设施投资力度。强化规划引领，加快推进基础设施网络化布局，扩大合理有效投资。一是有序推进公路建设。推进国家高速公路联网畅通，加快区际省际待贯通路段建设和交通繁忙路段扩容改造，力争实现杭瑞、包茂等国家高速公路全线贯通。提高三四线城市和特大城市间基础设施的互联互通，加强国道待贯通路段建设和低等级路段升级改造，推进国省道城镇过境段、城市出入口路段改造。二是积极推进水运建设。推进“两横一纵两网十八线”内河高等级航道建设。推进内河集约化、规模化港区和沿海港口大型综合性港区、专业化码头建设。三是加强一体衔接的综合客货运枢纽建设。新建一批有效衔接各种运输方式的开放式、立体化综合客运枢纽。加快货运枢纽（物流园区）网络化布局和设施改造，加强重要港口集疏运铁路、公路建设。四是着力打造“品质工程”。加强公路水运工程建设质量监督制度建设，组织实施工程建设质量安全违法违规行为信息公开。启动“品质工程”示范创建。推进公路钢结构桥梁应用。五是强化管养服务。开展国家公路网路况、重点桥梁、隧道技术状况评定和巡查，推进高速公路服务区文明服务创建，抓好普通国省干线公路服务区建设试点。深化农村公路管养体制改革，加快完善管理机构，强化督导考评，推动将养护资金纳入县级政府公共预算。加强国家重要航道资源保护，做好长江干线航道、界河航道和西江航运干线、京杭运河等内河高等级航道、船闸养护管理。

深入推进交通扶贫脱贫攻坚。消除贫困、改善民生、逐步实现共同富裕，是社会主义的本质要求，必须坚持以人民为中心，增强责任感和使命感，打好基础、当好先行，为如期实现扶贫脱贫目标创造交通条件。一是加快完善贫困地区交通基础设施。全面落实《“十三五”交通扶贫规划》，以革命老区、民族地区、边疆地区、贫困地区为重点，加快国家铁路、国家高速公路、普通国道、农村公路、农村客运站场和内河航道改造建设。继续推动“四好农村路”建设。二是强化贫困地区运输服务保障。采取不同模式提高建制村通客车率，加强贫困地区县城老旧客运站改造建设。三是创新交通扶贫方式。积极推进“交通运输+特色产业”“交通运输+旅游休闲”“交通运输+电商快递”等扶贫模式。深化部省联动，完善监管和督导机制。强化部门协作，进一步发挥好六盘山片区联系单位作用，扎实做好对口支援和定点扶贫等专项工作。

积极服务国家“三大战略”和区域发展总体战略。“一带一路”建设、京津冀协同发展、长江经济带发展三大战略是党中央站在实现中华民族伟大复兴中国梦的高度，根据国际国内形势作出的重大部署，我们必须找准位置，履职尽责，不辱使命，当好先行。一是继续推进“一带一路”互联互通。聚焦6大走廊交通主通道，推进境内骨干通道和枢纽建设，加强口岸公路、界河桥梁等建设。加快构建联通内外的国际运输通道网络，加强海上互联互通和支点建设。办好“一带一路”国际合作高峰论坛设施联通平行会议。二是推进京津冀交通一体化率先突破。加快京秦、首都地区环线等高速公路待贯通路段建设和G103天津段等升级改造，推进唐山港煤炭码头、京唐港区深水航道工程等建设。推进延庆崇礼高速等冬奥会重大交通保障项目建设。三是加快长江经济带综合立体交通走廊建设。统筹推进高速公路通道建设与网络完善，提升航道通过能力，加快推进长江干线系统治理和支流高等级航道达标工程，推进三峡枢纽水运新通道建设前期工作。提高长江航道维护尺度。加强港口集疏运系统建设，积极发展以港口为枢纽的联运业务，加快推进航运中心建设。

要按照国家区域发展总体战略，补足西部地区交通短板，改善落后偏远地区通行条件。提升东北地区出关通道运输能力和综合交通网质量。提高中部地区贯通南北、连接东西的通道能力。支持东部地区率先实现现代化发展。要坚持平战结合、军民融合，加强主要战略方向国防交通基础设施建设，强化国防交通专业保障队伍建设，加强国防交通储备物资规范化建设和管理。支持武警交通部队转型发展。

着力深化关键领域改革攻坚。我们要围绕推进国家治理体系和治理能力现代化的总目标，以更大力度、更有效举措，推进关键领域改革取得突破。一是深化体制机制改革。深化交通运输综合行政执法改革，扩大试点范围。推进公路管理体制改革、养护市场化改革。推进中俄界河航运管理体制改革，深化港口价格形成机制改革。推进部属事业单位分类改革、培训疗养机构改革、行业协会脱钩改革等工作。完善城市交通拥堵综合治理机制，联合有关部门共同研究制定治理目标和措施。二是深化“放管服”改革。深入推进简政放权，再取消和下放一批行政审批事项，推进行政审批网上办理。继续推广“双随机一公开”监管方式，加强信用体系建设，加快构建以信用为核心的新型市场监管模式。修改完善部权责清单并适时向社会公布。全面推进政务公开。三是加快推进投融资改革。研究推进交通运输财政事权和支出责任划分改革，加快构建“政府主导、分级负责、多元筹资、规范高效”投融资新机制。加快完善配套政策，推动政府和社会资本合作（PPP）项目前期工作及落地实施，推进交通运输领域的政府购买服务。加快研究推进设立交通运输发展基金。四是加快改革落地。统筹推进改革试点经验总结和复制推广。督促落实出租汽车、汽车维修、驾驶员培训等领域改革，推进汽车电子健康档案系统建设，提高机动车维修、汽车驾驶员培训服务品质。推广区域港口一体化经验，积极推进区域港口资源整合。研究推进邮轮运输发展政策，做好自贸区海运政策复制推广。

扎实推进法治政府部门建设。依法治国是党领导人民治理国家的基本方略，依法执政是党治国理政的基本方式，我们要按照深入推进依法行政、加快建设法治政府的要求，整体谋划，协调推进，抓好各项任务落实。一是加快完善综合交通运输法规体系。做好《铁路法》《海上交通安全法》《民用航空法》《收费公路管理条例》《城市公共交通管理条例》《快递条例》法律法规制修订工作，组织开展《综合交通运输促进法》立法研究。加快制修订一批行业改革发展和安全生产管理急需的规章。推进综合客运枢纽、多式联运、节能环保、信息化、安全应急、农村公路等领域标准制修订。二是提高依法行政能力。严格实施规范性文件和重大决策合法性审查制度。组建部法律顾问和公职律师队伍。完善健全交通运输行政执法“三基三化”建设标准和制度体系，加快推动跨区域、跨部门执法协同。三是加强执法监督。深入推进公路联合治超工作，开展货车非法改装、全国水运建设市场检查和国际集装箱班轮、无船承运市场运价备案检查等。

加快推进智慧交通和绿色交通发展。创新是经济社会发展的不竭动力。智慧交通和绿色交通发展必须依靠创新驱动。一是提高行业科技创新能力。完善行业重点科研平台布局和管理，切实推动协同创新，集中突破道路应急救援、长江黄金水道运输能力提升等一批关键技术。加快大数据、云计算、物联网和北斗导航、高分遥感等技术应用，推进实现基础设施、载运工具等“可视、可测、可控”。深入实施行业科技人才推进计划，选拔青年科技英才，资助培养高层次高技能人才。推进大连海事大学加快建设世界一流海事大学。二是以信息化提升管理能力。加快建设完善综合交通运行协同和应急指挥平台，推进交通运输物流信息平台建设。加快路网、治超、网约车、行政执法、信用体系、危险货物运输等管理信息系统建设，实现全国运政信息系统互联互通。打造智慧港口，继续实施 E 航海示范工程、船员口袋工程。推进行业数据资源开放共享，加快数据资源开放共享平台以及网络风险监控平台等建设。三是发展“互联网+”交通运输。打造“畅行中国”信息服务，提供覆盖城乡的出行引导综合信息服务。加快推进道路客运联网售票，引导第三方综合客运联网售票平台发展。推进交通旅游服务大数据应用。扩大高速公路电子不停车收费系统（ETC）应用范围。加强“互联网+”新业态、自动驾驶等前瞻研究和政策储备，支持鼓励“互联网+”新业态创新发展。

要坚持绿色发展理念，按照建设美丽中国的要求，积极推进交通运输节能减排和污染综合防治。制定绿色交通发展制度体系框架。推广交通运输重点节能低碳技术和产品。实施绿色公路和绿色港航建设典型示范工程，在港口、机场等重点领域推进电能替代，在水运行业继续推广应用液化天然气（LNG）船舶。推进原油成品油码头油气回收工作。严格执行交通运输装备排放标准，推进汽车检测与维护制度（I/M 制度）建设，在京津冀地区开展试点示范。加强珠三角、长三角、环渤海及长江等水域船舶污染排放控制。开展船舶与港口污染防治专项行动，实施沿海“碧海行动”集中整治。

深入推进交通运输对外开放。我们要坚决贯彻落实党中央、国务院开放发展的决策部署，推进交通运输双向开放，加强互联互通，为我国在全球治理中发挥更加重要的作用提供有力支撑。一是不断提高行业对外开放水平。深化与主要发达国家交通运输合作，对标国际一流，借鉴先进经验和做法，提升行业国际竞争力。积极参与高水平双边和区域投资及自贸协定谈判，推动建立行业开放新体制。二是继续实施“走出去”战略。进一步加强与亚非、中东欧等国家合作，推动交通运输装备、技术、标准、服务全方位“走出去”。支持企业参与海外交通基础设施的建设与经营，深度融入全球运输链。三是积极参与行业全球治理。充分发挥在国际海事组织、国际民航组织、万国邮政联盟、国际运输论坛等国际组织和多边机制中的作用，加大应对海运温室气体减排等全球性重大问题的工作力度，深入参与交通运输国际规则制定，加强国际组织人才推送，提升行业国际制度性话语权。四是推进国际运输便利化。进一步完善双、多边国际运输合作机制，推动中蒙俄、中哈俄、大湄公河次区域等过境和跨境运输协定实施，完善国际道路运输网络。

坚持不懈抓好安全生产。安全生产是民生，是最大的民生；安全生产是责任，是比泰山还重的责任；安全生产是红线，是任何人、任何时候都不能触碰的红线；安全生产是基础，是做好一切工作的基础。党中央、国务院《关于推进安全生产领域改革发展的意见》提出了 6 个方面 30 项内容，我们要认真贯彻落实。一是落实安全生产责任制。坚持“党政同责、一岗双责、齐抓共管、失职追责”，健全管理制度和考核机制，完善“四不两直”暗查暗访、突击检查制度，督促落实《交通运输安全监管责任规范导则》。开展“平安交通”考核评价、道路运输平安年活动、企业安全生产和标准化达标“双随机”抽查。二是突出重点领域安全监管。推进“6+1”平安交通专项行动，加大客运、危险货物运输和港口危险货物作业等领域安全监管力度，进一步强化重点营运车辆联网联控，加强“四类重点船舶”和“六区一线”水域安全监管，加快构建城市轨道交通运营安全管理制度体系，实施从业人员安全素质提升工程，推进公路、水路旅客运输实名制工作。开展水上交通安全教育进校园。三是加大隐患排查治理和风险管控力度。制定《交通运输安全生产风险辨识评估基本规范》。开展隐患排查治理攻坚行动，实施重大事故及隐患约谈和挂牌督办，推进重特大事故整改落实。完成 8 万千米公路安全生命防护工程、1800 座危桥改造。对规模以上客运和危险品运输企业、国家重点建设项目全面实施风险管理。四是全面提升应急处置能力。提升交通运输综合应急指挥中心综合协调、辅助决策能力。推进空中巡航救助联动，强化深远海搜寻救援能力建设，加强南海应急救捞力量部署，举办南海海上搜救演习。积极推进行业反恐防范能力建设。强化港航消防安全监督。做好党的十九大、博鳌亚洲论坛、金砖国家峰会等重点时段交通运输安保工作。

大力加强党的建设和精神文明建设。一是坚决落实全面从严治党“两个责任”。全面贯彻落实六中全会精神，深入开展党内学习教育，做好迎接党的十九大召开的思想和组织准备。严守党的纪律规矩，聚焦监督执纪问责，有效运用“四种形态”，开展巡视“回头看”，推进部属单位巡察工作，支持各级纪检组织开展工作，不断提高党的建设科学化水平。二是加强机关建设。加快建设法治、创新、廉洁和服务型政府部门，完善干部培训。调整优化部机关司局和部属单位领导班子结构，制定部公务员队伍5年发展规划，加大交流轮岗力度。健全考核评价体系，建立正向激励、容错纠错机制，宽容干部在改革创新中的失误，鼓励干部想干事、敢干事。充分发挥工青妇等群团组织作用，关心青年干部成长，进一步加强和改进离退休干部工作。三是抓好精神文明建设和新闻舆论工作。弘扬“两路”精神，深入开展“爱岗敬业、明礼诚信”社会主义核心价值观主题实践，开展“感动交通年度人物”活动，打造交通文化精品。高度重视新闻舆论工作，开展“四好农村路”等重大主题宣传，完善新闻发言人制度，加强重大政策发布和突发事件舆情应对，合理引导社会预期。

三个部管国家局总体安排也要结合各自工作实际，做好工作部署。

国家铁路局要持续推进高铁安全防护工程建设，落实“双随机一公开”要求，进一步加强和规范铁路运输服务质量监管、设备与建设工程安全质量监管，推进法规标准建设，促进规划实施和科技创新，深化“放管服”改革，加强政府间铁路国际交流合作。

中国民用航空局要努力加强安全管理、守住安全底线，加快完善提升机场网和航线网，加快建设运行信息监控网，不断完善基于军民融合的空域管理使用机制，逐步完善服务质量管理体系，着力推进适航审定体系建设，积极构建通用航空法规体系，注重提升应急处置能力。

国家邮政局要综合施策，强化联动，着力巩固行业发展向稳向好态势，着力推进行业转型升级提质增效，着力推进改革创新和依法治邮，着力强化寄递渠道安全监管。

同志们！让我们更加紧密地团结在以习近平同志为核心的党中央周围，团结一致、艰苦奋斗，稳中求进、真抓实干，以优异的成绩迎接党的十九大胜利召开，在实现中华民族伟大复兴的中国梦的征程中，作出新的更大的贡献！

陆东福在中国铁路总公司工作会议上的报告（摘要）

一、关于2016年铁路工作回顾

2016年，在党中央、国务院的坚强领导下，全路党政工团各级组织和广大干部职工深入学习贯彻习近平总书记系列重要讲话精神，主动适应经济发展新常态，团结拼搏，克难攻坚，铁路安全稳定、建设发展不断取得新成绩。以党的十八届六中全会、中央经济工作会议和全国国有企业党的建设工作会议精神为指针，新一届党组坚持目标和问题导向，加强调查研究，健全决策机制，推动铁路事业继往开来实现新的发展。2016年铁路各项目标任务圆满完成，实现了“十三五”良好开局。

——学习贯彻习近平总书记系列重要讲话精神不断深入。深入学习党中央治国理政新理念新思想新战略，教育引导全路干部职工牢固树立“四个意识”特别是核心意识、看齐意识，坚决与以习近平同志为核心的党中央保持高度一致。

——安全保持基本稳定。全路消灭了重大及以上事故，消灭了造成旅客死亡的责任行车事故，铁路从业人员万人生产安全事故死亡率同比减少0.01，路外死亡人数同比下降11.2%。

——建设任务圆满完成。全国铁路行业固定资产投资完成8015亿元，其中国家铁路完成7676亿元；投产新线3281公里、复线3612公里、电气化铁路5899公里；新开工项目46个，新增投资规模5500亿元。到2016年年底，全国铁路营业里程达12.4万公里，其中高速铁路2.2万公里以上。

——客货运输取得新成绩。铁路客运保持强劲增长，国家铁路发送旅客27.7亿人、同比增长11.2%，其中动车组发送14.43亿人、占比超过52%，铁路货运止跌回稳。国家铁路发送货物26.5亿吨，集装箱、商品汽车、散货快运量同比分别增长40%、53%和25%，均创历史新高。2016年，国家铁路换算周转量完成33786.9亿吨公里，运输总收入5945亿元，同比实现双增长。

——经营管理和综合开发工作得到加强。截至2016年年底铁路总公司资产总额达7.1万亿元，维护了国有资产完整和安全。大力开展多种经营业务，多元经营创收2171亿元，综合创效210亿元、同比增长18.4%。

——技术进步和科技创新取得新成果。开展设备质量状态评估技术攻关，深化客货运输关键技术研究，推动重大工程技术创新，组织相关企业成功研制具有完全自主知识产权的时速350公里中国标准动车组。

——服务“一带一路”建设取得新进展。全力打造中欧班列国际物流品牌，全年开行班列1702列、同比增长109%。铁路口岸运量完成4200万吨、同比增长12%。充分发挥企业牵头协调优势，印尼雅万高铁等境外铁路项目取得新进展。

——职工物质文化生活有新改善。劳动生产率进一步提高，职工收入挂钩增长，职工住房条件持续改善。投入 36.6 亿元用于生活线、文化线、卫生保健线建设，实施职工健康行动计划，落实带薪休假制度，深入开展助困、助学、助医活动。

——全面从严治党向纵深推进。按照中央统一部署，在全路 5.6 万个基层党支部、96 万名共产党员中开展“两学一做”学习教育。集中开展专项检查，实施铁路企业党支部建设纲要，基层党组织建设取得新成效。从严选拔任用干部，分层分类开展管理和专业技术人员培训。认真落实中央党的群团工作会议精神，铁路各级工会、共青团组织作用得到发挥。

——党风廉政建设和反腐败工作扎实有力。总公司党组重申并作出深入贯彻落实中央八项规定精神的决定，制定党组决策“三重一大”事项规定，规范完善议事协调机构。落实“两个责任”，持续深化巡视整改工作。落实监督执纪“四种形态”，坚持执纪必严、违纪必究，严肃查处违纪违规问题。

——宣传思想文化工作深入人心。加强社会主义核心价值观教育和新时期铁路精神教育，组织开展“转观念、闯市场、增效益”主题教育活动，持续加强铁路文化建设，深化“互联网+思想政治工作”探索，坚持讲好中国故事铁路篇，全方位展示了铁路发展的新成就。

与此同时，铁路统战、民族、综合治理、机要保密、爱国卫生、人民武装、各类学协会等工作也取得了新成绩、新进步。

二、关于铁路面临的形势和需要把握的工作原则

党的十八大以来，以习近平同志为核心的党中央对加强国有企业党的建设、深化国有企业改革、做强做优做大国有企业，作出一系列重大决策部署。学习贯彻习近平总书记系列重要讲话精神，关键在联系铁路实际，首先要清醒认识、全面把握铁路面临的机遇与挑战。应该看到，协调推进“四个全面”战略布局，铁路在查处以往重大腐败案件后，新一届党组必须落实全面从严治党主体责任，带领全路进一步扎紧制度“笼子”，强化制度约束，严肃监督执纪问责，建设铁路风清气正、干事创业的政治生态；牢固树立新发展理念，铁路在认真吸取以往重大事故教训后，新一届党组必须充分认识铁路安全责任重于泰山，坚定自觉地带领全路确保高铁和旅客安全作为政治红线和职业底线，确保铁路安全持续稳定；实施国有企业改革发展战略，铁路在以往政企分开改革后，新一届党组必须坚持在大局下行动，进一步解放思想，带领全路加快企业市场化改革步伐，努力构建服务经济社会发展、以效益为导向的经营管理新机制。

把握新形势新任务，贯彻习近平总书记系列重要讲话精神，要认真总结历史经验，继承光荣传统，在不断改革创新、奋勇开创新局面的进程中，坚持和把握以下重要原则。

（1）坚持国家铁路的战略定位，自觉服从中央、服务大局。铁路是国家重要基础设施。中央明确要求铁路总公司负责铁路运输统一调度指挥，承担国家铁路客货运输、

铁路建设和安全生产主体责任。全路必须守土有责，坚持在大局下行动，切实承担起保障国家战略、国家安全、国民经济运行和服务人民群众的重大社会责任，坚决完成国家部署的铁路建设任务，主动承担公益性运输任务，确保关系国计民生重点物资运输，完成军运、特运、专运、抢险救灾等运输和国防动员工作，决不辜负中央的重托和人民的期望。

（2）坚持安全责任重于泰山，坚决守住高铁和旅客安全生命线。铁路作为公共安全重要领域，保障人民生命财产安全，是铁路各级领导干部的政治责任和铁路人的职业底线。全路各级组织必须始终把铁路安全放在各项工作的首位，牢固树立安全发展的理念，坚守发展决不能以牺牲安全为代价的红线，全面落实安全主体责任，全力构建人防、物防、技防“三位一体”的安全保障机制，确保铁路安全特别是高铁和旅客安全持续稳定。

（3）坚持发挥优势，以改革创新推进铁路建设可持续发展。重点推进西部铁路建设，是党中央、国务院赋予我们的光荣使命。全路要切实承担铁路建设主体责任，在坚持铁路一张网的前提下，全力抓好国家铁路干线网建设，尤其是服务中西部地区发展、脱贫攻坚、国土开发、国防动员等铁路建设，同时要发挥行业和专业技术优势，支持地方政府和社会投资机构抓好城际、支线等铁路建设，实现总公司和地方政府、社会投资者优势互补、合作共赢，形成分类分层建设、可持续发展的新格局。

（4）坚持融合发展，为降低社会物流成本多作贡献。实现各种交通方式融合发展，既是构建综合交通运输体系的必然要求，也是降低物流成本、服务经济社会发展的迫切需要。全路要努力稳定和扩大大宗货物运输份额，加快调整货运产品供应，大力发展集装箱、特货运输、快运业务和多式联运，不断优化运输物流结构，实现各种交通方式优势互补、合作竞争，努力降低社会物流成本，进一步发挥好铁路在综合交通体系中的枢纽骨干作用。

（5）坚持以人民为中心的发展思想，持续改善旅客的出行体验。铁路是提供公共服务的大众化交通工具。全路要牢记“人民铁路为人民”的宗旨，把满足人民群众不断增长的出行需求作为最主要任务，充分发挥高铁成网的优势，统筹高铁和普速客运资源，优化客车开行方案，创新客运产品供给，全面提升客运服务水平。铁路不仅创造出了令世人惊叹的高铁建设“中国速度”，而且有能力打造出让世人体验良好的高铁旅行“中国品牌”。

（6）坚持应用创新重点，为保安全、强管理、增效益提供科技支撑。我国铁路尤其是高铁技术已处于世界先进水平，建好、管好、用好约占世界 2/3，是中国铁路对世界铁路发展的重大贡献。全路要自觉肩负铁路科技创新的历史责任，立足铁路行业发展，围绕铁路技术标准、安全生产、经营管理、提高服务质量和效益等重点领域，加大应用创新力度，广泛运用现代信息技术，推进智慧铁路建设，使科技创新成果更好地转化为现实生产力，转化为便民利民的服务新产品，不断提升铁路企业的安全水平和经济效益。

（7）坚持发挥铁路资源优势，大力拓展资产综合开发效益。铁路实体资源丰富，资产的资本化、股权化、证券化潜力巨大。全路要坚持深化供给侧结构性改革，发挥市场在资源配置中的决定性作用，以开放合作的方式，统筹优化资源的市场配置，以创新的经营体制机制，全面加强铁路土地资源综合开发，努力形成做强运输主业与做优资产综合开发，多元经营协同发展的新格局，使铁路优势资源获取更多溢出效应。

（8）坚持依法治企，提高铁路企业依法管理、诚信经营水平。铁路总公司作为公共路网经营管理企业，在市场化经营和实施走出去战略中，必须增强法治意识，坚持法治与德治相结合，依法处理好企业之间和旅客货主的关系，切实维护社会公众和企业利益，诚信经营，保证铁路事业健康发展。全路各级领导干部都要自觉遵法、守法、宣法、用法。积极推动铁路立法工作，依法规范企业经营行为，防范法律和道德风险，维护公众利益，树立铁路企业良好的社会形象。

（9）坚持党的领导，筑牢铁路企业的“根”和“魂”。国家铁路网关系国计民生，是我们党执政兴国的重要支柱和依靠力量。全路必须始终坚持党对国铁企业领导这一重大政治原则，始终坚持建立现代企业制度这一国有企业改革方向，按照全面从严治党要求，充分发挥企业党组织的领导核心和政治核心作用，切实加强铁路企业党建工作和宣传思想文化工作，深入推进党风廉政建设和反腐败工作，不断凝聚铁路改革发展的正能量。

（10）坚持依靠方针，发扬职工群众推进铁路改革发展的首创精神。铁路行业有200多万国铁职工，还有上百万为铁路建设发展共同奋斗的产业职工，这是一支具有光荣革命历史和文化传统，特别能吃苦、特别能战斗、特别讲奉献的队伍，是铁路改革发展最可信赖和最可依靠的力量。全路要坚定不移地落实党的依靠方针，尊重职工首创精神，保障职工民主权利，高度重视职工队伍素质建设，弘扬劳模精神，培养“匠”，最大限度地调动广大职工积极性、主动性和创造性，万众一心，就能汇聚创造铁路改革发展新业绩的不竭动力。

三、关于2017年铁路工作重点目标和任务

2017年铁路工作的总体思路是：深入贯彻习近平总书记系列重要讲话精神，全面贯彻党的十八大和十八届三中、四中、五中、六中全会精神，以及中央经济工作会议、全国国有企业党的建设工作会议精神，突出把握“达标、提质增效”工作主题，着力构建“三位一体”安全保障体系，确保铁路安全持续稳定；着力创新铁路建设机制，实现铁路建设可持续发展；着力深化运输供给侧结构性改革，提高铁路服务质量和经营效益；着力推进应用技术创新，强化科技对铁路发展的支撑作用；着力服务“一带一路”建设，扩大国际交流合作；着力加强和改进铁路党建和宣传思想工作，充分调动干部职工的积极性主动性创造性，奋力开创铁路安全稳定、改革发展新局面，以优异成绩迎接党的十九大胜利召开。

2017年主要工作目标是：

铁路安全：不发生重大及以上责任事故，不发生客车较大及以上责任行车事故、造成旅客死亡的责任行车事故、从业人员较大及以上责任死亡事故，铁路从业人员万人生产安全事故死亡率控制在0.3以内，铁路交通10亿吨公里死亡率控制在0.3以内。

铁路投资：全国铁路行业投资保持 2016 年规模，全面完成国家下达的固定资产投资计划。投产新线 2100 公里、复线 2500 公里、电气化铁路 4000 公里。

铁路运输：完成旅客发送量 30.25 亿人、货物发送量 27.5 亿吨、总换算周转量 34546 亿吨公里。

铁路经营：完成总收入 9116 亿元，其中运输总收入 6266 亿元，多元经营收入 2850 亿元、综合创效 280 亿元。

铁路节能减排：能源消耗折算标准煤同比下降 4.3%，化学需氧量排放量控制在 2108 吨以内。

铁路劳动生产率：控制用工总量零增长，运输业劳动生产率达到 35.6 万元/人；职工工资和劳动生产率保持同步增长。

做好 2017 年铁路工作，要突出强化“强基达标、提质增效”工作主题。强基达标，就是坚持抓基础、强基本、重基层，坚持各项工作的标准和规范，完善管理制度和工作流程，明晰管理权责，强化职工教育培训，构建科学严密的考核评价体系，切实筑牢铁路事业发展的坚实基础。提质增效，就是要坚持以提高发展质量和效益为中心，确立提质增效鲜明的目标导向，加快转变铁路发展方式，深化改革创新，推动铁路发展从规模速度型向质量效益型转变，从运输生产型企业向运输物流型企业转型，全面提升铁路建设质量、运输质量、服务质量、工作质量，实行全面预算管理，增收节支，努力提高企业经营效益。

（1）预防为主、标本兼治，构建“三位一体”安全保障体系。一是规范和创新安全管理。全面加强安全管理制度建设，健全安全生产责任制和干部履职质量考评机制。完善专业管理模式，强化专业管理。配齐配强主要行车工种人员。结合行业和政府监管，构建强有力的安全监督管理体系。二是强化设备质量基础。完善采购合同质量责任条款，严格监理监造。健全高铁设备维护管理体系，推进铁路装备简统化，提高专业化维修水平。三是加强对安全风险源的控制。构建安全风险管控和隐患排查治理双重机制，推进安全生产标准化建设，加强岗位作业达标管理。强化铁路治安综合治理，打造平安铁路。四是提高应急处置和救援能力。健全和完善总公司、铁路局、站段应急指挥平台，构建协调联动的应急救援机制，做到应急有备、处置得当。五是加强安全重点课题技术攻关。充分运用科技新成果，突破一批安全难点问题。整合强化各类实时监控监测系统，提升铁路安全的技防水平。

（2）持续推进铁路建设，全面加强工程质量安全。一是科学合理安排建设项目。以西部铁路建设为重点，优先安排，有利于提高路网效率效益、实施集中连片地区脱贫攻坚、补齐发展短板、促进融合发展、形成有效供给的项目。强化建设为运输服务的理念，科学确定功能定位、技术标准和技术方案。从严控制建设规模和投资。坚持项目前期与土地综合开发同步研究，提高项目整体收益预期。二是有序推进项目组织实施。对在建重点项目，盯住关键节点，均衡有序推进，实现投资和实物工作量相匹配。对年内计划开通项目，确保按期顺利开通运营。对年内拟开工项目，严格按法规、程序抓好前置性工作。三是加强质量安全管控。遵循铁路建设规律，严格按施组工期推进。建立健全质量安全管理体系，落实质量终身负责制。四是创新铁路建设管理。全面实行分类分层建设。创新建设管理模式，全面实施项目专业化管理，用好铁路参建企业信用评价机制。

（3）推进运输供给侧结构性改革，全面提高铁路服务质量。一是优化客运产品结构。动态优化客车开行方案，改进互联网售票系统，开展个性化、特色服务，构建铁路旅客征信体系，改善旅客服务体验。二是强化货运产品开发。建立基本稳定客户关系，坚决稳固扩大大宗货物运量，大力发展集装箱、商品汽车运输，推进多式联运。探索拓展新型冷链、高铁快运和社会物流市场。三是提高运输保障能力。建立面向市场需求的阶段性运行图调整机制，提高运力资源配置效率。完善运输组织考核办法，探索多种渠道增加装备供给的新途径。实施运输“快”项目，提高物流综合服务能力。落实对重点物资运力的基本保障。四是实施高铁“强基达标、提质增效”工程。总公司制定指导意见和工程达标验收办法，组织推进京沪高铁标准示范线建设。各铁路局要会同项目公司，分线制定贯标达标、提高服务质量和效益的工作方案，平稳有序扎实推进。研究建立高铁运营的后评估制度，全面打造中国高铁品牌。

（4）加强经营管理，构建权责统一新机制。一是加强全面预算管理。研究建立铁路运输企业以运输总收入、盈亏总额为核心的预算目标管理制度，促进各运输企业努力增收创效节支。加大成本控制力度，减少生产和维修成本支出，降低物资采购成本和财务费用。二是健全经营管理新机制。修订完善工效挂钩考核机制，强化收入分配的激励约束作用。探索建立多种交通方式比价合理、灵活对接市场的运价体系。优化货运清算办法，开展货运承运清算模拟运行。进一步完善企业内部审计和监督体系，保证国有资产安全。三是依法规范企业经营行为。建立铁路企业党政主要领导法治建设责任制，提高企业依法治理水平。建立完善经营管理活动合法合规审查制度，强化经营风险防控。提高法律事务服务保障能力。四是完善经营责任考核机制。总公司对所属企业负责人经营业绩实行分类考核，全面客观评价企业领导班子经营绩效。完善总公司机关部门的考核办法，促进总公司机关部门切实担负起相应的绩效责任。

（5）落实经营权责，提高铁路资本经营效益。一是规范和落实铁路两级主体企业权责。按照总公司和铁路局的职能定位，进一步优化权责划分，充分发挥两级机构的优势和主体的作用。公布总公司权力清单目录和权力事项管理流程，研究建立铁路局权力事项和负面清单，实现两级企业的经营活动协调高效。二是推进铁路资产资本化经营。研究推进铁路企业债转股，深化铁路股权融资改革。研究探索铁路资产证券化改革，积极开展资产证券化业务。加强合资铁路公司管理，促进合资铁路健康可持续发展。三是开展混合所有制改革。拓展与铁路运输上下游企业的合作，促进铁路资本与社会资本融合发展。探索股权投资多元化的混合所有制改革新模式，建立市场化运营企业。创新铁路发展基金发行模式。四是加大综合经营开发力度。落实铁路局土地综合开发主体责任，推出一批土地综合开发项目。促进旅游餐饮、站车商务、商贸物流、保险服务等关联业务协调发展，拓展电商业务，提高经营效益。

（6）突出关键重点领域，积极推进应用技术创新。一是推进安全生产领域技术创新。开展设备健康状态评估、故障预警和维修决策等技术研究，推进自主化列控系统、智能牵引供电系统等技术研发，提升综合防灾和应急救援技术水平。二是推进运输经营领域技术创新。推进中国标准系列动车组研发。开发面向旅客的智能化服务项目。开展集装箱运输、快捷运输、冷链物流、多式联运等关键装备技术研究，完善 12306 和 95306 网站功能。三是推进工程建设领域技术创新。深入开展大跨度复杂结构桥梁等技术攻关，持续推进无砟轨道等技术研究，优化施工工装和工艺工法，保证建设质量安全，节约建造成本。四是推进铁路信息化建设。制定实施信息化总体规划，推进重点业务应用系统优化整合。制定铁路物联网总体方案和大数据应用实施方案，统筹开展设备状态分析、客货运服务等大数据专项应用。促进跨专业、跨区域、跨行业数据资源共享共用。五是加强铁路科技创新基础工作。加强铁路科研、认证、计量实验检验平台建设，完善铁路知识产权管理，推进运输生产急需的技术标准制修订工作。

（7）扩大铁路对外交流合作，服务“一带一路”建设。一是大力发展中欧班列等铁路国际物流。建立国际铁路联运合作机制，构建与“一带一路”建设相适应的铁路国际物流体系。全年中欧班列、中亚班列开行继续保持稳步增长势头。二是扎实推进境外重点铁路合作项目。发挥总公司在企业层面的牵头作用，加强境外项目组织实施中的质量安全和资金管理，扎实推进境外项目实施。三是深化对外交流合作。加强双边、多边交流合作，广泛宣传中国铁路发展成就，营造深化国际合作的良好氛围。

（8）发挥职工群众的主人翁作用，建设企业与职工命运共同体。一是尊重职工首创精神。大力弘扬劳模精神、劳动精神，培养和造就“铁路工匠”，激励广大职工敬业爱岗，为铁路强国贡献力量。二是提高职工队伍素质。以提高职工职业道德、职业技能水平为重点，实施职工素质建设工程，加强优秀高技能人才选拔使用，建设一支知识型、技术型、创新型的铁路职工队伍。三是保障职工民主权益。加强职工代表大会制度建设，抓好基层民主管理工作。构建发展和谐劳动关系，健全和落实信访工作责任制，增强职工的归属感、企业的凝聚力。四是不断改善职工生产生活条件。坚持工效挂钩的分配导向，全年实现职工收入同步增长。有序推进职工保障性住房建设和棚户区改造。全面落实改善职工生产生活条件“3 年攻坚计划”，持续改善一线职工生产生活条件。推进健康铁路建设，提高职工健康水平。实施精准帮扶，帮助困难职工解困脱困。

四、关于党建和反腐倡廉工作

坚持党的领导，加强党的建设，扎实做好反腐倡廉工作，既是全年工作的重点任务，又是实现各项工作目标的重要保证。

（1）把学习贯彻习近平总书记系列重要讲话精神引向深入。一是加强和改进党委中心组学习。以习近平总书记系列重要讲话精神为主要内容，制定和落实中心组学习计划，组织学习研讨。二是开展领导干部理论学习培训。把习近平总书记系列重要讲话精神和十八届历次全会精神作为重点，纳入各类干部培训班。以学习贯彻党的十八届六中全会精神为主题，对全路处级以上领导干部进行一次轮训。三是做好职工的宣传教育。开展系列重要讲话精神进车间、班组活动。组织开展铁路改革发展重大问题研讨，引导广大干部职工进一步增强“四个自信”，打牢以铁路强国为中国梦添彩、在中华民族伟大复兴的征程中当好先行的思想基础。

（2）规范并提高党内政治生活的质量。一是抓好严格党内政治生活的学习教育。把《关于新形势下党内政治生活的若干准则》《中国共产党党内监督条例》纳入党委中心组学习、干部理论学习、党支部“三会一课”，开展多种形式的专题讨论，组织党员领导干部到基层党支部讲专题党课。二是健全规范党内政治生活的制度。落实总公司决策“三重一大”事项规定，完善总公司所属单位决策“三重一大”事项制度。建立健全党代会代表任期制，完善落实保障党员权利制度。三是发挥领导干部的表率作用。修订完善铁路企业党员领导干部民主生活会制度，自觉接受监督。健全领导干部指导基层民主生活会制度，落实领导责任。

（3）发挥党组织把方向、管大局、保落实的政治核心作用。一是落实党组织在企业治理结构中的法定地位。把党建工作纳入铁路各级各类企业章程。制定铁路企业党委会工作规则，明确党委政治核心地位和实施政治领导、思想领导、组织领导的主要任务等。二是加强党委会建设。严格落实党代表大会制度，确保按期换届，保证各级党委会组织健全。完善双向进入、交叉任职领导体制。分层分类开展党委班子成员履行“一岗双责”的教育培训。三是落实全面从严治党主体责任。制定铁路企业党建工作责任制，坚持党组织书记抓基层党建述职评议考核制度。加强党对群团工作的领导，充分发挥工会、共青团组织作用，统筹抓好统战、保密、武装、离退休干部等工作。

（4）大力加强领导班子和干部人才队伍建设。一是选优配强领导班子。细化所属单位领导班子成员选拔任用条件，规范选人用人工作。优化领导班子结构。加强对领导人员特别是“一把手”的管理监督，促进各级领导干部依法依规用权，从严务实履职。二是启动“百、千、万人才工程”。按照3年培养造就百名左右专业领军人物、千名左右专业带头人和万名左右专业拔尖人才的计划要求，年内启动专业领军人物和专业带头人选拔工作，分层抓好管理和专业技术人员培训。三是创新干部选拔使用管理制度。建立健全干部选拔任用纪实制度，探索建立“容错”机制和领导干部“能下”的措施办法。探索建立铁路专业技术人员晋升体系。

（5）深入推进、切实加强党风廉政建设和反腐败工作。一是狠抓“两个责任”落实。修订党风廉政建设责任制实施办法，推动党政主体责任、纪委监督责任以及领导干部的“一岗双责”落实。二是驰而不息抓作风、反“四风”。严格执行总公司党组深入贯彻落实中央八项规定精神决定，坚决防止“四风”问题反弹。健全落实领导干部基层联系点制度。三是加强廉政风险防控。深刻反思中央专项巡视发现问题的教训，深化重点领域廉政风险防控工作。推进党务公开、政务公开，接受职工群众监督。四是积极运用实践“四种形态”。综合使用谈话函询、提醒教育、诫勉谈话、专题民主生活会等形式，抓早抓小、防微杜渐。严格落实党内监督条例，建立监督工作联动机制，坚持无禁区、全覆盖、零容忍，做到有案必查，保持严惩腐败的高压态势。

（6）积极发挥党支部战斗堡垒和党员先锋模范作用。一是加强基层党支部建设。开展贯彻落实《铁路企业党支部建设纲要》对标检查，提高党支部建设制度化水平。制定加强党支部书记队伍建设指导意见。二是强化党员队伍教育管理。总结和巩固“两学一做”学习教育成果，分级分层加强党员教育培训。完善落实党员组织关系规范管理、党费工作制度，形成抓好党员队伍建设的工作常态。三是发挥党员先锋模范作用。组织开展“创岗建区”、党内品牌创建主题实践等活动，引导广大党员在安全、服务、经营、建设主战场上展示先进性，以党员示范效应带动职工群众立足岗位奉献建功。

（7）重视发挥思想和文化工作的宣传激励作用。一是持续加强正面宣传教育。集中开展“强基达标、提质增效”主题教育活动，引导干部职工强化“互联网+思想政治工作”，办好铁路职工网上家园，做好日常思想工作。二是深入推进铁路文化建设。实施铁路企业文化建设 3 年基础工程，深化铁路安全文化、服务文化和经营文化建设。开展“高铁精神”总结提炼工作，选树弘扬先进典型。深入开展铁路精神文明创建和学雷锋志愿公益活动，增强文化自信。三是进一步讲好铁路故事。以“铁路新成就，喜迎十九大”为主题，讲好铁路发展故事；强化对铁路经营新举措新产品新服务的推介，讲好铁路经营故事；推出一批以“铁路工匠”为代表的先进典型报道，讲好铁路人物故事；着眼于提升“中国铁路品牌”国际形象，讲好铁路“走出去”故事。坚持“开放、引导、友好、互动”的原则，提高舆论引导水平。

铁路事业继往开来，铁路改革发展催人奋进。让我们更加紧密地团结在以习近平同志为核心的党中央周围，坚决向党中央看齐，坚持在大局下行动，解放思想，勇于担当，不忘初心，继续前进，以铁路人的不懈努力为中国梦添彩，以铁路强国为中华民族伟大复兴当好先行！

黄卫副部长在第十一届中国智能交通年会上的讲话

黄　卫
（科技部副部长、中国工程院院士、中国智能交通协会
专家委员会主任）

大家上午好！

很高兴和大家共聚美丽的山城重庆，分享交流智能交通创新成果，探讨智能交通的未来发展。在此，我谨代表科技部对第 11 届中国智能交通年会的召开表示衷心的祝贺。同时，作为中国智能交通协会的一员，借此机会，向长期致力于智能交通创新发展的专家和同行们致以崇高的敬意并表示衷心的感谢。

下面，我就智能交通的创新发展问题谈几点认识。不妥之处，请大家批评指正。

一、对我国智能交通发展面临的新形势的基本认知

智能交通系统在中国的发展已经走过了近 20 年的历程，当前，以新技术为支撑，低碳、绿色、可持续为目标的新一代智能交通技术成为国内外发展的重点。随着“互联网+”的蓬勃发展，以及“十三五”规划的实施和供给侧改革的逐步深入，我国智能交通也正步入一个新的发展阶段。智能交通发展的政策环境、应用环境和技术环境都有了新的变化。把握历史机遇，践行“创新、协调、绿色、开放、共享”的发展理念，积极推动智能交通创新发展，正逢其时。

（一）国家创新驱动战略为智能交通创新带来重大发展机遇

2016 年 5 月，中共中央、国务院印发了《国家创新驱动发展战略纲要》，纲要明确了未来三十年创新驱动发展的目标、方向和重点任务。近年相继出台的《国务院关于大力推进信息化发展和切实保障信息安全的若干意见》《关于促进智慧城市健康发展的指导意见》《国务院关于加强城市基础设施建设的意见》《“十三五”国家科技创新规划》等一系列政策和文件，对发展智能交通都提出了相关的部署和要求。2015 年国务院印发的《中国制造 2025》中，明确提出统筹布局和推动智能交通工具研发和产业化。2016 年 9 月，国家相关部门联合发布了《推进“互联网 ”便捷交通促进智能交通发展的实施方案》。这些文件的精神和要求，为智能交通创造了良好的发展机遇。

“十三五”将是智能交通创新驱动发展的新阶段，根据国家科技体制改革的总体部

署，科技部对“十三五”重点科技专项进行了规划布局，“综合运输与智能交通”是交通科技领域“十三五”规划布局的重点专项之一。在“十三五”这个关键时期，我们要充分利用国家政策的机遇，加快我国智能交通的发展和建设。

（二）我国经济社会发展对交通运输现代化发展提出了更高的要求，智能交通发展面临重大需求

产业结构转型升级、产业布局调整、区域协同发展、城乡一体化发展是我国经济社会发展的新常态，也是激发经济社会发展新活力、保持经济持续健康发展的重大战略性举措。交通运输作为支撑引领经济社会发展、促进国家重大发展战略实施的重要引擎，在国家经济社会发展新常态背景下，面临重大需求。

面向“京津冀协同发展”“长江经济带”等区域发展战略要求，交通运输要支撑和引领新型城镇化创新发展，就必须加快构建覆盖面广、连通性好、服务效能高、安全保障能力强的综合交通运输系统。面向经济发展方式转变的要求，必须强化多种交通运输方式协同运行，提升交通运输效率，完善交通基本公共服务和交通安全保障体系。面向国民经济社会可持续发展的要求，必须加快构建低碳、便捷、智能化的综合交通运输体系。

交通运输系统自身也面临着转型发展的重大现实需求，发展模式由基建拉动转向能力挖潜，管理模式由满足业务需求转向保障公共资源高效利用，服务模式由注重运行组织转向强化市场运行监管，运输模式由单一方式运输转向多式协同联运，信息感知和利用模式由“孤岛”式封闭系统转向共享互联的开放系统。适应新常态，大力发展综合交通、智慧交通、绿色交通和平安交通，是未来中国交通运输系统发展的战略选择。

（三）新技术发展为建设我国智能交通创新带来重要的契机

物联网、云计算、大数据、移动互联等新一代信息技术的发展，为交通信息化和智能化带来了新的发展契机。智能交通系统本质上就是将先进的信息技术与交通运输技术相融合，通过对交通信息感知、加工、发布，实现人、车、路之间的信息共享、协同合作，以缓解交通拥堵，减少交通事故，降低交通能源消耗和交通污染，建立高效的交通服务系统。

新一代信息技术的浪潮已经进入社会各个领域，也正在深刻影响着交通运输系统。新技术不仅在技术体系上带来变革，更有对传统理念和模式的颠覆。移动互联与车路协同系统的发展，大大拓宽了交通信息的内容，既可获取实时交通状态信息，更可以远程感知载运工具的运行状态、排放等数据，同时，共享、众筹等模式，也彻底改变了以往交通信息采集的传统模式。大数据技术显著提高了交通数据处理分析能力，交通云图解析、智能化监测分析、综合交通协同等为交通管理、决策、规划和运营、服务以及主动安全防范带来更加有效的支持，也为公共安全和社会管理提供了新的理念、模式和手段。

新技术及其理念和模式，正在颠覆或者再造交通运输系统，由此催生智能交通系统技术体系和内容都在发生重大变革，孕育着新兴市场和产业。

二、创新驱动战略推动我国智能交通行业跨越式发展

党的十八大明确提出“科技创新是提高社会生产力和综合国力的战略支撑，必须摆在国家发展全局的核心位置。”习近平总书记把创新摆在国家发展全局的核心位置，尤其高度重视科技创新。智能交通的发展，必须走创新驱动发展之路。

（一）科技创新引领和推动了我国智能交通持续稳定发展

20世纪90年代中期，我国的科技部门组织开展了智能交通发展战略研究，提出了中国智能交通系统体系框架，这为智能交通发展提供了重要指导。在国家科技计划的引领和推动下，“十一五”“十二五”期间，科技部对现代交通技术研发重点投入，部署了国家 863 计划、科技支撑计划等一系列重点重大项目，有效支持了智能交通科技的持续发展。同时，多年来国务院、国家发改委、交通运输部、公安部、住建部等多个部门高度重视智能交通行业的发展和技术创新，制定了一系列促进智能交通发展和创新的政策。各地方也制定了一些促进本市或者本地区智能交通产业发展的政策措施。经过多年努力，我国在智能交通关键技术领域取得了多项突破，形成了一批具有自主知识产权的创新科技成果。智能交通系统有力支撑了规模庞大的交通运输基础设施网络运行、大规模人口出行和迁徙，以及大规模的货物运输流转。智能交通技术集成应用与服务已经融入社会生产和人民生活的方方面面。

（二）依靠自主创新的中国智能交通系统取得了显著成绩

近年来，我国智能交通行业的自主创新能力大幅提升，已经具备了创新发展加速的基础，推动了我国智能交通系统技术的跨越式发展。高速铁路依靠引进消化吸收再创新，目前已实现完全的自主化，技术水平已经从学步，实现了国际的领步；国产大飞机从无到有，实现了中国新的“大飞机梦”；交通状态感知与交互、车联网、车路协同、道路安全的智能化管控、新一代空中交通管理等一大批核心关键技术取得重大突破，衍生出一批世界领先的智能交通新技术和新产品，促进了智能交通与信息科技的深度融合与集成应用；基于移动互联网的出行服务模式和产业在不断创新，借助移动互联网、云计算、大数据、物联网等先进技术和理念，国内移动互联企业在近些年取得了长足进步，智能交通与互联网+相融合，形成未来智能交通的新业态和新模式，以满足公众便捷、舒适出行的现实需求。

实践证明，依靠自主创新，我国走出了一条具有中国特色的智能交通发展之路，实现“弯道超车”和跨越式发展，培育形成了新兴产业，国内从事智能交通行业企业上千家，智能交通行业快速发展并初步形成与世界先进国家鼎立的局面。

虽然近年来我国在智能交通系统技术领域取得了长足的发展，但交通环境、交通拥堵、运输效率、交通安全等诸多问题在一定时期内仍然存在。且目前我国城镇化进程加

速、智慧城市和区域一体化进程的推进，也对智能交通从单一、区域系统向综合联动发展提出了更高要求。伴随着车联网、北斗导航、云计算、大数据、移动互联等技术在交通领域的应用和发展，不仅给智能交通系统注入了新的技术内涵，也对智能交通系统的模式、理念产生了巨大的挑战。

三、我国智能交通未来创新发展的方向

智能交通系统是面向应用、实践性很强的学科，既具有专业性，又具有多学科交叉、多技术融合的特点。新技术的发展、应用需求的变化以及相关学科的进展，对智能交通系统的发展影响深刻，智能交通系统发展正在进入一个新的时代，我们可以称为新一代智能交通系统或智慧交通，也有专家称为智能交通系统 2.0 时代。未来我国智能交通的创新发展应重点加强以下几个方面。

（一）重视智能交通创新发展的战略规划，加强智能交通系统基础研究，不断丰富和完善智能交通技术体系

现有的中国智能交通系统体系框架和标准体系框架，曾经为智能交通系统建设和发展提供了重要的理论技术指导。面对日新月异的技术变革和迅速发展的交通运输服务需求，原有的框架体系的局限性日益凸显。

为此，我们要重视智能交通创新的战略规划，强化顶层设计，基于基础设施网络化、载运工具智能化、运行一体化、服务个性化等交通运输行业发展需求，结合信息、智能、制造、生态等前沿科技发展，适时对智能交通系统体系框架进行修正和完善，建立能够为未来智能交通系统发展提供有效指导的新的体系框架。围绕制约我国综合交通运输可持续发展的科学难题和技术瓶颈，从智能交通基础理论、重大共性技术和关键技术、应用系统与服务集成等方面进行统筹规划，完善智能交通系统技术体系，构建具有中国特色的新一代智能交通系统。

（二）面向需求，问题导向，加大智能交通关键技术创新研究和应用

万物互联和信息智能交互是未来社会发展的大趋势，各种智能终端和无线网络在交通系统的广泛应用，将带来交通信息获取、交互、应用服务等在模式和效率方面的巨变。未来交通系统中，人、车、路将在互联的环境下实现便捷的出行和高效物流，高效运行和安全便捷服务是交通运输系统的目标。

智能交通创新发展，要聚焦交通基础设施智能化、载运工具智能网联、交通运行监管与协调、交通枢纽协同运行、多方式综合运输一体化服务、综合运输安全风险防控与应急救援等交通运输系统的重大问题，进一步加强车路状态感知与协同、车辆智能化联网联控、基础设施智能监测与智能管养、交通信息集成与智能服务、综合交通运输运行优化与智能调控、交通运输安全风险主动防控等关键技术的研究，通过示范应用，引领

和支撑我国交通运输智能化水平和服务品质的全面提升。

（三）推动综合交通系统智能化发展，为综合交通运输高效运行和协同服务提供支撑

综合交通运输与智能交通技术的深度融合，正在加快综合交通运输业的升级换代。综合集成现代装备技术、信息技术，提高运输装备的现代化水平以及运输管理智能化水平，推进运输过程一体化，是提升交通运输效率和服务保障能力的重要方向。

我国的综合交通运输系统存在运行监管能力弱、多方式协同运行效率低、运输安全主动防控能力差、集成服务不足等突出问题。要研究推进综合交通系统智能化发展，突破制约综合交通运输系统高效运行的信息共享交互、设施互联互通、运行一体化和协同服务等方面的技术瓶颈，解决综合交通运输系统在枢纽（点）、方式（线）、网络（面）协调的技术难点，形成综合交通运行监测、调控、服务的智能化技术体系及相关装备，为综合交通运输系统协同运行与智能服务提供支撑。

（四）紧密结合智慧城市建设和智能网联汽车等的发展，跨界融合，协同创新

物联网、新一代移动通信、云计算、大数据、人工智能等在交通运输领域的集成应用，对公众出行、快递物流以及城市建设和运行都产生着重大影响。智能交通创新发展要有现代交通运输发展的大格局和全球技术发展的大视野，在专业技术创新发展的同时，要密切关注智慧城市、智能汽车、绿色交通和现代物流等相关领域的发展。

智慧城市建设近年广泛兴起，作为创新的城市信息化高级形态，它包括智能交通、智能电网、智慧物流、智慧医疗、智慧家居等诸多领域。全国在建设的智慧城市，智慧交通都是核心内容之一。绿色生态交通体系的建设是现代交通可持续发展的保障，智能交通和新能源结合的载运工具、基础设施和运营管理与服务系统，将有助于实现交通发展与资源环境的和谐统一。智能化和网联化是汽车发展的两大重要趋势，智能安全辅助驾驶和车载信息服务已成熟应用，自动驾驶技术从实验室走向实际应用的步伐正在加快，汽车与智能交通的融合发展成为大趋势，无人驾驶、智能网联汽车、车联网、车路协同等，成为智能交通创新发展的重要方向。跨界融合、协同创新成为业界常态，汽车制造商、零部件制造商和通信装备制造商联合开发车车信息交互系统，互联网汽车集成操作系统、大数据、通信、导航、多媒体等，整合整车、零部件服务等线上线下资源，为用户提供智慧出行服务。

（五）主动应对变革，创新智能交通系统建设发展模式和思路

新型载运工具和新技术发展对交通系统带来的变革非常巨大。大容量、智能化载运工具，新型轨道交通，交通跨区域、跨行业电子支付，将对城际交通和城市公交出行服务产生深远影响。车辆电子身份识别、车联网、车路协同等的发展，将极大地丰富交通信息来源，提升交通系统运行安全。智能汽车、通用航空、无人机等，将深刻影响城市交通和物流快递行业。这些正在进行的或未来的变革，我们要积极主动应对，

深入研究由此引发的交通系统运行机理和模式的变革，并以此完善和丰富智能交通系统的技术体系。

我们不仅要重视新技术的应用，更要主动应对新技术可能带来的新模式和新理念。“互联网+”在交通行业的发展中，共享背景下网约车的出现，对交通行业管理和服务模式提出了严峻的挑战。智能手机和移动互联网应用的普及，交通信息服务与其他服务的整合，为出行者带来了全新的应用体验，从根本上改变了信息采集和导航服务的传统模式。互联网和汽车的融合将为人们提供更智能、更便利的交通服务，大数据、人工智能等的深入应用，带来的变化将更大。要主动探索新技术发展带来的变革，创造新型智能交通系统建设、运营的商业模式，并形成可持续发展的产业模式。

各位专家，各位来宾。智能交通系统是现代交通运输系统的重要发展方向，是充满生机和活力的朝阳产业。让我们共同努力，推动智能交通创新发展，为交通运输发展提供强大、高效率的技术支撑和保障。

谢谢大家。

吴忠泽在第十一届中国智能交通年会上的讲话

中国智能交通协会理事长 吴忠泽
2016 年 11 月 16 日 重庆

大家好！

今天，我们相聚在美丽的山城重庆，隆重召开 2016’第十一届中国智能交通年会。首先，我谨代表中国智能交通协会感谢本次会议的承办方中国汽车工程研究院股份有限公司为本次会议的成功举办所作出的努力，并对中国汽研牵头承担的部市共建项目“基于宽带移动互联网的智能汽车与智慧交通测试评价及试验示范区”第一期工程正式启用并投入运行表示热烈祝贺！感谢重庆市人民政府和两江新区对本次会议的鼎力支持，感谢重庆长安汽车股份有限公司、北京易华录信息技术股份有限公司、上海电科智能系统股份有限公司以及所有对本次会议提供了大力支持和协助的单位和专家，感谢各位领导、专家和嘉宾的光临！

本次大会以“融合创新，推动 ITS 转型升级”为主题，旨在促进智能交通与相关领域特别是汽车智能化、网联化的融合创新发展。借此机会，我把中国智能交通协会一年来的主要工作向大家做个汇报，对目前我国智能交通行业发展的基本态势以及未来发展中要予以关注的主要问题等，谈几点看法。

一、中国智能交通协会一年来工作简要回顾

中国智能交通协会是我国智能交通行业唯一的全国性社团组织，截至 2016 年 10 月 31 日，协会共有会员单位 242 家，涵盖了我国智能交通相关的高校、研究单位、主要应用单位和主流企业。过去的一年中，协会充分发挥自身优势，在推动智能交通科技创新、技术交流、成果转化、国际合作、产业发展等方面开展了积极的工作。主要包括以下几个方面。

（一）举办和组织了一系列行业技术交流和展览活动

2016 年 1 月，协会支持智能交通网在北京召开“2016’中国智能交通市场趋势分析报告会”。5 月，协会与交通运输部科学研究院、荷兰阿姆斯特丹 RAI 国际展览公司共同在京主办了“2016 北京国际交通工程、智能交通技术与设施展览会”，期间还举办了 2016 中国（北京）道路交通安全高层论坛、第三届“智能交通杯”系列评选、第三届中国智能交通创新发展论坛等一系列活动。5 月，协会在京主办了“综合交通一体化

协同服务”研讨会。8 月，协会与上海贸促会、中科院国际合作局共同举办了“2016 上海国际车联网与智慧交通展览会”，同期举办了第三届 APEC 车联网研讨会。

此外，协会还支持了多个智能交通行业相关的会议，包括“2016 中国汽车产业数据研究峰会”、“清华大学绿色校园微循环电动车示范系统”启动会、“第十三届中国（国际）城市智能交通论坛”、“数据济宁 • 创新发展”高峰论坛、“2016 智能交通与车联网产业发展高峰论坛”等。

（二）组织会员单位调研，深入了解贵州省智能交通建设发展状况

2016 年 6 月，协会理事长带领专家考察团调研了贵州省智能交通的建设发展，与贵州省高速集团、贵安新区、贵州省公安交警总队和贵阳市交通委等单位，围绕城市交通规划、综合交通运输体系建设、交通信息化智能化发展和交通信息服务等进行了座谈交流，对智慧城市建设综合项目、中国电信云计算贵州信息园、贵安新区、三黎高速公路智慧隧道等进行了实地考察，全面地学习和了解了贵州省智能交通建设取得的成就和经验。

（三）积极推动行业科技进步和创新发展

年初，协会启动了 2016 年度中国智能交通协会科学技术奖的评审工作，经评审委员会评审和奖励委员会审定，确定了 35 项授奖项目。中国智能交通协会科学技术奖是国家科技奖励办授权协会组织的行业科技奖项，已连续评审了五届，影响广泛，已成为我国智能交通领域的权威奖项，反映了我国交通信息化和智能化领域的成就和创新水平，申报项目的质量、覆盖面逐年明显提升。

根据国家科技成果鉴定改革的有关精神，2016 年协会实施智能交通行业科学技术成果评价工作。协会分别在北京精英智通科技股份有限公司和北京川速微波科技有限公司组织了企业自主研发的科学技术成果评价专家会，对会员单位的科学技术成果进行了评价。

（四）组织开展智能交通国际技术交流与合作

加强与国际智能交通领域的交流合作是中国智能交通协会的重要工作内容。2016 年 4 月，中国智能交通协会道路车辆专业委员会组团赴美学习和交流，参观了特斯拉、优步、谷歌、福特、德尔福等公司，对智能网联汽车的发展进行了考察和调研，并与美国汽车工程师学会（SAE）签订了战略合作协议。5 月，协会组织我国高速公路领域专家代表团赴日本和韩国学习和交流，就 ETC 的运营服务、综合管理、增值业务开发等，与日本、韩国的高速公路运营商、管理机构及相关企业进行了深入的交流学习。

2016 年 10 月，协会组团参加了第 23 届智能交通世界大会。本届智能交通世界大会在澳大利亚墨尔本市举办，协会组织了近百名智能交通领域的代表参加相关活动。中国代表团出席来了本次大会主要活动，参观了大会举办的智能交通展览，协会理事长代

表中国出席了大会举办的交通部长圆桌会议并发言。会议期间，代表团与维多利亚州议会以及澳大利亚智能交通行业代表进行了会谈与交流，对墨尔本大学、莫纳什大学、悉尼大学、悉尼市和布里斯班市城市交通控制中心等进行了实地考察，就智能交通领域新技术研究发展和应用情况进行了交流，探讨了中澳智能交通领域的合作前景。

（五）发挥协会资源优势，开展社会服务

2016 年协会和国家智能交通产业技术创新战略联盟继续组织编辑出版了《中国智能交通行业发展年鉴（2015）》《2016 智能交通产品与技术应用汇编》等行业专题资料。《中国智能交通行业发展年鉴（2015）》编委会汇聚了数十位专家，全面反映了 2015 年我国智能交通行业的基本情况。《2016 智能交通产品与技术应用汇编》邀请行业重点企业、大专院校、科研机构组成编委会，系统展现了智能交通的新产品和优秀解决方案，为规划设计、建设和应用单位提供了重要的参考和借鉴资料。

协会发挥专家智力资源和行业综合资源优势，积极开展了行业技术咨询服务。2016 年，协会承担的乌鲁木齐市智能交通系统建设实施总体方案通过了验收。协会还为多个地方政府、交通建设运营单位和会员单位就智能交通系统建设、产业布局、企业发展战略等以各种形式提供了咨询服务。

二、目前我国智能交通行业发展的基本态势

智能交通是现代交通运输系统发展的重要方向，也是我国战略性新兴产业的重要组成。回顾总结一年来我国智能交通行业的发展，总体上有以下几个特点：

（一）交通基础设施建设保持稳定增长的同时，智能化支撑交通管理现代化和综合交通服务水平不断提升

我国的交通基础设施规模庞大，在基础设施建设规模化发展的同时，交通运输信息化的普及程度也逐年提升，重点领域的智能化发展迅速，交通运行管理和服务的信息化与智能化水平进步明显，交通社会化服务水平稳步提升。

公路运输领域，建立了全国重点营运车辆动态信息交换平台；全国大部分省市推进了路网监测系统的建设；初步建立了特大桥梁、长大隧道、通航枢纽等重要基础设施的安全监管系统；交通运输运营管理的信息化水平也不断提升，公众信息服务不断改善。截至 2015 年年底，高速公路电子不停车收费（ETC）在全国 29 个省市实现联网，用户超过 2000 多万，跻身国际三大 ETC 技术体系之一；京、津、冀、湘、渝等省（市）建设了中国高速公路交通广播系统示范工程；全国有 27 个省（自治区、直辖市）开展了省域道路客运联网售票系统建设。

轨道交通的智能化从探索阶段进入了实际开发应用阶段，大数据、云计算、无线通信等新兴技术为轨道交通智能化提供了技术支撑，取得多项创新成果。民航领域的旅客

服务信息化与智能化进一步提升，重点机场在航班配载和行李服务方面实现了全流程信息共享和监控。

城市道路交通管控能力提升，全国地级以上城市不断建设和完善智能化交通管理系统。城市公共交通发展迅速，公交智能化装备与系统水平不断提高。2015 年，全国首批“公共交通智能化应用示范工程”10 个试点城市完成主体工程建设，第二批 27 个城市的相关工程也正在建设之中。截至 2015 年年底，全国安装车载卫星定位终端的公共汽（电）车运营车辆占全部运营车辆的 78.5%；BRT 线路长度超过 3000 公里；公共交通一卡通售卡量达到 5.2 亿张。

（二）智能交通行业传统市场发展相对稳定，新兴市场不断涌现

2015 年智能交通市场规模近 700 亿元，年增长率达 30%。据不完全统计，2015 年有近 100 家智能交通相关企业跻身“亿元阵营”，其中与智能交通相关的上市公司达到 33 家。经过多年的发展，我国智能交通市场已经开始走上品牌化、规模化发展道路，一批有影响力的品牌企业正在成为中国智能交通建设发展的中坚力量。

“互联网+交通”是近年交通运输行业信息化发展的重要内容，推动了大批互联网企业和创业者加入智能交通行业的大军中。以滴滴优步为代表的网约车和摩拜、ofo 为代表的互联网自行车服务等遍地开花，对传统出行模式带来重大变革，也激发了新的市场。手机导航、网络化票务已成为公众出行中智能化服务的主要方式，车联网、智能驾驶服务等相关市场正悄然兴起。

（三）智能交通关键技术研发不断深入，融合创新推动智能交通系统转型升级，孕育出新的产业增长点

国家科技计划对智能交通持续给予了支持，交通状态感知、多模式的交通协同交互、交通运行优化与控制等核心关键技术不断创新，车联网、车路协同、智能网联汽车等智能交通前沿技术的研究十分活跃。

科技创新促进了智能交通与信息技术成果的融合与集成应用。大数据、云计算已成为交通数据中心建设和信息化体系构建中的战略性选择。基于互联网的出行服务模式和产业发展，形成了智能交通新业态和新模式。

汽车智能化、网联化技术是全社会广泛关注的热点。全国多地积极推进智能车路协同、车联网、无人驾驶等相关技术的应用和示范推广。国内多个汽车厂商研究团队的智能汽车在实际道路上进行了无人驾驶的测试，智能交通企业、互联网企业、通信企业与汽车厂商合作，智能汽车和智能交通的融合发展，带来了宽广的产业前景。

三、智能交通未来发展中要予以重点关注的几个问题

刚刚结束的第 23 届世界智能交通大会以“智能交通——提升城市和社区宜居性”为主

题。本届世界大会，我们看到世界各国在对高效、安全交通持续关注的同时，对智能网联车、交通大数据、未来货运、智慧城市、交通环境与安全等方面都给予了更多的关注。我国交通系统正处于转型发展之中，智能交通将为交通运输系统转型升级提供重要技术支撑，方兴未艾，任重而道远。在未来发展中，我们要对以下几个方面予以重视和关注。

（一）把握发展机遇，面向重大需求，坚持创新驱动

交通运输面临着引领和支撑城镇布局、区域协同发展的重大需求。要把握好实施“一带一路”“新型城镇化”“京津冀一体化”和“长江经济带”的国家战略机遇，实现从基建拉动到能力挖潜的发展模式转变。坚持创新驱动，通过科技创新，突破制约我国综合交通运输发展的核心技术难题，攻克制约我国交通运输发展的重大共性关键技术，全面提升我国综合交通运输智能化水平和综合服务品质。智能交通在未来的发展中，要面向重大需求，顺应技术环境变化，转型升级，创新发展。

（二）推动智能网联汽车与智能交通系统的融合发展

智能交通与智能网联汽车的深度融合发展是近年国际智能交通领域发展的热点。车辆智能化、网联化已步入快速上升期，智能网联汽车发展迅速。据预测，到 2035 年，部分自动驾驶汽车的市场占有率将达到 15%，全自动驾驶汽车的市场占有率有望达到 10%。发达国家相继提出了相应发展目标，出台了一系列技术创新、跨产业协同融合的规划和措施。美国加快了智能汽车技术发展的战略部署，2015 年 10 月，自动驾驶汽车首次被写入第三版《美国创新战略》；日本提出了包括自动驾驶和大数据/信息服务系统在内的系统战略；德国通过了《自动与互联汽车战略》；法国发布了自动驾驶汽车路线图；国际知名车企也在不断加紧自动驾驶汽车的研发和量产。

相对来说，我国对智能交通与智能网联汽车的发展从战略层面的规划部署比较滞后。目前已有的智能网联汽车系统在标准体系、技术指标等方面存在局限性。下一步工作中，我们要基于智能车路协同技术体系的建设，统筹规划智能网联汽车和智能交通的协调发展，加强智能交通与智能网联汽车的融合发展，推进在标准化、共性技术等方面的协同创新。

（三）积极应对新技术带来的发展机遇与挑战

近年，物联网、云计算和大数据等方兴未艾，AI、VR 等新技术受到前所未有的关注。新技术为智能交通带来重要发展机遇，智能感知和大数据挖掘改变了传统交通数据采集和分析的局限性，为建立综合性、全时空的智能交通体系提供了新技术和新手段。新技术催生了智慧城市的发展，智慧城市与智能交通系统建设结合日益紧密，智能停车、多功能杆柱、智慧路灯等信息化交通基础设施建设成为全球智慧城市建设的重要方向。

在带来发展机遇的同时，新技术也对行业发展提出了新的挑战。互联网+交通的发展，带来了交通运行和服务模式的变革，甚至是颠覆性的。大批互联网企业的跨界，对

传统的商业模式带来巨大冲击，互联网汽车、网约车等的出现给交通运营和服务的智能化发展及行业管理带来了新的课题。

（四）促进综合交通一体化协同与高效智能化服务

发达国家运输物流比较注重车辆集散、运输协调、动态信息共享等方面的协同发展。我国综合交通系统协同服务效率和能力比较低。以信息化和智能化促进综合交通一体化协同与高效服务，是我国未来智能交通系统发展中要坚持的重要方向。

面向“区域协同发展”“一带一路”等国家战略的实施，提升综合交通运输系统协同运行能力和从设施到运行的智能管控能力，是急需突破的重大现实问题。为此，要大力发展智能交通，不断完善交通基本公共服务和交通安全保障体系，加强多种交通方式衔接，实现客运“零距离”换乘和货运“无缝衔接”，构建覆盖面广、连通性好、服务效能高、安全保障能力强的综合交通运输系统。

（五）重视绿色交通、可持续发展理念在智能交通系统建设中的体现

欧、美、日等国家和地区非常重视智能交通系统与节能减排的统一。一方面，对生态驾驶、生态货运及物流、生态流量管理和生态汽车等研发予以重点支持；另一方面，政府对新能源汽车采取低息贷款、购买补贴等鼓励政策。另外，互联网背景下结合大数据手段的车辆共享也受到重视。戴姆勒、宝马等传统车企主动探索从汽车制造商到绿色互联出行方案提供者的转型升级，推出了 Car2Go 等车辆共享产品。

我们要积极推进智能交通技术在绿色生态交通系统中的应用和深度融合，创新智能交通技术支撑绿色交通系统的建设和发展，加快智能交通与新能源技术的深度融合发展。

（六）营造良好发展环境，聚焦发展重点，推动智能交通转型升级发展

一方面，要从新的技术发展趋势和应用，对智能交通系统的内容、关键技术、框架体系进行研究，明确智能交通系统转型升级的技术路径。另一方面，要鼓励互联网和运输行业、智能网联汽车和智能交通等融合创新。要积极营造智能交通生态体系，加快汽车制造、交通运营服务、交通安全管理、互联网、信息服务等与智能交通的跨界融合，探索智能交通系统建设运营与可持续发展的新模式。同时，要进一步完善市场规则，维护公平竞争的市场秩序，让智能交通产业在法制化轨道上健康有序发展。

各位专家，各位来宾。未来智能交通将更加关注效率、服务、安全、环保、交互体验和基础设施智能化等多个目标的协同。让我们共同努力，探索和推动智能交通系统的转型升级，推进智能交通更好地发展和服务于社会。

最后，预祝本次大会取得圆满成功！谢谢大家！

第三篇

技术篇

第一章

学术会议动态

2016' 第十一届中国智能交通年会

由国家科技部高新技术发展及产业化司、国家科技部高技术研究发展中心指导，中国智能交通协会主办、中国汽车工程研究院承办、公安部交通管理科学研究所、重庆长安汽车股份有限公司和北京易华录信息技术股份有限公司协办的“2016'第十一届中国智能交通年会”（以下简称“年会”），于 2016 年 11 月 16～18 日在重庆悦来国际会议中心举办。

科技部副部长、中国工程院黄卫院士，原建设部部长汪光焘教授，中国智能交通协会理事长、原科技部副部长吴忠泽博士，重庆市人民政府副市长沐华平先生，交通运输部总工程师周伟研究员，武汉大学原校长刘经南院士、吉林大学汽车学院荣誉院长郭孔辉院士等，和我国智能交通行业相关领域的主管领导、知名专家、企业高管以及来自全国智能交通领域的近 1500 名嘉宾出席本届年会。年会包括高层论坛、全体大会及 14 场技术及产业论坛，会议规模达到智能交通年会的历史之最。

作为我国智能交通领域规模最大、范围最广、影响力最强的综合性行业交流活动，中国智能交通年会已成功举办十届，本届年会紧密围绕“融合创新，推动 ITS 转型升级”主题，聚焦智能交通与智能汽车的融合与创新，就城市智能交通、道路交通安全、城市交通组织优化与控制、“智慧公路”建设与发展、轨道交通智能化、水路交通智能化、交通大数据应用、交通共享经济、智能网联汽车技术、智能网联汽车产业发展与相关投资、智能网联汽车测试评价与试验示范等议题进行了广泛而深入地探讨和交流。

本届年会内容丰富，除了大会报告外，还举行了形式多样的相关活动，主要包括：2016 年度中国智能交通协会科学技术奖颁奖典礼、i－VISTA 项目启动仪式、2016 中国智能交通协会年度人物揭晓、2016 年智能交通优秀博士学位论文颁奖、《中国智能交通行业发展年鉴（2015）》和《2016 智能交通产品与技术应用汇编》新书发布、中国智能交通行业 2016 年度影响力企业、年度创新企业发布、第十一届中国智能交通年会优秀论文颁奖、中国智能交通协会优秀会员单位、突出贡献专家及优秀青年专家表彰、中国智能交通创新成果展示等。

2016 年是我国“十三五”开局之年，实施创新驱动发展战略、加快推进以科技创新为核心的全面创新，对于适应和引领我国经济发展新常态，发挥科技创新在全面创新中的引领作用，加快形成以创新为主要引领和支撑的经济体系和发展模式具有指导意义。本届年会重点聚焦智能交通与智能汽车的融合创新与发展，特设了智能网联汽车技术、智能网联汽车产业发展与相关投资和智能网联汽车测试评价与试验示范分论坛。针对交通基础设施、交通管理、公路、铁路、水路等领域智能化发展，大数据、共享经济在交通领域的应用等热点问题设置的分论坛，为智能交通行业与相关领域深入融合、促进我国综合交通一体化协同与高效智能化服务提供了良好的交流合作平台。

智能交通是现代交通运输系统发展的重要方向，也是我国战略性新兴产业的重要组成。未来智能交通将更加关注效率、服务、安全、环保、交互体验和基础设施智能化等多个目标的协同。本届年会的召开，为探索和推动我国智能交通系统的转型升级，推进智能交通更好地发展和服务社会发挥了积极的作用。

（撰稿：马云）

第二十三届智能交通世界大会

第23届智能交通世界大会于2016年10月10～14日在澳大利亚的墨尔本举行，大会以“智能交通——增强城市和社区的活力”为主题。根据本次世界大会组委会报告，来自73个国家和地区的11496人参加了此次大会；大会期间共举办236场会议，发言者有663人；有278个组织和公司参展；大会的演示分为场地和实际道路，共安排14项演示，有3600多人参加演示和体验。

大会的各种会议围绕大数据、智慧城市、车辆与网络安全、自动驾驶、移动应用、未来货运、环境可持续、政策与标准等开展了广泛和深入的交流，也集中反映出了ITS的几个新热点和新动态。

自动驾驶技术在沿着不同的路径发展。专家学者观点集中表明自动驾驶正在沿着3个不同的路径各自发展，第一个是自动驾驶小汽车，众多的汽车厂和互联网公司均在加速开发；第二个是大型卡车的智能驾驶车队，欧洲给予了极大关注，近期美国也开始关注；第三个是电驱动的自动驾驶小巴士，这也是欧洲最先推动发展的，美国近期开始关注。前密歇根大学教授Peter Sweatman认为最先可能商业应用的是第二个和第三个路线上的智能卡车车队和自动驾驶小巴士。

交通即服务（MaaS）受到各方面的关注。MaaS这个概念和模式提出已两年多，受到了美国、日本和韩国的响应，本次世界大会的第四次全体大会主题就是MaaS，另外还有10多个会议涉及MaaS。这一概念和模式与中国提出的互联网+交通有相似之处，但是涉及面更宽，也更深入。

智能基础设施和大数据成为ITS的关键。与会许多专家认为未来的智能驾驶（自动驾驶）必须是以智能化的基础设施作为条件的，而且未来基础设施的智能化不仅表现在其交互能力上，还表现在它的数字化能力和信息化能力，涉及高精度定位设施、对象接入基础设施的信息安全认证等。

政府在自动驾驶领域作用受到关注。本次大会上也有不少专家在谈论美国运输部在2016年9月20日公布的自动驾驶车辆政策文件，以及在这个文件中提出的对自动驾驶车辆的评估导则，这个文件和导则的公布提高了高度自动驾驶车辆（SAE3和SAE4级）进入市场的门槛，同时也使政府在自动驾驶领域中起中立的第三方认证及监管作用受到关注。

当然，世界智能交通大会作为智能交通领域产业界和学术界的顶级会议，除了一些鲜明和崭新的应用观点之外，通过大会也可以清晰地看到核心支撑技术所面临的各种问题。如无线频率资源共享问题带来了新的挑战，如何确保在频率资源共享实际应用中没有授权的设备是绝对不可能恶意接入到安全避碰系统中来，这是一个世界性的话题，也是人们在努力求证和要去回答的问题。

（撰稿：李斌、宋向辉）

第九十五届交通运输研究学会（TRB）年会

2016 年 1 月 10～14 日，美国科学院（National Academies of USA）交通研究委员会举办的第 95 届国际交通年会（The 95th Transportation Research Board，TRB 2016）在美国华盛顿召开，吸引了超过 14000 名全球交通领域的专业人士参加。

美国交通运输研究委员会（Transportation Research Board, TRB）于 1920 年成立，已发展成为世界上最大的交通运输行业学会组织。TRB 的主要任务是倡导交通运输行业信息交流，为交通运输研究、学术会议、成果推广、技术人员培训等活动提供一个中立性交流平台。每年一度的国际交通年会是交通运输领域知名度最高、参会人数最多的全球学术盛会。

本届会议的主题是“未来多模式交通的融合研究”（Research Convergence for a Multimodal Future）。历时 5 天的会议，举办了将近 800 场分会议，超过 5000 次演讲。会议内容涉及政策制定、交通管理、工程实践、理论研究等众多方面，促进了交通政策规划、交通行政管理、交通技术研究等从业者之间的交流，展示了交通运输领域最新的研究现状、研究成果，并指出了未来的研究方向。

本届会议具有多种多样的形式，与会者通过专题交流会（Workshop）与全球专家学者讨论互动，通过论文报告（Lecture Session）、海报展示（Poster Session）等形式展示学术成果、交流学术前沿动态，而交通运输单位展览（Exhibitions）又为与会者提供了与美国及全球政府交通管理部门、交通企业单位的交流合作机会。会议中，交通变革技术（Transformational Technologies）、交通大数据（Big Data）、交通设施弹韧性（Transportation Facility Resilience）、交通与公众健康（Transportation and Public Health）成为议题焦点。

同济大学交通运输工程学院参会人员合影（TRB 2016）

会议期间，来自同济大学、东南大学、上海交通大学等多所国内高校的专家学者做了学术演讲，与全球学术界、工程界的专家进行了学术交流。此外，同济大学、东南大学等高校于华盛顿举办了校友联谊会，参加联谊会的人员包括来自海外大学、政府和咨询机构工作和学习的校友，海外华人交通协会、美国联邦公路局研究中心等机构的友人。参会人员在联谊会上共叙友谊、共话合作、共谋发展，为中国交通运输事业发展凝聚正能量，扩大了国内高校的国际影响力。

（撰稿：李辉、谢宁）

第十六届海峡两岸智能运输系统学术研讨会圆满召开

2016 年 8 月 30 日至 9 月 1 日，由武汉理工大学和淡江大学（台湾）联合主办，山大理工大学、逢甲大学（台湾）承办、国家水运安全工程技术研究中心、哈尔滨工业大学、同济大学、《交通信息与安全》编辑部等 10 余家单位协办的第十六届海峡两岸智能运输系统学术研讨会在山东淄博隆重召开，本届会议的主题为“智能交通与交通安全”。

武汉理工大学国家水运安全工程技术研究中心主任严新平教授、山东理工大学校长吕传毅教授、台湾大学张学孔教授、逢甲大学（台湾）林大杰副教授等出席开幕式并致辞，开幕式由山东理工大学科技处处长魏修亭教授主持。

吕传毅教授在致辞中对与会专家学者表示热烈欢迎，并简要介绍了学校及交通运输工程学科发展的基本情况。吕传毅指出，承办本届学术研讨会为我校教师提供了学习交流的平台，对促进智能运输系统等相关研究领域的学术交流和科技合作、提升我校科研水平具有重要意义。

严新平教授表示，研讨会为推进智能运输系统的发展提供了契机，让海峡两岸从事交通研究特别是智能运输系统领域的学者进行互动，开展学术交流，分享学习成果，进行观点碰撞，有利于促进两岸智能交通的学科产业发展以及成果转化。

林大杰副教授在致辞中感谢此次研讨会为两岸智能运输系统的发展提供了难得机会，表示要将自己 10 年来的学习成果向众位分享，更期待两岸专家学者在相关研究领域合作发展、互利共赢。

开幕式结束后，6 位专家学者围绕智能运输系统的研究现状和存在问题分别做了专题报告。下午，与会专家学者在分会场进行了论文交流，通过海峡两岸智能运输系统学术研讨会，交通运输系统领域的交通安全、通行效率等问题都得到了深入讨论，取得了较多成果。会议共录用并出版了交通安全、交通信息管理、安全辅助驾驶等方面的学术论文近 40 篇，海峡两岸交通运输领域的近 100 位专家、学者参会交流。研讨会通过高层次的学术交流与专家互访，增进相互了解，建立彼此友谊，共同推动了海峡两岸在智能运输系统方面的建设与发展。

海峡两岸智能运输系统学术研讨会于 2001 年由武汉理工大学、台湾淡江大学等发起，会议按照大陆连续两年，台湾一年，每三年一个轮回的形式，已先后在武汉、北京、台北、哈尔滨、上海、新竹、天津、台中、重庆等城市成功举办。研讨会的主要目的是交流与分享智能运输系统相关领域的研究成果，促进海峡两岸在该领域的理论、技术与经验交流。

会议合影

（撰稿：吴超仲）

第三届 OpenITS 研究计划联盟大会

2016 年 12 月 17 日，第三届 OpenITS 研究计划联盟大会在同济大学召开。会议由同济大学交通数据科学研究中心承办，会议主题为“从开放数据到开放式服务”。国内外共 43 家单位的 110 余名专家学者出席此次大会，成员单位包括政府机关、高等院校、科研院所、行业公司等。

此次会议分为两段，上午为全体大会，会上同济大学交通运输工程学院常务副院长凌建明教授首先致欢迎词，OpenITS 轮值主席王云鹏教授总结了 OpenITS 一年来的主要工作，接着中国智能交通协会关积珍副秘书长发表了热情洋溢的讲话。随后，余志教授、王炜教授、杨东援教授及王印海教授分别作了大会特邀主题报告。余志教授就 OpenITS 工作进行了简要回顾，同时重点介绍了安徽省宣城市交通数据的开放情况；王炜教授就城市虚拟交通系统仿真平台及“交运之星——TranStar”系统作了详细介绍；杨东援教授对交通大数据作了理性剖析，强调需在“不完美”中追求“升华”；王印海教授简要介绍了从历史到未来的交通系统研究。

下午是 OpenITS 研究计划专题研讨会，由 5 个 Open 工作组（Open Architecture 组、Open Platform 组、Open Data 组、Open Evaluation 组、Open Question 组）的召集人主持。各个小组围绕各自 Open 工作组的工作目标、工作进展与发展规划进行了讨论。在随后召开的全体大会上，5 个 Open 工作组召集人分别向 OpenITS 大会汇报了各组的讨论情况。最后，同济大学杨晓光老师对会议进行了总结。

截至目前平台已共享了三类资源，开放数据集（OpenData）、开放测试工具（OpenEvaluation）以及开放论文。

开放数据集部分已开放 13 个数据集，主要分为三类：典型高速公路及城市快速路数据集，典型城市示范区数据集以及个体出行类数据集（见表 1）。

表 1　OpenData 数据集开放情况

序号	数据名称	数据内容
1	V1.0—广州机场南高速公路数据	广州机场高速三元里至机场南（26 千米）的地图数据、浮动车 GPS、抽样刷卡数据
2	V1.1—广州机场高速公路开放数据——交通事件数据	广州机场高速三元里至机场南（26 千米）的事故数据、施工数据
3	V2.0—珠海市柠溪路与兴业路路口数据	交叉口路口几何数据、交通流数据、信号配时方案
4	V3.0—功能车牌图像库数据	31 个省市的 15 种类型车牌，共 1402 张高速公路卡口高清图片
5	V4.0—面向地图匹配研究的浮动车数据	广州某实验道路（全长 18598 米）的电子地图数据及浮动车 GPS 数据
6	V5.0—东莞示范区浮动车 GPS 数据	出租车原始浮动车 GPS、电子地图数据

续表

序号	数据名称	数据内容
7	V6.0—合肥示范区数据（黄山路天智路路口）	路网 GIS-T 地图、CAD 图、地磁检测数据、视频监控及交通流检测数据、浮动车 GPS、信控方案
8	V6.1—合肥示范区数据（黄山路科学大道路口）	路网 GIS-T 地图、CAD 图、微波检测数据、浮动车 GPS、高点视频、信控方案
9	V7.0—加拿大 Whitemud Drive 高速公路数据	VSL 控制下的道路数据、无 VSL 控制下的道路数据以及 VSL 控制的限速信息
10	V8.0—江苏省镇江市低碳出行行为数据	约 2900 条问卷调查数据，分为三类：出行信息调查、环保意识调查和低碳出行态度调查
11	V9.0—广东岭南通刷卡交易数据	4 条广佛公交线路刷卡交易数据（10 万条）和公交线路信息表（4 条）
12	V10.0—安徽省宣城市开放数据	宣城市中心城区路网 GIS-T、交通信号控制数据、路段旅行时间数据以及交叉口车道交通量数据
13	V11.0—车辆重识别数据集	某城市卡口车辆图像数据，由 326 个高清摄像头拍摄，覆盖 14 天的日间数据

开放测试工具部分已开放 3 个测试工具集（见表 2）。

表 2　OpenEvaluation 测试集开放情况

序号	测试集
1	V1.0—车牌识别软件评测方法及评测案例报告
2	V1.1—车牌评测平台（试用版）
3	V2.0—高速公路行程时间预测方法评测方法研究

开放论文部分目前已开放了 14 篇毕业论文（学士论文 5 篇、硕士论文 7 篇、博士论文 2 篇），包括论文文本、所用数据以及程序。论文提供单位包括中山大学、北京航空航天大学、武汉理工大学、同济大学、中南大学、浙江大学等。

第三届 OpenITS 研究计划联盟大会

（撰稿：何兆成）

2016 年交通 7+1 论坛

“交通 7+1 论坛”由中国系统工程学会交通运输系统工程专业委员会、北京交通大学及中国智能交通协会等单位联合主办，2016 年度举行了 4 次会议，分别由大连交通大学、易微行（北京）科技有限公司、中交水运规划设计院有限公司智能交通所、中兴智能交通股份有限公司和国家标准《城市停车规划规范》（GB/T51149—2016）编制课题组等单位承办。

“交通 7+1 论坛”第四十二次会议于 2016 年 3 月 26 日下午在北京召开。参加会议的有论坛核心理事王庆云、石定寰、于景元、张国伍、王江燕，主题发言人李学伟、兆文忠、高飞，还有傅志寰院士，傅选义、李忠浩、任瑞铭、聂磊、荣朝和、赵坚、陈禹、郭小碚、吴建平、宋瑞、张秀媛、雷黎、彭宏勤、张庆等专家学者、政府部门决策者、企业界管理者共 40 余人。本次论坛的主题为“中国高铁安全与技术”。李学伟在主题发言中指出，运行速度提高和行车密度增大，导致高铁对设备、管理和人员的要求发生新变化；高速铁路运行规律、性能及其与环境的相互作用等与普速铁路有着本质区别；普速铁路安全保障体系已不能满足高速铁路安全运营的需求；各部门人员、技术装备、管理标准与规范之间在一定程度上缺少有效整合与沟通。因此，亟须建立以人为核心、装备为保障、环境为条件、管理为纽带的高速铁路运营普适安全理论体系。兆文忠在发言中认为，对轨道车辆焊接结构疲劳破坏隐患的治理，获得焊缝上应力集中的信息第一重要。因此，轨道车辆的抗疲劳设计过程应该是一个不断发现应力集中并不断缓解应力集中的闭环设计过程。基于焊接结构疲劳破坏机理的结构应力法，我们可以有效地执行这个设计闭环。基于载荷唯一解的求解策略，并与结构应力法集成构建结构健康监测技术平台，对我国“高铁走出国门”有重要意义。高飞在发言中认为高铁制动下的摩擦速度、摩擦系数和能量都远远比飞机更苛刻。还有一个苛刻的条件，飞机制动条件几乎是恒定的，因为落地速度是恒定的，跑道长度和速度压力也是恒定的。高铁是任何条件都可能制动的，50km/h、100 km/h、300km/h 制动，制动速度完全是变量，在这样的情况下保持性能，从材料和原件来说高铁比飞机的要求更苛刻。专家们指出高速铁路作为一种新型的交通方式，其快速发展给交通运输史上带来一次重大地飞跃。虽然中国高铁建设的发展时间短，但已经成为世界上发展最快、运营里程最长、在建规模最大的国家。动车、高铁和磁悬浮高速列车等对安全与技术要求非常高。论坛以“中国高铁安全与技术”作为主题，关注运营控制安全、基础设施安全、移动装备安全等领域，探讨了中国高速铁路运营安全理论与实践问题，焊接结构抗疲劳设计与健康监测理论、方法与应用问题，以及高速列车制动闸片设计与制造问题。

王庆云在总结中指出，铁路总公司面临的一系列安全问题，政府是监管的作用，等出了问题再监管就有点晚了。换句话说谁经营谁负安全责任，这是天经地义的，谁管理，谁要负责安全，这也是天经地义的。谁在一线负责安全这也是天经地义的。但是这里面怎么样把科学态度和方法及理论体系放进去呢？这就需要对课题做好研究。不管是铁路总公司，其他的铁路研究工作者，还是学校都应该齐心协力，这样才能在理论和实践方面有所突破，才能升华。

“交通 7+1 论坛”第四十三次会议于 2016 年 6 月 25 日下午在北京召开。参加会议的有论坛核心理事张国伍、于景元、段里仁、毛保华、王江燕，主题发言人郭继孚、檀林、杨洋、魏东，张元方、周伟、吴建平、沙洪江、程世东、周炜、聂磊、张宁、李晓津、萧新桥、李雪梅、姚恩健、彭宏勤、雷黎、张庆等专家学者、政府部门决策者、企业界管理者共 50 余人。会议的主题为“分时租赁，智慧出行”。郭继孚在主题发言中指出：分时租赁是按时间来实现的租赁，这样可以更加高效的利用，这个方式在城市的一些区域显得非常有效，越是密集的地方显得越有效，租赁率很高。周转次数越多，车的利用率越高。从共享经济角度来讲，购车的成本可以分享，保险的成本也可以分享，行车里程只要小于一定程度，用这种方式可能比你自己购车还要好。檀林在发言中认为，分享经济的六大特征，主体是大众参与，客体就是资源要素的快速流动和高效配置，行为是权属关系的一种变化，效果就是要反映到用户体验的最优化，这种文化是促进协同消费的文化，基于互联网的平台作为技术模块。杨洋在发言中认为分时租赁具备三个特征，第一若干消费者共享一辆车；第二按需使用、按时计费；第三基于用户身边，随借随还的一种服务。魏东在发言中认为，分享经济的确是一个资源最大化的概念，但是它一定不是无序的，这个车辆做了共享，资源最大化，当你以这个共享开始盈利的时候，你就承担了公共交通的属性，如果你承担了城市公共交通的属性，你就必须遵守公共交通职能的相关规则，运营管理界限，如果完全是无序发展，追求利益最大化，最终受伤的肯定是老百姓。大家认为，城市租车服务与移动互联网相结合，借助智能车辆控制技术，产生了“分时租赁，智慧出行”的新模式。这种新模式是一项节约社会道路资源，优化大城市交通结构的有效措施。新兴技术日趋成熟使得智能设备逐渐普及并得到广泛应用；基于大数据云服务的互联网管理系统，可实现智能化监控并将车辆接入互联网平台实现实时管理，让出行服务更便捷、安全。这种在新产业技术革命背景下产生的准公共交通服务模式是推动交通运输组织模式创新的一种新尝试，能有效提高车辆利用率，优化出行模式，以期在满足日益增长的出行需求、缓解城市交通拥堵等方面发挥重要作用，从而推进城市交通运输结构优化调整，实现城市交通可持续发展。

周伟在总结中指出，第一是从社会资源的有效利用来讲，共享经济是盘活存量资源，取得剩余资源效益最大化的手段。第二就是在环境空间，如城市资源环境条件约束下，北京的车辆限购不可能开放，但是人们的需求是增长的，高端个性化需求远远大于普通的通勤低端需求，所以在强调公交优先满足多数人需求的同时，必须要考虑需求结构升级的问题，否则的话，人们的满意度就会下降。

“交通 7+1 论坛”第四十四次会议于 2016 年 9 月 24 日下午在北京召开。参加会议的有论坛核心理事石定寰、张国伍、于景元、段里仁、李学伟、毛保华、王江燕、郭继孚、关积珍，主题发言人张庆、肖星、张振儒、罗喆、魏连国、洪梓璇、周俊波、刘践、谢建刚，傅志寰、张元方、周伟、郭小碚、楚琪、叶剑、刘占山、余祖俊、聂磊、赵坚、宋瑞、彭宏勤、张秀媛、章子茂等专家学者、政府部门决策者、企业界管理者共50余人。会议的主题为"'一带一路'的多式联运服务体系研究"。张庆在主题发言中指出："一带一路"是我国新形势下的国家战略构想，是面向世界经济发展的新高地，核心思想是中国产业"走出去"。"一带一路"涉及我国18个省和65个国家，人口占全球的63%，意义十分重要。对于交通运输来说，中蒙俄经济走廊、第二亚欧大陆桥走廊、中西亚经济走廊、中南半岛经济走廊、中巴经济走廊，都部署了基础设施和基础设施的互联互通。加快多式联运发展，要加强顶层设计和政策研究；要结合产业特点，支撑区域经济增长；创新合作协调机制；促进通道的信息共享和互联互通；加强通道和节点的运输组织水平；推进多式联运标准规范衔接配套。肖星在发言中认为，铁路可以利用自身优势，整合社会物流资源，合作建设集装箱多式联运物流中心。我国应当在物流需求集中的几大区域规划大区枢纽联运中心，在主要城市规划城市联运中心，联运中心规划先进的仓储设施、多式联运中转设施，卡车服务设施，实现一种运输方式向另一种运输方式的高效转接，实现运输、仓储、货物配送等多种运输方式相结合的全程物流服务功能。联运物流中心应当要合作建设，吸引铁路、公路、物流等公司，提供一体化运作和物流服务，为客户提供全程物流解决方案。张振儒在发言中认为，铁路只有两条钢轨，运输能力是有限的，铁路又是一个大联动机，需要整体协调考虑，才能发挥它最大的效能，即使是港口的铁路运输能力加强了，而干线上没有能力，也一样形不成集疏能力，这是铁路路网特性所决定的。但港口是最重要的物资集散地，优先考虑港口的集疏无疑是重要的选择。同时对"一带一路"战略发展的支持，铁路运输能力无疑是一个重要的先决条件。专家们指出"十三五"期间是加快推进综合交通运输行业转型升级，推进现代物流业"降本增效"，统筹多种运输方式协同融合发展，全面提升综合运输服务能力水平的关键时期。"一带一路"国家战略为多式联运发展带来新的机遇，物流大通道加快建设、铁路货改不断深化、各类扶持政策密集出台。如何积极服务并融入于中央"一带一路"战略，实现综合运输通道和枢纽节点的集约化运输组织，提升多式联运服务水平，成为行业内外普遍关注的课题。本次论坛重点围绕多式联运体系进行研究，在"一带一路"基础设施互联互通的基础上，开展中欧班列国际运输与多式联运集疏运体系的有效衔接，促进各种运输方式和不同运输组织形式间高效转换，分享西部节点物流园多式联运发展的最新成果与资讯，商讨解决多式联运领域的重点难题，提升多式联运服务水平。

石定寰在总结中指出，今天研究"一带一路"多式联运，前面的定语比较难，把国内多式联运先做好，才能做好整个"一带一路"工作，自己没有做好，很难延伸到"一带一路"。今天的讨论正是针对当前的形势，谈到运输上的矛盾和问题，包括思想上的障碍，体制上的障碍，工作协调上的障碍，也包括管理、标准等方面，这些矛盾和问题，如果不解决好的话，很难实现多式联运。

"交通7+1论坛"第四十五次会议于2016年12月30日下午在北京召开。参加会议的有论坛核心理事石定寰、段里仁、于景元、张国伍、李学伟、关积珍、郭继孚、王江燕，主题发言人刘海峰、张秀媛、段里仁、赵一新，以及傅志寰、周伟、郭小碚、邹迎、郑实、余天波、徐燕、方建军、杨鹏、黄溅华、荣朝和、贾顺平、毕军、朱广宇、彭宏勤等专家学者、政府部门决策者、企业界管理者共50余人。会议的主题为“停车规范编制与智慧停车”。刘海峰在主题发言中介绍：互联网+停车治理，包括配套的政策、专业经营、互联网应用和信息技术。第一，要搭建城市停车静态交通大数据中心，把停车资源进行整合，包括停车场备案，停车数据接入，停车云端管理和数据共享；第二，实现动态信息接入；第三，城市停车资源的云端管理，各个停车场包括封闭和开放停车场，在智慧停车云服务平台上搭建运营管理子系统；第四，提供城市停车数据资源权威发布统一出口；第五，基于APP引导公众合理停车，包括停车和导航、支付、诱导、预订等；第六，为政府停车规划提供服务。基于大数据分析，对整个区域内运行状态具有系统的了解，如停车场数量、停车场周转率和使用率、是否饱和等，为政府合理分配资源以及价格调控提供决策参考。张秀媛在发言中认为，城市停车需求管理，强调建设和管理的结合。必须规范所有交通参与者的交通行为，才能达到行车有序和停车有位有序。互联网+综合执法与智慧停车是大系统的整合，因此需要整体设计、规划先导、政策优化、科技创新和管理到位，才能形成停车管理的新局面。段里仁在发言中认为，停车是综合问题，是系统工程，涉及各方面因素。综合起来一是靠教育，二是靠设施，三是靠法律，要强化执法。必须把技术、规范、市场协调起来，才能完全解决停车问题。赵一新在发言中认为，停车设施涉及诸多方面，可通过试点，从观念和管理方式的转变做起，合理运用现有技术手段，加上观念和理念的改变，终会解决停车问题。

专家们指出提高城市停车资源的规划与管理水平对建设智慧城市、提升城市综合竞争力、实现城市可持续发展具有重要意义。国家发改委、住建部、交通部等多部委相继发布的停车规划规范、信息化整合政策及建设要求等，为停车资源利用发挥了重要的指导作用。通过“一泊位一编码”信息集成管理，智慧停车将移动通信技术和互联网技术运用于停车需求管理，实现城市停车静态资源动态化管理和实时化利用，成为城市智能化平台建设的基础条件之一。基于“互联网+”的线上线下多功能停车服务模式的示范和推广，证明智慧停车对解决城市占道停车问题和促进停车资源高效利用能够发挥重要作用，是一种高效利用道路资源和优化城市交通结构的有效措施。

交通“7+1”论坛第四十三期
2016.6.25 北京交通大学 红果园

交通“7+1”论坛第四十四期
2016.9.24 北京交通大学 红果园

交通“7+1”论坛第四十五期
2016.12.30 北京交通大学 红果园

（撰稿：贾顺平、杨淑娟）

第十六届 COTA 国际交通科技年会

一、背景

2016 年 7 月 6～9 日，由上海海事大学与海外华人交通协会（COTA）联合主办的第 16 届 COTA 国际交通科技年会（CICTP）在上海举行。COTA 国际交通科技年会是在中国举办的顶尖国际交通学术会议，前身是“交通运输领域华人学者国际会议”，该会议是目前国内规模最大、广受认可的交通运输领域国际系列会议，已成为汇聚海内外众多致力于交通运输科研创新、行业发展的专家们共同交流的学术盛会。

二、规模

此次大会以“绿色多式交通与物流（Green and Multimodal Transportation & Logistics）”为主题，收到了近 500 篇来稿，总共有 216 篇全文稿件被收入会议论文集。本届会议吸引了来自国内外 20 余个国家和地区的 800 余位专家学者莅会，其中包括 2 位美国国家工程院院士、交通运输领域的 10 位负责 11 个 SCI/SSCI 源期刊的主编、17 位获得中国国家自然科学基金“优秀青年”基金、“杰出青年”基金、“青年千人”称号的优秀学者。与会者对交通运输发展趋势、交通科技前沿成果以及交通发展、物流供应链中的问题与对策等进行了深入的探讨。

三、内容

7 月 6 日，“交通学院院长论坛”和“青年学者论坛”分别在上海海事大学行政楼 128 会议室和交通运输学院 115 室举行。本届院长论坛特别邀请了来自中国台湾和中国香港四个高校的交通运输学科负责人介绍他们的人才培养经验、交流他们教学大纲的设置，这也使得本届会议实现首次两岸三地高校交通运输学科负责人在该系列论坛上的聚会。除此之外，考虑到在“双一流建设”的大背景下，需要讨论的问题较多、每个问题需要更多时间深入讨论，论坛时间从往届的半天延长至一天，这是本届院长论坛不同于往届的第二个变化。第三个变化是加入了对国家重大战略和热点问题的讨论，如“一带一路”、南中国海问题等。对这些问题的讨论都是围绕主题“创新、开放、共享，培养一流交通运输人才”展开。这对于我校交通运输学科的一流人才培养、学科特色建设具有重要意义。

在“青年学者论坛”中，获得国家自然科学基金“优秀青年”基金、“杰出青年”基金、“青年千人”称号的优秀学者以及国家级平台的负责人对当前交通运输、物流供应链等领域的热点问题进行了深入交流、热烈讨论。这对于激发我校青年教师和学生的科技创新热情和创新意识、提升他们的创新能力具有深入和长远的影响。

7月7日，第16届COTA国际交通科技年会开幕式在上海海事大学副校长严伟教授主持下，于上海海事大学大礼堂隆重举行。上海海事大学黄有方校长首先致欢迎辞；他表示：随着我国“一带一路”战略的推进以及上海自贸区的建设，航运、物流与港口等产业的支撑作用更为凸显。上海海事大学抓住与COTA联合举办年会这一契机，积极搭建中外学术交流的桥梁。随后，本届COTA大会执行主席张瑜教授致辞，她介绍说：COTA年会是目前国内规模最大、广受认可的交通领域系列会议，期待众多参会者能从本届年会中有更多收获。随后致辞的中国交通报社总编辑李咏梅女士表示，我国货运行业在转型发展阶段面临各种运输方式衔接不畅、污染严重等问题，需要在本届年会的主题下探讨解决。中国交通报社将与在座专家携手，共同推进中国交通运输事业的可持续发展。随后，参会的美国国家工程院院士、德州大学奥斯汀分校Michael Walton教授，美国货运建设委员会成员、伦斯勒理工学院Jose Holguín-Veras教授，密歇根大学交通研究中心负责人 James R.Sayer教授等也先后致辞。

开幕式结束后，美国国家工程院院士、加州大学伯克利分校Carlos Daganzo教授，上海海事大学校长黄有方教授，Transportation Research Part B主编、香港科技大学杨海教授，同济大学杨东援教授先后作主题报告。

此次会议共安排了5场全体会议、2场特别专题讨论会、8场热点专题讨论会、17场技术研讨会、2场劳氏船级社基金赞助的以交通与环境为核心研究内容的讨论会，近260个学术报告在本届年会上“亮相”，其中境外报告91个。同时，本届大会有交通运输领域10位负责11个SCI/SSCI源期刊的主编到会，并设立了“与主编面对面（Meeting with Editors in Chief）”的特别专题讨论会，主编们分享了自己多年的评审心得体会、各期刊的评审流程、在撰写和发表高水平学术论文时的注意事项等。

此次大会设有世界银行发展论坛，多位海内外专家学者对全球货物多式联运、城市绿色物流以及智能物流系统平台等领域作专题报告，并设有专门的圆桌讨论，对如何将国外多式联运的成功经验推广到中国的实践应用进行了热烈的讨论。

2016年是海外华人交通协会COTA成立20周年，本届会议期间COTA举行了隆重庆典，与会的海内外专家学者共庆盛会。COTA长期致力于架起沟通中国与世界的桥梁，20年来从不止息。

本届会议的闭幕式于7月9日中午举行，中方组委会主席葛颖恩代表承办方对所有为会议的准备和组织作出贡献的人员表示感谢，也对来自全球各地的参会代表对本届会议的贡献表示谢意。外方组委会主席、伦斯勒理工学院Cara Wang教授也对主办方在会议组织上的贡献表示敬意，并授予上海海事大学会议最佳组织奖。在闭幕式上，授予我国交通工程学科的奠基人杨佩昆先生COTA终身成就奖，表彰他长期致力于我国交通工程学科的人才培养、科技创新与服务，并在这些方面成效卓越。

作为上海海事大学的优势学科和特色，航运与物流纳入COTA系列年会的大平台。

（撰稿：葛颖恩）

2016 中国汽车工程学会年会暨展览会

2016 中国汽车工程学会年会暨展览会（SAECCE 2016）于 10 月 28 日在上海隆重召开。本次年会包括全体大会、高层访谈、院士论坛、技术分会、专题分会等环节，并邀请郭孔辉、钟志华、李骏和李德毅四位院士、企业高层与行业专家共同参与，讨论行业热点话题。

一、大会概况

在经历了 20 余届的发展后，中国汽车工程学会年会暨展览会已成为中国汽车产业规模最大、规格最高、最受认可的综合性、国际化学术交流和展示盛会。本次展会为期 3 天，参展方为来自 13 个国家近 150 个国内外领先企业。大会围绕智能网联汽车、电动汽车、自动驾驶等热点问题展开，举行了包括 1 场全体大会高层访谈、4 场院士论坛、29 场专题分会、12 场技术分会、3 场并行会议、4 条技术参观路线、5 场颁奖和发布、8 个试乘试驾，吸引了 7800 余名专业观众到场参观。

二、年会成果

本次年会颁发了“2016 年度中国汽车工业科学技术奖”，共有 58 个项目获奖，其中，一等奖 6 项（含技术发明一等奖 2 项）、二等奖 18 项（含技术发明二等奖 1 项）、三等奖 34 项。此外，年会还颁发了“中国汽车工业优秀科技人才奖”和“中国汽车工业优秀青年科技人才奖”，各有 2 人获奖。

会中召开了第二届“中国汽车工业饶斌奖”的颁奖仪式，一汽耿昭杰获奖。同时，会议进行了首届中国汽车工程学会会士授予仪式，有郭孔辉、钟志华、林忠钦、李骏、管欣等 16 位顶级专家获得会士称号。

年会上，欧阳明高教授代表节能与新能源汽车发展战略咨询委员会进行了“节能与新能源汽车技术路线图”正式发布，1+7 项研究报告受到行业广泛关注。同时，智能网联汽车联盟 V2X 应用层标准成果也首次在年会平台上演示。

本次年会收到论文投稿共 959 篇，最终录取并出版论文 519 篇。其中，14 篇论文入选《汽车工程》、53 篇入选《2016 中国汽车工程学会年会论文集精选》，均进入 EI 检索。

三、全体大会及分论坛

大会中，清华大学教授、清华大学汽车产业与技术战略研究院长赵福全主持了题为

“汽车与信息产业深度融合协同发展”的高层访谈。上汽、长安、丰田和百度分别从自身角度阐述了在产业融合方面的意见和看法。并对发展自动驾驶的挑战和优势进行了探讨，指出人工智能仍是未来发展的核心，未来汽车将不断向服务发展。

院士论坛旨在提升学术水平，通过院士了解技术方向、国家的技术战略。在院士论坛中，郭孔辉、钟志华、李骏和李德毅院士分别就中国汽车创新、轮胎与汽车匹配技术、车辆动力学和人工智能及自动驾驶技术进行了讨论。

技术分会和专题分会由专业分会做技术支撑，主要以论文交流的形式跟踪行业技术进展。本次共有 12 个技术分会，29 个专题分会和 3 个并行分会，涉及汽车动力、底盘、电子、仿真测试、加工检测等技术、产业发展的方方面面。其中，智能网联汽车技术成为交流热点。智能网联汽车技术目前已经上升到国家战略层面，智能网联汽车联盟 V2X 应用层标准成果的演示更是得到了广泛关注。高层访谈、院士论坛、技术首脑闭门峰会、iTAC 都围绕智能网联汽车这一主题展开研讨。大会上，清华大学汽车工程系教授、中国智能网联汽车产业技术创新战略联盟专家委员会主任李克强，受中国汽车工程学会委托进行了本届年会学术观点发布。李克强教授介绍了智能网联汽车在今年来的研究趋势，分析了智能网联汽车的发展意义，并呼吁政府、产业、高校和研究机构加强智能网联汽车的研发。

本次年会加强了汽车行业间的沟通和交流，进一步提升了中国汽车的国际化水平，为进一步加强行业合作与交流打下良好的基础。

（撰稿：许庆、边有钢、熊辉）

第七届交通运输研究（上海）论坛

第七届交通运输研究（上海）论坛于 11 月 5 日在上海齐鲁万怡酒店圆满落下帷幕。本次论坛由山东交通学院承办，来自全国 23 个省、直辖市自治区的 53 所高校、8 家协办单位、10 家支持单位、11 家赞助单位派代表出席了论坛年会，参会人数达到 300 余人，创历届年会新高。中国交通报、东方早报等新闻媒体全程参与并报道了年会盛况。中国交通运输部官网、中国交通新闻网及美国媒体等国内外新闻机构均对年会作了新闻报道。

一、大会概况

本届论坛以“移动互联下的交通运输”为主题，聚焦国际前沿新理念、新技术对交通运输带来的深刻变革和影响，重点探讨了新形势下依法改善道路交通安全评价指标与政府监管、海上无人自主测量装备及应用、智能化技术在道路交通领域的研究和应用及高铁运营管理综合体系建设的实践与创新等问题。

二、开幕式及交接

作为承办单位，山东交通学院校长长鹿林参会并在开幕式上致辞。在致辞中，鹿林指出了交通运输业在整个国民经济发展中的地位和作用，阐述了近年来国际交通行业的发展趋势和特点，指出了移动互联大发展背景下交通行业发展的应对策略和发展方向。山东交通学院副校长孙云早主持了年会论坛的专家主题报告并向下届年会承办单位交接了会旗。

三、全体大会及分论坛

在上午的论坛年会主会场，上海华中科技大学教授赵宪尧、同济大学教授陆键、上海大学教授罗均、山东交通学院特聘教授孙大志、同济大学教授李兴华和上海铁路局副局长赵峻分别作了《我国道路交通安全法制问题思考》《农村公路安全问题及其改造》《岛礁海域无人自主测量装备及其应用》《主动式智能防冰、除冰系统在中国的研发与应用》《新理念新技术下的交通世界与交通视界》《上海铁路局高铁运营管理综合体系建设的实践与创新》六个主题报告。

下午组织了以“交通安全”“交通信息与控制”“交通规划与管理”“港航与物流”和“人才培养博士生专场”为主题的 5 个分论坛，27 名专家教授或博士生分别作了分论坛主题报告。

与前六届论坛年会相比，本届年会呈现出以下几个特点：一是参会人数多，参会单位覆盖面广，规模和范围均创历史新高。二是协办和支持单位数量多、规格高。包括中国交通报社、人民交通出版社、中国交通运输协会、中国公路学会等在内的多家国家级媒体、出版社和行业协会、学会等对本届年会的举办进行了积极的协助和大力支持。三是成功开创了本学术年会的商业化运作模式。正是10余家企业的热情赞助并积极参会，使得本届年会呈现出不同以往的产、学、研特征，实现了年会学术研究性与实际应用性的完美结合。

本届论坛，得到了论坛联盟和与会人员的高度评价和充分肯定，为异地组织大型学术年会积累了丰富的经验，同时也促使交通运输学界知名专家学者加深了交流和联系，收到了很好的社会效益，构建起一个为综合交通运输领域及交叉学科研究学者提供合作交流的良好平台。

（撰稿：焦培刚）

第十四届世界交通大会

7月11日，第十四届世界交通大会开幕式在同济大学举行，来自世界80余个国家的1000余名代表齐聚一堂。校长裴钢，世界交通研究会主席、日本中部大学教授Yoshitsugu Hayashi，世界交通研究会学术委员会主席、德国达姆施塔特工业大学教授Manfred Boltze，中国智能交通协会理事长吴忠泽，上海市规划和国土资源管理局局长庄少勤等与会。大会开幕式由大会执行主席、校常务副书记、交通与运输工程学院教授方守恩主持。

校长裴钢致辞说，欢迎大家来同济参与“世界交通领域的奥林匹克”盛会。中国有“要致富先修路”的谚语，可见交通对于社会经济的发展多么重要。最近几十年来，中国交通建设取得了举世瞩目的成就，也为世界作出了积极的贡献，如高铁就已成为一张闪亮的中国名片。同济大学交通学科底蕴深厚，以童大勋、朱照宏、林秀贤、杨佩昆、姚祖康等老一代学者为代表，他们的努力耕耘开创了同济交通运输工程学科的辉煌，使之成为中国交通与运输领域新思想、新理论、新方法的主要发源地。同济培养的人才就包括今天与会的汪光焘、庄少勤、顾伟华等。同济大学也在虹桥枢纽工程、洋山深水港、港珠澳大桥、外环隧道等重大工程中贡献着自己的智慧。裴钢表示，把大会举办权交给同济，是对我们的信任，同济将竭尽全力办好大会。他希望，每场论坛都能给大家带来惊喜，希望大会能给世界交通的新发展贡献智慧。

吴忠泽、庄少勤、Yoshitsugu Hayashi分别发表讲话。吴忠泽表示，中国交通建设取得了举世瞩目的成就，但是我们也应该看到我们在交通科技的不少领域与国际先进水平尚有差距、核心关键技术的集成、科技成果与交通人文、管理科学的集成等水平都有待提高。吴忠泽说，大会也吸引了众多发展中国家的代表与会，希望大家一起为中国智能交通等献智献策，同时分享中国交通发展的经验，为世界交通升级作出贡献。庄少勤介绍，上海2040年规划中对交通的规划是，以上海人民广场为圆心，100公里为半径，包括太仓、昆山、苏州、嘉兴、平湖、嘉善等都将与上海形成紧密协作圈；郊区到中心城区，更方便更快捷；将建成全球慢行交通标杆城市，“交通慢行系统规划就是由我们同济主持”。庄少勤说。Yoshitsugu Hayashi表示，我们把GDP与土地、能源结合起来讨论交通，这方面上海是座了不起的城市，上海创新地让虹桥交通枢纽连接高铁、机场和城市交通，20年里织成600公里的地铁网络更是一个奇迹。他表示，交通如何帮助世界应对老龄化、改善农村生活、帮助贫困地区儿童，我们期待大会取得更多成果。

Yoshitsugu Hayashi与本次大会主席、同济大学建筑与城市规划学院教授潘海啸共同宣布大会开幕后，举行了战鼓表演，9名年轻人跳跃腾挪、抑扬顿挫地敲击着战鼓，昂扬的节奏、奋进的曲调立刻点燃了现场的气氛，正欢喜间，演出结束！台下一群意犹未尽的各国代表。

大会邀请了世界银行负责交通与通信业务主管何塞·路易斯·伊里戈延（José Luis Irigoyen）、原建设部部长汪光焘作大会报告。伊里戈延的主题为“理想交通系统与现实的关系”中指出，世界交通发展方向将受到人口、全球化、快速城镇化、信息技术及气候变化五大要素的影响。以人口为例，世界一半的人将在 2030 年成为中产阶级，交通需求越来越大；人口老龄化已成为发达国家的总体趋势，他们的交通需求如何满足；还有世界广大贫困地区的交通问题等都会影响交通发展的走向。汪光焘在《全球视角下的中国城市交通》中呼吁尽快建立《城市交通学》。他说，城镇化快速发展带来的交通问题、环境问题、人口问题，带来了前所未有的挑战，单纯依赖某一种交通形式解决城市病，如大力发展公交、轨道交通等都已经证明不可行，我们必须多管齐下、综合施策，他说：“基于工程学视角的交通规划和管理的理论，难以应对城市交通问题，城市交通要以战略的眼光解决现实问题——城市交通可持续发展面临理论和方法上创新”。他指出，要从人的就业、生活需求出发，结合信息化、大数据、云计算等手段，以技术为核心，综合经济、社会、人文等学科研究，建设可持续的高效、安全、低耗（低能耗低污染）的城市交通学科，完成时代赋予的使命。

据了解，“世界交通大会”是由世界交通研究会主办的全球性学术交流会议，自 1977 年开始每 3 年在世界范围内选择那些在交通科学研究、技术进步、人才培养等方面颇有特点的国家举办，旨在为全球交通领域的研究者、管理者、决策者和教育者提供多领域、跨学科的交流平台。包括专家学者企业代表在内的近 2000 名代表，将在 6 天里讨论“综合交通运输”“货运和物流”“交通运行、管理和控制”“行为与交通需求分析”“交通经济与财政”“交通、土地使用与可持续发展”“交通规划与政策”“新兴和发展中国家的交通”8 大议题；会议每天分 4 大板块，39 个分会场，将举行 231 场技术讨论会，来自世界 80 余个国家的代表提交了 1153 篇论文；大会还将举办 28 个特别论坛，3 个主旨论坛。闭幕式上，将邀请分会主席介绍各自讨论的成果，同时宣布 2019 年世界交通大会的举办地。

昨天，大会举办了世界青年交通大会及国际交通安全学术研讨会，交通领域的诸多热点问题都成为讨论的话题。大会还安排了技术参观，上海市的一些重大工程如洋山深水港、崇明长江桥隧、虹桥交通枢纽、上海市道路交通控制中心、轨道交通控制中心及我校交通研究基地都在名单之列。

开幕式当天中午，裴钢在旭日楼会见了 Yoshitsugu Hayashi、Manfred Boltze 一行，方守恩陪同会见。Yoshitsugu Hayashi 感谢同济大学的热情接待，对本届世界交通大会的开幕式和整个会议的组织工作给予高度评价，并称其新颖的形式对未来大会的组织起到了示范性作用。借此机会，双方对交通和城市主题的所关心的问题进行了广泛的交流，还共同探讨了后续开展合作的各类可能性。

（撰稿：马万经）

中国道路安全协会会议

2016 年 8 月 29 日，由中国道路交通安全协会主办的道路交通安全产品技术交流会在广州琶洲保利世贸博览馆三层会议厅举行。作为第八届中国国际道路交通安全产品博览会期间的一项重要活动，本次交流会以“科技引领•创新驱动”为主题，吸引了来自全国各地公安交管部门、道路交通安全协会负责人和交通安全科研院所机构代表、交通安全领域的企业界人士等 250 余人参加。交流会围绕当前道路交通安全产品的技术应用，前沿科技及行业发展趋势进行了深入交流和探讨。

中国道路交通安全协会副理事长罗俊仪主持会议，协会常务副理事长樊汉国、秘书长王笑京出席会议。在会上，安徽三联交通应用技术股份有限公司总经理王江波作了关于交通事故源头预防的演讲，重点提到了由驾驶人安全素质筛检、驾驶人素质训练和行为矫正、高危环境的监视预警和控制等构建的交通安全“三道防线”理论。江苏爱可青智能交通股份有限公司的发言人解释了其公司生产的“马路机器人”的工作原理与预期目标。深圳市公安局交通警察局副局长陈显东做了题为“大数据在城市交通管理中的应用与实践”的演讲，阐述了深圳市交警在借助大数据、云计算、“互联网+”以及物联网等前沿技术的情况下，警务机制现代化以及勤务标准方面所实现的科技强警的良好效果。

此外，协会还于 8 月 30 日举办了“互联网+”驾考驾培论坛、“互联网+”交通管理（畅通篇）论坛、“互联网+”交通管理（安全篇）论坛、“互联网+”信息化建设与大数据技术应用论坛 4 场论坛。论坛上，华为技术有限公司、东方时尚驾驶学校股份有限公司、甲骨文（中国）软件系统有限公司、阿里巴巴—高德软件有限公司、滴滴出行科技有限公司、中国联合网络通信有限公司等行业内 20 余家知名企业的代表，分别就各自领域内的前言技术与应用做了专业深度交流；南京、福州、广州、西安等多地公安交管部门相关负责人围绕驾考培训新模式、“互联网+”在交通管理工作中应用等做了主题演讲；中国香港交通安全团队受邀对自身发展与运行进行了介绍。

（撰稿：姜姗、赵杨洋）

世界物联网大会

由工业和信息化部、科学技术部与江苏省人民政府共同举办的世界物联网博览会，于 2016 年 10 月 30 日至 11 月 1 日在国家传感网创新示范区——江苏省无锡市举行。

本届博览会以“创新物联时代、共享全球智慧”为主题。由世界物联网无锡峰会、物联网应用和产品展览展示、全国高校物联网应用创新大赛以及无锡国家传感网创新示范区部际建设协调领导小组第四次会议等活动组成。

世界物联网无锡峰会包括 1 个主会场和 8 个分论坛：物联网与中国制造 2025、环保物联网、智能交通与车联网产业发展、医疗健康物联网、国际物联网金融创新与应用、物联网信息安全、传感器技术与产品应用和物联网与大数据分论坛。

由国家道路交通管理工程技术研究中心、中国智慧交通管理产业联盟主办，公安部交通管理科学研究所承办，无锡市滨湖区人民政府协办的 8 个分论坛——智能交通与车联网产业发展高峰论坛，于 10 月 31 日下午在无锡凯莱大饭店举办。论坛邀请了公安部、工业和信息化部、江苏省相关领导，中国智能交通协会、公安部交通安全研究中心、中国汽车技术研究中心、清华大学、同济大学和东南大学等行业组织和科研院校，以及国内外智能交通行业的技术权威和企业精英约 350 人参加。

论坛由公安部交通管理科学研究所王长君所长主持、无锡市人民政府副市长谢晓军、中国智能交通协会理事长吴忠泽、公安部交通管理局副局长李江平、工业和信息化部科技司副司长卢希致辞。中国工程院院士刘经南、中国科学院院士陈国良、沃尔沃集团政府事务副总裁 Ander Karrberg（安德斯·卡柏格）、华为技术有限公司无线车联网产品线副总裁徐学兵、百度自动驾驶事业部首席科学家韩旭、特斯拉公司全球高级政策总监 Eric C. Williams（艾瑞克·威廉姆斯）、杭州海康威视数字技术股份有限公司董事长陈宗年、中国联通物联网运营支撑中心总经理陈晓天和公安部交通管理科学研究所包勇强副所长出席论坛并做主题演讲。

智能交通与车联网产业发展高峰论坛作为世界物联网无锡峰会的重要组成部分，以促进智能交通与物联网感知技术、自动驾驶技术的深度融合为主题，围绕北斗定位、大数据、无线通信、国内外自动驾驶等前沿技术，在智能交通行业的应用及展望等方面畅所欲言、交流思想、分享经验、凝聚共识，必将极大促进目前智能交通和车联网产业的发展，并在未来产生深远影响（见图 1 和图 2）。

图1　会议全景1

图2　会议全景2

（撰稿：苑雷、张智、李珊珊）

2016 年中国智能车大会暨国家智能车发展论坛

由国家自然科学基金委员会信息科学部、中国科学技术协会、中国自动化学会主办，车载信息服务产业应用联盟协办，中国自动化学会秘书处、中国自动化学会智能车工作委员会、中国智能车综合技术研发与测试中心承办的 2016 年（第二届）中国智能车大会暨国家智能车发展论坛于 2016 年 11 月 11 日在江苏常熟会议中心成功举办。论坛邀请到科研院所、高等院校、领袖企业的负责人、院士、学术界以及工业界的代表做主旨报告、专题演讲、技术交流和产业合作。

智能车大会暨论坛起源于国家自然科学基金委员会于 2008 年启动的重大研究计划“视听觉信息的认知计算”，旨在研究借鉴人在视听觉方面的认知机理发展新的计算模型，解决对非结构化环境理解的科学问题。为了加强国内无人驾驶与智能车领域的广大科研、产业界的人员交流，提升我国智能车自主研发技术水平和实际应用能力，促进智能车技术产业化应用，推动其在能源、交通等领域的深入应用和产业转型升级，在 2015 年（第七届）“中国智能车未来挑战赛”期间在江苏常熟召开首届“中国智能车大会暨国家智能车发展论坛”。

本届大会主题是智能汽车从研究走向产业需要考虑的核心问题、核心软硬件限制、核心控制技术等内容。11 月 11 日上午 8 点 30 分，“2016 年中国智能车大会暨国家智能车发展论坛”开幕式在常熟会议中心举行，大会开幕式由中国自动化学会副理事长兼秘书长王飞跃教授主持，中国自动化学会理事长、西安交通大学郑南宁院士首先致开幕辞，随后国家自然科学基金委员会信息科学部三处原处长、中国自动化学会副理事长王成红和常熟市副市长陈惠良分别致辞。

本届大会共一个主论坛和两个分论坛。主论坛由中国人工智能学会理事长李德毅院士、驭势科技 CEO 吴甘沙、广汽研究院原院长黄向东、同济大学教授余卓平 4 位专家作特邀主题报告；美国科罗拉多州立大学教授杨柳青、北京航空航天大学交通学院交通运输系主任余贵珍、清华大学计算机科学与技术系教授邓志东、北京理工大学智能车辆研究所教授龚建伟、中科院电子学研究所张珂殊、上海交通大学自动化系教授杨明、国防科学技术大学机电工程与自动化学院教授徐昕、清华大学副教授李力、大连海事大学教授郭戈 9 位专家作分论坛“智能车前沿技术”主题报告；百度自动驾驶事业部资深架构师晏阳、英国克兰菲尔德大学驾驶员认知与自动驾驶实验室主任曹东璞、中国安防技术有限公司机器人集团首席科学家梅涛、武汉大学教授李必军、中国科学院自动化研究所副研究员黄武陵、TASS 天欧汽车黄汉知、博世汽车部件（苏州）有限公司底盘控制事业部自动驾驶技术经理费贤松、清之华科技（集团）公司董事长、CEO 张学 8 位专家作分论坛“智能车关键技术与产业合作”主题报告。

通过举办中国智能车大会，能够搭建起智能车上下游的合作平台，为推动我国智能车产业的发展贡献力量。此外，全国各地致力于汽车、无人驾驶以及相关领域研发、生产、使用、媒体等代表300余人出席了本次论坛，共同探讨中国智能车技术发展历史、核心技术发展现状与智能驾驶未来形态。

（撰稿：中国智能车综合技术研发与测试中心）

第二章

技术动态与发展趋势

智能网联汽车测试技术

一、技术概述

汽车智能化、网联化的不断深入发展，更多的企业对智能网联汽车的测试需求逐渐增加，在国内，由于相关法律的缺失，自动驾驶汽车目前还不被允许在公共道路上测试，使得有自动驾驶汽车测试需求的企业只能通过国内的智能网联汽车示范区来实现测试。

2016 年 11 月，由工业和信息化部推动构建的“基于带宽移动互联网的智能网联汽车与智慧交通应用示范”的部分省市合作网络首批试点工作告一段落，上海、北京、浙江、重庆、武汉、吉林成为首批六个智能汽车与智慧交通应用示范城市。上海和重庆的智能网联汽车示范区已于 2016 年先后开园运营。此外，长沙，常州，厦门也在进行自动驾驶测试区建设。

国家智能网联汽车（上海）试点示范区为工业和信息化部批准的国内首个智能网联汽车试点示范区，由上海国际汽车城（集团）有限公司承担，计划通过 3～5 年的建设，打造覆盖整个汽车城 100 平方公里的智能网联汽车试点示范区。

封闭测试区（一期）位于上海市嘉定区伊宁路。封闭测试区立足服务测试及演示智能汽车、网联通信两大类关键技术，涵盖 V2X 等多种通信场景，以及安全、效率、信息、新能源汽车四大类关键技术应用。可用于测试的道路长路达到 3.6 公里，包含 T 字路口、十字路口、高速等多种交通道路类型。封闭区内建设有 DSRC、LTE-V、WiFi 多种网络，以实现北斗、GPS、视频监控全覆盖；同时场地内建有模拟隧道、模拟林荫道、模拟加油站、室内停车场，可实现测试及演示工况场景 50 种（见图 1）。

2016 年将进一步完善通信网络、交通道路等基础设施；增加测试、演示场景 100 种，为智能网联以及无人驾驶等技术应用最终进入城市综合示范区打下基础。

封闭区最终将与示范区二期及三期工程形成功能联动，形成 100 个左右的场景、服务 10 家左右的厂商和 100 辆左右规模，为以后在城市综合道路演示的应用进行可预控测试，成为智能网联技术采集、数据采集及标准测试基地。

示范区以服务智能汽车、V2X 网联通信两大类关键技术的测试及演示为目标，根据产业技术进步需求，分四个阶段展开建设——封闭测试区与体验区、开放道路测试区、典型城市综合示范区、城际共享交通走廊，从而逐步形成系统性评价体系和综合性示范平台（见图 2）。

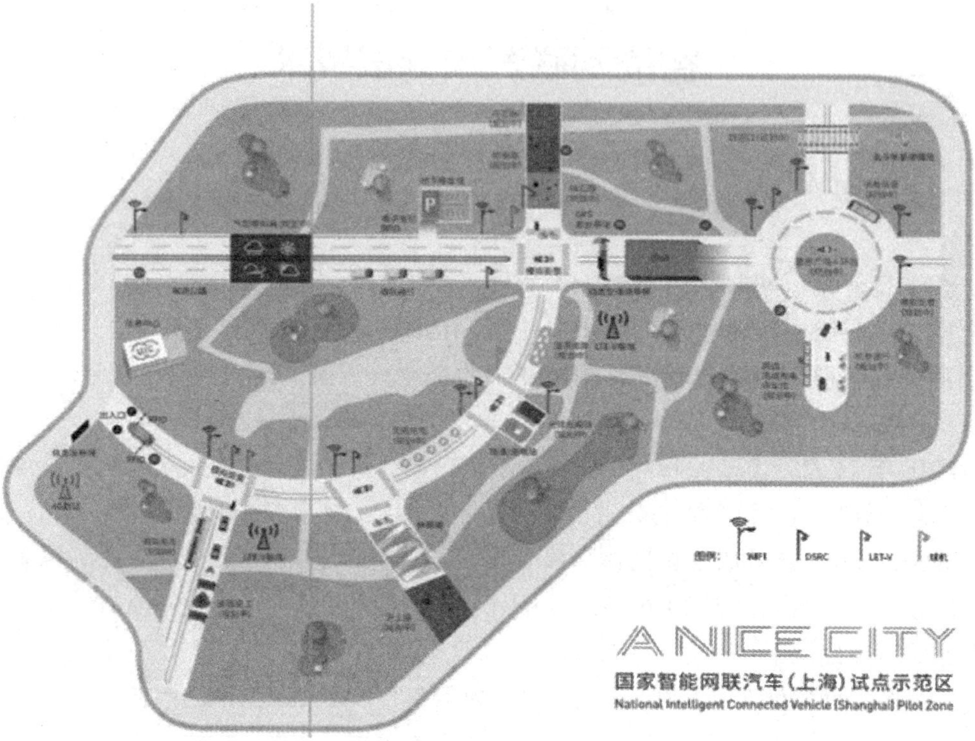

图 1　封闭测试区（F-Zone）

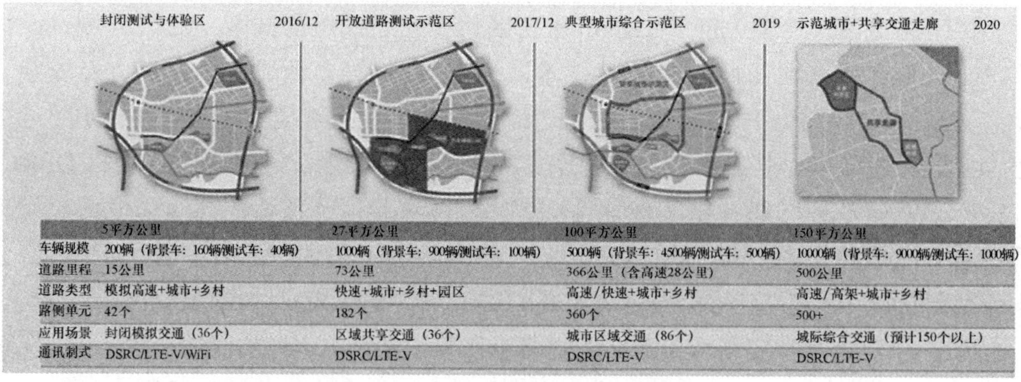

	封闭测试与体验区 2016/12	开放道路测试示范区 2017/12	典型城市综合示范区 2019	示范城市+共享交通走廊 2020
	5平方公里	27平方公里	100平方公里	150平方公里
车辆规模	200辆（背景车：160辆/测试车：40辆）	1000辆（背景车：900辆/测试车：100辆）	5000辆（背景车：4500辆/测试车：500辆）	10000辆（背景车：9000辆/测试车：1000辆）
道路里程	15公里	73公里	366公里（含高速28公里）	500公里
道路类型	模拟高速+城市+乡村	快速+城市+乡村+园区	高速/快速+城市+乡村	高速/高架+城市+乡村
路侧单元	42个	182个	360个	500+
应用场景	封闭模拟交通（36个）	区域共享交通（36个）	城市区域交通（86个）	城际综合交通（预计150个以上）
通讯制式	DSRC/LTE-V/WiFi	DSRC/LTE-V	DSRC/LTE-V	DSRC/LTE-V

图 2　示范区发展规划

示范区主要测试设备如表 1 所示。

表 1　示范区主要测试设备

部分设备简要			
分类	名称		备注
环境模拟设备	道路环境模拟设备	交通标志牌	交通信号标志
		信号灯	交通信号指示
		路锥	隔离警示

续表

部分设备简要

分类	名称		备注
环境模拟设备	道路环境模拟设备	地面胶带	模拟车道线
		交通信号控制设备	交通信号控制
	交通参与者模拟设备	假人	模拟道路行人
		假车	模拟道路车辆
		非机动车（模型）	模拟道路非机动车
		动物模型	模拟道路动物
		其余模拟设备	—
	信息环境模拟设备	DSRC 设备	DSRC 通信
		LTE-V 设备	LTE-V 通信
		WiFi 设备	WiFi 连接
		高精度地图	位置定位
		信息诱导设备	诱导显示
		GPS 差分基站	GPS 高精度定位
测试设备	驾驶机器人		驾驶操作
	RT-RANGE		相对定位
	VBOX		数据和影像记录
	四轮定位台		车轮定位
数据采集设备	车载数采、路侧数采		数据采集
	麦克风		声音信号采集
	摄像头		图像信号采集
基础设施设备	球形监控摄像头		测试区域无死角监控
	微波雷达		道路监测
	道路特征探测摄像头		路口监控
	交通违法检测设备		抓拍兼录像摄像
	RFID 出入口控制设备		门禁出入控制

二、关键技术及研究进展

智能网联汽车的技术体系由传感、决策、控制、通信定位及数据平台等关键技术组成，主要技术包括：

（1）环境感知技术，主要为雷达（激光、毫米波、超声波），摄像头等的周边环境检测技术，利用柔性电子/光子器件检测和监控驾驶员生理状况技术等；

（2）V2X 通信技术（DSRC/LTE-V、5G），包括数台智能网联汽车之间信息共享与协同控制所必需的通信保障技术、移动自组织网络技术；

（3）智能决策技术，包括危险事态建模技术、危险预警与控制优先级划分、多目标协同技术、车辆轨迹规划、驾驶员多样性影响分析、人机交互系统等；

（4）高精度定位和高精度地图技术，主要是 GPS 和北斗及高精度地图应用；

（5）云平台与大数据技术，包括非关系型数据库架构、数据高效存储和检索、大数据的关联分析和深度挖掘、云操作系统、信息安全保障机制等。

智能网联汽车技术路线如图 3 所示。

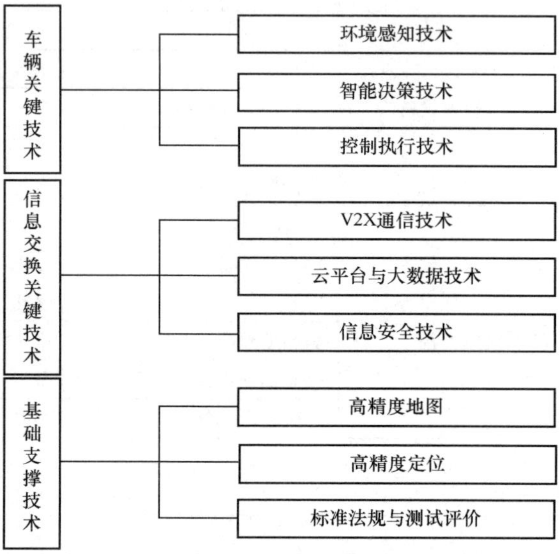

图 3　智能网联汽车技术路线

智能网联汽车阶段性的测试主要是依据其相应的技术进行测试，主要有感知决策性能测试，V2X 通信能力测试，LTE-V 和 DSRC 对比测试，位置轨迹定位测试，信息安全测试等。高度自动驾驶（HAV）自动化功能测评内容分为三大方面：正常驾驶—行为能力测试；危险驾驶—避撞能力测试；退出机制—功能安全/人机交互能力测试。针对第二级自动驾驶，需重点考察驾驶员“过度依赖”或“误操作”的应对机制和能力。

目前对于智能网联汽车测试主要是在测试区进行，测试主要分为安全类、效率类、信息服务类、新能源汽车应用、通信能力测试、多场景协同测试。运用 V2X 通信技术，对汽车的网联化应用进行测试。其中涵盖 V2V、V2I、V2P、V2C 四大类通信方式以及安全、效率、信息服务和新能源汽车四大类应用场景，同时包括通信能力测试场景，以安全类场景为主。

安全类是指在行驶过程中为了保证汽车安全而必需的应用场景，包括预警类、提醒类和辅助类。

效率类是指为了提高行车效率与交通流通效率而设置的应用类场景，主要为多车协同等。

信息服务类用于为汽车提供多样化的实时信息。

通信能力包括通信环境恶化（隧道、林荫道）时的通信能力测试场景。

智能网联汽车封闭测试区测试是公共道路测试的前提。为了更能真实复现实际道路复杂交通环境、通信环境等，示范区提取 CIDAS 典型场景数据，并将中国特有的交通事故场景复现测试区，同时模拟各种复杂 V2X 通信环境，并添加相应的强磁干扰信号，以验证智能网联汽车在典型环境中的应对能力和通信能力。由于上路测试需要投入大量的成本和时间，智能网联汽车虚拟仿真平台也是验证其性能的一个有效方法，目前，虚拟硬件环境实验室和虚拟仿真软件在筹备建设和规划中。

（撰稿：马万经）

智能车路协同系统技术

一、技术概述

智能车路协同系统（Intelligent Vehicle Infrastructure Cooperative System，i-VICS）通过先进的无线通信和互联网等技术，全方位实施人、车、路动态信息实时交互，在全时空动态交通信息的基础上，开展车辆协同安全控制和道路交通主动控制，保证交通安全，提高通行效率，从而形成安全、高效和环保的交通系统。

作为智能交通系统（Intelligent Transportation System，ITS）领域的发展趋势和研究热点之一，车路协同技术已在交通、汽车、通信等领域的研究、开发、应用和产业化中得到广泛关注。在各领域内的诠释下，出现了描述该技术的“智能网联汽车”、C-DAS、“广义车联网”、“合作式智能交通（C-ITS）”等热词，该技术也称为了无人驾驶 / 智能驾驶的重要技术方向。

作为引领未来智能交通发展的前沿技术，车路协同具有交通要素的实时化和信息化、海量信息的简明化和精确化、用户参与的主动化和协同化、服务组织的柔性化与绿色化的特点，可广泛应用于车辆安全控制（主动避障、危险预警、驾驶行为监控）和交通主动控制（车速引导、信号主动控制、实时路径诱导）等领域。

二、关键技术及研究进展

（一）国外车路协同技术最新进展

1. 美国

2014 年年底美国交通运输部发布的《智能交通系统战略规划 2015—2019 年》，明确将网联汽车与自动驾驶作为两大主要发展目标，旨在打造更加安全的车辆及道路、提高系统效率、缓解交通压力、促进环境友好、推动技术创新、实现车路信息共享。其主要包括 CV（Connected Vehicles）与 Automation 两大项目。CV 项目的主要目标是基于 DSRC 标准完成 V2V 安全通信的研究、发展与部署，并通过天气、道路设施信息及车车通信提升系统通行效率，减少冲突事故及死亡率。Automation 项目注重于自动车路系统及相关技术的研究，将部分驾驶员任务转移到车辆本身，以此减少因驾驶员不当行为所带来的事故。CV 与 Automation 虽然目前是两个不同的项目，但是智能汽车中注重于将被动安全转化为主动安全，而主动安全依赖于自身传感器的准确信息，这使得两者不谋而合，将来一定会有相应的技术融合。

2014 年由美国交通运输部、密歇根大学、通信公司、汽车厂商等机构企业联合成科研联盟组织 MTC（The Mobility Transformation Center），并于安娜堡进行了 9000 辆以上规模的车联网示范测试。

2015 年 7 月，MTC 在密歇根州建立的专门为测试智能互联驾驶技术的封闭式实验街区——MCITY 正式开放，成为世界上第一座专门为测试无人驾驶汽车、车车、车路通信技术而打造示范区域。该事件标志着无人驾驶、车路协同技术从实验研究项目到向市场大规模推广迈出了坚实的一步。

2016 年 9 月，3GPP 第 73 次会议在美国新奥尔良召开，其中 LTE-V 的 V2V 标准在 Release14 中正式冻结，根据 3GPP 最近发布的计划，2017 年 3 月（第 75 次会议）完成 V2X 的其他核心协议。12 月 13 日，美国交通部正式发布《联邦机动车安全标准——第 150 号》（FMVSS No.150），要求所有轻型车辆强制安装 V2V 通信设备，确保车辆和车辆之间能够发送和接收基本安全信息，V2V 选择 DSRC（专用短距离通信系统 5.85-5.925GHz 频段）作为车车通信统一标准。美国交通部同时将该项 FMVSS 强制标准纳入《联邦机动车安全法案》（修正案草案）向立法机构正式提出，预计经历 90 天公众评议期和《联邦公报》全文刊登之后，将正式编入联邦法律第 49 章节（49 CFR Part 571）。与法案同时公布的《基本规则影响评估》（PRIA）和《隐私影响评估草案》（PIA），作为主法案的两个平行法律规则，目前也同时处于公众评议期。

2. 欧洲

欧洲智能交通系统的研究开始于 20 世纪 80 年代，相关政策及项目主要由欧盟委员会主导。2003 年，欧洲 ITS 组织 ERTICO 提出了 e-Safety 概念，标志着欧盟将研究重点转向面向交通安全的车路协同系统方面，其车路协同发展步入新的台阶。欧盟先后推出了包括 PReVENT、CVIS、Coopers、SafeSpot、DRIVE C2C 等项目在内的重要车路协同发展计划，以此来攻克车路协同关键技术，部署车载及路侧设备，重点研究车车、车路通信下的交通安全技术以应用，最终达到加强道路安全、改善交通拥堵、提升交通管理与服务水平的目的。2011 年启动了面向 2020 年的 DRIVE C2C 项目，重点研究车车通信环境下的交通安全技术及应用。欧洲的车路协同技术经过了大约 10 年的技术研发，随着技术标准的制定与完善，已经进入了大规模路测和市场部署的准备阶段，并与美国交通部门合作成立美欧标准协调工作项目组，专门负责全球车路协同通信协议标准的制定。

欧盟也开展了大量车路协同相关技术的部署及应用示范。simTD 项目 2014 年起开展“荷兰—德国—奥地利”之间的跨国高速公路测试，验证基于车联网的智能安全系统。

2015 年 9 月，德国政府通过了《自动与互联汽车战略》，在创新、基础设施、立法、网络安全和数据保护五大方面提出了一系列措施，旨在推动自动与互联汽车技术。2015 年 11 月开始，欧洲新生产的重型商用车将强制安装车道偏离警告系统 LDW 及车辆自动紧急制动系统 AEB。

2016 年 11 月 30 日，欧盟委员会通过“欧洲合作式智能交通系统战略”，目标是到 2019 年在欧盟国家道路上大规模配置合作式智能交通系统，实现汽车与汽车之间、汽车与道路设施之间的“智能沟通”。合作式智能交通系统的特点是利用多项通信技术，让汽车之间、汽车与道路设施之间能够沟通，使得道路使用者和交通管理人员能共享信息并有效协调。如车辆之间能够自动发送紧急刹车、前方拥堵等警示信息，也可以自动接收某一路段设施发送的限速等信息。

3. 日本

发展交通是日本的一项基本国策，其车路协同系统的发展由各政府部门联合管控，20 世纪 90 年代开始，先后推出了如 VICS、UTMS、ETC 等项目来促进发展。2004 年提出的 SmartWay 项目明确了日本车路协同发展的体系框架和目标，开发了功能高度集成的车载单元、建立了以 DSRC 为主的多模式通信，形成了全国范围内车路协同接入点的高度覆盖，并提供了多样性的车路协同应用于服务，标志着日本进入了车路协同研究的新阶段。日本政府 2014 年牵头实施“自动驾驶汽车研发”国家战略创新项目，提出到 2030 年普及全自动驾驶汽车的目标。

2015 年，日本丰田汽车公司宣布与斯坦福大学和麻省理工学院合作建造智能汽车研究中心，开发人工智能驾驶系统，从操作的准确性上提高汽车安全性。2015 年在法国波尔多召开智能交通世界大会上，富士、丰田、电装等日本企业均参展。富士展示了基于汽车世界的移动通信解决方案；丰田展出了其基于 ITS 安全技术的 V2V、V2X 技术，以及在高速公路上实现的碰撞预警、车辆接近预警等自动驾驶相关技术；三菱则展示了 ETC、卫星导航技术和交通管控技术；电装展示了 HUD 技术、自动驾驶技术、基于视频的司机驾驶状态检测技术等。

合作式智能交通/车路协同是 2015 年智能交通世界大会的讨论重点，美国表示技术测试和立法工作的筹备工作已经准备就绪，欧洲则表示将出台政策，联合道路运营企业进行基础设施建设与运营。日本车企如丰田表示将尽快将车路协同相关技术推向市场。综合来看，尽管各国对于车路协同的称谓和研究侧重不尽相同，但都以车车/车路通信技术、交通安全技术、信息服务技术等关键技术作为研究基础，政府也从法律、政策、标准等方面积极推进车路协同的应用与部署，车路协同一直是世界智能交通系统中的研究热点与重点。

2016 年上半年，日本经济贸易产业省成立了一个研究小组，决定联手车企在地图、通信、人类工程学及其他领域展开合作，以实现到 2020 年在公共道路上测试自动驾驶汽车。2016 年 5 月，日本已经制定了自动驾驶普及路线图，表明自动驾驶汽车（有司机）将在 2020 年允许上高速公路行驶。

（二）国内车路协同技术最新进展

中国车路协同系统的研究起步与发达国家同步，通过多年的研究取得大量突破性成果。2006 年，中国在“863 计划”中设立了现代交通技术领域，并成立中国智能交通协会，注重结合实际需求开展研发应用。2010 年，国家确定车联网为“十二五”发展的国家重大专项。2011 年，由多所高校、研究所、企业组织申请的“车路协同系统关键技术”主题项目通过国家“863 计划”立项，并于 2014 年 2 月通过科技部验收，该项目完成了车路协同系统的体系框架，攻克了多项关键技术，并进行了车路协同系统的集成测试与演示，实现了 10 余项典型的车路协同应用场景，完成了车路协同统的概念性验证。标志着我国智能车路协同技术的发展已进入实用系统的开发和推广。该项目的科技成果引起了广泛热烈的社会反响，并先后于 IEEE 智能交通国际会议（ITSC'2014 青岛）、第十四届亚太智能交通论坛（南京）和 2015 年汽车工程学会年会（上海）成功进行实际道路现场演示。

2015 年，随着“互联网+”“中国制造 2025”等战略的实施，集成运用大数据、云计算、智能移动互联、智能感知等技术于一体的智能车路协同系统已经得到了政府部门、高校科研院所以及汽车生产和互联网企业的广泛重视。

2016 年，在工信部支持下，“上海——国家智能网联汽车（上海）试点示范区（A NICE CITY）”“重庆基于宽带移动互联网的智能汽车和智慧交通测试评价及试验示范区（i-VISTA）”的一期工程分别与 6 月、11 月举行了开园仪式，正式投入运行，大力推动了车路协同技术在交通、汽车的智能化与网联化的成熟与应用。中国汽车工程协会（CASE）和中国智能交通产业联盟标共同立项编制挂双行业标准的《合作式智能运输系统车用通信系统应用层及应用数据交互标准》年底对外公示，为智能交通和智能汽车融合发展奠定技术基础。

此外，国内企业也再积极推进车路协同的应用研究。以百度、阿里巴巴为代表的互联网高科技企业，以长安、北汽、奇瑞为代表的大型传统汽车企业，以及大唐、华为等通信企业，均结合自身优势，开展了车路协同相关技术的研究并取得了可喜的成果。2016 年 4 月，长安汽车研发的自动驾驶汽车成功完成了逾 2000 公里的自动驾驶测试，智能化水平接近智能网联汽车三级标准。北京星云互联、深圳金溢、东软等开展了车路协同技术产业化工作，其中星云互联公司推出支持多模式通信的智能车载终端、路侧多模式通信机和路侧协同控制机，并在“上海——国家智能网联汽车（上海）试点示范区”“重庆基于宽带移动互联网的智能汽车和智慧交通测试评价及试验示范区”、国家自然科学基金委支持的无人车竞赛常熟赛场等测试示范区成功应用；也在清华大学校园公交系统、芜湖主城区、包头市石拐区主干道推广应用，成为部分高校、科研院所研究开发车路协同应用的基础平台。

相对而言，在车路协同技术研究领域我国缺少类似美国、日本、欧洲的大型国家项目支撑，各企业间未能形成合力，相关标准制定相对较慢。因此，积极推进智能车路协同系统进入“十三五”规划，获得更广泛的研究支持具有重要意义。

三、发展趋势

（一）数据精度与可靠性

车路协同的应用层次非常广泛，但成功实现高度依赖于传感器数据的精度及可靠性。目前全球各主要定位系统，包括 GPS、北斗的民用定位精度基本在米级，一般需要融合地基差分和惯导系统后才能实现车道级定位，其在成本上还不能满足大规模产业化应用。此外以传感器为基础的辅助定位技术也有较好的前景，如视觉导航、激光导航等技术，特别是在室内定位上还需要有突破。因此，如何提高车路协同下多源数据的精度与可靠性，将是未来车路协同研究的重点之一。

（二）多模式通信融合

目前车路协同系统中的车车、车路通信方式呈现出多样化、定制化的特点，各国制定的通信标准也存在差异，主要包括：DSRC、LTE-V、WiFi、3G/4G、5G、BlueTooth、Zigbee 等。不同的信息交互应用场景对通信需要和技术要求不同，如时延、数据量等，因此根据每种通信技术的优缺点和具体应用场景需要量体裁衣地选择通信方式，从单一模式走向多种通信模式互补与融合是未来车路协同的通信需要。

（三）车路协同体系标准化

目前我国的车路协同标准与技术接口仍未全部统一，很多企业都按照自己的标准或参考美国的标准来进行研究。标准的差异性极大地限制了车路协同移植性和应用性，成为其广泛部署的瓶颈。搭建的车路协同平台应具有标准接口，才能广泛融合各独立平台。与车路协同相关的领域包括交通、车辆和通信，标准的制定涉及交通部、工业和信息化部（装备司、电子司）、公安交警等多个国家部门，如何打通壁垒制定统一的数据交互标注，将这一强耦合问题解耦是推动车路协同应用的最大难题，标准体系不完善必将影响系统的技术研发和推广应用。

（四）应用推广模式

车路协同应用需要协同，需要足够的交通参与者（人、车、路）才能有效发挥作用、才能共同获益。车路协同系统中的道路、车辆谁先建设的问题一直制约了应用的推广。美国是希望通过立法在车辆上强制安装来解决这一谁先的问题，2016 年 12 月联邦立法对外公示，开始 120 天的征求意见。而我国应该利用高效政府的特点，首先建设智能道路，并在安全性要求高的“两客一危”车辆上强制安装车载装置进行示范推广；当智能道路基础设施普及且有大量营运车安装了车路协同系统后，由于能提供良好的安全服务，普通的乘用车以及汽车行业 / 整车厂新车可以用市场行为带动安装，从而提高整体的交通安全。

（撰稿：胡坚明、姚丹亚）

共享单车关键技术

一、技术概述

共享单车是自行车分时租赁的一种形式，自 2016 年 4 月开始在中国的大城市投入运营以来，为广大人民群众的出行提供了便捷，可以说是传统公共自行车系统的历史性变革。

2017 年 8 月 3 日，交通运输部联合中央宣传部、中央网信办、国家发展改革委、工业和信息化部、公安部、住房城乡建设部等 10 部门联合出台了《关于鼓励和规范互联网租赁自行车发展的指导意见》（以下简称《指导意见》），对共享单车给出了官方名称和定义。“互联网租赁自行车”俗称“共享单车”，互联网租赁自行车是分时租赁营运非机动车，是城市绿色交通系统的组成部分，是方便公众短距离出行和公共交通接驳换乘的交通服务方式。

2016 年以来，随着“互联网+”和共享经济的发展，以 ofo、摩拜为代表的共享单车应运而生，随后小鸣、小蓝、永安行、骑呗、优拜、哈罗等单车品牌相继投入运营。作为新出现的经济业态，其发展速度超乎想象，据不完全统计，截至 2017 年 7 月底，全国已有超过 68 家企业投入实际运营，累计投入车辆超过 1700 万辆，覆盖 170 多个城市，注册用户超过 1 个亿，提供出行服务累计 10 亿人次。

与传统公共自行车相比，共享单车具有五个优点：①不用办卡，用手机即可完成借车、还车、缴费等全过程；②完全摆脱锁桩限制，可随时随地借车还车；③可以实时获取用户的借还信息，便于调度投放；④实行实名认证和信用积分制度；⑤由社会企业自主运营，完全摆脱了传统公共自行车政府所背负的沉重经济负担。

二、关键技术

共享单车是“互联网+交通”的新业态，改变了传统公共自行车的运营模式；是通信技术、定位技术和移动互联网融合发展的结晶。

（一）线上运营管理平台

共享单车运营企业一般均建有线上运营管理平台，主要包括手机 APP 等客户端服务系统、车辆运营监控平台和远程网络管理维护调度控制中枢等，通过互联网技术对装有定位的车辆进行实时监控和调度，并通过实名注册、信用积分等管理制度对用户进行行为引导。对于车辆运营中的突发事件，可以进行监控、响应、协调、调度、处理等，以保证业务的正常运行。

线上运营管理平台大数据主要包括用户注册信息、骑行起始点、骑行时间、骑行次数、骑行轨迹等，通过骑行大数据分析可以判断用户需求热点区域、骑行密集区，可为城市交通决策和相关的规划提供数据支撑。

（二）车辆技术

目前，大部分品牌的共享单车通过智能电子锁与用户手机之间实现人车相连，智能锁一般内置 GPS 或北斗定位芯片、通信和数据芯片，车辆通过智能锁和智能管理平台建立了车联网。

对大多数品牌的共享单车来说，在物联网技术上，每一辆车都是一个双向通信节点，车辆可以实时向后台服务器上报车辆的数据（位置信息、速度信息、电量信息、环境温度、故障等），后台服务器可对车辆进行远程控制和升级。以摩拜单车为例，摩拜第七代智能锁内部设有数据通信模块、卫星定位模块、开关锁模块、移动报警模块、用户交互模块以及电源管理模块六大模块。通过在 MCU（中央处理器）运行的嵌入式软件系统实现远程开关锁、精准卫星定位、云端数据通信、低功耗电源管理等多种功能。

（三）线下运维管理技术

线下运维管理技术主要包括车辆调度、维修和停放管理技术。车辆调度和维修一般是由线上车辆调度管理系统与线下运维人员共同组成，主要借助车辆定位系统，结合骑行大数据热力图、闲置车辆 kpi 考核指标以及车辆保修情况，实现单车高精度的灵活运维。

针对当前的乱停乱放问题，共享单车运营企业试图通过电子围栏技术来规范停放。目前应用较为广泛的电子围栏技术主要有两种，一种是基于卫星定位系统，另一种是基于蓝牙技术。

1. 基于卫星定位系统的电子围栏

具体是通过 APP 指引用户查找附近的停车位，当用户骑行结束时，单车进入停车位；APP 接收到电子围栏信号的信息，提示用户可以停车；APP 没有接收到电子围栏信号，根据卫星定位信息判断是否在停车位，并提示用户是否可以停车；用户上锁结束行程，APP 和锁上报停车相关数据（含卫星定位数据）；服务器记录用户上传的电子围栏信息，判断用户是正常停车还是违停。如果用户违停，系统通过多种渠道提醒用户（手机推送、智能锁语音提示、短信、电话等）。

2. 基于蓝牙技术的电子围栏

该技术需要具备车辆装有具备蓝牙模块的智能锁，通过智能锁发射蓝牙信号，地钉式停车桩接收信号，传输到网关，网关上传到后台管理系统。该电子围栏精度最高可达 1 米以内，不会产生漂移，缺点是需要在地面安装地钉式停车桩，成本较高。

三、发展趋势

（一）规范化

当前，由于行业发展迅猛，共享单车在各大城市存在停放空间不足、乱停乱放等社会热议问题，但随着城市慢行交通系统的改善以及卫星定位、通信等技术的发展，给共享单车的规范运营带来机遇。如电子围栏技术的示范及推广普及。

（二）服务统一化

随着行业竞争和政府规范化管理的推进，共享单车的运营服务将越来越向统一化、标准化方向发展。

（三）平台统一化

现阶段，不同单车品牌一般采用不同的平台，各城市政府甚至各城区政府正在搭建不同的监管平台，造成信息和数据的割裂以及管理资源的浪费。未来，各不同共享单车品牌将趋向于统一到同一平台下。

（撰稿：尹志芳）

车辆自动驾驶

一、引言

车辆自动驾驶技术是一种通过环境感知、决策规划与自动控制等实现无人驾驶的汽车智能化技术。实现自动驾驶车辆对环境的感知通常有两条路径，自主式和网联式。其中，前者依赖于先进的传感器，如摄像头、激光雷达、毫米波雷达等，实现对行车环境的自主感知；后者则更加偏重于利用先进通信技术实现车辆与车辆、路侧基础设施、道路使用者等间的通信，进而实现对道路环境的联网感知，还可实现车辆与其他设施间的协同。这两条路径正在逐渐实现统一，使车辆智能化和网联化融合发展，并催生出智能网联汽车的概念。

智能网联汽车是指在普通汽车的基础上增加了先进的传感器、控制器、执行器等装置，通过车载传感系统、信息终端实现与人、车、路等的信息交换，具备针对车辆安全、舒适、节能、效率等多种目标的实时行车环境感知、决策与控制能力，为驾驶人提供驾驶辅助，最终实现完全替代人驾驶的汽车。智能网联汽车是智能交通系统的重要组成，可有效地解决交通事故和交通拥堵等问题，也已成为美国、日本、欧洲等国家和地区的重要发展战略。然而，目前与智能网联汽车相关的技术研发、法规制定、示范建设还远未完善，有诸多技术、市场和政策等问题有待突破。因此，结合中国国情，建立良好的产业发展环境，积极推动自动驾驶技术的进步，带动自动驾驶产业的发展，将为振兴我国的汽车行业带来重要机遇。

二、重要事件

2016 年是自动驾驶汽车快速发展的一年，各大车企、互联网企业、初创公司在这一年都有不小的动作，不同企业间的合作不断增多。

（一）在主要企业行动方面

一汽宣布与百度公司在车联网解决方案、高精地图等领域达成了初步合作意向，宣布与英特尔、东软共同打造智能驾驶舱平台。一汽大众则与亚太股份合作开发智能驾驶项目。

上汽集团与阿里巴巴联合召开发布会，发布了全球首款互联网汽车，搭载基于 YunOS 的互联网智能车载系统，提供导航、影音等互联网娱乐服务及汽车状态相关的联网服务。

长安汽车与百度达成“智慧汽车”战略合作，与华为签署战略合作协议，与美国硅谷最大规模科技孵化器 PlugandPlay 签约，入驻硅谷。长安完成了重庆到北京 2000 公里的中国整车企业中最长距离的无人驾驶汽车测试。

北京汽车在 2016 年北京车展上展出了 V2X+传感器方案的自动驾驶汽车，并开放公众体验。北汽还研发自动驾驶巴士，准备在辽宁省盘锦市红海滩进行无人驾驶汽车商业运营项目。北汽福田与百度公司签署战略合作框架协议，就智能网联超级卡车展开合作。

奇瑞和亚太股份签署《智能驾驶技术合作协议》，就智能驾驶所涉及的线控制动与控制方面展开合作。同时，奇瑞还与百度联合推出了改进版的电动智能汽车奇瑞 EQ，与中国联通展开车联网方面的战略合作。

比亚迪与百度宣布共同研发无人驾驶技术，并将利用其高精度地图的数据支持打造未来车联网模式。比亚迪也开始与众合科技共同展开“无人驾驶”相关研究。

长城汽车与四维图新签署汽车自动驾驶合作协议。

吉利汽车与爱立信就车联网全面开启合作。

同时，国内重要的 ICT 企业也开始从自己的优势方向积极向汽车行业靠拢，期望自己的产品未来在自动驾驶领域得到应用。

（二）在创业企业方面

地平线、驭势、智行者等一大批面向智能汽车的创业企业展开了自动驾驶原型车的研制与测试。同时，这些创业企业也积极谋求与大型车企进行合作，如 MaxiEyeTech 和智行者已与北汽展开了相关合作。

（三）在测试评价方面

上海、北京、重庆、长春等部分城市规划的智能汽车测试试验场，在 2016 年部分建成并投入使用。其中重庆中国汽车工程研究院的 i-VISTA 智能汽车集成系统试验区已启用，并已涵盖 50 种测试场景。

三、关键技术

自动驾驶汽车的关键技术包括环境感知技术、车辆定位技术、车辆决策技术、车辆控制技术等。

（一）环境感知

环境感知是自动驾驶汽车的关键技术之一，其通过相机、雷达等车载传感器为车辆提供数据基础，感知车辆周围的环境状况，识别道路标线、交通设施和道路参与者，进而保障车辆的安全行驶。

自动驾驶汽车的环境感知依赖于算法和设备。在算法层面上，基于深度学习的单传感器目标识别方法和多传感器融合目标识别方法，为主流算法；在设备层面，用于深度学习算法的 GPU 和专用于无人驾驶的芯片或平台，得到广泛的重视和极大的发展，也是未来的发展趋势。

在 2006 年 1 月的 CES 上，英伟达推出 DrivePX2 自动驾驶汽车开发平台，该开发平台可以结合摄像头、雷达等技术，实现汽车周围 360 度态势感知。4 月，英特尔收购半导体制造商 Yogitech，将该公司的技术集成到基于摄像头分析驾驶环境的芯片中。9 月，百度 2016 年世界大会上，百度和英伟达宣布合作，共同开发基于人工智能的自动驾驶汽车平台，将在人工智能和深度学习等方面展开合作。2016 年年底，商汤科技融资 1.2 亿美元，计划打造本企业引领的人工智能生态圈，进一步完善其自建的深度学习基础设施平台的算法层，加快人工智能应用的成熟。12 月，地平线机器人、安创空间等主导成立开放人工智能实验室，用以推进人工智能和深度学习的软硬件发展。

（二）地图定位

地图定位技术是自动驾驶汽车在实际行驶环境中进行自身定位，局部路径规划和全局路径规划的基础。基于高精度差分 GPS 的地图定位是目前自动驾驶定位导航的主导技术，激光雷达或视觉 SLAM 作为辅助定位技术。更精细的高精度地图是未来自动驾驶地图定位技术的发展趋势，不仅有高精度的坐标，同时还有准确的路面、交通设施等属性。

2016 年年初，互联网公司百度和国产车企比亚迪合作研发的自动驾驶技术，借助其高精度地图的数据支持进一步完善车联网技术。2016 年 CES 期间，高德与德尔福达成战略合作伙伴关系，计划在自动驾驶领域开展高精度地图、精准导航、高精度定位等方面的深入合作。《中国北斗卫星导航系统》白皮书于 6 月 16 日发布，计划到 2020 年将建成更完备的北斗全球卫星导航定位系统，提供覆盖全球高精度、高可靠的定位导航服务。9 月奥迪和一汽大众与 BAT 签订了合作意向书，计划合作开发车载系统和 3D 地图等技术。12 月中国智能汽车大赛在上海举行，基于高精度差分 GPS 以及激光雷达的辅助定位，实现了与计算规定的行驶路线厘米级偏差的定位精度。

（三）车辆决策

自动驾驶决策的任务是根据全局行车目标、自车状态及环境信息等，决定采用的驾驶行为及动作的时机。自动驾驶决策是体现自动驾驶智能化的重要环节。多变的交通环境给决策机制提出了高要求，决策机制需要自动驾驶适用环境的各种场景中，给出可靠且合理的结果，以满足人对于驾驶安全、舒适、高效、节能等的不同要求。因此，决策是自动驾驶技术中的一个难点。

自动驾驶决策常用的方法有状态机、决策树、深度学习、增强学习等。随着自动驾驶技术研究的深入，与各类不同场景的自动驾驶试验的开展，对自动驾驶决策研发的关注点，也从实现基本功能向应对复杂场景与满足人的期望等方向发展。如中国科学技术大学研究人员在 2016 年进行了“基于人类驾驶行为的无人驾驶车辆行为决策与运动规划方法研究”，利用人工驾驶数据构建决策树。清华大学智能网联汽车团队提出开创性的行车安全场理论，并深入研究了其在自动驾驶决策中的应用，发表有关行车安全场建模与碰撞预警应用的论文及驾驶安全辅助方法的专利。该团队将所开发的决策技术应用于自动驾驶原型车，在 2016 年“中国智能车未来挑战赛”中获得亚军。深度学习方法仍是决策的一大技术方向，主要被计算机学科背景的研究人员或企业所采用。其强大的学习与拟合能力，被认为是能适应大量不同工况下任务的优势。但深度学习一般需要大量人工标记的数据，人工标记带来的主观性对深度学习的效果有很大的影响。深度增强学习的发展使得它有望克服深度学习需要人工标记数据的固有不足。增强学习通过无监督学习，自动构建不同状态下的最优策略。因此，增强学习可利用人工驾驶数据自动完成训练。但是增强学习理论与算法的评价仍有未知性。

（四）车辆控制

自动驾驶控制是指对车辆的速度与行驶方向的控制。在自动驾驶发展的当前阶段，控制问题并没有感知和决策问题突出。但机器学习的发展使得自动驾驶控制的研究有了热门的新分支。用传统控制方法做自动驾驶控制的研究主要集中在：单车控制围绕路径跟踪、经济驾驶、避撞等主题，并进行更多更细更深入的研究；多车控制有较多新的研究空间，如清华大学智能网联汽车团队对异质车队在不同通信拓扑下的稳定性与鲁棒性进行了理论研究，给出了通用的结论。该团队牵头完成了 863 项目子课题“多目标交通信号和行驶车辆智能化协同控制技术”，所开发的车辆信号协同控制原型系统突破了车路耦合、难以同时优化的问题，为智能网联技术的进一步推广和实用化奠定了基础。因为控制问题的目标比决策要明确，深度学习与增强学习都能较直接地应用其中。深度学习对高维输入有强的学习能力，能应对复杂的车辆动力学，而增强学习可以自动寻找优化的控制策略，适用于多样的驾驶工况。2016 年，国防科学技术大学的研究人员就开展了“增强学习及其在移动机器人导航与控制中的应用研究”，其中自动驾驶汽车路径跟踪控制就是一个重要的应用方向。

四、总结与展望

回顾 2016 年，我国的自动驾驶技术和智能汽车产业已经取得了迅猛发展。各项关键技术不断突破，奋力向国际前列追赶；各大车企和创业企业在自动驾驶方面争相布局发力，不断加深合作，力求资源最大化利用；政府从法规政策方面加强引导与规划，为自动驾驶产业提供良好发展环境。相信，未来中国的自动驾驶技术与产业一定会取得长足发展。

（撰稿：王建强、许庆、常雪阳）

高精度北斗定位导航技术

一、技术概述

北斗卫星导航系统是中国着眼于国家安全和经济社会发展需要，自主建设、独立运行的卫星导航系统，是为全球用户提供全天候、全天时、高精度的定位、导航和授时服务的国家重要空间基础设施。

北斗系统由空间段、地面段和用户段三部分组成。北斗系统空间段由 5 颗 GEO 卫星、3 颗 IGSO 卫星和 27 颗 MEO 卫星构成覆盖全球的系统，空间段负责执行地面控制中心与用户终端的双向无线电信号的中继任务。目前，已经发射了 5 颗新一代北斗卫星，完成了核心关键技术的攻关，包括技术体制、星间链路等，正在积极推动全球组网建设。预计将于 2020 年前后建成北斗全球系统。北斗系统地面段包括主控站、时间同步/注入站和监测站等若干地面站，地面段主要负责无线电信号的发送接收，及整个工作系统的监控管理。北斗系统用户段包括北斗兼容其他卫星导航系统的芯片、模块、天线等基础产品，以及终端产品、应用系统与应用服务等，用户段是直接由用户使用的设备，用于接收地面控制中心经卫星转发的测距信号，北斗卫星导航终端设备在军用和民用领域应用越来越广泛，在未来的发展中将具有芯片化、低功耗、高性能和标准化等特点。

北斗系统具有以下特点：一是北斗系统空间段采用三种轨道卫星组成的混合星座，与其他卫星导航系统相比高轨卫星更多，抗遮挡能力强，尤其低纬度地区性能特点更为明显。二是北斗系统提供多个频点的导航信号，能够通过多频信号组合使用等方式提高服务精度。三是北斗系统创新融合了导航与通信能力，具有实时导航、快速定位、精确授时、位置报告和短报文通信服务五大功能。

目前，我国正在实施北斗三号系统建设。正在运行的北斗二号系统发播 B1I 和 B2I 公开服务信号，免费向亚太地区提供公开服务。服务区为南北纬 55 度、东经 55 度到 180 度区域，定位精度优于 10 米，测速精度优于 0.2 米/秒，授时精度优于 50 纳秒。

随着北斗系统建设和服务能力的发展，相关产品已广泛应用于交通运输、海洋渔业、水文监测、气象预报、测绘地理信息、森林防火、通信时统、电力调度、救灾减灾、应急搜救等领域，逐步渗透到人类社会生产和人们生活的方方面面，为全球经济和社会发展注入新的活力。

二、关键技术及研究进展

（一）系统建设

北斗二号系统性能稳中有升。为确保北斗二号系统稳定运行，在 13 颗在轨卫星稳定运行的基础上，2016 年又发射了 2 颗在轨备份卫星，进一步提高了北斗二号系统星座的稳定性和可用性，定位精度由 10 米提高到 8 米。并持续开展服务性能提升工作，完成地面系统升级改造年度任务，以服务用户为根本，根据星座变化及时发布应用接口控制文件升级版。

北斗三号系统建设稳步推进。2015—2016 年完成 5 颗北斗三号卫星试验验证，全面突破系统核心关键技术，卫星状态基本固化。北斗三号卫星将增加性能更优的互操作信号 B1C，并随着全球系统建设将 B1I 逐步升级为性能更优的 B2a 信号，在进一步提高基本导航服务能力基础上，按照国际标准提供星基增强服务（SBAS）及搜索救援服务（SAR）。同时，还将采用更高性能的铷原子钟和氢原子钟，铷原子钟天稳定度为 E-14 量级，氢原子钟天稳定度为 E-15 量级。通过采用新的技术，性能得到大幅提升，空间信号精度（SIS）优于 0.5 米。

地基增强系统正式提供服务。基本完成北斗地基增强系统第一阶段（150 个框架网基准站，1200 个加强密度网基准站，国家综合数据处理中心，用户终端等研制建设）建设任务，具备为用户提供基本服务的能力，即将发布服务性能规范与应用接口控制文件，承诺对外提供米级、亚米级高精度定位服务。

星基增强系统建设统筹推进。按照国际民航标准，开展北斗星基增强系统（BDSBAS）设计、试验与建设。完成系统实施方案论证，固化了系统在下一代双频多星座（DFMC）SBAS 标准中的技术状态，同时进一步巩固 BDSBAS 作为星基增强服务供应商的地位。

全球连续监测评估系统持续发展。建成多个国内外监测站，具备对 GPS、GLONASS、北斗、Galileo 四大导航系统的监测评估能力，在 APSCO、IGMAS-IGS 联合实验项目、中俄监测评估合作中实质推进。北斗二号系统稳定运行的同时，北斗三号全球系统建设也发挥出重要作用。

国家综合 PNT 体系多点布局。深化国家综合 PNT（定位、导航、授时）体系论证，开展了深空、水下、室内等领域定位导航授时关键技术及融合技术研究。成功发射脉冲星试验 01 星。

（二）应用推广

北斗已在诸多民生领域实现跨界融合，各类高精度数据服务产品已广泛应用于辅助驾驶、精准农业、驾考驾培、边坡监测、智慧房管等10余个典型场景。目前，以融合为特征的“北斗+互联网+其他行业”新模式，正在构建以北斗时空信息为主要内容的新兴产业生态链，并正在成为北斗产业快速发展的新引擎和助推器，推动着生产生活方式变革和商业模式的创新。2016年，我国卫星导航与位置服务产业总产值超过2100亿元，同比增长22%。2016年，北斗民用用户已达到千万级，累计提供有源定位服务12亿次，短信服务61亿次，双向授时服务9000余万次。其中，2016年用户量及服务量均增加明显，全年入网注册用户量逾7万，有源定位服务2.5亿次，短信服务30.8亿次，双向授时服务833万次。

在国家北斗增强系统的基础上，中国兵器和阿里巴巴合资成立了千寻位置公司。以高精度为切入点，融合“互联网+”和“北斗+”发展，打造高精度服务云平台，提供米级、分米级、厘米级、毫米级等共性服务产品，降低研发成本和门槛，构建高精度应用产业生态，致力于把北斗高精度时空服务打造成公共服务，让北斗高精度不只是测绘等高端用户的专业应用，而是面向大众、触手可及、随需而用的公共服务，最终能像水电、通信、互联网一样普及。千寻位置网络公司打造了全球首个支持网络辅助北斗（A-北斗）的加速辅助定位系统FindNow，结合北斗地基增强系统，将定位精度提升至厘米级，并将初始定位时间缩短至3秒。目前，加速定位服务已有超过200个国家和地区4000多万用户使用，每天调用次数达1亿次。

以北斗系统为重心，构建“一带一路”天地网时空大数据系统。由于“一带一路”国家特别是亚太地区靠近中国，天基和地基差分数据增强作用，以及导航定位、通信、遥感三大卫星系统集成功能，信号精度、可靠性、服务项目都要大大优于GPS。GPS网眼最密处是在美国上空，北斗二代网眼最密处在中国上空。因此对于亚太国家来说，北斗比GPS更有优势。我国正在加快“一带一路”空间信息走廊建设，依托通信、遥感、导航卫星等空间基础设施，为沿线国家提供空天一体化，高效互联的空间信息通道，为“一带一路”沿线国家和地区经济发展、民生改善提供空间信息支撑。预计到2018年我国将发射4～5颗高分辨率对地观测卫星，为“一带一路”沿线国家提供服务。2020年，我国北斗卫星导航系统将实现全球组网。预计5～10年内，将基本建成以覆盖亚洲、非洲、大洋洲、中东欧等区域的“一带一路”空间信息走廊。届时，北斗有望成为国家名片逐渐走向海外。“一带一路”天地网建设，配套的地基增强项目也已启动。比如，我国早在2013年5月就开始在巴基斯坦建设北斗高精度地基增强系统。组网后的北斗网络，实时定位精度高达2厘米，经过处理后可以提供精度高达5毫米的定位，对城市规划、测量、绘图、环境监督、灾难救助、交通监控等领域都有很大裨益。泰国也已建成使用的北斗地面增强系统（CORS），全境将建设200个同样的基站，服务于农业等多个领域。在马来西亚建设的“北斗东盟数据及服务中心”，将为东盟地区特别是马来西亚、泰国、菲律宾、印度尼西亚等国家，在灾害预警、车辆导航、精细农业、海上搜救、智能港口、矿产安全、智能交通7大领域提供服务及产品。

中国政府高度重视北斗系统发展，将北斗系统与"一带一路""信息化发展"等战略深度融合，北斗产业迎来政策密集发布期。2016年以来，交通运输部等部委相继出台了多项与北斗相关的政策，以国家力量助推北斗应用和产业发展；北京等省、直辖市结合当地需求，出台相关地方政策，助力地方经济发展。北斗融合产业应用、国际化等未来路线更加明晰。

（三）国际合作

持续推动北斗系统国际化发展，积极务实开展国际合作与交流，促进全球卫星导航事业发展，让北斗系统更好地服务全球、造福人类。

深度开展双边合作，持续与各卫星导航系统供应商开展兼容与互操作协调，共同为用户提供更加优质的服务。中国、俄国方面，于2016年11月召开中俄卫星导航重大战略合作项目委员会第三次会议，全面启动中俄卫星导航监测评估服务平台、北斗与格洛纳斯跨境运输车辆联合应用示范、中俄卫星导航芯片联合设计中心等7个合作项目；正在推进星基增强系统、卫星导航领域教育培训项目等新合作。中国、美国方面，美国导航学会全球卫星导航系统年会（ION GNSS+2016）于2016年9月12～16日召开，中国、美国两国专家就BDS与GPS的信号兼容与互操作协调进行交流，进一步推进了中国、美国在卫星导航领域的沟通与合作。中国、欧洲方面，完成北斗与伽利略系统导航频段的首轮频率协调，协商建立了两系统兼容与互操作等领域交流合作机制。

广泛参与国际卫星导航组织活动。一方面积极参加ICG第十一届大会、ITU、SBAS IWG第30次会议等联合国卫星导航相关活动，以及慕尼黑峰会、莫斯科论坛、美国卫星导航学会（ION）环太平洋PNT会议等高级会议，开展技术交流与合作。另一方面鼓励学术交流，中国卫星导航学术年会至今已举办了七届，已经成为中国乃至世界上有影响力的大型国际学术交流平台。年会致力创新，为卫星导航系统和PNT体系的建设、应用与产业发展贡献了大量优秀研究成果；年会主题鲜明，顺应世界科技发展潮流，引领了卫星导航与移动通信、互联网、物联网和人工智能的应用融合发展；年会内容丰富，包括学术交流、展览展示和科学普及等部分，成为吸引各界同仁齐聚一堂的重要舞台。

积极融入国际标准。自2016年以来，继北斗系统取得国际海事应用合法地位之后，北斗国际海事（IMO）标准领域又取得重大进展。国际移动通信标准方面，北斗系统已加入全球移动通信组织标准，成为国际移动通信标准支持的全球卫星导航系统。在移动通信相关标准的带动下，北斗在我国移动通信领域的渗透率约达25%。

三、发展趋势

（一）系统兼容性和互操作性加强

时间、空间信息是国民经济不可或缺的基础设施，中国必须掌握自主可控的卫星导航技术。卫星导航系统是全球性公共资源，多系统兼容与互操作已成为发展趋势。在自主可控的基础上，中国的北斗导航技术需要探索和GPS等其他卫星导航系统的兼容和互相操作，以增加定位精度和服务质量，以推动地面应用的发展。因此在未来几年，中国北斗将继续推动与美国、俄罗斯、欧洲等卫星导航系统的合作，重点是兼容与互操作、监测评估、星基增强系统及其应用等方面。

（二）服务性能不断提升

目前，我国正在实施北斗三号系统建设。根据系统建设总体规划，计划于2018年，面向“一带一路”沿线及周边国家提供基本服务；未来5年，将持续提升北斗二号系统服务性能，继续开展北斗全球系统建设，2020年前后，为全球用户提供服务；持续统筹推进北斗地基、星基增强系统建设，为各类用户提供更高精度、更为可靠的服务。

（三）与多产业融合发展

我国卫星导航将与汽车电子、移动互联、地理信息、物联网等产业融合发展，形成综合信息服务大产业。充分发挥卫星导航在工业化和信息化融合中的作用，结合国家“一带一路”、京津冀一体化、长江经济带、军民融合示范工程等国家战略，全面推进示范应用和北斗“走出去”。构建北斗应用服务生态体系，走融合发展路子，按照“四融”（融网络、融数据、融终端、融资金）推动北斗应用创新发展。

（四）应用更加广泛

随着北斗系统服务精度和可靠性大幅提高，未来将构建形成自主可控、完整成熟的北斗产业链以及北斗产业保障、应用推进和创新三大体系，广泛应用于交通运输、海洋渔业、水文监测、气象预报、测绘地理信息、森林防火、通信时统、电力调度、救灾减灾、应急搜救等领域，逐步渗透到人类社会生产和人们生活的方方面面，为全球经济和社会发展注入新的活力。北斗系统产业链非常长，天地网和时空大数据，包括卫星导航、通信、遥感三大天基领域，还有地基领域，已延伸到制造、软件、服务领域，辐射国内、一带一路、全世界。2016年，我国卫星导航与位置服务产业总体产值达到2118亿元，北斗对产业核心产值的贡献率已达70%，我国即将迈入北斗标配化应用时代。

中国始终立足于国情国力，坚持自主创新、分步建设、不断完善北斗系统。中国政府承诺采取保障北斗系统安全稳定运行、提供免费公开服务、发布信息系统、保护频谱等方面措施保障系统安全稳定运行，为用户免费提供连续、稳定、可靠的公开服务。在应用与产业化方面，中国政府高度重视北斗系统的应用开发，积极培育由基础产品、应用终端、应用系统和运营服务构成的北斗产业链，持续加强北斗产业保障、推进和创新体系，不断改善产业环境，扩大应用规模，实现融合发展，提升卫星导航产业的经济和社会效益。在国际合作方面，中国将持续推动北斗系统国际化发展，积极务实开展国际合作与交流，促进全球卫星导航事业发展，让北斗系统更好地服务全球、造福人类。

（撰稿：李必军）

中国出行即服务（MaaS）

一、技术概述

（一）MaaS 出现的时代背景

MaaS（Mobility as a Service）出行即服务，这个新兴概念最早出现在 2014 年芬兰赫尔辛基召开的欧盟 ITS 大会上，在 2015 年世界 ITS 大会上开始逐渐成为热门议题。2016 年 20 个欧洲组织机构联合成立了全球首个区域 MaaS 联盟，致力于发展更便利的联合化交通出行模式。

从 2014 年至今，短短几年 MaaS 便被广泛熟知和接受，与当前的时代背景密不可分，系统总结为以下几方面。

（1）城市化和机动化迅猛发展：城市化、机动化的迅猛发展，城市交通拥堵日益严重、车辆利用率非常低下。

（2）环境保护更加重视：从电动汽车到鼓励自行车或步行，人们一直在想办法希望通过更绿色环保的出行方式降低污染物的排放，而 MaaS 的理念正好顺应时代潮流。

（3）共享理念快速传播：共享经济时代，一系列的共享模式不断出现，如共享单车、共享汽车等，这些共享模式的成功运营从很大程度上抑制了人们购买私家车的需求，大家逐渐接受这种共享出行的交通服务。

（4）科学技术的快速发展：随着科技的发展，智能手机在我们的生活中无处不在，我们可以随时随地通过互联网传递自己的需求。另外移动支付、大数据、云计算、无人驾驶等技术推动了 MaaS 模式的产生与发展，各种网络平台的建立则方便了其为用户提供更便捷的服务。

（5）汽车产销模式转变：随着车辆在大城市越来越多，汽车产销模式开始发生转变，未来车辆的生产者将转为运营商，如奔驰的 Car2Go，首汽的 GoFun 等。

（二）MaaS 内涵及特征

MaaS 内涵旨在深刻理解公众的出行需求，将各种交通方式的出行服务整合在统一的服务体系与平台中，充分利用大数据决策，调配最优资源，满足出行需求的大交通生态，并以统一的 APP 来对外提供服务。

MaaS 主要有如下几个特征。

一是共享化：在 MaaS 的服务模式下，汽车的角色将会被改变，用户使用汽车注重的是交通服务的提供而不是车辆的拥有。乘客不仅是交通服务的享受者，同时也是交通数据的提供者与分享者，通过数据来改变和优化出行服务。

二是一体化：MaaS 将各类位置服务技术进行室内外一体化、无缝化融合，将各种出行方式进行标准化融合，同时实现支付体系的一体化，真正实现一站式出行。

三是人本化：MaaS 服务设计是以人为中心，目标是提供更好的一站式出行服务，最合理的出行方案，以及安全、便捷、舒适的出行体验。

四是低碳化：MaaS 以交通基础设施建设生态化和交通运行低碳化的经济模式为根本前提，以实现交通可持续发展为基本理念，让公众扩大绿色出行的比例，减少私人个体机动化的出行，以降低交通运输工具气体排放为直接目标的低能耗、低污染、低排放的交通发展模式。

（三）MaaS 四层架构体系

国际上对于 MaaS 技术架构的划分，从用户的角度主要分为四层架构体系：第一层是交通运营商，如公交公司、出租车公司等一系列的交通运营主体；第二层是数据供应商，主要包含地图服务提供商、通信运营商、乘客等；第三层是 MaaS 服务商，为乘客提供预约的交通服务商；第四层是 MaaS 用户（见图 1）。

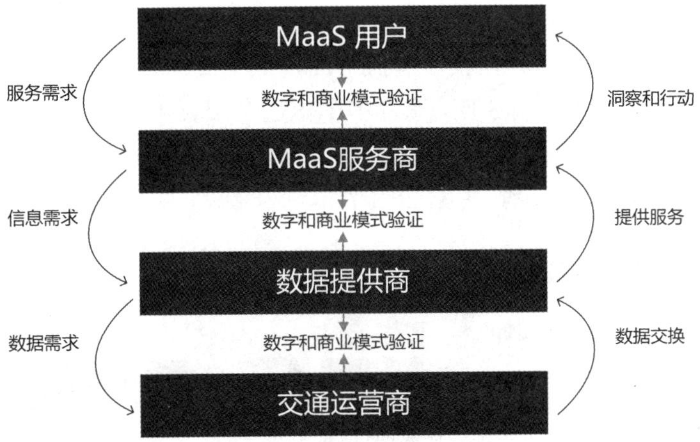

图 1　MaaS 四层架构体系

通过数字和商业模式验证，MaaS 用户向 MaaS 服务商发出服务需求，MaaS 服务商处理后将对应的信息需求传递给数据供应商，数据供应商再将数据需求反馈给交通运营商。交通运营商对数据需求进行反馈以实现与数据供应商的数据交换，数据供应商洞察 MaaS 服务商的需求并采取相应的行动，MaaS 服务商在数据供应的支持下根据用户的需求为 MaaS 用户提供更好的定制化服务。

二、关键技术及研究进展

在我国 MaaS 发展拥有非常良好的基础。首先从国家政策方面，中央领导人在 2015 年京津冀协同发展座谈会、2015 年十二届全国人大三次会议、2016 年中央经济工作会等一些重大的会议上都提出了要构建现代化交通运输体系，实现交通运输的一体化，其最终目标是让出行更方便，环境更宜居，同时实现从交通大国向交通强国的转变，进而支撑国家两个一百年的伟大目标。围绕这样一个目标，国家发布了一系列的政策文件来支撑 MaaS 的发展，如 2015 年《国务院关于积极推进“互联网+”行动的指导意见》（国发〔2015〕40 号）、《“十三五”现代综合交通运输体系发展规划》等重大政策，以支撑加快互联网与交通运输领域的深度融合，推进基于互联网平台的便捷化交通运输服务发展。

技术方面，目前我国互联网普及率虽然只有 53%，但是手机网民的比例非常高，占到了 95%，而全球手机网民占比平均水平为 68%，我国整个移动互联网的研究和应用已走在世界的前列。另外我国的移动消费突飞猛进，移动支付已全球领先。2016 年中国第三方互联网支付交易规模达到了 19.3 万亿元，第三方移动支付交易规模为 38.6 万亿元。整个支付体系的变革带来信用体系的构建和服务模式的转变、创新。尤其是 2015 年中国政府提出的“互联网+”行动计划后，在公交、出租、汽车租赁、共享单车、停车、民航、铁路、长途客运等领域出现了互联网平台下各类新的交通服务模式（见图 2）。以共享单车为例，2016 年共享单车突然蓬勃发展，全国用户总量达到 2030 万人，运营市场规模达到 11.5 亿元。在城市覆盖方面，截至 2017 年 4 月初，ofo 共享单车已覆盖国内城市 44 座，海外城市 3 座，摩拜单车覆盖全国城市超 35 个；在单车投放方面，截至 2017 年 3 月底，ofo 累计投入单车运营数量达到 110 万辆，约占全国 400 万辆的 27.5%；摩拜单车约为 80 万辆，占据 20%的市场份额。

图 2　我国交通服务模式

我国发展 MaaS 基础还有一方面是新理念、新技术日新月异，尤其是分享理念越来越被公众所接受；另一方面，我国汽车产销模式及能源结构的变革也为我国发展 MaaS 提供了良好的基础。

三、发展趋势

交通与互联网融合发展有利于方便旅客出行、优化资源配置、提高综合效率，也是培育交通发展新动能、提升发展水平的重要方面。我国拥有全球最大的出行市场，MaaS 作为一种面向门到门间不同交通模式高度整合的出行服务，在我国具有广泛的市场前景。为打造可持续 MaaS 生态利益共同体，迫切需要围绕政策法规、体制机制、信用体系、标准规范、安全隐私、绩效评价、发展路径等方面开展深入研究。

（一）政策法规方面

MaaS 发展的同时会带来不同方面的利益格局调整，如支付体系、运营体系以及监管体系等方面，急需制定相关的政策法规，鼓励新的模式并确定其合法性，明确各交通模式的发展定位，及时监管 MaaS 中存在安全、服务等问题，以保障 MaaS 健康、有序、可持续的发展。

（二）体制机制方面

在政策法规制定的同时还需配套相关的体制、机制，促进不同交通模式规划、运营、管理、服务环节的有效衔接和整合，实现不同监管机构间的业务协同，构建门到门出行绩效评价机制等，正确规范、改善 MaaS 发展相关市场环境。

（三）信用体系方面

信用体系的建立和完善是 MaaS 发展不断走向成熟的重要标志之一。以相对完善的法律、法规体系为基础，建立和完善 MaaS 信用体系，包括 MaaS 各利益相关体信用积分制度与诚信黑名单制度，规范交通运营商、MaaS 服务商、数据提供商、管理者、消费者的行为，充分提高全民诚信意识和信用水平，形成守信光荣、失信可耻的浓厚氛围。

（四）标准规范方面

标准化是科学管理的基础。为了推进 MaaS 科学发展，还需建立涵盖交通规划、设计、运营、服务等方面一体化标准规范体系，建立跨模式、跨领域移动支付体系和数据资源交换共享、应用服务平台接口等标准规范等，通过标准以及相关技术规范的实施，充分整合和引导 MaaS 相关利益体间社会资源。

（五）信息安全方面

在移动互联网以及实名制时代，信息安全是任何国家、政府、部门、行业都必须十分重视的问题，也是一个不容忽视的国家安全战略。发展 MaaS 必须建立完善的网络信息安全体系，大力培养信息安全工作技术人才，充分保障信息安全性。

（六）绩效评价方面

为了提升 MaaS 相关行业的服务水平，还需构建涵盖不同的出行模式、出行距离、换乘次数、候车时间、乘车时间、排放量、出行费用等多种影响因素的门到门出行绩效评价体系，实行定期考核评价机制，深入推进、引导 MaaS 相关行业的可续性发展。

（七）发展路径方面

从法律法规、体制机制、设施、车辆、运营平台、服务模式、技术选型等各个方面制定合理的发展规划与路径，明确我国 MaaS 发展目标和方向，进一步引导和扩大共享经济与交通服务化理念，努力建设一个更经济、更舒适、更低碳新的交通出行时代。

（撰稿：刘向龙、李香静、李晓菲、刘荣先、马万经）

机器学习在公安交通管理大数据中的应用

大数据时代快速而至，利用大数据和人工智能技术挖掘数据价值，是公安交通管理信息化、智能化的客观需要和必然选择。近年来公安交通管理信息化在实现交通管理业务信息系统大集成、大融合、大联网的基础上，利用大数据技术在信息分析研判、深化信息系统应用等方面都进入了一个全新的发展阶段。已在全国推广应用的公安交通管理综合应用平台、公安交通集成指挥平台和互联网交通案例服务平台，实现了交通管理的各项工作的信息化，汇集了机动车登记信息、驾驶人信息，及其违法、事故、道路通行等海量交通管理信息资源，为交管大数据挖掘与应用创造了良好的条件。

一、技术概述

“大数据”指的是所涉及的数据量规模及数据源种类巨大复杂到无法通过人工，在合理时间内达到采集、加工、管理、并转化成为人类所能解读的信息。简单来说，大数据技术就是从海量数据中发现信息，从信息中提炼知识，从知识中积累智慧。大数据技术解决海量数据的“存通用”，主要适用于以下几种场景。

（1）数据仓库：将海量结构化、非结构化、半结构化数据进行清洗、加工、转换，存储到数据仓库中，为上层数据集市和分析应用提供数据基础。

（2）统计分析：采用离线计算、实时计算等多种方式，对海量数据进行统计、分析，提供 BI（商务智能）用户报表和可视化数据产品。

（3）机器学习（人工智能）：大数据技术应用于机器学习领域，对人工经验进行补充、修正，达到结果预测、数据分类、聚类和异常值检测等目的。

二、关键技术及研究进展

机器学习是人工智能的一个分支，实现人工智能的一个途径，以机器学习为手段解决人工智能中的问题。机器学习是一门多领域交叉学科，涉及概率论、统计学、逼近论、凸分析、计算复杂性理论等多门学科，主要是设计和分析一些让计算机可以自动“学习”的算法。机器学习是人工智能的核心，是使计算机具有智能的根本途径。机器学习问题可以分类、回归、聚类和规则提取。分类就是在标注好的数据上建模，判别新样本的类型，如高危驾驶人、高危车辆识别。回归也是在标注好的数据上建模，预测样本的标注值，如交通事故数量预测、交通违法数量预测。聚类问题中的数据未标注，但给出相似度衡量标准，根据标准将数据划分，如交通事故多发点段聚类。规则抽取就是发现数据间属性的统计关系，如交通事故与违法关联分析。按照学习方式，机器学习算法可分为有监督学习、半监督学习、无监督学习、增强学习。按照算法相似性，机器学习算法可分为回归、样例学习、正则化、决策树、贝叶斯、核方法、聚类、联合规则、人工神经网络、深度学习、数据降维、组合方法。

（一）基于 DBSCAN 密度聚类的事故多发点段分析

聚类是将数据对象聚合分组的过程。密度聚类要求聚类空间中的一定区域内所包含对象的数目不小于某一给定阈值。DBSCAN（Density Based Spatial Clustering of Application with Noise）算法是一个有代表性的基于密度的聚类算法。我们对历史业务数据进行处理，提取适合于密度聚类分析的事故道路、类型、路段、人员伤亡、天气等特征数据，构建结构清晰合理的交通管理道路交通事故数据仓库，用 DBSCAN 密度聚类算法建立事故多发点段密度聚类分析模型，通过聚类分析研究了全国 10 条重点高速公路的交通事故多发点段（见图 1）。

Rank	Road Length	R_1	R_2	R_1/R_2
1	0.501km	0.04%	0.78%	1950
2	6.006km	0.50%	8.69%	1738
3	4.601km	0.38%	5.10%	1342
4	1.721km	0.14%	0.82%	586
5	8.001km	0.67%	3.58%	534
Total	-	1.73%	18.07%	-

京哈高速

□ R1：路段长度与道路总长度的比值。

□ R2：路段事故起数与道路事故总数的比值。

□ R1/R2：正比于路段交通事故率。

Rank	Road Length	R_1	R_2	R_1/R_2
1	1.197km	0.12%	12.42%	10350
2	2.004km	0.20%	3.38%	1690
3	3.301km	0.33%	5.50%	1666
4	1.005km	0.10%	1.51%	1510
5	1.051km	0.11%	1.58%	1436
Total	-	0.86%	24.39%	-

京沪高速

Rank	Road Length	R_1	R_2	R_1/R_2
1	0.001km	<0.01%	0.26%	>2600
2	4.001km	0.18%	3.21%	1783
3	6.101km	0.27%	4.17%	1544
4	1.001km	0.05%	0.60%	1200
5	5.101km	0.22%	2.60%	1181
Total	-	0.73%	10.84%	-

京港澳高速

图 1　部分高速公路的交通事故多发点段聚类分析

（二）基于二分图异常点识别算法的机动车检验监管

图是描述事物之间各种关系的一种数据结构。凡是涉及事物或实体间的关系，都可以抽象为图论模型。我们创新运用二分网络图来对机动车检验业务关系型数据进行描述，用图的结构来存储、展示、思考数据，提高对数据之间关联的理解能力。首先根据机动车注册地及受托检验的历史业务数据，机动车注册地与机动车受托检验的检测站之间的链接组成了一个二分图，用于表示机动车注册地与检测站之间关系的网络图。机动车检验异常情况分析就可以建模为一个二分图网络中的异常点识别问题。基于随机游走模型的二分图网络异常点识别算法，计算每一个检测站对应的常态性评分。检测站的得分越低，说明该检测站存在降低检测标准疑吸引大量外地注册的车辆前往受托检测的可能性越高。图 2 中集合 V1 表示机动车隶属行政区划，集合 V2 表示检测站，边集 E 表示行政区划与检测站之间的关系，权重值 w 刻画了边上带有的信息。根据基于随机游走模型的二分图异常点检测算法，计算每一个检测站对应的常态性评分，给出可能存在受托检验异常的嫌疑检测站排名。

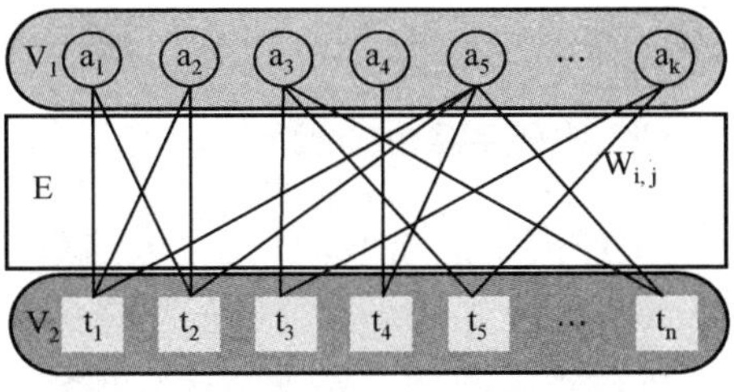

图 2　机动车注册地与受托检测站关系

（三）基于最大流优化算法的驾驶证考试资源优化分配

驾驶证考试资源优化分配模型应用一个加权有向的二分图来抽象和概括考生预约与考试场次之间的关系网络。传统的互联网约考按照约考人员的优先级顺序安排，当出现第 1 考场选择的人很多，而第 2 考场选择的人很少的不均衡现象时，本算法自动将同时选择了两个考场的人优先安排到第 2 考场，让更多的人都能约考成功，同时提高了考场利用率。该算法的主要思想是将每个考试申请人和考试场次建模为加权有向二分图中的一个点，图 3 中 x 代表考生，y 代表考场，考生指向考场的边代表考生做出的预约申请。在图中添加一个源点 s 和汇点 t，分别连接考生与考场。源点 s 连接考生的边的权重值为 1，考生指向考试场次的边的权值为 1，考场连接汇点的边的权重值等于考场容

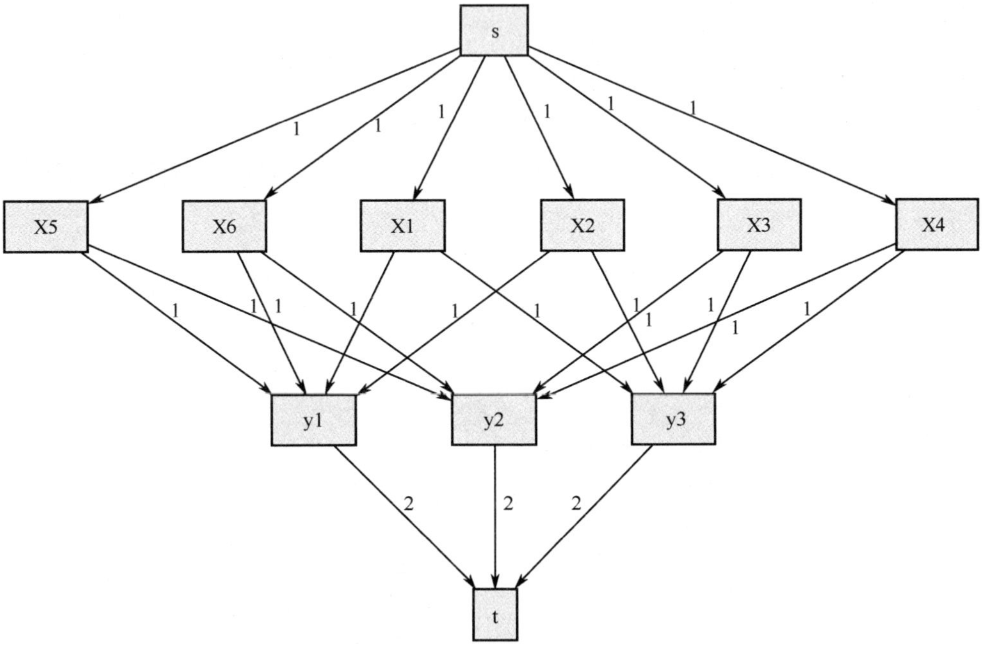

图 3　考试申请人和考试场次关系

量。于是，驾驶证考试考场资源调度问题就可以建模为一个网络最大流问题，应用经典的 Edmonds - Karp 网络最大流算法计算右图中网络从源点到汇点的最大流量，就可以求解出最佳的考试场次分配方案，实现考场资源利用的最优化。

（四）基于稀疏矩阵分解的用户异常行为监管

针对公安交通管理信息系统中的用户泄露公民个人信息事件，我们积极探索应用大数据、人工智能技术，首次基于海量公安交通管理信息日志，对高频、超量、反常规查询三类典型的异常查询行为进行数学建模，挖掘分析涉嫌违规查询行为。

首先，运用数理统计和稀疏矩阵分解算法，计算单位小时最大查询数量和用户查询量突变指数。用户单位小时查询次数形成用户查询量矩阵，矩阵中的每个元素是某一用户某个时间段的查询次数，如图 4（a）所示。通过 Augmented Lagrange Multiplier（ALM）算法对矩阵做奇异值分解，求得查询量矩阵的低秩成分 L（代表用户查询量的一般规律）和稀疏成分 S（代表用户查询量突变时间点），如图 4（b）所示。随后，计算 S 矩阵中非零元素的衰减率作为衡量用户反常规查询指数，如图 4（c）所示。

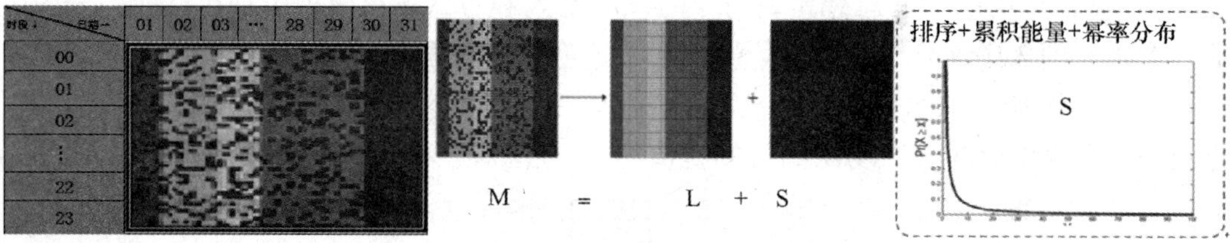

（a）　　　　　　　　（b）　　　　　　　　（c）

图 4　单位小时最大查询数量和用户查询量突变指数

最后，运用 DBSCAN 密度聚类算法对每个用户的单位小时最大查询数量和用户查询量突变指数进行聚类，生成违规查询嫌疑用户清单（见图 5）。

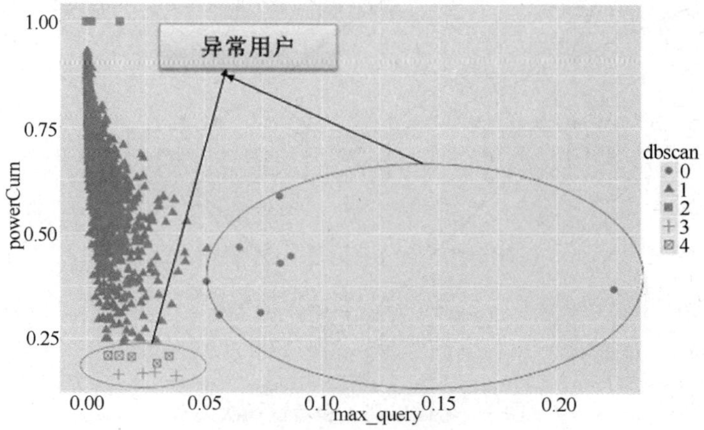

图 5　违规查询嫌疑用户

三、发展展望

数据、平台、算法、思维是建立交通管理大数据分析研判平台的四要素。现在，海量的动静态交通管理大数据已产生，基于 Hadoop 和 Spark 技术的大数据平台已建成，亟须引入大数据、人工智能等新技术破解应用难题，进一步推动公安交通管理工作创新，提升智能化执法水平。

（撰稿：金永俊、周建宁、裘晨璐）

交通安全大数据

一、技术概述

交通安全是关系到人类健康与发展的全球性问题，交通安全问题涉及人、车、路、环境与管理等诸多元素，横跨工程学、社会学、心理学、管理学、法学、医学等诸多学科，其相关研究与实践需要多元数据的支撑。2015 年，由公安部交通科学管理研究所等单位联合筹备创办了道路交通安全研究信息共享平台，使得国内交通安全数据共享和研究合作引起了广泛关注。

近年来，随着智能移动终端技术与车路协同技术的兴起，人与车移动状态的实时感知与记录成为可能，形成了种类繁多、全时空覆盖、时效性高、信息量巨大的交通大数据。不同于以往基于断面采样的交通数据，全面、系统和实时的交通系统数据为交通安全的研究与应用实践带来了新的机遇与挑战，基于大数据的交通安全技术正逐渐成为学术界和行业领域关注的热点和重点。

基于大数据的交通安全技术的基础与核心，在于对交通安全相关数据的感知与分析，进而通过探索交通大数据的特征，挖掘提炼与交通安全相关联的有价值信息，并根据数据特点，采用适宜的统计分析方法与机器学习等智能分析算法，从驾驶安全、车辆安全和道路安全多个维度研究交通安全问题。该技术可以为交通规划、智慧交通管理、道路风险预警、交通安全管控、出行诱导、个性化车险等诸多方面应用提供理论基础与技术支持，为管理部门、交通行业及个人出行提供决策支持与各类服务。

二、关键技术及研究进展

（一）交通安全大数据感知共享技术

1. 数据感知技术

交通安全大数据相比传统的交通安全数据具有更加丰富、更加广泛的数据来源，从组成上来看，不但包括了传统使用的交通安全数据，还包括了采用新的技术手段感知获得的数据。首先，传统的交通安全数据仍然是交通安全大数据中不可或缺的组成部分，例如，来自交通管理部门的机动车数据、驾驶人数据、交通违法数据、交通事故数据、营运企业数据、营运车辆数据，来自道路管理部门的道路基础数据、隧桥特殊路段数据、交通安全设施数据，来自卫生系统的交通伤亡数据，以及来自研究机构的调查问卷、模拟驾驶实验、实车测试数据等。其次，新技术可以拓展传统交通安全数据的感知渠道。例如，传统交通流量数据通常是由提前埋设的计数线圈来测定的，而大数据的新方法可以利用公路卡口过车数据、网约车运行数据、导航 APP 数据等，以对交通流量进行实时感知和估算，并计算城市交通运行指数。最后，交通安全大数据中包括传统的交通安全数据中无法感知的部分。例如，机动车的安全性能数据在传统上来自时间粒度较粗糙的汽车生产销售数据、交通管理部门的数据、保险行业的数据，而车载 OBD 数据采集设备以及车路协同车载设备的发展使得车辆的实时运行状态、具体指令操作可以被准确记录下来，为交通控制和安全监管提供更具时效性、更加个性化的数据。在新兴的自然驾驶实验中，多传感器长时间记录的驾驶员生理指标数据结合车辆运行数据，可以对个体驾驶行为特征进行深度挖掘和整理，对微观交通仿真模型进行选择、标定与改进，研究驾驶员对先进主动驾驶安全系统的反应与人机交互，改进智能驾驶系统的设计，以及对驾驶员进行科学有效的安全教育，全面提升道路交通安全水平。例如，由同济大学、通用汽车公司、弗吉尼亚理工大学三方合作开展的“上海自然驾驶研究”项目，使用了 5 辆配备 SHRP 2 NextGen 数据采集系统的乘用车辆采集真实交通环境下的驾驶数据。目前已针对驾驶行为中的跟车、变道、驾驶员手机使用、行人与机动车冲突以及停车行为等方面进行深入研究。对于群体出行行为规律，手机信令数据、代驾数据、共享单车数据等都可以作为交通安全大数据的重要来源，方便交管部门制定更合理有效的交通安全管理策略。

2. 数据共享技术

交通安全大数据的海量性和异构性，使得数据的利用由传统的一站式针对性分析逐渐转变为可持续交互式利用。许多城市和地区以建设智慧城市为契机，相继建立包括交通大数据的城市大数据中心或平台，汇集各类数据进行数据共享及交互，同时，各类开放数据成为了数据共享与交互的新趋势。

（1）数据开放共享平台

数据开放共享平台的建立，使得更多的研究者和道路管理者可以汇集各自收集整理的数据，推动数据信息资源共享，实现对数据更好的利用。

由公安部交通管理科学研究所等 10 家单位联合发起、35 家单位联合参与，于 2015 年成立的道路交通安全研究信息共享平台是交通安全数据开放共享的一次重要尝试。平台目前已有会员上传的学术论文、专利、实验数据、事故统计、研究报告等大量的共享数据，并多次举办学术讨论、专题研讨、数据分析竞赛、开放课题等活动，成为国内道路交通安全专家学者、从业人员汇聚交流意见的重要平台，以及道路交通安全学术研究与实践应用的联系桥梁。

在此之前，由中山大学发起倡议，31 家联盟单位于 2014 年联合成立的 OpenITS 公共服务平台是推动交通领域大数据开放共享的率先尝试。OpenITS 研究计划希望整合联盟单位各自的优势资源，组建 OpenITS 联盟以及建设 OpenITS 公共服务平台。目前平台已有结构化和非结构化数据超过 2000TB。

（2）各类数据竞赛

为了更好地吸引科研院所与社会各界力量共同致力于交通大数据挖掘与分析，拥有交通安全数据的交通管理部门近年通过举办各类比赛，将海量、高质、脱敏数据开放给各研究团队，深刻挖掘事故成因，提出解决方案。例如，2016 年贵阳市公安交通管理局举办的“贵阳交通事故成因分析大赛”，2017 年道路交通安全研究信息共享平台举办的“深圳市道路交通事故数据分析竞赛”等，吸引了相关专业人士的广泛关注与参与。关注大数据发展的企业也会搭建平台进行大数据分析比赛，如发源于 2014 年的阿里云天池大赛是全球规模最大的大数据赛事。比赛全部采用脱敏后的真实数据，其中包括智慧交通预测、交通出行类的数据。在过去两年里，该赛事共吸引了全球 40 个国家和地区，1566 所学校的近 3 万名参赛者参与。

（二）交通安全大数据分析决策技术

1. 传统评估模型

传统的安全评估模型通过建立事故风险或者伤亡程度的预测模型，反映交通安全和各影响因子之间的关联性，实现一定条件下对于特定区域或路段路口的事故预测与安全评估。对于事故风险预测模型，通常以某个区域或某段路或某个路口一定时间内的事故数作为预测对象，用计数模型如泊松分布模型、负二项分布模型、零堆积泊松分布模型、零堆积负二项分布模型、随机效应模型或随机参数模型等进行预测。对于伤亡程度预测模型，通常将事故伤亡程度分为不同的等级，用离散选择模型如二元或多元 Logit 模型、Probit 模型、多层 Logit 模型、混合 Logit 模型或有序 Logit 模型进行预测。

利用交通安全大数据的第一种思路是以传统安全评估模型为主干，把交通安全大数据（如手机信令数据、社交网络数据等）纳入模型的框架，作为数据的一部分来提升模型的可靠性和解释性。大数据的主要作用是扩展传统安全评估模型的变量来源，而解决实际问题的关键仍然是模型的构建和解读。交通安全大数据的加入无疑会给传统的安全评估模型带来新的启发与进展，但仍有两个问题制约到交通安全大数据的有效利用。第一是由于大数据半结构化或非结构化的特性，数据集里除了有效信息外存在大量的无效、重复、甚至错误的信息。在利用数据之前进行细致的清洗和解构，并且不丢失目标信息是使用者们的一个重要挑战。第二是交通大数据揭示的往往是相关性而非因果性，主观提取出的特征不可避免地存在选择性偏差，使用大数据的效果则不免大打折扣。

2. 新兴智能算法

随着交通安全大数据的涌现，交通安全观测的区域范围、时间跨度和安全影响因素均有了大幅度的增加，所观测交通系统的事故发生机制更加复杂，事故数据的异质性显著增加。这使得传统统计模型假定的事故风险和伤亡程度与安全因素间的线性或广义线性关系，以及残差项服从特定的分布不一定与现实情况相符。与统计模型不同，人工智能模型对模型结构几乎不做假定，而是通过机器学习方法，根据交通安全大数据，训练人工智能模型，使之极度逼近事故风险和伤亡程度与安全因素间的真实关系。现有研究表明，经典的人工智能模型，包括：人工神经网络（如多层感知机、径向基函数网络）、贝叶斯神经网络和支持向量机等，均具有比传统统计模型更好的拟合度和预测性能。

以人工神经网络为例，其强大的非线性逼近能力，可分析多种因素相互作用下的事故风险；而统计模型中，安全因素通常假定是相互独立的。同时，其自适应性使得完成学习的神经网络，可根据新的数据继续学习，而不需要像传统统计模型那样根据所有数据重新学习。随着网络结构优化和规则抽取方法的应用，可实现在神经网络建模体系下，识别显著安全影响因素，解析事故内在机理，在一定条件下，揭示安全因素对事故风险和伤亡程度的影响。另外，可参考近期兴起的深度学习理论与技术，实现对事故发生机理的深度挖掘。

（三）交通安全大数据综合应用技术

1. 道路安全评价

针对道路安全的评价从传统上来讲是以路段、路口、小区等为单位，运用历史统计数据和各类安全影响因素进行评估。交通大数据的引入可以丰富模型变量，根据数据特点通过人工智能方法建立无法直观用统计方程描述的模型，可以大大丰富安全评价的思路和方法。

2. 交通参与者安全研究

针对交通参与者的安全研究在传统上经常以问卷、访谈、仿真实验等间接的方式进行。安全大数据可以以多种方式提供大样本、长周期、细粒度的交通参与者活动数据，例如，手机信令数据、卡口过车数据、自然驾驶实验中传感器记录的数据等，以简单直接的方式克服传统方式的局限，提供更可靠的结论，并且节约大量成本。

3. 车辆安全评估

车辆安全评估在传统上往往依赖生产企业和机动车管理部门的数据，数据具有被动收集、时效性低的特点，评估和管控也往往以安全阈值和指标的形式来考量，只能面对群体，很难细化到个体。车载 OBD、车路协同车载设备、智能手机的普及，使得对各种交通工具的个体出行行为的数据采集变得简单高效，对车辆安全的评估也可以细化到个体的实时性、个性化评估。

4. 事故影响分析

目前关于事故影响的研究大多考虑人的伤亡程度、直接经济财产损失，数据来源中敏感信息较多，从数据采集到脱敏再到交付给使用者有很久的延迟，只能进行损失估算、并对可能的改善措施或者安全管理策略进行一般性指导。大数据采集能力和处理能力的提升，使交管部门可以对社交网络、即时交通状况、手机移动数据等进行即时采集和处理，迅速形成对于事故影响的即时评估，例如，事故在某处带来的平均延误，事故给路网可靠性、交通系统效率造成的破坏等。如果结合用户自身驾驶行为习惯、起始地等信息，还可以提供精准诱导服务，使得事故对于交通系统效率的影响降到最低。

三、发展趋势

（一）感知方式多样化

随着智能终端技术的不断发展，计算机性能的持续提高，大数据产业体系的逐步成熟，可供交通安全领域研究者、管理者、实践者分析利用的大数据将会越来越多。由传统的线圈数据、统计数据，到如今的手机数据、移动终端数据，再到未来能够更可靠便捷利用的高清图像数据、高清视频数据、全出行链数据、甚至人体工程学数据，交通安全大数据的感知渠道会继续拓展，为数据使用者带来更多的机遇和挑战。数据的开放和共享也将是更有效利用安全大数据的一个重要发展趋势。

（二）分析技术智能化

人工智能技术的爆炸，对于有效利用半结构化或非结构化的交通大数据的手段来说是一个蓬勃发展的契机。和传统的人工设计的模型与工具相比，人工智能有两大决定性优势。一是效率高，海量丰富的大数据对于人工处理的方式来说显得负担过重，只有把程序化的工作更多地交给机器，才能提高数据处理利用的效率，将采集应用的速度由天、小时为单位变为以分钟和秒为单位，更好发挥数据的时效性。二是更客观，人工智能不但可以根据人类已有的知识进行辅助工作，还可以发掘人类未知的，甚至无法理解的知识，并且直接应用在现实场景中。人工智能时代的到来无疑是交通安全分析技术智能化的重要契机。

（三）安全应用精细化

虽然在伦理、隐私等方面有许多亟待解决的问题，交通安全大数据的合理利用可以使得为道路使用者、交通管理者提供更加精细的服务。数据的高时效性与高预测性可以针对用户的习惯和需求提供个性化定制化服务，结合丰富的互联网工具与智能终端，无疑会使得应用更加便捷，更加高效，更加安全。

（撰稿：裴欣、杨子、曾强、高岩、王雪松）

ETC联网技术

一、技术概述

（一）ETC车道建设及用户发展

1. 基础设施建设

截至2017年7月底，全国联网29省（自治区、直辖市）共有ETC车道约17703条，MTC车道约52433条，ETC车道比例约占25.24%；全网范围内主线收费站ETC车道覆盖率约为98.98%，匝道收费站ETC车道覆盖率约为93.51%，建成自营服务网点约1155个，合作代理网点约41092个，各类服务终端约34183个。

2. 用户总量

截至7月底，ETC用户5412.94万，其中客车用户4992.57万，占ETC用户总量的92.23%，货车用户335.78万，占用户总量的6.20%，货车用户总量占全国载货汽车保有量的14.77%，7月全网新增ETC用户126.39万，环比增长2.39%。

（二）联网区域交易

7月已联网省份总交易量8.69亿笔，总交易额435.98亿元，其中，非现金交易总量3.07亿笔，非现金交易总额为160.05亿元，全网非现金支付使用率为35.33%，同比上升约5.60个百分点，全网客车ETC使用率为37.27%，同比上升5.59个百分点。

（三）跨省清分结算

7月全网跨省清分交易量约0.55亿笔，较上月增长20.66%，同比增长68.85%，全网跨省清分交易额72.70亿元，较上月增长14.58%，同比增长130.41%；7月共计产生争议交易43712笔，产生争议金额762.93万元，环比上升107.75%；7月各联网省份共处理争议交易44682笔，金额437.65万元；截至2017年7月31日，全网共有约16.26万笔争议交易未处理，共计1220.97万元；7月共计处理退费交易626笔，退费金额约18.33万元。

二、关键技术及研究进展

一是攻克了诸多技术难题。第一，统一了清分结算体系，在总结比较京津冀和长三角两个示范片区不同结算模式特点的基础上，建立了“中心模式”的全国高速公路ETC结算体系，实现了结算系统的顺利切换。第二，统一了ETC业务流程，明确了“一车、一标签、一卡”的发行要求，构建了用户信息共享平台，建立了全国ETC用户信息库。

第三，加强了信息安全保障，强化了安全建设与安全防护理念，全面提高了 ETC 清分结算系统安全等级保护级别，并首次在部省信息传输应用中启用了多重安全验证方式。第四，统一了软件编写规范，针对各地应用差异和实际需求，规范了 ETC 用户卡和电子标签以及黑名单等的文件结构、数据定义和编码方式，确保了互联互通。第五，开展多义性路径识别测试验证工作，为后续收费公路精确拆分奠定技术基础。

二是完善了标准规范体系。编制的《全国高速公路电子不停车收费联网总体技术方案》和《全国高速公路电子不停车收费联网联合测试方案》，分别从基本业务规则、清分结算方案、客户服务功能、车道处理流程，以及联网测试等方面提出了更为具体的要求，补充了原有标准规范的不足，也为下一步标准修订打下了基础。编制的《公路电子不停车收费联网运营和服务规范》，是部颁公路工程技术标准中第一个运营服务类标准，确立了全国统一的 ETC 联网运营和服务准则，解决了跨省客户服务盲区问题，加强了信息服务的交互与共享，确保了全国 ETC 联网运营工作安全、稳定、有序开展。

三是构建了全新网络平台。全国 ETC 联网推动了公路收费系统的全面升级和业务发展。由此形成的 ETC 清分结算平台，成为公路交通系统继路网管理平台之后第二个实时部省信息共享平台，在提高收费系统运行效率的同时，也提升了收费公路管理水平。同时，安全可靠的系统保障、以车辆为基础单元的庞大网络和海量的运行数据，必将使 ETC 发展成为“智慧交通”的排头兵，为行业在路网规划、运行监测、出行服务等业务工作开展提供强有力的支撑。

全面推进跨省数据核查工作，建设全网收费数据核查系统，组织 ETC 数据核查专项行动，分省域、片区、全网专项打逃，实现逃漏通行费的有效追缴。着力构建运营质量评价体系。建设全国 ETC 联网运行的质量评价体系，制定全国 ETC 联网运营与服务质量管理办法，客观评价全国 ETC 联网运营服务情况。建立质量考核管理机制、巡查机制和督改机制，促进联网运营与服务质量不断提高。

四是积极开展 ETC 拓展业务。发挥 ETC 全国联网优势，持续推动 ETC 产品升级，丰富服务能力和手段，促进全网高度协作服务。推动 ETC 应用和其他行业应用的快速融合，助力 ETC 全面融合高速和城市智慧交通，实现道路通行主动安全、车路协同、车车协同的技术进步，提供城市拥堵收费等应用支撑，创造新的应用模式和产品，增强 ETC 应用黏性和发展生命力，推动 ETC 由单一的收费性服务向综合信息化服务转变。

开展标准化 ETC 专用车道研究和货车 ETC 研究工作。充分挖掘用户的使用需求，针对小型客车、厢式货车、大型运输车辆等不同群体提供多元化服务，进一步增大用户规模。加大货车应用的推广力度，围绕物流运输各环节的需求，努力为用户营造更为多样的服务。

加快推广 ETC 扩展应用。大力推进 ETC 停车场应用，以机场停车楼、公交换乘站、客货运场站枢纽等重要交通衔接点作为先行先试的示范，使 ETC 的规模效应在城市交通中充分释放。同时进一步探索 ETC 在出租汽车、租赁汽车、公路物流等应用领域推广。

（撰稿：王琰）

互联网+交通信号控制技术

一、技术概述

交通信号控制是城市交通管理的核心内容，是保障交通秩序、效率、安全的重要技术手段。传统的交通信号控制主要以视频、线圈、地磁等固定点检测器数据采集为基础，对信号配时方案进行优化与评价。交通信号控制优化模型与算法历经几十年的发展已较为成熟，包括感应控制、多时段控制、自适应控制等方法，在实际系统中已有广泛应用。国内外研发的交通信号控制系统，如 SCOOT、SCATS 等系统也广泛应用于大中城市。

2016 年，一句“世界上最遥远的距离是红绿灯跟交通摄像头的距离”引发了交通行业的广泛关注与争论，随后互联网企业逐渐进军智能交通领域，开始与传统智能交通企业、交通信号厂商、公安交通管理用户部门、高校科研院所等进行深入、密切的交流，并且开始引进传统智能交通行业人才，加深对交通业务领域的理解。互联网+交通信号逐渐开始落地，并取得了一些方向性的进展。

互联网+交通信号的结合主要定位于以互联网大数据为基础，利用互联网企业在云计算、人工智能等技术方面的优势，对城市路网交通运行效率进行动态评价，并通过建立交通控制优化模型为从点到线到面的信号配时优化提供服务。利用互联网大范围、连续、稳定的车辆轨迹数据，互联网+交通信号的目标是实现实时交通流数据采集、交通信号配时方案优化、交通信号配时方案执行、交通信号运行状况评价、交通信号配时方案再优化的数据闭环流动，形成快速、持续的评估、迭代优化的交通信号闭环控制。

交通信号控制是缓解城市交通拥堵的重要技术手段，随着互联网企业的加入，交通信号控制与优化也开始走向互联网时代。传统的信号控制厂商也在不断探索，怀着开放的心态拥抱互联网。目前，以广州、济南、武汉等城市为代表的大多数城市都在积极探索“互联网+交通信号”的新模式，以期为探索城市智能交通控制新技术提供新的土壤。

二、关键技术及研究进展

互联网企业在交通信号控制领域的发展还处于尝试、探索阶段，其目标是应用互联网数据对交通信号进行实时评价与优化，使交通信号控制形成闭环。具有代表性的互联网企业的实际应用包括滴滴、百度等的智慧信号灯。

（一）滴滴智慧信号灯

2017 年 3 月初开始，济南交警与滴滴出行合作，在经十路的山大路到舜耕路的六个路口，试行基于融合了滴滴平台浮动车轨迹数据、济南交警卡口、地磁等多元数据，研发的新型“智慧信号灯”。

经过一个月的运行，从济南交警的卡口、线圈、地磁、摄像头以及滴滴平台的车辆行驶轨迹数据来看，滴滴“智慧信号灯”在缓解经十路交通拥堵上已有成效。数据显示，经十路山大路到舜耕路路段，工作日早高峰平均延误时间下降 10.73%，晚高峰平均延误时间下降 10.94%，工作日晚高峰停车次数下降 8.7%，早高峰下降 6.7%。

滴滴“智慧信号灯”配时方案优化不是传统的“一次性”，而是具有极强的可复制性。通过浮动车轨迹、地磁、卡口等数据融合，滴滴可以推导出路口的全量交通数据，将数据输入优化模型中，通过调整参数，可以“仿真”出不同优化方案实施之后的交通通行状况，从而给出最理想的优化方案。优化方案上线之后，滴滴还可以根据实时的轨迹数据变化评估配时方案的效果，对配时方案进行快速迭代、优化，从而让“智慧信号灯”不断进化。

滴滴在互联网+交通信号领域未来发展计划主要包括四个方面：多源数据的融合、区域信号优化、实时自适应控制、诱导与信号控制。

2017 年 6 月 14 日，成都市公安局交通管理局与滴滴出行达成战略合作。滴滴出行与成都交警将建立大数据平台，以浮动车轨迹作为数据基础，通过可持续优化的算法模型优化成都的信号灯配时方案。根据优化结果，滴滴智慧信号灯可逐步覆盖成都市具备条件的所有联网信号灯路口。

（二）百度智慧信号灯

百度地图及其合作伙伴北京交管局近期在国内首次实现了信号系统数据与互联网数据的秒级联网互通，覆盖区域涉及北京主城区以及上地、望京商务出行频繁区域，基于百度路况“大数据+信号灯”实时数据，百度地图将与北京交警共同探索交通流量规律、旅行时间计算、路况预测以及导航等方面的应用。与此同时，百度地图与业内交通信号主流厂商，如西门子、海信集团等公司以及北方工业大学在交通信号评价、控制等领域尝试开展工作。

百度地图开放平台总经理李志堂指出，在我国，道路联网还处于初级阶段，这次信号灯数据与互联网数据联网互通，在全国具有划时代意义，开启了智慧信号灯时代，2017 年将成为我国智慧信号灯落地的元年。在联网互通的基础上，利用路况大数据能力不但推出了交叉口信号控制的报警和溢出实时监控及交叉口拥堵排行监控功能，而且还在绿波带分析、信号配时评估、反向优化控制及合理性智能分析方面不断进行探索，希望能够通过百度地图人工智能技术和大数据分析能力帮助城市管理者和交通行业解决实际存在的问题。接下来会针对北京的交通特点，辅助交警解决在全市范围内进行区域整体控制的信号调优方案。

三、发展趋势

（一）互联网数据与传统固定检测器数据融合

通过视频、卡口、地磁等传统检测技术获取的交通流数据在准确率方面比互联网车辆轨迹数据更高，在检测设备及通信完好的情况下，对于定点断面的微观检测是精确的，远高于互联网数据。但是传统检测器布设范围有限，且设备易损坏、受环境影响大，如果后期维护没有及时做好，数据质量难以保证。

互联网企业用于交通信号控制的数据主要为车辆定位及轨迹数据，为交通信号控制领域带来了新的数据来源，这些基于定位的宏观数据具有空间分布广、连续、稳定等特征，可以为解决信号优化问题提供新的技术手段。但是对于某一截面或路段而言，互联网数据的采样率偏低，并且不同时段、不同区域互联网数据的采样率差异较大。

因此，互联网数据与传统检测器数据各有利弊。面向交通信号控制应用，应充分挖掘互联网数据的价值，发挥不同数据源的优势互补作用。

目前，互联网企业，如阿里、百度、滴滴等，以及传统智能交通企业，如易华录、海信等都相继提出了“交通大脑”的概念，其本质是数据的整合运用，目标是通过交通数据整合提供智能化的出行服务及智能化、精细化的交通管理。聚焦于交通信号控制，互联网与传统交通检测器数据的有效融合将为信号配时优化的精准性、实时性提供基础保障。

（二）基于互联网数据交通信号控制模型与算法

在交通信号控制领域，已有非常成熟的交通信号控制模型与算法，包括单点控制、干线及区域协调控制，大量文献针对实际问题开展研究工作。同时国内外研发的交通信号控制系统已运行多年，取得了实际应用效果，积累了丰富的调试、运行维护经验。

互联网企业在信号控制领域还是新玩家，还处于逐步探索阶段。目前开展的研究与落地应用聚焦于单点及干线的信号控制与协调，还未拓展到区域及大范围交通信号控制与优化，且还不能进行自适应控制。主要的工作在于典型交通评价指标的估计，如路段延误、旅行时间、流量、排队长度、停车次数等指标的估算，进而对周期、绿信比、相位差等交通参数进行调整，其优势在于可对配时方案进行快速迭代，从而提高配时方案与交通需求间的匹配程度。

在路段或断面数据采样率有限的条件下，利用大数据处理技术研发高精度的微观交通指标的计算方法，以及应用人工智能中机器学习等智能算法研发适于点、线、面等的控制优化模型及算法是互联网数据应用的重要趋势之一。

（三）互联网企业与交通信号厂商深度合作

目前互联网企业与交通信号厂商的数据接口还没有完全打通，对于互联网公司，希望交通信号厂商开放数据接口，从而充分发挥互联网企业的数据与技术能力优势，对交通信号配时方案进行实时的评价与优化；而对于交通信号厂商，信号优化与评价原本属于自己的业务范围，不愿意简单向互联网企业开放数据接口而让信号机最终仅仅完成执行器的工作。他们需要互联网企业的数据，希望自己来完成信号优化的工作。而互联网企业也不想仅仅成为数据服务提供商。

“互联网+”是交通领域大的发展趋势，仅靠某一方的数据并不一定能发挥充分的作用，所以互联网企业与传统企业的结合是必然趋势。

（撰稿：王力、何忠贺）

互联网+信息服务

近些年来，交通信息服务领域迎来了“互联网+”的新时代。“互联网+”是互联网和传统行业、产业之间做加法，把互联网用到传统产业之中去的发展模式。“互联网+信息服务”是互联网与交通管理、交通评价、交通出行等领域做加法，实现互联网技术与智能交通业务无缝隙链接和高度融合。构建“互联网+信息服务”模式，是顺应“互联网+”时代发展趋势的一项重大改革，是以“互联网+”为驱动，助力政府决策、行业管理、公众出行，打破行业壁垒，缩短时空距离的重要举措。2016 年度，以百度、高德、滴滴为代表的互联网公司开始探索互联网大数据在交通信息服务领域的应用，并取得了可喜的实践成果。

一、技术概述

在服务政府决策方面，互联网公司通过发布对城市交通运行、智能交通发展等维度的分析报告助力政府职能部门了解城市智能交通发展水平、掌握城市交通运行情况。

高德地图联合交通运输部科学研究院、清华大学戴姆勒可持续交通研究中心，共同发布了四期中国主要城市交通分析报告，并于 2016 年年底发布了《2016 年度中国主要城市交通分析报告》，基于高德积累的海量交通出行数据，通过大数据挖掘计算保证数据合理性和科学性，客观地从多维度反映城市的交通拥堵状况及解决方案。同时，高德地图发布了全国 62 个主要城市“互联网+交通”指数的排名，排名基于“智能出行”“智慧交通”“政务影响力”三大指标及 27 个分类指标得出。高德地图成为城市智慧交通建设的战略合作伙伴，截至 2016 年年底，已经与国内超过 100 个城市达成战略合作，交通大数据平台已经能够支持全国 362 个城市的交通研判分析能力，帮助各个城市实现智能化交通管理，提升政府职能部门的管理水平和社会服务能力。

滴滴媒体研究院发布了 2016 年上半年中国城市交通出行报告，基于滴滴出行平台全量数据，解读中国城市上半年的城市出行情况，包括交通拥堵、交通可靠性（稳定性）以及打车情况等。同时，滴滴媒体研究院联合第一财经商业数据中心于 2016 年年底发布了 2016 智能出行大数据报告，报告显示，截至 2016 年年底，智能出行平台上的 4 亿乘客活跃在全国 400 多个城市，日峰值单量超过 2000 万，累计完成行驶里程 328 亿公里，相当于环绕地球行驶 82 万圈，同时报告根据智能渗透率，出行活跃度和便捷程度等综合指标测算的智能出行发展指数，杭州、北京、广州、深圳、成都排名前 5 位，一线城市和省会城市明显更高。

二、关键技术及研究进展

在服务交通运输行业方面，互联网公司通过建设综合交通出行大数据开放平台，汇聚交通出行相关数据，开发面向不同群体的相关应用服务。

交通运输部与百度地图合作建设的综合交通出行大数据开放云平台——“出行云”正式上线，标志着中国交通运输数据开放迈出了重要一步。平台将全国各省市交通运输主管单位的交通出行相关数据进行汇集、整合，并对全社会开放，具有数据权威、完整、海量等特点，具备出行数据开放、决策支持、应用开发等功能。各级交通行业管理部门、交通运输企业、互联网企业、数据开发企业等机构和公众均可注册为用户，获得权威的交通运输出行数据以及相关应用服务的接入、展示、交换和使用等服务。

在服务行业管理方面，互联网公司通过与各地交通管理部门的合作，针对城市交通管理过程中的难点问题，运用互联网大数据助力交通拥堵治理、精准交通执法。

百度地图与成都市公安局交通管理局、成都市交投集团达成战略合作，三方将共同推动建立基于互联网、大数据、云计算技术的成都公众交通出行信息服务和交通管理决策支持系统，探索政企共建“互联网+交通拥堵治理”新模式。此次合作，三方将充分发挥各自优势，百度地图拥有多维信息源、尖端科技和持续创新能力，以及庞大的用户基础等优势；成都交警掌握着成都当地实时的交通路况、交通组织方案、交通设施、交通事故、交通事件、临时交通管理措施等权威数据；成都交投则拥有成都智能交通系统的技术优势，三方将合力制定“标准化”+“定制化”的智慧出行方案，让成都市民的出行更加便捷。

高德地图与城市共建智慧交通的战略合作，也已开花结果。北京交管局与高德地图合作，通过交管局权威交通管理数据和高德地图互联网数据的深度融合，为公众提供了更加权威、精准的出行信息，指引用户避开现行管制路段，北京全天拥堵同比下降4.79%。广州交警试点的“互联网+信号灯”控制优化平台，在海珠区的试点中，南华中路——宝岗大道存在严重的路口失衡现象，优化后南华中路 9～13 时拥堵下降 25.75%，15～20 时拥堵下降 11.83%。同时，高德地图已经在广州市天河、海珠两个区建成了 650 多组信号灯控制优化平台。

滴滴代驾启动“智慧交通+酒驾治理”新方式，利用互联网大数据、高科技算法，通过代驾实时热力图、增设亲情号码等“互联网+”方式，在酒驾干预、酒驾执法等方面尝试新的有效治理措施。2016 年与济南交警、深圳交警、武汉交警、长沙交警、天津等全国近 60 个地方交警支队开展“互联网+酒驾治理”合作，通过代驾热力图、增设新媒体平台代驾服务功能，成立反酒驾联盟、大数据酒驾研判等活动，系统开展互联网惠民活动，成立了近 10 个反酒驾联盟行动机构，组织宣教安全培训近 100 场，大数据干预和夜查直播活动近 30 次。通过代驾热力图，交警可以实时或以任何时间周期为单位，查看以群组、区域为特征的代驾订单密度、订单流动规律等，根据订单的分布和流向规律，开展酒驾前期干预、酒驾精准执法。

在服务公众出行方面，互联网公司通过手机 APP 推送、交通平台发布等方式，多维度助力用户识别拥堵点段分布、引导平安便捷出行。

春运期间，用户通过百度地图春运“平安播报”页面，可实时获取全国重要高速路网的拥堵路段、重要节点流量以及事故多发路段等信息，从而更合理规划出行。在拥堵路段页面，用户可查看拥堵路段名称、拥堵长度和车辆平均通行速度。对于全国最堵的前 10 名路段，春运“平安播报”还会在地图上以及右边信息栏重点显示；在 18 条全国主要高速路段的重要节点，用户可双向查看该节点每小时的通行车辆数据，获取更细致的出行参考。此外，春运“平安播报”还以可视化的形式，呈现各省事故多发路段以及往年发生过的事故形态等信息，引导车主平安出行。

高德地图在清明节、中秋节等小长假开始前，发布了交通出行预测报告，融合了高德地图交通大数据、位置大数据和 POI 大数据，预测了全国多个省份及重点城市小长假期间的交通路况和交通指南，涵盖了 280 多个热点景区，460 多处进出城高速、跨城高速以及预计热门景区的避堵绕行方案，为广大民众的小长假出行提供了科学的参考建议。

在新兴技术探索方面，互联网公司不断深化在智能化导航、路况精确识别、大数据平台应用等领域的探索。

高德地图推出了针对公交出行的新产品 AI 智能公交导航，针对出行人群“千人千面”需求多样化推出的公交智能导航出行解决方案，是建立在高德地图大数据样本及机器学习能力基础上的导航工具。用户可通过其实现公交路线查询、站点指引、到站提醒、出行解决方案建议等功能，可以根据用户画像，提供最优公交出行解决方案。

百度针对现有互联网地图的路况功能做出重大升级，将 AI 图像识别技术创新性的应用于路况识别，成为首家应用 AI 图像进行识别路况的互联网地图公司。百度此次首创了图像识别路况模型，并将其应用到了百度地图上，多轮测试表明，该模型的输出结果大幅改善了传统的基于轨迹计算识别模型的结果。

滴滴出行正式发布智能交通云平台，通过收集到的出行大数据，可以实现区域热力图、OD 数据分析、城市运力分析、城市交通出行预测、城市出行报告等，同时还能在公共出行服务，如实时路况、实时公交、ETA、城市运力补充等方面发挥价值。滴滴智能交通云平台每天产生超过 70TB 数据，每日处理超过 90 亿次路径规划请求，日均定位数据超过 130 亿。

三、发展趋势

2016 年 9 月，由公安部交通管理局指导，公安部交通管理科学研究所、人民日报媒体技术股份有限公司、高德地图、新浪微博联合主办的 2016“互联网+交通出行服务论坛”在北京召开，论坛以“智慧交通、融合创新”为主题，旨在分享创新服务及技术成果，倡导交通管理大数据与新媒体等“互联网+”手段应用，进一步提升政府职能部门的决策水平和服务社会的能力。公安部交通管理局、工业和信息化部科技司、人民日报媒体技术股份有限公司负责人在大会主论坛发表致辞。公安部交通管理科学研究所书记孙正良、交通运输部路网监测与应急处置中心副主任王刚、高德集团总裁俞永福、新浪微博首席执行官王高飞等部门企业领军人物分别围绕大数据在交通管理当中的创新趋势、“互联网+”道路交通出行服务创新、利用微博等新媒体平台的服务创新、互联网背景下传统出行平台面临的机遇和挑战、共享出行的大数据调度等议题作了专题演讲。

2016 年 11 月，由交通运输部主办的第三届世界互联网大会分论坛“互联网+出行”在乌镇召开，主题为“智慧交通，让出行更便捷”。论坛重点围绕互联网背景下的交通出行领域，邀请国内外交通出行领域的专家学者，就“互联网+出行”相关政策、技术、标准、应用服务等进行探讨交流。交通运输部运输服务司司长徐亚华从综合交通运输服务的角度介绍了交通运输部开展的一系列工作。百度公司总裁张亚勤就“云时代下的智能交通”发表演讲。摩拜单车联合创始人兼 CEO 王晓峰就“科技，如何让自行车回归城市”的议题，阐释了摩拜单车如何利用互联网技术改变人们的出行方式和生活方式。

（撰稿：顾金刚、华璟怡）

视频分析技术

一、技术概述

卡口系统是采用先进的光电技术、图像处理技术、模糊识别技术对过往的每一辆汽车均拍下车辆的图像，并自动识别出车辆的牌照，所采集到的车辆的信息数据均保存在服务器数据库中。传统的卡口系统存在以下弊端：一是识别信息种类较少，早期的卡口系统只能识别号牌号码、号牌种类、车身颜色等基础信息。二是号牌识别准确率不理想，由于卡口所处实际环境较为复杂，在实际环境下卡口识别准确率一般在 70%以下。三是升级困难，随着社会的进步、技术的发展（基于机器深度学习的识别技术）以及业务需求的增加（对新能源号牌、低速载货汽车号牌的识别），需要对识别算法进行升级，而传统的卡口系统由于识别算法嵌入在硬件设备上，导致升级困难。

应用车辆图像特征识别技术，对道路卡口采集的车辆通行图片进行二次识别，识别出号牌号码、号牌种类、车辆类型、车标品牌、车辆品牌型号、车身颜色、是否粘贴年检标识、是否悬挂挂件、是否摆放摆件、是否粘贴临时号牌、主副驾驶是否放下遮阳板、拍摄位置等外观特征信息；分析出驾驶人有无系安全带、有无拨打电话以及其他妨碍安全行车的驾驶行为。通过后台实时比对机动车登记信息，准确定位违法嫌疑车辆，并预警通知路面民警进行拦截查处；通过驾驶行为分析，主动发现违法驾驶行为，并生成非现场违法信息供民警审核。

通过研究基于监控图像的号牌号码、车辆品牌、车辆类型、车身颜色、年检标识、挂件摆件等机动车外观特征信息以及驾驶人行为特征的二次识别提取技术，在我所公路管控技术实验室搭建了专门对环境进行技术验证测试，通过创新应用多算法交叉识别、建立统一车辆品牌信息库、建立符合实际情况的品牌过滤机制、建立分发库等方法，提高了查处违法嫌疑车辆的准确率，实现了违法车辆、违法驾驶行为的主动发现、精确打击。组织设计研发卡口嫌疑车辆特征识别与预警系统软件，依托公安交通集成指挥平台，集成应用图像分析技术、大数据技术，实现了对监控图片中机动车特征的分析提取、与机动车登记信息的实时比对、违法车辆的准确识别发现和实时报警、违法车辆的离线取证、业务信息统计等功能，实现了从海量数据中快速分析和精确筛选嫌疑车辆。

二、关键技术及研究进展

（一）关键技术

1. 建立车辆品牌标准库

目前关于车辆品牌并没有统一的标准以及代码，这就给车辆品牌的准确归类带来了困难，目前交通领域的各大公司均采用自定义的代码表，这种代码表一般是以主流汽车网站上的品牌库为基础建立的。但由于缺乏相关标准对车辆品牌型号进行约束，同时不同车辆制造厂对于车辆品牌型号的管理方法并不一致，导致这套品牌库并不适合直接作为车辆品牌识别的分类库。

在充分调研车辆品牌实际情况的基础上，通过研究《GB 16735—2004 道路车辆车辆识别代号（VIN）》（以下简称 GB16735）以及《GB 16737—2004 道路车辆世界制造厂识别代号（WMI）》，结合机动车公告信息、进口车辆中英文对照表，建立了统一的车辆品牌标准库，形成了车标品牌代码表、国产机动车品牌型号与车标品牌代码对应关系表、机动车制造厂代码表、机动车制造厂与品牌型号关系表、国产车辆品牌型号公告信息表、进口车辆品牌型号信息表 6 个标准代码表。

2. 设计套牌分析过滤策略

通过二次识别技术对车辆品牌的识别，可以进行套牌嫌疑车辆分析，具体来说，当同一辆车识别出来的品牌与登记的品牌信息不一致的时候，认定为套牌嫌疑车辆。然而，在实际中，有多种因素会导致套牌嫌疑车辆分析错误，通过对部分车辆品牌以及车辆制造厂的调研，总结出来 3 个最主要的影响套牌车分析正确率的因素及其应对措施，具体如下。

因素 1：外观相似导致品牌识别错误。部分车辆品牌仿照其他车辆品牌的外观进行车辆制造，这部分车辆外观极易混淆，现阶段的技术还难以进行较好的区分，导致这部分车辆的套牌车分析准确率低。针对这个问题，设计了车辆品牌忽略策略，当识别信息与登记信息满足忽略策略时，不进行报警，忽略策略统一维护并定期更新。

因素 2：登记不规范导致比对错误。由于车辆品牌型号缺乏标准约束，导致公告信息中的车辆品牌并不一定规范，例如，大众 POLO 车型，登记信息有可能是 POLO、波罗、菠罗等，这也会导致套牌车分析错误。针对这个问题，建立了机动车识别代号与车标代码的对应关系，通过这种对应关系使用机动车识别代号作为品牌判断的重要依据；另外，设计了车辆子品牌忽略策略，当登记品牌是识别品牌的子品牌时，也不予以报警，子品牌信息统一维护并定期更新。

因素 3：改装车登记品牌无法识别。GB16735 中指出，车辆制造厂分为：车辆制造厂、非完整车辆制造厂、最后阶段制造厂、中间阶段制造厂。改装厂一般属于非完整车辆制造厂或最后阶段制造厂，改装厂制造的车辆在外观上与改装前区别不大，而图像识别技术是通过外观识别车辆品牌的，所以，改装车进行识别后，识别出来的品牌一定是原车辆制造厂的品牌，机动车识别代号中的制造厂代码也是原车辆制造厂的代码，但这部分车登记的品牌一般都是改装厂品牌，进而导致套牌车分析错误。针对这个问题，建立了车辆制造厂与车标品牌的对应关系，使用制造厂信息作为品牌判断的重要依据，另一方面，设计了部分车辆不进行套牌车分析的策略，如专项作业车、救护车等。

3. 多算法交叉验证

由于市场上任意一个识别算法均无法达到极高的识别准确率，即使错误率仅为 1%，相对每天上千万（一个支队辖区）的过车量来说，错误数量仍然过于庞大，在实际中难以发挥较好的作用。因此，采用两个原理不同的识别算法同时对一张图片进行识别，只有两个不同算法的识别结果均一致时，才进行嫌疑车辆分析，这在一定程度上牺牲了检出率，但却极大提高了准确率（见图 1）。

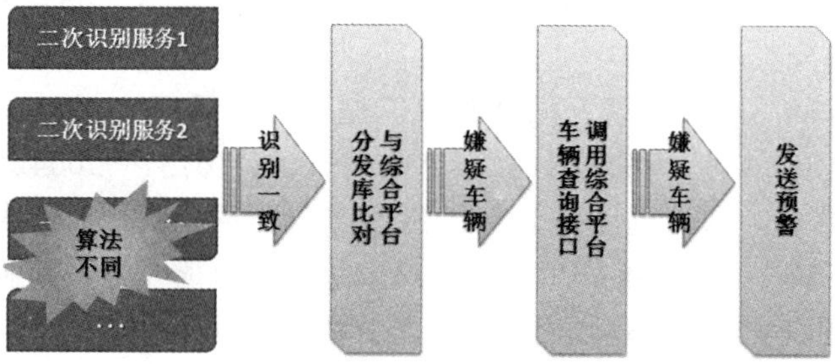

图 1　多算法交叉验证

4. 建立数据分发库，采用分发库与多级接口相结合的方式获取机动车信息

分析嫌疑车辆必然需要获取机动车信息，如果每辆车都调用机动车信息接口进行查询，会给接口带来极大的压力；如果将机动车登记信息导入本地库，则需要定期更新本地库，一旦更新不及时，很容易产生误报；如果仅使用数据分发库，由于数据分发库同样可能存在数据不及时的问题，也容易产生误报。

通过分析各种机动车信息访问策略的优劣，结合各地实际情况，提出了分发库与多级接口相结合的方式获取机动车信息。依据各地的综合应用平台部署方式的不同，采用不同的访问模式，主要有以下两种模式。

模式一：总队分发库+省级接口+全国接口访问。该模式适用于部署总队集中版综合应用平台的支队。该模式原理是：本省车辆优先与总队分发库进行比对，如果认定为嫌疑车辆，再调用省级接口进行核实；外省车辆直接调用全国接口进行比对（见图 2）。

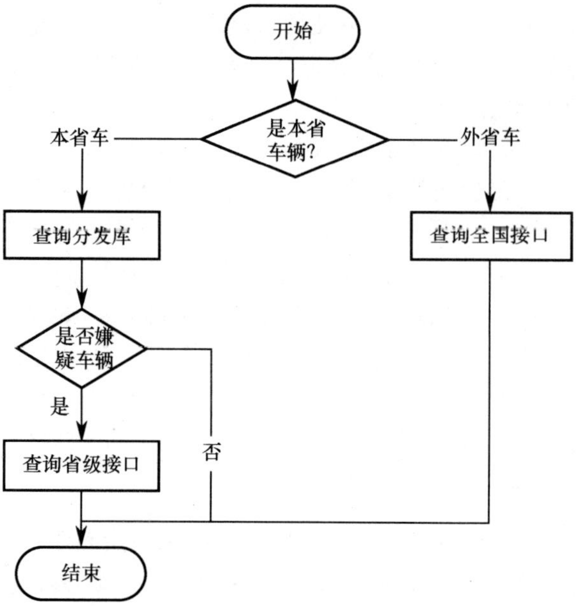

图 2　总队分发库+省级接口+全国接口访问模式

模式二：支队分发库+省级接口+全国接口访问。该模式适用于部署支队集中版综合应用平台的支队。该模式原理是：本市车辆优先与支队分发库进行比对，如果认定为嫌疑车辆，再调用省级接口进行核实；本省外市车辆直接调用省级接口进行比对；外省车辆直接调用全国接口进行比对（见图 3）。

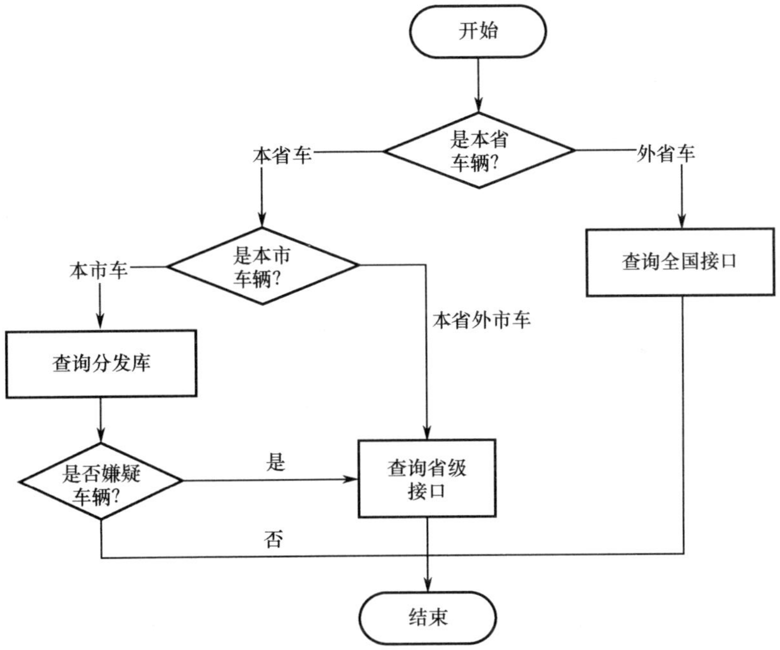

图 3　支队分发库+省级接口+全国接口访问模式

（二）研究与应用进展

在车辆识别技术基础上，结合对关键技术的研究，依托公安交通集成指挥平台与全国机动车缉查布控系统，研发卡口嫌疑车辆特征识别与预警系统。根据公安部交通管理局 2016 年缉查布控系统应用情况通报中的数据显示，截至 2016 年年底，已在全国近 200 个支队完成系统部署，共计 7000 余个卡口进行后台二次识别，二次识别软件共计识别过车近 50 亿条，成功拦截嫌疑车辆 20 余万辆次，其中假牌 2 万余辆次，套牌 9000 余辆次，逾期未报废 2000 余辆次，逾期未检验 18 万余辆次。

三、发展趋势

从技术角度来看，二次识别技术在智能交通领域的应用仍然有提高的空间。Hinton 教授团队利用 GPU 训练了一种卷积神经网络用于图像分类，在大规模图像分类任务上取得了非常好的效果，开发的 SuperVision 算法在 2012 年的图像识别竞赛中以绝对优势赢得比赛。随着深度学习技术的发展，基于机器深度学习的图像识别技术会在品牌识别、车辆个性化特征识别等方面发挥其优势，势必会作为现有二次识别技术的重要补充。在此基础上，不安全驾驶行为识别、以图搜车等应用的研究将会成为热点。

从业务角度来看，首先，通过二次识别技术发现的违法行为，在取证方面还有不完善的地方。《GAT 832—2014 道路交通安全违法行为图像取证技术规范》（以下简称GAT832）中指出，需要不少于 2 幅不同时间拍摄的机动车全景特征图片，而目前部分卡口只抓取一张图片，这部分卡口可以通过关联二次识别实现违法行为的分析（如不系安全带、驾驶人使用手机等），但若直接用来取证，不符合标准，需将纳入执法取证的卡口改造成至少连续拍摄两张图片。同时，GAT832 中并未明确指出使用伪造变造号牌、使用他人机动车号牌、未悬挂机动车号牌等涉牌违法的取证要求。随着以图搜车等技术的应用，技术上可以找到部分涉牌违法车辆的真实号牌信息，但由于缺乏相关的法律、标准依据，会给这部分违法车辆的处理带来困难，所以也需要根据技术的发展情况，从法律、标准等层面研究规范、合法的涉牌违法车辆查处方法。其次，随着图像识别技术、深度学习技术、大数据技术的逐步普及，产生了大量的业务数据，但目前这部分数据并没有得到充分利用，需要在充分调研交通安全领域业务需求的前提下，融合业务数据、利用先进技术、依托已有平台，开展违法车辆分析研判方法的研究与应用，建立健全违法车辆的预测、预警、预防机制，提高违法车辆管控水平。

（撰稿：张慧辰、张森、尤东海）

城市停车运营与管理技术

一、技术概述

截至 2017 年 3 月底，中国汽车保有量超过 2 亿辆。但是，由于城市停车设施建设滞后，使得停车位总量缺口较大，供需不平衡问题严重。作为城市交通的重要组成部分，停车难带来的“出行之痛”已经成为城市管理的一大痼疾。据估算，目前北京、上海、广州、深圳等大城市小汽车与停车位的平均比例约为 1∶0.8，甚至更低，城市停车位资源紧缺已是不争的事实。目前，解决停车难问题的方法，除部分城市限购车辆以控制汽车数量外，多是从两个方面着手，一是开源，增加停车位供给；二是挖潜，通过智能化等手段来提高停车资源利用率和停车场运营效率，进而缓解停车难问题，政府管理部门与社会力量都在推进智能化停车行业发展。

政策面上，最重要的一个文件是 2016 年 3 月，国家发改委印发的《加快城市停车场建设近期工作要点与任务分工》，其中停车场的建设指导工作归入到住建部；停车资源基础数据的建设指导工作归入到住建部、交通运输部、公安部三个部委；加快高新技术在停车领域的应用指导工作归入到公安部和交通运输部；推动“互联网+停车”融合发展指导工作由三个部委协同负责。

据了解，很多城市已经或者准备启动城市停车运营与管理平台系统的搭建。意图将政府掌握的路内、路外停车资源和社会停车资源等一同接入城市停车运营管理平台，为驾车者提供区域与场内停车诱导、便捷停车缴费等服务，为管理者提供停车需求分析、车辆动静态管控、交通出行综合信息服务等。

在停车场管理方面，随着“互联网+停车”的快速发展，很多停车场都进行了设备和管理系统更新，普遍使用的是“基于车牌识别的视频技术+多种支付方式融合”的管理模式，这种模式一定程度上减少了收费漏洞，提升了车辆进出停车场速度，提高了停车缴费的便捷度。

在停车运营方面，基本以业主将物业与停车场一起委托给物业公司经营管理为主，因而城市停车业态纷繁复杂。近年来，专门的停车场运营企业有快速增加的趋势，尤其是以各地方具有国企背景的城投公司为主体成立的停车运营企业发展迅猛，他们一方面依托政府快速整合当地停车资源，另一方面为政府搭建城市级（区域级）停车运营管理平台，通过多种方式接入各类停车场数据，旨在为实现城市智慧停车奠定基础。

二、关键技术

（一）停车位检测与信息采集技术

1. 路外停车场停车位检测

主要检测方式有视频检测、超声波检测、地磁检测等，超声波和地磁检测都是一个车位对应一个检测设备，而视频设备则可以一对多个车位，检测条件较好的停车场，可以一个视频设备检测 6 个或以上车位。需要注意的是，拥有车位检测设备和系统的路外停车场数量较少，主要集中在大型商场超市、枢纽的停车场。通过车位检测来获知停车位状态，为场内诱导和反向寻车提供数据和技术支撑，提升停车场的车位周转率和用户体验。

2. 路外停车场出入控制与信息采集

公安部颁发的行业标准《停车库（场）出入口控制设备技术要求》中对停车场出入口控制设备的主要定义是，用于接收车辆出入凭证识别信息或者其他控制信息，经过逻辑运算、认证、校验等分析处理，给相应执行机构发出执行命令信息，并可将车辆出入管理数据传递到停车库（场）中央管理部分的设备。

主要有以下几种出入口控制、缴费技术方式。

（1）取卡出入

通过 IC 卡来计算车辆停车时长，现金或扫码缴费。此种方式是停车场道闸公司提供给停车场业主的标配，优点是以卡计费，精确计时计费，不易有监守自盗的行为，较易区分车辆丢失责任；缺点是需要停车取卡，既耗时也考验驾驶技术，出入闸口效率低，遇到雷雨天气时出入停车场极不方便。

（2）基于车牌识别的免取卡出入

不需要取卡，不需要车载设备，凭车牌号码进出道闸，速度快，准确率高，设备及改造成本较低。除现金缴费外，支持移动支付，支付宝、微信支付等支付方式，是目前推广最快的出入口控制技术方式。

（3）基于 ETC 的出入

基于高速公路 ETC 车载电子标签，不需要取卡，不需要任何支付操作，自动扣款，流程与高速公路通行收费流程一致。需要用户车辆安装有 ETC 标签，同时出入口安装有 ETC 识别设备并已打通与 ETC 管理机构的结算通道。

3. 道路（路内）停车停车位检测、信息采集

与路外停车场的车位检测类似，道路停车位检测技术上可以采用地磁、视频、RFID 等检测技术，目前主要以地磁和视频设备为主。道路停车位检测与路外停车位检测的需求有些差异，不仅需要识别停车位状态，还需要识别停车位上所停车辆身份，以便计时计费、费用追缴及执法处罚。

地磁不能识别车辆信息，只能提供停车位状态变化信息，供停车管理系统计时计费。因此，停车收费需要车主按规定申请或由巡查管理人员当面收取，执法则需要现场实地取证。

视频检测分为两种设备，一种是视频桩，在路侧马路边沿布设，一个设备对应一个停车位，固定视角，单个摄像头；另一种是 F 杆设备，悬空挂，有一枪一球组合，也有两枪一球组合，可检测车位从 6～14 个不等。路外视频检测可以精确识别停车车辆信息，包括车牌、停车时长等，可以精准计费和缉查。

RFID 检测，包括超高频的机动车电子标识（无源）与高速公路 ETC（有源）两种方式。两种方式都需要在每辆车安装相应的车载 OBU 标签，才能为路侧设备所感应检测到。这两种技术，目前都处于试验阶段，暂没有实地应用，都存在一些需要解决的问题，一是所有车辆都需要安装车载 OBU 标签，而地磁、视频都不需要其他介质；二是确定车辆状态（停车/堵车/违停）需要其他技术辅助。

整体来说，城市道路停车联网管理和收费系统，不会是单一的采用一种检测技术，而会根据道路停车位环境、周转率、人力成本等来综合选择检测技术和设备，多种技术并存，提供统一的数据。基于 RFID 和 ETC 的检测方式，是目前停车位检测技术研究、实验的重点，基于视频的检测方式，已经有多家视频设备厂商进入，技术上已经趋于成熟，在北京、石家庄、邯郸、贵阳等地已有示范应用。

（二）城市停车管理云平台

1. 城市停车运营管理

主要由道路停车运营管理系统、商业化运营停车场管理信息系统、国有公共停车场（机关、医院、枢纽、公园等）管理信息系统等几大部分组成，接入统一的集成处理和数据平台，形成城市级停车运营管理和服务体系，以便把控城市整体静态交通状况。

2. 车主公共服务

提供 APP、微信公众号等渠道，查询目的地停车位信息；提供支付渠道，支持多方式支付，方便停车使用付费，有些地方在尝试车位共享服务等。

（1）城市交通协同管理

基于城市停车管理云平台所收集到的停车位动态数据，可以生成停车诱导系统，减少无效停车造成的交通拥堵；基于视频所采集到的车辆信息，补充给公安交警的缉查布控系统，也就是所谓的“停车微卡口”，实现缉查布控系统的动静态数据一体化，完善车辆数据范围；基于路内停车悬挂式视频设备，综合用于违停抓拍，服务于交通管理执法。

（2）停车大数据应用

数据沉淀以后，可以进行周期性数据分析，针对某些节点，如口岸、商场、医院等，提出改善性停车管理措施；可以为商场、汽车厂商提供大数据金融分析等。

三、发展趋势

（一）无人值守

不管是道路停车，还是路外停车场，未来都将向无人值守的方向发展，降低运营成本，所以，能确定车辆身份的检测方式将成为未来应用的重点，包括机动车电子标识、ETC 以及视频检测。在一段时间内，道路停车收费还将存在数量较多的巡查和收费员，可以视为发展的过渡阶段。

（二）无感支付

无感支付技术的应用，既能实现无人值守，还能大大提升停车场出场效率，现阶段将以支持多支付方式为主，随着信用体系的建立和应用，无感支付将会逐步得到普及。

（三）进一步融入城市大交通管理体系

现阶段，停车数据暂还是孤立存在的，随着数据覆盖面越来越大，接入数据量越来越多，可以作为提高片区用车成本、公共交通完善度的参考数据。未来，静态停车数据将与动态车辆轨迹信息一起，组成街道、片区、城市的一体化交通大数据，从而获得完整的道路交通使用大数据和停车需求大数据，为城市交通仿真、交通管理决策提供最充分的数据支持。

（撰稿：熊文贵）

城市轨道交通全自动运行驾驶

一、技术概述

全自动运行系统（Fully Automatic Operation，FAO）是基于现代计算机、通信、控制和系统集成等技术，实现列车运行全过程自动化的新一代城市轨道交通系统，全面提升轨道交通的可靠性、安全性、可用性、可维护性，提高运行效率及整体自动化水平，实现轨道交通的最佳化运行，代表未来轨道交通技术发展方向。

全自动驾驶名称有以下三种定义。

（1）UTO（Unattended Train Operation）无乘务员列车运行，相对于 STO 和 DTO 而言；

（2）FAO（Fully Automatic Operation）全自动运行或全自动驾驶运行 UITP；

（3）AUGT——GOA4（Automated Urban Guided Transport）自动化城市轨道交通（IEEE62290-2012）。

无论哪一种定义方式其含义基本相同，全自动驾驶运行系统是形象地衡量城市轨道交通系统可靠性、安全性、可用性、可维护性先进水平的标尺，系统具备不需要配置司机列车完全自动运行的条件（见表 1）。

表 1　全自动驾驶功能与设备、人的关系

	列车运行基本功能	GOA1	GOA2	GOA3	GOA4
保证列车安全运行	安全进路	设备	设备	设备	设备
	列车间隔控制	设备	设备	设备	设备
	速度监督	人工	设备	设备	设备
驾驶列车	加速和减速	人工	设备	设备	设备
监控轨道	障碍物监测	人工	人工	设备	设备
	避免与轨道上的人员碰撞	人工	人工	设备	设备
监控乘客上下车	车门及站台门控制	人工	人工	人工	设备
	确认列车启动条件	人工	人工	人工	设备
监控列车	列车投入运营 列车退出运营	人工	人工	人工	设备
	监督列车运行	人工	人工	人工	设备
紧急状态的检测与处理	诊断列车； 检测烟火、脱轨、列车完整性； 紧急情况处理	人工	人工	人工	设备检测+ 人工处置

二、关键技术及研究进展

全自动驾驶不等于无人驾驶，应用全自动驾驶的目的并不是运营单位减员，而是为了提高轨道交通线路可靠性、安全性、可用性、可维护性指标，提高轨道交通设备系统的先进水平。

全自动运行系统通过灵活编组和优化运行可以缩短发车间隔，提高线路的运营能力。根据客流需求灵活地调整行车计划，不受司机编制的制约，运营管理由分散性控制转变为集中控制，并且配合列车节能驾驶等节能技术在全系统的应用，可以提高全系统的自动化程度，提高运营效率（见图 1）。

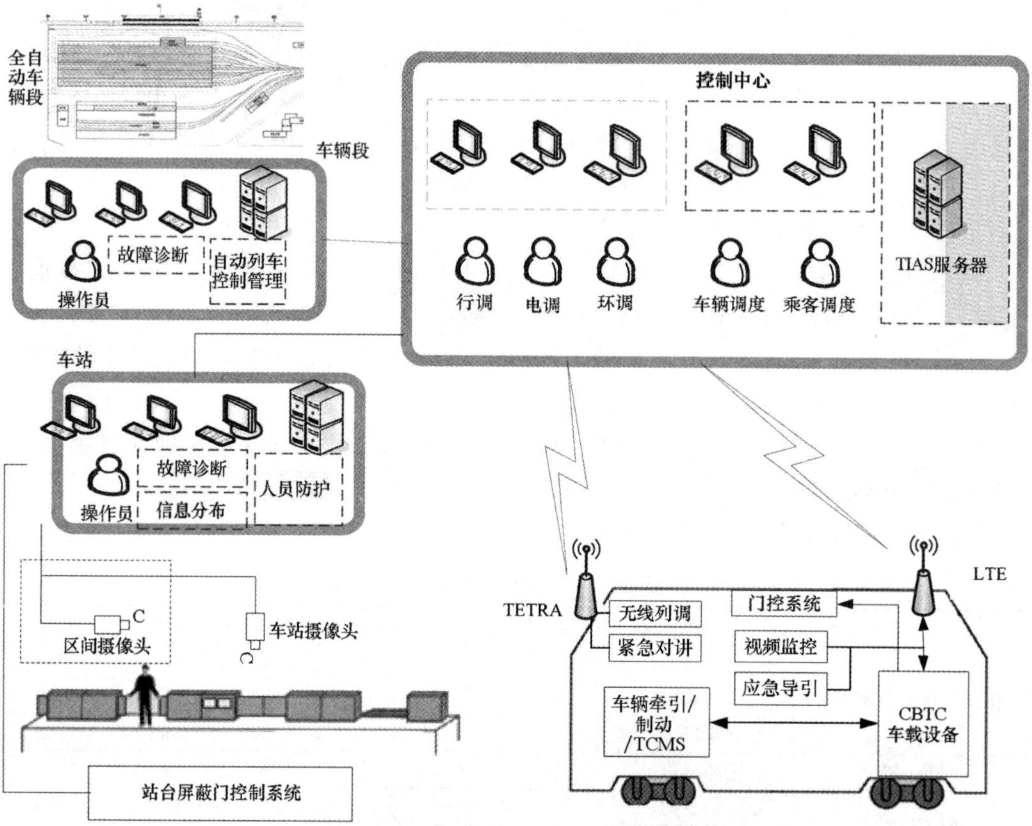

图 1　列车全自动运行总体架构

三、发展趋势

城市轨道交通全自动驾驶的发展经历了三个发展阶段：探索阶段、推广阶段和成熟应用阶段，随着技术的发展和运营管理经验的提高，更加先进的技术手段和管理方法的成功运用，使得各阶段全自动驾驶技术产生了质的飞跃，实现了城市轨道交通系统的安全、可靠、高效、节能的最佳化运行，全自动驾驶已成为城市轨道交通行业未来技术发展方向。

1965—1990 年为探索阶段，1962 年世界上第一条全自动驾驶城市轨道交通线路在纽约投入运营，在时代广场和纽约大中央火车站之间运行。1965 年西屋电气公司提出建设“无人驾驶的、高频率的、经济的公共交通系统”，在匹兹堡附近的南区公园（South

Park）建成了全自动化运输系统“SkyBus”。1975 年美国西弗吉尼亚大学开通了全自动驾驶线路“Morgantown PRT”，40 年后的今天仍正常运营。初期的应用主要集中在公园观光线、机场摆渡线等客流较小的专线当中（见图 2）。

图 2　美国西弗吉尼亚州 Morgantown PRT

1990—2000 年为推广阶段，开始突破在大客流轨道交通应用，这个阶段的典型代表是巴黎地铁 14 号线。14 号线是巴黎地铁中第一条全自动化的线路。列车运行自动化系统为 DIGISAFE，系统保证列车运行的安全，相关的数据处理由摩托罗拉 68020 三处理器计算机和马特拉实时内核（MRTK）完成。而集中化控制驾驶系统则为线路资讯和调节提供保障，相关的数据处理由 DEC Alpha 工作站和 Open VMS 系统完成，并由西门子公司设计。自动化系统可以使列车调度更加灵便，在班次延误或客流高峰时可以多插入一组列车运行，频率和运行车辆数根据高峰和非高峰时段自动调整，列车的运行速度和效率显著提高。但是，没有实现车辆段的自动运行（见图 3）。

图 3　巴黎地铁 14 号线

2000 年至今为成熟应用阶段。从低密度低客流线路应用逐级发展到大客流高密度线路，能够实现全线的自动化运行（含停车场/车辆段）。其典型代表是新加坡东北线，该线为全世界第一条实现正线、车辆段全自动运行的重型地铁线路。采用钢轮钢轨制式，信号为 ALSTOM 的 Urbalis 系统，最高运行速度 90 千米/小时，高峰时间最小行车间隔为 2 分钟，日间行车间隔为 5 分钟，清晨和夜间行车间隔为 6 分钟。车辆为 Alstom Metropolis C751A（后升级为 Alstom Metropolis C751AC），为六辆编组。2003 年 6 月开通运营（见图 4）。

图 4　新加坡东北线车站

近年来自动化地铁在全球轨道交通领域日渐升温，巴黎、新加坡、洛桑、迪拜、纽伦堡、哥本哈根等城市都已引入全自动驾驶地铁，目前运行情况良好。据统计全球多于 50%的新建线路计划采用全自动驾驶设计。

据 ATLAS 统计，截至 2013 年 9 月，全球 32 座城市的 48 条线路运营全自动驾驶系统，总里程 674 公里，运营车站总数 700 座。分布统计数据显示亚洲占 40%，欧洲占 32%，南美洲最少占 1%。法国全自动驾驶里程最长，亚洲有 4 个国家的全自动驾驶总里程排在世界前 6 位，分别是排名第 2 位的韩国、第 3 位的阿拉伯联合酋长国、第 5 位的日本和第 6 位的新加坡。亚洲国家近年竣工的全自动驾驶线路里程排在世界前列，发展速度惊人，挑战欧洲美国在这一领域的传统霸主地位。统计数据显示，全自动驾驶的增长速度每十年翻一倍，未来 10 年将达到 3.5 倍。2025 年全自动驾驶的总里程将达到 1800 公里。

除中国香港地铁外，2008 年开通的北京地铁机场线，是国内首条按照全自动运行等级建设的线路；2010 年开通的上海地铁 10 号线，于 2014 年 8 月开始应用有人值守的全自动运行模式；正在建设的北京地铁燕房线，是国内首条采用车辆、CBTC 信号系统等核心技术为基础的自主化全自动运行技术线路，2016 年年底已完成动车调试工作，计划 2017 年年底开通，建成后将成为国内地铁首条具有完全自主知识产权全自动运行系统轨道交通线路。

截至 2016 年年底，北京第二轮新线、哈尔滨、郑州等城市轨道交通新线均计划采用全自动运行技术。

（撰稿：魏运）

有轨电车协同运行关键技术

一、技术概述

现代有轨电车系统是指采用低地板车辆，依靠驾驶员瞭望行驶在敷设于路面的轨道上，按公交化模式组织运营的公共交通系统。截至 2014 年，全球已有超过 60 多个国家、400 多个城市建成运营有轨电车；国内通车运营有长春、大连、中国香港、天津、上海、沈阳、南京、苏州、广州 9 个城市，约 150 千米，近 40 个城市正在进行规划或设计，规划里程近 6000 公里，工程总投资约 7000 亿元。

随着现代有轨电车车辆及道路基础设施的快速发展，有轨电车车辆及系统运营管理相关的核心关键技术正在快速回归国有化，自有技术知识产权比例不断提升。2016 年年底，上海市试运行两条松江有轨电车线，是上海市钢轮钢轨现代有轨电车的第一条示范线，线网规划包括五条线路，总长约 64 公里。其中，将在 2017 年开通的 T1 线穿松江新城内部，是一条相对独立骨干型中运量公共交通系统，总长约 28.5 公里，填补了松江新城在轨道交通和常规公交之间运能服务空当。

二、关键技术及研究进展

以松江有轨电车线为例，该线采用了模块化的有轨电车车辆技术，集成开发采用法国阿尔斯通公司的 Citadis 技术平台产品，引进消化吸收并再创新，其模块化程度国内最高，生产、组装及后期维护、维修极为便利，具有技术先进、绿色环保、安全便捷、成熟可靠等特点。其中，低地板技术采用 100%低地板，车内无纵向斜坡，地板面高度仅 36 厘米，方便乘客上下车。列车的智能转向架技术，采用 L 型柔性关节结构设计，可平滑通过曲线和顺坡，对线路具有良好的适应性，提高车辆乘坐舒适性。

T1 线车辆在行人保护功能上也进行了技术创新与突破，属于国内有轨电车车辆特有。司机室底架下方设行人保护装置，如有行人不慎倒在车辆前方，将会触发保护装置放下，避免行人卷入车下。保护装置也可由司机在司机台上的按钮主动触发，为避免伤亡赢得宝贵的反应时间。

另外，考虑松江线路中停留距离较为适中的道路交通条件，采用适宜的无触网供电技术。当车辆由于触网故障或受电弓故障导致车辆失电停在路口，为列车配备了超级电容实现应急牵引系统，能够依靠列车自带的超级电容供电，牵引列车离开路口，防止路口拥堵。现代有轨电车车辆技术的不断发展与创新，为有轨电车有效运行与乘客安全提供了保障。

除有轨电车车辆自身的技术突破外，还实现了有轨电车运营与常规道路交通协同规划、控制、管理、信息服务等方面的技术攻关与应用，核心技术成果包括有轨电车线网优化技术、网络化运营方案设计与实施技术、有轨电车与道路交通网络化协同管控技术、有轨电车与多模式交通衔接和信息服务技术、有轨电车走廊客流监测及应急管理技术。具体实现了以下功能与应用。

（1）基于出行大数据的城市有轨电车线网优化技术

利用手机 APP 数据、百度 POI 数据、居民出行调查数据以及其他公交网络和道路运行状态数据原始数据，并融合其他多源大数据（如 POI 数据等），对多源大数据宏观层面的客流分布与来源进行时空分析，掌握有轨电车客流来源及其区域空间分布情况。通过分析得到区域内的职住分布情况（手机 APP 数据）、兴趣点的分布情况（百度 POI 数据）、出行需求情况（居民出行调查）以及公交站点线路分布与道路运行状态（百度拥堵指数发布）等指标，然后进行参数配置及线路服务范围叠加分析，最终比选出综合指标最优的规划路线。

该技术的创新将手机大数据与传统线网规划方法有效融合，实现有轨电车线网规划和线网方案在准确性和可靠性方面的提升，面向松江区现代有轨电车工程线网规划与建设，提供了基于大数据的有轨电车线网辅助优化依据。

（2）城市有轨电车网络化运营方案设计与实施技术

结合道路环境和城市现代有轨电车自身特性，现代有轨电车将结合客流需求特征，选取适宜的编组方案、交路形式、列车运营调度模式以及运营调度决策支持模式和应用。有轨电车运营方式包括独立运营、共线运营和网络化运营，具体选取时应考虑线路交通定位、运营主体、技术难度、经济性等因素。以松江区现代有轨电车工程为例，给出有轨电车开行方案和适应性分析，以及运营组织模式带来的运营组织问题和应对措施，并形成系统性的网络化运营方案及建议。

有轨电车在路网运行时应考虑采用交通信号优先控制策略，包括基于离线协调的有条件主动式信号优先、主动式信号优先、有条件的信号优先。设计时考虑交通信号机与有轨电车控制器之间的信号交互性，控制指令的流程实现，信号机的优先控制功能设置及参数调节等。

（3）有轨电车与道路交通网络化协同管控技术

有轨电车在有专用路权、非专用路权的路段以及混合交通流交织交叉口的道路网络运行时，具有不同的交通运行特性。为了避免或减少混合复杂交通流在不同类型交叉口、不同背景交通流组成环境下的汇合冲突，需对有轨电车与常规交通分别设计明确的交通流组织管控目标及战略。基于分析有轨电车与道路网络交通流下管控技术的协同必要性、可行性，采取适宜的协同管控策略，实现复杂混合交通流环境中的以综合效益最大化为目标的主动与被动控制的协同、有轨信号与道路信号的协同、管控与诱导的协同、有轨电车安全与社会车辆慢行交通的安全协同等管控技术，为提升有轨电车车辆自身安全性和服务水平，提升整体区域路网通行效率提供重要技术支撑。

（4）有轨电车与多模式交通衔接和信息服务技术

针对现代有轨电车网络与不同交通方式网络衔接特性，采取有轨电车与不同交通方式之间的多元个性化换乘信息服务，在松江区有轨电车 T1 和 T2 线上，实现现代有轨电车与多模式交通协同服务应用，并提供面向乘客的智慧电车多模式出行信息服务。

有轨电车作为公共交通中一种重要的交通工具，很难单独满足乘客的出行需求，因此，与其他交通网络的衔接尤为重要。根据有轨电车作为城市中等运量交通工具的功能定位，有轨电车具有安全、可靠、环保、舒适、快捷、成本低等优点，同时也具有机动性差、对既有道路路面的结构整体性和强度影响大、架空线影响城市美观、工程建设复杂等缺点，因此，在不同城市的不同区域由于功能定位的不同，有轨电车与其他交通网络衔接具有不同特点。另一方面，根据有轨电车的不同敷设方式和路权形式，与公共汽车、电车换乘枢纽衔接时，可选取站外换乘、平行换乘、单双向路段换乘、平面交叉口换乘、立体交叉口换乘、路外换乘等模式，与轨道交通换乘枢纽衔接时，可选取路边停靠、同侧停靠、集中布局、同台换乘等模式，与非机动车及步行者衔接时应重点考虑"以人为本"的理念和安全、便捷的换乘需求。

有轨电车信息发布系统，数据获取部分主要实现从交通信息采集模块和交通信息处理模块中获得用于对外发布的有效数据，发布数据的处理主要实现对显示或发布信息的组织和逻辑表示等处理功能，通过筛选、处理、分类后，形成最终的可发布信息。数据的对外发布主要涉及对外接口问题，包括对外接口工作站以及相应的网络安全连接设备，信息发布的平台主要包括网络、手机应用终端、电子站牌、有轨电车车载端、交通广播等。

（5）基于交通大数据的有轨电车走廊客流监测及应急预案

有轨电车走廊主要指在某一区域内连接主要交通流发源地、目的地，有共同流向，具有比较大的客流量，有轨电车成为该区域客流运输的骨干线路的交通量繁忙区域。有轨电车走廊的网络交通方式、客流的关联程度，与沿线站点、主要商圈、周边节点客流有关，以手机数据为辅助，进行有轨电车走廊网络客流监测、交通状态判别及发展趋势预测，对监控电车运行安全和通行效益具有重要作用。在常态交通下，分析交通大数据在提高有轨电车运营效益方面的应用支撑，形成基于交通大数据的有轨电车运营、管控的优化方案。在异常交通状态下，分析基于网络化决策支持的有轨电车走廊应急协同管控预案，可为有轨电车大客流预测预警、重大事故事件疏散调度、区域交通应急指挥提供重要的技术保障。

（撰稿：翟希、张扬、顾承华）

现代有轨电车信号控制技术

一、技术概述

现代有轨电车在许多国家已得到广泛应用和推广，我国刚刚兴起了建设现代有轨电车的热潮。目前，现代有轨电车的建设规划有别于传统有轨电车，多采用半独立路权运行模式，在平面交叉口与其他交通流产生冲突。有轨电车加入后由于交通控制、设施等问题，交叉路口安全问题频出，最终导致有轨电车运行速度降低、运能下降。同时，当有轨电车运行后大多数交通控制系统为其提供绝对优先，牺牲社会交通的利益，对一个稳定的交通系统造成较大的干扰，导致交通系统紊乱甚至不可控，整体交通运行效率下降。由于降速、交通紊乱等因素，使得高效率的现代有轨电车效果无法得到充分的体现。现代有轨电车平交路口信号优先控制成为现代有轨电车规划、建设过程中需要重点考虑的问题。现代有轨电车信号优先控制系统与社会交通控制系统的有效结合将为有轨电车提供优先通行权，既保证社会交通的效益，同时提高有轨电车的运行效率，使其运能得到充分发挥。

二、关键技术及研究进展

（一）现代有轨电车建设与规划现状

在中国各大城市中，有轨电车的建设日益活跃。据统计，中国约有 58 个城市提出规划建设现代有轨电车，计划总长度超过 6000 千米，已开通运营的城市有大连、沈阳、上海、苏州等 10 座城市，共有 15 条线路、运营里程共约 177 千米。北京、佛山、南京、沈阳、珠海、武汉、苏州、成都、深圳、天水、上海、黔南州、南平、兰州、三亚、红河州、青海 17 座城市正在建设 26 条有轨电车线路，建设里程约 405.29 千米。国内部分城市现代有轨电车线路建设规划情况（见表 1）。

表 1　国内部分城市现代有轨电车线路建设规划情况

城市	线路	线路长度（千米）	开行交路
上海	松江 T1	15.576	3 个单线交路+1 个环形交路
	松江 T2	15.123	
沈阳	浑南现代有轨电车 1 号线	12	单一交路+共线交路
	浑南现代有轨电车 2 号线	14.8	
	浑南现代有轨电车 3 号线	11.3	
	浑南现代有轨电车 5 号线	21.4	
	规划线路 4、6、7、8、9	约 139	
青岛	青岛城阳	9	单一交路
广州	海珠现代有轨电车	7.7	单一交路

续表

城市	线路	线路长度（千米）	开行交路
南京	河西现代有轨电车	7.76	单一交路
苏州	现代有轨电车 1 号线	18.19	单一交路+共线交路
	规划线路 2、3、4、5、6	约 71	
珠海	1 号线	8.8	单一交路
武汉	T1	15.824	单一交路
	T2	19.592	
	T6	16.8	
淮安	淮安一期	20.07	单一交路

在我国复杂的交通环境以及半独立路权运行模式下，现代有轨电车旅行速度难以达到预期效果。上海张江有轨电车采用混合路权，高峰期旅行速度仅达到 13 千米/小时；青岛城阳有轨电车等采用半独立路权，旅行速度约 18 千米/小时。旅行速度低，是现代有轨电车经常被市民诟病的一个问题。目前国内开通运营城市旅行速度（见表 2）。

表 2 部分开通运营线路旅行速度

城市	上海张江	沈阳浑南	青岛城阳	广州海珠	南京河西	苏州高新
旅行速度（千米/小时）	13～15	21～24	17	24.3	18	30

国内已经开通运行的现代有轨电车线路中，大多数控制系统在平交路口为有轨电车提供信号优先。而我国的现代有轨电车建设处于刚刚起步阶段，各城市的信号优先控制方案大多借鉴公交和 BRT 信号优先控制系统的方案。从国内的应用实施结果来看，优先效果并不明显，且对社会交通影响较大。

（二）信号优先控制系统

信号优先控制系统为有轨电车提供便捷的优先通行，减少有轨电车的行程时间和停车等待时间，从而提高运行效率和服务水平，并且尽量降低对沿线区域社会交通的干扰。现代有轨电车的路口优先控制系统和智能控制系统是现代有轨电车运行的关键设备和核心技术。苏州、武汉等通过在路口布设 4 个检测器的单点优先控制方式，在有轨电车行车方向依次设置预告检测器、请求检测器、停车线检测器、取消检测器，实现有轨电车在大多数信号控制路口享有优先通行权。其中前三者布置在有轨电车进口道，后者布置于出口道，确认有轨电车安全通过道口。该系统还能够优化后续相位阶段的绿灯开启时间，减少冲突流在道口不必要的等待时间。

目前现代有轨电车信号优先控制系统与城市交通信号控制系统相互分离（见图 1）。有轨电车检测器检测到有轨电车后，将有轨电车到达信号发送给交通控制系统，交通控制系统根据自身的优先控制逻辑（见图 2），判断信号优先方式，控制道路信号灯，并将优先信号下发给有轨电车信号控制系统，满足有轨电车通行相位条件时开放有轨电车专用信号灯。

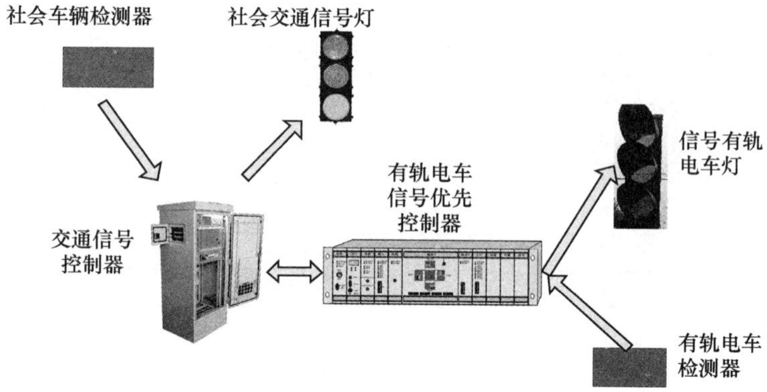

图 1　路口信号优先控制系统

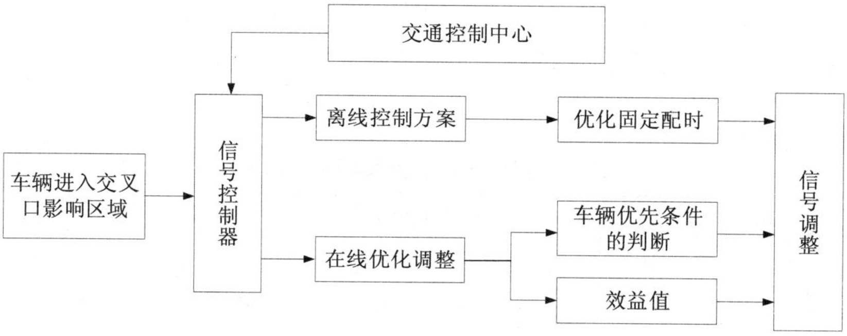

图 2　交通信号优先控制方式

当有轨电车通过“预告检测点”时，平交路口信号控制子系统自动发送“有轨电车预告”给交通信号控制系统，通知有轨电车即将接近路口。

当有轨电车通过“请求检测点”时，平交路口信号控制子系统自动发送“有轨电车接近请求”给交通信号控制系统以通知其有轨电车已经接近路口。在收到信息之后，交通信号控制系统决定是否需要根据当前交通方向状态，切换道路通行权。

当有轨电车通过“停车线检测点”时，平交路口信号控制子系统发送“平交路口占用”信号给交通信号控制系统以通知有轨电车已经进入平交路口，交通信号控制系统将保持冲突方向交通灯为“红色”，确保交通安全。

当有轨电车完全通过“取消检测点”时，系统根据“停车线检测点”及“取消检测点”的占用顺序及空闲时间确认有轨电车已经完全离开平交路口。信号控制子系统撤销优先信号，以通知交通信号控制系统恢复正常交通控制模式。

（三）信号优先控制方式

现代有轨电车信号优先控制方法可分为被动优先与主动优先。被动优先就是通过对有轨电车行车历史状态进行分析后，在交叉口优化固定交通配时，调整信号周期、优化相位、优化区域配时计划等，这种优先方法适用于混合路权运行模式。主动优先又分为相对优先、绝对优先、感应优先。主动优先策略主要包括绿灯延长、绿灯提前、插入相位、跳跃相位、重置相序等方式。

现代有轨电车信号优先控制方法从线路的角度又可分为单点优先和协同优先，单点优先以有轨电车高效通过单个交叉口为目标，线路协同优先以有轨电车高效通过路段（平均旅行速度快）为目标。而在实际运行过程中，为减少对社会车流的干扰，提高现代有轨电车的效率，考虑综合出行成本等因素，很多研究者又提出了实时优化方式，以降低总延误为目标进行路网各类交通需求的优化。目前我国应用的现代有轨电车信号优先控制大部分采用单点信号优先控制，在有轨电车与主干道交叉时，尤其是高峰期，单点信号优先控制的实施，对社会交通影响非常大，部分城市采用区域协调控制方式。部分城市开通运营线路优先方案（见表 3）。

表 3　部分开通运营线路优先方案

城市	上海松江	沈阳	青岛	海珠	南京河西	苏州高新
信号优先方案	区域联动条件优先	关键路口条件优先	关键路口条件优先	绝对优先、条件优先	关键路口条件优先	区域联动条件优先

资料来源：《现代有轨电车现状与发展趋势调研报告》。

（四）有轨电车信号优先与智能交通的结合

现代有轨电车信号优先与城市智能交通控制密切相关，在现代有轨电车的规划、设计与运营过程中，不仅要考虑其本身的运行效率，同时还应考虑与其他交通方式的耦合。优先控制策略是现代有轨电车发展的关键所在，实现与其他交通方式的协同发展，从而实现整个交通系统的良好运行。现代有轨电车信号优先控制技术的发展趋势是实现现代有轨电车的优先控制与城市道路交通控制系统有机整合协同发展。

现代有轨电车的空间优先并不是一个孤立的系统，任何一个优先控制策略的实施不但影响现代有轨电车的运行，也影响小汽车、非机动车、行人等的状态。尤其在干线协调控制系统中，不考虑社会车辆控制的信号优先会打断信号协调、显著影响社会车流的运行。如何有机地整合现代有轨电车优先控制系统和社会车流的控制系统，并综合考虑二者的效益进行优先控制，在理论研究和实践运行方面，都需要更加深入的探索。

要实现协同优先控制就要实现现代有轨电车控制系统与城市交通信号控制系统之间的协同运行（见图 3），实现两系统之间的相互通信以及数据交互。交通信号控制系统可实时获取现代有轨电车的速度、位置、调度等信息，有轨电车控制系统亦可获取平面交通的流量数据、交通信号控制信息。

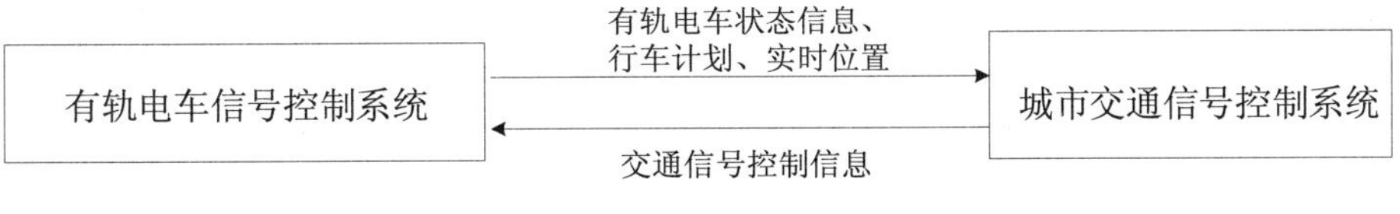

图 3　控制系统协同运行

三、发展趋势

现代有轨电车作为新兴的公共交通工具，在建设、规划、运营以及管理等方面，可供参考的经验很少。在建设过程中需要结合我国的实际环境，不断探索适合国内复杂交通环境的规划与管理模式。

现代有轨电车与公交车、BRT 存在很多不同，在设计优先方案时要重点剖析现代有轨电车的基本车辆技术特征、运行状态、调度规律以及站点设置等客观因素。调查数据显示，目前现代有轨电车的运行效率没有达到预期的效果，对有轨电车信号优先控制方法与技术还需更加深入的研究。

有轨电车的规划建设面向网络化，未来信号优先控制系统不仅要满足单点、单线路的优先控制需求，同时要实现对多线路有轨电车信号优先的网络协调控制。

（撰稿：张福生、魏运、王力）

智能船技术

一、技术概述

近年来，运载工具无人化和智能化成为“人工智能”的重要研究方向。无人车、无人机和无人船的研究方兴未艾。军用无人机已经实现了“查打一体”；谷歌、特斯拉的无人驾驶汽车已在部分国家与地区获得了合法上路的牌照；小型的无人艇（USV）和无人潜器（AUV）已在巡逻、缉私、测量和环境监测等领域进入了实用。然而，水路运输中智能货运船舶则尚处在研究阶段。水路运输具有运量大、成本低等优势，在货物运输中作用巨大，它占原油运输总量的 95%、铁矿石运输总量的 99%，是不可替代的一种运输方式。发展智能货运船舶具有突出的现实意义，近年来是各国研究的热点。

区别于“无人机”“无人车”，货运船舶自主驾驶技术难度更大。由于货运船舶体积大、吨位大，自主驾驶带来的碰撞、搁浅、倾覆风险高；货运船舶的操控性远逊于飞机、车辆，信息感知手段也相对薄弱，操控过程面临巨大的不确定性。迄今为止，还没有投入实际运营的货运船舶的主驾驶系统，货运船舶的自主驾驶需求远比车辆、飞机急迫。另外，航运企业对经济效益、航行安全、节能减排的需求日趋紧迫。因此，发展智能货运船舶虽然难度较高，但对航运业的发展具有重要的意义。

世界各国的相关研究机构都在积极推进智能船相关技术的研究，并取得了一定的进展和成果。美国、以色列、中国等国家在军事无人艇应用的研究领域取得了快速进展。上海大学在测量专用的无人艇方面研制了精海号系列无人艇。Fraunhofer CML 公司、MARINTEK 公司、Chalmers 大学等 8 家研究机构共同合作启动了“MUNIN”项目。英国 Rolls-Royce 公司与芬兰 Aalto 大学合作启动了 AAWA 项目。英国 Rolls-Royce 与新加坡海工和船舶中心（TCOMS）将共同研发智能船舶全球顶级的基础性技术框架。法国 Bourbon、英国 Automated Ships 和挪威 Kongsberg Maritime 将联手合作打造全球首艘无人驾驶海工支援船“Hrönn”号。

二、关键技术及研究进展

（一）船舶自主驾驶相关研究

船舶自主驾驶研究开始的较早，但主要集中在小型无人艇，其中最有代表性的是“无人水面艇”的研究。无人水面艇（USV 或 ASV），它是无人机（UAV）、无人车（UGV）和无人潜水器（UUV 或 AUV）等无人运载工具家族的一员。无人艇的研究最早可追溯到“二战”期间，但是受到技术上的限制，无人艇在出现后的几十年中一直没有取得显著进步，仅是作为军事训练用的目标靶船。直到20世纪90年代，随着以计算机、通信、导航、控制等为代表的信息科技的巨大进步，显著地推动了无人艇的发展。迄今已有美国、以色列、中国等国家在无人艇军事应用的研究领域取得了快速进展，美国在第二次海湾战争期间得到应用。

上海大学是国内较早从事无人艇研究的机构，并在测量专用的无人艇方面取得了突出的成果，团队以岛礁海域测量为应用背景，研制系列精海号无人艇，交付中国海事局和海洋局等多家单位应用，实现了中国无人艇在南海巡航、南极科考等关键领域从无到有的应用突破。

迄今为止，货运船舶的智能驾驶研究相对较少。但近年来世界范围内的智能货船、无人货船的研究开始引起各国研究机构及企业的关注。

2012年，由Fraunhofer CML公司、MARINTEK公司、Chalmers大学等8家研究机构共同合作的“MUNIN”（Maritime Unmanned Navigation through Intelligence in Networks）项目，首次以无人散货轮为对象开展大型无人船的研究，该项目对无人船驾驶在技术、经济和法律法规方面的可行性等方面进行了研究。

2015年，英国Rolls-Royce公司与芬兰Aalto大学合作启动了AAWA项目，计划用5～8年的时间设计建造一条无人驾驶的远洋运输船，该项目旨在实现“远程驾驶”与“自主驾驶”船舶的愿景。该计划拟引入虚拟现实、增强现实技术，构建半自主的“船舶远程驾驶平台”。

2017年4月，英国Rolls-Royce与新加坡海工和船舶中心（TCOMS）达成战略合作。双方将共同研发智能船舶全球顶级的基础性技术框架，包括智能传感、数字化模型及集成建模等技术。同期，英国Rolls-Royce公司还与瑞典渡船公司Stena Line AB签署了协议，将合作研发首套船舶智能感知系统。该项研究试图通过融合渡轮上已有的雷达、AIS等传感器，并与驾驶员的裸眼视觉实现匹配，为渡轮提供一套感知增强系统，从而改善渡轮在各种不良天气下的感知能力。

2017年，海工船巨头法国Bourbon、英国Automated Ships和挪威Kongsberg Maritime联手合作打造全球首艘无人驾驶海工支援船“Hrönn”号，主要服务海上能源、科考、水文和海上水产养殖行业。这艘OSV还可以作为ROV和AUV支持船以及守备船，能够与载人船舶合作为海上平台提供消防支援。

（二）智能船的环境感知工具

雷达、AIS等常规船用感知设备是货运船舶的重要感知工具。由于自身的工作特性，雷达在近距离存在30米左右的探测盲区。AIS则存在报文中有时会出现错误。刘兴龙等针对AIS的错误数据，开展了甄别研究。为了保证航行安全，除了AIS和雷达，很多无人船还配备了激光雷达、毫米波雷达等设备用于近距离感知的传感器。但是激光雷达角分辨率有限，造成其远距离成像不清晰；毫米波雷达也存在扫描范围不足的问题。视觉传感器也是无人船在环境感知中常用的设备，其算法相对成熟、安装简单。Michael T.

等首先就如何通过摄像头实现无人智能船的360度视觉展开了研究，并对目标实施追踪进行了探讨。为实现上述功能，提出了一种CARACaS（Control Architecture for Robotic Agent Command and Sensing）控制系统，展示了在不同环境下的视觉传感特征与目标追踪成果，证实了独立的视觉传感器即可获取大量的航行相关信息。从事相同研究项目的Terry Huntsberger等则从另外的角度，设计一种立体视觉的导航方式，并在港口等环境中予以了验证。然而，视觉传感器极易遭受雨、雪、雾等天气的影响；其返回的图片或视频流，并不包含最重要的距离信息；多目视觉等技术虽然可以实现立体成像和距离度量，但离实用仍有距离。

（三）多传感器航行信息融合技术

由于各种传感器存在的缺陷，多数的无人船项目采取了多传感器的组合感知方式。Larson等通过在无人船上安装视觉、毫米波雷达、激光雷达传感器实时感知船舶周围障碍物情况，再利用电子海图和AIS作为辅助，使无人船具备了由远及近全距离尺度的障碍物感知能力。Atul Thakur等介绍了基于多种传感信息来如何制定无人船的运动控制策略。Les Elkins等介绍了美国AMN军用无人艇项目的全貌，它使用的传感器包括激光雷达、360度视觉、海事雷达等，使得其在开阔海面、港口等复杂应用领域都可实现良好的自导航、自控制特性。

事实上，各船舶设备供应商，特别是ECDIS（电子海图显示终端）的制造商，已经在雷达、AIS信号的融合方面做了多方尝试，一些型号的雷达和ECDIS中都具备"AIS、雷达目标融合功能"。然而，雷达和AIS信号本身并不完善，雷达目标在密集航道内的虚假率高，一般达40%～50%；AIS目标则存在最长达180秒的延时。因此，上述"融合功能"只能在理想的环境下，如开阔海域、目标船舶极端孤立的情况下发挥作用。要开发一个恰当的"信息融合智能"，服务于智能船舶，就须使用一种可以处理上述"不确定性""延时"的信息融合、决策方法。

近年来，不少研究人员提出了不同的信息融合处理方法。Ma等以AIS为研究对象，针对前后AIS信息之间的冲突，提出了基于证据相似的融合解决方案。在处理过程中，他提出使用人工修整因子的方法对传统的证据合成模型进行改进，拟合人工判断过程中的倾向性，在实地实验中取得了良好的效果。Jian-Bo Yang等研究人员，选择了一种全新的方法处理多信息源的冲突，称为证据推理（Evidence Reasoning），将整个标准证据推理作为一个过程元素，使用的是其推理结果的集合，而不是单一的结果，并提供了定性与定量信息的合成计算过程。同时，在推理的过程中，证据推理重视历史数据的积累，使之产生"学习"过程，从而影响最终结果。

（四）船舶的操纵性与自动控制

船舶操纵性研究的本质是对刚体（船舶）在三维空间运动轨迹的预测。船舶运动的力学方程由牛顿力学定律制约，因此，实现精确预报的核心在于如何快速、准确地核算船舶整体受力。分离式运动模型与整体式运动模型相比，更适用于分析不同外在环境与内在设计变化下自主驾驶船舶的运动态势。经典的船舶操纵性研究多以大型海船为研究对象，而内河船舶与海船相比在通航环境与船舶设计方面存在诸多差异，应有针对性的解析传统方法在内河船舶上的适用性，尤其在桨、舵等航速与航向控制结构的动力分析方面值得进一步深入研究。

船舶自动控制的研究可追溯到 20 世纪 20 年代，至今经历了 PID 控制、自适应控制、智能控制等多个发展阶段。人们一直在研究能够完全替代驾驶员操控船舶的运动控制器。虽然船舶的运动控制通常只需考虑横向、纵向和首摇三个自由度的平面运动，但由于船舶运动系统的复杂性以及受到外界干扰、自身模型参数确定等影响，使船舶运动控制成为了一个十分复杂的控制问题。尤其是当船舶吃水、机构性能、船体表面流体系数发生改变，会导致原有运动模型无法准确描述船舶的运动，进而使运动控制器控制性能变坏，目前，主要有两种控制方式来处理这种问题，一种是鲁棒控制，另一种是自适应控制。Do 等较早地提出基于李雅普诺夫直接法（Lyapunov's direct method）、back stepping 和参数投影技术实现欠驱动船舶路径跟踪的鲁棒自适应控制器设计，但该控制器对系统约束没有考虑。Fossen 等提出了基于 LOS 和滑模控制方法构造具有自适应能力的船舶路径跟踪控制器，并利用 Barbalat 引理证明了系统的全局稳定性，但是其对运动过程中的约束同样没有考虑。挪威的 Smogeli 在推进器的控制研究中采用了切换控制方法，推进器控制系统可以根据海况变化在功率/扭矩控制和反制控制之间进行切换。Morten Skogvold 研究了破冰船的切换控制方法，建立的切换控制系统可以保证破冰船在水、冰、冰水混合三种环境下更好的稳定工作。

上述研究都是对船舶路径跟踪自适应控制的重要尝试，但是从目前的成果来看，还存在以下问题尚待解决：①在设计船舶路径跟踪控制器时，由于目前常用的 Lyapunov 直接法、滑模控制、backstepping 等方法本身的局限性，通常不能直接考虑各种系统约束条件，而在真实的船舶控制过程中，约束条件是真实存在且不可忽略的；②由于船舶运动过程中普遍存在着不确定的外界扰动，可以说船舶操纵过程是一类典型的不确定非线性系统，尤其当船舶全天候工作在变化范围很大的航行环境时，此时系统的不确定性更加突出。

（五）航行态势的表达方法

船舶的环境信息、操纵性构成了航行态势的数据基石，然而要形成"航行态势"仍需要进行进一步的提炼与处理。多年来对船舶航行风险分布、态势的研究，大多注重于事后的分析与调查。一些研究对连续几年的事故数据进行分析，得出影响复杂水域船舶通航安全的主要风险因素，提出了改善复杂水域船舶通航安全的策略。一些研究基于航迹预测提出了实时风险评估模型，对桥区事故案例进行分析，验证所述方法的时效性和可靠性。上述研究虽然能给出风险的一些评估结果，但只是针对固定区域的定性描述，如"桥区风险高或低"等。船舶的智能驾驶，更关注微观层面上风险的连续变化。如桥区具体哪一位置、哪一种行为是危险的，危险的指标如何描述。

在航行风险描述方面，人工势场的应用逐渐受到重视。Ma 利用人工势场中的斥力场模型描述航行态势中的风险分布，根据船舶 AIS 历史轨迹与非线性优化方法，得到风险分布“斥力场”的具体参数，利用“人工势场”理论将风险分布与船舶行为建立了联系。

人工势场可以描述风险的微观连续变化，指导高风险区域的识别。而在驾驶过程中，多数“黑天鹅”式的极端事件往往是多因素耦合的结果，如碰撞、倾覆、窘迫局面等，与高风险区域并无关联。很多长江口的沉船事故，源于风大浪急、船舶耐波性不良，船舱进水导致。此类风险态势的识别，可以借鉴态势感知（Situation Awareness，SA）技术。席荣荣等将态势感知的研究内容归结为三个方面：网络安全态势要素的提取、网络安全态势的评估、网络安全态势的预测。由于网络防御的复杂性，信息集成的要求以及人与机器的决策是在一个动态的环境中结合而成的。Gutzwille 等人认为网络防御态势感知需要进行一个面向目标的任务分析，这将阐明网络防御中的态势感知的评估过程。然后进行系统融合，网络将具有自动防卫以及可视化的能力。而这种能力能够有效地应用到船舶对复杂海况及各种随机危险的防范和预警等方面。Yi 等人提出了由数据驱动的态势感知算法对陆上车辆交通进行环境感知和推测，认为态势感知结合车辆的车道改变决策会有很大的发展前景。Lambert 利用状态转换数据融合（STDF）模型来自动执行海事态势感知的信息融合。Lambert 认为 STDF 模型可以应用于商船的态势感知中，进行不同等级的信息融合。Ruiz 等人利用激光测距扫描仪进行目标的识别与跟踪，从而形成了短程船舶的导航系统，可为船舶的避碰或其他操作提供依据，认为态势感知可使海上交通系统得到安全及高效的发展。张树奎等人就船舶检测器在航行过程中实时所获的数据运用随机森林模型进行筛选，建立事故预警模型（Bayes Network，BN），获得理想的预警精度。

三、发展趋势

（一）感知方面

目前智能船舶的感知系统基本沿用传统船舶，存在多方面问题，未来这些问题都将被逐一解决。例如，通过对各类传感器采集信息的处理，使得系统内部的表达空间与船舶所处的实际环境同步、一致；通过对信息的类人理解，可以初步预测各类信息的发展，并由此评估当前信息本身的不确定性；基于智能货运船舶特征，提出环境感知设备的配置与优化原则，提出支撑货运船舶智能航行的机舱监控、诊断系统的构建原则。

（二）认知方面

船舶认知包括通航环境认知和船舶自身认知两个方面。未来通航环境认知的主要任务是，研究不完备信息条件下货运船舶的航行态势特征，建立能够货运船舶的航行态势认知模型。船舶自身认知的主要任务是，研究智能船的自身认知建模方法，构建复杂环境下船舶操纵运动性能认知模型，实现船舶在航行过程中的操纵性能、快速性能与稳定性能的实时认知。

（三）航行决策机制

智能船航行决策的发展趋势是，结合船舶航行过程中的航行环境认知、船舶自身认知结果，研究智能船的自主驾驶决策机制，主要研究内容包括结合机器学习和认知心理学类人决策原理，提出智能船与其他船舶驾驶员的语音沟通方法；构建船舶自主驾驶决策模型；设计实船验证平台，验证自主驾驶决策机制的性能。

（四）“航行脑”系统

智能船发展的另一大趋势是根据船舶航行的信息流动情况，实现复杂环境下船舶的“自主驾驶”，其核心在于设计一套替代“人脑”的“人工智能”系统，这套拥有类似“人脑”功能、能完成货运船舶“无人驾驶”功能的“人工智能”系统，称为“航行脑”系统（Navigation Brain System，NBS），可完成货运船舶航行的“感知、认知、决策与控制”全过程。

（撰稿：严新平、马枫）

E 航海技术

一、技术概述

“E-航海”概念于 2006 年在第十六届上海国际航标协会（IALA）大会上正式提上议程，并引起了 IMO 的高度重视。IMO 将其定义为“通过电子的手段，收集、整合、交换、显示和分析船方和岸方的海上信息，以提供更优质的泊位到泊位的航行及相关服务，从而提高海上航行安全保障和安保能力，保护海上环境”。其基本内涵在业界已经达成了共识，那就是通过电子技术手段提高收集、处理、发布海事信息的能力，增强海事服务、监管和环保能力，从而提升船舶港到港的全程航行水平。随着人工智能技术的发展，其在海事监管应用日益广泛，也使得“智慧海事”的实现具备了技术条件。

“E-航海”的特点在于其在现有海事技术的基础上进行资源整合，以实现信息获取的便捷化和个性化，从而提高行船的安全和效率，同时旨在将船舶驾驶人员从繁复的航行信息中摆脱出来，只为其提供最合适的航行支持和信息，确保驾驶人员能够专注于驾驶本身。近些年在“e-航海”成果的推动下，海事监管和在航船舶目前已经拥有了丰富的通信手段、较高的自动化水平、逐渐完善的岸基支持；实现在航船舶的“无人化”的基础条件即将具备。

然而战略给出的只是一个大致框架，各国也在这个框架下做出了各种各样的尝试。欧盟制定了以环境、经济、能源及交通、安全四方面为核心的波罗的海区域战略，即 EfficienSea，其侧重于环保、效率与交互。在该项目启动一段时间之后，波罗的海地区诸国又在此基础之上，另外启动了 MONALISA 工程。国内主要是建立了“广东智慧海事监管服务平台”工程。

二、关键技术及研究进展

（一）国外 E 航海技术最新进展

1. EfficienSea 计划

波罗的海几乎是全封闭的海域（只能通过丹麦海峡和基尔运河与外界连通），水质更新极其缓慢，海洋环境承受污染的能力非常脆弱。波罗的海脆弱的环境承受能力与其繁忙的交通是一对矛盾。为此欧盟制定了以环境、经济、能源及交通、安全四方面为核心的波罗的海区域战略，即 EfficienSea。该战略涉及 15 个优先领域（其中海上交通运输占据了 5 个）的 80 个旗舰项目，旨在预防波罗的海区域海洋和陆上的重大突发事件的发生。

EfficienSea 提供了一些典型业务。

（1）用户终端服务。EfficienSea 提供了一套基于现代技术的新一代标准化的用户终端服务。这些服务分别是导航服务、北极服务、管理服务和排放服务。导航服务包括海事安全信息和海事通知，航线的气象信息、冰海图、群发冰况信息，基于 S100 标准的航海图，智能浮标交互、航线优化、航线交流、禁航区和易航区；为了加强在北极等偏远地区的运营安全，提供的北极服务包括北极现场位置共享，北极 SAR 工具，空间天气预报；行政服务包括自动 VTS/SRS 报告，港口信息自动交换，可靠的港口信息，标准化模板和报表服务；排放服务包括硫排放监测。EfficienSea 的终端用户服务端是基于海事云框架开发的，并将根据 IMO“e-航海”战略定义的海事服务组合（MSP）进行组织。在允许的范围内，EfficienSea 的服务将根据 IHO S100 数据模型进行标准化。

（2）海事云。EfficienSea 创建和实施了世界上第一个真正的开源通信框架，实现海事部门内外周围的高效、安全和可靠的信息交换。海事云将所有海事利益相关者和用户与可用通信系统中的各种海事信息服务和各种应用连接起来。海事云服务可以使用户轻松注册和交互使用，可以验证身份用于数字签名通信；数据和消息可以在连接到海事云的组件之间交换。例如，船舶的位置、身份验证和消息交换等关键参数。

（3）服务平台：为了使服务以一种简单智能的方式提供给用户终端，EfficienSea 开发了直观的网络平台，专注于北极和波罗的海地区，ArcticWeb 和 BalticWeb。

（4）通信渠道：为了解决在船上通信的连接信号差和高成本的问题，EfficienSea 开发具有成本效益和无间断的通信渠道，搭载有效并安全的船载网络，新的通信渠道称为 VDES，是甚高频数据交换系统的简称。

总的来说，EfficienSea 提出了海事云的概念，同时引入了 VDES 的理念，只是 VDES 尚未成功。

2. MONALISA1.0 计划

波罗的海地区诸国在 EfficienSea 基础之上，另外启动了 MONALISA 工程。MONALISA 工程通过建立最佳航线，降低环境污染来推进波罗的海区域成为清洁航运示范区域；通过进一步发展海上高速通道、建立海上绿色通道来促进波罗的海区域各国与其他国家之间的联系；通过实践“e-航海”和重新扫测 HELCOM 协议航道来促使波罗的海区域领先于欧洲安全航运水平。

MONALISA 工程的项目内容。

（1）绿色航线。MONALISA 基于现有的电子海图和自动 AIS 系统，开发和演示新的路线规划模型。前瞻性的动态规划航行路径能够提高海上运输效率、减少燃料消耗，从而减少航运行业带来的污染排放。

（2）官方验证系统。这项行动包括设计一个自动检定系统的概念模型，监控人员证书和工作时间，海上 ID 信用卡的密码也将进行设计和测试。工作人员的证书将能够依据岸上的数据库（通过 AIS 传输）进行自动检查，以此确保证书的有效性。这个验证系统确保了船员需要具备的能力和素质，防止疲劳驾驶，因为这也是海上事故的常见因素。

（3）水文数据的质量保证。HELCOM 使用现代质量保证的方法，重新测量了波罗的海附近的港口和航道，在航海图表和其他航海出版物中，提出了确保水文数据准确性的方法。

（4）全球共享海事信息。这个活动旨在开发一个功能演示系统，最终目标是将共享海事信息的地区范围扩展到全球。

MONALISA1.0 的项目内容就是，规划高效的航线、实时驾控操船人员、更完善的航道测量、全球共享的海事信息。

3. MONALISA2.0 计划

2013 年，MONALISA1.0 项目正式完成，在受到国际业界广泛关注的基础上，MONALISA2.0 也顺利出炉。MONALISA2.0 的目标是一个全新的交通运输管理系统，专注于更高的效率，减少对环境的影响以及更安全。海上交通管理的具体应用和服务将逐步落实。该项目还包括开发和测试旨在更有效的海上搜救（SAR）和乘客疏散。此外，将会进行风险和脆弱性分析，协调规划和大规模把乘客从船舶上疏散。

MONALISA2.0 工程的研究内容。

海上路线规划的新方法，类似空中导航。基于现有的电子海图和自动识别系统在路线规划的应用进行开发和测试。

船员证书自动验证的一个新制度。自动检定系统监控人员的证书和时间上观看概念模型。

赫尔辛基委员会（HELCOM）波罗的海航道重新调查调查数据和水位信息。重新调查赫尔辛基航道和波罗的海港口地区，将运用现代化的质量控制方法进行，以保证现有海图提出正确的信息，提高大型船舶航行的安全性。

在全球范围内共享数据的海上试点系统。相关活动旨在开发和测试功能演示系统的最终目标是海事信息的共享扩展到全球范围，以及扩大在按照自己的需求海事当局之间共享海事信息的范围。

（二）国内 E 航海技术最新进展

中国“e-航海”领域的研究起步于发达国家相差无几，目前取得了较大进展。相比 MONLALISA 与 EfficienSea，“广东智慧海事监管服务平台”的实施更为具体，业务范围更加广泛，监管功能更加强大。“广东智慧海事监管服务平台”首先依托了交通部海事局“一级云中心”、广东是“二级云中心”，拥有了坚实的数据基础。

“广东智慧海事监管服务平台”采用了全球主流的云计算理念（EfficienSea 首先引入海事应用），同时借助了 Oracle 公司在云计算领域的丰富建设经验的积累，构建起高度可靠的服务平台。广东海事局在建设过程中，逐步加深了对云计算理念的理解，探索出一套适用于海事服务的云服务建设方法。经过多年的努力，该平台已经顺利上线运营，并在日常工作中发挥了巨大作用。

“智慧海事监管服务平台”完全基于 SOA（Service Oriented Architecture）的系统架

构来设计实现。SOA 继承了组件化的核心思想，并将其应用到更广阔的领域。它将企业级 IT 系统设计的重点放在业务流程的设计上，而不是底层的应用开发或者系统集成的技术细节。换句话说，SOA 是一套可重用的网络服务的集合，他们之间通过标准化的、与平台无关的接口进行通信，通过信息网络，实现数据的随时获取和使用功能。该设计理念使得具体应用功能无须关心数据的来源和存储地点，只需要采用中立标准方式定义好的数据接口服务，并按照集成平台赋予其的访问权限，随时随地通过信息通信网络获取所需的数据和服务。

“智慧海事监管服务平台”特别注意引入了 BPM（Business Process Management）的理念设计综合业务流程中，分布于各个应用系统的功能。通过该方式，可以使各标准模块的功能统一化、复用化和标准化。BPM 保障了“智慧海事监管服务平台”下各个模块都可以通过集成平台进行统一管理，并通过流程引擎实现这些服务的编排与执行，最终实现各应用系统功能之间的流程无缝衔接。

“智慧海事监管服务平台”遵照《海事信息系统顶层设计》的要求，建立了统一用户管理、统一用户入口、统一用户授权，CA 统一身份认证系统将利用数字证书认证系统、认证管理系统，实现海事系统用户单点登陆并保证网络系统安全，海事网络资源实现整体部署 PKI 证书体系，分级授权管理的安全架构，确保系统安全。

三、发展趋势

（一）人工智能

目前，海事已经正式由信息不足的时代，走向信息充足乃至过剩的时代，但是过剩的多源数据并没有得到有效的融合，同时信息也仍然存在着不确定性的问题。在这种情况下，受限于足够适任能力的服务人员的缺乏，再依赖人工处理所有数据，就已经不再适用，人工智能、大数据技术的应用成为必然趋势。人工智能不应该仅仅是自动化、信息化的高级形态，而应该发展出类似自然语言处理、图像识别与处理、专家知识库等更为“拟人”的信息处理能力。

（二）智能商用船舶的逐渐应用

近些年，随着驾机一体化、无人机舱、辅助驾驶、故障自诊断等船舶自动化技术取得长足发展，远洋船员的具体事务正在逐步减少，仅需完成航线制定、紧急避让、机舱故障干预等工作。未来，船舶配员的进一步减少乃至实现“无人化”将成为航运业发展的重要趋势。基于航运企业经济效益、节能减排、航行安全的多重需求，发展远洋运输船舶的“无人化”具有重要的现实与科学意义。

（三）“无人机”“无人船”技术的应用

“无人机”“无人船”技术极有可能大规模地应用于未来海事管理之中。“无人船”

代替海巡艇进行违章抓拍等任务，可以节省大量运营成本，在应急搜救过程中，可以大幅度提高搜救效率。“无人船”也可以在重污染、水深不足等高危环境中，替代海巡艇执行任务。最后，无人船通过信息化、网络化的设备的配套使用，能在重特大事故、重大自然灾害和通航保障过程发挥 24 小时不间断实时现场信息传递工作。无人船应用于海事管理，主要的缺点在于观察范围有限。要获得最大限度地观察范围，最佳的工具是无人机（Unmanned Aerial Vehicle，UAV），无人驾驶飞机。无人机具有便于携带、设备模块化程度高、成本低、图像分辨率高、定位精度高、效率高等优点，以无人机建立大面域监控系统，可大幅度提高海事监管效率。

（撰稿：马枫）

人机共驾技术

一、技术概述

自 2009 年 Google 公布自动驾驶研发计划以来，自动驾驶就一直备受人们关注。近年来，特斯拉公司率先推出了具备“Autopilot”功能的智能汽车。然而，自推出自动驾驶功能以来，特斯拉接连遭遇数起交通事故。针对特斯拉汽车在 2016 年 5 月发生的一起严重交通事故，美国公路运输安全管理局（National Highway Traffic Safety Administration，NHTSA）在事故调查报告中指出：驾驶员过度依赖自动驾驶功能，在事故发生前存在较长时间的注意力分散（至少 7 秒），并忽视汽车的安全警告，是这起事故的主要原因。

2013 年 5 月，美国交通运输部下属的国家公路运输安全管理局（National Highway Traffic Safety Administration，NHTSA）在有关自动驾驶的政策声明中，将自动驾驶分为 5 级，无自动驾驶（0 级）、具有特定功能的自动驾驶（1 级）、具有复合功能的自动驾驶（2 级）、具有限制条件的自动驾驶（3 级）和全工况自动驾驶（4 级）。2014 年 1 月，国际汽车工程师学会（Society of Automotive Engineers，SAE）制订了具有 6 级自动化水平（L0～L5 级）的标准 SAE J3016，明确地给出了智能汽车在不同自动化水平上的功能描述、驾驶操作的执行者、驾驶环境的监测者、驾驶任务失败的接管者，以及自动驾驶系统的能力范围等。2016 年 9 月，美国交通运输部发布了全世界首份专门针对自动驾驶的联邦政策《联邦自动驾驶汽车政策》。在这份新政策中，美国交通运输部放弃了 NHTSA 的自动驾驶分级，转而采用 SAE J3016。按照 SAE J3016 标准，全世界绝大部分已量产的车辆都处于 L0～L1 级。特斯拉 Model 系列、沃尔沃 XC90 等仍介于 L2～L3 级，人们所熟知的 Google 自动驾驶车辆，目前尚处于实验和路试阶段。

针对智能汽车的人机共驾技术，世界各国尚处于研究初期，相关理论方法还在不断发展和完善之中。人机共驾技术的核心就是进行从人工驾驶切换至自动驾驶，或从自动驾驶切换至人工驾驶的驾驶模式决策。在“人—车—环境”信息构成的驾驶场景中，驾驶员行为状态、道路环境等对驾驶模式决策的影响分析是目前的难点。一方面，这些影响因素不易量化与识别，较难实现驾驶场景的理解；另一方面，它们还具备随机特点，不确定性，如驾驶员注意力、路面附着条件等。

特别地，在人机共驾智能汽车上的人类驾驶员和自动驾驶系统均拥有对车辆的控制权，就是驾驶责任。如何根据驾驶场景来分配控制权，并在适当时机、以适当方式提示人类驾驶员，也是人机共驾技术得以实施的关键。例如，在复杂的交通环境中，自动驾驶系统无法胜任驾驶任务，主动请求向人工驾驶切换时，若系统此时并不能很好地识别人类驾驶员的行为状态，人机交互方式也起不到良好的效果，则很可能会引发严重的交通事故。

二、关键技术及研究进展

人机共驾技术的核心就是进行从人工驾驶切换至自动驾驶，或从自动驾驶切换至人工驾驶的驾驶模式决策。而要实现驾驶模式的最优决策，须解决3个问题，驾驶模式由哪些影响因素决定、以何种方法进行驾驶模式决策、用何种方式进行人机交互。

对影响驾驶模式的“人—车—环境”因素进行定量分析与提取，是实现人机切换决策的依据。驾驶模式的影响因素主要包括交通环境、驾驶员行为、行车状态等。从自动驾驶切换到人工驾驶的接管时间，是评价驾驶员接管能力的重要指标，当前研究大多关注驾驶员接管时间的影响因素，包括交通流密度、非驾驶任务等，但对于建立这些影响因素与接管时间之间的关系，尚须进一步深入研究。

人机切换决策是智能汽车具备人机共驾能力的核心。针对于驾驶模式之间的切换决策，国内外专家学者也开展了一定的研究，从简单的按键式切换，发展到基于多源信息融合的智能切换。当前，在切换条件、切换策略对驾驶员驾驶表现的影响方面进行了一定的研究。但主要存在的问题在于人机切换所考虑的因素不全面，有待综合考虑“人—车—环境”因素，建立完整的人机切换决策规则。

人机交互接口（Human-Machine Interface，HMI）有视觉、听觉、触觉等多种方式，而何种方式更有利于人机交互尚须从人因工程学角度进行研究，使得人机交互过程在保证行车安全的同时，兼顾考虑驾驶员的非驾驶任务（Secondary non-driving tasks）。从当前的研究来看，相对于单一的人机交互方式，多方式交互下的接管质量更优。单一的视觉反馈效果不太理想，而听觉反馈可被视作较好的交互方式，触觉反馈中的振动触觉反馈可对听觉和视觉进行有效补充。

具体地，当前的人机共驾技术研究还存在两个方面不足。

1. 驾驶模式的影响因素有待全面描述

当前，还缺乏对影响驾驶模式切换的“人—车—环境”因素的全面描述，特别是驾驶员驾驶能力评估方面的研究不足。影响驾驶模式切换的因素纷繁复杂，连续或离散的，确定性或不确定性的因素，都会直接影响驾驶模式的决策。目前还未提出较为普遍适用的方法，对这些因素进行全面的梳理，以形成一套可有效用于驾驶模式决策的特征指标集。

2. 驾驶模式切换的决策方法尚须完善

现有研究主要通过确定性的分析方法，来制定驾驶模式切换的决策规则，实现人工驾驶与自动驾驶之间的模式切换。然而，影响驾驶模式决策的“人—车—环境”因素中，含有一些带有随机特性的评价指标，不宜将驾驶模式决策看作完全的确定性事件。后续，还须从态势评估的角度去研究驾驶模式决策，利用随机过程的方法分析驾驶模式切换事件。

三、发展趋势

随着智能化水平，如环境感知能力、决策规划能力等逐步提高，智能汽车应该会由过去“车辅助人”，演化到未来由“人辅助车”，通过人机共驾技术，彼此协同完成动态驾驶任务。总体而言，人机共驾技术的发展呈现以下三个趋势。

1. 驾驶员驾驶行为的智能分析

无论是在传统的人工驾驶阶段，还是在自动驾驶阶段，驾驶员的驾驶行为分析始终都是保证行车安全的关键因素。一般地，驾驶行为主要分宏观和微观两类，宏观驾驶行为主要从宏观交通系统的角度，研究驾驶员生理心理与车辆、道路环境之间的内在交互作用机理，如疲劳、分神、超速等行为；微观驾驶行为主要从人机工程学的角度，研究驾驶员通过操纵车辆运动，以适应动态交通环境的客观规律，如跟驰、换道、超车等行为。

随着汽车智能化、信息化程度的不断提高，越来越多的驾驶行为参数易于获取，在大量丰富的驾驶行为数据导引下，驾驶行为的大数据分析研究成为了一个重要的发展趋势。汽车 OBD/CAN、北斗/GPS、高精度地图、视频图像等结构化或非结构化信息，未来将结合大数据技术，实现对驾驶行为的智能分析。

2. 基于多源信息融合的人机切换决策

汽车的行驶工况多变，驾驶场景复杂，使得人机共驾智能汽车在人工驾驶与自动驾驶之间进行切换，需要全面地考虑驾驶员驾驶行为、行车状态、交通环境等多源信息，通过对“人—车—环境”因素进行提取与融合，制订可靠的人机切换逻辑规则。为此，需要针对人机切换的特征指标，利用大量涉及人机切换的驾驶场景训练，分析人工驾驶与自动驾驶之间的切换事件及切换时机，获取两种驾驶模式分别同其对应特征指标之间的关联关系。

在实际过程中，驾驶场景涉及较多的随机因素，如驾驶员驾驶行为、天气条件等。因此，随机过程中的方法是未来解决人机切换决策建模的有效手段，如贝叶斯网络、可靠性方法等，都能够用于描述交通环境的复杂性和实时动态性，从而建立可靠的人机切换决策矩阵。

3. 友好的人机交互设计

人机共驾智能车辆是以人类驾驶员为中心的智能系统，其人机交互方式须在正确的时机，以友好的方式，同驾驶员之间进行信息沟通与传递。当前，主要利用人因工程学的方法，针对各种人机交互场景，设计语音提示、图形图像、机械振动等方式，实现人类与机器之间进行友好的协作。

人机交互设计首先需要保证行车安全，在危险驾驶场景下能让驾驶员或自动驾驶系统及时接管车辆。随着汽车智能化程度的不断进步，驾驶员处理非驾驶任务的需要也会增加。未来，智能汽车需要一套人机交互系统，它在保证行车安全的前提下，更多的是帮人类处理工作、学习和生活相关的事务，汽车将成为移动的家或办公室。在这个阶段的人机交互设计，则需要更多地考虑人类参与社会活动，而不是驾驶活动的需求。

（撰稿：吴超仲、褚端峰）

无人机空管技术

一、技术概述

近年来，无人机呈现出爆发式增长态势，无人机产业是军民融合深度发展最具代表性的产业，无人机在军事领域可用于侦察、监视及攻击，在民用方面可以承担地质勘探、海洋测绘、气象勘测、森林防火、农林植保等任务。我国无人机始于以军为主，用于军民结合，盛于军民融合，沿着“军—军民结合—军民融合”路径，为维护国家安全和保持国民经济发展在各个领域都展现了广阔的发展前景。

但是，由于无人机本身的飞行特点和对飞行空域使用的特殊要求，使无人机空管工作的难度加大，同时，越来越多的无人机需要实现与有人机共享空域、航路与机场设施，大量的低空飞行无人机难以避免进入到有人机飞行区域及人口相对密集区域，对航空安全形成严重威胁。由此可见，采取有效管控措施解决相关问题，实现军民用无人机融入国家空域，使无人机能够像有人驾驶航空器一样适合于全空域飞行，是无人机技术发展的必然结果，也是无人机空管所必须面对并重点开展的工作。

为了实现 UAS 安全融入非隔离空域，与已经形成的有人航空器系统安全、高效混合运行，需要对无人机实施合理有效的质量管理、飞行环境管理和组织运行管理，必须有配套的政策、法规、标准、指导、流程与技术装备作为相关管理支撑要件。其中，技术及装备条件是标准制定与验证、政策法规实施情况监管，以及管理操作流程实现的基础，相关技术标准用于确保 UAS 在空域系统中所执行操作的安全性。UAS 安全融入空域系统需要以 UAS 空域管理能力、UAS 空管机载设备能力、地面空管系统对 UAS 的管控及服务能力（空管通信系统、空管导航系统、空管监视系统、自动化系统、气象系统），以及 UAS 与空域系统融合中的评估与验证能力等基本空管能力作为支撑条件，围绕上述能力，必须有相应的系统及技术提供支持。

因此，如何针对无人机运行特点，结合我国现行的法规、措施及空管系统与技术，研究并突破无人机空管关键技术，形成有效的无人机空管保障能力，支持各类无人机在国家空域系统中的安全运行，是我国现阶段无人机管理工作所面临的首要问题。

二、关键技术及研究发展

（一）无人机星基通信导航技术

无人机安全管控功能支持应与无人机原有功能系统独立运行，保证无人机在正常工作状态下的操控不受影响，而在需要采取管控措施时能够具有相对无人机操控者更高的操作优先级。因此其通信链路应设计独立于无人机原有的测控通信链路，利用独立的通信模块，采用公共通信网络（3G/4G）和卫星通信系统（天通/北斗）进行信息传输；同时提供独立的定位模块，可以支持独立的无人机跟踪能力，并且当无人机原有定位功能故障失效时，可通过与飞控单元的接口提供定位信息。本项目将对无人机通信链路传输需求进行调研，通过仿真手段确定通信定位模块的信号传输速率、延时、误码率、定位精度、定位完好性、信号功率等技术指标，针对安全管控应用优化技术指标体系，在优化的技术指标约束下完成模块的设计方案。

自主飞行能力的提升实际上就是针对无人机飞行控制与管理系统的技术研究。通过提升无人机的飞行可靠性，实现飞行智能控制、飞行高效管理及任务设备集成管理；在面向安全监控的技术框架下，研究与无人机飞控系统存在交联的新的软件架构，该软件架构共分为三层，管理层、飞控层和监控层，将监控层信息耦合到管理层和飞控层，实现更为智能的飞行任务规划和飞行控制策略，从而达到主动安全管控的目标。

在无人机原有技术框架下，无人机由操控者完全操控，无人机操控者对无人机具有绝对的控制权。引入机载安全管控设备后，无人机操控者将丧失绝对控制权，在特定情况下，无人机地面监控中心将具备对无人机的优先控制权。但是，地面监控中心的优先控制权同样需要被限制在一定范围内，而不能对无人机的正常工作产生影响。因此，需要设计无人机飞控系统的接口控制协议，明确地面监控中心与无人机操控者的控制权限界限以及控制权限移交的过程，保证无人机在飞行过程中始终处于可控且安全的状态。

（二）无人机空域运行感知与避让技术

无人机优势的发挥需要其融入国家空域运行，面临最重要的挑战是无人机需具备与飞行员类似的“看见—避让”其他交通和障碍物的能力。感知与避让技术成为无人机融入国家空域运行需要突破的关键，包括空域环境的完备感知与探测技术、复杂空域多飞行器协同调控技术等。针对空域环境的完备感知与探测技术，首先，考虑无人机本身特点，基于现有空管监视技术，综合无线电测向、红外探测、视频监控、移动通信网络定位等技术，研究面向合作与非合作目标的综合监视技术，实现通航飞行器的有效监控；其次，通过数据融合处理，揭示动态异质环境要素对航空器飞行的威胁特征和影响规律，建立动态安全态势的时空映射关系模型，研究空域安全态势场生成演化和可信度估计方法，为空域多飞行器的协同调控提供理论基础与科学依据。针对空域多飞行器协同调控技术的核心是多无人机航迹的协同规划与控制，是指无人机通过航迹协同规划，在避开障碍物的同时，与周边无人机进行实时协同控制，以避免无人机间发生碰撞。但由于可用空域受限且形态复杂，加之无人机类型混杂、性能差异、飞行意向与动力学规则各异，使得复杂空域中多无人机的协同机动成为制约安全飞行的难题。

（三）无人机飞行集群技术

目前，无人机集群受到广泛关注，势必成为无人机领域的研究重点与发展趋势，相比于功能复杂的单一无人机平台，无人机集群有许多优势。在民用领域，无人机集群在快递物流、农业应用、应急救援、遥感与对地观测和无人机灯光烟花秀等方面，均有广泛的应用前景与需求，相对于单一的无人机平台，无人机集群在上述民用领域的应用上，由于可以进行大面积的信息交互与协同作业，将大大地节约时间和提高效率。2015 年 9 月，DARPA 发布了小精灵项目公告，提出通过载机在防区外发射携带侦察或电子战载荷、具备组网与协同功能的无人机蜂群，用于离岸侦察与电子攻击任务，并在任务完成后对幸存无人机进行回收的技术。2017 年 10 日，中国电子科技集团公司完成 119 架固定翼无人机集群飞行试验，刷新此前 2016 年珠海航展披露的 67 架固定翼无人机集群试验纪录，标志着智能无人集群领域的又一突破。试验中，119 架小型固定翼无人机成功演示了密集弹射起飞、空中集结、多目标分组、编队合围、集群行动等动作。

无人机集群应用的实现，需要依托于无人机控制系统、通信导航系统、无人机自主避障系统等方面的发展。目前，民用无人机主要以轻小型为主，受制于平台的体积和电池容量的限制，这些系统未来势必朝着小型集成化发展。

三、发展趋势

（一）无人机自身平台方面

我国从事无人机行业的单位有 300 多家，其中规模比较大企业有 160 家左右，形成了配套齐全的研发、制造、销售和服务体系。目前在研和在用的无人机型多达上百种，小型无人机技术逐步成熟，战略无人机已试飞，攻击无人机也已多次成功试射空地导弹。中国 2014 年无人机销量约 2 万架，预计到 2020 年中国无人机年销量将达到 29 万架。未来几年将保持 50%以上的增长，2014 年中国民用无人机销售规模已经达到 40 亿元。从发展前景来看，无人机已经应用在航拍、快递、灾后搜救、数据采集等领域，表明无人机的发展潜力巨大。近年来，无人机开始在民用市场崭露头角，其中农林植保和电力能源巡检这两个领域在目前已表现出较为迫切的需求趋势，且具备较为可观的市场规模前景，而考虑到无人机现阶段的技术已大可满足，故预计供需的契合度较高。在其他相对小众的民用领域方面，无人机凭借其优势，预计也将会在消防救灾、公安系统、国土测绘、气象环保监测、包裹派送等方面一展身手。未来无人机应该是智能化的，而不仅仅只是听从人类指令而被动行动的玩具。在民用领域，智能化的无人机在各个民用行业也将大大提高作业效率，掌握智能化无人机运用的企业也将大大提高其自身的行业竞争力。未来无人机正朝着系统集成，综合传感方向发展，增强无人机的通用性。未来无人机不将再有明显的分类，一架无人机就能完成侦察/探测/打击/评估等一体化任务。同时，针对未来一体化趋势，无人机数据链可以迅速分享，各自分工，应对不同任务的需要。

（二）无人机融入国家空域的安全监管政策体系方面

国内无人机规模化民用刚起步，市场潜力巨大。但如何融入民航空域管理体系、适航取证等行业标准规章缺失、较高的消费门槛等问题是国内无人机民用领域成长的主要瓶颈。针对无人机管理政策，国外已经开展了大量研究，并取得了相当的成果。国际民航组织 2015 年制定《遥控驾驶航空器系统手册》确立了国际上针对无人驾驶航空器的监管基础框架。欧洲航空安全局（European Aviation Safety Agency， EASA）2015 年颁布《无人驾驶航空器运行规则框架说明》提出基于运行风险的监管框架。美国联邦航空管理局 2016 年颁布《小型无人驾驶航空器系统的运行和审定》，针对运行限制、遥控驾驶员、航空器要求、模型航空器做出相应规定。我国正加紧出台相关行业标准，推动行业加快发展。随着无人机频谱制定和试航标准等多项规范逐步落地，无人机在低空领域的自主性将大大增强。

（三）无人机融入国家空域的安全监管平台方面

无人交通管理系统 UTM 已成为全球趋势。无人交通管理（UTM）系统以“互联网+”为理念，利用无人机系统与互联网的连通性，是应对无人机系统挑战而产生的一个新的交通管理系统，该系统可以有效地平衡国家安全和公共安全，实现无人驾驶航空器安全融入现有空域系统，实现空域的高效利用，同时实现与经济增长相匹配的可扩展运行。国外航空发达国家纷纷开展无人机空中交通管理技术及系统的研究和开发。美国无人机交通管理技术由美国航空航天局（NASA）主导开发，同时针对高空空域和低空空域展开。在高空空域方面，NASA 启动了“无人机系统融入国家空域系统”（UAS-NAS）项目，在低空空域方面，NASA 和 FAA 合作推出针对低空空域的无人机空域管理（UTM）系统。欧洲、日本、新加坡等国家也开展了无人机安全管理技术研究。国内已经出现了若干个无人交通管理系统的雏形，如 AOPA-China 的 U-Cloud、青岛云世纪信息科技有限公司的 U-Care、四川通用航空协会的飞云、大疆的 GEO 等，但是也存在着极大的风险。考虑到低空有很多不便向社会公布的敏感地区数据，直接关系到国家安全、飞行安全和公共安全，不便于由商业机构保存。UTM 系统应属于国家基础设施范畴，特别是其跨军队、地方的特点，需要统筹协调，采取军民融合发展战略，论证构建国家 UTM 系统。

（撰稿：张学军）

空天地一体化

一、技术概述

高效运营与安全保障是轨道交通永恒的主题，长期以来我国轨道交通的高效安全运行面临着多重的压力。一方面，我国现有的轨道交通疏、密、重并存，路网沿线桥隧比例高，高效运营与安全保障的技术难度较大。目前对铁路沿线自然灾害、桥梁隧道服役状态和线路突发侵界等的监测预防主要以人工方式进行，虽然部分高速线路和地质灾害多发地区已经部署运营与安全保障系统，如单独的桥梁监测系统、隧道监测系统、边坡监测系统，但各系统功能相对单一、区域独立，未构成全方位、功能齐全的监测体系。由此而带来的问题是缺乏运营与安全保障综合决策支持能力，应对区域内失效的设备、恶劣的气象甚至严重地质灾害的能力十分有限，带来巨大的运行安全隐患。另一方面，未来在推进一带一路、建设国际物流大通道的重大战略背景下，我国还将高速发展铁路运输，重点扩大中西部路网的覆盖，促进沿边地区开发。根据2016年7月公布的《国家中长期铁路网规划》，新时期我国将建设“八纵八横”高速铁路网，远期路网规模预计将达到20万公里，其中高速铁路4.5万公里，这无疑使得全路网的高效运行和安全综合保障面临着更为严峻的挑战。

基于空天车地信息协同的轨道交通运营与安全综合保障技术突破地面系统的限制，利用天基卫星平台、空基临近空间飞行器和大中型无人机，与地面系统组成空天车地信息协同的新技术体系，以提升铁路大范围、全覆盖、全息化的运营与安全综合保障能力。该技术体系借助航空航天领域近年的研究成果，针对轨道交通系统大范围广域立体监测、多尺度监测信息深度融合等迫切需求，通过组建天临空地车一体化的专用网络系统，有效整合网络系统中空间和地面两个部分，将原本分散的感知监测能力连接成一体化的专用网络，从而实现对轨道交通广域线路、基础设施、在途列车群等状态的立体信息获取、可信传输与精准运管，做到看得全、传得好、判得准。

基于空天车地信息协同的轨道交通运营与安全综合保障技术是一种全新的技术体制。近年来，随着中、大型无人机和临近空间平台的发展，国内外利用天基、空基平台提升地面信息网络能力的尝试屡见不鲜，比较有代表性的是谷歌公司的Google Balloon和Facebook公司的Aquila平流层无人机，旨在为无通信基础设施的边远地区提供通信接入服务。此外，利用中型、大型无人机进行应急通信、植保、场面监视等应用也不在少数。然而，研究构建空天车地信息协同技术体制以用于轨道交通运营与安全综合保障，在世界范围内尚属首创新技术。

二、关键技术及研究进展

基于空天车地信息协同的轨道交通运营与安全综合保障技术体系，关键技术主要包括专用静态滞空平台及运用技术、专用动态滞空平台及运用技术、空天车地专用信息网络组网与重构技术和系统状态信息获取、处理与预警技术，各个关键技术及研究进展介绍如下。

（一）专用静态滞空平台及运用技术及研究进展

专用静态滞空平台即临近空间平台/飞行器。为了弥补天基空间信息网络节点在观测精度与能力覆盖范围之间的矛盾，临近空间飞行器近年来引起了广泛的关注和研究。例如，平流层飞艇的长时间悬空使得它具有可媲美卫星的能力，用几艘平流层飞艇就可以组成一个通信网络，以实现“广域覆盖”。平流层飞艇有可能提供持续、稳定而且高速的空间信息服务。保守估计，每一个飞艇基站作用的距离是地面基站的 20 倍。当发生类似 2008 年的雪灾和汶川地震时，地面基站极可能被悉数破坏，但平流层飞艇的工作却不会受到任何影响。

临近空间飞行器主要包括高空气球、平流层飞艇和高空长航时无人机等。欧洲在 2004 年启动了 CAPANINA 计划，研制基于飞艇平台的宽带移动通信载荷技术，以实现局部范围的重点覆盖，目前已经解决了其中的关键技术。日本从 1998 年成立了国家级的飞艇平台开发协会，试图用 15 艘平流层飞艇组成的通信网来覆盖整个日本。已于 2003 年完成了飞行高度为 16.4 千米的飞行试验，艇长 47 米、载荷 40 千克、驻空时间为 4 小时。2004 年又进行了 8 次定点驻空飞行试验，载荷增至 100 千克，并在定点试验中进行了数字广播、电波探测、光通信等实验。美军也重点投入了 4 个重要高空（临近空间）飞艇项目：“高空长航时验证飞艇”（HALE-D）、“高空哨兵”（HiSentinel）、“传感器与结构一体化”（ISIS）和“攀登者”（Ascender），主要目标是研发并演示验证充气式、太阳能动力的无人驾驶飞艇工作于海拔 20 千米左右高空的可行性及其潜在的军事应用价值，特别是情报、监视与侦察能力。在临近空间长航时无人机方面，Facebook 公司和 Google 公司都投资开展了太阳能高空长航时无人机的研制工作。其中谷歌旗下泰坦宇航公司的 SOLARA 60 太阳能无人飞机标称可以在 20 千米的高度携带 113 公斤载荷续航 5 年，飞行期间完全采用太阳能动力维持飞行和区域机动。这为空间信息网络在临近空间部署高机动长航时的核心节点，提供了更多的可能。除此以外，谷歌临近空间气球最长已经持续飞行 187 天，平均每个气球飞行时间大于 100 天，气球本身技术已经比较成熟。

在国内，北京航空航天大学从 2004 年开始研发有动力、定点驻留临近空间飞行器。自主研制的临近空间飞行器保持着飞行时长、起飞重量、飞行次数和跨昼夜飞行的国内纪录，性能指标处于世界领先水平。作为国内首次也是唯一开展 20 千米囊体超压和温致耐压验证的团体，先后进行了 5 次 20 千米高度以上飞行试验，目前仍然是国内唯一经过高空验证的。

（二）专用动态滞空平台及运用技术及研究进展

专用动态滞空平台及运用技术着重实现“局部增强”的功能。尽管世界范围内很多国家都已生产多种通用大型无人机平台，适应铁路运营和安全综合保障的专用无人飞行器平台尚未见报道。专用平台需针对铁路网节点和偏远山区等特殊环境，既要求低成本、容易操作且可维护性好，又要求大范围覆盖、特殊场景探查、可垂直起降。其关键技术主要包括飞行器气动总体设计与优化、先进制造工艺与强度优化、高功率密度高效动力能源系统技术、变模态飞行控制方法、先进传感器应用等。

在国内外，具备垂直起降的复合飞行器方案受到普遍欢迎。国际上，无论是 DARPA 主导的无人机重点项目，还是 DIUx、谷歌 X 的物流无人机项目，垂直起降飞行器（VTOL）始终是重点探索的领域，其中旋翼—固定翼融合飞行器的研制是重点中的重点。在近一年的时间内，不大于 30 千克起飞重量的小型复合飞行器在国内呈现井喷发展。目前，国内北京航空航天大学、沈阳航空航天大学、西北工业大学、四川纵横等单位均提出了更大起飞重量的复合型混合动力飞行器系统方案。

在无人机飞控技术发展上，硬件系统的性能更可靠，处理速度更快，控制精度更高；软件系统向智能化方向发展，操作更加简单。国内多家单位均攻克了复合型飞行控制策略方法，正着力于倾转旋翼控制、尾座旋翼控制、扑旋翼控制等高难度技术领域。大中型飞行器的总体设计中，高功率密度高效动力能源系统技术是难点和研究重点。新能源、新材料和新器件的应用，特别是高功率密度液冷电机、高效桨驱匹配设计、新材料电池等关键技术领域的发展，推动混合动力技术向纯电动力技术应用的不断发展。在先进传感器应用方面，VR、SAR、Lidar、多光谱等新技术为飞行器应用提供丰富的任务手段，在兼顾高效、高精度的数据获取能力的同时，将逐步小型化和轻量化。

（三）空天车地专网组网与重构技术及研究进展

目前铁路交通主要通过列车与轨边蜂窝通信系统，连接构成列车移动通信系统实现列车信息服务，典型系统如 GSM-R、LTE-R 等，但这些系统严重依赖于完善的陆侧通信基础设施来构建列车信息网，对于轨旁通信基础设施能力薄弱地区、对于自然灾害等应急场景，现有方法将面临挑战。近年来，利用空间网络实现大范围内列车等信息组网传输成为解决轨旁通信基础设施薄弱地区铁路信息服务的新思路，尤其是以临近空间飞行器为核心，构建空天车地专网，成为新的研究热点。

国外已经开展临近空飞行器之间的组网研究。欧洲在 2004 年启动了 CAPANINA 计划，研制基于飞艇平台的宽带移动通信载荷技术，以实现局部范围的重点覆盖。美国也启动“高空长航时验证飞艇”（HALE-D）、“高空哨兵”（HiSentinel）、“传感器与结构一体化”（ISIS）和“攀登者”（Ascender）等计划，研究临空通信网络系统及关键平台。

最有代表性的当属谷歌 Project Loon。谷歌 Project Loon 是谷歌 X 实验室于 2013 年推出，计划通过布置数千个平流层气球，利用环绕全球的“气球网络”，为全球 50 亿无网络人口提供服务。目前谷歌在在美国、新西兰、巴西放飞了多组气球，重点就 4G LTE 通信、移动运营商合作等进行测试，其中在巴西的测试中，谷歌气球可以实现 22Mbps 的天线传输速度，以及 5Mbps 的智能手机传输速度。

国内相关机构如北京航空航天大学，对单个临近空间飞行器进行了飞行、通信、遥感等试验，但是对于临近空间飞行器组网尚未进行试验测试。在空天地一体化信息网络方面，国内较国外率先开始研究并已经持续数年。2013 年在自然科学基金委的支持下，开展了“空间信息网络基础理论与关键技术”重大研究计划，用以研究卫星、临空平台和无人机综合组网、信息传输、数据处理方面的科学难题，4 年来在空间异质平台综合组网方面已经积累了丰富的研究成果。目前，在科技部重点研发项目支持下，开始了以轨道交通运营与安全综合保障为导向的空天车地专网组网与重构技术应用探索，将在全球范围内率先试验天临空地一体化信息网络及相应的应用示范。

（四）系统状态信息获取、处理与预警技术及研究进展

随着平台、感知、信息、网络、通信等技术的发展，轨道交通信息感知向智能化、数字化和全方位化发展。利用高科技检测技术及高性能传感器对可能影响轨道交通运行安全的设备及相关诱发因素进行全方位动态监控和决策预警，实现轨道交通运行自检测、自诊断、自决策是交通信息感知的发展方向。

在世界范围内，从 1980 年开始，一些相对完善的健康安全监测系统已经在部分铁路交通上的大型桥梁、隧道等设施上投入使用。此后，随着交通基础设施及小区域自然灾害的安全监测日益受到重视，越来越多的国家开始在一些新建和既有的重要设施和多发灾害路段建立综合监测系统。新兴的科学技术如网络通信技术、信息处理技术、传感技术等，也被多个国家广泛应用到铁路沿线设施健康和自然灾害监测中，如法国、日本、德国、丹麦、挪威、英国等。日本因其特殊的地域和自然环境及新干线的安全保障需求，依托 COSMOS 综合运营管理系统的子系统，在早期的列车运行系统的基础上，沿线采集气象、地震、轨温、异物入侵等环境量，实现了监测与列车运行联动，确保新干线几十年都未发生因突发灾害或突发侵线等引起的重大事故。法国的列车安全保障系统与日本铁路安全监测系统类似，对气象环境、弓网电压、异物入侵、轴温等因素进行监测，在此基础上，还增加了设备检测和报警功能，进一步保障了铁路列车运行的安全和可靠。在铁路安全监测系统上，德国的铁路安全监测系统的安全性和综合性也很高，可以及时预报突发的自然灾害对运行列车的影响，确保途径列车的及时避让，大大地提高了列车运营安全水平。

整体而言，已有的系统状态信息获取、处理与预警技术主要局限于地面。基于空天车地信息协同的轨道交通运营与安全综合保障技术，将在此基础上获得来自空域的立体多方位传感信息。在这样的技术体系下，未来需要更加智能、多源化的信息获取与关联技术和数据融合处理技术。

三、发展趋势

基于空天车地信息协同的轨道交通运营与安全综合保障技术，利用航空航天领域的研究成果，与地面系统组成空天车地信息协同的新技术体系，在提升铁路大范围、全覆盖、全息化的运营与安全综合保障能力方面具有重要前景，未来将呈现快速发展态势。各部分关键技术发展趋势如下。

（一）专用静态滞空平台及运用技术

专用静态滞空平台及运用技术发展趋势分为两个方向。

（1）临近空间无动力气球技术将逐渐发展成熟，留空时间将在 6 个月以上，但由于其无法实现区域驻留和定航路飞行，必须采用组网技术，且需要数百个气球同时布设，方能实现持续信息获取与服务，为此要求其成本应在数万至数 10 万元，是一种低成本的无人集群系统。

（2）国内外在临近空间飞艇进入和返回相关关键技术，以及短时留空相关技术方面已经取得突破，在长时驻留所需的核心技术方面仍需要发展创新技术和试验验证。预计未来几年将具备 1 个月以上的留空飞行能力，如新型材料、能源和动力技术获得重要突破，则可能具备 3～6 个月的留空能力。

（二）专用动态滞空平台及运用技术

专用动态滞空平台及应用技术的发展趋势可概况为“重、高、远、低”。

重：高功耗、大载荷任务设备需要无人机平台向 300～500 千克级起飞重量迈进，可以承载 50 千克载荷设备并提供 2 千瓦以上用电功耗，滞空时间达到 10 小时以上，需要通过倾转飞行控制、涵道技术与先进动力能源系统技术相融合来提升总体性能指标；

高：通过先进传感器技术应用来实现地面对象的高精度测试；

远：以卫星中继通信、空基中继、地面中继等技术手段实现广域覆盖；

低：通过高可靠系统设计、余度切换控制等先进技术手段，实现低飞行风险飞行。

（三）空天车地专网组网与重构技术

利用空间网络通信覆盖范围大、网络快速重构等优势，为重点地区和轨旁通信基础设施薄弱地区的铁路交通提供信息服务，是目前空间信息网络的重要发展方向。其中，临空飞行器由于具有定点驻空、区域静态覆盖、通信链路时延小等特点，尤其适合于铁路交通区域组网通信应用。因此，构建以临空飞行器为核心的空天车地专网，实现特定区域内大范围组网与重构，建立天临空地车一体化的轨道交通专用信息保障系统，实现天、临、空、地、车五者间的信息一体化传输与处理，是现代铁路交通专用信息网络发展的重要方向。

（四）系统状态信息获取、处理与预警技术

目前，各铁路监测与预警系统功能相对单一、相互独立，尚未构成全方位、层级分明、功能齐全的监测体系，且监测系统与途经列车间没有信息交互途径以达到预告警信息向列车的实时传送。总体上看，在空天车地信息网络这一新技术体系支撑下，将来轨道交通系统在综合的安全状态监测方面将朝向全方位安全状态监测、高精度信息感知、及时应急响应，以及充分信息共享和集成化发展，并以此满足现有的广域路网、复杂地貌、各类桥隧等基础设置众多和路网列车高密度运行条件下的多维度、多层次、地车/车车联合组网的安全状态实时获取、综合监测的安全保障需求。

（撰稿：张学军）

多式联运技术

一、技术概述

多式联运（Multimodal Transport 或 Intermodal Transport）是指货物由一种且不变的运载单元装载，相继以两种或多种运输方式，并且在转换运输方式的过程中没有对货物本身进行操作的运输。多式联运充分发挥了多种交通运输方式在各自运输领域的优越性，使其在最高效率的使用条件下与其他运输方式进行有机组合，以较低的成本取得较高的经济效益，代表着综合运输发展方向。

作为集约高效的现代化运输组织模式，多式联运通过进行多种运输方式及其资源的整合利用，发挥运输全程的整体优势，为货主提供无缝衔接的门到门服务，有利于提高物流效率，降低物流成本，拓展可达空间，从而为国家和企业赢得最大经济效益，其发展也随着经济全球化而不断加快。

世界各国把多式联运作为交通运输系统优化的主导战略，通过各种政策措施大力发展多式联运。目前已经形成了发展形式多样、设施装备先进、标准体系完善、运输组织顺畅、政策保障有力的多式联运推进体系，多式联运比例不断增长且发展势头强劲。

支撑多式联运运作生产的要素主要包括多式联运经营人、多式联运承运人、多式联运规则、多式联运场站、多式联运专用载运机具、转运设施装备及多式联运信息系统。相应的多式联运关键技术主要涉及多式联运标准化装载技术、多式联运高效组合技术、多式联运运行监控及信息服务技术。

二、关键技术发展现状

（一）国外多式联运技术发展现状

1. 美国

美国 1991 年出台《多式联运和地面运输效率法》（冰茶法案—ISTEA），明确提出建立经济高效且环保的“国家多式联运系统”，旨在整合运输资源、提高运输能效并为美国赢得全球经济竞争优势奠定基础，同时授权成立“国家多式联运委员会”向国会提出立法、多式联运技术标准和政策改进建议，授权运输部设立“多式联运办公室”负责协调联邦政策以提升多式联运效率，美国从此进入了以多式联运为主导的综合交通发展阶段。美国运输部在每隔 5 年发布的战略规划（DOT Strategic Plan）中，均将提高多式联运效率作为主要目标和任务。并于 2006 年起连续 5 年通过联邦政府给予重点项目投资补助的方式，支持开展多式联运系统改善示范建设。

2013 年，美国运输部发布的新 5 年运输战略规划中，明确提出要加强对多式联运连接通道（Intermodal Connectors，是指将枢纽港站与国家公路网连接起来的最初或最后一英里公路）的投资，进一步提高港口、铁路、机场与公路之间的衔接水平。美国运输部实施著名的阿拉米达联运通道改善计划，成为美国推进海铁联运的典型范例。

为了发展铁路双层集装箱运输，提出“双层列车净距改善计划”（Double Stack Clearance Project），通过立法修改列车垂直与水平净距标准，投资支持特定铁路通道的净空改造。同时，联邦及各州政府还通过各种方式，支持多式联运枢纽建设、公铁联运设施设备改造等。此外，美国在场站管理上广泛使用先进的自动化技术实现集装箱的跟踪和定位。

美国已基本形成各运输方式分工合作、转运高效的多式联运系统，以长距离内贸运输为主的驮背运输和承担外贸进口货物运输的海铁联运，构成美国多式联运的两大运输组织。集装箱作为标准化、规模化的装载单元，由于便于在多种运输方式之间转换并能较好地保证货物运输安全，因此依托集装箱的驮背运输与海铁联运成为美国多式联运的主要形式。美国的驮背运输主要包括两类运输方式：平车装载公路拖车 TOFC（Trailer on Flatcar）和平车装载集装箱 COFC（Container on Flatcar），TOFC 是在 85 英尺或更长的平车上装载 2～3 辆公路拖车，COFC 是用平车装载 20 英尺或 40 英尺集装箱，两种运输方式都通过铁路完成城间运输，而“门到门”运输基本上由汽车完成。此外，美国还发展了双式联运（Bimodal Transportation）和滚装运输（Roll On/Roll Off），双式联运是将公路挂车加装铁路专用铰接式托架后，直接拖上铁轨经由铁路运输，滚装运输是指载运工具不通过吊装而是靠轮式驱动或拖带上/下船（火车）的运输方式。

2. 欧洲

基于对可持续发展的考量，欧盟自跨入 21 世纪以来将多式联运视为主要战略目标之一。2001 年欧盟委员会发布《面向 2010 年的欧盟运输政策：时不我待》白皮书，提出要“构建欧洲一体化多式联运系统”，明确了多式联运发展战略与方向。2006 年欧盟对该白皮书进行了中期评估和修订，更加突出铁路和水运发展，着力于多式联运服务链整合。2011 年欧盟出台了新的运输政策白皮书《迈向统一欧洲的运输发展之路：构建更有竞争力、更高能效的运输系统》，提出了绿色低碳交通发展目标，强调通过发展组合运输把更多公路货运转向铁路和水运，确定在 2030 年前转移 30%，2050 年前转移 50%的具体目标。围绕上述战略目标，欧盟相继推出一系列促进多式联运发展的行动计划，典型计划如 PACT 计划（Pilot Actions in Combined Transport）、马可波罗计划（旨在支持多式联运项目）、NAIADES 计划（旨在支持航运与内河航道发展）。

与美国一样，欧洲的多式联运主要也是箱驮运输、驮背运输和滚装运输。不过与美国不同，欧洲没有发展公铁两用挂车，但发展了独特的公铁滚装运输，特指卡车整车直接开上铁路并通过铁路长途运输。与美国多式联运标准运载单元限于集装箱和厢式半挂车有所不同，欧洲多式联运使用三种基本的标准化运载单元，除集装箱和厢式半挂车外，还有可脱卸箱体（Swap-body），且欧洲的集装箱仅限于国际标准箱，半挂车主要以 40 英尺为主。

（二）国内多式联运技术发展现状

与欧洲美国国家相比，我国多式联运起步较晚，现阶段多式联运主要集中在集装箱多式联运、整车滚装运输，铁路商品车（主要是轻型车）运输、半挂车水路滚装运输在局部地区有所发展。为了努力破解多式联运站场设施、技术装备、运营组织、信息平台、标准规范以及运行机制等方面长期的瓶颈制约，政府近些年出台了一系列政策文件，引领我国多式联运全面加快发展。

2014 年，国务院发布了《物流业发展中长期规划（2014—2020 年）》，将多式联运工程列为十二大重点工程之首，把多式联运作为提高物流效率、降低物流成本、推动综合运输结构性节能途径。2015 年，交通运输部、国家发展改革委联合印发了《关于开展多式联运示范工程建设的通知》，同时附印由交通运输部规划研究院编写的《多式联运发展技术指引》，拟在政府政策引导和支持下，通过充分调动企业积极性和创造性，积极探索创新多种组合形式的联运发展模式。随后研究确定“驮背运输（公铁联运）示范工程”等 16 个项目为第一批多式联运示范工程项目，并优先考虑“一带一路”、长江经济带等物流大通道、京津冀等重点区域和已有铁水联运、甩挂运输等试点示范项目线路区域。2017 年 1 月，交通运输部等 18 个部门联合印发了《关于进一步鼓励开展多式联运工作的通知》，提出推广先进运输组织形式、推广标准化运载单元、加强专业化联运设备研发的工作任务，包括研发应用跨运输方式的吊装、滚装、平移等快速换装转运专用设备、开展重大技术装备关键技术和物联网在集装箱多式联运领域集成应用等专项科。2017 年 2 月，《“十三五”现代综合交通运输发展规划》发布，将发展多式联运作为“十三五”期间重点任务。

1996—2017 年，国家自然科学基金委先后资助了“集装箱多式联运与综合物流系统的形成机理及评价方法”“面向经济、社会和环境协调发展的现代物流管理研究”等 19 项涉及多式联运技术与管理优化项目，完成了多式联运运营模式、运营管理、多式联运物流任务动态指派、多式联运物流中断管理等研究内容。国家重点研发计划重点专项《综合运输与智能交通》（2016—2020 年）将多方式综合运输一体化作为重点研究方向，针对客货运输在多式联运、智能调度方面的不同需求和技术瓶颈，提出突破多方式综合运输需求动态智能感知、调度优化、信息综合集成与智能化服务等关键技术，研发需求响应式城市群客运协同服务等平台、物流综合信息智能化服务平台，研制货物集疏运智能化系列装备，完善多式联运标准体系规范等目标任务。

三、发展趋势

（一）构筑多式联运技术装备标准化体系

多式联运技术装备标准化包括运载单元、载运机具、快速转运设备等标准化，只有标准化才能提高通用性和专业化水平，进而为运输过程各个环节和自动化管理提供统

一、必要的前提。技术装备的标准化将有效地解决多式联运中货物的中转速度、货损、货差以及运费等问题。

（二）创新快速转运装备技术

加强基于国际集装箱、厢式半挂车等标准运载单元的多式联运快速转运装备及相关技术的研发和创新，发展铁路专用平车、半挂车专用滚装船、公铁两用挂车等专业化装备及其与标准化运载单元的配套组合技术，实现装卸设备和转运设备的无缝对接。

（三）应用信息交互与共享技术

搭建公共物流信息平台，充分考虑多式联运参与各方的信息需求，加快推进信息采集、交换、共享技术的应用，使平台系统具有高度开放性和可扩展性，并通过网站、手机 APP 等各种服务终端，推进不同运输方式、不同企业间多式联运信息开放共享和互联互通。

（四）探索发展第二代多式联运模式

在传统多式联运的基础上，探索将衔接点间的“集装箱+开放式托盘”形式转变为“新集装箱+封闭式可组合分箱”形式，并形成与之配套的物流运营和组织方式。首先，从运载单元创新入手，集装箱单元分割通过采用更小尺寸、适合最小末端配送车辆运输的盛装标准，从而具有了相互快速联结、分拆的能力，具体包括单元分箱的设计到配套的机械插卡、插口以及卡槽等；其次，实现信息互通以及运营模式的突破，利用其嵌入箱体的 RFID 标签及可识别标签实现全自动装卸搬运和自动分拣，通过 GPS/GIS、移动服务终端、物联网、车联网和探针计算，实现基于大数据的全链条信息跟踪；最后，将组合分箱按物流结算单元和商品交易单元计量，真正实现“一次委托”“一单到底”和“一次结算”。

（撰稿：杨家其）

第三章

主要科技项目进展

973 计划项目“大城市综合交通系统的基础理论与实证研究”

“十二五”国家重点基础研究发展计划“大城市综合交通系统的基础理论与实证研究”项目已通过科技部验收。

“大城市综合交通系统的基础理论与实证研究”项目于 2012 年启动，由科技部资助设立，北京航空航天大学、北京交通大学、东南大学、清华大学、中国科学技术大学、浙江大学、上海大学、北京工业大学、北京交通发展研究中心、北京四通智能交通系统集成有限公司、中国城市规划设计研究院和交通运输部科学研究院等 12 家单位共同承担。项目紧密契合《国家中长期科学和技术发展规划纲要（2006—2020）》中“综合交通体系建设滞后，各种交通方式缺乏综合协调”的重大需求，研究大城市综合交通系统的基础理论，并依托北京等若干城市展开相应的实证研究，下设大城市交通需求的引导理论与方法、公交主导型多方式交通网络的协同机理与耦合理论分析、多方式交通运行的协同组织与控制、大城市综合交通系统的运行可靠性与应急策略、综合交通系统信息感知集成与多式协同出行诱导和公交主导型大城市综合交通系统的实证研究 6 个课题。

项目按计划完成了研究任务，实现了预期目标，发表了一批高水平研究论文，形成了一个紧密协作的优势团队，产生了较大的国际影响，推动了我国交通科学与交通工程的研究和发展，发挥了 973 项目基础研究的导向作用。其中，出版学术专著 21 部，申请专利和登记软件著作权 115 项，发表论文 700 余篇。该项目揭示了大城市多层次、多方式交通需求生成及演化规律，构建了综合交通系统协同运行可靠性指标体系和公交都市建设规划与评价体系，提出了公交主干线绿波协同控制技术，发展了以公共交通为主导，以总量控制、拥堵收费、停车管理及可交易电子路票等政策为补充的需求调控理论和引导方法，相关研究成果已在北京、南京、昆明、大连等 20 多个大城市进行了多层次的示范应用。

课题一，大城市交通需求的引导理论与方法

1. 总体情况

该课题由北京航空航天大学与北京交通大学两家单位共同承担，紧密结合我国国情和大城市发展状况，旨在从理论上揭示出行决策内在机制，解释大城市多层次、多方式交通需求生成和多方式网络交通流形成及扰动机理，探索大城市多方式交通需求的调控理论与引导方法，为我国大城市交通可持续发展奠定理论基础。

课题侧重理论探索与创新，重点围绕出行需求的特性、生成机理与估计方法，多方

式交通流量的时空分布及扰动分析，多方式交通需求的调控理论与引导方法，交通需求引导的公平性度量与系统优化方法4个方面展开专题研究，揭示了大城市多层次、多方式交通需求生成及演化规律，在大城市多方式交通需求的引导理论与方法方面取得了重要的研究成果，形成了一个紧密协作的优势团队，产生了较大的国际影响，推动了我国交通科学与交通工程的研究和发展。

2. 主要成果

课题针对大城市综合交通系统的基本特性，探索了个体出行的决策机理和群体涌现的基本规律，刻画了多式、多链活动与多态出行之间的复杂关系；在不同场景、不同活动目的下分别研究了动态用户最优的路径选择行为，发现了大城市多方式交通需求动态演化的一些基本规律；针对各类交通需求管理方法的作用机理与多方式交通需求的互动关系，探索了多方式交通需求的时空分布与交通拥堵、环境污染及能源损耗等社会成本之间的互动机理，构建了与各类交通需求相匹配的城市综合交通资源管理的理论框架；提出以城市公共交通为主体，以总量控制、拥堵收费、停车管理及可交易电子路票等政策为补充的出行需求调控理论和引导方法，发展了基于综合社会经济成本的城市综合交通系统优化及评价方法。

课题按计划完成了研究任务，实现了预期目标。课题出版学术专著5部，授权发明专利5项，发表学术论文200余篇，其中在Operations Research、Transportation Research系列和Transportation Science国际交通科学的顶级刊物上发表48篇，在国际最高水平的交通科学理论性会议ISTTT上宣读并发表论文1篇。课题研究成果被美、法、加、澳、荷、日等国家著名学者正面评价，荣获教育部自然科学奖一等奖1项、复旦管理学杰出贡献奖2次、系统科学与系统工程理论贡献奖1次，在钱学森城市学“城市交通问题”征集评选活动中荣获金奖。

课题二，公交主导型多方式交通网络的协同机理与耦合理论

1. 总体情况

该课题由东南大学、浙江大学、中国城市规划设计研究院联合承担，旨在从理论上深入研究公交主导型交通网络条件下居民出行特征与多方式网络承载力特性，揭示地面公交网络－轨道网络－道路网络的相互作用机理，建立交通网络多方式系统耦合理论，并将理论研究成果应用于多方式交通网络效能评估，促进公交主导型低碳交通结构形成和节能减排国家战略目标实现。

2. 主要成果和技术创新

（1）主要成果

形成了以“出行特征与供给特征”“作用机理与耦合理论”“评估技术与实证分析”为主体且有机联系的三个层次、六个专题，并最终在理论基础和实际应用中取得了以“城市交通系统供需识别与评估技术”“公交主导型交通网络协同设计技术”“城市公交主干线绿波协同控制技术”和“城市虚拟交通系统构建技术与软件”为代表的四个创新点。

课题的研究成果在多个城市的实践工程中得到广泛应用，有效提升了多模式公交主干线和网络节点的通行效率，充分发挥了多模式公交系统的服务效能，促进了城市与交通的可持续协调发展，取得了显著的社会经济效益。

课题组成员发表标注论文 115 篇，其中 SCI 收录 53 篇，EI 收录 45 篇；申请发明专利与软件著作权共 81 项，其中授权专利 61 项，获软件著作权 3 项；2012 年获国家科学技术二等奖和中国智能交通协会科学技术一等奖（省部级）各 1 项，项目组共 10 人次获奖；2016 年获教育部科技进步二等奖、中国公路学会科技进步一等奖各 1 项。

（2）技术创新

该课题主要包括以下四个创新点。

创新点 1“城市交通系统供需识别与评估技术”：从交通需求识别到承载能力分析再到网络性能评估的思路出发，解析了公交主导型综合交通网络供需特征及其互动耦合机理并提出了城市交通综合效能的评估方法。

创新点 2“公交主导型交通网络协同设计技术”：整合协调多方式交通网络设计的各类目标、要素和条件，聚焦于公共交通系统内部和非常态运行条件，是形成公交主导型交通结构的关键。

创新点 3“城市公交主干线绿波协同控制技术”：提出公交主干道路绿波、公交主干线站间绿波、有轨电车站间绿波技术、交叉口处多模式公交系统协同控制技术等公交快速通行方法，研发多模式公交网络协同控制技术，进而减少公共交通车辆交叉口延误，提升公交系统运营效能。

创新点 4“公交主导型城市虚拟交通系统构建技术与软件”：将前三个创新点的技术方法转变成应用模型、系统软件和测试平台等实用工具，从而在技术研究与工程实践之间架起桥梁。

3. 示范应用情况

该成果已在京津冀、长三角、长江经济带等重点城市群，包括天津、西安、南京、郑州、宁波、厦门、绍兴、蚌埠、晋中、铜陵、鹤壁、宜春、绵阳等 20 个各类代表性城市进行了多层次的示范应用，并借助项目完成单位的行业影响力，在持续开展的“公交都市”建设中进行大范围的推广应用。

以南京市和宁波市为例。面对南京日益复杂的交通需求与交通环境，通过多模式地面公交协同控制技术的综合应用，促进了南京市多模式地面公交的协同控制。在减少对社会车辆通行影响的前提下，大幅提高了地面公交的准点率和可靠性，整体提升了南京市地面公交的运行效率与服务水平。据测算，公交主干线方向，高峰期的常规公交线路平均行程车速提高了 22.13%，社会车辆交叉口平均延误减少了 21.10%；平峰期的常规公交线路平均行程车速提高了 20.97%，社会车辆交叉口平均延误减少了 22.93%。本项目成果在浙江宁波市得到了全面应用。2010—2015 年集中应用期间，在小汽车保有量翻一番的背景下，公交出行方式分担比例由 16.2%提高至 21.1%，居民采用公交方式通勤出行平均时耗由 44 分钟/次降至 35 分钟/次，中心城区主要干道平均车速由 19.5km/h

增至 25.2km/h；在高德地图发布的全国交通拥堵城市排名中不断下降，2014 年第四季度排名 19/50，2016 年第一季度排名 48/60。同时，助力宁波成功入选全国畅通工程 A 类一等管理城市和国家公交都市建设示范工程创建城市。

课题三，多方式交通运行的协同组织与控制

1. 总体情况

该课题由北京交通大学、北京工业大学共同承担，于 2016 年 9 月通过项目结题验收。课题旨在分析多方式交通网络运行效率影响因素及互反馈关系，研究各种参量对不同交通方式运行的役使机制，揭示多方式交通系统的协同运行机理，结合城市综合交通网络结构和交通需求分布特征，提出多方式交通运行的协同组织与控制理论和方法，为大城市综合交通系统的高效运行和缓解交通拥堵提供理论基础，从而解决资源约束和公交主导条件下时空资源动态协同配置和合理利用问题，改善我国大城市交通拥堵与交通环境、提升交通运行效率和承载能力等。

课题在大城市交通需求引导理论与方法，以及公交主导型交通网络协同机理与耦合理论研究成果的基础上，从城市交通资源供给层面，研究多方式交通协同运行机理与时空资源配置理论与方法；从公共交通设施组织层面，研究综合交通枢纽的交通组织与效能优化和多方式交通系统的停车换乘协同组织理论与方法；从多方式交通运行层面，研究多方式公共交通运行的协同组织与调度和多方式路网交通流协同控制理论与方法；构建涵盖多方式交通系统的时空资源协同配置、综合枢纽协同组织、公交协同组织与调度、交通流协同控制、停车换乘协同组织等的大城市多方式交通运行协同组织与控制的基础理论与方法体系，从而深化和完善大城市综合交通系统基础理论。

2. 主要成果和技术创新

（1）主要成果

截至 2016 年 8 月底，共发表收录论文 220 篇（其中 SCI 检索 78 篇），部分研究成果发表在 Transportation Research Part B、C、D、F 等顶级或权威期刊上。申请软件著作权 7 项；申报发明专利 7 项；出版学术专著与译著 2 部；获中国智能交通协会与中国铁道学会科学技术奖一等奖各 1 项，举办国际学术会议 4 次。

（2）技术创新

课题研究了多方式交通运行的协同组织与控制的相关科学问题，创新性地：

（1）建立了基于决策场理论的 P&R 决策过程，路径选择博弈的非线性动力学演化，基于贝叶斯理论的随机交通流分配等的多方式交通网络的出行决策与流量分配模型与算法。

（2）建立了行人流元胞自动机仿真，静动态瓶颈识别，多方公共交通时空接驳优化等的综合交通枢纽的客流组织与效能优化模型与算法。

（3）构建了接驳地铁的社区公交线路设计与时刻表协同优化，公交车辆间协同换乘的实时调度，公交车发车间隔优化等的多方式公共交通的系统优化与协同调度模型与算法。研究可以作为大城市综合交通系统高效运行和缓解交通拥堵的理论基础。

课题四，大城市综合交通系统的运行可靠性与应急策略分析

1. 总体情况

该课题由单位北京航空航天大学、中国科技大学、上海大学共同承担。课题组之间密切合作，紧密结合我国大城市综合交通系统特点和发展状况，提取系统协同运行可靠性多元异质影响因素，深入研究多种交通系统协同运行的可靠性及其耦合机理，建立城市综合交通系统的协同运行可靠性模型，分析大城市综合交通系统运行可靠性演化规律，分析近临界状态的综合交通系统面对恶劣天气、突发性自然灾害、事故、大型活动等非常规事件时的脆弱性，并将理论研究成果用于指导交通实践。为减少我国城市交通规划、设计、建设和管理中的盲目性，对提高路网抗干扰的能力、确保系统稳健运行具有重要的理论意义，为应对突发事件的措施和保障大型社会活动的交通组织预案提供技术支持。

2. 主要成果与创新点

（1）主要成果

2012—2016 年，课题从系统协同运行可靠性多元异质影响因素认知与表征方面分析入手，建立城市综合交通系统的协同运行可靠性模型，分析可靠性演化规律及判别网络临界状态，建立大城市综合交通协同运行可靠性仿真模型，完成基于协同运行可靠性仿真的交通应急策略分析等五个方面的研究，共发表论文 91 篇（其中，SCI 检索 66 篇），出版标注专著 1 部，申报发明专利 9 项（其中授权 1 项），获国家科技进步二等奖、上海市自然科学奖二等奖，举办国际学术会议 12 次、参与国际会议或研讨会 37 次。

课题研究了大城市综合交通系统的运行可靠性与应急策略，揭示了城市综合交通系统状态演化规律，通过可靠性系统仿真，提出了非常规事件影响下综合交通系统平衡控制的应急策略，为项目完成多方式综合协调的基础理论和政策措施的统筹优化，推行多方式交通协调发展与控制，坚持“公交优先”和“需求管理”并举策略，提高城市交通时空资源利用效率提供理论基础和技术支持。

课题构建了综合交通系统协同运行可靠性指标体系，探究了交通拥堵的渗流组织方式，形成了一套分析完整的大城市级别交通流的组织过程、拥堵传播方式的方法，对交通拥堵传播的预防与管理具有较强的指导意义。

该课题研究队伍稳定、结构合理、创新能力强，其中课题组核心成员组建的“智能交通技术创新团队”入选科技部 2015 年重点领域创新团队，1 人入选国家长江学者计划，2 人获得国家自然科学基金优秀青年基金资助，共计出站 2 名博士后，培养 14 名博士，26 名硕士，获得优秀博士毕业论文 1 篇。

（2）创新点

本课题建立了由宏观指标及微观指标组合构成的综合交通系统协同运行可靠性指标体系，探索了各子系统运行可靠性耦合机理研究，建立了大城市综合交通系统协同运行可靠性模型，发现了交通拥堵的渗流组织方式，总结了交通渗流的动态属性，揭示了网络故障传播规律。模拟了交通网络拥堵消散过程，从交通管制层面和网络物理结构层面提出了缓解拥堵的策略。展示了交通供需波动对综合交通系统协同运行可靠性的作用机理，建立了综合交通系统协同运行可靠性模型。

课题研究成果创新性地从影响交通系统运行可靠性的驾驶行为及交通流演化特性、考虑路网交通状态时空耦合特征的出行时间可靠性估计、交通网络临界状态辨识与脆弱性分析三个方面深入研究了大城市综合交通系统的运行可靠性与应急策略问题。

从影响交通系统运行可靠性的驾驶行为及交通流演化特性方面，从机动车流和非机动车流两方面探索了交通流稳定性这一影响系统运行可靠性的关键因素。开展了路段车流跟驰行为的实验研究和建模，发现了交通流中扰动幅度呈现凹增长的规律，提出了交通流不稳定性是由交通流中各种随机因素累积造成的机理；开展了路段自行车流跟驰行为的实验研究和建模，发现了自行车流的不稳定临界值，探讨了自行车流和机动车流的异同。拓展了基于费用势场元胞自动机模型，考虑行人视野与行人间的挤压作用，建立了含有聚集力场的预测费用势场元胞自动机模型；展示了反映全局信息的场，考虑了前方行人拥挤对后面行人路径选择行为的影响。探索了交通网络故障传播模式与机理，定义了连通规模、流通效率、边故障率，构建了由三种指标构成的宏、微观指标结合的综合交通系统协同运行可靠性指标体系。

从考虑路网交通状态时空耦合特征的出行时间可靠性估计方面，估计每一种服务水平等级下单位距离出行时间的分布函数，通过交通波理论分析、计算车辆在每一种服务水平等级路段内的走行距离，进而完成出行时间可靠性估计。从交叉口-路段-干道逐层推演出行时间可靠性的影响机理，弥补了路网可靠性理论中对交叉口功能与内部问题简化处理的不足，建立了交通流量、信号控制参数与各路段出行时间分布的直接联系，拓展了微观层面可靠性理论的研究思路与方基于时空关联特征。提出了改进的 K 近邻回归模型；考虑路网不同时段的交通状态，建立了分时段的 K 近邻回归模型，基于路段速度预测模型，研究了出行时间可靠性曲线的预测模型。给出了一种可靠度维度下的拥堵判别理论与交通瓶颈定义。将交通特征与复杂网络理论相结合，针对现实存在的交通网络，使用耦合映像格子模型从宏观角度对网络拥堵传播与消散进行研究。揭示了地铁网络、公交网络、地铁公交耦合公共交通网络交通网络拥堵传播规律与消散特征。

从交通网络临界状态辨识与脆弱性分析方面，利用高阶守恒模型分析网络交叉口处的时走时停波形成与传播过程。为进一步分析动态模拟大型城市交通网络中的交通拥堵的形成、传播和消散过程提供理论支持。探索限速对网络交通流影响，发现对于某些网络可通过限速同时减小其总行程时间的均值和方差且限速未必总是能减小网络的总行程时间预算。分析导航情景下网络运行可靠性变化规律，发现在地理最短路径导航策略下，自适应交通灯可显著提高网络运行可靠性；而在时间最短路径导航策略下，自适应交通灯对提高网络运行可靠性的作用不明显。利用北京市浮动车数据，发现了交通拥堵的渗流组织方式，总结了交通渗流的动态属性，建立了网络拥堵瓶颈的确定方法。进一步探究了网络上故障传播的普适速度，建立了故障传播的理论计算方法。分析了级联失效的传播速度和规模，对级联失效的传播机理进行了解释。

课题五，综合交通系统信息感知集成与多式协同出行诱导

1. 总体情况

该课题2012年正式启动，由清华大学、东南大学、北京四通智能交通系统集成有限公司3家单位共同承担，是一项基于公交主导型综合交通出行信息感知技术，通过集成多类综合交通信息，针对信息影响条件下综合交通出行规划和多式协同诱导的理论及方法研究。本研究成果为其他基础理论研究提供了坚实而有力的必要信息支撑。

课题立足城市综合交通系统信息感知集成与多式协同出行诱导的总体目标，基于物联网、智慧地球和车路协同等背景技术，以自驾车出行信息、公交交通系统出行信息及城市关键交通区域出行信息为研究对象，从交通时空状态动态感知理论与方法、交通出行广义舒适度建模与分析、出行行为分析与多模式诱导决策三个方面，系统开展了信息感知、提取和集成的理论研究，并针对大型城市进行相应理论与方法的实证验证，创新了多交通方式协同条件下的诱导策略制定方法和面向出行者的个性化诱导服务理论体系，有效提升了信息影响条件下综合交通出行规划和多式协同诱导效率。

2. 主要成果和技术创新

（1）主要成果

5年来本课题组取得了如下标志性成果：在Transportation Research、Transportation、IEEE Transactions on ITS等国内外著名学术刊物上共发表高水平论文104篇，其中被SCI检索43篇，被EI检索40篇；获国家科技进步二等奖1项，省部级自然科学二等奖1项，中国智能交通协会一、二等奖各2项；出版专著3本，实证研究报告2部；申请发明专利9项，其中授权发明专利4项；培养博士后3名，博士研究生9名，硕士研究生19名；在国内外交通领域产生了重要影响，形成了一支具有国际水平的城市交通科学基础理论研究队伍。

（2）技术创新

① 交通时空状态动态感知理论与方法

以微观交通时空信息为基础，从传统的路段旅行时间预测和基于视频的车辆运动微观行为分析入手，实现基于时空信息的交通拥堵识别。以宏观交通时空信息为基础，完成了交通数据补偿和交通流预测方法的对比与分析，实现了不同环境下交通流时空信息的重构，形成了大规模交通网络下的时空信息感知与预测方法。

② 交通出行广义舒适度建模与分析

提出基于出行者视角的广义舒适度函数，构建了包含全出行方式、涵盖所有出行影响因素的广义舒适度模型，并重点结合地铁出行方式深入研究乘客出行感知和行为分析，初步拓展到综合客运枢纽。基于个体和群体出行行为分析，构建了基于广义出行费用的出行模式偏好模型，研究不同出行环境下的出行方式选择策略，同时在此基础上实证研究了协同诱导方法，进一步研究了面向高效和环保的出行诱导策略。

③ 出行行为分析与协同诱导决策

研究基于手机多种实时数据的交通信息有效提取方法，实现了换乘、路径和OD等主要特征的有效提取与分析，形成了一套优化、高效和快速的出行行为分析方法。基于个体和群体出行行为分析，构建了基于广义出行费用的出行模式偏好模型，研究不同出行环境下的出行方式选择策略，同时在此基础上实证研究了协同诱导方法，进一步研究了面向高效和环保的出行诱导策略。

课题六，公交主导型大城市综合交通系统的实证研究

1. 总体情况

该课题由北京交通大学、交通运输部科学研究院、北京交通发展研究中心共同承担，于2016年9月通过项目结题验收。课题旨在分析城市交通结构演变规律，提出不同类型城市综合交通系统结构目标及可持续发展策略；研究不同交通网络结构下交通实体承载能力、服务水平与运行效率的测算与评价方法，实现综合交通系统的资源优化配置；研究影响不同类型及层次的用户出行方式选择机理与关键因素，建立基于用户属性的出行方式选择模型并搭建出行信息服务平台；分析并评估引导城市交通结构和用户交通行为的各类策略及其运行效果，为综合交通系统的发展规划和一体化运行管理提供应用理论支撑。

课题以北京、海口、昆明等城市为对象，在公交主导型大城市的综合交通结构演变机理、城市综合交通系统运行状态和客流分布演化规律、城市公共交通系统的网络化运营组织理论与方法、综合交通枢纽一体化运营效率优化与评价方法、城市综合交通信息服务平台建设等方面开展了深入研究。相关研究成果被北京市交通委员会、北京市地铁运营有限公司等部门采纳实施，并形成了多项国家与地方标准，用于城市综合交通系统运营效率与服务水平的改善。

2. 主要成果和技术创新

（1）主要成果

截至2016年8月底，共发表收录论文119篇（其中SCI检索27篇），部分研究成果发表在Transportation Research Part、IEEE Transaction等系列的顶级期刊上。出版专著3部和实证报告10余部，制定国家、行业和地方标准9项、授权发明专利3项，获省部级奖2项，举办国际学术会议6次、全国性学术会议5次。

（2）技术创新

课题研究了公交主导型大城市综合交通系统发展规划和一体化运行管理的相关科学问题，创新性地：

① 提出了基于远景目标的城市综合交通系统结构目标确定方法和实现结构优化和发展模式转变的策略集。

② 提出了一种基于实测数据的道路交通状态监测与拥堵传播特性分析方法，用于

城市交通系统的路径诱导优化。

③ 分析了地铁新线开通后对城市综合交通系统负荷及网络客流分布的影响，提出了地铁新线接入后的综合交通系统运输组织调整策略与方法集。

④ 剖析了城市综合交通枢纽内多方式协同运行的机理，提出了集枢纽规划、内部客流组织、设施管理和运营计划动态协同于一体的城市综合交通枢纽运行管理方法。研究可以作为大城市综合交通系统资源配置优化和运行效率提升提供应用理论基础。

863计划项目“城市地面交通网络协同与环境友好型交通控制技术”

“城市地面交通网络协同与环境友好型交通控制技术”项目的总体目标是为缓解我国城市交通面临的交通环境污染和公交网络服务低效等突出问题，通过研发智能低排放交通控制和多模式多层次公交协调控制等关键技术和系统，为保障城市交通发展的低碳环保发展和城市公交网络的高效运行提供技术支撑。

项目设置了基于交通与环境数据共享的区域交通排放监测及预测技术、多目标交通信号和行驶车辆智能化协同控制技术、多模式多层次地面公交高效协同控制技术、多模式地面公交网络资源配置优化技术四个课题任务，分别由北京交通发展研究院、清华大学、东南大学、哈尔滨工业大学牵头，联合多家机构开展研究，按照“需求分析→技术凝练→技术创新→系统集成→系统测试→系统验证→系统改进与优化→系统应用”这一过程，以实现本项目的研发目标，取得突破性成果。

项目针对城市交通环境友好型智能化控制问题，突破了多层次交通与环境数据共享、基于驾驶轨迹特征的区域交通排放动态监测及预测、面向环境和通行效率等多目标的车辆及交通信号智能化控制等关键技术；针对城市地面公交网络协同问题，研发了地面公交网络竞合关系下的高效配置和多模式公交换乘枢纽客流组织等关键技术。研制出交通运行与环境数据共享系统、区域交通排放动态监测和预测系统、多目标交通信号控制原型系统、协同式车速辅助原型系统、多模式公交网络协调调度系统和干线公交交叉口-站点-信号协同控制设备。

项目发表学术论文44篇，其中SCI/EI检索28篇，出版专著1部，申请发明专利26项，申报软件著作权15项。

项目研究成果在机动车比功率（VSP）分布图谱库构建、基于机动车比功率的干线协调信号控制模型与算法、公交站间绿波协调控制、基于竞合关系的多模式公交网络优化等方面具有创新性。项目主要技术成果在北京、苏州、南京、哈尔滨等地进行了测试验证。项目成果可为城市交通低碳环保发展和公交网络高效运行提供技术支撑。

课题一，基于交通与环境数据共享的区域交通排放监测及预测技术

该课题由北京交通发展研究院承担，联合北京交通大学、北京易华录公司、环境保护部机动车排污监控中心、中国汽车技术研究中心等产学研用行业优势单位共同参与。

课题突破了多层次交通与环境数据共享技术、基于驾驶轨迹特征的区域交通排放动态监测及预测技术；建立了高分辨率的城市机动车比功率（VSP）分布图谱库，揭示了动态交通运行与机动车排放快速耦合的规律；构建了城市中不同交通环境及条件下的交通排放动态测算模型体系；开发了具有自主知识产权的交通与环境数据共享试验系统和区域交通排放监测及预测分析系统；实现了城市路网日常交通排放的监测和可视化展示，以及不同控制策略下的交通排放预测。系统数据刷新频率为 15 分钟，预测排放值与抽样车辆的道路实际排放测试值的相对误差不大于 20%，达到了国际先进水平。该技术和系统在北京市进行了实际测试验证和应用示范，有力支撑了北京市单双号限行和减排效果联合测试，以及大货车绕行减排效果测试等工作。

在 3 年课题执行期间，课题组攻坚克难，取得了优秀的研究成果。申请发明专利 4 项，获得软件著作权 4 项，发表学术论文 12 篇，出版专著 1 部。课题研究成果为城市交通排放监管提供了科学的“晴雨表”，对提高我国城市交通运行和排放的监管能力具有积极的支撑作用，对我国实现城市交通系统的生态、环保、绿色及可持续发展具有重要意义。

课题二，多目标交通信号和行驶车辆智能化协同控制技术

清华大学联合大连理工大学、清华大学苏州汽车研究院、四川川大智胜软件股份有限公司、浙江工业大学、厦门金龙联合汽车工业有限公司等单位，于 2014 年 1 月—2016 年 12 月承担国家 863 项目“城市地面交通网络协同与环境友好型交通控制技术”的课题二“多目标交通信号和行驶车辆智能化协同控制技术”。该课题在智能交通系统的框架下，以城市区域交通为研究对象，以降低交通延误和减少车辆排放为目标，基于车联网条件下的信息实时交互和融合，研究降低延误和减少排放的交通信号智能化控制方法，以及节能环保、高效通行的协同式车速优化方法，开发多目标交通信号与行驶车辆协同控制技术。

在 3 年课题执行期间，课题组攻坚克难，取得了优秀的研究成果。申请发明专利 7 项，发表学术论文 16 篇，形成 2 项主要研究成果：

（1）协同式车速辅助原型系统。依托先进的车联网技术，利用无线通信在云端获取道路上行驶车辆的信息和交通信号信息，在保证行车安全性的前提下，以车辆的通行效率和经济性为目标，为驾驶员提供经济车速建议，从而优化车辆的行车轨迹，提高车辆行驶的经济性和通行效率。

（2）多目标交通信号控制原型系统。依托先进的通信和传感技术获取道路上行驶车辆的信息，以交通排放和通行延误最低为目标优化信号配时方案，并通过干线协调实现多交叉口路段的信号协同控制，最大限度地减少干线道路系统的机动车延误和尾气排放，提高干线道路系统运行效率。

经实车测试，所开发系统在给定的试验条件下可降低车辆的停车次数和通行时间达 10%以上。相应的仿真测试也表明，该系统可有效地降低车辆的排放。

该课题的研究成果具有广阔的应用前景和市场价值，将为智能交通系统的发展和车联网的推广奠定坚实的技术基础。

课题三，多模式多层次地面公交高效协同控制技术

东南大学联合公安部交通管理科学研究所、北京航天智通交通科技有限公司，于2014年1月—2016年12月承担国家863项目“城市地面交通网络协同与环境友好型交通控制技术”的课题三“多模式多层次地面公交高效协同控制技术”。针对上述问题，本课题围绕多模式多层次地面公交高效协同控制的目标，从“公交网络资源高效配置技术、公交网络客流组织技术、公交主干线绿波通行控制技术以及骨架线路与主干线路间协调控制技术”四个方面开展关键技术研究，主要创新点如下：

（1）研究了公交模式运行特性分析方法，提出了多模式地面公交网络构建方法。针对公交网络承载力的分析，提出了基于时空消耗法的多模式公交网络承载力计算模型。提出了基于L空间模型改进的新型S空间模型构建方法，分析了多层次公交网络的复杂性。针对公交设施与网络客流在多模式下的耦合关系，构建了公交客流需求与公交设施供给耦合度模型。针对公交资源配置，建立了公交路权优先的专用道通行能力模型和公交枢纽换乘衔接方法。

（2）研究了网络客流与地面公交运行状态相互作用关系，构建了地面公交客流动态分布预测方法。以满足乘客等待时间为目标，提出了公交线网协同调度时刻表生成技术和公交线网计划排班生成技术。针对公交系统整体效能最优，研究了与客流动态分布相匹配的公交运营调度方法，提出了动态需求模式下的公交车辆协同调度优化方法。针对公交网络换乘枢纽，研究了客流通道的布局优化方法与行人流通行能力瓶颈甄别方法，解决了公交换乘枢纽处的客流组织优化问题。

（3）兼顾社会车辆和公交车辆的通行效率，建立了交互式协调绿波方法，即同时使公交车辆和社会车辆获得绿波，有效提升了干线公交车辆运行效率。围绕公交主干线绿波协同控制，提出了以公交停靠站为分段节点的站间绿波的设置方法。研究公交停靠站分布特性，提出了基于公交站间绿波的停靠站布局优化方法。针对支线线路与主干线路间的协调控制，建立了公交优先通行请求冲突服务模型。开发了城市地面公交优先通行协同控制系统软件，攻克了公交绿波协同控制技术与软件开发过程中的若干难题。

（4）针对有轨电车运行过程中的信号优先控制，构建了有轨电车背景绿波设置方法、基于电车运行效率最优和非电车相位运行稳定的实时优先控制方法。基于车辆感应，提出了基于公交车队的公交信号优先控制技术和关联交叉口间的快速公交信号随动优先控制方法。针对骨架线路与主干线路的无缝交互控制，提出了基于实时信息交互的公交信号优先协调控制方法。开发了一套交叉口-站点-信号协同控制设备并完成了应用测试。

本课题研究开展期间，共培养硕士生4名、博士生7名，发表学术论文12篇，授权发明专利6项，公开发明专利6项，获得软件著作权4项。此外，课题的研究成果已分别在苏州市和南京市的公交系统中进行了应用示范。结果表明，实施公交主干线分段绿波信号控制技术后，公交主干线方向的公交车辆运行速度提高了22.13%，社会车辆

交叉口平均延误减少了 21.10%。考虑到主线的优先通行对相交道路的影响发现，交叉口各向车辆平均延误总体下降了 7.01%。研究成果将在示范效果反馈的基础上进一步完善，并逐步向更多的城市公交系统进行技术推广。

课题四，多模式地面公交网络资源配置优化技术

哈尔滨工业大学联合华录智达科技有限公司于 2014 年 1 月—2016 年 12 月承担国家 863 项目“城市地面交通网络协同与环境友好型交通控制技术”的课题四“多模式地面公交网络资源配置优化技术”。该课题以减少公交车辆配置、缩短乘客候车时间为目标，研究多模式交通换乘枢纽客流组织管理策略及公交调度方法，提出了多模式地面公交网络配置、客流组织、多层次地面公交主干网络绿波通行控制等多模式地面公交网络资源配置优化技术。

在 3 年课题执行期间，课题组攻坚克难，取得了优秀的研究成果。申请发明专利 3 项，发表学术论文 9 篇，申请软件著作权 2 项，形成 3 项主要研究成果：

（1）提出了四种公交线路竞合关系测量方法。基于竞合关系解析了哈尔滨、沈阳及齐齐哈尔等大中城市的公交网络复杂结构，揭示了多模式公交网络存在社团、派系及富人俱乐部等群体特征，通过研究站点客流分布规律发现了客流驱动网络结构形成的动力学机理；在竞合关系基础上，研发了城市多模式公交网络协同优化技术。

（2）构建了多模式公交枢纽换乘客流组织优化模型及仿真技术。通过分析 BRT 与常规公交客流之间的换乘过程，揭示了多模式公交网络客流 OD 分布规律和乘客换乘行为机理，运用对向客流分离、换乘广场分区、调整通道布局等多种优化手段，对兰州市 BRT 与常规公交换乘枢纽内客流组织进行了验证，结果表明该模型能够降低多模式公交枢纽内乘客平均换乘时间，提高 BRT 与常规公交之间的换乘效率。

（3）研发了城市多模式地面公交协调调度技术和系统。针对缺乏客流 OD 分布数据的情况，提出考虑步行网络的多模式地面公交客流反推方法，得到足够精度的客流估计。基于客流的准确估计，建立多目标的静态调度优化模型，输出了科学的公交发车计划，平衡了乘客和企业之间的利益。运用越站调度、混合调度等手段形成了针对不同实时运营状况的动态调度技术，实现了合理配置公共交通资源，以及车人平衡、车尽其用的调度目标。在构建多模式地面公交调度技术体系的基础上，应用 WebGIS 开发了多模式地面公交协调调度系统。

课题形成的各项技术先后应用于哈尔滨、哈密、绥化和齐齐哈尔等多个城市的公共交通规划，规划实施后提高了公交模式之间的换乘效率，减少了乘客平均公交出行时间，发挥了多模式公交网络协同效应，取得了良好的社会经济效益。

（撰稿：郭继孚、王建强、叶智锐、冯树民）

国家科技支撑项目“中等城市道路交通智能联网联控技术集成及示范”

2014 年 8 月，国家科技部下发《科技部关于国家科技支撑计划交通运输领域 2014 年项目立项的通知》（国科发计〔2014〕222 号），“十二五”国家科技支撑项目“中等城市道路交通智能联网联控技术集成及示范”（编号：2014BAG03B00）正式立项。项目主要目标是围绕我国中等城市道路交通管理发展的应用需求，针对中等城市交通运行特征和面临的交通联网联控技术难点，研究适合于中等城市的路网交通组织优化、动静态交通协调管控等关键技术，突破城市交通状态感知、信号控制、交通诱导等智能联网联控技术应用的瓶颈，集成构建城市交通智能联网联控平台，在具有代表性的若干中等城市组织实施示范工程，形成相关技术规范和应用指南，规范引导我国中等城市智能交通系统建设发展模式，提升城市交通管控和服务的智能化水平，提高道路畅通水平和群众出行满意度。

项目共设置五项课题，课题一，动静态一体化城市交通智能联网联控技术集成及示范；课题二，基于数据驱动的城市交通智能联网联控关键技术与示范；课题三，公交主导型城市交通智能联网联控关键技术与示范；课题四，城市核心功能区交通智能联网联控关键技术与示范；课题五，基于信息融合的城市交通智能管控与服务技术应用示范。项目分别选择在江苏泰州、山东烟台和福建厦门 3 个地级市、天津滨海新区和合肥新区 2 个城市功能区、浙江海宁和瑞安 2 个县级市，组织实施项目成果规模化示范应用。

经过 3 年实施，项目已完成所有技术研究开发和成果示范应用工作。五项课题已完成各自任务书规定的各项研究任务，课题成果满足任务书规定的考核指标要求，并于 2017 年上半年通过公安部组织的结题验收。截至目前，项目共制定形成相关行业技术标准 14 项、技术指南 4 项，申请国家专 52 项、计算机软件著作权 48 项，发表论文 80 篇；完成了江苏泰州、浙江海宁、合肥高新区、浙江瑞安、福建厦门、天津高新区、山东烟台 7 个城市的示范应用。项目专项经费总体执行率超过 80%，配套经费到位 10087.56 万元，比预算多 787.56 万元。

一、主要成果

通过关键技术的突破和创新应用，项目在道路交通组织、状态感知、信号控制、交通诱导、智能联网联控等方面形成了一批具有自主知识产权的技术方法和系统装备。

（一）技术方法

在交通组织优化技术方面，建立了面向中等城市出行需求的交通组织优化技术方法。包括动静态一体化的交通协控实用技术与规范指南、区域动静态交通协同组织优化技术与实战手册、多层次交通组织与信号优化控制技术与方法。形成了道路交通组织与信号控制相关技术标准 8 项，编制道路交通组织和信号配时相关技术指南 4 项，填补了我国在交通组织设计和信号控制应用层面标准、指南的缺失，为全国标志标线规范设置和信号灯智能化应用提供技术支撑（见图 1）。

（a）标准规范　　（b）技术指南

图 1　标准指南编制

在交通信号控制技术方面，建立了面向多目标的交通信号均衡控制技术方法。包括数据驱动下的中等城市路网控制节点协调联控技术，过饱和状态下城市主干道协调控制方法、城市路网干线常态运行动态寻优控制技术、基于车—路信息交互的交叉口优先通行控制保障技术等（见图 2）。

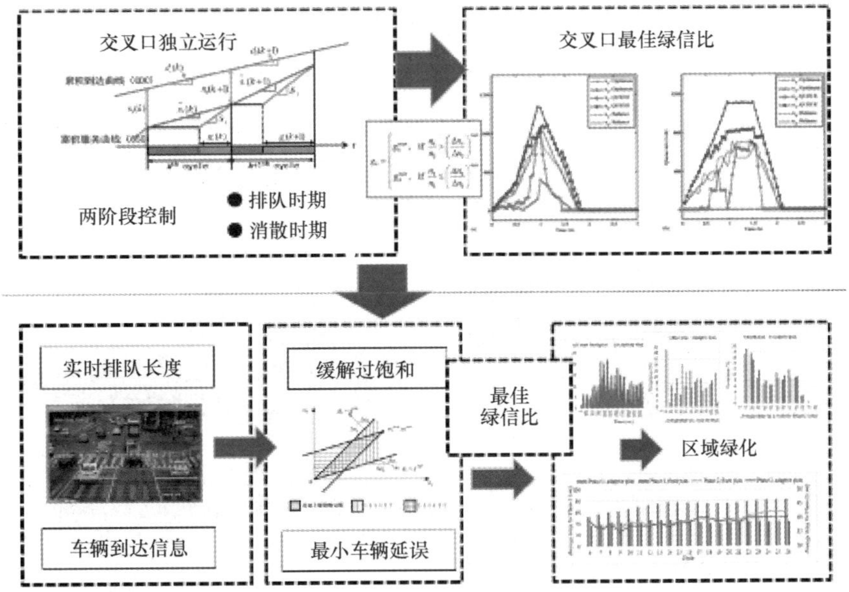

图 2　数据驱动下的中等城市路网控制节点协调联控

（二）交通状态感知与信息交互设备

研制了基于视频智能分析的多元交通状态特征感知设备、一体化交通参数采集与信息交互设备、基于传感网络的交通状态感知视频检测器、路段多功能卡口设备、感控一体化路口机 5 种设备，能够准确采集交叉口、路段的交通流量、排队长度、车道占有率、车头时距、断面车速等重要交通状态特征参数，实现交通运行状态特征识别（见图 3）。

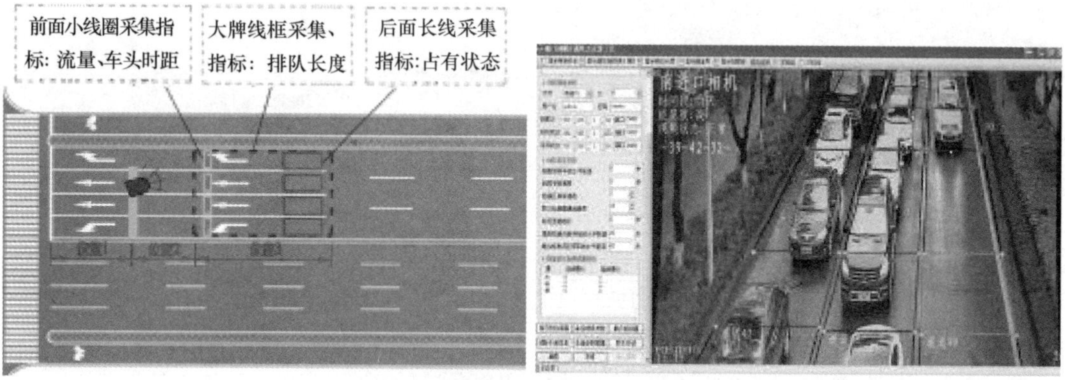

图 3　交通状态感知视频检测器

（三）多模式联网交通信号控制终端

研制了多元数据驱动的交通信号实时优化控制机、多模式互反馈交通信号控制器、信号机联网联控中间件等设备，可模块化配置接入线圈、视频、微波、地磁等多种交通流检测器，具备单点多时段、感应控制、协调控制、实时优化控制、特勤优先控制、公交信号优先控制、可变车道控制、故障检测与报警等功能（见图 4）。

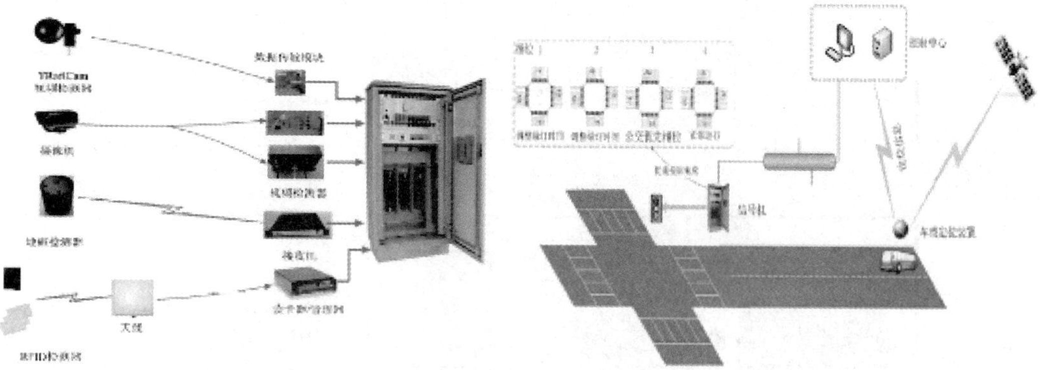

图 4　多元数据驱动的交通信号实时优化控制机

（四）交通状态分析系统

研发了“众包与检测”交通状态数据融合分析系统、交通状态感知信息智能分析系统、综合交通状态感知系统等，可实现多源异构感知数据实时并行融合和面向集合的多模式交通数据存储与计算，实时获取区域交通状典型特征，状态特征准确率≥90%，特征指标获取周期≤5 分钟（见图 5）。

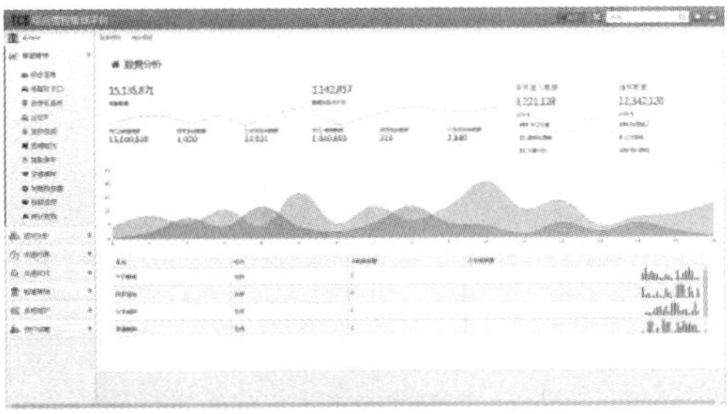

（a）交通状态数据融合分析系统

（b）综合交通状态感知系统

图 5　交通状态分析系统

（五）道路交通联网联控信号系统

研发了交通信号协调实时优化控制系统、多目标交通信号联网联控系统、基于交通需求的实时协同控制系统、交通信号优化远程决策支持系统等，具备交叉口信号机远程实时控制、在线故障诊断、干线协调控制、瓶颈路口拥堵识别与控制等功能，联网控制节点数≥500 个，信号控制策略生成和响应时间≤30 秒，路口状态识别误判率≤10%（见图 6）。

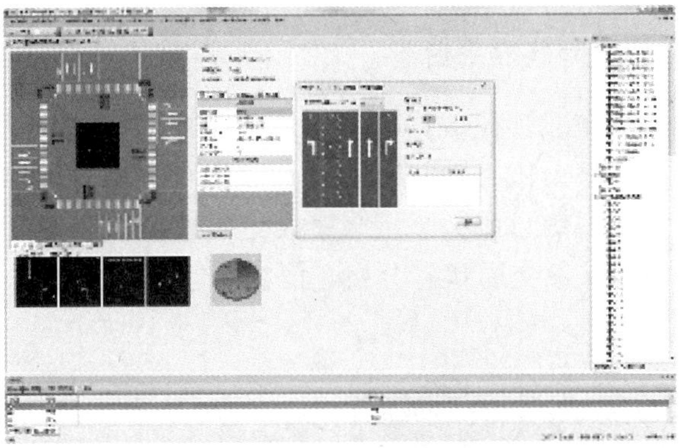

（a）交通信号协调实时优化控制系统

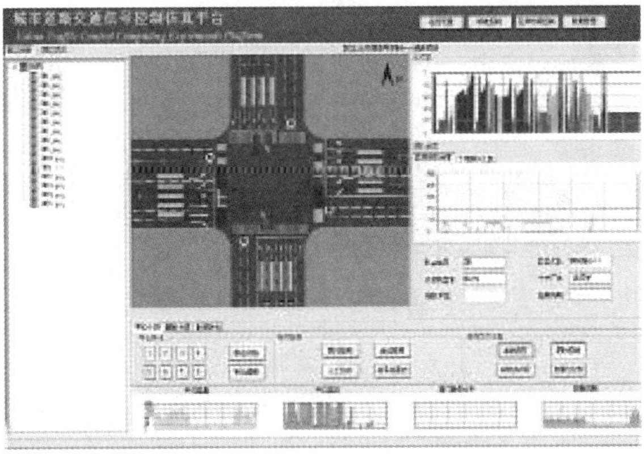

（b）信号优化远程决策支持系统

图 6　交通联网联控信号系统

（六）智能联网一体化诱导系统

研发了面向群体与个性化出行的一体化智能联网诱导系统、交通智能诱导与位置导航系统、区域联网诱导仿真与评估系统等，具备诱导方案快速动态生成、多途径实时发布、个性化诱导信息推送等功能，诱导信息发布更新周期≤5 分钟，交通状态短时预测的时间跨度≥5 分钟，流量短时预测精度≥85%（见图 7）。

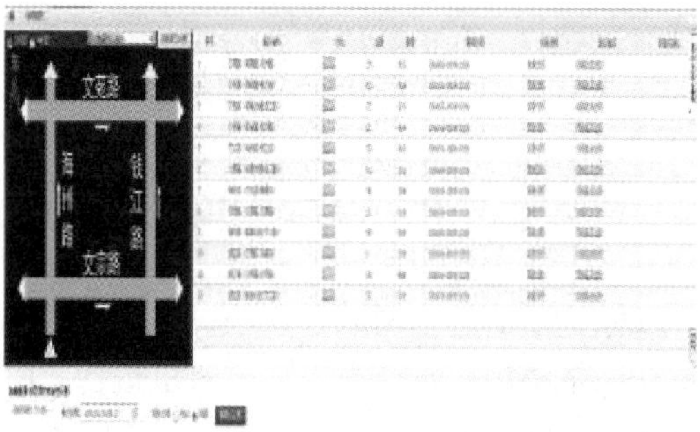

（a）一体化智能联网诱导系统

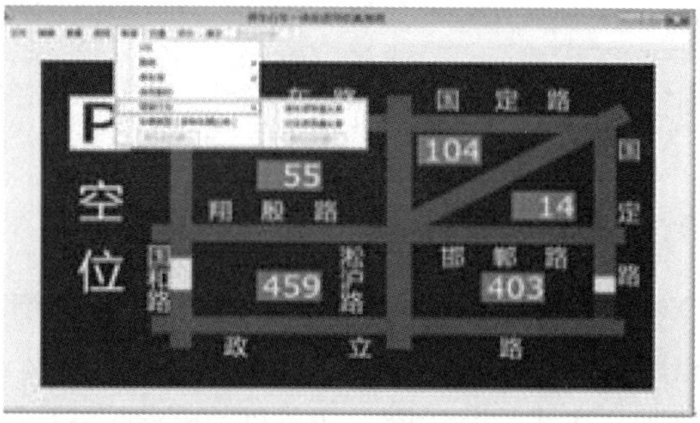

（b）区域联网诱导仿真与评估系统

图 7　智能联网一体化诱导系统

（七）城市交通智能联网联控平台

集成研发了基于动态交通管控数据与静态业务数据融合的执法管理平台、城市交通智能管控集成平台、面向城市核心功能区的“互联网+”交通联网联控平台、基于信息融合的城市交通智能管控与信息服务平台，集成交通感知、信号控制、交通诱导、交通仿真 4 项以上管控系统，具备交通状态分析、信息交互、跨系统联控、可视化分析决策支持等功能（见图 8）。

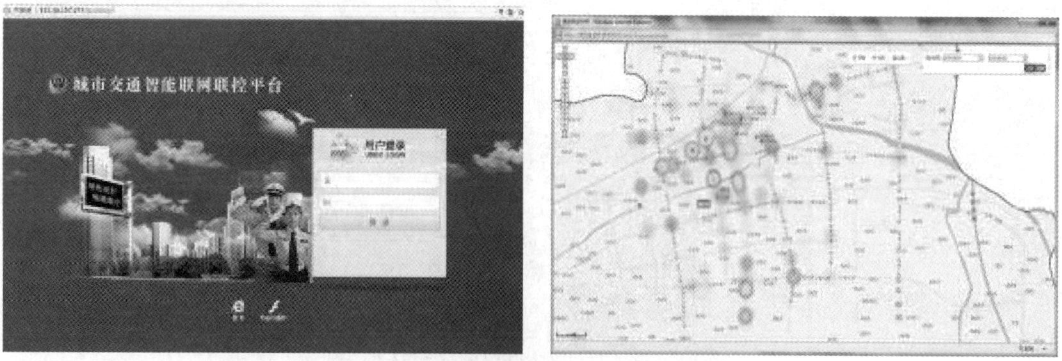

图 8　基于动态交通管控数据与静态业务数据融合的执法管理平台

二、技术创新

项目围绕中等城市交通亟须解决的重点、难点问题，突破城市路网交通状态信息多维感知、动静态一体化交通组织与控制协同优化、数据驱动下的多模式交通信号智能优化控制、基于交通感知的主动式智能联网诱导、智能公交运营管理与信息服务、服务于管控和出行的城市交通智能联网联控平台集成等关键技术，并在以下方面进行了应用或集成创新。

（一）静态交通组织管理与动态信号控制协同

开展了静态道路渠化/设施约束下的信号控制参数优化、行人非机动车过街特性约束下的绿灯信号参数优化、动态管控与静态管理业务数据融合等创新应用（见图 9）。

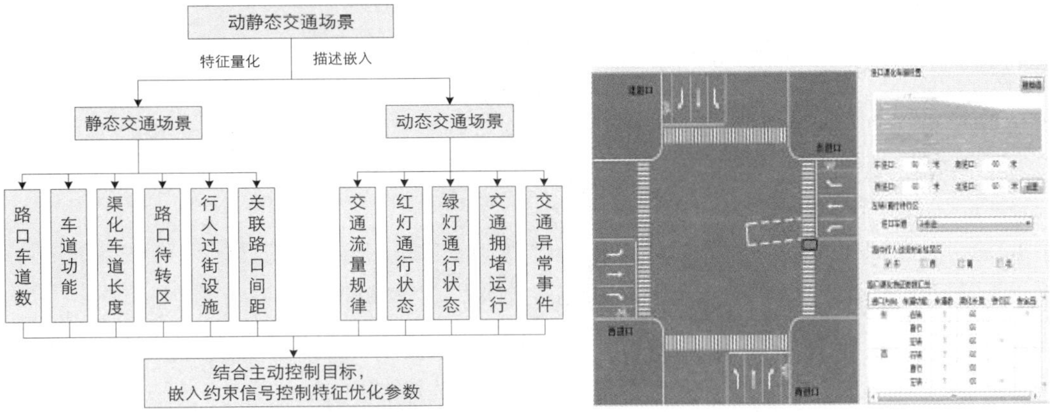

图 9　静态道路渠化/设施约束下的信号控制参数优化

（二）数据驱动的城市交通控制与诱导

研究提出数据驱动下城市路网控制节点在线反馈优化技术，包括基于关联度分析的协调交叉口划分方法、基于恒定到达流量和信号周期的交叉口过饱和离线最优控制方法；基于信息熵以及诱导连续性的诱导系统一体化评布方案，包括基于信息熵的可变信息板信息量评价模型、基于诱导连续性准则的诱导系统区域诱导量最大化布点优化模型（见图 10）。

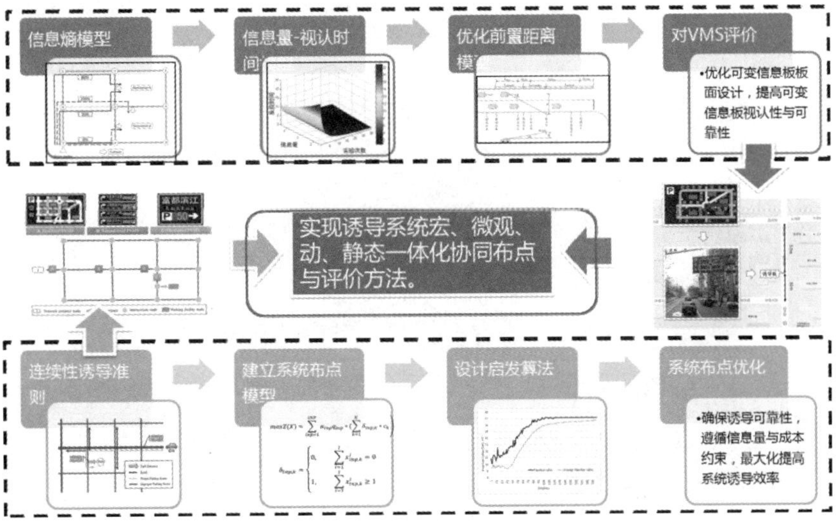

图 10　基于信息熵建立可变信息板信息量评价模型

（三）基于硬件在环的公交信号优先控制

提出交通仿真软件和多个信号机之间信号传输的适配方法、仿真系统自适应精度法，构建了基于硬件在环的公交优先策略和算法效果测试系统；提出多模式公交优先联网联控技术，针对不同公交运行场景，综合应用绿波、地磁、GPS、汽车电子标识等多种技术手段，实现公交优先控制（见图 11）。

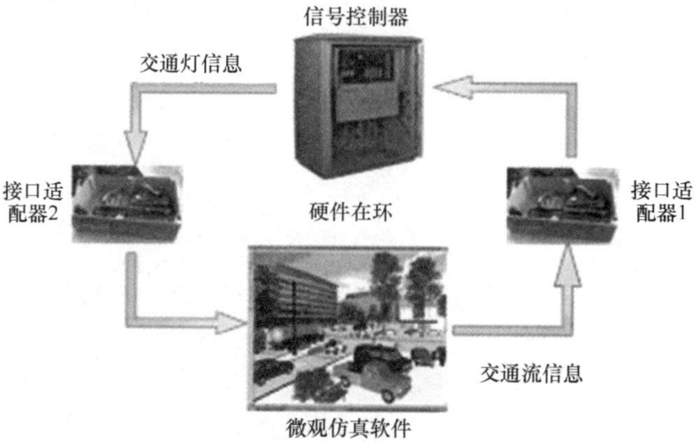

图 11　硬件在环的干线公交优先策略测试方法

（四）基于宏微观动态仿真的城市交通联网联控评价

研究形成基于仿真的综合管控策略及方案优化技术与方法，提出多层次分级递阶的交通管控策略，采用“互联网+”交通数据驱动，进行综合仿真评估和优化；研究区域宏微观仿真联动平衡技术，提出区域宏微观仿真联动平衡机制和宏微观相结合的动态路网生成技术，实现了仿真过程中宏观和微观模型能自动校验交通需求、运行速度和车辆行驶时间等关键参数的特征（见图 12）。

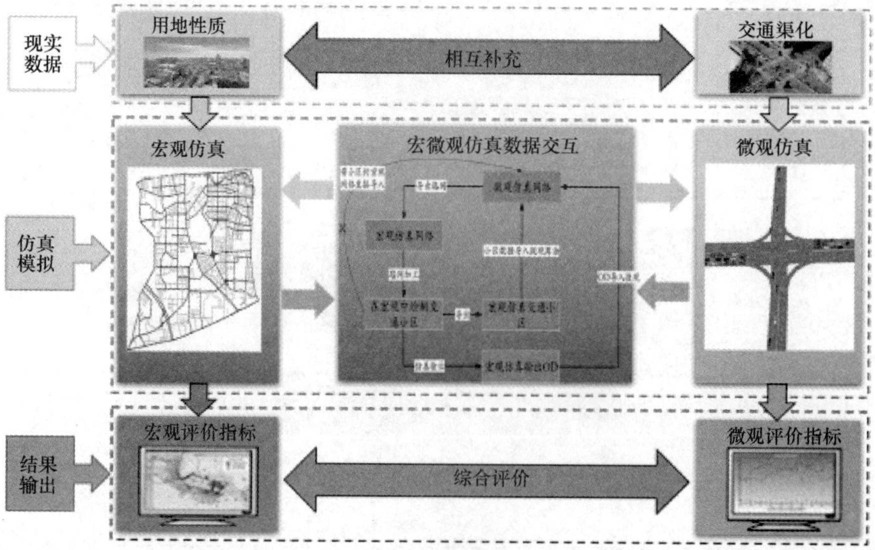

图 12　区域宏微观仿真联动平衡机制

（五）基于信息融合的宏中微观交通状态感知

研究中微观交通数据融合的交通状态感知技术，提出中微观交通信息融合的模型，利用聚类分析算法与 3σ 准则进行数据剔除分析；研究基于固定和移动传感网络的城市道路交通状态融合感知技术，提出了 FCD 与固定检测器融合的多尺度联网感知技术，提出了基于模糊聚类的路网交通状态判别方法和基于机器学习的路网状态预测方法（见图 13）。

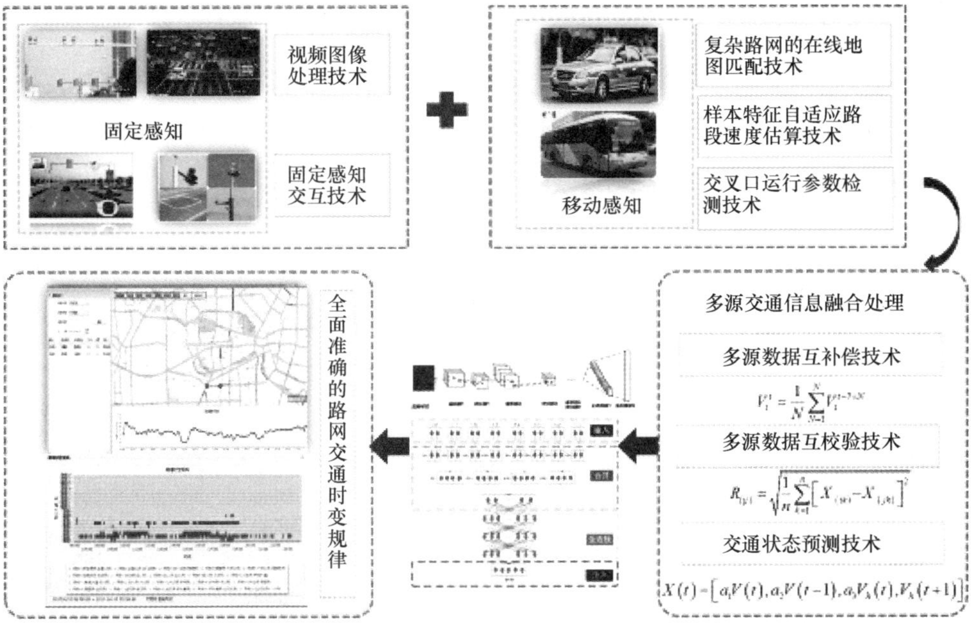

图 13　基于固定和移动传感网络的城市道路交通状态融合感知

三、示范应用

根据项目总体目标、研究任务及其预期成果，分别选择在江苏泰州、山东烟台和福建厦门地级市、天津滨海新区和合肥新区城市功能区、浙江海宁和瑞安县级市，组织实施项目成果规模化示范应用。

（一）海宁市示范应用

紧密结合海宁市三年智能交通三期建设，以主城区为核心，覆盖海昌路、文苑路、海宁大道、水月亭路、海州路等三横四纵主干道路，重点示范集聚出行区域的交通流疏导、干线交通协调、关键路口渠化与控制等动静态一体化交通设计技术；完善建设 146 处流量检测、41 块诱导屏、联网 125 个路口信号控制，构建智能联网联控平台。示范工程有效提升了海宁市科技管控水平，在机动车保有量翻一番、道路里程仅增长 10%的情况下，示范区道路平均车速提高了 10.3%，停车次数减少了 18.4%，行车延误降低了 14.5%，从一定程度上延缓了交通拥堵加剧的趋势（见图 14）。

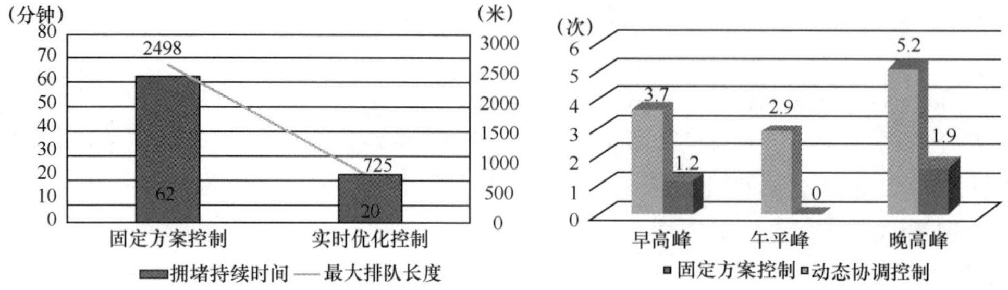

(a) 海昌路—海州路交叉口的排队长度 (b) 海宁大道停车次数

图 14 海宁市示范效果

（二）泰州市示范应用

依托市区智慧交通建设项目，以海陵区为核心，覆盖长江大道以东、东环线以西、永定西路以北、森园路以南的核心区域，共计主干道 14 条，次干道 16 条、联网 186 个信号控制路口。示范工程在提升道路通行效率、科技管控效能等方面成效显著。经实地调查和示范前后对比分析，城区主要道路车辆平均车速提高了 11%，信号控制路口高峰期平均排队长度缩短了 15%，平峰期间绿灯平均使用效率提高了 16%，城市交通秩序、通行效率得到有效改善（见图 15）。

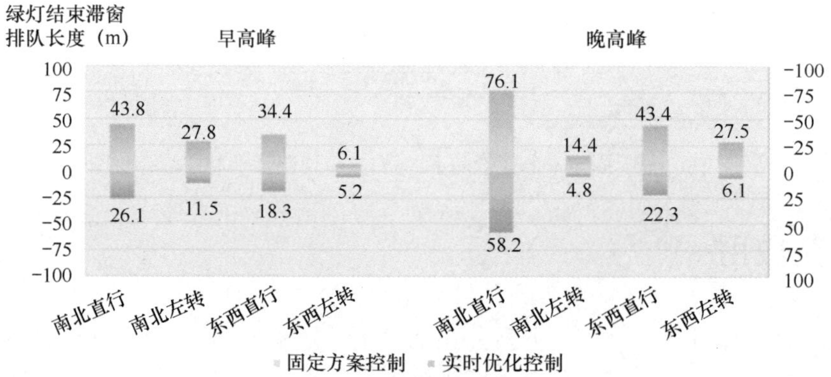

(a) 鼓楼路—梅兰路交叉口排队长度

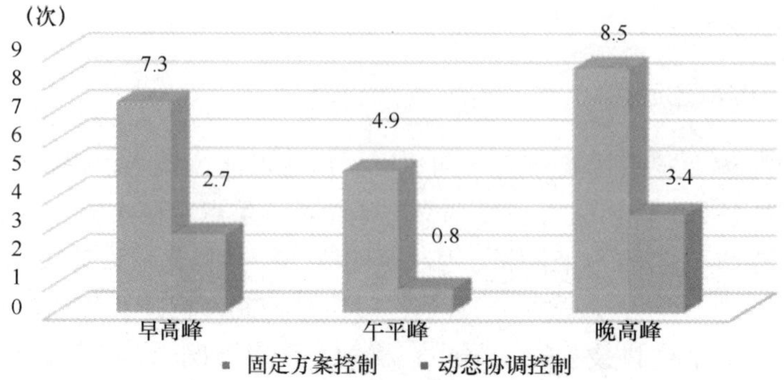

(b) 鼓楼路停车次数

图 15 泰州市示范效果

（三）合肥高新区示范应用

示范建设范围东起西二环、西至长宁大道，北起长江西路、南至梧桐路和明珠大道，布设高点监控 23 个、视频流量检测器 65 个、路口及路段微波流量检测器 126 个、地磁流量检测器 423 个、联网联控路口总数 131 个。示范工程提升了合肥市高新区科技应用水平。通过示范应用前后对道路行车延误、停车次数等调研数据对比，实现了示范区域内道路平均行车延误降低 11.2%，平均停车次数减少 10.8%，应用示范项目实施后有效地提升了道路的畅通程度和通行效率（见图 16）。

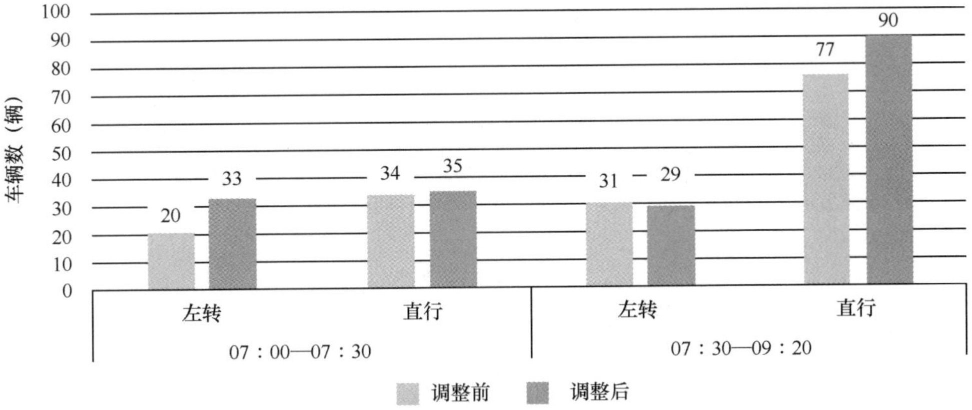

(a) 望江西路与玉兰大道南交叉口早高峰调整后周期通过车辆数对比

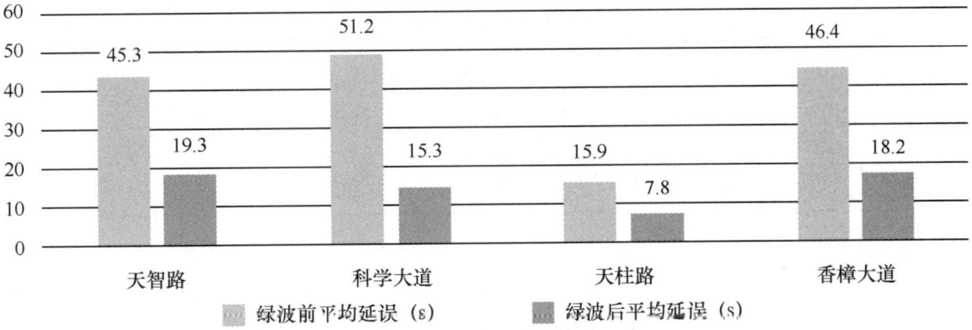

(b) 黄山路（天智路—香樟大道）

图 16　合肥高新区示范效果

（四）瑞安市示范应用

应用示范东起瑞兴路、南至滨江大道、西至沙河路—花园路、北到瑞枫大道，完成了 9 个重要路口、2 个典型路段、3 条主干道、1 个商城区域的交通组织优化，实现了 110 多个控制节点的联网联控和 3 条道路的干线协调控制。根据测算，示范区域内道路平均行车延误降低 10%以上，平均停车次数减少 10%以上，为全市智能交通建设水平的提升起到了积极的促进作用（见图 17）。

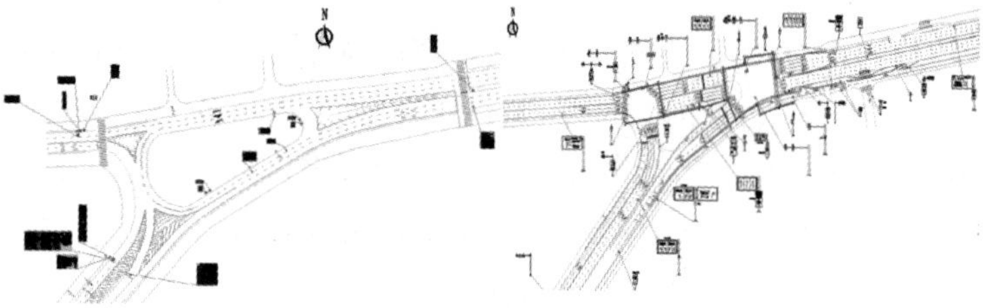

(a) 改善前　　　　(b) 改善后

阳光北路—瑞祥大道交叉口

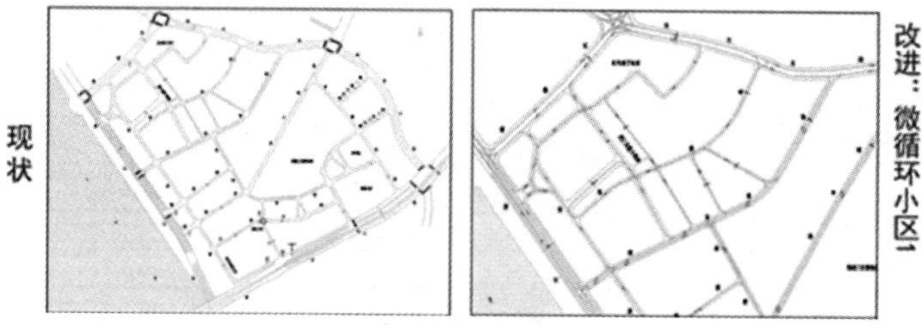

滨江社区微循

图 17　瑞安市示范效果

（五）厦门市示范应用

厦门市开展了 173 个典型路口实地交通路网布局、渠化方案调查与设计，3 条干线交通组织，29 个典型交叉口的渠化组织设计方案，四个路口连接实体信号机进行硬件在环仿真测试，联网联控路口 369 个。示范路段拥堵状况得到明显改善，公交优先示范前后对比，公交车旅行时间缩短约 12%、平均速度提升约 11%、路口平均停等次数减少约 30%，公交车辆路口通行效率大幅提升，交通运行高效有序，城市交通科技管控效能和服务的智能化应用水平也得到了明显提升（见图 18）。

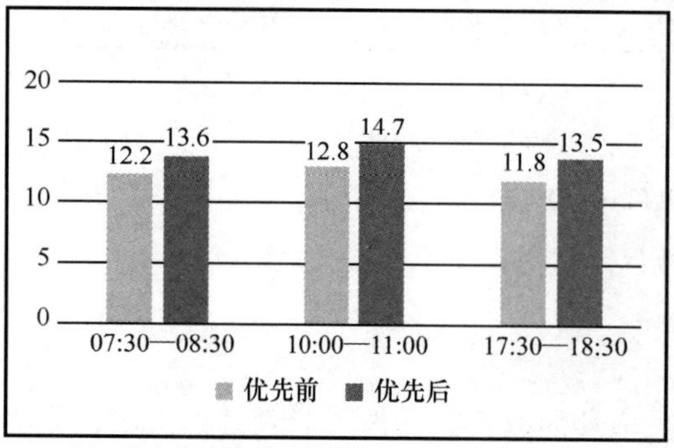

(a) 公交优先路段平均速度（km/h）数据对比

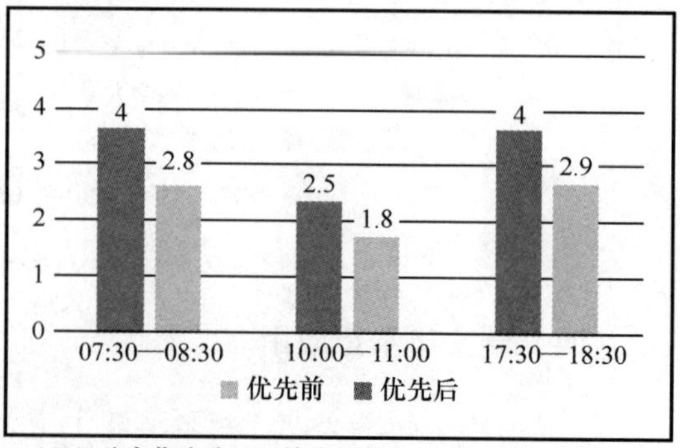

(b) 公交优先路口平均停等次数（次）数据对比

图 18　厦门市示范效果

（六）天津市滨海高新区示范应用

示范以 117 大厦为核心，覆盖复康路、津静线、外环路等主干道路，接入信号控制终端 120 多个、道路交通诱导设备 10 个、智能联网卡口设备 60 余套、可变车道信息发布设备 5 个、蓝牙移动检测设备 2 个。示范成果大大提升了城市交通预警能力和响应速度，为出行者提供了更加精准实时的道路信息服务。经测试对比评估，示范区道路平均停车次数平均减少 12%，平均行车延误降低 14%，示范区关键交叉口高峰期平均排队长度缩短 15%（见图 19 和表 1）。

（a）改善前　　（b）改善后

图 19　天津市滨海高新区示范效果

表 1　京福支线与津静线交叉路口

交叉口总体评价指标	改造前	改造后
平均每车停车次数（s）	25.68	24.91
平均每车停车次数	1.46	1.22
平均每车速度（km/h）	45.11	50.53
总交通流量	4338	4494

（七）烟台市示范应用

示范建设烟台市智慧交通管理云应用平台建设一套；建设共计 109 处交通信息采集点位，实施 18 条协调道路，（包括 26 个协调子区、103 个路口、22 个瓶颈控制路口、9 个单点优化路口和 4 个感应控制路口。示范工程大大提升了城市交通运行效率，有效改善了突发事件预警能力和响应程度。经测试对比评估，高峰期，中心区域主干道排队长度缩短 10%～15%，交通拥堵程度有明显改善，路段排队溢出次数下降 60%，延误时间缩短 20%；平峰期，主干道平均通行速度提高约 20%，停车次数平均下降约 25%（见图 20）。

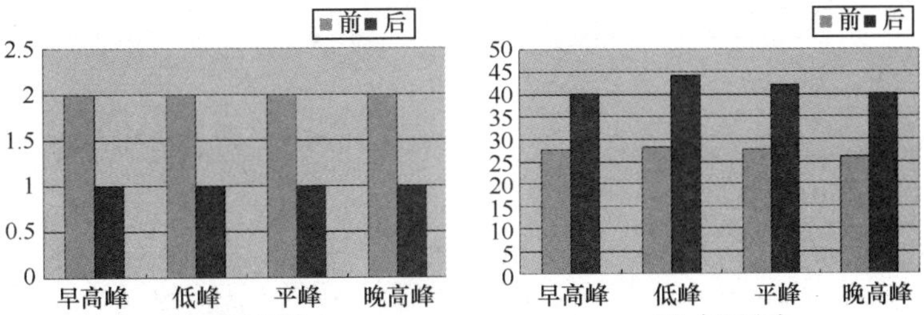

(a) 停车次数　　(b) 行程速度

青年南路由北向南

图 20　烟台市示范效果

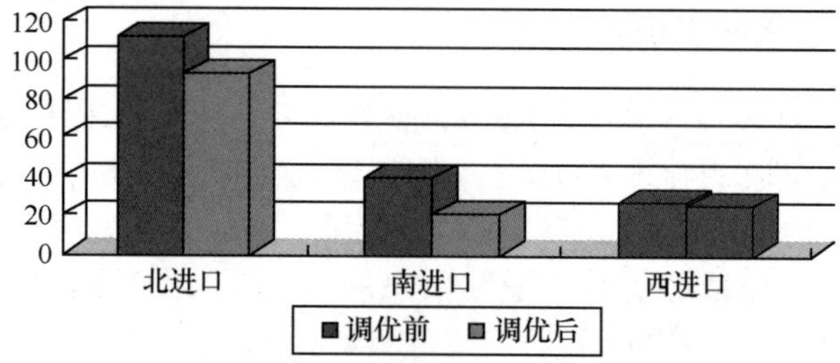

图 20　烟台市示范效果（续）

（撰稿：孙正良、刘东波、张雷元）

“高速公路空地一体化交通行为监测与信息化执法技术及装备研发”课题

“高速公路空地一体化交通行为监测与信息化执法技术及装备研发”课题，旨在突破高速公路交通行为立体化监测、智能化分析、全方位取证、人性化干预、信息化执法等技术瓶颈，打造高速公路智慧监管样板路。

一、总体情况

课题由公安部交通管理科学研究所牵头，东南大学、同济大学、武汉理工大学、清华大学、浙江大学、北京航空航天大学、新誉集团有限公司 7 家单位共同承担。课题以全面提升我国高速公路交通安全信息化执法能力为目标，攻关交通行为空地一体化监测技术及装备研制、重点驾驶人交通行为分析技术及系统开发、典型交通违法行为取证技术及设备研制、典型交通违法行为干预技术及设备研制、交通安全信息化执法技术及系统集成 5 个研究专题。

2016 年，课题完成了关键技术攻关和装备研制。围绕全面提升高速公路通行车辆的安全监管水平，构建空地一体化的高速公路交通行为智慧传感系统和“违前警示、违中取证、违后执法”的人性化执法体系，开展了高速公路交通行为空域监测、车辆特征综合感知等立体化监测成套装备的研制，集成开发高速公路交通安全信息化执法系统，实现高速公路交通行为立体化监测、重点违法行为可视化预警、典型违法行为人性化执法、通行车辆信息化管理等功能。

2016 年年底，课题组研发完成了 15 项硬件装备和 11 项应用软件，制定修订车辆监测、车载监控、车牌识别、图像取证、卫星定位等 8 项国家及行业标准，申请发明专利 21 件，授权软件著作权 15 项，发表论文 53 篇，在江苏、安徽、河南三省建设示范公路里程 1869 公里。

二、关键技术

（一）基于无人机的交通行为低空域监测技术

针对高速公路周边环境特点，发明无人机混合动力系统与飞控系统的控制方法、V 形八旋翼航拍飞行器，研究面向无人机的飞行路线规划、导航控制、高清监控、安全保障等低空域交通行为监测技术，构建无人机飞行适用环境，研制面向无人机的飞行控制软件，实现飞行参数设置、区域避障、航迹控制、模拟训练等功能，在高速公路服务区、高速公路交警大队等重要部位实现固定翼无人机定时间、定轨道、定目标的低空域路面视频巡逻，在高速公路特殊点位实现多旋翼无人机定方位、定高度、定场景的低空域视频监控或图像抓拍，为全方位监测交通行为提供基础。

（二）高可信的车辆特征综合感知技术

针对车辆特征感知不全面、目标车辆定位不准确、动态隐患难发现等问题，发明道路场景下车辆图像的表观特征分析方法、融合多目标雷达与视频信息的通行车辆跟踪测速方法，集成基于视频、无线信号及多目雷达的车辆特征感知技术，研制基于路侧监控的车辆特征感知设备、覆盖空间信号的车辆通行特征感知设备、集成多目标雷达的车辆交通行为检测设备，实现了多车道目标的高清晰成像、车辆多维特征的数字化提取、车辆动态行为的智能化分析等功能。

（三）视频车辆目标数字化建库技术

发明一种基于视觉背景提取的高速公路车辆检测方法、一种基于机载摄像机的高速公路车道线检测方法，研究视频运动车辆检测与特征提取，研究光照变化及驾驶环境下驾驶员人脸检测与特征提取技术，综合利用车牌识别、车型识别、车标识别等技术及人脸识别技术，提取车辆视觉特性及驾驶员脸部特征，设计开发特征数据库，建立行驶车辆视觉特性及驾驶员面部特征图像数据库，为交通执法提供技术支撑。

（四）基于自然驾驶的驾驶行为谱构建及分析技术

结合我国高速公路重点车辆驾驶人的行为特点，运用自然驾驶数据采集技术，发明了车辆驾驶特征自动识别采集、综合考虑驾驶风格与驾驶技能的驾驶特征提取等方法，提出了驾驶人行为谱概念，构建了我国重点驾驶人行为谱框架体系及表征指标，开发了高速公路重点驾驶人行为谱分析系统，实现了基于自然驾驶数据的驾驶人自动分类及特征提取，为我国高速公路重点驾驶人安全驾驶操作培训与管理提供了理论基础。

（五）典型交通违法行为空地联动跟踪技术

发明了疲劳驾驶交通违法行为判定等方法，基于空地多路视频、联动控制、目标跟踪的智能分析、关联研判等技术，研发了集视频检测、智能研判、警告显示、违法取证于一体的成套设备，实现了对车辆不按规定车道行驶、占用应急车道、车道内违法停车、占用超车道等典型交通违法行为的识别跟踪。

（六）车载典型交通违法行为取证技术

发明了新型车载取证系统及方法，集成车载全景视频监控、前后视频识别、多目标雷达与图像联动等监控取证技术，在路面巡逻同时实现交通违法行为的自动取证和快速转递，开发取证超速、压线、违法变道、占用应急车道、违法停车等适用于流动巡逻车的交通违法取证设备，提升了高速公路典型交通违法行为的动态取证能力。

（七）典型交通违法行为分类预警技术

发明高速公路上车辆行驶中的安全预警方法及系统、车辆占用紧急停车带的警示方法及系统、团雾路段行车安全智能检测及预警方法及系统、隧道内实时交通信息生成与服务方法及系统，基于交通行为空地一体化智慧感知系统，分析路段流量饱和、车流结构失衡等情况下的交通违法行为危害，分类生成不同等级的预警信息，基于声、光、电、屏等技术手段，研制典型交通违法行为现场分类预警设备，实现典型交通违法行为现场分类预警，解决当前机动车交通违法行为现场预警差、交通安全隐患信息告知滞后等问题。

（八）典型交通违法行为快速告知技术

针对交通执法信息告知不及时、干预效果不突出的问题，基于智能终端传感数据，自动识别符合危险驾驶行为，研发典型交通违法行为快速告知系统和警示信息发布终端系统，分析高速公路拓扑，形成车辆位置估计与动态信息路由技术，将典型交通违法行为主动推送给智能行车记录仪、智能手机等移动智能终端，以及可变情报板等路侧诱导设备，丰富了告知形式，提高了告知覆盖范围，实现了违法行为警示信息的可视化、个性化、冲击性、实时性发布，为构建“违前警示、违中取证、违后执法”的人性化执法体系提供了技术和系统保障。

（九）基于大数据的交通行为挖掘分析技术

发明基于行驶记录数据采集分析的疲劳驾驶取证设备方法及装置、不按规定线路行驶的重点车辆交通违法行为判定、基于卡口通行信息判断长途客运车辆交通违法行为等方法，基于车辆通行信息、交管综合平台信息等动静态大数据，构建重点车辆重点交通违法行为挖掘分析模型，实现“两客一危”车辆不按规定时间、线路、速度行驶等重点交通违法行为的快速提取，提高了路面车辆违法行为缉查能力。

三、创新点

（一）基于空地一体化感知的交通行为监测技术

针对当前监控手段无法全路段覆盖、现有交通行为监测范围小、智能程度低等现状，发明了道路场景下车辆图像的表观特征分析、基于视觉背景提取的高速公路车辆检测、基于空地视频关联技术的车辆目标跟踪等方法，突破低空无人机在复杂气象条件下安全飞行控制、多维空间视频下的车辆特征参数识别、视频车辆目标数字化建库等技术瓶颈，首次将高清视频、多目标雷达和射频标识传感器集成融合到交通行为感知中，破解了车辆特征感知不全面、目标车辆定位不准确、动态隐患难发现等难题，提高了高速公路交通行为监测的全面性、连续性和有效性。

（二）高速公路重点驾驶人行为谱构建技术

针对当前我国高速公路重点驾驶人行为特征分析理论基础薄弱、系统性差等现状，首次提出了驾驶人行为谱概念，构建了我国重点驾驶人行为谱框架体系及表征指标，发明了一种车辆驾驶特征自动识别采集、综合考虑驾驶风格与驾驶技能的驾驶特征提取等方法，开发了高速公路重点驾驶人行为谱分析系统，解决了基于自然驾驶数据的驾驶人自动分类及特征提取等难题，提升了高速公路驾驶人行为特征分析的准确性及针对性。

（三）典型交通违法行为空地联动跟踪与取证技术

针对高速公路重要点段的车辆跟踪不连续、典型交通违法取证难度大等问题，发明了高速公路车载全景取证系统、疲劳驾驶交通违法行为判定等方法，首次实现了基于视频与多目雷达的融合检测、高空大场景全景视频监控及目标联动跟踪、违法车辆目标识别的无缝取证，提高了车辆不按规定车道行驶、占用应急车道、车道内违法停车、占用超车道等典型交通违法行为的监测有效性和取证完整性。

（四）高速公路典型交通违法行为分级分类预警方法

针对高速公路复杂交通环境警示手段不足、违法行为预警针对性差等问题，发明了高速公路上车辆行驶中的安全预警、车辆占用紧急停车带警示、团雾路段行车安全智能检测及预警、隧道内实时交通信息生成与服务等方法及系统，基于声光电手段实现了超速、违法停车、多次变道和占用紧急停车带等违法行为及异常天气情况的分类分级预警，提升了高速公路动态交通行为的现场预警能力。

（五）信息化条件下高速公路广域执法技术

针对高速公路交通违法行为现场处置难、信息关联弱、联动执法效果差等问题，提出了基于大数据的交通行为挖掘分析方法，集成开发了具有高速公路网上巡逻、行为监测、预警告知、违法取证、违法审核、车辆查缉、信息研判、勤务分析、设备监管、机动车/驾驶人特征检索等功能的交通安全信息化执法系统，与高速公路交通安全主动防控平台、公安交通管理综合应用平台、机动车缉查布控等系统实现信息共享、协同应用，实现了“人机互动、协同作战”的跨部门跨地区广域执法。

四、示范应用情况

课题研究成果在江苏、安徽、河南三省示范路网上实现了应用。

一是对高速公路通行车辆的交通行为监测更加全面、智能。通过低空域无人机、路侧监控、地面检测、卫星定位等手段的多种交通行为监测手段，开展了空地一体化的立体化监控资源合理配备、科学管理、综合利用等技术应用和示范，实现了示范路段视频无缝隙监控、路况全程可视化、重点车全路段监管等功能。

二是典型交通违法行为管控更加有力、准确。通过多目标雷达测速、区间测速、占用应急车道、不按规定车道行驶、长期占用超车道等多种典型交通违法行为取证技术，开展了多种类联合应用、严管重点路段和区域的立体化监测技术手段示范应用，实现了空地一体化联动取证、重点区域无缝监管、典型交通违法有效管控等能力的提升。

三是交通安全信息预警更加多样、实时。通过可变信息板、可变限速标志、高警示性警灯等路面预警技术手段，通过整合互联网警示信息智能终端应用、路侧可变情报板的手段，通过汽车行驶记录装置检测和车身反光标识查验的技术手段，开展了高速公路交通违法行为、团雾和结冰等恶劣天气的大范围、精准、快速告知等示范应用，开展了疲劳驾驶、车身反光标识的路检路查示范应用，实现了交通行为实时评估、告知信息定向高效可视性、形成了“违前警示、违中取证、违后执法”的人性化执法体系。

四是路面巡控更加动态、科学。通过交通视频网上巡查、交通行为实时比对与分析、重点交通违法行为快速处置等“人机互动、协同作战”的电子化广域执法技术手段，通过勤务优化的研究改革了信息化条件下的高速公路勤务工作机制和机动车动态监管模式，在示范路段开展了“高速公路交通安全信息化执法系统”软件，实现了交通违法网上巡查、重点违法行为预警信息快速推送、重点交通违法行为关联转递、警力资源优化整合、快速联动处置交通违法等信息化实战应用，提升了交通违法行为精准缉查、交通安全执法动态管控、交通秩序管控有序等能力的提升。

综上所述，课题研究成果将在我国高速公路安全监管中发挥重要作用，其经济社会效益显著，必将提升我国高速公路交通安全防控体系的建设水平。

（撰稿：潘汉中、姜良维、卢利强）

“高速公路交通安全联网联控关键技术研发及系统集成”课题

一、总体情况

以高速公路交通安全信息化管理需求为导向，针对高速公路网交通安全信息共享和业务资源集成度低、恶劣天气和节假日大交通流等突发交通事件下交通安全管控能力弱等热点和难点问题，重点研发路网交通安全信息集成系统、多尺度交通安全风险研判系统、大范围交通流干预控制系统、警力指挥和路警联动联控系统、交通安全信息社会化服务等系统，集成建立部、省、地市三级高速公路交通安全主动防控平台，构建高速公路网交通安全全时空主动防控技术支撑体系。本课题由公安部交通管理科学研究所牵头，联合同济大学、中山大学、北京交通大学、清华大学、公安部安全研究中心、交通运输部路网中心、北京四通智能交通系统集成有限公司，以及江苏、安徽、河南三省公安交通管理部门共同开展研究和示范应用。课题共下设五个专题，并实现与其他课题的信息集成和业务协同（见图 1）。

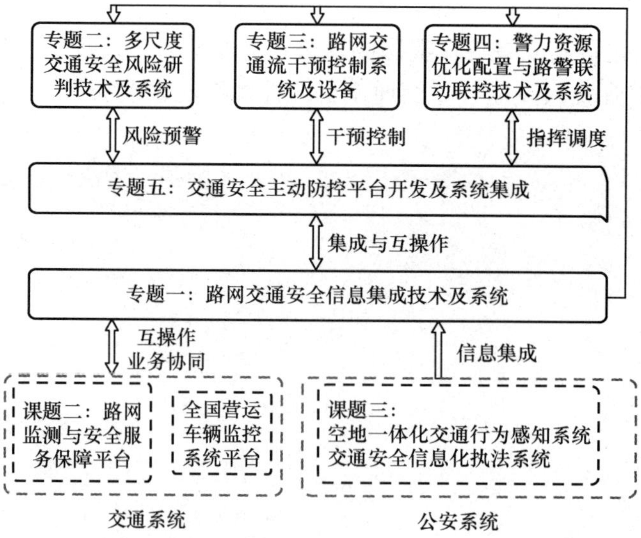

图 1　课题内各专题及与其他课题的信息集成和业务协同关系

从 2014 年开始，在公安部科技信息化局和交通管理局的领导和组织下，经过 3 年努力，课题圆满完成了各项研究任务，开发了部、省、地市三级高速公路交通安全主动防控平台、基于互联网的交通安全综合服务平台以及多种交通流干预控制、路警联动指挥调度设备，课题成果各项指标均达到了科技部任务书规定的考核要求。

二、主要成果和技术创新

课题共开发应用软硬件成果 17 项，申请发明专利 11 项，取得软件著作权 17 项，制定标准规范 4 项。在交通安全主动防控理论体系、系统平台和技术装备方面形成了成套系列化和可复制的成果。其主要成果如下。

（一）交通安全主动防控平台

交通安全主动防控平台是公安各警种内首个基于云架构技术的构建的业务管理分布式大数据平台，是课题主要研究成果的集成整合，集成了交通安全大数据管理系统、多尺度交通安全风险研判系统、路网交通流干预控制系统、路网警力指挥和路警联动联控系统、交通安全信息服务系统等业务系统，实现高速公路网交通安全信息时空一体可视化展示、多尺度风险研判、路网交通流干预、路警协同指挥调度等高速公路交通安全联网联控。一是构建车道级 GIS-T 数据模型，将“人、车、路、环境”等交通对象的存储和表达细化到车道级别，提升了高速公路交通安全管理工作的精细化程度。二是构建统一、标准化的数据服务体系，将海量异构的高速公路交通安全信息进行标准化转换、清理、存储、处理，实现了部、省、市三级公安交警与高速公路交通路政、运营管理公司“一路三方”的信息共享和业务协同，全面提升了高速公路交通安全主动防控能力。三是基于交通运行环境、交通事故、交通违法、重点车辆及驾驶人行驶状态等大数据，从高速公路重点车辆、复杂路段以及路网三个尺度，研发交通运行安全风险识别模型，实现对重点车辆行驶、复杂路段车流运行和区域路网交通运行安全风险的实时研判预警。四是构建路警力量、车辆、装备等资源调配优化决策模型，研制车载式和单警手持式警力资源精确定位与指挥调度装置，实现面向高速公路公安交通管理、路政管理、建设运营等多部门协同与部、省、地市三级综合资源优化的路警联动和数字化电子巡逻与协同控制。五是构建跨路网交通流接入诱导协同控制及主线流量介入调配模型，研制路网交通流诱导协同控制设备、主线交通流车速控制设备，与交通安全主动防控平台的联动，实现节假日、重大突发事件，以及恶劣天气条件下跨路网大范围交通流的智能干预控制。交通安全主动防控平台（见图 2）。

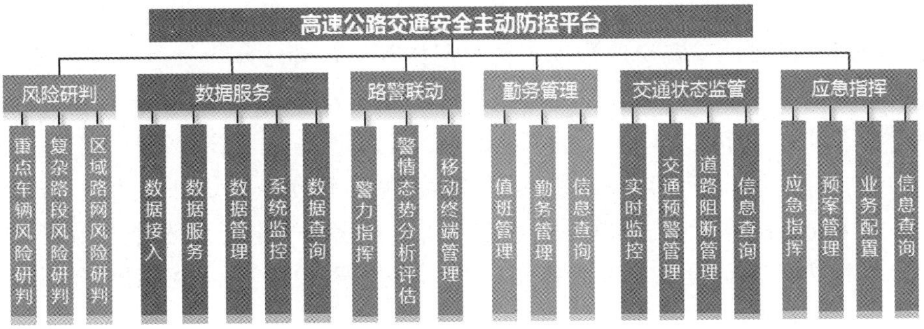

图 2　交通安全主动防控平台主要功能

（二）互联网交通安全综合服务管理平台

针对群众办牌办证、信息查询不方便、不及时等问题，顺应“互联网+”发展趋势，在全国统一开发建立“便民、利民、惠民”的互联网交通安全综合服务管理平台和手机APP 应用，用统一域名、公益短信服务号、语音服务号等多种方式，实现了交通安全信息查询、业务告知、业务预约受理、高速流量、拥堵等出行信息查询等综合服务。一是构建基于互联网的交通管理综合服务体系，全面提供互联网在线服务。通过推广应用专用统一的互联网域名和“12123”公益服务短号，打造交管服务品牌，以网页、手机APP、短信、语音电话等多种方式，为公众提供业务预约、办牌办证、违法处理等服务。人民群众在全国范围内可随时随地办理车、驾、违法、事故等交管业务，随时随地查询车、驾、违法、高速公路流量、拥堵等相关信息。二是统筹社会资源，解决最后一公里问题。协调三大电信运营商，开通全国范围内交通安全信息推送和语音服务。与中国邮政合作，利用邮政营业网点，为群众提供牌证代办和邮政寄递服务。协调财政、银行等部门，建立网上缴款平台。将互联网+交通管理业务服务延伸至汽车 4S 店、驾驶人培训机构、机动车检测站、医院、二手车交易市场等 2 万个相关单位，拓展便民服务渠道。与百度、高德等地图和导航服务商合作，将互联网公司基于浮动车的交通流量与公安交管部门卡口数据相结合，为公众提供更精准的出行服务。三是主动将交管业务告知消息点对点免费推送至用户手机终端设备，及时对公众进行恶劣天气、高速公路拥堵、重大交通事故、安全驾驶等的预警提示和安全教育信息，提升路面驾驶安全。主动将客货运车辆、校车、危险化学品运输车等重点机动车及其驾驶人的交通违法、交通事故等信息推送至运输企业、安监机构等，全面加强交通安全源头管理。

三、示范应用情况

依托江苏、安徽和河南三个示范省，交通安全主动防控平台、互联网交通安全综合服务管理平台及相关软硬件成果得到了全面示范应用，管控范围覆盖了三个示范省连霍高速、宁洛高速、沿海高速、合肥绕城高速等的高速公路网 1700 多公里。在示范应用基础上，为使课题研究成果尽快在交警部门管理实战和服务群众工作中早日发挥作用，基于课题成果的公安交通指挥平台、互联网交通安全综合服务平台同步在全国推广，实现规模化应用。目前，公安交通指挥平台联网接入卡口 40204 个、道路监控设备 60117 路、执法取证设备 75394 套，以及交通诱导屏、警员警车定位设备、流量检测设备、气象监测设备等其他设备 7724 套，2016 年以来，各地通过集成指挥平台进行车辆轨迹分析 70 多万辆次，拦截查获各类违法嫌疑车辆约 70 万辆次，现场处罚约 40 万辆次，有效打击了严重交通违法行为。互联网交通安全综合服务平台累计注册个人用户 1.2 亿人，单位用户 23.4 万，累计提供各类服务 4.1 亿次，“交管 12123”手机 APP 全国累计下载安装总量约 1.2 亿个。

课题成果示范应用成效显著：一是高速公路交通安全主动防控水平显著提高。示范省应用交通安全主动防控平台，建立了高速公路网交通安全主动防控技术平台和装备支撑体系，实现了示范高速路的可视、可测、可预警、可研判，实现了交通安全信息和业务资源的汇聚、分析和共享应用、突发交通事件下的跨区域、跨路网、跨部门的路警联网联控。二是路面执法能力提升，交通秩序大为改观。示范路段上驾驶人遵章驾驶意识明显提高，超速、大客车违停上下客等严重交通违法行为明显下降，交通违法查处率得到有效提高。三是通过实施“互联网+交通管理”，交通安全服务能力全面提升。示范省应用互联网交通安全综合服务管理平台和“交管 12123”手机 APP，实现交通安全信息查询、告知提示、出行信息服务等 10 大类 130 多项在线服务功能，为广大交通参与者、执法管理部门、安全监管部门等提供“互联网+交通管理”信息主动推送服务。四是高速公路交通事故预防能力得到提升，示范路段交通事故明显下降。2017 年上半年三省示范路段事故起数、死亡人数、受伤人数三项指标同比明显下降，其中，江苏分别下降了 87.5%、85.7%和 100%，安徽分别下降了 29.6%、38.1%和 37.8%，河南分别下降了 30.8%、13.6%和 65.5%。示范路段未发生一起死亡 5 人以上的道路交通事故。

（撰稿：包勇强、袁建华、季君）

“高速公路重大突发事件处置与应急救援技术及装备研发”课题

一、总体情况

“高速公路重大突发事件处置与应急救援技术及装备研发”课题于2014年8月获得科技部批复立项，2014年11月正式启动，由科技部资助设立、公安部交通管理局组织实施、公安部交通管理科学研究所具体承办，公安部道路交通安全研究中心、交通运输部路网监测与应急处置中心、交通运输部公路科学研究所、中国人民解放军第三军医大学、同济大学、武汉理工大学、长安大学、中国人民公安大学、中山大学9家单位共同承担，是一项旨在通过关键技术攻关和大范围示范应用，提升我国道路交通安全智能化管控水平，提高突发事件处置及救援能力、促进社会和谐稳定的重大社会工程。

该课题以全面提升我国高速公路重大突发事件处置及应急救援能力为目标，从高速公路突发事件决策支持、应急救援、现场处置、基础保障及分析评估等环节，攻关重大突发事件快速响应与决策支持技术及系统开发、重大突发事件应急救援技术及装备研制、重大突发事件现场处置技术及装备研制、重大突发事件基础设施保障技术及装备研制、重大突发事件分析评估技术及系统开发5个研究专题，系统开展应急处置与救援的机制、技术、系统及装备等研究，突破了高速公路突发事件处置理念与思路，创新了处置方法与手段，全面提升了处置效率及效果。

二、主要成果和技术创新

（一）主要成果

2016年，课题围绕实施目标，全面开展关键技术研究、技术攻关和装备研制，截至2016年年底，完成课题全部关键技术研究，研发完成了决策支持、应急救援、现场处置、基础保障、分析评估5个方面18项核心成果，其中包括9项硬件装备，事件现场救援指挥调度装备、应急救援通道快速搭建装备、交通创伤多功能救援装备、事件现场快速隔离警戒装备、事件现场广域场景实时获取装备、事件现场便携式快速清障设备、高速公路重大事故深度调查勘查设备、事件现场三维扫描重建装备、事件现场便携式快速清障装备、基础设施现场灾害勘查装备；9套应用软件，突发事件快速定位报警系统、应急处置联动管理与预案自动生成与优化系统、突发事件影响评估系统、应急资源优化配置与动态调度决策支持系统、突发事件应急处置效果评估系统、事故深度调查分析系统（含深度调查现场采集APP软件）、基于数据挖掘的事故信息综合分析研判系统、基础设施灾害评估系统、灾害现场基础设施功能恢复案例呈现系统，其中前 5 项软件系统即可单独应用，又可集成为突发事件应急响应与决策支持平台应用。

课题研发完成的 18 项成果覆盖了高速公路突发事件处置及救援的全流程，集成领域内前沿技术，紧贴高速公路交通安全管理基层需求，实用性强、引领效应突出，为提升我国高速公路重大突发事件处置与应急救援水平提供了技术支撑和保障。通过课题研究和成果示范，显著提升行业整体技术水平，增强我国高速公路重特大突发事件的应急处置能力，降低高速公路重大突发事件死亡率，实现经济和社会效益的最大化。

（二）技术创新

（1）创新研发重大突发事件快速响应与决策支持技术。首次从重大交通突发事件自动发现、影响评估、预案生成、资源配置、效果评价等多维度，对突发事件进行全流程管理研究；构建了重大突发事件快速响应与决策支持平台，基于分布式协作的突发事件快速响应与决策支持技术，实现平台可视化运行、零输入、零延迟、零延误。

（2）首次提出危化品运输交通事件影响持续时间评估方法。采用与自适应神经网络相结合的模糊逻辑推理算法，构建了针对危化品运输车辆突发交通事件的影响持续时间预测模型，对事件实际清理时间与持续时间预测理论清理时间之间的差值进行拟合，实现危化品事件影响评估，填补了危化品事件影响评估领域的空白。

（3）创新研发了高速公路突发事件应急救援通道搭建装备。在国内外首创了既能横向展开，又能垂向举升的转运装备，实现了“一套机构，多种用途”，解决了现有应急通道搭建装备只能针对一种特定场景的不足，具备良好的机动性和人员通行安全性，能够快速抵达事故现场，搭建交通事故应急救援通道，破解道路堵塞等条件下救援力量无法到达事故中心现场的难题，提高救援效率，减轻由于救援不及时导致的伤亡后果。

（4）创新提出了针对高速公路交通事故伤员的快速评分及院前院内信息共享技术。针对高速公路交通伤员院前预分级及信息共享不足的问题，提出了面向高速公路交通伤员的快速伤情评价指标及院前院内信息共享技术，研发了针对交通事故伤员的信息采集、评分和管理系统，实现了伤情信息的快速共享，开创了“伤员未到，伤情先到”的伤情信息共享交互新模式，显著提高伤员的急救效率，有效降低交通事故伤亡后果。

（5）创新研发了重大突发事件智能化隔离警示装备。在国内外首次创新地采用电磁吸取技术实现事故现场安全防护锥筒的提取和释放，大大简化了抓取和投放装置，并提高机构可靠性；创新性采用储锥圆盘、升降摆臂机构和翻板机构一体化机械结构，实现了狭小空间内隔离锥筒的一体化投放、回收和储存；创新性地采用整车平台控制时序优化和运行轨迹仿真方法，实现了关键参数和投放时序的优化，加快了装备研发进度。

（6）创新研发了基础设施灾害现场勘察技术。在单点光源矩阵扫描灾害场景算法的基础上，应用凸包算法构建了路基、边坡、桥梁、隧道灾害体量计算模型，创新研发了具有定位、图像与信息传输、通信、灾害体量计量功能的基础设施灾害现场勘察技术。有效解决了灾后基础设施灾害位置、形态与损害体量信息快速准确获取问题，为灾后公路基础设施抢通保通方案制定提供了有力支撑。

（7）系统构建了高速公路交通事故深度调查体系。首次从人、车、路、环境、管理等方面，设计了高速公路交通事故深度调查项目228项，基本涵盖与高速公路交通事故有直接或间接影响的主要因素；研制了高速公路交通事故车辆深度调查专用装备，可实现事故车辆底盘问题、外部损坏、制动性能、轮胎性能等的快速勘验，解决了系列疑难调查项目的勘查装备缺乏的问题；首次研发了高速公路重特大交通事故深度调查分析系统和现场采集APP系统，实现了高速公路交通事故深度调查的快速无纸化采集，提高了交通事故信息现场采集的效率和完整度，实现了深度调查分析结果的可视化展示和事故预防对策提示。

（8）创新研发了基于数据挖掘的道路交通事故综合分析研判系统。首次以全国道路交通事故信息为基础，同时与全国机动车、驾驶人、交通违法、人口、经济等信息相结合，整合了针对公安交通管理行业的道路交通管理大数据，创新建立了全国的道路交通事故分析研判数据资源库，应用数据挖掘技术和相关算法，创新研发了基于数据挖掘的全国道路交通事故综合分析研判系统，实现了从人、车、路、环境等多个方面深入挖掘全国道路交通事故的特点，填补了国内道路交通事故分析挖掘研判领域的空白。

2016年，课题在攻关关键技术的基础上，取得了丰硕的知识产权成果，共发表论文23篇，其中国外发表4篇；申请国内专利25项，其中发明专利13项；获得国内专利授权11项，其中发明专利2项；获得计算机软件著作权11项，完成国内行业标准审定稿2项，推动制定行业标准2项。

三、示范应用情况

2016年课题主要研究成果在江苏、安徽、河南3省7个地市进行了示范应用。各地高度重视示范工作，筹措配套经费，落实场地和人员保障，确保了示范活动顺利实施。课题成果的示范应用，推动建设了重大突发事件快速响应与决策支持平台，推广了应急救援、应急指挥、应急处置、事故调查、分析研判等系统装备，有效提升了示范地市高速公路科学管理和重大突发事件应急处置能力和水平。在公安部交通管理局的关怀和支持下，课题成果将在全国进行推广应用，切实推动高速公路突发事件应急处置水平的全面提升，为全国道路交通安全事业做出更大贡献。

（撰稿：俞春俊、李平凡、邓毅萍）

中国新型大通道航路关键技术及应用项目重点科技成果

中国新型大通道航路关键技术及应用项目，属于航空交通运输领域，是空中交通管理、复杂系统分析与智能优化多学科交叉的创新成果。

近一年来，我国民航年均飞行总周转量增长超过 10%，而全国航路航线总里程年增长约 3.4%。航路资源有限与持续增长的飞行流量之间的矛盾日益突出，运行风险持续上升，航班正常率持续下降。如何用有限的航路资源承载更多的飞行流量是我国面临的难题。

欧洲美国等航空发达国家也面临类似问题。欧洲美国提出了管状航路、双重空域等通道航路运行技术，并完成了相应的航路改造和运行，如美国的动态配置航路（DAC）技术和欧洲的灵活飞行航路（Freeways）技术，有效缓解了空中交通拥堵和大规模航班延误问题。

我国空域管理和空管运行体制有其自身特点，在空域方面，空域资源紧张、结构复杂，三区、空中立交桥多，且难以增加新的航路资源；在运行方面，星基导航的高速航路技术难以实现。因此，无法采用欧美的大通道航路运行技术解决问题，必须最大限度利用现有资源，挖掘现有航路资源的潜力，对部分利用率较低的空域资源进行优化整合，对繁忙航路航线分流，提高航路资源利用率。

针对该难题，以北京航空航天大学张学军教授为首的研究团队，基于网络科学和大数据分析方法，建立了航路运行关联模型，提出了复杂航路运行的动态时空特性分析方法，发现了复杂航路运行波及性拥堵的形成与扩散机理，挖掘了航路结构与流量的内在耦合规律及其运行瓶颈；构建了航路结构与飞行流量优化的双层协同优化框架，建立了航路结构与飞行流量匹配模型，提出了单向循环结构的新型大通道航路设计方法；从航路运行风险、飞行延误、管制负荷 3 个方面，建立了航路运行综合评估体系；研制了新型大通道航路设计与评估系统，实现了航路运行分析、航路结构设计、飞行流量协同调配、系统综合评估。

基于以上研究成果，总结出了一套适应我国航路结构和飞行流量分布特点的新型大通道航路设计技术体系，并开发出相应的新型大通道航路设计与评估系统，建设我国的新型大通道航路，提高飞行安全、降低航班延误率，保障我国航空运输业的健康可持续发展，面向国家“一带一路”骨干航路网络远期规划战略，遵循“十三五”期间，民航发展要坚持安全第一、改革创新、全面协调、绿色发展、开放共享五条基本原则，积极应对经济社会快速发展对民航交通匹配需要，将新型大通道航路设计与评估系统用于解决民航实际运行瓶颈，选取了京昆航路进行新型大通道航路改造的应用示范。

首先利用航路运行分析系统，综合分析了京昆航路的空中立交桥冲突、碰撞风险、航路流量分布等特性，找到了易导致风险的关键因素与关键节点。

其次，利用航路结构设计与流量协同调配系统，得到了双向对飞变为单向循环结构的京昆新型大通道航路优化方案。方案调整方案涉及6省3市、4个地区空管局，5个飞行情报区，25个管制扇区，54个沿线机场，新辟航线6条，调整航线2条，调整飞行程序的机场2个，调整管制扇区9个，增加管制扇区1个，调整城市对班机航线走向460余条。最终，在2013年年底建成京昆大通道航路，并投入实际运行。

最后，利用航路运行评估系统，对京昆新型大通道航路安全、效率及负荷等方面进行评估，形成了民航局《京昆大容量通道实施评估报告》，对向碰撞风险降幅近45%，扇区管制负荷降低了29%，容量提高了40%，西安、成都、昆明等双中心性枢纽节点的京昆航路上的北京、西安、成都、重庆、贵阳、昆明等贯穿我国南北的重要繁忙机场航班正点率平均提高20%，大幅提升管制安全裕度，显著释放空域承载容量，其有效地解决了西安、成都、昆明等双中心性枢纽节点的安全碰撞风险、管制负荷、降低了飞行延误，提升航空安全。

在京昆新型大通道航路成功运行的基础上，中国民航分别于2015年2月5日、4月2日开通了京广、广兰新型大通道航路。

同时，项目相关研究成果在国际民航组织中国地区监控组织（China RMA）、国家飞行流量监控中心、民航局空域管理中心，以及民航华北、西北、西南地区空管局等各级管理部门的相关管理系统中得到了推广应用。为相关单位航空飞行监控，航路结构调整及飞行流量优化工作提供了技术支持，对我国空域飞行运行提供了长期持续的安全监测与评估，有效提升了航班正常率水平，降低我国空域事故征候发生概率，显著遏制了我国事故症候的快速增长，实现我国空域运行安全的自主监测，为我国飞行安全提供了强有力保障，对维护国家空域战略安全具有重要意义。

项目研究成果拥有自主知识产权，与国外相关技术及装备相比，在碰撞水平、运行调控方式、系统能力等指标方面达到了国外同类技术先进水平，更加符合我国空域结构的特点和实际需求，完全满足国际民航组织的相关规定和规范，为我国航路结构的优化以及空域飞行安全发挥着重要的保障作用。

（撰稿：张学军）

第四章

重点科技成果

2016 年国家科学技术奖

（部分获奖项目）

技术发明奖

二等奖

1. 基于移动位置数据的城市出行信息服务关键技术与应用

主要完成人： 吕卫锋（北京航空航天大学）、诸彤宇（北京航空航天大学）、杜博文（北京航空航天大学）、李建军（北京世纪高通科技有限公司）、郭胜敏（北京掌行通信息技术有限公司）、于海涛（北京市交通信息中心）

2. 复杂岛礁水域无人自主测量关键技术及装备

主要完成人： 谢少荣（上海大学）、罗均（上海大学）、彭艳（上海大学）、蒲华燕（上海大学）、狄伟（交通运输部东海航海保障中心上海海事测绘中心）、赵建国（青岛北海船舶重工有限责任公司）

3. 高速铁路轨道平顺性保持技术

主要完成人： 王平（西南交通大学）、朱颖（中铁二院工程集团有限责任公司）、刘成龙（西南交通大学）、陶捷（江西日月明测控科技股份有限公司）、苏谦（西南交通大学）、陈嵘（西南交通大学）

技术进步奖

一等奖

1. 前置前驱 8 挡自动变速器（8AT）研发及产业化

主要完成人： 徐向阳、周立亭、王书翰、苏成云、程火平、于新涛、李卫强、鲁曦、戴振坤、郭伟、郑磊、郭明忠、李文冠、单丰武、尹伟

主要完成单位： 盛瑞传动股份有限公司、北京航空航天大学、江铃汽车集团公司

2. 航天重大工程的遥感空间信息可信度理论与关键技术

主要完成人： 童小华、谢欢、徐卫明、李景朝、刘世杰、舒嵘、姜作勤、金雁敏、吕刚、李军、陈鹏、张松林、叶真、栾奎峰、刘向锋

主要完成单位： 同济大学，中国科学院上海技术物理研究所，中国地质调查局发展研究中心

二等奖

1. 高速铁路标准梁桥技术与应用

主要完成人： 郑健、徐升桥、邓运清、刘辉、牛斌、盛黎明、胡所亭、薛吉岗、乔健、刘永锋

主要完成单位： 中铁工程设计咨询集团有限公司、中国铁道科学研究院、中国铁路经济规划研究院、北京交通大学、中铁二局集团有限公司

2. 国家内河高等级航道通航运行系统关键技术及应用

主要完成人： 严新平、刘怀汉、初秀民、齐俊麟、曹德胜、张东华、王维锋、李佳、韩晓军、倪鹏

主要完成单位： 武汉理工大学、长江航道局、长江三峡通航管理局、中国交通通信信息中心、长江海事局信息中心、江苏省交通规划设计院股份有限公司、交通运输部水运科学研究所

2016年中国智能交通协会科学技术奖

一等奖

（以下排名不分先后）

1. 道路交通执法现场智能安全防护关键技术、装备及应用

主要完成单位：公安部交通管理科学研究所、无锡市汇捷科技有限公司、道明光学股份有限公司、无锡华通智能交通技术开发有限公司

主要完成人：俞春俊、袁建华、龚标、周显臻、秦东炜、丁正林、孙巍、马庆、胡新维、马静洁、吴云强、袁小平、胡智彪

2. 中国新型大通道航路关键技术及应用

主要完成单位：北京航空航天大学、民航数据通信有限责任公司、北京福瑞航行科技有限公司

主要完成人：张学军、杜文博、蔡开泉、苗旋、赵立刚、管祥民、张明昊、董培吉、顾博、闫然、韩冬、兆珺、田进军、赵灿、金开研

3. 基于人因工程的高速公路隧道智慧照明关键技术及应用

主要完成单位：北京工业大学、贵州高速公路集团有限公司、浙江生辉照明有限公司

主要完成人：胡江碧、任仁、梅世龙、管桂平、高小娟、王荣华、张晓芹、辛乐、苏保锋、曹剑东、孔林根、刘峰、马兆平、杨俊、张平

4. 复杂环境下交通信息精准采集、处理及服务理论与技术

主要完成单位：东南大学、北京城建设计发展集团股份有限公司、　南京市公安局交通管理局、江苏省交通控股有限公司

主要完成人：黄卫、王庆、魏运、郭建华、张云龙、柴干、顾怀中、周宏、曹小峰

二等奖

（以下排名不分先后）

1. 高速铁路海量视频智能管控系统的研制及应用

主要完成单位：通号通信信息集团有限公司

主要完成人：李洪研、罗静、李明、张涛、罗志强、安国成、杨东涛、肖玉连、邢世阳、孙建川

2. 智能互联整车级实时虚拟仿真测试技术研究与应用

主要完成单位：中国第一汽车股份有限公司技术中心

主要完成人：周时莹、孟超、张东波、李长龙、林杰、李晴宇、景海娇、闫新、汤利顺、刘丽敏

3. 中小学生交通安全科普教育智能学习体验平台及应用

主要完成单位：公安部道路交通安全研究中心

主 要 完 成 人：刘艳、丛浩哲、马金路、索子剑、李君、张骞、毛圣明、赵晓轩、赵洹琪、赵文松

4. 汽车追尾预警系统关键技术研究

主要完成单位：江苏大学、南京金龙客车制造有限公司

主 要 完 成 人：梁军、陈龙、陈小波、马世典、蔡涛、黄晨、周卫琪、葛慧敏、何友国、樊文堂

5. 高速铁路自然灾害及异物侵限监测系统

主要完成单位：中国铁道科学研究院电子计算技术研究所、北京经纬信息技术公司

主 要 完 成 人：史天运、王瑞、王彤、沈海燕、包云、李亚群、张万鹏、武明生、沈敬伟、张德强

6. 全空域优化设计与智能仿真验证集成平台

主要完成单位：中国民航大学

主 要 完 成 人：王超、王飞、张召悦、李善梅、赵元棣、王涛波、高伟、戴福青、郑旭芳、姜高扬

7. 轨道交通安全防范物联网应用示范工程

主要完成单位：北京市交通信息中心、北京全路通信信号研究设计院集团有限公司

主 要 完 成 人：葛昱、黄建玲、孙宇星、李伟、陈智宏、吴昊、王宁、隋莉颖、王立勋、刘予漫

8. 基于大数据技术的民航空管战术流量管理及机场协同决策平台

主要完成单位：民航华东空管局

主 要 完 成 人：张建、孙涛、孙轶、张正飞、干伟敏、曹烨琇、陈伟青、叶云斐、韩剑峰、姚笛

9. 城市重点廊道交通管控一体化关键技术研发及示范应用

主要完成单位：杭州市公安局交通警察支队滨江大队、浙江浙大中控信息技术有限公司、浙江工业大学、北方工业大学

主 要 完 成 人：徐震辉、杨永耀、沈国江、王志建、郑会民、章柱华、冯冰纾、沈建惠、吴善滨、邵庆

10. 长江航道助导航系统智能化关键技术及应用

主要完成单位：长江航道局、武汉理工大学、长江海事局信息中心

主 要 完 成 人：吕永祥、牟军敏、何明宪、吴关胜、何乐、张东宁、李学祥、杨保岑、钟丽、朱江彦

11. 不利天气条件下道路交通运行综合保障平台研发与应用

主要完成单位：北京市交通信息中心、北京市交通运行监测调度中心、北京工业大学

主要完成人：陈智宏、翁剑成、隋莉颖、黄建玲、王立勋、边扬、李晨、王忱、李伟、林鹏飞

12. 上海城市交通大数据基础理论和系统构建关键技术研究与应用

主要完成单位：上海市城乡建设和交通发展研究院、复旦大学、上海电科智能系统股份有限公司、上海美慧软件有限公司

主要完成人：何承、朱扬勇、冉斌、巢国平、张祎、张扬、翟希、顾承华、廖志成、林瑜

三等奖

（以下排名不分先后）

1. 轨道交通传感器关键技术研究及产业化应用

主要完成单位：宁波中车时代传感技术有限公司

主要完成人：倪大成、王飞、张燕亮、郑华雄、任浩、刘丹、陈竹健

2. 机车智能微机显示单元

主要完成单位：中车大连机车研究所有限公司

主要完成人：陈广泰、于健、姜正、关颖、杜海宾

3. 大型国际赛事车辆调度管理关键技术研究及应用

主要完成单位：广州交通信息化建设投资营运有限公司

主要完成人：张孜、吴驰、黎强、戴宇聪、舒采焘、李明、翁健

4. 城市交通仿真与决策平台

主要完成单位：上海济安交通工程咨询有限公司

主要完成人：童文聪、李君羡、汪涛、潘飞、谢之权、文映斌、乔谱宪

5. 城市轨道交通土建工程信息化系统研究与应用

主要完成单位：广州地铁集团有限公司、广州擎云计算机科技有限公司

主要完成人：丁建隆、何霖、竺维彬、张志良、姚世峰、孙成伟、黄辉

6. 基于嵌入式平台的一体化雷达测速系统关键技术研发及产业化

主要完成单位：安徽超远信息技术有限公司

主要完成人：王传根、林华根、邱换春、韦勇继、王庚钟、张乾坤、严春早

7. 基于BIM的智能铁路工程质安管理平台及产业示范

主要完成单位：中国铁道科学研究院电子计算技术研究所、北京经纬信息技术公司

主要完成人：王万齐、王辉麟、解亚龙、卢文龙、郭歌、梁策、王楠

8. 全电子计算机联锁系统开发项目

主要完成单位：卡斯柯信号有限公司

主要完成人：李卫娟、唐俊、包莉、杨春、吴磊、季志均、朱永华

9. 山区高速公路长大纵坡货车运行安全控制指标及安保对策研究

主要完成单位：山西省高速公路管理局、同济大学、运城高速公路有限公司

主 要 完 成 人：郜玉兰、武移风、昝生晋、郭忠印、郝晓燕、王培荔、薛国胜

10. S 模式雷达设备的信息协议验证及在空管自动化系统中的应用研究

主要完成单位：中国民航华北地区空中交通管理局

主 要 完 成 人：赫强、张卫星、王冰、甘泉、王晓松、陈玉平、李进

11. 基于云计算的特大城市公共交通行业监管与决策支持平台

主要完成单位：华录智达科技有限公司

主 要 完 成 人：张世强、孙宏飞、栾丰、钱贵涛、裴钟哲、凌源、王波

12. 用于智能预警系统测试的驾驶模拟器技术开发与应用

主要完成单位：北京交通大学、北京慧艺天成数字科技有限公司

主 要 完 成 人：闫学东、向往、李晓梦、王江锋、关伟、张玉婷、李硕

13. 综合枢纽多模式交通信息服务与协同管控平台

主要完成单位：同济大学、青岛海信网络科技股份有限公司、同济大学建筑设计研究院（集团）有限公司

主 要 完 成 人：杜豫川、陈维强、邵敏华、牟三钢、徐爱峰、杨金东、涂辉招

14. 基于多元集成技术的大型赛事快速通道交通管理控制平台

主要完成单位：南宁市公安局交通警察支队、广州航天海特系统工程有限公司

主 要 完 成 人：罗义学、崔鲲、苏红帆、林浩、陈宇、潘毅、杜荣义

15. iAntenna-1（爱塔那）型相控阵技术 ETC 路侧设备（RSU）

主要完成单位：广州市埃特斯通讯设备有限公司

主 要 完 成 人：黄卫民

16. 轨道交通安全门系统关键技术研究与开发

主要完成单位：中国铁道科学研究院电子计算技术研究所、北京经纬信息技术公司

主 要 完 成 人：夏德春、王志飞、陈栋、于鑫、阚庭明、汪晓臣、孟宇坤

17. 基于智能视频识别技术的道路交通管控系统

主要完成单位：北京精英智通科技股份有限公司

主 要 完 成 人：邓一星、凡魏、孙巍巍、师小凯、许永喜、曾文、赵萍

18. 勤指情一体化应用模式探讨

主要完成单位：博康智能信息技术有限公司

主 要 完 成 人：董国靖、张崇、孙庆利、张超、李雷、侯自坡

19. 长江航运信息化顶层设计和数据交换机制研究

主要完成单位：长江航运信息中心、中交水运规划设计院有限公司、交通运输部规划研究院、武汉大学

主 要 完 成 人：殷惠广、万晓霞、徐志远、张学炜、但乃越、邓燕、艾浩军

2016年中国公路学会科学技术奖

（部分获奖项目）

一等奖

1. 长白山生态敏感区高速公路建设关键技术

主要完成单位：吉林省交通运输厅、吉林省高等级公路建设局、吉林省交通科学研究所、交通运输部科学研究院、吉林省交通规划设计院、大连海事大学、吉林久盛绿色建材股份有限公司、中国交通建设股份有限公司、中国建筑股份有限公司

主要完成人：陈东丰、王潮海、李平、陈志国、陈立华、闫秋波、于丽梅、王新军、胡雪峰、孙福申、郑继光、谢玉田、代艳杰、李劲松、刘学欣

2. 新一代公路基础设施维护关键技术、重大装备与示范（一期）

主要完成单位：交通运输部公路科学研究所、交通运输部科学研究院、长沙理工大学、山东交通学院、中交公路养护工程技术有限公司、招商局重庆交通科研设计院有限公司

主要完成人：周海涛、周伟、郑健龙、徐全亮、曾蔚、马新、王稷良、陈明、侯君辉、冯晋祥、谢峻、任回兴、胡居义、徐剑、王随原

3. 城市多模式公交网络协同控制与智能服务技术及应用

主要完成单位：东南大学、交通运输部公路科学研究所、南京莱斯信息技术股份有限公司、北京中交国通智能交通系统技术有限公司、江苏省交通规划设计院股份有限公司、南京全司达交通科技有限公司

主要完成人：王炜、李斌、叶智锐、刘冬梅、王昊、汪林、龚维强、凌镭、王晶、王文静、乔国梁、陈学武、杨敏、胡晓健、金绍林

4. 粤北山区复线高速公路安全保障支撑技术研究

主要完成单位：广东广乐高速公路有限公司、交通运输部公路科学研究所、中交第二公路勘察设计研究院有限公司、招商局重庆交通科研设计院有限公司、华南理工大学、河海大学、中国铁道科学研究院

主要完成人：敖道朝、陈达章、廖朝华、黄晓东、刘志岳、丁浩、邱利锐、林捷挺、张俊标、蒋海峰、周建春、王雪峰、裴德勇、黄蕾鸣、刘雄

5. 基于雷达探测和波动检测技术的在役桥梁桩基础无损检测方法研究

主要完成单位：交通运输部公路科学研究所、上海交通大学、云南省公路科学技术研究

院、杭州市公路管理局、杭州公科路桥技术有限公司

主要完成人：马晔、陈龙珠、杨宇、张理轻、宋春霞、张学峰、张敬一、宿健、张小江、吕颖钊、宋春雨、杨敏、刘艳莉、马宏旺、潘学政

6. 敲击扫描式桥梁损伤快速检测技术及装备

主要完成单位：中国路桥工程有限责任公司、清华大学、中交第三公路工程局有限公司

主要完成人：向志海、李连友、陆秋海、李全旺、卢山、霍立飞、孙立强、王利军、沈兆普、郭河、杨波、杨小刚、李志强、周马生、李佳昕

7. 大跨径悬索桥施工创新技术研究与应用

主要完成单位：中交第二公路工程局有限公司

主要完成人：欧阳效勇、牛亚洲、李松、杜会民、赵桢远、葛国库、杨萍、石虎强、孙茂、金仓、李鹏、揣国新、先正权、梁进达、张明闪

8. 桥梁结构群协同监测评估先进技术及应用

主要完成单位：苏交科集团股份有限公司、东南大学、江苏交通控股有限公司、江苏省扬州市公路管理处、江苏华通工程检测有限公司

主要完成人：吴智深、张宇峰、张建、彭家意、周建华、吉增晖、夏叶飞、徐嵩、孙安、李素贞、洪万、陈雄飞、曹学勇、方达、施栋豪

9. 基于人车路协同的驾驶辅助和信息安全防护关键技术研究及应用

主要完成单位：江苏大学、南京金龙客车制造有限公司

主要完成人：蔡英凤、王海、陈向益、毛启容、冯霞、王良民、汪先锋、陈龙

10. 基于无线传感网的大型桥梁结构监测系统建设和关键技术研究

主要完成单位：清华大学、无锡源清慧虹信息科技有限公司、江苏省南通市公路管理处、河南省交通运输厅京珠高速公路新乡至郑州管理处

主要完成人：杨华中、王鹏军、马志华、费晓天、陈景星、陈宁、宋卓昱、杨军、刘勇攀、李亚、丁鑫、柏平、黄智科、李国瑞、冯乐

11. 中国高速公路交通广播建设成套技术研究及应用

主要完成单位：交通运输部公路科学研究所、交通运输部路网监测与应急处置中心、中国传媒大学、央广交通传媒有限责任公司、北京中交国通智能交通系统技术有限公司、华北高速公路有限责任公司

主要完成人：孟春雷、蔡蕾、李爱民、郑宗杰、李劲松、李斌、贺开锋、袁宇、杨刚、王新科、蔡超时、于中腾、郝亮、刘淞男、杨博

12. 高速公路可持续发展联网收费关键技术研究与应用

主要完成单位：广东省交通集团有限公司、交通运输部路网监测与应急处置中心、交通运输部公路科学研究所、广东联合电子服务股份有限公司、广州华工信息软件有限公司、广东利通信息科技投资有限公司

主 要 完 成 人：江运志、梁华、郑琳、李斌、宋启明、夏创文、陈海华、戴连贵、罗庆异、张昊、赖云峰、赵梓城、谭国贤、邢万勇、江山

13. 公路工程质量安全监测行业信息化建设关键技术研究

主要完成单位：交通运输部公路科学研究所、交通运输部基本建设质量监督总站、北京市道路工程质量监督站、北京星通联华科技发展有限公司、北京工业大学、广东省长大公路工程有限公司、湖北省交通运输厅

主 要 完 成 人：孟春雷、刘楠、陈萍、翁优灵、李劲松、史石榴、齐运书、王学颖、赵佳海、杨东来

二等奖

1. 普通干线路网运行监测与应急处置平台应用关键技术研究

主要完成单位：江西省公路管理局、江西省公路管理局信息数据中心、交通运输部规划研究院、江西路通科技有限公司、中科软科技股份有限公司、北京恒达时讯科技股份有限公司

主 要 完 成 人：冯义卿、杨建国、龙华春、胡强、傅瑾、阮琦、林茂森、赖作财、章稷修、廖宁华

2. 长株潭城市群公路网运营效能与安全性评估研究

主要完成单位：湖南省交通科学研究院、中南大学、湖南长韶娄高速公路有限公司

主 要 完 成 人：邓奇春、黄合来、林伟平、汪优、巢万里、李冰阳、杨春林、郑亮、李文艺、张邦爱、万里、朱洁

3. 面向海量个体的公共交通出行全过程精准感知及优化决策技术

主要完成单位：北京工业大学、交通运输部公路科学研究所、北京市交通运行监测调度中心、中国交通信息中心有限公司

主 要 完 成 人：陈艳艳、陈智宏、赖见辉、王东柱、孙立山、衣倩、李喆、严海、陈宁、王海鹏

4. 基于多源异构数据的城市交通综合分析与交通病诊断

主要完成单位：北京交通发展研究中心、北京工业大学

主 要 完 成 人：郭继孚、陈金川、李春艳、安志强、王根城、赵晖、陈艳艳、吴代东、线凯、董升伟

5. 公路网运行状态分析及发布通用设备技术指标研究

主要完成单位：交通运输部公路科学研究所、北京邮电大学、中国科学院上海微系统与信息技术研究所

主 要 完 成 人：李爱民、蒋海峰、王卫东、韩文元、孙传姣、支晓伶、白如月、包左军、郑敏、王朝炜

6. 基于物联网的公路网运行状态监测技术与成套装备研发

主要完成单位：交通运输部科学研究院、中国科学院西安光学精密机械研究所、交科院智汇（北京）科技发展有限公司、苏州数伦科技有限公司、重庆高速公路集团有限公司、昆山敏通光纤传感技术研发中心有限公司

主 要 完 成 人：王晓曼、陶圣、张为、阮驰、狄小峰、张夕珂、王允韬、王里、罗万华、靳瑾

7. 公路黄土隧道建设与运营关键技术研究与应用

主要完成单位：山西省交通科学研究院、重庆大学、长安大学、山西交科公路勘察设计院、山西交科岩土工程有限公司、黄土地区公路建设与养护技术交通行业

主 要 完 成 人：赵队家、张军、钟祖良、来弘鹏、孟志豪、贾磊、李鹏飞、郭茂泉、孙志杰、韩大千

8. 国家交通运输物流公共信息平台标准研究制定与应用推广

主要完成单位：浙江省国家交通物流公共信息平台管理中心、交通运输部公路科学研究所、金华市道路运输管理局

主 要 完 成 人：沈国庆、唐辉、叶静、陈键飞、裴爱辉、周艳芳、黄浩丰、顾敬岩、焦雯雯、张瑄

9. 中国城市绿色出行体系建设研究

主要完成单位：交通运输部科学研究院

主 要 完 成 人：周伟、李振宇、江玉林、钟朝晖、尹志芳、刘蕾蕾、杜光远、廖凯、彭虓、李超

10. 交通运输系统绩效管理模式研究

主要完成单位：山西省交通运输执法局、山西省交通科学研究院

主 要 完 成 人：王晋、张志坚、郭富平、姚伟华、姚儒君、李军发、姚丽琴、范彦军、张晓燕、陈怡霏

11. 城市轨道交通项目 PPP 模式的应用研究——以青岛地铁 13 号线二期项目为例

主要完成单位：中交华东投资有限公司、青岛地铁集团有限公司、清华大学、中国公路工程咨询集团有限公司

主 要 完 成 人：赵晖、王守清、陈洪顺、张德芬、王永强、王艳丽、张君、上官甦、冯珂、高雨萌

三等奖

1. 海南省中线高速公路生态环保技术研究

主要完成单位：交通运输部科学研究院、海南省公路勘察设计院

主 要 完 成 人：陈建业、吕晓宇、陶双成、关磊、孔亚平

2. 交通建设工程质量远程监督应用技术研究

主要完成单位：安徽省交通建设工程质量监督局、安徽皖通科技股份有限公司

主 要 完 成 人：何光、毛军、熊伟、韩宁、李超

3. 基于视频图像的道路灾害动态监测与预警技术研究

主要完成单位：广东省公路管理局、华南理工大学、武汉大学、广州市恒津路桥设计咨询有限公司

主 要 完 成 人：许薛军、罗广发、钟清文、赵俭辉、单成林

4. 基于物联网终端多式互联的公路快速检测与集成展现技术研发及应用

主要完成单位：重庆市公路局、重庆交通大学、中公高科养护科技股份有限公司、重庆市公路职工培训与信息服务中心

主 要 完 成 人：岳顺、蓝章礼、谭立云、王庆珍、吴川

5. 平原区高速公路集约建造成套创新技术研究

主要完成单位：安徽省交通控股集团有限公司、安徽省交通规划设计研究总院股份有限公司

主 要 完 成 人：杨晓光、胡可、郑建中、王吉双、陈修和

6. 高速公路滑坡灾害超前预测技术及其灾害风险防控对策研究

主要完成单位：福建省高速公路建设总指挥部、中铁西北科学研究院有限公司、龙岩漳永高速公路有限责任公司、宁德京台高速公路有限责任公司、福州大学

主 要 完 成 人：陈礼彪、廖小平、曾俊铖、刘启仁、刘代文

7. 公路网运行监管与反馈控制平台集成技术研究

主要完成单位：交通运输部公路科学研究所、重庆高速公路集团有限公司、北京公科飞达交通工程发展有限公司

主 要 完 成 人：韩文元、李长城、沈强、苏浩然、孙丹

8. 高速公路收费站通行效率与安全保障技术研究

主要完成单位：河北省交通运输厅公路管理局、交通运输部公路科学研究所

主 要 完 成 人：郭跃东、谢军、张文斌、李金棉、周建

9. 重庆公路运行状态监测与效率提升技术研究及示范应用

主要完成单位：重庆高速公路集团有限公司、重庆市交通信息中心、重庆市交通行政执法总队、重庆市公路局

主 要 完 成 人：许仁安、李关寿、乔墩、田世茂、李海鹰

10. 公路运营设施及运输装备节能系统技术研究及示范

主要完成单位：交通运输部公路科学研究所、云南云岭高速公路交通科技有限公司

主 要 完 成 人：易振国、包左军、毛继斌、蔡凤田、朱立伟

11. 重庆绿色交通发展方式研究

主要完成单位：重庆市综合交通运输研究所

主 要 完 成 人：胡兴华、黄伟宏、钟芸、章玉、唐热情

12. 县域交通运输科学发展评价研究与应用

主要完成单位：交通运输部科学研究院

主 要 完 成 人：王海洋、李忠奎、袁瑜、刘振国、孙杨

13. 省际路网管理与应急处置联动机制研究

主要完成单位：交通运输部公路科学研究所

主 要 完 成 人：周元峰、顾敬岩、李微、徐淑雨、王磊

2016 年中国汽车工业科学技术奖

（部分获奖项目）

一等奖

1. 上汽插电混合动力关键技术攻关及产业化应用

主要完成单位： 上海汽车集团股份有限公司

主 要 完 成 人： 王健、朱军、罗思东、周宇星、陆珂伟、葛海龙、冷宏祥、李斌、陶海龙、马成杰、郜可峰、张鹏君、顾铮珉、须俊健、樊晓松

2. 电动汽车能源系统安全高效控制技术及应用

主要完成单位： 北京航空航天大学、北京交通大学、北京新能源汽车股份有限公司、潍柴动力股份有限公司、中国汽车技术研究中心

主 要 完 成 人： 杨世春、张欣、王可峰、王宏宇、曹耀光、王芳

3. 车用锂离子动力电池性能优化控制与系统集成设计及应用

主要完成单位： 清华大学、北京科易动力科技有限公司

主 要 完 成 人： 欧阳明高、卢兰光、李建秋、何向明、田硕、冯旭宁

4. 汽车车身结构与声学包装轻量化设计方法研究与应用

主要完成单位： 吉林大学、中国第一汽车股份有限公司技术中心、厦门金龙联合汽车工业有限公司、重庆长安汽车股份有限公司、厦门金龙旅行车有限公司、北京汽车股份有限公司

主 要 完 成 人： 王登峰、那景新、王新宇、刘波、庄蔚敏、苏亮、陈书明、张君媛、陈静、陈鑫、张春林、陈笃廉

5. 汽车主被动安全关键技术研究与应用

主要完成单位： 重庆长安汽车股份有限公司、清华大学、中国汽车工程研究院股份有限公司、重庆大学

主 要 完 成 人： 赵会、禹慧丽、黎予生、崔泰松、李升波、李洁、张强、邵金华、王智、甘海云、郑玲、陈涛、孙浩、詹振飞、许庆

二等奖

1. 中国一汽国 IV/国 V 系列柴油机与电控系统自主创新及产业化

主要完成单位： 中国第一汽车股份有限公司技术中心、一汽解放汽车有限公司、启明信息技术股份有限公司

主要完成人：李骏、李素文、张鹏、李冠霖、赵文辅、邢喜春、吕颖、吴芳敏、胡光斓、邓勇

2. 乘用车关键技术创新及其在绅宝系列化车型开发中的应用

主要完成单位：北京汽车股份有限公司、北京汽车动力总成有限公司

主要完成人：顾镭、贺燕铭、欧劢、张永刚、马童立、丁祎、张建军、郳学斌、陈宝、李洪炉

3. 新一代轻型商用车驾驶室的研发与制造

主要完成单位：东风汽车股份有限公司商品研发院

主要完成人：雷明星、陈超、吴廖华、柴树军、吴亚雄、焦洪波、吴明嘹、姜轶帆、梁延焱、王莉

4. 汽车用混合励磁发电系统电磁耦合稳压控制技术及其应用

主要完成单位：山东理工大学、山东唐骏欧铃汽车制造有限公司

主要完成人：张学义、马清芝、杜钦君、刘从臻、史立伟、刘瑞军

5. 湿式双离合自动变速器技术平台自主开发和产业化拓展

主要完成单位：上海汽车集团股份有限公司乘用车分公司、上海汽车变速器有限公司、上海汽车集团股份有限公司技术中心

主要完成人：钱向阳、黄文华、黄明礼、姜超、李一民、方伟荣、李育、焦伟、张轶、施洁青

6. 车辆特种防护技术的自主创新与应用

主要完成单位：中国第一汽车股份有限公司技术中心、一汽解放汽车有限公司、一汽军代室、靖江市久盛化工有限责任公司

主要完成人：周胜蓝、高成勇、于清翠、李孟华、金智姗、宋华、王纳新、何缨、张苧心、王纪俊

7. 汽车复杂噪声源识别技术研究

主要完成单位：中国第一汽车股份有限公司技术中心

主要完成人：李凌志、卢炳武、刘英杰、张智、张言、程海龙、侯杭生、赵凤军、姜文君、轧浩

8. 新能源汽车关键零部件电磁兼容性能开发技术

主要完成单位：重庆长安汽车股份有限公司、重庆理工大学、中国汽车工程研究院股份有限公司、重庆长安新能源汽车有限公司

主要完成人：李旭、何文、叶明、熊荣飞、赖志达、何举刚、汪正胜、贾晋、郭迪军、肖利华

三等奖

1. 中华 H230 小型城市纯电动汽车开发

主要完成单位： 华晨汽车集团控股有限公司

主 要 完 成 人： 单红艳、王晓娟、高力、隋涛、潘成久

2. 汽车电子驻车式制动器的研发与应用

主要完成单位： 浙江亚太机电股份有限公司

主 要 完 成 人： 黄伟中、郑文荣、张红波、黄建凌、边疆

3. 轻量化汽车门盖系统的开发规划与创新应用

主要完成单位： 泛亚汽车技术中心有限公司

主 要 完 成 人： 陈虹、李涛、杨俊、魏一凡、周强

4. 智能制造在汽车工艺开发和生产中的应用

主要完成单位： 华晨汽车集团控股有限公司

主 要 完 成 人： 邢如飞、齐凯、张迎杰、赫立远、李婷婷

5. 混合动力轿车整车及关键总成 NVH 性能控制技术

主要完成单位： 中国第一汽车股份有限公司技术中心

主 要 完 成 人： 赵彤航、曹蕴涛、曾金玲、邓建交、刘喜宁

6. 车内空气质量检测能力的创新性建设与提升应用

主要完成单位： 北京现代汽车有限公司

主 要 完 成 人： 张新宇、张宇、王晓鸣、金仙玉、徐娟娟

7. 基于移动互联的车辆全生命周期研发与应用

主要完成单位： 泛亚汽车技术中心有限公司

主 要 完 成 人： 施杰、丁美玲、段嗣盛、费军瑛、武文超

2016 年中国铁道学会科学技术奖

（部分获奖项目）

特等奖

1. 铁路货运电子商务系统

主要完成人：郭玉华、刘卫国、卢永忠、郭竹学、韩伯领、张伯驹、姜洪涛、黄鑫、孙远运、朱广劼、杨嘉欢、王启东、宗岩、马志强、刘洋、肖睿、王鹏、李鑫、江立、吴云云、杜卫萍、周珍文、唐劲松、宋文艳、陈登科、龚志强、章刚、李方、张玉福、付晓丹、王洋、杨文浩、庞鸣雷、霍星、刘淼、卫婧、石岭、潘红芹、贾晓非、牛志敏

主要完成单位：中国铁路总公司运输局、中国铁路信息技术中心、中铁信弘远（北京）软件科技有限责任公司、上海铁路局、济南铁路局信息技术所、昆明铁路局、广州铁路（集团）公司

2. 高速铁路受电弓——接触网系统安全运行综合检测监测成套技术与装备

主要完成人：高仕斌、王保国、刘志刚、候文玉、韩通新、吴积钦、陈奇志、于龙、王延良、陈国成、范国海、游诚曦、刘再民、刘军、陈唐龙、高伟、张润宝、李志锋、曾晓红、张鹏、刘会平、曾明、谢生波、夏煜基、胡晓磊、杨昊、佘朝富、何洪伟、赵志刚、方岩、樊枫、王瑞锋、魏筱毛、韩峰、周智广、占栋、宋超、彭刚、金友涛、刘学强

主要完成单位：西南交通大学、中国铁路总公司运输局、中国铁道科学研究院、成都交大光芒科技股份公司、成都唐源电气有限责任公司、成都国铁电气设备有限公司、江苏新绿能科技有限公司、成都弓网科技有限责任公司、广州铁路（集团）公司、北京铁路局

3. 基于大数据技术的和谐机车修程修制体系构建与应用

主要完成人：申瑞源、张大勇、宁友波、寇树仁、李忠厚、淡红升、王华胜、文礼、曹增玺、关晓军、容长生、杨帆（铁科院）、郑福印、李昊、娄长冈、刘同锋、朱庆龙、钱小磊、宋英杰、修少鹏、赵卫宁、赵红军、张奕奕、候晓燕、李雷、王靖、田春飞、孙宏波、陈安俊、张一洋、赖文圣、曹轩铭、肖志强

主要完成单位：中国铁道科学研究院、中国铁路总公司运输局机务部、西安铁路局西安机车检修段、郑州铁路局、沈阳铁路局、北京铁路局、上海铁路局、哈尔滨大功率机车检修段、武汉铁路局、中车洛阳机车有限公司、中车株

洲电力机车有限公司、中车戚墅堰机车有限公司

一等奖

1. 动车组运行故障图像监控系统

主 要 完 成 人：韦皓、盛健龙、李东凯、付政波、史天运、张惟皎、马千里、贾志凯、杨凯、李樊、宋国良、王军、吕赫、谢斌、郭悦、李金波、陈彦、孙鹏、王远翔、刘丹凤

主要完成单位：中国铁道科学研究院电子计算技术研究所、北京经纬信息技术公司

2. 铁路信号地面安全计算机平台

主 要 完 成 人：段武、卢佩玲、莫志松、韩安平、潘明、袁湘鄂、姜锡义、臧永立、窦伟、梁志国、孟令韬、胡燕来、李士详、郝韬、赵立志、付伟、赵永清、刚建雷、逄增文、徐德龙

主要完成单位：中国铁道科学研究院通信信号研究所

3. 铁路信息化标准体系研究

主 要 完 成 人：卢永忠、李舒扬、马建军、张文塔、岳雪梅、陈朋、王磊、李恰、李晓勇、孙国庆、杨芳南、高春霞、王军、张勇、董宝田、刘园、倪少权、张明、扈东青、葛露露

主要完成单位：中国铁路信息技术中心、上海铁路局、北京交通大学

4. 网络化高速铁路列车开行方案优化方法及决策支持系统

主 要 完 成 人：聂磊、黄欣、孟凡峰、贺振欢、李剑锋、张振利、付慧伶、颜颖、佟璐、陈晓梅、张星臣、谭宇燕、周长锋、薛冰、韩宝明、付薇、何世伟、周会、龙桂林、刘晓媚

主要完成单位：北京交通大学、中国铁路总公司运输局、广州铁路集团公司

5. 铁路信息系统互联互通和信息共享关键技术

主 要 完 成 人：刘卫国、李舒扬、史天运、马建军、李平、李博、马小宁、王军、邹丹、刘彦军、王英杰、潘佩芬、王虎、卢瑞珊、沈海燕、封博卿、刘军、吴艳华、孟川舒、杨连报

主要完成单位：中国铁道科学研究院电子计算技术研究所、北京经纬信息技术公司

6. 铁路大型隧道盾构司机智能仿真培训系统

主 要 完 成 人：程海云、洪开荣、王焰、贺文波、曾毅军、刘辉、杨楚荣、宗强、李海滨、欧阳刚杰、周祁衡、陈巨滔、李晓东、谢红、陈馈、司景钊、马林坡、任成果、杨国亮、王彬彬

主要完成单位：广州铁路（集团）公司工程质量安全监督站、湖南城际铁路有限公司、中铁隧道集团有限公司

二等奖

1. 铁路手机售票系统

主要完成人：王富章、朱建生、王明哲、游雪松、邢国军、周亮瑾、李剑锋、周自昌、顾洁、易超、杨立鹏、吕占民、徐东平、王元媛、张锐

主要完成单位：中国铁道科学研究院电子计算技术研究所、北京经纬信息技术公司、中铁程科技有限责任公司

2. 计算机联锁 RALL 实训平台

主要完成人：张振儒、陈洪亮、王俊刚、伍忠国、张小军、陈业林、吕峰、林玉红、滑志勇、乌峥、解立群、张超、冯军华、王少博、侯习洪

主要完成单位：北京铁路局运输处

3. 基于北斗卫星的铁路行车设备系统时钟同步研究

主要完成人：陈建译、季忠洪、张志斌、欧阳建雄、左林华、王丽仙、马韧、岳春华、唐伟、易波、胡鹤鸣、胡京、祁少康、叶建斌

主要完成单位：广州铁路（集团）公司电务处、北京瑞威博雅科技有限公司

4. 西宁车站综合生产管理信息服务系统

主要完成人：李顺平、崔炳谋、管应才、孙宝琦、陈志元、李军、王顺强、张立民、金凤飞、武志勇、程增光、杨勇、马子刚、朱帅

主要完成单位：青藏铁路公司、兰州交通大学

5. ILOCK 型二乘二取二计算机联锁系统开发应用

主要完成人：李卫娟、许明旺、朱迎春、沈宇、季志均、袁湘鄂、姜锡义、成鹏、张程、王渊、徐军强、刘志江、莫运前、黄鸿、陈亮

主要完成单位：卡斯柯信号有限公司

6. 电务作业可视化监管与智能决策服务技术研究及应用

主要完成人：党建武、张振海、闵永智、王海涌、林俊亭、张雁鹏、韩虎、张鑫、王松、杨景玉、王阳萍、党明、赵庶旭、孙奇、杨洪权

主要完成单位：兰州交通大学、甘肃省高原交通信息工程及控制重点实验室

7. 铁路客车车号自动识别系统

主要完成人：何晓强、李百泉、赵长波、崔涛、马宏伟、张军、李鸿喜、邢秋阳、赵斌、汪旭冉、郭云龙、夏建辉、孙长波、李琦、宋范忠

主要完成单位：哈尔滨铁路局科学技术研究所、哈尔滨威克科技有限公司

8. 动车组制动系统控制软件测试及维护技术平台

主要完成人：曹宏发、李万新、姜岩峰、李和平、章阳、朱灵允、安志鹏、周军、

温熙圆、程宏明、任志刚、付波、于伟、华晶、齐政亮
主要完成单位：北京纵横机电技术开发公司

9. JZ-8 型机车制动系统

主 要 完 成 人：王令军、王其伟、孙彬、吕枭、王风洲、任向杰、刘澳、杨东平、王存兵、孔德鹏、覃立伟、于钦顺、葛汝博、杨乐、赵志春
主要完成单位：中车青岛四方车辆研究所有限公司

10. CRH380B 动车组列车网络控制系统软件研制及应用

主 要 完 成 人：高枫、赵红卫、黄志平、孔风、叶丹、杨榆、李习桥、田金刚、钱卿、黄根生、张顺广、朱广超、尹良镇、李海游、申鹏
主要完成单位：北京纵横机电技术开发公司、中车长春轨道客车股份有限公司、中车唐山机车车辆有限公司、上海铁路局、广州铁路（集团）公司、沈阳铁路局车辆处、哈尔滨铁路局

11. 机务综合在线防控信息系统

主 要 完 成 人：陆长林、修少鹏、刘光有、王春元、李欣、秦更申、张立所、周培钰、张俊伟、李亮山、张旭、艾柱、李岩、刘秉旺、庞子魁
主要完成单位：北京铁路局机务处、北京博飞电子技术有限责任公司、郑州畅想高科股份有限公司

12. 全国铁路快运客户服务系统关键技术的研究

主 要 完 成 人：李先进、张伯驹、张国平、柴滨、张聪、闫晓曦、于展琦、方然、张菲菲、魏然、张仕俊、黄健、孙志刚、张峰、胡少华
主要完成单位：中铁快运股份有限公司、北京慧源集运信息技术有限公司

13. 基于 GSM-R 铁路专网研究开发轨道车远程管理系统

主 要 完 成 人：刘静波、陈立、贾胜峰、赵海萍、张寿红、翟毅、田云、徐建伟、徐登元、汪要武、张艳、赵文斌、汤建国、鲍才让太、汪海霞
主要完成单位：青藏铁路公司、陕西西北铁道电子有限公司

14. 遥感图像处理技术及地质遥感判释软件平台构建研究

主 要 完 成 人：刘桂卫、陈则连、李国和、乔平、齐春雨、全玉山、宁新稳、李翔、辛民高、郭晓亮、张永忠、韩祖杰、李桂芳、杜辉、周勇军
主要完成单位：铁道第三勘察设计院集团有限公司

15. 轨检车数据分析及预测综合应用系统

主 要 完 成 人：伍忠东、周冬梅、王松、张志斌、冯晶晶、王昊、陈卫雄、刘欣、周渊、李强、孙奇、王国华
主要完成单位：兰州交通大学、中铁十二局集团铁路养护工程有限公司

三等奖

1. 北京局自动售检票集中管理平台

主 要 完 成 人：徐铭、刘秉旺、吴建芳、姚军、李孝民、李建玲、王洪亚、徐建华、张兰、王启明

主要完成单位：北京铁路局信息技术所

2. 铁路机械室跨媒体综合防灾监控系统

主 要 完 成 人：王树国、王云利、邢世佩、周百全、孙岩华、曹元枫、张贵勇、闫肃、柴克忠、高洪刚

主要完成单位：北京铁路局北京西电务段、北京首铁科技工程公司、北京北方常安铁路电务工程有限公司、石家庄市世纪电通通信技术有限公司

3. 筒仓装车激光雷达偏重报警系统

主 要 完 成 人：刘枫、沈冰、危翔、刘志坚、张智、谷禹涵、苏海春、韩文俊、王健慧、李青

主要完成单位：大秦铁路股份有限公司科学技术研究所、太原铁路局货运处

4. 铁路局物流信息关键技术研究

主 要 完 成 人：曹云明、王利铭、申光、高建国、周起、郑刚、姚国平、张小强、傅军、葛利宾

主要完成单位：呼和浩特铁路局

5. 驼峰信号集中监测系统

主 要 完 成 人：龚先堂、王文仲、王民湘、王新安、付开道、姚衍国、张坤、张永坤、姚国强、王前进

主要完成单位：郑州铁路局郑州电务段、河南辉煌科技股份有限公司

6. 手推式接触网静态参数智能检测仪的研制与应用

主 要 完 成 人：张建强、朱挺、赵朝蓬、吴立群、段伟、方火根、朱有桃、顾涛、陈国辉、周黎

主要完成单位：上海铁路局科学技术研究所、上海铁路局上海高铁维修段

7. 高铁客服运维管理系统

主 要 完 成 人：万明、赵磊、张成逃、张玮喆

主要完成单位：南昌铁路杰能技术服务有限公司

8. 高速铁路轨道电路隐患检测预警技术研究

主 要 完 成 人：周荣、陈建译、胡恩华、严才林、魏盛昕、文志雄、黄小峰、徐卉、沈宇、王小平

主要完成单位：广州铁路（集团）公司电务处、卡斯柯信号有限公司

9. 动车组位置追踪系统

主 要 完 成 人：徐建根、曹桂均、张辉、牛可、邵泽展、溪斌、林炳跃、张华、寇亚洲、李辉康

主要完成单位：西安铁路局、中国铁道科学研究院通信信号研究所

10. DGJC 型断轨监测系统

主 要 完 成 人：费勇、赖乾涛、吴勇、符长生、付贤伟、李宏伟、刘道强、鲁成勉、杨小锋

主要完成单位：成都铁路局工务处、广汉科峰电子有限责任公司

11. 铁路路基突发塌陷灾害自动监测及预警技术

主 要 完 成 人：徐骏、何建平、杨捷、李安洪、杨泉、高柏松、赵青海、肖飞知、时亚昕、袁志刚

主要完成单位：中铁二院工程集团有限责任公司、大连理工大学

2016年中国航海学会科学技术奖

（部分获奖项目）

特等奖

1. 水力驱动式升船机关键技术研究与工程实践

主要完成人： 胡亚安、马洪琪、李中华、张宗亮、李云、艾永平、李自冲、宣国祥、肖海斌、马仁超、严秀俊、凌云、王新、赵兰浩、李君、朱国金、张步斌、黄岳、罗文强、曹以南、刘金堂、郭超、薛淑、全强、王敬鹏、陈莹颖、刘本芹、张静芳、谢思思、周杰

主要完成单位： 水利部交通运输部国家能源局、南京水利科学研究院、华能澜沧江水电股份有限公司、中国电建集团昆明勘测设计院有限公司

一等奖

1. 长江干线山区航道通航建设与运行关键技术及应用

主要完成人： 刘怀汉、吴关胜、杨胜发、陈建、毕方全、段原昌、刘兴年、赖珍宝、吕永祥、钟丽、梁山、李文杰、刘勇、殷厚臣、冯凯

主要完成单位： 重庆交通大学、长江航道局、长江泸州航道局四川大学、重庆大学、长江重庆航运工程勘察设计院、长江重庆航道局

2. 宽海域跨海工程精密高程测控关键技术

主要完成人： 林鸣、曾旭平、李建成、刘晓东、尹海卿、杨红、刘德进、张秀振、马林兵、刘兆权、问建学、成益品、高纪兵、宋江伟、王志平

主要完成单位： 中交公路规划设计院有限公司、中交第一航务工程局有限公司、长江三峡勘测研究院有限公司（武汉）、武汉大学、中山大学、中国交通建设股份有限公司

3. 超万箱级集装箱船设计与制造关键技术

主要完成人： 韩成敏、陈弓、莫中华、许维明、仇挺、孙启荣、薛国良、秦建国、陆明锋、何金伟、熊文、林品一、罗建林、周兰喜、刘灿波

主要完成单位： 南通中远川崎船舶工程有限公司

4. 智能化船用双臂架收油机与油囊研制

主要完成人： 史世武、张德文、甘宪、邹云飞、徐述铎、丁敏、甘澍霆、宋志国、何锐、徐增福、徐鹏、张鹏、赵溦、俞晓红、李春

主要完成单位：交通运输部水运科学研究所、南京碧盾环保科技有限公司、青岛光明环保技术有限公司、中华人民共和国山东海事局

5. 基于海事卫星的安全应急通信支撑与保障系统

主要完成人：耿丹阳、邵珍珍、桑凌志、刘荣和、钟南、徐丹、周馨、冯涛、余风平、方飞、邓蕾、苏航、王莹、李琛、余跃

主要完成单位：中国交通通信信息中心、北京船舶通信导航有限公司、中交信息技术国家工程实验室有限公司

6. 潜水器故障诊断、容错控制与安全自救关键技术及应用

主要完成人：朱大奇、胡震、孙作雷、褚振忠、孙兵、王磊、张颖、颜明重、邓志刚、袁芳、甘文洋、曹翔、褚建新、王建华、沈爱弟

主要完成单位：上海海事大学、中国船舶重工集团公司第七〇二研究所

7. 船舶能效智能管理与控制技术研究及应用

主要完成人：孙峰、范志军、魏茂苏、万晓跃、罗海东、黄连忠、陈永念、郭广勤、孙永刚、樊付见、李大屹、李洪林、李国全、肖洪群、孙武

主要完成单位：中国船级社、中远海运散货运输有限公司、大连海事大学

二等奖

1. 渔船船型优化节能技术与高效捕捞装备系统集成

主要完成人：谌志新、徐皓、梁建生、赵新颖、李纳、王靖、蔡计强、朱陈程、黄文超、徐志强

主要完成单位：中国水产科学研究院、渔业机械仪器研究所

2. 水网地区通航枢纽的智能调度、仿真及其应用

主要完成人：文元桥、张帆、胡适军、周春辉、肖长诗、黄亮、季永青、甘浪雄、张进峰、邹春明

主要完成单位：武汉理工大学浙江交通职业技术学院

3. 海岸电台通信信息系统自主研发

主要完成人：田为民、苏本征、赵凤龙、于树海、张建东、孙文力、齐炳江、李麟、刘嘉宁

主要完成单位：北海航海保障中心天津通信中心

4. 长江危化品运输安全监管与事故应急技术及应用

主要完成人：赵前、徐连胜、李江、罗胜祥、胡玉昌、高原、耿杰哲、曾亚梅、陈荣昌、彭宏恺

主要完成单位：交通运输部水运科学研究所、中华人民共和国长江海事局、武汉理工大学

5. 基于北斗的智能航运信息综合服务系统关键技术研究与应用

主 要 完 成 人： 汤玮、张耿霖、曲伟佟、雪峰、谢光华、卢志峰、李霞、张震龙、林红、赵静平

主要完成单位： 大连港集团有限公司、大连集发环渤海集装箱运输有限公司、大连口岸物流科技有限公司、大连九州创智科技有限公司

6. 水运行业应用 LNG 实施方案和政策研究

主 要 完 成 人： 李清、解曼莹、纪永波、王利朋、于巧婵、姜磊、高惠君、魏洪斌、骆义、焦芳芳

主要完成单位： 交通运输部水运科学研究所

7. 水面溢油跟踪监测浮标与无人机监测装备研制

主 要 完 成 人： 王玉林、顾群、庄则平、杨瑞、李立、刘永涛、刘力、黎广宇、柴进柱、栗茂峰

主要完成单位： 交通运输部北海航海保障中心、天津航测科技中心、交通运输部水运科学研究所、中华人民共和国广东海事局、中国直升机设计研究所、大连海事大学

8. 可远程交互式机舱资源管理模拟器

主 要 完 成 人： 蒋德志、姚文龙、刘柱、张桂臣、于洋、付君、贾小平、孙明、刘运新、殷志飞

主要完成单位： 青岛远洋船员职业学院

9. 煤炭码头三维可视化管控系统研究与应用

主 要 完 成 人： 陈韬、吴澎、郭亨、杨国平、万海霞、崔峰、柳海宇、芦志强 、张伟红、曹凤帅

主要完成单位： 中交水运规划设计院有限公司、中国交通信息中心有限公司、 中国交通建设股份有限公司

10. 海上重大溢油事故应急调度指挥集成技术研究

主 要 完 成 人： 刘晋川、陈俊峰、陈荣昌、李为、于明、赵前、白晶、朱成礼、李文华、李涛

主要完成单位： 交通运输部水运科学研究所、清华大学、中华人民共和国深圳海事局

11. 西部港口物流枢纽安全监管与应急处置技术研究及示范应用

主 要 完 成 人： 欧诚、陈宗伟、韦扬、肖殿良、张宇、彭建华、刘伟、陈轩、王勇、王耀兵

主要完成单位： 广西壮族自治区港航管理局、交通运输部科学研究院、广西北部湾国际港务集团有限公司

12. 深水溢油事故处置机器人研制

主 要 完 成 人：李智刚、周家海、张银亮、宁伟婷、江玉宝、张伟、秦宝成、季英业、孙建锐、何震

主要完成单位：中国科学院沈阳自动化研究所、水科运达交通科技开发（北京）有限公司交通运输部烟台打捞局

13. 长江黄金水道综合信息服务关键技术研究

主 要 完 成 人：杜经农、廖小飞、郝江凌、曾越、刘青、邓燕、熊劲磊、付晓坤、但乃越、张娜

主要完成单位：长江航运信息中心、华中科技大学大连海事大学

三等奖

1. 基于云平台的船舶机舱智能监测报警系统的关键技术及应用

主 要 完 成 人：刘维亭、袁文华、赵强、戴晓强、万振刚

主要完成单位：江苏科技大学、江苏舾普泰克自动化科技有限公司

2. 自动化重箱轨道吊智能管理系统

主 要 完 成 人：黄桁、赵龙、应俊、秦涛、肖义勇

主要完成单位：上海海勃物流软件有限公司

3. 山区河流水上设施风、光、水流新能源复合供电关键技术研究

主 要 完 成 人：江蓓、潘诚、袁成清、齐俊麟、严新平

主要完成单位：长江三峡通航管理局、武汉理工大学

2016年华夏建设科学技术奖

（部分获奖项目）

三等奖

1. 北京纯电动车充电站空间布局规划和充电桩等相关设施配建指标研究

主要完成单位：北京市城市规划设计研究院、北京市建筑设计研究院有限公司、北京公共交通控股（集团）有限公司、北京市环境卫生设计科学研究所

主 要 完 成 人：刘斌、刘欣、张鑫、张亚芹、陈洪亮、贺健、李爽、钟文玲

2. 城市地下交通联系隧道的烟气控制

主要完成单位：中国建筑科学研究院、公安部四川消防研究所

主 要 完 成 人：华高英、李磊、李乐、余锍洋、张昊、相坤、赵晓峰、王广勇

3. 广州市轨道交通沿线站点周边综合发展规划研究

主要完成单位：广东省城乡规划设计研究院、广州市城市规划勘测设计研究院、广州市城市规划编制研究中心、广州市交通规划研究院

主 要 完 成 人：邹伟勇、何冬华、吕传廷、任庆昌、袁媛、王峰、李建行、周祥胜

4. 南沙新区综合交通体系提升与发展实施方案研究

主要完成单位：南京市城市与交通规划设计研究院有限责任公司

主 要 完 成 人：杨涛、陆原、於昊、郭晟、何小洲、刘超平、傅鹏明、郭玉君

5. 杭州智慧城管公共服务平台

主要完成单位：杭州市数字城管信息处置中心

主 要 完 成 人：孙敏豪、齐同军、孙欣欣、何江、戴旭、周洋、高广安、李转

第四篇

应用篇

第一章

系统集成及应用

全国汽车电子标识应用推广

随着车辆和驾驶人数量的快速增长以及云计算、大数据、车联网等新技术的快速发展，道路交通管控和服务技术手段、运行模式亟须创新，尤其是海量涉车信息资源的精细化开发、利用成为未来道路交通管理、服务的重要方向。因此，重庆、南京、厦门等城市先后采用汽车电子标识开展涉车应用，在路桥收费、城市停车、车辆出入门禁管理、环保限行等方面取得了较好的应用效果；汽车电子标识采用超高频射频识别技术，具有受环境影响小、识别速度快、识别率高等优势，但由于没有全国统一的技术标准，上述各地技术方案互不兼容，无法适应机动车跨区域流动的特点和需求。为此，公安部向国家标准化委员会提出了编制汽车电子标识国家标准的立项申请，推动汽车电子标识芯片的国产化和产业化，规范和引领各地汽车电子标识的应用，目前已完成 6 项产品类标准的编制工作，正在编制 2 项管理类标准；依托标准的编制，联合国内主流芯片、超高频射频读写设备的设计、制造企业，完成了汽车电子标识、读写设备及发行管理系统等关键技术产品的研发，在深圳市、无锡市开展示范应用并取得了良好效果，验证了相关标准及产品的可靠性、先进性，为下一步开展京津冀交通一体化中“汽车电子标识先行先试”项目奠定了坚实基础，推动汽车电子标识在全国大范围推广应用。

一、建设完成的主要系统

依托汽车电子标识国家标准编制工作及深圳市、无锡市示范项目，完成汽车电子标识软硬件产品的开发工作，包括汽车电子标识标签、专用读写设备及后台系统，系统应用架构（见图 1）。

（一）机动车电子标识系列国家标准

机动车电子标识系列国家标准主要包括《机动车电子标识通用规范　第 1 部分：汽车》等 6 项机动车电子标识、读写设备产品类国家标准及正在编制的《机动车电子标识密钥管理系统技术要求》等 2 项管理类国家标准。2016 年年底前，机动车电子标识和读写设备相关 6 项国家标准已完成报批稿并上报国家标准化管理委员会，标准根据汽车电子标识应用需求及示范验证情况，对汽车电子标识、读写设备的空中接口协议、读写灵敏度、识读距离及安全访问控制等基础功能、性能指标要求进行了描述；管理类 2 项国家标准 2016 年已完成征求意见。标准架构及标准设置（见图 2）。

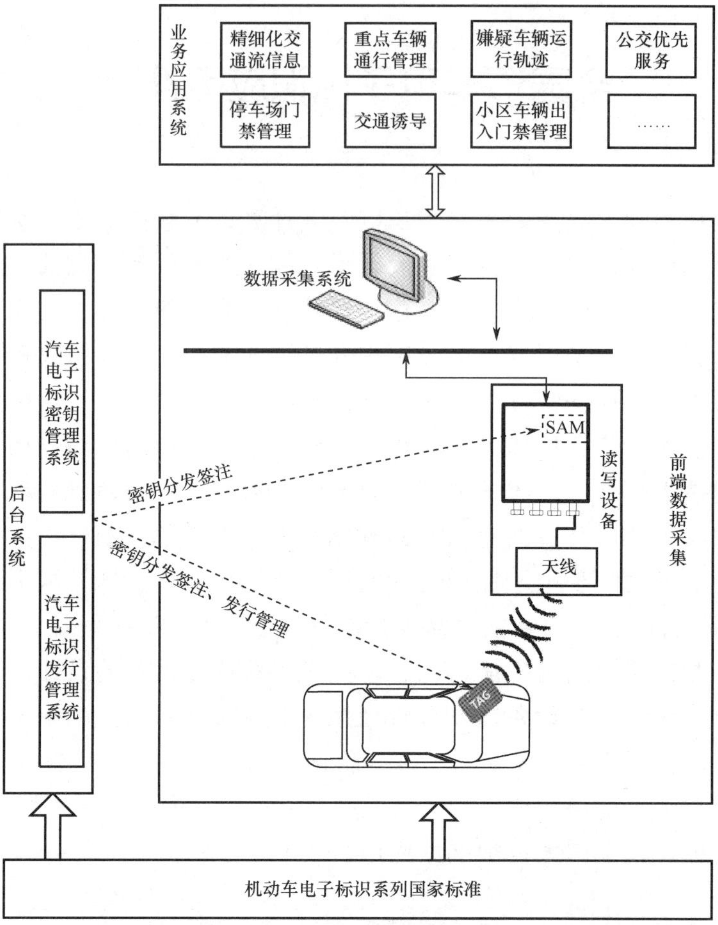

图 1　汽车电子标识应用架构

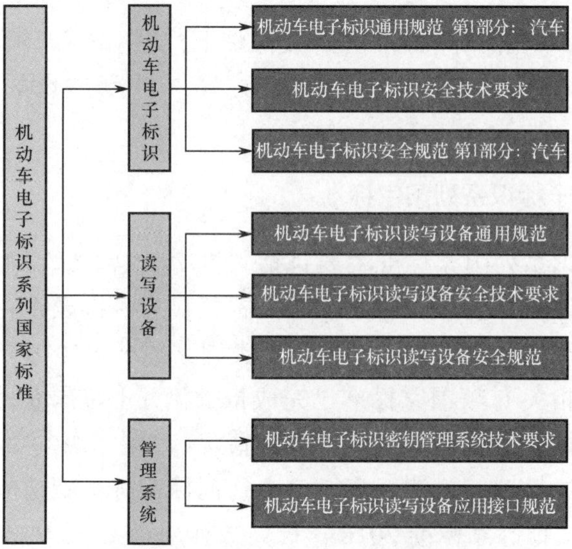

图 2　汽车电子标识国家标准构成

（二）汽车电子标识密钥管理系统

汽车电子标识密钥管理系统为汽车电子标识、读写设备及各级密码设备提供密钥生成、存储、分散、分发、注入、备份、恢复等服务，是一个全国性部署的系统，分为全国密钥管理中心和省级密钥管理中心两级部署，网络环境将使用现有的公安专网，总体结构（见图3），其中，全国密钥管理系统主要负责生成系统根密钥，并分散身份认证根密钥、数据加解密根密钥、读写操作权限控制根密钥，提供汽车电子标识密钥初始化所需的密钥服务功能，同时实现用户管理、机构管理、报表查询等日常管理功能；省级密钥管理系统主要负责本省各地市电子标识个性化所需的密钥服务功能，以及用户管理、机构管理、报表查询等日常管理功能。省级密钥管理中心采用硬件省级集中模式，也就是全省各地市加密机、密钥管理系统软件集中部署在省会城市，各地市客户端通过网络访问本省密钥管理系统；其他行业应用的密钥管理中心由行业主管部门自行建设，并通过 VPN 服务安全地与全国密钥管理中心连接。

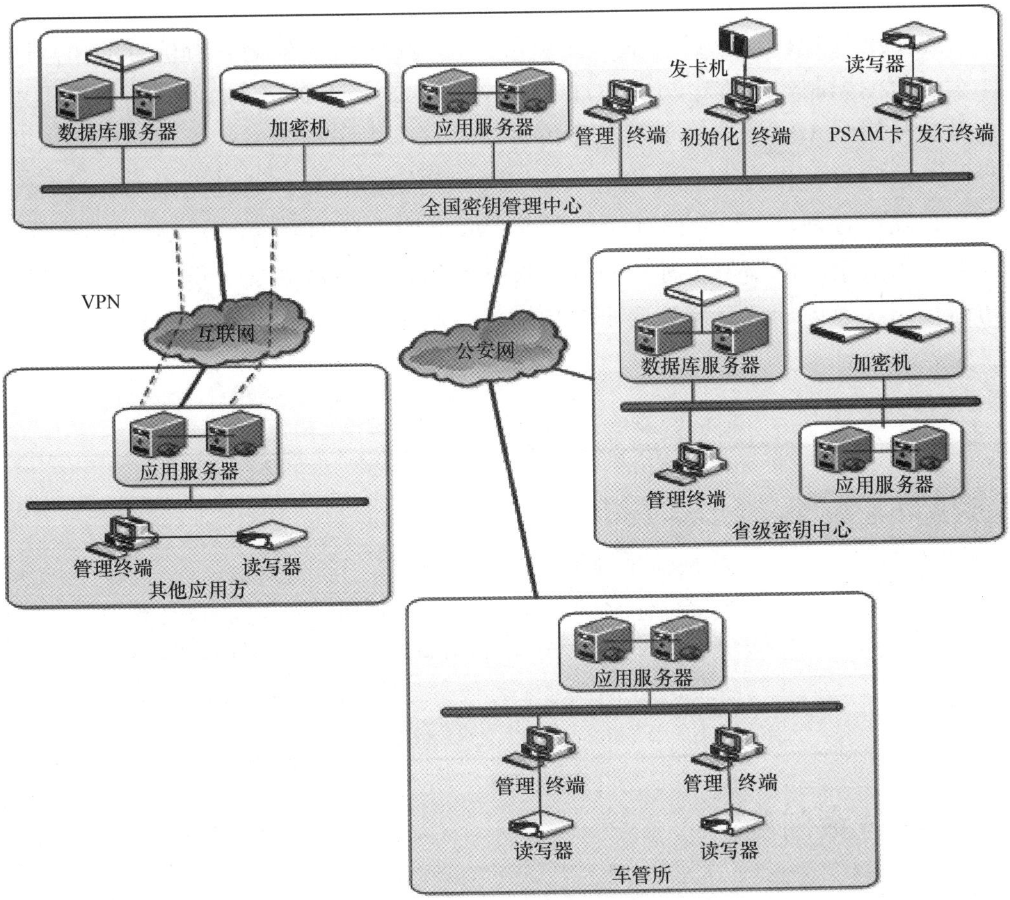

图3　密钥管理系统架构

（三）机动车电子标识发行管理系统

机动车电子标识发行管理系统为汽车电子标识提供全生命周期管理，包括汽车电子标识出入库管理、密钥和数据签注、统计查询等。其中出入库管理包括订单管理、订单审核、入库管理、出库管理、出库审核、产品领用、总队入库、成品报废申请、成品报废审核等，密钥签注包括汽车电子标识身份鉴别密钥、分区访问密钥及数据加解密密钥的写入；数据签注包括车辆号牌号码、号牌种类、车辆类型等车辆基本数据的写入。系统主要采用部省二级部署方式，部级平台负责出入库管理和密钥签注，省级平台负责为各地车管所提供数据签注服务，车管所通过公安网实时连接省级平台实现数据签注功能。部分公安交通管理综合应用平台未实行省级集中的省份，则建设机动车电子标识发行管理系统地市级平台，替代省级平台实现汽车电子标识数据签注。

（四）汽车电子标识及读写设备

汽车电子标识存储区包括唯一标识符 CID 及可写入车辆身份信息的用户区，CID 在电子标识制作过程中写入芯片 ROM，且具备全球唯一性特征，写入后不可更改，号牌号码、车辆类型等车辆身份信息通过汽车电子标识发行管理系统写入芯片用户区。读写设备作为上位机和电子标识之间的通信媒介，通过无线电信号向汽车电子标识发送查询、读写数据等操作命令完成车辆信息的采集，并上传至后台系统。为保障应用安全，汽车电子标识和读写设备采用密码算法实现身份鉴别、存储区分区访问控制及数据加密存储等安全保护措施。汽车电子标识和读写设备关键技术指标（见表 1）。

表 1　汽车电子标识和读写设备关键技术指标

工作频率	920～925MHz
电子标识供电方式	无源
电子标识安装要求	不可完整拆卸；即拆即毁
识读性能	行驶速度≤150 千米/时时，能识读汽车电子标识唯一标识符 CID 和车辆身份信息；行驶速度在 150～200 千米/时时，能识读汽车电子标识唯一标识符 CID
安全保护	汽车电子标识和读写设备采用了密码算法实现双向身份鉴别、存储区分区访问控制、数据加密存储及传输等安全保护措施

二、主要技术创新

自主安全可控。汽车电子标识采用无源超高频射频识别技术，符合我国国家标准《信息技术 射频识别 800～900MHz 空中接口协议》（GB/T 29768—2013），汽车电子标识芯片及读写设备、后台管理系统等产品均由国内企业自主设计、研发；标识芯片 CID 具有唯一性且不可更改的特点，与安装车辆唯一绑定、不可拆卸；汽车电子标识芯片及读写设备均支持国密算法，在汽车电子标识与读写设备通信过程中使用基于密码算法的双向身份认证机制，满足汽车电子标识授权读写安全机制要求，保护个人出行隐私，防止非授权设备随意采集和识读过往车辆身份信息，实现防克隆、防伪造、防篡改、防非法识读，保障系统应用安全。

高速状态下识读率、准确性高。传统车辆识别技术主要基于视频图像技术，其识别率易受雨雾、光照、号牌遮挡或污损、使用假牌或套牌、车辆超高速行驶速度等因素影响，识别率相对不高，且识别结果不能保证绝对正确，需要人工二次确认，效率较低。汽车电子标识采用的超高频射频识别技术环境适应性强，经测试验证表明，汽车电子标识在 200 千米/时的车速条件下识别率可达 99%以上，且识别数据 100%正确，无须人工二次确认，可大幅度提升车辆识别效率。

跨地区跨行业应用。由于汽车电子标识遵循全国统一的标准，相关产品可在全国范围内实现互联互通；汽车电子标识内部存储空间达 2048bits，划分为多个用户分区，其中基本信息区由公安写入车辆基本信息，包括车牌号牌、车辆类型、使用性质、年检及保险有效期等信息，其他分区可供环保、交通、保险等众多涉及车行业部门使用，并预留独立分区给各城市开展城市交通管理使用，车主可根据自身需要到相关部门申请开通诸如不停车收费、车辆通行证、市内公共停车场停车等服务功能，实现众多涉车管理、服务行业的一站式技术支撑手段。

三、应用情况和综合效益

2015 年年底，深圳市、无锡市作为首批试点城市开展汽车电子标识的推广与应用。截至 2016 年年底，深圳市累计安装汽车电子标识约 8 万枚，包括出租车、公交车、泥头车和搅拌车以及新能源物流车等；完成了 28 个新建识读基站、36 个特定车辆优先通行识读基站和 99 个已有的视频识别基站，共计 163 个断面 384 套读写设备及有关附属设备的施工、安装、调试及联网工作；无锡市累计安装汽车电子标识约 3 万枚，包括货车、出租车、公交车、教练车、少量私家车及其他社会车辆，完成 262 套读写设备的安装，包括 191 套路面设备、48 套门禁/停车场设备以及 23 套车辆检测线设备。同时，2 个试点城市积极探索与推广基于汽车电子标识的涉车应用，突破原有交通信息采集技术的瓶颈，实现车辆交通信息的分类采集、精确采集，在重点车辆精细化监管、违法车辆精准化查缉、汽车无缝化监管等方面取得重大进展，大幅提升城市交通管理、反恐维稳和便民服务水平，典型应用案例（见图 4）。

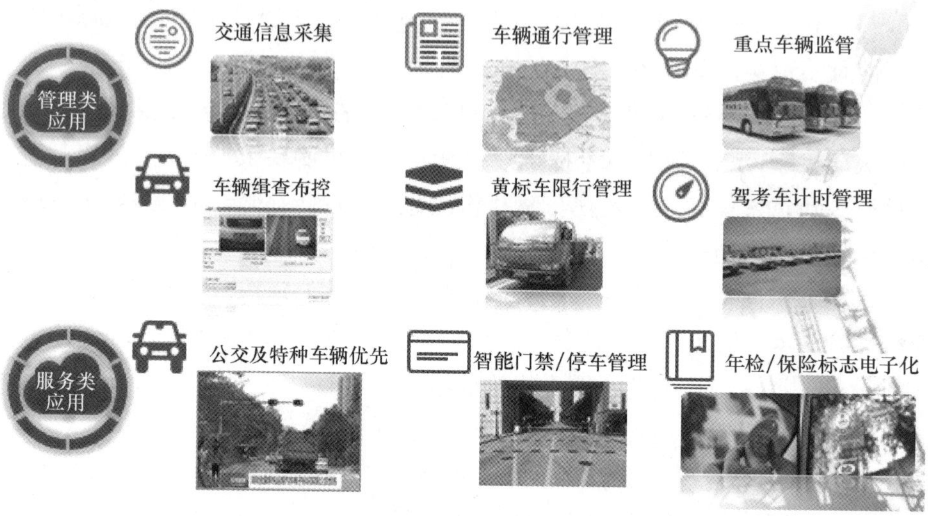

图4 典型应用案例

汽车电子标识示范应用一年来，取得了良好的社会、经济效益：一是公安交通管理部门对重点车辆的管控能力得以大幅提升，通过汽车电子标识的应用，公安交通管理部门创新了假套牌稽查手段，试点城市相关车辆的假套牌现象基本消失；由于汽车电子标识存储信息较传统视频图像识别数据更加丰富，货运车辆限行管控、车辆环保监测等工作由传统的执法人员现场执法转变为不间断的无人值守自动识别并取证，执法工作效率大幅提升；二是创新实现社会公众出行服务，在道路交通信号控制上实现了无公交专用道的公交车辆优先通行。安装有汽车电子标识的公交车进入路口附近时，汽车电子标识读写设备准确验明公交车“身份”信息后，路口信号控制机及控制中心信号控制系统实时判断公交车的运行线路、路口转向、抵达时间等信息，通过动态延长绿灯通行时间或缩短红灯等待时间等方式，为公交车通行提供信号优先控制。三是带动了产业发展。汽车电子标识的示范应用，大幅度提升了我国超高频射频芯片及读写设备设计生产水平，实现超高频射频芯片的自主设计和生产能力，带动国内芯片设计、封装、终端设备制造等相关应用技术的进一步提升，实现物联网核心技术的重要突破，为汽车电子标识技术的国产化奠定基础。源于以上因素，汽车电子标识应用示范项目在2016年世界物联网博览会上获选物联网十大应用案例，是智能交通领域唯一入选项目。可以预见，随着汽车电子标识系统的逐步推广，电子标识相关研究成果将有力的促进产业发展，同时支撑相关部门管理效率的提升，进而产生不可估量的社会、经济效益。

四、建设发展规划和展望

根据京津冀一体化建设规划，公安部、工业和信息化部、交通运输部、环保部联合发文部署，2017年起在京津冀地区试点应用汽车电子标识。预计，2017年国家标准化管理委员会将会批准发布《机动车电子标识通用规范 第1部分：汽车》等6项机动车电子标识、读写设备产品类国家标准。国家标准的发布实施必将进一步推进汽车电子标识在全国范围的推广应用。

汽车电子标识的研究与发展，对于示范推广车路协同技术，推广应用智能车载设备，推进全自动驾驶车辆研发有着重要的技术支撑，在未来交通管理与应用的各个方面都有着广阔的应用前景：

（1）交通管理。提高道路通行效率；保障城市交通管理措施有效实施，减少交通污染；准确打击涉车违法犯罪行为；为网联汽车和自动驾驶汽车等提供可信可控的电子身份。

（2）公众出行服务。智能停车管理；实时交通状况推送；OD 调查；依托电子标识可信身份，实现公路自由流收费、停车场/门禁、加油、保险等涉车消费小额支付功能。

（3）信息共享。满足公安、环保、交通、汽车等多个行业和部门的涉车应用，实现多证合一和证件无纸化，提供跨行业、多部门的“一站式”服务。

（4）信息安全。建立安全体系，保护国家信息安全和车主个人隐私；采用自主标准和国产化芯片，有助于国内企业掌握关键核心技术、拉动经济增长。

（撰稿：王军华、胡家彬）

公安交通突发事件快速反应处理关键技术研究与应用系统

一、建设背景

21世纪以来，随着我国国民经济的持续稳定发展，城市人口及空间规模不断扩大，汽车工业快速发展，汽车拥有量激增，交通需求发生了前所未有的迅速增长。加之我国人口稠密、用地紧凑，公共交通系统不能满足需求，使得交通供不应求的矛盾日益尖锐，各大、中城市交通拥堵现象频发，并有向小型城市不断蔓延的趋势。

围绕如何有效缓解城市交通拥堵这一城市可持续发展中的重大问题，安徽科力信息产业有限责任公司联合清华大学、东南大学、北方工业大学等单位共同完成“公安交通突发事件快速反应处理关键技术研究与应用”研究。该系统基于快速发现交通拥堵、精准定位拥堵源头、快速调动处置警力、响应速度自动考核、应急预案自动切换等核心技术，构建了有效缓解城市交通拥堵的一整套关键技术与方法。

二、技术创新

项目研发思路全面创新，追求实用、立竿见影，已经申请与本课题直接相关发明专利133项，目前已授权110项。核心技术均有专利保护，全部技术自主创新，缓堵技术难题有重大突破，系统软件的规模庞大，技术难度复杂。

同类技术经国内外查新检索属于世界首创，本课题研究成果与国内外现有系统的关键区别点在于：①展示平台与实战平台区别；②人工报警与综合报警区别；③单个坐席接警与并行坐席接警区别；④事件发生后分钟级报警与秒级报警区别；⑤有误报率与无误报率区别；⑥单一路况信息与融合多种路况信息区别；⑦拥堵路段报警与拥堵源头报警区别；⑧启动预案与切换预案区别；⑨人工抽样考核警员工作效率与自动全面连续实时考核警员工作效率区别；⑩模糊评价辖区道路拥堵程度与精准定量评价辖区拥堵程度区别；⑪大型警卫任务靠人海战术封闭交通演练进行指挥调度和精确到秒精准指挥调度的区别（见图1）。

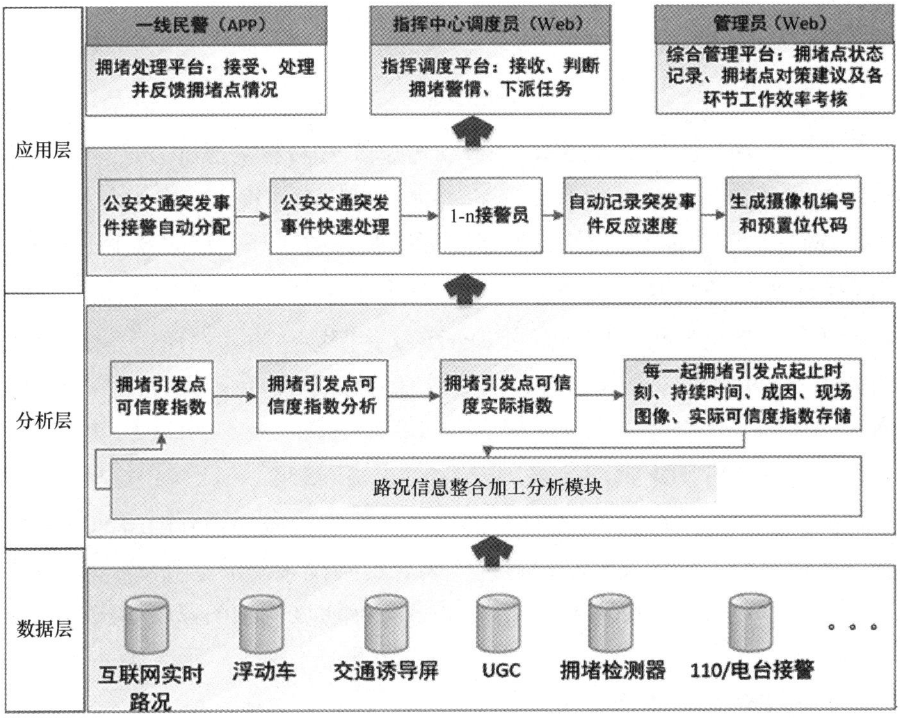

图 1　公安交通突发事件快速反应处理关键技术研究与应用系统架构

三、应用系统平台建设与功能设计

（一）系统建设

本成果集大数据应用、实时路况数据精准研判、视频跟踪拥堵快速精准报警、数据采集传输、多种实时路况数据精准融合、拥堵源头位置快速确定、拥堵源头快速报警、事件并行处理快速接警，拥堵源头成因快速确认、实时路况信息可信度分析、快速精准调警、突发事件预案快速切换、处警警员手机 APP 技术、警员工作效率自动考核、路口控制器的控制效果实时监测、辖区拥堵程度自动连续定量分析显示，缓堵措施精准选择、缓堵效果精准定量评价、历史数据精准定量再现显示、大型警卫任务精确到秒的指挥调度等技术于一体，实现了哪里发生拥堵，警察就能立即出现在哪里，就能将拥堵源头消灭在萌芽状态或缩短拥堵源头的持续时间。

（二）功能设计

系统平台主要功能设计在三个方面：具体指管理平台、坐席平台和移动端平台。

管理平台功能包括拥堵源头定位、拥堵源头跟踪、拥堵源头报警分配、拥堵成因分析、拥堵规律分析、自动考核、历史拥堵统计。

坐席平台功能包括快速接警、快速调警功能。

移动端平台包括接警统计、快速接警、快速处警功能。

（三）支撑技术

1. 交通拥堵源头位置的快速识别精准定位及自动报警技术

该技术基本原理是实时获取互联网的实时路况数据和视频事件检测器等综合实时路况数据，通过拥堵源头处理模块快速确定拥堵源头位置，并立即发出报警信息。

2. 拥堵源头报警信息自动分配及并行接警技术

本技术明确了拥堵源头报警信息自动分配及并行接警的基本理念。解决现有技术中多个拥堵源头同时报警时，不能并行将拥堵报警信息快速、合理地分配给处于空闲状态的指挥人员而影响突发事件处理速度的技术问题。

3. 交通拥堵成因快速识别技术

当拥堵源头形成并发出报警信息时，突发事件快速反应平台立即将拥堵源头位置所关联的视频图像采集设备的编号和预置位代码发送到视频图像主机，立即调用该拥堵源头位置的视频图像至接警员终端显示器上，接警员能通过视频图像内容快速确定拥堵源头形成的原因。

4. 公安交通突发事件快速处理技术

研究了公安交通突发事件快速处理技术的控制流程，交通突发事件快速处理技术是将每一个成因所导致的突发事件应对预案都储存在接警员调警表中，基本理念是认为突发事件正在发生中，当突发事件发生时，根据不同成因切换相应预案。

5. 交通突发事件响应速度自动考核技术

研究了交通突发事件每个环节的响应速度考核的评价指标，当拥堵源头发出报警信息时，系统立即记录报警时刻、接警时刻、调警时刻、网络、设备响应时刻和出警时刻，对警情处理的全过程实现自动精准定量考核。

6. 多车队警卫任务精确指挥调度系统及方法

研究了多车队警卫任务精确指挥调度的影响因素。构建了多车队警卫任务精确指挥调度系统。保证各警卫车队从不同地点出发，按照规定到达目的地的顺序和时刻及时间间隔精确到秒到达同一目的地。

四、典型应用

在安徽省蚌埠市进行了试点应用，充分利用城市交通状况大数据进行分析研判，作为评价城市交通管理效果的依据，推动勤务改革，提高应对道路交通拥堵的响应速度与处置效率，显著减少因突发事件引发的交通拥堵。

蚌埠市公安局交通警察支队应用该成果的实践表明，该成果实现了从拥堵源头出现到消失全过程每个时间节点的实时跟踪、处置和结果考核与评价；实现了视频跟踪拥堵快速精准报警、拥堵源头位置快速确定、拥堵源头快速报警、时间并行处理快速接警，拥堵源头成因快速确认与精准调警、突发事件预案快速切换、警员工作效率自动考核、路口控制器的控制效果实时监测、辖区拥堵程度自动连续定量分析、缓堵措施精准选择、缓堵效果精准定量评价、历史数据精准定量再现显示以及大型警务任务指挥调度等功能。应用该成果后，信号控制交叉口交通拥堵源头发现时间从平均 5 分钟缩短到 10 秒以内；通过交叉口信号控制效果的实时监测，实现了交叉口信号控制参数配置不合理的秒级报警，使城市道路交通运行的稳定性明显提升，效果显著。蚌埠市公安局交通警察支队在应用该成果的同时，同步推进勤务模式的转变，执勤方式由固定执勤模式向巡逻执勤模式转变，有效减轻了民警的劳动强度，提高了民警的工作效率。

（撰稿：吴炜、姚家雷、秦礼娜）

互联网交通安全综合服务管理平台

近年来，我国经济社会持续快速发展，机动车和驾驶人迅猛增长，目前全国有3.37亿辆机动车和4.26亿驾驶人，由此产生的交通安全服务管理需求也快速增长。公安交通管理部门虽采用延长办公时间，增设便民服务工作站、推行信件邮寄告知、推行网上服务、提高服务效率等措施，仍然无法满足人民群众对交通安全服务方便快捷、实时动态、个性多样的新需求，主要面临以下问题：一是交通安全服务管理的供需矛盾日益突出。在现有警力短时间无法大量增加的情况下，仅依靠延长办公时间、增加服务站点等传统手段，难以从根本上解决交通安全服务管理日益尖锐的供需矛盾。二是告知服务不及时、不到位问题日益凸显。截至2015年5月，全国有7500万辆机动车未及时参加检验，有170万名驾驶人累积记分已达12分，有1200万辆机动车有交通违法未及时处理。其中重要的原因在于需要告知信息量大，人员车辆流动变化，联系方式多变，交管部门负责告知的人手不足，手段不适应，出现告知不及时、不到位，群众未能及时获取相应信息，及时进行处理。三是跨地缴纳罚款、补换领牌证等成为困扰群众的难题。由于机动车、驾驶人流动性强，群众对异地缴纳交通违法罚款、办理补换领牌证等业务需求量越来越大，据统计，全国平均每年发生跨省异地交通违法的记录就达5000多万条。现行的缴款制度由于缺乏现代通信技术支撑，无法异地办理，导致群众办理相关业务往往需要来回奔波，影响正常工作生活。四是各地自建互联网服务平台未形成整体服务效应。目前，各地自建互联网服务平台数量不少，但网络域名、服务号码、标准、工作程序等不统一，功能不够全面，信息不互联互通，服务方式单一，安全防护能力薄弱，未统筹利用社会资源实现跨界融合，形成整体服务效应。

为提高便民利民服务水平，满足人民群众对交通管理创新和服务优化提出的更高期盼和要求，积极适应“互联网+”时代交通管理服务工作的新要求，根据《公安部关于印发〈关于推进互联网交通安全综合服务管理的意见〉的通知》（公通字〔2015〕20号）等改革要求，公安部交管局决定充分利用互联网高效便捷的优势，积极构建面向公众的互联网交通安全综合服务管理平台，为群众提供预约服务、办牌办证、违法处理及罚款缴纳、出行服务、信息查询、告知提示、信息公开、重点对象管理、交通安全宣传、业务咨询10大类130多向便民服务，大力推动交通管理由粗放型向精细化转型。

一、建设完成的主要系统

通过互联网交通安全综合服务管理平台（以下简称“互联网服务平台”）的建设，一是全面规范了全国公安交管互联网服务的内容、业务流程及服务形式，提高了公安交管服务的总体水平；二是实现了全国数据互联共享，通过一点登录、多点漫游技术，解决了群众跨地区办理业务的难题；三是全国统一网络域名和公益服务号码，对外树立了公安交管部门品牌形象，增强了人民群众对恶意欺诈的识别度；四是实现了网页、手机 APP、语音、短信等多种服务渠道，从技术上解决各地服务形式单一、服务内容片面、服务对象不全的问题；五是设计并规范了全国互联网服务平台网络安全架构及公安信息通信边界接入技术，规范了各地互联网接入及公安网边界通信的方法，杜绝了安全接入隐患；六是优化公安交管业务流程，配合公安部相关改革措施，同步推进业务创新，解决了把控考试预约、买分卖分、抢号卖号等恶劣行为。

（一）互联网服务平台系统

互联网服务平台依托公安交通管理综合应用平台（以下简称“综合应用平台”）部署架构及其数据支撑，采取分布式部署架构。

互联网服务平台由公安网服务系统和互联网服务系统组成。公安网服务系统软件包括综合应用平台升级模块软件和数据交换软件。互联网服务系统包括互联网服务软件和数据交换软件。公安网服务系统部署模式包括部、省两级和部、省、地市三级两种部署模式。互联网服务系统部署模式为部、省（地市）两级部署模式。

在数据交换层面基于光盘摆渡机及光闸等物理传输介质，实现互联网与公安网的数据交换。一方面，在公安网上，基于综合应用平台业务数据，并汇聚公安交管集成指挥管控平台、大数据研判应用平台等系统的数据和分析结果。另一方面，在互联网上，互联网服务平台通过接口集成，与三大运营商、中国邮政、支付平台、保险公司、交通运输管理部门、政务网、百度地图、微信、支付宝等企业和平台实现数据共享，从而为交通参与者提供一站式、全方位的服务。各省（地市）互联网服务平台之间通过互联网公网完成数据通信，以部级互联网服务平台为中心，实现全国各地一点登录、多点漫游的功能（见图 1）。

（二）交管 12123 APP

互联网服务平台手机 APP“交管 12123”应用软件支持 iOS（苹果）和 Android（安卓）操作系统（见图 2）。

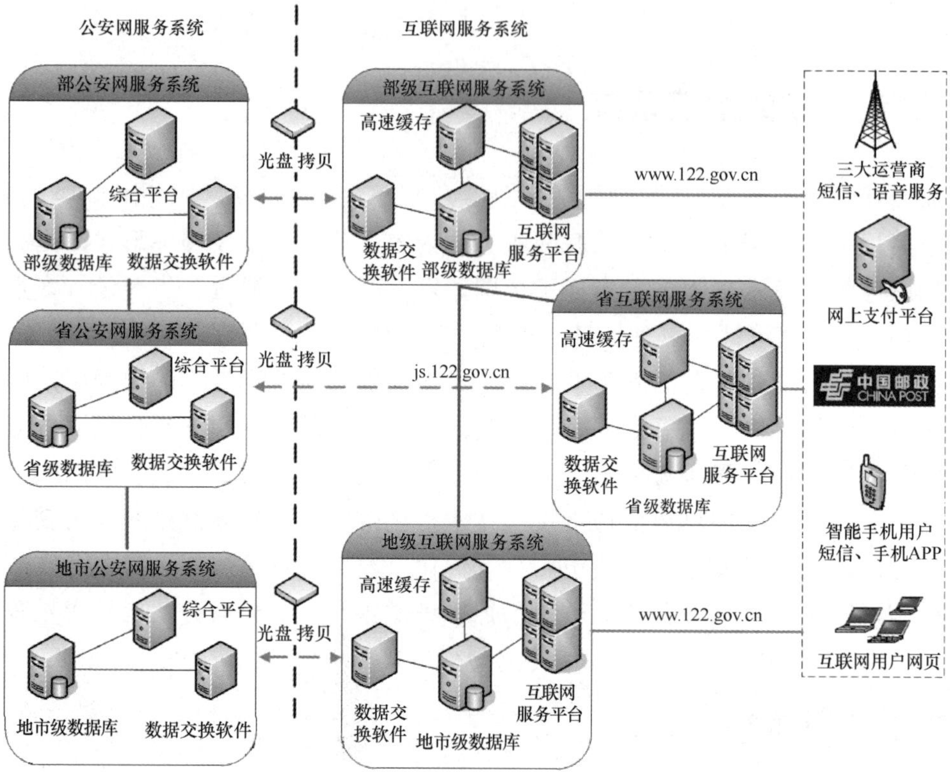

图 1　公安交通管理综合应用平台架构

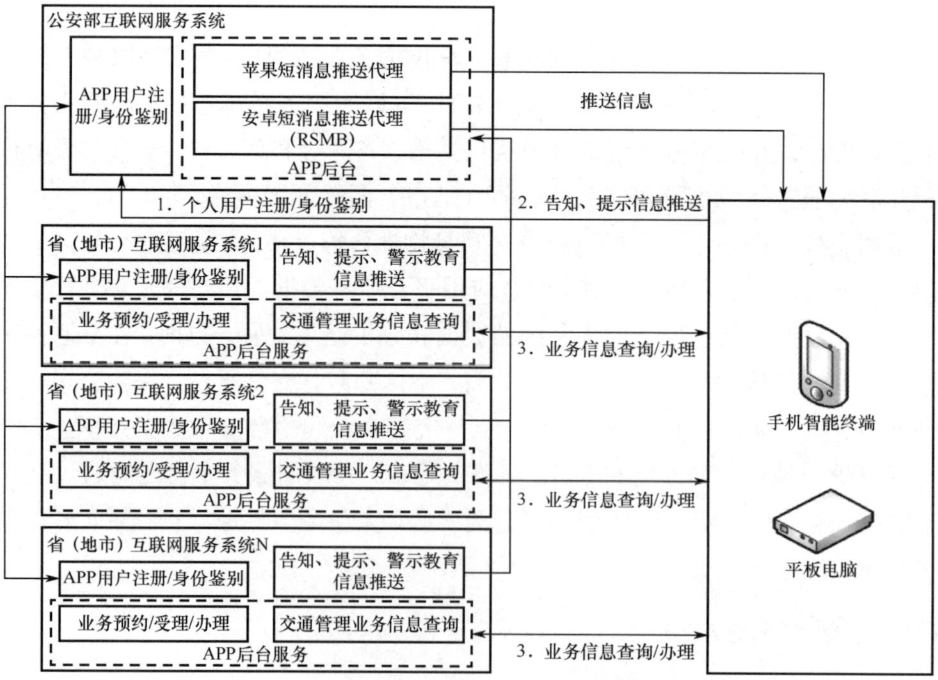

图 2　“交管 12123”APP 总体架构

个人用户注册时，采用 HTTPS 协议（SSL 加密通信链路）与省（地市）互联网服务系统数据接口进行信息交互。个人用户登录时，采用 HTTPS 协议请求部级互联网服务系统进行身份鉴别，登录成功后由部级互联网服务系统动态生成唯一身份票据，后续查询、预约/受理/办理业务时，采用 HTTP 协议与部、省（地市）互联网服务系统进行信息交换。在信息交换时，使用该身份票据对请求和结果信息进行加密处理，并判定身份票据的有效性。

（三）12123 语音服务平台

互联网服务平台“12123 语音服务”由 12123 语音服务平台和省（地市）语音服务中心组成（见图 3）。

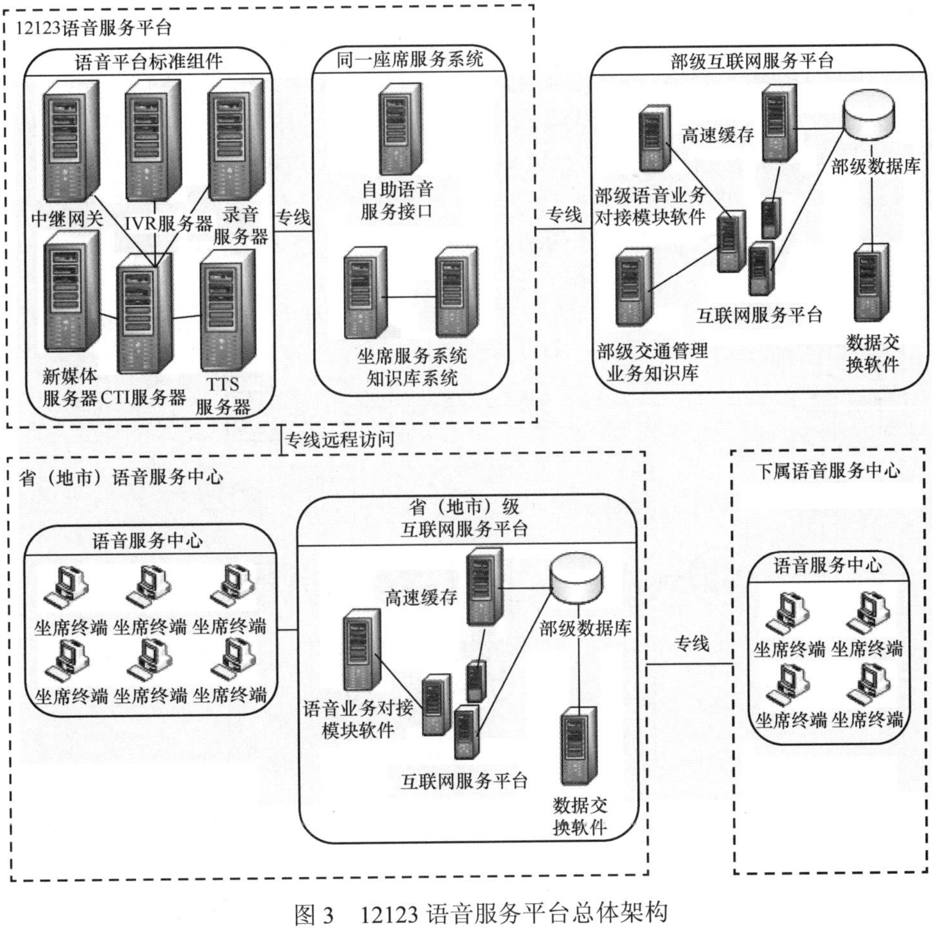

图 3　12123 语音服务平台总体架构

12123 语音服务平台提供软硬件服务支撑，省（地市）公安交通管理部门建设语音服务中心，通过网络专线与 12123 语音服务平台连接，根据实际坐席数量使用 12123 语音服务平台端口。

12123 语音服务平台提供语音服务平台标准产品，部署语音服务软件，并负责系统日常升级、维护、技术支持。为保障信息安全，以网络专线与公安部交通管理科学研究所部级互联网服务平台连通后，向各省（地市）提供语音远端坐席端口租用服务。省（地市）公安交通管理部门负责建立语音服务中心，设立坐席人员，配备坐席工作电脑和IP 电话等办公用品，在互联网服务平台部署语音业务对接模块软件，建设网络专线连接 12123 语音服务平台，供坐席人员登录统一座席服务系统，开展日常语音服务工作。

（四）数据交换平台

按照公安部边界接入规范，利用光盘摆渡机及单向光闸，建立公安间与互联网间数据交换平台，实现公安网与互联网间的快速、可靠、稳定数据交换和集成监控。

对于互联网的请求信息，系统在保存到数据库后立即导出文件到 FTP 服务器，经数据交换平台传输到公安网，公安网端运行的轮询程序会立即获取到文件并解析请求信息，运算后获得该请求信息的响应，响应信息先保存到公安网的数据库中，由定时任务把请求信息批量导出到 FTP 服务器中，经光盘摆渡机交换到互联网端，由互联网端的系统将响应信息解析后保存到数据库中，从而完成互联网端发起请求，公安网端完成响应的全过程。

从公安网导出信息到互联网也是采取类似的过程，公安网端由定时任务批量导出信息为文件传输到 FTP 服务器，由光盘摆渡机将文件交换到互联网，互联网端定时任务获取 FTP 文件并保存进数据库。具体数据交换流程（见图 4）。

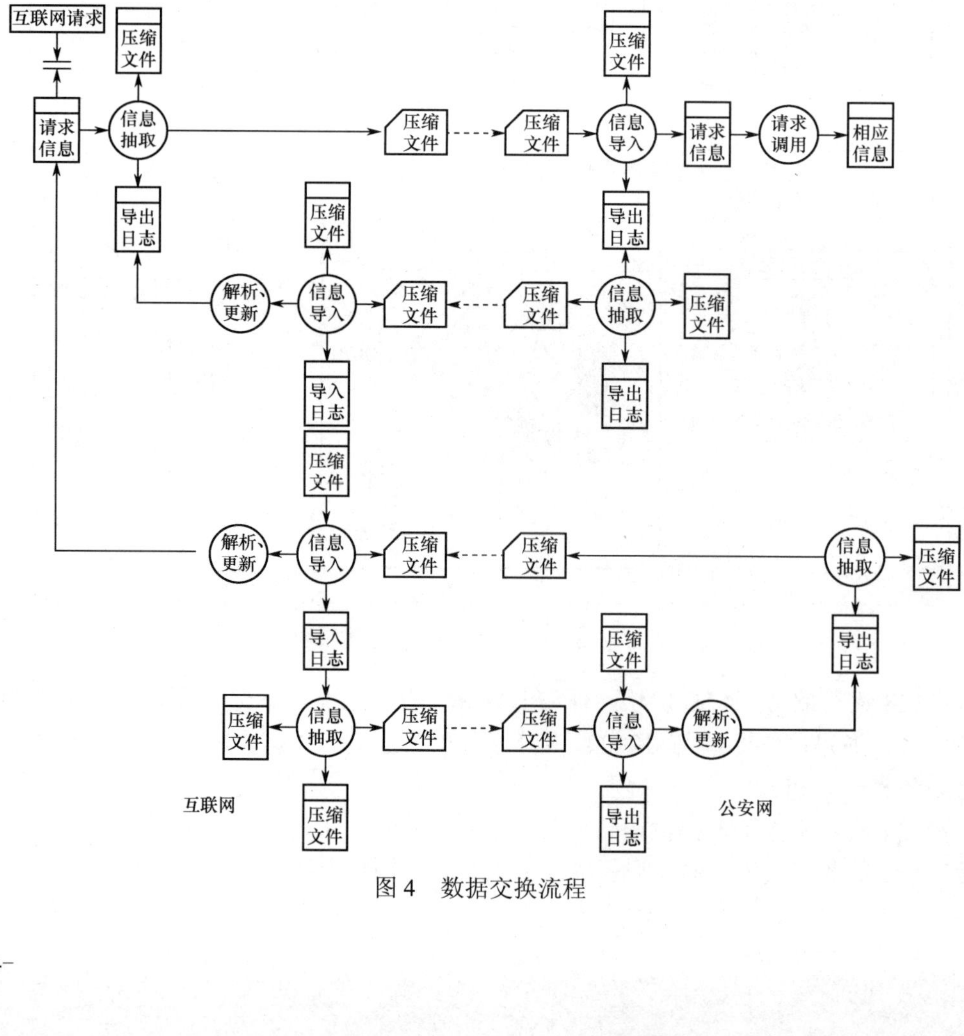

图 4　数据交换流程

（五）接口服务平台

第三方应用系统对接接口服务平台前，需向互联网部级服务发起备案申请，审核通过后，部级互联网服务平台提供接口接入必备的公钥、私钥、密码、访问地址、开发包等信息，供第三方应用系统接入使用。

外挂接口采用 HTTP 协议，以 POST 方法提交请求。出于安全性考虑，接口服务平台提供的外挂接口采用自定义基于字节流的私有协议构造 HTTP 的请求和返回结果（见图 5）。

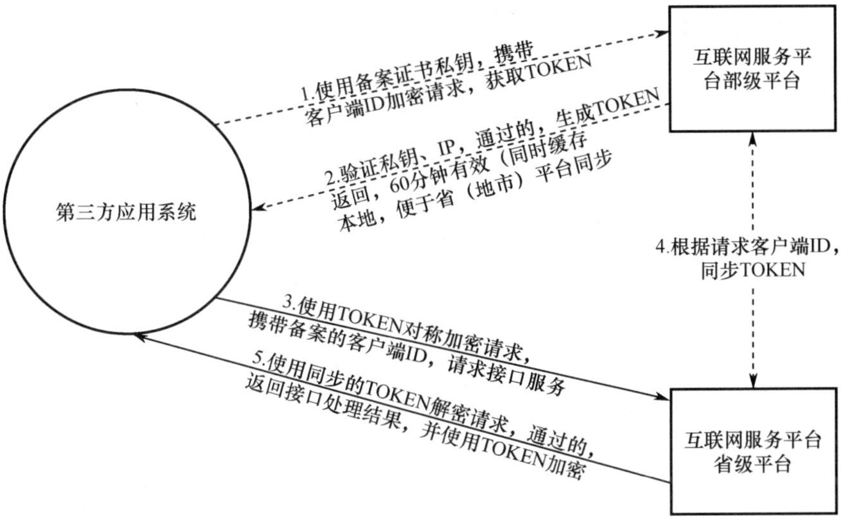

图 5　接口服务平台调用流程流程

（六）后台管理系统

提供互联网服务平台用户及权限管理，系统及业务参数设置，功能启用设置，系统任务监控和管理，数据传输监控管理，系统运行状态监控，并对互联网服务平台的业务开展、系统运行、安全状态进行部省（地市）两级监管，确保互联网服务平台各项业务按照工作规范顺利运行。

二、主要技术创新

一是提供惠及全民的公安交管服务能力。本项目通过网页、手机 APP、语音、短信、车载终端、微信等多种途径，为各文化层面、各年龄阶段、各地域环境的交通管理参与者提供了可达的服务渠道，全覆盖目标人群。

二是通过制定《互联网交通安全综合服务管理平台数据接入规范》，实现了公安交管与相关行业的信息资源共享技术，达到充分利用社会化资源、创新公安交管部门管理水平、提高便民利民服务水平的目的。

三是实现了一站式的公安交管服务。通过与运营商、中国邮政、保险公司、支付平台等机构的信息集成，实现了公安交管业务的在线申请/预约、在线支付、在线理赔、实时反馈、寄递上门的一站式服务。

四是设计并研发了一套互联网与公安网间的数据安全传输体系。基于光盘摆渡机、光闸等单向物理传输介质，实现了一套物理隔离网络间信息查询自动安全交换方法，解决了互联网与公安网间的数据接入安全难题，打通了数据交换渠道。

五是实现了基于分布式网络架构的信息系统多级系统监管及运维技术。本系统实现了部、省、地市三级系统监管功能，从业务开展、系统运行、安全态势三个方面进行立体监管，便于各级公安交管部门全面掌握平台运行状况，保证互联网服务平台服务质量及信息安全。此外，基于分布式架构的部署特点，自行设计并实现了一种分布式应用系统自动升级发布的实现方法，解决了分布式架构下，大规模集群应用部署的版本升级发布难题。

六是实现了分布式网络下的数据安全传输及共享技术。实现了一种分布式网络环境下数据可靠传输方法，达到了全国 54 个平台间基于互联网的安全、可靠、高效数据传输服务的目的。

七是掌握了高并发海量请求的吞吐技术。本项目通过对分布式服务架构、多级缓存、服务治理、异步消息队列、动态扩展集群部署、负载均衡等核心技术的设计和应用，解决了互联网服务平台巨大的访问压力，为群众高效享受公安交管服务提供技术保障。

八是实现了海量数据的高效存储及查询技术。本项目在对传统关系数据库的优化应用上，引入了高速缓存数据库和分布式文件系统，将结构化数据和非结构化数据的索引信息保存在关系数据库中，将非结构化数据保存在分布式文件系统中，将热点数据缓存在高速缓存中，结合适度冗余和多级缓存设计，保证了互联网服务平台海量数据的读写效率。

三、应用情况和综合效益

2016 年 3 月 1 日，互联网服务平台已在全国范围内完成推广应用，成为首个在政府行业内建立全国范围的互联网端一体化公安交通管理社会化服务平台。截至 2016 年 12 月，累计注册个人用户达 7068.7 万人，单位用户 14.4 万个，累计提供各类服务 18216.1 万次，平台日均访问量达千万次。借助社会公共资源创新公安交通管理工作，规范互联网交通管理业务工作，解决安全告知、安全宣传、业务办理积压的等问题，社会效益巨大。一是大幅提高公安交管业务办理便捷度，使群众不再受制于地点、办公时间、出行路况、天气、个人安排等诸多因素影响，足不出户办理业务，特别是大幅减少每年近 4000 万笔跨省业务造成的群众异地多次往返。二是降低窗口业务压力，解放警力，提高服务质量。经测算，服务开通后，每年可分流 5000 万笔机动车和驾驶证业务，9000 万笔以上的交通违法处理业务。三是减少出行量、降低尾气排放，创建节约型、环境友好型社会。按照每年分流 1.4 亿笔业务进行测算，减少群众出行超过 4000 万人次。四是降低公安交管部门信息服务成本。全国每年非强制信件方式通知的交通管理法定告知约 5.6 亿条。按照每封挂号信最低 1 元，手机短信每条 0.05 元测算，每年至少可节约财政支出 5.32 亿元。

四、建设发展规划和展望

一是拓展业务服务功能。依托现有互联网服务平台和综合应用平台，推行通过互联网办理机动车驾驶人满分和审验在线教育、免检机动车申领检验标志核发、事故快处快赔、交通违法行为拍照举报等业务功能，从而达到进一步缓解公安交管窗口压力、最大限度地满足广大交通参与者获取交通安全信息服务需求的目的。

二是延伸服务渠道。一方面依托互联网服务平台现有信息服务内容，充分利用中国邮政的网点多，覆盖广的优势，开展邮政营业网点代办公安交管业务系统研究，有效地缓解互联网服务平台的压力，更加方便群众办理业务。另一方面研究探索公安交管信息服务向车载终端延伸，为机动车驾驶人提供服务推送、信息查询和业务办理等便捷的公安交管服务。

三是积极响应公安交管“互联网+政务服务”技术体系建设。确定技术路线，完成应用软件研发和部署，实现向第三方政务平台和企事业平台提供 HTML5 形式的公安交管服务内容，在完成技术验证和功能完善后，向政务平台、第三方企事业单位平台提供审核接入服务，更好地满足各地“互联网+政务服务”的需求。

（撰稿：江海龙、全喜伟）

北京市实时公交信息服务系统

一、公交信息服务推广情况

首次在北京发布的实时公交信息服务。本项目自主研发的公交信息服务系统，可以查询公交车到站实时动态信息，2013 年 11 月，首次在北京市发布“北京实时公交 APP”，得到了广大市民和媒体的广泛关注（见图 1）。截至目前，北京实时公交已发布示范线路 880 条，覆盖 4 万多个站点和 2 万辆公交车，手机软件累计下载量近 400 万，每天使用达 10 万余人次，年查询量达 1 亿次，取得了良好的应用效果。

图 1　北京实时公交 APP

2016 年通过项目成果的延伸应用发布了北京交通 APP，通过北京交通 APP、腾讯、阿里巴巴、新浪等互联网产品渠道，面向上亿用户提供实时公共交通出行服务，涵盖公交、地铁、自行车、自驾车、出租、铁路、航空、省际客运 8 种出行方式，一站式服务市民需求。同时，形成了标准规范：《实时公交信息服务系统数据交换及信息质量要求》DB11/T1272—2015（见图 2）。

DB11
北 京 市 地 方 标 准
实时公交信息服务系统数据交换及
信息质量要求

图 2　标准规范：《实时公交信息服务系统数据交换及信息质量要求》

二、公交企业调度运营情况

本项目服务于地面公交运营企业，主要成果应用于祥龙公交公司的线网规划、智能调度、运力配置，显著提升了运营效率。在示范线路客流预测与调度管理实践中，通过实地应用验证和测算，客流预测的准确率达到 95%，日均客流量提升了 20%。

三、媒体推广情况

本项目研究成果相继获得中央电视台、北京电视台、北京网络广播电视台、北京日报、北京青年报等媒体报道，得到了媒体的关注和认可（见图 3），获得腾讯“2015 年最受用户喜爱服务”“微信年度最受欢迎公共服务”“支付宝城市服务用户口碑大奖”和北京日报“北京市民 2016 年度最佳出行平台”等称号。

“北京交通”APP年内可查“地铁拥堵指数”

地铁满载率将从高到低显示为黑、红、绿三色 乘客可按提示在地铁中避堵

图3　媒体推广情况

上海市智能公交系统建设与应用

一、基本情况

近两年，上海市每年新增小客车总规模在 35 万辆左右，道路交通供需矛盾不断增大，中心城区的道路拥堵时间提前至 7 点左右，部分地面道路路段行驶车速低于 10 公里/小时，拥堵程度有所恶化。

与此同时，通过集约化的公共交通方式来缓解拥堵的发展思路获得共识，“电车优先”得到较好的推进。上海市公共交通设施不断完善、客运量持续增长，轨道交通为客运量主要增长极。轨道交通已形成网络化运营格局，骨干地位凸显，客流吸引力明显提升，客运量保持快速增长。普通地面电车线路数量、线网密度、站点覆盖率逐年增长。

《上海市交通发展白皮书》提出了优化上海市公共交通网络结构的发展构想：结合轨道交通网络规划，依托公共汽（电）车客流走廊，因地制宜地采取现代有轨电车、快速电车等多种方式，形成基于路权优先的公共汽（电）车骨干线网。完善新城公共交通系统，逐步构建以快速电车或现代有轨电车为骨干的公共汽（电）车网络。

二、建设完成的主要系统

（一）公交信号优先系统

公交优先系统很好地实现了车、路、公交调度系统、信号中心系统等多系统的有机协同。由以下子系统组成。

1. 道路检测子系统

道路检测子系统分为非专用道社会车辆检测子系统与专用道公交车辆检测子系统。

1）非专用道社会车辆检测子系统

在主道选用视频车辆检测设备，在横向道路选用无线地磁采集设备，采集与专用道平行的社会车道以及横向车道的交通流状态信息，用以综合研判公交优先策略，以及分析公交专用道的运行对社会车道的影响。

2）专用道社会车辆检测子系统

系统运用 RFID 射频通信技术、精确区域唤醒技术、软硬件的低功耗控制技术、数据通信加密技术等关键技术，通过布设多个检测器，反复校正公交车辆位置的方式，对公交车辆进行准确位置和身份识别。通过车辆检测与识别，监视公交车辆在路段、交叉口与进出站等的位置与状态，将信息综合处理后结合社会车道交通流信息，确定公交的优先等级，给予公交车辆合理的交叉口优先通行策略。

2. 公交信号优先控制子系统

路口公交优先控制主机获取所需的公交车辆 ID、线路号、线路等级、行驶方向、距路口距离的信息、车次属性、车辆速度、晚点与否等信息。通过优先控制主机研判，给予公交车辆何种优先策略。通过向交通信号控制机发送请求，由信号机发命令，给予公交车辆一定通行策略。

1）采集与处理交通运行信息

信号优先控制系统采集的交通运行信息包括公交车辆信息和社会车辆信息两类。公交车辆采集信息主要包括，检测电车的位置、运行速度、预交车辆到达交叉口的时间，并结合运营调度系统和智能控制系统获取的数据，判断电车的运营状态（正常、晚点，晚点程度），公交站台的停车泊位占用情况。社会车道采集信息主要包括，交通状态信息包括流量、占有率、平均车速、排队长度、车辆号牌等信息。采集和处理信号机相位信息。

信号机存储了丰富的道路交通信息，包括路口流量、相位和检测器的状态数据。本次信号优先方案，主要采集公交优先相关交叉口的信号控制信息，包括周期、绿信比、相位差、当前执行相位信息。通过对信号机信号数据的分析判断对优先策略的响应情况。

2）自适应公交信号优先控制

依据预先设定的信号优先控制策略单个交叉口单点优先和多个交叉口协同优先。单点公交信号优先须能实现考虑交叉口电车实时运行位置信息、电车运营状态信息、进出口道电车进出站信息、社会交通运行信息实现绿灯延长、绿灯早起、插入优先相位等优先方式。多个交叉口协同优先须能实现考虑电车连续通过多个交叉口和考虑电车运行间隔调节的信号优先方案。

3）车路协同优先控制

当出现道路极端拥挤或者多路电车同时提出优先申请无法及时为电车提供信号优先时，或者车辆下游公交站台占有率较高导致公交车辆无法及时停靠站台时，可以通过电车车路协同策略到达提高电车运营服务水平。

主机通过网络通信系统将实时道路交通信息（信号控制信息、交通状态信息、交通安全信息等）发送至电车运营调度中心和电车驾驶室显示屏，由电车运调人员和司机判断是否增加驻站时间、加速或减速以减少交叉口停车次数和等候时间。

3. 中心管理子系统

1）公交信号优先系统运行监测

实现基于 GIS 的公交信号优先系统实时运行状态监测，监测内容如下：

（1）公交车辆的实时运营状态（该信息由运营调度系统提供），包括车辆编号、车辆位置、运行车速、运营状态等；

（2）车辆信号优先实时检测信息，公交车辆通过信号优先和辅助定位路侧检测设备的信息；

（3）信号优先控制主机实时信息，包括主机编号、设备状态、优先模式、优先请求状态、优先请求响应等；

（4）道路交通实时运行信息，主线道路和相交道路的交通信号控制和社会交通流运行状态信息，包括各交叉口周期、绿信比、相位差、流量、行程车速、路口排队长度等。

2）公交信号优先控制管理和辅助决策

实现公交信号优先控制方案的辅助设计与管理功能如下。

（1）对各路口的信号优先控制策略、控制模式等信息进行查询和修改；

（2）公交信号优先控制策略辅助设计，结合车辆运营计划和道路交通运行信息，通过图形化的方式分析电车和道路交通运行过程，计算分析各种信号优先控制策略对于电车运行和道路交通运行的影响。

3）公交信号优先效果分析评价

通过获取的信号优先、电车运行和道路交通运行数据，分析评价电车在实施信号优先后的效果，选取一些比较常用的参数（准点率、各信号优先方案使用比例、旅行速度、交叉口绿灯时间内列车通过率等），对优化效果进行直观描述。

4）系统内部数据交互

通过数据通信服务实现中心系统与公交信号优先主机、公交信号优先主机间的实时业务信息交互，满足公交信号优先控制的数据交互要求。

5）系统对外数据交互

实现公交信号优先系统与外部系统间的数据获取和数据提供功能。

6）系统配置管理

实现系统用户权限、基础信息管理以及公交信号优先控制主机远程配置管理等功能。

（二）公交智能化系统

公交智能化系统由以下几个主要部分组成：公交调度与监控中心、调度中心大厅与机房弱电系统、视频监控系统、乘客信息服务系统、IP 数字广播系统、站台安全门系统、不间断电源系统、车载智能系统、车辆辅助定位系统、停车场智能化系统、网络及通信系统等建设内容。

1. 公交调度与监控中心

公交线路调度中心通过对外场设备的数据集成，与其他平台如已有上海综合信息平台、巴士集团管理平台、交警管理系统的数据交换，建立统一的数据中心，经过平台对基础信息的采集与处理分析，实现公交智能调度管理、企业信息化综合管理、基础信息采集与预处理、信息处理与分析、专用道运行监测与分析、信号优先管理、通信服务、设施设备运维管理等功能。

1）公交智能调度管理系统

车辆调度系统用来实现车辆的无线的远程调度监控，实时调度及信息管理，是公交公司日常营运生产中最为核心的业务。整个业务涉及计划、排班、调度、统计分析等功能。

2）企业信息化综合管理系统

企业信息化综合管理系统主要负责公交车辆设备信息、人员、物资等公交业务信息的综合监控、维护和管理，提供公交信息的提示及监控，提供营运数据的统计分析和报表功能，提供公交投诉建议上报等功能，为公交企业科学、高效管理提供信息化基础。

3）专用道运行监测与分析系统

通过采集与预处理子系统采集的大量公交运行数据、信号优先数据及系统接口接收到的公交运营企业实时调度数据，在建立公交专用道公交运行效果评价综合模型的基础上，统计分析公交专用道运行状态和取得的效果并形成评价报告，为进一步改善公交专用道的运行提供基础支持，同时也可为新设置公交专用道提供参考依据。

4）设施设备运维管理系统

设施设备运维子系统通过接口采集和后台逻辑分析，实现对内场 IT 设施的状态监控、外场交通设施（接口支持）运行状态的实时监控、设施设备异常状态智能报警、场交通设施远程配置管理、设施设备运维管理等功能。

5）数据采集与处理系统

数据采集与处理系统负责获取外场设备的采集的实时信息以及与外部系统对接并完成数据的交互。主要包括车道检测数据采集与预处理，车站/车载信息系统与公交车辆的双向数据通信，与公交优先系统数据以及现有的公交运营调度平台交互对接。

2. 视频监控系统

系统使用的传输系统为专用传输通信网络，在网络带宽方面有很好的支撑，考虑到以后对于智能监控分析系统的引入以及监控图像的安全存储等因素，采用 IP 智能监控的方式进行系统建设。

3. 乘客信息服务系统

乘客信息显示系统主要为进站、候车的乘客提供多媒体的信息服务，主要信息包括行车、公告、广告等信息，使乘客方便、及时、准确地获得所需乘车信息，充分体现公交智能化系统运营以人为本的理念，是提高公交智能化系统服务质量及服务水平的重要手段。

4. IP 数字广播系统

IP 数字广播系统主要用于向运营管理、维护人员播发相关公务信息；向乘客广播各种公告信息，包括车辆运营信息、乘客服务信息等，同时兼做发生灾害事故时的应急广播。

5. 站台安全门系统

安全门系统主要作用是通过安全门把站台候车区域与车辆运动区域相互隔离开，保证乘客候车安全，提高乘客候车的舒适度。

6. 不间断电源系统

当市电故障时，为确保公交智能化系统设备正常工作，在站台及线路调度中心配置UPS电源，配备长寿命免维护电池，后备时间2小时。

7. 车载客流检测系统

采用基于模型的机器视觉技术，针对公交车实际的应用环境，可以保证极高的检测精度，可同时分辨进入及离开的客流量，基于模型的机器视觉技术，对行人进行精确定位、跟踪，统计准确率达90%以上。

8. 车辆辅助定位系统

车辆辅助定位系统是通过配置在车辆内部的专用短距离无线通信设备、站点专用短距离无线通信设备和停车场定位设备，实现车辆在站点之间和进入场站运行过程中的辅助数据通信和辅助定位，以弥补因GPS/BDS等信号异常而影响对车辆的及时的监控和调度。

RFID阅读器及天线单元与地磁感应器及接收器，配合在一起使用，共同实现车辆识别、定位、状态检测，两种设备之间信息相互校验、相互弥补，使得数据更加丰富可靠。

9. 停车智能化系统

1）场站车辆进出管理系统

实现对公交大中型停车场的进出场管理，加强对人、车相一致的自动识别，实现出入场的安全防范，拦截人车不符车辆的随意进出场；同时使调派中心能实时掌握动态的车辆进出场情况，便于现场调度的顺利进行。对内部与外来车辆进行监管、记录、查询与统计。

2）员工自助查询多功能一体机

建立员工自助查询多功能一体机，开发对驾驶员提供刷卡签到、签退，并给驾驶员刷卡触摸自助查询路单、排班情况、机修材料及其费用、安全营运等信息，并带打印机及开发功能可以打印出门证、路单等功能。

3）场站办公系统

场站办公系统是提供场站人员日常工作环境，包括工作站、网络交换机、机柜以及公交车进出场管理软件等。

三、主要技术创新点

1. 面向中运量公交的多源信息采集技术

1）固定检测结合移动检测多种方式相融合电车信息采集定位技术

通过RFID和地磁双基检测设备、基于高清视频识别的检测设备等固定检测方式结合基于GPS/BD的电车GPS信息采集的方式，为公交信号优先、车辆调度管理、乘客到站预报提供准确实时的电车定位信息。

2）专用道及社会车道信息采集

采用高清视频检测和地磁检测的方式实时采集社会交通信息，把握延安路沿线和相交道路的实时拥挤状态，为公交信号优先、车辆调度管理提供数据支持。

3）设施设备状态监控

所有站台安全门、通信机柜、摄像头、乘客服务屏等机电设备的工作状态进行实时监控，及时发现故障并自动保修。

4）多源融合的客流信息采集

通过全线车站（集中式+分离式）出入口和电车车门上方安装基于视频的客流检测设备，实时分析线路客流拥挤状态，并向乘客发布；结合票务系统数据分析每天客流时空分布，为车辆计划调度和实时调度提供数据依据。

2. 中运量公交和道路交通协同化运行信号优先控制技术

1）精细化设计的信号优先控制方案

细致分析沿线路口现状各流向的交通运行状态，深化设计形成各交叉口的优先协调方案和主动优先方案，并进行重点路口交通仿真分析。

2）多模式化的信号优先控制系统

以公交运营可靠性（准点率、车头时距等）为目标，实时跟踪公交车辆的位置信息、运营信息和客流信息并综合考虑道路交通的拥堵状况，动态决策信号优先控制方案。

3）SCATS 联动控制技术

自主研发的信号优先控制主机，实现 SCATS 实时运行信息的采集以及信号控制方案的联动控制。

3. 面向中运量全过程控制的综合集成管理平台

1）高可靠性、高实时性、高可扩展性的平台软件架构

平台架构中使用企业级数据服务总线，能够实现电信级的数据吞吐量；各子系统间相对独立，各子系统间低耦合性。

2）中运量公交运营全过程监控的公交实时调度系统

GIS 地图运营监控运行计划编制、智能调度管理。

3）面向中运量公交信号优先的综合监控与辅助决策支持系统

中运量公交信号优先可视化实时展示；信号优先控制管理和辅助决策；公交信号优先效果分析评价。

4）面向人、车、站、路全方位、全过程实时监测与管理系统

人、车、路、站信息采集、分析与预警功能；多维度、大面积视频实时监控功能。

4. 面向中运量全生命周期的设施设备运维保障技术

1）考虑多级联动应急的系统方案

高可靠多重冗余的计算机存储和网络系统、与中心联动的无人值守站台自动化应急处置系统、无盲区全方位高清视频监控系统。

2）故障动态跟踪与溯源技术

通过综合分析设备的网络拓扑及故障关联现象，快速确定故障节点及影响范围，精准定位故障根源，同时过滤重复报警，有效提高了报警的准确率及故障原因的排查效率。

3）多源异构数据质量智能感知技术

针对不带自检功能的设备，通过大数据分析技术，收集并分析不同种类设备的历史数据，分别建立数据质量判别模型，一旦感知到数据异常，系统自动报警。

4）全生命周期精细化管理技术

与工作流引擎相结合，实现资源变更登记、审批、入库等一系列流程化操作；以生命轨迹智能化跟踪管理技术为基础，建立健全设备全生命周期管理平台。

四、应用情况和综合效益

公交信号优先系统应用于沿线57个信号控制交叉口，布设86套主道视频检测设备、46套横向道路无线地磁检测系统、187套RFID专用道检测子系统、57台公交优先控制主机和中心管理子系统平台软件。中运量平均运营车速（包括中途站耗时）为18千米/小时，随着各项措施的优化，车速发生明显提高。早高峰单程平均时耗为61分钟，晚高峰单程平均时耗为62分钟，平均水平达到设计单程时耗65分钟。主动优先策略的响应执行率逐步提高，目前响应率达到81%左右，整体执行情况相对比较稳定，达到设计要求。而且中运量开通运行以来，没有对沿线道路的社会交通造成很大的压力，部分路段的社会交通也得到了改善，如遵义路—中山西路段。

公交智能化系统主要应用在25组站点（2组首末站、23个中途站）、68辆车与停保场，主要是站台安全门279套，客流检测38套，视频监控220余套，乘客信息发布屏94套，IP数字广播系统48套，车辆辅助定位系统94套等，实现了对中运量公交车辆状态信息的采集、存储和分析，完成对车辆的实时监控和智能调度，大大提升了公交系统的管理水平和运营效率，并为乘客提供及时、准确、全面的运营信息服务和一个安全、舒适的候车、乘车环境，并可通过视频、数字广播等技术手段实现对站台的可视图像监控和调度，向广大乘客提供更为优质、便捷的公共交通信息服务，为中运量公交系统的运营管理者提供更为直观、可视化的营运生产工具，为城市管理者提供真实、科学的服务监督手段。

哈尔滨城市智能停车管理与运营

一、建设背景

在机动车保有量持续快速增长和城市停车设施严重滞后的双重约束下，哈尔滨市“停车难、停车乱”问题凸显。

按照住建部《城市停车设施规划导则》的建议，规划人口规模大于50万人的城市，机动车停车位供给总量宜控制在机动车保有量的1.1～1.3倍。截至2016年年底，哈尔滨市机动车保有量已达138.6万台，主城区共有停车泊位50.98万个，机动车保有量与停车泊位比为1∶0.37，泊位缺口巨大。停车供给侧结构性矛盾十分突出，导致哈尔滨市区很多数区域普遍存在停车难现象。

“停车难”是诱发“停车乱”现象的主要因素。2015年哈尔滨市交通违法处罚中，针对不按规定停车的处罚量占比高达13.89%，居各类交通违法之首。“停车乱”不仅影响道路交通运行，加剧交通拥堵，而且侵占人和非机动车的通行权，影响行人通行安全。

在对全国重点城市静态交通管理模式考察和借鉴的基础上，哈尔滨市开展了智慧停车管理平台项目的建设工作。项目承建方为哈尔滨优先科技股份有限公司和神州数码系统集成服务有限公司联合体。

二、项目建设情况

（一）项目建设目标

1. 实现全市静态交通信息数据的统筹管理

通过建设城市静态交通智能化管理平台，将全市各种类型、不同权属的停车场数据采集、上传，纳入到统一的静态交通信息平台；建立城市停车泊位信息数据库和停车服务、管理信息系统，实现停车设施信息系统动态更新；建立城市停车资源管理模型，为停车资源优化配置和交通出行行为分析提供数据基础。

通过对存量停车场的改造升级，积极进行停车场供给侧改革，利用移动互联网技术、云计算、大数据等技术打破停车场信息孤岛，实现全市停车资源数据的全面整合。

2. 为哈尔滨车主提供方便快捷的停车环境

各停车场系统接入到平台后，平台注册用户可直接通过车牌识别或停车伴侣实现不停车进出场，然后由平台与停车场经营主体进行定期结算，这样，在不改变停车场经营主体的情况下，打造出良好的停车生态。

实现车辆快速进出场——方便用户；减少现金交易降低“跑冒滴漏”——给停车场

管理者实惠；发挥平台优势增加停车资源利用率——通过软供给解决“停车难”。

3. 通过城市级智能诱导系统缓解动态交通压力

结合物联网技术、诱导屏技术、无线通信等技术搭建城市级交通诱导系统。实现一级的区域诱导、二级的商圈局域诱导、三级的停车泊位诱导功能。利用诱导屏实时指示停车泊位状况，停车场周边的交通状况信息，使驾驶员能够快速停车，缩短寻泊时间，从而达到指示、疏导、分流的目的，有效地缓解静态交通对动态交通产生的压力。

4. 提高城市停车管理智能化水平

通过建设城市静态交通智能化管理平台，推广使用电子标签技术，创新实践“停车自动收费”模式，提供高效、便捷的停车服务；广泛推广停车人 APP，实现停车数据动态更新、实时共享，减少因寻找泊位诱发的交通压力。

通过提高管理智能化水平，从而提升用户体验，减少人工干预，降低管理成本。

（二）系统平台介绍

1. 系统平台架构

哈尔滨停车智能化管理平台由系统软件、手机 APP 和硬件设备三部分组成。其中系统软件包括城市车位资源管理平台、智能收费和运营管理、信息交互平台、车位交易与共享平台和停车大数据分析平台五大平台；手机 APP 包括停车人 APP、停车管理员 APP 和稽查员 APP；硬件包括车位信息采集、诱导屏、智能信息联网和停车自动收费等设备（见图 1）。

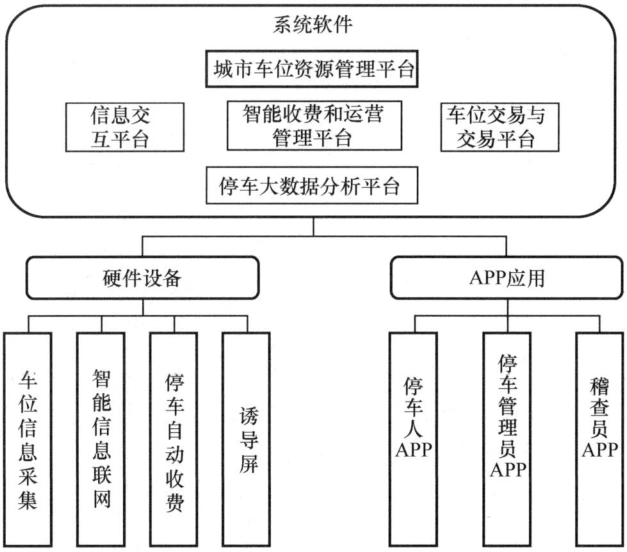

图 1　哈尔滨市停车智能化管理平台

2. 平台建设情况

哈尔滨市停车智能化管理平台项目于 2017 年 4 月初开始投入建设实施，软件平台于 6 月 1 日上线运营，后台系统包括基础信息管理、设备管理、运营管理、订单交易管理、清结算管理、账户管理、报表管理、系统管理等模块已全部上线；停车人 APP 上线，具备停车人自助缴费、消费查询、找车位及反向找车等功能；管理员 APP 已上线，具备停车收费所涉及全部功能；截至 2017 年 7 月初，车位检测器完成安装 7400 余个，其中 5300 余个车位已上线投入运营。

哈尔滨市停车智能化管理系统平台架构（见图 2）。

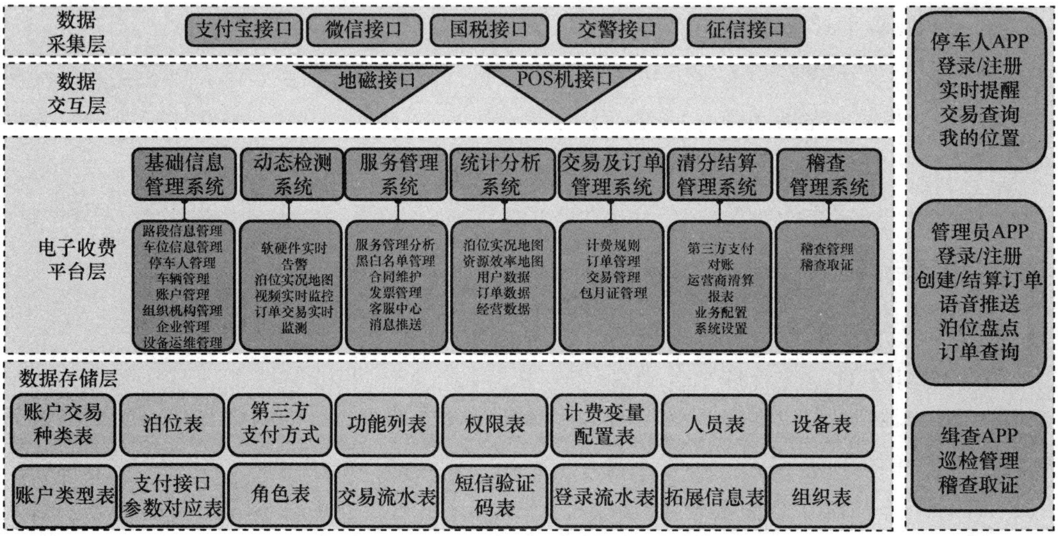

图 2　哈尔滨市停车智能化管理系统平台架构

（三）系统平台的主要特性

1. 城市级的停车资源数据平台

项目实施过程中，承建方对哈尔滨市路侧占道车位进行统一规划、统一编码、统一安装泊位探测传感器。通过系统平台，能够管理全市范围内的路侧泊位，并能够通过车位大数据统计分析泊位的数量、占用状态、使用周转率等信息。

系统平台在实施过程中对全市各种类型的泊位实现全数据覆盖。通过对车位进行统一规划、统一编码、统一安装车位检测器，可实时获得车位的使用数据，通过大数据技术统计分析泊位的数量、占用状态、使用周转率等信息，综合掌握泊位资源的缺口、发展规律、运营效率。通过对泊位资源的分析达到找到静态交通症结，针对性提出解决方案，并在进一步的统计分析中验证方案的有效性。

2. 停车自动缴费

哈尔滨停车智能管理平台的搭建包括停车自动缴费的业务环境的建设内容。停车人在注册并安装了“停车伴侣”智能设备后，停车过程将进入系统全自动的模式，系统自动感知车位入位、自动计时、感知车辆离开、自动结算扣费，停车人通过手机 APP 完成车辆绑定、账户充值、消费查询，为停车人提供最方便、快捷的停车体验；

对于停车运营企业来说，自动缴费停车场将全程无人工干预，会大大提高运营效率、降低运营成本。

3. 停车场路内路外一体化管理

哈尔滨停车智能化管理平台将路侧占道停车管理与路外封闭停车管理两种管理模式用同一套订单、账户、交易体系整合到一个平台上，它的优势在于，对于平台的注册用户而言，不论路内路外停车场，都可以利用停车伴侣设备、车牌识别等技术通过账户余额自助结算停车费，快速离开停车场。另外，路侧停车场与封闭停车场泊位、经营、交易、人员全部一体化管理，以达到统筹管理城市泊位资源，助力城市发展、提高用户停车感受的目的。

4. 停车后市场增值业务运营平台

系统平台在具备停车经营管理、车位资源数据采集分析等功能基础上，还支持停车后市场业务运营。在运营过程中，运营方将服务向上下游延伸，上游广泛吸纳全社会各类停车资源进行平台接入，形成涵盖全社会的停车信息资源；中游为各类停车场经营者和所有者提供停车管理、闲置车位租赁经营、收费结算等服务，为车主提供实时查询、停车诱导、拥堵预警等服务，为行政管理部门提供交通疏解信息、大数据支持等服务；下游向车位交易、汽车美容养护、汽车金融等后停车市场延伸，打造具有城市特色的停车管理服务产业，提升城市管理软硬件水平。

三、系统运营与管理

系统平台的运营方为哈尔滨市城安停车场经营管理有限公司，对于运营与管理，做如下介绍。

1. 运营模式

（1）在泊位的运营中，采用分组化管理，根据街路的繁华程度，不同的街路采取不同的停车费率，促进泊位周转，提高使用率。

（2）交易全部通过电子渠道完成。实现支付、退款、充值全部由系统自动完成，无需过多人工操作；停车人在拥有电子标签的情况下，可以全程自动完成泊车过程中的全部交易动作，无逗留，无人工。

（3）运营人员对现场泊位管理员的行为规范、操作流程进行监管，保证现场服务统一标准；通过后台对数据进行分析、整理、调整最新的泊位与资源动态，适时掌握运营管理节奏。

2. 管理机制

在管理工作中，分为交易管理、现场管理、泊位管理、人员管理、监督管理、行为规范管理、外联管理、设备管理、客户服务管理 9 项管理工作。

同时将各管理工作的机制形成管理流程，通过后台管理系统进行分级协同操作，保证各项管理工作的正常进行和效果保证。

3. 清分结算

按照现场实际的经营结构，在系统中设立对应分级关系，并将对应的泊位、人员、设备、订单归属到相应的经营机构中，由系统在结算过后进行清分工作，相关机构对账无误后即可完成原本烦琐的清分结算工作。

四、结论与展望

在哈尔滨停车智能化管理平台投入实际管理后，管理工作产生极大的变化与便利，各部门紧紧围绕交易体系、经营体系、管理体系、服务体系和监督体系五大经营体系展开工作，达到业务开展有序、运营效率提高、人员机构精简的效果。相信经过机制的不断完善、地方停车法规的不断健全、广大停车人的公共意识不断提高，哈尔滨智能停车事业将会最终达成社会效益、经济效益双赢的目标。

第二章

智能交通系统建设与发展

北京市智能交通系统建设与应用

1. 小汽车出行行为采集与跟踪分析系统

小汽车出行行为采集与跟踪分析系统选择社会小汽车自愿车主，在私人小汽车上安装基于车辆OBD接口的车载智能终端设备，实现对北京市小汽车出行和使用数据的动态实时采集，建成小汽车出行行为跟踪与分析系统，跟踪挖掘分析小汽车出行行为特征数据，包括准确的起止点位置、时间、整个路程的详细状态数据等，可用于分析小汽车活动空间范围及演变、小汽车活动热点区域、小汽车出行选择行为变化等，辅助分析交通拥堵的原因和演变规律，为本市的交通拥堵治理、小汽车调控管理等重点工作提供数据决策依据。

2. 交通运行监测与智能化分析平台升级改造系统

交通运行监测与智能化分析平台升级改造系统是在考虑未来 3～5 年交通决策需求，全面整合交通流实时动态数据、公共交通运营数据、行业统计数据、出行特征数据、基础设施数据、交通地理信息数据和城市背景数据，构建交通决策数据库。智能化分析平台以基于Hadoop路网运行监测核心计算引擎私有云平台、交通运行评价与决策分析系统为主，实现城市路网运行监测、公共交通运行监测、公路运行监测分析在内的专项分析，建立满足TB数据量级和工业级应用系统稳定性要求的交通运行监测与智能化分析平台升级改造系统。

3. 无线地磁车辆监测系统

无线地磁车辆监测系统（MVDS）利用全自动自适应的地磁检测技术，通过在路面布设无线磁感应强度传感器，感知车辆经过时空间磁场的变化，具有基准值自适应跟踪、高识别率等优点。2016 年，由北京市交通委牵头，中国电子科技集团公司第三十八研究所与交通运输部公路科学研究院开展停车监测设备技术验证测试。无线地磁监测系统在精度、稳定性、耐用性等方面表现突出，顺利通过了如“发射频谱”“磁场灵敏度”“防水防尘”“高低温及湿度”“抗干扰”等测试内容，最终获得综合准确率91.38%的好成绩，并顺利通过测试检验。

4. 祥龙公交公司车辆视频监控系统

祥龙公交公司车辆视频监控系统实现了祥龙公交 1087 辆公交车视频监控全覆盖。计划 2017 年在现有基础上完成 1087 部公交车 3G/4G 无线专线网络接入，2018 年完成公司图像管理中心机房等设施改造和网络扩容等配套工程建设。以祥龙公交公司原有图像信息管理系统中心以及 7 个分中心为基础，建设祥龙公交公司公交车辆视频监控管理平台，建设内容包括图像管理中心平台升级、增加视频控制、管理和报警功能。在整合图像资源的基础上，完善与市交通委、市公安局公交总队、市公安交通管理局的图像信息共享系统，实现图像信息资源的有效共享利用。

5. 公交车辆智能化运营调度系统

2016 年，在原有智能调度系统功能的基础上，公交集团公司对调度系统进行了升级完善，完成了调度系统的人、车、线等重要的基础数据与集团信息资源管理平台对接；调度系统本地化；多种运营模式的线路接入；实时计算模块的优化；报表系统的优化，实现了基础数据来源的统一和规范、调度系统对于无网状态的支持、集团所有在册线路的发车模式的兼容等多个方面的提升，加强了调度系统的易用性和适应性，系统的统计数据也更加及时、可靠。

6. 公交集团图像管理平台

公交集团图像管理平台已建成 1 个中心、7 个分中心、16000 辆车、215 处中途站、100 余处公交场站的安防监控系统，在建 390 处公交场站和 757 处中途站，力争 2017 年年内实现公交车辆和公交场站监控系统全覆盖以及重点区域公交中途站监控系统全覆盖，实现对地面公交系统全方位、全天候、立体化掌控，并实现与运管局、交管局、公安图像视频对接，提升公共交通领域内治安秩序整体水平。自公交图像系统建立以来，每年累计为公安机关调取录像千余件次，为构建“平安北京”发挥重要作用。

7. 定制公交电子商务平台

北京公交集团推出的定制公交平台，北京地区乘客可通过定制公交平台参与出行需求调查，并通过定制公交平台预订商务班车座位、在线支付。完成定制公交 IC 卡身份识别系统开发及 130 余辆商务班车的车载设备安装工作，通过刷卡完成身份验证。完成大客户团购、班车余座预订、乘客自动配车等功能的开发，为业务拓展打下了基础。完成商务包车频道开发及上线。定制公交手机版 APP 正式上线，乘客通过手机即可实现从线路浏览、订单提交到手机支付的全流程操作。定制公交 APP 和微信还实现了乘客自助验票、免费乘车体验券发放和转赠、快速直达专线模块到站预报、乘友圈等功能。目前定制公交商务平台正式上线以来已累计访问 20647237 人次，注册用户 43347 人。APP 下载量已达到 11 万次。

8. 公交线路查询服务 APP

“公交 e 路通”是北京公交集团官方发布的一款基于智能手机的免费实时公交信息查询 APP。公交 e 路通 APP 实现了全部公交线路的实时到站播报。目前，下载量已达到 41 万次。到站预报功能：选择某线路某站点后，可查询距离本站最近的三辆车到本站的距离和预计到站时间。线路定制功能：可对常用线路进行定制，定制后该线路该站点的预报信息会显示在 APP 首页，方便快捷；到站提醒功能：设置线路到站提醒闹钟，当车辆到达某站点前几分钟可提醒乘客提前出门。换乘查询模块可查询白/夜班车换乘信息，而且乘客可以在换乘界面直接查看公交实时信息，使用更方便。用户中心模块包括意见反馈、公交新闻查询、离线地图下载、版本查询等功能，此外还可通过微信、朋友圈、QQ 空间、微博、QQ 等多种方式将该 APP 分享给更多人使用。

9. 北京交警手机 APP

推出北京交警手机 APP，运用“互联网+”科技手段，全面搭建交管信息服务、业务办公和警民互动平台，开通事故处理、进京办证、违法查缴等 15 大功能，截至年底注册用户达 380 万名，访问量 2.3 亿次，日均办理业务 30 余万笔，在全国同类手机政务软件中排名第 1 位，实现了“数据多跑路，群众少跑腿”，不仅方便了办事群众、缓解了窗口压力和路面拥堵，也为进一步改进交通管理服务提供了数据支撑。

10. 城市轨道交通在线客流分析与决策支持平台

北京市交通行业数据中心和北京市交通信息中心依托北京市交通委员会轨道交通安全防范物联网应用示范项目，研发了城市轨道交通在线客流分析与决策支持平台。

该平台是国内第一个将政府行业监管、企业运营与辅助决策和公众出行信息服务集成为一体的轨道交通综合大数据处理与应用平台，涵盖轨道交通基础信息管理、在线客流预测、基于车站、区间、线路和路网的四层拥挤度信息发布、新线接入客流预测、突发事件客流预测、列车运行计划评估、客流统计与分析和应急处置八项功能。

该平台具有自主知识产权的历史客流清分、实时客流预测、新线接入客流预测、轨道交通客流仿真等模型与算法，是国内首创的、领先的、适合国情的轨道交通客流分析与决策平台。该平台基于 B/S 架构，利用 ROLAP、MOLAP、HOLAP 等分机处理技术，优化数据库管理与应用，形成高效、快速、低资源消耗的轨道交通客流大数据解决方案。

该平台对轨道交通运营监测、运营管理、应急管理和信息服务等工作提供强有力的决策支持，是实现轨道交通由网络化建设向网络化运营跨越的重要手段。该平台在国内的全面推广对我国各城市实现轨道交通网络化运营具有重要的指导意义。

11. 网约车监管平台

2016 年 12 月 21 日，北京市正式发布了《北京市关于深化改革推进出租汽车行业健康发展的实施意见》《北京市网络预约出租汽车经营服务管理实施细则》《北京市私人小客车合乘出行指导意见》3 个政策文件，明确要求将网约车平台、驾驶员、车辆纳入出租汽车行业监管，网约车平台公司应具有线上线下服务能力。

为支撑网约车新业态事前审批服务和事中事后监管执法工作，北京市交通信息中心组织开展了网约车服务管理系统建设，包括网上申请入口、办事指南、并联审核、审核结果告知、预约办理考试事宜、公示公告、信息查询等功能模块。为网约车平台公司和驾驶员申请者提供了便民服务。上线以来整体运行较为稳定，截至目前，用户访问量达到 100 余万人次，注册用户近 5 万人。

按照《北京市出租汽车监管平台与网约车平台数据连通性接入规范》要求，接入了取得许可的网约车平台数据，包括驾驶员和车辆基础数据、实时订单信息和车辆 GPS 数据等。日均接入数据近 3 亿条，数据量约为 30～32G。

（撰稿：北京市交通发展研究院）

上海市智能交通系统建设与应用

上海在完成交通大数据定义、交通大数据体系架构、交通大数据系统构建和交通大数据示范平台建设等基础上，依托上海市科委立项的“上海交通大数据服务平台构建与应用关键技术研究”项目，结合项目参与企业在上海建立全国交通大数据备份中心的契机，开展了以建设上海交通大数据资源中心和交通大数据服务平台为主，以交通大数据应用为目标的研究与示范，以进一步满足上海智慧城市建设、扩展交通大数据资源范围和种类、服务长三角城市群经济发展和推进交通大数据服务产业化的需要。

项目研究以构建交通大数据服务平台为目标，从交通大数据资源构建、交通大数据资源中心建设、交通大数据分析挖掘基础算法、交通大数据服务平台构建、交通大数据服务平台示范系统 5 个层面开展研究。研究结构以政企交通信息数据互联交互和交通大数据资源构建为基础，以交通大数据资源中心构建和交通大数据服务平台构建关键技术研究为核心，通过交通大数据分析挖掘基础算法等基础支撑，形成交通大数据服务平台示范系统，实现交通大数据资源在交通大数据分析挖掘和交通出行信息服务等方面的探索应用，并通过交通大数据服务模式研究，进一步推进交通大数据资源应用价值的实现，更好地为交通决策管理者和出行者提供交通信息服务。

项目研究与示范取得的主要成果。

（1）建成上海交通大数据资源中心。通过政府交通综合信息平台与企业数据备份中心互联和数据交互，汇集了来自城市道路交通、城际道路交通，城市公共交通，城际客运，出行服务和其他行业的 6 大类交通数据资源，涵盖上海本地和全国 340 多个城市，数据种类 24 类 248 项实时动态信息和静态基础信息数据资源。

其中国内部分城市数据来自腾讯云及合作企业机房，由企业负责实时数据处理，并与上海交通大数据资源中心通过专用 VPN 通道进行数据的同步、备份，以及结果数据的交互。资源中心拥有机柜 10 个，服务器 90 台，具有扩展到 102 台的容量规模，支持 PB 级的离线数据存储与挖掘分析。日存储交通大数据规模 827G，日产生的数据记录 100 亿条。中心无论从数据规模、数据种类和数据覆盖范围以及政企数据交互模式来看，都处于领先地位。

（2）资源中心构建采用扁平化网络结构，使用 Hadoop 结合关系型数据库的混合架构进行离线数据存储管理技术，满足结构化、半结构化和非结构化交通大数据混合型存储和实时、近线、离线不同场景分析应用的需求。中心应用分布式内存数据库存储实时数据中的热数据，采用基于 Kafka 数据总线、Hadoop 与关系型数据库相结合的交通大数据存储架构设计与构建，形成交通大数据存储集群，为多源异构数据、全国交通数据快速处理和数据接入扩展等需求，提供了高效灵活的数据接入能力。截至 2016 年 6 月，存储容量达 2.52PB，计算能力达到 1PB。

（3）在资源中心建成的基础上，同步建设了上海交通大数据应用服务平台。实现了数据存储、交换分析、应用服务支撑和应用服务引擎4个层次的功能，为政府交通决策辅助、公众交通出行服务提供了重要支撑，为交通大数据服务产业提供了重要功能性平台。为更好地向社会开放，更好地为第三方提供交通大数据服务，项目还探索了交通大数据应用服务的“3+1+1”模式，数据服务采用分类提供、按需处理和多边交换的三种模式，并依托大数据交易中心和形成一个数据魔方的“3+1+1”的服务模式。服务模式的提出为交通大数据资源价值最大化利用、交通信息服务产业链全面形成提供了一条实现途径。

（4）实现了多项上海交通大数据应用服务。在资源中心和应用服务平台的基础上，开展了一些基于全国交通大数据的交通服务与应用探索，开发了全国主要城市交通指数对比、长三角城际高速公路信息服务与分析、基于交通大数据挖掘的交通出行信息服务和基于新能源汽车能耗模型的汽车安全行驶范围预警等应用服务功能与展示系统。

① 全国主要城市交通指数对比。将上海、长三角及全国主要城市的交通指数计算、对比，获取不同城市交通拥堵时空分析评价结果。该应用选取数据质量较完整的全国30个主要城市，分别用上海、北京和来自交通信息服务商的不同交通指数模型，按不同时间统计周期、不同城市地理位置和经济特征以及城市区域与道路类型等，进行不同城市间交通指数对比，分析不同城市交通运行特征、规律和交互影响。

整个系统面向城市路网、区域等多空间尺度和时段、全天、周、月等多时间尺度相组合。可实现多个城市实时指数查询、城市间指数对比以及对不同指数模型影响情况分析。

② 长三角城际高速公路信息服务与分析。基于三相交通流理论模型，构建时间、空间连续的长三角城际高速公路运行状态分析，提供长三角地区城际高速实时路况服务，并通过对城际交通信息的模式分析，可以分析周末、节假日、突发事件以及极端天气等因素对城际高速交通状况的影响模式。系统服务以及分析结果均以图形化的形式，动态呈现城际高速路况的变化。为城际间动态时空交通拥堵点分布规律分析，为进一步全面分析高速公路网络交通拥堵成因、提出交通拥堵疏导方案和服务长三角公众出行提供支撑。

③ 基于新能源汽车能耗模型的汽车安全行驶范围预警。依托高精地图以及电动车能耗模型，结合行驶车辆剩余电量和周边实时路况，实时动态提供电动车可达范围，并提供周边充电桩检索服务。为新能源车管理与应用，打造绿色交通奠定了良好的技术基础。

（撰稿：翟希、张扬、顾承华）

广州市智能交通系统建设与发展

一、广州城市概况与交通运输现状

广州是全国性综合交通枢纽，2016 年对外交通方面：广州白云国际机场旅客吞吐量达 5978 万人次，位居国内第 3，全球第 16；2016 年，广州港完成货物吞吐量 5.44 亿吨，同比增长 4.5%，居华南地区第 1 位，国内沿海港口第 4 位，全球港口第 6 位；完成集装箱吞吐量 1886 万标准箱，同比增长 7.0%；全市铁路客运量 14357.40 万人次，累计同比上升 5.2%，客运周转量 453.43 亿人公里，累计同比上升 0.6%；广州南站旅客年到发量 11351 万人次，累计同比上升 17%； 全市铁路货运量 4951.70 万吨，累计同比上升 2.9%，货运周转量 175.11 亿吨公里，累计同比下降 1.4%。公路客运量共计 91322.65 万人次，累计同比增长 7.3%；客运周转量为 924.72 亿人公里，累计同比增长 7.5%；公路货运量共计 76374.92 万吨，累计同比增长 7.1%；货运周转量为 904.79 亿吨公里，累计同比增长 7.3%。

城市公共交通方面，2016 年轨道交通、常规公交（含电车）、出租车、水上巴士四类公共交通方式完成客运量总计 55.7 亿人次。截至 2016 年年底，全市常规公交线路 1185 条；公交专用道总里程达到 420.8 公里；常规公交客运量 24.2 亿人次，日均客运量 662 万人次/日；创新公交服务模式，将互联网的创新成果深度融合于交通领域之中，推出“如约客票”“如约城际”提供个性化的公交服务。轨道交通运营线路 11 条；营运车辆 2088 节；日均开行列次 5086 次；2016 年轨道交通总里程达到 316.7 公里，轨道交通日均客运量 702 万人次；轨道交通全网密度 2.53 万人次/公里/日，竞争力持续提升。水上巴士系统共有 26 个码头、14 条（53.91 公里）航线、48 艘客运船舶，水上巴士日均客流 4.66 万人次。

机动车和路网运行方面：2016 年广州机动车保有量 242.41 万辆，年增长率逐年下降，2016 年呈现负增长；中小客车保有量 196.13 万辆，年增长率为 2.6%；私人中小客车保有量 171.71 万辆，年增长率降至 2.3%；个体机动车出行占机动化出行的 41.8%；2016 年晚高峰干道网平均运行速度为 25.44km/h，与 2015 年相比中心城区路网工作日交通拥堵指数有所上升。

二、广州智能交通建设和应用情况

2016 年是“十三五”开局之年，在广州市委、市政府的正确领导下，各单位真抓实干和共同努力下，广州市交通委员会以《广州市交通委员会信息化发展“十三五”规划》为指导，按照“一个中心、三大平台”的体系格局、“数据驱动、技术引领、机制保障”的发展思路，全面推进广州市智能交通建设工作。

（一）框架体系——奠定智能交通建设发展格局

以《广州市交通委员会信息化发展“十三五”规划》为纲领性文件，按照“一个中心、三大平台”四层一体（智慧交通大数据中心、城市交通智慧感知平台、智慧交通综合业务平台、互联网+智慧交通服务平台）的框架体系，推进智能交通行业智慧感知—智慧分析—智慧应用—智慧服务的一体化发展（见图 1）。

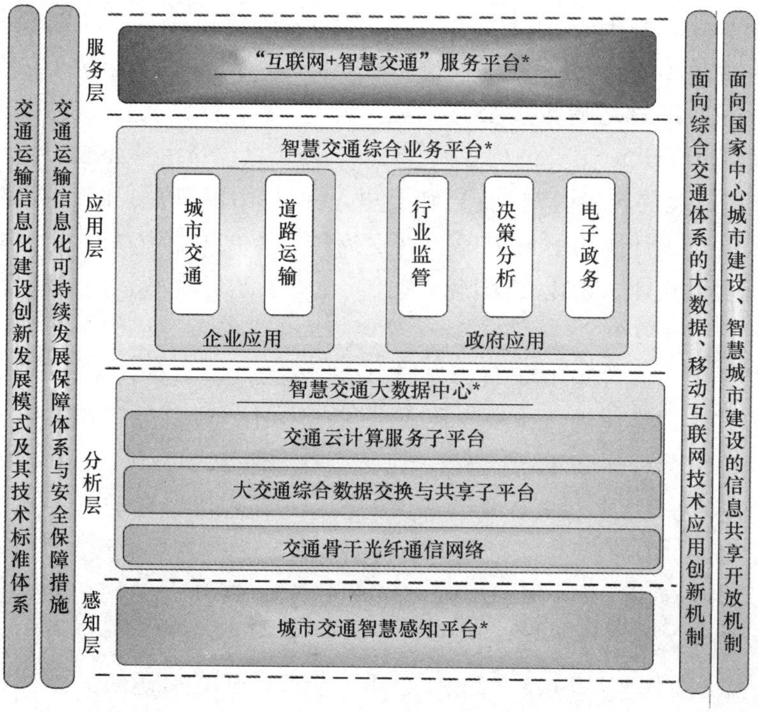

图 1　广州市交通信息化“十三五”发展战略框架

（二）数据驱动——搭建共享平台、创新数据应用

1. 广州市交通行业数据共享和分析平台

构建广州市交通行业数据标准规范、数据资源目录、数据资源共享和基础应用服务等核心体系，统筹管理广州市交通行业数据资源。实现与公安局、气象局、环保局、机场、地铁等跨部门数据共享，推进 15 大行业业务、30 多个系统共 356 类数据的共建共享，统筹协调交通业务相关 100 多项数据共享，日均处理数据交换约 8.7 亿条（GPS 占约 7 亿条），日均交换量 140G，综合运用分布式计算技术、数据仓库技术、数据交换技术等技术，按照统一规范标准实施数据交换、预处理，为数据共享分析提供支撑。广州市交通行业数据共享和分析平台如图 2 所示。

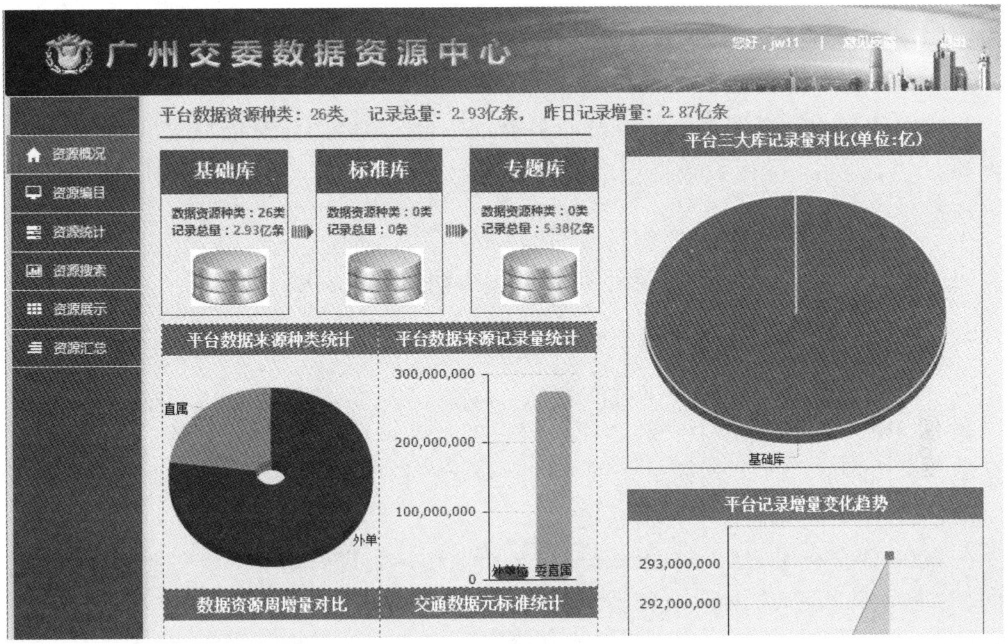

图 2　广州市交通行业数据共享和分析平台

2. 交通运行综合监测与融合管理平台

平台将广州交通的主要业务数据融合、管理分析，实现信息监测指标管理，多维专题分析（包括综合交通、公共交通、道路运输、城市交通治理等多个业务）监测预警管理，集中指挥调度等功能，通过交通信息指挥大厅大屏幕进行全方位管理和交互，最终达到提高管理水平目的（见图 3）。

图 3　交通运行综合监测与融合管理平台

3. 综合客运枢纽疏运组织决策分析系统

综合运用了移动通信大数据技术、基于机器视觉的高精度监测技术、覆盖公交出租客运的综合数据采集技术等，在火车站现场安装部署 110 套高精度客流监测设备，实现了对重点区域客流情况的实时监测；充分挖掘公交、出租车、客运、地铁、铁路、卡口等各类交通运输数据，综合利用手机网络信令采集和海量数据分析技术等研究建立数学模型，分析综合客运枢纽的人群聚集、人群疏散及人群逗留特征，预测枢纽人数变化情况并给出措施建议，评估各种疏运组织措施的预计效果，有力地支持春运指挥、决策和春运安全保障工作。

4. 网约车业务查询系统及综合业务管理平台

建成网约车业务查询系统及综合业务管理平台，与多部门对接与数据共享，实现并联审核、电子监察。应用大数据技术分析客流起讫、网约车与巡游车竞补关系等，为行业管理提供分析。

（三）技术引领——深化交通行业改革、推动全行业发展

1. 助力公交优先

（1）BRT 全线客流采集系统

在 BRT40 个主要站台上安装客流检测设备及拥挤度检测装置，动态采集全线客流，根据站台客流饱和程度，辅助车辆调度和站台运营秩序保障。

（2）CAN 总线综合管理分析系统

在 2000 辆车应用 CAN 总线综合管理分析系统，采集车辆设备状态数据、驾驶行为数据、车辆故障报警等车辆 CAN 数据，建立了数据分析标准，对驾驶行为、车辆状态、故障信息、违章行车等进行分析，通过多维度、精细化、高关联的数据分析，全方位掌握车辆的状态，及时发现车辆存在的隐患，提高行车的安全性，提高行业管理营运水平。

（3）公交调度系统优化升级

利用新型公交智能终端的蓝牙传输、惯性导航、精确定位等功能，实时收集客流、车流、路况数据，应用大数据、人工智能手段实现公交优化调度。

（4）建设公交交互平台

运用蓝牙技术实现信息交互应用，通过手机摇一摇等实现公交线路、实时到站信息查询等信息互动查询功能，提升乘客出行查询便利性，提升公交出行体验。

（5）推出珠江新城新型旅游公交服务

联起以花城广场为核心的各个旅游观光景点，围绕旅游出行需求，通过试点一键叫车、人脸识别、分级指挥与实时通话、公交车厢客流检测、乘客信息交互服务等新技术应用，构建新型旅游公交信息化体系，体现旅游公交线路特色，打造新型智慧公交窗口。

2. 深化出租车行业改革

（1）防伪稽查系统

在已建覆盖 20000 多辆出租车的行业监管平台基础上，结合出租车行业改革需求，通过卡口视频车牌识别、人脸识别、车辆无线身份识别、车载 GPS、车载智能顶灯等信息手段，进一步提高出租车行业管理和执法水平。

（2）出租车新型智能终端

采用新一代嵌入式终端，部署出租车新型智能终端。支持互联网电召，具备多种支付方式、人脸识别签到、防伪稽查、违规运营监控等多种功能，已升级 12000 台。在此基础上，为进一步提高出租车调度能力和指挥效率，建立出租车直接通话调度指挥系统，实现快速查询和定位车辆位置，通过语音呼叫和信息发送实现与出租车辆快速联系、精

准指挥。

（3）出租车微信服务评价系统

为拓宽出租车服务投诉受理渠道，建立微信的士服务评价系统，乘客通过扫一扫出租车所贴二维码，即可便捷投诉评价，为市民提供“乘车费用预估”“便捷投诉”“评价”及“车辆及驾驶员信息查询”等多种便民服务，后续将增加投诉退费功能。

3. 构建水巴信息体系

水巴是广州的第四套公交体系，日均承担客流约 5 万，为保障安全运输，建设水巴调度管理与安全监管平台。通过建立电子海图，实时获取珠江所有船舶所在位置、航标位置、水深等动态数据，实现船舶避让、防撞预警。通过船载航行数据记录仪采集部分发动机、发电柴油机、舵系统、艉轴等设备运行状态数据并深化分析应用，实现一键紧急报警、偏航提示、超速预警等功能。

4. 探索安全驾驶营运

探索营运车辆安全驾驶监管分析，在 130 多辆营运车辆建设车辆防碰撞系统（监测车辆速度、距离、车道偏离、行人监测等车辆行驶外界环境）、驾驶员分析安全辅助驾驶系统（监测驾驶员目光状态、手离方向盘、猛踩油门等异常驾驶行为），在客运车辆联网联控的基础上，向车载主机和驾驶员发出异常行为告警信息，为降低安全风险、规范驾驶行为及事故追查管理提供依据。

5. 提升路桥设施智能化管理

（1）道路设施机械臂清洗技术应用

综合采用现代化清洗技术、智能化机械臂技术。集成设备实现了机械臂+旋转喷洗清洗、特殊部位钩洗、收臂节水、传感识别、智能障碍和复位等技术环节，实现了对高速公路护栏内外面的自动化清洗，有效提高了清洗洁净度和清洗的精度。清洗技术对比效果如图 4 所示。

图 4　清洗技术对比效果

（2）路桥隧传感器应用

在广州洛溪大桥综合应用多种传感器对公路滑坡、桥梁应力、应变、承载等指标进行检测，建立桥梁监控检测系统，部署自动化感知设备，后续将在广州市交通委员会管辖的18座桥梁应用，监测全市桥梁、公路的基础信息。

6. 创新交通定制服务

（1）交通综合信息服务

2016 年行讯通接入环保、旅游等信息，并新增步行导航、到站时间预测等功能，用户量达680万人。2016年入选首批市直机关服务品牌，服务群众优秀案例，获得广东省直单位第四届工作技能大赛工作创新类第二名，获2016年广东省科学技术三等奖。

（2）“如约”交通定制服务体系

打造独具特色的信息化交通服务平台，在交通大数据应用分析基础上推进“如约”品牌信息化建设，建设全方位交通定制服务平台，通过定制交通服务的创新发展，满足市民多层次、差异化的出行需求。“如约”系列用户总数约60万人。如约系列品牌如图5所示。

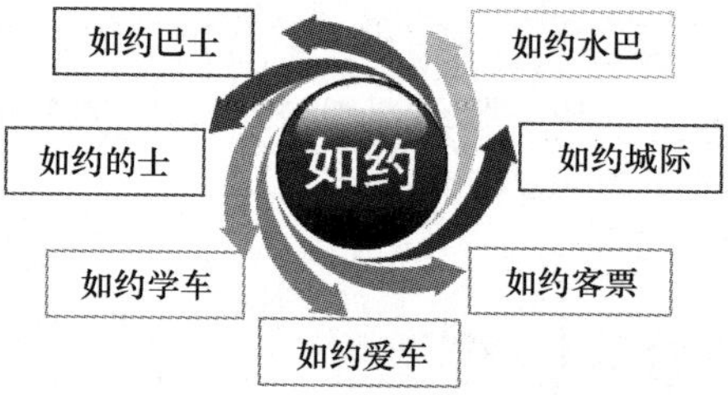

图5　如约系列品牌

7. 推进交通执法现代化

（1）无人机监控系统

通过组建交通系统无人机机长、驾驶员队伍，开展航道执法、路政开挖检查的高空巡查拍摄、数据分析，作为交通监管与执法的补充，实施执法100多宗，为执法检查工作提供了便利。无人机执法如图6所示。

图6　无人机执法

（2）交通视频监控体系

建成覆盖广州市主要干道、专用道、内环路、客运站、治超站、水巴码头的等区域的高清视频监控，共享接入市公安局、广铁集团、机场集团等外部单位的视频资源，打造覆盖全面、应用高效、清晰实时的交通视频监控体系。实现一键视频、智能化分析等特色功能。广州市交委荣获2013—2016年广州市视频建设工作先进单位。2016年执法局电子执法1800多宗；指挥中心发布路况信息2300余条。同时编制了新一轮广州市公交站视频系统规划，通过市政府审查，为新一轮交通视频建设奠定了良好的基础。

（3）电子执法应用

利用视频智能分析技术开展电子执法：一是以点带面，拓宽监控覆盖范围；二是试点跨职能部门联动执法。2016年，天河客运站周边投诉率环比下降52%，白云机场地区同比降低45%，电子执法成效显著。电子执法路况对比如图7所示。

图7　电子执法路况对比

8. 提升闭环管控能力

作为智能交通系统的基础支撑系统，交通信息设施监管系统接入主机系统732套，网络设备691台，实现对各类设施设备及应用系统故障告警信息的掌控分析，对所有网络服务器的运维监控、流程处理。

9. 科研先行——完成交通部国家物联网重大科技专项验收

推进交通运输部重大科技专项“基于物联网的城市智能交通关键技术研究与应用”（含14个科研子项）的研究实施，经成果鉴定，项目研究成果总体处于国际先进水平，得到了交通运输部、广东省交通运输厅及行业专家的充分肯定。

（四）机制保障——促进智慧交通长效发展

广州市交通委员会在实践中形成了“标准、安全、共享、创新”四位一体的发展机制和保障体系，2016年广州市交委继续贯彻保障促进发展的理念，加快推进标准、安全、共享及创新等工作。

（1）标准方面，依托国家物联网示范工程，推进城市智能交通物联网技术标准化，形成了 19 项标准送审稿，其中 2 项标准完成国家标准报批稿，其他标准已上报交通运输部行业标准。

（2）安全方面，建设了广州交通信息化安全防护体系。通过部署入侵检测防御设备、人脸识别、漏洞扫描系统、安全配置核查系统、数据库审计系统、IPS 入侵防御等安全系统，从网络安全、物理安全、系统安全、数据安全、信息系统灾难恢复等方面不断完善安全防护技术手段。完善信息安全管理制度，不断提升交通信息化系统及网络安全防御能力。

（3）数据共享方面，继续完善广州市交通行业数据共享和分析平台建设，并建立了对内数据资源整合与利用、对外信息共享与交换机制，对数据共享的权限、内容、范围进行分类、分级、分层，在促进数据互联互通、打破信息壁垒的同时，保护数据的隐私安全。

（4）创新方面，编制了《广州市交通运输行业创新工作方案》，成立了创新工作领导小组，交通行业创新活力持续提升，创新氛围活跃，取得了一系列创新成果，包括管理类创新 16 项，服务类创新 17 项，技术类创新 19 项。

三、广州智能交通发展与展望

2017 年广州市交委将以《广州市交通委员会信息化发展“十三五”规划》为纲领，继续推进集感知、分析、应用及服务于一体的“一大中心、三大平台”建设，全力奋进，打造广州智能交通体系。

一是夯实基础建设，强化数据采集处理和共享建设。夯实信息化的硬件与软件基础，提升交通智能感知能力。整合信息资源，实现数据共享，建立信息共享机制，逐步开放数据，提升数据活力，带动行业发展。

二是加强科技创新，深化城市智能交通系统建设应用。坚持广州“十三五”交通信息化规划的城市智能交通系统发展方向，在轨道交通管理、网约车管理、停车智能化、区块链技术应用、客流集疏管控、信用评价管理等领域，进一步加强技术创新，继续探索大数据、物联网、移动互联网、人工智能、无人机在交通领域的应用，引领城市智能交通系统的深化建设。

三是强化服务创新，加快提升城市交通服务品质。坚持“以人为本”服务理念，继续探索适应“互联网+”时代的交通信息化发展模式，强化集约发展、服务协同，打造全方位、多模式的交通信息服务体系。优化公共交通供给结构，提高公交出行服务质量和效率，提升服务针对性和精准性。

四是健全保障机制，提高技术标准和安全建设成效。健全标准规范体系，加快推进交通关键领域急需标准的制修订工作，充分发挥标准对市场主体的规范和调节作用。加强交通信息化系统安全建设，加快构建关键信息基础设施安全保障体系，全天候、全方位感知网络安全态势，增强网络安全防御能力。

（撰稿：张孜、区磊海）

深圳市智能交通系统建设与应用

一、深圳城市概况与交通运输现状

2016 年是“十三五”的开局之年，按照深圳市委市政府“城市管理治理年”的部署要求，通过加快交通基础设施建设，深化交通改革创新，强化交通运输管理服务，深圳市交通运输管理能力和服务水平明显提升。

对外交通方面。深圳宝安国际机场完成旅客吞吐量 4198 万人次，同比增长 5.7%，新开通国际客运航线 12 条，其中洲际航线 5 条，实现直飞欧洲、美国、澳大利亚，国际旅客吞吐量达 223 万人次，同比增长 34.3%；深圳港完成货物吞吐量 2.1 亿吨，集装箱吞吐量 2398 万标准箱，集装箱吞吐量连续四年位居全球第 3，蛇口太子湾国际邮轮母港开港运营，海铁联运班列达 14 条，国际友好港达 21 个；赣深客运专线开工，穗莞深城际线建设加快，开行厦深铁路深惠汕快捷线，深中通道先行段开工建设，沿江高速二期、外环高速、东部过境通道建设加快。

公共交通方面。全市全年公共交通客流量达 35.4 亿人次。轨道交通建设全面铺开，6、8、10 号线建设加快，2、3、4、5、6、9 号线等 8 条延长线开工，7、9、11 号线开通运营，全市地铁运营里程达 285 公里，日均客流量达 430 万人次；优化调整公交线路 152 条，开通社区微巴线路 46 条、定制巴士线路 427 条，公共交通占机动化出行分担率达 56.5%；推广纯电动公交车 9726 辆，公交纯电动率达 90%，推广纯电动出租车 1500 辆。

道路交通方面。2016 年深圳市全市路网高峰时段平均速度 28.3 千米/时，与 2015 年基本持平（2015 年 28.4 千米/时），交通指数为 3.9，处于“基本畅通”状态。从路网运行变化的趋势上，2016 年道路运行速度结束了前两年的回升趋势，早晚高峰平均速度较 2015 年均略微下降。

二、深圳智能交通建设和应用情况

2016 年，在深圳市委市政府的正确领导下，深圳市智能交通建设坚持以信息化智能化引领交通运输现代化国际化一体化的战略思想，贯彻将交通管理工作构建在“科技+（制度+文化）”之上的治理理念及“交通无处不在，服务在您身旁”的人文宗旨，牢固树立创新、协调、绿色、开放、共享的发展理念，紧扣“互联网、物联网、大数据”的时代发展趋势，着眼“深圳市智能交通‘十三五’规划”，立足综合交通大数据平台以及对内、对外两项服务，持续开展丰富数据资源、强化基础环境搭建、提升智能交通应用、深化信息服务内涵、创新政企服务模式、引领产、学、研、用一体化六项重点工作，打造智能交通持续引领新常态，促进智能交通建设大合作、信息大服务、产业大发展。

（一）顶层设计

完成了“十二五”期间智能交通相关项目梳理工作以及其他城市、相关研究机构和互联网企业的走访调研工作，形成了现状建设情况和发展趋势研判的初步成果，并在此基础上编制了深圳市智能交通“十三五”规划，确立了“十三五”期间的规划思路和建设重点，形成了“互联网+交通、物联网+交通、大数据+交通”三位一体的总体规划方案。

根据国家发改委和交通运输部的统一部署，完成了深圳市综合交通控制网试点城市实施方案的编制工作，力争成为第一批新一代国家控制网示范城市，并在“十三五”期间启动试点示范工程。

围绕综合交通信息发布系统及路边停车关键设备，重点开展了《深圳市道路综合交通信息发布系统技术要求》《深圳市道路综合交通信息发布设施设计技术指导》《智慧路边停车数据采集系统技术规范》《综合交通信息发布系统发布终端设备检测规程》《交通基础数据接入与共享应用规范》5 项标准的研制。

通过开展智能交通行业团体标准推进政策研究，有效引导我市智能交通行业团体标准工作的开展，进而推动行业高质量发展。通过开展标准宣贯工作，及时将已有标准在行业进行宣传推广和贯彻落实，充分发挥标准的行业引导、规范作用。

（二）丰富数据资源

升级了交通运输行业 GPS 监管平台，接入了危货车、泥头车等 12 类车动态 GPS 数据 13.9 万辆和企业、车辆、人员基础信息，监测分析车辆运行超速、掉线等违规行为，支持行业安全监管及企业考评；升级后的系统容量可支持 20 万辆车的接入、提升系统运行速度与精度。

持续开展了基于手机动态数据的高快速路路况信息监测系统和区域客流估算系统建设，推进了交通指数数据融合工作，显著提升城市道路路况准确度。

完成了全市 31 条快速路综合信息采集管理工作，实现了道路信息数字化，提升综合交通路网管理水平。

开展了基础设施监测系统建设工作，为管理人员提供基础设施业务过程管理的信息支持。

开展了视频联网监控平台建设工作，推进视频联网监控平台的视频接入。

（三）强化基础环境

逐步搭建深圳市交通运输委内部虚拟平台、中科院华南超算节点、国家超算中心深圳节点等基础云环境；构建交通骨干网，完成了骨干网络 13 节点、362.57 千米的铺设，连接全委各单位、主要行业企业和全市各数据共享单位。

首创面向全行业共享的交通基础地理信息共享平台——T-GIS，目前平台已整合了民航、铁路、公路、水运、出租车等 11 类 85 项静态和动态信息，有效实现了交通基础信息的统一管理和信息资源共享。

（四）四屏战略

手机屏：结合互联网技术特征进行持续、全面的优化升级。以提供“出行链”全过程的出行信息服务为目标，优化了城市及高速路况、路线规划及导航、公交电子站牌等功能，信息更加全面、准确。目前软件已更新至 5.5 版，下载量已超过 300 万人次，日均使用量超过 150 万人次。

电视屏：与深圳广电集团合作，利用海量信息资源，建设了综合交通信息直播节目——全景大交通，及时、准确、权威发布综合交通信息。目前，节目日均受众面超过 600 万人次。

电脑屏：完善“e 行网”网站和市交通运输委政务微博建设，搭建“交委—市民”双向信息沟通平台，优化网上办事大厅交委窗口环境，全面梳理交委的政务服务事项和办事流程，加强全委审批和服务效能管理。

诱导屏：根据综合交通信息发布屏建设规划，实施了深圳市梅林、南头、布吉等原二线关新建工程项目，实现了综合信息发布屏的实时信息发布，扩展了信息发布渠道。在此基础上，重点建设 50 块综合交通信息发布屏及后台发布系统，进一步提升了信息服务受众面、准确度、实效性。

（五）行业指导

为促进智能交通行业交流，做大做强产业，开展了智能交通产业扶持政策研究，指导和推动行业组织设立智能交通产业专项基金。

指导深圳市智能交通行业协会、深圳市智慧交通产业促进会举办第五届深圳国际智能交通与卫星导航位置服务展览会、第十三届中国国际城市智能交通论坛，加强技术人才交流，扩大深圳市智能交通国际辐射力。

三、主要技术创新

新兴领域快速发展。其中，交通大数据、智慧出行和物联网发展尤为迅速，在交通大数据方面，交通数据的汇集、共享、挖掘和应用；在智慧出行方面，网络约车、自动驾驶、车货匹配、智慧停车等较为热门；在物联网方面，RFID 在停车场、高速公路的应用较为广泛。

传统领域不断创新。在智慧停车方面，产品和服务向诱导、蓝牙停车管理、停车信息服务延伸，服务模式创新；在智能公交方面，智能公交的调度系统、电子站牌、公交收费系统都有所创新；在交通监控方面，高清化和智能视频分析技术进一步发展，车载监控、违停监控等新的应用领域不断拓展。

四、深圳智能交通展望

未来，深圳将以《深圳市城市交通白皮书》和《深圳市智能交通“十三五”规划》等纲领性文件为指导，紧紧围绕“互联网+”发展理念，坚持创新驱动战略，着力“互联网+交通、物联网+交通、大数据+交通”三位一体的智能交通建设，优化智能交通体系、重构行业监管模式、提升交通服务品质、促进产业转型升级，为实现城市交通治理体系和治理能力现代化提供支撑。

（撰稿：熊文贵）

天津市智能交通系统建设与应用

一、基本情况

天津市城市道路交通智能联网联控技术集成示范平台是由综合交通数据分析系统、城市交通规划和交通管理仿真系统、基于仿真的综合管控策略及方案优化系统三个子系统集成构建的。平台基本功能结构如图 1 所示。其中综合交通数据分析系统主要进行多源异构道路检测数据的实时融合和多模式交通数据存储与计算；基于仿真的综合管控策略及方案优化系统进行交通场景、微观交通流、宏观交通规划和交通管理等策略及方案仿真；城市交通规划和交通管理仿真系统进行交通规划方案动态评估、交通管理策略实时优化。

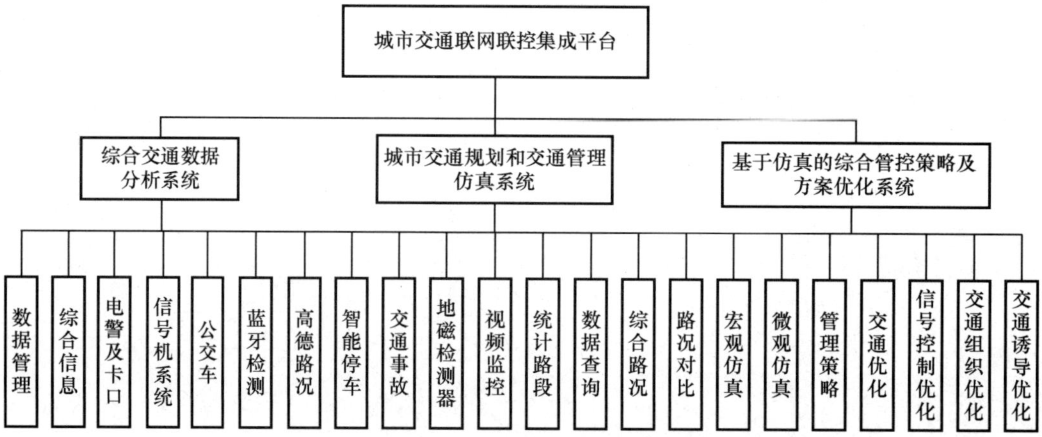

图 1　平台基本功能结构

联网联控系统功能设计主要包括以下 5 大类。

实时路况类：其中包含实时路况地图展示、路口运行状态监控、实时拥堵路段排名、实时拥堵区域排名、异常状况提示、停车信息展示、旅行时间计算功能。

统计分析类功能：其中包含趋势分析、车辆 OD 分析、历史拥堵排名、交通事故分析、停车信息统计分析、110 警情分析功能。

交通仿真功能：可实现交通场景、微观交通流、宏观交通规划和交通管理等策略及方案仿真。

区域交通优化功能：可实现交通规划方案动态评估、交通管理策略实时优化。

系统的逻辑架构由以下 4 个层次组成。

1. 基础设施层

第一层是基础设施层。基础设施包括服务器、存储和网络硬件等其他设备。相关数据都会依托此基础设施进行存储、计算等相关操作。

2. 数据采集计算存储层

第二层是数据采集计算存储层。数据采集到平台后，进行数据的预处理，包括格转、清洗、对比打标。然后将整理过的数据输入模型中计算，并将结果放入相应的数据库中。

3. 基础数据服务层

第三层是基础数据服务层。此层会定义数据服务相关接口，包括通用查询服务、本地审批服务、数据操作服务、数据交换服务、专题应用服务、全文搜索服务、异地数据交换服务、跨省市审批服务等，支持服务横向扩展，提供良好的服务伸缩性。

4. 应用层

第四层是应用层。在基础数据服务层上面架设应用层，包括用户基本需求。应用层包括统计分析模块、交管分析报告、实时路况、预测服务、交管信息管理、系统管理。应用层提供应用模块横向扩展接口，以支持快速迭代开发需求。

二、建设完成主要系统

已建设完成的主要系统包括：综合交通数据分析系统、城市交通规划和交通管理仿真系统以及基于仿真的综合管控策略及方案优化系统。

（一）综合交通数据分析系统

通过系统布设的多项外场设备、多功能卡口、卡口网络等，全方位检测与分析实时道路交通数据。并将交通流信息、交通流量等多种多源异构数据进行融合分析后将结果动态展示在系统界面上。根据系统预定的规则，将以天、月度、年度为时间维度进行展示，数据类型包括卡口/电警数据、信号系统数据、公交浮动车数据、高德数据等。此外，该系统还包括数据管理、数据分析、视频监控等功能。综合交通数据分析系统展示如图 2 所示。

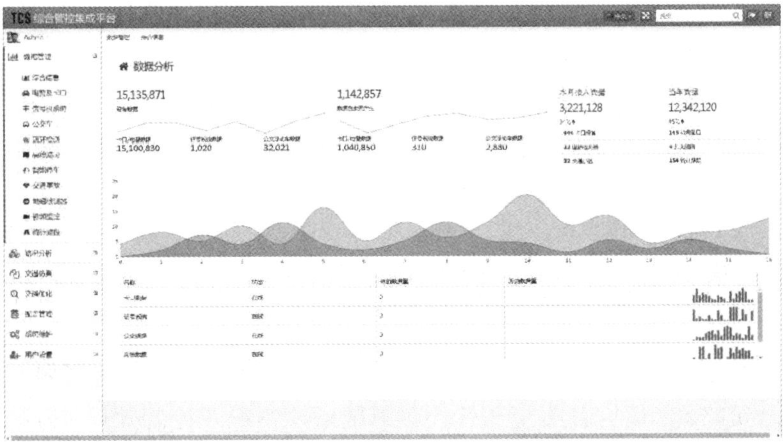

图 2　综合交通数据分析系统展示

（二）城市交通规划和交通管理仿真系统

交通仿真平台首先可支持微观交通仿真，实现区域微观交通流的准确、可靠模拟，并且该平台能利用智能预测技术预演未来交通变化趋势，为建立鲁棒性交通管控策略提供评估手段和数据支持。该仿真平台能够集成区域宏观仿真和微观仿真功能，各层仿真模型既相互独立又相互联系，而且仿真过程中宏观和微观模型能随时自动校验交通需求、运行速度和车辆行驶时间等关键参数，为综合交通管控策略及方案提供仿真系统支持。

该系统实现了交通场景、微观交通流、宏观交通规划和交通管理等策略及方案仿真，利用覆盖大面积交通小区的 OD 数据进行宏观仿真，能够预测交通发生和吸引、交通分布、方式分担等。在系统界面可以直观地看到 OD 仿真模型图。同时，该系统还接入了大于 300 个仿真路口点位用于交通管理策略的制定和交通规划方案的实施。

1. 宏观仿真

在获取实时、准确的综合交通信息条件下，系统对天津局部区域交通小区进行宏观仿真研究，系统将交通小区建模后划分为不同的区块进行仿真。模型随时能够校验交通需求、运行速度和车辆行驶时间等参数，实现了宏观交通规划和交通管理策略及方案仿真。

2. 微观仿真

在宏观仿真的基础上，对于路口点位的仿真更具备准确、可靠性。仿真列表及参数结果能够实时显示在地图及界面上。微观交通流、交通场景、交通关键点等交通管理策略及方案仿真计划的实施可实现自动化。一键启动仿真后，系统将自动生成方案。

3. 管理策略

系统将仿真结果及描述生成方案列表，包括早高峰拥堵策略、晚高峰拥堵策略、诱导发布预案、潮汐车道控制等。

系统通过宏观交通规划方案仿真，在微观交通仿真的基础上实现城市交通管控策略仿真，并通过微观交通状态对宏观出行行为的影响，实现宏观交通仿真与微观交通仿真有效结合。

三、基于仿真的综合管控策略及方案优化系统

系统结合城市交通需求动态变化和交通管理手段，建立城市交通规划方案集和智能联网联控综合策略集，研究各类交通管控策略的适应情况及控制效果，为策略仿真提供模型和待优化参数。系统实现了包括城市交通规划方案和信号控制、交通诱导和交通组

织等交通管控策略的综合优化。

在系统界面，综合优化结果和统计结果以数据对比的形式体现，并实时动态更新，产生的运行效率对比及分析结果以报表形式体现。

系统通过研究城市交通组织方案、交通信号控制策略和交通诱导策略，建立起综合交通管控策略及方案优化模型，实现不同类型和不同参数的交通管控策略协同优化。在优化过程中寻求最佳策略组合，能够有效提升区域交通运行效率。从图 3 所示的综合管理策略及方案优化前后对比中可以看出，效率提升效果显著，交通组织优化效果良好，真实地体现了交通诱导效果。

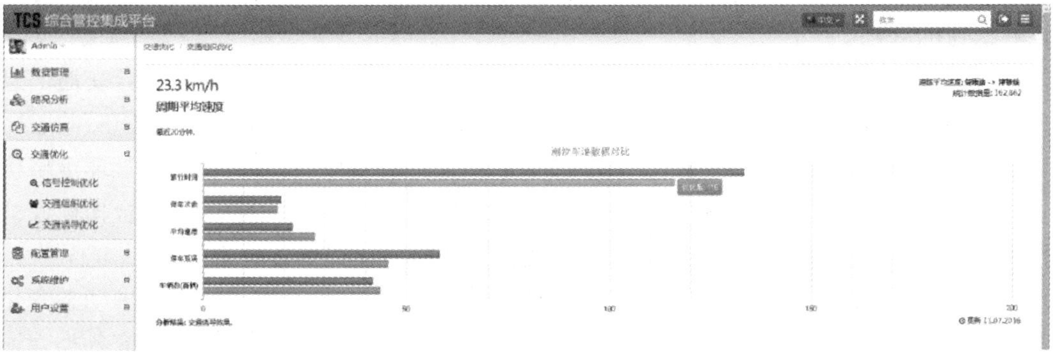

图 3　综合管控策略及方案优化前后对比

1. 信号方案优化

信号方案优化主要是区域联网联控交通信号控制通过对路网中关键交叉口的周期、绿信比、相位差等进行实时优化，实现交通路网均衡和有序。

系统联网联控信号控制模块，主要实现信号控制策略与其他策略协同控制，通过综合管控策略协调信号控制设备，结合区域内其他交通管控手段，提高交通控制系统的运行效率。

2. 交通组织优化

系统采用了动静态结合的交通组织优化技术和交通组织与交通管控策略结合技术对交通组织进行优化。

系统在分析静态机动车流量的时间分布特性、机动车流量空间分布特性和交通拥堵点的分布的基础上，结合实时交通信息，制定动静态结合的交通组织方案。

通过调整可变标志牌中的信息动态地改变单向、限速、禁行等交通组织方案。

3. 交通诱导优化

系统通过确定合理的信息发布范围和发布周期，优化诱导效果，最终实现路网交通流合理分配，包括交通诱导信息的发布周期、诱导信息内容对交通流的影响分析，建立了驾驶员针对诱导信息的反应模型，实现了有效交通流诱导。

三、主要技术创新

天津市城市道路交通智能联网联控技术集成示范平台的主要创新点体现在以下三个方面。

（1）面向集合的综合交通数据采集与分析技术研究：针对高速发展的城市核心区域，研究城市道路综合交通数据采集与分析技术，本专题研究主要包括宏观交通出行行为数据分析和特征提取，全方位实时交通数据检测与分析，面向集合的多模式数据仓库管理技术等，本专题提取到的宏观和微观交通信息，将作为宏微观相结合的交通仿真和综合策略优化的基础。

（2）交通规划和交通管理相结合的交通仿真技术：在获取实时准确的综合交通信息下，研究基于智能体的出行行为仿真与微观交通仿真联动平衡技术和基于 GIS 的宏微观交通仿真技术，实现宏微观相结合的交通仿真；研究交通规划方案和交通管理策略仿真技术，实现不同策略对交通状态影响的仿真；研究交通规划和交通管控综合指标评价技术，实现实时交通状态评价，为综合交通管控策略优化提供评价手段。

（3）基于仿真的综合管控策略及方案优化技术与方法：结合城市交通需求动态变化和交通管理手段，建立城市交通规划方案集和智能联网联控综合策略集，研究各类交通管控策略的适应情况及控制效果，为策略仿真提供模型和待优化参数；在此基础上研究基于仿真的综合管控策略非解析多目标优化技术，在城市交通规划和交通管理相结合的交通仿真平台的基础上，实现包括城市交通规划方案和信号控制、交通诱导和交通组织等在内的交通管控策略的综合优化。

四、应用情况和综合效益

（一）应用情况

城市交通联网联控综合集成示范平台通过先进的综合设计、软件调用等方法，将平台下的三个子系统集中整合为联网联控综合集成示范平台。各子系统之间能够达到数据传输一致、数据准确、数据同步。将各个系统的核心功能组织起来在一个统一的操作环境下以综合一致和整体连贯的形态来进行工作。三个系统通过一个整体的平台软件进行展示，保障了数据的实时性、可靠性、一致性。三个系统的数据共享和数据交换能够实时、有效地进行。

城市交通联网联控综合集成示范平台的整体功能流程应该是自上而下、统一协同的工作模式，平台集成了综合交通数据分析系统、交通规划和交通管理相结合的交通仿真系统、综合交通管控策略及方案优化系统。以天津滨海高新区的核心区作为城市核心功能区交通智能联网联控关键技术应用示范基地，通过完成一整套道路交通智能联网联控技术的研究，在示范区内完成示范应用。参与工作的设备包括：中心控制主机、移动端设备、采集设备、系统部署设备、数据库服务器。由这一套软硬件系统共同协同作用，作为城市交通联网联控综合集成示范平台的基础，支撑系统的正常运转和流畅运行。

（二）综合效益

1. 经济效益

交通拥堵导致的经济损失巨大，城市智能交通联网联控平台在交通拥堵防控方面的应用，有效地均衡了路网内的交通流，可以应对未来巨大交通需求压力下的交通拥堵问题，保障高新区高速可持续的经济发展。另外，该系统中涉及的一些技术及产品具有应用产业化的前景，将在全国乃至更大范围内形成示范效应，推广应用到其他城市。

2. 社会效益

面向集合的综合完备数据采集与分析系统为城市规划、交通规划和交通管理三位一体的在线支撑仿真平台提供数据支持，从而实现智能交通联网联控策略研究和基于仿真的综合策略优化，获得解决不同交通问题的最优综合管控策略，最终达到减少交通问题，提高民众生活质量的目的。另外，综合考虑交通需求和实时交通运行状态，在城市交通需求与交通运行状态之间建立联系，有利于减少由于城市交通需求激增带来的诸多问题，促进城市交通的可持续发展，提高交通安全水平，减少由于交通事故造成的人员伤亡，有利于社会的稳定。

3. 环境效益

城市智能联网联控系统通过先进的智能联网联控信号控制技术、交通组织优化技术以及联网联控交通诱导技术，均衡华苑产业区内路网内的交通流，缓解交通拥堵，从而减少由于交通拥堵带来的一系列对生态环境的不利影响，如温室效应、大气污染和交通噪声等，达到降低能源消耗和污染物排放，改善空气的目的。

五、建设发展展望

（一）打造天津智慧城市产业

“互联网+城市交通”的模式将成为未来两年天津打造智慧城市产业，推进智能交通建设的重点。智慧出行是通过构建数字化的交通运输系统、大数据分析平台以及移动互联网的高效适配，将人和各种交通工具、信息源连接在一起，实现高效匹配和人性化服务的综合解决方案，系统范畴除了航空、铁路之外，还包括出租车、商务租车、商务专车和公共交通的综合化体系。“互联网+交通”的模式，将盘活现有的公共资源，构建新的商业模式，塑造新的生态体系，并且创造新的就业机会，将大大方便市民群众的出行。

（二）加强人才队伍建设，确保智能交通建设可持续发展

坚持业务、人才两手抓、两手都要硬的思路，重视天津市交管局科技队伍发展问题，采取多种形式，不断加强技术交流和学术研讨，主动为技术人员创造再深造、再学习、再培训的机会，普遍提高技术人员的能力和水平，向技术要战斗力。在目前的科技人员队伍中，选拔经验丰富、出类拔萃的中青年技术骨干，为其提供承担科研课题、领导建设项目的机会，主动压担子、创造机会，促其尽快积累经验，帮助其成长，为交通智能化建设积累人才储备。另外，择机为天津市交管局科研所等技术人员短缺单位进行人员补充，壮大现有规模，改善人才队伍年龄梯次结构，从人才队伍建设方面确保天津市交管局智能交通建设可持续发展。

（撰稿：李萌）

重庆市智能交通系统建设与应用

一、基本情况

截至 2016 年年底，重庆市汽车保有量已超过 300 万辆，位居全国第 3。交通出行量的大幅上升，对城市道路交通管理提出了更高的要求，智能交通、智慧城市的建设与发展势不可挡。

近年以来，重庆市加大了对城市智能交通建设的步伐，截至 2016 年年底，重庆市主城区内使用信号灯控制的交叉口达到了 1200 多处。其中建成绿波带 35 处，安装信号灯倒计时器 1153 处，信号灯规范设置率达 98%，1000 多个路口为多时段信号控制机，大多数都是定时定相位控制。部分新建道路交叉口车道上都安置了感应线圈，在北部新区建立了自适应信号控制 SCATS 系统。

目前，在主城现有智能交通系统基础上，大力推广灯控路口待行引导技术、可变导向车道、自适应控制技术、不避让应急救援车辆抓拍等新技术。

二、建设完成的主要系统

（一）江北区智能交通控制系统

江北区智能交通系统项目的主要建设内容为“一个平台、七个系统”。“一个平台”指综合信息指挥平台；“七个系统”为交通信息采集系统、行车诱导系统、停车诱导系统、视频监控系统、交通信号控制系统、交通违法行为检测系统（含电子警察系统、违章停车抓拍系统）、移动交通信息发布系统。

该智能交通系统具体包括：

（1）110 套微波检测器、地磁检测设备 80 套、道路交通诱导屏 14 块、基于智能手机的交通信息发布应用软件一套，用于缓解行车、停车难题；

（2）电子警察 287 套、违章停车自动抓拍设备 116 套、高清视频监控 16 处，有效打击交通违法行为，改善交通运行环境；

（3）完成江北区信号控制机联网调控、升级信号控制交叉口 50 个、匝道控制系统 10 套、10 个路口渠化优化、新建高空瞭望 12 套，有效提高重点路段交通通行能力和交通安全。

通过升级、改造建设综合信息指挥平台，实现对 7 个系统智能化管理，增强了数据处理与分析能力，丰富功能应用。

（二）九龙坡区智能交通系统建设

（1）建成视频监控中心，构建以信息系统为指引、合理布控路面警力为主的新型勤务模式，既盘活警力资源，又深化交通管理中科技运用。

（2）完善设施设备，新增信号灯 24 处、电子警察 26 套、违法停车自动抓拍设备 76 套、违禁左转（逆行抓拍）3 处，运用电子警察、固定雷达测速、违停抓拍等设备以及缉查布控系统拦截查处各类交通违法车辆。

（三）渝北区智能交通系统

2016 年，渝北区完成了渝北区智能交通系统建设项目可行性研究和工程设计，提出了渝北区智能交通系统整体框架。渝北区智能交通系统总体建设任务概括为："升级改造一个中心、搭建八大应用平台、完善八大基础系统。"

一个中心：渝北区智能交通监控指挥中心，是所有平台、系统功能的体现载体，是各种信息和数据的集中展示、应用中心；指挥中心能够与渝北区 12 个交警大队指挥室联动出警。

八大平台：

（1）集成指挥平台：警情检测、应急指挥与协作、警力资源与勤务管理、特勤任务调度；

（2）交通管理辅助决策平台：交通管理辅助决策平台依托 PGIS，通过数据接口从交通管理数据交换平台（公安网）获得基础信息数据，按照集成指挥平台控制指令或本平台用户界面设置要求进行辅助决策分析，为交通管理提供依据；

（3）交通管理数据交换平台：通过交通数据交换平台，建立统一数据存储与共享交换接口规范，为集成指挥平台、交通管理辅助决策平台等相关核心业务系统提供基础数据支撑；

（4）智能交通管控平台：对交通状况进行监测、对交通进行组织与管控；

（5）交通信息分析研判平台：交通信息分析研判平台依托 GIS，通过数据接口从交通管理数据交换平台（智能交通专网）获得基础信息，为交通管理与控制提供科学依据；

（6）交通管理数据交换平台：通过交通数据管理交换平台，建立统一的数据存储与共享交换接口规范，为智能交通管控平台、交通信息分析研判平台等相关核心业务系统提供基础数据支撑；

（7）互联网信息服务平台：基于互联网信息服务平台，建设面向公众的交通信息发布系统；

（8）互联网数据交换平台：与渝北区经信委"6 个 1"平台的数据交互。

八大基础系统：

（1）交通信息采集系统：新增交通信息检测设备，接入社会单位相关数据；渝北区交通流信息采集系统 90 处约 311 个方向；

（2）交通视频监控系统：掌控大范围的交通状况、诱导信息发布监视、重点路段的实时巡查；渝北区交通视频监控系统 19 处；

（3）交通事件检测系统：对交通事件的检测、监控、分析及预警处理功能；渝北区交通事件监测管理系统 28 处；

（4）交通诱导系统：在市区、辖区等主要出入口以及十字路口等地方，时刻提醒出行者注意安全，向市民宣传交通常识，及时提供交通状态信息，营造良好的交通秩序；交通诱导系统 15 处；

（5）交通违法行为监测记录系统：对违法行为的监测记录、利用视频监视系统开展电子巡逻或巡查，高空高清视频监视；融合重庆市公安局“社会安全事件应急联动指挥系统监视工程”视频资源；交通违法行为监测记录系统 50 处；

（6）交通信号控制系统：对既有交通信号系统升级改造，新建交通信号区域控制系统和匝道信号控制系统。结合路口实际，实现区域协调、干线协调、自适应控制、感应控制、定周期控制、匝道控制等多种控制方式组合应用，有效提升路口通行能力；渝北区交通信号控制系统 65 处；

（7）卡口系统：对违章车辆进行常年不间断的自动记录；为相关部门提供重要的基础和运行数据等；卡口系统 13 处；

（8）通信系统：通过自建和租用光纤以及采用无线通信方式，满足外场设备与中心及中心与其外部系统的通信、存储、交换问题。通信网络系统 1 套。

（四）大足区智能交通系统

（1）建成全国首个远郊区县智能交通物联网系统，安装了 119 套 RFID 专用设备、112 套全景摄像机、21 套车牌抓拍识别系统、12 套具有发布交通及旅游信息 LED 屏、5 个重点码头建设监控系统和指挥监控大屏。

（2）推出交通手机 APP，为群众实时提供公交运行情况、周边出租车密度等查询服务，累计发布路况信息 217.5 万条，公共服务信息 4.86 万条。

（3）开通 96096 交通呼叫服务热线，累计受理群众咨询、投诉、求助 1.19 万次。

（五）合川区智能交通系统一期建设

合川区规划智慧城市建设，打造五大基础平台：云计算中心、公共信息平台、信息安全平台、移动市民中心、统一呼叫热线；四大板块应用：智慧政务、智慧教育、智慧卫生、智能交通，以争创全国“智慧城市 2.0”示范城市为目标，通过引进先进的理念、技术，提升智慧合川整体设计，其中包括“智能交通”架构、内容、建设思路设计，重点系统数据对接整合与应用分析能力提升。

2016 年年底，合川区政府共计投资了 2400 万元建设完成了智能交通一期建设。智能交通一期的建设已完成交通运行监测与应急调度中心、公交电子站牌、客运班车智能监管等项目，实现对执法车、船、客车和公交车的监控系统安装，进行 GPS 定位并有运行轨迹的记录和显示，可以通过网络把各个摄像头图像传输到指挥中心大屏上显示，实现超出规定线路报警、超速记录、疲劳驾驶报警等，同时还实现了高速公路、车站、治超站的视频和车流数据共享，正在实施合川交通执法车船、单兵装备、应急会商与市级联网共享。

合川区交通运行检测与应急调度中心是“智能交通”项目的核心部位，也是执法人员实现“千里眼”跟踪监控的地方。调度中心集服务热线、交通投诉受理、交通政务值班、交通运行监测、交通应急调度和指挥等功能于一体，同时配置了由监控大屏和 12 个操控台组成的应急指挥室。可实现交通运输运行的动态掌控和快速反应指挥。

交通运行检测与应急调度中心墙上监控大屏幕可以滚动显示长途大巴车、公交车车厢里的实时监控画面，车内乘客、驾驶员的一举一动都尽收眼底。除了监控画面，通过车载 GPS，还能查到这些车辆的具体位置。

三、主要技术创新

重庆基于 RFID 技术的城市智能交通管理与服务系统，“重庆汽车电子标识（电子车牌）系统”受到专家广泛关注。

重庆地形的独特性制约了其道路交通的发展，特别是重庆成为直辖市后，经济得到快速发展，成为西部重要的物流交通中心，道路拥堵、交通阻塞等问题凸显。城市交通智能化管理，是应对日益严重的城市交通问题的根本解决措施，而将先进的射频识别技术 RFID 应用于城市交通管理，是未来交通信息化建设的一个重要方向。

高新兴集团旗下中兴智联为重庆电子车牌系统提供全套 RFID 产品，已提供车辆标签 300 多万张，并向全市机动车（摩托车除外）提供安装服务，建设完成信息采集点近 2000 个，覆盖主城区和郊县公路；为近 50 个车管所建立电子标签发行系统。采用了 RFID 技术的电子车牌能够实现车辆轨迹跟踪、假/套牌识别、车辆年检查验、交通诱导等功能，并被广泛用于智能停车场的应用。目前，系统处于稳定运行期，各项指标均符合预期要求。

电子车牌技术采用了 RFID 的超高频技术，识别率可以达到 99.95%，即使在 180 多千米的高速行驶状况下，也能够准确识别电子车牌。

四、应用情况和综合效益

（一）智能交通物联网大数据服务平台成效显著

2016 年，重庆市智能交通物联网大数据服务平台以推广应用为重点，加快建设、投资、运营步伐，实现了平台推广应用工作稳中有进。

一是创新发展取得重要成果。基于重庆市智能交通物联网大数据服务平台积累的成果和技术，重庆城投金卡公司申报的“射频识别智能交通管理技术物联网国家地方联合工程研究中心”获国家发改委批准为“2016年国家地方联合工程中心（工程实验室）、西部地区创新能力建设项目”。

二是重庆市智能交通物联网大数据服务平台力度进一步加大。全年共新增发放“重庆交通信息卡”148万张，累计发放1232万张；新建316处RFID复合采集点，累计建设完成1390处。

三是推广应用成效取得阶段性成果。基于智能交通物联网大数据服务平台扩建的重庆市区域汽车电子围栏系统建设取得重大进展，设计、工勘工作已启动。城投金卡公司开展了面向金融的交通大数据服务，与六家金融机构签署了交通大数据服务协议。

（二）渝中区智能交通发挥显著成效

渝中区智能交通建设在2016年将“智能交通+志愿者”模式进入实验阶段，为治理“中国式过马路”重庆渝中区近期启动“智能交通+志愿者”管理模式，不文明通行人数下降了3成左右。

“智能交通+志愿者”模式的智能硬件设备“一体化人行灯”由上部红绿灯和下部LED显示屏组成的设备，还有专用行人过街按钮。它与普通红绿灯最大的区别在它的长LED显示屏，可配合红绿灯的变换，切换不同的交通文明提示语。在主要路段人流高峰时期，交通文明劝导员与“一体化人行灯”协同工作，共同进行通行指示和信息提示工作。这就是“智能交通+志愿者”模式。与以往相比，现在安装了“一体化人行灯”设备，行人的通行情况得到了很大的改善。

（三）合川区智能交通系统初步发挥作用

2016年年底，合川区在该区内的184辆公交车和64辆客运车辆上安装智能终端和7寸语音调度屏。利用公交车辆GPS运行数据，与公交智能调度管理系统的技术对接，建立公交车到站预报系统。合川区所有长途大巴车和公交车已安装“客流计数器”，可以自动统计每天乘车人数，通过大数据分析，更合理地调度分配不同线路的车辆数量和发车时间。

乘客可通过电子站牌和手机APP查看每条线路上公交车的实时行驶位置，每辆公交车距离车站距离，可为候车乘客提供实时准确的车辆到站时间、距离、站距等预报，方便乘车。同时后台系统亦将根据监控站台的候车人数，灵活调度沿线车辆前往载客。

合川是中国西部地区首个安装智能电子公交站牌的区县。该区公交电子站牌也仅在试点阶段，前期投入6块，后续将再建103块。

五、建设发展规划或展望

“十三五”时期，重庆市智能交通系统将以主城区智能交通控制系统、智慧商圈、交通信息管理系统与支持决策系统、综合交通枢纽客货运输管理系统等为主要建设内容。同时将更加注重车联网、云计算、移动互联等新一代智能交通系统技术的集成与应用。2014 年启动了重庆市主城区智能交通系统二期工程，项目资金来源为财政预算资金，预计投资 3.4 亿元，建设内容包括：交通信息采集系统、集成指挥平台、信息发布系统、交通信号控制系统、交通事件监测管理系统、交通违法行为监测系统（以电子警察抓拍为主要内容）、通信系统、交通组织与路口优化。该升级改造工程将覆盖范围从都市功能核心区拓展到整个主城区，力争 2017 年全面建成，实现智能交通指挥调度、交通信号控制、交通预测诱导等一体化功能。

（撰稿：公维勇、邵毅明）

南京市智能交通系统建设与应用

一、南京城市概况与交通运输状况

南京是江苏省省会、副省级市、长三角都市圈核心城市，国务院批复确定的中国东部地区重要的中心城市、全国重要综合交通枢纽。近年来，城市道路及地铁建设快速推进，公交优先政策深入实施，截至 2016 年年底，南京市公路总里程 11354 公里，高速公路 613 公里，6 条地铁线路总长 225 公里。全市“两环一横八射”高速公路网、“四桥二隧”过江通道，主城“井字三环”快速路网、“经六纬十”主干路网基本建成，路网结构日趋完善。南京市共有机动车驾驶人 330 万名，机动车 243 万辆。面对人、车、路三大交通要素的突出矛盾，南京市公安交管部门忠诚履行“防事故、保安全、保畅通”神圣职责，紧紧围绕“民意、实战、问题、规范、效率”五大导向，深化公安改革，强化“互联网+”、大数据、云计算技术探索，加快智能交通发展步伐，努力提高交通管理信息化水平，有效提升科技便民服务能力，打造规范、高效、便捷的交通科技信息化平台。

二、南京市交通需求管理政策研究

按照南京市委、市政府的要求，南京市公安局交管局协调了市发改委、交通局、规划局、城管局、国土局等多部门开展《南京交通发展白皮书》（以下简称《白皮书》）子课题之一的“畅达都市目标导向下的南京城市交通需求管理政策”专题研究，《白皮书》的核心和关键是政府对城市、区域交通发展的宏观战略、政策以及交通体系综合发展规划和计划，在充分检讨和评估近十年交通发展成就和问题的基础上，结合对未来南京交通发展形势的研判，深化交通发展战略与发展模式的思考，进一步明确南京交通中长期发展的政策导向、任务措施，加快构建与现代化国际大都市相匹配的一体化、集约型现代城市交通体系。“畅达都市”专题的主要研究内容如下。

1. 国内外交通需求管理措施分析研究

重点研究美国、新加坡、日本、欧洲等国外城市交通需求管理措施，进行上海、北京、广州、天津、杭州、香港等国内城市交通需求管理分析，分析、总结国内外交通需求管理措施经验。

2. 交通需求管理实施必要性分析

通过对南京市现状道路交通供需条件以及规划年的交通基础设施建设时序分析，研究南京市交通基础设施发展水平，预测未来可供用于增建交通基础设施存量空间；研究南京市人均 GDP、城市规模发展趋势与私人小汽车增长量、人均出行次数、小汽车利用强度等因素之间的内生关系，预测未来交通需求总量发展趋势；研究交通需求变化与道路网络交通承载力的关系，分析南京市不同阶段的拥堵程度及其伴随的负面影响，量化分析南京实施交通需求管理的必要性。

南京高峰小时城市道路网所能容纳运行的标准车数如表 1 所示。

表 1　南京高峰小时城市道路网所能容纳运行的标准车数

单位：辆

	2014 年	2020 年	2030 年
主城	47.5	57	65
仙林	20.2	23	25
东山	16.7	18	21
江北新区	30.9	63	81

3. 交通需求管理政策适应性分析（停车需求管理、主城区拥堵收费等）

通过对国内外案例的总结，建立可供南京选择的交通需求管理政策库，对其中的交通需求管理政策进行适应性分析，提出在南京可适用的需求管理政策，重点研究内容包括：

（1）土地利用策略对交通需求的影响分析，研究用地协调、TOD 模式等交通减量政策。

（2）车辆限购、车牌管控、单双号限行等车辆控制政策。

（3）拥堵收费、停车收费等费用调节政策，配建标准调整、拥车自备车位、缓解老旧小区停车难、P&R 停车场发展等以静制动政策。

（4）优先发展公共交通、优化慢行交通体系策略。

4. 交通需求管理实施条件分析

从交通量增长、城市道路运行状况、环境污染与能源消耗等多方面影响因素考虑，研究适用于南京市的各类交通需求管理策略实施的适用条件，构建量化的各类交通需求管理策略实施触发标准。

5. 南京市交通需求管理措施分阶段实施计划

预测各类交通需求管理政策的实施效果，根据各类政策实施效果的阶段性变化特征，为各类交通需求管理政策，尤其是车辆限购、车牌管控、单双号限行、拥堵收费、停车收费等社会关注的政策，建立分阶段的实施预案，保障政策的适用性与可操作性，以及其实施效果的可控性与可持续性。

南京市交通需求管理政策近期实施计划如表 2 所示。

表 2　南京市交通需求管理政策近期实施计划

交通需求管理政策	政策内容	
土地利用政策	TOD 发展政策	建立明确的轨道交通沿线土地储备机制； 确立以轨道交通公司为责任主体，规划、公交公司等单位相配合的管理机制，确保落实轨道交通站点周边一体化方案的顺利实施

续表

交通需求管理政策	政策内容	
交通影响评价政策	出台《南京市交通影响评价管理办法》，完善修建性详细规划阶段的交通影响评价体系； 明确交通影响评价的启动条件，方案实施主体、实施效果监管的责任部门及编制流程等内容	
综合用地政策	研究南京综合用地方案，适时推出《关于南京新城区综合用地规划和土地管理的试点意见》	
车辆发展政策	车辆总量控制政策	不采取小汽车总量控制的措施； 严格制定机动车排放检测制度； 对大中型客货运车辆销售采用实名制管理制度，做到销售备案； 禁售“三超”电动自行车，对已有的“三超”电动自行车强制报废
车辆限行政策	小客车	视情采取分时、分区、分车牌尾号方式限行本地及外地小客车（优先限行外地小客车）
货车	保留现有货车管理措施	
过江通道	视情采取客、货车分车型分车牌尾号限行，通道夜间错时维护	
小客车自律停驶制度	实施小客车自律停驶制度	
价格调控政策	停车收费政策	加强停车收费政策浮动调整的法律保障，建立停车收费政策发展变化的浮动调整机制

三、南京市智能交通系统创新应用情况

1. 交通信号控制系统

根据南京城市交通实际情况，在主城区采用交通信号区域控制与干道绿波控制，对中心区域 95 个路口能够根据流量变化自动调整信号配时，其余干线道路根据主要交通流方向、单行方向设置绿波带。在城市出入口通道采用潮汐绿波控制，早高峰期间在清凉门大街等 21 条通道设置入城方向绿波带，晚高峰期间在中山南路等 35 条通道设置出城方向绿波带。稳步推进“信号联网与地面公交优先控制系统”建设，在一期 269 个联网路口的基础上，又在玄武、秦淮、鼓楼、栖霞、雨花江南五区新增 528 个联网路口，主城区 797 个联网路口实现公交车信号优先控制，联网路口达主城灯控路口的 95%。根据检测数据显示，系统控制范围内公交车平均车速高峰期提高 15.37%、平峰期提高 15.02%，水西门大街、江东中路等主要客流走廊运行车速增幅都在 15%左右，支线公交运营速度也实现了 10.50%的提升。同时，主次线公交车辆停车次数减少 30.56%。

2. 道路高清监控系统

优化网络布局，推进高清数字监控网络建设。目前交管局开通的高清数字监控已达到1732处，其中高空监控86处，同时从中山陵管理局、隧桥公司、市信息中心、机场高速管理中心、鼓楼区教育局等外单位接入802处，基本覆盖了南京市主城区重要路口路段及“井”字形快速内环。在青奥会、12·13 国家公祭日、南京国际马拉松、夫子庙灯会等大型活动期间，保证了赛事重点区域、重点道路、场馆周边、青奥线路监控图像“可视、可控、可调度”，能够全面掌握重点路段路况、各公安检查站图像，形成全线视频接力。

3. 智能交通诱导系统

利用南京市一万余辆出租车定位信息、518 个公安视频卡口车道断面、52 套微波检测设备，精确采集南京市路网交通流信息。在交通诱导系统汇总分析后，通过六类途径向全社会发布，包括52块LED交通诱导屏、118114语音导航、智能手机软件、互联网网站、交通广播电台、“南京交管路况直播间”微博，提供实时路况播报和智能诱导服务。

4. 交通安全管理系统

对南京市重点车辆进行源头管理，已实现对231家单位11303辆重点车辆（公路客运车辆、旅游客运车辆、危化品运输车）的超速、疲劳驾驶、夜间禁行、闯禁区四类交通违法行为的自动报警，除短信通知附近交警进行查处外，还能够将车辆违法信息自动通报相关运输企业。同时，该系统在南京市44条机动车检测线安装了传感器与视频监控，一旦发现违规操作，系统将自动报警，实现了机动车检测业务的远程监管。

5. 全面集成基础交通信息

按照“一环市区主干道、二环快速内环线、三环老城新区通道”，加强与高德、腾讯等高新企业合作，建设道路交通流量自动检测系统，完成主城区内2000公里城市道路路网、交通设施、标志标线等交通基础信息的收集汇聚，并将路口电子警察数据、南京市信号联网中公交车定位设备等数据进行融合，建成交通管理“大数据”信息资源库，形成南京市交通状况月度分析报告，为交通管理的规范化奠定基础。

6. 交通违法市民举报系统

在互联网和公安网开发交通违法市民举报系统，鼓励出行群众利用安装在私家车上的“一键拍”对路面上的各类违法行为进行取证、上传、处罚，出台相关奖励措施。此系统的正式运行，进一步强化了交通违法整治力度，丰富和拓展了现有的违法信息采集渠道，可以发动广大交通参与者举报交通违法行为，共同维护道路交通秩序，预防和减少交通事故的发生。

四、南京市未来智能交通规划与展望

紧抓“十三五”科技信息化发展契机，积极践行科技强警战略部署，结合交通管理信息化工作实际，为创造安全畅通、文明有序的和谐道路交通环境提供强有力的科技支撑和保障，推动大数据、云计算等新技术的应用实践，扎实推进以下几项智能交通建设重点工作。

1. 研发城市交通管控虚拟仿真系统

实现对各类交通管控政策与措施实施效果的计算机仿真分析，为南京市常态交通管控方案与应急态交通管控预案的制定提供决策支持。交通管控虚拟仿真系统应能实现从微观到宏观的城市交通管控预案仿真，能够在仿真系统中方便、快捷地对交叉口交通控制（渠化、信控、转向限制等）、车道管控（单行线、路侧停车、绿波交通、可变车道、流量控制等）、区域管理（限行、限号、拥堵收费）、管控政策（汽车限购、差异化停车、燃油税调整等）、应急态交通管控（大型活动保障、恶劣天气预案、道路施工组织）等一系列交通管控措施与政策进行部署，并对实施效果进行定量可视化评估。

2. 建设交管大数据支撑平台

以市公安局大数据平台为中心，与高德、百度、中兴、腾讯等互联网企业开展合作，打通横向部门之间的信息壁垒，提高平台接入度和信息整合度，实现与市政府信息中心、交通运输、安监、环保等部门平台对接，有效利用海量视频监控资源和交通动态信息。整合交管局现有各类系统平台，深层次挖掘数据价值，构建与公安交通管理服务深度契合的分析、统计、算法模型，通过不同来源数据的接入，汇聚形成一个现代化的数据仓库（数据湖），满足不同用户、不同场景的数据使用和分析研判需要，全面推进对公安交管工作的科学指导，为群众提供基于大数据的优质信息服务，具备指挥调度、事故预防、车驾管、警务考核、办公辅助、互联网信息服务等功能。形成面向“警员、大队、中心”三位一体、深度不同的大数据业务应用产品，让一线警员的警务通有更多大数据的智能化功能，让大队从大数据视角监管辖区交通问题，让指挥中心的调度工作、考核管理等借助更多的大数据成果，提升工作效率和成效。

3. 深化信号联网智能化应用

在南京市信号联网工程一、二期的基础上，扩大路口信号联网范围，将绕城公路范围内剩余路口全部接入系统平台，并增加仙林区域、南站区域和白下工业园区等范围内各条道路灯控路口联网控制，进一步优化系统“指定相位”“指定控制”“中心手控”等功能，发挥系统平台管理抓手作用，深化智能信号运用。

4. 建设基于交叉口全息检测的交通信号感应控制系统

通过在路口架设交通流信息采集设备，对各方向进口渠化段进行信息检测，采用全国首创的“时空三段全息采集”模式，通过对渠化停车线前端、渠化段中段、渠化段末端 3 处空间位置交通流的检测，实时获取排队长度、平均车速、交通流量、占有率及车头时距等数据，并重点研判相位红灯结束前、绿灯放行中以及绿波结束时 3 个时间点的交通运行状况，运用实时数据分析和历史数据分析，实现交叉口信息全面监测、信号灯参数感应控制。与常规信号感应控制单一检测断面、单一数据使用、单一时间研判的现状相比，本系统具有“大维度、全信息、多点研判”的优势，对路口交通流信息检测更加全面，对路口信号配时参数优化更具有指向性，更能符合各时间段路口通行实际。

5. 优化高清道路监控系统

一是优化监控点位布局，加快建设南京市图像联网覆盖工程，加大高空监控的建设力度，使高空监控基本覆盖市区核心干道、绕城公路和高速公路，进一步夯实图像信息基础。二是升级高清监控图像平台，与南理工、南航等高校合作研究模糊图像处理技术，为事故逃逸、打防管控等工作提供强有力的图像资源。三是建设不间断电源改造项目，采用太阳能电源的方式对道路监控进行不间断供电，以满足大型活动交通安保期间临时无法接电的监控设备能够正常使用，确保各项任务的顺利完成。

6. 建设高速公路区间测速系统

通过高速公路区间测速系统项目的建设，确保每个高速交警大队都至少有一套区间测速系统。同时在部分多车道危险路段继续增设新型单点测速设备，在南京周边高速路网中最终形成以区间测速为主、单点测速为辅的“点线结合”的测速系统。搭建高速公路综合管控平台，实现流量检查、过车研判、卡口拦截、缉查布控等多项功能，以此为契机，提高高速公路管理的科技化水平。

7. 建设机房联动预警平台

在交管局建立智能机房预警平台，进行实时自动监测与记录机房内部网络、温度、水侵等性能参数，做到事前预判、事中联动处理和事后追溯性分析，同时对大队内部网络进行主动干预，建立统一指挥平台，实现统一监测、统一展示、统一告警，选取交管局中心机房、一个城区大队分机房和一个高速大队分机房这三个机房作为试点应用。

8. 深化警务数据分析运用

一是将各类抓拍设备数据进行整合，统一接入公安部交管局集成指挥平台，实现警务大数据汇聚及分析应用。二是利用路口电子警察过车数据，结合车辆缉查布控数据的有效整合、分析，深化车辆缉查布控的相应功能，为一线执法提供精确指导的手段。三是分析处理警务通异常数据。完善警务通程序校验功能，预防错误数据产生，同时做好异常数据后续处理工作，协调各大队负责人定期排查，及时修正单据、调整程序。

（撰稿：李效）

武汉市智能交通系统建设与应用

一、基本情况

近年来，随着交管信息化建设的不断发展和公安部“金盾工程”的推进，武汉交管部门内部累积了大量的业务数据；武汉市交通运输委员会紧紧围绕“服务武汉交通事业，保障交通信息网络畅通”工作主线，积极推进交通信息化建设及应用。武汉交管局、交通委及各二级单位信息化系统建设及应用的深入，迫切需要加强综合交通数据资源整合和共享、运行状态监测预警、基于数据挖掘的综合交通决策支持、基础保障能力建设，建立“数据驱动交通运输及管理精准决策”的现代化综合交通管理工作机制新常态。

基于以上背景及需求，易华录助力武汉交警、交通委，以公安交通管理、交委交通运输管理业务职能为导向，利用云计算、大数据管理等先进技术，重点围绕各类信息资源高度整合共享和综合开发利用、全方位深层次多视角交通管理信息的分析研判、综合交通运行状态监测预警、综合交通决策支持、行业运行指数体系、基础保障等内容，分期建设了武汉市公安局治安交通智能化综合管控系统、武汉市静态交通管理综合分析系统、云端武汉・易行江城 APP 系统、武汉市交通运输行业运行指数系统、武汉市交通运行协调指挥中心（TOCC）等项目。

二、建设完成的主要系统

（一）武汉市公安局治安交通智能化综合管控系统

系统通过统一接口规范和适配接入服务，采集各卡口、电警厂家布设在省/市/县（各核心区）出入口、高速国省道出入口、城市路段或路口的个体车辆（身份/行为）通行信息，实现大范围、高密度、持续性、长时段路网通行车辆信息的汇聚、分析、存储和应用，面向公安交管的业务应用，提供个体交通违法嫌疑车辆准实时查控报警（区间超速、未年检、待报废）和群体车辆通行特性分析（交通流、平均旅行时间、OD）应用，面向公安治安提供涉案嫌疑车辆预警、筛查应用（高危嫌疑车辆预警、串并案嫌疑车辆分析、伴随车辆分析、出入案发现场嫌疑车辆等）的系统。

系统采用云计算和大数据技术，适用于卡口、电警设备安装较多、过车量较大的城市，系统可以对海量数据进行深入挖掘，具有强大并行扩展能力，系统的计算能力不随时间和数据量上升而下降。

武汉市公安局治安交通智能化综合管控系统逻辑架构（见图 1）。

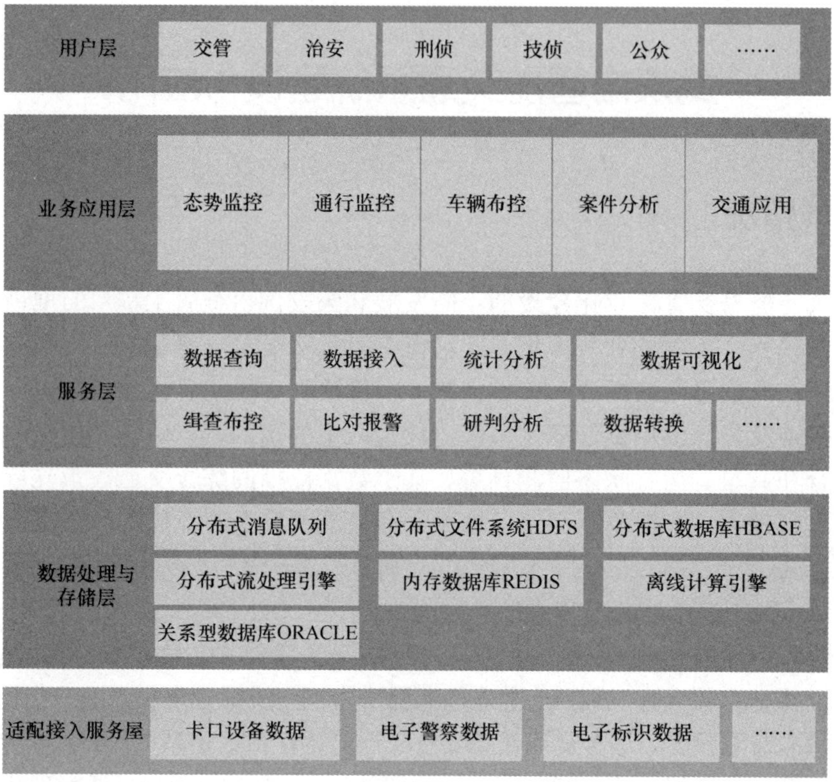

图1　武汉市公安局治安交通智能化综合管控系统逻辑架构

（二）武汉市静态交通管理综合分析系统

武汉交管局静态交通管理综合分析平台是武汉交管局的重要业务应用系统，在交管局统一的标准规范体系约束之下，纳入交管局统一的系统管理和安全管理体系，并共享交管局现有的公共支撑环境和资源。系统通过多种渠道发布可用车位数等停车信息和停车场信息，为公众提供停车诱导服务，渠道包括路边停车诱导屏，以及高德导航等互联网应用；与交管指挥调度系统、稽查布控系统、治安等应用系统、公安分局应用系统以及待建的警务魔方等系统之间实现充分的信息共享，静态交通管理综合分析平台负责交通管理范畴内静态交通信息的采集，并为其他系统提供数据支持，以最大化数据应用的效益；与稽查布控系统形成密切的业务联动，加强涉车治安管理能力，并充分利用稽查布控系统的强大能力加强静态交通管理能力。

（三）云端武汉 • 易行江城 APP 系统

云端武汉 • 易行江城 APP 系统是利用先进的计算机、GIS、移动互联网及云计算技术开发、建设的智能交通综合服务平台，实现了交通相关业务部门间信息共享与交换。项目平台立足于城市交通急需解决的问题（如拥堵、公众出行信息服务，自助业务办理等），以提升政府服务能力和管理水平、确保道路畅通与交通安全、服务公众出行、方便市民生活为基本宗旨。为公众提供出行综合信息服务，促进城市人、车、路和谐发展。

系统主要为公安交管用户、社会出行者、第三方公司用户提供综合信息服务，该系统以“互联网+交通”的思维，聚焦公众出行需求，整合交通出行服务信息，面向公众提供综合交通服务，扩大信息服务覆盖面，实现智慧交通诱导，使公众出行更便捷、更高效。

（四）武汉市交通运输行业运行指数系统

武汉市交通运输行业运行指数系统具体包括行业云平台、指数软件平台、UPS 电源三大内容，指数系统定位及内容（见图 2）。

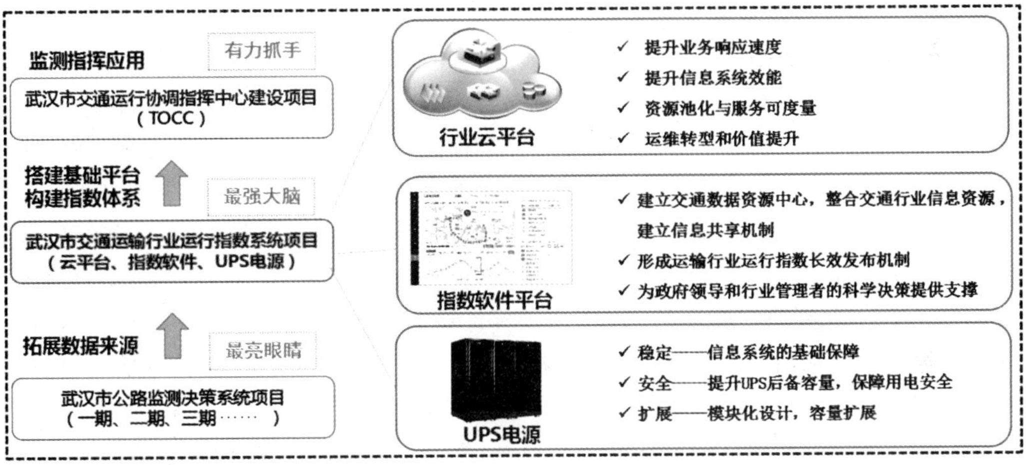

图 2　武汉市交通运输行业运行指数系统定位及内容

行业云平台：项目采用云计算国际知名品牌 VMware 的 VMWare vCloud Suite 7 产品，搭建了武汉市交委行业云平台，并实现了原有操作系统和应用系统到新云平台的平滑迁移，保障了交委信息化业务的高可用性。

指数软件平台：交通运输行业运行指数系统实现了行业运行指数体系构建、行业运行数据库构建、行业运行数据管理、行业运行专业分析、行业运行辅助决策、行业运行信息发布、手机信令数据获取与应用功能。

UPS 电源：项目配置了 1 台 120kVA 的艾默生在线式模块化 UPS 电源主机以及 64 节单节容量为 220AH 的 UPS 蓄电池，电池后备时长由以前的 2 小时提高到 4 小时，为交委信息中心机房所有设备负载提供安全、稳定的高质量交流电。

（五）武汉市交通运行协调指挥中心

武汉市交通运行协调指挥中心（TOCC）具体包括 1 个大屏展示系统、2 个基础工程及 3 个业务应用平台。

综合交通运行监测平台实现了全市交通运行状态的综合监测，以及行政行为监督的专题监测；综合交通车辆定位信息分析平台实现了全市地面公交、出租汽车、“两客一危”车辆的全面跟踪；综合交通应急管理平台构建了应急数据库，实现了应急资源资源管理、综合交通应急的日常管理、应急处置及移动端应用，并在大屏和电脑桌面上展示TOCC 项目成果。

三、主要技术创新

（1）面向城市级应用的综合交通数据资源服务构建技术。基于数据库对接、文件导入、文件人工报送、页面抓取等技术，实现对武汉市高速公路、普通公路、城市路网、常规公交等多个领域的共 5000 多项数据不同时空维度的动态、静态数据数据的接入、共享交换、质量管控和融合分析处理。

（2）面向行业业务指标指数体系构建技术。面向综合交通运行评估需求，建立分层的多维度业务指标指数计算体系和方法，通过对各领域交通运行特征的定义、抽取和融合，从空间维度、时间维度构建反映交通运行特征的指标和指数。并充分挖掘交叉领域数据之间的关联性，提炼并定义了涵盖多交通领域的时间空间维度的特征指标和指数集合。

（3）基于时空配置的多维度指标计算技术。通过构建指标计算引擎，将指标的计算逻辑在空间和时间维度上进行切分，形成空间维度面向网格的指标计算原子，时间维度上面向指标最小时刻的计算原子，再依托指标计算引擎的调度和维度自省机制，实现指标计算灵活调度，利用分层计算、聚类分析、因子分析、层次分析等多种分析计算方法，完成指标的配置计算。

（4）基于卡口过车数据的分布式大数据存储与分析技术。系统构建了适用于卡口过车数据分析的 Hadoop 的分布式大数据存储与分析平台，将业务进行封装，可以将卡口过车数据采用分布式架构部署到愈百台 Linux 服务器集群上，综合利用每台机器的存储和计算资源，实现对大数据的管理与挖掘。平台的扩展能力非常强大，当应用需要更多的资源时，通过增加物理机器和节点即可轻而易举地实现，可实现 PB 级存储，满足交通业务需要。

（5）面向交通业务的分布式高并发流数据技术。基于业界开源的 Spark 作为处理引擎，面向交通数据做了诸多优化和改进，使得上层应用平台可以在此基础上开发面向无界的、不间断的交通流数据处理应用，实现数据百亿级文件系统的秒级查询比对。具体的优化和改进包括：精确的交通数据实时碰撞分析、面向交通流数据的效率优化、封装简单而强大的应用接口供开发使用。

（6）面向交通业务的流数据实时无损失恢复技术。面向交通业务的流数据实时无损失恢复技术在确保高效计算、确保正确结果和实时响应的前提下，实现多处理端、高冗余系统备份，保证系统的高可用性，发生故障时，实施最快速度的、用户无感知的故障恢复和持续服务。具体实施了两种恢复策略与方案，分别适用于不同类型的恢复场景。两种策略恢复准度、运行时代价、恢复延迟等方面有不同特性；在一些的应用场景，使用了策略的组合。

四、应用情况和综合效益

（一）武汉市交通管理局应用情况

武汉市公安局治安交通智能化综合管控系统、武汉市静态交通管理综合分析系统、云端武汉·易行江城APP系统，目前已在武汉市交通管理局得到了良好的应用，系统建设和应用实现了“四个提升”。

（1）提升了大数据研判分析的效能：实现公安交管行业数据的融合与共享，将传统稽查布控业务在各行业的交通行业数据融合至交管局大数据中心，为武汉市交通行业提供了计算和存储云平台资源，提升海量数据核查比对、查询分析效率，促进数据高效的融合与共享。

（2）提升了交管智能化监管手段：由传统的人工巡查与手工记录向自动的消息推送与研判分析转变，提高数据采集与行业监管的及时性，降低监管人员工作强度，使得管理部门对交通运行态势的监测更加准确、可靠。

（3）提升了交管服务水平：搭建了云端武汉·易行江城应用系统，实现交通信息服务内容和手段突破，提高人性化、个性化服务水平。以全面的交通信息综合采集、分析与预报为基础，以网站、广播媒体、路侧大屏、车载导航、手机等多种信息发布途径为手段，提高交通信息服务的针对性、有效性，提高服务水平。

（4）提升交管信息中心数据融合共享能力：初步构建统一的综合交通数据中心，提升全路网人、车、路信息的感知水平、整合应用水平以及信息服务水平。

（二）武汉市交通运输委员会的应用情况

武汉市交通运输行业运行指数系统、武汉市交通运行协调指挥中心目前已在武汉市交委得到了良好的应用，系统建设和应用实现了“五个转变”与“一个提升”。

（1）实现数据融合的转变。实现交通行业数据的融合与共享，将传统分散在各行业的交通行业数据融合至交委数据中心，为武汉市交通行业提供了计算和存储云平台资源，促进数据高效的融合与共享。

（2）实现监管手段的转变。从城市交通传统的人工巡查与手工记录向自动的监测与统计分析转变，提高数据采集与行业监管的及时性，降低监管人员工作强度，使得管理部门对综合交通服务质量的考核更加准确、可靠。

（3）实现管理模式的转变。利用信息化手段提高行业管理效能、提升行业数据获取能力和科学决策水平，进而提升行业管理部门的执政水平与管理效率，使交通运输企业享受更加高效、便捷的行政服务。

（4）实现服务方式的转变。从原有静态、单一、信息匮乏的信息服务向动静态结合、内容丰富、手段多样的信息服务方式转变，打造人性化和精准化的信息服务，为出行者提供及时、便捷、精准的综合交通出行信息服务。

（5）实现信息系统运维模式的转变。搭建了武汉交委行业云平台，打破了过去信息化系统烟囱式建设和运维模式，提高了交委业务系统开通响应速度、提升了应对资源突发情况、资源动态调整能力。

（6）实现安全应急与风险防范能力的提升。从传统的、被动的事故后处置方式向日常监测预警、事故统计分析等方式转变，提升安全应急与风险防范能力。

五、建设发展规划或展望

（1）交通数据资源中心灾备系统。基于武汉市交管局、交通委现有的行业云平台，规划建设数据中心容灾备份系统，保证武汉交管局、交委全行业数据资源、应用系统的安全性、完整性和可靠性。

（2）综合交通大数据挖掘分析。基于丰富的综合交通数据资源，围绕武汉交管局、交委的职能职责，进行综合交通大数据挖掘分析，为政府决策、行业监管提供有力支撑。

（3）相关业务系统扩容。如在武汉市公安局治安交通智能化综合管控系统一期基础上，增加卡口电警点位分布，更全面的监控武汉市内的车辆运行态势，进行大数据研判分析。在公路监测决策系统一期的基础上，拓展公路监测范围，更全面的掌握进出武汉市的交通流量、流向、交通拥堵等数据，为交通管理和决策提供基础支撑和参考依据。

（撰稿：北京易华录信息技术股份有限公司）

乌鲁木齐智能交通系统建设与应用

一、基本情况

乌鲁木齐从 2007 年借助第一个世界银行贷款项目开始了城市智能交通的建设，经过近 10 年的建设发展，有了一定的基础。

在体制机制方面，乌鲁木齐的智能交通建设涉及了建委、城管委、交通局、交警支队、运管局、城交投等多个部门，这些单位根据各自业务需求已分别在交通管理、公共交通、道理设施管理、停车管理、电子支付、信息服务等方面开展了相关的智能交通建设。

在公安交通管理方面，已初步建设应用了电子警察、道路视频监控、交通信息服务系统、交通信号控制、交通事件检测等系统，基本覆盖了城市交通管理的全部业务需求。

在交通运输管理方面，也组织开展了公交车车载视频监控系统、公交场站视频监控、公交 GPS 智能调度系统、公交票务管理系统和 BRT 智能化管理系统等建设应用，公交智能化走在了国内城市前列。

在城市基础设施管理方面，重点建设了市政设施管理系统和河滩快速路电子监控，规范了管理体系；在停车管理方面，分期建设应用了停车场诱导、公共停车场联网收费管理系统和视频监控系统，试点推进了监管和服务智能化。

在电子支付方面，红山一卡通已经实现了常规公交车辆和 BRT 的全覆盖，发卡量已达到了 472 万张，日均刷卡量 89 万次，正逐步向出租车、停车和未来的地铁及小额支付推广使用。

在综合数据管理方面，交研中心结合规划和研究业务，初步建立了城市综合交通数据库，主要侧重的是历年调查数据、行业收集数据等静态数据资源管理，并以此为依据定期编制和发布《乌鲁木齐市交通发展年度报告》；另外，还搭建了交通地理信息系统，建立了包括近 40 个图层的交通 GIS 地图，并与交通局、城管委、交警支队等有意向单位联合共建共用。

在信息服务方面，交警支队已经向市民提供了道路交通诱导、网页查询和手机查询等服务；交通局实现了 BRT 电子站牌的全覆盖，并在客流量较大的站台安装了换乘查询触摸屏；城管委也对外提供了 12319 热线和停车诱导等服务。

二、建设的主要系统

（一）结合世行银行贷款项目实施，统筹需求共建共用

结合世界银行贷款项目实施，市交研中心正在推进《乌鲁木齐市交通综合信息平台》的建设工作，该项目包括了一级平台建设、交通行业共建共用和二级平台加强三个方面。

一级平台建成后，将成为市级交通信息资源数据总中心，能够实现全市交通信息资源的汇聚共享交换、交通运行状况的全面掌控、发展趋势动态预判和交通信息服务的全面提升；交通行业共建共用项目结合多部门共同需求，强调共建共用原则，建设内容涉及交通行业骨干网络建设、道路信息采集系统强化和交通行业 GIS 一张图建设；二级平台加强针对停车、公交和出租车等行业智能化薄弱环节开展建设，涉及停车管理与服务平台建设、公交智能化改造升级和出租车智能化改造升级等内容。

（二）实施公共交通智能化应用示范工程，强化行业监管和服务能力

市交通局结合智慧交通创建目标，正在开展《乌鲁木齐市城市公共交通智能化应用示范工程》，建设内容涉及“一个中心、两个平台”，公共交通数据资源中心，包括基础信息、车辆定位、运营调度、共享交换等多个数据库；乘客出行信息服务平台，是通过手机、网页、电子站牌、客服热线等手段建立公交出行信息服务系统；城市公共汽电车运营监管平台，包括地面公交运行监测与预警、应急响应、综合业务管理和统计分析等多个系统。系统建成后，能够大幅提升我市公共交通运营调度管理效率，增强行业管理与出行信息服务能力。该示范工程也是落实国家公交优先发展战略，推进“公交都市”创建的重要内容。

（三）建设乌鲁木齐市智能交通指挥中心，实现交通管理智能化全面升级

市公安局交警支队正在开展《乌鲁木齐市智能交通指挥中心系统工程》建设工作，该项目系统部分建设内容是在现有各类系统平台的基础上进行整合利旧，建设“一个中心、一个平台、六大应用子系统、一个支撑及一个配套工程”。具体包括交通管理数据资源整合与管理中心，智能交通综合管理与指挥调度平台，交通综合监测系统、警车警员综合业务系统、交通区域信号控制系统、交通诱导发布与信息服务系统、民警综合勤务管理系统、边界接入系统，供电及通信网络与安全支撑，乌鲁木齐市智能交通指挥中心配套工程。系统建成后能有效提高道路交通综合指挥、快速反应、预警研判、调度、控制和服务能力。

三、主要技术创新

（一）规划先行，高标准开展相关规划和设计工作

1. 开展智能交通系统规划工作

2013 年，市交研中心委托国家智能交通系统工程技术研究中心开展了《乌鲁木齐城市智能交通系统规划》编制工作。该规划在充分调研分析我市现状问题和未来需求的情况下，明确了乌鲁木齐应全力打造“一个交通综合信息中心，六个行业管理分中心和十大重点发展方向”的规划内容；同时，该规划结合智能交通业务实际建设情况和需求的迫切程度，确定了交通综合信息平台、公安交通管理指挥中心等十一个重点项目。该

规划从整体上优化和促进智能交通系统在乌鲁木齐的应用，使其成为提高道路交通安全水平、提升交通系统管理效率、提高交通服务水平、推进乌鲁木齐市智能交通产业化水平的重要手段，从而满足不断提高的交通需求。

2. 开展智能交通系统建设深化设计工作

2014 年，市交研中心委托国家智能交通协会开展了《乌鲁木齐市智能交通系统建设总体设计及实施方案制定》。该项目结合智慧城市创建工作中智能交通工作目标、国家创新型试点城市建设中智能交通体系建设任务等新变化，深化和完善已有《乌鲁木齐智能交通系统规划》，细致梳理未来几年我市智能交通系统建设内容、明晰各单位具体任务分工和重点实施项目计划，编制我市智能交通系统建设实施规划，对重点建设内容提出设计指导。该项目指导了我市智能交通建设工作有序、合理、稳步推进。

（二）注重综合保障，强化措施

1. 建设专家库

结合国家智能交通协会推荐，乌鲁木齐市政府聘请了国内智能交通领域的 18 名专家组成“乌鲁木齐市智能交通系统建设咨询专家组”。该专家组主要职责是负责协助开展我市智能交通系统建设相关的专题研究及咨询活动；及时研究分析系统建设过程中的新问题和新技术；对我市智能交通相关规划和设计方案的可行性进行论证，对相关建设和应用效果进行评估；为我市智能交通系统建设提供决策咨询和指导建议等。

2. 多次筹办智能交通技术研讨和交流

结合世行城市交通改善项目实施，组织开展多次大型智能交通研讨会议。如 2015 年 8 月 11 日，在市交研中心召开了“智慧城市·智能交通”专家报告会，邀请了来自华盛顿大学、清华大学、同济大学的五位专家就“智慧城市·智能交通”主题作了专题讲座；2016 年 5 月 25 日，城市交通知识分享研讨会在乌鲁木齐召开，来自北京、上海、西安、成都、哈尔滨等 15 个城市交通管理部门、科研院所、金融机构以及我市相关部门代表的 100 余名专家及代表参会；2017 年 4 月 20～21 日，城市智能交通及职住发展研讨会在我市召开，来自世界银行、香港大学等研究机构，以及北京、广州、武汉等地主管部门近 150 名代表从不同角度对智能交通及职住发展议题展开交流。

3. 积极开展交通信息化标准研制

市交研中心结合我市智能交通建设进程，于 2014 年启动了《乌鲁木齐智能交通系统标准体系和近期标准编制研究》工作。该项目在尽可能采纳和应用国家、行业已有智能交通系统标准的基础上，研究确定了我市智能交通标准体系框架。同时结合我市近期智能交通领域建设工作，开展了 13 个近期重点需求应用的交通信息化标准研制工作。2016 年 4 月已发布了 6 项自治区地方标准，目前 4 项标准正在报批阶段，3 项标准正在研制过程中。为我市信息化项目建设提供标准保障，对科学推进我市智能交通系统建设和提升交通智能化水平具有重要意义。

四、应用情况和综合效益

（一）有力提升了公众出行满意度

初步建成了公众出行信息服务系统，搭建了交通公众出行信息网站，形成了手机 APP、VMS、HTTP 版网站、WAP 版网站及短信平台等构成的多渠道信息发布体系。能够为公众出行提供城市动态路况信息、交通事件信息、路线诱导信息、公交车到站信息、停车诱导信息等；能够通过手机 APP 为公众提供网约车服务以及定制公交服务，满足了公众的出行基本信息需求，提高了出行的可靠度，提升了出行公众对交通的满意度。

（二）有效提高了政府科学决策和行业业务协同能力

通过乌鲁木齐综合交通信息平台的建设，公交、出租、停车、道路基础设施管理等业务领域管理和服务平台的建设，实现了乌鲁木齐城市各个管理部门之间的信息和资源的共享和协同，为各个交通管理部门和企业的业务管理和决策提供科学依据。同时可有效提升城市交通运营企业的管理水平和运营效率，降低企业运营资本，提高资本利用率。

（三）加快了城市交通行业信息化进程

乌鲁木齐城市交通各行业通过数据整合、交换和共享平台的建设，结合已有信息系统的业务数据初步整合，信息资源利用效率得到有效提高，行业综合分析能力逐步增强。乌鲁木齐现有城市交通行业信息化系统为业务管理提供了数据支撑，促进行业管理向更多关注数据分析、数据质量转型发展，全面提高了统计信息流转和利用效率，增强了行业管理部门的信息掌控能力。

五、建设发展规划或展望

在“一带一路”国家战略框架下，在维护全疆“社会稳定和长治久安”的总目标下，在《乌鲁木齐城市智能交通系统规划（2015—2020 年）》《乌鲁木齐市交通综合信息体系发展规划》等一系列规划的指导下，以乌鲁木齐城市交通运行实际需求为导向，主动适应经济发展新常态，推动互联网新技术、新模式、新理念与传统交通运输行业的全面深度融合，聚焦公众出行、行业管理、政府决策等重要应用领域，继续加快推进乌鲁木齐城市智能交通系统建设，构建便捷、高效、安全、绿色的城市综合交通运行体系。

（一）创新发展，转型升级

积极推动移动互联网、云计算、大数据等新一代信息技术在城市交通行业的应用，催生新业态，提供多元化交通服务产品，更好满足多样化需求；紧密结合城市交通行业转型升级发展要求，不断创新城市交通行业管理、决策新模式，使城市交通运行变得更加智能化、精细化和人性化。

（二）需求导向，注重实效

充分满足“一带一路”对提高乌鲁木齐城市交通运行效率的要求、“智慧乌鲁木齐”建设要求以及乌鲁木齐城市智能交通系统发展要求，把政府部门履行职责要求、行业管理部门运营管理要求以及服务百姓出行需求，作为乌鲁木齐智能系统建设的着眼点和着力点，避免造成发展战略与业务应用的脱节。

（三）开放共享，注重安全

推进城市交通设施、运营管理等数据信息资源互通共享，最大限度向社会开放，鼓励支持公众和企业充分挖掘信息资源的商业价值，促进互联网应用创新。把握好融合开放与规范安全的关系，将交通行业安全作为基本任务，强化互联网信息安全管理和防护工作，切实保障城市交通运行安全和网络安全。

（四）政府引导，市场运作

建立完善扶持政策和监管方式，通过积极灵活的制度设计，促进新型服务业态规范发展。充分发挥传统运输企业和互联网企业的积极性，在政府的规划和引导下，鼓励社会资本采用 PPP（公私合作模式）等方式，积极参与城市交通服务相关产业的投资和运营，创新政府服务模式，积极采用政府购买服务、政府和社会资本合作等模式，创建新型政企合作关系。

（撰稿：乌鲁木齐市城市综合交通项目研究中心）

大连市智能交通系统建设与应用

一、基本情况

大连市城市道路交通系统共有 1.5 万千米道路（含城市道路 2882 千米、公路 1.13 万千米、高速公路 533 千米）；主干路约 80 条，三、四级道路 1700 余条。受到地形与城市历史发展形态的限制，大连市路网结构呈现出环岛多、T 形路口多、Y 形等不规则路口多的特点。随着城区用地开发逐渐饱和和建设成本的高企，道路新建和改建的空间已经不大，道路通行能力的供给受到严重制约。

大连市自 2016 年来加大了对智能交通建设的步伐，截至 2016 年年底大连市共建设交通信号灯 9700 余组，电子警察 2000 余套，交通视频监控 1400 余处，车辆检测卡口 470 余处，任何突发事件都可以通过前端摄像头将实时画面推送至指挥中心大屏幕上或电脑屏幕上。

二、智能交通系统建设目标

大连市交通管理科技发展的总体目标是：以信号控制和视频监控系统为主导，以已有通信网络为基础，初步建成集高新技术应用于一体的智能化道路交通管理体系，基本实现对大连市所有主干道流量、流速、占有率、交通违法等进行全面的监测，能够随时对交通数据进行提取与存储，提升交通管理的现代化、智能化水平，特别是提高处理和分析意外、突发交通事件的能力，掌握交通管理与控制的主动权。

（一）实现交通管理决策科学化

实现交通基础信息的高度集成，通过建立共享的数据库，为各级交通管理决策部门提供可靠、准确的科学依据，并提高对道路交通的科学化管理水平，警务人员的现代化管理及交通意外事件的预案报警和快速反应能力。

（二）实现交通信号控制与指挥调度信息化

以视频监控系统为基础，结合交通流检测、速度检测、违法监测、交通诱导等技术手段，对交通进行宏观、动态、实时的调控。同时，配之以先进的警务管理机制，使交警支队警务指挥调度高效、统一。

（三）实现城市主干路和快速路网交通管理智能化

通过协调和均衡快速路网及其进出口的交通流量和车速，充分提高路网的通行能力，保障主干路和快速路网系统的交通正常运行和整体效益的发挥。

（四）实现城市出入口监控的现代化

将进出大连市区卡口的监控纳入建设方案中，通过对出入大连交通车量的监测，可以有效调控市区流量，同时，更重要的是通过车牌识别技术，可以及时抓获违法车辆、被盗抢车辆等，有力打击犯罪。

（五）实现交通信息服务及信息管理智能化

扩大信息服务覆盖范围、增加信息发布渠道、丰富信息服务内容，为社会公众提供实用、便捷的信息服务。同时，改进升级现有信息管理系统，充分挖掘现有数据信息，使现有道路监控与信号控制系统的效益最大化。

（六）交通科技队伍专业化

基础人员管理和综合业务信息等系统的构架将提高交警装备的科技化水平，使日常的警务工作更加规范，对队伍专业化的建设有很大的提高作用。

三、智能交通系统建设成效

（一）整合一套中控台，实现了交管科技由系统集成向智能控制转型升级

自 2016 年起，大连交警警察支队在现有设施、数据应用基础上，构建数据中心，并建设部署了智能交通管控平台。目前该平台包括指挥调度、视频巡逻、警卫任务等 20 个功能系统模块，并根据实战需要不断调整完善。打造了整合各应用系统的中央控制平台，形成了一点触发全网响应的效果。

上述系统完全按照实战应用进行功能研发，融合了地理信息系统、交通警情、350M 警员警车定位、视频、4G 图传、勤务、路况等数据，按功能模块业务需求，合理进行组合展现，实现快速、闭环的指挥应用。

（二）标绘了一张全息图，实现了突发事件处置由临场指挥向图上作业的转型升级

建设了大连独有的场景式、可视化地图，包括地图、公共、警务三类地图数据。通过全息图不但能看到现场有什么还能直接调派警力，将静态地图变为动态地图。并无缝对接了三维街景图，将平面地图变为立体地图，指挥应用更直观。使用更加简便快捷，需要多部门协同救援时，5 分钟内生成救援方案（见图 1）。

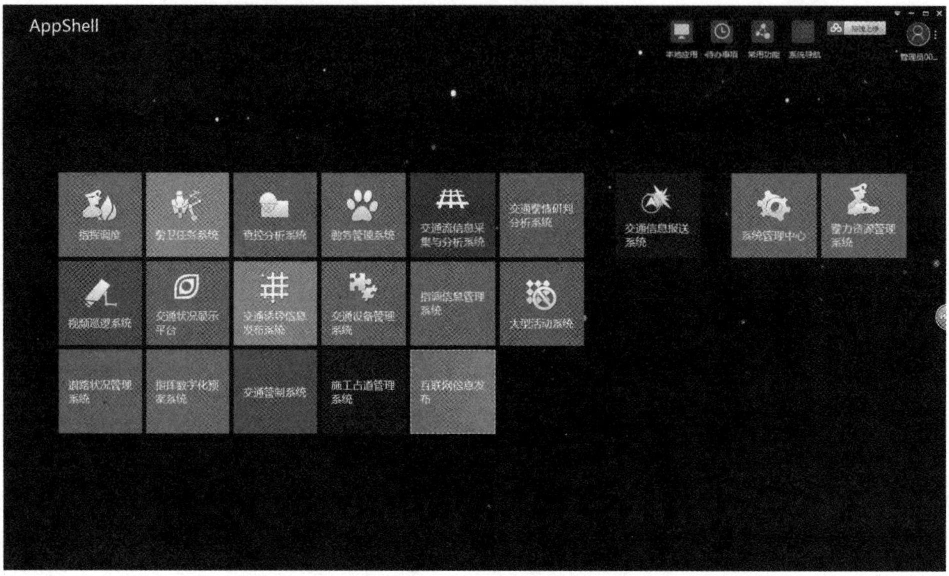

图 1　大连智能交通管控平台系统界面

以警卫任务系统及视频巡逻系统为例介绍系统应用成果及建设成效。

1. 警卫任务系统

该系统是为解决传统警卫任务部署及执行过程中，纸质派单混乱、多任务路线无法全面指挥、全过程无法监管的问题而开发。

在警卫任务部署及执行全过程电子化，创造性提出“警卫路线库”概念，可从警卫路线库中快速调取路线，填写时间、级别及选取引导车后快速部署；可模拟执行警卫任务；以时间、任务级别排序显示待执行任务，多批次警卫任务按飞机放行原理同时执行监管。

警卫任务执行过程中，可在地图上实时显示车队位置及速度，同时显示前导车 2 路 4G 图传视频、4 路车队前方及后方路口视频图像。

多批次警卫任务可同时执行，同时监管多条任务执行状况，随时切换，全流程可视自动监管。

目前，系统已经部署应用于大连交警支队各级警务指挥室，在本年度多次国际、国内警卫任务中使用，成效明显，取得良好应用效果。尤其是达沃斯新领军者年会期间，从容应对 200 多批次二级以上警卫任务，极大提高了大连交警警卫任务执行的精确性与监管效率，全程无差错，受到各级领导和基层指挥调度机构好评。

2. 视频巡逻系统

面对庞大数量的摄像头，准确调取视频是非常困难的。轮巡查看周期长，快速调取需要熟背摄像头编号。为了快速实现视频的快速查看，该系统改变了原有方式，采用列表及地图标定点位结合的方法，将摄像头按区域、类型、位置在地图上进行标注，在地图上可按点、线、面方式选取或分组相应位置及范围的摄像头资源，轮巡播放查看。

视频巡视人员可以在视频播放的过程中，根据视频内容发现事件，截图并新建警情，推送至指挥调度系统，指挥人员按接处警流程处置。

为了提高视频巡逻效率，将视频巡逻模式由”看视频”变为“看哪里的视频”，将警情事件、互联网路况、警员警车定位、4G图传等数据统一集成到视频巡逻系统的地图上，与视频点位在地图上综合显示。日常工作中，把通过视频发现，提升为用事件驱动视频查看，依据地图上的警情、路况，圈选周边摄像头，有针对性地进行查看，实现快速选取，快速分析。

通过智能交通管控平台的应用，将数据与应用的集成化，改变了以往多个应用平台查看，多个软件进行操作的问题，将人、路、事融为一体，形成多个维度的动态的一张图，降低了指挥人员分析处置事件的难度，减少了工作的强度，提高了工作效率。

四、发展与展望

大连市交通管理科技发展可以分为近期和中远期两个阶段。结合大连实际情况，吸取与大连城市结构类似的国内外城市的成功经验，以大连交通科技管理现状为基础，充分利用现有基础设施，逐步建立和完善此规划中的智能交通管控平台、交通监控平台、交通信息服务平台、交通业务综合管理平台、交通信号控制平台、交通设施运维管理平台。两个阶段规划目标和任务如下。

（1）近期（2017—2018年）

在这两年期间，立足于大连市现有道路监控、信号控制以及信息管理系统，着重建设智能交通管控平台、交通监控平台、交通信息服务平台、交通业务综合管理平台、交通信号控制平台、交通设施运维管理平台，不断完善交通基础设施建设，为全面实施交通智能化建设提供必要条件。持续扩大交通监控和交叉口信号控制的覆盖率，全面分析大连市交通科技发展的需求，优先开发交通管理迫切需要的应用子系统。

（2）中远期（2019—2021年）

中远期阶段，将持续改进升级交通数据信息中心的软件设施和硬件设施，充分实现数据的存储、分析及应用；不断完善指挥调度中心的软硬件设备，使其发挥更大的交通管理与控制功能；在近期建设的基础上，进一步加强建设各项应用子系统，基本实现大连市交通管理科技发展的总体要求和各项目标。

（撰稿：北京易华录信息技术股份有限公司）

兰州市智能交通系统建设与应用

一、基本情况

兰州，依黄河而建，由于南北两山夹峙地形的影响，市区东西狭长，约30千米，南北最窄处约5千米，具有带状盆地城市的特征。目前，兰州全市常住人口约360万人，机动车保有量在60万辆左右，按照目前的发展速度，在未来5～10年机动车保有量将达到100万量左右。兰州市的地形条件限制了其无法大规模的开展新的道路建设，但是随着机动车保有量的增加势必会给城市交通管理带来挑战。

兰州市交警支队在2006年建成了指挥中心，从功能设计到技术先进程度，以及硬件配备，具有一定的建设规模，但是随着近10年来机动车保有量的不断增加，现有智能交通系统已不能满足日益发展的交通需求，主要存在以下问题。

（1）大部分信号机处于单点定时控制方式，信号周期固定，不能根据交通需求来动态控制和调节交通流，不具备“绿波”功能。

（2）交通视频检测系统使用多年，超过正常服役期，半数以上设备无法修复使用，设备故障率高，维护成本极高且影响使用。

（3）交通诱导系统对城市路网交通状况的综合把握尚无科学有效的模型和算法，所提供的信息价值不够全面和准确。

（4）网络通信系统已无法满足未来系统传输需求，现有骨干汇聚节点数量不足。

（5）道路交通流数据采集渠道不广、处理能力不高，尚无交通流数据，无法对全市或重点道路交通情况做到精确分析。

（6）交通管理系统资源集中程度不高，各专用系统的信息都有其局限性，虽同处于公安信息网中，但因各种原因无法实现数据融合、信息共享和关联，出现了“信息孤岛”的现象。各专用系统的信息虽同处于交管信息网络之中，但同样无法实现内部数据融合、信息共享和关联，集成联动和协调指挥效率低下，严重制约了自动化管理系统效能的发挥。

（7）数据提取和分析运用不够，对外共享和服务的水平还不高；数据的作用还没有充分发挥，由数据转化为信息的功能还不强，尤其是把数据转化成能为领导提供决策支持的信息还很少。

面对严重的城市交通拥堵和交通智能化水平低下的现状，兰州市积极开展城市智能交通建设，在2016年，依托亚洲开发银行贷款，完成了先进的交通系统（ATCS）工程建设。其主要包括智能交通集成指挥中心系统、交通信号控制系统、交通视频监视及检测系统、交通信息服务及诱导系统、移动警务及GPS定位系统、交通仿真及决策系统、通信与网络系统、机房和控制中心施工和部分路口渠化施工。通过这些子系统的建设为兰州市实现交通智能化奠定了良好的基础。

二、建设和完成的主要系统

（一）智能交通集成指挥中心系统

提出交通问题，提供面向场景的交通信息化指挥模式，通过场景提供便捷实用的交通情报收集、处理、应用，解决了国内指挥系统不实用、不常用的问题，使得交警应用系统解决问题的意愿大幅提高，有力地促进了兰州市的交通指挥水平；充分利用大数据云平台技术，对海量交通数据进行面向业务的处理，为交通执法管理、交通组织渠划、交通状态分析提供了技术手段，真正起到交通研判作用。

1. 业务系统集成

通过业务系统集成实现数据的统一和应用功能的统一，并且提供基于总线模式的应用扩展，以满足新增系统的接入，以及原有集成业务系统的功能升级。

通过系统集成，实现业务操作和数据的整合，通过指挥中心即可最快获取各个业务系统的监控数据，以及各个业务系统的运行状态信息，指挥中心通过接口实现与各个业务系统的交互管理。

2. 管控平台系统

指挥中心管控平台系统必须基于统一的数据中心和应用平台上建设，利用 GIS 技术进行情景化的指挥调度和专题化的分析研判，实现公安指挥系统各子系统的功能集成和信息集成，实现指挥中心的统一日常调度、应急指挥、协调组织、决策支持和执行监督。

3. 数据中心系统

选择主流数据库产品作为数据库管理软件，分为以下几个层次：基础环境、业务系统数据库（源数据库）、共享交换平台、中心数据库（主数据库和业务数据库）、数据应用、标准规范、安全体系和管理运行机制。

（二）交通信号控制系统

1. 信号系统远程管理

信号机本身通过网络系统，在中心系统软件上实现基本的操控和高级功能控制。中心终端软件和区域终端软件都能够设置信号机的控制参数，同时也可调看和修改路口信号机的配时参数。系统维护中心可通过远程接入方式，进行故障诊断和软件维护。

2. 信号控制系统优化

针对兰州市目前存在的交通信号控制方面的问题，设计了一套自适应交通信号控制系统，以此缓解高峰时段的交通走廊，商业圈和核心区域拥堵，实现车流、人流的快速有效通行。

（三）交通视频监视及检测系统

采用先进的全数字化、全网络化、全高清化视频监视技术，构建了一套引入创新理念的世界一流的城市交通视频监视及检测系统。为市交通管理部门高效、快速地管控城市道路交通提供详细、直观的交通道路动态视频信息。该系统采用全高清的摄录系统，可以更好地满足交通管理应用的需求。是全球交通视频监视系统的发展趋势。

（四）交通信息服务及诱导系统

充分利用已建成的全覆盖非现场执法区域的基于车牌的过车数据；另外，在发布的内容上除能发布拥堵状态外，还能发布到达部分区域的旅行时间，以及交通管制、事故、事件等信息，比国内建成系统发布的内容要更全面、更实用，部分区域能达到与日本VICS系统相同的水平；同时，在发布形式上充分利用智能终端，实现了基于云端的交通信息服务，比日本等发达国家利用定点通信的方式更加便捷和先进。

（五）移动警务及GPS定位系统

1. 移动警务子系统

移动警务子系统主要实现了驾驶员信息查询、机动车信息查询、移动执法、违章泊车、现场取证、警员定位、警情联动、信息收发及警情上报等功能。

2. GPS定位子系统

GPS定位子系统主要实现了GIS地图显示、跟踪定位、监控报警、轨迹回放、远程控制等功能。

3. 移动指挥车子系统

系统具有现场信息采集、信息处理显示、无线传输等功能。

（六）交通仿真和决策系统

建设了可视化、可量化评估的交通组织管理、评价与优化仿真平台，平台集成微观、中和宏仿真功能，为交通管理人员提供科学高效的辅助决策支持。该平台实现区域路网的道路交通组织方案仿真，具有交通组织方案设计、评估、优选以及展示等功能，并支持多用户并发访问。

该平台为各级用户提供仿真工具，支持兰州市大范围的区域路网和重点路口的交通组织优化仿真，能进行交通管制方案、道路施工影响和大范围交通路网通行能力的科学评价，实现区域型宏观路网分析和重要道节点围观评价。

（七）通信与网络系统

通过网络整体规划和优化设计，搭建智能交通指挥系统专网，整合智能交通系统网络资源。实现路面智能交通设备的数据、图像、视频接入，提高传输网络的集成度和可靠性。为兰州市智能交通指挥管理系统的建设发展提供综合统一的网络支持。

三、主要技术创新

在业务系统集成建设中，实现了数据的统一和应用功能的统一，业务操作和数据的整合，通过接口实现了各个业务系统的交互管理。充分利用大数据云平台技术，对海量交通数据进行面向业务的处理，为交通执法管理、交通组织渠划、交通状态分析提供了技术手段，真正起到交通研判作用。

在管控平台系统的建设中，利用 GIS 技术进行了情景化的指挥调度和专题化的分析研判，实现公安交通指挥系统各子系统的功能集成和信息集成。

在信号控制系统建设中，由原先单点固定周期控制变为单点自适应控制和单点感应控制，实现兰州市东西方向的协调控制（离线分时协调控制、中心联网协调控制、感应式协调控制和实时自适应区域协调控制），实现了“瓶颈拥堵”策略，对市区 CBD 采取了需求控制策略，同时实现公交优先。

在交通诱导和发布系统建设中，利用数据融合技术，对不同系统、不同时间点、不同类型的数据进行融合，形成最终可以发布的交通信息。

在交通视频监视及检测系统建设中，采用先进的全数字化、全网络化、全高清化视频监视技术，构建了一套引入创新理念的世界一流的城市交通视频监视及检测系统。

在交通仿真和决策系统建设中，采用交通仿真技术，实现对兰州市宏观路网和重要道路节点的微观评价。

四、应用情况及综合效益

（一）集成指挥中管控平台建设效果

本项目建立了城市级的智能交通管理平台，支撑各级交通管理者在统一的业务平台进行交通管理与指挥，并重点围绕接处警、警卫任务保障等 7 项核心业务上存在的主要问题，通过集成式场景化的指挥调度，以及专题化的分析研判进行针对性解决，提升交通管控能力，体现应用效果，具体如下：

（1）改变突发拥堵处置找不到、看不见、控不住的问题，实现拥堵警情发现及时，路况全程可视，管制手段迅速且有效；

（2）缓解大型活动、恶劣天气状况下局部道路拥堵问题；

（3）确保交通警卫任务的安全可控，并减少对社会车辆的影响；

（4）解决日常勤务业务中布岗不准确、勤务调整不及时、勤务工作难监管的问题，实现“警力跟着警情走”的目标；

（5）解决交通安全专项整治滞后、整治部署效率不高的问题，做到整治行动及时、准确、高效；

（6）解决交通组织过程缺乏数据支撑的问题；

（7）解决设备故障难发现、维修不及时问题，实现故障自动检测与报警、维修过程可监控与评价，提高运维服务水平。

（二）信号控制系统效果

针对兰州市目前存在的交通信号控制方面的问题，如高峰时段部分路口存在堵死、商圈内交通不畅、早晚高峰时段走廊拥堵、平峰时段主干道通行效率低、低峰时段路口无效等候时间长等问题，完成以下 6 种控制效果：缓解主干道高峰期的交通拥堵（控制系统实施后，西向东平均降低 6.9%，北向南平均降低 4.7%）；缓解商圈和核心区域的交通拥堵；在主次干线实现平峰时段的绿波通行效果，可连续通过多个路口（系统实施后，预计车辆平均行程时间将缩短 20%以上，平均停车次数减少 30%以上。）；干线之外的路口，低峰时段交叉方向无车时车辆等待时间在保障行人安全过街的基础上大大缩短；路口各方向的车辆无效等待时间缩短平均 18%以上；实施协调式行人过街控制方式后，主干道方向的车辆无效等待时间缩短平均 25%以上。

（三）交通信息服务和诱导系统建设效果

项目建设完成后，可以为老百姓提供市内四区，特别是主城区的多个路段准确实时交通拥堵路况信息、部分路段的实时旅行时间信息、实时发生的交通事故信息，同时还可以提供准确有时效性的临时交通管制信息、道路施工信息、分时段禁左与单行线信息、桥隧高速公路通行信息及交通相关的气象信息，使得出行者可以通过手机 APP、微信、网站等方式掌握实时准确的各类交通信息，选择合理的出行路线避开拥堵路段。

项目建设完成后，在兰州市内四区达到以下 6 点效果：通过手机 APP、微信、网站提供约多个路段的实时准确交通路况，准确度大于 90%，可靠度高，有效引导公众出行；在 26 个主要分流节点，实现诱导屏实时主干道路况发布，诱导车辆选择合适路径，减缓拥堵；建立基于智能终端的导航系统，根据出行者的动态位置实时提供交通信息语音播报及路径导航服务；119、120 等社会特需车辆在应急状态下，信息发布系统可语音提醒社会车辆提前规避让行；出行者可以利用手机 APP 或微信进行简易事故快速处理；构建专业、严谨的动态交通信息运维管理体系，保障交通信息的持续有效性。

五、建设发展规划与展望

1. 基于大数据的智能交通系统建设和开发

在未来的智能交通系统的建设与发展中，兰州市应紧随国家的步伐，充分利用交通数据，积极开展基于大数据的智能交通建设和开发工作。

2. 基于人工智能的智能交通发展战略

在推进社会治理智能化中，围绕智能交通，研究建立营运车辆自动驾驶与车路协同的技术体系。研发复杂场景下的多维交通信息综合大数据应用平台，实现智能化交通疏导和综合运行协调指挥。

人工智能是引领未来的战略性技术，对促进国家经济发展，社会建设、提高国家竞争力、维护国家安全，具有重大战略意义。在未来兰州的智能交通发展中，引进人工智能技术，真正实现兰州市城市交通的智能化。

（撰稿：青岛海信网络科技股份有限公司）

无锡市智能交通系统建设与应用

一、基本情况

（一）道路发展情况

无锡现已形成了以圈域路网布局规划、市域路网布局规划、城域路网布局规划、中心城 173 平方千米道路网布局规划为引领，以道路详细规划、城市设计和专项规划为支撑，以快速路、主干路、次干路、重要支路和街巷为落实的科学合理、层次分明的道路体系。由此架构出 1 个中心城+5 个新城+6 个城镇组群的城市空间结构。近几年，通过老城开辟通道、新城构建路网，基本完成了特大城市的路网骨架，城市快速路网体系基本形成，解决穿铁路、跨运河瓶颈的隧道、桥梁等相继建成，优化了主城区路网体系。无锡市建成约 100 千米的连接中心城、新城、城镇的快速路网系统，初步形成“一环五射”格局。形成了快速路、主干路、次干路、支路等级分明、级配合理的城市道路体系。

（二）机动车驾驶人情况

全市机动车保有量 180.59 万辆，其中汽车 168.21 万辆（私人汽车 142 万辆）；机动车驾驶人 214.1 万人，其中汽车驾驶人 219.5 万人。全市年均新增私人汽车近 15 万辆，年增汽车驾驶人 16 万～17 万人。在机动车快速增长的同时，非机动车机动化现象日益凸显，尤其是电动自行车发展迅猛，保有量已达 183.8 万辆（登记上牌），且仍以年均超 2%的速度增长。

（三）交通运行情况

受城市路网结构和功能布局等因素影响，路网交通流分布不均衡，交通流量高峰期间主要分布在老市中心商务区解放环路内、快速内环部分节点路段、地铁高架施工路段，主要干道承担了大部分流量，路段“瓶颈性”拥堵呈现，高峰期逐渐扩散。关键路口饱和度大，节点拥堵明显，而且时段性强。

二、无锡智能交通建设系统情况

近年来，无锡以物联网示范建设为契机，坚持创新驱动和科技引领，充分发挥交管“大数据”平台优势，全力加强和改进交通管理工作，有力确保了全市道路安全畅通。成功建成了集指挥调度、智能控制、路况监测等多项功能于一体的三级智能交通管控体系，覆盖全市建成区主要道路 1350 个路口；打造了道路视频综合应用服务平台，接入汇聚了城市主干道路以及高速公路、国省干道视频监控 1200 余路和“320”机动车轨迹系统采集点位 1300 余个，覆盖全市进出城的所有通道，以及国省干道、高速公路等重点区域相关道路，为全市社会治安防控发挥了积极作用；成功研发应用了 30 余个科技信息化信息系统，在交管业务、信息研判、勤务管理、源头监管、执法监督等方面发挥了重要作用，有效提升了交管警务工作效能。

（一）交通指挥中心移建项目

该项目于 2012 年全面建成，包括硬件系统集成项目、交通指挥中心三、四层机房建设工程、基于 GIS 的综合系统集成平台项目、交通指挥中心移建项目设备采购项目、大屏幕显示系统、台式计算机及办公设备、存储及支持软件、交通指挥中心视频监控系统移建项目、网络边界接入平台、无锡市快速路交通管控及智能交通设施、信息系统管理平台、交通指挥中心三、四层机房建设工程施工（二期）、无锡市道路交通治安管理综合应用服务平台（一期）12 个子项目，通过“无锡公安交通指挥中心移建项目”的建设，我们实现了交通管理决策科学化；交通指挥调度集成化；城市路网交通管理智能化。达到了“技术先进、功能完备、效益突出、国内一流”交通指挥中心的建设目标。

（二）智能交通管控系统

近年来，支队不断加大智能化执法设施设备投入，在全市城区道路上安装了 3000 余套交通违法视频取证设备（不含江阴、宜兴、新区、锡山、惠山区。共闯红灯自动抓拍 2081 套、动态违法抓拍 213 套、视频监控抓拍的非现场执法取证系统 854 套），对重点道路、节点路段进行 24 小时全天候监控，2016 年全市依托智能取证设备共抓拍交通违法 685 万起，非现场处罚率达 87%。在全市 98 个路段、351 个路口实施“潮汐绿波”或“双向绿波”信号控制，在“潮汐”特征明显的道路创新设置“智能可变导向车道”，在部分公交车道设置 HOV 车道（多乘员车辆专用车道），有效提升路段及路口通行效率 30%以上；在全国首创研发应用了“人行横道智能监测系统”，实现对机动车行经人行横道线不礼让行人违法行为的自动抓拍。系统全面启用后，在安装该系统的路段，机动车全天平均让行率由 25.8%上升至 88.2%，同时，全市所有人行横道线上交通事故数同比下降 70%，并实现“零死亡”。目前，我市已部署了 33 套该系统，仅 2017 年以来已累计采集抓拍违法行为 5 万起，据统计，国内 50 多个城市已成功移植应用了该系统；创新开展行人违法智能抓拍系统试点运行工作，成功实现对行人闯红灯违法行为的自动记录取证、身份识别和身份实时曝光，目前该系统已率先在市中心 3 个路口试点运行，对“中国式过马路”的违法行为起到了一定的震慑效果。

（三）公安交通管理设施设备智慧运维系统

该系统于 2012 年建成。支队依托日“物联网”“云计算”等技术，改革传统管理方法，创新监管模式，研发建设了公安交通设施设备智慧运维系统，实现了故障智能诊断、设施设备“全生命周期”管理、设施设备科学评估、维护人员绩效考核 4 项建设目标。系统能够对总计 30 余种，15000 余个设备进行实时监控、智能报警，故障报警准确率达到90%以上，系统启用后，各类智能交通设施设备平均故障发现时间由原来的48小时缩短为4小时，平均修复时间由原来的8小时缩短为4小时。系统的建设应用，改革了传统运维管理模式，大大提高了运维管理效率，为智能交通设施设备的运维管理提供了有力的技术支撑，特别是在交通信号灯、交通标志标线、交通技术监控设备标准化（“三化”）工作中，系统对设施设备的“全生命周期”管理及客观的评价指标，使得“三化”工作开展的更科学、更高效。

（四）装备管理系统

该系统于2014年建成。近年来，支队通过装备保障和系统监管双管齐下，全力提升交警执勤执法的规范化水平。在科技装备保障方面。为全体一线民警配发了包括执法管理、指挥调度、勤务考核等功能的新一代警务通，具备联网功能的酒精检测仪，具备卫星定位功能的执法记录仪等一系列先进单警科技装备。同时研发应用了基于物联网RFID技术的装备管理系统，实现了对科技装备的配备、领用、维修、报废等全生命周期的管理以及装备的远程监管和盘点，既有效提高了民警执勤执法效能，又进一步规范了民警执勤执法行为。

（五）执法数据质量监管系统

该系统于2013年建成，依托大数据分析研判手段，自主研发了交管执法数据质量监管系统，提炼数据研判模型，建立了从数据分析、异常发现、问题通报到处理问责、督办会办、跟踪复核的一整套执法监管运作机制。在执法过程中实施执法记录仪与警务通、单兵GPS定位和勤务管理系统、联网式酒精检测仪与“六合一”平台等“三个关联”，通过数据信息匹配，进一步规范执勤执法，杜绝弄虚作假、脱岗离岗、降格处罚等不规范行为。

（六）智慧交通综合信息应用服务示范项目

本项目于2017年1月正式立项，目前处于建设阶段。智慧交通综合信息应用服务示范项目由无锡亚信数据有限公司牵头实施工作，无锡市公安局交警支队负责行业管理和督促推进实施工作，项目依托无锡物联网产业高地优势，集智能化的交通外场设备、多源化的交通信息感知采集、智能化的交通大数据决策分析、控制、诱导及多元化交通惠民服务于一体，建设“一个体系、两大平台”（智能交通基础支撑体系、智慧交通综合平台和交通多元信息服务平台），在实现信息采集全面化、交通控制智能化，应急处置科学化的同时，结合物联网手段推进路况、停车诱导系统建设，实现基于位置的个性化诱导和定制化服务，从而打造人、车、路协同发展的智慧交通生态体系。

（七）汽车电子标识应用示范项目

本项目于2014年正式立项，目前处于建设阶段。是公安部和工业和信息化部合作推广的示范项目，2014年12月，公安部确定无锡为全国汽车电子标识的首批试点城市，同月，无锡市将该项目列为重大物联网项目。无锡市公安局交警支队负责项目示范应用及推广工作，会同公安部交科所做好项目总体实施方案的制定、实施工作。完成汽车电子标识的发放安装及读写基站的建设工作，完成设备性能测试、安装维护和效果评估及关键技术优化等工作。2016 年，在支队的积极推动下，市政府专门成立了由分管副市长任组长的推广应用领导小组，从市级层面向全市各相关部委办局下发实施方案有力保障了项目推进。截至 2017 年 7 月，全市累计安装汽车电子标识 4.2 万枚，建设读写设备 290 余套，成功研发应用了汽车电子标识应用管理系统，在重点车辆通行监管、违法犯罪车辆缉查布控、机动车检验监管、公共出行服务等领域开展示范应用，大幅提升城市交通管理、反恐维稳和便民服务水平，取得了显著的成效，形成可向全国复制推广的示范效应。

（八）交通指挥中心提档升级项目

本项目于 2017 年正式立项，目前处于启动阶段。将参照上级公安机关大数据指挥服务中心的建设模式，贴合交管警务机制改革要求，搭建交管大数据指挥服务中心硬件框架，为构建集“交通大数据信息汇聚中心”“大数据情报研判中心”“联合指挥调度中心”“交通信息综合服务中心”“交通综合信息展示中心”等多中心功能于一体的“交通大数据指挥服务中心”提供基础工作环境及基础硬件支撑。改造内容包括：更新升级支队大屏幕显示系统、高清视频指挥系统，改造交通指挥大厅基础环境，对操作台、会议系统、多媒体系统等配套设备进行同步升级。新建大数据可视化作战平台，对交管大数据进行可视化展示。更新升级城区大队指挥室配套硬件设施。

三、无锡智能交通应用成效

目前，无锡城市道路畅通率位居全国同等城市前列，我市成功创建了全国文明城市，全市交通事故亡人数实现连续 13 年下降，市民群众交通出行满意率、交通安全满意率、交通服务满意率均达 95%以上，2013 年交警支队被公安部荣记“集体一等功”。

（一）推进智慧交通管控系统建设，提升排堵保畅水平

一是情报信息指导交管警务。建立支队、大队、中队三级智慧交通综合管控系统，开展重点时段、部位、区域分级视频巡检工作，提升警情主动发现、快速处置的效能，城区 20%、高速 90%以上的警情在群众报警前得到快处快清。同时，依托交管大数据对采集到交通类信息开展综合研判，从时间、空间等不同维度开展警情、警力、执法、事故等数据的匹配度分析，根据数据呈现出的交通管理工作质态和风险短板，合理分配投放警力资源，实行弹性勤务，着力推动“警力跟着警情走，最大限度利用有限警力”。二是开展精细化交通管控。在“潮汐”特征明显的道路创新设置“智能可变导向车道”，在部分公交车道设置 HOV 车道（多乘员车辆专用车道），有效提升路段及路口通行效

率 30%以上；依托物联网技术研发设施智慧运维平台，对所有智能交通设施开展精细化运维管理，确保任何智能设施发生故障实时报警、及时修复，有效提升智能交通设施的完好率，从而确保交通安全畅通。

（二）打造交通治安防控体系，提升压事故保安全能力

一是织密全市技防网，累计接入汇聚城市主干道路以及高速公路、国省干道视频监控 1200 余路和“320”机动车轨迹系统采集点位 1300 余个，覆盖全市进出城的所有通道，以及国省干道、高速公路等重点区域相关道路；二是强化科技执法管理，在全市道路安装了 2000 余套交通违法视频取证设备，对重点道路进行 24 小时全天候监控，2016 年非现场累计抓拍交通违法行为 660 万起，有效遏制了重点违法行为，特别是在全国首创研发应用了“人行横道智能监测系统”，实现对机动车不礼让行人违法行为的自动抓拍，国内已有 50 多个城市成功移植应用了该系统；三是在全国开展首批汽车电子标识示范应用，构建重点车辆、重点部位全覆盖的“汽车电子围栏”，在交通数据采集分析、重点车辆通行监管、违法犯罪车辆缉查布控、机动车检验监管、智慧涉车便民服务等领域开展示范应用；四是建立联合指挥、合成研判工作机制，长期派驻精干警力入驻市局大数据指挥及情报中心，通过跨警种合成作战的方式，依托技术平台共享、资源数据共享、研判线索共享，围绕人车特征、行为轨迹、社会关系等开展深度研判，成功查获了一大批严重交通违法及治安案件。

（三）推进“互联网+交管”建设，提升便民服务水平

近年来，大力推进交通管理改革创新，积极推广应用“互联网+”和“微警务”服务新模式，不断提升为民服务水平。上线运行互联网交通安全综合服务管理平台，推广使用“交管 12123”手机 APP，远程提供办牌办证、信息查询、告知推送等 131 项服务；打响“无锡交警”双微品牌，推进无锡交警微信公众平台 2.0 版升级建设，全面打通微信、支付宝等全方位交通违法自助缴款渠道，完善车管业务微信叫号、模拟驾考、事故在线快处快赔、交通违法随手拍、通行证办理、文明交通信用管理、路况互助咨询平台等“更多创新服务功能，同时开通微博交警执法视频直播，全方位增强市民互动体验感，感受到移动“互联网+”出行服务的便利体验。目前支队双微平台关注网民已突破 200 万名。无锡交警微信公众号荣获 2016 年用户最喜爱城市服务奖，跻身全国公安十大公众微信号，无锡交警微博荣获 2017 年全国交警微博执法直播十佳账号。

（四）推进新技术发展应用，构建智慧交通发展新格局

下阶段，将积极推进物联网、大数据、云计算等新技术发展应用，构建智慧交通发展新格局，主要做好以下两方面工作：一是完成交通指挥中心的提档升级。形成以情报信息研判为支撑、扁平化指挥为手段、精准勤务为保障的情指勤一体化工作机制，提高警务实战化水平，将支队交通指挥中心升级成集“大数据情报研判中心”“联合指挥调

度中心”“交通信息综合服务中心”“交管业务督导和监督中心”“交通应急指挥作战中心”等多中心职能于一体的“交通大数据指挥服务中心”；二是打造良性循环的智慧交通生态体系。以智慧交通综合信息服务应用示范项目的正式立项为契机，依托交警大数据平台融合处理感知到的各类交通信息，开展更为精细化、智能化交通管控以及智慧化、个性化交通诱导，形成一个“前端感知信息、信息指导控制，控制协同诱导、诱导反哺感知”的人、车、路协同发展的智慧交通生态体系。

（撰稿：杨浩、吴仁良、张星翔）

海宁市智能交通系统建设与应用

一、基本情况

海宁市位于浙江省北部杭嘉湖平原，总面积700平方千米，实有人口约103万人，是长江三角洲南翼经济最活跃、最发达的县域城市之一。

（一）道路发展情况

近年来，随着海宁市经济水平的快速发展，道路建设步伐进一步加快。城区主干路总体呈“七横六纵”方格网式，东西向主要道路有城南大道、钱江路、海州路、联合路、水月亭路、西山路、由拳路—硖川路，南北向主要道路有海宁大道、文苑路、海昌路、俞家桥—赵家漾—农丰路、碧云路、环城东路等。

（二）机动车驾驶人情况

发达的经济、优越的区位、便捷的交通，使海宁市机动车和驾驶人呈爆炸式增长。截至2015年年底，汽车保有量已猛增至166972辆、汽车驾驶员259014人，年平均增长率分别为25.5%和21.8%。

（三）交通运行状况

受城市路网结构和功能布局等因素影响，路网交通流分布极不均衡，交通流量高峰期间主要分布在皮革城和老城区，主要干道承担了大部分流量，路段“瓶颈性”拥堵呈现，高峰期逐渐扩散。关键路口饱和度大，节点拥堵明显，而且时段性强。其中，海宁大道—海州路、海州路—海昌路、海宁大道—水月亭路、文苑路—海州路、海州路—文宗路、海宁大道—城南大道、海宁大道—硖仲路、海宁大道—洛隆路、文苑路—水月亭路、海宁大道—联合路等路口，日均流量已超过2万辆。

二、建设完成的主要系统

“十二五”期间，海宁市政府发布了道路交通治堵工作实施意见，制定了《海宁市智能交通“三年科技行动”实施方案（2013—2015）》，并实施了智能交通一期、二期、三期工程建设。一期工程实施从2013年8月至2014年6月，以完善交通信息采集、建设城区智能交通诱导为目标，建设内容包括城区交通流信息采集设备、制高点监控设备、交通诱导信息发布屏和交通诱导系统软硬件平台；二期工程建设从2014年7月至2015年5月，主要目标是基于一期智能交通诱导系统的应用，升级完善已有管控系统，构建一体化交通指挥平台，全面整合集成各类交通管控系统资源。建设内容包括一体化交通指挥平台软硬件建设，交通信号控制、交通违法监测、警力资源定位等系统功能完善及整合补充；三期工程建设从2015年11月至2016年7月，主要目标是实现主干道路交通状态信息全面准确感知，提高信息研判与决策支持水平，实现交通组织和管控智能化，全面提升道路交通动态通行效率和科技管控效能；同步紧密结合“十二五”国家科技支撑计划《中等城市交通智能联网联控技术集成及示范》项目示范要求，建成中等城市交通智能联网联控科技应用示范基地和全国建设发展样板。建设内容包括市局指挥中心及数字勤务室建设、城市交通畅通管控优化平台、重点车辆动态监管系统、示范道路海宁大道和海州路2条主干道路口流量采集设备升级、补充诱导信息发布屏、路口违法监测设备的升级改造。

（一）交通流量采集系统

在“三横四纵”主干道上，安装微波、线圈、视频三大类流量采集设备共计85套。微波检测设备33套，安装于采用中心护栏隔离的路段。根据微波设备数据采集精度高、布置灵活等特点，在两交叉口之间路段路灯杆的8米高度处，呈侧向安装微波检测设备，管控双向车道，设备为MTD公司的MTD-10型产品。线圈检测设备23套，安装采用绿化带分隔的路段。由于微波检测设备检测精度会受周围地形条件的影响，需安装在路侧没有丘陵或其他障碍物的平坦路段。海宁大道、海州路、城南大道、文苑路部分路段有中央隔离花坛阻碍，不适合微波设备的安装，为此，根据线圈检测技术成熟、计数精度高，不受中央隔离花坛的影响特点，其在上述道路安装线圈检测设备，设备为浙大中控的VDi8B型产品。视频检测设备29套，安装在文苑路、嘉海公路、海州路等交叉口，借用电子警察杆件反方向安装视频采集设备，设备采用了比利时TrafiCam的产品。

（二）高点视频监控系统

为弥补传统模拟监控在视距、清晰度等方面的不足，在“三横四纵”道路区域的海昌路/海州路（奥林公寓楼顶）、文苑路/海州路（宏达大厦楼顶）、嘉海公路/海州路（海州饭店楼顶）、文宗路/水月亭路（书香苑楼顶）、海昌路/水月亭路（海昌大厦）、联合路/文苑路（世纪花园）、文苑路/西山路（金茂大厦楼顶）7座高层建筑上，安装了高点监控，摄像机选用高清相机，室外重型变速云台，最远可视距离可达3千米。视频通过有线网络，实时传送至大队交通指挥中心。

（三）交通信号控制系统

全市信号控制交叉口233个，其中125个交叉口实现了联网控制，海宁大道、海州路、海昌路、文苑路4条主干道实现了绿波带协调控制，海宁大道、海州路21个关键交叉口实现了实时动态优化控制。建成了交通信号联网控制系统，具备交通信号运行状态监视、信号机参数联网设置、信号控制方案设置、干线信号协调优化控制、人工干预控制、特勤车辆优先控制、设备运行故障监测、系统联网对时等功能。通过系统建设，提高了路口通行效率、干线协调通行能力和路网交通均衡控制水平，同时减少了交叉口冲突，提高了行人过街的安全性，并满足了特殊条件下的控制需求（如人工控制、应急控制、特勤控制等），支撑交通拥堵疏导和特勤处置。

（四）交通诱导系统

市区目前安装了交通诱导发布屏 41 块，其中全点阵 LED 屏 34 块、VMS 屏 7 块，统一联网接入指挥中心。系统具备实时预览、方案编辑、路况发布、计划管理、远程控制、设备管理等功能，提供按计划自动发布和人工发布两种发布模式，并针对雨天、雾天、雪天、高温等不同天气条件，周一至周日不同日期，以及早高峰、晚高峰、平峰的不同时段，提供多种诱导方案模板。通过诱导发布信息，一方面，驾驶员可及时了解行驶前方路况，选择期望的行驶路线，避开交通拥堵或事件点，节约旅行时间；另一方面，交通管理人员可根据道路交通状况主动调节路网交通流，缓解局部地区交通拥堵压力。

（五）交通违法监测系统

全市 256 个路口安装了违法监测设备（电子警察，含卡口电警），能够监测闯红灯、超速、逆行、不按规定车道行驶、压线/变道、未按规定让行、违法停车等常见违法行为。全市共建设 342 个卡口（含卡口电警），安装在关键节点或进出城通道等重要点段上，能够准确捕获、记录车辆通行信息，日均保存车辆通行记录超过 200 万条，为嫌疑车辆轨迹分析、布控报警、重点车辆监控等提供了强大的数据支撑。

（六）一体化指挥平台

建成了集道路交通监测、决策、控制和服务为一体的交通实战一体化指挥平台，通过对各专用管控系统的高度集成，汇总融合、分析处理各类交通运行数据和交通管理数据，具备交通运行状态监测、诱导发布、勤务管理与考核、特勤调度与控制、缉查布控等应用功能，有助于提升交通管理部门交通态势监测、指挥调度、应急处置、拥堵调控、信息服务等能力。

（七）城市畅通管理与决策支持平台

建成了面向城市畅通和秩序管理的城市畅通管理与决策支持平台，具备基础信息管理、运行状态分析、违法事故分析研判、秩序管理效能评估、交通组织与管理、信号控制评估优化等功能，支撑路面交通执法管理、勤务安排部署、交通组织管控，有利于提升道路交通治理能力和科学化、精细化管理水平。

（八）重点车辆动态监管系统

建成了重点车辆动态监管系统，在重点车辆户籍化数据库基础上，集成了卡口、电子警察等动态管控信息，创新源头化管理与动态监控管理想结合的管理模式，具备基础信息管理、查缉布控、实时报警、通行证管理等功能，实现了对重点车辆（客运车辆、出租车、危化品车辆、校车、工程车等多种重点车辆类型）主动、有效的动态监管和长效监管。

三、应用情况和综合效益

海宁市智能交通系统建设在交通状态感知、指挥监测、组织管控、信息服务等方面取得了明显成效，有效提升了道路交通动态通行效率和科技管控效能，大幅度提高了公众出行的畅通性和便捷性，为实现“全面感知、精准研判、科学决策、智能管控、高效服务”的智慧化管理目标奠定了坚实的基础。

（一）实现了对主干道路交通状态的精准感知

全市建成了覆盖城区主要干道和关键交叉口的交通状态感知体系，包括市区“三横三纵”(海昌路、文苑路、嘉海公路、水月亭路、海州路、钱江路)主干道上路段交通流信息采集、路口交通流信息视频采集。平均每天采集有效路段检测数据 125 万条、路口数据 30 余万条，实现了对路段车速、流量和路口车道排队长度、流量等交通特征参数的全天候 24 小时实时监测，实现了交通状态由定性到定量掌控的转变，为分析中心城区主要道路交通运行态势和流量分布规律，调整信号配时、交通诱导与信息服务提供了可靠依据，也为规划、建设等其他管理部门提供了交通数据支撑。

（二）显著提升了路面交通监测与管控能力

在路面监控方面，全市共有 338 个路口安装了视频监控，采集交通视频图像约 1062 路，安装制高点监控 12 处。在微观层面，可分方向监测主要路口和路段，能够监控 100 米范围内的机动车、行人和非机动车；宏观层面，可监控 2 千米以内的主干道交通状况、交通事件和拥堵排队情况。

在违法监测方面，主要灯控路口安装了违法监测设备（电子警察，含卡口电警），能够监测闯红灯、超速、逆行、不按规定车道行驶、压线/变道、未按规定让行、违法停车等常见违法行为。一方面极大地缓解了民警的工作压力；另一方面由于违法监测设备的震慑作用，路面交通违法明显减少，保障了道路通行秩序和安全。

在信号控制方面，通过采用协调优化控制系统，关键交叉口绿灯期间通行量大幅提高，拥堵持续时间和最大排队长度进一步缩短。以海昌路—海州路交叉口为例说明。相较于原来固定方案，采用实时优化控制方式后，早高峰、午平峰及晚高峰等时段的单位绿灯通行量均有所提高。拥堵时拥堵持续时间由 62 分钟下降到 20 分钟，降幅 67.7%；同时，最大排队长度由 2498 米下降到 725 米，降幅 71%，说明交通拥堵发生后，实时优化控制方式在时空双维对交通拥堵的缓解效果。

（三）进一步提高了科学指挥与畅通管理决策水平

第一，有效规范整合了交通管控基础信息。以前，各种交通管控数据都分散在各个系统中，甚至出现同一类数据存放在不同系统的情况，如流量数据分别存在卡口、信号等系统，数据格式不统一，信息无法共享互用；通过中心系统平台集成建设，实现了各类数据的标准化接入，构建了信息资源共享库，规范了各类信息数据结构，实现了信息资源的有机整合。第二，提升了交通管控信息研判与决策支持能力。以前，海宁市各类交通智能管控系统收集的数据已经很多，但是利用率不高，通过数据发现问题和规律性的东西还不够，特别是相关的工具和手段缺乏，研判和决策支持停留在初始状态，深度不够，对勤务、执法管理的支持、指导、监督作用没有发挥出来。通过一体化指挥和畅通管理决策支持平台建设及应用，整合了各类信息资源，实现了重点道路交通运行状态监测分析、违法事故数据分析研判、秩序管理效能评估、组织管控措施动态监测、信号评估优化等应用，按周、月、季度提供交通运行状态监测、违法事故分析研判、重点区域重点车辆通行状况等分析报告，为交通管理指挥决策和信息服务提供支持，提升科学决策水平和勤务管理效能。第三，提高了交通事件处置效率。以事前预警、事中管控、事后研判为工作流程，通过系统数据分析，指挥中心民警可以较为全面的掌控各路口监控信息，对道路交通拥堵、交通事故、应急处置等路况情况第一时间发现并作出反应，同时借助单警定位系统，合理部署调控警力，及时下达中心指令，大大缩短指挥调度时间。第四，勤务安排更加科学。通过系统的作用发挥，能够较好地实现道路交通现状实时监测情况、了解路面警力分布、收集道路交通隐患、上传共享监控画面等功能，使“街面巡逻”与“鼠标巡查”相结合，营造线上线下互动氛围，实现虚拟数据与现实警务的无缝隙对接，对不断增强路面勤务的实战性、提高交警作战能力、打造工作新常态有着不可替代的重要作用。

（四）丰富和完善了交通信息服务手段

第一，道路交通状态能够实时发布。通过基础交通流数据如流量、速度等采集和模型运算，将道路交通诱导信息以红、黄、绿 3 种颜色，以诱导简图形式及时发布在诱导屏上，指导市民选择合适道路出行。第二，交通发布信息更加丰富多样。除发布交通诱导信息外，还可进行高密度、大容量、快速度的交通安全知识、修（封）路告示、违法行为曝光等信息发布。第三，诱导发布操作更加灵活便捷。系统平台既提供了雨天、雾天、雪天、高温等不同天气下的诱导发布模式，又提供了周一至周日不同日期模式，还提供了早高峰、晚高峰、平峰时段发布模式，操作人员只要选择某一发布模式，系统将会自动发布。

（五）有效改善提升了路面的通行效率

经过实地调查，中心城区道路平均车速较 2012 年提高了 10%，道路通行能力提高了 12%，绿灯使用效率提高 13%，平均排队长度缩短了 15%，充分发挥了道路系统的交通效益，在汽车保有量 3 年内急速增长下一定程度上延缓了交通拥堵。

四、建设发展规划或展望

海宁市计划从 2017 年开始实施智慧交通管理 3 年科技行动，通过升级完善路面管控系统设备、加强现有信息资源的实战分析与应用、建设智能化运维管理系统和移动警务系统等，建成智慧化交通管理体系，提升智慧决策、科学管理能力，进一步优化路面交通组织与管理，保障道路交通安全与畅通。

（一）提升系统功能及应用效能

按照公安部、省交警总队和嘉兴市交警支队统一部署，升级现有移动警务系统和终端设备，适应交警路面指挥、查处违法、处理事故、应急处突等实战需求，提高路面警务与执法管理效能。对市区主要道路交叉口，逐步升级改造交通违法监测终端设备，以适应新技术、新标准的发展，提高执法数据采集质量和有效率。加强科技管控系统集成应用，提升完善非现场执法信息综合管理、交通信号联网联控等一体化应用，并构建基于云计算的云存储应用，实现对各类交通科技系统的综合协同管控。

（二）构建大数据交警实战应用系统

综合利用云计算、大数据处理技术，升级完善中心机房软硬件环境，构建交通管理大数据处理中心，提升数据的分布式检索、处理能力，进行深度挖掘、分析；构建基于大数据的交警实战应用系统，包括构建基于大数据的信号控制应用系统、交通状况预测系统、大数据合成作战系统、交通数据运行分析评价系统、大型活动的预案管控系统等。

（三）运维管理及技术服务专业化

建设智能化运维管理平台，对设施设备的运行状态进行自动监测，及时发现和预警故障信息，实现一体化的故障维修管理流程，确保交通设施设备的安全稳定运行。采用购买服务或外包等方式，委托具有相关技术的专业化团队，开展路面交通组织与信号控制优化、交通管理信息分析研判、设备设施运维管理等技术服务，加强对技术服务的监督和管理，提高交通管理科技应用水平。

（四）系统推广及新技术应用

应用全国统一版交通管理信息系统，包括公安交通集成指挥平台、大数据研判分析平台、互联网综合服务管理平台等，改造现有交通管控系统接口，将各类信息接入全国统一的信息平台，实现信息资源全国联网传输和业务办理。在全市范围内，试点应用汽车电子标识、“互联网+”交通管理等先进技术，破解交通管理科技应用存在的重点难点问题。

（撰稿：刘东波、张雷元）

西宁市智慧交通系统建设与应用

一、基本情况

西宁地处青海东部，黄河支流湟水上游，四面环山，三川汇聚，具有青藏高原东方门户之称，是青海省的政治、经济、文化、科教和商贸中心。西宁市从 2015 年开始创建全国文明城市，2017 年是“创城”的冲刺年，青海省发改委要求“集全市之力打好创城这一场硬仗”。在这样的形势下，人工智能及物联网应用引入了西宁智慧交通系统，顺应了公安部 7 月 11 日在全国公安厅、局长会上提出的积极适应信息化发展大势，主动拥抱大数据、云计算、人工智能新时代的号召。

人工智能由智能感知、智能反馈、智能控制三个核心环节组成，体现了人类感知、思考、行动三个层层递进的特征，模拟人的逻辑思维过程和行为，对搜集的数据信息进行分析判断，比如自我学习、信息检索、逻辑判断、高效决策等。人工智能技术目前在智慧交通中应用，主要是视觉方面，体现在运动目标检测和识别上。智能感知是应用 CCD、CMOS 等感光元件收集外界信息，转化为足够多的结构化数据表述具体应用场景；智能反馈体现在计算能力上，涉及的核心技术主要是机器学习、人工神经网络、深度学习等；智能控制是对分析计算的结果采取一定的方式进行人、机、物的信息交流和物理互动。蓝泰公司人脸识别相关产品，包括驾乘人员人脸识别系统及行人闯红灯人脸识别系统。

二、建设完成的主要系统

（一）人脸识别智能管控平台

人脸识别智能管控平台结合物联网技术，将“行人闯红灯人脸识别系统”“前排驾乘人员智能识别系统”“智能人脸闸机”作为平台中的功能子模块集中管控。各个子系统功能独立、模块独立、业务独立，后台架构统一、数据统一、流程统一。平台利用公安内部 PGIS 地理信息系统直观展现所有前端设备，便于管理人员直接查看设备相关所有信息及图像，管理设备相关设置。管理人员可按区域、职务等划分权限。将每一台人脸识别装置作为路侧设备，可构建基于 LTE-V2X 标准的人－车－路协同系统，由此可实现高可靠、低延迟的交通路况信息实时推送和调取，并可将实时视频数据及分析结果与公安实现共享。

平台架构分为对外接口平台、业务支撑平台、信息发布平台、数据支撑平台。位于底层的数据支撑平台是人工智能实现的直接体现。其产生的各种数据经过大数据分析和挖掘，通过物联网、云平台实现各种业务展现，并可与第三方数据库实现对接。平台内部结合大数据理念将所有数据进行汇总形成图像数据中心，横跨所有的子系统，打破原有各个独立系统的数据壁垒。平台数据中心有统一的对外数据出口，统一的规范统一的标准，可对接公安内部不同部门。也为与政府其他部门的数据交互做好规范性准备（见图 1）。

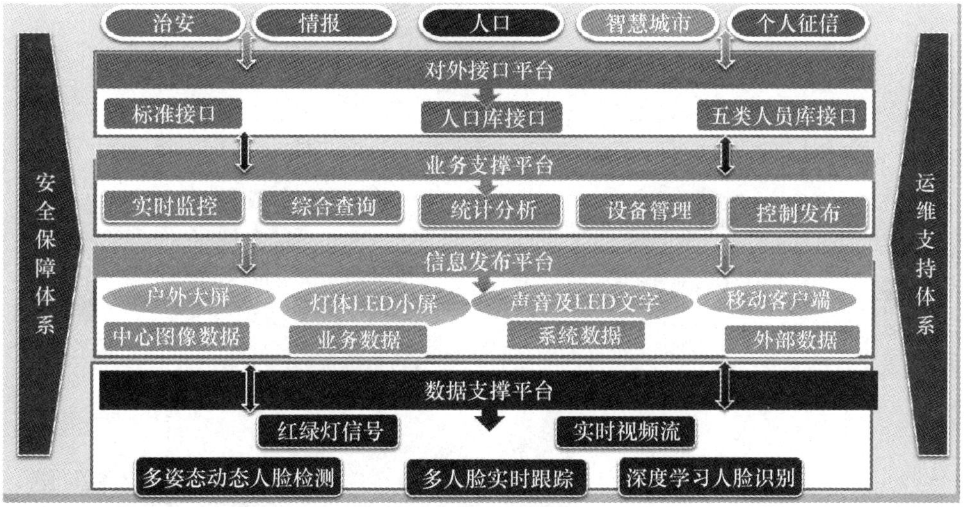

图 1　平台架构

（二）行人闯红灯人脸识别系统

行人闯红灯人脸识别系统由路口前端子系统、网络传输部分及中心管理平台三部分组成（见图 2）。

1. 路口前端子系统

路口前段子系统由人脸识别多功能人行横道灯和户外大屏组成。

1）人脸识别多功能人行横道灯

人脸识别多功能人行横道灯在传统人行横道灯基础上增加了人脸识别功能（见图 3）。传统人行横道灯由灯面板、LED 文字提示屏、语音提示喇叭组成，造型美观，文字提示屏所显示的文字可以根据需要自行设定，既可以提示路人安全通过，又可

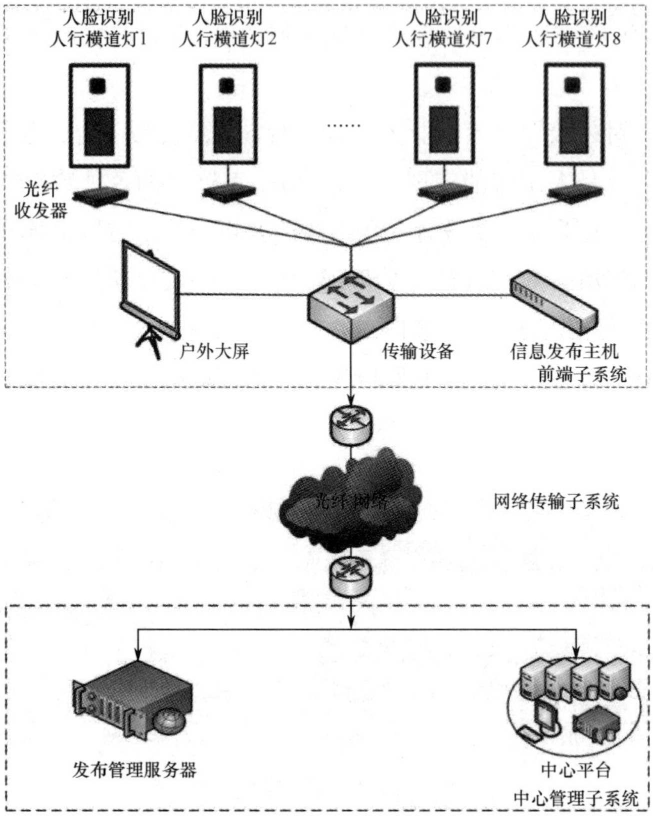

图 2　行人闯红灯人脸识别系统架构

图 3　人脸识别多功能人行横道灯

以显示文明标语。作为城市里一道亮丽的风景，给人耳目一新之感。增加的人脸识别功能由灯体人脸显示小屏、嵌入式高清摄像机及内置嵌入式控制器完成，闯红灯人脸特写在灯体LED屏上显示，同时形成具有取证功能的闯红灯4张图片传输给中心管理平台，嵌入式高清摄像机同时还将完整的视频流直接传输给中心管理平台进行存储。

2）户外大屏

为了提高警示效果，在每个路口放置一台高亮度户外大屏，通过中心管理平台将8个方向的闯红灯人脸采用四宫格的方式全部集中在大屏上滚动显示。

户外大屏不仅可以实时曝光行人的违章行为，还可以播放交通路况信息、交通管制信息、交通宣传标语、公益性广告等。另外，若接入传感器，则可实时显示当前温湿度、风力、风向、噪音、PM2.5等现场数据。

2. 中心管理子系统

每个路口共有 6～10 个人脸识别多功能人行横道灯，闯红灯行人四联图及人脸特写通过光纤链路汇总至中心管理平台集中存储管理，人脸分析服务器完成人脸识别比对算法；视频服务器保存路口所录制的完整的视频流，可根据此视频流进行刑事及治安案件的排查、研判；中心的发布管理服务器对信息发布终端进行统一管理和信息发布。

系统支持在前端通过人机交互界面进行现场配置和在中心进行远程配置，能够对人脸识别区域、人脸识别及比对阈值、文字屏显示信息及语音信息等参数进行设置，可实现系统远程重启、复位等远程维护操作。

三、主要技术创新点

行人闯红灯人脸识别系统是人工智能在智慧交通中的成功应用，其主要技术创新点有以下三点。

（1）多角度多姿态动态人脸检测技术。行人闯红灯人脸识别系统的工作环境为交叉路口的人行横道区，需要考虑人脸多角度多姿态等问题。针对复杂的工作环境，采用了改进的 AdaBoost 算法进行人脸检测，训练了正脸分类器、侧脸分类器，使用时通过串联分类器检测人脸。很好地解决了以往 AdaBoost 分类器只能检测静态图像中正脸的问题。

（2）多人脸实时跟踪技术。针对交叉路口的人行横道区，背景复杂且会有多个行人同时出现的情况，对传统 Camshift 算法进行改进，提出一种基于 Camshift 和轨迹预测的多人脸跟踪算法。算法将上一步检测到的人脸区域自动设为跟踪初始区，采用多线程，每一线程跟踪一个人脸，并结合轨迹预测实现多人脸的对应跟踪。

（3）基于深度学习的人脸识别算法，在获取清晰人脸图片后先采用一个 9 层的深度卷积神经网络（包含 7 个卷积层与 2 个全连接层的 DCNN）来提取特征，然后采用 Cosine 计算相似度，进行特征比对识别。

四、应用情况和综合效益

目前，西宁正值“创城”的冲刺阶段，行人闯红灯人脸识别系统落户西宁对推进西宁文明城市、智慧城市的建设具有重要的意义，对倡导市民文明出行、安全出行起到了积极的作用，曾获青海卫视、搜狐新闻等多家媒体报道。

西宁安装的行人闯红灯人脸识别系统实现了以下功能。

（1）捕获行人闯红灯：在人行红灯亮起的情况下，对行人强行横穿人行横道的过程，连续采集三张典型位置的图片和一张清晰人脸特写图片，并将图片自动合并后，传输到中心平台中。

（2）灯体 LED 屏实时滚动显示闯红灯人脸：具备闯红灯行人文字提示、语音提示及人脸显示三重功能，人行横道信号灯灯柱上镶嵌有 LED 屏，不断播放最近 5～10 个闯红灯行人的人脸特写图像。

（3）路口户外大屏集中显示闯红灯行人四联图：户外大屏不仅可以实时曝光行人的违章行为，还可以播放交通路况信息、交通管制信息、交通宣传标语、公益性广告等。另外，可通过接入传感器实时显示当前温湿度、风力、风向、噪声、PM2.5 等现场数据。

（4）闯红灯行人身份信息比对：后台中心管理系统对抓拍到的人脸图片提取人脸特征，并将其抽象为特征码保存到本地数据库中。对照内部储存的人脸信息库进行筛查比对，根据要求进行相应联动告警。

（5）行人闯红灯记录查询：基于 B/S 方式的后台管理系统界面，可根据路口名、行人通行的方向以及某段时间范围进行行人闯红灯的记录查询。查询结果显示页可清晰显示闯红灯次数及具体的闯红灯记录。

（6）独立全景高清录像：系统具有各个方向独立全景高清录像功能，实现了对城市路口人行道全天候、大范围的监控，为交通部门执法提供了有利的证据，对于规范行人行为、降低警力配置、实现科技强警目标提供了有力保证。

（7）关联个人交通信用体系：系统建有个人交通信用体系库，可与公安部门的人口库，交警的车驾管库，保险公司的车险业务系统，银行的个人信用体系建立对应关系。通过人脸识别与个人信息关联绑定，可实现对闯红灯行人的驾驶证审核、出入境管理、保险业务办理、个人贷款办理等各方面进行评价管理。

（8）协助公安快速破案：本系统可根据业主需要，当绿灯时同样抓拍人脸，实现过街行人人脸的全部抓拍及保存，并与业主提供的各种功能共享库进行比对识别。由于公安数据的敏感性，需要进行数据的中间处理，采用中间数据库技术，适时进行同步，既保障了公安数据库的安全性又做到相关数据的及时有效性。

（撰稿：徐海黎、沈标）

烟台市智能交通系统建设与应用

一、基本情况

“十二五”以来，随着经济社会的快速发展，烟台市的综合实力显著增强。2016 年，全市实现生产总值 6925.66 亿元。相继获得联合国人居奖、全国文明城市、国家卫生城、全国科技进步先进市、全国社会治安综合治理优秀城市、全国畅通工程模范管理城市等 10 多项国家级荣誉称号。伴随着国民经济的发展和人民生活水平提高，机动车数量和驾驶人数量激增，人、车、路的矛盾日益突出，城市交通拥堵问题越来越严重。因此，加强智能交通系统建设，为广大市民提供高效、安全、快捷的交通出行环境，已成为城市管理发展的必然趋势。

二、烟台市智能交通建设和应用

烟台市智能交通系统建设大致经历了三个阶段：起步阶段、发展阶段和提升阶段。

（一）起步阶段（2010 年以前）

自 2003 年开始，烟台市开始筹建智能交通道路管理系统，经过不断努力，烟台市的智能交通道路管理系统建设初具规模，但是，原有的智能交通道路管理系统设备数量少、技术标准低、使用年限过长，与日新月异的现代科学技术发展相比、与日益严峻的道路交通安全形势相比、与省内外城市快速发展的智能交通管理工作相比，尤其是与烟台市经济社会在全省、全国的发展地位相比，已经远远不能满足日益增长的需求。为提高烟台市道路交通现代化管理化水平，筹划建设烟台市智能道路交通管理系统。

（二）发展阶段（2010—2014 年）

自 2010 年以来，烟台市智能交通系统建设进入了发展阶段。2010 年，烟台市提出开展烟台市智能交通系统建设的需求，2011 年完成《烟台市智能交通管理系统建设三年规划》和《烟台市智能交通管理系统建设招标技术方案》。烟台市智能交通道路管理系统包括 1 个平台、7 个子系统等共 8 个部分，1 个系统集成平台，视频监控、电子警察、卡口、交通诱导、交通流量采集分析、交通信号和通信调度 7 个主要子系统，同时包括交通管理 PGIS 专业应用子系统以及其他多个小型信息应用子系统。

烟台市智能交通安全系统于 2012 年开始建设，2013 年年底全部完工投入使用。系统总投资 8000 余万元，建设系统集成平台 1 套、103 处电子警察、23 处治安卡口、41 处交通诱导、49 处流量采集、232 处智能交通信号、328 处高清监控、600 部数字手台，以集成平台为核心，完成了智能交通云平台建设，整合12大系统，实现了数据统一管理，系统单点登录，统一权限管理、统一业务管理。经过烟台市市委、市政府及各委办局共同努力下，原本规划3年的建设内容在1年半内圆满完成。工程于2013年年底完成施工和验收，系统稳定运行，该项目于2016年12月质保期结束。

（三）提升阶段（2014年以后）

随着智能交通技术的不断发展，国家和地方陆续发布了一些新的技术标准和建设规范。烟台市交警支队按照《山东省国省道智能交通安全系统建设规范（试行）》等相关规范，编制完成了《烟台市国省道路及县乡道路智能交通安全系统三年建设规划》（2015—2017 年），全力构建全市公路智能交通安全防控体系，提高管控的针对性、实效性。考虑山东省公安厅《全省公路智能交通安全系统建设省级补助资金管理办法》要求，将3年建设任务压缩到2年完成。

2016 年 5 月，公安部交通管理局下《发关于印发〈公安交通集成指挥平台推广应用工作方案〉的通知》，省厅交管局下发《关于印发〈山东省公安交通集成指挥平台推广应用工作方案〉的通知》，要求于2016年年底前必须完成公安交通集成指挥平台的推广应用工作。根据以上情况，烟台市交警支队适当调整软硬件配置，确定中心系统严格按照部交管局《公安交通集成指挥平台技术实施方案》进行建设，同时前端系统向国省道和重点县乡道路扩展。2016 年年底，烟台市交警支队启动烟台市国省道及重点县乡道路智能交通安全系统的建设工作，烟台市国省道智能交通安全管控体系可概括为“一个中心、一个大平台、十大系统”。一个中心为大数据云计算中心，借助大数据、云计算等领先技术有力支撑监控系统发现取证、通过平台指挥调度，通过执法服务站检查执法三位一体的警务运行机制。一个平台即烟台市公安交通集成指挥平台，立足于烟台市实战需求的应用平台，基于前端设备的信息及控制，实现对信息的处理、挖掘、分析等，从而实现交通安全管理的辅助决策支持，是实现智能交通安全系统真正智能化的核心支撑。十大系统为交通视频监控系统、交通信号控制系统、路况信息管理系统、电子执法系统、交通诱导系统、缉查布控系统、移动执法系统、合成作战系统、社会化服务系统、设备运维系统。

目前，烟台市城市智能交通管理水平位于全国先进行列，形成了集交通视频监控、交通信息采集、电子执法、合成作战、指挥调度等功能于一体的智能交通体系。

三、主要技术创新

烟台市国省道及重点县乡道路智能交通安全系统建设层面以能存、能用、增值为目标，建立基于分布式计算的大数据存储应用数据库，整合VM虚拟化与DOCKER虚拟化加强计算能力。应用层面建立智能交通安全大数据体系，部署集成指挥平台本地外挂系统，建立与烟台市警务云协同联动工作机制，面向各类公安用户提供开发应用服务、大数据深度应用服务和个性化应用服务。同时根据协同联动工作机制，向其他局域网用户提供数据和应用服务，建立基于空间与时间的道路交通画像系统。

（一）建立大数据分布式计算存储体系

对现有计算资源与存储资源进行拆分，保留原有 VM 虚拟化计算群，将原存储设备从现有计算环境剥离，用于历史数据的迁移存储。

建立满足大数据应用需要的分布式计算存储，采用 Hadoop、Hive、Oozie、Hbase 进行批量计算、定时计算，实现对数据的存储、批量计算及数据挖掘。

（二）建立面向大数据和机器学习的应用体系

针对大数据和机器学习的应用场景，在保留现有 VM 计算池面向人工数据生产的同时，新建面向数据自动生产加工的计算池，满足对计算能力的要求；部署部局统一的公安交通集成指挥平台核心版和扩展版功能，并升级和迁移原应用软件。烟台交警现有 9 大类公安业务应用系统，大数据平台实现对现有数据及应用做平滑迁移。重点保证云应用平台直接构建在大数据平台之上，并实现其他业务系统的数据及时汇总到大数据平台。

（三）建设大数据管理体系

基于大数据平台，对各专业应用子系统的数据进行加工、清洗、整合，基于统一的字典管理，将 UTC、流量采集、GIS、外场设备、机动车、驾驶人、道路交通事故、道路交通违法、视频监控、非现场执法数据等原始结构化数据和非结构化数据进行统一管理，实现大数据分布式存储的建立、传输、存储和共享；通过集成应用提供实时监控、实时查询、实时分析等应用手段，开发各类交警大数据应用功能，使海量交通管理数据鲜活、可用。基于部局公安交通集成指挥平台及分布式应用升级改造指导意见，制定统一的接入接口规范，完成原有与新建的电子警察、卡口系统、流量监测采集系统、监控平台等系统数据的集成管理，并根据需要完成县市区以上数据的接入及集成管理。

构建数据监控规则、评价指标、评价标准，能够对各类数据开展动态、实时监控，及时对异常数据发起整改流程，并对整改结果执行在线验证，全面提升整改效果。

对数据质量进行考核，评价数据治理情况，通过质量评比提升数据管理水平，强化数据统计分析功能。对共享数据的访问量、数据状态、共享数据业务办理状况等进行统计分析，为数据管理提供参考。

四、应用情况和综合效益

（一）当前烟台市智能交通应用情况

烟台市坚持“系统集成化、功能模块化、数据一体化、接口标准化、菜单桌面化、流程逻辑化”的原则，规划设计了指挥调度、视频监控、电子执法、缉查布控、交通信号控制、PGIS、交通诱导、移动警务、分析研判、信息应用、设备运维监管、社会化服务 12 大系统，并全部深度集成到烟台市智慧交通管理云应用平台，充分运用虚拟化集群技术，在智能交通领域率先实现了区域性的云计算、云存储和云应用。

（1）指挥调度系统。包括警用资源、警情监测、警情处置、特殊勤务等模块，可以整合利用其他所有子系统的功能，对交通安全警情和交通拥堵警情实现监测和处置。

（2）视频监控系统。包括高空、隧道、学校、路口、路段、高速、移动、车管、驾管、办公等监控，具有视频实时监控、视频网上巡查、执法网上巡查、视频执法系统和典型案例展示等模块，能够实时监测城区道路、执法办案、办公环境等区域情况，高效、快速、准确捕获各类事件信息，实现指挥中心的可视化、扁平化指挥。

（3）电子执法系统。包括交通违法信息采集、交通违法数据处理、交通违法统计分析、交通违法数据监管等模块，可以直观快捷地进行非现场执法抓拍并进行分拣确认，并且在违法数据上传综合应用平台的同时，第一时间自动短信告知违法当事人。

（4）缉查布控系统。包括过车监控、布控管理、车辆查缉、车辆撤控、案例管理等模块，可以监测所有过往车辆通行照片和行驶轨迹，对特定车辆的行驶轨迹可以回放，对黑名单车辆可以缉查布控管理。

（5）交通信号控制系统。包括信号监视、信号控制、信号设施、信号研判、效果展示等模块，可以通过指挥中心对前端信号机进行远程控制，及时优化信号配时，减少交通拥堵，提高通行效率。

（6）PGIS 系统。包括智能交通图层和交通设施图层，共有 12 大类的设备在地图上标注再现，可以实现精细化、精确化的管理应用。

（7）交通诱导系统。包括交通流量采集、交通路况研判、交通信息发布等模块，通过微波、线圈、电警、卡口等设备将采集到的流量数据进行计算分析，以红黄绿 3 种颜色在行车诱导屏上发布实时诱导信息，为出行者提供及时丰富的交通信息，科学均衡交通流量。

（8）移动警务系统。包括交通违法行为处理、交通事故快速处理、交通管理信息查询、交通违法信息采集等模块，通过配备执法警务终端，路面民警可以实现交通违法现场处理、交通罚款现场缴纳、交通事故快速处理，真正提高路面民警的移动执法能力。

（9）分析研判系统。包括机动车辆分析、驾驶人员分析、交通违法分析等模块，主要对机动车情况、驾驶人情况以及交通违法采集和违法处理进行综合研判分析，获取有效数据，提供决策依据。

（10）信息应用系统。包括通行证管理、施工占道管理、停车场管理和信息化应用等模块，可以实现业务部门的个性化应用。同时，将部局的综合应用平台、省市的外挂系统全部集成到一起，实现一键式登陆、一站式应用。

（11）设备运维监管。包括交通安全设施、智能交通设备等模块，实时监控各类设备及系统服务、数据质量的状态，并通过平台和短信方式进行实时通知，及时做好维护保养工作，确保各类设备正常运转。

（12）社会化服务系统。主要包括短信告知、网上查询、路况发布、路况上报、微博、微信等模块，主要向社会提供交通违法以及机动车和驾驶证的相关信息，及时主动告知当事人相关的交通管理信息，提供各项便民利民服务。

（二）综合效益

智能道路交通管理系统自投入使用以来，已在道路交通管理工作中初见成效。

1. 缓解了市区道路交通拥堵

通过系统自动检测道路交通流量，自动调整交通信号配时，自动发布交通诱导信息，进一步提高现有道路通行效率。应用以来，早、晚高峰期主干道平均车速分别提高 13.2%和 17.7%，道路通行能力提高 13.5%，城区拥堵程度由“拥堵”下降为“轻度拥堵”。

2. 规范了市区道路交通秩序

有效治理城区乱停车、乱行车、乱变道、乱占路、闯红灯以及大货车违法入市等交通违法行为，降低交通违法率和交通事故率，进一步改善市区交通环境、提升城市文明形象。平均每天查处闯红灯、逆行、不按导向车道行驶、违法标线指示等交通行为约 3000 余起，重点交通违法率降低 50%以上。

3. 推动了新型警务体制改革

借助 PGIS 系统能够实现可视化、数字化、扁平化指挥调度，推动新型警务体制改革创新，进一步提高工作效率和管理效能，使交通管理真正从“体力型、经验型的粗放化管理模式”逐步向“智力型、科学型的集约化管理模式”转变。

4. 促进了警民关系和谐稳定

电子监控执法严格、证据确凿，有效减少了现场执法中存在的人情干扰，避免现场执法中民警和当事人产生争执，杜绝执法中发生警民冲突。

五、发展与展望

（一）高起点制定智能交通系统规划

智能交通安全系统建设投资大、影响深，规划设计至关重要，交通主管部门主要领导亲自听取系统规划设计方案汇报，就设计原则、建设效果等提出明确要求，为整个系统规划设计提出指导性意见，有效提高系统的实用性。结合实际需求，联合高校及社会科研院所等对烟台市智能交通系统进行统一规划，并符合公安部交通信息系统规划的统一标准进行设计，建设内容统一入网，在集成指挥平台上统一管理，科学合理地完成系统规划设计方案。

（二）高标准集成智能交通系统资源

联合相关专家和技术人员到市政、电力、网络运营商等部门实地调研论证，充分了解基层需求，征求相关部门意见建议，使智能交通安全系统规划设计兼顾了市政、公安等多部门需求，有效提高针对性和实用性；同时围绕大数据云管理平台、通信系统、免维护前端设备、基础设施等方面对设计方案进行论证评审，采用先进技术，关键设备采用国外及国内的先进设备，以确保满足以后不断发展的需要，使集成开发的系统充分满足实际功能需求并且易于操作，高标准集成智能交通系统资源，进一步完善工程设计和建设方案。

（三）高层次统筹规划建设资金

在智能交通安全系统规划设计基本完成后，将现有资源整合作为一项重要内容单独进行协调论证，积极协调市政、电力等部门共同到路面现场进行联合调研，争取资源支持。采取软件合并、平台共享、设备整合等措施，在满足系统兼容性的基础上，对资源尽可能进行复用，节约投资，能最大限度地满足交通管理实际工作的需要，实现效果最大化。

（四）高效能拓展智能交通系统实用效果

系统建设结合烟台市经济社会发展的现状及特点，有针对性地进行建设，强化系统的实战应用，系统整体设计和各子系统具有良好的扩展性和兼容性，保证各系统通信接口和协议透明，兼容原有的各类系统，增强系统的延续性、安全性、可靠性和稳定性，提供优质服务，真正实现系统的价值。

（五）高水平推动互联网与智能交通系统融合发展

交通大数据可以提供快速检索、研判分析等功能，云分析可以对卡口、电警以及监控视频拍摄的车辆信息进行结构化智能分析，提取车牌号、车身颜色、车标、子品牌、车型、车脸等交警实战所需的结构化信息。通过创新研究，采用先进技术引领智能交通系统的发展，推动互联网与智能交通产业融合创新发展，推动交通管理的不断创新和变革。

（撰稿：北京易华录信息技术股份有限公司）

宣城市智能交通系统建设与应用

一、基本情况

随着城市机动车保有量迅速增长，宣城市人—车—路等交通各要素之间的矛盾逐渐凸显，加之其特殊地形导致自发形成了大量瓶颈路、不规则路、T 形路口，致使宣城市不同程度地出现了交通安全隐患、局部交通拥堵等各种交通连带问题。

继“上海会议”和“深圳会议”召开之后，宣城市公安局交通警察支队紧紧围绕会议的有关部署，坚持公路安全与城市畅通并重，并以宣城市被确定为公安部“标志标线标准化和信号配时智能化”安徽省工作试点市为契机，主动与“城市交通管理集成与优化技术公安部重点实验室”合作，借助大数据、云计算等科技手段推进“两化”排查整改，科学规划并完成了宣城市智能交通系统建设目标和主要任务，并提出了系统建设与运行保障机制。宣城市通过多次邀请国内相关领域的专家及高校的科研技术团队现场指导，尤其对一些疑难复杂问题组织专家会诊，确保治理效果，最大限度挖掘城市道路通行潜力，全面提升城市道路交通管理水平。城市道路交通的综合管理和服务水平的提高，不仅有助于交通管理现代化、资源共享化、效率高效化、出行安全化目标的实现，同时可加速各市全面推进智能交通系统建设的进程。

二、建设完成的主要系统

（一）交通设施管理系统

该系统包括 GIS 图形和地理信息处理功能，通过人机交互界面和后台处理数据库，使交通设施的空间位置可视化；通过对设施图元及其属性信息的操作，实现对交通设施的各项管理功能。

宣城市青戈江大道环线以内约 150 千米干线路网作为重点实施对象，通过“多功能道路交通信息采集与测量车”拍摄含有地理坐标信息的道路及交通设施照片，并将这些包含原始数据信息的照片与 PGIS 警用地理信息系统结合起来，形成交通设施高精度全量数据库。在此基础上，研发了“宣城市交通设施管理系统”，将道路线型、路口结构、灯具、标志标线以及信号灯配时等交通元素全部纳入系统进行信息化管理，目前该系统已积累了近 15GB 图片资料数据、近 5TB 视频和准视频数据、约 15 万条各类定位和属性数据，为宣城市全市的设施管理提供数字化、信息化、可视化的平台，进而清晰地了解当前所有设施的地理位置布局及其他相关属性信息。目前，通过该系统排查整改了全市各类交通标牌 3285 块，清理了错误、废弃交通标线 1.1 万余平方米，增补施划标线 3 万余平方米等，均实现了对交通设施的电子信息化管理。

（二）交通信号控制系统

宣城市按照数据“分析+应用”的思路，准确掌握路口各项位的流向，制定了信号灯整改措施和控制方案，真正实现了基于数据分析的信号配时智能化。目前，完成了全市 138 个路口所有问题信号灯的整改，其中机动车信号灯 882 组、掉头信号灯及方向指示信号灯 294 组、人行横道信号灯 367 组，更换信号灯杆件 500 余根，信号灯灯具和设置问题、信号灯应用问题的整改率均达到了 100%；新购置信号机 30 余台，将过旧不能联网的信号机更新换代为科力 5.0 集中协调式信号机，中心城区信号机联网率达到 100%，整体联网率达 86%；对中心城区 20 个路口加装视频流量检测设备，对外围环线及出城主干道上的 30 个路口利用卡口和电子警察视频复位技术采集流量数据，为信号灯提供依据；实现了其市区 52 个路口信号灯智能控制（自适应控制），信号机通过视频检测实时流量数据和运行速度，智能调整绿灯放行时间；实现了水阳江大道、宝城路、昭亭路、薰化路、响山路等 8 条重要干道双向绿波协调控制应用，使车辆在行驶时得到连续的绿灯信号。

自信号配时智能化开展以来，宣城市城市核心区主要路段晚高峰出城平均时间下降了 45.1%、平均红灯等待次数减少了 60%，进出城平均时间延长了 12%；道路实际通行能力提高了近 20%，最大排队长度缩短了 15%，最大限度减少了停车次数、延误时间，确保了中心城区不出现大面积、大范围拥堵。

（三）交通信号优化服务平台

宣城市的交通信号控制优化服务平台包括参数分析、交通运行状态实时监控、信号控制策略生成、信号控制方案评价等内容，通过对交通状况的实时了解，对交通拥堵路段、交叉口重点分析，从而根据路况制定相应的信号控制方式，能够更加有效地缓解目前由于机动车数量过快增长导致的较大的路网交通运行压力。

（四）交通状态分析研判系统

实时发布了宣城市区范围内 107 个路段及 80 个交叉口的交通状态；通过数据挖掘，得到宣城市市区路网承载力约为 1.2 万辆汽车；以宣城市的水阳江大道为界，得到其高峰期进出城交通分布情况；自动生成日报、周报、月报等周期性交通运行评价表报告。

（五）交通大数据智能决策支持平台

该平台通过卡口、电警、视频监控以及信号机等交通设施采集的数据，进行城区主要路口通行能力与路网承载力，城区交通流时间、路段分布规律特征，城区主要路口、路段及路网交通拥堵分布规律等各项模型分析，对交通决策和信号灯智能化提供数据支持。

平台已实现宣城市市区 43 套卡口、69 套电警、95 路视频监控以及 86 套信号机等交通设施的数据接入。一是计算宣城市区 107 个路段上下游交叉口的通行能力匹配情况，实现对上下游连续路口交通流压力匹配分析，得出当上游汇入最大交通量（最大压力）时，下游通行能力不足的路段分析结论；二是进行交通出行量分析，结合路段容量等数据，实现其市区鳌峰西路等 6 个路段高峰拥堵排队有溢出到上游交叉口的风险提示；三是交通信号运行方案自动分析与评价，分析车道级饱和度，指出绿灯不足及绿灯空放的相位，对运行异常路口进行告警。

（六）交通综合管理平台

交通综合管理平台对其市区内的电子警察、卡口、视频监控等设备进行联网监控管理，是宣城市公安局交通警察不可或缺的内网办公平台。该系统在清晰地展现了各种违法行为、交通事故的数据情况，便于交警分析的同时还方便了警队的管理。交警可以通过该系统对城区内的逾期未年检、未报废、假牌套牌、肇事逃逸等违法犯罪行为车辆缉查布控。

（七）交通微信管理系统

该系统通过“互联网+”技术，研发的交通违法行为微信“随手拍，有奖举报”平台和轻微交通事故微信快撤快处平台。市民可以在微信平台上对看到的交通违法行为拍照上传，经后台审核后可获得一定的奖励；轻微交通事故拍照上传到平台后现场事故车辆可立即撤离，等待后台的在线处理结果。提高了交通违法查处、轻微事故处理的社会参与度。

自 2016 年 12 月上线以来，宣城市的交警支队共接受群众举报 700 余起，轻微事故快处快赔近 1000 起。这个举报平台大大减少了违法监察盲区道路交通违法行为的发生，为宣城市创造了更好的交通环境；快撤快赔平台减少了轻微交通事故导致的拥堵，为事故驾驶员节约时间的同时也大幅度节约了警力，对优化警力资源配置起到了关键的作用。

三、主要技术创新

（一）实现了交通设施的可视化与数字化

利用视频数据分析和 PGIS 信息自动采集设施信息，将道路线型、路口结构、灯具、标志标线以及信号灯配时等交通元素全部纳入系统，从而形成交通设施高精度全量数据库，实现了交通设施的可视化与数字化。

（二）实现了电警卡口系统的复用

利用先进的光电、计算机、图像处理、模式识别、WEB 数据访问等技术，使电警卡口对监控路面的每一辆机动车的前部特征、车辆全景图像和路面实时视频流进行连续拍摄、记录并将数据上传到交警数据中心进行处理，从而为交叉口信号时段划分和控制提供基础支持。

（三）实现了智能大数据决策支持

掌握交通容量、交通需求、交通状态三大交通运行特征，能够有效分析城市拥堵成因。系统可结合交通流量的分布情况直接给出上下游通行能力不匹配、高峰期交通需求过大、交通信号配时不均衡等路网交通拥堵点的具体成因，为合理划分控制时段的智能决策提供了大数据分析支持，实现了交通容量、交通需求、交通状态与信号控制的完美结合。

四、建设发展规划或展望

（1）宣城市作为公安部“两化”安徽省试点市，后续计划进一步完善关联系统，深化系统应用。进一步完善交通大数据分析研判平台，从而掌握各类交通流的出行规律，为宣城市民提供更加安全便捷交通环境；进一步加大对基础设施建设的投入，建立并完善主干道路的交通诱导系统，与城市停车管理系统联网，提高交通干预和控制能力；进一步整合现有的各类卡口、监控和电子警察的视频资源，将其作为交通管理感知神经网络的重要组成部分，提高路口、路段流量流向的分析判断能力。

（2）随着大数据、云计算等新技术的发展，安徽省应在宣城市已经取得的公安部“两化”建设成果的基础上继续顺应信息化发展潮流，以开放的姿态拥抱科技，在各市深入推进公安部“两化”排查整改，促进科技成果向实战应用转化，推进各市道路交通管理工作科学化、精细化、规范化，努力为群众出行创造更加安全畅通、和谐有序的道路交通环境。打造“智慧安徽”，提高安徽省道路交通管理部门在城市发展建设中的话语权，同时也推进安徽省社会经济快速发展。

（3）我国在智能交通各个研究领域已经取得了丰富的成果，在某些领域已经接近了发达国家的研究水平，但是比起发达国家成熟的智能交通系统体系和先进的智能交通技术，我国智能交通方面的研究仍然处于初级阶段，还有很长的路要走。希望全国各省市积极响应《关于推进城市道路交通信号灯配时智能化和交通标志标线标准化的通知》（公交管〔2016〕230 号）文件的号召并结合各自城市交通状况，以公安部“两化”建设为基础，科学的规划智能交通系统建设目标和主要任务，以此推进智能交通系统建设进程，打造遍布全国的智能交通系统。相信在不久的将来，我国的智能交通系统也会成为国际上最先进的交通系统之一。

（撰稿：宋志宏、吕红振、邹继贤、姚璐）

第三章

创新基地与人才培养

国家智能交通系统工程技术研究中心

国家智能交通系统工程技术研究中心（ITSC）于1999年由科技部批准成立，依托交通运输部公路科学研究院并与智能交通技术交通运输行业重点实验室一体运行，构成面向全国智能交通运输领域技术研究和应用开发的国家级高新技术研发实体。

近年来，ITSC承担完成国家、省部级及重大项目近百项，形成了自有知识产权的成套技术成果，多项成果处于国内领先水平，部分达到国际先进水平，为提高我国道路交通供给能力、服务管理能力和可持续发展能力提供有力的技术支撑。

ITSC是我国智能交通领域国际交往的主要窗口，承担ISO/TC20中国秘书处工作，与日本、美国、欧洲等国家和地区的政府、智能交通协会、企业等保持着密切的技术交流与合作，参与组织2007年第十四届智能交通世界大会，2015年第十四届亚太智能交通论坛，国际影响力不断提高。

2016年，国家智能交通系统工程技术研究中心为多项信息化工程提供国家/行业统一的密钥管理和电子认证服务；支撑ETC全国联网及ETC拓展应用发展路线和推广策略。开展“互联网+”ETC的信息化项目研究和工程试点及多义路径识别技术推广应用；“综合交通出行大数据开放云平台”在第三届互联网大会上完成上线。完成“十三五”发展规划；围绕“十三五”的重点方向优化内部管理，加强车路协同技术方向的人员配备，组建密码技术应用研究室；自动驾驶、车路协同、“互联网+”出行等前瞻性技术经多年积累，蓄势待发，获交通运输行业及交通运输部李部长、刘部长等领导高度认可。获中国公路学会一等奖2项，二等奖2项；授权发明专利1项、实用新型专利1项，软件著作权16项，发表学术论文50余篇。

国家智能交通系统工程技术研究中心2016年实现国家科技重大专项“面向公路智能交通系统的无线物联网总体技术研究”顺利结题。在电动汽车领域申报并获得了科技部中英合作项目1项。新承担了交通运输战略规划政策研究项目3项，北京市科委“智能驾驶测试方法与测试环境建设”等重大科研项目2项，多项部科技项目按期结题。牵头申报北京市科委“智能网联驾驶基础标准研究”项目，将承担“智能网联驾驶标准体系研究”“面向智能网联驾驶的新型智能基础设施标准和规范研究”“面向智能驾驶的高精度地理信息标准研究”课题。

另外，中心在信息安全、大数据及智慧供电方面开展了多项自主研发及技术储备，提升了中心的自主创新能力。

国家道路交通管理工程技术研究中心

国家道路交通管理工程技术研究中心依托公安部交通管理科学研究所建设。主要致力于公安交通管理业务信息化、道路交通事故预防及鉴定、城市和公路交通管控、公安交通管理大数据及云计算、物联网涉车管理、公安交通指挥中心建设、机动车及驾驶人牌证、交通安全宣教设备和基地建设等技术研发应用，承担全国道路交通安全产品和交警执法装备质量监督检测、全国公安交警干部培训等业务。2016 年在公安部、科技部的领导下，紧密围绕全国道路交通管理中心工作和实战需求，以“国内一流、国际知名”为奋斗目标，不断推进交通管理科技的研发与应用，持续完善内部管理，加强科研条件建设，为全国道路交通管理工作提供了有力的技术支持和服务保障，为我国道路交通管理科技发展作出了重要贡献。

2016 年，中心科研项目研究实现新突破，国家科技支撑计划项目、汽车电子标识项目等重大课题顺利推进，科研基础建设迈上了新台阶，智能交通综合测试基地项目正式启动；完成了 6 项国家及省部级课题，获得专利授权 15 件（其中发明专利授权 10 件）。制定国家标准 3 项，行业标准 18 项，申请软件著作权 36 件，获省部级以上奖励 3 项，年度技术转移 18 项，签订产学研协议 15 项，委托合作 12 项，开展技术培训 80 期，培训技术人数达 7500 人。牵头举办中国智慧交通管理产业联盟首届年会、世界物联网大会智能交通与车联网高峰论坛等国际国内学术交流共 7 次。

（撰稿：苑雷、郑羽强）

国家城市道路交通装备智能化工程技术研究中心

国家城市道路交通装备智能化工程技术研究中心（National Urban Traffic Equipment Intelligent Center of Engineering and Technology Labory）是 2014 年经科技部批准，依托海信网络科技公司建立的国内唯一一家落户于企业的国家级工程中心。

随着人们生活水平的提升，城市车辆保有量大幅增长，道路拥堵日益加剧。中心针对我国城市交通缓堵保畅的迫切需求，搭建数字物理混合仿真试验场，结合其先进的仪器设备和仿真环境，不断攻关城市道路交通装备智能化的关键、共性技术，研发适应市场需求的可落地的关键软件和专业设备，探索城市道路交通智能装备的运维服务模式，制定国家或行业标准及其检测方法。中心建立了城市道路交通装备智能化领域高新技术成果工程化及人才培养基地，积极为智能交通领域的技术输出积累产品化、工程化与对外服务的经验与业绩，引领行业技术发展，实现从业企业技术进步，有力提升产业国际竞争力。同时，中心围绕城市道路交通的高效运行与高水平服务，研究智能化调度、智能化控制、综合交通信息服务、运行监控与应急保障等装备智能化工程技术，并研制相关智能产品，为缓解城市拥堵，营造绿色、便捷、高效的城市生活环境贡献力量。

过去的两年内，中心技术研发团队承担了科技支撑计划 1 项，承担发改委“互联网+”重大工程等国家级、省部级科研与工程应用项目 9 项，部分科研成果已经应用于国内重要城市智能交通项目，包括西宁城市交通项目、兰州智能交通项目、青岛西海岸智能交通项目、威海智能交通、甘肃白银智能交通项目、南昌市交通信号控制系统项目、宜昌 BRT、南昌 BRT、杭州公交项目等。其中，兰州智能交通项目建成后，城市交通拥堵指数大幅下降，由全国排名第 4 位，快速下降至第 22 位，并最终降至第 33 位，逐步摘掉了“堵城”的帽子。在 2016 年杭州二十国集团领导人第十一次峰会期间，中心研发的智能公交调度系统及智能车载终端实现了杭州 4700 余辆公交车的智能监管，彻底解决了公交行业人工调度效率低、市民满意度差的难题，实现了自动发车率 90%以上，调度事故减少 60%。同时该技术突破了视频分析技术难点，实现了行业内领先的车内乘客拥挤度分析功能，综合准确率在 80%以上，显著提高了公交运营效率及资源利用率。

国家水运安全工程技术研究中心

国家水运安全工程技术研究中心（以下简称中心，National Engineering Research Center for Water Transport Safety，WTS Center）于2014年9月28日由科技部批准依托武汉理工大学立项建设。中心实行管理委员会领导、技术委员会与咨询委员会指导下的中心主任负责制。第一届管理委员会主任由武汉理工大学校长张清杰教授担任；第一届技术委员会主任由中国工程院院士、海军工程大学马伟明教授担任；第一届咨询委员会名誉主任由中国工程院院士、702研究所吴有生研究员；英国南安普顿大学William Geraint Price院士担任，主任由中国工程院院士、701研究所朱英富研究员；美国加州大学洛杉矶分校Ali Mosleh院士担任；第一任中心主任由武汉理工大学严新平教授担任。

中心针对我国交通运输安全领域的迫切需求，立足水运，河海兼顾，面向多层次的事故分析与预防、全方位的安全监管与控制、全天候的应急指挥与搜寻，开展高水平的水运安全工程技术研发。重点突破船舶运行状态监控及预警、通航环境感知与助航服务、海事安全监管与应急决策和船员适任能力与素质提升等关键技术难题，建立完善的水运安全成果转化和产业化机制，建成开放的水运安全技术服务平台以及国际一流的高层次人才培养与国际合作交流中心，成为水运安全产业技术自主创新的重要源头，引领水运安全领域的可持续发展。

中心共有108人，拥有国家千人计划专家、湖北省百人计划专家、优秀青年基金获得者、青年长江学者、教育部新世纪人才和楚天学者等各层次人才。

2016年在研科研项目共250余项，其中国际合作项目3项、国家自然科学基金项目39项、科技部项目7项、交通运输部项目1项、工信部高技术船舶专项项目2项、其他省部级项目14项，企事业单位委托研制和技术开发项目200余项。项目合同额近9200万元，其中国际合作、国家级及省部级项目合同额4250万元，企业事业委托研制和技术开发项目合同额4991万元。2016年新立项研究项目211项，人均科研经费113万元。

2016年获科技奖励5项，包括国家科技进步二等奖1项，公安部科学技术一等奖1项，中国航海学会科学技术二等奖2项，吴文俊人工智能科学技术进步二等奖1项；获发明专利19项、软件著作权27项。发表学术论文134篇，其中期刊论文105篇，会议论文29篇。论文获SCI检索19篇，获EI检索9篇。

中心主要研究机构包括以下几个。

（1）风险评价与应急研究所：主要研究海事风险评价、事故应急决策、人员和组织因素分析、船舶避碰决策、海事应急演练技术等。

（2）交通感知与控制研究所：主要研究航道要素感知技术、海事信息立体采集技术、虚拟航标与电子助航技术等。

（3）综合交通规划与安全研究所：主要研究综合交通规划与模拟及其在土地利用与规划、出行行为、交通需求、行人交通、交通环境方面的应用等。

（4）交通信息与安全研究所：主要研究交通信息感知、交通控制技术、大数据与车联网技术等。

（5）船舶导航与仿真研究所：主要研究船舶综合驾驶台集成技术和船舶避碰预警技术等。

（6）通航安全保障研究所：主要研究受限水域与枢纽通航安全技术以及危险品船舶运输安全监控技术等。

（7）可靠性工程研究所：主要研究船舶机械监测、诊断与控制，包括船舶机械失效机理分析、运行工况在线监测、故障远程诊断，作业优化控制等。

（8）系统仿真与控制研究所：主要研究船舶轮机模拟器、电力推进系统仿真、视景仿真、虚拟现实技术及应用、轮机综合实验室、船舶电站模拟器、特种船舶培训系统、工业过程监控及仿真等。

开发的主要产品介绍包括多功能航标、长江 AIS 应用服务平台、船舶轮机模拟器、综合船桥模拟试验系统、AIS 数据综合分析系统、LNG 燃料动力船航行安全在线监控系统、海事应急指挥仿真平台、船桥碰撞预警系统、船舶轴系综合试验平台、模拟船舶电力系统的太阳能光伏并网试验系统平台、海洋环境模拟综合试验平台、智能船舶试验平台、全任务大型船舶操纵模拟平台、交通大数据云服务平台等。

（撰稿：吴超仲）

道路交通集成优化与安全分析技术国家工程实验室

2016 年 11 月 15 日，国家发展改革委正式复函公安部，同意依托公安部交通管理科学研究所建设道路交通集成优化与安全分析技术国家工程实验室。

国家工程实验室由公安部交通管理科学研究所负责建设，联合北京航空航天大学、同济大学、北京百度网讯科技有限公司、浙江大华技术股份有限公司、公安部道路交通安全研究中心、城市交通管理集成与优化技术公安部重点实验室、华为技术有限公司、无锡华通智能交通技术开发有限公司 8 个单位共建。

国家工程实验室主要围绕交通管理中交通状态全息感知、复杂交通环境科学管控、智能网联车辆安全管理的迫切需求，重点开展交通管控与评价、交通集成优化、事故鉴定与分析、驾驶行为分析、自动驾驶测试和车联网通信等关键技术研究。本着“有限目标，重点突破”的原则，国家工程实验室拟突破以下 6 方面的技术。

（1）交通管控与评价技术。研究交通感知融合与信号优化控制技术，构建新一代智能交通管理系统技术应用框架，研发智能交通系统建设和应用效能后评价平台。

（2）交通集成优化技术。研究道路交通管理大数据共享交换、融合汇聚等方法，构建交通集成管控大数据系统；研发新一代智能交通诱导系统，形成全国部、省、市三级联网的道路交通集成管控系统和互联网交通安全综合服务系统。

（3）事故鉴定与分析技术。研究道路交通事故现场勘查、检验鉴定等技术，研发事故现场新型防护等装备，构建道路交通事故综合重建分析技术研发平台及全国事故深度调查数据库。

（4）驾驶行为分析技术。基于自然驾驶、模拟驾驶与实车测试构建驾驶行为实验与分析平台，研发基于驾驶心理与行为分析的交通安全宣传教育、驾驶人培训与考试等新型技术装备。

（5）自动驾驶测试技术。研究自动驾驶测试和评价技术，设计开发自动驾驶测试真实和虚拟交通场景，构建国家智能交通综合测试基地自动驾驶测试和认证系统。

（6）车联网通信技术。研究基于 LTE-V 技术的车联网自主通信组网、车辆身份安全认证等技术，构建全国汽车电子标识安全体系、信息管理系统、车联网应用管理平台。

第十一届全国大学生交通科技大赛

全国大学生交通科技大赛是在教育部高等学校交通运输类教学指导委员会支持下，由交通工程教学指导分委员会主办的全国性大学生科技竞赛。赛事的目的是以交通运输科学技术问题为载体，培养大学生科学精神和科学素养、发现和解决问题的能力及团队协作精神，促进大学生学术活动开展，加强大学生科技文化交流，促进交通科学和技术的发展。参赛者为高等学校在读本科生。

2016 年 5 月 20～22 日，来自全国 50 所高校的师生代表齐聚中南大学，参加“中国动力谷杯”第十一届全国大学生交通科技大赛决赛的激烈角逐。

本次大赛主题为“绿色交通”，自 2015 年 12 月启动，历时 6 个月。全国共有 117 所高校报名参赛，在初赛作品报送阶段共有 104 所高校提交了 301 件作品。经过专家组匿名通讯评审，来自清华大学、同济大学、中南大学、西南交通大学、兰州交通大学、北京航空航天大学、东南大学、香港城市大学等 50 所高校的 80 件作品通过选拔进入决赛。各高校学子们针对交通运输行业的热点和难点问题，给予富有创意、多样化的解决方案，参赛方向多种多样，大赛分交通运输规划与管理、交通信息工程及控制、载运工具运用工程和道路与铁路工程，大赛指定主题——轨道交通优化设计四个专题设竞赛组，从多元化角度展示学生对现代交通问题的关注和解决方案。

5 月 22 日上午，本次大赛的闭幕式暨颁奖典礼在中南大学中南讲堂举行，40 余名嘉宾、评委及全体参赛代表出席了此次大会。中南大学副校长、博士生导师陈春阳教授在闭幕式致辞，向各参赛高校师生介绍了中南大学近年来在交通人才培养、创新创业、学科竞赛方面的成绩（见图 1）。

图 1　“中国动力谷杯”第十一届全国大学生交通科技大赛

大赛组委会主席、教育部交通工程教学指导分委员会主任委员、交通运输部党组成员、运输司司长刘小明出席并讲话，阐述了交通类人才培养对于国家交通行业发展的重要性，勉励全体师生扎根专业，求实创新，推动我国交通行业技术、理念的创新发展。大赛组委会秘书长、教育部交通工程教学指导分委员会秘书长、北京工业大学关宏志教授对大赛作品进行点评。

本次大赛由教育部高等学校交通运输类教学指导委员会交通工程指导分委员会主办，中南大学承办，并得到了詹天佑科学技术发展基金会、“中国动力谷”株洲国家高新技术产业开发区、长沙金美交通科技有限公司、南京赛康交通安全科技股份有限公司的赞助支持。

2016 年“中国智能车未来挑战赛”

常熟是国家历史文化名城，长期位列全国百强县第一方阵，汽车产业是常熟重点打造的“三大千亿级”产业之一。由国家自然科学基金委员会主办、常熟市人民政府承办的 2016 年（第八届）“中国智能车未来挑战赛”于 2016 年 11 月 10～13 日在江苏省常熟市举行。常熟高新技术产业开发区管理委员会和中国智能车综合技术研发与测试中心协办本届比赛。国家自然科学基金委员会副主任高文院士、信息科学部张兆田副主任、重大研究计划指导专家组组长、中国自动化学会理事长郑南宁院士，常熟市人民政府王飚书记、周勤第市长等领导和嘉宾出席了本次活动（见图 1）。

图 1　2016 年中国智能车未来挑战赛

“中国智能车未来挑战赛”创办于 2009 年，是国家自然科学基金委员会重大研究计划“视听觉信息的认知计算”的重要组成部分。该赛事的目的是通过真实物理环境中的比赛来交流和验证我国“视听觉信息的认知计算”研究进展和成果，以推动重大研究计划将应用基础研究与物理可实现的系统有机结合，产生能够满足国家重大需求并具有原创性的重大研究成果。经过近几年的连续比赛，“中国智能车未来挑战赛”不仅汇聚了国内无人驾驶智能车领域的主要高校和科研院所参赛，而且极大地促进了我国无人驾驶智能车的研发进程，现已成为我国参赛队伍规模最大、水平最高的无人驾驶智能车比赛。

本届比赛是体现我国无人驾驶智能车辆最高发展水平的现场比赛，主要包括真实综合道路环境测试和认知能力离线测试两部分。其中道路环境测试分为真实高架快速道路测试（约 22 公里）和城区道路测试（约 6 公里），主要考察在遵守道路交通法规、减少交通事故前提下无人驾驶车辆的交通场景识别能力以及不同道路环境的适应性和正常行驶 4S 性能 [安全性（Safety）、舒适性（Smoothness）、敏捷性（Sharpness）和智能性（Smartness）]，也是首次提供真实高架快速道路、城区道路的测试环境与条件。认知能力离线测试是首次在真实道路交通场景数据库的基础上，通过仿真环境评估无人驾驶车辆的视觉信息环境认识基础能力。来自高校、科研机构和企业的 23 支车队参加比赛，特别值得关注的是，本届比赛将首次实现无人机与无人驾驶车协同。

本届比赛的成功举办将通过技术实践测评验证，推进先进技术在汽车产业运用的深层探索，营造有利于汽车产业实现创新型发展的良好环境，有力地推动我国信息科学、人工智能、无人驾驶等领域的创新与发展，同时也能够进一步提高广大市民关注科学、参与科技创新的热情。

2016 年智能交通领域全国优秀博士学位论文

为加强智能交通领域高层次创新型人才的培养，提高我国智能交通领域研究生教育特别是博士生培养质量，中国智能交通协会面向全国进行了博士学位论文的征集工作，并对其中的优秀博士学位论文进行表彰。

中国智能交通协会优秀博士学位论文评选对提交的博士论文中进行了初评，最后经中国智能交通年会学术委员会审定，有 12 篇论文获 2016 年智能交通领域全国优秀博士论文（见表 1）。

表 1　12 篇获奖论文名单

论文题目	学　校	作　者	导　师
基于运动特征的车辆危险行为识别方法研究	武汉理工大学	陈志军	吴超仲 教授
基于 Multi-Agent 和驾驶行为的汽车尾预警系统关键理论与技术研究	江苏大学	梁　军	陈　龙 教授
内河桥区水域船舶实时风险建模研究	武汉理工大学	陈志军	袁成清 教授 严新平 教授
大数据驱动的城市交通控制与诱导协同优化方法	清华大学	孙智源	陆化普 教授
基于安全可靠性的绿灯间隔时间设计理论与方法	同济大学	王　奋	李克平 教授 唐克双 教授
道路交通噪声建筑物间传播衰减计算研究	中山大学	王海波	余　志 教授
不确定环境下公交网络协同调度的鲁棒性及控制策略	华南理工大学	巫威眺	靳文舟 教授
高速公路交通流运行状态与交通安全关系研究	东南大学	徐铖铖	王　炜 教授
基于神经网络技术的道路交通安全分析理论与方法	中南大学	曾　强	黄合来 教授
超恶劣海况下船舶运动简捷鲁棒自适应控制	大连海事大学	张国庆	张显库 教授
城市轨道交通站点辐射区基础理论及其应用研究	东南大学	赵金宝	邓　卫 教授
基于路径的 Logit 型随机用户均衡模型求解算法研究	东南大学	周博见	李旭宏 教授

2016 年 11 月，在重庆举办的第十一届中国智能交通年会上，举行了 2016 年智能交通领域全国优秀博士学位论文颁奖（见图 1）。

图 1　2016 年智能交通领域全国优秀博士学位论文奖颁奖仪式

第四章

2016 年中国智能交通行业市场发展分析

2016 年中国智能交通行业市场发展分析

一、城市智能交通市场

（一）城市智能交通市场投资状况

本章节城市智能交通市场规模统计数据口径为 11 个细分行业，分别为交通指挥类系统与设备、电子警察系统与设备、交通视频监控系统与设备、卡口系统与设备、交通信号控制系统与设备、智能公交系统与设备、交通信息采集发布系统与设备、GPS 与警用系统与设备、出租车信息服务管理系统与设备、综合客运枢纽信息化系统与设备、智能停车系统与设备。

2016 年，我国城市智能交通 11 个细分行业市场总规模为 414.4 亿元，同比增长 33.5%，增长率创历史新高。市场项目数量越来越多，市场竞争机会越来越多，但平均项目额度越来越小，更多的地方有建设需求。

2012—2016 年五年间城市智能交通市场规模复合增长率为 25.1%。

垫资类项目增多，激发市场需求。2016 年 BOT、PPP 等垫资类项目合计 39.5 亿元，同比增长 79.5%。垫资类项目占全年市场总规模的 9.5%，而 2015 年这一数字为 7.3%。

31 个省份市场需求与投资状况角度，2016 年按省份、直辖市范围统计的市场规模前五位分别为：山东，市场规模为 43.5 亿元，占全国市场总规模的 10.9%；广东，市场规模为 33.2 亿元，占全国市场总规模的 8.3%；江苏，市场规模为 27.3 亿元，占全国市场总规模的 6.8%；浙江，市场规模为 26.2 亿元，占全国市场总规模的 6.5%；安徽，市场规模为 23.4 亿元，占全国市场总规模的 5.8%。

五个省份市场规模之和占全国市场的 38.3%，较 2015 年下降近 4%（见表 1）。

表 1　2016 年 31 个省份城市智能交通市场规模与排名

省　份	2016 年（亿元）	2016 年全国占比	2016 年排名
山东	43.5	10.9%	1
广东	33.2	8.3%	2
江苏	27.3	6.8%	3
浙江	26.2	6.5%	4
安徽	23.4	5.8%	5
内蒙古	20.2	5.1%	6
四川	18.9	4.7%	7
上海	18.8	4.7%	8
湖北	18.4	4.6%	9
贵州	16.8	4.2%	10

续表

省　份	2016 年（亿元）	2016 年全国占比	2016 年排名
河南	15.4	3.8%	11
河北	15.4	3.8%	12
北京	13.3	3.3%	13
广西	11.8	2.9%	14
福建	11.3	2.8%	15
湖南	9.8	2.5%	16
新疆	9.7	2.4%	17
辽宁	7.4	1.8%	18
江西	7.2	1.8%	19
云南	6.6	1.6%	20
山西	6.2	1.5%	21
吉林	6	1.5%	22
陕西	6	1.5%	23
天津	5.6	1.4%	24
甘肃	5.6	1.4%	25
重庆	3.8	0.9%	26
黑龙江	3.7	0.9%	27
青海	3.7	0.9%	28
宁夏	2.3	0.6%	29
海南	1.8	0.5%	30
西藏	1.5	0.4%	31

资料来源：赛文交通网（www.7its.com）。

（二）城市智能交通企业生存状态

1. 市场参与者数量变化与分析

我们将在年度城市智能交通系统项目建设公开招标过程中（不含项目监理、前期规划设计），获得中标的企业称为市场参与者，统计 2011—2016 年市场参与者数据（见图 1）。

在过去的六年中，城市智能交通政策持续向好，各地方投资不断加大，市场增速每年均保持 20%左右，千万项目、亿元项目频繁出现，因此吸引了众多边缘性企业进入智能交通领域。

2011—2012 年、2013—2014 年和 2015—2016 年三个时间段内容，都呈现了比较明显的特点——新进入市场的企业比较多。新进入的企业不但拿到了众多地方几十万元、上百万元的项目，还有获得几千万元，甚至上亿元的项目。

由于统计数据是企业直接投标并获得项目中标的属性，因此市场参者数量的变化可以视为集成商的数量变化，具有与最终用户直接签订订单能力的企业数量变化。实际上如果我们再细分到公交、交通信号机、交通视频等行业，特别是硬件类产品的市场竞争者数量并未发生大变化，每年活跃在市场中的企业数量比较平稳。对于这些产品商而言，集成商市场竞争者数量的增多意味着客户对象数量的增多，市场机会的增多。

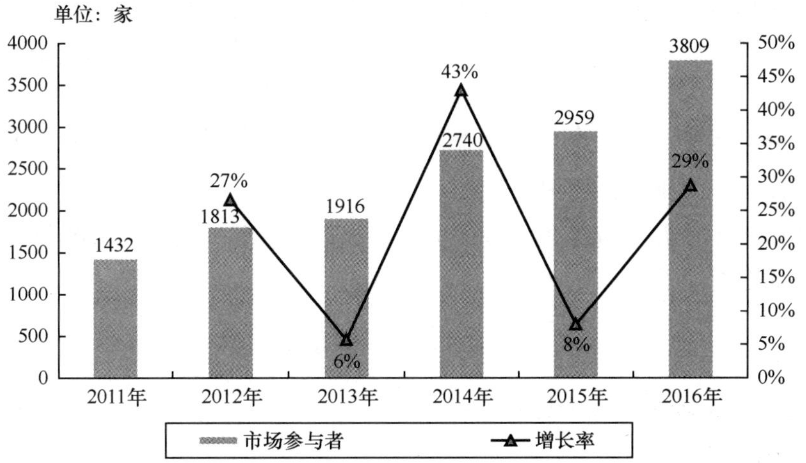

图 1　2011—2016 年城市智能交通市场参与者数量变化

资料来源：赛文交通网（www.7its.com）。

市场竞争者数量的增多一方面说明城市智能交通行业的投资升温，吸引了众多边缘性企业市场进入，业务拓展；另一方面也说明了行业的市场进入门槛比较低。

城市智能交通行业最终用户是公安交警部门、交通运管部门，但是项目主导、建设单位各地方不尽相同，特别是在近两年智慧城市逐渐成为城市建设目标情况下，公安交警、交通委办局、经信委、建设委办局，在投融资模式逐渐丰富的情况下，三大运营商、地方投融资平台也都可以作为项目业主。这种多部门行业管理、行业影响的环境，是造成目前城市智能交通行业并没有对应的行业资质管理，即所谓没有市场门槛的主要原因之一。

从表面上看，行业门槛低让更多的没有行业经验的企业市场进入，让拥有政府背景，强大资金实力能运作垫资项目、PPP 项目的企业承担建设成为常态，加快了行业的发展，带来了新的发展思路，但是我们也应该看到这种建设往往是建立在追求高利润之上，产品选型容易水平低下，售后服务缺失和混乱，对用户需求理解不够，系统运营效果不佳等局面，在智能交通发展还处于基础设施建设，社会对投入巨资建设智能交通系统以改善交通出行质量寄予厚望，地方政府财政资金能力薄弱的阶段，这种没有门槛的市场进入实际上存在伤害行业发展的可能。

2. 国有资本和民营资本企业发展趋势

随着 PPP 项目成为智能交通项目建设的重要模式，智慧城市成为国家战略发展基本建设模式，政府资金支付能力的不断下降，越来越多的非传统智能交通企业市场进入等市场特征凸显，民营企业人力成本快速上涨，运转资金紧张，融资难，项目回款缓慢，市场价格竞争激烈等问题为经营带来巨大压力。

民营企业在巨大生存压力下，为适应市场需求而更需要的技术创新则无法保证投入，对于民营企业而言，无论是产品商还是集成商普遍有悲观情绪。

2011—2016年六年间城市智能交通市场业绩排名前25的企业中，仅有两三家企业为民营资本或民营资本股份比例比较大，其他企业要么是央企、国企，要么是已经登录资本市场。

由此造成的央企、国企在市场竞争者越来越强势，民营企业的发展则越来越弱势。

3. 中微小企业市场生存现状变化

所谓中微小企业并没有准确的划分标准，主要以以下一些特征来区分，并对具有这些特征的企业进行生存方式的描述。

◆ 业务线比较单一；
◆ 产品线比较单一；
◆ 研发投入比较少，实力比较弱；
◆ 缺乏国资背景；
◆ 缺乏上市公司支持；
◆ 创业型企业；
◆ 系统集成或安防资质比较低或者没有资质。

除了大型系统集成商和产品商，市场排名中位列前列的企业外，市场中更多参与竞争的是地方性企业，民营产品商。在激烈的市场竞争中，它们的市场生存方式与大型企业的差异比较大。

这些企业的一些市场竞争策略如下：

◆ 拆解项目，降低关注度。将一个千万级项目运作成若干个百万级项目进行招标采购，降低关注度，增加有竞争力的企业市场进入，参与竞争的成本。
◆ 产品商参与运作集成项目。市场竞争激烈，产品商除了与集成商合作进行产品销售外，走最终用户渠道，影响最终用户认知和选择或者参与集成项目的运作，最终达到销售产品的目的成了越来越多产品商的选择。
◆ 抱团，提升市场竞争力。软件服务提供商，硬件服务提供商，资质提供企业，政府关系企业和个人……市场投资越来越多，分布区域越来越多，中微小企业或者单一服务提供商之间的合作，提升了市场竞争力，可以拿到一些市场项目。
◆ 与新市场进入者达成合作。市场投资高速增长，市场竞争者数量也在快速增长，但是智能交通产品的服务提供商数量基本保持了平稳。新的市场进入者需要建立新的市场合作伙伴关系，灵活的中微小企业有了新的市场机会。
◆ 差异性，定制化，快速市场收益。中微小企业的一个特点和优势是对于用户的需求可以灵活的调整资源分配，迅速满足需求，定制化服务。另外一个特点是快速的挖掘市场需求，并快速付之于研发投入，发布新产品，在巨头产品商们还在观望市场需求是否有爆发时，快速市场收益。这种市场策略有比较大的风险，需要有深入了解和挖掘需求的能力，可能是小众的市场需求，回报并不是十分丰厚，也可能是市场的伪需求。

（三）城市智能交通市场竞争格局

2016 年城市智能交通行业诸多变化，为了梳理产业发展状况，我们连续第六年对城市智能交通企业市场进行排名，并推出年度业绩过亿元企业的名单。

我们对全部参与 2016 年城市智能交通市场竞争的企业进行了业绩整理，并重点就 22 家企业进行了业绩清单的详细核对，获得企业官方业绩确认，这 22 家基本覆盖了 2016 年业绩前 20 名的企业。

2016 年城市智能交通业务领域共有 40 家企业最终用户订单业绩超过 1 亿元，而 2015 年共有 28 家过亿元企业。

2016 年城市智能交通市场业绩有两家企业超过 10 亿元，分别为北京易华录信息技术股份有限公司和青岛海信网络科技股份有限公司。

最终用户订单[①]业绩过亿元的企业共有 40 家，名单如下（按公司名称首字母降序排列）：

中兴智能交通股份有限公司
中兴软创科技股份有限公司
中国通广电子公司
浙江浙大中控信息技术有限公司
浙江广信智能建筑研究院
浙江大华技术股份有限公司
银江股份有限公司
烟台昌达智能交通设备有限公司
讯飞智元信息科技有限公司
西安翔迅科技有限责任公司
武汉烽火众智数字技术有限责任公司
四川勇安智能科技有限公司
上海电科智能系统股份有限公司
上海宝康电子控制工程有限公司
山西中天信科技股份有限公司
青岛海信网络科技股份有限公司
南京莱斯信息技术股份有限公司
临沂市华夏高科信息有限公司
连云港杰瑞电子有限公司
江苏鸿信系统集成有限公司

① 以最终用户（比如交警、公交公司）公开招标采购，中标企业和中标金额为准。包括与最终用户签订的单价合同，增补合同。

江苏东大金智信息系统有限公司
江苏大为科技股份有限公司
佳都新太科技股份有限公司
杭州海康威视数字技术股份有限公司
广州杰赛科技股份有限公司
广东省电信工程有限公司
广东铂亚信息技术有限公司
方正国际软件（北京）有限公司
博康智能网络科技股份有限公司
北京易华录信息技术股份有限公司
北京瑞华赢科技发展有限公司
北京航天长峰股份有限公司
北京北大千方科技有限公司
百年金海科技有限公司
安徽四创电子股份有限公司
安徽蓝盾光电子股份有限公司
安徽科力信息产业有限责任公司
中国电信股份有限公司
中国移动通信集团公司
中国联合网络通信集团有限公司

二、智能公交市场

我国智能公交市场分布主要集中在经济发达的省会城市、地级市以及长三角地区一些城市。这些城市的 GDP 在各城市中排名处于相对较前的位置，经济发展较好，城市化进程较快，所以城市人口压力较大，交通问题突出，加上城市资源有限，依靠智能公交系统来缓解城市交通拥堵问题是重要的措施。如果建设有城市智能公交系统的城市在全国地图上标示，位置将成点状分布。市场分布散，从全国市场角度来看，市场还没有得到全面建设。

“十二五”期间 37 座城市公共交通智能化应用示范建设目前仍然在建设中，一些城市的示范工程还在陆续进入招标阶段。“十三五”期间目前计划还要再建设 50 座城市建设公交都市，按每座城市智能公交建设投资 5000 万元计算，未来五年由公交都市示范建设发起的智能公交投资就达到 25 亿元，考虑到公交都市智能公交建设的示范效应，以及国内其他地区的投资，未来五年智能公交市场规模总投资有望迎来爆发式增长。

从投资重点细分应用来看，热点建设子系统仍将是电子站牌、公交指挥调度、车内站台场站的视频监控、公交专用道违章占用抓拍等系统。另外，互联网+公交（实时公交信息服务），公交大数据的应用将成为新的市场热点。

当下，智能公交市场活跃且市场占有率比较高的企业包括青岛海信网络科技股份有限公司、郑州天迈科技股份有限公司、华录智达科技有限公司、天津市通卡公用网络系统有限公司、深圳市蓝泰源信息技术股份有限公司、厦门蓝斯通信股份有限公司、深圳市锐明技术股份有限公司、上海正先电子科技有限公司、山东恒宇电子有限公司、方正国际软件（北京）有限公司等。

三、智慧停车市场

无论是政府项目型市场，还是创业型个性化服务市场的互联网+停车，在过去几年都经历了快速成长。市场的背后是政府关于停车产业政策密集的出台，是互联网+交通发展大趋势使然，是城市停车难问题的越发凸显。

在包含城市停车诱导系统与设备、咪表停车管理系统与设备、城市路内停车管理系统与设备，但不包含小区、写字楼、商场等个体建设的出入口停车管理信息服务系统的统计口径下，2016 年中国智能停车系统与设备市场项目数量达到 152 项，合计市场规模为 13.7 亿元。

其中咪表类项目 2 个，分别为运营期为 10 年的都匀市城市道路智能停车咪表项目和宁波市道路停车智能咪表管理系统三期。

停车诱导类项目 59 项，其中单一停车诱导类建设项目 49 项，城市智能停车管理平台&停车诱导结合建设类项目 10 项。

城市智能停车管理平台类建设项目 101 项，其中单一城市智能停车管理平台建设项目 91 项。

2016 年智能停车系统与设备市场投资构成如图 2 所示。

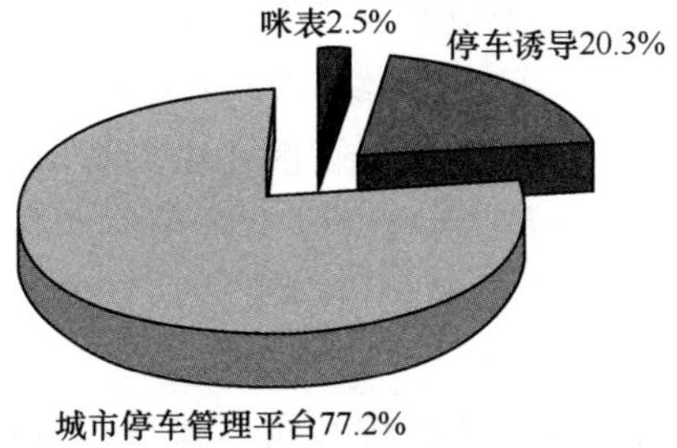

图 2　2016 年智能停车系统与设备市场投资构成

城市智能停车管理平台越来越多地被纳入智慧城市建设中，因此随着市场项目的增多，越来越多的企业也开始试水进入智能停车市场。

银江、易华录都参加了武汉的智慧停车建设项目；银江还以 2768 万元中标了盐城市市区智能停车管理系统项目；中兴智能交通 3000 万元 PPP 项目承接了扬中市城区智慧停车投资、建设及运营管理项目；北京瑞华赢承接了重庆市江北区市政资产经营有限责任公司智能停车项目；海信网络科技2016年推出了城市智慧停车管理与服务平台产品，与停车宝合作打造了“宜行扬州”停车 APP，同时海信网络科技还在中国智能交通产业联盟年度总结会上提出了《智慧停车信息平台元数据及数据交换规范》《停车场（库）运营评价系统技术要求》两项联盟标准提案；8 月，南京莱斯中标泰州市智能停车系统建设项目，试水智能停车市场。

除了这些传统综合之智能交通企业之外，浙江创泰科技有限公司、深圳市凯达尔科技实业有限公司、杭州立方控股股份有限公司、深圳信路通智能技术有限公司、北京精英智通科技股份有限公司等专业的政府项目型市场的停车企业则成为这一轮政策红利的赢家。随着市场的升温，有核心产品、大量业绩的优质公司将会受到资本的关注，将会得到资本的倾斜。

四、公共自行车智能化市场

2010 年 6 月，住建部在全国范围内开展第一批“城市步行和自行车交通系统示范项目”，其中包括重庆、济南、杭州、昆明、昆山、常熟 6 个城市；2011 年 12 月，住建部对第一批“示范项目”进行了阶段性验收，同时在厦门、深圳、株洲、常德、三亚、寿光 6 个城市启动了第二批“示范项目”；2014 年 6 月，住建部启动了第三批 94 个“示范项目”，并确定安徽省为城市步行和自行车交通系统建设示范省，积极探索在政策、资金等方面给予示范项目多种形式的支持。

目前全国有 215 个市县建设了公共自行车出行系统（不含互联网共享单车），投入车辆超过 65 万辆，70%以上市县 24 小时服务，使用频率达到 9 亿人次/年①。

公共自行车智能化市场产业链基本形成，产业链角色包括自行车运营系统、监控系统、网络、电力、保洁、保险、车棚、自行车、站台灯箱与广告等。

2015 年我国公共自行车智能化市场共有 277 个项目，分布在 28 个省份、自治区和直辖市，合计市场规模为 26.9 亿元。其中千万级项目合计 54 项，平均项目规模为 3200 万元。

经过多年的发展，目前我国公共自行车智能化市场形成了常州永安公共自行车系统股份有限公司与杭州金通公共自行车科技开发有限公司双寡头的竞争局面。

2015 年，常州永安公共自行车系统股份有限公司订单收入达到 6.5 亿元，市场占有率达到 24.0%，位居行业第一。

2015 年企业营收排名第二位的是杭州金通公共自行车科技开发有限公司，订单收入达到 4.5 亿元，市场占有率达到 16.7%。

除此之外，捷安特（昆山）有限公司、深圳市凡骑绿畅技术有限公司、北京易驶通达科技有限公司、福建索天信息科技股份有限公司等企业市场比较活跃，市场占有率比较高②。

---

① 引自 2015 年《常州永安公共自行车系统股份有限公司招股说明书》。

② 2015 年公共自行车智能化市场数据统计。

五、高速公路智能交通市场

（一）高速公路机电市场投资状况

高速公路机电市场规模数据统计包括监控系统与设备、通信系统与设备、收费系统与设备、交通采集与发布系统与设备、交通气象系统与设备、交通广播系统与设备、称重系统与设备、交通应急指挥类平台、隧道供配电照明系统与设备等细分行业。

赛文交通网数据显示，2016 年中国高速公路机电市场全年共有 1428 个项目（项目包），总体市场规模达到 195.8 亿元。千万级项目 313 个，占全年总项目数量的 21.9%，合计市场规模为 134.3 亿元，占整体市场规模的 68.6%。

全国市场抽样样本数据显示，2016 年高速公路机电市场中标额/预算额的比例为 77%。

2016 年高速公路机电市场 31 个省份项目数量排名如表 2 所示。

表 2　2016 年高速公路机电市场 31 个省份项目数量排名

市场机会排名	省　份	项目包数量（项）
1	山西	186
2	浙江	121
3	江苏	109
4	河北	93
5	湖北	91
6	广东	85
7	福建	64
8	吉林	50
9	山东	49
9	安徽	49
11	四川	44
12	广西	41
13	河南	39
14	甘肃	38
15	云南	36
15	贵州	36
17	湖南	35
18	江西	33
19	青海	31
19	辽宁	31
21	陕西	29
22	北京	23

续表

市场机会排名	省　份	项目包数量（项）
22	黑龙江	23
24	内蒙古	22
25	宁夏	19
26	新疆	18
27	天津	14
28	上海	7
29	重庆	6
30	西藏	3
30	海南	3

资料来源：赛文交通网（www.7its.com）。

千万级项目市场分析，江西、广西、四川、吉林、湖南、新疆、重庆和上海 8 个省份千万元项目占到总规模的 80%～90%。2016 年高速公路机电市场投资 TOP9 省份如表 3 所示。

表 3　2016 年高速公路机电市场投资 TOP9 省份

<table>
<tr><th>市场规模排名</th><th>省　份</th><th>市场规模（亿元）</th></tr>
<tr><td>1</td><td>青海</td><td>14.1</td></tr>
<tr><td>2</td><td>福建</td><td>13.5</td></tr>
<tr><td>3</td><td>广东</td><td>13.4</td></tr>
<tr><td>4</td><td>浙江</td><td>13</td></tr>
<tr><td>5</td><td>江西</td><td>12.3</td></tr>
<tr><td>6</td><td>云南</td><td>11.5</td></tr>
<tr><td>7</td><td>广西</td><td>10.2</td></tr>
<tr><td>8</td><td>四川</td><td>9.5</td></tr>
<tr><td>9</td><td>吉林</td><td>9.1</td></tr>
<tr><td>10</td><td>山东</td><td rowspan="3">5～9</td></tr>
<tr><td>11</td><td>安徽</td></tr>
<tr><td>12</td><td>江苏</td></tr>
<tr><td>13</td><td>山西</td><td rowspan="9">2～5</td></tr>
<tr><td>14</td><td>河北</td></tr>
<tr><td>15</td><td>湖南</td></tr>
<tr><td>16</td><td>湖北</td></tr>
<tr><td>17</td><td>辽宁</td></tr>
<tr><td>18</td><td>河南</td></tr>
<tr><td>19</td><td>甘肃</td></tr>
<tr><td>20</td><td>贵州</td></tr>
<tr><td>21</td><td>新疆</td></tr>
</table>

续表

<table>
<tr><th>市场规模排名</th><th>省　份</th><th>市场规模（亿元）</th></tr>
<tr><td>22</td><td>宁夏</td><td rowspan="4">2～5</td></tr>
<tr><td>23</td><td>内蒙古</td></tr>
<tr><td>24</td><td>重庆</td></tr>
<tr><td>25</td><td>北京</td></tr>
<tr><td>26</td><td>上海</td><td rowspan="6">0～2</td></tr>
<tr><td>27</td><td>陕西</td></tr>
<tr><td>28</td><td>黑龙江</td></tr>
<tr><td>29</td><td>天津</td></tr>
<tr><td>30</td><td>西藏</td></tr>
<tr><td>31</td><td>海南</td></tr>
</table>

资料来源：赛文交通网（www.7its.com）。

在省内项目数量相对不多的情况下，千万元项目规模占比比较高将导致省内的市场竞争格局“不稳定”，企业市场占有率每年都会有比较大的变化，偶然性增强，区域市场内就少有巨头类型的领导者企业。

（二）高速公路机电市场竞争格局

市场竞争格局方面，从企业在区域内的市场占有率角度来看，由于区域市场占有率偶然性比较大，区域市场内少有巨头类型的领导者企业，因此企业区域市场占有率占据主导的不多。

2016 年，仅有安徽皖通科技在安徽，甘肃紫光智能交通与控制技术在甘肃，江西方兴科技在江西，山西高速交通工贸在陕西，上海电科在上海，云南云岭高速公路在云南有超过 30%的占有率（见表 4），但这种占有率状态可能又随着下一年度大项目的走势不同而改变。

表 4　2016 年高速公路机电系统集成商区域市场占有率超过 30%的企业与区域分布

企业名称	市场区域	市场占有率
安徽皖通科技股份有限公司	安徽	32.0%
甘肃紫光智能交通与控制技术有限公司	甘肃	40.6%
江西方兴科技有限公司	江西	36.8%
陕西高速交通工贸有限公司	陕西	31.0%
上海电科智能系统股份有限公司	上海	49.8%
云南云岭高速公路交通科技有限公司	云南	59.4%

资料来源：赛文交通网（www.7its.com）。

我们对 2016 年全国高速公路机电系统集成市场秩序进行了梳理，对 40 多家系统集成商企业业绩进行了整理，并将业绩清单发与企业进行了业绩核对，形成年度业绩排名榜单。

其中 TOP30 企业市场门槛为 1.45 亿元，TOP20 企业市场门槛为 2.0 亿元，TOP10 企业市场门槛为 3.6 亿元。

北京公科飞达交通工程发展有限公司以 8.1 亿元的规模居 2016 年中国高速公路机电市场企业业绩第一位，江西方兴科技有限公司和云南云岭高速公路交通科技有限公司位列第二、第三位。第四至第十位的企业分别为北京瑞华赢科技发展有限公司、紫光捷通科技股份有限公司、江苏智运科技发展有限公司、中铁十二局集团电气化工程有限公司、北京云星宇交通科技股份有限公司、福建新大陆电脑股份有限公司、广东新粤交通投资有限公司。

另外，年度业绩在 11~30 名之间的企业为（按公司名称首字母降序排列）：

重庆市华驰交通科技有限公司

中咨泰克交通工程集团有限公司

中铁一局集团电务工程有限公司

中铁十四局集团电气化工程有限公司

中海网络科技股份有限公司

浙江高速信息工程技术有限公司

四川高路交通信息工程有限公司

石家庄泛安科技开发有限公司

上海电科智能系统股份有限公司

陕西汉唐计算机有限责任公司

青岛海信网络科技股份有限公司

江西路通科技有限公司

江苏铁电交通科技集团有限公司

湖南省湘筑交通科技有限公司

广东飞达交通工程有限公司

甘肃紫光智能交通与控制技术有限公司

成都曙光光纤网络有限责任公司

北京路安交通科技发展有限公司

安徽皖通科技股份有限公司

安徽汉高信息科技有限公司

附：

第五篇

统计篇

第一章

统计数据

2016 年全国民用机动车整体情况综述

一、概述

2016 年，全国机动车继续保持快速增长趋势，机动车保有量达 2.95 亿辆，同比增加 1600 万辆。其中，汽车保有量突破 1.94 亿辆，占机动车的比例达 65.97%，同比增加 2212 万辆，汽车在机动车中的占比、汽车保有量增量均为历史最高水平。全国 49 个城市的汽车保有量超过百万辆，18 个城市超过 200 万辆，6 个城市超过 300 万辆，北京超过 500 万辆，成都超过 400 万辆。摩托车保有量 8244 万辆，同比减少 633 万辆。

2016 年，全国营运机动车保有量达 2102 万辆，占机动车总量的 7.13%，继续保持下降趋势，近 3 年年均减少 46 万辆。其中，公路客运需求明显下降，近 5 年保有量年均减少 4 万辆。同时，危化品运输、车辆租赁等需求明显上升，近 5 年危化品运输车年均增长 5.7 万辆、租赁车年均增长 3.2 万辆。

2016 年，全国新能源汽车保有量突破 118 万辆，占汽车总量的 0.61%，同比增加 59.8 万辆。纯电动汽车保有量超过 73.2 万辆，占新能源汽车总量的 62.01%，同比增加 40 万辆。新能源汽车保有量增量、纯电动汽车保有量增量为近 3 年的同期最高水平。

2016 年，交通运输部、工业和信息化部、公安部等多部委联合出台政策规章，在网络预约出租汽车、新能源汽车、二手车、皮卡车、变型拖拉机等车辆管理方面取得积极成效。

二、统计数据

（一）机动车保有情况

截至 2016 年年底，全国机动车保有量达 2.95 亿辆。机动车分布构成中，汽车（含三轮汽车和低速载货汽车）1.94 亿辆，摩托车 8244 万辆，挂车 238 万辆，上路行驶的拖拉机 1545 万辆，其他机动车 1.67 万辆（见图 1）。

2016 年，全国公安交通管理部门新注册登记机动车 3252 万辆，同比增长 4.41%。与 2015 年相比，扣除报废注销车辆，机动车保有量全年实际增长 1600 万辆，同比增长 5.74%。自 2013 年以来，全国机动车保有量连续 4 年保持快速增长趋势（见图 2）。

从各省（自治区、直辖市）机动车保有量情况来看，广东、山东、河南、江苏、河北、浙江、四川、云南、安徽、湖南、广西、湖北 12 个省（区）的机动车保有量超过 1000 万辆，其中广东、山东、河南机动车保有量超过 2000 万辆，分别为 2723 万辆、2510 万辆、2150 万辆，分别占全国机动车总量的 9.24%、8.52%和 7.30%（见图 3）。从地域分布来看，华东和中南地区机动车保有量相对集中，达到1.77亿辆，占全国总量的60.19%。

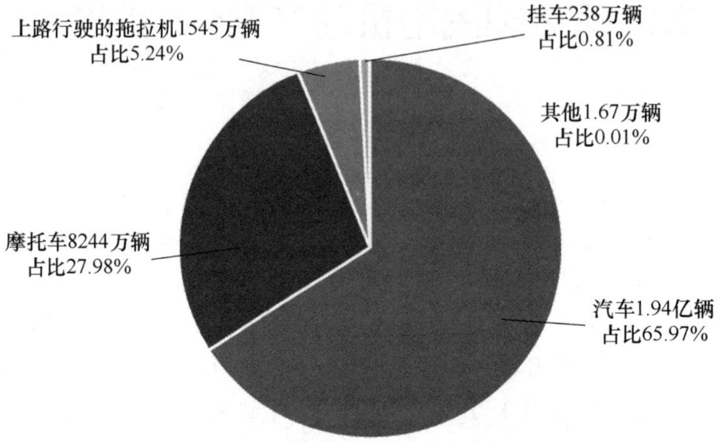

图1　2016年全国机动车分布构成

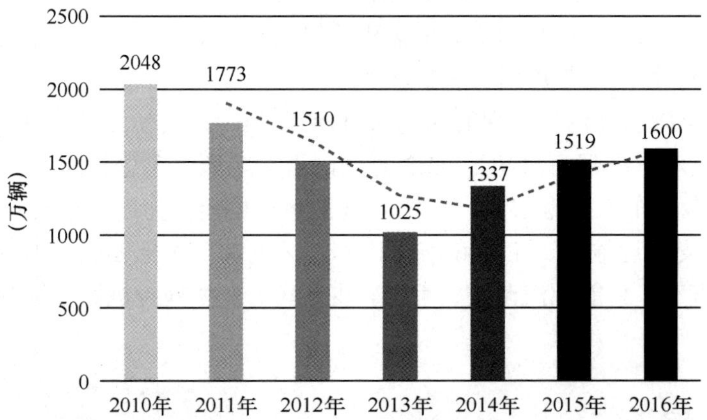

图2　2010年以来机动车保有量实际增长情况

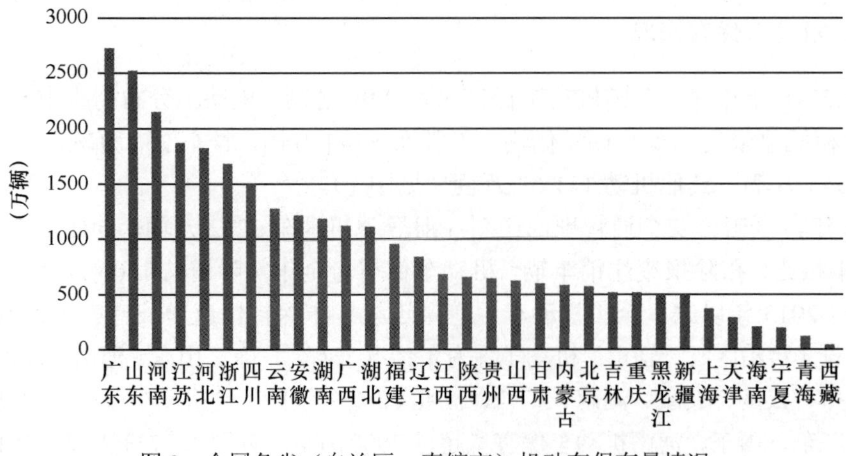

图3　全国各省（自治区、直辖市）机动车保有量情况

（二）汽车保有情况

截至 2016 年年底，全国汽车保有量达 1.94 亿辆。汽车分布构成中，载客汽车 1.63 亿辆、载货汽车 2178 万辆、其他汽车（三轮汽车和低速载货汽车）984 万辆（见图 4）。

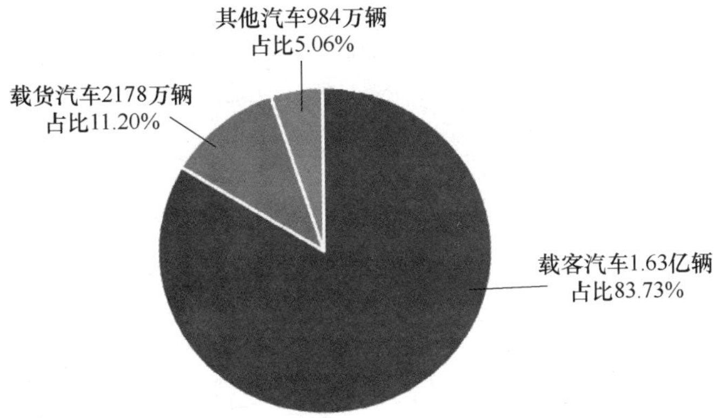

图 4 2016 年全国汽车分布构成

2016 年，全国公安交通管理部门新注册登记汽车 2752 万辆，同比增长 14.71%。与 2015 年相比，扣除报废注销车辆，汽车保有量全年实际增长 2212 万辆，同比增长 12.84%。全国汽车新注册量、汽车保有量增量均为历史同期最高水平。同时，汽车已成为机动车主要构成部分，汽车占机动车的比例由 2010 年的 43.88%持续提升至 2016 年的 65.97%（见图 5）。

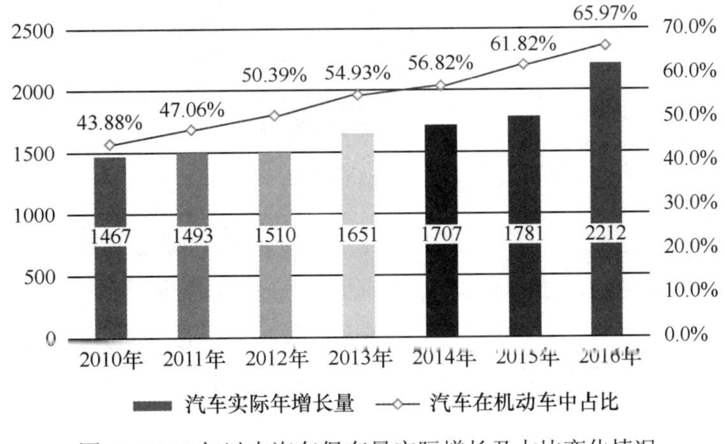

图 5 2010 年以来汽车保有量实际增长及占比变化情况

从各地级市汽车保有量分布情况看，全国有 49 个城市的汽车保有量超过百万辆，18 个城市超 200 万辆，6 个城市超 300 万辆（见表 1）。其中，北京汽车保有 548 万辆，位居第 1 位；其次是成都汽车保有 412 万辆；重庆、上海、深圳汽车保有量分别为 328 万辆、322 万辆和 318 万辆，位居前 5 位。

表 1　2016 年我国汽车保有量超过百万辆的城市

类　型	城市（按汽车保有量由高至低排序）
汽车保有超过 300 万辆	北京、成都、重庆、上海、深圳、苏州
汽车保有量在 200 万～300 万辆	天津、郑州、西安、杭州、武汉、广州、石家庄、东莞、南京、青岛、宁波、佛山
汽车保有量在 100 万～200 万辆	潍坊、保定、昆明、长沙、临沂、沈阳、温州、济南、唐山、无锡、金华、哈尔滨、长春、合肥、沧州、烟台、大连、南通、台州、太原、邯郸、南宁、泉州、厦门、绍兴、福州、廊坊、常州、济宁、嘉兴、徐州

（三）营运机动车保有情况

截至 2016 年年底，全国营运机动车保有量达 2102 万辆，占机动车总量的 7.13%。营运机动车分布构成中，货运 1675 万辆，出租客运 143 万辆，教练车 85 万辆，公交客运 65 万辆，公路客运 59 万辆，危化品运输车 42 万辆，租赁车 21 万辆，旅游客运 12 万辆（见图 6）。

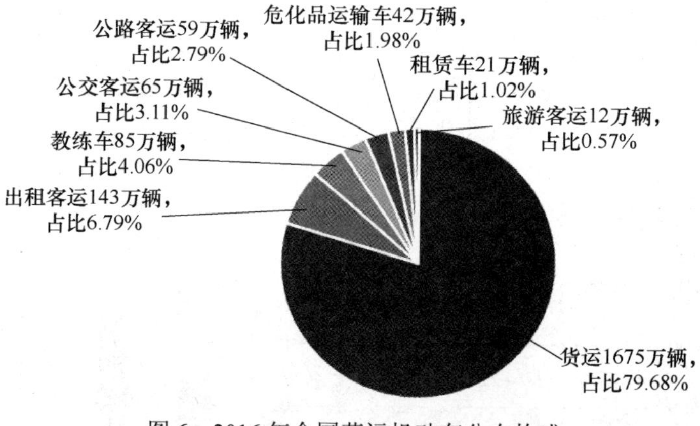

图 6　2016 年全国营运机动车分布构成

2016 年，全国营运机动车相比 2015 年减少 19 万辆，同比下降 0.9%。其中，货运、出租客运和公路客运分别减少 40 万辆、2.8 万辆和 2.8 万辆，同比分别下降 2.35%、1.93% 和 4.52%；危化品运输车、租赁车、公交客运、教练车、旅游客运分别增加 8.4 万辆、8.2 万辆、5.1 万辆、3.8 万辆和 1.1 万辆，同比分别增长 25.26%、62.35%、8.49%、4.71% 和 10.38%。

随着铁路、航空等行业迅速发展和私人汽车大幅增长，公路客运需求明显下降，近 5 年公路客运保有量年均减少 4 万辆。同时，随着经济建设快速发展，危化品运输需求明显上升，车辆租赁范围进一步扩展，近 5 年危化品运输车保有量年均增长 5.7 万辆、租赁车保有量年均增长 3.2 万辆。

（四）新能源汽车保有情况

截至 2016 年年底，全国新能源汽车保有量达 118 万辆，占汽车总量的 0.61%。与 2015 年相比，新能源汽车增加 59.8 万辆，同比增长 102.55%。新能源汽车分布构成中，纯电动汽车是主要构成部分，保有量达 73.2 万辆，占新能源汽车总量的 62.01%。与 2015 年相比，纯电动汽车增加 40 万辆，同比增长 120.63%。全国新能源汽车保有量增量、纯电动汽车保有量增量均为近 3 年来的同期最高水平（见图 7）。

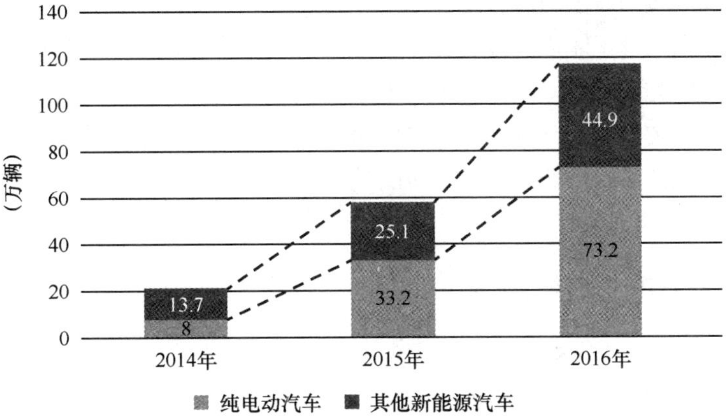

图 7　2014 年以来新能源汽车分布构成变化情况

三、政策措施

（一）规范网络预约出租汽车管理

2016 年 7 月 27 日，交通运输部、工业和信息化部、公安部等 7 部委联合发布《网络预约出租汽车经营服务管理暂行办法》（交通运输部、工业和信息化部、公安部、商务部、工商总局、质检总局、国家网信办令 2016 年第 60 号），自 2016 年 11 月 1 日施行。

2016 年 11 月 7 日，交通运输部办公厅发布《关于网络预约出租汽车车辆准入和退出有关工作流程的通知》（交办运〔2016〕144 号），明确网络预约出租汽车按照营运载客汽车管理，并规定办理准入和退出的工作流程等内容。

（二）试点发放新能源汽车号牌

2016 年 4 月 20 日，公安部交通管理局发布《关于征求新能源汽车号牌式样意见的通知》（公交管〔2016〕199 号），设计了新能源汽车号牌式样（小型汽车和大型汽车各 3 种式样），向社会公开征求意见建议。

2016 年 9 月 17 日，公安部办公厅发布《关于做好新能源汽车号牌试点工作的通知》

（公交管〔2016〕539 号），决定于 2016 年 12 月 1 日至 2017 年 5 月 31 日在上海、南京、无锡、济南、深圳 5 个城市开展新能源汽车号牌试点工作，并制定下发《新能源汽车号牌试点工作方案》和《新能源汽车号牌式样及编码规则》。

（三）规范促进二手车市场交易

2016 年 3 月 25 日，国务院办公厅发布《关于促进二手车便利交易的若干意见》（国办发〔2016〕13 号），就二手车市场环境、交易登记管理、流通信息平台、信用体系建设、交易税收政策等方面提出具体要求。

2016 年 6 月 8 日，商务部办公厅、国家发展和改革委员会办公厅、工业和信息化部办公厅等 11 个部委联合发布《关于促进二手车便利交易加快活跃二手车市场的通知》（商建字〔2016〕8 号），进一步细化明确促进二手车异地交易、优化二手车交易登记程序、完善二手车税收征管、加强二手车流通信息管理、加强二手车市场主体信用体系建设等工作要求。

（四）试点放宽皮卡车进城限制

2016 年 2 月 26 日，工业和信息化部、国家发展和改革委员会、公安部等 3 部委联合发布《关于开展放宽皮卡车进城限制试点促进皮卡车消费的通知》（工信部联装〔2016〕68 号），决定在河北、辽宁、河南、云南 4 省开展放宽皮卡车进城限制试点工作。

2016 年 12 月 30 日，工业和信息化部、国家发展和改革委员会、公安部 3 部委联合发布《关于扩大放开皮卡车进城限制试点范围的通知》（工信部联装〔2016〕444 号），决定在前期工作的基础上，扩大在湖北省、新疆维吾尔自治区开展放开皮卡车进城限制试点工作。

（五）全面清理变型拖拉机牌证

2016 年 8 月 30 日，农业部农业机械管理化司发布《关于开展变型拖拉机信息登记的通知》（农机安〔2016〕25 号），决定自 9 月 15 日起启用“全国变型拖拉机信息管理系统”，全面清理依法依规核发的变型拖拉机牌证。

（撰稿：赵琳娜、戴帅）

2016年全国机动车驾驶人整体情况综述

一、概述

2016年，我国机动车驾驶人数量继续保持快速增长趋势，机动车驾驶人达3.58亿人，同比增加3021万人，机动车驾驶人增量为近5年最高值。其中，汽车驾驶人3.13亿人，占机动车驾驶人总量的87.49%，同比增加3255万人。全国有83个城市的汽车驾驶人数量超过百万，34个城市超过200万，14个城市超过300万，北京超过1000万，上海超过600万。

2016年，全国机动车驾驶人年龄段集中于26～50岁，占机动车驾驶人总量的74.84%；60岁以上驾驶人所占比例有所提高，相比2015年上升0.32%。全国机动车男性驾驶人2.6亿人，占机动车驾驶人总量的72.77%；女性驾驶人9738万人，占机动车驾驶人总量的27.23%，相比2015年，占比提高了1.53%。

2016年，公安部、交通运输部、工业和信息化部等多部委联合出台政策规章，在推进驾驶人培训考试制度改革、放开单眼视力障碍人士和上肢残疾人驾驶汽车等驾驶人管理方面取得了积极成效。

二、统计数据

（一）机动车驾驶人数量

截至2016年年底，全国机动车驾驶人达3.58亿人。全国机动车驾驶人继续保持大幅增长趋势，新增机动车驾驶人3021万人，同比增长9.23%，机动车驾驶人增量为近5年最高值（见图1）。同时，机动车驾驶人数量与机动车保有量比率达1.21∶1，机动车驾驶人增速要快于机动车保有量增速。

从各省（自治区、直辖市）机动车驾驶人数量情况看，广东、山东、江苏、河南、四川、浙江、河北、湖北、湖南、安徽、广西、江西、辽宁、云南、福建、北京16个省（自治区、直辖市）的机动车驾驶人数量超过1000万人，上述省（自治区、直辖市）机动车驾驶人总量超过2.73亿人，占全国机动车驾驶人的76.89%。其中广东机动车驾驶人超过3000万人，居全国第1位；其次是山东、江苏超过2000万人（见图2）。

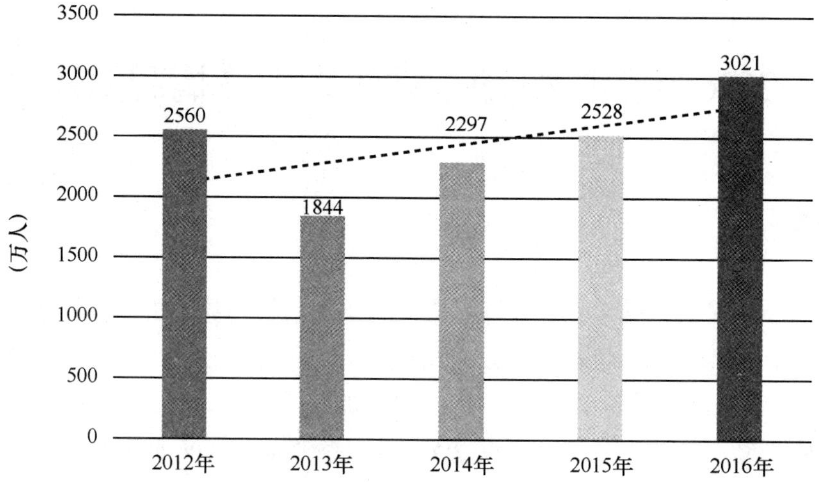

图 1　2012 年以来机动车驾驶人数量每年增长情况

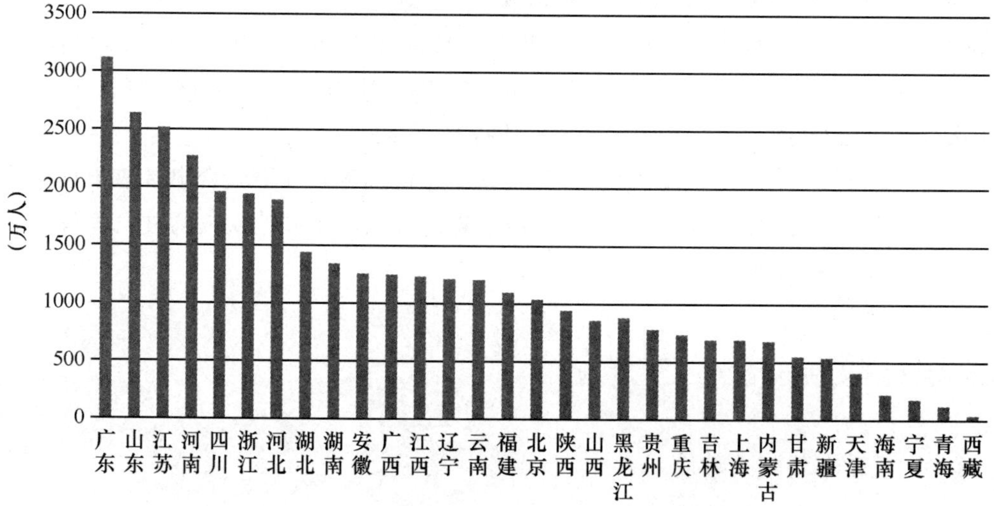

图 2　全国各省（自治区、直辖市）机动车驾驶人数量情况

（二）汽车驾驶人数量

截至 2016 年年底，全国汽车驾驶人达 3.13 亿人，占机动车驾驶人总量的 87.49%。与 2015 年相比，新增汽车驾驶人 3255 万人，同比增长 11.61%。近 5 年汽车驾驶人仍然呈现大幅增长趋势，年均增量达 2780 万人（见图 3），年均增幅达 11.79%。同时，汽车驾驶人数量与汽车保有量比率达 1.61∶1。

从各地级市汽车驾驶人数量分布情况看，全国有 83 个城市的汽车驾驶人数量超过百万，34 个城市超过 200 万，14 个城市超过 300 万（见表 1）。其中，北京汽车驾驶人数量 1036 万，位居第 1 位；其次是上海 668 万；重庆、成都、天津汽车驾驶人数量分别为 586 万、559 万、412 万，位居前 5 位。

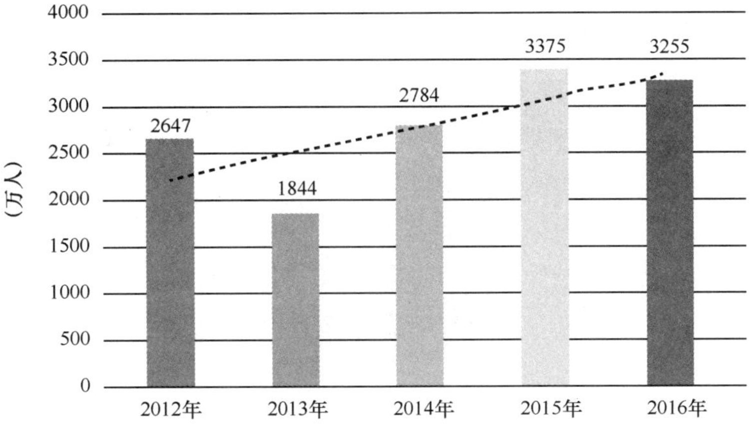

图 3 2012 年以来汽车驾驶人数量每年增长情况

表 1 2016 年我国汽车驾驶人数量超过百万的城市

类　型	城市（按汽车驾驶人数量由高至低排序）
汽车驾驶人超过 300 万	北京、上海、重庆、成都、天津、广州、武汉、西安、杭州、深圳、郑州、苏州、南京、青岛
汽车驾驶人在 200 万～300 万	潍坊、石家庄、保定、宁波、佛山、哈尔滨、东莞、沈阳、昆明、长沙、临沂、唐山、长春、济南、温州、金华、烟台、徐州、大连、南通
汽车驾驶人在 100 万～200 万	无锡、南阳、合肥、南昌、台州、沧州、福州、邯郸、南宁、济宁、泉州、赣州、周口、邢台、洛阳、常州、绍兴、盐城、贵阳、太原、泰州、商丘、嘉兴、廊坊、新乡、惠州、淄博、厦门、聊城、扬州、菏泽、德州、襄阳、连云港、晋中、泰安、滨州、呼和浩特、安阳、茂名、汕头、镇江、六安、平顶山、宿迁、中山、宜春、驻马店、曲靖

（三）机动车驾驶人年龄分布

截至 2016 年年底，全国机动车驾驶人在 18～25 岁的有 3786 万人，占机动车驾驶人总量的 10.59%；26～50 岁的有 2.68 亿人，占机动车驾驶人总量的 74.84%；51～60 岁的有 4262 万人，占机动车驾驶人总量的 11.92%；超过 60 岁的有 950 万人，占机动车驾驶人总量的 2.66%（见图 4）。机动车驾驶人年龄段集中于 26～50 岁，60 岁以上驾驶人所占比例有所提高，相比 2015 年上升 0.32%。

（四）机动车驾驶人驾龄分布

截至 2016 年年底，全国机动车驾驶人驾龄不满 1 年的有 3314 万人，占机动车驾驶人总量的 9.27%；驾龄 1～3 年的有 8475 万人，占机动车驾驶人总量的 25.46%；驾龄 4～5 年的有 5510 万人，占机动车驾驶人总量的 15.41%；驾龄 6～10 年的有 8919 万人，占机动车驾驶人总量的 24.95%；驾龄 11～15 年的有 4876 万人，占机动车驾驶人总量的 13.64%；驾龄 16～20 年的有 2481 万人，占机动车驾驶人总量的 6.94%；驾龄超过 20 年的有 1910 万人，占机动车驾驶人总量的 5.34%（见图 5）。

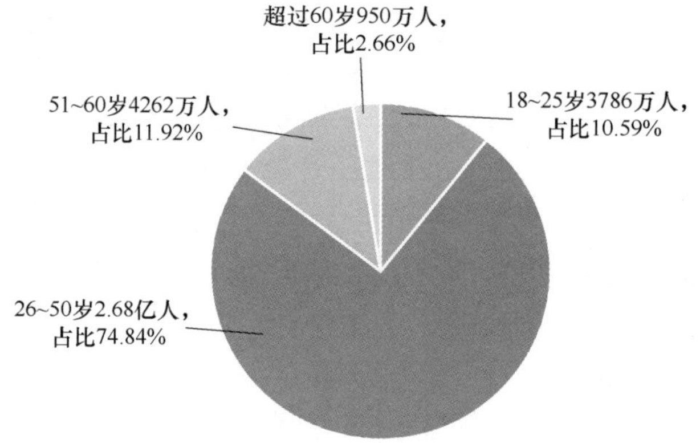

图 4 全国机动车驾驶人年龄分布情况

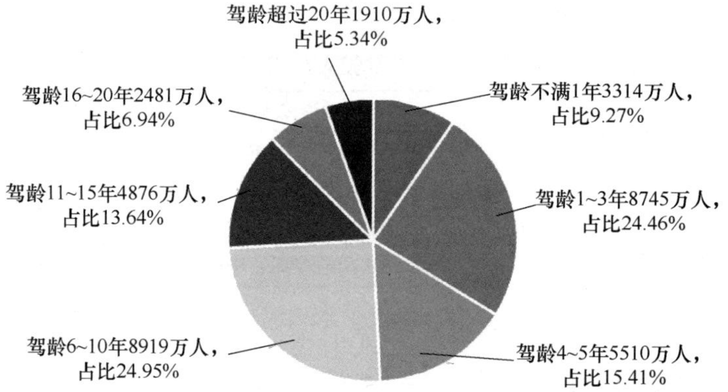

图 5 全国机动车驾驶人驾龄分布情况

（五）机动车驾驶人性别分布

截至 2016 年年底，全国机动车驾驶人中男性驾驶人有 2.6 亿人，占机动车驾驶人总量的 72.77%；女性驾驶人有 9738 万人，占机动车驾驶人总量的 27.23%。相比 2015 年，女性驾驶人占比提高了 1.53%。

三、政策措施

（一）推进驾驶人培训考试制度改革

2016 年 1 月 28 日，公安部、交通运输部联合发布《关于做好机动车驾驶人培训考试制度改革工作的通知》（公交管〔2016〕50 号），就贯彻国务院办公厅转发公安部、交通运输部《关于推进机动车驾驶人培训考试制度改革的意见》（国办发〔2015〕88 号）提出具体工作意见。

2016 年 1 月 29 日，公安部发布《关于修改〈机动车驾驶证申领和使用规定〉的决定》（公安部令第 139 号），自 2016 年 4 月 1 日起施行。

2016年2月3日，公安部、交通运输部、中国保险监督管理委员会联合发布《关于机动车驾驶证自学直考试点的公告》，决定自2016年4月1日起，在天津、包头、长春、南京、宁波、马鞍山、福州、吉安、青岛、安阳、武汉、南宁、成都、黔东南、大理、宝鸡16个市（州）试点小型汽车、小型自动挡汽车驾驶证自学直考。

2016年3月31日，公安部发布《关于印发〈机动车驾驶人考试工作规范〉的通知》（公交管〔2016〕137号）。

2016年3月21日，公安部发布《关于印发〈机动车驾驶证业务工作规范〉的通知》（公交管〔2016〕136号）。

2016年8月17日，公安部发布《机动车驾驶人违法记分满分教育和审验教育工作规范（试行）》（公交管〔2016〕479号），决定于10月1日起试行，进一步规范机动车驾驶人违法记分满分教育和审验教育工作。

2016年8月18日，交通运输部、公安部联合发布《关于印发机动车驾驶培训教学与考试大纲的通知》（交运发〔2016〕128号）。

（二）放开单眼视力障碍人士和上肢残疾人驾驶汽车

2016年2月4日，公安部发布《关于修改〈机动车驾驶证申领和使用规定〉的决定》（公安部令第139号），放开优眼裸视力或者矫正视力达到对数视力表5.0以上、且水平视野达到150度的单眼视力障碍人士和一只手掌缺失、另一只手拇指健全、其他手指有两指健全的上肢残疾人等驾车，规定于2016年4月1日起实施。

2016年4月6日，中国残疾人联合会、工业和信息化部、公安部等7个部委联合发布《关于切实做好单眼视力障碍人士和上肢残疾人、驾驶汽车相关工作的通知》（残联发〔2016〕16号）。

（撰稿：赵琳娜、戴帅）

2016 年城市智能交通市场千万级项目数据统计

一、城市智能交通

山东省 21.25 亿元

（1）潍坊市高速公路智能交通安全系统二期工程，招标人：潍坊市公安局交通警察支队，中标时间：9.19，中标人：东软集团股份有限公司，中标金额：3310 万元。

（2）平度市完善国省道智能交通及非机动车道管理系统建设，招标人：平度市城市建设投资开发有限公司，中标时间：9.27，中标人：青岛海信网络科技股份有限公司，中标金额：3023 万元。

（3）临沂市交警支队 2016 年交通安全设施，招标人：临沂市公安局交通警察支队，中标时间：7.27，A 包中标人：山东依鲁光电科技有限公司；B、D、E 包中标人：临沂市华夏高科信息有限公司，中标金额：1540 万元；C 包中标人：百年金海科技有限公司，中标金额：281 万元。

（4）德州市交警支队德上高速德州段指挥调度管理系统工程，招标人：德州市交警支队，中标时间：10.20，中标人：山东格瑞特电子有限公司，中标金额：1828 万元。

（5）禹城市智能交通安全系统—村村通安防监控项目，招标人：禹城市天网工程建设指挥部办公室，中标时间：10.14，中标人：北京东华合创科技有限公司，中标金额：1389 万元。

（6）招远市 2016 年智能交通项目，招标人：招远市公安局交通警察大队，中标时间：12.27，中标人：上海宝康电子控制工程有限公司，中标金额：1184 万元。

（7）菏泽市社会治安数字化监控 PPP 项目，招标人：菏泽市公安局，中标时间：2.24，中标人：北京易华录信息技术股份有限公司，中标金额：6.88 亿元。

（8）枣庄市智能交通安全系统工程建设，招标人：枣庄市公安局交通巡逻警察支队，中标时间：3.30，中标人：北京易华录信息技术股份有限公司，中标金额：1.12 亿元。

（9）烟台市公安局高速公路交警支队智能交通安全系统建设，招标人：烟台市公安局高速公路交通警察支队，中标时间：8.9，1 包中标人：烟台华莱数据技术有限公司，中标金额：5067 万元；2 包中标人：烟台昌达智能交通设备有限公司，中标金额：4077 万元。

（10）青岛市公路管理局路网监测与应急处置平台项目施工，招标人：青岛市公路管理局，中标时间：11.25，中标人：青岛海信网络科技股份有限公司，中标金额：8557 万元。

（11）济宁市交警支队国省道交通安全智能管控系统，招标人：济宁市公安局交通警察支队，中标时间：6.29，中标人：青岛海信网络科技股份有限公司，中标金额：5897万元。

（12）德州市交警支队高铁新区智能交通系统工程，招标人：德州市公安局交通警察支队，中标时间：1.7，1标段中标人：山东格瑞特电子有限公司，中标金额：5526万元；2标段中标人：德州六和建设工程有限公司，中标金额：328万元。

（13）日照市交警大队智能化交通管控系统，招标人：日照市公安局交通警察支队，中标时间：6.16，1包中标人：中电科二十二所（青岛）天博信息科技公司，中标金额：3203万元；2包中标人：青岛海信网络科技股份有限公司，中标金额：1775万元。

（14）滨州滨城区农村智能交通管理系统，招标人：滨州市公安局滨城分局反恐处突指挥中心，中标时间：11.1，中标人：杭州海康威视系统技术有限公司，中标金额：4888万元。

（15）淄博市张店南部区域农村路网建设项目马南路建设工程、昌国路东段改造工程等道路交通设施工程，招标人：淄博市城建重点工程建设指挥部，中标时间：11.17，1标中标人：山东鲁中公路建设有限公司，中标金额：681万元；2标中标人：山东鲁中公路建设有限公司，中标金额：820万元；3标中标人：北京东方新一科技开发有限公司，中标金额：1108万元；4标中标人：北京东方新一科技开发有限公司，中标金额：1013万元。

（16）淄博市交警支队2016年第二期国省道智能交通防控系统微电警建设项目（南部区县），招标人：淄博市交警支队，中标时间：8.30，中标人：北明软件有限公司，中标金额：3230万元。

（17）日照市智能化交通管控系统，招标人：日照市公安局交通警察支队，中标时间：9.20，中标人：中电科二十二所（青岛）天博信息科技公司，中标金额：3203万元。

（18）2016年胶州市民安工程（智能交通管理系统，监控诱导抓拍），招标人：胶州市公安局，中标时间：8.2，中标人：银江股份有限公司，中标金额：3169万元。

（19）2016年胶州市民安工程（智能交通管理系统1包），招标人：胶州市公安局，中标时间：8.2，中标人：青岛开元科润电子有限公司，中标金额：3015万元。

（20）潍坊市潍城区公路智能交通安全视频监控系统建设项目第一标段，招标人：潍坊市公安局潍城分局，中标时间：3.4，中标人：中安消技术有限公司，中标金额：2937万元。

（21）日照市高速公路日照段智慧交通与信息化管理系统建设，招标人：日照市公安局高速公路交通警察支队，中标时间：6.21，中标人：青岛海信网络科技股份有限公司，中标金额：2896万元。

（22）淄博市交警支队2016年第二期国省道智能交通防控系统微电警建设项目（北部区县）采购项目，招标人：淄博市交警支队，中标时间：8.30，中标人：江苏三棱智慧物联发展股份有限公司，中标金额：2858万元。

（23）滕州市国省道智能交通安全系统设备采购及安装项目（智能交通三期），招标人：滕州市公安局交通警察大队，中标时间：6.29，中标人：山东中安科技股份有限公司，中标金额：2738万元。

（24）青岛市2016年度东区道路信号灯及附属设施工程，招标人：青岛市公安局青岛经济技术开发区分局，中标时间：11.21，中标人：青岛海信网络科技股份有限公司，中标金额：2379万元。

（25）平原县智能交通安全体系建设暨“村村通”视频监控系统项目，招标人：平原县公安局，中标时间：8.10，中标人：佳都新太科技股份有限公司，中标金额：2377万元。

（26）临沂市北疏港S341省道涛坪线西延交通安全设施建设项目（交通监控设备），招标人：临沂城市建设投资集团有限公司，中标时间：10.19，中标人：百年金海科技有限公司，中标金额：2368万元。

（27）聊城市高速公路智能交通安全系统二期工程（德商高速聊城段），招标人：聊城市公安局交通巡逻警察支队，中标时间：10.28，中标人：青岛海信网络科技股份有限公司，中标金额：2320万元。

（28）滨州市交警支队国省道智能交通安全系统（市本级）外场设备及集成，招标人：滨州市公安局交通警察支队，中标时间：8.9，中标人：中信国安信息科技有限公司，中标金额：2279万元。

（29）济南市海绵城市建设十四条市政道路工程交通安全与管理设施供货及安装项目（交通信号标段），招标人：济南市政公用资产管理运营有限公司，中标时间：7.1，中标人：北京易华录信息技术股份有限公司，中标金额：2150万元。

（30）莱芜市国省道智能交通安全系统，招标人：莱芜市公安局交通警察支队，中标时间：6.29，a包中标人：浙江大华技术股份有限公司，中标金额：1249万；b包中标人：山东中安科技股份有限公司，中标金额：860万元。

（31）临沂郯城交警大队交通管理设备项目，招标人：临沂市公安局交通警察支队郯城大队，中标时间：11.30，中标人：临沂市华夏高科信息有限公司，中标金额：2085万元。

（32）威海市文登区智能交通项目施工，招标人：威海市公安局文登分局交通警察大队，中标时间：8.26，中标人：北京华道兴科技有限公司，中标金额：1978万元。

（33）威海公共交通集团有限公司电子站牌系统集成项目，招标人：威海公共交通集团有限公司，中标时间：3.29，中标人：威海北洋电气集团股份有限公司，中标金额：1962万元。

（34）临沂交警支队交通安全设施采购（交通信号灯及控制设备），招标人：临沂市公安局交通警察支队，中标时间：7.26，中标人：连云港杰瑞电子有限公司，中标金额：1894万元。

（35）淄博市交警支队2016年第一期国省道智能交通防控系统（南部城区）标准电警采购项目，招标人：淄博市交警支队，中标时间：8.31，中标人：深圳市广宁股份有限公司，中标金额：1798万元。

（36）山东省省域道路客运联网售票系统建设及运营，招标人：山东省交通厅财务处，中标时间：11.25，中标人：辽宁新途网络科技有限公司，中标金额：1750万元。

（37）淄博市交警支队第一期国省道智能交通防控系统郊区标准电警建设，招标人：淄博市交警支队，中标时间：11.16，中标人：山东易华录信息技术有限公司，中标金额：1740万元。

（38）潍坊市区和平南路等7条道路交通信号灯、电子警察监控等设施设备，招标人：潍坊市公安局交通警察支队，中标时间：5.9，1标中标人：潍坊市远程数控系统工程有限公司，中标金额：446万元；2标中标人：潍坊畅讯交通设施工程有限公司，中标金额：500万元；3标中标人：潍坊盛浩机动车服务有限公司，中标金额：164万元；4标中标人：东软集团股份有限公司，中标金额：1181万元。

（39）青岛火车站周边综合交通体系建设项目-智能交通工程，招标人：青岛市公安局，中标时间：10.27，中标人：青岛海信网络科技股份有限公司，中标金额：1537万元。

（40）山东省交警总队高速公路交通安全集成指挥平台一期建设及高速总队直辖路段智能交通安全系统二期，招标人：山东省公安厅交通警察总队，中标时间：9.14，a1中标人：杭州诚道科技股份有限公司，中标金额：305万元；a2中标人：山东方圆创新信息技术有限公司，中标金额：756万元；a3中标人：山东汇瑞智能科技有限公司，中标金额：95万元；a4中标人：山东安之畅信息技术股份有限公司，中标金额：268万元；a5中标人：山东中安科技股份有限公司，中标金额：78万元。

（41）新泰市高清智能交通监控系统暨“智能天目”工程第三期建设项目施工，招标人：新泰市公安局，中标时间：8.25，中标人：北京时代凌宇科技股份有限公司，中标金额：1389万元。

（42）安丘市安装多功能高清电子警察、卡口及原有智能交通、平安城市平台和交通违法处罚平台定制整合，招标人：安丘市公安局，中标时间：5.16，中标人：北京时代凌宇科技股份有限公司，中标金额：1380万元。

（43）烟台开发区电子警察、卡口及指挥平台采购，招标人：烟台市公安局经济技术开发区分局交通警察大队，中标时间：11.16，中标人：北京数字智通科技有限公司，中标金额：1291万元。

（44）临沂市交警支队河东大队交通安全设备维修改造及新增，招标人：临沂市公安局交通警察支队河东大队，中标时间：4.19，中标人：临沂市华夏高科信息有限公司，中标金额：1275万元。

（45）曲阜市辖区国道（县乡道路）交通安全智能管控系统升级补充建设工程，招标人：曲阜市公安局交通警察大队，中标时间：12.9，中标人：南京洛普股份有限公司，中标金额：1248万元。

（46）烟台市公安局经济技术开发区分局交警大队交通信号灯及配套设施供货及安装项目，招标人：烟台市公安局经济技术开发区分局交警大队，中标时间：8.23，中标人：烟台宝星电子有限公司，中标金额：1197万元。

（47）威海高速交警支队高速公路智能交通安全系统（三期），招标人：海高速交警支队，中标时间：2.1，中标人：威海北洋电气集团股份有限公司，中标金额：1172万元。

（48）山东微山县交警大队国省道智能交通管控系统项目，招标人：微山县交警大队，中标时间：7.15，中标人：山东科威达信息科技有限公司，中标金额：1166万元。

（49）山东平阴县2016年国省道智能交通安全系统建设项目，招标人：平阴县公安局，中标时间：8.16，中标人：山东致群信息技术有限公司，中标金额：1163万元。

（50）滨州市公安局高新技术产业开发区分局国省道智能交通安全管控系统，招标人：滨州市公安局高新技术产业开发区分局，中标时间：8.12，中标人：中信国安信息科技有限公司，中标金额：1100万元。

（51）齐河县智能交通视频监控系统建设项目，招标人：德州市公安局交通警察支队齐河大队，中标时间：6.21，中标人：北京东华合创科技有限公司，中标金额：1089万元。

（52）青岛市平安崂山视频监控系统调整内容即交警大队指挥中心建设项目，招标人：青岛市公安局崂山分局，中标时间：4.14，1包中标人：中科软科技股份有限公司，中标金额：560万元；2包中标人：河北远东通信系统工程有限公司，中标金额：485万元。

（53）淄博市交警支队2016年第一期国省道智能交通防控系统（北部城区）标准电警采购项目，招标人：淄博市交警支队，中标时间：8.31，中标人：华迪计算机集团有限公司，中标金额：1036万元。

（54）临朐县公安局社会智能化管理系统续建项目，招标人：临朐县公安局，中标时间：9.29，中标人：杭州海康威视系统技术有限公司，中标金额：1008万元。

（55）济阳县国省道智能交通安全系统建设工程项目，招标人：济阳县公安局交通警察大队，中标时间：8.2，a标中标人：中安消技术有限公司，中标金额：1472万元；b、c标中标人：江苏三棱智慧物联发展股份有限公司，中标金额：706万元。

湖北省 10.53 亿元

（1）武汉市智能交通示范工程施工，招标人：武汉桥建集团有限公司，中标时间：4.15，中标人：北京易华录信息技术股份有限公司/武汉光谷智能交通科技有限公司联合体，中标金额：3.09亿元。

（2）武汉市城市道路智慧停车经营服务项目，招标人：武汉市机动车道路停车收费管理中心，中标时间：3.14，中标人：武汉城投停车场投资建设管理有限公司，中标金额：1.15亿元。

（3）武汉市公共交通集团有限责任公司公交车一键报警系统建设，招标人：武汉市公共交通集团有限责任公司，中标时间：6.22，中标人：北京易华录信息技术股份有限公司，中标金额：6996万元。

(4)武汉东湖新技术开发区智能交通管理系统—区域交通信号控制系统升级改造项目，招标人：武汉市公安局东湖新技术开发区分局，中标时间：3.22，中标人：青岛海信网络科技股份有限公司，中标金额：6107 万元。

（5）智慧荆门项目智慧交通工程（一期）象山大道项目，招标人：荆门市公安局交通警察支队，中标时间：7.18，中标人：广东铂亚信息技术有限公司，中标金额：5198 万元。

（6）武汉市雄楚大街（梅家山立交—楚平路）段 BRT 系统专项工程施工，招标人：武汉桥建集团有限公司，中标时间：5.30，中标人：北京瑞华赢科技发展有限公司，中标金额：5096 万元。

（7）武汉市东湖新技术开发区智能交通管理系统电子警察及卡口采购，招标人：武汉市公安局东湖新技术开发区分局，中标时间：4.13，中标人：青岛海信网络科技股份有限公司，中标金额：4527 万元。

（8）武汉市汉阳大道（滨江大道～三环线）景观大道道路排水改造工程交通工程，招标人：武汉汉阳大道项目管理有限公司，中标时间：11.9，中标人：武汉玖益交通设施工程有限公司，中标金额：4412 万元。

（9）襄阳市 08 片区（追日路、清河西路、清河北路）交通监控工程，招标人：襄阳市政府投资工程建设管理中心，中标时间：3.7，中标人：中国市政工程西北设计研究院有限公司中国建筑西南勘察设计研究院有限公司联合体，中标金额：3184 万元。

（10）宜昌市东山四路西段一期工程交通工程，招标人：宜昌市城市建设投资开发有限公司，中标时间：1.25，中标人：浙江浙大中控信息技术有限公司/南京凌云科技发展有限公司，中标金额：2898 万元。

（11）智慧荆门项目智慧交通工程（一期）交通信号控制系统，招标人：荆门市公安局交通警察支队，中标时间：4.8，中标人：北京航天长峰科技工业集团有限公司，中标金额：2388 万元。

（12）武汉市雄楚大街（楚平路～三环线立交）改造工程 BRT 系统工程，招标人：武汉市市政建设集团有限公司，中标时间：9.27，中标人：烽火通信科技股份有限公司，中标金额：2190 万元。

（13）武汉市城市公共交通智能化应用示范试点工程，招标人：武汉市公共交通集团有限责任公司，中标时间：11.4，中标人：北京易华录信息技术股份有限公司，中标金额：1999 万元。

（14）智慧荆门项目智慧交通工程（一期）三条高速公路出口沿线项目，招标人：荆门市公安局交通警察支队，中标时间：7.18，中标人：广东铂亚信息技术有限公司，中标金额：1996 万元。

（15）武汉市交管局（基建）交管局“互联网+”道路交通应急救援，招标人：汉市交管局（基建），中标时间：8.10，中标人：中道汽车救援产业有限公司上海安畅汽车牵引有限公司（联合体），中标金额：1668 万元。

（16）武汉交管局2016年度政府10件实事——智能停车行车诱导前端改造项目，招标人：武汉市公安局交通管理局（基建），中标时间：10.1，1包中标人：北京易华录信息技术股份有限公，中标金额：1067万元；2包中标人：杭州立方控股股份有限公司，中标金额：519万元。

（17）潜江市智慧交通系统建设项目，招标人：潜江市公安局，中标时间：5.23，中标人：湖北公众信息产业有限责任公司，中标金额：1568万元。

（18）武汉市交通运输行业运行指数系统项目施工，招标人：武汉市交通科学研究所，中标时间：6.20，中标人：北京易华录信息技术股份有限公司，中标金额：1500万元。

（19）武汉交管局2016年政府10件实事——60处堵点改造项目，招标人：武汉交管局，中标时间：10.18，1包中标人：中诺建设集团有限公司，中标金额：343万元；2包中标人：湖北祥旭建筑工程有限公司，中标金额：1071万元。

（20）武汉交管局2016年度政府10件实事——二、三级停车诱导牌采购，招标人：武汉交管局，中标时间：10.18，中标人：青岛海信网络科技股份有限公司，中标金额：1386万元。

（21）湖北监利县智能交通管理系统建设项目，招标人：监利县公安局交通警察大队，中标时间：8.5，中标人：武汉烽火众智数字技术有限责任公司，中标金额：1348万元。

（22）武汉宝丰路硚口路快速化（建设大道至京汉大道）改造工程交通工程，招标人：武汉宝硚项目管理有限公司，中标时间：12.15，中标人：西安金路交通工程科技发展有限责任公司，中标金额：1148万元。

（23）武汉东风大道快速化改造二期新建智能交通工程交通监控设备采购及安装项目，招标人：武汉车都建设投资有限公司，中标时间：8.16，中标人：湖北华友数字科技有限公司，中标金额：1138万元。

（24）湖北阳新县城东新区道路交通设施工程，招标人：阳新县城镇建设投资开发有限公司，中标时间：3.14，中标人：中国电信股份有限公司阳新分公司，中标金额：1080万元。

（25）武汉市交管局（基建）交管局交通电子监控系统维护集成服务，招标人：武汉市公安局交通管理局（基建），中标时间：6.12，1、4包中标人：青岛海信网络科技股份有限公司，中标金额：533万元；2包中标人：武汉中科通达高新技术股份有限公司，中标金额：373万元；3包中标人：武汉玖益交通设施工程有限公司，中标金额：142万元。

（26）湖北郧西智慧交通采购，招标人：郧西县公安局，中标时间：4.15，中标人：中国联合网络通信有限公司十堰市分公司，中标金额：1000万元。

广东省10.1亿元

（1）茂名市电白区城市停车智能管理系统PPP融资建设项目，招标人：电白城市交通建设投资集团有限公司，中标时间：5.18，中标人：广东宏盛智泊科技有限公司，中标金额：7560万元。

（2）深圳南山交警大队南山区交通监控系统完善和提升（交警大队监控系统）项目，招标人：南山交警大队，中标时间：8.19，中标人：深圳市信义科技有限公司，中标金额：6597万元。

（3）广州市新增道路卡口项目（市公安局、越秀区、荔湾区、海珠区、天河区建设部分），招标人：广州市公安局，中标时间：9.23，中标人：中国联合网络通信有限公司广东省分公司，中标金额：6363万元。

（4）广州市公安局交通监控及电子警察高清化升级改造，招标人：广州市公安局，中标时间：11.28，中标人：广东南方通信建设有限公司，中标金额：6015万元。

（5）广州市交通信号控制系统升级改造，招标人：广州市公安局，中标时间：11.29，中标人：广东省电信工程有限公司，中标金额：5904万元。

（6）潮州市公安局指挥中心改造暨智能交通建设项目安装工程，招标人：潮州市公安局，中标时间：9.29，中标人：中盟科技有限公司、中国电信股份有限公司潮州分公司，中标金额：5477万元。

（7）佛山市公安局三水分局智能警务（智能交通管理平台）项目 ，招标人：佛山市公安局三水分局，中标时间：8.25，中标人：北京易华录信息技术股份有限公司，中标金额：5095万元。

（8）深圳松岗街道全街道电子视频监控新建及维修工程，招标人：深圳市松岗投资管理公司，中标时间：1.29，中标人：深圳市仁用电子系统有限公司，中标金额：4655万元。

（9）珠海市智慧交通运行管理平台，招标人：珠海市交通运输局，中标时间：12.5，中标人：广东城智科技有限公司，中标金额：4146万元。

（10）广州市公安局南沙区分局南沙区道路交通信号控制升级改造，招标人：广州市公安局南沙区分局，中标时间：11.10，中标人：广州杰赛科技股份有限公司，中标金额：3692万元。

（11）佛山市交通量轴载建设项目，招标人：佛山市公路局，中标时间：9.27，1标中标人：辽宁金洋科技发展集团有限公司，中标金额：1695万元；2标中标人：北京北大千方科技有限公司，中标金额：1941万元。

（12）广东省公安厅2015—127项目（区间测速），招标人：广东省公安厅，中标时间：3.11，1中标人：安徽蓝盾光电子股份有限公司，中标金额：2776万元；2中标人：广州阳光耐特电子有限公司，中标金额：659万元。

（13）广州市公安局南沙区分局南沙区第三期电子警察建设，招标人：广州市公安局南沙区分局，中标时间：5.20，中标人：广州杰赛科技股份有限公司，中标金额：2726万元。

（14）珠海市智慧交通运行管理平台建设项目，招标人：广东城智科技有限公司，中标时间：9.8，中标人：西门子（中国）有限公司，中标金额：2605 万元。

（15）深圳南山交警大队南山区交通监控系统完善和提升（高新园区派出所治安监控系统）项目，招标人：深圳南山交警大队，中标时间：8.19，中标人：深圳市信义科技有限公司，中标金额：2360 万元。

（16）广州市番禺区广州大学城道路基础设施提升改造工程—智能交通项目，招标人：广州市番禺区基本建设投资管理办公室，中标时间：1.7，中标人：广东铂亚信息技术有限公司，中标金额：2299 万元。

（17）佛山市公安局交警支队智能交通指挥调度室升级改造，招标人：佛山市公安局交警支队，中标时间：9.29，中标人：北京易华录信息技术股份有限公司，中标金额：2089 万元。

（18）广州市网络预约出租汽车综合业务管理平台项目，招标人：广州市客运交通管理处，中标时间：10.14，中标人：（主）广州交通信息化建设投资营运有限公司（成）太极计算机股份有限公司，中标金额：1998 万元。

（19）佛山市公交车辆车载设备更新改造二期项目，招标人：佛山市交通运输局，中标时间：12.22，1 标中标人：厦门蓝斯通信股份有限公司，中标金额：1100 万元；1 标中标人：安徽富煌科技股份有限公司，中标金额：775 万元。

（20）深圳市宝安交警大队区交通科技设施完善工程，招标人：深圳市宝安交警大队，中标时间：6.13，中标人：陕西高速交通工贸有限公司，中标金额：1874 万元。

（21）深圳市坂田片区智慧交通工程，招标人：深圳市龙岗区坂田街道办事处，中标时间：1.14，中标人：深圳市奇信建设集团股份有限公司，中标金额：1748 万元。

（22）广州市交通委员会 2016 年信息化系统运行维护，招标人：广州市交通委员会，中标时间：11.2，中标人：广州交通信息化建设投资营运有限公司，中标金额：1520 万元。

（23）中山市火炬开发区 2016 年至 2019 年道路交通设施和交通信号灯维护管养服务，招标人：中山市公安局火炬开发区分局，中标时间：9.27，中标人：深圳市鸿华通交通设施工程有限公司，中标金额：1500 万元。

（24）广东省汽车客运联网售票深化应用工程，招标人：广东省交通厅本部（系统财务），中标时间：10.18，中标人：广东南粤通客运联网中心有限公司，中标金额：1494 万元。

（25）鹤山市智能交通系统二期工程，招标人：鹤山市公安局，中标时间：10.14，中标人：青岛海信网络科技股份有限公司，中标金额：1399 万元。

（26）广东广州市白云区新增道路智能卡口（135 车道）项目，招标人：广州市公安局白云区分局，中标时间：1.18，中标人：中国电信股份有限公司广东分公司，中标金额：1389 万元。

（27）2016 年度广州市公安局电子警察升级改造项目，招标人：广州市公安局，中标时间：9.21，中标人：广州杰赛科技股份有限公司，中标金额：1377 万元。

（28）花都主城区交通信号控制系统升级改造工程智能交通信号和电子诱导屏控制

系统，招标人：广州市花都区地方公路管理总站，中标时间：12.15，中标人：广州杰赛科技股份有限公司，中标金额：1360万元。

（29）佛山市南海交通违法抓拍系统工程维护，招标人：佛山市南海区交通安全管理中心，中标时间：10.22，中标人：蓝盾信息安全技术有限公司，中标金额：1198万元。

（30）广州市公安局黄埔区分局新增高清道路卡口采购项目，招标人：广州市公安局黄埔区分局，中标时间：9.20，中标人：中国电信股份有限公司广东分公司，中标金额：1176万元。

（31）中山市可疑人车预警查控建设卡口高清化改造项目，招标人：中山市公安局，中标时间：12.29，中标人：高新兴科技集团股份有限公司，中标金额：1168万元。

（32）广州市增城区原亚运场馆周边视频监控补点及原亚运主干道路视频监控系统高清改造租赁建设采购项目，招标人：广州市公安局增城区分局，中标时间：6.6，中标人：中国电信股份有限公司广东分公司，中标金额：1132万元。

（33）佛山市公交车辆车载设备更新改造项目，招标人：佛山市铁路投资建设集团有限公司，中标时间：1.29，3标中标人：厦门蓝斯通信股份有限公司，中标金额：640万元；4标中标人：青岛海信网络科技股份有限公司，中标金额：438万元。

（34）广州市公安局番禺区分局2016年新增高清道路卡口建设，招标人：广州市公安局番禺区分局，中标时间：11.20，中标人：广东铂亚信息技术有限公司，中标金额：1049万元。

（35）东莞市2016年高清环保抓拍系统新建及改造，招标人：东莞市公安局交通警察支队，中标时间：11.29，中标人：中国电信股份有限公司广东分公司，中标金额：1021万元。

（36）广州市公安局番禺区分局34个路口电子警察设备采购，招标人：广州市公安局番禺区分局，中标时间：11.4，中标人：蓝盾信息安全技术有限公司，中标金额：1018万元。

上海市 8.57 亿元

（1）上海市交警总队所需的“固定电子警察系统”建设及更新项目，招标人：上海市公安局交通警察总队，中标时间：5.24，包件1中标人：上海中隆通信工程有限公司，中标金额：1135万元；包件2中标人：上海斯拜煦网络系统科技发展有限公司，中标金额：768万元；包件3中标人：上海竞天科技股份有限公司，中标金额：2079万元；包件4中标人：上海宝康电子控制工程有限公司，中标金额：1884万元；包件5中标人：上海市保安服务总公司，中标金额：1300万元；包件6中标人：上海电科智能系统股份有限公司，中标金额：1428万元；包件7中标人：博康智能信息技术有限公司，中标金额：1186万元；包件8中标人：上海电科智能系统股份有限公司，中标金额：1368万元。

（2）上海市公安局奉贤分局道路监控系统三期服务项目（高清图像监控系统），招标人：上海市公安局奉贤分局（本部），中标时间：10.19，中标人：中国电信股份有限公司上海分公司，中标金额：6949 万元。

（3）上海松江区道路智能交通信息管理系统项目，招标人：上海市公安局松江分局（本部），中标时间：1.15，中标人：上海宝康电子控制工程有限公司，中标金额：6887 万元。

（4）浦东新区公安违法抓拍系统，招标人：上海市公安局浦东分局（本部），中标时间：8.2，包件 1 中标人：上海宝信软件股份有限公司，中标金额：945 万元；包件 2 中标人：上海共联通信信息发展有限公司，中标金额：387 万元；包件 3 中标人：中时讯通信建设有限公司，中标金额：763 万元；包件 4 中标人：厦门兴南洋信息技术有限公司，中标金额：473 万元；包件 5 中标人：广东省电信工程有限公司，中标金额：540 万元；包件 6 中标人：安徽电信工程有限责任公司，中标金额：678 万元；包件 7 中标人：浙江省邮电工程建设有限公司，中标金额：661 万元；包件 8 中标人：中邮建技术有限公司，中标金额：672 万元；包件 9 中标人：上海贝电实业（集团）股份有限公司，中标金额：456 万元；包件 10 中标人：中国铁路通信信号上海工程局集团有限公司，中标金额：437 万元；包件 11 中标人：上海电信工程有限公司，中标金额：536 万元。

（5）上海市公安局奉贤分局道路监控系统二期服务，招标人：上海市公安局奉贤分局（本部），中标时间：10.18，中标人：中国电信股份有限公司上海分公司，中标金额：5220 万元。

（6）上海市交警总队新一代交警移动警务更新（硬件部分），招标人：上海市公安局交通警察总队，中标时间：6.29，包件 1 中标人：深圳市安软科技股份有限公司，中标金额：1065 万元；包件 2 中标人：上海盾康信息科技有限公司，中标金额：1480 万元；包件 3 中标人：深圳市安软科技股份有限公司，中标金额：358 万元；包件 4 中标人：浙江信电技术股份有限公司，中标金额：304 万元。

（7）上海宝山智能交通二期项目——交通信号控制系统（SCATS），招标人：上海市公安局宝山分局，中标时间：3.23，中标人：上海电科智能系统股份有限公司，中标金额：4282 万元。

（8）上海市公安局图像监控系统、交通违法智能管理系统建设，招标人：上海市公安局金山分局，中标时间：5.5，包件 1 中标人：上海竞天科技股份有限公司，中标金额：3948 万元；包件 2 中标人：上海市保安服务总公司金山区公司，中标金额：260 万元。

（9）上海智能网联汽车测试示范公共服务平台，招标人：上海国际汽车城（集团）有限公司，中标时间：10.12，中标人：上海电科智能系统股份有限公司，中标金额：4140 万元。

（10）上海松江区 2016 年视频图像监控系统建设前端设备采购及安装，招标人：上海市公安局松江分局，中标时间：4.19，包件 1 中标人：上海市保安服务总公司，中标金额：1395 万元；包件 2 中标人：上海松讯信息发展有限公司，中标金额：486 万元；包件 3 中标人：上海宝康电子控制工程有限公司，中标金额：503 万元；包件 4 中标人：

上海竞天科技股份有限公司，中标金额：1218 万元。

（11）上海青浦城区道路交叉口 SCATS 智能交通信号控制系统建设工程，招标人：上海市公安局青浦分局，中标时间：10.27，中标人：上海电科智能系统股份有限公司，同济大学建筑设计研究院（集团）有限公司，中标金额：3188 万元。

（12）杨浦区道路交通违法“电子警察”系统二期建设项目（设备部分），招标人：上海市公安局杨浦公安分局，中标时间：12.9，包件 1 中标人：中海网络科技股份有限公司，中标金额：1239 万元；包件 2 中标人：上海市保安服务总公司，中标金额：1087 万元。

（13）浦东新区 2016 年度交通信号灯实事工程（1～8 标），招标人：上海市公安局浦东分局，中标时间：9.30，包件 1 中标人：上海新艺交通设施工程有限公司，中标金额：277 万元；包件 2 中标人：上海弘德公路工程有限公司，中标金额：309 万元；包件 3 中标人：南通扬子交通安全设施有限公司，中标金额：295 万元；包件 4 中标人：上海宇帆交通设施工程（集团）有限公司，中标金额：297 万元；包件 5 中标人：上海沪嘉交通安全设施工程有限公司，中标金额：290 万元；包件 6 中标人：江苏无锡交通设施有限公司，中标金额：305 万元；包件 7 中标人：北京路安交通科技发展有限公司，中标金额：212 万元；包件 8 中标人：上海新艺交通设施工程有限公司，中标金额：213 万元。

（14）杨浦区道路违法静态电子警察一期建设项目（设备部分），招标人：上海市公安局杨浦公安分局，中标时间：10.14，包件 1 中标人：中海网络科技股份有限公司，中标金额：1185 万元；包件 2 中标人：博康智能信息技术有限公司，中标金额：850 万元。

（15）浦东新区五洲大道交通监控系统完善工程，招标人：上海市公安局浦东分局（本部），中标时间：10.25，包件 1 中标人：上海电科智能系统股份有限公司，中标金额：888 万元；包件 2 中标人：上海电信工程有限公司，中标金额：1106 万元。

（16）上海市公安局浦东分局已建智能交通系统运维项目（外场设施部分），招标人：上海市公安局浦东分局（本部），中标时间：9.13，包件 1 中标人：北京云星宇交通科技股份有限公司，中标金额：618 万元；包件 2 中标人：中海网络科技股份有限公司，中标金额：648 万元；包件 3 中标人：上海宝信软件股份有限公司，中标金额：354 万元；包件 4 中标人：上海天玑科技股份有限公司，中标金额：60 万元；包件 5 中标人：上海电信工程有限公司，中标金额：522 万元。

（17）上海嘉定区交通智能化建设项目，招标人：上海市公安局嘉定分局，中标时间：11.25，中标人：南京东大智能化系统有限公司，中标金额：1837 万元。

（18）上海金山区道路智能交通信号灯控制系统建设，招标人：上海市公安局金山分局，中标时间：8.8，中标人：上海良相智能化工程有限公司，中标金额：1685 万元。

（19）上海奉贤区交通违法自动抓拍系统采购，招标人：上海市公安局奉贤分局（本部），中标时间：12.9，中标人：中海网络科技股份有限公司，中标金额：1619 万元。

（20）上海徐汇区漕河泾地区交通信号控制系统配套建设，招标人：上海市公安局徐汇分局，中标时间：6.8，中标人：上海电科智能系统股份有限公司，中标金额：1913 万元。

（21）上海市交警总队所需的“电子警察”设备维护，招标人：上海市公安局交通警察总队，中标时间：6.3，包件 1 中标人：上海市保安服务总公司，中标金额：490 万元；包件 2 中标人：上海宝康电子控制工程有限公司，中标金额：425 万元；包件 3 中标人：上海电科智能系统股份有限公司，中标金额：597 万元。

（22）上海市市管公路老旧交通信号设施更新改造项目（三期），招标人：上海市公安局，中标时间：5.25，包件 1 中标人：上海宝航市政交通设施有限公司，中标金额：495 万元；包件 2 中标人：上海澳星照明电器制造有限公司，中标金额：421 万元；包件 3 中标人：上海慈航交通市政工程有限公司，中标金额：404 万元。

（23）上海宝山智能交通二期项目——交通诱导系统，招标人：上海市公安局宝山分局，中标时间：3.23，中标人：上海电科智能系统股份有限公司，中标金额：1229 万元。

（24）上海市交通违法智能管理系统（二期）建设，招标人：上海市公安局金山分局，中标时间：7.14，中标人：北京华恒通信息系统开发有限责任公司，中标金额：1280 万元。

（25）上海市公安局普陀分局违停自动抓拍系统租赁，招标人：上海市公安局普陀分局，中标时间：11.17，中标人：北京华恒通信息系统开发有限责任公司，中标金额：1267 万元。

（26）上海市虹梅南路—金海路通道（虹梅南路段）监控系统工程，招标人：上海城投（集团）有限公司，中标时间：10.11，中标人：南京东大智能化系统有限公司，中标金额：1160 万元。

（27）上海自贸试验区智能卡口项目，招标人：上海市公安局自由贸易试验区分局，中标时间：4.15，中标人：上海华东电脑股份有限公司，中标金额：1148 万元。

江苏省 7.28 亿元

（1）昆山市交警大队关于 2016 年新建交通违法处罚设施建设，招标人：昆山市交警大队，中标时间：6.15，中标人：网进科技（昆山）有限公司，中标金额：1279 万元。

（2）南京市高淳区智慧交通管理系统建设，招标人：南京市公安局高淳分局，中标时间：11.23，中标人：江苏东大金智信息系统有限公司，中标金额：5938 万元。

（3）泰州市区智能化交通一期工程项目—路面感知系统（电子警察）项目，招标人：泰州市公安局，中标时间：9.8，中标人：江苏鸿信系统集成有限公司，中标金额：3388 万元。

（4）昆山市公安局关于智能交通及道路监控建设项目，招标人：昆山市公安局，中标时间：7.1，中标人：网进科技（昆山）有限公司，中标金额：3228 万元。

（5）盐城市快速路网建设项目（JK3），招标人：盐城市交通局，中标时间：12.21，中标人：银江股份有限公司，中标金额：3137 万元。

（6）盐城市快速路网建设项目（JK2），招标人：盐城市交通局，中标时间：12.21，中标人：上海电科智能系统股份有限公司，中标金额：3115 万元。

（7）江苏省公安厅大数据指挥中心及交管指挥中心大屏和控制系统项目，招标人：江苏省公安厅（机关），中标时间：7.5，中标人：利亚德光电股份有限公司，中标金额：3088 万元。

（8）盐城市市区智能停车管理系统，招标人：盐城城投智能停车场建设管理有限公司，中标时间：12.13，中标人：银江股份有限公司，中标金额：2768 万元。

（9）苏州市城区、内环、中环 2017 年度、2018 年度交通安全设施维护项目，招标人：苏州市公安局（交通警察支队），中标时间：12.29，中标人：苏州市安泰交通安全设施工程有限公司，中标金额：2450 万元。

（10）常州 2016 年交通便民工程项目，招标人：常州市公安局，中标时间：6.28，中标人：上海宝康电子控制工程有限公司，中标金额：2298 万元。

（11）苏州工业园区中新区及街道道路监控工程，招标人：苏州市公安局苏州工业园区分局，中标时间：1.10，中标人：厦门柏事特信息科技有限公司，中标金额：2264 万元。

（12）苏州市吴江区东西快速干线交通监控系统项目，招标人：苏州市吴江东西快速干线建设发展有限公司，中标时间：6.3，中标人：江苏鸿信系统集成有限公司，中标金额：2190 万元。

（13）盐城市快速路网建设项目（JK1），招标人：盐城市交通局，中标时间：12.21，中标人：江苏铁电交通科技集团有限公司，中标金额：2183 万元。

（14）南通市通州区智慧交通平安出行惠民工程（一标段：后端建设系统建设），招标人：南通市通州区公安局，中标时间：8.25，中标人：江苏达海智能系统股份有限公司，中标金额：2168 万元。

（15）无锡市 2016 年道路智能交通设施维护项目，招标人：无锡市公安局，中标时间：11.30，1 标中标人：无锡市工业设备安装有限公司，中标金额：1161 万元；2 标中标人：江苏大为科技股份有限公司，中标金额：1004 万元。

（16）太湖新城智慧交通二期项目（1～2 标段），招标人：苏州航天系统工程有限公司，中标时间：10.17，1 标中标人：科易达智能科技（苏州）有限公司，中标金额：1151 万元；2 标中标人：苏州嘉璟智能科技有限公司，中标金额：948 万元。

（17）苏州市人民路综合整治提升工程—智能交通及安全设施工程，招标人：苏州市市容市政管理局，中标时间：10.10，中标人：江苏中科智能系统有限公司，中标金额：1988 万元。

（18）无锡市公安局电子警察增设更新项目，招标人：无锡市公安局，中标时间：6.23，中标人：江苏大为科技股份有限公司，中标金额：1966 万元。

（19）南通市通州区智慧交通平安出行惠民工程（二标段），招标人：南通市通州区公安局，中标时间：9.27，中标人：江苏达海智能系统股份有限公司，中标金额：1797 万元。

（20）苏州市沧浪、金阊、平江新城 2016 年度、2017 年度交通安全设施维护，招标人：苏州市公安局（交通警察支队），中标时间：6.27，中标人：苏州市安泰交通安全设施工程有限公司，中标金额：1777 万元。

（21）泰州市东风路南段快速化改造电子警察、监控等智能交通工程，招标人：泰州市城市基础设施建设发展有限公司，中标时间：3.14，中标人：江苏东南智能系统科技有限公司，中标金额：1630 万元。

（22）江苏公安智慧交通，招标人：江苏省公安厅（机关），中标时间：5.6，中标人：南京莱斯信息技术股份有限公司，中标金额：1588 万元。

（23）泰州市区智能化交通一期工程项目交通指挥中心（专业数据处理中心设备第一批），招标人：泰州市公安局，中标时间：10.11，中标人：江苏金中天计算机网络有限公司，中标金额：1439 万元。

（24）2016 年常州市新北区高清卡口视频监控及道路电警式卡口建设工程，招标人：常州市公安局高新区分局，中标时间：9.14，中标人：上海宝康电子控制工程有限公司，中标金额：1429 万元。

（25）泗洪县道路交通安全设施完善提升工程监控设备采购，招标人：泗洪县公安局，中标时间：7.5，中标人：杭州海康威视系统技术有限公司，中标金额：1348 万元。

（26）无锡市公安局中心城区卡口系统、交通信号灯更新和监控设施增设更新项目，招标人：无锡市公安局，中标时间：2.26，a、c 中标人：江苏大为科技股份有限公司，中标金额：728 万；b 中标人：无锡市工业设备安装有限公司，中标金额：593 万元。

（27）南京白下高新技术产业园区道路管理设施智能化设备，招标人：南京市秦淮区财政局，中标时间：8.15，中标人：南京莱斯信息技术股份有限公司，中标金额：1320 万元。

（28）苏州高新区有轨电车 2 号线交通监控工程，招标人：苏州高新有轨电车有限公司，中标时间：6.12，中标人：湖南君安科技有限公司，中标金额：1302 万元。

（29）徐州市智慧交通系统集成，招标人：徐州市交通运输局，中标时间：11.16，中标人：江苏长天智远交通科技有限公司，中标金额：1294 万元。

（30）泰兴市交警大队四期 30 个路口 117 个方向高清卡口式电子警察项目，招标人：泰兴市交警大队，中标时间：12.12，中标人：中国电信股份有限公司泰州分公司，中标金额：1266 万元。

（31）苏州交警 2016 年交通信号系统及控制中心设备维护保养项目，招标人：苏州交警，中标时间：11.2，中标人：苏州市安泰交通安全设施工程有限公司，中标金额：1187 万元。

（32）常州市金坛区金坛大道、钱资湖大道及南二环延伸段电子警察项目，招标人：

常州市金坛区公安局交警大队，中标时间：1.28，中标人：中国移动通信集团江苏有限公司金坛分公司，中标金额：1128 万元。

（33）苏州市交警支队关于 2016 年视频监控、电警卡口设备维护保养，招标人：苏州市交警支队，中标时间：8.8，中标人：苏州市安泰交通安全设施工程有限公司，中标金额：1108 万元。

（34）江苏省公安厅高速公路指挥调度中心机房建设项目，招标人：江苏省公安厅，中标时间：2.23，中标人：思创数码科技股份有限公司，中标金额：1092 万元。

（35）兴化市 3·20 道路监控系统项目，招标人：兴化市公安局，中标时间：11.22，中标人：中国电信股份有限公司泰州分公司，中标金额：1087 万元。

（36）溧阳市公安局智能交通建设三期工程，招标人：溧阳市公安局，中标时间：10.12，中标人：江苏东大金智信息系统有限公司，中标金额：1059 万元。

（37）南通市交警支队交通指挥中心大屏显示及智能化工程，招标人：南通市公安局交警支队，中标时间：6.13，中标人：江苏鸿信系统集成有限公司，中标金额：1001 万元。

安徽省 6.38 亿元

（1）安徽蒙城县视频数据平台及智能交通系统服务项目，招标人：蒙城县公安局，中标时间：9.21，中标人：讯飞智元信息科技有限公司，中标金额：1.14 亿元。

（2）涡阳县视频数据平台及智能交通建设项目，招标人：涡阳县公安局，中标时间：8.29，中标人：讯飞智元信息科技有限公司，中标金额：1.09 亿元。

（3）利辛县视频数据平台及智能交通系统项目，招标人：利辛县公安局，中标时间：11.2，中标人：讯飞智元信息科技有限公司，中标金额：7084 万元。

（4）广德经济开发区交通安全设施新建和交通安全设施后期维护“PPP”项目，招标人：广德经济开发区开发有限公司，中标时间：1.7，中标人：安徽天洋交通工程有限公司，中标金额：5564 万元。

（5）砀山县新增交控系统设备及交通附属设施采购与安装项目，招标人：砀山县建设投资有限公司，中标时间：4.26，中标人：江苏安能智能交通科技有限公司，中标金额：2979 万元。

（6）安徽 G206 南段（上洪村三岔路口至淮南交界处）改建工程交通安全工程，招标人：蚌埠市国道二零六一级公路开发有限公司，中标时间：5.19，中标人：银江股份有限公司，中标金额：2865 万元。

（7）安徽临泉县霞光大道、幸福路等 8 条道路监控工程，招标人：临泉县重点工程建设管理局，中标时间：11.15，中标人：讯飞智元信息科技有限公司，中标金额：2760 万元。

（8）蚌埠市 G206 南段（上洪村三岔路口—淮南界）一级公路建设工程交通安全工程，招标人：蚌埠市公安局，中标时间：11.24，中标人：浙江浙大中控信息技术有限公司、江苏宏达交通工程有限公司（联合体），中标金额：2651 万元。

（9）肥西县公安局智能交通二期工程，招标人：肥西县公安局，中标时间：2.23，中标人：安徽科力信息产业有限责任公司，中标金额：2376 万元。

（10）涡阳县经开区西二环路、育英路等 14 条道路交通信号灯及电子警察采购及安装项目，招标人：涡阳县重点工程建设管理局，中标时间：12.21，中标人：安徽四创电子股份有限公司，中标金额：2048 万元。

（11）蚌埠市路口交通安全设施补缺、更新改造（三期）及高铁南站片区交通工程，招标人：蚌埠市公安局交通警察支队，中标时间：9.28，中标人：安徽皖通科技股份有限公司和安徽新锐公路工程有限责任公司组成的联合体，中标金额：1799 万元。

（12）明光市新城区道路信号灯和电子警察（人防监控设施）项目，招标人：明光市公安局，中标时间：1.13，1 标中标人：安徽四创电子股份有限公司，中标金额：915 万；2 标中标人：南京莱斯信息技术股份有限公司，中标金额：879 万元。

（13）合肥市上海路（裕溪路—锦绣大道）信号监控工程，招标人：合肥市重点工程建设管理局，中标时间：10.13，中标人：安徽蓝盾光电子股份有限公司，中标金额：1758 万元。

（14）庐江县合铜路（庐江段 k26100-k62010）交通信号控制工程，招标人：庐江县交通运输局，中标时间：1.29，中标人：江苏智运科技发展有限公司，中标金额：1619 万元。

（15）安徽定远县 2016 年城市交通设施建设采购项目，招标人：定远县公安局，中标时间：6.24，中标人：浙江浙大中控信息技术有限公司，中标金额：1560 万元。

（16）铜陵市交警支队指挥调度系统改造，招标人：铜陵市交警支队，中标时间：7.21，中标人：安徽蓝盾光电子股份有限公司，中标金额：1387 万元。

（17）亳州市谯城区工业园信号灯、电子警察、道路监控项目，招标人：亳州市公安局交警支队，中标时间：5.4，中标人：讯飞智元信息科技有限公司，中标金额：1156 万元。

（18）蚌埠 S306 解放路桥至沫河口段一级公路改造工程交通安全设施、信号及电子监控，招标人：蚌埠市省道三零六一级公路开发有限公司，中标时间：8.26，中标人：安徽四创电子股份有限公司，中标金额：1069 万元。

（19）2016—2019 年度宣城市智能交通维护外包服务，招标人：宣城市公安局交通警察支队，中标时间：6.24，中标人：南京三宝科技股份有限公司，中标金额：1049 万元。

四川省 4.69 亿元

（1）都江堰旅游交通管理系统改造提升，招标人：四川省成都市都江堰市新城建设投资有限责任公司，中标时间：4.2，中标人：南京莱斯信息技术股份有限公司，中标金额：6218 万元。

（2）成都市双流区交投公共交通有限公司智能公交系统采购，招标人：四川省成都市双流区交投公共交通有限公司，中标时间：6.1，中标人：天津市通卡公用网络系统有限公司，中标金额：4988 万元。

（3）绵阳市城市道路智能交通管理系统（二期），招标人：绵阳市公安局交通警察支队，中标时间：9.23，中标人：四川九洲视讯科技有限责任公司，中标金额：4226 万元。

（4）南充市辖城区智能交通管理系统一期建设项目政府采购，招标人：四川省南充市公安局交通警察支队，中标时间：9.28，中标人：银江股份有限公司（主办人）和中国联合网络通信股份有限公司四川省分公司联合体，中标金额：4170 万元。

（5）成都市新都区公安分局机动车违法电子监控自动记录系统扩建（二期二阶段），招标人：四川省成都市新都区公安分局，中标时间：8.2，中标人：四川勇安智能科技有限公司，中标金额：2916 万元。

（6）成都市双流区大型载货汽车通行管理智能交通管控系统一期工程，招标人：成都市双流区交通建设投资有限公司，中标时间：11.9，中标人：成都市工业设备安装公司，中标金额：2906 万元。

（7）成都市“智能交通系统附属设施”项目，招标人：四川铸康实业有限公司，中标时间：9.29，中标人：成都纵横交通工程有限公司，中标金额：2239 万元。

（8）成都市凤凰山高架桥及底层道路智能交通管控系统建设，招标人：成都交通信息港有限责任公司，中标时间：12.2，中标人：北京北大千方科技有限公司，中标金额：2153 万元。

（9）成都红星路改造工程智能交通建设项目系统软件硬件与系统集成，招标人：成都交通信息港有限责任公司，中标时间：4.11，中标人：成都曙光光纤网络有限责任公司，中标金额：2130 万元。

（10）雅安市天全县新区道路及智能交通系统，招标人：四川省雅安市天全县，中标时间：7.18，中标人：四川君逸数码科技股份有限公司，中标金额：2000 万元。

（11）都江堰市旅游交通管理系统改造提升项目施工，招标人：都江堰新城建设投资有限公司，中标时间：2.25，中标人：四川云合建筑工程有限公司，中标金额：1928 万元。

（12）绵阳市静态交通管理物联网系统项目，招标人：绵阳市城市停车管有限公司，中标时间：3.25，中标人：四川凯路威电子有限公司，中标金额：1663 万元。

（13）成都市电子警察一期系统升级改造项目（基础配套工程和外场设备安装调试），招标人：成都交通信息港有限责任公司，中标时间：10.21，中标人：浙江浙大中控信息技术有限公司，中标金额：1484 万元。

（14）宜宾交警支队智能交通“以租代建”服务采购项目，招标人：四川省宜宾市公安局交警支队，中标时间：8.2，中标人：四川省有线广播电视网络股份有限公司，中标金额：1386 万元。

（15）成都市智能交通信息系统维护项目中标（一二标段），招标人：成都交通信息港有限责任公司，中标时间：2.3，1标中标人：中海网络科技股份有限公司，中标金额：581万元；2标中标人：上海电科智能系统股份有限公司，中标金额：660万元。

（16）成都市龙泉驿区2015年民生工程智能交通建设工程，招标人：成都经济技术开发区建设发展有限公司，中标时间：6.13，中标人：四川浩特通信有限公司，中标金额：1122万元。

（17）德阳市公安局交警卡口及红绿灯传输链路租赁服务项目，招标人：四川省德阳市公安局，中标时间：5.26，中标人：中国移动通信集团四川有限公司德阳分公司，中标金额：1044万元。

（18）成都东客站综合枢纽信息服务与协同管理系统建设项目施工，招标人：成都交通信息港有限责任公司，中标时间：3.15，中标人：北京北大千方科技有限公司，中标金额：1021万元。

（19）泸州市交警支队泸合产城大道交通安全设施采购项目，招标人：四川省泸州市公安局交通警察支队，中标时间：12.21，中标人：四川勇安智能科技有限公司，中标金额：1019万元。

（20）德阳市中江县公安局电子警察服务采购，招标人：四川省德阳市中江县公安局，中标时间：9.23，中标人：中国移动通信集团四川有限公司德阳分公司，中标金额：1090万元。

河北省4.66亿元

（1）任丘市智能交通系统工程PPP项目，招标人：任丘市公安局，中标时间：9.13，中标人：中国电子系统技术有限公司，中标金额：3.39亿元。

（2）石家庄市公共交通智能化应用示范工程，招标人：石家庄市公共交通总公司，中标时间：9.20，中标人：广州亿程交通信息有限公司，中标金额：2218万元。

（3）三河市交警大队2016年度交通智能管理系统工程，招标人：三河市交警大队，中标时间：12.7，中标人：廊坊市瑞鑫融泰科技发展有限公司，中标金额：1848万元。

（4）保定市中心城区智能交通信号诱导及可变车道系统建设项目，招标人：保定市公安局交警支队，中标时间：6.17，中标人：青岛海信网络科技股份有限公司，中标金额：1829万元。

（5）河北安平县交通治理电子警察项目，招标人：安平县公安交通警察大队，中标时间：3.3，中标人：河北尚智电子科技有限公司，中标金额：1810万元。

（6）河北省省域道路客运联网售票系统建设，招标人：河北省道路运输管理局，中标时间：8.22，1包中标人：河北新禾科技有限公司，中标金额：698万元；2包中标人：河北远东通信系统工程有限公司，中标金额：819万元。

（7）河北省交通运输统计分析监测和投资计划管理信息系统工程，招标人：河北省交通通信管理局，中标时间：11.10，中标人：北京久其软件股份有限公司，中标金额：1300万元。

（8）邢台市出租车网络管理平台建设，招标人：邢台市出租车管理处，中标时间：9.8，中标人：邢台市高科网络通讯有限公司，中标金额：1148 万元。

（9）河北省交管局交通智能综合管制平台，招标人：河北省交管局，中标时间：4.12，中标人：河北信通网络信息技术有限公司，中标金额：1042 万元。

浙江省 4.38 亿元

（1）东阳市横店镇智能交通系统采购项目，招标人：东阳市横店城市风貌综合提升工作领导小组指挥部，中标时间：4.27，1、2 标中标人：浙江浙大中控信息技术有限公司，中标金额：2586 万元；3/4 标中标人：东阳市顺风交通设施有限公司，中标金额：536 万元。

（2）杭州市交警支队智能交通系统扩建项目（交通监控项目），招标人：杭州市公安局交通警察支队，中标时间：4.18，中标人：浙江省公众信息产业有限公司，中标金额：2798 万元。

（3）台州市交警局购买视频信息服务模式建设电子警察项目第三期，招标人：台州市公安局交通警察局，中标时间：12.14，中标人：中国电信股份有限公司台州分公司，中标金额：2797 万元。

（4）杭州萧山机场公路改建工程萧山段地面道路智能交通施工，招标人：杭州萧山交通投资集团基础设施建设指挥部，中标时间：2.14，中标人：浙江省机电设计研究院有限公司，中标金额：2643 万元。

（5）浙江 S226（76 省道）温岭岙环至玉环龙溪段改建工程玉环段交通安全设施、信号灯工程等施工，招标人：台州市交通运输局，中标时间：9.23，1 包中标人：杭州京安交通工程设施有限公司，中标金额：1314 万元；2 包中标人：四川恒道建设工程有限公司，中标金额：225 万元；3 中标人：杭州纵达建设景观有限公司，中标金额：901 万元；4 包中标人：浙江浙大中控信息技术有限公司，中标金额：187 万元。

（6）宁波市智慧交通一期软件，招标人：宁波市交通运输委员会，中标时间：8.11，中标人：中兴软创科技股份有限公司，中标金额：2218 万元。

（7）台州市购买视频信息服务模式建设电子警察项目，招标人：台州市公安局交通警察局，中标时间：2.14，中标人：中国移动通信集团浙江有限公司台州分公司，中标金额：2097 万元。

（8）绍兴市柯桥区智能化公交监控运营调度系统工程，招标人：绍兴市柯桥区城乡公共交通发展有限公司，中标时间：3.8，中标人：青岛海信网络科技股份有限公司，中标金额：2035 万元。

（9）义乌市快速公交（BRT）一号线交安工程（1～3）标段，招标人：义乌市公安局交通警察大队，中标时间：9.12，1 标段中标人：衢州市交通设施有限责任公司，中标金额：455 万元；2 标段中标人：嘉兴市中垒建设工程有限公司，中标金额：590 万元；3 标段中标人：衢州华通交通工程有限公司，中标金额：525 万元。

（10）杭州市公安局富阳区分局学院路、育才西路延伸工程等道路智能交通工程项目，招标人：杭州市公安局富阳区分局，中标时间：12.8，1 标中标人：杭州力弘电子有限公司，中标金额：789 万元；2 标中标人：浙江东冠信息技术有限公司，中标金额：718 万元。

（11）衢州市智慧交管系统，招标人：衢州市公安局交通警察支队，中标时间：10.20，中标人：中国电信股份有限公司衢州分公司，中标金额：1498 万元。

（12）杭州钱塘智慧城产业建设中心智能交通系统，招标人：杭州钱塘智慧城产业建设中心，中标时间：12.2，中标人：杭州中奥科技有限公司，中标金额：1429 万元。

（13）建德市智能停车收费和诱导系统建设工程项目，招标人：建德市资产经营投资有限公司，中标时间：9.26，中标人：杭州立方控股股份有限公司，中标金额：1388 万元。

（14）宁波市北仑区灯控路口智能电警、违停抓拍系统、信号灯改造工程，招标人：宁波市公安局北仑分局交通警察大队，中标时间：1.21，中标人：宁波保税区立诚信息技术有限公司，中标金额：1296 万元。

（15）杭州市余杭区公安分局道路智能卡口二期建设项目，招标人：杭州市公安局余杭区分局，中标时间：5.16，中标人：杭州海康威视系统技术有限公司，中标金额：1281 万元。

（16）义乌市快速公交（BRT）一号线智能交通系统采购，招标人：义乌市公安局交通警察大队，中标时间：10.9，中标人：浙江广信智能建筑研究院有限公司，中标金额：1254 万元。

（17）湖州市吴兴区织里镇道路视频监控项目Ⅰ～Ⅱ标段，招标人：湖州市吴兴区织里镇人民政府，中标时间：7.18，Ⅰ标中标人：中国电信股份有限公司湖州分公司，中标金额：673 万元；Ⅱ标中标人：中国移动通信集团浙江有限公司湖州分公司，中标人：580 万元。

（18）绍兴上虞区交警大队电子警察系统升级改造五年租赁，招标人：上虞区公安局交通警察大队，中标时间：5.12，中标人：浙江浙大中控信息技术有限公司，中标金额：1219 万元。

（19）兰溪市公安局指挥中心及智能交通（一期）指挥中心部分采购，招标人：兰溪市公安局，中标时间：5.31，中标人：银江股份有限公司，中标金额：1192 万元。

（20）浙江省公路水路安全畅通与应急处置系统改扩建工程，招标人：杭州市港航管理局，中标时间：7.13，中标人：杭州惠航科技有限公司，中标金额：1150 万元。

（21）金华市交警支队的 2016 道路监控项目（标段 1～2），招标人：金华市公安局交警支队，中标时间：8.4，1 标段中标人：金华华数数字电视有限公司，中标金额：501 万元；2 标段中标人：中国电信股份有限公司金华分公司，中标金额：630 万元。

（22）2016年宁波市区大型车辆（货车）违法抓拍系统，招标人：宁波市公安局交通警察局，中标时间：6.3，1包中标人：浙江中盈在线互联网科技有限公司，中标金额：334万元；2包中标人：东软集团股份有限公司，中标金额：735万元。

（23）杭州市交警支队2016年智能交通维护（中心机房、其他区域）维护，招标人：杭州市公安局交通警察支队，中标时间：5.5，中标人：银江股份有限公司，中标金额：1068万元。

（24）杭州奥体博览城滨江平衡区块综合环境改造智能交通设施工程，招标人：杭州奥体博览中心滨江建设指挥部，中标时间：3.31，中标人：浙江浙大中控信息技术有限公司，中标金额：1068万元。

（25）平湖市公安局分步实施智能交通系统（第二期）项目，招标人：平湖市公安局交警大队，中标时间：6.24，中标人：上海宝康电子控制工程有限公司，中标金额：1058万元。

（26）温州出租车服务车载监管终端项目，招标人：温州市道路运输管理局，中标时间：1.13，中标人：深圳市锐明技术股份有限公司，中标金额：1040万元。

（27）杭州市公安局富阳区分局23省道富阳横凉亭至新登段改建工程监控卡口（电警）项目，招标人：杭州市公安局富阳区分局，中标时间：6.8，中标人：杭州海康威视系统技术有限，中标金额：1005万元。

山西省3.87亿元

（1）长治市城市道路交通智能信息服务系统供货与安装，招标人：长治市城市交通项目管理中心，中标时间：1.25，1中标人：上海电科智能系统股份有限公司，中标金额：4958万元；2中标人：青岛海信网络科技股份有限公司，中标金额：5456万元；3中标人：银江股份有限公司，中标金额：4818万元。

（2）太原市南内环街等53条道路监控系统，招标人：太原市公安局交通警察支队，中标时间：2.26，中标人：山西中天信科技股份有限公司，中标金额：7587万元。

（3）太原市交通监控设备，招标人：太原市公安局交警支队，中标时间：8.4，中标人：山西中天信科技股份有限公司，中标金额：6776万元。

（4）临汾公交公交智能调度系统项目，招标人：临汾公共交通有限公司，中标时间：8.20，中标人：银江股份有限公司，中标金额：2453万元。

（5）太原市交警支队交通诱导系统及信号配套设备，招标人：太原市交警支队，中标时间：6.6，中标人：深圳市索威尔科技开发有限公司，中标金额：2400万元。

（6）太原市交警支队交通诱导系统及信号配套设备，招标人：太原市交警支队，中标时间：3.11，中标人：深圳市索威尔科技开发有限公司，中标金额：2399万元。

（7）运城市公安局盐湖分局交警大队智能交通建设及运行维护项目，招标人：运城市公安局盐湖分局交通警察大队，中标时间：1.27，中标人：运城市兴达通信有限公司，中标金额：1896 万元。

湖南省 3.7 亿元

（1）湖南省高警局公路缉查布控系统外场设备，招标人：湖南省高速公路交通警察局，中标时间：5.10，中标人：北京中电兴发科技有限公司，中标金额：3358 万元。

（2）湖南省交通安全互联网综合服务平台建设系统，招标人：湖南省公安厅交管局，中标时间：2.4，1 包中标人：方正国际软件（北京）有限公司，中标金额：1460 万元；2 包中标人：湖南骏环信息科技有限公司，中标金额：169 万元；3 包中标人：杭州诚道科技有限公司，中标金额：251 万元。

（3）湘潭高新区交通设施工程一期建设，招标人：湘潭高新区公用事业管理和综合执法局，中标时间：11.2，中标人：湘潭宏盛交通设施有限公司，中标金额：1241 万元。

（4）长沙市智能交通管理系统（第三期），招标人：长沙市公安局交通警察支队，中标时间：1.29，中标人：青岛海信网络科技股份有限公司，中标金额：1.868 亿元。

（5）常德市城区金牛路等 14 条道路交通管理设施建设工程，招标人：常德市公安局交通警察支队，中标时间：1.25，A 包中标人：湖南华南光电科技科技股份有限公司，中标金额：1325 万元；B 包中标人：湖南华鑫交通工程有限公司，中标金额：399 万元；C 包中标人：长沙方达交通设施工程有限公司，中标金额：317 万元；D 包中标人：湖南省长路建设有限公司，中标金额：291 万元。

（6）衡阳交警支队电子警察系统升级提质改造及新建信号灯路口安装电子警察政府采购，招标人：衡阳交警支队，中标时间：12.2，中标人：湖南中兴网信科技有限公司，中标金额：2138 万元。

（7）湖南省交管局全省机动车前排驾乘人员未系安全带智能识别装备项目，招标人：湖南省交管局，中标时间：2.23，中标人：长沙聚正鑫业计算机科技有限公司，中标金额：1996 万元。

（8）长沙市黎拖综合客运枢纽信息服务与协同管理系统试点工程系统集成，招标人：长沙市公共客运管理局，中标时间：3.29，中标人：广东铭鸿数据有限公司，中标金额：1788 万元。

（9）常德市城区龙港北路等 9 条道路交通管理设施建设工程，招标人：常德市公安局交通警察支队，中标时间：1.21，1 标中标人：湖南力唯中天科技发展有限公司，中标金额：837 万元；2 标中标人：湖南常德路桥建设集团有限公司，中标金额：292 万元。

（10）常德市国省干道公路交通安全防控体系建设工程，招标人：常德市公安局交通警察支队，中标时间：6.12，中标人：中兴智能交通股份有限公司，中标金额：1189 万元。

（11）长沙县公安局长龙派出所综合警务指挥系统、长龙街道视频监控及高清电子警察系统监控设备采购，招标人：长沙县公安局，中标时间：6.8，中标人：中国电信集团系统集成有限责任公司，中标金额：1148 万元。

北京市 3.64 亿元

（1）北京市交通委路侧停车动态监测和电子收费管理系统建设项目 01～06 包 5500 万元，招标人：北京市交通委员会，中标时间：10.25，1 标中标人：神州数码系统集成服务有限公司和北京云星宇交通科技股份有限公司和哈尔滨优先科技股份有限公司联合体，中标金额：2074 万元；2 标中标人：太极计算机股份有限公司，中标金额：2098 万元；3 标中标人：浙江创泰科技有限公司，中标金额：218 万元；4 标中标人：青岛松立软件信息技术股份有限公司，中标金额：660 万元；5 标中标人：青岛松立软件信息技术股份有限公司，中标金额：577 万元；6 标中标人：北京易华录信息技术股份有限公司，中标金额：66 万元。

（2）北京昌平区重点地区交通违法设备（1～8 标段）5231 万元，招标人：北京市昌平区市政市容管理委员会，中标时间：1.11，1 标中标人：北京益泰牡丹电子工程有限责任公司，中标金额：775 万元；2 标中标人：天津赢大科技有限公司，中标金额：778 万元；3 标中标人：北京恒合智信系统集成科技有限公司，中标金额：764 万元；4 标中标人：北京精英智通科技股份有限公司，中标金额：560 万元；5 标中标人：北京旭亚威科技发展有限公司，中标金额：627 万元；6 标中标人：北京市电信工程局有限公司，中标金额：562 万元；7 标中标人：华迪计算机集团有限公司，中标金额：588 万元；8 标中标人：北京旭亚威科技发展有限公司，中标金额：577 万元。

（3）北京市 2016 年交通实事农村及新城地区交通设施建设项目 4689 万元，招标人：北京市公安局大兴分局，中标时间：9.21，1 包中标人：北京飞利信电子技术有限公司，中标金额：413 万元；2 包中标人：北京忠业兴达科技有限公司，中标金额：296 万元等。

（4）北京市交管局部分地区交通监测系统升级改造项目 4032 万元，招标人：北京市交管局，中标时间：3.25，1 包中标人：中国电子系统工程总公司，中标金额：400 万元；2 包中标人：博隆建亚科技（北京）有限公司，中标金额：1190 万元；3 包中标人：青岛海信网络科技股份有限公司，中标金额：1032 万元；4 包中标人：首欣建设集团有限公司，中标金额：1410 万元。

（5）北京市交管局 2016—2018 年交通信号控制系统运行维护项目 2200 万元，招标人：北京市交管局，中标时间：11.2，1 包中标人：北京博研智通科技有限公司，中标金额：488 万元；2 包中标人：北京企中电子有限公司，中标金额：136 万元；3、4 包中标人：青岛海信网络科技股份有限公司，中标金额：1479 万元等。

（6）北京市丰台区方庄智能优化项目（电子警察、信号控制等）2089 万元，招标人：北京市丰台区市政市容管理委员会，中标时间：10.20，1 标中标人：银江股份有限公司，中标金额：1092 万元；2 标中标人：中铁电气化局集团第三工程有限公司，中标金额：997 万元。

（7）全国重点营运车辆联网联控系统部级平台升级改造工程，招标人：中国交通通信信息中心，中标时间：12.16，中标人：北京北大千方科技有限公司，中标金额：2000 万元。

（8）京津冀交通一卡通互联互通北京一期工程区域中心系统，招标人：北京市政交通一卡通有限公司，中标时间：1.22，中标人：深圳市捷顺科技实业股份有限公司，中标金额：1707 万元。

（9）北京市交管局机动车缉查布控系统联网建设，招标人：北京市交管局，中标时间：1.22，中标人：太极计算机股份有限公司，中标金额：1487 万元。

（10）北京顺义交通管理指挥中心—指挥平台智能化工程，招标人：北京市顺义区市政市容建设服务中心，中标时间：9.6，中标人：北京航天长峰科技工业集团有限公司，中标金额：1475 万元。

（11）北京交通发展研究院小汽车出行行为采集与跟踪分析系统 1440 万元，招标人：北京交通发展研究院，中标时间：12.15，1 中标人：北京慧通九方科技有限公司，中标金额：724 万元；2 中标人：北京智驾出行科技有限公司，中标金额：720 万元。

（12）京津冀交通一卡通互联互通北京一期工程一卡通系统硬件设备，招标人：北京市政交通一卡通有限公司，中标时间：1.22，中标人：东华软件股份公司，中标金额：1392 万元。

（13）北京市公安局 808 工程智能化系统项目公共服务子系统，招标人：北京市公安局，中标时间：1.20，中标人：北京中电兴发科技有限公司，中标金额：1255 万元。

（14）北京市交管局室外显示屏系统维护项目 1870 万元，招标人：，中标时间：，1 包中标人：北京万融显示技术有限公司，中标金额：108 万元；2 包中标人：北京雨辰视美科技有限公司，中标金额：215 万元；3 包中标人：北京云星宇交通科技股份有限公司，中标金额：398 万元等。

广西壮族自治区 3.44 亿元

（1）柳州市智能交通监控系统租赁服务采购项目，招标人：柳州市公安局交通警察支队，中标时间：6.13，中标人：浙江大华系统工程有限公司，中标金额：1.12 亿元。

（2）河池市交警支队指挥中心建设及智能交通管控平台升级，招标人：河池市交警支队，中标时间：10.12，中标人：安徽蓝盾光电子股份有限公司，中标金额：3098 万元。

（3）南宁市民族大道维修整治工程—交通信号工程，招标人：南宁市城市建设投资发展有限责任公司，中标时间：6.29，中标人：广州航天海特系统工程有限公司，中标金额：2791 万元。

（4）广西合浦县智能交通电子监控管理系统技术服务，招标人：合浦县公安局交通管理大队，中标时间：5.10，中标人：浙江大华系统工程有限公司，中标金额：2593 万元。

（5）广西壮族自治区交通一卡通项目应用系统集成，招标人：广西交通一卡通股份有限公司，中标时间：5.24，A 标中标人：广东铭鸿数据有限公司，中标金额：987 万元；B 标中标人：上海电科智能系统股份有限公司，中标金额：1383 万元。

（6）百色市公安交通指挥中心系统设备采购项目，招标人：百色市公安局交通警察支队，中标时间：10.17，中标人：浙江大华系统工程有限公司，中标金额：2188 万元。

（7）南宁市中心城区智能交通系统升级项目，招标人：南宁市公安局交通警察支队，中标时间：2.4，中标人：深圳键桥通讯技术股份有限公司，中标金额：1705 万元。

（8）梧州交警高速公路交通安全智能监控系统设备，招标人：梧州市公安局交通警察支队，中标时间：11.15，中标人：佳都新太科技股份有限公司，中标金额：1686 万元。

（9）广西壮族自治区道路客运联网售票系统集成，招标人：广西票通网络科技股份有限公司，中标时间：5.27，A 标中标人：北京盛威时代科技有限公司，中标金额：585 万元；B 标中标人：博康智能信息技术有限公司，中标金额：1020 万元。

（10）广西道路客运联网售票系统工程建设和运营合作股东项目，招标人：广西新发展交通集团有限公司，中标时间：3.16，中标人：深圳市汉亿科技有限公司，中标金额：1600 万元。

（11）南宁市五象新区蟠龙片区道路工程—交通信号控制工程，招标人：南宁市城市建设投资发展有限责任公司，中标时间：1.29，中标人：深圳市博远交通设施有限公司，中标金额：1420 万元。

（12）百色市交警大队公路交通安全防控体系设备，招标人：百色市交警大队，中标时间：4.14，中标人：百色市信实安防工程有限公司，中标金额：1081 万元。

（13）广西融安县智能交通监控系统租赁服务，招标人：融安县公安局交通警察大队，中标时间：11.22，中标人：浙江大华系统工程有限公司，中标金额：1071 万元。

贵州省 3.03 亿元

（1）贵阳市 1.5 环 BRT 系统工程施工，招标人：贵阳市公共交通（集团）有限公司，中标时间：7.14，中标人：青岛海信网络科技股份有限公司，中标金额：8067 万元。

（2）六盘水市中心城区交通信号灯和停车导流诱导牌及城区监控及电子警察工程（EPC），招标人：六盘水市公安局交通警察支队直属一大队，中标时间：6.22，中标人：佳都新太科技股份有限公司，中标金额：3350 万元。

（3）都匀市城市道路智能停车项目特许经营权出让项目（10 年），招标人：都匀市城市管理局，中标时间：2.23，中标人：黔南州诚泰网络科技服务有限公司，中标金额：3000 万元。

（4）贵州省公路水路建设与运输市场信用信息服务系统工程，招标人：贵州交通信息与应急指挥中心，中标时间：7.14，中标人：贵州黔通智联科技产业发展有限公司，中标金额：2895 万元。

（5）贵阳市低碳交通运输信息指挥中心建设，招标人：贵阳市道路运输管理局，中标时间：8.1，中标人：博雅软件股份有限公司，中标金额：2455 万元。

（6）兴义市智能交通配套管理建设项目，招标人：兴义市公安局交通警察大队，中标时间：9.21，中标人：贵州中联创展信息技术股份有限公司，中标金额：2258 万元。

（7）铜仁中心城区交通组织优化工程，招标人：铜仁市公安局交通警察支队，中标时间：2.17，中标人：博康智能信息技术有限公司，中标金额：2018 万元。

（8）遵义市交警支队管理指挥中心弱电系统项目施工，招标人：遵义市交警支队，中标时间：7.28，中标人：遵义汇峰智能系统有限责任公司，中标金额：1928 万元。

（9）贵阳市公交车电子警察项目，招标人：贵阳市公安交通管理局，中标时间：12.9，中标人：北京文安智能技术股份有限公司，中标金额：1594 万元。

（10）贵安新区北部新区主次干路网工程（一期）项目交通信号灯及监控施工一、二标段，招标人：贵州贵安置业投资有限公司，中标时间：6.23，中标人：浙江浙大中控信息技术有限公司，中标金额：1550 万元。

（11）贵州罗甸县城区智能交通系统建设项目（垫资建设），招标人：罗甸县公安局交通警察大队，中标时间：7.27，中标人：西安翔迅科技有限责任公司，中标金额：1230 万元。

河南省 2.8 亿元

（1）郑州农业路快速通道工程 BRT 站台工程设备采购及安装（智能化系统），招标人：郑州发展投资集团有限公司，中标时间：9.12，中标人：郑州天迈科技股份有限公司，中标金额：1028 万元。

（2）河南公安交通管理综合应用平台省集中项目，招标人：河南省公安厅，中标时间：12.13，中标人：华存数据信息技术有限公司，中标金额：6198 万元。

（3）巩义市公安局交通安全设施和社会治安视频监控系统建设项目（PPP 模式），招标人：巩义市公安局，中标时间：4.20，中标人：竹林松大科技股份有限公司，中标金额：5764 万元。

（4）平顶山市区交通信号灯和电子警察系统升级改造，招标人：平顶山市公安局交通管理支队，中标时间：11.21，中标人：深圳中兴力维技术有限公司，中标金额：3836 万元。

（5）河南省公路超限检测四级联网系统工程（超限检测站治超信息系统）项目，招标人：河南省交通通信中心，中标时间：11.15，a 包中标人：重庆市华驰交通科技有限公司，中标金额：211 万元；b 包中标人：郑州衡量电子科技有限公司，中标金额：167 万元；c 包中标人：天津天地伟业数码科技有限公司，中标金额：473 万元；d 包中标人：航天信息股份有限公司，中标金额：1698 万元。

（6）项城市公安局智能交通管理系统项目，招标人：项城市公安局，中标时间：1.27，中标人：河南宝讯通电子科技有限公司，中标金额：2056 万元。

（7）开封市新区智能交通指挥系统项目交通工程，招标人：开封新区基础设施建设投资有限公司，中标时间：8.17，中标人：河南中天高新智能科技开发有限责任公司，中标金额：1896 万元。

（8）河南省公安交通集成指挥平台建设，招标人：河南省公安厅，中标时间：12.13，中标人：河南云帆电子科技有限公司，中标金额：1434 万元。

（9）河南省公路水路安全畅通与应急处置系统工程（三期），招标人：河南省交通通信中心，中标时间：9.20，包 m 中标人：中兴软创科技股份有限公司，中标金额：527 万元；包 n 中标人：北京北大千方科技有限公司，中标金额：860 万元。

（10）新密市智能交通监控系统维修维护项目，招标人：新密市公安局，中标时间：1.13，中标人：上海延华智能科技（集团）股份有限公司，中标金额：1270 万元。

吉林省 2.78 亿元

（1）吉林省交通运输厅（本级）2016 年度信息化建设物资采购（1～4 包），招标人：吉林省交通运输厅（本级），中标时间：10.9，1 包中标人：长春市博鸿科技服务有限责任公司，中标金额：1696 万元；2 包中标人：石化盈科信息技术有限责任公司，中标金额：1317 万元；3 包中标人：北京北大千方科技有限公司，中标金额：1218 万元；4 包中标人：神州数码系统集成服务有限公司，中标金额：1328 万元。

（2）长春市公共交通智能化应用示范工程软件系统开发、设备采购安装、运营维护服务，招标人：长春交通建设投资（集团）有限公司，中标时间：12.30，中标人：吉林省智汇交通信息技术有限公司，中标金额：5150 万元。

（3）长岭县城市交通组织与控制工程（一期交警）项目，招标人：长岭县公安局交通管理大队，中标时间：12.1，中标人：沈阳中加交通科技有限公司，中标金额：3269 万元。

（4）2016 年长春高新技术产业开发区智能交通系统建设工程，招标人：长春高新技术产业开发区建设发展中心，中标时间：8.25，1 标中标人：长春嘉信智能消防系统有限公司，中标金额：1580 万元；2 标中标人：吉林安装集团股份有限公司，中标金额：1286 万元。

（5）2016 年长春市高新北区第一批信号灯新建、改造及摄录系统工程，招标人：龙翔投资控股集团有限公司，中标时间：9.14，中标人：江苏大为科技股份有限公司，中标金额：2739 万元。

（6）松原市综合交通运输运行协调和应急指挥中心平台 PPP 项目（一期），招标人：松原市交通运输信息管理中心，中标时间：12.9，中标人：吉林省英辰科技有限公司，中标金额：1923 万元。

（7）长春市长德新区交通信号系统一期工程，招标人：长春高新城市建设投资（集团）有限公司，中标时间：4.14，中标人：长春市碧海环境工程有限公司，中标金额：1554 万元。

（8）吉林省交通运输厅 2016 年度信息化建设物资采购项目（5～6 包），招标人：吉林省交通运输厅（本级），中标时间：10.12，5 包中标人：北京瑞华赢科技发展有限公司，中标金额：351 万元；6 包中标人：大连华信计算机技术股份有限公司，中标金额：1093 万元。

（9）临江市智慧交通项目，招标人：临江市交通运输局，中标时间：12.23，中标人：吉林易华录信息技术有限公司，中标金额：1298 万元。

（10）吉林省公路水路安全畅通与应急处置系统（一期）视频监控系统，招标人：吉林省交通信息通信中心，中标时间：5.11，中标人：深圳中兴力维技术有限公司，中标金额：1048 万元。

（11）吉林省交通运输地理信息平台应用系统开发包，招标人：吉林省交通信息通信中心，中标时间：5.9，中标人：北京北大千方科技有限公司，中标金额：1018 万元。

天津市 2.5 亿元

（1）天津交管局 2016 年中心城区交通信号区域协调控制系统（信号灯）改造，招标人：天津市公安交通管理局，中标时间：7.30，1 中标人：天津市天房科技发展股份有限公司，中标金额：1759 万元；2 中标人：天津市中环系统工程有限责任公司，中标金额：1768 万元。

（2）天津市交管局微波检测器建设，招标人：天津市公安交通管理局机关，中标时间：11.15，1 包中标人：北京易华录信息技术股份有限公司，中标金额：1430 万元；2 包中标人：天津天地伟业科技有限公司，中标金额：1449 万元。

（3）天津市公安交通管理局交通信息服务建设，招标人：天津市公安交通管理局机关，中标时间：10.10，中标人：天津天地伟业科技有限公司，中标金额：2670 万元。

（4）天津市中心城区交通信息发布系统—交通诱导屏建设，招标人：天津市公安交通管理局机关，中标时间：11.7，中标人：天津市中环系统工程有限责任公司，中标金额：2430 万元。

（5）天津市交管局 2016 年中心城区电子警察建设项目，招标人：天津市公安交通管理局，中标时间：7.20，1 包中标人：天津市天房科技发展股份有限公司，中标金额：709 万元；2 包中标人：北京易华录信息技术股份有限公司，中标金额：765 万元；3 包中标人：天津市中环系统工程有限责任公司，中标金额：748 万元。

（6）天津市交管局中心城区高清视频采集、图像数据处理应用系统建设二期，招标人：天津市公安交通管理局机关，中标时间：9.20，1 包中标人：天津市中环系统工程有限责任公司，中标金额：803 万元；2 包中标人：天津天地伟业科技有限公司，中标金额：1174 万元。

（7）天津市宝坻区道路交通设施建设工程项目，招标人：天津市公安局宝坻分局机关，中标时间：11.17，中标人：天津联华天安安防技术服务有限公司，中标金额：1898 万元。

（8）天津市交管局 2016 年电子警察运维服务项目，招标人：天津市交管局，中标时间：5.23，中标人：天津市中环系统工程有限责任公司，中标金额：1688 万元。

（9）天津市滨海新区超限超载治理（海河以南）非现场执法点位建设工程，招标人：天津滨海新区基础设施养管有限公司，中标时间：6.20，中标人：天津市公路工程总公司，中标金额：1678 万元。

（10）天津市滨海新区超限超载治理（海河以北）非现场执法点位建设工程，招标人：天津滨海新区基础设施养管有限公司，中标时间：8.1，中标人：天津市高速公路科技发展有限公司，中标金额：1566 万元。

（11）天津市交管局 2016 年交通信号灯维护及配件维修项目，招标人：天津市交管局，中标时间：7.14，中标人：天津市中环系统工程有限责任公司，中标金额：1528 万元。

（12）天津市交管局 2016 年测速卡口电子警察建设项目，招标人：天津市交管局，中标时间：7.23，1 包中标人：北京易华录信息技术股份有限公司，中标金额：527 万元；2 包中标人：启明信息技术股份有限公司，中标金额：517 万元。

甘肃省 2.5 亿元

（1）甘肃省道路交通安全管理信息采集传输网项目，招标人：甘肃省公安厅，中标时间：3.24，中标人：中国电信股份有限公司甘肃分公司，中标金额：1.42 亿元。

（2）甘肃省公安厅 301 工程信息化建设项目，招标人：甘肃省公安厅，中标时间：2.25，中标人：中电科二十二所（青岛）天博信息科技公司，中标金额：3988 万元。

（3）酒泉市肃州区智能交通管理指挥系统建设 PPP 项目，招标人：中国移动通信集团甘肃有限公司酒泉分公司，中标时间：7.18，中标人：酒泉市公安局肃州分局，中标金额：1860 万元。

（4）张掖市甘州区综合治安防控体系、电子警察系统（二期），招标人：甘州区公安局，中标时间：4.8，中标人：甘肃恒远网络科技工程有限公司，中标金额：1357 万元。

（5）兰州新区智能交通系统工程一期施工，招标人：兰州新区公安局，中标时间：10.12，中标人：甘肃紫光智能交通与控制技术有限公司，中标金额：1345 万元。

（6）庆阳市公安局指挥中心信息化系统建设项目，招标人：庆阳市公安局，中标时间：11.17，中标人：上海迪爱斯通信设备有限公司，中标金额：1295 万元。

（7）甘肃渭源县城区基础设施交通信号灯控制系统及会川镇智能交通指挥管理系统建设项目，招标人：渭源县公安局交通警察大队，中标时间：5.26，中标人：兰州泰信通电子科技有限公司，中标金额：1184 万元。

青海省 2.48 亿元

（1）西宁市城市公共交通智能化应用示范工程项目，招标人：西宁市交通运输局，中标时间：7.28，1 包中标人：郑州天迈科技股份有限公司，中标金额：388 万元；3 包中标人：青岛海信网络科技股份有限公司，中标金额：647 万元。

（2）西宁市交警支队智能化交通管理系统，招标人：西宁市交警支队，中标时间：

10.19，中标人：青岛海信网络科技股份有限公司，中标金额：8129 万元。

（3）西宁市出租智能服务管理系统，招标人：西宁市交通运输局，中标时间：3.9，中标人：北京瑞华赢科技发展有限公司，中标金额：3299 万元。

（4）畅通西宁智能公交系统应用工程（综合监控），招标人：西宁公交集团有限责任公司，中标时间：5.30，中标人：青岛海信网络科技股份有限公司，中标金额：2424 万元。

（5）西宁市静态交通智能化项目，招标人：西宁市交通运输局，中标时间：3.14，中标人：哈尔滨优先科技股份有限公司/神州数码系统集成服务有限公司（联合体），中标金额：1898 万元。

（6）西宁城市交通项目交通信号智能控制系统、公交优先系统、交警专用光纤骨干网络通信系统供货与安装项目，招标人：世界银行贷款青海西宁城市交通项目建设办公室，中标时间：8.25，中标人：北京易华录信息技术股份有限公司，中标金额：1563 万元。

（7）青海畅通西宁智能公交系统应用工程，招标人：西宁公交集团有限责任公司，中标时间：1.25，中标人：青岛海信网络科技股份有限公司，中标金额：1475 万元。

（8）西宁市道路交通安全设施及维修项目，招标人：西宁市公安局交警支队，中标时间：6.17，1、3 包中标人：南京蓝泰交通设施有限责任公司，中标金额：863 万元；2、4 包中标人：陕西省成通机械化公路生态工程有限责任公司，中标金额：553 万元。

（9）西宁智能公交系统应用工程-IC 卡升级改造项目，招标人：西宁智能一卡通有限责任公司，中标时间：12.22，中标人：深圳市雄帝科技股份有限公司，中标金额：1228 万元。

（10）青海省海东工业园区智能交通信息管理系统建设，招标人：青海省海东工业园区开发建设有限公司，中标时间：9.14，中标人：甘肃康道交通设施有限责任公司，中标金额：1263 万元。

（11）西宁城市交通项目公交车道违法抓拍系统、交通诱导等系统供货与安装，招标人：世界银行贷款青海西宁城市交通项目建设办公室，中标时间：1.29，中标人：北京易华录信息技术股份有限公司，中标金额：1049 万元。

内蒙古自治区 2.23 亿元

（1）巴彦淖尔市交警支队专用设备，招标人：巴彦淖尔市公安局交通警察支队，中标时间：5.11，中标人：北京易华录信息技术股份有限公司，中标金额：4752 万元。

（2）包头市第二批闯红灯抓拍及卡口系统采购及安装调试，招标人：包头市公安局交通警察支队，中标时间：6.13，1 包中标人：百年金海科技有限公司，中标金额：1296 万元；2 包中标人：浙江大华系统工程有限公司，中标金额：933 万元；3 包中标人：航天四创科技有限责任公司，中标金额：899 万元。

（3）包头市交警支队闯红灯抓拍及卡口系统采购及安装调试，招标人：包头市公安局交通警察支队，中标时间：3.23，A 包中标人：浙江大华系统工程有限公司，中标金额：1540 万元；B 包中标人：北京中科软件有限公司，中标金额：1532 万元。

（4）乌兰察布集宁区新区二期道路交通信号灯 60 个路口工程，招标人：乌兰察布市集宁区公安局交通管理大队，中标时间：11.25，中标人：北京信威通信技术股份有限公司，中标金额：2471 万元。

（5）内蒙古自治区交通运输信息中心通用设备（公路水路安全畅通），招标人：内蒙古自治区交通运输信息中心，中标时间：10.13，1 包中标人：北京路安交通科技发展有限公司，中标金额：629 万元；2 包中标人：亿阳信通股份有限公司，中标金额：569 万元；1 包中标人：紫光捷通科技股份有限公司，中标金额：519 万元。

（6）包头市公安交通管控应用平台采购项目，招标人：包头市公安局交通警察支队，中标时间：8.26，a 包中标人：杭州中奥科技有限公司，中标金额：1198 万元；b 包中标人：杭州诚道科技股份有限公司，中标金额：568 万元。

（7）鄂托克前旗敖勒召其镇城市电警及交通信号灯安装工程，招标人：鄂托克前旗住房和城乡规划建设局，中标时间：8.4，中标人：内蒙古自立科技有限责任公司，中标金额：1558 万元。

（8）内蒙古自治区交警总队集成指挥平台项目，招标人：内蒙古自治区公安厅交通警察总队，中标时间：10.19，中标人：内蒙古天大天财信息技术有限责任公司，中标金额：1386 万元。

（9）内蒙古交警总队车驾管业务综合监管平台建设项目，招标人：内蒙古自治区公安厅交通警察总队，中标时间：11.1，中标人：杭州诚道科技股份有限公司，中标金额：1245 万元。

（10）赤峰市交警支队政法、检测专用设备（第一包：区间测速），招标人：赤峰市交警支队，中标时间：8.11，中标人：中兴智能交通股份有限公司，中标金额：1225 万元。

云南省 2.2 亿元

（1）昆明市二环快速道路交通科技管控系统（监控子系统）一期项目，招标人：昆明市公安局交通警察支队，中标时间：12.26，中标人：普天信息技术有限公司，中标金额：4057 万元。

（2）昆明呈贡新区三期、四期路网部分道路交通工程科技设备采购及安装，招标人：昆明新投建设项目管理有限公司，中标时间：6.8，中标人：中船重工（武汉）凌久高科有限公司，中标金额：3454 万元。

（3）大理海东新区交通管理科技指挥中心主体装饰及 ATMS 集成应用后台工程，招标人：大理市公安局交通警察大队，中标时间：6.23，中标人：银江股份有限公司（牵头人）、云南斯普润建筑工程有限公司（成员），中标金额：3295 万元。

（4）亚行贷款云南楚雄州城市基础设施建设项目—智能交通系统及交通控制，招标人：楚雄市开发投资有限公司，中标时间：5.13，中标人：浙江浙大中控信息技术有限公司，中标金额：2000 万元。

（5）德宏州公安交警集成指挥平台、机房建设暨龙瑞高速公路科技管控建设，招标人：德宏州公安局交通警察支队，中标时间：4.21，中标人：北京易华录信息技术股份有限公司，中标金额：1818 万元。

（6）昆明市交警支队道路交通监控新增及更换，招标人：昆明市公安局交警支队，中标时间：12.5，中标人：昆明畅和科技有限公司，中标金额：1609 万元。

（7）云南丘北县交警大队交通信号灯及电子警察控制系统采购，招标人：丘北县公安局交通警察大队，中标时间：10.27，中标人：云南金隆伟业科技有限公司，中标金额：1548 万元。

（8）楚雄市“东南片区”智能交通一期建设工程，招标人：楚雄市公安局，中标时间：6.16，中标人：盛云科技有限公司，中标金额：1487 万元。

（9）瑞丽交警大队智能监控项目采购，招标人：瑞丽市公安局交通警察大队，中标时间：7.28，中标人：安徽蓝盾光电子股份有限公司，中标金额：1428 万元。

（10）保山市交警支队交通安全云管控项目，招标人：保山市交警支队，中标时间：8.29，中标人：浙江大华系统工程有限公司，中标金额：1256 万元。

江西省 1.85 亿元

（1）赣州市公安局中心城区电子警察系统购买服务项目，招标人：江西省赣州市公安局，中标时间：11.16，中标人：中国移动通信集团江西有限公司赣州分公司，中标金额：5668 万元。

（2）南昌市交管局信息化交通指挥系统第五期，招标人：南昌市交管局，中标时间：11.12，中标人：银江股份有限公司，中标金额：3489 万元。

（3）江西省国省道交通情况调查数据采集与服务系统工程（一期）国省干线公路部分建设项目，招标人：江西省公路管理局，中标时间：4.6，中标人：江西路通科技有限公司，中标金额：2235 万元。

（4）九江市交警管理支队智能交通管理系统建设项目，招标人：九江市交警管理支队，中标时间：5.20，中标人：银江股份有限公司，中标金额：1899 万元。

（5）世行贷款江西共青城信号控制与信息采集系统货物采购中标，招标人：江西省世行贷款鄱阳湖生态经济区及流域城镇发展示范项目领导小组办公室，中标时间：12.8，中标人：西安翔迅科技有限责任公司，中标金额：1815 万元。

（6）赣州市会昌县交管大队智慧交通管控系统，招标人：会昌县公安局交通管理大队，中标时间：6.14，中标人：浙江贝特电子科技有限公司，中标金额：1230 万元。

（7）南昌县电子警察设备采购及安装项目，招标人：南昌县城市建设投资发展有限公司，中标时间：2.25，中标人：北京易华录信息技术股份有限公司，中标金额：1185 万元。

（8）江西省全南县租赁高清前端监控点、运营平台及电子警察工程建设，招标人：全南县公安局，中标时间：9.13，中标人：中国电信股份有限公司赣州分公司，中标金额：1000 万元。

黑龙江省 1.54 亿元

（1）世行贷款牡丹江市电子警察系统、视频监控系统货物采购与设备安装工程，中标时间：3.10，中标人：银江股份有限公司，中标金额：5538 万元。

（2）黑龙江交警总队—交通安全防控体系采购及服务，招标人：黑龙江省公安厅交通警察总队，中标时间：9.30，1 包中标人：北京易华录信息技术股份有限公司，中标金额：800 万元；2、4 包中标人：北京航天长峰科技工业集团有限公司，中标金额：1047 万元；3 包中标人：黑龙江省速达信息产业股份有限公司，中标金额：612 万元。

（3）牡丹江市交通信息发布系统、交通流量采集系统、公交车载公交专用道违章抓拍设备货物采购与设备安装工程，中标时间：4.11，中标人：西安翔迅科技有限责任公司，中标金额：2820 万元。

（4）牡丹江市交通智能信号控制系统货物采购与设备安装工程，中标时间：8.2，中标人：南京莱斯信息技术股份有限公司，中标金额：2395 万元。

（5）黑龙江省交通信息通信中心公路水路安全畅通及应急处置系统终端设备，招标人：黑龙江省交通信息通信中心，中标时间：12.22，中标人：哈尔滨长峰伟业科技有限公司，中标金额：1486 万元。

辽宁省 1.5 亿元

（1）大连市交警支队城市道路指挥控制中心搬迁改造项目，招标人：大连市公安局交通警察支队，中标时间：7.11，A 包中标人：沈阳昂立信息技术有限公司，中标金额：2073 万元；B 包中标人：大连正德信息技术发展有限公司，中标金额：909 万元；C 包中标人：大连博翔科技发展有限公司，中标金额：1988 万元。

（2）沈阳市铁西区智慧城市建设暨 2015 年视频监控系统和车辆轨迹分析系统服务项目，招标人：沈阳市公安局铁西分局，中标时间：8.12，中标人：中国电信股份有限公司沈阳分公司，中标金额：3502 万元。

（3）2015 年沈阳沈北新区 PPP 道路交通设施工程，招标人：沈阳市沈北新区城乡建设管理局，中标时间：6.2，中标人：辽宁艾特斯智能交通技术有限公司，中标金额：1604 万元。

（4）2015 年沈北新区 PPP 道路交通设施工程（交通信号、电子警察、电子监控）第一标段，招标人：沈阳市沈北新区城乡建设管理局，中标时间：7.5，中标人：冠林电子有限公司，中标金额：1521 万元。

（5）大连市公安局 19 条公交专用道管控系统采购，招标人：大连市公安局，中标时间：5.20，中标人：杭州海康威视系统技术有限公司，中标金额：1309 万元。

（6）2016 年沈阳市智慧交通—经开区交通设施新建及改造工程一标段，招标人：沈阳经济技术开发区开发集团公司规划建设部，中标时间：9.29，中标人：浙江广信智能建筑研究院有限公司，中标金额：1190 万元。

（7）抚顺经济开发区高湾友爱河 1#桥、2#桥道路及交通信号设施工程，招标人：抚顺经济开发区高湾经济技术发展有限公司，中标时间：3.18，中标人：抚顺市中光市政工程有限公司，中标金额：1088 万元。

福建省 1.38 亿元

（1）厦门市海沧区智能交通系统一期工程，招标人：厦门海沧城建集团有限公司，中标时间：3.14，中标人：北京易华录信息技术股份有限公司&厦门世纪恒深科技工程有限公司（联合体），中标金额：4176 万元。

（2）漳州市公安智能交通指挥系统第二期建设，招标人：漳州市公安局交通警察支队，中标时间：11.16，中标人：青岛海信网络科技股份有限公司，中标金额：2580 万元。

（3）泉州市中心市区公共停车诱导二期项目，招标人：泉州市公安局交通警察支队，中标时间：2.1，中标人：南威软件股份有限公司，中标金额：1858 万元。

（4）福州“公交都市”智能化支持系统项目，招标人：福州市交通运输委员会，中标时间：7.22，中标人：青岛海信网络科技股份有限公司，中标金额：1551 万元。

（5）福州公交智能调度系统（第二期）建设项目，招标人：福州交通信息投资运营有限公司，中标时间：1.26，1 包中标人：厦门蓝斯通信股份有限公司，中标金额：898 万元；2 包中标人：青岛海信网络科技股份有限公司，中标金额：468 万元。

（6）晋江市停车诱导系统建设项目，招标人：晋江市公安局交通警察大队，中标时间：10.20，中标人：深圳市凯达尔科技实业有限公司，中标金额：1188 万元。

（7）福州市交警支队 2016 年提升城区信号灯配套建设项目，招标人：福州市公安局交通警察支队，中标时间：9.6，中标人：银江股份有限公司，中标金额：1139 万元。

新疆维吾尔自治区 1.1 亿元

（1）石河子市交警支队缉查布控系统采购建设项目，招标人：石河子市公安局交通警察支队，中标时间：9.5，中标人：哈尔滨新中新电子股份有限公司，中标金额：3398 万元。

（2）世行贷款乌鲁木齐城市交通改善项目（二期）BRT6 支线 BRT 智能调度系统，招标人：乌鲁木齐市城市综合交通项目研究中心，中标时间：9.19，中标人：青岛海信网络科技股份有限公司，中标金额：1537 万元。

（3）托里县公安局信息化建设设备采购及安装，招标人：托里县公安局，中标时间：

12.18，中标人：北京银河伟业数字技术有限公司，中标金额：1511万元。

（4）博乐市北区改善人居环境安装交通信号灯及电子警察工程，招标人：博乐市阳光泰和投资建设有限公司，中标时间：11.3，中标人：南京熊猫信息产业有限公司，中标金额：1275万元。

（5）新疆全区公安交警集成指挥平台项目，招标人：新疆维吾尔自治区公安厅，中标时间：12.6，中标人：中国移动通信集团新疆有限公司，中标金额：1260万元。

（6）新疆道路客运联网售票与电子客票系统工程（设备采购与安装），招标人：新疆维吾尔自治区道路运输管理局，中标时间：5.9，2、4包中标人：成都国科海博信息技术股份有限公司，中标金额：764万元；3包中标人：新疆熙菱信息技术股份有限公司，中标金额：358万元。

（7）新疆东绕城道路智能交通管理平台项目，招标人：新疆维吾尔自治区公安厅，中标时间：10.18，中标人：新疆蓝达安科信息工程有限公司，中标金额：1060万元。

宁夏回族自治区 8523 万元

（1）泾源县交通运输局“智慧交通旅游”系统工程，招标人：泾源县交通运输局，中标时间：7.25，中标人：固原时迈科技服务有限公司，中标金额：2015万元。

（2）同心县智能交通“以租代建”项目，招标人：同心县公安局，中标时间：宁夏义东科贸有限责任公司，中标人：2.3，中标金额：1896万元。

（3）银川永宁县公安局道路交通智能综合管控系统五期建设，招标人：永宁县公安局，中标时间：10.21，1标中标人：北京通建泰利特智能系统工程技术有限公司，中标金额：1029万元；2标中标人：北京爱德威通亮技术有限公司，中标金额：510万元。

（4）2016—2018年度吴忠市城市智能交通管理系统建设，招标人：吴忠市公安局交通管理局，中标时间：5.26，中标人：北京中盾安全技术开发公司，中标金额：1538万元。

（5）宁夏回族自治区公路水路建设与运输市场信用信息服务系统工程施工，招标人：宁夏回族自区道路运输管理局，中标时间：6.24，1标中标人：北京久其软件股份有限公司，中标金额：669 万元；2 标中标人：中科软科技股份有限公司，中标金额：866万元。

海南省 6846 万元

（1）海南省公路水路联网售票与电子客票系统，招标人：海南省交通运输厅信息中心，中标时间：10.20，中标人：海南科澜科技有限公司，中标金额：2850万元。

（2）海南省公路水路建设与运输市场信用信息服务系统项目，招标人：海南省交通运输厅信息中心，中标时间：6.13，1标中标人：北京北大千方科技有限公司，中标金额：1260万元；2标中标人：神州数码系统集成服务有限公司，中标金额：406万元。

（3）海南省公路水路安全畅通和应急处置系统二期工程，招标人：海南省交通运输厅信息中心，中标时间：11.16，中标人：北京北大千方科技有限公司，中标金额：1232 万元。

（4）海南省交通运输统计分析监测和投资计划管理信息系统工程，招标人：海南省交通运输厅信息中心，中标时间：5.5，中标人：北京久其软件股份有限公司，中标金额：1098 万元。

陕西省 6312 万元

（1）韩城交警交通信号灯、电子警察、卡口系统新建及升级，招标人：韩城市公安局交通警察大队，中标时间：6.27，一标段中标人：太极计算机股份有限公司，中标金额：1299 万元，二标段中标人：西安景泰交通工程有限公司，中标金额：698 万元。

（2）延安市延安新区智慧交通一期工程（1～2 标段），招标人：延安市新区管理委员会，中标时间：8.23，1 标中标人：中兴通讯股份有限公司，中标金额：1074 万元；2 标中标人：西安腾远光机电工程科技有限公司，中标金额：868 万元。

（3）西安市交警支队行人过街人性化设计建设，招标人：西安市交警支队，中标时间：7.4，一标段中标人：陕西科尔沁信息科技有限公司，中标金额：856 万元；二标段中标人：西安金路交通工程科技发展有限责任公司，中标金额：337 万元。

（4）西安道路交通工程—交通信号灯工程—西沣二路等七项工程，招标人：西安市市政公用局，中标时间：4.6，中标人：西安景泰交通工程有限公司，中标金额：1189 万元。

重庆市 6092 万元

（1）重庆市公安局 2016—2018 年度交通巡逻设备设施运维项目，招标人：重庆市公安局，中标时间：5.30，1、2 包中标人：重庆汉光电子工程有限责任公司，中标金额：1631 万元；3、5 包中标人：重庆天网高新技术有限公司，中标金额：1254 万元；4 包中标人：重庆市通信产业服务有限公司，中标金额：147 万元。

（2）2016—2018 年度重庆主城区交通设施运维项目，招标人：重庆市公安局，中标时间：10.27，包 1 中标人：重庆新创科技有限责任公司，中标金额：1760 万元；包 2 中标人：南京莱斯信息技术股份有限公司、北京四通智能交通系统集成有限公司、重庆蓝盾电子技术服务公司（联合体），中标金额：298 万元；包 3 中标人：重庆八达通交通设施有限公司，中标金额：1363 万元。

（3）重庆市绿岛新区交通信号灯及电子警察完善工程，招标人：重庆绿岛新区管理委员会，中标时间：1.14，中标人：四川众智公路交通工程有限公司，中标金额：1002 万元。

西藏自治区 5514 万元

（1）西藏自治区道路交通管理智能卡口系统建设项目（一期一阶段—公安交通集成指挥平台），招标人：西藏自治区公安厅交警总队，中标时间：1.28，中标人：中国电信集团系统集成有限责任公司，中标金额：2333 万元。

（2）西藏自治区拉林高等级公路智能卡口系统建设，招标人：西藏自治区公安厅，中标时间：6.20，中标人：中移全通系统集成有限公司，中标金额：1898 万元。

（3）林芝市城区道路智能交通系统项目，招标人：林芝市公安局，中标时间：1.28，中标人：中国电信集团系统集成有限责任公司，中标金额：1283 万元。

二、高速公路机电

青海省 14.9 亿元

（1）S102 西宁绕城环线平安经互助至大通段公路隧道机电工程，招标人：青海省公路建设管理局，中标时间：11.16，中标人：江西方兴科技有限公司，中标金额：1021 万元。

（2）青海省花石峡至久治（省界）公路机电工程施工，招标人：青海交通投资有限公司，中标时间：4.28，JD1 中标人：江苏智运科技发展有限公司，中标金额：1.18 亿元；JD2 中标人：广东飞达交通工程有限公司，中标金额：7174 万元；JD3 中标人：北京公科飞达交通工程发展有限公司，中标金额：9034 万元；JD4 中标人：中海网络科技股份有限公司，中标金额：5102 万元；JD5 中标人：江西路通科技有限公司，中标金额：9093 万元；JD6 中标人：成都曙光光纤网络有限责任公司，中标金额：7066 万元；JD7 中标人：陕西高速电子工程有限公司，中标金额：4133 万元。

（3）青海川口至大河家（省界）公路机电工程施工，招标人：青海交通投资有限公司，中标时间：4.5，JD1 中标人：江西方兴科技有限公司，中标金额：9456 万元；JD2 中标人：陕西高速电子工程有限公司，中标金额：8402 万元；JD3 中标人：广州航天海特系统工程有限公司，中标金额：4417 万元。

（4）青海省共和至玉树公路工程道路机电工程施工，招标人：青海地方铁路建设投资有限公司，中标时间：6.7，JD6 中标人：甘肃紫光智能交通与控制技术有限公司，中标金额：4066 万元；JD8 中标人：华睿交通科技有限公司，中标金额：3955 万元；JD9 中标人：中铁十二局集团电气化工程有限公司，中标金额：5970 万元。

（5）青海省茶卡至格尔木公路改扩建工程机电工程，招标人：青海省公路建设管理局，中标时间：3.7，JD1 中标人：中铁一局集团电务工程有限公司，中标金额：8003 万元；JD2 中标人：青岛海信网络科技股份有限公司，中标金额：5341 万元。

（6）青海民和（甘青界）至小峡（平安）公路隧道机电工程，招标人：青海省收费公路管理处，中标时间：8.10，JD1 中标人：江苏智运科技发展有限公司，中标金额：3591 万元；JD2 中标人：金交恒通有限公司，中标金额：5189 万元。

（7）青海省共和至玉树公路工程道路机电工程施工 gyjd7、gyjd10 标段，招标人：青海地方铁路建设投资有限公司，中标时间：8.10，JD7 中标人：重庆市华驰交通科技有限公司，中标金额：5421 万元；JD10 中标人：湖南省湘筑交通科技有限公司，中标金额：2827 万元。

（8）青海省花石峡至久治公路交通安全设施工程施工，招标人：青海交通投资有限公司，中标时间：4.11，中标人：广东新粤交通投资有限公司，中标金额：7405 万元。

（9）青海省共和至玉树公路工程鄂拉山隧道、姜路岭隧道机电工程，招标人：青海地方铁路建设投资有限公司，中标时间：3.23，JD2 中标人：北京路安交通科技发展有限公司，中标金额：4244 万元；JD3 中标人：紫光捷通科技股份有限公司，中标金额：2653 万元。

（10）青海省民和（甘青界）至小峡（平安）段公路交通安全设施工，招标人：青海省收费公路管理处，中标时间：5.24，JD1 中标人：中交第一公路工程局有限公司，中标金额：2663 万元；JD2 中标人：青海省湟源公路工程建设公司，中标金额：2793 万元。

（11）青海成都至香日德公路香日德至花石峡段机电工程，招标人：青海省公路建设管理局，中标时间：3.7，中标人：广西交通科学研究院，中标金额：3912 万元。

（12）青海省西宁至塔尔寺高速公路改扩建工程机电工程施工，招标人：青海省高等级公路建设管理局，中标时间：6.14，中标人：华睿交通科技有限公司，中标金额：3018 万元。

（13）青海省国省道干线公路 2016—2017 年度部分机电设备，招标人：青海省高等级公路建设管理局，中标时间：9.28，中标人：苏州德亚交通技术有限公司，中标金额：1150 万元。

江西省 11.43 亿元

（1）江西宁都至定南（赣粤界）高速公路项目机电工程设计施工维护总承包，招标人：宁都至安远高速公路建设项目办公室安远至定南高速公路建设项目办公室，中标时间：5.9，中标人：江西方兴科技有限公司，中标金额：3.75 亿元。

（2）江西省高速公路分布式光伏发电工程项目（一期）EPC，招标人：江西省高速电建新能源有限责任公司，中标时间：6.27，中标人：江西省火电建设公司，中标金额：2.56 亿元。

（3）江西上饶至万年高速公路项目机电工程，招标人：上饶至万年高速公路建设项目办公室，中标时间：9.12，JD1 中标人：北京云星宇交通科技股份有限公司，中标金额：8463 万元；JD2 中标人：江西锦路科技开发有限公司，中标金额：3998 万元。

（4）江西铜鼓至万载高速公路项目机电工程，招标人：铜鼓至万载高速公路建设项目办公室，中标时间：9.7，JD1 中标人：北京云星宇交通科技股份有限公司，中标金额：6259 万元；JD2 中标人：华睿交通科技有限公司，中标金额：2052 万元。

（5）江西东乡至昌傅高速公路机电工程施工，招标人：东乡至昌傅高速公路建设项目办公室，中标时间：9.6，中标人：江西路通科技有限公司，中标金额：1.16 亿元。

（6）江西兴赣高速公路建设项目机电工程施工，招标人：赣州高速公路有限责任公司，中标时间：7.29，中标人：北京路安交通科技发展有限公司，中标金额：6597 万元。

（7）江西修水至平江（赣湘界）高速公路项目机电工程施工，招标人：修水至平江高速公路建设项目办公室，中标时间：9.7，中标人：江西方兴科技有限公司，中标金额：5265 万元。

（8）南昌绕城高速公路南外环机电工程施工项目，招标人：南昌城市建设投资发展有限公司，中标时间：12.29，中标人：江西路通科技有限公司，中标金额：4385 万元。

（9）南昌至宁都高速公路南昌连接线机电工程施工，招标人：南昌至宁都高速公路建设项目办公室，中标时间：9.12，中标人：陕西汉唐计算机有限责任公司，中标金额：2590 万元。

云南省 11.08 亿元

（1）云南省小勐养至磨憨公路改扩建工程机电工程，招标人：云南小磨高速公路改扩建工程建设指挥部，中标时间：3.4，JD1 中标人：云南康迪科技有限公司，中标金额：2.22 亿元；JD2 中标人：北京瑞华赢科技发展有限公司，中标金额：1.87 亿元。

（2）云南智慧高速建设项目 2016 年度部分高速公路监控系统升级改造工程，招标人：云南省公路开发投资有限责任公司，中标时间：12.14，中标人：云南云岭高速公路交通科技有限公司，中标金额：1.72 亿元。

（3）云南罗平江底至陆良召夸高速公路建设项目（新建段）机电工程施工、交通安全设施工程施工，JD3 中标人：云南云岭高速公路交通科技有限公司，中标金额：1.1 亿元；JD4 中标人：昆明荣成天宇控制系统工程有限公司，中标金额：3409 万元。

（4）云南武定至易门高速公路机电工程，招标人：云南省公路开发投资有限公司，中标时间：3.3，JD1 中标人：云南云岭高速公路交通科技有限公司，中标金额：8708 万元；JD2 中标人：紫光捷通科技股份有限公司，中标金额：2613 万元。

（5）云南沾益至会泽高速公路机电工程施工，招标人：云南沾会高速公路建设指挥部，中标时间：5.30，中标人：云南云岭高速公路交通科技有限公司，中标金额：9127 万元。

（6）曲靖至陆良高速公路改扩建工程机电工程施工，招标人：云南曲陆高速公路扩建工程建设指挥部，中标时间：9.7，中标人：云南云岭高速公路交通科技有限公司，中标金额：8925 万元。

（7）昆石高速公路宜良收费站改扩建工程项目交通安全设施、机电工程及沿线设施工程，招标人：云南省公路开发投资有限责任公司，中标时间：1.20，中标人：云南云岭高速公路交通科技有限公司，中标金额：3366 万元。

（8）云南平远至文山高速公路平远至老回龙段高速公路机电工程，招标人：文山州平文高速公路有限责任公司，中标时间：3.4，中标人：北京诚达交通科技有限公司，中标金额：2872 万元。

（9）云南平远至文山高速公路平远至老回龙段隧道机电工程施工，招标人：文山州平文高速公路有限责任公司，中标时间：3.7，中标人：紫光捷通科技股份有限公司，中标金额：1842 万元。

（10）昆明市寻甸至倘甸公路一期工程寻甸北收费站机电工程施工，招标人：寻甸至倘甸公路一期工程建设指挥部，中标时间：10.31，中标人：云南云岭高速公路交通科技有限公司，中标金额：1222 万元。

广东省 10.2 亿元

（1）广东广佛肇高速公路肇庆大旺至封开江口段项目机电工程 jd1 合同段，招标人：广东广佛肇高速公路有限公司，中标时间：3.22，中标人：广东新粤交通投资有限公司，中标金额：1.87 亿元。

（2）广东省揭阳至惠来高速公路项目机电工程施工，招标人：广东省南粤交通揭惠高速公路管理中心，中标时间：5.12，JD1 中标人：北京公科飞达交通工程发展有限公司，中标金额：9556 万元；JD2 中标人：中铁电气化局集团有限公司，中标金额：7940 万元。

（3）广东广中江高速公路项目机电工程 jd1、jd2 标施工，招标人：广中江高速公路项目管理处，中标时间：5.16，JD1 中标人：广东飞达交通工程有限公司，中标金额：8675 万元；JD2 中标人：北京公科飞达交通工程发展有限公司，中标金额：6927 万元。

（4）广佛肇高速公路肇庆大旺至封开江口段项目机电工程 JD（2、4、5）标段，招标人：广东广佛肇高速公路有限公司，中标时间：3.22，JD2 中标人：中咨泰克交通工程集团有限公司，中标金额：6047 万元；JD4 中标人：广东飞达交通工程有限公司，中标金额：4382 万元；JD5 中标人：北京公科飞达交通工程发展有限公司，中标金额：5072 万元。

（5）广东兴宁至汕尾高速公路兴宁至五华段（含畲江支线）项目机电工程，招标人：广东宁华高速公路有限公司，中标时间：12.28，中标人：广东新粤交通投资有限公司，中标金额：9643 万元。

（6）广州凤凰山隧道工程机电工程（JD01），招标人：广州市凤凰山隧道建设有限公司，中标时间：9.13，中标人：福建新大陆电脑股份有限公司，中标金额：5627 万元。

（7）广州市凤凰山隧道工程机电工程（JD02 合同段），招标人：广州市凤凰山隧道建设有限公司，中标时间：9.13，中标人：广东诚泰交通科技发展有限公司，中标金额：4506 万元。

（8）广东广佛肇高速公路肇庆大旺至封开江口段项目机电工程施工招标 jd3 合同段，招标人：广东广佛肇高速公路有限公司，中标时间：3.22，中标人：甘肃紫光智能交通与控制技术有限公司，中标金额：4397 万元。

（9）广东惠深高速公路惠州段加宽改扩建工程机电工程二期（照明）施工，招标人：惠深（盐田）高速公路惠州有限公司，中标时间：2.2，中标人：紫光捷通科技股份有限公司，中标金额：2673 万元。

（10）广东江肇、广中江、珠海连接线高速公路机电系统日常养护工程（2017—2019

年），招标人：广东江肇高速公路管理中心，中标时间：12.21，中标人：广东新粤交通投资有限公司，中标金额：2581 万元。

（11）广东省路桥建设发展有限公司 2016 年度机电养护专项工程（ZX2 标），招标人：广东省路桥建设发展有限公司，中标时间：11.13，中标人：广东飞达交通工程有限公司，中标金额：1367 万元。

（12）广东江肇高速、韶赣高速出口车道货车全计重及入口车道劝返改造工程施工，招标人：广东江肇高速公路管理中心，中标时间：8.12，JD1 中标人：中储恒科物联网系统有限公司，中标金额：584 万元；JD2 中标人：重庆大唐科技股份有限公司，中标金额：772 万元。

（13）莞深高速公路、虎岗高速公路出入口治理超限超载称重设备，招标人：东莞市交通投资集团有限公司，中标时间：12.8，中标人：中海网络科技股份有限公司，中标金额：1036 万元。

（14）广东省路桥建设发展有限公司高清卡口防逃费拦截系统工程（第 1 标段），招标人：广东省路桥建设发展有限公司，中标时间：7.5，中标人：广东新粤交通投资有限公司，中标金额：1028 万元。

吉林省 9.58 亿元

（1）吉林鹤大高速公路小沟岭至抚松段机电工程施工，招标人：吉林省高等级公路建设局，中标时间：4.19，JD1 中标人：山东中创软件工程股份有限公司，中标金额：3048 万元；JD2 中标人：黑龙江省北龙交通工程有限公司，中标金额：4659 万元；JD3 中标人：天津市高速公路科技发展有限公司，中标金额：4846 万元；JD4 中标人：科润智能科技股份有限公司，中标金额：5268 万元；JD5 中标人：四川晴宇交通科技有限公司，中标金额：4045 万元；JD6 中标人：兰州朗青交通科技有限公司，中标金额：2496 万元；JD7 中标人：中铁十二局集团电气化工程有限公司，中标金额：1424 万元；JD8 中标人：江西方兴科技有限公司，中标金额：2921 万元；JD9 中标人：江苏智运科技发展有限公司，中标金额：1445 万元；JD10 中标人：深圳市中航装饰设计工程有限公司，中标金额：3441 万元；JD11 中标人：四川天府消防工程有限公司，中标金额：3927 万元；JD12 中标人：四川高路交通信息工程有限公司与厦门格绿能光电股份有限公司（联合体成员），中标金额：5658 万元。

（2）吉林鹤大高速公路靖宇至通化段机电工程施工，招标人：吉林省高等级公路建设局，中标时间：4.19，JD13 中标人：辽宁艾特斯智能交通技术有限公司，中标金额：4435 万元；JD14 中标人：南京凌云科技发展有限公司，中标金额：3141 万元；JD15 中标人：安徽汉高信息科技有限公司，中标金额：5344 万元；JD16 中标人：中咨泰克交通工程集团有限公司，中标金额：2849 万元；JD17 中标人：亿阳信通股份有限公司，中标金额：1311 万元；JD18 中标人：重庆市华驰交通科技有限公司，中标金额：2139 万元；JD19 中标人：湖南省湘筑交通科技有限公司，中标金额：1879 万元；JD20 中标人：吉林省金旺智能消防工程有限公司，中标金额：2652万元；JD21中标人：红太阳建设股份公司，中标金额：5009万元。

（3）吉林省高速公路管理局养护机电专项工程6125万元，招标人：吉林省高速公路管理局，中标时间：8.11，JD1中标人：亿阳信通股份有限公司，中标金额：680万元；JD2中标人：北京瑞华赢科技发展有限公司，中标金额：909万元等。

（4）吉林嫩江至丹东高速公路坦途至镇赉、白城至黑水段建设项目公路机电，招标人：吉林省公路管理局，中标时间：4.6，JD1中标人：黑龙江省北龙交通工程有限公司，中标金额：1096万元；JD2中标人：北京云星宇交通科技股份有限公司，中标金额：2040万元；JD3中标人：石家庄泛安科技开发有限公司，中标金额：1049万元；JD4中标人：中咨泰克交通工程集团有限公司，中标金额：1425万元；JD5中标人：武汉东交路桥工程有限公司，中标金额：1585万元；JD6中标人：江西际洲建设工程集团有限公司，中标金额：1559万元。

（5）吉林延吉至大蒲柴河高速公路延吉（八道）至龙井段工程建设项目公路机电工程施工，招标人：延吉至大蒲柴河高速公路建设办公室，中标时间：4.6，中标人：甘肃紫光智能交通与控制技术有限公司，中标金额：2421万元。

（6）吉林省国家公路网交通情况调查数据采集与服务系统工程项目2118万元，招标人：吉林省高速公路管理局，中标时间：8.12，JD1中标人：吉林省科维交通工程有限公司，中标金额：835万元；JD2中标人：金交恒通有限公司，中标金额：677万元等。

（7）林国道珲春至乌兰浩特公路（G302）吉林至饮马河段工程建设项目公路机电工程、隧道消防工程施工，招标人：吉林市交通投资建设有限责任公司，中标时间：8.3，中标人：江苏长天智远交通科技有限公司，中标金额：1256万元。

广西壮族自治区6.74亿元

（1）广西崇左至靖西公路机电系统及隧道机电工程，招标人：广西金石高速公路有限公司，中标时间：2.5，中标人：广西交通科学研究院与湖南路桥建设集团有限责任公司联合体，中标金额：4.4亿元。

（2）广西麦岭（湘桂界）至贺州高速公路机电工程，招标人：贺州市正赢富钟高速公路有限公司，中标时间：11.21，中标人：紫光捷通科技股份有限公司，中标金额：1.04亿元。

（3）广西麦岭（湘桂界）至贺州高速公路交通安全设施工程施工，招标人：贺州市正赢富钟高速公路有限公司，中标时间：5.19，JD1中标人：广西交通科学研究院，中标金额：3392万元；JD2中标人：广西路建工程集团有限公司，中标金额：2912万元；JD3中标人：四川京川公路工程（集团）有限公司，中标金额：3168万元。

（4）桂林至柳州高速公路（僚田至鹿寨北互通）路面改造工程机电工程，招标人：广西柳桂高速公路运营有限责任公司，中标时间：1.4，中标人：中交路桥建设有限公司，中标金额：1224 万元。

（5）广西 2016 年不停车收费系统改造项目施工，招标人：广西高速公路投资有限公司，中标时间：6.20，中标人：北京云星宇交通科技股份有限公司，中标金额：1206 万元。

（6）玉林市市民一卡通工程平台硬件及集成服务，招标人：玉林智慧城市建设有限公司，中标时间：11.16，中标人：国电信集团系统集成有限责任公司，中标金额：1128 万元。

福建省 5.49 亿元

（1）福建厦沙高速公路泉州德化段机电工程施工，招标人：泉州市交通运输委，中标时间：7.19，JD1 中标人：北京公科飞达交通工程发展有限公司，中标金额：1.05 亿元；JD2 中标人：福建新大陆电脑股份有限公司，中标金额：9397 万元；JD3 中标人：中铁电气化局集团有限公司，中标金额：6790 万元。

（2）南平联络线高速公路机电工程监控、收费、通信系统供货与安装 e 合同段，招标人：南平联络线高速公路有限责任公司，中标时间：6.16，中标人：中铁十二局集团电气化工程有限公司，中标金额：7468 万元。

（3）福建海西高速公路网厦沙线安溪至永春（达埔）段机电工程供货与安装合同 E 合同段，招标人：泉州安溪厦沙高速公路有限公司，中标时间：6.24，中标人：中国铁建电气化局集团第一工程有限公司，中标金额：7055 万元。

（4）福建国道 205 线三明市区过境段项目景观绿化工程 l 合同段施工、机电工程 d 合同段施工，招标人：三明市高远公路建设开发有限责任公司，中标时间：2.22，中标人：福建新大陆电脑股份有限公司，中标金额：3830 万元。

（5）福建省高速公路二代收费软件升级改造，招标人：福建省高速公路有限责任公司，中标时间：2.19，JD1 中标人：福建新大陆电脑股份有限公司，中标金额：2192 万元；JD2 中标人：安徽皖通科技股份有限公司，中标金额：891 万元。

（6）龙岩高速公路市级监控中心机电工程供货与安装 e4 合同段施工项目，招标人：龙岩双永高速公路有限责任公司，中标时间：10.31，中标人：北京公科飞达交通工程发展有限公司，中标金额：1629 万元。

（7）福银高速公路三明沙县机场互通及连接线机电工程，招标人：三明机场建设总公司，中标时间：3.29，中标人：中铁十二局集团电气化工程有限公司，中标金额：1489 万元。

（8）福宁高速公路隧道监控设施等改造工程，招标人：福建省福宁高速公路有限责任公司，中标时间：5.16，中标人：福建新大陆电脑股份有限公司，中标金额：1353 万元。

（9）厦门翔安隧道交通改善工程，招标人：厦门路桥建设集团有限公司，中标时间：12.26，中标人：厦门路桥信息股份有限公司，中标金额：1149 万元。

（10）福建省长深高速公路永安贡川互通及接线机电工程监控、通信、收费及供配电系统供货与安装E标段，招标人：永安市交通建设开发公司，中标时间：1.14，中标人：江苏智运科技发展有限公司，中标金额：1135万元。

浙江省4.32亿元

（1）杭（州）长（兴）高速公路北延（泗安至浙苏界）工程机电施工第JD1标段，招标人：贵州遵义高速公路建设投资有限公司，中标时间：4.22，中标人：重庆华驰交通科技有限公司，中标金额：6969万元。

（2）义乌至兰溪公路工程隧道机电工程，招标人：义乌市交通投资建设集团有限公司，中标时间：12.30，中标人：重庆市华驰交通科技有限公司，中标金额：5101万元。

（3）杭州湾跨海大桥杭甬高速连接线公路工程机电工程，中标时间：12.27，中标人：北京公科飞达交通工程发展有限公司，中标金额：4663万元。

（4）2016年度沪杭甬高速公路机电系统改造工程，招标人：浙江沪杭甬高速公路股份有限公司信息中心，中标时间：6.24，中标人：浙江高速信息工程技术有限公司，中标金额：4005万元。

（5）东阳市上新屋至里坞段改建工程施工屏岩山隧道机电工程，招标人：东阳市40省道改建工程指挥部，中标时间：9.18，中标人：北京公科飞达交通工程发展有限公司，中标金额：2111万元。

（6）浙江景宁县交见圩至叶村公路改建工程隧道机电，招标人：景宁畲族自治县交见圩至叶村公路工程建设指挥部，中标时间：6.17，中标人：浙江高速信息工程技术有限公司，中标金额：1586万元。

（7）杭（州）长（兴）高速公路北延（泗安至浙苏界）工程机电施工第JD3标段，招标人：长兴县杭长高速公路北延（泗安至浙苏界）建设工程指挥部，中标时间：7.21，中标人：杭州兴达电器工程有限公司，中标金额：1502万元。

（8）浙江2016年度直管板块高速公路机电系统改造工程，招标人：浙江省交通投资集团有限公司杭金衢分公司，中标时间：5.11，中标人：浙江高速信息工程技术有限公司，中标金额：1417万元。

（9）浙江2016年新昌县公路治超非现场执法电子检测系统工程项目，招标人：新昌县公路管理局，中标时间：7.21，中标人：浙江省公众信息产业有限公司，中标金额：1121万元。

（10）浙江2016年度沿海板块高速公路机电系统改造工程，招标人：浙江宁波甬台温高速公路有限公司，中标时间：4.8，中标人：浙江高速信息工程技术有限公司，中标金额：1100万元。

（11）浙江40省道磐安沙溪口至仙居新庄（仙居段）改建工程交通安全设施施工，招标人：台州市交通运输局，中标时间：5.18，中标人：湖州东田交通设施工程有限公司，中标金额：1042万元。

（12）温州绕城高速公路西南线工程机电工程，招标人：温州绕城高速公路西南线有限公司，中标时间：12.30，一包中标人：北京云星宇交通科技股份有限公司，中标金额 1.12 亿元；二包中标人：江苏智运科技发展有限公司，中标金额：1.14 亿元。

安徽省 3.53 亿元

（1）合肥至南京高速公路安徽省周庄至陇西立交段改扩建工程机电工程施工，招标人：安徽省交通控股集团有限公司，中标时间：8.15，中标人：安徽皖通科技股份有限公司，中标金额：7360 万元。

（2）安徽济南至祁门高速公路淮南至合肥段机电工程施工，招标人：安徽省交通控股集团有限公司，中标时间：3.7，中标人：安徽汉高信息科技有限公司，中标金额：6439 万元。

（3）安徽济南至祁门高速公路利辛至淮南段机电工程施工，招标人：安徽省交通控股集团有限公司，中标时间：3.7，中标人：安徽皖通科技股份有限公司，中标金额：4528 万元。

（4）安徽皖通高速公路股份有限公司所辖路段机电系统改造工程（2016 年度），招标人：安徽省交通控股集团有限公司，中标时间：8.1，JD1 中标人：安徽皖通科技股份有限公司，中标金额：1767 万元；JD2 中标人：北京云星宇交通科技股份有限公司，中标金额：1784 万元。

（5）安徽省交通控股集团有限公司高速公路监控数字化改造工程（三期），招标人：安徽省交通控股集团有限公司，中标时间：10.17，JD1 中标人：陕西汉唐计算机有限责任公司，中标金额：1646 万元；JD2 中标人：中海网络科技股份有限公司，中标金额：1582 万元。

（6）安徽合芜高速公路林头至陇西立交段试刀山隧道应急工程机电工程，招标人：安徽省交通控股集团有限公司，中标时间：3.7，中标人：石家庄泛安科技开发有限公司，中标金额：2758 万元。

（7）安徽宁宣杭高速公路狸桥至宣城段机电工程施工，招标人：安徽省交通控股集团有限公司，中标时间：10.17，中标人：亿阳信通股份有限公司，中标金额：2337 万元。

（8）合安高速安庆互通移位改建机电安装工程，招标人：安徽水利开发股份有限公司，中标时间：6.14，中标人：安徽皖通科技股份有限公司，中标金额：1739 万元。

（9）安徽省交通控股集团有限公司 2016 年计重设备（整车式）采购与安装工程，招标人：安徽省交通控股集团有限公司，中标时间：5.9，中标人：重庆大唐科技股份有限公司，中标金额：1201 万元。

（10）安徽合肥绕城高速公路陇西至路口段应急工程机电工程，招标人：安徽省交通控股集团有限公司，中标时间：2.3，中标人：安徽皖通科技股份有限公司，中标金额：1188 万元。

（11）安徽弋江路快速化改造赤铸山路立交照明工程、标志标线、交通监控工程和峨山路快速化改造芜石路立交交通监控工程施工，中标时间：10.11，中标人：科润智能科技股份有限公司，中标金额：1010 万元。

新疆维吾尔自治区 3.06 亿元

（1）新疆明水（甘新界）至哈密段公路项目机电工程，招标人：新疆维吾尔自治区交通建设管理局，中标时间：11.7，JD1 中标人：中铁十二局集团电气化工程有限公司，中标金额：3308 万元；JD2 中标人：南京凌云科技发展有限公司，中标金额：3946 万元。

（2）新疆联网非现金支付二期工程（北疆片区），招标人：新疆维吾尔自治区公路管理局，中标时间：10.1，JD1 中标人：上海电科智能系统股份有限公司，中标金额：5140 万元；JD2 中标人：紫光捷通科技股份有限公司，中标金额：2040 万元。

（3）新疆 G3012 墨玉至和田高速公路项目机电工程，招标人：新疆维吾尔自治区交通建设管理局，中标时间：11.17，JD1 中标人：陕西汉唐计算机有限责任公司，中标金额：2990 万元；JD2 中标人：陕西高速电子工程有限公司，中标金额：3584 万元。

（4）新疆 G314 线奥依塔克镇至布伦口段公路工程等 5 个项目机电工程，招标人：新疆维吾尔自治区交通建设管理局，中标时间：4.15，JD1 中标人：湖南天弘交通建设工程有限公司，中标金额：2547 万元；JD2 中标人：广州航天海特系统工程有限公司，中标金额：1762 万元。

（5）新疆维吾尔自治区车载电子标签（OBU）等 ETC 关键设备，招标人：新疆维吾尔自治区公路管理局，中标时间：6.14，JD1 中标人：北京万集科技股份有限公司，中标金额：2335 万元；JD2 中标人：深圳市金溢科技股份有限公司，中标金额：1563 万元。

（6）新疆 S332 线三塘湖至鸣沙山段公路工程（二期）等 2 个项目机电工程，招标人：新疆维吾尔自治区交通建设管理局，中标时间：12.21，中标人：北京公科飞达交通工程发展有限公司，中标金额：1374 万元。

四川省 2.82 亿元

（1）成都经济区环线高速公路简阳至蒲江段项目机电工程采购安装（jpjd1-2）标段，招标人：中铁建四川简蒲高速公路有限公司，中标时间：8.30，JD1 中标人：中铁十二局集团电气化工程有限公司，中标金额：1.17 亿元；JD2 中标人：中国铁建电气化局集团第一工程有限公司，中标金额：3980 万元。

（2）四川国道 351 线（原省道 210 线）乐英至夹金山垭口段灾后恢复重建工程机电设备采购安装，招标人：雅安市公路管理局，中标时间：6.17，中标人：四川高路交通信息工程有限公司，中标金额：5044 万元。

（3）四川仁寿经沐川至屏山新市（含马边支线）高速公路仁寿至井研试验段机电工程，招标人：四川仁沐高速公路有限责任公司，中标时间：10.22，中标人：四川高路交通信息工程有限公司，中标金额：4761 万元。

（4）四川国道 318 线雅安至二郎山隧道段灾后恢复重建工程机电设备采购安装，招标人：雅安市公路管理局，中标时间：8.9，中标人：北京云星宇交通科技股份有限公司，中标金额：1579 万元。

（5）四川甘孜至白玉公路改建工程项目隧道机电工程施工，招标人：甘孜州交通建设投资有限公司，中标时间：11.25，中标人：重庆市华驰交通科技有限公司，中标金额：1130 万元。

甘肃省 2.65 亿元

（1）甘肃兰海国家高速临洮至渭源段机电工程，招标人：甘肃路桥公路投资有限公司，中标时间：1.27，JD1 中标人：甘肃紫光智能交通与控制技术有限公司，中标金额：3566 万元；JD2 中标人：江苏铁电交通科技集团有限公司，中标金额：4108 万元；JD3 中标人：福建新大陆电脑股份有限公司，中标金额：4441 万元；JD4 中标人：石家庄泛安科技开发有限公司，中标金额：4082 万元。

（2）肃州至酒泉卫星发射中心一级公路工程建设项目机电工程施工，招标人：酒泉市交通运输局，中标时间：10.20，中标人：甘肃紫光智能交通与控制技术有限公司，中标金额：1.03 亿元。

山东省 2.48 亿元

（1）山东济南至东营高速公路机电工程，招标人：齐鲁交通发展集团有限公司济南至东营高速公路项目建设办公室，中标时间：4.19，JD1 中标人：中咨泰克交通工程集团有限公司，中标金额：2975 万元；JD2 中标人：紫光捷通科技股份有限公司，中标金额：2538 万元；JD3 中标人：浙江浙大中控信息技术有限公司，中标金额：3038 万元。

（2）齐鲁交通 2016 年度第一批高速公路信息系统设备采购与安装项目，招标人：齐鲁交通发展集团有限公司，中标时间：7.26，JD1 中标人：中国原子能科学研究院，中标金额：1546 万元；JD2 中标人：齐鲁交通信息有限公司，中标金额：3357 万元。

（3）德商公路德州（鲁冀界）至夏津段机电工程，招标人：德州市德商高速公路项目建设管理办公室，中标时间：3.15，JD1 中标人：中咨泰克交通工程集团有限公司，中标金额：1662 万元；JD2 中标人：北京诚达交通科技有限公司，中标金额：2902 万元。

（4）2016 年山东高速收费系统改造工程，招标人：山东高速股份有限公司，中标时间：7.25，中标人：紫光捷通科技股份有限公司，中标金额：3398 万元。

（5）潍坊至日照高速公路滨海连接线项目机电工程，招标人：山东高速集团有限公司建设管理公司，中标时间：11.10，中标人：西安金路交通工程科技发展有限责任公司，中标金额：2695 万元。

（6）烟台市胜利南路南延工程（含隧道）隧道监控系统工程，招标人：烟台市住房和城乡建设局，中标时间：9.12，中标人：烟台昌达智能交通设备有限公司，中标金额：1001 万元。

山西省 2.36 亿元

（1）山西省黎城（冀晋界）至长治公路改扩建工程路面、交通安全设施、机电工程，招标人：长治高速公路有限责任公司，中标时间：3.17，JD1 中标人：江苏智运科技发展有限公司，中标金额：9260 万元；JD2 中标人：中化二建集团有限公司，中标金额：3814 万元；JD3 中标人：南京东大智能化系统有限公司，中标金额：1844 万元。

（2）太旧高速公路北茹隧道改造工程，招标人：山西太旧高速公路管理有限责任公司，中标时间：8.3，中标人：北京路安交通科技发展有限公司、昆明荣成天宇控制系统工程有限公司，中标金额：1499 万元。

湖北省 2.13 亿元

（1）老河口至谷城段机电及交通安全设施工程施工，招标人：湖北老谷高速公路开发有限公司，中标时间：9.19，中标人：北京路安交通科技发展有限公司，中标金额：1 亿元。

（2）武汉硚口至孝感高速公路（起点至京港澳高速公路段）机电工程施工，招标人：湖北硚孝高速公路管理有限公司，中标时间：7.18，中标人：紫光捷通科技股份有限公司，中标金额：6549 万元。

（3）湖北麻城至竹溪高速公路麻城至红安段机电工程施工，招标人：湖北通顺高速公路有限公司，中标时间：6.6，中标人：山西四和交通工程有限责任公司，中标金额：2705 万元。

（4）湖北宜巴高速公路 2016—2018 年度机电代维项目，招标人：湖北省交通运输厅鄂西高速公路管理处，中标时间：6.20，中标人：北京瑞华赢科技发展有限公司，中标金额：2027 万元。

湖南省 2.04 亿元

（1）湖南省炎汝高速公路项目机电工程施工图设计施工总承包第 76 标段，招标人：湖南省高速公路投资集团有限公司，中标时间：12.19，中标人：西安金路交通工程科技发展有限责任公司/中交第一公路勘察设计研究院有限公司，中标金额：2735 万元。

（2）南岳高速公路东延线项目交通安全设施工程，招标人：湖南省高速公路投资集团有限公司，中标时间：5.18，中标人：黑龙江省北龙交通工程有限公司，中标金额：2011 万元。

（3）湖南省武冈至靖州（城步）高速公路项目通信管道预埋工程施工招标第 JD1 标段，招标人：湖南省高速公路建设开发总公司，中标时间：6.21，中标人：北京瑞华赢科技发展有限公司，中标金额：1677 万元。

（4）湖南省高速公路管理局 2016—2018 年度高速公路机电养护专项工程施工（JD1～JD4），招标人：湖南省高速公路管理局长沙管理处，中标时间：8.10，JD1 中标人：湖南天弘交通建设工程有限公司，中标金额：2079 万元；JD2 中标人：北京瑞华赢科技发展有限公司，中标金额：2887 万元；JD3 中标人：中交路桥建设有限公司，中标金额：3145 万元；JD4 中标人：湖南省湘筑交通科技有限公司，中标金额：2522 万元。

（5）湖南省高速公路双峰等五个收费站改扩建工程机电工程，招标人：湖南省高速公路建设开发总公司，中标时间：9.12，中标人：中铁一局集团电务工程有限公司，中标金额：2367 万元。

（6）湖南省南岳高速公路东延线项目机电工程施工图设计施工总承包，招标人：湖南省高速公路投资集团有限公司，中标时间：7.22，中标人：北京公科飞达交通工程发展有限公司/北京交科公路勘察设计研究院有限公司，中标金额：1045 万元。

河北省 1.81 亿元

（1）2016 年度河北省高速公路 ETC 电子标签、低碳畅行卡采购项目（01-05 标段），招标人：河北冀翔通电子科技有限公司，中标时间：1.25，JD1 中标人：北京万集科技股份有限公司，中标金额：1621 万元；JD2 中标人：深圳市金溢科技股份有限公司，中标金额：1622 万元；JD3 中标人：北京聚利科技股份有限公司，中标金额：1621 万元；JD4 中标人：武汉天喻信息产业股份有限公司，中标金额：177 万元；JD5 中标人：北京握奇数据系统有限公司，中标金额：177 万元。

（2）河北省完善高速公路指挥调度系统（服务区部分）工程项目施工，招标人：河北省高速公路管理局指挥调度中心，中标时间：8.29，中标人：陕西汉唐计算机有限责任公司，中标金额：3296 万元。

（3）河北省京承高速公路全程监控系统改造工程，招标人：河北承德京承高速公路建设管理处，中标时间：1.13，中标人：广东飞达交通工程有限公司，中标金额：2982 万元。

（4）承德至张家口高速公路承德段隆化连接线、单塔子连接线隧道机电工程施工（LHJD 标段），招标人：承德市公路工程管理处 ，中标时间：9.26，中标人：河北中岗通讯工程有限公司，中标金额：1588 万元。

（5）承德至张家口高速公路承德段隆化连接线、单塔子连接线隧道机电工程施工（DTZJD 标段），招标人：承德市公路工程管理处，中标时间：9.26，中标人：山西欣奥特自动化工程有限公司，中标金额：1469 万元。

（6）河北大广高速公路承德机场连接线工程（第三合同段）施工，招标人：承德市公路工程管理处，中标时间：6.3，中标人：陕西高速电子工程有限公司，中标金额：1357 万元。

（7）河北京哈高速公路京秦段部分可变信息标志更新工程施工，招标人：河北省高速公路京秦管理处，中标时间：5.27，中标人：云南康迪科技有限公司，中标金额：1110 万元。

（8）唐山市中心城区环线（二环路）工程交通工程（3），招标人：唐山市城投集团城市二环线建设运营管理有限公司，中标时间：7.8，中标人：陕西高速交通工贸有限公司，中标金额：1070 万元。

内蒙古自治区 1.78 亿元

（1）内蒙古国道 303 线大板至林西段公路建设项目交通安全设施及机电工程施工，招标人：国道 303 线大板至林西段公路建设管理办公室，中标时间：5.18，JD1 中标人：鄂尔多斯市东方路桥集团股份有限公司，中标金额：969 万元；JD2 中标人：中国公路工程咨询集团有限公司，中标金额：2735 万元；JD3 中标人：北京云星宇交通科技股份有限公司，中标金额：1535 万元。

（2）内蒙古京新高速公路临河至白疙瘩段（巴彦淖尔境内）交通安全设施、机电工程施工（sjd 标段），中标时间：7.25，中标人：成都曙光光纤网络有限责任公司，中标金额：4314 万元。

（3）内蒙古丹东至锡林浩特国家高速公路经棚至锡林浩特段（锡林郭勒盟境内）公路机电，招标人：丹锡高速经棚至锡林浩特公路锡盟建设项目管理办公室，中标时间：5.11，中标人：浙江浙大中控信息技术发展有限公司，中标金额：2854 万元。

（4）丹东至锡林浩特国家高速公路经棚至锡林浩特段（赤峰市境内）公路机电，招标人：赤峰市经棚至锡林浩特高速公路建设管理办公室，中标时间：5.10，中标人：上海电科智能系统股份有限公司，中标金额：2726 万元。

（5）内蒙古国道 307 线（原省道 317 线）雅布赖至山丹（蒙甘界）段一级公路机电工程施工，招标人：G307 线雅布赖至山丹（蒙甘界）段一级公路建设管理办公室，中标时间：4.18，中标人：河南中天高新智能科技开发有限责任公司，中标金额：1600 万元。

（6）荣成至乌海高速公路棋盘井至乌海段通信管道工程，招标人：荣乌高速乌海段工程项目管理办公室，中标时间：7.27，中标人：江苏铁电交通科技集团有限公司，中标金额：1012 万元。

上海市 1.56 亿元

（1）G1501 上海绕城高速（同三段）大修工程—机电工程，招标人：上海城投环城高速建设发展有限公司，中标时间：7.20，中标人：上海隧道工程股份有限公司，中标金额：6929 万元。

（2）G1501 郊环线（东南段）大修工程—机电工程，招标人：上海东南郊环高速公路投资发展有限公司，中标时间：4.13，中标人：上海电科智能系统股份有限公司，中标金额：5226 万元。

（3）上海 G1501 上海绕城高速（北段）大修工程机电 2 标，招标人：上海城投环城高速建设发展有限公司，中标时间：9.26，中标人：上海电科智能系统股份有限公司，中标金额：1858 万元。

（4）上海高速公路联网收费结算中心系统维护，招标人：上海耐特高速公路收费结算有限公司，中标时间：2.22，中标人：上海电科智能系统股份有限公司，中标金额：1556 万元。

重庆市 1.55 亿元

（1）重庆江津至贵州习水高速公路（重庆境）机电工程，招标人：中电建路桥集团有限公司重庆江习高速公路总承包部，中标时间：12.23，中标人：四川高路交通信息工程有限公司，中标金额：1.55 亿元。

北京市 1.48 亿元

（1）北京台高速公路（北京段）工程机电系统和照明施工，招标人：北京市首都公路发展集团有限公司，中标时间：5.24，中标人：江西方兴科技有限公司和重庆伯爵王照明设计工程有限公司（联合体），中标金额：1.1 亿元。

（2）首发集团联网机电系统信息安全加固项目，招标人：北京市首都公路发展集团有限公司，中标时间：12.16，中标人：北京云星宇科技服务有限公司，中标金额：2303 万元。

（3）北京京津冀交通一卡通互联互通北京一期工程一卡通系统软件升级（1、2 包），招标人：北京市政交通一卡通有限公司，中标时间：1.28，1 中标人：联动优势科技有限公司，中标金额：679 万元；2 中标人：上海捷羿软件系统有限公司，中标金额：845 万元。

辽宁省 1.44 亿元

（1）沈阳（王家沟）至铁岭（杏山）公路改扩建工程机电工程，招标人：辽宁省高速公路管理局，中标时间：3.8，JD1 中标人：福建新大陆电脑股份有限公司，中标金额：2988 万元；JD2 中标人：北京诚达交通科技有限公司，中标金额：3180 万元；JD3 中标人：石家庄泛安科技开发有限公司，中标金额：3597 万元；JD4 中标人：江苏安防科技有限公司，中标金额：2310 万元；JD5 中标人：四川晴宇交通科技有限公司，中标金额：2399 万元。

黑龙江省 1.39 亿元

（1）北安至富裕高速公路北安至古城段工程建设项目机电工程，招标人：黑龙江省高速公路建设局，中标时间：8.16，JD1 中标人：南京凌云科技发展有限公司，中标金额：871 万元；JD2 中标人：石家庄泛安科技开发有限公司，中标金额：1049 万元；JD3

中标人：哈尔滨交研交通工程有限责任公司，中标金额：3208 万元。

（2）北安至富裕高速公路古城至富裕段工程建设项目机电工程施工 ，招标人：黑龙江省高速公路建设局，中标时间：8.16，JD1 中标人：黑龙江省应用电子有限责任公司，中标金额：768 万元；JD2 中标人：广州航天海特系统工程有限公司，中标金额：1056 万元；JD3 中标人：亿阳信通股份有限公司，中标金额：2829 万元。

（3）国道黑河至大连公路拜泉明水界至青冈段、青冈至兰西段改扩建工程建设项目机电工程，招标人：黑龙江省高速公路建设局，中标时间：8.16，JD1 中标人：北京路安交通科技发展有限公司，中标金额：687 万元；JD2 中标人：陕西高速电子工程有限公司，中标金额：864 万元。

（4）国道黑河至大连公路宝泉至克东拜泉界（滕家围子）段、克东拜泉界（滕家围子）至拜泉明水界段改扩建工程建设项目机电工程，招标人：黑龙江省高速公路建设局，中标时间：8.16，JD3 中标人：山东博安智能科技股份有限公司，中标金额：668 万元；JD4 中标人：云南康迪科技有限公司，中标金额：685 万元。

（5）木兰松花江公路大桥及引道工程机电工程施工，招标人：哈尔滨市木兰松花江公路大桥及引道工程建设指挥部，中标时间：6.20，中标人：黑龙江省应用电子有限责任公司，中标金额：1229 万元。

江苏省 8047 万元

（1）江苏省高速公路电子不停车收费系统（etc）电子标签采购项目，招标人：江苏高速公路联网营运管理有限公司，中标时间：11.1，中标人：北京聚利科技股份有限公司，中标金额：1770 万元。

（2）阜宁至建湖高速公路收费、监控、通信系统机电工程施工项目，招标人：江苏省交通工程建设局，中标时间：2.24，中标人：中咨泰克交通工程集团有限公司，中标金额：1232 万元。

（3）苏通大桥监控中心搬迁及机电系统改造工程施工项目，招标人：江苏苏通大桥有限责任公司，中标时间：3.2，中标人：江苏铁电交通科技集团有限公司，中标金额：1140 万元。

（4）盐淮高速公路大丰港至盐城段机电工程，招标人：江苏省交通工程建设局，中标时间：6.17，中标人：江苏海岭智能系统科技有限公司，中标金额：1445 万元。

（5）徐州至明光高速公路江苏段收费、监控、通信系统机电工程施工项目，招标人：江苏省交通工程建设局，中标时间：6.17，中标人：江苏长天智远交通科技有限公司，中标金额：1454 万元。

（6）泰州至镇江高速公路泰州至高港段收费、监控、通信系统机电工程施工项目，招标人：江苏省交通工程建设局，中标时间：6.17，中标人：江苏铁电交通科技集团有限公司，中标金额：1006 万元。

宁夏回族自治区 5809 万元

（1）宁夏永宁黄河公路大桥机电工程，招标人：宁夏中铁建宁东路桥投资发展限公司，中标时间：2.25，中标人：浙江省机电设计研究院有限公司，中标金额：2443 万元。

（2）宁夏青银高速公路宁东至银川段改扩建项目通信管道工程，招标人：宁夏公路建设管理局，中标时间：5.24，中标人：江苏铁电交通科技集团有限公司，中标金额：2192 万元。

（3）宁夏国道 344 线青石嘴至泾源段公路李家庄至泾河源镇段机电工程施工，招标人：宁夏公路建设管理局，中标时间：6.12，中标人：浙江省机电设计研究院有限公司，中标金额：1174 万元。

海南省 4598 万元

（1）海南省 G98 环岛高速公路石梅湾至三亚段改建工程机电工程，招标人：海南路桥工程有限公司，中标时间：1.6，中标人：江西方兴科技有限公司，中标金额：4598 万元。

（撰稿：董海龙）

第二章

全国主要城市交通年报（摘要）

北京市

2016 年是全面建成小康社会决胜阶段的开局之年，也是推进供给侧结构性改革的攻坚之年。全市交通行业深入贯彻落实五大发展理念，切实发挥交通稳增长、促改革、调结构、惠民生、防风险方面的重要作用，着力推动交通治理体系和治理能力现代化，加快建设北京现代化综合交通体系，实现“十三五”良好开局。交通拥堵加剧势头进一步得到遏制，交通出行结构进一步优化，全市交通运行总体安全平稳有序。

2016 年，北京加快推进交通基础设施建设，京台高速、广渠路二期建成通车，开工建设新机场线等 5 条轨道新线，年底轨道交通运营里程提高至 574 公里；京津冀交通一体化有序推进，国高网 7 条首都放射线全部打通，实现京秦、首都地区环线、延崇等 5 条高速开工，京津冀公交“一卡通”互联互通更加便利；大力治理交通拥堵，“打通断头路、畅通微循环”，城六区开工建设 101 项次支路项目，完工 49 项，建设缓堵示范区 12 个，全年中心城交通指数为 5.6，同比下降 1.8%；坚持公交优先战略，三环路、京藏和京港澳高速三条公交专用道正式启用，完成三环辅路自行车道综合整治，绿色出行比例提高至 71%；稳妥推进出租汽车行业深化改革，网约车细则平稳落地，出租行业整体稳定；积极推进路侧停车改革，静态交通治理体系进一步完善，交通服务水平不断提高。

1. 人口总量调控和非首都功能疏解初见成效，客运量和出行总量继续保持下降态势

2016 年年底全市常住人口 2172.9 万人，常住人口增速为 0.09%，较 2015 年人口增速 0.88%继续下降，人口总量调控政策成效显著。

中心城工作日日均出行总量为 2666 万人次（不含步行），较 2015 年下降 2.3%，中心城绿色出行比例达 71.0%，较 2015 年增长 0.3 个百分点；通勤出行（不含步行）中，公共交通出行比例 49.3%，其中轨道交通 27.0%，公共汽（电）车 22.3%。

2016 年完成道路客运量 83.2 亿人次，同比下降 2.0%。其中，公共汽（电）车 36.9 亿人次，同比下降 9.1%；轨道交通 36.6 亿人次，同比增长 10.2%；出租汽车客运量 4.8 亿人次，同比下降 18.9%。

2. 交通拥堵加剧势头进一步得到遏制，拥堵较 2015 年有所缓解

全路网高峰时段平均交通指数 5.6，较 2015 年 5.7 下降 1.8%，处于“轻度拥堵”等级；道路交通状况依然晚高峰拥堵程度高于早高峰。早高峰平均交通指数 5.1，较 2015 年下降 3.8%，晚高峰平均交通指数 6.2 与 2015 年持平。平均拥堵持续时间（包括严重拥堵、中度拥堵）共计 2 小时 55 分钟，较 2015 年减少 5 分钟。

一、城市发展

（一）经济财政

2016 年实现地区生产总值 24899.3 亿元（初步核算数据），比 2015 年增长 6.7%。其中，第一产业增加值 129.6 亿元，降低 8.8%；第二产业增加值 4774.4 亿元，增长 5.6%；第三产业增加值 19995.3 亿元，增长 7.1%。三次产业结构由 2015 年的 0.6∶19.7∶79.7 变为 0.5∶19.2∶80.3。按常住人口计算，人均 GDP 达到 114653 元，比 2015 年增长 6.2%。

全市完成地方公共财政预算收入 5081.3 亿元，比 2015 年增长 7.5%。其中，增值税 1214.3 亿元，增长 69.6%；营业税 584.4 亿元，下降 50.7%；企业所得税和个人所得税分别为 1095.2 亿元和 571.3 亿元，分别增长 6.9%和 19.5%。一般公共预算支出 6406.7 亿元，增长 11.7%。其中，用于住房保障、节能环保、交通运输、城乡社区的支出分别增长 2 倍、19.8%、19.6%和 12.5%。

（二）人口

2016 年年底全市常住人口 2172.9 万人，比 2015 年年底增加 2.4 万人。其中，常住外来人口 807.5 万人，占常住人口的比重为 37.2%，较 2015 年降低 0.7 个百分点。常住人口中，城镇人口 1879.6 万人，占常住人口的比重为 86.5%。常住人口密度为每平方公里 1324 人，比 2015 年年底增加 1 人。年底全市户籍人口 1362.9 万人，比 2015 年年底增加 17.7 万人。

二、交通需求

（一）机动车

2016 年北京市继续加强机动车总量调控措施，共配置小客车指标 87830 个；配置示范应用新能源小客车指标 60629 个，新能源小客车指标比例进一步加大。截至 2016 年年底，北京市机动车保有量达到 571.7 万辆，较 2015 年增加 1.7%；其中私人机动车保有量达到 460.6 万辆，比 2015 年增加 1.8%，新能源保有量 97405 辆，较 2015 年增长 249.4%。

与此同时，市民购车需求继续攀升，2016 年第 6 期（12 月 26 日），参加普通小客车配置的个人有效编码 2742544 个，单位有效编码 77693 个。新能源小客车配置完毕后，处于轮候状态的个人申请 17339 个、单位申请 2970 个，将按照轮候次序于 2017 年 2 月再次进行配置。

（二）出行总量

2016 年中心城工作日日均出行总量为 2666 万人次（不含步行），较 2015 年下降

2.3%，其中，通勤出行量为 1779 万人次（不含步行），较 2015 年下降 1.8%。

（三）出行结构

2016 年，中心城绿色出行比例达 71.0%，较 2015 年提升 0.3 个百分点，其中轨道交通 15.3%，公共汽（电）车 15.6%，自行车 10.3%，步行 29.8%。

通勤出行（不含步行）中，公共交通出行比例 49.3%，其中公共汽（电）车 22.3%，轨道交通 27.0%；小汽车出行比例 32.3%；出租车出行比例 2.9%；班车出行比例 1.8%；自行车出行比例 13.5%；其他出行比例为 0.2%。

三、交通供给

（一）交通投资

全年完成交通行业固定资产投资 988.0 亿元。其中道路枢纽及配套投资 286.5 亿元，同比增长 6.66%。市级交通固定资产投资完成 508.2 亿元，同比增长 0.14%，占交通行业固定资产投资的 51.4%。

（二）道路设施

2016 年年底全市公路总里程达到 22025.6 公里，比 2015 年年底增加 140.6 公里；其中高速公路达到 1012.9 公里，比 2015 年年底增加 31 公里；年底公路密度达到 134.22 公里/百平方公里。北京市城市道路里程 6373.5 公里，比 2015 年年底减少 49.8 公里（丰台区园博园和丽泽商务圈拆迁道路被占用），郊区县城道路里程 1712 公里，比 2015 年年底增加 19 公里。

（三）公共交通

2016 年，全市公共汽（电）车运营线路 876 条，与 2015 年持平，公共汽（电）车运营车辆 22688 辆，比 2015 年减少 599 辆，同比下降 2.6%；运营线路长度 19818 公里，比 2015 年年底减少 368 公里，同比下降 1.8%；施划公交专用道里程 851 公里，同比增长了 13.6%。全年公共汽（电）车完成客运量 36.9 亿人次，同比下降 9.1%；日均客运量 973 万人次/日。定制公交方面，截至 2016 年年底，全市定制公交线路为 312 条，同比增加 26.8%，其中商务班车 164 条，快速直达专线 148 条。

2016 年，轨道交通运营线路 19 条，运营里程 574 公里，同比增长 3.6%，车站 345 座，换乘站 54 座，运营车辆 5204 辆。全年轨道交通完成客运量 36.6 亿人次，同比增长 10.2%，日均客运量 999.8 万人次。

四、交通运行

（一）道路交通运行

1. 路网运行速度

2016 年高峰时段路网运行速度略低于 2015 年。2016 年路网早高峰平均速度为 27.8 千米/小时，其中快速路平均速度为 37.1 千米/小时，主干道平均速度为 23.3 千米/小时。晚高峰期间，路网平均速度为 24.6 千米/小时，其中快速路平均速度为 32.3 千米/小时，主干道平均速度为 20.6 千米/小时。

2. 交通指数

2016 年全路网高峰时段平均交通指数 5.6，较 2015 年略有降低。2 月交通指数为 3.5，为全年最低，主要受春节假期影响；7 月、8 月及 12 月交通指数也处于全年平均值以下水平，7 月、8 月主要由于学生放假，12 月主要由于重污染天气红色预警采取了 6 天单双号行驶措施。

从早、晚高峰交通指数分别统计来看，晚高峰交通拥堵程度高于早高峰。早高峰平均交通指数 5.1，晚高峰平均交通指数 6.2。

3. 拥堵时间

2016 年日均拥堵时间（中度拥堵、严重拥堵）共计 2 小时 55 分钟，较 2015 年减少 5 分钟。其中严重拥堵和中度拥堵持续时间分别减少 40 分钟和增加 35 分钟。

早高峰出现 95 个中度拥堵天（指数 6.0～8.0），较 2015 年减少 45 天。工作日晚高峰共出现 11 个严重拥堵天，较 2015 年减少 64 天；中度拥堵天 205 天，较 2015 年增加 51 天。

（二）客流运输

1. 对外客运

2016 年全市全年对外客运共运送乘客 2.97 亿人次，同比增加 3.1%。其中公路客运完成 6903 万人次，铁路旅客发送量 13379.5 万人次，航空进出港旅客 9439 万人次。

2. 城市客运

2016 年城市客运共运送乘客 82.5 亿人次，较 2015 年有略微下降，下降 2.0%。其中公共电汽车运送乘客 36.9 亿人次，同比下降 14.9%；轨道交通完成客运量 36.6 亿人次，同比上升 10.1%；郊区客运完成客运量 4.3 亿人次，同比下降 4.5%；出租汽车完成客运量 4.8 亿人次，同比下降 18.9%。

3. 货物运输

2016 年，全市货物运输总量达 28042.4 万吨，同比增长 29.4%。其中公路营业性货运量 19972 万吨，同比增长 4.9%；铁路货物到发量为 2005.3 万吨，同比减少 17.5%；航空货邮吞吐量达到 194.3 万吨，同比增长 2.8%；口岸监管货运量达到 5870.8 万吨，同比增长 37.4%。

4. 交通安全

2016 年共发生适用一般程序处理的交通事故 3160 起，死亡 1276 人，死亡率为 2.38%。

成都市

2016年是成都实施“十三五”规划和建设国家中心城市的开局之年。过去的一年，成都积极抢抓机遇，以建设国家中心城市为目标，奋力推进国际性综合交通枢纽建设，交通运输工作取得了重大进展，成效显著，全年累计完成交通固定资产投资241.67亿元，超计划投资20%。

一、交通建设

（一）交通项目建设保持强劲势头

1. 航空

航空枢纽建设有序推进。天府国际机场全面开工，成都将成为继北京、上海之后的中国第三座“双机场”城市。按照年旅客吞吐量6000万人次的能力要求，启动成都双流国际机场扩容改造，已建成停机坪23个，完成T1航站楼国际厅扩容优化改造，机场高速公路南辅道提前贯通投运。

2. 铁路

铁路通道建设进展顺利。铁路客运枢纽场站加快形成，成蒲、成兰、西成等铁路项目加快建设，西成客专动车运用所一期工程已建成投用；蓉昆高铁成都至自贡段、成都至西宁铁路等项目可研编制完成，蓉京高铁成都经达州至万州段项目预可研编制完成，成都“148”高铁交通圈加速形成。截至2016年年底，铁路营业总里程768公里，线网密度5.4公里/百平方公里。

3. 高速公路

高速公路建设加速成网。成都经济区环线高速东、西段及天府机场高速开工建设，成都经济区环线高速南段、成安渝高速、成彭高速扩能改造加快推进，成渝西昆贵“钻石经济圈”主骨架加快构建。截至2016年年底，市域公路里程26036.9公里，其中，高速公路里程924.9公里，已形成“二环十一射”高速公路网络，实现了中心城区至各郊区（市）县有1条及以上高速通道点对点连接。

4. 市域路网

市域快速路网不断优化。大件路外绕线、成温邛快速路实现全线通车。五环快速路等新一轮市域快速路规划前期工作加快推进。断头路联通工程快速推进，市域交通网络加速成型。

（二）运输服务水平质量持续提升

1. 对外综合运输能力不断提高

2016 年，成都双流国际机场新开国际航线 10 条，国际（地区）航线数量增至 95 条，全球通达性进一步提升。年旅客吞吐量 4603.9 万人次，货邮吞吐量 61.2 万吨，在我国内地民用机场中分别位居第 4 位、第 5 位，继续领跑我国中西部地区，成都作为内地“航空第四城”的地位得到进一步巩固。

铁路客货运量总体稳步。2016 年铁路完成旅客发送量 5370.0 万人，较 2015 年增长 22.6%；旅客到达量 5326.7 万人，较 2015 年增长 24.2%。货物发送量 933.4 万吨，较 2015 年下降 10.0%；货物到达量 3216.8 万吨，较 2015 年上升 0.4%。铁路公交化水平明显提升，采取动车加密方式实现成绵乐城际客专成都至德阳段动车公交化运营，高峰时段发车间隔不超过 30 分钟，客运量同比增长 174%。

道路客运健康发展。全面完成机场客运站、石羊客运站等 16 个列入四川省汽车客运站提升改造工程的项目建设；城乡客运一体化加快推进；道路客运联网售票系统已覆盖全市二级以上汽车客运站。2016 年公路完成客运量 12370 万人，同比下降 12.4%；全年完成货运量 24505 万吨，同比下降 4.1%。

2. 市域综合运输服务不断优化

（1）地铁

地铁客流持续增长。地铁 3 号线投入运营，地铁网络运营长度达到 108.4 公里，年底日均客运量达 187.17 万乘次，较 2015 年年底增加 71.34 万乘次/日。

（2）常规公交

常规公交运输服务不断优化。年底中心城区公交日均客运量（含二环快速公交）约 450 万人次，建成区公交线网密度达到 3.3 公里/平方公里，公交站点基本实现 500 米满覆盖；公交专用道车道长总计 718.742 公里，公交场站用地规模约 1875 亩。

（3）出租汽车

出台并顺利实施《关于深化改革推进我市出租汽车行业健康发展的实施意见》和《成都市网络预约出租汽车经营服务管理实施细则（暂行）》，在全国范围内率先成功探索出“互联网+巡游车”转型升级新路径，更好地满足群众多层次、多样化出行需求。截至 2016 年年底，成都市出租汽车总量共 15367 台，其中，中心城区 11374 辆、郊区（市）县 3993 辆。

（三）行业信息化取得突破

初步实现交通一卡通互联互通。“成都市交通一卡通互联互通项目”通过交通运输部技术验收，成为全省第一个正式通过交通运输部技术验收的城市，加入全国交通一卡通联网范围。

二、交通需求

2016 年，成都市经济保持平稳较快增长，人民生活水平不断提高，交通需求也随着经济的发展，持续着快速增长的势头。

（一）人口出行需求不断增加

2016 年年底，全市常住人口 1591.76 万人，较 2015 年同期增加 22.7 万人；户籍人口 1398.93 万人，较 2015 年同期增加 22.2 万人。中心城区常住人口 546.75 万人，户籍人口 383.37 万人。中心城区近几年人口持续增长，出行需求也在不断增加。

（二）机动车保有量持续增长

2016 年年底，市域机动车保有量 466.74 万辆，同比增长 8.9%；其中汽车保有量 414.89 万辆，同比增长 12.6%。中心城区机动车保有量 177.96 万辆，同比增长 7.3%；其中汽车保有量 174.95 万辆，增长 7.8%。机动车保有量仍保持较快的增长速度。

上海市

2016 年，上海市交通运输行业围绕完善和提升“枢纽性、功能性、网络性”的国际大都市一体化交通体系，聚焦“管为本、重体系、补短板”，继续推进综合交通体系建设和管理。全市交通基础设施网络和功能不断完善，交通运输服务能力持续提升，国际航运中心建设深入推进，综合交通管理补短板取得实效，行业转型升级步伐加快。全年各项目标任务顺利完成，实现了“十三五”时期全市交通发展的良好开局。

一、城市发展

（一）常住人口

截至 2016 年年底，全市常住人口总数为 2419.70 万人，较 2015 年增加 4.43 万人，增长 0.2%。其中，户籍常住人口 1439.50 万人，较 2015 年增加 5.88 万人，占全市人口总数的 59.5%；外来常住人口 980.20 万人，较 2015 年减少 1.45 万人，占人口总数的 40.5%。

（二）交通投资

2016 年，上海市交通基础设施投资 698.34 亿元，较 2015 年减少 9.75 亿元，下降 1.4%。其中，公路、市政道路、轨道交通、铁路、机场、港口、航道交通设施的投资分别较 2015 年增长 3.6%、减少 4.6%、增长 2.8%、增长 498.5%、增长 51.5%、减少 52.0%、减少 34.3%。

（三）机动车保有量

截至 2016 年年底，全市注册机动车保有量 359.9 万辆，较 2015 年增加 25.9 万辆，增长 7.8%。其中，汽车保有量 327.2 万辆，较 2015 年增加 38.1 万辆，增长 13.2%。全市注册机动车千人拥有率为 149 辆/千人，较 2015 年增长 7.8%；单位面积车辆保有率为 568 辆/平方公里。

二、交通设施

（一）对外交通设施

截至 2016 年年底，以洋山深水港区、外高桥港区为主体的国际枢纽港基本建成。虹桥、浦东两个机场已投入 4 座航站楼、6 条跑道。上海地区铁路里程已达 465 公里，拥有京沪、沪昆2个方向5条通道，形成了“三主三辅”铁路客运枢纽布局。公路总里程13292.40公里，较2015年增加97.23公里，其中高速公路通车里程825.47公里，形成了“两环十射、一纵、一横、多联”的基本布局。

（二）市内交通设施

城市道路总里程5129公里，较2015年增加140公里，道路面积112.5平方公里。轨道交通线路15条，线路长度达617.53公里，与上年持平，车站367座，较上年增加1座。公共汽（电）车运营线路1457条，线路长度24169公里，公共汽（电）车站点23019个。城市轮渡站点33个，三岛轮渡站点8个。全市经营性公共停车场（库）数量2632个，泊位数量573513个，较上年增加19.2%；公共换乘（P+R）停车场（库）共14座，较上年增加4座，换乘泊位4416个。

三、交通运营

（一）对外交通

上海国际航运枢纽港地位日益凸显，2016年上海港货物吞吐量70176.6万吨，较2015年下降2.2%，其中集装箱吞吐量3713.4万TEU，较2015年增长1.6%，集装箱吞吐量保持世界首位，集装箱水水中转比例达到46.5%。2016年上海港共靠泊邮轮509艘次，同比增长49.3%；邮轮旅客吞吐量289.4万人次，较上年增长76.2%。上海两场实现航班起降74.19万架次，较2015年增长5.1%；航空旅客吞吐量10646.3万人次，较2015年增长7.3%，成为全球第5个航空旅客吞吐量过亿的城市；航空货邮吞吐量386.9万吨，较2015年增长4.3%。铁路旅客运输量21165.0万人次，较2015年增长10.2%；铁路货物运输量持续下降，2016年完成1197.5万吨，较2015年下降13.3%。公路对外旅客发送量3402万人次，较2015年下降9.7%；货物运输量39055万吨，较2015年下降3.9%。

（二）公共交通

公共交通客运量稳步攀升，日均1832.0万人次，较上年增加0.7%。其中轨道交通日均客运量929.3万乘次（含磁悬浮），分担率提升至50.7%；公共汽（电）车日均客运量653.3万人次，占比35.7%；出租汽车日均客运量235.6万人次，占比12.9%；轮渡日均客运量13.7万人次，占比0.7%。

（三）道路交通

2016年全市中心城快速路高峰车速与2015年基本持平，其中浦西快速路早、晚高峰车速为40.1公里/小时和44.3公里/小时，分别较2015年下降0.9公里/小时和1.7公里/小时。地面道路工作日平均拥堵指数达到50以上的区域有8个，较2015年减少4

个，常发性严重拥堵区域集中于浦西内环以内。

（四）邮政快递

全年邮政行业业务总量 564.2 亿元，较 2015 年增长 46.3%；邮政行业业务收入（不包括邮政储蓄银行直接营业收入）766.0 亿元，较 2015 年增长 50.9%。其中，快递业务量 26.0 亿件，较 2015 年增长 52.4%；业务收入 709.5 亿元，较 2015 年增长 55.9%。

四、交通服务业

（一）汽车维修

2016 年，机动车维修业户 5164 家，较 2015 年减少 2.3%。维修辆次约 811.68 万辆次，较 2015 年下降 6.6%。维修收入 126.37 亿元，较 2015 年下降 1.2%。车辆综合性能检测 22.46 万辆次，较 2015 年减少 20.9%；检测收入 0.81 亿元，较 2015 年增加 39.7%。

（二）驾驶员培训

2016 年，机动车驾驶员培训机构总数为 203 家，较 2015 年减少 1 家。教练车和教练员分别为 18241 辆和 25509 人，较 2015 年分别下降 0.9%和增长 3.2%。全年培训量为 507953 人次，较 2015 年增长 19.9%。单车年培训量为 27.85 人次/车，单人年培训量为 19.91 人次/人。

（三）停车服务

2016 年，道路停车场停放量总计 1877.2 万辆次，较 2015 年增长 13.8%；泊位周转率为 1.41 辆次/泊位/天，较 2015 年下降 2.1%。

（四）航运金融

2016 年，上海各主要银行业金融机构对上海航运产业的授信总额 2359.92 亿元，较 2015 年下降 3.6%。其中，贷款余额、融资租赁余额和经营租赁分别较 2015 年增加 24.6%、18.5%和 86.1%。

（五）航运保险

2016 年，上海地区船舶险和货运业务量达到 36.96 亿元，较 2015 年下降 4.5%，占全国船货险业务量的 27.0%。

（六）船舶交易

2016 年，上海航运交易所完成船舶交易 123 艘次，交易总价值 6.4 亿元；完成船舶评估 28 艘次。

五、交通管理、安全与环境

（一）交通安全事故

2016 年，全市发生道路交通安全事故（适用一般程序处理）794 次，较 2015 年减少 23.9%；事故受伤人数 240 人，较 2015 年减少 47.3%；死亡人数为 759 人，较 2015 年减少 12.6%；万车死亡率 2.11 人/万车，较 2015 年下降 18.8%。全市共发生交通运输安全生产事故 60 起，较 2015 年减少 7 起；死亡人数 69 人，较 2015 年增加 8 人。

（二）机动车和船舶排放量

2016 年，全市机动车氮氧化物排放总量为 8.23 万吨，较 2015 年下降 1.1%。上海港（含洋山港）船舶排放氮氧化物、二氧化硫总量分别为 4.29 万吨和 2.1 万吨。

（三）全行业能源消费量

2016 年，全市交通行业能源消费量 2188 万吨标准煤，较 2015 年增加 6.0%。其中对外交通行业能源消费总量为 1997 万吨标准煤，较 2015 年下降 6.2%；公共交通能源消费量 181.7 万吨标准煤，较 2015 年降低 0.4%。

（四）新能源汽车推广

2016 年，上海新增推广上牌新能源汽车 46139 辆。截至 2016 年年底，累计推广新能源汽车 102726 辆，在全国率先成为新能源汽车推广总量逾 10 万辆的城市，同时跃居全球新能源汽车保有量最大的城市。

六、交通建设

2016 年，全市加快重大项目建设，共推进 55 项重大交通工程，完成投资 670 亿元，超额完成年度投资计划。

七、综合交通管理补短板

2016 年，上海市以设施完善和能力提升为重点，全面实施道路缓拥堵、公交优品质、交通智能化、管理提效率 4 个方面 32 项措施，有重点地开展综合交通管理补短板工作。32 项任务的工作目标全部按期完成，其中拥堵点改造、单行道建设、发展新能源分时租赁均超额完成既定目标。

深圳市

2016 年是“十三五”的开局之年，全市交通发展认真贯彻落实市委市政府“城市管理治理年”的部署要求，坚持问题导向、民生为先，提升综合交通发展战略，加快交通基础设置建设，深化交通改革创新，强化交通运输管理服务，全市交通运输行业平稳健康发展。

（1）深圳机场迈入双跑道独立运行时代。2016 年，深圳机场开启双跑道独立运行，随着机场运行深入磨合，各项保障水平全面提升，旅客吞吐量、货邮吞吐量、航班起降三大指标继续刷新历史纪录。深圳机场全年共运送旅客 4198 万人次，同比增长 5.7%；共保障飞机起降 31.85 万架次，同比增长 4.6%；货邮吞吐量 112.59 万吨，同比增长 11.1%。

（2）深圳港口转型升级步伐进一步加快。完成深圳港总体规划修编，深圳港全年集装箱吞吐量达到 2397.93 万标准箱，连续 4 年位于全球第 3 位。蛇口太子港国际邮轮母港开港运营，海铁联运班列达 14 条，国际友好港达 21 个。积极推进绿色港口建设，靠泊船舶全部强制使用低硫燃油，建成覆盖盐田、大铲湾等港区 12 个泊位的岸电设施。

（3）陆路交通战略设施建设提速提质。铁路设施方面，平湖火车站重启客运业务；赣深客专广东段开工，穗莞深城际线建设加快。公路设施方面，坪盐通道、南坪快速路三期工程和鹏坝通道等东进拓展重点交通工程加快建设；坂银通道、龙澜大道等南北通道建设平稳推进。

（4）全市道路运行总体平稳。2016 年全市早高峰道路交通运行处于畅通状态，晚高峰道路交通运行处于缓行等级。全市工作日早高峰交通指数为 3.1，同比上升 3.2%；全市工作日晚高峰交通指数为 4.6，同比下降 0.8%。全市工作日早、晚高峰平均车速分别为 30.6 千米/小时和 26.0 千米/小时，同比分别下降 1.3%和 0.8%。

（5）公共交通服务进一步提升。轨道三期 7 号、9 号、11 号线开通运营，全市地铁运营里程达 285 公里，日均客运量达 430 万人次。优化调整公交线路 150 条，开通社区微巴线路 46 条、定制巴士线路 427 条，公共交通占机动化出行分担率达 56.5%。推广纯电动公交车 9726 辆，公交纯电动率达 90%，推广纯电动出租车 1500 辆。新建新一代公交候车亭 455 座，基本实现全市主干道全覆盖。

（6）交通物流产业进一步发展。深圳成功获批国家现代物流创新发展试点城市，物流业发展迎来更大机遇。成功举办第十一届深圳国际物流与交通运输博览会，展会规模位居同类展会“亚洲第一、世界第二”。

（7）交通新兴业态进一步规范。积极稳妥推进出租车行业改革，深化改革推进出租汽车行业健康发展实施意见、网络预约出租汽车经营服务管理暂行办法、规范私人小客车合乘若干意见颁布实施。在国内率先发布鼓励规范互联网自行车的若干意见（征求意见稿）和自行车停放区（路侧带）设置指引，引导互联网自行车良性发展。

武汉市

一、交通建设

（一）城市综合实力不断增强，交通建设投资超800亿元

武汉是“一带一路”发展战略的重要节点城市，长江经济带中游城市群特大城市、湖北省省会，中国重要的工业、科教基地和综合交通枢纽。

2016年武汉市国民经济持续稳步增长，全市地区生产总值达到11912.6亿元，较2015年增长7.8%，在15个副省级城市中排第4位，人均生产总值为11.1万元。一般公共预算总收入2423.2亿元，增长8.1%。地方一般公共预算收入1322.1亿元，增长6.1%。

2016年共完成全社会固定资产投资7093.2亿元，全年交通建设投资总额821.3亿元，较2015年增加30亿元，占全市生产总值的比重约6.9%（按照国际经验，发展中国家一般为4%～6%）。公共交通方面共投资403.5亿元，较2015年增长超过100亿元，其中轨道交通投资355.7亿元，占公共交通投资的88%，占交通建设投资的43.3%。

（二）立足畅通综合运输通道，打造国际综合交通枢纽

2016年天河机场三期竣工，机场交通中心建成，国际及地区航线达到41条，为中部地区拥有国际及地区航线最多的城市。天河机场空港旅客吞吐量超过2000万人次，跻身全国大型繁忙机场行列。

中欧（武汉）班列拓展延伸至法国里昂，成立了德国公司、法国办事处、白俄罗斯代表处，发运234列、2.16万标箱，双向实载率95.48%，居全国首位。“江海直达”“泸汉台”“东盟四国”“日韩快班”共计运行798班次，同比增长10.8%。

2016年武汉市铁路运输客运总量达到1.6亿人次，较2015年增长5.1%；武汉市公路货运量2.9亿吨，较2015年增长1.4%；港口集装箱吞吐量达113.3万标箱，较2015年增长6.7%。

（三）快速路网建设稳步推进，过江通道容量持续提升

三环线北段综合改造工程、三环线南段综合改造工程、雄楚大街改造工程、龙阳大道改造工程、武咸公路改造工程等项目主体完成。常青路改造工程（长江大道二期）、汉江大道工程、江城大道改造工程、机场快速路改线工程（暨机场南环线工程）等建设持续稳步推进。

武汉市的第九座长江大桥、世界上工程规模最大的双层悬索桥——杨泗港长江

大桥已完成北锚碇、南锚碇和南北两岸承台的部分工程施工。杨泗港快速通道四新段（陶家岭立交——国博立交）工程建设完工。过汉江通道中，江汉六桥汉阳接线一期（郭琴路——汉阳大道）工程建设完工。

（四）轨道交通建设进入高峰，公交服务能力提档升级

2016 年，武汉市在公共交通方面共投资 403.5 亿元，较 2015 年增长超 100 亿元，其中轨道交通投资 355.7 亿元，占公共交通投资的 88%。2016 年，第三轮轨道交通建设规划的 10 条线路全部开工，轨道交通 6 号线、机场线通车试运营，首次实现年通车两条线，运营线路增加到 5 条，运营里程增加到 181.6 公里，设置站点 136 座（换乘站点按照线路重复计算），平均站距 1.32 公里。

2016 年，武汉市出台常规公交换乘优惠政策，并同步持续推进公交线网优化，促进了公交资源科学合理地再分配，公共交通服务提档升级。2016 年，公交运营车辆为 8970 辆，较 2015 年增加 8.1%；公交线路增加到 489 条，公交线网长度增至 1857 公里，运行线路长度增至 8208 公里。

二、交通运行

（一）机动车拥有量持续增长，私人客车主体地位稳固

近年来，随着武汉市经济社会快速发展，机动化水平迅速提高，2016 年机动车拥有量达到了 246.4 万辆，较 2015 年增加 33.2 万辆，机动车拥有量持续快速增长。

2016 年，私人客车达到 193.6 万辆。与 2015 年相比，私人客车总量增加 28.4 万辆，月均增长达 2.4 万辆，年增长率为 17.2%。私人客车的爆发性增长加剧城市交通运行压力。

（二）路网交通流量增速加快，快速路主骨架作用凸显

2016 年主城区高峰小时流量大于 5000 量的路口从 2011 年的 100 个增加到 169 个，其中流量在 10000 辆以上的路口从 2011 年的 16 个增加到 44 个。

快速路作为城市交通主骨架，承担了主要的交通出行，充分发挥了道路交通的骨架作用。目前，武汉大道、解放大道、武珞路和二环线沿线的发展大道、水果湖隧道、珞狮北路等道路集中承担了区域早晚高峰交通出行需求，逐渐趋于饱和状态。

（三）过江日均交通量近百万，二环线内通道压力加剧

由于武汉市两江三镇的特殊地理形态，过江交通是城市交通的重中之重，过江量逐年持续上升。2016 年武汉市主城区日均过江交通达 99.4 万辆，过长江交通量为 57.2 万辆/日，增长 14.1%；过汉江交通量为 42.2 万辆/日，增长 26.5%。

2016 年二环以内过江流量由 2015 年的 67.1 万辆增加到 80.4 万辆，大幅增长了 19.8%，占主城过江量的 80.9%。

（四）轨道交通优势持续显现，公共交通服务快速升级

2016 年，武汉市全年完成公交客运量约 26.3 亿人次，较 2015 年增长了 9.0%，增长主要来源于轨道交通。

轨道交通优势越发凸显。2016 年轨道交通共运送乘客 7.2 亿人次，日均客流 195.8 万人次，较 2015 年增加 26%。轨道交通承担的客运量在公共交通领域内的比重继续上升，达到 27.2%。2016 年公共汽、电车年客运量约为 14.7 亿人次，较 2015 年增长 3.0%，是 2013 年后首次上升。

第六篇

纪事篇

第一章

中国智能交通协会大事记

中国智能交通协会 2016 年大事记

1 月 13 日	2016 年中国智能交通行业发展趋势分析会在京召开
1 月 26 日	中国智能交通协会在北京举办了 2015 年新春座谈会，对协会 2015 年的工作进行了回顾和总结，对协会 2016 年的工作进行了展望
3 月 30 日	北京精英智通科技股份有限公司“大倾角视频识别技术及其在道路交通管控中的应用”成果通过中国智能交通协会科学技术成果评价
3 月 31 日	北京川速微波科技有限公司“机动车高精度定位测速雷达技术开发与应用”成果通过中国智能交通协会科学技术成果评价
5 月 10 日	2016 年中国智能交通协会科学技术奖申报指导班在京召开
5 月 12 日	“日韩高速公路 ETC 运营管理培训”成功举办
5 月 23 日	2016 年中国国际智能交通展览会在京举办
5 月 23 日	《中国智能交通行业发展年鉴（2015）》编撰启动会在京召开
5 月 30 日	“综合交通一体化协同服务”研讨会在京召开
6 月 12 日	中国智能交通协会吴忠泽理事长带领协会专家团赴黔考察调研
6 月 18 日	中国智能交通协会吴忠泽理事长出席第十三届中国（国际）城市智能交通论坛并致辞
6 月 21 日	中国智能交通协会吴忠泽理事长出席清华大学绿色校园微循环电动车示范系统启动仪式并致辞
7 月 21 日	中国智能交通协会吴忠泽理事长出席“2016 中国汽车产业数据研究峰会”并作主题演讲
8 月 13 日	2016 年中国智能交通协会科学技术奖初评会议召开
9 月 6 日	第十一届中国智能交通年会优秀论文评审结束
9 月 20 日	2016 年中国智能交通协会科学技术奖终评会议召开
10 月 10 日	第二十三届智能交通世界大会在澳大利亚墨尔本举办，吴忠泽理事长出席会议并发言
10 月 31 日	中国智能交通协会吴忠泽理事长出席“智能交通与车联网产业发展高峰论坛”并作主题演讲
11 月 16～18 日	第十一届中国智能交通年会在重庆召开
11 月 16 日	王云鹏当选 2016 年度中国智能交通协会年度人物
	2016 年度中国智能交通协会突出贡献专家、优秀青年专家表彰
	2016 年度中国智能交通协会优秀会员单位颁奖
	《中国智能交通行业发展年鉴（2015）》发布
	《2016 智能交通产品与技术应用汇编》发布
	2016 年中国智能交通协会科学技术奖颁奖
	2016 年智能交通领域全国优秀博士学位论文评选活动颁奖

第二章

中国智能交通行业大事记

中国智能交通行业 2016 年大事记

1 月 12 日，交通运输部部长、部安委会主任杨传堂主持召开 2016 年第一次部安委会会议。他强调，要切实把思想和行动统一到中央领导同志的要求部署精神上来，充分认识交通运输安全形式的严峻性和复杂性，切实将落实安全生产责任作为重中之重，扎实做好“十三五”和 2016 年安全生产工作、坚决遏制重特大事故发生。

1 月 19 日，2016 年全国春运电视电话会议在京召开。交通运输部党组成员兼运输服务司司长刘小明出席会议，要求各地切实强化责任意识，践行群众观念，围绕建设人民满意交通，认真贯彻 2016 年春运工作通知精神，打造便民惠民的温馨旅途，从严从实保障春运平安有序。

2 月 2 日，交通运输部发布《城市公共汽电车突发事件应急预案编制规范》（JT/T1018—2016），规定了城市公共汽电车突发事件应急预案的体系、各级预案内容要点、编制基本要求，政府应急预案编制内容及运营企业应急预案内容。

3 月 4 日，《财政部、国家税务总局关于城市公交站场道路客运站场、城市轨道交通系统城镇土地使用税优惠政策的通知》（财税〔2016〕16 号）发布。2016 年 1 月 1 日至 2018 年 12 月 31 日，城市公交站场、道路客运站场，城市轨道交通系统城镇土地使用税优惠政策。

3 月 14 日，十二届全国人大四次会议举行“深化出租汽车改革与发展”记者会。交通运输部部长杨传堂、部党组成员兼运输服务司司长刘小明、北京交通发展研究中心主任郭继孚一同回答了中外记者的提问。

3 月 31 日，交通运输部印发《“我的公交我的城”重大主题宣传活动方案》、要求各省（自治区、直辖市）交通运输主管部门和有关单位在部统一部署下，高度重视、精心组织、认真落实、积极配合，共同做好宣传工作，为公共交通发展营造良好舆论氛围。

4 月 8 日，交通运输部发布行业标准《城市轨道交通运营突发事件应急预案编制规范》（JT/T1051—2016）、《城市公共交通出行分担率调查和统计方法》（JT/T1052—2016）。

4 月 10 日，由交通运输部运输服务司主办，以“加快推进行业治理体系和治理能力现代化”为主题的 2016 年全国运输服务厅局长研讨班在福建省福州市举办。班前，杨传堂部长批示指出：“推进行业治理体系和治理能力现代化建设，是贯彻落实党中央、国务院重大战略部署的具体行动，是建成世界交通运输部强国的重要保障，是践行发展先行官历史使命的责任担当”。时任交通运输部党组成员兼运输服务司司长刘小明在所作的题为《创新理念擘画改革加快推进运输服务治理体系治理能力现代化建设》的重要讲话中提出：“行业协会是推进行业共治善治、实现治理体系和治理能力现代化的重要力量”。

5月17日，2016年第一期全国交通运输局长、运管局长培训班在交通运输部管理干部学院开班、交通运输部党组成员兼运输服务司司长刘小明作动员讲话。

6月17日，交通运输部、公安部、国家安全监管总局、中华全国总工会、共青团中央5部门联合印发通知，对在2016年春运"情满旅途"活动中表现突出的231个集体和320名个人予以通报表扬，以鼓励先进、弘扬奉献和服务精神。

6月23日，交通运输部召开深化出租汽车行业改革工作座谈会，马凯副总理出席，各地交流改革进展情况，以会代训、为各地解读即将出台的两个改革文件的主要内容和政策要点、研究部署深化改革和维护行业稳定有关工作。

6月25日，中国新一代中型运载火箭长征七号飞向太空，标志着中国载人航天工程空间实验室飞行任务首战告捷，也标志着中国进入太空空间的能力大幅提升。以长征七号首飞成功为标志，海南文昌航天发射场正式投入使用。

7月5日，交通运输部正式印发《综合运输服务"十三五"发展规划》（交运发〔2016〕116号）。明确到"十三五"末，重点区域内城市间交通一卡通互联互通率达到100%。城市常住人口300万以上城市建成区公共交通机动化出行分担率达到60%。

7月19日，国务院决定，任命刘小明同志（此前担任交通运输部党组成员兼运输服务司司长）为交通运输部副部长。

7月26日，中国政府正式批准加入联合国TIR公约，成为该公约第70个缔约国，中国加入TIR公约是推动实施国家"一带一路"战略的需要，是推动亚欧大陆道路运输和多式联运发展的重要举措，也是中国逐步融入全球运输和贸易规范体系的重要信号。

8月10日，交通运输部办公厅、国家发展改革委办公厅、工业和信息化部办公厅、公安部办公厅、国家质量监督检验检疫总局办公厅联合印发《关于印发〈车辆运输车治理工作方案〉的通知》，要求全面部署车辆运输车治理工作，规范车辆运输车的使用和管理，保障道路交通安全，推进汽车整车物流行业健康发展。

8月18日，由中国交通运输部、蒙古国交通运输发展部、俄罗斯联邦运输部主办，中国道路运输协会、交通运输部科学研究院、中国交通报社、天津港集团、相关地方省级人民政府承办的"中蒙俄国际道路货运试运行活动"在天津港启动。本活动旨在推动三国进一步完善相关法规、标准体系、促进国际道路运输便利化，为"中蒙俄国际经济合作走廊"建设提供道路运输服务保障，为在其他国际经济合作走廊开展国际道路运输活动提供示范。

8月26日，交通运输部办公厅印发《关于推进改革试点加快无车承运物流创新发展的意见》，为贯彻落实党中央、国务院关于大力推进大众创业万众创新和推动实施"互联网+"行动计划的有关部署，鼓励无车承运物流创新发展，加快完善与新经济形态相适应的体制机制，提升服务能力，推进物流供给侧结构性改革，促进物流业"降本增效"，决定在全国开展道路货运无车承运人试点工作。

8月29日，国家标准化管理委员会发布《城市客运术语 第1部分 通用术语》（GB/

T32862.1—2016）。规定城市客运专业领域中所涵盖的基本术语、站类设施、运载工具、运营服务与安全、信息系统、保养与维修和技术经济指标等常用的术语。

8 月 29 日，国家标准化管理委员会发布《快速公共汽车交通系统建设及运营管理规范》（GB/T32985—2016）。规定快速公共汽车交通系统的总体要求，车道、场站、运营车辆、智能系统、交通工程设施、运营设备等方面的建设要求，以及运营组织调度与服务、运营安全管理、车道管理、场站管理、车辆技术管理、智能系统管理、服务监督管理等方面的基本要求。

9 月 3 日，第十二届全国人大常委会第二十二次会议经表决决定，任命李小鹏同志（此前担任山西省省长）为交通运输部部长。

9 月 18 日，交通运输部李小鹏部长和国家发展改革委连维良副主任共同按下启动按钮，交通运输部“信用交通”网站开通，“信用交通宣传月”活动也正式启动。

9 月 28 日，交通运输部印发《关于深化科技体制改革落实创新驱动发展战略的意见》，旨在全面落实创新、协调、绿色、开放、共享发展理念，深入贯彻全国科技创新大会精神，推动《国家创新驱动发展战略纲要》和交通运输“十三五”相关规划重点任务落实，以科技创新引领交通运输全面创新，促进“四个交通”全面健康发展。

9 月 28 日，交通运输部召开 2016 年第二季度道路运输服务行业更贴近民生实事电视电话会议，交通运输部安全总监成平出席会议并讲话。

10 月 21 日，交通运输部发布《网络预约出租汽车运营服务规范》（JT/T1068—2016）。规定旅游出租汽车经营者、服务人员、车辆、服务站点、运营服务及服务评价与投诉处理的要求。

10 月 28 日，由中国道路运输协会、中华全国总工会海员建设工会联合主办的“第二届全国汽车客运站务员技能竞赛”总决赛在湖南长沙举行。

11 月 1 日，第 11 届珠海航展首日，中国空歼 20 战斗机以双机编队飞过航展上空，这是中国新一代隐身战斗机的首次公开露面，也是首次在航展上进行飞行展示。

11 月 4～5 日，交通运输部部长李小鹏在调研冬奥会重大交通保障项目时强调，以最高标准最严要求打赢冬奥会交通保障攻坚战。优化运输组织方式，促进跨区域、跨方式间运输服务的一体化和便利化，全国提升交通一体化的管理效率和服务水平。

11 月 19 日，2016 中国技能大赛——第八届全国交通运输行业“中车株机，捷安杯”轨道列车司机职业技能竞赛闭幕式在湖南交通职业技术学校举行。

11 月 25 日，中央纪委驻交通运输部纪检组组长宋福龙，交通运输部副部长刘小明率队赴北京市轨道交通指挥中心调研。

12 月 3 日，交通运输部在山东省济南市召开公交都市创建现场推进会，交通运输部副部长刘小明出席会议并要求，“十三五”期间须坚持将公共交通放在城市交通发展的首要位置，全面推进公交都市创建和公交优先发展。加快实现城市交通治理体系和治理能力现代化，交通运输部将重心下移，鼓励地市级以上城市分主题，分类别开展公交都市创建工作。

12 月 5 日，交通运输部海事局对航行于长江、珠江、黑龙江、京杭运河的四级以上高等级航道内河船舶进出港施行电子签证。这意味着继国内航行海船进出港签证取消后，内河航行船舶进出港签证取消也进入了准备阶段。

12 月 26 日，2017 年全国交通运输工作会议在交通运输部党校开幕，会议深入学习贯彻习近平总书记系列重要讲话精神，总结 2016 年工作，部署 2017 年重点工作。

12 月 28 日，2017 年全国春运电视电话会议召开，交通运输部副部长刘小明出席会议并要求，各级交通运输主管部门要紧紧围绕创建“便捷春运、温馨春运、平安春运、诚信春运”，进一步增强宗旨意识，责任意识和协同意识，坚决打赢春运攻坚战，让旅客走得了、走得好、走得安全、走得舒心。

第七篇

附录

第一章

中国智能交通协会

中国智能交通协会第二届常务理事会名单

理事长	
吴忠泽	第一届中国智能交通协会理事长、中央纪委派驻科技部纪检组原组长（副部长级）、科技部原党组成员、第十一届全国人大代表、全国人大教科文卫委员会委员
副理事长	
何华武	中国铁路总公司总工程师、技委会主任、中国工程院院士
洪晓枫	交通运输部科技司副司长
李江平	公安部交通管理局副局长
刘贺明	住房和城乡建设部城市建设司副司长
高英战	中国民用航空局人事科教司副司长
袁建湘	科技部高技术研究发展中心副主任
赵　航	中国汽车技术研究中心原主任
常务理事（按音序排列）	
蔡启文	广东省智能交通协会会长
陈红洁	上海电科智能系统股份有限公司董事长
陈家昌	科技部高新技术发展及产业化司副司长
陈维强	青岛海信网络科技股份有限公司总经理
方守恩	同济大学党委副书记
关积珍	北京四通智能交通系统集成有限公司董事长
关志超	深圳市智能交通产业促进会秘书长
郭继孚	北京市交通发展研究中心主任
何建伟	天津市公安局交通管理局局长
胡　宾	北京速通科技有限公司总工程师
黄建玲	北京市交通信息中心主任、北京市智能交通协会会长
贾利民	轨道交通控制与安全国家重点实验室（北京交通大学）首席教授
江绵康	上海市城乡建设和交通发展研究院院长
金茂菁	科技部高技术研究发展中心交通处处长
康　熊	国家铁路智能运输系统工程技术研究中心主任、中国铁道科学研究院常务副院长
李　骏	中国第一汽车股份有限公司技术中心主任、中国工程院院士
李爱民	交通运输部公路科学研究院副院长
李正熙	北方工业大学原副校长
林拥军	北京易华录信息技术股份有限公司总裁
刘宝波	中国人民解放军军事交通学院副院长
罗瑞发	深圳金溢科技有限公司总经理
马　林	住房和城乡建设部城市交通工程技术中心总工程师
宁　滨	北京交通大学校长
孙正良	公安部交通管理科学研究所党委书记
汪正胜	长安集团汽车工程研究院总工程师
王　炜	东南大学交通学院教授

续表

常务理事（按音序排列）	
王　勇	浙江网新智能技术有限公司总经理
王家捷	安徽科力信息产业有限责任公司董事长、安徽省智能交通协会副理事长
王云鹏	北京航空航天大学交通科学与工程学院院长
武　平	科技部高新技术发展及产业化司交通处处长
谢　飞	中国汽车工程研究院股份有限公司副总经理
谢振东	广东岭南通股份有限公司总经理
严新平	武汉理工大学原副校长
杨　瑞	汉柏科技有限公司总经理
杨金才	深圳市智能交通协会会长
于春全	北京市公安局原副局长（正局级）
余　志	中山大学 ITS 中心主任
张　昊	北京市交科公路勘察设计研究院有限公司副院长
张　军	北京航空航天大学党委书记、中国工程院院士
张　鹏	中铁信息工程集团有限公司副总经理
张　滔	博康智能网络科技股份有限公司董事长
张　毅	清华大学原副教务长、自动化系教授
张建强	中国民航局空中交通管理局副局长
张进华	中国汽车工程学会常务副理事长、秘书长
张遂征	北京宏德信智源信息技术有限公司董事长
赵新勇	北京易华录信息技术股份有限公司副总裁
邹　平	北京市公安局公安交通管理局科信处处长

中国智能交通协会理事单位名单

序　　号	单位名称
1	安徽博微广成信息科技有限公司
2	北京工业大学交通研究中心
3	北京四维图新科技股份有限公司
4	北京航天智通交通科技有限公司
5	北京理工大学电动车辆国家工程实验室
6	北京全路通信信号研究设计院集团有限公司
7	成都深港路通科技有限公司
8	高德软件有限公司
9	广东联合电子服务股份有限公司
10	广州交通信息化建设投资营运有限公司
11	广州新软计算机技术有限公司
12	国家道路交通管理工程技术研究中心
13	国家智能交通系统工程技术研究中心
14	杭州市综合交通研究中心
15	华南理工大学智能交通系统与物流技术研究所
16	吉林大学交通学院
17	交通运输部公路科学研究院
18	交通运输部规划研究院
19	交通运输部科学研究院
20	兰州交通大学交通运输学院
21	启明信息技术股份有限公司
22	清华大学汽车安全与节能国家重点实验室
23	上海宝康电子控制工程有限公司
24	上海电驱动股份有限公司
25	上海汽车集团股份有限公司技术中心
26	上海市国际展览有限公司
27	深圳市城市交通规划设计研究中心
28	水路公路交通安全控制与装备教育部工程研究中心
29	天津大学
30	同济大学智能交通运输系统（ITS)研究中心
31	西南交通大学
32	浙江浙大中控信息技术有限公司
33	中国城市规划设计研究院
34	中国交通通信信息中心
35	中国交通信息化杂志
36	中国铁路通信信号股份有限公司
37	中国中车股份有限公司

续表

序　　号	单位名称
38	中铁电气化局集团有限公司
39	中通客车控股股份有限公司
40	中兴智能交通（无锡）有限公司
41	中咨泰克交通工程集团有限公司
42	智能交通网
43	南京多伦科技股份有限公司
44	广州华工信息软件有限公司
45	北京万集科技股份有限公司
46	北京金地停车服务有限公司
47	北京航天福道高技术股份有限公司
48	北京尚易德科技有限公司
49	福建新大陆电脑股份有限公司
50	宁波工程学院
51	北京精英智通科技股份有限公司
52	中兴软创科技股份有限公司
53	山东海日峰电子科技有限公司
54	银江股份有限公司
55	安徽文康科技有限公司
56	百年金海科技有限公司
57	山东易构软件技术有限公司
58	瑞斯康达科技发展股份有限公司
59	清华大学—剑桥大学—麻省理工学院低碳能源大学联盟未来交通研究中心
60	中国民航大学民航空管研究院
61	深圳市交通科学技术研究所
62	山东大学综合交通运输科学与技术中心
63	南京市公安交通科研所
64	中国人民公安大学交通管理工程系
65	浙江大学建筑工程学院
66	清华大学深圳研究生院
67	深圳市公安局交通警察局交通科技处
68	同济大学交通运输工程学院
69	中国交通信息中心有限公司
70	包头市公安局交通管理支队
71	广东方纬科技有限公司
72	珠海银隆新能源有限公司
73	广东侍卫长卫星应用安全股份公司

中国智能交通协会专家委员会名单

（排名以拼音为序）

主任委员	
黄　卫	国家科技部副部长、中国工程院院士
委　员	
顾怀中	南京市公安局交通管理局科研所所长/高工
关积珍	北京四通智能交通系统集成有限公司董事长/教授级高工
贾利民	轨道交通控制与安全国家重点实验室（北京交通大学）首席专家/教授
江绵康	上海市城乡建设和交通发展研究院院长/研高
李克强	清华大学汽车工程系教授
廉玉波	比亚迪汽车公司研究院级 CEO/研高
刘小明	交通运输部副部长/教授
孙立军	同济大学交通运输工程学院教授
王　庆	东南大学教育部智能交通运输系统工程研究中心主任/教授
王笑京	交通部公路科学研究院总工/研究员
吴　卫	国家发展改革委产业协调司副处/研高
王长君	公安部交通管理科学研究所所长/研究员
谢　飞	中国汽车工程研究院有限公司副总/研高
徐亚国	广州市公安局交通管理研究所所长/教高
张　军	北京航空航天大学党委书记/教授
朱华荣	长安汽车（集团）有限公司副总裁/研高
朱　中	青岛海信网络科技股份有限公司原副总经理/高工

中国智能交通协会专家委员会
城市交通专业委员会成员名单

（排名以拼音为序）

主任委员	
关积珍	中国智能交通协会副秘书长 北京四通智能交通系统集成有限公司董事长/研究员
副主任委员	
马　林	住房和城乡建设部城市交通工程技术中心副主任/教授级高工
王　炜	东南大学交通学院教授
委　员	
陈红洁	上海电科智能系统股份有限公司董事长/研究员
陈　茜	杭州市城乡建设委员会总工
关宏志	北京工业大学建筑工程学院副院长/教授
付长青	中国华录智能交通产业研究中心主任/研究员
顾承华	上海市城乡建设和交通发展研究院上海交通信息中心研究室主任/教高
关志超	深圳市交通委交通运行指挥中心总工/教高
郭继孚	北京交通发展研究院院长/研究员
黄建玲	北京市交通信息中心主任/教授
姜廷顺	大连公安局交通警察支队原副支队长/教授
林维望	深圳市公安局交通警察局科技处处长/高工
李正熙	北方工业大学原副校长/教授
刘　新	青岛海信网络科技有限公司副总经理/总工程师
邵春福	北京交通大学教授
徐建闽	华南理工大学教授
谢振东	广东岭南通股份有限公司总经理/教授高工
孙正良	公安部交通管理科学研究所书记/研究员
王殿海	浙江大学教授
王家捷	安徽科力信息产业有限责任公司董事长
杨　琪	全国 ITS 标准化委员会主任/研究员
杨晓光	同济大学教授
余　志	中山大学教授
张　毅	清华大学教授
张遂征	北京宏德信智源信息技术有限公司董事长/教授

中国智能交通协会专家委员会
交通安全专业委员会成员名单

（排名以拼音为序）

主任委员	
王云鹏	北京航空航天大学副校长/教授
副主任委员	
方守恩	同济大学党委书记/教授
李爱民	交通运输部公路科学研究院副院长/研究员
赵新勇	北京易华录信息技术股份有限公司副总裁/研究员
委　员	
戴　斌	国防科技大学机电工程与自动化学院副总工/教授
龚　标	公安部交通科学管理研究所研究员
龚进峰	中国汽车技术研究中心首席专家/研究员
何举刚	重庆长安汽车股份有限公司汽车工程研究总院副院长/研究员
胡江碧	北京工业大学交通研究中心教授
李　斌	交通运输部公路科学研究院 ITS 中心副主任/研究员
刘　建	中国交通通信信息中心副总工/研究员
刘　攀	东南大学交通学院院长/教授
邵毅明	重庆交通大学交通运输学院教授
王军利	中国人民公安大学交通管理学院院长/教授
魏　朗	长安大学教授
吴　旭	北京宏德信智源信息技术有限公司高工
吴超仲	武汉理工大学智能交通系统研究中心主任/教授
徐友春	军事交通学院教授
闫学东	北京交通大学教授
杨志杰	中国铁道科学研究院通信信号研究所副所长/研究员
姚丹亚	清华大学系统工程研究所副所长/研究员
袁　宇	华北高速公路股份有限公司常务副总经理/教高
朱晓光	安徽科力信息产业有限责任公司总经理/研究员

中国智能交通协会专家委员会
水路交通专业委员会成员名单

（排名以拼音为序）

主任委员	
严新平	武汉理工大学原副校长/教授
副主任委员	
施朝健	上海海事大学院长/教授
刘怀汉	长江航道规划设计研究院院长/教授级高工
张淑芳	大连海事大学院长/教授
委　员	
万晓霞	武汉大学主任/教授
胡　昊	上海交通大学教授
殷惠广	长江航务管理局信息中心副主任/高工
罗　宁	三峡通航管理局技术研发中心主任/高工
张　帆	长江海事局指挥中心高工
邓延洁	交通运输部水运科学研究主任/高工
陆永军	南京水利科学研究院所长/高工
董国祥	上海船舶运输科学研究所主任/高工
徐志远	交通部规划研究院高工
胡国丹	中交水运规划设计研究院副院长/教授级高工
孙腾达	中国交通通信信息中心高工
钟　梅	中远网络（北京）有限公司副总经理/高工
张　阳	长江航运科学研究所所长/高工
张东华	武汉中原电子集团公司主任/高工
刘　轰	江苏交通规划设计研究院主任/高工
刘嘉华	国家东海航海技术保障中心主任/高工
孙东生	中船重工远舟（北京）科技有限公司董事长/研究员
杨光伟	北京视酷伟业科技有限公司总经理/高工
韩晓军	武汉因博信息技术有限公司总经理/高工
李朝辉	武汉南华工业设备工程股份有限公司总工/高工
秘书长	
初秀民	武汉理工大学智能交通研究中心教授

中国智能交通协会专委会
轨道智能运输系统（RITS）专业委员会名单

主任委员	
贾利民	轨道交通控制与安全国家重点实验首席教授
副主任委员兼秘书长	
秦　勇	轨道交通控制与安全国家重点实验室教授
副主任委员	
张　苑	中国通信信号总公司总工
朱　涛	中国铁路总公司信息技术中心信息部副主任
史天运	中国铁道科学研究院电子计算技术研究所所长
龚　明	中国南车中央研究院院长
孙帮成	中国北车唐山轨道客车有限责任公司总工程师
刘宝波	军事交通学院副院长
黄建玲	北京市交通信息中心、北京市交通运行监测调度中心主任
委　员	
刘保明	中国北车四方机车车辆研究所所长
冯江华	中国南车株洲电力机车研究所副所长
常振臣	中国北车长春轨道客车股份有限公司副总工
杨　颖	中国南车电力机车有限公司副总工
刘　军	北京交通大学副校长
聂　磊	北京交通大学交通运输学院院长
彭其渊	西南交通大学交通运输学院院长
潘迪夫	中南大学交通运输工程学院院长
黄靖宇	同济大学国家磁浮交通工程技术研究中心副主任
陈秉智	交通运输工程学院院长
孟学雷	兰州交通大学教授
薛继连	中国神华集团公司副总裁
何　霖	广州地下铁道总公司副总经理
朱　宏	上海地铁维护保障有限公司副总经理
孙　方	北京市轨道交通指挥中心副总经理
廖国才	北京城建设计发展集团股份有限公司副总经理
裘　韧	中铁通信信号勘测设计（北京）有限公司总工程师
孙思南	新誉集团有限公司信号技术总监
陈祥献	浙江众合机电股份有限公司
刘　强	北京锦鸿希电信息技术股份有限公司总经理
委员兼副秘书长	
李海鹰	轨道交通控制与安全国家重点实验室教授
邓小军	国家高速列车总成工程技术研究中心常务副主任
李　平	中国铁道科学研究院电子计算技术研究所研究员
魏秀琨	轨道交通控制与安全国家重点实验室副教授

中国智能交通协会专家委员会道路车辆专业委员会名单

主任委员	
赵　航	中国汽车技术研究中心原主任
执行副主任委员	
吴志新	中国汽车技术研究中心副主任
副主任委员	
李克强	清华大学汽车工程系主任
李赞峰	中国汽车技术研究中心总工程师
荣　辉	北京汽车股份有限公司总裁助理
孙正良	公安部交通管理科学研究所副所长
王志勤	中国信息通信研究院通信标准研究所所长
汪正胜	重庆长安汽车股份有限公司汽车工程研究总院总工程师
谢　飞	中国汽车工程研究院股份有限公司副总经理
杨　景	中国移动通信有限公司研究院首席科学家
杨　琪	交通部交通运输部公路科学研究院副总工程师
赵根宝	奇瑞汽车股份有限公司研发总院总工程师
委　员	
陈昆盛	乐卡汽车智能科技（中国）有限公司汽车电子总监
杜江凌	通用汽车（中国）科学研究院院长
冯星野	大众（中国）投资有限公司总监
高振海	吉林大学汽车工程学院副院长
贡　俊	上海电驱动股份有限公司总经理
李静林	北京邮电大学交换与智能控制研究中心主任
胡广地	西南交通大学汽车研究院教授
胡红星	浙江吉利汽车研究院有限公司副院长
牛铭奎	舍弗勒大中华区汽车研发部高级总监
潘文超	日立汽车系统（中国）有限公司总监
彭庆丰	浙江合众新能源汽车有限公司副总经理
王东峰	北京聚速微波技术有限公司总经理
王震坡	北京理工大学电动车辆国家工程实验室副主任
文桂林	湖南大学机械与运载工程学院副院长
吴超仲	武汉理工大学智能交通系统研究中心主任
谢　敏	华晨宝马汽车有限公司副总裁
杨见星	比亚迪汽车股份有限公司规划处经理
姚晓蓉	宝马（中国）投资有限公司副总裁
伊東博義	丰田（中国）投资有限公司技术主管
余贵珍	北京航空航天大学交通学院系主任
翟丽东	戴姆勒大中华区投资有限公司高级经理

中国智能交通协会会员单位名录

序号	单位名称	联系方式	通信地址	邮编
1	安徽博微广成信息科技有限公司	0551-65319189	合肥市蜀山区淠河路 88 号	230088
2	安徽超远信息技术有限公司	0551-65370961	安徽省合肥市高新区文曲路 919 号	230088
3	安徽汉高信息科技有限公司	0551-65397930	安徽省合肥市高新区天达路 71 号华亿科学园 E1 座 302/402	230088
4	安徽嘉盛位联网联科技有限公司	—	合肥市高新区科学大道 79 号科园创业中心 2 号楼 502 室	230088
5	安徽科力信息产业有限责任公司	0551-65338234	中国安徽合肥黄山路 628 号	230088
6	安徽文康科技有限公司	0551-62553661	安徽省合肥市高新区香樟大道 168 号科技实业园 B1 栋	230088
7	安徽中科龙安科技股份有限公司	—	合肥市蜀山区湖光路蜀山电子商务产业园二期 1299 号 17 栋	230088
8	安泰得（北京）软件科技有限公司	010-82358500	北京市海淀区罗庄北里锦秋家园 9 号楼 504	100083
9	百年金海科技有限公司	—	郑州市郑东新区商务外环路 12 号绿地世纪峰会 17.18.22 层	450001
10	包头市公安局交通管理支队	0472-5180816	内蒙古包头市青山区钢铁大街 18 号交警支队办公室	014030
11	北方工业大学	—	北京市石景山晋元庄路 5 号	100144
12	北京百度网讯科技有限公司	010-50819020	北京市海淀区上地十街 10 号百度大厦	100085
13	北京北方朗拓科技有限公司	010-83681917	北京市丰台区科学城火星路 7 号	100071
14	北京城建设计发展集团股份有限公司	010-88336446	北京市丰台区恒泰中心 D 座 5 层	—
15	北京川速微波科技有限公司	010-62526334	北京市海淀区海淀南路 13 路亿方大厦 808 室	100080
16	北京鼎盈视通安全科技有限公司	010-52497479	北京市海淀区中关村南大街 34 号中关村科技发展大厦 C 座 305	100054
17	北京弗雷赛普科技发展有限公司	010-88517450	北京市海淀区西三环北路 87 号国际财务中心	100089
18	北京工业大学交通研究中心	010-67396460	北京工业大学交通研究中心	100022
19	北京航空航天大学	010-82338300	北京市海淀区学院路 37 号	100083
20	北京航天福道高技术股份有限公司	010-88850718	北京市海淀区闵庄路 3 号玉泉慧谷 21 号	100195
21	北京航天长峰股份有限公司	010-68385399	北京市海淀区永定路甲 51 号航天长峰大楼总裁办公室	100854

续表

序号	单位名称	联系方式	通信地址	邮编
22	北京航天智通交通科技有限公司	010-62128888	北京市海淀区中关村南大街甲 12 号寰太大厦 9 层	100082
23	北京宏德信智源信息技术有限公司	010-56495492	北京市通州区环科中路 17 号联东 U 谷西区 26A	101102
24	北京华飞时代科技有限公司	—	北京市海淀区安宁庄东路 18 号光华创业园科研楼二层	100085
25	北京交科公路勘察设计研究院有限公司	010-82010894	北京市海淀区花园东路 15 号旷怡大厦 14 层	100191
26	北京交通大学	010-51688202	北京海淀区西直门外上园村 3 号	100044
27	北京交通发展研究院	010-57079728	北京市丰台区六里桥南路甲 9 号（首发大厦）A 座	100055
28	北京金地停车服务有限公司	010-68983138	北京丰台区汽车博物馆东路 1 号院诺德中心二期 11 号楼 1706 室	100070
29	北京京信海城停车管理有限公司	—	北京市朝阳区通惠河畔惠河南街 1131 号君天大厦 1009 室	100076
30	北京精英智通科技股份有限公司	010-88864122	北京市海淀区清河小营西小口路 27 号海升 C 座	100097
31	北京聚利科技股份有限公司	—	北京昌平区沙河工业园区	100085
32	北京理工大学电动车辆国家工程实验室	010-68940589	北京市海淀区中关村南大街 5 号	100081
33	北京奇虎科技有限公司	—	北京市朝阳区酒仙桥路 6 号院 2 号楼	—
34	北京千方科技集团有限公司	—	北京市海淀区东北旺西路 8 号中关村软件园 27 号院千方科技大厦 B 座	100191
35	北京清华同衡规划设计研究院有限公司	010-82819044	北京市海淀区清河嘉园东甲 1 号楼 E1620	100085
36	北京全路通信信号研究设计院集团有限公司	—	北京丰台区汽车博物馆东 500 米中国通号大楼	100073
37	北京润光泰力科技有限公司	010-80106100	北京市昌平区科技园创新路 27 号 1 号楼 A 座 3-4 层	102200
38	北京尚易德科技有限公司	010-52281059	北京市石景山区阜石路 165 号华录大厦 8 层	100043
39	北京盛威时代科技有限公司	010-58858850	北京市海淀区上地东路 1 号院 1 号楼 E701F	100085
40	北京市城市交通信息智能感知与服务工程技术研究中心	—	北京市海淀区高梁桥斜街 44 号一区科教楼 1006 室	100044
41	北京市公安局公安交通管理局	010-68398157	北京市西城区阜成门北大街 1 号	100037
42	北京市交通信息中心	010-57079656	丰台区六里桥南里甲 9 号 B 座 6 层	100073
43	北京四通智能交通系统集成有限公司	010-59330631	朝阳区东大桥路 8 号尚都国际中心 A 座 16 层 1601	100015

续表

序号	单位名称	联系方式	通信地址	邮编
44	北京四维图新科技股份有限公司	010-82306399	北京市朝阳区曙光西里甲 5 号 北京凤凰置地广场 A 座写字楼 16 层	100028
45	北京速通科技有限公司	010-67617799	北京市丰台区六里桥南里甲 9 号首发大厦 C 座 7 层	100161
46	北京图行远方信息技术有限公司	010-68318670	北京市西城区西直门外大街 135 号北京展览宾馆公寓写字楼 6323 室	100044
47	北京万集科技股份有限公司	010-59766766	北京市海淀区上地东路 1 号赢创动力 E 座 601	100085
48	北京文安科技发展有限公司	010-82526186	北京市海淀区上地东路 1 号院 7 号楼环洋大厦 4 层	100083
49	北京文通科技有限公司	010-62800286	北京市海淀区北四环西路 9 号银谷大厦 1609	100190
50	北京握奇智能科技有限公司	—	望京北路启明大厦 7 层	100015
51	北京鑫虹智显科技发展有限公司	010-62113970	北京市海淀区皂君庙 14 号鑫三元写字楼 5F	100086
52	北京信息科技大学	010-82426093	北京市海淀区清河小营东路 12 号	100192
53	北京亿聚力科技发展有限公司	010-83687826	北京市丰台区南三环西路 88 号春岚大厦 2025	100097
54	北京易华录信息技术股份有限公司	010-52281149	北京市石景山区阜石路 165 号中国华录大厦	100043
55	北京智芯原动科技有限公司	010-84376122	北京市朝阳区北辰西路 8 号院 2 号北辰世纪中心 A 座 1520 室	100101
56	北京仲合晟泰科技有限公司	0536-8882979	潍坊高新技术开发区东风东街与潍县中路往南 400 米路西翰林新城 17 号商业楼 6、7 号房	102208
57	博雅软件股份有限公司	010-82489003	北京海淀区北四环西路 66 号 2-3 层	100085
58	常州市公共交通集团公司	0519-67896565	江苏省常州市中吴大道 2188 号	213023
59	成都皆为科技有限公司	028-64027790	四川省成都市高新区西芯大道 3 号国腾科技园 1 号楼 2 楼	610000
60	成都锐奕信息技术有限公司	028-85919380	四川成都锦江区金石路 81 路火炬动力港 2 期 9 东 2 单元 8 层	610023
61	成都深港路通科技有限公司	028-85540762	成都市大府软件园 D 座 8 层	610041
62	成都四为电子信息股份有限公司	028-87823187	成都市高新西区新文路 22 号融智总部公园 16 栋	611731
63	电装（中国）投资有限公司	010-57582658	东三环北路 5 号北京发展大厦	100004
64	东南大学交通学院	025-83795108	南京市进香河 35 号交通学院	210096
65	福建富顺电子有限公司	0596-7095880	福建省漳州市蓝田工业开发区富顺光电科技园	363000
66	福州北科大舟宇电子有限公司	0591-63661033	福州市鼓楼区铜盘路软件园 C 区 13 栋 101-103 室	350003

续表

序号	单位名称	联系方式	通信地址	邮编
67	富朗巴软件科技（上海）有限公司	021-68599898	上海市浦东新区浦东南路 855 号 23 楼 E 座	200120
68	甘肃康道交通设施有限责任公司	0931-7321968	甘肃省兰州市西固区环形东路 208 号	730060
69	高德软件有限公司	—	北京市昌平区昌平科技园区昌盛路 18 号 B1 座	100080
70	公安部安全与警用电子产品质量检测中心	010-68775142	海淀区首体育馆南路一号	100048
71	公安部道路交通安全研究中心	010-67030606	北京市东城区崇文门外大街新世界写字楼 B 座 14 层	100062
72	公安部交通管理科学研究所	—	江苏省无锡市钱荣路 88 号	214151
73	广东方纬科技有限公司	—	广州市大学城街 22 号数学家庭基地 A 栋 8 楼	510006
74	广东利通科技投资有限公司	020-32137572	广州市萝岗区科学大道中科汇金谷三街五号 10 楼	510101
75	广东联合电子服务股份有限公司	020-84214123	广州市天河区体育西路 189 号 12 楼	510101
76	广东岭南通股份有限公司	020-83282086	广州市越秀区沿江中路 298 号江湾商业中心 29 楼	510110
77	广东赛达交通科技股份有限公司	020-28865326	广东省广州市天河区珠海新城华明路 13 号华普广场东塔 1803 房	510623
78	广东省智能交通协会	020-37620330	广东省广州市中山二路 3 号粤运大厦 22A	516001
79	广东侍卫长卫星应用安全股份公司	0750-3920999	广东省江门市蓬江区万达广场甲级写字楼 1 号楼 8 层	529000
80	广州车行易科技股份有限公司	—	北京市海淀区北三环西路科技会展中心 B 座甲 15r	510335
81	广州车联网信息科技服务有限公司	020-86318220	广州市白云区机场路 888 号 8 号楼 4 层	510400
82	广州华工信息软件有限公司	020-22033804	广州市天河区长福路 203 号长兴智汇商务中心 A 座 4 楼	510663
83	广州交通信息化建设投资营运有限公司	020-38180317	广州市天河区体育东路 108 号创展中心西座 1402 室	510405
84	广州美凯信息技术股份有限公司	—	中国广州科学城科学大道 162 号创意大厦 B2 区 11 层	510530
85	广州市埃特斯通讯设备有限公司	020-32225030	广东省广州市萝岗区永和经济开发区华峰路 5 号	511356
86	贵州中联创展信息技术有限公司	0859-3545666	贵州省兴义市桂丰路	562400
87	国家道路交通管理工程技术研究中心	0510-85522175	江苏省无锡市钱荣路 88 号	100062
88	国家铁路智能运输系统工程技术研究中心	010-51893144	北京市海淀区大柳树路 2 号铁科院通号所 113 室	100081
89	国家智能交通系统工程技术研究中心	010-62079526	北京海淀区西土城路 8 号	100088

续表

序号	单位名称	联系方式	通信地址	邮编
90	哈尔滨优先科技股份有限公司	0451-88109174	哈尔滨市松北区世坤路 798 号科技创新城 8 号楼	100102
91	杭州海康威视系统技术有限公司	0571-88075998	杭州市滨江区阡陌路 555 号	—
92	杭州立讯科技有限公司	0571-88826959	杭州市莫干山路 256 号墅园大楼 6 楼	310005
93	杭州市综合交通研究中心	0571-87152931	杭州市中河中路 275-1 号	310006
94	杭州中威电子股份有限公司	0571-88373135	杭州市文三路 20 号浙江建工大厦 17 层	310012
95	航天科技控股集团股份有限公司	—	北京市丰台区海鹰路 1 号海鹰大厦 15 层 1508 室	100070
96	弘达交通咨询（深圳）有限公司北京分公司	010-85570116	北京市朝阳区光华路甲 8 号，和乔大厦 C 座 1503 室	100026
97	华南理工大学智能交通系统与物流技术研究所	020-87114469	广州市南沙区环市大道南 25 号 A3 栋 313	510640
98	华为技术有限公司	010-82882865	北京市海淀区上地信息路 3 号华为大厦	100085
99	惠州亿纬锂能股份有限公司	0752-5751942	广东省惠州市仲恺高新区惠风七路 36 号	516006
100	基本立子（北京）科技发展有限公司	—	北京市朝阳区来广营街甲一号紫月路 18 号院朝来高科技产业园 15 号楼 5 层	—
101	吉林大学交通学院	0431-85095086	长春市人民大街 5988 号吉林大学交通学院	130025
102	江苏金晓电子信息股份有限公司	—	江苏省南京市栖霞区元化路 8 号创新创业学院 5 楼	210000
103	江苏省邮电规划设计院有限责任公司	025-52868530	南京市南溪江东街 58 号	210019
104	江苏盛天交通科技有限公司	0519-89191760	江苏省常州市武进区科教城天鸿楼十楼 1005 室	213164
105	江苏欣网视讯软件技术有限公司	025-84669989	南京市建邺路 98 号鸿信大厦 12 层	210000
106	交科院检测技术（北京）有限公司	010-58278924	北京市东城区和平里东街 1 号院 706 室	100013
107	交通运输部公路科学研究院	010-62079526	北京市海淀区西土城路 8 号	100088
108	交通运输部规划研究院	010-59629070	北京市朝阳区曙光西里甲 6 号 2 号楼	100028
109	交通运输部科学研究院	010-58278467	北京市朝阳区惠新里 240 号	100029
110	交通运输部路网监测与应急处置中心	010-65299198	北京市海淀区西土城 8 号路网中心	100088
111	卡斯柯信号有限公司	021-56637080	上海市闸北区民德路 158 号 14 楼	200071
112	科进英华（北京）智能交通技术有限公司	010-62155498	清华大学旧水利楼 310 室	100190
113	昆明联诚科技股份有限公司	—	昆明市盘龙区穿金路 205 号霖岚国际广场 A 座 8 楼	650000
114	兰州交通大学交通运输学院	—	兰州市安宁西路 118 号	730070
115	乐视控股（北京）有限公司	—	北京市朝阳区姚家园路 105 号 3 号楼 1102	100025
116	连云港杰瑞电子有限公司	0518-85981717	江苏省连云港市圣湖路 18 号	222061

续表

序号	单位名称	联系方式	通信地址	邮编
117	辽宁奇辉电子系统工程有限公司	—	沈阳市铁西区建设东路 43 号和谐大厦 A 座 2409 室	110021
118	龙腾照明集团有限公司	0514-80951318	江苏省扬州市北郊菱塘回族乡团结路 52 号	225652
119	路特迩科（杭州）有限公司	—	杭州市杭州经济开发区 6 号大街 452 号 2 号楼 A0713 房	310018
120	南昌金科交通科技股份有限公司	0791-83728786	江西省南长区新建区工业大道 408 号	330100
121	南京奥杰智能科技有限公司	025-83368185	南京市雨花台软件大道 180 号 07 幢 B1 层 203 室	210000
122	南京城市智能交通股份有限公司	025-84356626	南京市栖霞区马群大道 10 号 三宝科技园	210049
123	南京多伦科技股份有限公司	025-52168888	南京市江宁区科学园天印大道 1555 号	211112
124	南京华脉科技股份有限公司	025-52707167	南京江宁东山高桥工业集中区润发路 11 号	211103
125	南京慧尔视智能科技有限公司	025-84487706	南京市江宁区苏源大道 19 号国际企业总部园 B1 座 7 层慧尔视	211100
126	南京莱斯信息技术股份有限公司	025-82285032	南京市秦淮区永智路 8 号	210014
127	南京赛康交通安全科技股份有限公司	025-8456293	南京市秦淮区光华路 1 号白下高新园区天安科创中心 E2 座三楼	210000
128	南京市公安交通科研所	025-84429153	江苏省南京市建邺区庐山路 58 号	210019
129	南京中兴软创软件科技股份有限公司	—	南京江宁区正方中路 888 号 中兴软创	315000
130	宁波工程学院	0574-87616866	宁波市江北区风华路 201 号	315211
131	普天新能源有限责任公司	010-82484949	北京市海淀区北二街 6 号 10 层	100080
132	启明信息技术股份有限公司	0431-89603621	长春市净月经济开发区百合街启明软件园	130011
133	青岛海信网络科技股份有限公司	0532-80873182	青岛市江西路 11 号海信研发中心 7 号楼 6 层	266071
134	青岛市交通运输公共服务中心	0532-66007583	山东省青岛市崂山区深圳路 163 号	266100
135	青岛依鲁光电显示有限公司	0532-89087078	青岛市城阳区青威路南头流亭立交桥北	266108
136	清华大学（自动化系）	010-62782189、010-62772343	北京市海淀区清华大学自动化系	100084
137	清华大学—剑桥大学—麻省理工学院低碳能源大学联盟未来交通研究中心	010-62797229	清华大学旧水利馆 312 室	100084
138	清华大学汽车安全与节能国家重点实验室	010-62788774	北京市清华大学汽车工程系	100084
139	清华大学深圳研究生院	0755-26036849	深圳市南山区西丽大学城清华校区 E101B	518055
140	锐多视觉系统工程（上海）有限公司	021-68858218	上海市民益路 201 号 30 号 202 室	201612

续表

序号	单位名称	联系方式	通信地址	邮编
141	瑞斯康达科技发展股份有限公司	010-58963999	海淀区西北旺东路 10 号院东区 11 号楼一至五层	100085
142	厦门蓝斯通信股份有限公司	0592-5799835	厦门市集美区软件园三期诚毅大街 365 号 A04 栋 19-20 楼	361022
143	厦门市美亚柏科信息股份有限公司	0592-3929988	厦门市软件园二期观日路 12 号美亚柏科大厦	361008
144	厦门卫星定位应用有限公司	0592-295263	厦门软件园二期观日路 44 号 8 楼	361008
145	厦门意诚源电子科技有限公司	0592-7106299	厦门市同安区美禾 11 路 158 号	361000
146	山东大学综合交通运输科学与技术中心	0531-66680118	济南市高新区新泺大街 1768 号 B 座 A511 室	250101
147	山东海博科技信息系统有限公司	0532-58716868	青岛市市北商请路 12 号北 C-2 户	266022
148	山东海日峰电子科技有限公司	—	山东省莱阳市城乡街道办事处辛格庄 8 号	265200
149	山东华夏高科信息股份有限公司	0539-8176692	山东省临沂市兰山区育才路 111-16 号	276000
150	山东佳泽睿安信息技术有限公司	0531-61389080	济南市历下区经十路 9999 号黄金时代广场 F 座 1215 室	250000
151	山东申泰智能科技有限公司	—	东营市黄河路鸿基大厦 A 座 410 室	250033
152	山东亿海兰特通信科技有限公司	0531-66699668	山东省济南市经十路 19288 号鲁商广场 B 座 416 室	250011
153	山东易构软件技术有限公司	0531-55721020	济南市高新区天泺路 88 号展威科技园 1 号楼 A 座 7 层	250101
154	山西禾源科技股份有限公司	0351-3524355	山西省太原市小店区南中环长治路亚日街同昌创业园 A 座 5 层	30000
155	山西中天信科股份有限公司	0351-7551810	山西省太原市经济开发区大昌南路 13 号中天信产业园	030032
156	上海爱谱华顿电子科技（集团）有限公司	010-82684071	北京市朝阳区芍药居北里 101 号楼世奥国际中心 A 座 2205 室	100029
157	上海安讯士网络通讯设备有限公司	010-59847799	北京市朝阳区东三环北路霞光里 18 号佳程广场 A 座 20 层 B 单元	100027
158	上海宝康电子控制工程有限公司	021-51831088	上海市宝山区杨行工业园区锦富路 298 号	201901
159	上海电科智能系统股份有限公司	021-32557700	上海市武宁路 505 号能源大楼 4 楼	200063
160	上海电驱动股份有限公司	021-31615888	上海市嘉定区恒裕路 300 号	200240
161	上海慧昌智能交通系统有限公司	021-64857700	上海市徐汇区桂平路 555 号 45 号楼	200233
162	上海经达实业发展有限公司	021-64452140	上海市建国西路 285 号科投大厦 11 层	200031
163	上海鸣啸信息科技股份有限公司	021-32527617	上海市静安区巨鹿路 889 号 23 号楼 8202 室	200040
164	上海汽车集团股份有限公司技术中心	021-61388990	上海市嘉定区安研路 201 号	201804
165	上海市城乡建设和交通发展研究院	021-64048209	上海市徐汇区宛平南路 75 号 11 楼 1104 室	200032

续表

序号	单位名称	联系方式	通信地址	邮编
166	上海市国际展览有限公司	021-62472343	上海市延安中路841号东方海外大厦8层	200040
167	上海天源迪科信息技术有限公司	021-68329002	上海市浦东新区灵岩南路 295 号 17 号楼 4 层	200126
168	上海遥薇（集团）有限公司	—	上海市嘉定区南翔镇翔乐路 358 号	200433
169	上海正先电子科技有限公司	021-36532622	上海市闸北区延长中路625号5号楼307	200072
170	上海智能交通有限公司	021-55970979	上海杨浦区周家嘴路 1229 号 A 座 4 楼	200092
171	深圳成谷科技有限公司	—	深圳市龙岗区龙天安数码创新城 2 栋厂房 5F	518172
172	深圳华强信息产业有限公司	0755-82892989	深圳市福田区梅林工业区梅秀路 1 号华强云产业园	518049
173	深圳榕亨实业集团有限公司	0755-25701111	深圳市罗湖区仙湖路莲塘鹏基工业区 702 栋 4 楼东	518014
174	深圳市成为智能交通系统有限公司	0755-66830422	深圳市南山区高新区北区清华信息港一期研发楼 A 栋 601 室	518000
175	深圳市城市交通规划设计研究中心有限公司	0755-83949459	深圳市罗湖区爱国路 3046 号惠民大厦 7 楼	518034
176	深圳市都市交通规划设计研究院有限公司	0755-36610962	深圳市南山区白石路 2299 号联通沙河信息园 A 栋	518058
177	深圳市公安局交通警察局交通科技处	0755-84469350	深圳市景田莲花路口交通监控中心	518034
178	深圳市航盛电子股份有限公司	0755-66858888	深圳市宝安区福永和平村福园一路航盛工业园技术中心	518103
179	深圳市厚石网络科技有限公司	—	深圳市南山区西丽留仙洞中山园路 1001 号 TOL 科学园区研发楼 F1-8B	518000
180	深圳市交通科学技术研究所	0755-85139905	深圳市景田莲花路口交通监控中心	518034
181	深圳市交投科技有限公司	0755-82897788	深圳市福田区车公庙泰然四路创新科技广场一期 A 座 1706	518040
182	深圳市金溢科技股份有限公司	—	深圳市南山区科技园北区清华信息港研发楼 A 栋 12 楼	510665
183	深圳市凯达尔科技实业有限公司	0755-33286333	深圳市南山区西丽同沙路 168 号凯达尔集团中心大厦 A 座 23 层	518055
184	深圳市科鸿陆技术有限公司	0755-3339999	深圳市南山区科技园北区宝深路科陆大厦 A 座 17 层	518057
185	深圳市齐普光电子股份有限公司	0755-8393997	深圳宝安区石岩街道宝石路宝石科技园 C 栋	518040
186	深圳市前海益交通科技有限公司	0755-82564412	深圳市福田区金田路 3037 号金中环大厦 A1327	518048
187	深圳市三旺通信技术有限公司	0755-26702688	深圳市南山区西丽百旺信工业区 1 区 3 栋 5 楼	518055
188	深圳市同鑫科技有限公司	0755-26513038	深圳市南山区西丽麻磡南路深圳市环保产业园 3 栋 5 楼	518071

续表

序号	单位名称	联系方式	通信地址	邮编
189	深圳市微驾智能交通科技有限公司	0755-32997527	深圳市宝安区沙井镇万丰村财富公馆 20 号	518111
190	深圳市惟新科技股份有限公司	0755-88850578	深圳市南山区高新技术产业园北区朗山路 13 号清华紫光信息港 C1009	518057
191	深圳市以捷智慧交通科技有限公司	0755-84461022	深圳市坂田云里智能园 7 号楼	518129
192	深圳市易行网交通科技有限公司	0755-83581287	深圳市南山区高新南四道 9 号科技园公交总站 3 楼	518040
193	深圳市智慧交通产业促进会	0755-83126292	深圳市福田区车公庙福安大厦东座三楼	518000
194	深圳市智能交通行业协会	0755-88309127	深圳市福田区深南大道 6025 号英龙大厦四楼	518040
195	深圳市智载科技有限责任公司	0755-26901871	深圳市南山区科技园南区 A8 音乐大厦 2208	518000
196	深圳信路通智能技术有限公司	0755-86219359	深圳市南山区高新南一道 008 号创维大厦 A 座 603 室	518000
197	沈阳奥普泰光通信有限公司	024-83990586	沈阳市和平区三好街 54 号 1101	110000
198	生茂光电科技股份有限公司	0371-86186355	河南省郑州市高新技术产业开发区西四环 399 号	450001
199	石家庄优创科技股份有限公司	0311-85868655	石家庄市新华路 159 号华泰家园都市名苑 E 座	050000
200	水路公路交通安全控制与装备教育部工程研究中心	027-86582280	武汉市武昌区和平大道 1040 号	430063
201	思爱普（中国)有限公司南京分公司	021-60306987	江苏省南京市软件大道 119 号丰盛商汇 8 号楼 3 层	210012
202	四川川大智胜软件股份有限公司	—	成都市武科东一路七号	610045
203	四川师范大学交通信息与控制研究所	—	四川省成都市龙泉驿区成龙大道二段 1819 号四川师范大学计算机科学学院	610101
204	四川星盾科技股份有限公司	—	四川省成都市高新区天府大道孵化园德商国际 A 座 701	610000
205	苏交科集团股份有限公司	025-86577838	江苏省南京市水西门大街 223 号	210007
206	苏州帕利泰克物联技术有限公司	0512-65926291	苏州工业园区星湖街 328 号创意产业园 6-404 单元	215000
207	太原市高远时代科技有限公司	0351-7032817	太原市长风街 133 号千禧大厦 22 层	030006
208	天津大学	022-27403763	天津市南开区卫津路 92 号 9-305	302272
209	天津职业技术师范大学	022-88181106	天津市河西区大沽南路 1310 号	300222
210	同济大学交通运输工程学院	021-69589487	上海市曹安公路 4800 号	201804
211	同济大学智能交通运输系统（ITS）研究中心	021-69584674	上海市曹安公路 4800 号同济大学校内	201804
212	无锡华赛伟业传感信息科技有限公司	0510-82766699	江苏省无锡市南湖大道 501 号扬名创智园 F 栋 201	214000

续表

序号	单位名称	联系方式	通信地址	邮编
213	吴忠市鑫路交通设施有限公司	0953-6588885	吴忠市利通区南环路（交通大队向北50米）利宁南街罗渠木材市场3-19号营业房	751100
214	武汉大学交通研究中心	027-68778969	武汉市珞瑜路129号武汉大学测绘遥感信息工程国家重点实验室430079	430079
215	武汉恒达智慧城市交通研发有限公司	—	湖北省武汉市东西湖区金银湖路18号财富大厦11楼	430048
216	武汉理工大学	027-86582280	武汉市武昌区和平大道1178号武汉理工大学 智能交通系统研究中心	430063
217	武汉六点整北斗科技有限公司	027-87250565	武汉市武昌区中南一路50号省测绘局办公大楼3楼	430060
218	西安翔迅科技有限责任公司	029-88151308	西安市太白北路156号	710068
219	西南交通大学	—	成都市高新区西部园区西南交通大学	611756
220	新疆正阳交通规划设计研究所（有限公司）	0991-8592321	新疆乌鲁木齐市延安路1230号新大南区机械院汽车与交通工程研究所	830047
221	新智认知数据服务有限公司	021-33637977	上海市杨浦区政立路421号中航天盛广场C栋	200233
222	徐州西尼科自动化控制技术有限公司	0516-87936910	江苏省徐州市经济开发区经五路西科技企业产业园B1	221004
223	扬州市鑫通交通器材集团有限公司	—	江苏省高邮市郭集镇工业二区扬州兴发照明公司	225654
224	银江股份有限公司	0571-89930221	浙江省杭州市西湖科技经济园西园八路2号	310030
225	云鼎智慧（北京）科技有限公司	010-67862306	北京经济技术开发区科创十三街锋创科技园9号楼4层	100176
226	长沙硕铠电子科技有限公司	—	湖南省长沙高新开发区岳麓区麓谷大道658号湖南麓谷信息港8001	410205
227	招商新智科技有限公司	010-56540563	北京市丰台区南四环西路186号汉威国际广场三区4号楼407	—
228	浙江大华技术股份有限公司	—	浙江省杭州市滨江区安路1199号	310053
229	浙江大学建筑工程学院	0571-88208704	杭州市余杭塘路866号浙江大学紫金港校区安中大楼B820	310058
230	浙江汉维通信器材有限公司	0572-6235688	长兴县雉城镇经济技术开发区内	—
231	浙江腾翊信息科技有限公司	0571-87205873	浙江省杭州市费家塘路588号15幢	310000
232	浙江网联汽车主动安全系统有限公司	0571-82762136	浙江省杭州市萧山区蜀山街道亚太路1399号	311203
233	浙江网新智能技术有限公司	0571-87750779	浙江省杭州市滨江区江汉路1785号双城国际4号楼5楼	310051
234	浙江宇视科技有限公司	—	北京市宣武门外大街10号庄胜广场中央办公楼南翼13层	100053

续表

序号	单位名称	联系方式	通信地址	邮编
235	浙江浙大中控信息技术有限公司	0571-81118827	浙江省杭州市滨江区滨康路 352 号中控信息大楼 A 幢	310053
236	浙江智慧车联网有限公司	0579-82252680	浙江省金华市四联路 398 号网络经济中心 8 层	321000
237	郑州汉威光电股份有限公司	0371-62003092	河南省郑州市经济技术开发区经北一路 3 号	450016
238	郑州市加滋杰交通科技股份有限公司	0371-68080015	郑州市金水区杨金璐外包产业园 9 号 C5	450000
239	郑州市圣兰电子技术有限公司	0371-65825150	郑州市高新区翠竹街 1 号总部企业基地 28 号楼 7 层	450000
240	知行汽车科技（苏州）有限公司	0512-65001565	江苏省苏州市工业园区东旺路 17 号 5 栋 301 室	215000
241	智能交通网	—	北京市海淀区阜成路甲 28 号新知大厦 1826	100142
242	中国城市规划设计研究院	010-58323103	北京市三里河 9 号	100037
243	中国第一汽车股份有限公司技术中心	0431-85788299	长春市创业大街 1063 号	130011
244	中国交通通信信息中心	010-84199052	北京市东城区国子监街 28 号	100011
245	中国交通信息化杂志	010-84990502	北京亚运村汇欣大厦 A 座五层	100101
246	中国交通信息中心有限公司	010-84199666	北京市东城区国子监街 28 号	100007
247	中国民航大学民航空管研究院	—	天津市东丽区津北公路 2898 号中国民航大学民航空管研究院	300300
248	中国民用航空总局第二研究所	028-82909376	四川省成都市二环路南二段 17 号	610041
249	中国民用航空总局空中交通管理局	010-87786936	朝阳区东三环中路 12 号	100022
250	中国汽车工程研究院股份有限公司	023-68829804	重庆北部新区金渝大道 9 号	401122
251	中国汽车技术研究中心	022-84771621	天津市东丽区先锋东路 68 号	300162
252	中国人民公安大学交通管理工程系	010-83906342	北京市大兴区金星路中国人民公安大学交管系	102614
253	中国人民解放军军事交通学院	—	天津市河东区东局子 1 号	300161
254	中国软件评测中心	010-88559315	北京市海淀区紫竹院路 66 号赛迪大厦 12 层	100048
255	中国铁路通信信号股份有限公司	010-51891231	北京市丰台区西四环南路乙 49 号	100071
256	中国移动通信集团辽宁有限公司	—	中国辽宁沈阳市浑南新区新隆街 6 号	110179
257	中国中车股份有限公司	—	北京市海淀区西四环中路 16 号院 5 号楼 1307 室	100036
258	中国中铁二院工程集团有限责任公司	028-87665374	四川成都通锦路三号	610000
259	中交基础设施养护集团有限公司	—	北京市朝阳区安定门外大街丁 8 号江苏大厦 B 座	100050
260	中交宇科（北京）空间信息技术有限公司	010-64907119	北京市朝阳区安立路 66 号安立花园写字楼 A 座 7 层	100101

续表

序号	单位名称	联系方式	通信地址	邮编
261	中交智能科技股份有限公司	010-62979928	北京市海淀区上地信息路 26 号中关村创业大厦 920	100085
262	中盟科技有限公司	0755-26743555	深圳市南山区海德三道天利中央商务广场 C 座 30 楼	518057
263	中山大学	020-84112638	广州市海珠区新港西路 135 号中山大学东北区 312 栋	510275
264	中铁电气化局集团有限公司	010-51846146	北京市万寿路南口金家村 1 号院中铁电气化局集团企划部	100036
265	中铁信息工程集团有限公司	010-51845656	北京市海淀区首体南路 22 号国兴大厦 7 层	100044
266	中通客车控股股份有限公司	0635-8322717	山东省聊城市黄河路 261 号	252000
267	中新融创资本管理有限公司	010-85003457	北京市东城区建国门内大街 28 号民生金融中心 B 座 8 层	100005
268	中兴智能交通（无锡）有限公司	—	北京市丰台区丰台北路 18 号院恒泰中心 D 座 10-1002 室	100089
269	中咨数据有限公司	010-5750666	北京市海淀区西三环北路昌运宫 17 号院市政大厦 5 层	100089
270	中咨泰克交通工程集团有限公司	010-51726005	北京北四环中路 229 号海泰大厦 8 层	100083
271	重庆交通大学	023-62652674	重庆市南岸区学府大道 66 号	400074
272	重庆攸亮科技有限公司	023-62920670	重庆市南岸区花园八村九栋六楼	400060
273	重庆长安新能源汽车有限公司	023-67921700	重庆渝北区双凤桥丹湖路 9 号	401120
274	珠海银隆新能源有限公司	—	珠海市吉大花东路 56 号华景别墅 1 栋	519015

第二章

中国智能交通研究单位名录

中国智能交通研究单位名录

华北地区
国家智能交通系统工程技术研究中心
国家铁路智能运输系统工程技术研究中心
国家道路交通管理工程技术研究院
北京交通发展研究中心
城市交通运行仿真与决策支持北京市重点实验室
北京市交通信息中心
北京交通大学城市交通复杂系统理论与技术教育部重点实验室
北京交通大学轨道交通控制与安全国家重点实验室
北京交通大学中国综合交通研究中心
北京交通大学中欧智能交通培训中心
北京交通大学中英智能交通研究中心
北京工业大学交通研究中心
北京航空航天大学国家空管新航行系统技术重点实验室
北京航空航天大学车路协同与安全控制北京市重点实验室
北京航空航天大学北京市智能交通研究实验中心
北方工业大学智能交通系统研究所
国家城市道路交通装备智能化工程技术研究中心
清华大学交通研究所
清华大学自动化系 ITS 联合实验室
清华大学汽车安全与节能国家重点实验室
城市交通技术转移（北京）中心
北京世纪新运交通运输科技应用研究所
北京四通智能交通系统集成有限公司 ITS 研究中心
亿阳集团智能交通研究院
北京易华录信息技术股份有限公司智能交通研究院
中国智能交通系统（控股）有限公司研究院
天津市公安局公安交通管理局科研所
军事交通学院交通信息工程及控制学科实验室
交通运输部科学研究院城市交通研究中心
东北地区
黑龙江省交通科学研究所
大连理工大学交通运输学院智能交通研究所
哈尔滨工业大学交通安全特种材料与智能化控制交通行业重点实验室
黑龙江省智能交通管理与技术重点实验室
吉林大学交通学院
辽宁公安厅公安交通管理局科研所

续表

华东地区
公安部交通管理科学研究所
上海市交城乡建设和交通发展研究院
上海市城市综合交通规划研究所
同济大学智能交通运输系统研究中心
同济大学道路与交通工程教育部重点实验室
同济大学中德交通研究中心
同济大学智能交通高等研究院
上海市智能交通与系统仿真技术研究所
上海交通大学智能车辆技术研究所
上海交通大学智能机电系统控制研究所
中国科学院上海微系统与信息技术研究所
浙江大学交通工程研究所
浙江工业大学智能交通联合研究所
上海电科智能系统股份有限公司智能交通研究院
东南大学智能运输系统研究中心
东南大学教育部智能运输系统工程研究中心
浙江省交通科学研究所
江苏省感知交通信息服务工程技术研究中心
杭州市综合交通研究中心
南京智能交通产业研究院
青岛市智能运输系统工程技术研究中心
无锡物联网产业研究院
上海市路网智能交通技术研究所
安徽省智能交通（ITS）工程研究中心
安徽省智能交通重点实验室
华中地区
武汉市交通科学研究所
武汉大学交通研究中心
武汉理工大学智能交通系统研究中心
水路公路交通安全控制与装备教育部工程研究中心
长沙理工大学智能交通与车路协同技术研究所
湖南大学
华南地区
广州市交通规划研究所
广州交通信息化建设投资有限公司智能交通研究中心
华南理工大学智能交通系统与物流技术研究所
中山大学智能交通研究中心
中山大学广东省智能交通系统重点实验室
深圳市城市交通规划研究中心

续表

西南地区
昆明市城市交通研究所
重庆交通大学畅通重庆研究所
重庆市交通运输工程重点实验室
西南交通大学
西北地区
长安大学
兰州交通大学
兰州理工大学
西安交通大学
乌鲁木齐市城市综合交通项目研究中心

反侵权盗版声明

举报电话：（010）88254396；（010）88258888

传　　真：（010）88254397

E-mail：　dbqq@phei.com.cn

通信地址：北京市万寿路 173 信箱

　　　　　电子工业出版社总编办公室

邮　　编：100036